KB126165

천성령 역주
天聖令 譯註

이 책은 2009년도 정부재원(교육과학기술부 인문사회연구역량강화사업비)으로
한국연구재단의 지원을 받아 연구되었음(KRF-2009-322-A00025)

천성령 역주
天聖令 譯註

김택민 · 하원수 주편

혜안

머리글

몇몇 당대사 연구자들이 매주 독회를 열어 『당률소의(唐律疏議)』를 읽기 시작한 것은 1993년 가을이었다. 황량한 연구 환경을 극복하고 나름의 연구 주제를 확보하기 위해서는 원전을 착실히 읽는 방법밖에 없다는 소박한 생각을 가진 사람들의 작은 출발이었다. 그렇지만 고전 한문에 대한 이해가 그다지 깊지 않고 중국의 법과 법사상에 대한 지식이 충분치 않은 터라, 중국역과 일본역을 대조해 가면서 번역문을 맞추어 나가다 보니, 작업은 더디게 진행되었고 내용도 불충분했다. 그러나 "무식하면 용감하다"는 속언처럼 앞뒤 돌아보지 않고, 1994년에 『역주당률소의』 명례편, 1997년에 각칙상, 1998년에 각칙하를 출간하는 만용을 부렸다. 만용을 부린 결과 오역이 적지 않고 각주도 부실하여 오래 전에 개역하겠다는 약속을 한 바 있는데, 이제야 약속을 지킬 준비를 하고 있다.

『당률소의』 역주 작업을 마치고 1998년부터 『당육전(唐六典)』 독회와 역주작업에 착수했다. 『역주당률소의』에 오역이 많은 점이 마음에 걸렸으나 이를 뒤돌아볼 틈이 없었다. 당대사뿐만 아니라 중국 고중세사를 이해하기 위한 필독서라고 할 수 있는 이 책을 꼼꼼하게 읽어야 한다는 생각이 앞섰기 때문이었다. 다행히 몇 년 동안 한국학술진흥재단(현 한국연구재단)의 지원을 받을 수 있게 되고, 참여자들 모두 열심히 노력해서, 2003년에 『역주당육전』 상, 2005년에 『역주당육전』중, 2008년에 『역주당육전』하를 출간하였다.

『당육전』은 저본으로 삼은 진중부(陳仲夫)의 점교본이 766쪽에 이르고, 역주서 3권의 분량도 모두 합해 1731쪽(색인 등을 포함하면 2053쪽)에 이를 정도로 방대하다. 여기에는 황제를 정점으로 하는 당 정부의 관료조직,

그 통섭관계와 역할 및 기능, 토지와 인구의 관리 및 경제제도, 국가의 의례와 교육제도, 군사와 치안제도, 사법과 신분제도, 토목과 건축에 관한 제도 등 국가 경영에 관한 모든 제도들이 망라되어 있다. 뿐만 아니라 각 관직과 제도에는 상고 이래의 연혁이 상세하게 기록되어 있어, 그야말로 중국 고대국가의 설계도라 해도 지나치지 않는다.

다만 『당육전』은 원래 법전으로 편찬한 것이 아니라, 당시 황제 현종(玄宗)이 자신의 치세를 성세(盛世)로 과시하기 위해 『주례』의 체제를 본 따서 각 관직마다 그 직장(職掌)에 해당하는 영과 식을 편입하는 방식으로 편찬한 것이다. 이런 까닭에 『당육전』은 영·격·식 모두를 망라하고 있지 못할 뿐만 아니라 채록된 조문들도 요지문에 불과한 것이 많다. 그러므로 중국법제사 연구자들은 영·격·식의 전모를 확인하고자 하는 열망이 컸다. 일본 학자에 의해 간행된 『당령습유(唐令拾遺)』는 그 열망의 산물이다. 그렇지만 『당령습유』에 채록된 당령의 조문 수는 715조로 원래의 당령 1500여 조의 반에 못 미치는 정도였고, 그나마 모두 완정한 조문은 아니다. 이후 후학들에 의해 보완되어 1997년에 『당령습유보』가 간행되었지만, 앞의 책에 비해 그다지 큰 성취를 이루지는 못한 것이 사실이다.

그런데 마침 1998년 중국 닝보[寧波]의 천일각(天一閣) 박물관에서 북송 인종(仁宗) 천성(天聖) 연간에 반행된 천성령(天聖令)의 명대 초본 일부가 발견되었다는 소식이 전해졌다. 새로 발견된 영은 당·송령의 조문이 완정한 형태로 전해지고 있는 것으로 알려져 학계의 큰 관심사가 되었다. 중국과 일본에서 간간이 영문의 일부가 공개되기는 했지만 그 전모를 보여주지는 않았다. 때문에 우리 연구팀도 천성령의 발견 소식에 흥분을 금치 못하였으나 이를 직접 접할 기회를 갖지는 못하고 있었다. 그러다가 2006년 10월 『천일각장명초본천성령교증(天一閣藏明鈔本天聖令校證) 부당령복원연구(附唐令復原研究』(상·하)가 간행되어 천성령의 전모를 접할 수 있게 되었다.

천성령은 원래 30권이었고, 천일각의 초본도 영 전부를 필사해서 4책으로 꾸몄던 것이 확실하지만, 불행히도 그간 여러 사정으로 유실되어 제4책의

10권 12편만 남아 있다. 다만 그것은 비록 일부이기는 하지만 기본적으로 제정(制訂)해서 반행(頒行)할 때의 원래 모습을 가지고 있다고 볼 수 있다. 그러나 여러 번 전초(傳抄)하여 오자와 탈자가 많았던 데다, 천일각에서 사람을 고용하여 필사한 것이어서 잘못된 문자가 적지 않고, 행의 순서가 바뀌거나 조문의 순서가 바뀐 것도 있다. 이리하여 중국의 연구팀이 이를 정리하고 점교(點校)해서 출판한 위의 책에는 당시 시행된 영 12편 293조, 각 편의 후미에 당시 행용되지 않는 구령(舊令)으로 첨가한 221조(營繕令의 끝에 실린 附令 포함), 두 부분을 합해 모두 514조가 실려 있고, 상장령에 상복년월(喪服年月) 10조가 부기되어 있다. 구령은 대개 당령(唐令)일 것으로 추정하고 있으며, 새로 정한 영 또한 상당수가 당령을 그대로 옮겨 놓은 것이 적지 않다.

정리된 〈천성령〉이 출판될 무렵 우리 연구팀은 『역주당육전』의 완간을 눈앞에 두고 있었던 터라 곧바로 이에 대한 역주서를 출판할 목표로 독회를 시작하였다. 또한 한국학술진흥재단(현 한국연구재단)에 지원을 신청하여 2009년 가을부터 2년 동안 지원을 받을 수 있었다. 그러나 5백조가 넘는 영문을 2, 3년 안에 읽고 역주서를 출간하기에는 시간이 턱 없이 부족했다. 진행 속도를 높이기 위해 수요일 저녁에 만나 두 시간 반씩 진행하던 독회를 2011년부터는 토요일로 옮겨 하루 4~5시간씩 강행했으나 5년의 세월이 지나는 2012년 말까지도 독회를 마치지 못하고 있었다. 그런데 연구재단의 규정상 5년 안에 성과물을 제출해야 하는 제약이 있으므로, 마지막에는 독회와 역주 원고 정리 작업을 병행하여 가까스로 기일에 맞추어 책을 출판할 수 있게 되었다.

처음 독회를 시작할 때는 영문의 교감과 번역, 주석, 유관 사료의 집대성, 영문의 성격을 규명하고 당령과 송령을 비교하는 평석까지 아울러서 역주서를 내기로 하였고, 모든 작업이 거의 마무리 단계에 와 있었다. 그런데 가장 많은 노력을 쏟았고 원고 분량도 전체의 반에 이르는 평석은 막상 책을 출판하려고 보니 적지 않은 문제점이 발견되었다. 따지고 보면 500조가 넘는 영문은 모두 조문마다 제도사적인 의미를 내포하고 있을 터였다. 그런 만큼 논란의 여지가 많을 수밖에 없을 것이고, 이를 검증해서 인정을 받을 수 있을 정도의 완성도를 확보하여 출판한다는 것은 현재로서는 무리였다. 그리하여 대단히 아쉽지만 출판의 최후 단계에서 평석 부분은 제외할 수밖에 없었다.

처음에 역주를 시작할 때 작업을 분담한 사람은 여섯이었다. 그러나 방대한 영을 역주하기에 여섯 사람만으로는 작업량이 벅찼고, 마침 독회에 참여하는 신진 학자들은 이미 역주 작업을 수행할 수 있는 능력을 갖추어 가고 있었다. 때문에 새로 김진우 박사가 참여하여 창고령과 구목령을 담당하게 되었고, 박사과정생들이 여러 부분에 많은 도움을 줌은 물론 스스로 영선령을 분담하였다. 이것이 집필 참여자가 12명으로 늘게 된 경위이다.

본서가 출간되는 데에는 집필자 명단에 올린 열 두 사람 외에도 많은 분들의 참여와 도움이 있었다. 김정식 박사, 채지혜·박세완·김용하 등 대학원생들은 원고 수정 작업에 많은 도움을 주었다. 김선민·김한신 박사, 류준형 교수, 김하늘·황현·이대진 등 대학원생들은 꾸준히 독회에 참여하였다. 한양대학교 신성곤 교수께서는 여러 모로 도움을 주셨다. 모든 분들에게 진심으로 감사를 드린다.

끝으로 2년 동안 연구 지원을 해 주신 한국연구재단과 상업성은 없으면서도 번거로운 작업을 많이 요구하는 본서를 단 시간 내에 출판해 주신 도서출판 혜안의 오일주 사장님 이하 출판사 관계자 여러분에게 심심한 감사의 말씀을 전한다.

2013년 6월

집필자를 대표하여 김 택 민

목 차

1. 천성령(天聖令)과 그 초본(抄本)의 발견

천성령은 북송 인종(仁宗) 천성 7년(1029)에 편찬되어 천성 10년(1032)부터 실제로 시행한 영(令)이다. 『당육전(唐六典)』의 "율(律)로 형(刑)을 바로하고 죄를 정하며, 영으로 규범과 제도를 세운다."[1]거나 "이미 그렇게 된 뒤에 다스리는 것을 칙(勅)이라 하고, 미연(未然)에 금지하는 것을 영이라고 한다."[2]는 북송 신종(神宗)의 말에서 보듯이, 영은 율·칙과 함께 중국 전통 법제의 근간이었다. 송도 건국(960) 직후 황제의 제칙(制勅)을 '편칙(編勅)'으로 정리함과 동시에 율과 영을 편찬하였다. 태조(太祖) 건륭 4년(963)의 『宋刑統(송형통)』과 태종 순화 연간(990~994)의 순화령(淳化令)이 그것이다. 그런데 『송형통』을 보면 『당률소의(唐律疏議)』를 거의 그대로 옮긴 부분이 많고, 현존하지 않는 순화령 역시 마찬가지였으리라고 짐작된다. "당 현종 개원 25년에 정한 영과 식(式)을 순화령과 순화식으로 수찬(修撰)하였다."고 하기 때문이다.[3] 송초(宋初)에는 기본적으로 당의 제도를 계승하면서 새로운 왕조의 법제를 준비하고 있었던 것이다.

---

1) 李林甫 등, 『唐六典』 권6, 尙書刑部, 北京：中華書局, 1992, 185쪽, "律以正刑定罪, 令以設範立制."(『역주당육전』상, 577~578쪽)

2) 『宋史』 권199, 刑法1, 北京：中華書局, 1975, 4964쪽, "禁於已然之謂勅, 禁於未然之謂令." 李燾, 『續資治通鑑長編』 권298, 元豊 2년 6월 辛酉조, 北京：中華書局, 1979~1995, 7259쪽 참조.

3) 王應麟, 『玉海』 권66, 律令下 淳化編勅, 上海：上海書店·江蘇古籍出版社, 1988, 1255쪽, "開元二十六[五의 誤記：인용자]年所定令·式修爲淳化令·式." 따라서 이것이 唐代 令·式의 단순한 校勘에 불과하였다고도 한다(樓勁, 「辨所謂"淳化令式"」, 『敦煌學輯刊』 2005-2).

순화령을 대체한 천성령은 바로 이러한 시대 분위기의 산물이다. 『송회요집고(宋會要輯稿)』에 전하는 천성령의 편찬 원칙은 "무릇 당령(唐令)을 근본으로 삼는다. 먼저 적어둔 현행 영은 예전의 조문을 바탕으로 하고 새로운 제칙을 참작하여 정한 것이다. 현재 쓰지 않는 영 또한 그 뒤에 덧붙여둔다."[4]는 것이었다. 또 『옥해(玉海)』는 천성령에 대해 "당시 영문(令文)은 당제(唐制)에 의거하였는데, 여이간(呂夷簡) 등이 당대의 옛 조문에 근거하여 여러 조항들을 참작하고 새로운 제칙을 추가해서 천성 10년부터 시행한 것이다."[5]라고 하였다. 이는 천성령이 순화령처럼 당령을 모태로 삼으면서도 송대의 새로운 제도를 더욱 적극적으로 반영하였음을 뜻한다.[6] 그러므로 진정한 의미에서 최초의 송령(宋令)이라고도 평가되는[7] 천성령이 비록 『원풍칙령격식(元豊勅令格式)』의 반행(頒行)(1084)으로 단명하였을지라도, 그 역사적 의의는 결코 홀시할 수 없다. 뿐만 아니라 폐기된 구령(舊令)까지 실어 두었다는 천성령의 형식을 생각하면, 당제에서 송제(宋制)로 바뀌어 가는 과도기의 상황을 살펴보려 할 때 이 책만큼 매력적인 사료가 없을 듯하다.

그러나 천성령은 여타 송대의 영들과 마찬가지로 일찍이 실전(失傳)되어 버렸다. 그런데 1998년 상해사범대학(上海師範大學)의 대건국(戴建國) 교수가 천일각박물관(天一閣博物館)에서 『관품령(官品令)』이란 이름의 책을 발견하고, 이것이 바로 천성령을 베껴 쓴 명대(明代)의 초본이라는 사실을 논증하였다.[8] 비록 그가 찾아낸 것은 총 4책 중 마지막 한 권이었지만, 이것만으로도

---

4) 『宋會要輯稿』, 刑法1-4, 北京：中華書局, 1957, 6463~6464쪽, "凡取唐令爲本. 先擧見行者, 因其舊文, 參以新制定之. 其令不行者, 亦隨存焉."

5) 『玉海』 권66, 律令下 淳化編勅, 1258쪽, "天聖令文三十卷, 時令文尚依唐制, 夷簡等據唐舊文斟酌衆條, 益以新制, 天聖十年行之."

6) 천성령이 당대와 다른 송대의 현실에 주목하였음은 『續資治通鑑長編』 권108, 천성 7년 5월 己巳조, 2512쪽의 "詔以新令及附令頒天下. 始, 命官刪定編勅, 議者以唐令有與本朝事異者, 亦命官修定, 成三十卷, 有司又取咸平儀制令及制度約束之."라는 기록에서도 알 수 있다.

7) 戴建國, 「從『天聖令』看唐和北宋的法典製作」, 『新史料·新觀點·新視角 天聖令論集』上, 臺北：元照出版公司, 2011, 44쪽.

8) 戴建國, 「天一閣藏明鈔本『官品令』考」, 『歷史研究』 1999-3.

학계의 주목을 받기에 부족하지 않았다. 전령(田令) 권21부터 잡령(雜令) 권30까지 총 10권 12편의 영마다 중간과 끝에 각각 "위[의 영들]은 예전의 조문을 바탕으로 하되 새로운 제칙을 참작하여 정한 것이다.[右並因舊文, 以新制參定.]"와 "위의 영들은 시행하지 않는다.[右令不行.]"는 문장이 들어 있어,[9] 천성령의 역사적 의의와 그 사료적 가치를 확인시켜 주었기 때문이다. 즉 천성 연간(1023~1032)에 시행한 영과 폐기된 영을 분명히 알 수 있게 되고, 이를 통해 송대의 새로운 영과 기존 당령의 비교는 물론 양자의 구체적 변화과정에 대한 분석도 가능해진 것이다.

그런데 이 진귀한 문헌은 한동안 몇몇 연구자들만이 직접 볼 수 있었고, 공간된 내용은 극히 일부에 불과하였다. 따라서 천일각박물관·중국사회과학원역사연구소천성령정리과제조(中國社會科學院歷史研究所天聖令整理課題組)의 『천일각장명초본천성령교증(天一閣藏明鈔本天聖令校證) 부당령복원구(附唐令復原研究)』상·하(北京 : 中華書局, 2006)의 간행은 천성령을 학계의 공유물로 만들었다는 점에서 중요한 의미를 지닌다. 이 책은 명대 초본의 컬러 '영인본(影印本)'은 물론, 이를 교감·표점한 '교록본(校錄本)' 및 그 결과 만들어진 천성령 선본(善本)으로서의 '청본(淸本)'을 싣고 있는 것이다. 더욱이 개별 영들을 정리한 연구자들이 각각 해당 당령의 복원을 시도한 논문도 덧붙임으로써 후속 연구를 자극하였다. 따라서 학계의 환호도 그만큼 컸다. 그해 나온 『당연구(唐研究)』(제12권)는 이 책의 필자들에게 '〈천성령부당령(天聖令附唐令)〉연구'라는 특집을 마련해 주었으며, 이듬해 중국의 당사학회(唐史學會)와 일본의 당대사연구회(唐代史研究會)에서 천성령을 중심 논제로 삼았던 것이 그 좋은 예이다. 이러한 현상은 본 『천성령 역주』의 '참고문헌'에 정리된 수많은 관련 연구 성과들에서 보듯이 현재까지 이어지고 있는데, 21세기 초의 당사(唐史) 연구는 "천성령의 시대"가 될 것이라는 이야기조차 나올 정도이다.

---

9) 戴建國이 발견한 책의 끝 부분이 온전하지 않은 탓에 雜令의 경우 마지막 문장이 확인되지 않는다.

2. 천성령 초본의 사료적 가치

천성령 초본의 내용을 간략하게 정리하면 아래의 표와 같다.[10] 이 책에 실린 12편의 영들은 총 524조로 구성되어 있는데, 이 가운데 무려 149조의 내용이 현존하는 당·송 시기의 문헌에서 유관 기록을 찾기 힘든[11] 사료이다.

영의 명칭 (총수/구령의 비율)	조항 성격	조항 수 ('유관당송문'이 없는 조항)	영의 명칭 (총수/구령의 비율)	조항 성격	조항 수 ('유관당송문'이 없는 조항)
전령(田令) (총56조/ 87.5%)	현령	7(0)	의질령(醫疾令) (총35조/ 62.9%)	현령	13(5)
	구령	49(13)		구령	22(9)
부역령(賦役令) (총50조/ 54.0%)	현령	23(13)	가녕령(假寧令) (총29조/ 20.7%)	현령	23(1)
	구령	27(9)		구령	6(0)
창고령(倉庫令) (총46조/ 47.8%)	현령	24(12)	옥관령(獄官令) (총71조/ 16.9%)	현령	59(6)
	구령	22(8)		구령	12(2)
구목령(廐牧令) (총50조/ 70.0%)	현령	15(5)	영선령(營繕令) (총32조/ 12.5%)	현령	26(7)
				구령	4(0)
	구령	35(20)		부령	2(1)
관시령(關市令) (총27조/ 33.3%)	현령	18(4)	상장령(喪葬令) (총48조/ 10.4%)	현령	33(2)
				구령	5(2)
	구령	9(5)		부령	10(0)
포망령(捕亡令) (총16조/ 43.8%)	현령	9(3)	잡령(雜令) (총64조/ 35.9%)	현령	41(6)
	구령	7(4)		구령	23(12)

그리고 개별 영들마다 당시 시행한 현령(現令)과 법적 효력을 상실해버린 구령(舊令)의 비율이 상이하다는 사실 또한 주목할 필요가 있다. 이 차이를 통해 천성령의 반포를 전후하여 관련 제도가 얼마나 바뀌었는지를 엿볼 수 있기 때문이다.[12] 그 단적인 예가 폐기된 구령의 비율이 가장 높은 전령으

10) 여기에서 '現令'은 "右並因舊文, 以新制參定."한 조항이고, '舊令'은 "右令不行."한 조항이며, '附令'은 그밖의 조항이다. 그리고 저본의 조문 내용이 뒤섞여 있는 營繕令의 경우 그 조항의 숫자는 교감을 통해 바로잡은 것이다.

11) 기존 문헌과의 '유관성'은 기준에 따라 당연히 달라질 수 있다. 여기에서 제시한 것은 본 『천성령 역주』의 집필자들이 개인적으로 판단한 '유관당송문'의 유무에 의거하였다.

12) 물론 현령 가운데 당령과 현격히 달라진 것도 적지 않다. 따라서 단지 폐기된 조항의 수만으로써 제도의 변화를 정확히 가늠하기는 어렵지만, 그 대체적인 상황의 파악은 불가능하지 않을 터이다.

로서, 당과 송 사이에 발생한 국가의 토지 관리 방식의 총체적 변화가 여기에서 선명히 드러나는 것이다.

천성령 초본이 지닌 사료로서의 중요성을 좀 더 구체적으로 밝히려면, 이를 몇 가지 측면으로 구분하여 설명하는 편이 좋을 듯하다. 첫째, 법령으로서의 의의이다. 천성령이 발견되기 전에는 온전한 형태의 당·송 시기 영이 현존하지 않았으므로 관련 연구의 수행에 어려움이 많았다. 이를 극복하기 위한 진지한 노력이 니이다 노보루(仁井田陞)의 『당령습유(唐令拾遺)』와 같은 기념비적 저작을 낳았으나, 여러 문헌들의 단편적 기록을 수습(收拾)한 탓에 그 한계 또한 불가피하였다. 천성령의 출현은 바로 이러한 문제를 해소함과 동시에 기존의 연구를 재고할 수 있게 한다. 우선 일본의 양로령(養老令)에는 있으나 중국측 기록이 없어 당령으로 복원하지 못하였던 조항들 중 상당수가 천성령에서 확인되었으며, 이로 인해 일본령과 당령의 밀접한 관계가 더욱 분명해졌다. 그리고 니이다 노보루가 복원한 당령에 대한 의문도 적지 않게 제기되었다. 예를 들어, 『당령습유』의 한 조문(부역령 〈4〉조)이 천성령에 두 조문(부역령 〈구(舊)22〉, 〈구(舊)24〉조)으로 나뉘어 있거나, 『당령습유』가 두 조문(창고령 〈3〉, 〈6〉조)으로 분리시킨 것이 실상 천성령에서 동일한 조문(창고령 〈구(舊)1〉조)의 내용인 것이다. 물론 천성령의 구령이 곧 당대의 영문 그대로라고 단정하기 힘들다면, 이를 근거로 한 『당령습유』의 시비 판단 역시 섣부를 수 있다. 사실 현령의 경우 당령으로의 복원은 더욱 조심스럽다.[13] 그러나 천성령을 통하여 당시 영문의 일부 내용과 일반적 형식을 확실히 알게 되었음은 분명한데, 각 조항의 첫머리에 나오는 '제(諸)'의 용법은[14] 그 좋은 예라고 하겠다.

---

13) 당령의 복원에 치중한 연구들은 구령은 물론 현령도 당령으로 추정하는 사례가 많다. 그러나 창고령, 〈現21〉조를 唐令일 듯하다고 하면서도 그 복원은 유예한 李錦繡, 「唐倉庫令復原研究」, 『天一閣藏明鈔本天聖令校證 附唐令復原研究』下, 493·496쪽과 같은 신중한 태도가 필요하다고 생각한다.

14) 牛來穎, 「『天聖令』復原研究中的幾個問題」, 『新史料·新觀點·新視角 天聖令論集』上, 65~76쪽.

둘째, 기존 연구의 심화 가능성이다. 예를 들어 전령을 보자. 구령에 실린 둔(屯)과 관련된 12개의 조항들 중 7개는 어떤 전승문헌에서도 찾을 수 없던 내용이다. 사실 당시 둔의 관리 방법과 그 노동력의 성격 등은 사료의 결핍으로 불분명한 부분이 많았는데, 이 문제에 실증적으로 접근할 수 있는 길이 열린 것이다. 그리고 전령의 조문들을 전체적으로 살펴볼 때, 학계의 오랜 의문을 해결할 실마리도 드러난다. 토지의 수수(收授)와 관련된 조문들을 모두 폐기해버린 천성령의 존재가 역으로 그 이전까지 이러한 제도가 실행되었음을 시사한다면, 이른바 균전제(均田制)의 시행 여부를 둘러싼 논란을 종식시킬 수 있는 것이다. 물론 이것은 균전제의 구체적인 실태 해명과는 별개의 문제이다. 〈구(舊)30〉조의 영문에서 분명히 확인된 '사전(私田)'처럼 오히려 이와 관련된 논쟁을 증폭시킬[15] 거리도 생겼기 때문이다. 어떻든 천성령의 여타 영에도 새로운 사료들이 많은데, 이것은 예전의 연구를 진척시킬 수 있는 좋은 재료이다. 천성령에는 '장(帳)'이나 '부(簿)'와 관련된 36개의 조문들이 나오며, 이를 통해 당시 장부의 형식과 내용 나아가 회계제도(會計制度)에 대한 기존의 자설(自說)이 수정되기도[16] 하는 것이다.

셋째, 새로운 연구 주제를 발굴할 수 있다는 점이다. 천성령에서 처음 발견된 사료들 중에는 가축의 낙인(烙印) 관련 규정(구목령 〈구(舊)12〉, 〈구(舊)13〉, 〈구(舊)14〉조)처럼 비교적 사소한 내용이 많다. 이처럼 특정 업무와 연관된 세세한 사안들은 당시 일반적인 관심 대상이 아니었을 터이므로 다른 문헌에 인용되어 전해지기 어려웠을 것이다. 그러나 전통시대의 관점에서 홀시되었던 사실들 가운데 오늘날의 시각에서 재조명해 볼만한 문제도 적지 않다. 여성의 현실이 그 대표적 사례이다. 창고령 〈구(舊)3〉조는 공량(公糧)의 지급액마저 남녀 간에 달리 규정하여 그 시기 차별 받던 여성의 실상을 잘 전해준다. 그리고 의질령 〈구(舊)9〉조의 여의(女醫) 관련 기록은 기존의 어떤 문헌보다 자세하여 당시 여성의 의료 상황이라는 참신한 연구의 단서를

15) 趙晶, 「『天聖令』與唐宋史硏究」, 『南京大學法律評論』 2012-1, 38쪽 참조.

16) 李錦繡, 「唐'五行帳'考」, 『新史料·新觀點·新視角 天聖令論集』下 참조.

제공한다. 아울러 천성령 조문과 여타 문헌의 비교를 통해 여성의 사회적 위상 변화에 대한 추론도 가능하다. 예를 들면 유죄인(流罪人)과 이향인(移鄕人)의 처첩(妻妾)이 남편을 따라가지 않고 이혼할 수 있도록 한 옥관령 〈현(現)10〉조의 규정은 당령과 확연히 다른데, 이것은 당시 부부 관계의 성격이 바뀌어가고 있음을 시사하는 듯하다. 이밖에 일상생활사(日常生活史) 연구도 천성령의 도움을 받을 수 있을 것이다. 당대의 관인에게 허용되었던 농사일을 돕기 위한 전가(田假)나 개인 사당에 신주(神主)를 모시기 위한 부묘(祔廟) 휴가의 폐지(가녕령 〈구(舊)1〉, 〈구(舊)2〉조) 그리고 겨울옷을 갖추기 위한 수의가(授衣假)의 축소(가녕령 〈현(現)3〉, 〈구(舊)1〉조) 등은 실제 삶과 직결된 문제로서 매우 흥미롭기 때문이다.

넷째, 장기적 관점에서의 역사상(歷史像) 변화 추적의 가능성이다. 앞서 지적한 몇 가지 사실들 역시 이와 무관하지 않으나, 여기에서 특히 강조하고 싶은 문제는 이른바 '당송변혁(唐宋變革)'과 관련된 현상이다. 11세기 중엽에 편찬되고 실행된 천성령이 이 거대한 역사적 전환기의 종점(終點)이라면,[17] 당대와 상이한 송대의 역사상이 여기에 명백히 드러날 터이기 때문이다. 이를 위하여 천성령의 현령과 당대의 여러 기록을 비교해 볼 필요가 있다. 예를 들어, 관시령 〈현(現)15〉조의 내용 중 "무릇 관사(官舍)에 소속된 점사(店肆)를 이용하고자 할 경우에는 모두 본속(本屬)의 첩(牒)에 의거하여 확인한 다음 허용한다."는 규정은 오대(五代) 이후 새로 추가된 부분으로 생각되는데, 이러한 관청과 상행위의 연계는 그 전에 볼 수 없었던 새로운 현상인 것이다. 반면 도량형기(度量衡器)를 매년 관부에서 검사받게 한 관시령 〈구(舊)9〉조는 폐기되었고, 이 역시 상업의 활성화라는 맥락에서 이해할 수 있을 듯하다. 이처럼 천성령의 조문을 면밀히 살펴보면, 토지에 대한 개인 권리의 강화,[18]

17) 高明士, 「天聖令的發現及其歷史意義」, 『新史料·新觀點·新視角 天聖令論集』上, 21~27쪽.

18) 전령 〈現4〉조는 물길이 바뀌어 자신의 전토를 잃어버렸을 경우 다른 현에 새로 생긴 토지라도 우선적으로 가질 수 있게 하였다. 이것은 동일한 현 안에서만 이러한 권리를 인정한 당령과 다르다는 점에서 주목된다.

대외 교역의 증가,[19] 사회 유동성의 증대,[20] 노비의 중요성 감소,[21] 고소·고발 절차의 간소화[22] 등 다양한 측면에서의 변화가 감지된다. 이러한 사실들은 자칫하면 초역사적인 거대담론에 빠질 위험이 없지 않은 '당송변혁' 논의를 실생활과 밀착된 구체적인 역사의 문제로 착근(着根)시켜 준다. 천성령의 치밀한 검토를 통하여 거시적이면서도 실증적인 중국사 연구의 든든한 토대를 마련할 수 있으리라는 기대를 갖는 것이다.

지금까지 필자의 관견(管見)에 의거하여 설명한 천성령 초본의 사료적 가치는 특정 주제에 국한된 몇몇 문제의 예시에 지나지 않는다. 실제로 이를 이용한 연구가 이미 국내에서도 나와 있는데,[23] 이 책이 앞으로 중국사 연구에 기여할 수 있는 영역은 이보다 훨씬 더 다양하고 넓을 것이다. 송 인종 시기의 현실은 물론 당대까지 거슬러 올라갈 수 있는 긴 역사적 과정을

---

19) 관시령 〈現17〉조는 당령에 비하여 互市에 대한 규제를 완화시켰다. 그리고 포망령 〈現4〉조를 보면, 당령에 없던 "만약 이미 외국으로 반입되었다가 되팔려 국내로 들어온 경우"에 대한 규정이 추가되었다. 이러한 영문의 변화는 천성령 반포 당시 외국과의 교역이 예전보다 더욱 자유롭고 빈번해졌음을 시사한다.

20) 천성령의 관시령은 過所 신청 관련 조문 중 일반 규정에 해당하는 〈現1〉조만 남기고 〈舊1〉~〈舊5〉조와 같은 세세한 조항을 모두 폐지하였다. 물론 이를 대체한 다른 법령이 따로 마련되었을 가능성도 없지 않다. 그러나 〈現8〉조가 당령에 "關 밖에 거주하고 있다가 합당한 일로 인해 관에 들어"온 자에 대한 규정을 덧붙였음을 볼 때, 송대에는 關을 오가는 사람들이 예전보다 많아졌다고 생각된다.

21) 천성령의 현령에는 노비 관련 규정이 거의 보이지 않는다. 이것은 포망령에서 폐기된 조항들이 대부분 도망 노비와 관련된 내용이라는(〈舊3〉~〈舊7〉조) 사실에서 단적으로 드러나듯이 송대에는 노비가 당대처럼 중요한 문제가 아니었기 때문으로 여겨진다. 실제로 관시령 〈現13〉조는 당령의 내용과 거의 유사함에도 불구하고 노비에 관한 부분만 삭제하였다.

22) 옥관령 〈現29〉조를 보면, 비슷한 唐令에 있었던 듯한 고소·고발의 접수 절차 즉 세 차례 반드시 다른 날에 직접 당사자를 대면하여 심사해야 한다는 규정이 사라졌다. 따라서 송대에는 소송의 제기가 상대적으로 쉬워졌다고 여겨지며, 이러한 변화는 이후 訟事의 증가 현상과 무관하지 않아 보인다.

23) 김상범, 「土牛儀禮의 法制化過程과 儀禮變化에 나타나는 時代的 含意－天聖令과 唐令의 비교를 중심으로」, 『역사교육』 112, 2009와 김호의 「唐代 太醫署의 醫學分科와 醫書－『天聖令』「醫疾令」 관련조문에 근거하여」, 『中國古中世史硏究』 27, 2012 ; 「唐代 皇帝의 醫療官府－『天聖令』「醫疾令」에 근거하여 北宋 天聖年間까지의 연속성과 변화상 추적」, 『歷史學報』 217, 2013이 그 대표적인 예이다.

농축하고 있는 천성령은 당·송 시기의 역사를 이해하는 데 더할 나위 없이 좋은 일차사료(一次史料)이기 때문이다. 당대사나 송대사 나아가 중국사 전반에 대하여 진지한 열정과 예민한 문제의식을 가진 연구자라면, 이 안에서 무엇보다 신선한 연구의 소재를 찾을 수 있을 터이다. 뿐만 아니라 한국사 연구에서도 천성령은 유용한데, 최근 고려시대 율령의 복원 작업에서 이를 참고한 것은[24] 그 좋은 예라고 하겠다. 하지만 이와 같은 연구들이 아직 초보적인 단계에 머물러 있음 또한 분명하므로 향후 더욱 광범위하고 치밀한 분석이 요망된다. 아직 공부가 부족한 상태임에도 불구하고 서둘러 천성령의 역주를 감행한 까닭은 바로 이러한 바람 때문이다.

---

24) 영남대학교 민족문화연구소 편, 『고려시대 율령의 복원과 정리』, 서울 : 경인문화사, 2009는 高麗令의 '法意' 혹은 '參考' 자료로서 천성령을 제시하고 있다. 이 『천성령 역주』에서 고려의 관련 令文을 밝힐 수 있었던 것은 이 책에 힘입은 바 크다. 일부 조문의 경우 그 상관성이 혹 의심스럽더라도 일단 이 선행 연구에 따랐을 뿐더러 새로운 내용의 추가도 극히 한정된 범위에 머무를 수밖에 없었던 것이다. 이는 한국사 관련 사료와 그 연구사에 익숙하지 않은 역주자들의 역량 한계 탓으로서, 이후 유관 분야 전문가들의 보다 철저하고 전면적인 검토를 기다린다.

1. 저본

天一閣博物館·中國社會科學院歷史研究所天聖令整理課題組 校證, 『天一閣藏明鈔本天聖令校證 附唐令復原研究』(北京 : 中華書局, 2006) 上冊에 수록된 明抄本 『天聖令』貞冊의 影印本

2. 원문의 제시

1) 〈現○〉은 시행된 '천성령'을 가리키고, 〈舊○〉은 시행되지 않은 구령을 가리킨다.

2) 異體字는 현재 한국에서 상용하는 正字로 바꾸었다. 단 상이한 뜻을 가질 수 있는 글자의 경우 저본 그대로 쓰고 주석에서 그 용법을 설명하였다.

3) 명백히 잘못된 저본의 글자는 바로잡은 뒤 '( )' 안에 誤記된 글자를 밝히고 주석으로 설명하였다.

4) 저본의 衍文은 '( )' 안에 넣고 주석으로 설명하였다.

5) 저본의 脫文은 '[ ]'를 사용하여 보충하고 주석으로 설명하였다.

6) 저본의 割注는 글자 크기를 줄여 본문과 구분하였다. 저본에서 할주를 원문으로 혹은 원문을 할주로 잘못 쓴 경우, 이를 바로잡고 주석으로 설명하였다.

3. 유관당송문

1) 唐·宋 시기의 기록 중 관련성이 높은 것을 제시하였다. 배열순서는 원칙상 근거 문헌의 간행 시기를 기준으로 하고, 출토문서와 일본 문헌에 인용된 당령은 가장 마지막에 두었다.

2) 高麗의 기록 중 관련성이 높은 것을 제시하였다. 『고려시대 율령의 복원과 정리』에 의거한 경우 해당 조항의 번호와 제목만 밝혔다.

3) 저본의 이해를 돕기 위해 日本 養老令의 유관 조항을 별도로 제시하였다.

4) 기존의 당령과 천성령의 대표적 복원 연구 성과인 『唐令拾遺』, 『唐令拾遺補』와 『天一閣藏明鈔本天聖令校證 附唐令復原研究』 중 '清本'의 해당 조항을 적시하였다.

4. 역문의 작성 원칙

1) 直譯을 원칙으로 하였다.

2) 연호 기년은 '( )' 안에 서력 연도를 아라비아 숫자로 병기하였다.

3) 내용의 이해와 문맥의 순조로운 연결을 위해 필요한 말은 '[ ]'에 넣어 보충하였다.

4) 할주의 경우 글자 크기를 줄여 구분하였다.

5) 한자를 밝히지 않으면 오해의 소지가 있는 어휘는 '( )' 안에 한자를 병기하고, 원문의 제시가 필요할 경우 '[ ]' 안에 넣어 이와 구분하였다.

5. 참고문헌과 색인의 작성 원칙

1) 참고문헌은 역주에 이용한 자료와 천성령 관련 연구 성과를 사료, 연구서, 연구논문으로 구분하여 제시하였다.

2) 참고문헌의 동일 항목 안에서는 원칙상 출판지에 따라 분류한 뒤 사료 명칭 혹은 연구자 이름의 한국식 독음 가나다순으로 배열하였다.

3) 색인어는 令文의 취지와 관련된 어휘를 역문 안에서 취하는 것을 원칙으로 삼았으나, 혹 원문의 표현이 독자에게 유용하다고 생각될 경우 이를 취하기도 하였다.

田令[1] 卷第二十一

〈現1〉[2] 諸田廣一步·長二百四十步爲畝，畝百[3]爲頃.

---

1) '田'은 보통 농사짓는 땅을 뜻하고, 농업이 가장 중요한 산업이던 전근대 중국에서 이에 관한 법령은 일찍부터 있었다. 『周禮』에 "野有田律"이란 기록이 나오며, 睡虎地에서 발견된 秦律이나 漢初의 二年律令 가운데 분명히 '田律'이 존재하는 것이다(睡虎地秦墓竹簡整理小組, 『睡虎地秦墓竹簡』, 北京：文物出版社, 1978, 24~30쪽；張家山二四七號漢墓竹簡整理小組, 『張家山漢墓竹簡：二四七號墓(釋文修訂本)』, 北京：文物出版社, 2006, 41~44쪽). 그런데 '田令'이라는 명칭의 출현은 조금 후대의 일인 듯하다. 『後漢書』에도 이러한 말이 보이지만(권80上, 文苑 黃香, 2615쪽), 晉·宋·南齊 시기에는 '佃令' 그리고 梁代에는 '公田公用儀迎令' 안에 이러한 내용이 있었으리라고 짐작되기 때문이다(『唐六典』 권6, 尙書刑部, 北京：中華書局, 1992, 184쪽；『역주당육전』상, 서울：신서원, 2003, 571~573쪽). 하지만 隋代의 開皇令 이후 '田令'이라는 편명이 확실히 나타나며, 이 令名은 唐宋 시기에 계속 존속하였다. 『天聖令』 권21의 '田令'은 바로 이러한 역사의 산물로서, 일반민의 전토는 물론 관인에게 지급한 永業田, 公廨田, 職分田, 屯田 등 모든 경작지에 관한 제반 규정이 여기에 실려 있다. 더욱이 북송 天聖 연간(1023~1032)에 시행한 現令 7조와 이 영의 반포와 함께 폐기된 舊令 49조, 총 56개의 조항으로 구성된 이것은 唐代에 시행되었다는 이른바 均田制의 실상과 그 변화 추이의 이해에 무엇보다 중요한 사료이다. 그러므로 천성령의 발견 이후 학계에서 이에 대한 관심이 지대하여 일찍부터 令文의 소개와 校勘작업이 진행되었다. 兼田信一郎, 「戴建國氏發見の天一閣博物館所藏北宋天聖令田令について-その紹介と初步的整理」, 『上智史學』 44, 1999；戴建國, 「唐『開元二十五年令·田令』研究」, 『歷史研究』 2000-2；池田溫, 「唐令と日本令(3) 唐令復原研究の新段階」, 『創價大學人文論集』 12, 2001이 그것인데, 天一閣博物館 등 校證, 『天一閣藏明鈔本天聖令校證 附唐令復原研究』下, 北京：中華書局, 2006에 실린 宋家鈺의 田令 정리와 「唐開元田令的復原研究」가 이를 잘 반영하고 있다. 令文의 정확한 복원과 이해를 위한 노력은 이후에도 계속되었는데, 특히 渡邊信一郎, 「北宋天聖令による唐開元二十五年令田令の復原並びに譯注」, 『京都府立大學學術報告(人文·社會)』 58, 2006은 그 번역까지 시도하여 주목된다.

2) [교감주] 범례에서 밝혔듯이 '〈 〉' 부분은 저본에 없으나 편의상 첨가하였다. 田令은 "右並因舊文, 以新制參定."이라는 구절로 크게 양분되는데, 그 앞의 조항들은 천성령의 반포와 함께 실제로 사용된 現行令인 반면 그 뒤의 조항들은 마지막에 "右令不行"이

무릇[4] 전토는 폭 1보[5], 길이 240보를 [1]무[6]로 하며, 무 100[개의 면적]을 [1]경[7]으로 한다.[8]

유관당송문 1)『唐六典』: 凡天下之田, 五尺爲步, 二百有四十步爲畝, 畝百爲頃.(권3, 尙書戶部, 74쪽 ;『역주당육전』상, 317쪽)

2)『夏侯陽算經』: 田令, 諸田廣一步, 長二百四十步爲畝, 畝百爲頃.(권上, 論步數不等)

3)『通典』: 開元二十五年令 : 田廣一步·長二百四十步爲畝, 百畝爲頃. 自秦漢以降, 卽二百四十步爲畝, 非獨始於國家, 蓋具令文耳. 國家程式雖則具存, 今所存纂錄, 不可悉載, 但取其朝夕要切, 冀易精詳, 乃臨事不惑.(권2, 食貨2 田制, 29쪽)

라고 명기하여 법적 효력을 더 이상 인정하지 않았다. 따라서 양자를 각각 '現'과 '舊'로 구분하고 개별 조항들에 일련번호를 매겨둔 것이다. 賦役令 이하 天聖令의 여타 令들 역시 마찬가지 형식이므로, 모두 이와 같은 정리 방식에 따르고 이후 다시 설명하지 않는다.

3) [교감주] 저본의 '畝百'은 유관 문헌들에 혹 '百畝'로도 되어 있다.

4) 당송 시기의 令文은 일반적으로 '諸'로 시작하며 이 글자를 굳이 번역할 필요가 없다. 그러나 천성령에서는 官府, 황제나 그 친척, 宮廟, 節令, 수도 관련 용어 등이 나올 경우 이를 일관되게 생략하고 있다(牛來穎,「『天聖令』復原研究中的幾個問題」, 臺灣大歷史系 등 주편,『新史料·新觀點·新視角 天聖令論集』上, 臺北 : 元照出版公司, 2011, 65~76쪽. 이하 이 책은 "『天聖令論集』上"으로 약칭). 따라서 이러한 천성령의 형식적 특징을 드러내기 위하여 영문 첫머리의 '諸'는 '무릇'으로 번역한다.

5) 雜令에서 "諸度, 以北方秬黍中者, 一黍之廣爲分, 十分爲寸, 十寸爲尺[原注 : 一尺二寸爲大尺一尺], 十尺爲丈."(〈現1〉조), "諸度地, 五尺爲步, 三百六十步爲里."(〈現6〉조)라고 한다. 송대의 1尺이 약 31.2㎝라는 漢語大詞典編輯委員會 등,『漢語大辭典』, 上海 : 漢語大辭典出版社, 1994의 附錄「中國歷代度制演變測算簡表」에 의하면, 당시의 1步 곧 5尺은 약 156cm이다.

6) 1畝는 240平方步 곧 宋尺으로 6000平方尺이고, 미터법에 따르면 약 584㎡로서 약 177坪이다.

7) 1頃은 100畝 곧 宋尺으로 6000平方丈으로서, 이것은 58406㎡, 약 59段步에 해당한다.

8) 이 조문을 開元25年令이라고 한『통전』은 이러한 토지제도의 기원을 秦漢 시기에서 찾고, 나아가 "商鞅佐秦, 以一夫力餘, 地利不盡, 於是改制二百四十步爲畝, 百畝給一夫矣."(권174, 州郡 風俗, 4562쪽)라고 하여 이를 商鞅變法과 관련시키고 있다. 실제로 근래 발견된 戰國時代 秦의 '靑川秦墓出土木牘' 등에 이와 유사한 규정이 보이며(渡邊信一郞,「北宋天聖令による唐開元二十五年田令の復原並びに譯注」, 42~43쪽 참조), 漢初의 二年律令의 田律 역시 마찬가지이다(富谷至 편,『江陵張家山二四七號墓出土漢律令の研究』(譯注篇), 東京 : 朋友書店, 2006, 161~163쪽 참조).

4)『舊唐書』: 凡天下之田, 五尺爲步, 步二百有四十爲畝, 畝百爲頃.(권43, 職官2, 1825쪽 ; 권48, 食貨上, 2088쪽 참조)

5)『冊府元龜』:『통전』의 기록과 거의 같다.(권495, 邦計部 田制, 5927쪽)

6)『新唐書』: 度田以步, 其闊一步, 其長二百四十步爲畝, 百畝爲頃.(권51, 食貨1, 1342쪽)

7)『山堂考索』:『통전』의 기록과 같다.(前集 권65, 地理門 田制類, 436쪽)

▸ 유관 고려령

『고려시대 율령의 복원과 정리』: 田令[1-7], 定量田步數(高麗令 18, 598쪽)

▸ 유관 일본령

『令義解』: 凡田, 長卅步, 廣十二步爲段. 十段爲町.(권3, 田令, 107쪽 ;『令集解』 권12, 田令, 345쪽)

▸ 복원 당령

『唐令拾遺』 田令, 1조, 607~608쪽 ;『唐令拾遺補』 田令, 1조, 749쪽

『天聖令』 당령복원청본, 田令, 1조, 449쪽

〈現2〉 諸每年課種桑·棗樹木, 以五等分戶, 第一等一百根, 第二等八十根, 第三等六十根, 第四等四十根, 第五等二十根. 各以桑棗·雜木相半. 鄕土不宜者, 任以所宜樹充. 內有孤·老·殘疾及女戶無男丁者, 不在此限(根).[9] 其桑·棗滋茂, 仍不得非理斫伐.

무릇 매년 뽕나무·대추나무 [등의] 나무를 심게 하는데, 다섯 등급으로 호를 나누어[10] 제1등[호] 100그루, 제2등[호] 80그루, 제3등[호] 60그루, 제4등[호] 40그루, 제5등[호] 20그루씩 [할당]한다. 각각 뽕나무·대추나무와 잡목을 반씩 한다. 지역의 풍토가 [뽕나무와 대추나무에] 적합하지 않을 경우, 적합한 나무로 대신할 수 있게 한다. [당해 호] 안에 아비 없는 어린 아이[11]나 60세 이상의 늙은이,[12] 잔질(殘疾)[13]이 있거나[14]

---

9) [교감주] 저본의 '根'은 문맥상 '限'의 오기이다.

10) 賦役令, 〈現9〉조의 "諸縣令須親知所部富貧·丁中多少·人身彊弱, 每因升降戶口, 卽作五等定簿, 連署印記."라는 규정을 보면, 당시 재산과 丁中의 다과 등을 기준으로 나눈 5개의 戶等이 존재하였다.

여호(女戶)로서[15] 성인 남자가 없을 경우 이 [식목을 강제하는] 범위에 두지 않는다. 뽕나무와 대추나무는 무성해져도 마땅한 이유 없이 베어서는 안 된다.[16]

유관당송문 1) 『宋刑統』: 議曰, 依田令, 戶內永業田, 課植桑五十根以上, 楡·棗各十根以上. 土地不宜者, 任依鄕法.(권13, 戶婚律 課農桑, 209쪽 ; 『唐律疏議』 권13, 戶婚22-1의 소의 〈제171조〉, 249쪽 ; 『역주당률소의』, 2240~2241쪽)

2) 『通典』: 開元二十五年令 … 每畝(戶?)課種桑五十根以上, 楡·棗各十根以上, 三年種畢. 鄕土不宜者, 任以所宜樹充.(권2, 食貨2 田制, 29~30쪽)

3) 『冊府元龜』: 『통전』의 기록과 거의 같다.(권495, 邦計部 田制, 5927쪽)

4) 『新唐書』: 永業之田, 樹以楡·棗·桑及所宜之木, 皆有數.(권51, 食貨1, 1342쪽)

5) 『山堂考索』: 『통전』의 기록과 같다.(前集 권65, 地理門 田制類, 436쪽)

6) 『文獻通考』: 永業之田, 樹以輸(楡?)·桑·棗及所宜之本.(권2, 田賦 歷代田賦

---

11) '孤'는 『禮記』, 「王制」에서 "少而無父者謂之孤"라고 하였다.

12) 『송형통』 권12, 戶婚律 脫漏增減戶口, 190쪽에 추가된 '戶令'에서 "其男年二十一爲丁, 六十爲老, 無夫者爲寡妻妾."이라고 한다.

13) 『송형통』 권12, 戶婚律 脫漏增減戶口, 190쪽에 추가된 '戶令'에 "諸一目盲·兩耳聾·手無二指·足無三指·手足無大拇指·禿瘡無髮·久漏下重·大癭瘇, 如此之類, 皆爲殘疾. 癡瘂·侏儒·腰脊折·一支廢, 如此之類, 皆爲廢疾. [惡]疾·癲狂·二支廢·兩目盲, 如此之類, 皆爲篤疾."이라 하고, '殘疾'은 세 등급으로 나눈 장애 가운데 가장 경미한 경우이다. 이 규정이 '殘疾'에게 적용된다면, 장애 정도가 더욱 심한 '廢(癈)疾'과 '篤疾' 또한 마찬가지일 것이다.

14) 『송형통』 권12, 戶婚律 脫漏增減戶口, 190쪽에 추가된 '戶令'의 "諸鰥寡孤獨·貧窮老疾, 不能自存者, 令近親收養."이라는 내용을 볼 때 '孤'·'老'·'疾'者는 당시 자립 능력이 없다고 간주되었다. 이 규정은 바로 이러한 인식에 기반한 것으로 생각된다.

15) '女戶'는 그 호를 대표할만한 성인 남자가 없는 경우에 인정한 특수한 호이다. 柳田節子, 「宋代の女戶」, 『柳田節子古稀記念 中國の傳統社會と家族』, 東京 : 汲古書院, 1993 참조.

16) 이 조문은 永業田에 뽕나무 등을 심게 한 唐令과 매우 상이하다. 植木 장소를 명기하지 않았을 뿐만 아니라 호등에 따라 그 할당량도 달리 정하였기 때문이다. 이것은 영업전이라는 地目 자체가 사라지고 田産의 균등 배분 원칙이 방기된 송대 상황의 반영일 것이다. 『宋史』 권173, 食貨上1 農田, 4157~4158쪽의 "農田之制 … 建隆以來, 命官分詣諸道均田, 苛暴失實者輒譴黜, 申明周顯德三年之令, 課民種樹, 定民籍爲五等, 第一等種雜樹百, 每等減二十爲差, 桑棗半之."라는 기록을 보면, 이와 비슷한 제도는 後周 世宗 顯德 3년(956)에 이미 있었다고 생각된다.

之制, 41쪽)

▸ 유관 고려령

『고려시대 율령의 복원과 정리』 : 田令[4-2], 諸道州縣桑苗(高麗令 18, 614쪽)

▸ 유관 일본령

『令義解』 : 凡課桑漆, 上戶桑三百根·漆一百根以上, 中戶桑二百根·漆七十根以上, 下戶桑一百根·漆四十根以上. 五年種畢, 鄕土不宜及狹鄕者, 不必滿數.(권3, 田令, 109~110쪽 ; 『令集解』 권12, 田令, 358쪽)

▸ 복원 당령

『唐令拾遺』 田令, 6조, 620~623쪽 ; 『唐令拾遺補』 田令, 6조, 751쪽

『天聖令』 당령복원청본, 田令, 18조, 450쪽

〈現3〉 諸官人·百姓, 並不得將田·宅捨施及賣易與寺·觀. 違者, 錢·物及田·宅並沒官.

무릇 관인과 백성은 모두 전토와 택지를 절이나 도관(道觀)에 시주하거나 매매·교환[賣易][17]하여서는 안 된다. 위반할 경우, 돈과 재물 그리고 전토와 택지는 모두 관에 몰수한다.[18]

유관당송문 1) 『唐大詔令集』 : 官人百姓將莊田·宅舍布施者, 在京並令司農卽收, 外州給貧下課戶.(권110, 政事 誡勵風俗勅, 571쪽)

▸ 유관 일본령

17) 『영의해』 권3, 田令, 112쪽과 『영집해』 권12, 田令, 368쪽의 "賣易者, 賣及貿易"이라는 주석을 보면, 여기에서 '易'은 '賣'와 구분되는 교환 행위이다. 『송형통』 권4, 名例律 贓物沒官及徵還官主並物徵, 62쪽(『唐律疏議』 권4, 名例33-1의 소의 〈제33조〉, 88쪽 ; 『역주당률소의』, 250~251쪽)의 "轉易得他物者, 謂本贓是驢, 廻易得馬之類."에서 말하는 '轉易'이나 '廻易'이 바로 이와 유사한 것이라고 생각된다.

18) 이 조문과 유사한 당송 시기의 令은 확인되지 않지만, 유사한 내용의 일본령을 볼 때 당 전기에 이미 비슷한 규정이 있었다고 추측된다. 그리고 『大元聖政國朝典章』의 "照得舊例, 官人·百姓, 不得將奴婢·田宅舍施典賣與寺觀, 違者, 價錢沒官, 田宅·奴婢還主."(권19, 戶部5, 涿州 : 中國廣播電視出版社, 1998, 752쪽)에서 알 수 있듯이 元代에도 이러한 금지 법령이 있었는데, 그 처리 방법은 이 조항과 조금 다르다.

『令義解』: 凡官人·百姓, 並不得將田·宅·園地捨施及賣易與寺.(권3, 田令, 112쪽; 『令集解』 권12, 田令, 367~368쪽)

▸ 복원 당령

『唐令拾遺補』 田令, 補2조, 755~756쪽

『天聖令』 당령복원청본, 田令, 30조, 451쪽

〈現4〉 諸田爲水侵射, 不依舊流, 新出之地, 先給被侵之家. 若別縣界新出亦準此. 其兩岸異管, 從正流爲斷.

무릇 전토가 물에 잠겨버리고 [물길이] 옛 흐름을 따르지 않아서 새로 생긴 토지는 피해를 입은 집에 우선 지급한다. 만약 다른 현의 영역에 새로 [토지가] 생겼다면 또한 이에 준한다. 양쪽 기슭이 관할을 달리하면, 물길의 중앙에 따라[19] [관할 경계를] 결정한다.[20]

유관당송문 1) 『宋刑統』: 田令 … 又條, 諸田爲水侵射, 不依舊流, 新出之地, 先給被侵之家. 若別縣界新出, 依收授法. 其兩岸異管, 從正流爲斷. 若合隔越受田者, 不取此令.(권13, 戶婚律 占盜侵奪公私田, 205쪽)

2) 『慶元條法事類』: 田令: 諸田爲水所衝, 不循舊流而有新出之地者, 以新出地給被衝之家 可辦田主姓名者, 自依退復田法. 雖在他縣亦如之. 兩家以上被衝而地少給不足者, 隨所衝頃畝多少均給. 其兩岸異管, 從中流爲斷.(권49, 農桑門 農田水利, 684쪽)

▸ 유관 고려령

19) '正流'는 유관당송문의 『경원조법사류』에서 "中流"라고 하였음을 볼 때 강의 중앙을 가리킨다고 생각된다. 행정 구역이 강을 경계로 하였던 경우, 이처럼 물길이 바뀌면 새로운 강의 중심선을 기준으로 행정 구역을 다시 구분한다는 뜻인 것이다.

20) 유관당송문의 『송형통』 기록은 『당률소의』에 없는 내용이다. 그러나 이 조항과 유사한 일본령이 있으므로, 그 기원은 당대로 소급될 가능성이 크다. 그러나 다른 현에 생긴 토지의 처리는 분명한 차이가 있다. 『송형통』에 전하는 田令이 "依收授法"이라 하였고, 『영의해』 권3, 田令, 112쪽과 『영집해』 권12, 田令, 370쪽에는 "若別縣界出者, 非也."라는 주석이 있기 때문이다. 반면 『경원조법사류』의 경우 피해를 당한 집에 우선권을 주어 이 조항과 동일한데, 이것은 전토에 대한 개인의 권리가 강화되어 가는 추세를 시사하는 듯하여 흥미롭다.

『고려시대 율령의 복원과 정리』 : 田令[5-3], 諸州縣公私田川河漂損(高麗令 18, 618쪽)

▶ 유관 일본령

『令義解』 : 凡田爲水侵食, 不依舊派(流?), 新出之地, 先給被侵之家.(권3, 田令, 112쪽 ; 『令集解』 권12, 田令, 369~370쪽)

▶ 복원 당령

『唐令拾遺』 田令, 26조, 641쪽 ; 『唐令拾遺補』 田令, 26조, 753쪽

『天聖令』 당령복원청본, 田令, 33조, 451쪽

〈現5〉 諸競田, 判得已耕種者, 後雖改判, 苗入種人 ; 耕而未種者, 酬其功力. 未經斷決, 强耕種者, 苗從地判.

무릇 전토 분쟁에서 [자신의 것으로] 판정되어 토지를 갈고 씨를 뿌린 경우 그 뒤 비록 [전토의 주인에 대한] 판정이 번복되더라도 작물은 씨를 뿌린 사람에게 들이고, 토지를 갈았으나 씨는 아직 뿌리지 않은 경우 그 공력(功力)[21]에 대하여 [바뀐 판정에 따른 전토의 주인이] 보상한다. 판결이 끝나지 않은 상태에서 [일방이] 억지로 토지를 갈고 씨를 뿌린 경우, 작물은 토지의 [주인에 대한] 판정에 따른다.[22]

유관당송문 1) 『宋刑統』 : 田令, 諸競田判得已耕種者, 後雖改判, 苗入種人. 耕而未種者, 酬其功力. 未經斷決, 强耕者, 苗從地判.(권13, 戶婚律 占盜侵奪公私田, 205쪽)

---

21) '功力'은 어떤 일에 투여된 노동이나 정성이라는 일반적 의미일 수 있으나, 당시 '功'의 특별한 뜻에 주목할 필요도 있다. 營繕令, 〈現1〉조의 "諸計功程者, 四月·五月·六月·七月爲長功, 二月·三月·八月·九月爲中功, 十月·十一月·十二月·正月爲短功."이라는 규정에서 보듯이, '功'이 일할 수 있는 시간에 따른 노동량 혹은 작업량의 계산 단위로도 사용되었기 때문이다. 『唐律疏議』 권6, 명례55-1 〈제55조〉, 140쪽(『역주당률소의』, 362쪽)과 『唐六典』의 권23, 將作都水監, 595쪽(『역주당육전』하, 135~137쪽) ; 권7, 尙書工部, 222쪽(『역주당육전』상, 675쪽) 참조.

22) 이 조문은 동일한 내용이 『송형통』과 일본령에 있으므로 당제를 계승한 것이다.

▸ 유관 일본령

『令義解』: 凡競田, 判得已耕種者, 後雖改判, 苗入種人 ; 耕而未種者, 酬其功力. 未經斷決, 强耕種者, 苗從地判.(권3, 田令, 113쪽 ; 『令集解』 권12, 田令, 372~373쪽)

▸ 복원 당령

『唐令拾遺』 田令, 28조, 641~642쪽

『天聖令』 당령복원청본, 田令, 35조, 451쪽

〈現6〉 **諸職田, 三京及大藩鎭四十頃, 藩鎭三十五頃, 防·團州三十頃, 上·中州二十頃, 下州·軍·監十五頃, 邊遠小郡[23]戶少者一十頃, 上·中·下縣十頃至七頃爲三等給之. 給外有賸者, 均授. 州縣兵馬監臨之官及上佐錄事·司理參軍·判司等, 其給賸田之數(類),[24] 在州不得過幕職, 在縣不得過簿·尉.**

무릇 직전[25]은 3경(京)[26]과 대번진[27]은 40경, 번진[28]은 35경, 방어주(防禦

---

23) [교감주] 저본의 '郡'을 중화서국 교록본은 유관당송문의 『송사』를 근거로 '州'의 오기로 보았다. 그러나 송대의 문헌에서 府·州·軍·監을 '郡'으로 통칭하는 경우가 적지 않고, 이 글의 문맥상 이 글자가 반드시 州만을 가리킨다고 단정하기도 어렵다.

24) [교감주] 저본은 "其給賸田之數類"로 되어 있고, 그 의미가 난해하다. 戴建國, 「唐『開元二十五年令·田令』研究」는 '數'를 衍字로 본 반면 중화서국 교록본과 渡邊信一郎, 「北宋天聖令による唐開元二十五年令田令の復原並びに譯注」는 '類'를 衍字라고 하였다. 시비를 분명히 가리기는 어려우나, 잠정적으로 후자에 따른다.

25) 宋代의 職田은 지방관의 부족한 수입을 보충해 주기 위하여 差遣 곧 실제 職任에 따라 지급한 전토이다. 眞宗 咸平 2년(999)에 처음 시행된 이 제도는 官田이나 장기간에 걸친 逃田 등을 客戶에게 소작시켜 그 地租로써 地方官의 수입으로 삼게 하였다. 이것이 仁宗 天聖年間에 일시 폐지되었다는 기록이 있는데(『송사』 권172, 職官12, 4146쪽), 이 令文은 천성령의 반포 당시 職田이 지방관에게 지급되었음을 알려준다.

26) 宋代에는 東京 곧 開封 이외에도 西京 河南府(현 河南 洛陽), 南京 應天府(현 河南 商丘), 北京 大名府(현 河北 大名)가 있어 4京 체제이었다. 그러나 北京을 세운 것은 慶曆 2년(1042)의 일이므로 天聖令 반포 당시에는 三京만이 존재하였다. 『송사』 권85, 地理1, 2104~2145쪽 참조.

27) 宋代 地方官制에 '大藩鎭'이라는 공식 명칭은 존재하지 않는다. 그러나 州·府·軍과 같은 지방 행정 단위가 '藩'으로 俗稱되었으며, 이 중 중요한 곳을 '大藩'으로 부르기도 하였다. 宋代의 州는 都督州(2品州), 節度州(3品州), 觀察州(4品州), 防禦州(5品州), 團練州(5品州), 刺史州(5品州)의 6개의 등급으로 나뉘어지는데(龔延明, 『宋代官制辭典』, 北京 : 中華書局, 1997, 530~531쪽), '大藩鎭'은 그 최상급 州라고 생각된다. 『송사』

州)[29]·단련주(團練州)[30]는 30경, 상주(上州)[31]·중주는 20경, 하주·군(軍)[32]·감[33]은 15경, 먼 변경의 작은 군(郡)[34]으로서 호수(戶數)가 적은 경우 10경, 상현(上縣)·중현·하현은 10경부터 7경까지 세 등급으로 나누어서[35] [지방장관에게] 지급한다. 지급하고 나서도 여분이 있을 경우 [속관들에게 그 지위에 따라] 고르게 지급한다. 주현의 군대를 관장하는 관인[州縣兵馬監臨之官][36]과 상좌록사[37]·사리참군[38]·판사[39] 등은 여분의 전토를 지급

권172, 職官12, 4146쪽의 "至慶曆中, 詔限職田, 有司始申定其數. 凡大藩長吏二十頃 … 凡節鎭長吏十五頃 … 凡防·團以下州軍長吏十頃"에서 보듯이 '節鎭'과 구분되는 '大藩'은 (大)都督을 장관으로 하는 都督州였던 것이다.

28) 宋代에 '藩鎭'은 공식적인 지방 행정 단위가 아니지만, 이 令文의 서술 순서로 볼 때 節度使를 長官으로 하는 節度州와 觀察使를 장관으로 하는 觀察州를 의미하는 듯하다.

29) 防禦使를 장관으로 하는 州이다.

30) 團練使를 장관으로 하는 州이다.

31) 宋代 州의 6개 등급 중 團練州 아래 최하위의 것이 刺史를 장관으로 하는 刺史州이고, 이를 혹 軍事州라고도 부른다. 따라서 여기에서 上·中·下로 구분한 州는 실상 刺史州를 뜻하며, 유관당송문의 『송사』에는 실제로 이렇게 명기되어 있다. 宋代 州의 上·中·下 구분은 都督州부터 刺史州까지의 '格'과 달리 호구 수에 따른 것으로서, 雄·望·緊·上·中·中下·下로 세분되기도 한다. 龔延明, 『宋代官制辭典』, 23·530쪽 참조.

32) 宋代의 '軍'은 州와 동급의 행정 단위인데, 보통 戶口 수가 적어 따로 州를 편성할 수 없는 要地에 두었다.

33) 宋代에는 州와 동급으로 '監'이라는 독특한 행정 단위가 있다.

34) '郡'은 宋代에 縣보다 한 단계 높은 지역 행정 단위인 府·州·軍·監을 가리킨다.

35) 여기에서는 縣의 등급에 따라 지급되는 職田額을 명기하지 않았으나, 유관당송문의 『송사』에 의하면 "上縣十頃, 中縣八頃, 下縣七頃"이다.

36) '監臨'은 『송형통』 권6, 名例律 雜條, 102~103쪽(『당률소의』 권6, 名例54-1의 율문과 소의 〈제54조〉, 139쪽 ; 『역주당률소의』, 358~360쪽)에서 "諸稱監臨者, 統攝案驗爲監臨. … [議曰]統攝者, 謂內外諸司長官統攝所部者. 案驗, 謂諸司判官判斷其事者是也."라고 하여 실제 그 일을 직접 책임지고 집행하는 관인을 가리킨다. 유관당송문의 『송사』에는 "州縣兵馬監臨之官"이 "兵馬都監押"으로 되어 있는데, 당시 州縣의 군사훈련과 差役 등을 主管하는 軍職으로 兵馬都監과 兵馬監押을 두었다.

37) '上佐'는 州나 府의 長史·司馬·別駕 등의 관직을 가리키는데, 宋代의 이러한 官職들은 散官으로서 실제 公務를 맡지 않았다. '錄事'는 錄事參軍事의 약칭으로서, 宋代에 이것은 州軍의 屬官으로서 州院·軍院의 衆務 및 糾察을 담당하였다.

38) '司理參軍'은 州(軍)의 獄訟 등을 담당한 司寇院 혹은 司理院을 주관하였다.

39) 여기에서 '判司'가 어떤 관직인지 명확히 밝히기는 어렵다. 唐代에 이것이 대개

하는 양이 주에서는 막직[40]보다 많으면 안 되고, 현에서는 주부(主簿)[41]나 위(尉)[42]보다 많으면 안 된다.[43]

유관당송문 1)『唐六典』: 凡天下諸州公廨田 : 大都督府四十頃, 中都督府三十五頃, 下都督·都護·上州各三十頃, 中州二十頃, 宮總監·下州各十五頃, 上縣十頃, 中縣八頃, 中下縣六頃, 上牧監·上鎭各五頃, 下縣及中牧·下牧·司竹監·中鎭·諸軍折衝府各四頃, 諸冶監·諸倉監·下鎭·上關各三頃, 互市監·諸屯監·上戍·中關及津各二頃, 津隸都水, 則不別給. 下關一頃五十畝, 中戍·下戍·嶽·瀆各一頃. 凡諸州及都護府官人職分田, 二品一十二頃, 三品·四品以二頃爲差, 五品至八品以一頃爲差, 九品二頃五十畝. 鎭·戍·關·津·嶽·瀆及在外監官, 五品五頃, 六品三頃五十畝, 七品三頃, 八品二頃, 九品一頃五十畝. 三衛中郎將·上府折衝都尉各六頃, 中府·下府以五十畝爲差, 郎將各五頃. 上府課毅都尉四頃, 中府·下府以五十畝爲差. 上府長史·別將各三頃, 中府·下府各二頃五十畝. 親王府典軍五頃五十畝, 副典軍四頃. 千牛備身·備身左右·太子千牛備身各三頃. 諸軍上折衝府兵曹各二頃, 中府·下府各一頃五十畝. 其外軍校尉一頃二十畝, 旅帥一頃, 隊正·副各八十畝.(권3, 尙書戶部, 75~76쪽 ;『역주당육전』상, 322~325쪽)

州의 判官 곧 司功參軍事 등을 지칭함을 생각하면, 宋代의 判司도 軍巡判官이나 司理參軍事 등을 뜻할 가능성이 크다.

40) 宋代의 '幕職'은 簽判官, 留守推判, 節度推官, 觀察推官, 節度判官, 觀察判官, 節度掌書記, 觀察支使 등 지방에서 근무하는 일부 職事官의 총칭이다. 이것은 唐代 藩鎭의 節度使府나 觀察使府에 벽소된 僚佐 곧 節度副使·觀察副使·行軍司馬·支使·判官·掌書記·參謀·推官 등으로부터 유래하나, 宋代의 경우 이들은 使職의 屬官이 아니라 지방 행정관이었다.

41) 縣의 '簿'는 곧 縣主簿로서, 宋代에 縣의 官物 출납이나 문서의 기록 등을 관장하였다.

42) 宋代에 縣尉는 縣의 치안 유지를 관장하는 職事官과 選人의 階官 명칭이라는 두 가지 용례가 있는데, 여기에서는 전자의 의미일 것이다.

43) 이 조문은 당대 지방관에게 준 職(分)田이 아니라 지방 관청에 지급된 公廨田 관련 규정과 흡사하다. 따라서 송대 지방관의 職田은 당대의 공해전과 밀접한 관계가 있는 듯하다. 실제로 중앙의 관청에 지급한 공해전과 內官·外官에게 준 직전에 대한 여타 당령들, 곧 이 田令의 〈舊32〉·〈舊33〉·〈舊34〉조가 모두 천성령의 반포와 함께 失效하였다. 다시 말하면, 당대에 중앙과 지방의 관청에 지급되던 공해전과 文武內外 職事官에 주던 직전 가운데, 송대에는 오로지 지방관의 직전만이 지방 관청의 공해전을 계승하여 유지되었던 것이다.

2)『通典』: 開元二十五年令 … 諸州及都護府·親王府官人職分田, 二品一十二頃, 三品一十頃, 四品八頃, 五品七頃, 六品五頃, 京·畿縣亦準此. 七品四頃, 八品三頃, 九品二頃五十畝. 鎭·戍·關·津·岳·瀆及在外監官, 五品五頃, 六品三頃五十畝, 七品三頃, 八品二頃, 九品一頃五十畝. 三衛中郎將·上府折衝都尉各六頃, 中府五頃五十畝, 下府及郎將各五頃. 上府果毅都尉四頃, 中府三頃五十畝, 下府三頃. 上府長史·別將各三頃, 中府·下府各二頃五十畝. 親王府典軍五頃五十畝, 副典軍四頃, 千牛備身·[備身]左右·太子千牛備身各三頃. 親王府文武官隨府出藩者, 於所在處給. 諸軍上折衝府兵曹二頃, 中府·下府各一頃五十畝. 其外軍校尉一頃二十畝, 旅帥一頃, 隊正·副各八十畝, 皆於領側州縣界內給. 其校尉以下, 在本縣及去家百里內領者不給. … 又田令, 在京諸司及天下州府縣監·折衝府·鎭·戍·關·津·嶽·瀆等公廨田·職分田, 各有差.(권2, 食貨2 田制, 29·31~32쪽)

3)『通典』: 大唐 … 在外諸司公廨田, 亦各有差 : 大都督府 四十頃, 中都督府 三十五頃, 下都督·都護府·上州 各三十頃, 中州 二十頃, 宮總監·下州 各十五頃, 上縣 十頃, 中縣 八頃, 下縣 六頃, 上牧監·上鎭 各五頃, 下縣及中下牧·司竹監·中鎭·諸軍折衝府 各四頃, 諸冶監·諸倉監·下鎭·上關 各三頃, 互市監·諸屯監·上戍·中關及津 各二頃. 其津隸都水使者, 不給. 下關 一頃五十畝, 中戍·下戍·嶽·瀆 各一頃. … 諸州及都護府·親王府官人職分之田, 亦各有差 : 二品 十二頃, 三品 十頃, 四品 八頃, 五品 七頃, 六品 五頃. 京畿縣亦準此. 七品 四頃, 八品 三頃, 九品 二頃五十畝. 鎭·戍·關·津·岳·瀆及在外監官五品 五頃, 六品 三頃五十畝, 七品 三頃, 八品 二頃, 九品 一頃五十畝. 三衛中郎將·上府折衝都尉 各六頃, 中府 五頃五十畝, 下府及諸郎將 各五頃. 上府果毅都尉 四頃, 中府 三頃五十畝, 下府 三頃. 上府長史·別將 各三頃, 中府·下府 各二頃五十畝. 親王府典軍 五頃五十畝, 副典軍 四頃, 千牛備身·備身左右·太子千牛備身 各三頃.. 諸軍上折衝府兵曹 二頃, 中府·下府 各一頃五十畝. 其外軍校尉 一頃二十畝, 旅帥 一頃, 隊正·副 各八十畝, 皆於領側州縣界內給. 其校尉以下, 在本縣及去家百里內領者不給. 其田亦借民佃植, 至秋冬受數而耳.(권35, 職官17 俸祿, 970~971쪽)

4)『山堂考索』:『통전』 권2의 기록과 같다.(前集 권65, 地理門 田制類, 436~437쪽)

5)『文獻通考』:『통전』 권35의 기록과 거의 같다.(권65, 職官 職田, 592쪽)

6)『續資治通鑑長編』: 宰相張齊賢請給外任官職田, 詔三館·秘閣檢討故事, 申定其制 … 其兩京·大藩府四十頃, 次藩鎭三十五頃, 防禦·團練州三十頃, 中上刺史州二十頃, 下州及軍·監十五頃, 邊遠小州·上縣十頃, 中縣八頃, 下縣七頃,

轉運使·副使十頃, 兵馬都監·監押·寨主·釐務官·錄事參軍·判司等, 比通判·幕職之數而均給之.(권45, 眞宗 咸平2년7월조, 4책 955~956쪽)

7) 『宋史』: 職田 … 咸平中 … 其兩京·大藩府四十頃, 次藩鎭三十五頃, 防禦·團練州三十頃, 中·上刺史州二十頃, 下州及軍·監十五頃, 邊遠小州·上縣十頃, 中縣八頃, 下縣七頃, 轉運使·副十頃, 兵馬都監押·砦主·釐務官·錄事參軍·判司等, 比通判·幕職之數而均給之.(권172, 職官12, 4145~4146쪽)

▸ 유관 일본령

『令義解』: 凡在外諸司職分田, 大宰帥十町 … 中下國目一町, 史生如前.(권3, 田令, 113쪽 ; 『令集解』 권12, 田令, 373~374쪽)

『令義解』: 凡郡司職分田, 大領六町 … 狹鄕不須要滿此數.(권3, 田令, 113쪽 ; 『令集解』 권12, 田令, 374쪽)

▸ 복원 당령

『唐令拾遺』 田令, 30조, 644쪽

『天聖令』 당령복원청본, 田令, 38조, 451쪽

〈現7〉 諸職分陸田桑柘[44)]·綿(緜)[45)]絹等目. 限三月三十日, 稻田限四月三十日. 以前上者, 並入後人 ; 以後上者, 入前人. 其麥田以九月三十日爲限. 若前人自耕未種, 後人酬其功直 ; 已自種者, 準租分法. 其限有月閏者, 只以所附月爲限, 不得更理閏月. 若非次移任, 已施功力, 交與見官者, 見官亦酬功直, 同官均分如法. 若罪犯不至去官, 雖在禁, 其田(由)[46)]並同見任 ; 去官者, 同闕官例. 或本官暫出卽還者, 其權署之人不在分給.

무릇 직분(職分)[47)] 육전(陸田) 뽕나무·산뽕나무[를 길러], 비단솜·견 등[을 얻을

44) [교감주] 저본의 이 글자는 '柗'(松의 異體字)처럼 보이기도 하나, 문맥상 '桑'과 자주 연용되는 '柘'로 보아야 할 것이다.

45) [교감주] 저본의 '緜'은 문맥상 '緜'(綿의 이체자)의 오기이다.

46) [교감주] 저본의 '由'는 문맥상 '田'의 오기이다.

47) 여기에서 '職分'은 官職에 따라 분급된 것이라는 의미로서 사실상 職田과 동일한 의미이다. 실제로 유관당송문을 보면 '職分'(『通典』, 『冊府元龜』 권506)과 '職田'(『唐會要』, 『冊府元龜』 권508)이 혼용되고 있다. '職田'은 곧 職分田이고, 이것은 職公田이나 祿田으로도 불렸다.

수 있는 전토]은 3월 30일을 기한으로 삼고, [직분] 도전(稻田)은 4월 30일을 기한으로 삼는다. [이 기한일] 이전에 부임한 경우 [직전(職田)의 수입 모두] 후임자에게 주고, 그 이후에 부임한 경우 [직전의 수입 모두] 전임자에게 준다. [직분] 맥전(麥田)의 경우 9월 30일을 기한으로 삼는다. 만약 전임자가 스스로 땅을 갈았으나 씨를 뿌리지 않았다면 후임자는 그 작업[功][48]의 대가를 보상하고, 이미 씨까지 뿌린 경우 전조(田租)를 나누는 방법에 준하[여 수입을 나눈]다. 기한[의 달]에 윤달이 든 경우, 단지 [윤달이] 붙은 [평상의] 달로써 기한으로 삼고 윤달까지 더 따져서는 안 된다. 만약 상례와 달리 이임하여 [전임자가] 이미 공력(功力)을 들였으나 [새로 부임한] 당시 관인에게 [직전의 수입을] 주었다면, 당시 관인은 또한 그 공력의 대가를 [전임자에게] 보상하고, [직전의 수입을 받아야 할] 같은 관직끼리 법대로 고르게 나눈다. 만약 [관인이] 죄를 지었으나 관직을 떠나지는 않았다면 비록 구금 중이더라도 그 전토[의 수입]은 모두 현임[관]과 같고, 관직을 떠났을 경우 [직전의 수입을 받을] 관인이 없을 때의 법례와 같다. 혹 본래의 관인이 잠시 [그 자리를] 떠났다가 곧 돌아올 경우, 임시로 그 일을 맡았던 사람은 [직전의 수입을] 나누어 지급하는 대상이 아니다.[49]

유관당송문 1)『唐六典』: … 隊正·副各八十畝. 凡給公廨田(인용자 : 中華書局本에는 "職分田"으로 되어 있으나, 이것은 교감자가 전후 문맥과 유관 문헌의 내용을 고려하여 수정한 것이다.), 若陸田限三月三十日, 稻田限四月三十日. 以前上者, 並入後人 ; 以後上者,

48) 당시 '功'은 노동량 혹은 작업량의 계산 단위였다. 〈現5〉조의 '功力'에 대한 주 참조.

49) 이 조문의 전반부는『통전』등에 전하는 당령과 거의 같다. 그러나 후반부의 윤달 관련 규정은『당회요』와『책부원구』권508에서 보듯이 宣宗 大中 원년(847)에 처음 문제가 된 사안으로서, 당 전기에는 없었던 내용이다. 뿐만 아니라 이때 정해진 그 처리 방법은 이 조항과 달리 15일을 기준으로 직전 수입의 귀속자를 결정하였다. 따라서 이 조문은 빨라도 당말 이후의 상황을 반영하고 있으며, 이를 통해 令文이 당 후기에도 계속 개정되고 있었음을 알 수 있다.

入前人. 其麥田以九月三十日爲限. 若應給職田無地可充者, 率畝給粟二斗.(권3, 尙書戶部, 76쪽 ; 『역주당육전』상, 324~325쪽)

2) 『通典』 : 又田令 … 諸職分陸田限三月三十日, 稻田限四月三十日, 以前上者並入後人, 以後上者入前人. 其麥田以九月三十日爲限. 各前人自耕未種, 後人酬其功直 ; 已自種者, 准租分法. 其價六斗已下者, 依舊定, 不得過六斗. 並取情願, 不得抑配.(『通典』 권2, 食貨2 田制, 29·32쪽 ; 권35, 職官17 俸祿, 971쪽 참조)

3) 『唐會要』 : 大中元年十月, 屯田奏. "應內外官請職田, 陸田限三月三十日, 水田限四月三十日, 麥田限九月三十日. 已前上者, 入後人 ; 已後上者, 入前人. 伏以令式之中, 並不該閏月. 每遇閏月, 交替者卽公牒紛紜, 有司卽無定條, 莫知所守. 伏以公田給使, 須準期程, 時限未明, 實恐遺闕. 今請至前件月遇閏, 卽以十五日爲定式. 十五日以前上者, 入後人 ; 已後上者, 入前人. 據今條, 其元闕職田, 並限六月三十日, 春麥限三月三十日, 宿麥限十二月三十日. 已前上者, 入新人 ; 已後上者, 並入舊人. 今亦請至前件月遇閏, 卽以十五日爲定式. 所冀給受有制, 永無訴論." 勅曰, "五歲再閏, 固在不刊, 二稔職田, 須有定制. 自此已後, 宜依屯田所奏, 永爲常式."(권92, 內外官職田, 1983~1984쪽)

4) 『冊府元龜』 : [乾元]三年四月工部尙書李遵奏 … "按令云, 職分陸田限三月三十日已前(?), 水田限四月三十日, 夏田限九月三十日, 已後上者, 人(入?)前人 ; 已前上者, 入後人. 卽是各以耕種時在職者爲王(主?)."(권506, 邦計部 俸祿, 6073쪽)

5) 『冊府元龜』 : 『당회요』의 기록과 거의 같다.(권508, 邦計部 俸祿, 6095쪽)

6) 『山堂考索』 : 『통전』의 기록과 같다.(前集 권65, 地理門 田制類, 436~437쪽)

5) 『文獻通考』 : 『통전』의 기록과 거의 같다.(권65, 職官 職田, 592쪽)

▸ 유관 일본령

『令義解』 : 凡在外諸司職分田, 交代以前種者, 入前人. 若前人自耕未種, 後人酬其功直. 闕官田, 用公力營種, 所有當年苗子, 新人至日, 依數給付.(권3, 田令, 113~114쪽 ; 『令集解』 권12, 田令, 375~376쪽)

『令義解』 : 凡外官新至任者, 比及秋收, 依式給糧.(권3, 田令, 114쪽 ; 『令集解』 권12, 田令, 376~377쪽)

▸ 복원 당령

『唐令拾遺』 田令, 34조, 652~654쪽 ; 『唐令拾遺補』 田令, 34조, 754쪽

『天聖令』 당령복원청본, 田令, 44조, 452쪽

右並因舊文，以新制參定．

위[의 영들]은 예전의 조문을 바탕으로 하되 새로운 제칙을 참작하여 정한 것이다.[50]

〈舊1〉 諸丁男給永業田二十畝，口分田八十畝．其中男年十八以上，亦依丁男給．老男·篤疾·癈[51]疾各給口分田四十畝，寡妻妾各給口分田三十畝．先有永業者，兼[52]充口分之數．

무릇 정남[53]에게 영업전[54] 20무,[55] 구분전[56] 80무를 지급한다. 중남[57]은

---

50) 天聖令은 "凡取唐令爲本, 先擧見行者, 因其舊文參以新制定之, 其令不行者, 亦隨存焉."(『宋會要輯稿』, 刑法1-4)이라는 원칙 아래 만들어져서, 개별 令마다 중간에 이러한 구절을 두어 당시 행용되던 現令과 기존의 舊令을 명확히 구분하고 있다. 따라서 두 범주로 나뉘는 영들의 비교는 천성령의 반포를 전후한 사회의 구체적인 변화상을 이해하는 데 매우 유용하다. 이것이 바로 무엇보다 귀중한 천성령의 사료적 가치이다. 이 田令은 그 좋은 예로서, 실제로 쓰인 것은 고작 위의 7개 조항뿐인 반면 아래의 폐기된 영은 무려 49개나 된다. 물론 이 시기에 宋朝가 단지 7개의 田令만으로 토지를 관리하였을 리는 없고, 眞宗 景德 3년(1006)에 만든 『景德農田編勅』(王應麟, 『玉海』 권66, 詔令 律令下, 1256쪽) 등 이를 보완할 수 있는 법령이 존재하였다. 그러나 여기에서 11세기의 토지제도가 그 이전 이른바 '均田制' 시행 때와 전혀 달랐다는 사실이 확연히 드러난다.

51) [교감주] 저본의 '癈'는 '廢'와 통용 가능한 글자로서 '癈疾'을 '廢疾'로도 쓴다.

52) [교감주] 저본의 '兼'은 유관당송문 『통전』 등에 '通'으로 되어 있고, 천성령을 편찬할 당시 章獻太后의 父이던 劉通의 이름을 피휘한 것으로 생각된다.

53) 丁男의 연령은 시기에 따라 다르다. 宋代에는 『송사』 권174, 食貨上2, 4203쪽의 "男夫二十爲丁, 六十爲老."와 『경원조법사류』 권75, 刑獄門5 侍丁, 790쪽에 인용된 '戶令'의 "諸男年二十一爲丁."이라는 상이한 기록이 있다. 그리고 唐代의 경우 『통전』 권7, 食貨7 丁中, 155쪽 ; 『구당서』 권51, 后妃上, 2172쪽 ; 『당회요』 권85, 團貌, 1843~1844쪽과 『송형통』 권12, 戶婚律 脫漏增減戶口, 190~191쪽에 추가된 '戶令'들에 의하면, 아래의 표와 같이 여러 차례 변화하였다(徐暢, 「隋唐丁中制探源」, 『中華文史論叢』 102, 2011, 280쪽의 표 참조).

시기	武德7년 (『당회요』는 6년)	神龍元年	景雲元年	天寶3년 (『송형통』은 13년)	廣德元年
연령	21~59	22(『구당서』는 23세)~ 57(『당회요』는 58세)	21~59	23(~59?)	25~54

54) 永業田은 〈舊6〉조를 보면 원칙상 終身토록 가지다가 후손에게까지 전해줄 수 있는 전토이다.

나이 18세 이상이면 또한 정남[에 대한 규정]에 의거하여 지급한다. 노남[58]과 독질·폐질[59]에게는 각각 구분전 40무를 지급하고, 과처첩[60]에게도 각각 구분전 30무를 지급한다. [노남 등이][61] 예전에 영업[전]으로 가지고 있던 것도 구분[전][62]의 수량에 합산하여 충당한다.[63]

---

55) 송대의 1畝는 〈現1〉조에서 설명하였듯이 240平方步로서 현재의 미터법으로 약 584㎡이다. 그런데 이 令文이 당제라면 그 실제 면적은 조금 다를 수 있다. 1무가 240평방보임은 동일하나, 당대의 경우 小尺은 약 30㎝, 大尺은 약 36㎝이기 때문이다(漢語大詞典編輯委員會 등, 『漢語大辭典』의 附錄 「中國歷代度制演變測算簡表」). 따라서 당의 1무는 소척으로 약 540㎡, 대척으로 약 777㎡이다. 그런데 『당회요』 권66, 太府寺, 1364쪽에는 "諸積秬黍爲度量權衡者 … 及冕服制度之外, 官私悉用大者."라는 開元 9년(721)의 '勅格'이 전한다. 단 雜令 〈現4〉조에는 大尺과 小尺의 용도 차이에 대한 분명한 설명이 없다.

56) 口分田은 전토를 지급 받은 이가 일정 연령이 되거나 사망하면 원칙적으로 그 일부나 전부를 반납해야만 하는 땅이다.

57) 『통전』 권7, 食貨7 丁中, 155쪽의 武德7年令(『당회요』 권85, 團貌, 1843쪽에서는 武德6年令)과 『송형통』 권12, 戶婚律 脫漏增減戶口, 190쪽에 추가된 '戶令'의 규정에 의하면 中男은 16~20세까지의 남자이다. 단 『당회요』 권85, 團貌, 1844쪽과 『통전』 권7, 食貨7 丁中, 155쪽에서 天寶 3년(『송형통』 권12, 戶婚律 脫漏增減戶口, 191쪽에 추가된 '戶令'에는 天寶 13년) 이후 中男이 18세부터로 상향되었다고 한다. 그렇다면 문맥상 中男의 기준 연령이 18세 아래인 이 조항은 천보 3년 혹은 천보 13년 이전의 법령일 것이다.

58) 〈舊15〉조로 미루어 보아, 이 令文에서 老男의 기준 연령은 60세이다. 이것은 『통전』 권7, 食貨7 丁中, 155쪽 ; 『당회요』 권85, 團貌, 1833~1834쪽의 武德 7年令(『당회요』에서는 武德6年令), 景雲元年~天寶3년 시기의 令 그리고 『송형통』 권12, 戶婚律 脫漏增減戶口, 190쪽에 추가된 '戶令'의 규정과 부합한다.

59) 〈現2〉조에서 설명하였듯이, 『송형통』에 추가된 '戶令'은 장애자를 '殘疾', '廢疾', '篤疾'의 세 등급으로 나누었다. 이와 유사한 내용은 『白氏六帖事類集』 권9, 疾의 '三疾令' 등에서 분명히 확인되므로, 당제 또한 이와 같았다고 생각된다. 그런데 이 조항은 전토의 지급을 '廢疾'과 '篤疾'처럼 심각한 장애를 가진 이에 대하여서만 줄인다고 하기 때문에, 당시 '殘疾'에 속하는 경미한 장애자의 경우 일반인과 같이 給田하였다고 생각된다.

60) '寡妻妾'은 『宋刑統』 권12, 戶婚律 脫漏增減戶口, 190쪽에 추가된 '戶令'에서 "無夫者爲寡妻妾"이라고 하여 남편과 死別하거나 離婚한 여자를 뜻한다.

61) 이 조항의 마지막 문장의 의미를 둘러싸고 논란이 있을 수 있으나, 여기에서는 일단 이것을 바로 앞의 내용과 일차적으로 연관된 것으로 본다. 따라서 老男 등에게 구분전을 지급할 때 이들이 기존에 가지고 있던 영업전도 여기에 포함하여 계산한다는 뜻으로 번역한다.

62) 이 田令에서 '口分'은 두 가지 용례가 있다. 이 문장에서 '口分'은 앞의 '永業' 관련

유관당송문 1)『唐六典』: 凡給田之制有差. 丁男·中男以一頃, 中男年十八已上者, 亦依丁男給. ; 老男·篤疾·癈疾以四十畝 ; 寡妻妾以三十畝, 若爲戶者則減丁之半. 凡田分爲二等, 一曰永業, 一曰口分. 丁之田二爲永業, 八爲口分.(권3, 尙書戶部, 74쪽 ; 『역주당육전』상, 318~319쪽)

2)『通典』: 開元二十五年令 … 丁男給永業田二十畝, 口分田八十畝. 其中男年十八以上, 亦依丁男給. 老男·篤疾·廢疾各給口分田四十畝, 寡妻妾各給口分田三十畝. 先永業者, 通充口分之數.(권2, 食貨2 田制, 29쪽)

3)『白氏六帖事類集』: 給永業口分田條 條出 : 諸丁田(男?)給永業田二十畝, 口分田八十畝, 其中男年十八巳上, 亦依丁男給, 老男·篤疾各給口分四十畝, 寡妻妾各給口分三十畝, 先有永業者, 則通其衆口分數也.(권23, 給授田)

4)『舊唐書』: 武德七年, 始定律令. … 丁男·中男給一頃, 篤疾·廢疾給四十畝, 寡妻妾三十畝, 若爲戶者加二十畝. 所授之田, 十分之二爲世業, 八爲口分.(권48, 食貨上, 2088쪽)

5)『唐會要』: "[武德]七年三月二十九日, 始定均田賦稅."라는 서두의 설명 이외에는 『구당서』의 기록과 거의 같다.(권83, 租稅上, 1813쪽)

6)『冊府元龜』: 『통전』의 기록과 거의 같다.(권495, 邦計部 田制, 5927쪽)

7)『新唐書』: 授田之制, 丁及男年十八以上者, 人一頃, 其八十畝爲口分, 二十畝爲永業. 老及篤疾·廢疾者, 人四十畝, 寡妻妾三十畝.(권51, 食貨1, 1342쪽)

8)『資治通鑑』: 夏四月庚子朔赦天下, 是日頒新律令, 比開皇舊制增新格五十三條, 初定均田租庸調法, 丁中之民, 給田一頃, 篤疾減什之六, 寡妻妾減七, 皆以什之二爲世業, 八爲口分.(권190, 唐 高祖 무덕 7년 4월 庚子조, 5982쪽)

9)『山堂考索』: 『통전』의 기록과 같다.(前集 권65, 地理門 田制類, 436쪽)

10)『文獻通考』: [武德]七年, 始定均田賦稅. 凡天下丁男十八以上者, 給田一頃,

기록을 보면 구체적으로 永業田과 대비되는 口分田을 가리킨다고 생각되지만, 혹 이 말이 단지 개인에게 할당되는 몫이라는 의미일 뿐 영업전의 포함 여부를 단정하기 힘든 경우도 있기 때문이다. 그러므로 아래의 규정들에서 '口分'이 문맥상 명확히 口分田을 지칭하지 않는다면 일단 '개인 몫'이라는 좀 더 폭넓은 의미로 번역해 둔다.

63) 開元25年令과 흡사한 이 조문은 일반민에 대한 給田의 원칙으로서 당대에 시행되었다는 均田制의 핵심적인 내용이다. 사실 中國에서 전토의 지급은 秦律(睡虎地秦墓竹簡整理小組, 『睡虎地秦墓竹簡』의 田律, 27쪽)과 漢初 二年律令(張家山二四七號漢墓竹簡整理小組, 『張家山漢墓竹簡 : 二四七號墓(釋文修訂本)』의 戶律, 52쪽) 등에서도 확인되며 그 기원이 매우 오랜 제도인데, 천성령은 이 원칙을 공식적으로 폐기하였다는 점에서 中國史에서 특별히 중요한 의미를 갖는다.

篤疾·廢疾給田(四?)十畝, 寡妻妾三十畝. 若爲戶者加二十畝, 皆以二十畝爲永業, 其餘爲口分.(권2, 田賦 歷代田賦之制, 41쪽)

▸ 유관 고려령

『고려시대 율령의 복원과 정리』: 田令[2-11], 軍人年老身病者(高麗令 18, 606쪽)

▸ 유관 일본령

『令義解』: 凡給口分田者, 男二段, 女減三分之一, 五年以下不給.(권3, 田令, 107쪽 ; 『令集解』 권12, 田令, 348쪽)

▸ 복원 당령

『唐令拾遺』 田令, 3조, 609~616쪽 ; 『唐令拾遺補』 田令, 3조, 750~751쪽

『天聖令』 당령복원청본, 田令, 2조, 449쪽

〈舊2〉 諸黃·小·中男女及老男·篤疾·癈疾·寡妻妾當戶者, 各給永業田貳十畝·口分田三十畝.

무릇 황,[64] 소,[65] 중[66]의 남녀와 노남, 독질, 폐질, 과처첩이 호주(戶主)인[當戶][67] 경우 각각 영업전 20무와 구분전 30무를 지급한다.[68]

---

64) 『통전』 권7, 食貨7 丁中, 155쪽의 武德7年令과 『송형통』 권12, 戶婚律 脫漏增減戶口, 190쪽에 추가된 '戶令'에서 '黃'은 3세까지의 아이를 가리킨다.

65) 『통전』 권7, 食貨7 丁中, 155쪽의 武德7年令과 『송형통』 권12, 戶婚律 脫漏增減戶口, 190쪽에 추가된 '戶令'에서 '小'는 4~15세의 남녀를 가리킨다. 公糧 지급량의 경우, 小男은 4~6세·7~10세·11~15세로, 또 小女는 4~6세·7~15세로 다시 나누어진다(倉庫令, 〈舊3〉조).

66) 〈舊1〉조에 의하면, 中男 중 18세 이상은 丁男과 같이 전토를 지급한다. 그러므로 여기에서 말하는 '中' 가운데 남자는 엄격히 말해 18세 미만인 자로 제한될 것이다.

67) 저본의 '當戶'는 『唐六典』 등 이 조항과 유사한 내용의 唐令에서 대부분 '爲戶'로 되어 있다. 일반적인 老男 등에 대한 給田이 〈舊1〉조에 이미 나오므로, 이 두 표현은 어떤 戶의 단순한 구성원이 아니라 '戶主'가 된다는 의미로 생각된다. 『唐律疏議』 권13, 戶婚25-2의 율문과 소의 〈제174조〉, 253쪽(『역주당률소의』, 2250쪽)과 『宋刑統』 권13, 戶婚律 差科賦役不均平及擅賦斂加益, 212쪽)에는 실제로 '戶主'와 '當戶'를 같은 뜻으로 혼용하고 있다.

68) 이 조문과 유관당송문의 당령들은 給田額과 地目 구분에서 차이가 없지 않으나, 전토의 지급 대상은 동일하다. 위 〈舊1〉조의 전토 지급 규정에서 배제 혹은 제한된

유관당송문 1)『唐六典』: 丁男·中男以一頃 中男年十八已上者, 亦依丁男給. ; 老男·篤疾·癈疾以四十畝 ; 寡妻妾以三十畝, 若爲戶者則減丁之半. 凡田分爲二等, 一曰永業, 一曰口分. 丁之田二爲永業, 八爲口分.(권3, 尙書戶部, 74쪽 ; 『역주당육전』상, 318~319쪽)

2)『通典』: 開元二十五年令 … 黃·小·中·丁男女及老男·篤疾·廢疾·寡妻妾當戶者, 各給永業田二十畝·口分田二十畝.(권2, 食貨2 田制, 29쪽)

3)『舊唐書』: 武德七年, 始定律令. … 丁男·中男給一頃, 篤疾·廢疾給四十畝, 寡妻妾三十畝, 若爲戶者加二十畝. 所授之田, 十分之二爲世業, 八爲口分.(권48, 食貨上, 2088쪽)

4)『唐會要』: "[武德]七年三月二十九日, 始定均田賦稅."라는 서두의 설명 이외에는 『구당서』의 기록과 거의 같다.(권83, 租稅上, 1813쪽)

5)『冊府元龜』: 『통전』의 기록과 거의 같다.(권495, 邦計部 田制, 5927쪽)

6)『新唐書』: 授田之制, 丁及男年十八以上者, 人一頃, 其八十畝爲口分, 二十畝爲永業. 老及篤疾·廢疾者, 人四十畝, 寡妻妾三十畝. 當戶者增二十畝, 皆以二十畝爲永業, 其餘爲口分.(권51, 食貨1, 1342쪽)

7)『山堂考索』: 『통전』의 기록과 같다.(前集 권65, 地理門 田制類, 436쪽)

8)『文獻通考』: [武德]七年, 始定均田賦稅. 凡天下丁男十八以上者, 給田一頃, 篤疾·廢疾給田(四?)十畝, 寡妻妾三十畝. 若爲戶者加二十畝, 皆以二十畝爲永業, 其餘爲口分.(권2, 田賦 歷代田賦之制, 41쪽)

▸ 유관 고려령

『고려시대 율령의 복원과 정리』: 田令[2-11], 軍人年老身病者(高麗令 18, 606쪽)

▸ 유관 일본령

『令義解』: 凡給口分田者, 男二段 女減三分之一, 五年以下不給.(권3, 田令, 107쪽 ; 『令集解』 권12, 田令, 348쪽)

▸ 복원 당령

『唐令拾遺』 田令, 3조, 609~616쪽 ; 『唐令拾遺補』 田令, 3조, 750~751쪽

이들, 곧 경작 능력이 없거나 부족하다고 간주되었던 이들이 호주일 경우인 것이다. 따라서 이 조항은 인민의 생계를 보장하려는 국가의 공공적 기능과도 무관하지 않을 듯한데, 천성령은 이러한 제도를 포기함으로써 그 이전과 다른 사회적 상황을 낳았으리라고 생각된다.

『天聖令』 당령복원청본, 田令, 3조, 449쪽

〈舊3〉 諸給田, 寬鄕並依前條, 若狹鄕新受者, 減寬鄕口分之半.

무릇 전토를 지급할 때 관향[69]은 모두 앞의 조문들에 의거하지만, 만약 협향[70]에서 처음 전토를 받을 경우 관향의 개인 몫[口分][71]의 반을 감한다.[72]

유관당송문 1) 『通典』 : 開元二十五年令 … 應給寬鄕, 並依所定數 ; 若狹鄕新受者, 減寬鄕口分之半.(권2, 食貨2 田制, 29쪽)

2) 『冊府元龜』 : 『통전』의 기록과 거의 같다.(권495, 邦計部 田制, 5927쪽)

3) 『新唐書』 : 田多可以足其人者爲寬鄕, 少者爲狹鄕. 狹鄕授田, 減寬鄕之半.(권51, 食貨1, 1342쪽)

4) 『山堂考索』 : 『통전』의 기록과 같다.(前集 권65, 地理門 田制類, 436쪽)

5) 『文獻通考』 : 『신당서』의 기록과 거의 같다.(권2, 田賦 歷代田賦之制, 41쪽)

▸ 유관 일본령

『令義解』 : 凡給口分田者 … 其地有寬狹者, 從鄕土法.(권3, 田令, 107쪽 ; 『令集解』 권12, 田令, 348쪽)

▸ 복원 당령

『唐令拾遺』 田令, 3조, 609~616쪽 ; 『唐令拾遺補』 田令, 3조, 750~751쪽

『天聖令』 당령복원청본, 田令, 4조, 449쪽

〈舊4〉 諸給口分田者, 易田則倍給. 寬鄕三(二)[73]易以上者, 仍依鄕(卿)[74]法易給.

---

69) '寬鄕'은 〈舊13〉조의 규정처럼 州·縣 관할 안에서 전토의 지급이 충족되는 곳이다.

70) '狹鄕' 역시 〈舊13〉조에서 보듯이 전토가 충분하지 못하는 곳으로서 '寬鄕'과 대비된다.

71) 여기에서 '口分'은 단지 口分田만을 가리키지 않고 '개인 몫'이라는 의미일 가능성이 크다. 이 조항이 유관당송문의 『신당서』 내용과 같다면, 寬鄕의 반만을 준 狹鄕에서 영업전도 그 반을 받았을 터이기 때문이다.

72) 이 조문과 동일한 내용이 『통전』 등에 開元25年令으로 전한다.

73) [교감주] 저본의 '二'는 유관 문헌들에 모두 '三'으로 되어 있으므로 오기로 생각된다.

무릇 구분전을 지급할 경우, 해를 걸러 경작하는[75] 전토[易田]는 배로 지급한다. 관향에서 두 해 이상 걸러 경작하는 경우 그 지역[鄕][76]의 법에 의거하여 걸러 경작하는 만큼 [더] 지급한다.[77]

유관당송문 1)『通典』: 開元二十五年令 … 其給口分田者, 易田則倍給. 寬鄕三易以上者, 仍依鄕法易給.(권2, 食貨2 田制, 29쪽)

2)『白氏六帖事類集』: 授田令 諸給田(口?)分田者, 田易則倍給. 注 : 寬鄕三易已上者, 依鄕法亦給也.(권23, 給授田)

3)『冊府元龜』:『통전』의 기록과 거의 같다.(권495, 邦計部 田制, 5927쪽)

4)『新唐書』: 其地有薄厚, 歲一易者倍之. 寬鄕三易者, 不倍授.(권41, 食貨1, 1342쪽)

5)『山堂考索』:『통전』의 기록과 거의 같다.(前集 권65, 地理門 田制類, 436쪽)

6)『文獻通考』:『신당서』의 기록과 거의 같다.(권2, 田賦 歷代田賦之制, 41쪽)

▸ 유관 고려령

『고려시대 율령의 복원과 정리』: 田令[2-11], 軍人年老身病者(高麗令 18, 606쪽)

▸ 유관 일본령

『令義解』: 凡給口分田者, 男二段 … 易田倍給.(권3, 田令, 107쪽 ;『令集解』권12, 田令, 348~349쪽)

▸ 복원 당령

『唐令拾遺』田令, 3조, 609~616쪽 ;『唐令拾遺補』田令, 3조, 750~751쪽

『天聖令』당령복원청본, 田令, 5조, 449쪽

---

74) [교감주] 저본의 '卿'은 문맥상 '鄕'의 오기이다.

75) 이것은 토질의 조건 등으로 인하여 休耕이 불가피함을 뜻한다.

76) '鄕'은 唐令에서 "百戶爲里, 五里爲鄕."(『唐六典』권3, 尙書戶部, 73쪽 ;『역주당육전』상, 311~312쪽 ;『通典』권3, 食貨3 鄕黨, 63쪽)이라고 규정하였다. 그러나 여기에서 문제가 되는 '寬鄕'의 경우 〈舊13〉조에서 보듯이 州·縣을 단위로 한 개념이다. 그러므로 이 '鄕'도 5里, 500戶로 제도화된 향촌 조직과 다를 것이다.

77) 이 조문과 동일한 내용이『통전』등에 開元25年令으로 전하는데, 두 해 걸러 경작하는 전토의 처리 방법을 달리 전하는 문헌도 있어 흥미롭다.

〈舊5〉 諸永業田, 親王一百頃, 職事官正一品六十頃, 郡(群)[78]王及職事官從一品各五十頃, 國公若職事官正二品各四十頃, 郡公若職事官從二品各三十五頃, 縣公若職事官正三品各二十五頃, 職事官從三品二十(五)[79]頃, [侯][80]若職事官正四品各十四頃, 伯若職事官從四品各十一頃, 子若職事官[正五品各八頃, 男若職事官][81]從五品各五頃, 六品·七品各二頃五十畝, 八品·九品各二頃. 上柱國三十頃, 柱國二十五頃, 上護軍二十頃, 護軍十五頃, 上輕車都尉一十頃, 輕車都尉七頃, 上騎都尉六頃, 騎都尉四頃, 驍騎尉·飛騎尉各八十畝, 雲騎尉·武騎尉各六十畝. 其散官五品以上, 同職事給. 兼有官·爵及勳俱應給者, 唯從多, 不並給. 若當家口分之外, 先有地, 非狹鄕者, 並即迴受, 有賸追收, 不足者更給.

무릇 영업전은 친왕[82]이 100경,[83] 직사관[84] 정1품이 60경, 군왕과 직사관 종1품이 각각 50경, 국공과 직사관 정2품이 각각 40경, 군공과 직사관 종2품이 각각 35경, 현공과 직사관 정3품이 각각 25경, 직사관 종3품이 20경, [현]후와 직사관 정4품이 각각 14경, [현]백과 직사관 종4품이 각각 11경, [현]자와 직사관 정5품이 각각 8경, [현]남과 직사관 종5품이 각각 5경, [직사관] 6품·7품[85]이 각각 2경 50무, [직사관] 8품·9품이 각각 2경이다.

---

78) [교감주] 저본의 '群'은 유관 문헌들에 '郡'으로 되어 있고, 문맥상 저본의 오기이다.

79) [교감주] 저본의 '五'는 유관 문헌들을 볼 때 衍字이다.

80) [교감주] 유관 문헌들과 전후 구절의 형식을 생각할 때, 여기에 '侯'가 빠졌다.

81) [교감주] 저본의 이 구절은 전후 문맥이 통하지 않는다. 유관당송문의 『통전』에 의거하여 보충한다.

82) 이처럼 관인들에게 영업전이 지급된 수·당 시기의 '親王'은 皇帝의 형제나 太子 이외의 아들에게 내린 봉작으로서 '王'으로 약칭되기도 한다. 王 이하 郡王, 國公, 郡公, 縣公, [縣]侯, [縣]伯, [縣]子, [縣]男까지 9등급의 爵은 『당육전』 권2, 尙書吏部, 37쪽(『역주당육전』상, 219~223쪽)과 『구당서』 권43, 職官2, 1821쪽의 기록과 같다. 그리고 『구당서』 권42, 職官1, 1791쪽의 "武德令唯有公·侯·伯·子·男, 貞觀十一年加開國之稱也."라는 "開國郡公"에 대한 注文을 볼 때, 이러한 9等爵은 太宗 이후의 제도이다.

83) 1頃은 100畝인데(〈現1〉조), 이 令文이 唐制라면 그 면적은 小尺으로 약 54000㎡이고 大尺으로 약 77760㎡이다. 물론, 〈舊1〉조의 '畝'에 대한 주에서 설명하였듯이 개원 9년 이후에는 大尺이 사용되었을 가능성이 크다.

84) '職事官'은 실제 職任을 가진 관직 혹은 관인을 가리키며, 散官과 대비된다.

85) 이 官品은 단지 직사관에만 해당한다. 실제로 뒤에서 직사관과 동일하게 대우한

상주국[86]은 30경, 주국은 25경, 상호군은 20경, 호군은 15경, 상경거도위는 10경, 경거도위는 7경, 상기도위는 6경, 기도위는 4경, 효기위·비기위는 각각 80무, 운기위·무기위는 각각 60무이다. 산관[87] 5품 이상의 경우 직사관과 같이 준다. 관·작과 훈[관][88]을 겸하고 있어 모두 [영업전을] 지급하여야만 할 경우, 단지 많이 주어야 할 것에 따르고 [관·작·훈관 각각에 대하여] 다 지급하지는 않는다. 만약 해당 집[當家] 구성원들의 개인 몫[口分][89] 외에 예전부터 토지가 있었으면, 협향(狹鄕)이 아닌 경우 모두 [그 토지를 관인의 영업전으로] 대체해 주는데, [그러고도] 남음이 있으면 회수하고 부족할 경우 다시 더 지급한다.[90]

유관당송문 1)『唐六典』: 凡官人受永業田. 親王一百頃, 職事官正一品六十頃, 郡王及職事官從一品五十頃, 國公若職事官正二品四十頃, 郡公若職事官從二

산관을 5품 이상으로 제한하였으므로, 6품 이하 산관의 경우 영업전이 없었던 것이다. 아래 8품과 9품에 관한 서술 역시 마찬가지이다.

86) '上柱國'은 12轉의 최고 勳官이다. 이하 柱國, 上護軍, 護軍, 上輕車都尉, 輕車都尉, 上騎都尉, 騎都尉, 驍騎尉, 飛騎尉, 雲騎尉, 武騎尉는 각각 1轉씩 내려가는 勳官들이다. 저본의 勳官 기록은『당육전』권2, 尙書吏部, 40~41쪽(『역주당육전』상, 237~242쪽) ; 『구당서』권43, 職官2, 1822쪽 ;『新唐書』권46, 百官1, 1189쪽과 동일하다.

87) '散官'은 직사관과 달리 실제 직임이 없는 관직 혹은 관인이다.

88) 앞서 나온 직사관과 산관이 官이고, 친왕부터 현남까지가 爵이며, 상주국부터 무기위까지가 勳官인데, 당대의 고관들은 이 세 가지를 모두 가진 경우가 많았다.

89) 이 '口分'은 〈舊3〉조와 같이 '개인 몫'이라는 포괄적 의미로 보아야 할 듯하다. 관인으로서의 영업전과 별개로 "해당 집"의 몫으로 간주된 전토에는 口分田만이 아니라 영업전도 포함될 터이기 때문이다.

90) 거의 동일한 내용이『통전』등에 開元25年令으로 전하는데, 흥미로운 것은 이 조문에 6품 이하 직사관에 대한 영업전 지급 규정이 덧보태어져 있다는 점이다. 기존 문헌에서는『신당서』에서만 나오던 이 사실이 제도의 변화 때문인지 혹은 기록의 詳略 차이 탓인지는 불분명하고, 이에 대한 논란이 많다. 그러나 이 조항을 비롯한 당대의 법령들이 관품을 주된 기준으로 삼아 전토를 차등적으로 주었다는 점에서 동일하고, 이것은 爵에 따라 토지의 지급액이 달랐던 二年律令 戶律의 규정과 분명히 다르다(張家山二四七號漢墓竹簡整理小組,『張家山漢墓竹簡 : 二四七號墓(釋文修訂本)』, 52쪽). 이 관인의 영업전으로 지급될 수 있는 전토의 조건에 대하여서는 〈舊7〉조 참조.

品三十五頃, 縣公若職事官正三品二十五頃, 職事官從三品二十頃, 侯若職事官正四品十四頃, 伯若職事官從四品十一頃, 子若職事官正五品八頃, 男若職事官從五品五頃. 上柱國三十頃, 主國二十五頃, 上護軍二十頃, 護軍十五頃, 上輕車都尉一十頃, 輕車都尉七頃, 上騎都尉六頃, 騎都尉四頃, 驍騎尉·飛騎尉各八十畝, 雲騎尉·武騎尉各六十畝. 其散官五品已上同職事給.(권3, 尙書戶部, 75쪽 ; 『역주당육전』상, 320~322쪽)

2) 『通典』: 開元二十五年令 … 其永業田, 親王百頃, 職事官正一品六十頃, 郡王及職事官從一品各五十頃, 國公若職事官正二品各四十頃, 郡公若職事官從二品各三十五頃, 縣公若職事官正三品各二十五頃, 職事官從三品二十頃, 侯若職事官正四品各十四頃, 伯若職事官從四品各十頃, 子若職事官正五品各八頃, 男若職事官從五品各五頃. 上柱國三十頃, 柱國二十五頃, 上護軍二十頃, 護軍十五頃, 上輕車都尉十頃, 輕車都尉七頃, 上騎都尉六頃, 騎都尉四頃, 驍騎尉·飛騎尉各八十畝, 雲騎尉·武騎尉各六十畝. 其散官五品以上同職事給. 兼有官·爵及勳俱應給者, 唯從多, 不並給. 若當家口分之外, 先有地, 非狹鄕者, 並即迴受, 有賸追收, 不足者更給.(권2, 食貨2 田制, 29~30쪽)

3) 『舊唐書』: 凡官人及勳, 授永業田.(권43, 職官2, 1826쪽)

4) 『唐會要』: 貞元四年八月勅, "準田令 : 永業田, 職事官從一品·郡王各五十頃, 國公若職事官正二品各四十頃, 郡公若職事官從二品各三十五頃, 縣公若職事官從三品各二十頃, 侯若職事官正四品各十四頃, 伯若職事官從四品各十一頃."(권92, 內外官職田, 1982쪽 ; 『冊府元龜』 권506, 邦計部 俸祿, 6079쪽 참조)

5) 『冊府元龜』: 『통전』의 기록과 거의 같다.(권495, 邦計部 田制, 5927쪽)

6) 『新唐書』: 親王以下又有永業田百頃, 職事官一品六十頃, 郡王·職事官從一品五十頃, 國公·職事官從二品三十五頃, 縣公·職事官三品二十五頃, 職事官從三品二十頃, 侯·職事官四品十二頃, 子·職事官五品八頃, 男·職事官從五品五頃, 六品·七品二頃五十畝, 八品·九品二頃. 上柱國三十頃, 柱國二十五頃, 上護軍二十頃, 護軍十五頃, 上輕車都尉十頃, 輕車都尉七頃, 上騎都尉六頃, 騎都尉四頃, 驍騎·飛騎尉八十畝, 雲騎·武騎尉六十畝. 散官五品以上給同職事官.(권55, 食貨5, 1394쪽)

7) 『山堂考索』: 『通典』과 거의 같다.(前集 권65, 地理門 田制類, 436쪽)

▸ 유관 일본령

『令義解』: 凡位田, 一品八十町 … 從五位八町.(권3, 田令, 107~108쪽 ; 『令集解』

권12, 田令, 349쪽)

『令義解』: 凡功田, 大功世世不絶, 上功傳三世, 中功傳二世, 下功傳子.(권3, 田令, 108쪽 ; 『令集解』 권12, 田令, 350~352쪽)

▸ 복원 당령

『唐令拾遺』 田令, 4조, 617~620쪽 ; 『唐令拾遺補』 田令, 4조, 751쪽

『天聖令』 당령복원청본, 田令, 6조, 449쪽

〈舊6〉 諸永業田, 皆傳子孫, 不在收授之限. 卽子孫犯除(徐)[91]名者, 所承(豕)[92]之地亦不追.

무릇 영업전은 모두 후손에게 전하여서 거두어들이거나 나누어주는 범위에 두지 않는다. 후손이 제명[에 해당하는 죄[93]]를 범한 경우라도 [선조로부터] 이어받은 토지는 역시 회수하지 않는다.[94]

유관당송문 1) 『唐六典』: 凡官人受永業田 … 皆許傳之子孫, 不在此授之限.(권3, 尙書戶部, 75쪽 ; 『역주당육전』상, 320~322쪽)

2) 『通典』: 開元二十五年令 … 諸永業田, 皆傳子孫, 不在收授之限. 卽子孫犯除名者, 所承之地亦不追.(권2, 食貨2 田制, 29~30쪽)

3) 『舊唐書』: 世業之田, 身死則承戶者便授之.(권48, 食貨上, 2088쪽)

4) 『冊府元龜』: 『통전』의 기록과 거의 같다.(권495, 邦計部 田制, 5927쪽)

5) 『山堂考索』: 『通典』과 같다.(前集 권65, 地理門 田制類, 436쪽)

---

91) [교감주] 저본의 '徐'는 유관 문헌들에 '除'로 되어 있고, 문맥상 저본의 오기이다.

92) [교감주] 저본의 '豕'는 유관 문헌들에 '承'으로 되어 있고, 문맥상 저본의 오기이다.

93) 唐代에 除名은 十惡 등과 같은 극악한 범죄를 행한 자에 대하여 出身 이래의 모든 官職과 封爵을 삭탈하는 것을 말한다. 김택민, 『중국 고대 형법』, 서울 : 아카넷, 2002, 316~320쪽 참조.

94) 이 조문은 『통전』 등에 전하는 開元25年令과 동일하다. 이에 따르면, 영업전은 자손에게 상속할 수 있었고, 특히 관인에게 준 영업전은 〈舊21〉조에서 보듯이 원칙적으로 매매도 가능하였다(庶人의 경우, 영업전의 매매는 극히 제한된다. 〈舊17〉조 참조.). 물론 이 관인의 영업전은 그 지급 근거가 된 官爵의 변동에 따라 加減되었지만(〈舊9〉조), 상속 받은 것은 본인의 관작과 무관하게 계속 보유할 수 있었다.

▸ 유관 고려령

『고려시대 율령의 복원과 정리』 : 田令[2-9], 凡犯罪者不得受永業田(高麗令 18, 604쪽)

▸ 유관 일본령

『令義解』 : 凡功田, 大功世世不絶, 上功傳三世, 中功傳二世, 下功傳子. 大功, 非謀叛以上 ; 以外, 非八虐之除名, 並不收.(권3, 田令, 108쪽 ; 『令集解』 권12, 田令, 350~352쪽)

▸ 복원 당령

『唐令拾遺』 田令, 5조, 620쪽

『天聖令』 당령복원청본, 田令, 7조, 449쪽

〈舊7〉 諸五品以上永業田, 皆不得於狹鄕受, 任於寬鄕隔越射無主荒地充. 卽買蔭·賜田充者, 雖狹鄕亦(示)[95]聽. 其六品以下永業田, 卽聽本鄕取還公田充, 願於寬鄕取者亦聽.

무릇 5품 이상 [관인의] 영업전은 모두 협향에서 받을 수 없고, 관향이나 [수전자(受田者)와] 가로막히거나 멀리 떨어진[隔越][96] [곳의] 주인 없는 황지(荒地)[97]를 지목하여 청구해서 충당하도록 한다.[98] 만약 음(蔭)으로 물려받거나[99] 하사받은 전토[賜田][100]를 사서 충당할 경우, 협향일지라도 허용한다. 6품 이하 [관인의] 영업전이라면, 해당 지역[本鄕]에서 '공으로 환수된

95) [교감주] 저본의 '示'는 문맥상 '亦'의 오기이다.

96) 〈舊22〉조의 "諸給口分田, 務從便近, 不得隔越."이라는 규정에 의하면, '隔越'한 곳은 원칙상 급전할 수 없다. 여기에서 '便近'과 대비된 '隔越'은 受田者의 거주지와 통행이 가로막히거나 멀리 떨어진 곳을 뜻한다. 〈舊22〉조의 해당 사항에 대한 주 참조.

97) 『당률소의』 권13, 戶婚21 〈제170조〉, 248쪽(『역주당률소의』, 2238~2239쪽 ; 『송형통』 권13, 戶婚律 旱澇霜雹蟲蝗, 208쪽)에서 "不耕謂之荒, 不鋤謂之蕪."라고 하였다.

98) 유관당송문의 『당육전』을 보면, 영업전은 寬鄕에 주는 것이 원칙이지만 당사자가 "隔越"한 곳을 지목해 받을 수도 있었다.

99) 여기에서 "蔭으로 물려받"은 전토란 〈舊6〉조의 "所承之地" 곧 先祖가 관인으로서 받은 영업전을 상속받은 땅처럼 그 소유권을 특별히 보장하던 매우 제한된 일부 토지라고 생각된다.

100) '賜田'에 대하여 일본의 養老令은 "凡別勅賜人田者, 名賜田"(『令義解』 권3, 田令, 109쪽 ; 『令集解』 권12, 田令, 356쪽 참조)이라고 그 개념을 설명한 독립 조항을 두고 있다.

전토[還公田]'[101]를 취하여 충당하는 것을 허용하는데, 관향에서 [그 영업전을] 가지려 할 경우 역시 허용한다.[102]

유관당송문 1)『唐六典』: 凡官人受永業田 … 其地並於寬鄕請授, 亦任隔越請射·茲帥.(권3, 尙書戶部, 75쪽 ;『역주당육전』상, 320~322쪽)

2)『通典』: 開元二十五年令 … 所給五品以上永業田, 皆不得狹鄕受, 任於寬鄕隔越射無主荒地充. 卽買蔭賜田充者, 雖狹鄕亦聽. 其六品以下永業, 卽聽本鄕取還公田充, 願於寬鄕取者亦聽.(권2, 食貨2 田制, 29~30쪽)

3)『冊府元龜』:『통전』의 기록과 거의 같다.(권495, 邦計部 田制, 5927쪽)

4)『新唐書』: 親王以下又有永業田 … 五品以上受田寬鄕, 六品以下受於本鄕.(권55, 食貨5, 1394쪽)

5)『山堂考索』:『통전』과 거의 같다.(前集 권65, 地理門 田制類, 436쪽)

▸ 유관 일본령

『令義解』: 凡給田, 非其土人, 皆不得狹鄕受. 勅所指者, 不拘此令.(권3, 田令, 108쪽 ;『令集解』 권12, 田令, 352~353쪽)

▸ 복원 당령

『唐令拾遺』 田令, 7조, 623~624쪽

『天聖令』 당령복원청본, 田令, 8조, 449쪽

〈舊8〉 諸[應][103]賜人田, 非指的處所者, 不得於狹鄕給.

무릇 마땅히 전토를 하사해야 할 때 [협향으로 그] 장소를 지목하지 않은 경우 협향에서 지급할 수 없다.[104]

---

101) '公으로 환수된 전토'란 사망자의 口分田 등과 같이 국가에서 회수하여 직접 처리할 수 있는 전토를 뜻한다. 환수 방법에 대하여서는 〈舊24〉조 참조.

102) 이 조문은『통전』등에 전하는 開元25年令과 표현만 다를 뿐 사실상 동일하다. 원칙상 5품 이상 관인의 영업전 지급 대상 지역을 寬鄕으로 제한한 것은 현실적으로 그만큼 넓은 전토를 주기 힘들었던 탓도 있겠지만, 이를 통해 유력자에 의한 개간을 촉진시키려 한 정책적 배려도 없지 않았으리라고 여겨진다.

103) [교감주] 저본에는 '應'자가 없으나,『통전』등과 같이 이 글자가 있을 때 뜻이 더 잘 통한다.

유관당송문 1)『通典』: 開元二十五年令 … 應賜人田, 非指的處所者, 不得狹鄉給.(권2, 食貨2 田制, 29~30쪽)

2)『冊府元龜』:『통전』의 기록과 거의 같다.(권495, 邦計部 田制, 5927쪽)

3)『山堂考索』:『통전』의 기록과 같다.(前集 권65, 地理門 田制類, 436쪽)

▸ 유관 일본령

『令義解』: 凡給田, 非其土人, 皆不得狹鄉受. 勅所指者, 不拘此令.(권3, 田令, 108쪽 ;『令集解』 권12, 田令, 352~353쪽)

『令義解』: 凡別勅賜人田者. 名賜田.(권3, 田令, 109쪽 ;『令集解』 권12, 田令, 356쪽)

▸ 복원 당령

『唐令拾遺』 田令, 8조, 624쪽

『天聖令』 당령복원청본, 田令, 9조, 449쪽

〈舊9〉 諸應給永業人, 若官爵之內有解免者, 從所解者追. 卽解免不盡者, 隨所降品追. 其除名者, 依口分例給, 自外及有賜田者並追. 若當家之內有官爵及少口分應受者, 並聽迴給, [有][105]賸追收, 不足更給.

무릇 마땅히 영업[전]을 지급해 주어야 할 사람이 만약 관작(官爵)[106]에 해면된[107] 것이 있을 경우 그 해[면]된 만큼 [영업전을] 회수한다. 만약

---

104) 이 조문은『통전』등에 전하는 開元25年令과 표현만 조금 다를 뿐 사실상 동일하다. 이러한 賜田 지급 대상 지역의 제한은 기본적으로 5품 이상 관인의 영업전과 같고, 그 입법 배경 역시 마찬가지일 것이다.

105) [교감주] 저본에는 '有'자가 없으나,『통전』등과 같이 이 글자가 있을 때 뜻이 더 잘 통한다.

106) 여기에서 '官爵'은 〈舊5〉조가 규정한 영업전의 지급 근거 곧 職事官·散官, 封爵, 勳官을 모두 포괄하는 개념이다.

107) '解免' 혹은 '解'가 致仕 등과 같이 非理 때문이 아닌 경우도 있겠지만, 아래의 내용은 解職이나 免官 등 영업전 수령 자격을 축소시킬 수 있는 인사 조처에 초점이 맞추어져 있다. 당송 시기의 이러한 예로서 免官, 免所居官, 官當에 의한 官爵의 삭감이 존재한다.『唐律疏議』의 권2, 名例17 〈제17조〉, 44쪽(『역주당률소의』, 165~172쪽) ; 권3, 名例20 〈제20조〉, 58쪽(『역주당률소의』, 186~190쪽)과『宋刑統』 권2, 職制律 以官當徒除名免官免所居官, 26~36쪽 참조.

[관작이] 모두 해면되지 않은 경우 강등한 품계(品階) 부분을 회수한다. 제명[되어 출신(出身) 이래의 모든 관직과 봉작이 삭탈]된 경우 개인 몫[口分]의 법례[108]에 의거하여 지급하고, 그 밖의 [모든 전토와] 하사받은 전토[賜田]까지 다 회수한다. 만약 해당 집[當家] 안에 관작[에 합당한 영업전을 받지 못한 사람]이 있거나 마땅히 받아야 할 개인 몫에 모자라는 자가 있는 경우 모두 [환수할 전토를 그 부족분으로] 대체해 지급하는 것을 허용하는데, [그러고도] 나머지가 있으면 회수하고 부족하면 다시 더 지급한다.[109]

유관당송문 1)『通典』: 開元二十五年令 … 其應給永業人, 若官爵之內有解免者, 從所解者追. 卽解免不盡者, 隨所降品追. 其除名者, 依口分例給, 自外及有賜田者並追. 若當家之內有官爵及少口分應受者, 並聽迴給, 有賸追收, 不足者更給.(권2, 食貨2 田制, 29~30쪽)

2)『冊府元龜』:『통전』의 기록과 거의 같다.(권495, 邦計部 田制, 5927쪽)

3)『新唐書』: 親王以下又有永業田 … 解免者追田, 除名者受口分之田.(권55, 食貨5, 1394쪽)

4)『山堂考索』:『통전』의 기록과 거의 같다.(前集 권65, 地理門 田制類, 436쪽)

▸ 유관 일본령

『令義解』: 凡應給職田·位田人, 若官位之內, 有解免者, 從所解免追. 其除名者, 依口分例, 若有賜田者亦追. 當家之內, 有官位及少口分應受者, 並聽廻給, 有乘追收.(권3, 田令, 108쪽 ;『令集解』 권12, 田令, 353~354쪽)

▸ 복원 당령

---

108) 이 조문에서의 '口分'은 口分田이라고 보기는 어렵다. 除名이나 解免된 관인도 통상의 영업전은 받을 수 있기 때문이다. 다시 말하면, 이 법례란 곧 일반민에게 전토를 지급하는 〈舊1〉~〈舊4〉조와 같은 것이고, 아래의 "개인 몫에 모자"란다는 말은 이 규정에 따라 지급될 전토보다 적게 받았다는 뜻이다.

109) 이 조문은『통전』등에 전하는 開元25年令과 표현만 조금 다를 뿐 사실상 동일하다. 이에 따르면 除名처럼 극단적 상황에서 관인의 모든 영업전이 회수되더라도 그 개인의 몫은 보장되었으며, 이 경우에도 〈舊6〉조에서 보듯이 상속받은 전토는 계속 가질 수 있었다.

『唐令拾遺』 田令, 9조, 624~625쪽
『天聖令』 당령복원청본, 田令, 10조, 449쪽

〈舊10〉 諸因官爵應得永業, 未請及請未足而身亡者, 子孫不合追請.

무릇 관작으로 인해 마땅히 영업[전]을 얻을 수 있었으나 [영업전의 지급을] 청구하기 전이나 청구하였더라도 [규정된 양이] 충족되지 못한 상황에서 [그 관작을 가진] 본인이 사망한 경우 후손은 [사망자의 영업전을] 소급해 청구할 수 없다.[110]

유관당송문 1) 『唐六典』 : 凡官人受永業田 … 若未請而身亡者, 子孫不合追請.(권3, 尙書戶部, 75쪽 ; 『역주당육전』상, 320~322쪽)
2) 『通典』 : 開元二十五年令 … 其因官爵應得永業, 未請及未足而身亡者, 子孫不合追請也.(권2, 食貨2 田制, 29~30쪽)
3) 『冊府元龜』 : 『통전』의 기록과 거의 같다.(권495, 邦計部 田制, 5927쪽)
4) 『山堂考索』 : 『통전』의 기록과 거의 같다.(前集 권65, 地理門 田制類, 436쪽)

▸ 유관 일본령

『令義解』 : 凡應給位田, 未請及未足而身亡者, 子孫不合追請.(권3, 田令, 109쪽 ; 『令集解』 권12, 田令, 354~355쪽)
『令義解』 : 凡應給功田, 若父祖未請及未足而身亡者, 給子孫.(권3, 田令, 109쪽 ; 『令集解』 권12, 田令, 354쪽)

▸ 복원 당령

『唐令拾遺』 田令, 10조, 625쪽
『天聖令』 당령복원청본, 田令, 11조, 449쪽

〈舊11〉 諸襲爵者, 唯得承父祖(業)[111]永業, 不合別請. 若父祖未請及請未足

110) 이 조문은 『통전』 등에 전하는 開元25年令과 표현만 조금 다를 뿐 사실상 같고, 이어지는 〈舊11〉조의 내용과 대비된다.
111) [교감주] 저본의 '業'은 유관 문헌들을 볼 때 衍字이다.

而身亡者, 減始受封者之半給.

무릇 봉작(封爵)을 계승한 경우 오로지 선조의 영업[전]만을 이어받을 수 있고 따로 [영업전의 지급을] 청구할 수 없다. 만약 선조가 [영업전의 지급을] 청구하기 전이나 청구하였더라도 [규정된 양이] 충족되지 못한 상황에서 [그 봉작을 가진] 본인이 사망한 경우 처음 봉작을 받은 자[에게 지급될 영업전]의 반을 줄여서 지급한다.[112)]

유관당송문 1)『唐六典』: 凡官人受永業田 … 若襲爵者, 祖父未請地, 其子孫減初受封者之半.(권3, 尙書戶部, 75쪽 ;『역주당육전』상, 320~322쪽)

2)『通典』: 開元二十五年令 … 諸襲爵者, 唯得承父祖永業, 不合別請. 若父祖未請及未足而身亡者, 減始受封者之半給.(권2, 食貨2 田制, 29~30쪽)

3)『冊府元龜』:『통전』의 기록과 거의 같다.(권495, 邦計部 田制, 5927~5928쪽)

4)『新唐書』: 親王以下又有永業田 … 襲爵者不別給.(권55, 食貨5, 1394쪽)

5)『山堂考索』:『통전』의 기록과 같다.(前集 권65, 地理門 田制類, 436쪽)

▸ 유관 일본령

『令義解』: 凡應給位田, 未請及未足而身亡者, 子孫不合追請.(권3, 田令, 109쪽 ;『令集解』 권12, 田令, 354~355쪽)

『令義解』: 凡應給功田, 若父祖未請及未足而身亡者, 給子孫.(권3, 田令, 109쪽 ;『令集解』 권12, 田令, 354쪽)

▸ 복원 당령

『唐令拾遺』 田令, 11조, 625~626쪽

『天聖令』 당령복원청본, 田令, 12조, 449쪽

〈舊12〉 諸請永業者, 並於本貫陳牒. 勘驗告身, 幷檢籍知欠, 然後錄牒管地州. 檢勘給訖, 具錄頃畝四至, 報本貫上籍, 仍各申省計會附簿(薄).[113)] 其有先於

112) 이 조문은『통전』등에 전하는 開元25年令과 동일하다. 여기에서 襲爵者에게 일부 인정한 영업전의 청구권은 봉작 계승 당사자가 받을 수 있는 영업전에 대한 권리를 제한적으로 승인한 것일 뿐이다. 따라서 이미 사망한 선조의 官爵에 따른 영업전의 청구권을 그 후손에게 인정하지 않는다는 위 〈舊10〉조의 내용과 모순되지 않는다.

寬鄕借得無主荒地者，亦聽迴給.

무릇 영업[전]을 청구할 경우 모두 본적지[本貫]에 첩[114]으로 신청한다[陳牒]. [본적지에서] 고신(告身)[115]을 대조하여 확인하고 아울러 호적[籍][116]을 조사하여 [영업전의] 부족분을 파악한 뒤에 [영업전으로 지급할] 토지의 관할 주(州)에 첩으로 적어 보낸다[錄牒]. [영업전 소재지에서] 조사하고 대조하여 [영업전의] 지급을 끝낸 뒤 [이 영업전의] 면적과 위치를 갖추어 기록하여 본적지[本貫]에 알려서 호적에 올리게 하고, 이어서 [본적지와 영업전 소재지 관청에서] 각각 [상서]성에 보고하여 [영업전의 지급 상황을] 계산하여 장부[簿]에 싣도록 한다. 만약 예전에 관향(寬鄕)에서 주인 없는 황지를 빌렸던 경우,[117] [그 토지를 영업전으로] 대체해 주는 것 또한 허용한다.[118]

유관당송문 관련 기록이 당송 시기 문헌에서는 확인되지 않는다.

---

113) [교감주] 저본의 '薄'은 문맥상 '簿'를 뜻하고, 筆寫本에서 이처럼 '艹'와 '⺮'을 혼용한 예가 드물지 않다.

114) 『당육전』 권1, 三師三公尙書都省, 11쪽(『역주당육전』상, 137~138쪽)에 의하면, '牒'은 上行文書의 하나로서 "九品 이상 관인의 公文"으로 汎用되었다고 하며, "庶人의 말"인 "辭"와 구분된다. 송대 첩의 성격 변화 문제는 賦役令, 〈現15〉조의 '牒'에 대한 주 참조.

115) 새로운 職事官, 散官, 勳官, 封爵 등을 줄 때 본인에게 발급한 공식 증명서로서, 이를 주는 방식은 당대에 冊授(拜), 制授, 勅授, 旨授, 判補의 5종류가 있었다(『通典』 권15, 選擧 歷代制, 359쪽).

116) 여기에서 '籍'이 구체적으로 무엇을 가리키는지는 논란의 여지가 있다. 그런데 戶口, 公課, 田土를 기록한 당대의 戶籍에 '應受', '已受', '未受'의 土地額이 모두 나온다면(池田溫, 『中國古代籍帳硏究』, 東京 : 東京大學東洋文化硏究所, 1979, 63~65쪽 참조), 이것을 호적으로 보아도 좋을 듯하다. 영업전 지급 대상자의 호적을 보면 현재 가지고 있는 토지의 면적을 알 수 있는 것이다.

117) 황폐해진 땅을 빌려서 경작하는 문제는 〈舊30〉조 참조.

118) 이 조문은 기존 문헌에 보이지 않던 내용인데, 영업전의 청구와 지급 과정에 대한 상세한 설명으로서 매우 중요한 사료적 가치를 갖는다. 이를 통해 당시 檢籍 절차나 전토 관련 출토 문서를 더욱 세밀하게 분석할 수 있게 된 것이다.

▸ 복원 당령

『天聖令』 당령복원청본, 田令, 13조, 449쪽

〈舊13〉 諸州縣界內所部受田, 悉足者爲寬鄕, 不足者爲狹鄕.

무릇 주현의 영역 안에서 그 관할 [백성들이] 전토를 받는데, 온전히 충족되는 경우 관향이고 부족한 경우 협향이다.[119)]

유관당송문 1) 『唐律疏議』 : 依令, "受田, 悉足者爲寬鄕, 不足者爲狹鄕."(권13, 戶婚15의 소의 〈제164조〉, 244쪽 ; 『역주당률소의』, 2229~2230쪽 ; 『宋刑統』 권13, 戶婚律 占盜侵奪公私田, 203쪽)

2) 『唐六典』 : 凡州縣界內所部受田, 悉足者爲寬鄕, 不足者爲狹鄕.(권3, 尙書戶部, 75쪽 ; 『역주당육전』상, 319~320쪽)

3) 『通典』 : 開元二十五年令 … 其州縣縣(인용자 : 中華書局本에는 "縣"이 하나밖에 없는데, 이것은 교감자가 한 글자를 삭제하였기 때문이다.) 界內所部受田, 悉足者爲寬鄕, 不足者爲狹鄕.(권2, 食貨2 田制, 29·30쪽)

4) 『白氏六帖事類集』 : 寬鄕 狹鄕 又條 : 諸州縣界受田, 悉足者足(?)爲寬鄕, 不足爲狹鄕.(권23, 給授田)

5) 『舊唐書』 : 凡州縣界內所部受田, 悉足者爲寬鄕, 不足者爲狹鄕.(권43, 職官2, 1826쪽)

6) 『冊府元龜』 : 『통전』의 기록과 거의 같다.(권495, 邦計部 田制, 5927~5928쪽)

7) 『新唐書』 : 田多可以足其人者爲寬鄕, 少者爲狹鄕.(권51, 食貨1, 1342쪽)

8) 『山堂考索』 : 『통전』의 기록과 같다.(前集 권65, 地理門 田制類, 436~437쪽)

9) 『文獻通考』 : 『신당서』의 기록과 같다.(권2, 田賦 歷代田賦之制, 41쪽)

▸ 유관 일본령

『令義解』 : 凡國郡界內所部受田, 悉足者爲寬鄕, 不足者爲狹鄕.(권3, 田令, 109

---

119) 이 조문은 『통전』 등에 전하는 開元25年令과 표현만 조금 다를 뿐 사실상 동일하다. 이에 따르면 寬鄕과 狹鄕은 '州縣'을 단위로 하는 듯한데, 田令의 〈現4〉·〈舊22〉·〈舊25〉·〈舊30〉조를 보면 실제 전토의 收授 과정에서 중요한 것은 縣이었다. 그러므로 유관당송문의 『통전』과 『산당고색』에서 "其州縣縣界內所部受田"이라고 縣을 중복해 쓴 것이 단순한 착오가 아닐 가능성도 있을 듯하다.

쪽 ;『令集解』 권12, 田令, 356쪽)

▸ 복원 당령

『唐令拾遺』 田令, 12조, 626~627쪽 ;『唐令拾遺補』 田令, 12조, 751쪽

『天聖令』 당령복원청본, 田令, 14조, 449쪽

〈舊14〉 諸狹鄕田不足者, 聽於寬鄕遙授.

무릇 협향에서 전토가 부족할 경우 [그 부족분은 주거지와] 멀리 떨어진 관향에 주는 것을 허용한다.[120)]

유관당송문 1)『通典』: 開元二十五年令 … 諸狹鄕田不足者, 聽於寬鄕遙受.(권2, 食貨2 田制, 29~30쪽)

2)『白氏六帖事類集』: 寬鄕 狹鄕 … 又條 : 狹鄕不足者, 聽於寬鄕遙授.(권23, 給授田)

3)『冊府元龜』:『통전』의 기록과 거의 같다.(권495, 邦計部 田制, 5927~5928쪽)

4)『山堂考索』:『통전』의 기록과 같다.(前集 권65, 地理門 田制類, 436~437쪽)

▸ 유관 일본령

『令義解』: 凡狹鄕田不足者, 聽於寬鄕遙受.(권3, 田令, 109쪽 ;『令集解』 권12, 田令, 356~357쪽)

▸ 복원 당령

『唐令拾遺』 田令, 13조, 627쪽 ;『唐令拾遺補』 田令, 13조, 751쪽

『天聖令』 당령복원청본, 田令, 15조, 450쪽

〈舊15〉 諸流內九品以上口分田, 雖老不在追收之限, 聽終其身. 其非品官年六十以上, 仍爲官事驅使者, 口分亦不追減, 停私之後, 依例追收.

무릇 유내 9품 이상 [관인]의 구분전[121)]은 노[남][122)]이 되더라도 회수하는

120) 이 조문은『통전』에 전하는 開元25年令과 동일한데, 구분전 지급 대상지 선정의 원칙(〈舊22〉조)과 상이한 예외 규정이다.

121) 이 조문의 '口分田'은 '永業田'과 대비되는 地目이 아니라 〈舊1〉~〈舊4〉조에서 지급한다고 한 전토일 가능성도 없지 않다. 즉 일반민으로서 받는 영업전까지 포함하는 '개인 몫의 전토' 전부를 가리킬 수 있는 것이다. 그러나 여기에서는 일단 원문의

범위에 있지 않고 본인이 죽을 때까지 [그 전토를 구분전으로] 허용한다. [유내 9품 이상의][123] 품관이 아니더라도 60세 이상이 되어서도 계속 관청의 일로 부려질 경우[124] 구분[전]을 역시 회수하거나 줄이지 않고, [그 일을] 그만두고 쉬게 된 이후 법례에 의거하여 회수한다.[125]

유관당송문 1)『新唐書』: 親王以下又有永業田 … 流內九品以上口分田終其身, 六十以上停私乃收.(권55, 食貨5, 1394쪽)

▸ 복원 당령

『天聖令』 당령복원청본, 田令, 16조, 450쪽

〈舊16〉 諸[應][126]給園宅地者, 良口三口以下給一畝, 每三口加一畝, 賤口五口給一畝, 每五口加一畝, 並不入永業·口分之限. 其京城及州縣郭下園宅地, 不在此例.

무릇 원택지를 주어야 할 경우 양인[良口]은 3명 이하까지 1무를 주고

표현 그대로 번역해 둔다.

122) 저본의 '老'는 문맥상 구분전의 지급액에 변동이 생기는 연령 곧 〈舊1〉조의 '老男'을 뜻하며, 아래 서술을 보면 60세 이상이 이에 해당한다. 〈舊1〉조에서 설명하였듯이 丁男의 연령은 시대에 따라 바뀌는데, 이 조항은 60세에 老男이 되던 당대 武德 7(혹 6)년(624 혹 625)~神龍 元年(705)이나 景雲 元年(710)~廣德 元年(763) 혹은 송대의 것으로 생각된다.

123) 당대에는 流內官은 물론 流外官도 官品이 있었고, 宋 또한 神宗 元豊 연간(1078~1085)의 官制 개혁 이전까지는 대체로 이 제도를 따랐을 가능성이 크다. 그러나 앞 구절의 '流內 9품 이상'이라는 규정을 보면, 여기에서의 品官은 流內官으로 제한하여야 될 것이다.

124) 唐代에는 流內官 아래 下級官으로서 流外告身이 지급된 流外官과 '非省補'한 雜任(雜令, 〈舊15〉조 참조)이 있었는데, 이들 모두 관청에서 일하는 자로서 정원이 정해져 있었다. 『당률소의』 권11, 職制53-2의 소의 〈제143조〉, 225쪽 ; 『역주당률소의』, 2191쪽 ; 『송형통』 권11, 職制律 受所監臨贓, 181쪽 참조.

125) 이 조문과 유사한 내용은 『신당서』에서만 확인되는데, 老男에게 구분전의 지급액을 줄이는 〈舊1〉조의 예외 규정이다.

126) [교감주] 저본에는 '應'자가 없으나, 『통전』 등과 같이 이 글자가 있을 때 뜻이 더 잘 통한다.

3명마다 1무씩 더 주며, 천인[賤口]은 5명 [이하까지] 1무를 주고 5명마다 1무를 더 주는데, [원택지는] 모두 영업[전]이나 구분[전]의 범위에 넣지 않는다. 경성[127]이나 주현 성곽 안 원택지의 경우 이 법례에 해당하지 않는다.[128]

유관당송문 1) 『唐六典』: 凡天下百姓給園宅地者, 良口三人已下給一畝, 三口加一畝, 賤口五人給一畝, 五口加一畝, 其口分·永業不與焉. 若京城及州縣郭下園宅, 不在此例.(권3, 尙書戶部, 74~75쪽 ; 『역주당육전』상, 319쪽)

2) 『通典』: 開元二十五年令 … 應給園宅地者, 良口三口以下給一畝, 每三口加一畝, 賤口五口給一畝, 每五口加一畝, 並不入永業·口分之限. 其京城及州郡縣郭下園宅, 不在此例.(권2, 食貨2 田制, 29~30쪽)

3) 『舊唐書』: 凡給田之制有差, 園宅之地亦如之.(권43, 職官2, 1826쪽)

4) 『冊府元龜』: 『통전』의 기록과 거의 같다.(권495, 邦計部 田制, 5927~5928쪽)

5) 『山堂考索』: 『통전』의 기록과 거의 같다.(前集 권65, 地理門 田制類, 436~437쪽)

▸ 유관 일본령

『令義解』: 凡給園地者, 隨地多少均給, 若絶戶還公.(권3, 田令, 109쪽 ; 『令集解』 권12, 田令, 357~358쪽)

▸ 복원 당령

---

127) 京城은 玄宗 天寶 元年(742) 西京으로 이름을 바꾸기 전까지 당나라 수도의 고유명사이고(『신당서』 권37, 地理1, 961쪽) 수도를 뜻하는 일반명사로도 쓰인다. 그런데 여기에서 "州縣郭"과 병칭된 京城은 三重으로 둘러싸여 있던 당시 수도의 가장 큰 외곽성을 가리킨다고 생각된다. 『唐律疏議』 권7, 衛禁3-1의 소의 〈제60조〉, 152쪽 ; 『역주당률소의』, 2027~2028쪽 참조.

128) 이 조문은 『통전』 등에 전하는 開元25年令과 표현만 조금 다를 뿐 사실상 동일한데, 택지와 채마밭은 전토와 달리 성별·나이와 무관하게 단지 사람의 수와 신분에 따라 차등적으로 주었다. 이와 유사한 규정은 중국에서 일찍부터 확인된다. 漢初 二年律令의 경우 그 지급액이 爵에 따라 다르지만(張家山二四七號漢墓竹簡整理小組, 『張家山漢墓竹簡 : 二四七號墓(釋文修訂本)』, 52쪽), 北魏(『魏書』 권110, 食貨, 2854쪽 ; 『通典』 권1, 食貨1 田制, 18쪽)·北周(『隋書』 권24, 食貨, 679쪽 ; 『通典』 권2, 食貨2 田制, 28쪽)·隋(『隋書』 권24, 食貨, 680쪽 ; 『通典』 권2, 食貨2 田制」, 28쪽)에는 이 조항과 흡사한 제도가 있었다.

『唐令拾遺』田令, 14조, 628~629쪽
『天聖令』당령복원청본, 田令, 17조, 450쪽

〈舊17〉 諸庶人有身死家貧無以供葬者, 聽賣永業田. 卽流·移者亦如之. 樂遷就寬鄉者, 幷聽賣口分田. 賣充住宅·邸店·碾磑者, 雖非樂遷, 亦聽(斤)[129]私賣.
무릇 서인 가운데 본인이 죽었으나 집안이 가난하여 장례를 치르지 못하는 자가 있으면, [사망자의] 영업전을 파는 것을 허용한다. 만약 유형(流刑)[130]이나 이향(移鄕)[131][으로 부득이 영업전이 있는 곳을 떠나야] 할 경우 또한 이와 같다. 자발적으로 [협향에서] 이주하여 관향으로 갈 경우 [영업전과] 아울러 구분전을 파는 것도 허용한다. 팔아서 주택·영업용 건물[邸店[132]]·방앗간[碾磑]을 만들 경우, 비록 [관향으로의] 자발적 이주가 아니더라도 역시 [영업전과 구분전을] 개인적으로 파는 것을 허용한다.[133]

유관당송문 1)『唐律疏議』: "卽應合賣者", 謂永業田家貧賣供葬, 及口分田賣充宅及碾磑·邸店之類, 狹鄕樂遷就寬者, 準令並許賣之.(권12, 戶婚14의 소의 〈제163조〉, 242쪽 ;『역주당률소의』, 2226~2227쪽 ;『宋刑統』권12, 戶婚律

129) [교감주] 저본의 '斤'은 유관 문헌들을 볼 때 '聽'의 오기이다.
130) '流刑'은 먼 곳으로 流配하고 일정 기간 강제 노역시키는 형벌로서 五刑 중 사형 다음으로 무겁다(『당률소의』 권1, 名例4조 〈제4조〉, 5쪽 ;『역주당률소의』, 103쪽 ;『송형통』 권1, 名例律 五刑, 3~5쪽).
131) 살인을 하여 사형에 처해야 할 자는 사면령으로 죄를 면제받더라도 사망자의 집에 期親 이상의 親屬이 있다면 천리 밖으로 이주시키는데(『당률소의』 권18, 賊盜18조 〈제265조〉, 341~342쪽 ;『역주당률소의』, 2423~2425쪽 ;『송형통』 권18, 賊盜律 殺人移鄕, 285~286쪽), 이를 '移鄕'이라고 한다. 이것은 복역을 수반하지 않아 流刑과 다르지만, 본인의 뜻과 무관한 강제 移住라는 점에서 양자가 동일하다.
132) '邸店'은 화물의 보관 창고, 상점, 客舍 등으로 사용되는 상업 시설을 가리킨다. 雜令, 〈現30〉조의 해당 사항에 대한 주 참조.
133) 이 조문은『통전』등에 전하는 開元25年令과 표현만 조금 다를 뿐 사실상 동일하다. 〈舊21〉조에서 보듯이 관인의 영업전과 賜田 이외에는 임대조차 불법이었고, 구분전의 매매를 처벌하는 唐律(『당률소의』 권12, 戶婚14 〈제163〉, 242쪽 ;『역주당률소의』, 2226~2227쪽)이 송초까지 유지되었다(『송형통』 권12, 戶婚律 賣口分及永業田, 200~201쪽). 이 조항은 바로 이러한 금지에 대한 예외 규정이다.

賣口分及永業田, 201쪽)

2)『通典』: 開元二十五年令 … 諸庶人有身死家貧無以供葬者, 聽賣永業田. 卽流·移者亦如之. 樂遷就寬鄕者, 並聽賣口分. 賣充住宅·邸店·碾磑者, 雖非樂遷, 亦聽私賣.(권2, 食貨2 田制, 29·31쪽)

3)『冊府元龜』:『통전』의 기록과 거의 같다.(권495, 邦計部 田制, 5927~5928쪽)

4)『新唐書』: 凡庶人徙鄕及貧無以葬者, 得賣世業田. 自狹鄕而徒寬鄕者, 得幷賣口分田.(권51, 食貨1, 1342쪽)

5)『山堂考索』:『통전』의 기록과 거의 같다.(前集 권65, 地理門 田制類, 436~437쪽)

6)『文獻通考』:『新唐書』의 기록과 같다.(권2, 田賦 歷代田賦之制, 41쪽)

▸ 유관 일본령

『令義解』: 凡賣買宅地, 皆經所部官司申牒, 然後聽之.(권3, 田令, 110쪽 ;『令集解』 권12, 田令, 358~359쪽)

▸ 복원 당령

『唐令拾遺』 田令, 15조, 629~630쪽 ;『唐令拾遺補』 田令, 15조, 751쪽
『天聖令』 당령복원청본, 田令, 19조, 450쪽

〈舊18〉 諸買地者, 不得過本制. 雖居狹鄕, 亦聽依寬鄕制. 其賣者不得更請. 凡賣買皆須經所部官司申牒, 年終彼此除附. 若無文牒輒賣買者, 財沒不追, 地還本主.

무릇 토지를 살 경우 원래의 제도[134][에 규정된 면적 이상]을 넘을 수 없다. 비록 협향에 살더라도 관향의 제도에 의거하는 것을 허용한다.[135]

---

134) 여기에서 '원래의 제도'란 전토의 지급 원칙을 규정한 〈舊1〉~〈舊6〉조나 〈舊19〉·〈舊28〉·〈舊29〉조 그리고 園宅地의 지급 조건을 규정한 〈舊16〉조 등과 같은 법령들을 뜻한다.

135) 〈舊7〉조에서 5품 이상의 관인은 원칙상 寬鄕에 영업전을 주지만 특정한 전토를 스스로 사서 이를 충당한다면 "협향일지라도 허용한다."고 附注하였는데, 이 注文은 바로 이 규정과 호응한다. 그런데 이 조항에 의하면, 이러한 사례는 비단 5품 이상 관인에게만 적용되지 않는다. 즉 〈舊3〉조에서 협향의 일반민에게 처음 구분전을 지급할 때 관향의 반밖에 주지 않고, 〈舊19〉조에서 협향의 工人과 商人에게는 전토를 일체 지급하지 않도록 하였지만, 이 규정에 의거할 때 그들 또한 스스로

[토지를] 판 경우 다시 [토지의 지급을] 청구할 수 없다. 무릇 [토지의] 매매는 모두 관할 관사(官司)[136]에 첩으로 신고하여야만[申牒] 하고,[137] 연말에 [매도자와 매수자] 쌍방[의 토지 기록]에 빼거나 올린다. 만약 신고 문서[文牒] 없이 제멋대로 매매한 경우 [토지를 매매하며 주고받은] 재물을 몰수하고 [매수자가 그 재물을] 되돌려 받지 못하더라도[138] 토지는 원래의 주인에게 준다.[139]

유관당송문 1)『唐律疏議』: 依令, "田無文牒輒賣買者, 財沒不追, 苗子及買地之財並入地主."(권12, 戶婚17의 소의 〈제166조〉, 246쪽 ;『역주당률소의』,

살 경우 협향에서의 제한과 무관하게 원래 관향에서 규정된 면적만큼의 전토를 확보할 수 있었다고 생각되는 것이다.

136) 渡邊信一郎, 「北宋天聖令による唐開元二十五年田令の復原並びに譯注」는 이 관할 관사를 '州縣의 官司'라고 본다.

137) 토지를 교환할 경우 역시 이와 유사한 절차를 거쳐야만 한다. 〈舊27〉조 참조.

138) 원문 '財沒不追'의 해석은 난해한데, 渡邊信一郎, 「北宋天聖令による唐開元二十五年田令の復原並びに譯注」는 '財沒'이 "재화를 국가에서 몰수하는 것", '不追'가 "토지를 회수하지 않는 것"이라고 보았다. 『당률소의』의 이와 동일한 구절에 대한 이해도 다양하다. 『역주당률소의』가 "(토지를 팔아 얻은) 재물은 몰수하여 돌려주지 않고"(2233쪽)라고 번역한 반면, 律令研究會 편, 『譯註日本律令』 6, 東京 : 東京堂, 1984의 경우 "이미 지불된 대금은 매도자가 취득한 그대로 두고 반환을 명하지 않는다는 의미"(237쪽)로 해석하는 것이다. 당시 쌍방 모두에게 죄가 있을 때 관련 재물을 沒官하였는데(『당률소의』 권4, 名例32 〈제32조〉, 86쪽 ; 『역주당률소의』, 245~250쪽 ; 『송형통』 권4, 名例律 贓物沒官及徵還官主並勿徵, 60~62쪽), 官司에 문서로 신고하지 않고 토지를 매매한 행위도 이에 속하지 않을까? 그렇다면, 이 구절은 이러한 불법적인 토지 거래에 따른 재물은 몰수하고 매수자에게 되돌려 주지 않지만, 그 전토는 매도자에게 주어야만 한다는 뜻으로 보아도 좋을 듯하다.

139) 이 조문은 『통전』 등에 전하는 開元25年令과 표현만 조금 다를 뿐 사실상 동일하고, 위 〈舊17〉조에서 예외적으로 허용한 토지 매매의 방법에 대한 규정이다. 여기에서 근본 원칙은 "제도에 규정된 면적 이상을 넘"을 수 없다는 것이고, 이를 어기면 처벌하였다(『당률소의』 권13, 戶婚15 〈제164조〉, 244쪽 ; 『역주당률소의』, 2229~2230쪽 ; 『송형통』 권13, 戶婚律 占盜侵奪公私田, 203쪽). 이와 비슷한 제도는 二年律令 戶律(張家山二四七號漢墓竹簡整理小組, 『張家山漢墓竹簡 : 二四七號墓(釋文修訂本)』, 53쪽)이나 北魏의 이른바 均田令(『魏書』 권110, 食貨, 2854쪽)에도 보이는데, 그 구체적인 내용은 상당한 차이가 있다. 따라서 이러한 규정들의 비교는 해당 시기 사회의 특징을 이해하는 데 매우 유용할 것이다.

2232~2233쪽 ;『宋刑統』 권13, 戶婚律 占盜侵奪公私田, 204쪽)

2)『通典』: 開元二十五年令 … 諸買地者, 不得過本制. 雖居狹鄕, 亦聽依寬制. 其賣者不得更請. 凡賣買皆須經所部官司申牒, 年終彼此除附. 若無文牒輒賣買, 財沒不追, 地還本主.(권2, 食貨2 田制, 29·31쪽)

3)『冊府元龜』:『통전』의 기록과 거의 같다.(권495, 邦計部 田制, 5927~5928쪽)

4)『新唐書』: 已賣者, 不復授.(권51, 食貨1, 1342쪽)

5)『山堂考索』:『通典』의 기록과 같다.(前集 권65, 地理門 田制類, 436~437쪽)

6)『文獻通考』: 已賣者, 不復授. … 諸買地者, 不得過半(本?)制. 雖居狹鄕, 亦聽依寬制. 其賣者不得更請. 凡賣買皆須經官, 年終彼此除附. 若無文牒輒賣買, 財沒不追, 地還本主.(권2, 田賦 歷代田賦之制, 41쪽)

▸ 유관 일본령

『令義解』: 凡賣買宅地, 皆經所部官司申牒, 然後聽之.(권3, 田令, 110쪽 ;『令集解』 권12, 田令, 358~359쪽)

▸ 복원 당령

『唐令拾遺』 田令, 16·17조, 630~632쪽 ;『唐令拾遺補』 田令, 16·17조, 751~752쪽

『天聖令』 당령복원청본, 田令, 20조, 450쪽

〈舊19〉 **諸以工·商爲業者, 永業·口分田各減半給之. 在狹鄕者並不給.**

무릇 '공'이나 '상'을 전업으로 하는[140] 경우, 영업[전]과 구분전은 각각 반을 줄여 지급한다. 협향에 있을 경우 모두 지급하지 않는다.[141]

유관당송문 1)『通典』: 開元二十五年令 … 諸以工·商爲業者, 永業·口分田各

140) 『당육전』에서 "諸習學文武者爲士, 肆力耕桑者爲農, 巧作貿易者爲工, 屠沽興販者爲商." (권3, 尙書戶部, 74쪽 ;『역주당육전』상, 316~317쪽)라고 하여 백성을 네 가지 범주로 구분하고, 이것은 당시의 戶令으로 생각된다(『唐令拾遺』 戶令, 26조, 244~245쪽 ;『唐令拾遺補』, 26조, 537쪽).

141) 이 조문은 『통전』 등에 전하는 開元25年令과 동일하다. 이에 따르면, 〈舊1〉조를 비롯한 일반적인 給田 관련 규정은 일반민 중 '士'와 '農'을 주된 대상으로 삼는다고 하겠다.

減半給之. 在狹鄕者並不給.(권2, 食貨2 田制, 29·31쪽)

2) 『冊府元龜』: 『통전』의 기록과 거의 같다.(권495, 邦計部 田制, 5927~5928쪽)

3) 『新唐書』: 工商者, 寬鄕減半, 狹鄕不給.(권51, 食貨1, 1342쪽)

4) 『山堂考索』: 『통전』의 기록과 거의 같다.(前集 권65, 地理門 田制類, 436~437쪽)

5) 『文獻通考』: 『통전』의 기록과 거의 같다.(권2, 田賦 歷代田賦之制, 41쪽)

▸ 복원 당령

『唐令拾遺』 田令, 18조, 609~616쪽 ; 『唐令拾遺補』 田令, 18조, 750~751쪽

『天聖令』 당령복원청본, 田令, 21조, 450쪽

〈舊20〉 諸因王事沒落外藩不還, 有親屬同居者, 其身分之地, 六年乃追. 身還之日, 隨便先給. 卽身死王事者, 其子·孫雖未成丁, 身分之地勿追. 其因戰傷, 入篤疾·癈疾者, 亦不追減, 聽[終][142]其身.

무릇 공무[王事][143]로 인해 외국[外藩]에 억류되어[沒落][144] 돌아오지 못하면, 친속으로서 동거하던 자[145]가 있을 경우 [외국에 있는] 본인 몫의 토지는 [억류된 뒤] 6년이 되어야 회수한다.[146] [외국에 있던] 본인이

---

142) [교감주] 유관 문헌들과 같이 여기에 '終'자를 첨가해야 뜻이 통한다.

143) '王事'가 구체적으로 무엇을 가리키는지는 의문이다. 이 말은 朝聘·會盟·征伐 등 황제의 명에 의하여 파견된 公務를 범칭하는 경우가 많지만, 『영집해』 권12, 田令, 王事條의 "穴云", 359쪽의 경우 "戰事"만으로 이를 한정하고 "蕃使" 등을 배제하기 때문이다. 잠정적으로 여기에서는 광의로 해석한다.

144) '沒'과 '落'은 『영의해』 권2, 戶令, 95쪽과 『영집해』 권9, 戶令, 279쪽의 沒落外蕃條에서 "沒者, 被抄略也. 落者, 遭風波而流落也."라는 주석처럼 의미가 약간 다를 수 있다. 그러나 둘 다 본의와 달리 외국에 머무를 수밖에 없었다는 점에서는 동일하다.

145) 『당률소의』 권16, 擅興5-1의 소의 〈제228조〉, 303쪽 ; 『역주당률소의』, 2348~2349쪽 ; 『송형통』 권16, 擅興律 給發兵符, 254쪽에 "稱同居親屬者, 謂同居共財者."라고 한다.

146) "勅 : 逃人田宅, 不得輒容賣買. 其地任依鄕原價租, 充課役, 有賸官收. 若逃人三年內歸者, 還其賸物. 其無田宅, 逃經三年以上不還者, 不得更令隣保代出租課."라는 「唐開元戶部格殘卷」(唐耕耦 주편, 『敦煌法制文書』(中國珍稀法律典籍集成 甲-3), 北京 : 科學出版社, 1994, 166쪽)을 보면, 당시 어떤 지역을 3년간 떠난 자의 토지는 환수되었다. 따라서 이 규정은 이러한 일반적 원칙을 적용하지 않는다는 의미이다.

돌아오면, [그 몫의 토지를] 편의대로 우선 지급한다. 만약 본인이 공무로 죽은 경우, 그 후손이 비록 아직 정남[147]이 되지 않았더라도 본인 몫의 토지를 회수하지 않는다. 전쟁으로 부상하여 독질, 폐질이 된 경우 또한 회수하거나 줄이지 않고[148] 본인이 죽을 때까지 [그 토지를] 허용한다.[149]

유관당송문 1) 『通典』: 開元二十五年令 … 諸因王事沒落外藩不還, 有親屬同居, 其身分之地, 六年乃追. 身還之日, 隨便先給. 卽身死王事者, 其子·孫雖未成丁, 身分地勿追. 其因戰傷及篤疾·廢疾者, 亦不追減, 聽終其身.(권2, 食貨2 田制, 29·31~32쪽)

2) 『白氏六帖事類集』: 沒落田令 因王事落藩未還, 有親屬同居者, 其身分之地, 六年乃追. 身還之日, 隨便充給. 卽身死王事者, 子·孫雖未成丁, 亦不追. 戰傷人·篤疾, 亦不追咸(減?), 聽終身也.(권10, 使絶域)

3) 『冊府元龜』: 『통전』의 기록과 거의 같다.(권495, 邦計部 田制, 5927~5928쪽)

4) 『山堂考索』: 『통전』의 기록과 같다.(前集 권65, 地理門 田制類, 436~437쪽)

5) 『文獻通考』: 『통전』의 기록과 거의 같다.(권2, 田賦 歷代田賦之制, 41~42쪽)

▸ 유관 일본령

『令義解』: 凡因王事沒落外藩不還, 有親屬同居者, 其身分之地, 十年乃追. 身還之日, 隨便先給. 卽身死王事者, 其地傳子.(권3, 田令, 110쪽 ; 『令集解』 권12, 田令, 359~360쪽)

▸ 복원 당령

『唐令拾遺』 田令, 19조, 633~634쪽

『天聖令』 당령복원청본, 田令, 22조, 450쪽

---

147) 〈舊1〉조에 따르면, 丁男은 일반민으로서 영업전과 구분전을 최대한 받을 수 있는 조건이다. 정남의 연령 변화와 아래 '篤疾'과 '癈疾'에 대하여서는 〈舊1〉조의 해당 사항에 대한 주 참조.

148) 篤疾과 癈疾은 원칙상 전토의 지급액을 줄여야 하지만(〈舊2〉조), 이 경우 이러한 규정에 따를 필요가 없음을 뜻한다.

149) 이 조문은 『통전』 등에 전하는 開元25年令과 동일하고, 공무를 수행한 이들에 대한 우대 규정이다.

〈舊21〉 諸田不得貼賃及質, 違者, 財沒不追, 地還本主. 若從遠役外任, 無人守業者, 聽貼賃(任)[150]及質. 其官人永業田及賜田欲賣及貼賃·質者, 不在禁限.

무릇 전토는 임대하거나[貼賃] 전당을 잡힐[質][151] 수 없는데, 어길 경우 [이 과정에서 거래된] 재물은 몰수하고 [임차하거나 전당을 잡은 이가 지불한 재물을] 되돌려 받지 못하더라도[152] 토지는 원래의 주인에게 돌려준다. 만약 [전토를 지급 받은 이가] 먼 곳에서의 역(役)으로 외지에서 임무를 수행하여 일할 사람이 없을 경우, [지급 받은 전토의] 임대나 전당을 허용한다. 관인의 영업전이나 사전(賜田)은 팔거나 임대·전당하려 할 경우 금지하는 범위에 두지 않는다.[153]

유관당송문 1)『唐律疏議』: 其賜田欲賣者, 亦不在禁限. 以五品以上若勳官, 永業地亦並聽賣.(권12, 戶婚14의 소의 〈제163조〉, 242쪽 ;『역주당률소의』, 2226~2227쪽 ;『宋刑統』 권12, 戶婚律 賣口分及永業田, 201쪽)

2)『通典』: 開元二十五年令 … 諸田不得貼賃及質, 違者, 財沒不追, 地還本主. 若從遠役外任, 無人守業者, 聽貼賃及質. 其官人永業田及賜田欲賣及貼賃者, 不在禁限.(권2, 食貨2 田制, 29·32쪽)

3)『冊府元龜』:『통전』의 기록과 거의 같다.(권495, 邦計部 田制, 5927~5928쪽)

4)『山堂考索』:『통전』의 기록과 같다.(前集 권65, 地理門 田制類, 436~437쪽)

---

150) [교감주] 저본의 '任'은 유관 문헌들과 문맥을 고려할 때 '賃'의 오기이다.

151) '貼賃'과 '質'의 의미는 논란이 많으나, 羅彤華에 의하면 '貼賃'은 되사는 조건으로 파는 후대의 '活賣'와 유사한 것이고 '質'은 채권자가 담보물을 갖는 '典當'이라고 한다(『唐代民間借貸之硏究』, 臺北 : 臺灣商務印書館, 2005, 45~46쪽). 그렇다면 이 두 계약 모두 전토의 원래 주인이 그 땅을 양도하여 직접 경작할 수 없게 된다는 점에서 동일하고, 일반민의 경우 실제 경작자에게 토지를 지급하려 했던 田令의 원칙과 어긋나는 이러한 행위를 금지한 것은 당연한 일이다.

152) 원문 '財沒不追'의 번역 문제는 〈舊18〉조의 해당 구절에 대한 주 참조.

153) 이 조문은『통전』 등에 전하는 開元25年令과 거의 동일하므로 당령이라고 생각된다. 전토의 임대와 전당을 원칙상 금지한 이 규정은 전토의 매매를 특별한 경우로 제한한 〈舊17〉·〈舊18〉조와 이를 어겼을 경우 처벌하는 律(『당률소의』 권12, 戶婚14 〈제163〉, 242쪽 ;『역주당률소의』, 2226~2227쪽 및『송형통』 권12, 戶婚律 賣口分及永業田, 200~201쪽)과 동일한 맥락에서 이해할 수 있다.

5)『文獻通考』:『통전』의 기록과 거의 같다.(권2, 田賦 歷代田賦之制, 42쪽)

▸ 유관 일본령

『令義解』: 凡賃租田者, 各限一年. 園任賃租及賣, 皆須經所部官司申牒, 然後聽. (권3, 田令, 110쪽 ;『令集解』 권12, 田令, 361쪽)

▸ 복원 당령

『唐令拾遺』 田令, 20조, 634~635쪽
『天聖令』 당령복원청본, 田令, 23조, 450쪽

〈舊22〉 諸給口分田, 務從便近, 不得隔越. 若因州縣改隷, 地入他境, 及犬牙相接者, 聽依舊受. 其城居之人, 本縣無田者, 聽隔縣受.

무릇 구분전을 지급할 때 [수전자(受田者)에게] 편리하고 가깝게 하고 [수전자와] 가로막히거나 멀리 떨어져서[隔越][154][지급]할 수 없다. 만약 주현이 관할구역[隷]을 바꾸어 토지가 다른 [주현의] 경계로 들어가거나 [수전자의 토지가] 들쭉날쭉 [서로 다른 현의 경계에] 물려 있을 경우, 예전대로 [현재의 주현 경계와 무관하게 구분전을] 받는 것을 허용한다. 성에 거주하는 사람은 그 현에 전토가 없을 경우 떨어진 현에서 [구분전을] 받는 것도 허용한다.[155]

유관당송문 1)『唐六典』: 凡給口分田皆從便近 ; 居城之人, 本縣無田者, 則隔縣給授.(권3, 尙書戶部, 75쪽 ;『역주당육전』상, 319~320쪽)

2)『通典』: 開元二十五年令 … 諸給口分田, 務從便近, 不得隔越. 若因州縣改易,

154) '隔越'의 구체적 의미는 의문이 있다. 渡邊信一郎, 「北宋天聖令による唐開元二十五年田令の復原並びに譯注」는 이것이 縣의 경계를 벗어난 지역을 뜻한다고 보았으나, 여기에서 '便近'과 대비된 이 말의 의미를 굳이 이렇게 좁힐 필요는 없을 듯하다. 행정구역의 차이는 물론 受田者가 쉽게 왕래하며 농사지을 수 없는 지리적 조건 또한 고려한 표현으로 생각되는 것이다.

155) 이 조문은 『통전』 등에 전하는 開元25年令과 같다. 이에 따르면, 受田者의 거주지와 동일한 현 안에 그 관리가 용이한 곳에 전토를 지급하는 것이 원칙이고, 매우 특별한 조건에서만 예외를 인정한다.

隷地入他境, 及犬牙相接者, 聽依舊受. 其城居之人, 本縣無田者, 聽隔縣受.(권2, 食貨2 田制, 29·32쪽)

3)『舊唐書』: 凡給口分田, 皆從便近. 居城之人, 本縣無田者, 則隔縣給授.(권43, 職官2, 1826쪽)

4)『冊府元龜』:『통전』의 기록과 거의 같다.(권495, 邦計部 田制, 5927~5928쪽)

5)『山堂考索』:『通典』의 기록과 같다.(前集 권65, 地理門 田制類, 436~437쪽)

6)『文獻通考』:『통전』의 기록과 거의 같다.(권2, 田賦 歷代田賦之制, 42쪽)

7)『令集解』: …聽隔郡受. … 古記云 … 開元令云, "其城居之人, 本縣無田者, 聽隔縣受之." (권12, 田令, 362쪽)

▸ 유관 일본령

『令義解』: 凡給口分田, 務從便近, 不得隔越. 若因國郡改隷, 地入他境及犬牙相接者, 聽依舊受. 本郡無田者, 聽隔郡受.(권3, 田令, 110쪽 ;『令集解』 권12, 田令, 361~362쪽)

▸ 복원 당령

『唐令拾遺』 田令, 21조, 635~636쪽 ;『唐令拾遺補』 田令, 21조, 752쪽

『天聖令』 당령복원청본, 田令, 24조, 450쪽

〈舊23〉 諸以身死應退永業·口分地者, 若戶頭限二年追, 戶內口限一年追. 如死在春季者, 即以死年統入限內 ; 死在夏季以後者, 聽計後年爲始. 其絶後無人供祭及女戶死者, 皆當年追.

무릇 본인이 죽어[156] 영업·구분의 토지를 마땅히 반환하여야 할 경우, 호두[157]라면 2년 기한으로 회수하고[158] [호두 이외의] 호 구성원은 1년

156) 賦役令, 〈舊10〉조에 따르면, 中男 이상 등 課·役과 관련된 사람이 죽으면 열흘 이내에 신고하게 되어 있다. 이 부역령의 규정에 의하여 전토를 받았던 이들 대부분의 사망은 곧바로 파악되었을 것이다.

157) 기존 문헌에 수록된 唐令에는 '戶主'나 '家長'만 있을 뿐 '戶頭'라는 표현이 없다. 그러나『隋書』 권24, 食貨, 681쪽의 "高祖令州縣大索貌閱, 戶口不實者, 正長遠配, 而又開相糾之科. 大功已下, 兼令析籍, 各爲戶頭, 以防容隱."이나『唐大詔令集』 권4에 실린 「改元載初赦」의 "天下百姓, 年二十一, 身爲戶頭者, 各賜爵一級"(19쪽)이라는 말을 보면, '戶頭'는 수당 시기에 독자적인 戶籍을 편성할 수 있는 사람으로서 '戶主'와 비슷한 뜻이라고 생각된다.

기한으로 회수한다. 만약 봄철[159]에 죽은 경우 죽은 해를 그 기한 안에 넣[어 계산하]고, 여름철 이후에 죽은 경우 이듬해부터 시작하여 [기한을] 계산하는 것을 허용한다.[160] 후사(後嗣)가 끊어져서 제사지낼 이가 없거나 여호[161]가 죽을 경우 모두 그해에 [영업전과 구분전을] 회수한다.[162]

유관당송문 관련 기록이 당송 시기 문헌에서는 확인되지 않는다.

▸ 유관 일본령

『令義解』: 凡田, 六年一班. 神田·寺田, 不在此限. 若以身死, 應退田者, 每至班年, 卽從收授.(권3, 田令, 110~111쪽; 『令集解』 권12, 田令, 362~364쪽)

▸ 복원 당령

『天聖令』 당령복원청본, 田令, 25조, 450쪽

〈舊24〉 諸應還公田, 皆令主自量爲一段(改)[163]退, 不得零疊割退. 先有零者聽. 其應追者, 皆待至收授時, 然後追收.

무릇 마땅히 공으로 반환해야 할 전토[應還公田]는 모두 주인 스스로

---

158) 회수의 시기는 아래 〈舊24〉조에서 전토의 收授 때로 규정되어 있고, 이것은 〈舊25〉조에 의하면 매년 10월초부터 12월말까지에 행하여졌다.

159) 1년을 4季로 나눌 경우 전통적으로 음력 1~3월을 '봄'으로 보고, 그 이후 3개월씩 하나의 계절로 간주한다.

160) 이와 같은 기한 설정은 당시 주현에서의 戶籍 작성이 3월말로 완료되었던 사실(『당회요』 권85, 「籍帳」, 1848쪽의 開元 18년 勅 참조)과 관련이 있을 것이다.

161) 『後漢書』의 "其賜天下吏爵, 人三級 … 加賜河南女子百戶牛酒."라는 구절에 唐 章懷太子 李賢은 "此'女子百戶', 若是戶頭之妻, 不得更稱爲; 此謂女戶頭, 卽今之女戶也."라고 주석하였다(권3, 肅宗孝章帝, 152쪽). 그러므로 여기에서 '女戶'는 '女戶頭'와 동일한 의미라고 생각된다.

162) 이 조문은 중국의 기존 문헌에 없던 내용으로서 중요한 사료적 가치를 갖는다. 이에 따르면, 전토의 반환 시기는 受田者의 상황 곧 호 안에서의 지위, 사망 시기, 후사의 유무, 성별에 따라 다르다. 이것은 "若始受田而身亡, 及賣買奴婢牛者, 皆至明年正月乃得還受."(『魏書』 권110, 食貨, 2854쪽)라고 하여 전토의 반환 시기를 일률적으로 규정한 北魏의 제도와 같지 않다. 이 조항의 내용은 아래 〈舊24〉, 〈舊25〉조와 이어진다.

163) [교감주] 저본의 '改'는 일본령의 동일한 구절을 볼 때 '段'의 오기인 듯하다.

헤아려 한 필지(筆地) 단위로 반환하게 하고,[164] 자투리땅을 모아서 분할하여 반환할 수 없다. 예전부터 자투리땅이 있었던 경우 [그 자투리땅의 반환은] 허용한다. 마땅히 회수하여야 할 경우 모두 거두어들이거나 나누어주는 때[165]가 되기를 기다려 회수해 들인다.[166]

유관당송문 관련 기록이 당송 시기 문헌에서는 확인되지 않는다.

▸ 유관 일본령

『令義解』: 凡應還公田, 皆令主自量爲一段退 不得零疊割退. 先有零者聽.(권3, 田令, 111쪽 ; 『令集解』 권12, 田令, 364쪽)

『令義解』: 凡田, 六年一班. 神田·寺田, 不在此限. 若以身死, 應退田者, 每至班年, 卽從收授.(권3, 田令, 110~111쪽 ; 『令集解』 권12, 田令, 362~364쪽)

▸ 복원 당령

『天聖令』 당령복원청본, 田令, 26조, 450쪽

〈舊25〉 諸應收授之田, 每年起十月一(十)[167]日, 里正豫校勘造簿, 至十一月一日, 縣令摠(揔)[168]集應退應授之人, 對共給授, 十二月三十日內使訖. 符下按記, 不得輒自請射. 其退田戶內, 有合進受者, 雖不課·役, 先聽自取, 有餘收授. 鄕有餘, 授比鄕 ; 縣有餘, 申州給比縣 ; 州有餘, 附帳申省, 量給比近之州(戶).[169]

무릇 마땅히 거두어들이거나 나누어주어야 할 전토는 매년 10월 1일부터

---

164) 이 조항과 유사한 『令義解』 권3, 田令, 111쪽과 『令集解』 권12, 364쪽의 注釋에 의하면, '一段'은 '一處'이고 '退'는 '還'이다.

165) 〈舊25〉조에 의하면, 이 시기는 매년 10월 1일부터 12월 30일까지이다.

166) 이 조문과 유사한 내용이 중국의 기존 문헌에 없으나 비슷한 일본령이 있으므로 당 전기의 令으로 생각된다. 이 조항의 앞 두 문장은 전토의 반환과 관련되어 앞 〈舊23〉조와 직결되고, 마지막 문장은 전토의 회수 시기 문제로서 〈舊25〉조의 전반부와 이어진다.

167) [교감주] 저본의 '十'은 유관 문헌들을 볼 때 '一'의 오기이다.

168) [교감주] 저본의 '揔'은 '摠'의 이체자이고, 이 두 글자의 대표자 '摠'은 '總'과 통용된다.

169) [교감주] 저본의 '戶'는 『신당서』 등의 기록이나 문맥상 '州'로 고쳐야 한다.

이정이 미리 철저히 조사하여 장부[簿]를 만들고,170) 11월 1일이 되면 [장부에 의거하여] 현령이 마땅히 반환하거나 마땅히 주어야 할 사람들을 모두 집합시켜서 함께 대면하여 [전토를 환수하고] 지급해 주는데 12월 30일까지 마치도록 한다. 부(符)171)가 내려와 등기하면[按記],172) 제멋대로 전토를 [다시] 지목하여 청구할 수 없다. 전토를 반환할 호 안에 자격을 갖추어 전토를 받아야[進受]173) 될 자가 있다면, 비록 과·역을 부담하지 않는 이라도174) [반환된 전토를] 그 호의 구성원이 갖는 것을 우선적으로 허용하고,175) [그러고도] 남는 것이 있으면 거두어들여 [그 호 이외의 사람에게] 나누어준다. 향에 여분이 있으면 인근 향에 주고, 현에 여분이 있으면 주에 보고하여 인근 현에 지급하며, 주에 여분이 있으면 장부[帳]에 올려 [상서]성에 보고하고 인근의 가까운 주에 적절히 지급한다.176)

---

170) '里正'은 원칙상 100戶를 단위로 하는 里에서 "按比戶口, 課植農桑, 檢察非違, 催驅賦役"의 임무를 맡았다(『통전』 권3, 食貨3 鄕黨, 63쪽). 따라서 이정은 전토의 분배에 일차적인 책임을 졌는데, 『당률소의』 권13, 戶婚22-1의 율문 〈제171조〉, 249쪽(『역주당률소의』, 2240쪽)과 『송형통』 권13, 戶婚律 課農桑 里正授田課農桑違法, 209쪽의 "諸里正, 依令, '授人田, 課農桑.' 若應受而不授, 應還而不收, 應課而不課, 如此事類違法者, 失一事, 笞四十." 이라는 기록이 이를 잘 보여준다.

171) 『당육전』 권1, 三師三公尙書都省, 11쪽(『역주당육전』상, 137~138쪽)에 의하면, '符'는 下行文書의 하나로서, "尙書省下於州, 州下於縣, 縣下於鄕."할 때 사용되었다.

172) 중화서국 교록본은 저본의 '按記'를 '案記'의 오기라고 보았으나, '按'과 '案'은 통용될 수 있다. '按記'는 文案으로 기록해 두는 것 혹은 그 기록물을 뜻한다.

173) '進受'는 "雜戶者 … 依令老免·進丁·受田, 依百姓例, 各於本司上下."(『당률소의』 권3, 名例20-5의 소의 〈제20조〉, 57쪽 ; 『역주당률소의』, 188~189쪽 ; 『송형통』 권3, 名例律 以官當徒除名免官免所居官, 36쪽)와 같은 규정을 볼 때 '進丁'과 '受田'의 合稱이라고 생각된다. 즉 새로 丁男이 되어 受田 자격을 갖춤을 뜻하는 것이다.

174) 이것은 課·役이 있는 자에게 먼저 전토를 지급한다는 아래 〈舊26〉조의 일반 원칙에 구애될 필요가 없다는 뜻이다.

175) 〈舊2〉조에 따르면, 어린 남녀나 老男, 篤疾, 廢疾, 寡妻妾 등이 戶主가 되면 영업전 20무와 구분전 30무를 추가로 지급한다. 따라서 丁男의 戶主가 사망하였을 때 동일 호 안에서 토지의 반환과 추가 지급이 동시에 필요한 상황이 발생하는데, 이 규정에 의하면 남아 있는 가족이 설령 不課口일지라도 먼저 기존 정남 호주의 전토를 계승할 수 있다.

176) 이 조문에서 등기를 마친 뒤 다시 전토를 청구할 수 없다는 사실 이외에는 모두 당대의 문헌들에서 단편적으로 확인되던 令文의 내용과 일치한다. 따라서 이 조항은

유관당송문 1) 『唐律疏議』: 應收授之田, 每年起十月一日, 里正預校勘造簿, 縣令總集應退應受之人, 對共給授. … 其里正皆須依令造簿通送及課農桑.(권13, 戶婚 22-1의 소의 〈제171조〉, 249쪽 ; 『역주당률소의』, 2240~2241쪽 ; 『宋刑統』 권13, 戶婚律 課農桑, 209쪽 참조)

2) 『唐六典』: 凡應收授之田皆起十月, 畢十二月.(권3, 尚書戶部, 75쪽 ; 『역주당육전』상, 319~320쪽)

3) 『唐六典』: 若應收授之田, 皆起十月, 里正勘造簿曆 ; 十一月, 縣令親自給授, 十二月內畢.(권30, 三府都護州縣官吏, 753쪽 ; 『역주당육전』하, 468~470쪽)

4) 『舊唐書』: 『당육전』의 기록과 같다.(권43, 職官2, 1826쪽)

5) 『新唐書』: 死者收之, 以授無田者. 凡收授皆以歲十月 … 凡田, 鄕有餘, 以給比鄕, 縣有餘, 以給比縣, 州有餘, 以給近州.(권51, 食貨1, 1342쪽)

6) 『文獻通考』: 『신당서』의 기록과 같다.(권2, 田賦 歷代田賦之制2, 41쪽)

7) 『文獻通考』: 沙隨程氏曰, "按唐令文, 授田每年十月一日, 里正預造簿, 縣令總集應退授之人, 對共給授."(권3, 田賦 歷代田賦之制3, 45쪽)

8) 『令集解』: 先貧後富 … 穴云 … 問. 唐令云"其退田戶內, 有合進受者, 雖不課·役, 先聽自取, 有餘收授"者, 今國家令省其文, 未知何處分.(권12, 田令, 366·367쪽)

▸ 유관 일본령

『令義解』: 凡應班田者, 每班年, 正月三十日內, 申太政官. 起十月一日, 京國官司, 預校勘造簿, 至十一月一日, 摠集應受之人, 對共給授, 二月三十日內使訖.(권3, 田令, 111쪽 ; 『令集解』 권12, 田令, 364~366쪽)

▸ 복원 당령

『唐令拾遺』 田令, 13·22·23조, 630·636~637쪽 ; 『唐令拾遺補』 田令, 22·23조, 751~752쪽

『天聖令』 당령복원청본, 田令, 27조, 450쪽

〈舊26〉 諸授田, 先課·役後不課·役, 先無後少, 先貧後富.

무릇 전토를 줄 때 과·역을 부담하는 자에게 먼저 주고 과·역을 부담하지

唐令의 원래 형태를 보여준다는 점에서 사료적 가치가 있을뿐더러, 여기에서 분명히 드러나는 里正과 縣令의 구체적인 역할은 당시 지방 행정의 실태와 관련하여서도 주목할 만하다.

않는 자는 뒤에 주며, [기왕에 받은 전토가] 없는 자에게 먼저 주고 [기왕에 받은 전토가 기준에] 모자라는 자는 뒤에 주며, 가난한 자에게 먼저 주고 부유한 자는 뒤에 준다.[177]

유관당송문 1)『唐律疏議』: 授田, 先課·役後不課·役, 先無後少, 先貧後富.(권13, 戶婚22-1의 소의 〈제171조〉, 249쪽 ;『역주당률소의』, 2240쪽 ;『宋刑統』 권13, 戶婚律 課農桑, 209쪽 참조)

2)『唐六典』: 凡授田, 先課後不課, 先貧後富, 先無後少.(권3, 尙書戶部, 75쪽 ;『역주당육전』상, 319~320쪽)

3)『舊唐書』:『당육전』의 기록과 같다.(권43, 職官2, 1825~1826쪽)

4)『新唐書』: 授田, 先貧及有課·役者.(권51, 食貨1, 1342쪽)

5)『文獻通考』:『신당서』의 기록과 같다.(권2, 田賦 歷代田賦之制2, 41쪽)

▸ 유관 일본령

『令義解』: 凡授田, 先課·役後不課·役, 先無後少, 先貧後富.(권3, 田令, 111쪽 ;『令集解』 권12, 田令, 366~367쪽)

▸ 복원 당령

『唐令拾遺』 田令, 23조, 637~638쪽 ;『唐令拾遺補』 田令, 23조, 752쪽

『天聖令』 당령복원청본, 田令, 28조, 450쪽

〈舊27〉 諸田有交錯, 兩[主][178]求換者, 詣本部申牒, 判聽手實, 以次除附.

무릇 전토[의 위치]가 서로 엇갈려서[179] 두 주인이 [그 전토를] 교환하고자

---

177) 이 조문과 동일한 내용이『당률소의』에 보이므로 당 전기의 令으로 생각된다. 여기에서 과·역 부담자에게 먼저 전토를 준 것은 給田과 賦役 사이의 밀접한 상관성을 보여주고, 기왕에 전토를 받지 못한 자와 가난한 자에 대한 우대는 각각 국가의 전토 지급 의무와 경제적 균분의 지향이라는 당시 사회의 통념을 시사한다.

178) [교감주] 저본에는 '主'자가 없으나, 일본의 養老令과 같이 이 글자가 있을 때 뜻이 더 잘 통한다.

179) 일본령에는 이와 동일한 구절에 "假令, 甲處田一町, 乙處田一町, 二人中分, 各得其半, 卽於二人, 各求一處全得一町之類也."(『令義解』 권3, 田令, 111쪽 ;『令集解』 권12, 田令, 367쪽)라는 注釋을 달아 두었다.

할 경우 본래 관할 기관[本部][180]에 가서 첩으로 신고하면[申牒] [관할 기관에서] 판정해서 [변동 내용을 반영한] 수실[181]을 제출하여 [장부에 각각] 빼거나 올리는 것을 허용한다.[182]

유관당송문 관련 기록이 당송 시기 문헌에서는 확인되지 않는다.

▶ 유관 일본령

『令義解』: 凡田有交錯, 兩主求換者, 經本部, 判聽除附.(권3, 田令, 111쪽 ; 『令集解』 권12, 田令, 367쪽)

▶ 복원 당령

『天聖令』 당령복원청본, 田令, 29조, 451쪽

〈舊28〉 諸道士·女冠受老子『道德經』以上, 道士給田三十畝, 女冠二十畝. 僧·尼受具戒者, 各準此. 身死及還俗, 依法收授. 若當觀·寺有無地之人, 先聽自受.

무릇 도사와 여관이 노자의 『도덕경』 이상을 받으면,[183] 도사에게 전토 30무를 지급하고 여관에게는 [전토] 20무[를 지급한다]. 비구와 비구니가

---

180) 渡邊信一郞, 「北宋天聖令による唐開元二十五年田令の復原並びに譯注」는 이 '관할 기관'을 "本縣"으로 번역하고 있다.

181) 手實은 당송 시기에 戶主가 戶의 구성원과 그 토지 등을 관청에 직접 신고한 공식 서류이다.

182) 이 조문과 유사한 내용이 중국의 기존 문헌에 없으나 비슷한 일본령이 있으므로 당 전기의 令으로 생각된다. 전토의 교환이 그 점유자의 변화라는 점에서 〈舊18〉조의 전토 매매 규정과 유사하다면, 이 두 조항을 서로 비교하여 검토할 필요가 있을 것이다.

183) 隋代의 "受道之法"에서 첫 단계가 『五千文籙』 곧 『道德經』과 관련된 秘文을 "受"하는 것이었고(『隋書』 권35, 經籍4, 1092쪽), 唐 高宗 上元 元年(674)에는 『道德經』을 "受驗"하지 않으면 道士의 자격을 인정하지 않았다고 한다(野口鐵郞 등, 『道敎事典』, '道士'조, 東京 : 平河出版社, 1994, 450쪽). 사실 도교의 정식 승려가 되는 의례인 '傳度' 혹은 '濟度'의 방법은 매우 다양하고 복잡한데, 이때 『도덕경』이 중요하였음은 분명하다. 田中文雄, 「傳度儀禮」, 野口哲郎 등편, 『道敎の敎團と儀禮』(講座道敎2), 東京 : 雄山閣, 2000 참조.

구계[184]를 받은 경우도 각각 이에 준[하여 전토를 지급]한다. 본인이 죽거나 환속하면, 법에 의거해서 [그 전토를] 거두어들여 [다른 사람에게] 나누어준다. 만약 해당 도관이나 절에 [마땅히 받아야 할] 토지를 갖지 못한 사람이 있으면, [반환된 전토를] 그 도관이나 절의 구성원이 받는 것을 우선적으로 허용한다.[185]

유관당송문 1)『唐六典』: 凡道士給田三十畝, 女冠二十畝. 僧·尼亦如之.(권3, 尙書戶部, 74쪽 ;『역주당육전』상, 318쪽)

2)『白氏六帖事類集』: 授田令 令曰, 道士受『老子』經以上, 道士給田三十畝, 僧尼受具戒, 準此.(권26, 道士)

▸ 복원 당령

『唐令拾遺』 田令, 24조, 638~639쪽 ;『唐令拾遺補』 田令, 24조, 752~753쪽

『天聖令』 당령복원청본, 田令, 31조, 451쪽

〈舊29〉 諸官戶受田, 隨鄕寬·狹, 各減百姓口分之半. 其在牧官戶·奴, 並於牧所各給田十畝. 卽配戍(成)[186]·鎭者, 亦於配所準在牧官戶·奴例.

무릇 관호[187]가 전토를 받을 때 향의 관·협에 따라 각각 백성 개인 몫[口分]의 반을 줄인다.[188] 목(牧)[189]의 관호와 [관]노(官奴)[190]의 경우 모두 목이

---

184) 具戒는 具足戒의 준말로 불교에서 출가자가 갖추어야 할 계율이다. 部派에 따라 차이가 있으나 보통 비구는 250戒, 비구니는 348戒를 지켜야 한다고 하는데, 이 구족계를 받는 것(upasampadā)이 곧 불교 정식 승려가 되는 방법이다(中村元,『佛教語大辭典』, 東京 : 東京書籍, 1975, 276쪽).

185) 이 조문의 전반부는『당육전』등에서 확인되나, 후반부의 규정은 기존 문헌에 보이지 않는다. 그러나 이 조항의 내용이 〈舊23〉·〈舊25〉조의 일반민에 대한 규정과 상통하므로 唐令의 원래 형태라고 생각된다.

186) [교감주] 저본의 '成'은 문맥상 '城' 혹은 '戍'의 오기로 보이는데, 여기에서는 잠정적으로 중화서국 교록본에 따른다.

187) '官戶'는 隋唐 시기에 雜戶와 奴婢 사이에 존재하는 賤民의 하나인 반면 宋代 이후에는 官品을 가진 官人을 가리키게 된다. 여기에서의 의미는 당연히 전자인데, 이를 '番戶'라고도 부른다.

188) 〈舊1〉조는 일반민에 대한 給田額을 영업전과 구분전으로 나누어 규정하였고, 〈舊3〉

있는 곳에서 각각 전토 10무를 지급한다. 만약 수(戍)나 진(鎭)[191]에 배속된 경우, 또한 그 배속된 곳에서 목의 관호와 [관]노의 예에 의거[하여 전토를 지급]한다.[192]

유관당송문 1) 『唐六典』 : 凡官戶受田減百姓口分之半.(권3, 尚書戶部, 74쪽 ; 『역주당육전』상, 318~319쪽)

▸ 유관 일본령

『令義解』 : 凡官戶·奴婢口分田, 與良人同. 家人奴婢, 隨鄕寬·狹. 並給三分之

조에서 狹鄕의 경우 그 반만을 지급한다고 하였다. 따라서 이 令文은 寬鄕의 官戶에게 〈舊1〉조 규정의 1/2, 협향의 관호에게는 그 1/4을 지급한다는 의미로 생각된다. 그런데 문제는 '口分之半'이라는 표현의 애매함이다. 이것이 구분전만인지 혹은 영업전까지 포함하는지 의문이기 때문이다. 사실 〈舊3〉조의 "若狹鄕新受者, 減寬鄕口分之半"이라는 기록도 이와 유사한데, 앞서 설명하였듯이 이 '口分'은 개인 각자의 몫이라는 뜻일 가능성이 크다고 생각된다. 그러므로 이 조항 역시 일단 이러한 의미로 해석해 둔다.

189) 당대에는 太僕寺의 典牧署 아래 가축을 放牧하며 사육하는 '牧'이라는 관청이 있고, 이것은 말의 숫자에 따라 上·中·下 세 등급으로 나뉘어 각지에 散在하였다(『당육전』 권17, 太僕寺, 485~488쪽 ; 『역주당육전』중, 537~547쪽). 천성령에도 이와 같은 官營牧畜地에 대한 규정이 보인다(廐牧令, 〈現6〉·〈現7〉조 등). 그런데 廐牧令, 〈舊1〉조에 의하면, 牧에서는 말·소 120마리, 낙타·노새·나귀 각각 70마리, 양 620마리로 이루어진 '群'마다 '牧子' 4명을 배당하며, 그 중 2명은 '丁'이고 나머지 2명은 '[官]戶'와 '奴'이다. 그리고 이들이 10년 동안 '牧子'로서의 임무를 잘 수행하면 放免시켜 '牧戶'로 삼았다고 한다(廐牧令, 〈舊16〉조).

190) 廐牧令 〈舊16〉조에 의하면, 官戶와 官奴는 牧에서 牧子로 충원되어 그 기간과 성과에 따라 良人으로 放免시켜 牧戶로 삼기도 하였다.

191) 戍와 鎭은 唐代 군사 거점지의 특별한 지방 행정 단위로서 각각 上·中·下 세 등급으로 나뉘었다(『당육전』 권30, 三府都護州縣官吏, 755~756쪽 ; 『역주당육전』하, 477~482쪽).

192) 이 조문의 전반부는 『당육전』에서 확인되나, 후반부의 규정은 기존 문헌에 없다. 만약 이 조항이 위 〈舊28〉조처럼 唐令의 원래 형태라면, 이것은 지금까지 전혀 확인되지 않던 당대의 奴에 대한 전토 지급 규정이라는 점에서 특별히 주목할 필요가 있다. 종래 北魏(『魏書』 권110, 食貨, 2853쪽)나 北齊(『隋書』 권24, 食貨, 677쪽) 시기와 달리 당대의 노비는 토지를 받지 못하였다고 여겨 왔기 때문이다. 물론 이 조항에서도 전토의 지급 대상은 牧이나 戍·鎭과 같은 특수 지역에 배치된 官奴로 국한된다.

一.(권3, 田令, 112쪽 ; 『令集解』 권12, 田令, 368~369쪽)

▸ 복원 당령

『唐令拾遺』 田令, 25조, 639~640쪽

『天聖令』 당령복원청본, 田令, 32조, 451쪽

〈舊30〉 諸公私[田][193]荒廢三年以上, 有能[194]佃者, 經官司申牒借之, 雖隔越亦聽. 易田於易限之內, 不在備[195]限. 私田三年還主, 公田九年還官. 其私田雖廢三年, 主欲自佃, 先盡其主. 限滿之日, 所借人口分未足者, 官田[196]卽聽充口分若當縣受田悉足者, 年限雖滿, 亦不在追限. 應得永業者, 聽充永業. 私田不合. 其借而不耕,[197] 經二年者, 任有力者借之. 卽(則)[198]不自加功, 轉分與人者, 其地卽回借見佃之人. 若佃人雖經熟訖, 三年[之][199]外不能耕種,[200] 依式追收, 改給.

무릇 공전이나 사전(私田)이 황폐해진 지 3년 이상 지났는데, [그 땅을] 농사지을[佃] 수 있는 자가 있어 관사에 첩으로 신고한[申牒] 다음 그것을 빌린다면, 비록 [그 땅이 농사지을 자와] 가로막히거나 멀리 떨어져 있더라도[隔越][201] 역시 허용한다. 해를 걸러 경작하는 전토[易田]는 휴경하는 기간

193) [교감주] 저본에는 '田'자가 없으나, 일본령의 유사한 구절과 문맥을 고려할 때 이 글자가 빠진 듯하다.

194) [교감주] 중화서국 교록본은 일본령을 근거로 여기에 '借' 자를 추가하였다. 그러나 이 글자가 없어도 뜻이 통하므로 저본에 따른다.

195) [교감주] 중화서국 교록본은 〈舊4〉조의 "諸給口分田者, 易田則倍給."이라는 구절을 근거로 저본의 '備'가 '倍'의 잘못이라고 보았다. 그러나 저본을 고치지 않아도 문맥이 통한다.

196) [교감주] 저본의 '官田'은 유관 일본령에 '公田'으로 되어 있다. 문맥상 오기일 수도 있으나, 일단 저본에 따른다.

197) [교감주] 중화서국 교록본은 『영집해』에 인용된 開元令을 근거로 이 구절 앞에 '令'자를 추가하였으나, 渡邊信一郎, 「北宋天聖令による唐開元二十五年田令の復原並びに譯注」의 설명처럼 이 글자가 없어도 뜻이 통한다. 따라서 저본에 따른다.

198) [교감주] 저본의 '則'은 『令集解』에 인용된 開元令에 '卽'으로 되어 있어 오기인 듯하다.

199) [교감주] 저본에는 '之'자가 없으나, 『令集解』에 인용된 開元令처럼 이 글자가 있을 때 뜻이 더욱 분명해진다.

200) [교감주] 저본의 '耕種'은 『令集解』에 인용된 '開元令'에 '種耕'으로 되어 있으나, 의미상 큰 차이가 없으므로 저본에 따른다.

동안은 [빌려주도록] 대비된 범위에 넣지 않는다.[202] [땅을 빌려서 경작한 뒤] 사전은 3년이 지나면 주인에게 돌려주고, 공전은 9년이 지나면 관(官)으로 돌려준다. 사전은 3년간 황폐해졌을지라도 주인이 스스로 농사짓고자 하면 누구보다 먼저 그 주인에게 우선권을 준다. 연한이 다 되었을 때 빌렸던 사람의 구분[전]이 모자랄 경우, 관전[203]은 곧 [차지인(借地人)의] 구분[전]으로 충당하는 것을 허용하지만, 만약 해당 현이 전토를 받는 것이 모두 충족되는 [관향인] 경우[204] [차지(借地)] 연한이 찼더라도 회수하는 범위에 두지 않는다. [차지인이] 마땅히 영업[전]을 가질 수 있는 경우 영업[전]으로 충당함도 허용한다.[205] 사전은 그렇게 할 수 없다. 그런데 빌린 땅을 갈지도[耕] 않고 2년이 지났을 경우, [경작] 능력이 있는 자가 그것을 빌릴 수 있게 한다. 만약 스스로 공력[功][206]을 들이지 않고 자신의 몫을 다른 사람에게 돌려 [농사짓게 해]버린 경우, 그 토지는 현재 농사짓는 사람에게로 바꾸어 빌려준다. 만약 농사짓던 사람이 비록 숙지(熟地)로 만든 다음이더라도 [그 땅을] 3년 이상 농사지을[耕種] 수 없다면,[207] 식(式)에 의거하여 회수하

---

201) 경작자와 '隔越'한 땅은 〈舊22〉조에서 보듯이 원칙상 給田할 수 없다.

202) 이 구절의 해석은 난해하다. 중화서국 교록본과 渡邊信一郎, 「北宋天聖令による唐開元二十五年田令の復原並びに譯注」는 저본의 '備'를 '倍'로 고쳐, 이것을 倍田과 관련된 기록으로 보았다. 그러나 이 구절이 〈舊4〉조에 나오는 휴경이 불가피한 땅을 고려한 추가 규정이라면, 저본 그대로 이해할 수도 있을 듯하다. 예를 들어, 격년으로 농사짓는 전토라면 설령 3년간 농사를 짓지 않았더라도 그 중에 원래 묵히는 1년도 포함되어 있으므로 이 조항에 의거하여 그 땅을 다른 사람에게 빌려줄 수 없다. 이것은 바로 이러한 상황을 염두에 둔 규정으로 생각되는 것이다.

203) 여기에서 '官田'은 뒷 구절의 '私田'과 대비되므로 '公田'과 동일한 의미로 보인다. 일본령에는 실제로 이것이 '公田'으로 되어 있다.

204) 〈舊13〉조에서 "諸州縣界內所部受田, 悉足者爲寬鄕."이라고 하였다.

205) 〈舊12〉조에 의하면, 寬鄕에서 주인 없는 荒地를 빌렸다면 그 땅을 자신의 영업전으로 삼을 수 있다.

206) 당시 '功'은 노동량 혹은 작업량의 계산 단위였다. 〈現5〉조의 '功力'에 대한 주 참조.

207) 이러한 상황은 借地人 개인의 특별한 사정일 수도 있겠지만, 더 일반적인 이유는 이 조문의 앞선 규정 곧 사전은 3년이 지나면 주인에게 돌려주어야만 하였기 때문이라고 생각된다. 이 경우 차지인에게 기존의 땅은 회수하더라도 새로운 땅을 다시 빌려 주었을 가능성이 클 듯하고, 아래의 문장은 이와 관련된 서술일 수

고 새로 [전토를] 지급한다.[208]

유관당송문 1)『令集解』: … 判借之 … 古記云 … 開元令云, "令其借而不耕, 經二年者, 任有力者借之. 卽不自加功, 轉分與人者, 其地卽廻借見佃之人. 若佃人雖經熟訖, 三年之外不能種耕, 依式追收, 改給也."(권12, 田令, 370쪽)

▸ 유관 고려령

『고려시대 율령의 복원과 정리』: 田令[5-2], 三年以上陳田墾耕(高麗令 18, 617쪽)

▸ 유관 일본령

『令義解』: 凡公私田荒廢三年以上, 有能借佃者, 經官司判借之, 雖隔越亦聽. 私田三年還主, 公田六年還官. 限滿之日, 所借[之]人口分未足者, 公田卽聽充口分, 私田不合. 其官人於所部界內, 有空閑地願佃者, 任聽營種, 替解之日還公. (권3, 田令, 112쪽 ;『令集解』 권12, 田令, 370~372쪽)

▸ 복원 당령

『唐令拾遺』 田令, 27조, 641쪽 ;『唐令拾遺補』 田令, 27조, 753~754쪽

『天聖令』 당령복원청본, 田令, 34조, 451쪽

〈舊31〉 諸田有山崗·砂石·水鹵·溝澗之類, 不在給限. 若人欲佃者聽之.

무릇 전토에 비탈, 자갈, 염기(鹽氣), 도랑 따위가 있다면 지급 범위에 두지 않는다. 만약 사람이 [이런 땅이라도] 농사지으려 할 경우 이를 허용한다.[209]

있다.

208) 이 조문은 지금까지 단편적으로만 확인되던 令文의 전모를 보여준다는 점에서 사료적 가치가 크다. 특히 이를 통해 밝혀진 자세한 借地 방법에 대한 규정은 墾田이나 地主 문제와 관련이 깊어 더욱 그러하다. 이 조항에 의하면, 전토의 황폐화를 막기 위해 경작 능력을 가진 자에게 땅을 빌려주기는 하지만 '均田'의 이념을 방기하지 않았다. 원칙상 땅을 빌릴 수 있는 기한을 제한하고, 그 기간 동안 빌린 사람의 직접 경작을 강제하며, 이후 公田은 구분전이나 영업전으로 충당하도록 하고 있기 때문이다.

209) 이 조항과 유사한 당송 시기의 令文은 확인되지 않으나, 漢初 二年律令의 田律에 "田不可田者, 勿行. 當受田者欲受, 許之."(張家山二四七號漢墓竹簡整理小組, 『張家山漢

유관당송문 관련 기록이 당송 시기 문헌에서는 확인되지 않는다.

▶ 복원 당령

『天聖令』 당령복원청본, 田令, 36조, 451쪽

〈舊32〉 在京諸司公廨田,[210] 司農寺給二十六頃, 殿中省二十五頃, 少府監二十二頃, 太常寺二十頃, 京兆·河南府各一十七頃, 太府寺一十六頃, 吏部·戶部各一十五頃, 兵部·內侍省各一十四頃, 中書省·將作監各一十三頃, 刑部·大理寺各一十二頃, 尙書都省·門下省·太子左春坊各一十一頃, 工部十頃, 光祿寺·太僕寺·秘書省各九頃, 禮部·鴻臚寺·都水監·太子詹事府各八頃, 御史臺·國子監·京縣各七頃, 左右衛·太子家令寺各六頃, 衛尉寺·左右驍衛·左右武衛·左右威衛·左右領軍衛·左右金吾衛·左右監門衛·太子右春坊各五頃,[211] 太子左右衛率府·太史局各四頃, 宗(宋)[212]正寺·左右千牛衛·太子僕寺·左右司禦率府·左右淸(情)[213]道率府·左右監門率府各三頃, 內坊·左右內率府·率更寺各二頃.[214] 其有管署(置)[215]·局·子府之類, 各準官品·人數均配.

무릇 경사(京師)에 있는 여러 관청의 공해전[216]은 사농시에 26경을 주고, 전중성에 25경[을 주고], 소부감에 22경[을 주고], 태상시에 20경[을 주고], 경조·하남부에 각각 17경[을 주고], 태부시에 16경[을 주고], 이부·호부에

墓竹簡 : 二四七號墓(釋文修訂本)』, 41쪽)라는 비슷한 취지의 규정이 존재한다.

210) [교감주] 중화서국 교록본은 이 구절의 첫머리에 일반적인 조항의 예에 따라 '諸'를 첨가하였다. 그러나 牛來穎, 「『天聖令』復原硏究中的幾個問題」, 71~73쪽에서 잘 설명하였듯이 이것은 文意의 중복을 피하기 위하여 이 글자를 생략한 것이라고 여겨지므로, 저본을 고치지 않는다.

211) [교감주] 저본이 '五頃'을 注文처럼 쓴 것은 명백한 착오이므로 바로잡았다.

212) [교감주] 저본의 '宋'은 당시 관청 명칭을 생각할 때 '宗'의 오기이다.

213) [교감주] 저본의 '情'은 당시 관청 명칭을 생각할 때 '淸'의 오기이다.

214) [교감주] 저본이 '二頃'을 注文처럼 쓴 것은 명백한 착오이므로 바로잡았다.

215) [교감주] 저본에서 '管'은 異體字로, '署'는 '置'로 되어 있다. 따라서 이 두 글자의 판독에 이견이 많으나, 여기에서는 잠정적으로 중화서국 교록본에 따른다.

216) 수당 시기 관청에 지급한 官田으로서, 이를 소작시켜 받은 田租가 그 조직의 중요한 財源이었다. 이것의 용도에 관하여서는 雜令, 〈現28〉조의 '公廨物'에 대한 주 참조.

각각 15경[을 주고], 병부·내시성에 각각 14경[을 주고], 중서성·장작감에 각각 13경[을 주고], 형부·대리시에 각각 12경[을 주고], 상서도성·문하성·태자좌춘방에 각각 11경[을 주고], 공부에 10경[을 주고], 광록시·태복시·비서성에 각각 9경[을 주고], 예부·홍려시·도수감·태자첨사부에 각각 8경[을 주고], 어사대·국자감·경현에 각각 7경[을 주고], 좌우위·태자가령시에 각각 6경[을 주고], 위위시·좌우효위·좌우무위·좌우위위·좌우영군위·좌우금오위·좌우감문위·태자우춘방에 각각 5경[을 주고], 태자좌우위솔부·태사국에 각각 4경[을 주고], 종정시·좌우천우위·태자복시·좌우사어솔부·좌우청도솔부·좌우감문솔부에 각각 3경[을 주고], 내방·좌우내솔부·솔경시에 각각 2경[을 준다]. 관할하는 서(署)·국(局)·하위 조직[子府] 따위가 있을 경우, 각각 [소속 관인의] 관품과 숫자에 준하여 고루 배분한다.[217)]

유관당송문 1)『唐六典』: 凡在京諸司有公廨田 司農寺二十六頃, 殿中省二十五頃, 少府監二十二頃, 太常寺二十頃, 京兆·河南府各一十七頃, 太府寺一十六頃, 吏部·戶部各一十五頃, 兵部及內侍省各一十四頃, 中書省及將作監各一十三頃, 刑部·大理寺各一十二頃, 尙書都省·門下省·太子左春坊各一十一頃, 工部·光祿寺·太僕寺·秘書省各九頃, 禮部·鴻臚寺·都水監·太子詹事府各八頃, 御史臺·國子監·京縣各七頃, 左右衛·太子家令寺各六頃, 衛尉寺·左右驍衛·左右武衛·左右威衛·左右領軍衛·左右金吾衛·左右監門衛·太子右春坊各五頃, 太子左右衛率府·太史局各四頃, 宗正寺·左右千牛衛·太子僕寺·左右司禦率府·左右清道率府·左右監門率府各三頃, 內坊·左右內率府·率更寺各二頃. 其有管署·局·子府之類, 各準官品·人數均配. 皆視其品命, 而審其分給.(권7, 尙書工部, 224쪽 ;『역주당육전』상, 678~670쪽)

2)『通典』: 又田令, 在京諸司及天下州府縣監·折衝府·鎭·戍·關·津·嶽·瀆等公廨田·職分田, 各有差.(권2, 食貨2 田制, 32쪽)

3)『通典』: 凡在京諸司各有公廨田 : 司農寺 給二十六頃, 殿中省 二十五頃, 少府監 二十二頃, 太常寺 二十頃, 京兆府·河南府 各十七頃, 太府寺 十六頃, 吏部·戶部 各十五頃, 兵部·內侍省 各十四頃, 中書省·將作監 各十三頃, 刑部·大理寺 各十二頃,

217) 이 조문과 거의 동일한 내용이『당육전』등에서 확인되므로 당제라고 생각된다. 당대에 公廨田은 京師만이 아니라 지방에도 두어졌고, 唐令에는 이에 관한 규정도 있었을 것이다. 그러나 앞서 〈現6〉조에서 설명하였듯이, 천성령을 반포할 당시 이 지방 관청의 공해전은 '職田'으로 계승되었기 때문에 이 舊令 부분에 없을 뿐이다.

尙書都省·門下省·太子左春坊 各十一頃, 工部 一十頃, 光祿寺·太僕寺·秘書省 各九頃, 禮部·鴻臚寺·都水監·太子詹事府 各八頃, 御史臺·國子監·京縣 各七頃, 左右衛·太子家令寺 各六頃, 衛尉寺·左右驍衛·左右武衛·左右威衛·左右領軍衛·左右金吾衛·左右監門衛·太子左(?)右春坊 各五頃, 太子左右衛率府·太史局 各四頃, 宗正寺·左右千牛衛·太子僕寺·左右司禦率府·左右淸道率府·左右監門率府 各三頃, 內坊·左右內率府·率更寺 各二頃.(권35, 職官17 俸祿, 970쪽)

4)『山堂考索』:『통전』 권2의 기록과 같다.(前集 권65, 地理門 田制類, 436·437쪽)

5)『文獻通考』:『통전』 권35의 기록과 거의 같다.(권65, 職官 職田, 592쪽)

▶ 유관 고려령

『고려시대 율령의 복원과 정리』: 田令[2-12], 定州府郡縣館驛田(高麗令 18, 618~619쪽)

▶ 복원 당령

『唐令拾遺』 田令, 29조, 642~643쪽 ;『唐令拾遺補』 田令, 29조, 754쪽

『天聖令』 당령복원청본, 田令, 37조, 451쪽

〈舊33〉 諸京官文武職事職分田, 一品一十二頃, 二品一十頃, 三品九頃, 四品七頃, 五品六頃, 六品四頃, 七品三頃五十畝, 八品二頃五十畝, 九品二頃, 並去京城百里內給(納).[218] 其京兆·河南府及京縣官人職分田亦準此. 卽百里內地少, 欲於百里外給者亦聽.

무릇 경관 문무 직사[관]의 직분전[219]은 1품이 12경, 2품이 10경, 3품이 9경, 4품이 7경, 5품이 6경, 6품이 4경, 7품이 3경 50무, 8품이 2경 50무, 9품이 2경인데, 모두 경성[220]으로부터 100리[221] 안에서 지급한다. 경조[부]

---

218) [교감주] 저본의 '納'으로는 문맥이 통하지 않고, 유관 문헌들을 볼 때 '給'의 오기이다.

219) '職分田'은 관직의 품계에 따라 俸祿으로 지급된 官田으로서 '職田'이라고도 한다. 〈現7〉조의 '職分'에 대한 주 참조.

220) 〈舊16〉조의 '京城'에 대한 주 참조.

221) 雜令, 〈現6〉조의 "諸度地, 五尺爲步, 三百六十步爲里."라는 규정은 당대에도 마찬가지였다. 당대의 大尺과 小尺 구분을 감안하면, 당시 1里는 540m 혹은 648m 가량인데, 후자가 더 일반적으로 쓰였다(〈舊1〉조의 '畝'에 대한 주 참조).

와 하남부[222] 및 경현의 관인 직분전의 경우 또한 이에 준한다. 만약 100리 안의 토지가 모자라 [직분전을 지급받지 못한 관인이] 100리 밖에서라도 지급받기를 원하면 역시 허용한다.[223]

유관당송문 1) 『通典』 : 開元二十五年令 … 諸京官文武職事職分田, 一品一十二頃, 二品十頃, 三品九頃, 四品七頃, 五品六頃, 六品四頃, 七品三頃五十畝, 八品二頃五十畝, 九品二頃, 並去京城百里內給. 其京兆·河南府及京縣官人職分田亦準此. 卽百里外給者亦聽.(권2, 食貨2 田制, 29·31쪽 ; 권35, 職官17 俸祿, 970~971쪽 참조)

2) 『通典』 : 又田令, 在京諸司及天下州府縣監·折衝府·鎭·戍·關·津·嶽·瀆等公廨田·職分田, 各有差.(권2, 食貨2 田制, 32쪽)

3) 『唐會要』 : 武德元年十二月制 : 內外官各給職分田, 京官一品十二頃, 二品十頃, 三品九頃, 四品七頃, 五品六頃, 六品四頃, 七品三頃五十畝, 八品二頃五十畝, 九品二頃.(권92, 內外官職田」, 1979쪽 ; 『冊府元龜』 권505, 邦計部 俸祿1, 6066쪽 참조)

4) 『山堂考索』 : 『통전』 권2의 기록과 거의 같다.(前集 권65, 地理門 田制, 436·437쪽)

▸ 유관 고려령

『고려시대 율령의 복원과 정리』 : 田令[2-12], 更定兩班田柴科(高麗令 18, 607~608쪽)

▸ 유관 일본령

『令義解』 : 凡職分田, 太政大臣四十町, 左右大臣三十町, 大納言卄町.(권3, 田令, 108쪽 ; 『令集解』 권12, 田令, 350쪽)

▸ 복원 당령

『唐令拾遺』 田令, 31조, 645~647쪽

---

222) 『新唐書』 권37, 地理1, 961·982쪽에 의하면 '京兆府'나 '河南府'라는 명칭이 開元 元年(713)에 처음 만들어졌으므로, 이 규정은 그 이후의 令文이다.

223) 이 조문은 『통전』 등에 전하는 開元25年令과 거의 동일하고, 같은 규정이 唐初부터 확인된다. 늦어도 北魏부터 그 기원을 찾을 수 있는(『통전』 권2, 食貨2 田制, 27쪽에 인용된 『關東風俗傳』 참조) 이 職(分)田에 대한 규정은 아래 〈舊34〉조로 이어진다.

『天聖令』 당령복원청본, 田令, 39, 452쪽

〈舊34〉 諸州及都護府·親王府官人職分田, 二品一十二頃, 三品一十頃, 四品八頃, 五品七頃, 六品五頃 (京)[224]畿縣亦準(在)[225]此. 七品四頃, 八品三頃, 九品二頃五十畝. 鎭·戍·關·津·嶽·瀆及在外監官, 五品五頃, 六品三頃五十畝, 七品三頃, 八品二頃, 九品一頃五十畝. 三衛中郎將·上府折衝都尉各六頃, 中府五頃五十畝, 下府及郎將各五頃. 上府果(課)[226]毅都尉四頃, 中府三頃五十畝, 下府三頃. 上府長史·別將各三頃, 中府·下府各二頃五十畝. (課毅)[227]親王府典軍五頃五十畝, 副典軍四頃, 千牛備身[·備身][228]左右·太子[千][229]牛備身各三頃. 親王府文武官隨府出藩者, 於所在處給. 諸軍[上][230]折衝府兵曹二頃, 中府·下府各一頃五十畝. 其外軍校尉一頃二十畝, 旅帥一頃, 隊正·隊副各八十畝, 皆於領(鎭)[231]側州縣界內給. 其校尉以下, 在本縣及去家百里內領(鎭)者不給.

무릇 주(州)와 도호부·친왕부의 관인 직분전은 2품이 12경, 3품이 10경, 4품이 8경, 5품이 7경, 6품이 5경 기현[의 관인 직분전] 또한 이에 준한다. 7품이 4경, 8품이 3경, 9품이 2경 50무, 진(鎭)·수(戍)·관(關)·진(津)·악(嶽)·독(瀆)

224) [교감주] 저본에는 '京'자가 있으나, 京縣은 〈舊33〉조에 이미 나오므로 衍字로 생각된다. 이것을 혹 畿縣이 京 주변에 있음을 명시한 표현으로 보기도 하지만, 당시 三都 지역 이외에 畿縣이 존재하지 않는다면 이런 말은 불필요할 것이다. 『당육전』 권3, 尙書戶部, 73쪽 ; 『역주당육전』상, 309~310쪽과 『구당서』 권44, 職官3, 1920쪽 참조.

225) [교감주] 저본의 '在'는 유관 문헌과 문맥을 생각할 때 '準'의 오기이다.

226) [교감주] 저본의 '課'는 당시 官名을 생각할 때 '果'의 오기이다.

227) [교감주] 저본의 '課毅'는 문맥상 衍字이다.

228) [교감주] 당시 官名을 생각할 때 여기에 '備身'이 있어야 한다. 『통전』 등에 인용된 開元25年令에도 이 두 글자가 없으나, 『당육전』에는 이렇게 되어 있다.

229) [교감주] 당시 官名을 생각할 때 여기에 '牛'자가 있어야 한다.

230) [교감주] 문맥상 여기에 '上'자가 들어가야 한다.

231) [교감주] 저본의 '鎭'은 『通典』 등에 인용된 開元25年令에 '領'으로 되어 있고, 아래 문장의 '鎭' 역시 마찬가지이다. 따라서 중화서국 교록본과 渡邊信一郎, 「北宋天聖令による唐開元二十五年田令の復原並びに譯注」는 '鎭'이 '領'의 오기라고 보았다. 이렇게 바꿀 때 문맥이 더 순통하므로 이에 따른다.

및 지방 소재 감[在外監][232]의 관인 [직분전]은 5품이 5경, 6품이 3경 50무, 7품이 3경, 8품이 2경, 9품이 1경 50무이다. 삼위의 중랑장과 상[절충]부(上折衝府)[233]의 절충도위는 각각 6경, 중[절충]부[의 절충도위]는 5경 50무, 하[절충]부[의 절충도위]와 [삼위의] 낭장은 각각 5경이다. 상부의 과의도위는 4경, 중부[의 과의도위]는 3경 50무, 하부[의 과의도위]는 3경이다. 상부의 장사와 별장은 각각 3경, 중부와 하부[의 장사와 별장]은 각각 2경 50무이다. 친왕부의 전군은 5경 50무이고, [친왕부의] 부전군은 4경이며, 천우비신·비신좌우와 태자[좌·우내솔부(左·右內率府)의] 천우·비신은 각각 3경이다. 친왕부의 문관·무관이 부(府)를 따라 그 지역으로 나갈[出藩] 경우, 그 소재지에서 [직분전을] 지급한다. 여러 군대에서 상절충부의 병조는 2경, 중[절충]부와 하[절충]부[의 절충부 병조]는 각각 1경 50무이다. 지방 군대[外軍]의 교위는 1경 20무, 여수는 1경, 대정과 부대정은 각각 80무인데, 모두 관할지[領] 곁의 주현 영역 안에서 [직분전을] 지급한다. 교위 이하는 자신의 현이나 집으로부터 100리 이내의 관할지에 있을 경우 [직분전을] 지급하지 않는다.[234]

---

232) '監'은 중앙의 國子監 등 상층 기관만이 아니라 그 하부 조직의 명칭으로도 사용되었다. 少府監 예하의 冶監, 軍器監 예하의 鑄錢監 등이 그것으로서, 지방에도 '某監'이라는 작은 규모의 관청들이 많았던 것이다. 이 '在外監'은 곧 후자와 같은 예들일 것이다.

233) 여기에서 '上府'는 문맥상 府兵制 하에서 內府인 中郎將府와 대비되는 外府의 일종이다. 이 外府는 唐初에 驃騎府, 車騎府 등으로 불린 적도 있으나, 貞觀 10년(636)에 折衝府라는 이름으로 정착하였다. 折衝府는 上府·中府·下府 세 등급으로 구분된다.

234) 이 조문은 外官의 職(分)田에 관한 규정으로서, 위 〈舊33〉조와 그 기원이나 성격이 유사하다. 그런데 양자의 내용을 자세히 살펴보면, 동일한 품계라고 하더라도 官職에 따라 職田의 양이 매우 달라 흥미롭다. 아울러 주목되는 것은 敦煌에서 발견된 田令 문서와의 차이이다. 天寶 11년(752) 이후 만들어진 이 문서는 2품부터 시작되므로 외관의 직전에 관한 기록인 듯하나, 2·3·4품관에게 이 조항보다 더 많은 직전을 지급한 것처럼 적고 있는 것이다. 이것은 직전의 확보와 관리에 어려움이 많던 당시(『당회요』 권92, 內外官職田, 1979~1984쪽 ; 『통전』 권35, 職官17 俸祿, 971~972쪽 참조) 그 실제 시행 방법에 변화가 잦았기 때문이라고 추측된다. 직전 대신 지급한 '地子' 관련 규정(田令, 〈舊37〉조)도 이러한 상황의 소산일 것이다.

유관당송문 1) 『唐六典』 : 凡諸州及都護府官人職分田, 二品一十二頃, 三品·四品以二頃爲差, 五品至八品以一頃爲差, 九品二頃五十畝. 鎭·戍·關·津·嶽·瀆及在外監官, 五品五頃, 六品三頃五十畝, 七品三頃, 八品二頃, 九品一頃五十畝. 三衛中郎將·上府折衝都尉各六頃, 中府·下府以五十畝爲差, 郎將各五頃. 上府課毅都尉四頃, 中府·下府以五十畝爲差. 上府長史·別將各三頃, 中府·下府各二頃五十畝. 親王府典軍五頃五十畝, 副典軍四頃. 千牛備身·備身左右·太子千牛備身各三頃. 諸軍上折衝府兵曹各二頃, 中府·下府各一頃五十畝. 其外軍校尉一頃二十畝, 旅帥一頃, 隊正·副各八十畝.(권3, 尙書戶部, 75~76쪽 ; 『역주 당육전』 상, 323~325쪽)

2) 『通典』 : 開元二十五年令 … 諸州及都護府·親王府官人職分田, 二品一十二頃, 三品一十頃, 四品八頃, 五品七頃, 六品五頃 京·畿縣亦準此. 七品四頃, 八品三頃, 九品二頃五十畝. 鎭·戍·關·津·岳·瀆及在外監官, 五品五頃, 六品三頃五十畝, 七品三頃, 八品二頃, 九品一頃五十畝. 三衛中郎將·上府折衝都尉各六頃, 中府五頃五十畝, 下府及郎將各五頃. 上府果毅都尉四頃, 中府三頃五十畝, 下府三頃. 上府長史·別將各三頃, 中府·下府各二頃五十畝. 親王府典軍五頃五十畝, 副典軍四頃, 千牛備身·[備身]左右·太子千牛備身各三頃. 親王府文武官隨府出藩者, 於所在處給. 諸軍上折衝府兵曹二頃, 中府·下府各一頃五十畝. 其外軍校尉一頃二十畝, 旅帥一頃, 隊正·副各八十畝, 皆於領側州縣界內給. 其校尉以下, 在本縣及去家百里內領者不給. … 又田令, 在京諸司及天下州府縣監·折衝府·鎭·戍·關·津·嶽·瀆等公廨田·職分田, 各有差.(권2, 食貨2 田制, 29·31~32쪽)

3) 『唐會要』 : 武德元年十二月制 : 內外官各給職分田 … 雍州及外州官, 二品十二頃, 三品十頃, 四品八頃, 五品七頃, 六品五頃, 七品四頃, 八品三頃, 九品二頃五十畝.(권92, 內外官職田, 1979~1980쪽)

4) 『冊府元龜』 : [武德元年十二月]又制內外官各給職分田 … 雍州及外州官, 二品十二頃, 三品十頃, 四品八頃, 五品七頃, 六品五頃, 七品四頃, 八品三頃, 九品二頃五十畝. 其統軍府及鎭·戍·關·津之官, 又節給量減.(『冊府元龜』 권505, 邦計部 俸祿1, 6066쪽)

5) 『山堂考索』 : 『통전』 권2의 기록과 거의 같다.(前集 권65, 地理門 田制類, 436·437쪽)

6) 『文獻通考』 : 『통전』 권35의 기록과 거의 같다.(권65, 職官 職田, 592쪽)

7) 「唐天寶年代諸令式表」 :

田令	
二品職田 十五頃	三品職田十二頃
四品職田 九頃	五品職田七頃
六品職田 五頃	七品職田四頃
八品職田 三頃	九品職田二頃五十畝

(唐耕耦 주편, 『敦煌法制文書』, 212쪽. 세로쓰기를 가로쓰기로 바꿈)

▸ 유관 고려령

『고려시대 율령의 복원과 정리』: 田令[2-12], 更定兩班田柴科(高麗令 18, 607~608쪽)

▸ 유관 일본령

『令義解』: 凡在外諸司職分田, 大宰帥十町 … 中下國目一町, 史生如前.(권3, 田令, 113쪽 ; 『令集解』 권12, 田令, 373~374쪽)

『令義解』: 凡郡司職分田, 大領六町 … 狹鄕不須要滿此數.(권3, 田令, 113쪽 ; 『令集解』 권12, 田令, 374쪽)

▸ 복원 당령

『唐令拾遺』 田令, 32조, 647~651쪽 ; 『唐令拾遺補』 田令, 32조, 754쪽

『天聖令』 당령복원청본, 田令, 40조, 452쪽

〈舊35〉 諸驛封田, 皆隨近給, 每馬一疋給地四十畝, 驢一頭給地二十畝(頃).[235] 若驛側有牧田處, 疋別各減五畝. 其傳送馬, 每一疋給田二十畝.

무릇 역봉전[236]은 모두 가까운 곳에서 지급하는데, 말 1마리마다 40무의 토지[地]를 지급하고, 나귀는 1마리[마다] 20무 토지를 지급한다. 만약 역 곁에 목축지[牧田處]가 있다면, 마리당 각각 5무씩 줄인다. 전송마의 경우 1마리마다 20무의 전토[田]를 지급한다.[237]

---

235) [교감주] 저본의 '頃'은 문맥상 '畝'의 오기이다.

236) '驛封田'은 驛에서 필요한 가축을 키우도록 지급한 官田으로서 驛田이라고도 한다. 廐牧令에 의하면, 당시 원칙상 30里마다 하나씩 둔 驛에서 말 등의 가축을 관리하고 있었다(〈舊21〉~〈舊23〉조 ; 〈舊32〉~〈舊35〉조와 〈現15〉조).

237) 이 조문은 『통전』 등에 전하는 開元25年令과 유사한데, 나귀에 대한 규정이 추가되어 있다. 당시 廐牧令에는 傳送用 말과 나귀가 자주 병칭되므로(〈舊13〉·〈舊21〉·〈舊22〉·〈舊23〉·〈舊25〉·〈舊26〉), 이것이 원래의 令文에 가깝다고 생각된다. 『당률소의』 권15, 廐庫2의 소의 〈제197조〉, 278쪽 ; 『송형통』 권15, 廐庫律 牧畜死失及課不充,

유관당송문 1)『通典』: 開元二十五年令 … 諸驛封田, 皆隨近給, 每馬一匹給地四十畝. 若驛側有牧田之處, 匹各減五畝. 其傳送馬, 每匹給田二十畝.(권2, 食貨 2 田制, 29·31쪽)
2)『冊府元龜』:『통전』의 기록과 거의 같다.(권495, 邦計部 田制, 5927·5928쪽)
3)『山堂考索』:『통전』의 기록과 거의 같다.(前集 권65, 地理門 田制類, 436·437쪽)

▸ 유관 고려령

『고려시대 율령의 복원과 정리』: 田令[2-12], 定州府郡縣館驛田(高麗令 18, 618~619쪽)

▸ 유관 일본령

『令義解』: 凡驛田, 皆隨近給. 大路四町, 中路三町, 小路二町.(권3, 田令, 113쪽 ;『令集解』 권12, 田令, 374~375쪽)

▸ 복원 당령

『唐令拾遺』 田令, 33조, 652쪽 ;『唐令拾遺補』 田令, 33조, 754쪽
『天聖令』 당령복원청본, 田令, 41조, 452쪽

〈舊36〉 諸公廨·職分田等, 並於寬閑及還公田內給.

무릇 공해[전]과 직분전 등은 모두 여유 있는 공한지(空閑地)[238]나 '공으로 환수된 전토[還公田]' 중에서 지급한다.[239]

유관당송문 관련 기록이 당송 시기 문헌에서는 확인되지 않는다.

233쪽 참조.

238) '寬閑'은 "若占於寬閑之處不坐, 謂計口受足以外, 仍有剩田, 務從墾闢, 庶盡地利, 故所占雖多, 律不與罪."(『당률소의』 권13, 戶婚15의 소의 〈제164조〉, 244쪽 ;『역주당률소의』, 2229~2230쪽 ;『송형통』 권13, 戶婚律 占盜侵奪公私田, 203쪽)라는 규정을 볼 때, 給田을 하고도 남아 있는 未開墾地를 가리킨다.

239) 이 조문은 기존 문헌에 보이지 않던 새로운 내용으로서 주목된다. 공해전과 직분전으로 지급할 수 있는 전토는 원칙상 寬鄕에서만 주도록 한 5품 이상 관인의 영업전(〈舊7〉조)이나 賜田(〈舊8〉조)에 비하여 상대적으로 제한이 적은 편이다.

▸ 복원 당령

『天聖令』 당령복원청본, 田令, 42조, 452쪽

〈舊37〉 諸內外官應給職田, 無地可充, 幷別勅合給地子者, 率一畝給粟二斗. 雖有地而不足者, 準所欠給之. 鎭·戍官去任處十里內無地可給, 亦準此. 王府官, 若王不任外官在京者, 其職田給粟, 減京官之半. 應給者, 五月給半, 九月給半. 未給解代(伐)[240]者, 不却給. 劍南·隴右·山南官人不在給限.

무릇 내외 관인에게 마땅히 직전을 지급하여야 하나[241] 충당할 수 있는 토지가 없거나 또 별도의 칙[別勅][242]으로 지자[243]를 지급하여야만 할 경우 1무당 조[粟][244] 2두의 비율로 준다. 비록 토지가 있더라도 부족할 경우, 모자라는 만큼 그것을 지급한다. 진(鎭)·수(戍)의 관인은 임지로부터 10리 떨어진 곳 안에 지급할 수 있는 토지가 없으면 역시 이에 준한다. 왕부의 관인은, 만약 왕이 외관을 맡지 않고 서울에 있을 경우, 그 직전 [대신 주는] 조의 지급은 경관의 반을 줄인다. [지자를] 마땅히 지급하여야 할 경우, 5월에 반을 지급하고 9월에 반을 지급한다. 지급 전에 해임되거나 교체된 경우 주지 않는다. 검남·농우·산남[도]의 관인은 [지자의] 지급

240) [교감주] 저본의 '伐'로는 문맥이 통하지 않는다. 이 글자를 혹 '任'의 오기로 보기도 하나, 잠정적으로 중화서국 교록본에 따른다.

241) 전술하였듯이 職田은 곧 職分田이므로, 〈舊33〉·〈舊34〉조에 나오는 관인들이 이에 해당할 것이다.

242) 천성령에는 '別勅' 혹은 '從別勅'을 이유로 令文과 상이한 처리를 허용한 사례가 적지 않다. 그런데 牛來穎, 「『天聖令』中的'別勅'」, 中國人民大學歷史學院 등 主辦, 『實踐中的唐宋思想·禮儀與制度國際學術硏討會暨中國唐史學會理事會論文集』, 2010의 설명처럼, 이 '별칙'의 구체적인 형태나 성격은 일률적으로 말하기 어려운 듯하다. 이 문제는 앞으로 더 치밀한 분석이 필요하며, 여기에서는 일단 '별칙'을 '별도의 칙'으로 번역해 둔다.

243) 당대의 '地子'는 "[貞觀]十一年, 以職田侵漁百姓, 詔給逃還貧戶, 視職田多少, 每畝給粟二升, 謂之'地子'."(『新唐書』 권55, 食貨5, 1395쪽)라는 기록에서 보듯이 관인에게 職(分)田 대신 준 곡물을 지칭하는 경우가 많다. 이것을 혹 "苗子"라고도 부른다.

244) '粟'은 '米'와 대비되어 도정하지 않은 곡물 일반을 가리킬 수도 있지만, 당대에는 당시 主穀이던 조(賦役令, 〈舊3〉조 참조) 특히 도정하지 않은 조를 뜻하는 용례가 많다.

범위에 두지 않는다.[245]

유관당송문 1)『唐六典』: 凡諸州及都護府官人職分田 : … 若應給職田無地可充者, 率畝給粟二斗.(권3, 尙書戶部, 76쪽 ;『역주당육전』상, 324~325쪽)

▶ 복원 당령

『天聖令』 당령복원청본, 田令, 45조, 452쪽

〈舊38〉 諸屯隸司農寺者, 每地三十頃以下·二十頃以上爲一屯. 隸州·鎭·諸軍者, 每五十頃爲一屯. 其屯應置(署)[246]者, 皆從尙書省處分.

무릇 둔이 사농시 관할인 경우 30경 이하, 20경 이상의 토지마다 한 둔으로 삼는다. [둔이] 주(州)·진(鎭)·군부(軍府)[247] 관할인 경우 [토지] 50경마다 한 둔으로 삼는다.[248] 만약 둔을 마땅히 두어야 할 경우, 모두 상서성[249]의

---

245) 이 조문은 당대 관인에게 職(分)田 대신 지급한 地子에 대한 규정으로서 지금까지 알려지지 않았던 내용이 많다. 태종 정관 11년(637)의 勅(『당회요』 권92, 內外官職田, 1980쪽 ;『책부원구』 권505, 邦計部 俸祿, 6067쪽)으로 처음 생긴 지자는 직전의 확보 어려움은 물론 실제 이를 경작하던 백성들과의 갈등 때문에 점차 확대되어 갔던 듯하다.

246) [교감주] 저본의 '署'는 유관 문헌들에 '置'로 되어 있고, 문맥상 저본의 오기이다.

247) 여기에서 '州·鎭'과 '軍府[諸軍]'의 관계는 논란의 여지가 있다. 그러나 〈舊46〉조의 "州·鎭及軍府"라는 기록을 보면 양자를 독립된 것으로 보는 편이 좋을 듯하다.

248) 여기에서 둔의 상급기관을 司農寺와 州·鎭·軍府로 양분하였는데, 『당육전』의 "諸屯監一人, 從七品下 隋置屯監, 畿內者隸司農, 自外者隸諸州. 皇朝因之."(권19, 司農寺, 530쪽 ;『역주당육전』중, 628쪽)에서는 이를 畿內와 그 밖의 지역이라는 소재지 차이로 설명하고 있다.

249)『당육전』 권7, 尙書工部, 222쪽(『역주당육전』상, 675쪽)의 "屯田郎中·員外郎掌天下屯田之政令. 凡軍·州邊防鎭守轉運不給, 則設屯田以益軍儲. 其水陸腴瘠, 播植地宜, 功庸煩省, 收率等級, 咸取決焉."이라는 기록을 보면, 여기에서의 尙書省은 곧 工部 屯田司이다. 그런데 渡邊信一郎, 「北宋天聖令による唐開元二十五年田令の復原並びに譯注」는 상서성을 정점에 둔 屯의 관리계통을 상서성 아래 司農寺와 州·鎭·諸軍 또 그 아래의 屯監과 屯主(屯將)로 나누고, 이에 따라 아래의 조문들을 설명하였다. 그러나 이 계통에서 최말단 조직의 경우 논란의 여지가 있다. 둔을 직접 관리하는 책임자가 '屯官'(『당육전』 권7, 상서공부, 223쪽 ;『역주당육전』상, 676~678쪽과 『신당서』 권53, 食貨3, 1375쪽) 혹은 '屯主'(『당육전』 권19, 司農寺, 522쪽 ;『역주당육전』중,

처분에 따른다.[250]

유관당송문 1)『通典』: 開元二十五年令 : 諸屯隷司農寺者, 每三十頃以下·二十頃以上爲一屯. 隷州·鎭·諸軍者, 每五十頃爲一屯. 應置者, 皆從尙書省處分. 其舊屯重置者, 一依承前封疆爲定. 新置者, 並取荒閑無籍廣占之地. 其屯雖料五十頃, 易田之處各依鄕原量事加數. 其屯官取勳官五品以上及武散官幷前資邊州·縣·府·鎭·戍八品以上文武官內, 簡堪者充. 據所收斛斗等級爲功優.(권2, 食貨 屯田, 44쪽)

2)『太平御覽』:『통전』의 기록과 거의 같다.(권333, 兵部 屯田, 922쪽)

3)『新唐書』: 唐開軍府以扞要衝, 因隙地置營田, 天下屯總九百九十二. 諸軍每屯五十頃. 司農寺每屯三十頃, 州·鎭·諸軍每屯五十頃. 水陸腴瘠·播殖地宜與其功庸煩省·收率之多少, 皆決於尙書省.(권53, 食貨3, 1372쪽)

4)『山堂考索』: 開元中令, 諸屯隷司農二十頃爲一屯. 隷州·鎭者, 五十頃爲一屯.(前集 권65, 地理門 田制類, 438쪽)

5)『文獻通考』:『신당서』의 기록과 같다.(권7, 田賦 屯田, 75쪽)

▸ 유관 일본령

『令義解』: 凡畿內置官田, 大和·攝津各三十町, 河內·山背各卄町.(권3, 田令, 114쪽 ;『令集解』권12, 田令, 377쪽)

▸ 복원 당령

『唐令拾遺』田令, 36조, 655~656쪽

『天聖令』당령복원청본, 田令, 46조, 452쪽

590~592쪽과『신당서』권48, 百官3, 1263쪽)라는 상이한 명칭으로 불리고, 양자의 차이가 불분명하기 때문이다. 그리고 아래 〈舊42〉조에는 사농시의 시찰 대상으로서 '監官'과 '屯將'을 병칭하여 이 문제를 더욱 혼란스럽게 한다. 그러므로 여기에서는 둔의 하부 조직에 관하여서는 앞으로의 연구 과제로 남기고 구체적인 논의를 피하고자 한다.

250) 이 조문의 내용은『통전』등에 전하는 開元25年令과 동일하다(『통전』에는 이 규정 뒤에 이어지는 내용이 있고, 이것 역시 唐令으로 생각되므로 유관당송문에 附記해 둔다.). 이 조항부터 田令의 끝까지 모두 屯에 관한 규정으로서 상호 비교 검토가 필요하다.

〈舊39〉 諸屯田應用牛之處, 山·原·川·澤, 土有硬軟, 至於耕墾, 用力不同者, 其土軟之處, 每地一頃五十畝配牛一頭, 彊硬之處, 一頃二十畝配牛一頭. 卽當屯之內, 有硬有軟者, 亦準此法. 其地皆仰屯官明爲圖狀, 所管長官親自問檢, 以爲定簿(薄),[251] 依此支配. 其營稻田之所, 每地八十畝配牛一頭, 若芟草種稻者, 不在此限.

무릇 둔의 전토에서 마땅히 소를 사용하여야 하는 곳이 산지·대지(臺地)·평야·습지로서 [지형조건이 달라] 토질에 단단함과 부드러움[의 차이]가 있어 농사나 개간에 쓰이는 노력이 같지 않을 경우, 그 토질이 부드러운 곳은 토지 1경 50무마다 소 한 마리를 배당하고, 단단한 곳은 1경 20무 [토지 마다] 소 한 마리를 배당한다. 만약 당해 둔 안에 [토질이] 단단한 곳도 있고 무른 곳도 있다면, 또한 이 법에 준한다. 그 토지는 모두 둔관에게 도면을 첨부한 문서[圖狀]를 명확히 만들도록 하고 관할 장관이 직접 실사하여[問檢] 장부[簿]를 확정하고, 이것에 의거하여 [둔전을 경작할 소를] 분배한다. 볏논을 운영하는 곳에서는 토지 80무마다 소 한 마리를 배당하는데, 만약 풀을 베어내고 [개간하여] 벼를 심어야 할 경우 이 범위에 두지 않는다.[252]

유관당송문 1)『通典』: 開元二十五年令 … 諸屯田應用牛之處, 山·原·川·澤, 土有硬軟, 至於耕墾, 用力不同. 土軟處, 每一頃五十畝配牛一頭, 彊硬處, 一頃二十畝配牛一頭. 卽當屯之內有硬有軟, 亦準此法. 其稻田, 每八十畝配牛一頭. 諸營田若五十頃外更有地剩, 配丁牛者, 所收斛斗皆準頃畝折除. 其大麥·蕎麥·乾蘿蔔等, 準粟計折斛斗, 以定等級.(권2, 食貨 屯田, 44쪽)

2)『太平御覽』: 『통전』의 기록과 거의 같다.(권333, 兵部 屯田, 922쪽)

3)『新唐書』: 天下屯總九百九十二 … 上地[一頃?]五十畝, 瘠地[一頃?]二十畝,

251) [교감주] 저본의 '薄'은 문맥상 '簿'의 오기이다.

252) 이 조문은 『통전』 등에 전하는 開元25年令과 비슷하다(『통전』에는 이 규정 뒤에 이어지는 내용이 있고, 이것 역시 唐令으로 생각되므로 유관당송문에 附記해 둔다.). 그런데 이 조항은 '屯官'과 그 '長官'의 역할을 명기하여 당시 둔의 실상 이해에 도움을 준다.

稻田八十畝, 則給牛一.(권53, 食貨3, 1372쪽)

4)『文獻通考』: 天下屯總九百九十二 … 上地[一頃?]五十畝, 瘠地[一頃?]二十畝, 稻田八十畝, 則給牛一. … 開元令, 諸屯田應用牛之處, 山·原·川·澤, 土有硬軟, 至於耕墾, 用力不同. 土軟處, 每一頃五十畝配牛一頭, 强硬處, 一頃二十畝配牛一頭. 卽當屯之內有軟有硬, 亦依此法. 其稻田, 每八十畝配牛一頭. 諸營田若五十頃外更有地剩, 配丁牛者, 所以(?)收斛斗皆準頃畝折除. 其大麥·蕎麥·乾蘿蔔等, 準粟計折斛斗, 以定等級.(권7, 田賦 屯田, 75쪽)

▸ 유관 일본령

『令義解』: 凡畿內置官田 … 每二町配牛一頭, 其牛令一戶養一頭.(권3, 田令, 114쪽 ;『令集解』 권12, 田令, 377~378쪽)

▸ 복원 당령

『唐令拾遺』 田令, 37조, 656쪽

『天聖令』 당령복원청본, 田令, 49조, 453쪽

〈舊40〉 諸屯應役丁之處, 每年所管官司與屯官司, 準來年所種色目及頃畝多少, 依式料功, 申所司支配. 其上役之日, 所司仍準役月閑要, 量事配遣.

무릇 둔에서 마땅히 정을 사역시켜야[役] 하는 곳은 매년 관할 관사[所管官司][253]가 둔의 관사[屯官司]와 함께 이듬해 파종할 [작물의] 종류와 [경작] 면적의 많고 적음에 따라 식(式)에 의거하여 [필요한] 공력[功]을 판단하여[254] 담당 관사[所司]에 보고하여 [정을] 분배한다. [정이] 역을 지는

253) 이 조항에서 丁의 분배 결정에 관여하는 관부는 '所管官司', '屯官司', '所司' 세 가지이다. 이것이 구체적으로 무엇을 가리키는지 의문인데, 아래와 같은 추론이 가능할지도 모르겠다. '所管'이 〈舊38〉조의 '隸'와 상통하는 의미라면, '관할 관사'는 사농시 혹은 州·鎭·軍府일 가능성이 높다. 그리고 이들이 이듬해의 농사 계획을 상의한 '屯의 官司'는 "諸屯監各掌其屯稼穡 ; 丞爲之貳."(『唐六典』 권19, 司農寺, 530쪽 ;『역주당육전』중, 628쪽)라는 기록을 볼 때 屯監을 장관으로 하는 기관이 아닐까 한다. 또 이들의 보고에 입각하여 정을 안배한 '담당 관사'는 두 가지 가능성이 있다. 이듬해 役의 예산 확정이라는 점에서는 이것이 戶部 度支司일 수 있지만(賦役令, 〈舊20〉조), 한편으로 그 전에 둔전의 "功庸煩省"을 결정한 工部 屯田司(『唐六典』 권7, 尙書工部, 222쪽 ;『역주당육전』상, 675쪽) 또한 이 과정에서 중요한 역할을 하였기 때문이다.

날에는 담당 관사가 사역시키는 달의 한가함과 바쁨[月閑要][255]에 따라 [해야 할] 일을 헤아려 [정을] 배분하여 파견한다.[256]

유관당송문 관련 기록이 당송 시기 문헌에서는 확인되지 않는다.

▸ 유관 일본령

『令義解』: 凡官田應役丁之處, 每年宮內省預準來年所種色目及町段多少, 依式料功, 申官支配. 其上役之日, 國司仍準役月閑要, 量事配遣. 其田司, 年別相替, 年終省挍量收穫多少, 附考褒貶.(권3, 田令, 114쪽 ; 『令集解』 권12, 田令, 378~379쪽)

▸ 복원 당령

『天聖令』 당령복원청본, 田令, 51조, 453쪽

〈舊41〉 諸屯每年所收雜子, 雜用之外, 皆卽隨便貯納. 去京近者, 送納司農. 三百里外者, 納隨近州縣, 若行水路之處, 亦納司農. 其送輸斛斗及倉司領納之數, 並依限各申所司.

무릇 둔에서 매년 거두어들인 온갖 곡물[雜子][257]은 [그 둔에서] 여러

---

254) 〈現5〉조의 '功力'에 대한 주에서 설명하였듯이, '功'은 일할 수 있는 시간에 따른 노동량 혹은 작업량의 계산 단위이다. 그런데 『당육전』 권7, 尙書工部, 222~223쪽(『역주당육전』상, 675쪽)의 "諸屯分田役力, 各有程數.[原注 : 凡營稻一頃, 料單功九百四十八日 ; 禾, 二百八十三日 … 蔓菁, 七百一十八日 ; 苜蓿, 二百二十八日.]"이라는 기록을 보면, 당시 그 산출 기준은 작물에 따라 다르다.

255) 賦役令 〈現9〉조에서 丁의 賦役시기를 한가한 달[閑月]과 바쁜 달[要月]로 구분하였다. 그리고 이와 유관한 日本令의 注에 따르면, 4월~9월이 要月이고, 그 밖의 달은 閑月이라고 한다. 賦役令 〈現9〉조의 해당 내용 주 참조.

256) 이 조문의 내용은 기존의 중국 문헌에는 보이지 않으나 일본령에 유사한 것이 있으므로 당령이라고 생각된다. 丁의 관리에 대한 이 규정은 당시 둔의 구체적인 실상 이해에 매우 중요한데, 관련 관부와 관인에 대하여서는 앞으로 좀 더 치밀한 연구가 필요할 듯하다.

257) 여기에서 '雜子'가 무엇을 가리키는지는 의문이다. 渡邊信一郎, 「北宋天聖令による唐開元二十五年田令の復原並びに譯注」는 『通典』의 "諸出給雜種準粟者"(권12, 食貨 輕重, 291쪽)라는 표현을 근거로 이것이 '雜種' 곧 당시 곡물 수취에서 正色이던 粟 이외의 곡물을 가리킨다고 보았다. 그리고 송대에는 매년 과세한 곡물을 粟, 稻, 麥, 黍,

용도로 쓰고 남은 것을 모두 편의대로 모아 들인다. 경사(京師)로부터 가까운 경우 사농[시]로 보내 들인다. 300리 이상 [경사와 떨어진 곳]의 경우 가까운 주현으로 들이지만, 만약 수로로 가는 곳은 [300리 이상 떨어졌더라도] 또한 사농[시]로 들인다. [둔에서] 보내어 납부한 곡물과 [사농시와 주현의] 창(倉)[258]의 관리(官吏)가 받아들인 [곡물] 수량은 모두 [정해진] 기한에 의거하여 각각 담당 관사(官司)에 보고한다.[259]

유관당송문 관련 기록이 당송 시기 문헌에서는 확인되지 않는다.

▸ 복원 당령

『天聖令』 당령복원청본, 田令, 52조, 453쪽

〈舊42〉 諸屯隸司農寺者, 卿及少卿每至三月以後, 分道巡歷. 有不如法者, 監官·屯將, 隨事推罪.

무릇 둔이 사농시 관할인 경우, [사농]경과 [사농]소경은 매[년] 3월 이후 길을 나누어 [각기 다른 지역을] 순행하며 시찰한다. 법대로 하지 않은 것이 있을 경우, [둔]감의 관인[260]과 둔장을 사안에 따라 추국(推鞫)하여

穄, 菽, 雜子로 나눈다는 기록도 있으므로(『宋史』 권174, 食貨上2, 4202쪽), '雜子'의 범위가 더욱 좁혀질 수도 있다. 그러나 '雜子'를 이렇게 제한적으로 이해한다면, 이 규정이 둔에서 수확한 여타 곡물의 처리 방법을 전혀 언급하지 않는다는 사실이 의아스럽다. 그러므로 여기에서는 일단 그 의미를 최대한 폭넓게 해석하고자 한다.

258) 『당률소의』 권15, 廐庫19의 소의 〈제214조〉, 292쪽 ; 『역주당률소의』, 2326~2327쪽 ; 『송형통』 권15, 廐庫律 損敗倉庫物, 245쪽에서 "倉, 謂貯粟·麥之屬. 庫, 謂貯器仗·綿絹之類. 積聚, 謂貯柴草·雜物之所."라고 한다.

259) 이 조문은 기존 문헌에서 보이지 않던 새로운 사료로서 둔의 생산물 관리 방법을 알 수 있게 한다. 이를 위하여 유사한 내용의 아래 〈舊43〉~〈舊45〉조도 함께 검토할 필요가 있다.

260) 여기에서 '監'은 〈舊40〉조의 "屯官司" 곧 둔의 농사를 실제로 관장한 '屯監'일 것이다. 『당육전』에 의하면, 둔감에는 그 장관인 '屯監'을 비롯한 다수의 官吏들이 존재하였다. 이 책의 본문에는 둔감의 관인으로 둔감·둔승만이 나오나, 그 목차를 보면 이들 이외에도 錄事, 府, 史, 典事, 掌固를 두었고 또 그 아래 屯마다 屯主, 屯副 역시 있었기 때문이다(권19, 司農寺, 522쪽 ; 『역주당육전』중, 590~592쪽).

죄를 준다[推罪].[261]

유관당송문 1)『新唐書』: 隸司農者, 歲三月, 卿·少卿循行, 治不法者.(권53, 食貨3, 1372쪽)
2)『文獻通考』:『신당서』의 기록과 거의 같다.(권7, 田賦 屯田, 75쪽)

▸ 복원 당령
『天聖令』 당령복원청본, 田令, 53조, 453쪽

〈舊43〉 諸屯每年所收藁[262]草, 飼牛·供屯雜用之外, 別處依式貯積, 具言去州·鎭及驛路遠近, 附計帳申所司處分.

무릇 둔에서 매년 거두어들인 짚과 풀은 소를 먹이거나 둔의 여러 용도에 제공하고 남은 것을 별도의 장소에 식에 의거하여 저장하는데, 주(州)·진(鎭)과 역로(驛路)로부터의 거리를 자세히 밝혀 계장[263]에 덧붙여 담당 관사[所司]에 보고하여[264] 처분하게 한다.[265]

---

261) 이 조문과 유사한 내용이 『신당서』에서 확인되므로 당대에 이러한 법령의 존재는 확실하고, 사농시의 장관과 차관에게 직접 屯을 감독하도록 한 이 규정은 당시 둔의 중요성을 잘 보여준다. 단 위 〈舊38〉조를 보면 司農寺가 아니라 州·鎭·軍府 관할의 둔도 있는데, 이에 대한 감독은 어떻게 이루어졌는지 의문이다.

262) [교감주] 저본의 "藁"는 여기에서 짚을 뜻하는 '稾', '稿'의 통용자이다.

263) 여기에서의 '計帳'이 일반적인 계산 장부가 아니라 공식적인 성격의 장부 곧 지방의 計吏가 작성하여 상부에 보고한 문건임은 분명하다. 그러나 이것은 그 보고 대상을 단지 '所司'라고만 하여, 이를 '尙書省'으로 명기한 아래 〈舊49〉조와 다르다. 따라서 이 計帳은 매년 賦役 징수의 기초 자료로 중앙에 올린 計帳이라고 단정하기는 어려울 듯하다.

264) 李錦繡, 「唐'五行帳'考」, 『天聖令論集』下, 318쪽에 의하면, 이때 상서성에 보고한 것과 비슷한 문서가 '收支帳'이고, 國家文物局古文獻硏究室 등 편, 『吐魯番出土文書』 10, 北京 : 文物出版社, 1991, 252~254쪽에 실린 「唐上元二年(761)蒲昌縣界長行小作具收支飼草數請處分狀」이 그 실례라고 한다.

265) 이 조문은 위 〈舊41〉조와 마찬가지로 둔의 생산물 관리 방법을 알려주는 새로운 사료인데, 여기에서 당시 짚과 풀의 중요성이 잘 드러난다.

유관당송문 관련 기록이 당송 시기 문헌에서는 확인되지 않는다.

▸ 복원 당령

『天聖令』 당령복원청본, 田令, 54조, 453쪽

〈舊44〉 諸屯收雜種, 須以車運納者, 將當處官物, 勘量市付. 其扶車子力, 於營田及飼牛丁內, 均融取充.

무릇 둔에서 거두어들인 여러 물품[雜種][266]을 반드시 수레로 옮겨 들여야 할 경우, 해당 장소의 관물로써 그 [운송]량을 헤아려 [운송비를] 지불한다. 수레[로 운송하는 일]을 도와줄 노동력은 영전[정]과 사우정 안에서 고르게 섞어 뽑아서 충당한다.[267]

유관당송문 관련 기록이 당송 시기 문헌에서는 확인되지 않는다.

▸ 복원 당령

『天聖令』 당령복원청본, 田令, 55조, 453쪽

〈舊45〉 諸屯納雜子, 無稾[268]之處, 應須籧篨[269]及供窖調度, 並於營田丁內, 隨近有處, 採取造充.

무릇 둔에서 온갖 곡물들을 들이는데[納],[270] 짚이 없는 곳은 마땅히 필요한

266) 여기에서 '雜種'의 의미는 불확실하나 이 규정의 내용상 〈舊41〉조의 '雜子'처럼 폭넓게 해석할 필요가 있을 듯하다. 즉 〈舊41〉조에서 언급한 '雜子' 곧 '여러 곡물'과 〈舊43〉조에 나오는 짚과 풀 등 둔에서 생산된 다양한 물품을 총칭한다고 생각되는 것이다.

267) 이 조문도 둔의 생산물 관리와 관련되는 새로운 사료인데, 여기에서는 특히 營田丁·飼牛丁과 같은 둔의 노동력에 대한 언급이 주목된다.

268) [교감주] 저본의 "稾"는 여기에서 짚을 뜻하는 '藁', '稿'의 통용자이다.

269) [교감주] '籧篨'는 천성령에서 '籧篨'라고도 나오는데, 모두 짚이나 대로 짠 자리나 거적을 뜻한다.

270) 〈舊41〉조에 의하면, 둔에서는 거두어들인 온갖 곡물들 가운데 쓰고 남은 것을

자리[籧篨]나 교(窖)[271]에서 쓸 비품[調度]을[272] 모두 영전정들 가운데 [뽑아] 가까이 [짚이] 있는 곳에서 [짚을] 채취하여 [자리 따위의 물품을] 만들어 충당하게[273] 한다.[274]

유관당송문 관련 기록이 당송 시기 문헌에서는 확인되지 않는다.

▸ 복원 당령

『天聖令』 당령복원청본, 田令, 56조, 453쪽

〈舊46〉 諸屯之處, 每收刈時, 若有警急者, 所管官司與州·鎭及軍府相知, 量差管內軍人及夫. 一千人以下, 各役五日功, 防援(授)[275]助收.

무릇 둔이 있는 곳에서 수확 중에 만약 위급한 상황[警急][276]이 생길

모아들여서[貯納] 司農寺나 가까운 州縣으로 보내 들인다[送納]. 여기에서 '들이는데'로 번역한 '納'은 이 두 가지 행위 모두를 가리킬 것이다.

271) '窖'는 땅을 파서 물품을 저장할 수 있게 만든 움인데, 자주 '倉窖'로 연칭되어 곡물을 저장하는 창고를 가리킨다. 倉庫令, 〈現1〉조 참조.

272) 창고에 곡물을 장기간 보관하기 위해 그 바닥과 둘레 등에 짚단이나 거적 따위를 두껍게 깔고 둘러야만 하였으므로(倉庫令, 〈現3〉조) 많은 짚이 필요하였다. 따라서 倉庫令, 〈舊2〉조에서 보듯이 창고에서 곡물을 받을 때 짚도 함께 내도록 하였다.

273) 이 조문은 倉庫令, 〈舊2〉조의 "其邊遠無稾之處, 任取雜草堪久貯者充之."라는 규정과 약간 달라 흥미롭다.

274) 이 조문도 역시 둔의 생산물 관리와 관련되는 새로운 사료로서, 이를 통해 곡물을 모아두거나 저장할 곳으로 보낼 때 창고에 필요한 물품도 반드시 함께 준비하게 하였음을 알 수 있다. 〈舊41〉조부터 이 조항까지 이어지는(〈舊42〉조 제외) 둔의 생산물 관리 규정들은 당시 둔의 운영 실태를 이해하는 데 매우 중요한 자료라고 생각된다.

275) [교감주] 저본의 '防授'로는 문맥이 잘 통하지 않는다. 戴建國, 「唐『開元二十五年令·田令』研究」와 渡邊信一郎, 「北宋天聖令による唐開元二十五年田令の復原並びに譯注」는 이것을 '防守'의 오기로 보았으나, 잠정적으로 중화서국 교록본에 따라 '防援'으로 고친다.

276) 『唐律疏議』 권16, 擅興1·2조 〈제224·225조〉, 298~300쪽(『역주당률소의』, 2337~2343쪽)과 『宋刑統』 권16, 擅興律 擅發兵, 250~252쪽에 의하면, '警急'은 상부에 보고하거나 그 지시를 기다리지 않고 병사와 군수물자를 조달할 수 있는 위급 상황으로서, "其寇賊卒來, 欲有攻襲, 卽城屯反叛, 若賊有內應." 하는 것과 같은 경우이다.

경우, 관할 관사가 주(州)·진(鎭) 및 군부(軍府)와 서로 알려 협조해서 관할 내 군인과 인부를 적절히 차출한다. 천 명 이하[의 인원]에게 각각 5일의 작업[功][277]을 사역시키는[役] [것이 가능한]데, [이들이] 방원[278]으로서 수확을 돕는다.[279]

유관당송문 1) 『新唐書』: 有警, 則以兵若夫千人助收.(권53, 食貨3, 1372쪽)
2) 『文獻通考』: 『신당서』의 기록과 같다.(권7, 田賦 屯田, 75쪽)

▸ 복원 당령
『天聖令』 당령복원청본, 田令, 57조, 453쪽

〈舊47〉 諸管屯處, 百姓田有水陸·上次及上熟·次熟, 畝別收穫多少, 仰當界長官勘問, 每年具狀申上. 考校屯官之日, 量其虛實, 據狀褒貶.

무릇 둔을 관할하는 곳에서 백성의 전토는 논[水]·밭[陸], [토질의] 상(上)·차(次), [작황의] 상숙·차숙[의 차이]가 있으므로, [각각의 경우] 무당 수확량이 얼마나 되는지를 당해 영역 장관이 직접 조사하여[勘問] 매년 문서를 갖추어[具狀] 상신하게 한다. 둔관을 고과(考課)하는 날, 그 [근무 실적의] 허실을 헤아릴[280] 때 이 문서[狀]에 근거하여 포폄(褒貶)한다.[281]

---

277) '功'은 일할 수 있는 시간에 따른 노동량 혹은 작업량의 계산 단위이다. 〈現5〉조의 '功力'에 대한 주 참조.

278) '防援'은 獄官令 〈現6〉조와 〈舊5〉조에서처럼 죄수의 호송 등을 위해 차출된 사람을 뜻하는 경우가 많으나, 여기에서는 둔에서 농사를 돕기 위해 동원된 인력을 의미한다. 실제로 『책부원구』 권64, 帝王部 發號令, 716쪽의 "夾[汴]河兩岸, 每兩驛置防援三百人, 給側近良沃田, 令其營種, 分界捉搦."이라는 당대의 글에서 이러한 용례가 발견된다.

279) 일부 구절이 『신당서』 등에서 확인되던 이 조문은 당제로 생각된다. 이 조항에서 농사를 지으며 변경을 防衛하던 둔의 실상이 잘 드러나는데, 이에 따르면 둔은 긴급한 상황에서 관할 州·鎭과 軍府에서 군인과 인부를 차출할 수 있었지만 그 숫자나 기간은 엄격히 제한되었다.

280) 『당육전』 권2, 尙書吏部, 43쪽(『역주당육전』상, 248~249쪽)의 "耕耨以時, 收穫剩課, 爲屯官之最"라는 기록을 보면, 둔관의 考課에서 둔전의 수확량이 중요하였다.

281) 이 조문은 둔관의 考課에 대한 규정으로서 기존 문헌의 기록에 비하여 자세한데,

유관당송문 1)『唐六典』: 凡當屯之中, 地有良薄, 歲有豊儉, 各定爲三等.(권7, 尙書工部, 223쪽 ;『역주당육전』상, 676~678쪽)

2)『新唐書』: 諸屯, 以地良薄與歲之豐凶, 爲三等, 具民田歲穫多少, 取中熟爲率. … 凡屯田收多者, 褒進之.(권53, 食貨3, 1372쪽)

3)『文獻通考』:『신당서』의 기록과 같다.(권7, 田賦 屯田, 75쪽)

▸ 복원 당령

『天聖令』 당령복원청본, 田令, 58조, 453쪽

〈舊48〉 諸屯官欠負, 皆依本色·本處理[282]塡.

무릇 둔관은 결손이 생기면 모두 본래의 품목[本色], 본래의 장소에 의거하여 [결손 부분을] 채워 넣는다.[283]

유관당송문 관련 기록이 당송 시기 문헌에서는 확인되지 않는다.

▸ 복원 당령

『天聖令』 당령복원청본, 田令, 59조, 453쪽

〈舊49〉 諸屯課帳, 每年與計帳同限, 申尙書省.

무릇 둔의 과장(課帳)[284]은 매년 계장[285]과 동일한 기한 안에[286] 상서성으

일부 상이한 내용은 앞으로 좀 더 치밀한 연구를 필요로 한다.

282) [교감주] 天聖令은 宋 仁宗 趙禎의 이름을 피휘하여 '徵' 자를 쓰지 않는다. 倉庫令, 〈現20〉조의 '理塡'이 유관 일본령에서 '徵塡'으로 되어 있음을 보면, 저본의 '理' 역시 원래 '徵'이었다고 생각된다.

283) 이 조문은 기존 문헌에 전혀 보이지 않던 새로운 내용이지만, 둔관이 둔의 官物을 관리한다면 당연한 규정이다. 당시 관물의 출납과 관련하여 이와 유사한 법령들이 많기 때문이다. 관물이 欠失되었을 때 이를 채워 넣게 한 倉庫令의 〈現5〉·〈現19〉·〈現20〉조나 관물의 출납에 잘못이 있으면 監臨官과 主守官에게 '坐贓罪'로써 처벌한다는 律(『唐律疏議』 권15, 廐庫27〈제222조〉, 295~296쪽 ;『역주당률소의』, 2333~2334쪽 ;『宋刑統』 권15, 廐庫律 輸課稅逗留濕惡, 248쪽)이 그 좋은 예이다.

284) '課帳'의 실체는 당송 시기의 문헌에서 달리 용례를 찾을 수 없어 불확실한데,

로 보고한다.[287]

유관당송문 관련 기록이 당송 시기 문헌에서는 확인되지 않는다.

▶ 복원 당령

『天聖令』 당령복원청본, 田令, 60조, 453쪽

右令不行

위의 영들은 시행하지 않는다.[288]

田令卷第二十一

역주_ 하원수

渡邊信一郎, 「北宋天聖令による唐開元二十五年田令の復原並びに譯注」는 이것을 둔의 이듬해 收入 예상 관련 장부일 것이라고 추측하였다. 賦役令, 〈舊6〉조의 "諸課·役, 破除·見在及帳後附並同爲一帳, 與其計帳同限申."이라는 규정을 생각할 때, 計帳과 함께 보고한 이것이 '課'의 징발과 관련된 장부일 가능성이 클 듯하다.

285) '計帳'의 내용과 성격에 대하여서는 논란이 많지만, 賦役令, 〈舊1〉조를 보면 이것이 '課'를 결정하는 기초 자료로서 매우 중요하였음은 분명하다.

286) 『당육전』의 "凡天下制勅·計奏之數, 省符·宣告之節, 率以歲終爲斷. 京師諸司, 皆以四月一日納於都省. 其天下諸州, 則本司推校以授勾官, 勾官審之, 連署封印, 附計帳使納於都省. 常以六月一日都事集諸司令史對覆, 若有隱漏·不同, 皆附於考課焉."(권1, 三師三公尙書都省, 13쪽 ; 『역주당육전』상, 140~142쪽)이라는 기록에 의하면, 계장은 6월 1일에 상서성에서 대조 작업이 이루어지므로 늦어도 5월말까지는 중앙에 도착해야만 되었다.

287) 이 조문은 둔에서 매년 상서성으로 보고하는 일과 관련된 규정으로서 기존의 문헌에 없던 새로운 사료이다. 그러나 그 구체적 내용을 밝힐 수 있는 유관 문헌이 없는 상황에서, 이 조항의 실제 의미는 단언하기 어렵다.

288) 천성령의 반포와 함께 失效한 이 舊令들은 대다수 당대의 것이라는 사실이 분명히 확인되고, 이것은 『宋會要輯稿』, 刑法1-4에 전하는 "凡取唐令爲本, 先擧見行者, 因其舊文參以新制定之, 其令不行者, 亦隨存焉."이라는 天聖令의 편찬 원칙과도 부합한다. 그렇다면 이러한 조항들이 폐기된 이유에 대한 역사적 검토가 필요한데, 특히 田令에 이러한 조항들이 매우 많은 것은 唐과 宋 사이에 토지제도의 큰 변화가 있었다는 사실을 극명하게 보여준다.

賦[役][1]令[2] 卷第二十二

〈現1〉 諸稅戶並隨鄉土所出. 紬·絁·布等若當戶不充[3]疋·端者, 皆隨近合充, 並於布帛兩頭各令戶人具注州縣鄉里(理)[4]·戶主姓名及某年月·某色稅物,

---

1) [교감주] 저본에는 '役'자가 없지만 본권의 마지막에는 '賦役令'으로 되어 있다.

2) 일반적으로 '賦'는 전토나 戶口에 부과되는 租稅를 뜻하고, '役'은 無償으로 징발하는 노동을 의미한다. 따라서 이 둘을 합친 '賦役'은 인민으로부터 징발하는 모든 稅役의 총칭이며, 이것이 국가 재정의 기반이다. 그런데 夏·殷·周 三代의 세역제도 차이를 지적한 『孟子』의 기록에서 보듯이, 세역의 종류나 징수 방법은 시대적 조건에 따라 달라질 수밖에 없다. 그러므로 이를 규정하는 법령 또한 변화하며 그 명칭 역시 다양하다. 秦漢 시기의 세역 부과 혹은 면제와 관련된 규정들은 '傜律'·'復律'·'興律' 등에 실려 있고(睡虎地秦墓竹簡整理小組, 『睡虎地秦墓竹簡』, 76~80쪽 ; 張家山二四七號漢墓竹簡整理小組, 『張家山漢墓竹簡 : 二四七號墓(釋文修訂本)』, 47·62~63쪽), 당시의 법률 篇目에 '賦'나 '役'이란 표현은 보이지 않는 것이다. 그러나 隋代의 開皇令에는 분명히 '賦役令'이 존재하며(『唐六典』 권6, 尙書刑部, 185쪽 ; 『역주당육전』상, 574쪽), 唐宋 시기 이후 세역제도의 변천에도 불구하고 이 令名은 바뀌지 않는다. 『天聖令』도 마찬가지로서, 권22에 賦役令이라는 이름 아래 조세와 역의 부과와 감면에 관한 총 50개의 조항을 담고 있다. 이 가운데 現令 23개는 兩稅法 시행 이후의 것인 반면 舊令 27개는 租庸調法을 반영한 규정으로 생각되므로, 양자의 비교는 두 제도의 차이를 이해하는 데 매우 유용하다. 따라서 이 令文에 대하여 戴建國, 「天一閣藏『天聖令·賦役令』初探」上·下, 『文史』 53·54, 2000·2001과 大津透, 「北宋天聖令·唐開元二十五年令賦役令」, 『東京大學日本史學研究室紀要』 5, 2001과 같은 연구들이 일찍부터 이루어졌다. 그리고 李錦繡는 이러한 기존 성과를 바탕으로 賦役令을 치밀하게 校勘함과 동시에 「唐賦役令復原研究」라는 글을 발표하였으며(天一閣博物館 등 校證, 『天一閣藏明鈔本天聖令校證 附唐令復原研究』下, 北京 : 中華書局, 2006), 渡邊信一郎, 「北宋天聖令による唐開元二十五年賦役令の復原並びに譯注(未定稿)」, 『京都府立大學學術報告(人文·社會)』 57, 2005는 그 번역까지 시도하였다는 점에서 주목된다. 최근에는 中國社會科學院歷史研究所『天聖令』讀書班이 이 글을 새로 注解하면서 白話로 번역하였는데, 「『天聖令·賦役令』譯注稿」, 中國政法大學法律整理研究所 編, 『中國古代法律文獻研究』 6, 北京, 社會科學文獻出版社, 2012가 그것이다.

3) [교감주] 저본의 '充'은 유관 문헌들에 '成'으로 된 경우가 많으나, 두 글자의 의미가 상통하므로 저본을 고치지 않는다. 다음 구절의 '充' 역시 마찬가지이다.

受訖，以本司本印[印]記(計)之.[5] 其許以零稅納錢者，從別勑.

무릇 호에 대한 세[稅戶][6]는 다 그 지방에서 생산되는 것으로 한다. 주(紬)[7]·시(絁)[8]·포(布)[9] 등은 만약 당해 호가 [한] 필과 [한] 단을[10] 채우지 못할 경우 모두 인근 [호]에서 [낼 세액을] 합하여 [한 필·단을] 채우고,[11] 모두 직물의 양 끝에 각각 [납부하는] 호인(戶人)에게 주·현·향·리, 호주의

---

4) [교감주] 저본의 '理'는 문맥상 '里'의 오기이다.

5) [교감주] 저본의 '以本司本印計之'가 관할 官司의 官印으로 官物의 출납을 확인하는 절차와 관련된 서술이라면 '計' 자의 의미가 불분명하다. 따라서 이 賦役令을 처음 소개한 戴建國, 「天一閣藏『天聖令·賦役令』初探」上」 이래 '計'를 '印'으로만 바꾼 교감이 많은데, 中華書局 校錄本은 유관당송문의 『慶元條法事類』와 倉庫令, 〈現22〉조에 나오는 '印記'라는 표현을 근거로 '計'를 '記'로 고치고 그 앞에 '印' 자를 추가하였다. 이러한 수정이 "監司·州縣長官曰印, 僚屬曰記."(『宋史』 권154, 輿服6, 3593쪽)라는 宋代의 '印制'를 생각하더라도 타당하다고 여겨진다.

6) 이와 유사한 당 전기 令文의 첫 구절은 '課戶'이다. 이러한 표현의 차이는 租庸調를 중심으로 한 기존의 세역제도가 당 德宗 建中 원년(780)에 兩稅法으로 바뀌었기 때문이라고 생각된다. 양세법의 시행 시기에 '稅'가 다양한 의미로 사용되지만, 여기에서는 『吏學指南』, 192쪽의 "輸土物曰稅"라는 설명과 비슷한 뜻으로 보인다.

7) '紬'는 곧 綢로서, 漢代에는 주로 거칠게 平織한 비단을 가리킨다. 그러나 南北朝 시기 이후에는 그 종류가 다양해져서 良質의 것이 貢物로 이용되었고, 후대에 비단의 통칭이 되었다. 유사한 내용의 唐代 문헌에서는 '紬' 대신 '絹'을 쓴 경우가 많은데, 이 둘이 실제 가리키는 것은 모두 일반적인 비단이었으리라고 생각된다(〈舊24〉조 참조).

8) '絁'는 마포처럼 거친 비단으로서, 주로 庶民들이 사용하였다.

9) '布'는 枲麻 곧 모시나 삼으로 짠 베로서 명주실로 짠 비단과 구분된다.

10) 營繕令, 〈現10〉조의 "諸造錦·羅·紗·縠·紬·絹·絁·布之類, 皆闊二尺, 長四丈爲匹, 布長五丈爲端."이라는 규정을 볼 때, 당시 비단과 마포는 각각 법령으로 정해진 폭과 길이의 '필'과 '단'이라는 기준 단위로 헤아려졌다. 그런데 이 크기는 시대에 따라 다르다. 당령의 경우 길이는 같으나 그 폭이 1척8촌으로서 조금 좁았고(『通典』 권2, 食貨田制, 107~108쪽), 五代 시기에는 "自周顯德中, 令公私織造並須幅廣二尺五分, 民所輸絹匹重十二兩, 疎薄短狹·塗粉入藥者禁之, 河北諸州軍重十兩, 各長四十二尺. 宋因其舊."(『宋史』 권175, 食貨上3, 4231~4232쪽 ; 『五代會要』 권25, 雜錄, 404쪽 참조)라는 이와 다른 기록이 있기 때문이다. 뿐만 아니라 『容齋隨筆』의 "今人謂縑帛一匹爲壹端, 或總言端匹."(『容齋五筆』 권10, 謂端爲匹, 922쪽)이라는 기록에 의하면, 남송 때에는 필과 단이 혼용되기조차 했던 듯하다.

11) 이 규정은 倉庫令, 〈現22〉조에 나오는 한 필·단이 되지 않는 雜物을 보낼 때의 처리 방법과 대비된다.

성명 및 연·월, 세물의 종류를 갖추어 주기하게[具注] 한다. [세물을] 받고 나서는 관할 관사(官司)의 해당 [관]인으로 날인하고 확인한다[印記]. 자투리 세[액]을 돈으로 납부하는 것을 허용할 경우는 별도의 칙[12]에 의거한다.[13]

유관당송문 당과 송의 세역제도는 매우 다르고, 당대의 경우에도 시기에 따라 큰 차이가 있다. 그러므로 송제와 다른 당대의 유관 문헌은 아래에서 대표적인 것만을 원문으로 제시하고 나머지는 참고 사항으로 부기한다.

1) 『唐六典』: 凡賦役之制有四 : 一曰租, 二曰調, 三曰役, 四曰雜傜. 開元二十三年, 勅以爲天下無事, 百姓傜役務從減省, 遂減諸司色役一十二萬二百九十四. 課戶每丁租粟二石 ; 其調隨鄕土所産, 綾·絹·絁各二丈, 布加五分之一, 輸綾·絹·絁者綿三兩, 輸布者麻三斤, 皆書印焉. 若當戶不成匹·端·屯·綟者, 皆隨近合成. 其調麻每年支料有餘, 折一斤納粟一斗. 凡丁歲役二旬 有閏之年加二日. 無事則收其庸, 每日三尺 布加五分之一. ; 有事而加役者, 旬有五日免其調, 三旬則租·調俱免. 通正役並不得過五十日.(권3, 尙書戶部, 76쪽 ; 『역주당육전』상, 325~327쪽. 이처럼 개원7년령을 반영한 문헌으로 『舊唐書』 권43, 職官2, 1825쪽 참고)
2) 『通典』: [開元]二十五年定令, 諸課戶一丁租調, 准武德二年之制. 其調絹絁布, 並隨鄕土所出. 絹絁各二丈, 布則二丈五尺. 輸絹絁者綿三兩, 輸布者麻三斤. 其絹絁爲疋, 布爲端, 綿爲屯, 麻爲綟. 若當戶不成疋·端·屯·綟者, 皆隨近合成. 其調麻每年支料有餘, 折一斤輸粟一斗, 與租同受. 其江南諸州租, 並迴造納布. 准令, 布帛皆闊尺八寸·長四丈爲疋, 布五丈爲端, 綿六兩爲屯, 絲五兩爲絇, 麻三斤爲綟. 諸丁·匠不役者收庸, 無絹之鄕, 絁布參厎 日別絁·絹各三尺, 布則三尺七寸五分.(권6, 食貨

12) 戴建國, 「『天聖令』硏究兩題」, 『上海師範大學學報』 39-2, 2010, 126쪽은 이 조항의 '別勅'이 宋代의 '編勅'이라고 단정하였다. 그러나 田令, 〈舊37〉조의 '別勅'에 대한 주에서 설명하였듯이, 이 문제는 앞으로 더 많은 연구가 필요하다. 따라서 일단 '별도의 칙'으로 번역해 둔다.

13) 이 조문에서 직물을 세금으로 낼 때 그 자투리 세액의 징수, 수납한 세물의 관리 방법 등은 당대와 유사하나, 당대의 문헌에 보이지 않는 錢納의 허용은 흥미롭다. 이러한 조처의 선례는 북송 太宗 淳化 5년(994)의 "民所納夏稅餘租, 隨其數各異己名以輸, 不得異戶合鈔, 其有疋帛零丈尺者, 止依時估上等價, 折納緡錢."(『續資治通鑑長編』 권35, 태종 순화5년 3월조, 775쪽)라는 기록에 보인다. 이 조항에서 단지 예외적으로만 인정된 전납이 남송 시기의 『慶元條法事類』에서 원칙으로 바뀐다. 이것은 화폐 위주로 바뀌어가는 세역제도의 한 단면일 것이다.

6 賦稅下, 107~108쪽. 이처럼 개원25년령을 반영한 문헌으로 『唐律疏議』 권13, 戶婚24-2의 소의 〈제173조〉, 252쪽(『역주당률소의』, 2246쪽) ; 『宋刑統』 권13, 戶婚律, 差科賦役不均平及擅賦斂加益, 211쪽 ; 『夏侯陽算經』 권上, 課租庸調 ; 『太平御覽』 권626, 治道部 貢賦, 2805쪽 참고)

3) 『新唐書』 : 凡授田者, 丁歲輸粟二斛, 稻三斛, 謂之租. 丁隨鄉所出, 歲輸絹二匹, 綾·絁二丈, 布加五之一, 綿三兩, 麻三斤, 非蠶鄉則輸銀十四兩, 謂之調. 用人之力, 歲二十日, 閏加二日, 不役者日爲絹三尺, 謂之庸. 有事而加役二十五日者免調, 三十日者租·調皆免, 通正役不過五十日.(권51, 食貨1, 1342~1343쪽)

4) 『唐會要』 : 武德二年二月十四日制, "每丁租二石, 絹二丈, 綿三兩. 自茲以外, 不得橫有調斂." 七年三月二十九日, 始定均田賦稅. … 每丁歲入粟二石, 調則隨鄉土所産, 綾·絹·絁各二丈, 布加五分之一. 輸綾·絹·絁者, 兼調綿三兩 ; 輸布者, 麻三觔. 凡丁歲役二旬, 若不役, 則收其傭, 每日三尺. 有事而加役者, 旬有五日免其調, 三旬則租調俱免, 通正役不過五十日.(권83, 租稅上, 1813쪽. 이처럼 무덕 연간의 상황을 반영한 문헌으로는 『通典』 권2, 食貨2 田制, 106쪽 ; 『舊唐書』 권48, 食貨上, 2088쪽 ; 『冊府元龜』 권487, 邦計部 賦稅, 5828쪽 ; 『冊府元龜』 권504, 邦計部 絲帛, 6056쪽 참고)

5) 『慶元條法事類』 : 倉庫令 … 諸應輸布帛 綾羅之類同·綢戶, 親題姓名, 書押兩頭, 官用印記. 賦役令 … 諸稅租, 本戶布帛不成端匹, 米穀不成升, 絲綿不成兩, 柴蒿不成束, 聽依納月實直上價納錢. 願與別戶合鈔納本色者, 聽. 錢不及百亦聽合鈔送納. 當官銷簿, 各給已納憑由. 如違, 許經監司陳訴.(권47, 賦役門1 受納稅租, 618쪽·620쪽)

6) 『文獻通考』 : 『신당서』의 기록과 거의 같다.(권2, 田賦 歷代田賦之, 41쪽)

7) 『宋史』 : 舊諸州收稅畢, 符屬縣追吏會鈔, 縣吏厚斂里胥以賂州之吏, 里胥復率於民, 民甚苦之. 建炎四年, 乃下詔禁止. 令諸州受租籍不得稱分·毫·合·龠·銖·釐·絲·忽, 錢必成文, 絹帛成尺, 粟成升, 絲綿成兩, 薪蒿成束, 金銀成錢. 紬不滿半匹·絹不滿一匹者, 許計丈尺輸直, 無得三戶·五戶聚合成匹, 送納煩擾.(권174, 食貨上2, 4203쪽)

▸ 유관 일본령

『令義解』 : 凡調·絹·絁·絲·綿·布, 並隨鄉土所出.(권3, 賦役令, 115쪽 ; 『令集解』 권13, 賦役令, 381쪽)

『令義解』 : "凡調皆隨近合成. 絹·絁·布兩頭及絲·綿囊具注國郡里·戶主姓名·

年月日, 各以國印印之."(권3, 賦役令, 116~117쪽 ; 『令集解』 권13, 賦役令, 386~387쪽)

▸ 복원 당령

『唐令拾遺』 賦役令, 1·2조와 4조, 659~666쪽과 668~671쪽 ; 『唐令拾遺補』 賦役令, 1·2조와 4조, 759~764쪽과 766쪽

『天聖令』 당령복원청본, 賦役令, 2조, 474쪽

〈現2〉 諸貯米處, 折粟一斛, 輸米六斗. 其雜折皆隨土毛, 準當鄉時價.

무릇 알곡[米][14]을 저장하는 곳[15]에서는 겉곡[粟] 1곡[16]을 알곡 6말로 대체하여[折][17] 내게 한다. 여러 가지 대체[해 징수하는 세물][18]은 모두 토산물로 내도록 하고, 해당 지역의 시가(時價)[19]에 준[하여 환산]한다.[20]

---

14) '米'는 쌀이라는 특정 곡물을 가리킬 뿐만 아니라 '粟'과 대비되어 도정한 곡물 일반을 뜻할 수 있고, 당대에는 특히 도정된 조를 가리키는 경우가 많다. 물론 이 조항은 쌀이 상대적으고 더 널리 보급된 송대 이후의 상황을 반영한 現令이므로 이러한 당대의 용법을 그대로 적용하기 어려울는지도 모른다. 그러나 이와 동일한 구절이 『통전』에 있다면, 일단 그 의미를 당대와 같이 보아도 무방할 듯하다.

15) 宋代의 '貯米處'가 구체적으로 어떤 곳이었는지는 불분명하다. 단 "租入臺者, 五百里內輸粟, 五百里外輸米. 入州鎭者, 輸粟."이라는 北齊의 河淸3年令을 보면(『通典』 권5, 食貨 賦稅中, 95쪽), 이러한 곳은 비교적 특수한 장소였으리라고 짐작된다. 倉庫令, 〈舊1〉조의 "諸倉窖貯積者, 粟支九年 ; 米及雜種支五年. 下濕處, 粟支五年 ; 米及雜種支三年."이라는 기록에서 알 수 있듯이, 도정한 곡물은 저장하기 어려웠기 때문이다.

16) 雜令의 〈現2〉조에서 "諸量, 以秬黍中者, 容一千二百黍爲龠, 十龠爲合, 十合爲升, 十升爲斗[原注 : 三斗爲大斗一斗.], 十斗爲斛."이라고 한다. 漢語大詞典編輯委員會 등, 『漢語大辭典』의 附錄 「中國歷代量制演變測算簡表」에 의하면, 당시의 1斛은 약 67리터이다.

17) '折'은 원래 割引 혹은 換算의 의미인데, 〈舊1〉조의 "若須折受餘物, 亦豫支料"이나 『송사』 권174, 食貨上2, 4203쪽의 "其入有常物, 而一時所須則變而取之. 使其直輕重相當, 謂之'折變'." 등의 기록에서 보듯이 稅物을 다른 물품으로 대체하여 내게 할 때 자주 사용된다.

18) 이러한 사례는 『송사』 권174, 食貨上2, 4206쪽의 "自唐以來, 民計田輸賦外, 增取他物, 復折爲賦, 謂之'雜變', 亦謂之'沿納', 而名品煩細, 其類不一."에서 보듯이 당대 이래 흔하였는데, 송대에는 "牛革·蠶鹽之類, 隨其所出, 變而輸之."하는 '雜變之賦'가 다섯 가지 '歲賦' 중의 하나로서 일반화되었다(同上, 4202쪽).

19) 關市令에 의하면, 당시 관청에서는 열흘마다 '時價'를 '三等'으로 나누어 파악하고(〈現10〉조) 민간인과 교역할 때 '中估' 곧 그 중간 가격을 기준으로 삼았다고 한다(〈現11〉조).

유관당송문 1)『通典』: 應貯米處, 折粟一斛, 輸米六斗. 其雜折皆隨土毛, 准當鄉時價.(권6, 食貨6 賦稅下, 109쪽)

▸ 유관 고려령

『고려시대 율령의 복원과 정리』: 賦役令[7-3], 折貢平布(高麗令 19, 647쪽)

▸ 유관 일본령

『令義解』: 凡土毛臨時應用者, 並准當國市價, 價用郡稻.(권3, 賦役令, 118~119쪽 ;『令集解』 권13, 賦役令, 395쪽)

▸ 복원 당령

『唐令拾遺』 田令, 2조, 608~609쪽 ;『唐令拾遺補』 賦役令, 보1조, 779쪽

『天聖令』 당령복원청본, 賦役令, 5조, 475쪽

〈現3〉 諸州稅調·庸配貯諸處, 及迴[21]折租·調雜取餘(餘取)[22]物者, 送納訖, 並具帳申三司.

무릇 주는 조(調)·용을 징세하여[稅][23] 여러 곳에 배송하여 저장하거나, 조(租)·조(調)를 여러 가지 다른 물품으로 대체하여[迴折][24] 받을 경우,

---

20) 이 조문은 『통전』에서 동일한 내용이 확인되므로 당제를 계승한 것이다.

21) [교감주] 戴建國, 「天一閣藏『天聖令·賦役令』初探」上은 이 조항이 『통전』의 "其江南諸州租, 並迴造納布."(권6, 食貨6 賦稅下, 107쪽)라는 기록과 유사한 것으로 보아서 여기에 '造'자가 누락되었다고 한다. 그러나 두 글의 관계가 불분명하고 '迴折'만으로도 뜻이 통하므로 따르지 않는다.

22) [교감주] 저본에는 '餘取'로 되어 있으나, 중화서국 교록본처럼 이를 倒置된 것으로 볼 때 뜻이 더 잘 통한다.

23) 여기에서 '稅'의 의미는 논란의 여지가 있다. 기존의 연구들은 모두 이것을 '調'·'庸'과 병렬된 稅目의 하나처럼 보기 때문이다. 양세법의 폐지 후 '稅'가 기존의 '租'와 유사한 뜻으로 사용되기도 하였으므로 이러한 해석이 가능할 듯하나, 이 경우 뒤에 나오는 '租'를 설명하기 어려울뿐더러 천성령에서 '세'가 특정한 稅名으로 사용된 용례를 달리 찾을 수 없어 설득력이 약하다. 더욱이 바로 앞 〈現1〉조의 '세'는 調나 庸으로 거둔 직물과 관련되고, 여기에서 이 글자를 이러한 물품을 '징세한다'는 동사로 보는 편이 더 타당하다고 생각된다.

24) 渡邊信一郎, 「北宋天聖令による唐開元二十五年賦役令の復原並びに譯注(未定稿)」는 租粟을 직물로 대체하는 것을 '折充', 다른 곡물로 대체하는 것을 '迴充'이라 한다고 하였다. '折'과 '迴'의 의미를 이처럼 명확히 나눌 수 있는지는 의문이나, 두 글자

[그 물품을] 보내거나 들인 뒤 모두 장부[帳]를 갖추어 삼사[25]에 보고한다.[26]

유관당송문 관련 기록이 당송 시기 문헌에서는 확인되지 않는다.

▸ 복원 당령

『天聖令』 당령복원청본, 賦役令, 8조, 475쪽

〈現4〉 諸州豊儉及損免，並每年附遞申．

무릇 주에서는 풍흉과 [수확량의] 손실에 따른 [과세의] 감면[27]을 모두 매년 체(遞)를 이용하여[28] 보고한다.[29]

모두 '대체한다'는 뜻을 가짐은 분명하다.

25) '三司'는 당 후기부터 度支, 戶部, (鹽鐵)轉運 세 기관을 통칭하는 말로 사용되기 시작하여 이후 점차 독립된 조직으로 발전해 갔다. 이것이 천성령의 반포 당시 국가 재정을 총괄하는 기구였는데, 神宗 元豊 연간(1078~1085)의 官制 개혁으로 폐지되었다.

26) 이 조문은 기존의 문헌에 보이지 않던 새로운 내용으로서 중요한 사료적 가치를 갖는다. 그리고 여기에서 租·庸·調라는 稅目의 성격은 당 전기의 그것과 본질적으로 다르다는 사실에 주의하여야 한다. 북송 太宗 太平興國 7년(982)의 "歲輸租調"(『宋大詔令集』 권185, 政事 招諭開封流民詔, 675쪽)라는 기록에서 보듯이, 양세법의 시행 후에도 이전 稅制의 명칭이 곧잘 습용되었던 것이다.

27) 〈現9〉조에 의하면, 재해를 당한 곳의 縣令은 五等의 구분을 조정하여 課稅할 수 있다.

28) 여기에서의 '遞'는 당시 지방의 교통·통신 據點이던 '遞鋪' 혹은 이곳의 '遞馬'를 뜻한다(廐牧令, 〈現2〉조 ; 關市令, 〈現3〉조 등). 劉晏이 각지의 물가를 빨리 파악하기 위해 '遞'를 만들었다는 기록에서 보듯이(『資治通鑑』 권226, 唐 德宗 건중원년 7월 己丑조, 7285쪽), 이것은 당 후기 이래 신속한 정보의 전달 방법이었다. 그러므로 '附遞'는 곧 '遞'를 이용하여 빨리 보고한다는 뜻으로서, 營繕令 〈現17〉조에도 三司에 "附遞申"한다는 동일한 표현이 보인다. "遞送三司"(倉庫令 〈現16〉조)나 "遞送本所"(雜令 〈現18〉조)의 '遞送'도 이와 유사한 의미라고 생각된다. 黃正建, 「唐代的"傳"與"遞"」, 『中國史硏究』 1994-4 ; 曹家齊, 「宋代急脚遞考」, 『中國史硏究』 2001-1 참조.

29) 이 조문은 기존 문헌에서 확인되지 않는다. 그러나 작황이 세역과 불가분의 관계를 갖던 당시 지방에서 이를 중앙에 보고해야만 한다면, 이와 유사한 법령은 일찍부터 있었으리라고 짐작된다. 다만 일본령에서 비슷한 내용이 확인되지 않을 뿐만 아니라 '遞'라는 당 후기 제도의 언급을 볼 때, 당 전기에는 이 조문과 전혀 다른 방식으로

유관당송문 관련 기록이 당송 시기의 문헌에서는 확인되지 않는다.

▸ 복원 당령

『天聖令』 당령복원청본, 賦役令, 11조, 475쪽

〈現5〉 諸邊遠州有夷獠[雜][30]類之所, 應有輸役者, 隨事斟量, 不必同之華夏.

무릇 변경의 먼 주에 여러 이족(異族)이 사는 곳에서 마땅히 역을 부담시킬 일이 있을 경우, 사안에 따라 적절히 헤아려 중국[華夏][에서의 역 부과]와 똑같이 할 필요는 없다.[31]

유관당송문 1) 『通典』 : 諸邊遠州有夷獠雜類之所, 應輸課·役者, 隨事斟量, 不必同之華夏.(권6, 食貨6 賦稅下, 109쪽)

▸ 유관 일본령

『令義解』 : 凡邊遠國有夷人雜類之所, 應輸調役者, 隨事斟量, 不必同之華夏.(권3, 賦役令, 119~120쪽 ; 『令集解』 권13, 賦役令, 403~404쪽)

▸ 복원 당령

『唐令拾遺』 賦役令, 12조, 679~680쪽 ; 『唐令拾遺補』 賦役令, 12조, 773쪽

『天聖令』 당령복원청본, 賦役令, 13조, 475쪽

〈現6〉 諸戶役, 因任官應免者, 驗告身灼然實者, 注免. 其見充雜任·授流內官者, 皆准此. 自餘者不合.

무릇 호역[32]은 관[직]을 맡은 까닭에 마땅히 면제해 주어야 할 경우 고신[33]

그 보고가 행해졌을 가능성도 배제하기 어렵다. 당 전기의 작황에 따른 세역 감면 방식은 〈舊8〉조 참조.

30) [교감주] 유관 문헌들에는 모두 여기에 '雜'자가 있다.

31) 이 조문은 『통전』에서 거의 동일한 내용이 확인되므로 당제를 계승한 것이다. 다만 여기에서는 役만 거론할 뿐 『통전』과 일본령에 나오는 課에 대한 언급이 없음에 주목할 필요가 있다.

을 조사하여 분명히 확실한 자에게 면제라고 주기한다[注]. 현재 잡임[34]으로 충임하였거나 유내관을 제수한 자도[35] 모두 이에 준한다. 그 밖의 경우 [주기하여 면제]해서는 안 된다.[36]

유관당송문 1) 『宋刑統』: 依令, 任官應免課·役, 皆據蠲符到日爲限.(권4, 名例律, 贓物沒官及徵還官主並勿徵, 64쪽 ; 『唐律疏議』 권4, 名例33-6의 문답 〈제33조〉, 91쪽 ; 『역주당률소의』, 256쪽)

2) 『唐六典』: 凡丁戶皆有優復蠲免之制. 諸皇宗籍屬宗正者及諸親, 五品已上父·祖·兄

---

32) '戶役'은 당시 세역제도상 특정한 역의 공식 명칭이라기보다 戶를 단위로 부과된 役이라는 의미인 듯하다. 원칙상 丁을 세역 부과 대상으로 삼았던 唐代에는 거의 보이지 않던 이러한 표현이 宋代 이후의 문헌에 자주 나타난다. 물론 『吏學指南』, 196쪽의 "一身應當曰徭, 全戶應當曰役也."라는 기록에서 보듯이, 당시 노동력의 징발은 戶만을 대상으로 하지 않았다. 그러나 『宋史』는 "宋因前代之制, 以衙前主官物, 以里正·戶長·鄉書手課督賦稅, 以耆長·弓手·壯丁逐捕盜賊, 以承符·人力·手力·散從官給使令 ; 縣曹司至押·錄, 州曹司至孔目官, 下至雜職·虞候·揀·掐等人, 各以鄉戶等第定差. 京百司補吏, 須不礙役乃聽."(권177, 食貨上5, 4295쪽)이라고 役法을 개관하였고, 당시 '戶等'에 따라 부과된 '職役'이 중요하였다. 戶役은 바로 이 職役을 뜻하고, 아래의 두 조항에 나오는 '色役' 또한 이와 비슷한 의미로 보아도 좋을 것이다. 송대의 役法에 관하여서는 김영제, 「宋代의 役法과 免役錢徵收의 諸問題」, 『唐宋財政史』, 서울 : 신서원, 1995, 417쪽 참조.

33) 새로운 職事官, 散官, 勳官, 封爵 등을 줄 때 본인에게 발급한 공식 증명서로서, 송대에는 神宗 元豊 연간의 官制 개혁 이전까지 吏部, 兵部, 司勳, 司封官告院 등에서 이를 관장하였다.

34) '雜任'은 『宋刑統』에 "在官供事, 無流外品."(권11, 職制律, 受所監臨贓, 181쪽 ; 『唐律疏議』 권11, 職制53-2의 소의 〈제143조〉, 225쪽 ; 『역주당률소의』, 2191쪽)으로 규정되어 있고, 雜令, 〈舊15〉조는 "州縣錄事·市令·倉督·市丞·府·史·佐·計史·倉史·里正·市史, 折沖府錄事·府·史, 兩京坊正等, 非省補者, 總名'雜任'."이라고 이를 더 자세히 설명하였다. 그러나 이 雜令이 폐지된 뒤의 雜任은 어떤 것이었는지 분명하지 않다.

35) 中國社會科學院歷史硏究所『天聖令』讀書班, 「『天聖令·賦役令』譯注稿」는 기존의 일반적인 이해와 달리 "其見充雜任·授流內官者"을 "현재 잡임으로 충임된 유내관"이라는 단일한 대상을 뜻한다고 본다. 그러나 이 글의 지적처럼 송대에 설령 유내관이 잡임으로 충임된 사례가 있었더라도, 단지 그 이유 하나만으로써 이 구절을 이렇게 해석하기는 어려울 듯하다. 잡임을 맡은 자는 유내관의 유무와 상관없이 직역을 실제로 담당할 여력이 없었다고 생각되기 때문이다.

36) 이 조항부터 아래 〈現8〉조까지는 역의 면제에 대한 규정이다. 가장 먼저 언급한 대상은 관인과 잡임으로 충임된 이들인데, 이와 비슷한 법령은 당대에도 있다. 그러나 이 조문에는 '課'와 '蠲符' 관련 내용이 사라졌다는 점이 중요하다.

·弟·子·孫, 及諸色雜有職掌人.(권3, 尙書戶部, 77쪽 ; 『역주당육전』상, 332쪽)

3) 『通典』 : 諸任官應免課·役者, 皆待蠲符至, 然後注免. 符雖未至, 驗告身灼然實者, 亦免. 其雜任被解應附者, 皆依本司解時日月據徵.(권6, 食貨6 賦稅下, 109쪽)

4) 『唐會要』 : 寶歷二年正月, 戶部侍郞崔元略奏, "准賦役, 今內外六品以下官, 及京司諸色職掌人, 合免課·役. 請自今以後, 應諸司見任官, 及准式合蠲免職掌人等, 並先於本司陳牒責保, 待本司牒到, 然後與給符. 其前資官, 卽請於都省陳狀, 准前勘責, 事若不實, 准詐僞律論."(권58, 尙書省諸司中 戶部侍郞, 1188쪽 ; 『冊府元龜』 권474, 臺省部 奏議五, 5659쪽 참조)

5) 『令集解』 : 逃亡者附亦同 … 古記云, 開元式云 … 一依令, 授官應免課·役, 皆待蠲符至, 然後注免. 雜任解下應附者, 皆依解時月日據徵, 卽雜補任人合依補時月日蠲免.(권13, 賦役令, 406~407쪽)

▸ 유관 일본령

『令義解』 : 凡應免課役者, 皆待蠲符至, 然後注免. 符雖未至, 驗位記灼然實者, 亦免. 其雜任被解應附者, 皆依本司解時日月據徵.(권3, 賦役令, 120쪽 ; 『令集解』 권13, 賦役令, 404쪽)

▸ 복원 당령

『唐令拾遺』 賦役令, 13조와 21조, 680쪽과 687~688쪽 ; 『唐令拾遺補』 賦役令, 21조, 775~776쪽

『天聖令』 당령복원청본, 賦役令, 14조, 475쪽

〈現7〉 諸孝子·順孫·義夫·節婦, 志行聞於鄕閭者, 具狀以聞, 表其門閭, 同籍悉免色役. 有精誠冥[37]感者, 別加優賞.

무릇 효자, 순손, 의부, 절부[38]가 그 심지(心志)와 행실이 지역에 알려진

37) [교감주] 저본의 '冥'은 유관 일본령에 '通'으로 되어 있다. 天聖令을 편찬할 당시 眞宗 劉皇后의 父 劉通의 이름을 피휘하여 이 글자를 쓰지 않았다.

38) 이들에게 色役을 면제하기 위해서는 분명한 기준이 존재하였을 것이다. 실제로 유관당송문의 「唐開元戶部格殘卷」은 '孝子'와 '義夫'를 구체적으로 定義하였고, 일본령도 네 범주의 色役 면제자들 낱낱이 역사적 인물로써 자세히 附注하고 있다(『영의해』 권3, 賦役令, 121쪽 ; 『영집해』 권13, 賦役令, 410~412쪽).

경우, 문서를 갖추어[具狀] 보고하면 그 마을 입구에 정표(旌表)하고,[39] [호]적을 같이 하는 자는[40] 모두 색역[41]을 면제한다. [효자 등의] 정성으로 하늘이 감응한 일이 있는 경우,[42] 따로 특별한 상을 내린다.[43]

유관당송문 1)『唐六典』: 若孝子·順孫·義夫·節婦, 志行聞於鄕閭者, 州縣申省奏聞, 表其門閭, 同籍悉免課·役, 有精誠致應者, 則加優賞焉.(권3, 尙書戶部, 77쪽 ;『역주당육전』상, 332쪽 ; 권30, 三府督護州縣官吏, 747쪽 ;『역주당육전』하, 432~435쪽 참조)

2)『舊唐書』:『당육전』권3의 기록과 같다.(권43, 職官2, 1825쪽 ; 권44, 職官3, 1919쪽 참조)

3)『通典』: 諸孝子·順孫·義夫·節婦, 志行聞於鄕閭者, 申尙書省奏聞, 表其門閭, 同籍悉免課·役.(권6, 食貨6 賦稅下, 109쪽)

---

39) '旌表'는 牌坊을 세워주거나 扁額을 내려 표창하는 것을 말하는데, 그 방법에 관하여서는『五代會要』권15, 戶部, 256쪽에 자세한 기록이 있다.

40) '同籍'은『영집해』에 "朱云, '謂一戶內稱同籍耳.' 問, '於節婦父·妹等何?' 答, '不在同戶者, 不免課·役耳.' 問, '同籍悉免課·役者. 未知孝子等死後何免不?' 答, '死之後不免者.'"(권13, 賦役令, 414쪽)라는 주석이 있다.

41) 당 전기의 '色役'은 雜任 따위 '吏와 유사한 형태의 役' 그리고 雜徭나 特殊民戶에게 부과된 역과 같은 '단순한 徭役'으로 크게 나뉘고 '正役'과 확실히 구분되었는데, 양세법의 시행 뒤 이것이 雜徭의 代稱 혹은 雜徭와 差科를 포괄하는 명칭으로 바뀌어갔다(唐長孺,「唐代色役管見」,『山居存稿』, 北京 : 中華書局, 1989 참조). 그 결과 모호해진 송대 색역의 의미는 寧宗 嘉泰 元年(1201)의 勅에서 잘 드러난다. "緣當來'色役'二字不曾釋說" 곧 색역의 개념이 명확히 규정되지 않은 탓에 초래된 문제가 계속되어, "色役止爲諸色差役"하게 한 高宗 紹興 29년(1159)의 조처를 재확인하고 있는 것이다(『慶元條法事類』권48, 賦役門2 支移折變, 662쪽). 따라서 천성령 반포 당시의 色役은 앞서 〈現4〉조에 나오는 '戶役'처럼 호 단위로 부과된 다양한 형태의 差役 모두를 포괄하는 광범위한 의미의 것이었다고 여겨진다.

42)『영의해』권3, 賦役令, 121쪽의 "孟宗泣生冬筍, 梁妻哭崩城之類."(『영집해』권13, 賦役令, 414~415쪽 참조)라는 예시처럼, 이것은 특별히 기이한 현상이 발생하였다는 의미라고 생각된다.

43) 이 조문은『통전』등에 거의 동일한 내용이 있으므로 당제를 계승하였다고 생각된다. 사실 이러한 유교적 친족 윤리의 실천자에 대한 포상은 중국에서 일찍부터 보이고, 隋 文帝 시기의 "依周制 … 有品爵及孝子·順孫·義夫·節婦, 並免課·役."(『隋書』권24, 食貨, 680~681쪽 ;『통전』권5, 食貨 賦役中, 96쪽 참조)이라는 제도는 이 조항과 거의 같다. 물론 당대까지 면제시켜 준 '課·役'이 여기에서 '色役'으로 바뀌었는데, 이것은 세역제도의 변화 결과라고 하겠다.

4) 『舊五代史』 : [同光元年制]義夫·節婦·孝子·順孫, 旌表門閭, 量加賑給.(권30, 莊宗, 416쪽)

5) 『新唐書』 : 太皇太后·皇太后·皇后緦麻以上親, 內命婦一品以上親, 郡王及五品以上祖·父·兄·弟, 職事·勳官三品以上有封者若縣男父·子, 國子·太學·四門學生·俊士, 孝子·順孫·義夫·節婦同籍者, 皆免課·役.(권51, 食貨1, 1343쪽)

6) 『文獻通考』 : 唐制 … 孝子·順孫·義夫·節婦同籍者, 皆免課·役. … [宋制]諸旌表門閭有勅書, 及前代子孫於法有蔭者, 所出役錢依官戶法.(권13, 職役 復除, 142쪽)

7) 「唐開元戶部格殘卷」 : 勅 : 孝義之家, 事須旌表. 苟有虛濫, 不可裒稱. 其孝, 必須生前純至, 色養過人, 歿後孝思, 哀毁逾禮, 神明通感, 賢愚共傷 ; 其義, 必須累代同居, 一門邕穆, 尊卑有序, 財食無私, 遠近欽承, 州閭推伏. 州縣親家案驗, 知狀跡殊尤, 使覆同者, 准令申奏. 得其旌表者, 孝門復, 終孝子之身 ; 義門復, 終旌表時同籍之人身. 仍令所管長官以下及鄉村等, 每加訪察. 其孝義人, 如中間有聲實乖違, 不依格文者, 隨事擧正. 若容隱不言, 或檢覆失實, 並妄有申請者, 里正·村正·坊正及同檢人等, 各決杖六十, 所由官與下考. 證聖元年四月九日. (唐耕耦 주편, 『敦煌法制文書』, 163쪽)

8) 『令集解』 : 逃亡者附亦同 … 古記云, 開元式云, 一依令, 孝義得表其門閭, 同籍悉課·役.(권13, 賦役令, 406쪽)

▸ 유관 고려령

『고려시대 율령의 복원과 정리』 : 賦役令[4], 孝子順孫(高麗令 19, 644쪽)

▸ 유관 일본령

『令義解』 : 凡孝子·順孫·義夫·節婦, 志行聞於國郡者, 申太政官奏聞, 表其門閭, 同籍悉免課·役. 有精誠通感者, 別加優賞.(권3, 賦役令, 121쪽 ; 『令集解』 권13, 賦役令, 410~415쪽)

▸ 복원 당령

『唐令拾遺』 賦役令, 19조, 683~686쪽 ; 『唐令拾遺補』 賦役令, 19조, 775쪽
『天聖令』 당령복원청본, 賦役令, 20조, 475쪽

〈現8〉 皇宗[44]籍屬宗正者及太皇太后·皇太后·皇后本服緦(總)[45]麻以上親,

---

44) [교감주] '皇宗'이라는 말로 시작된 이 조문은 '諸'로 시작하지 않는다. 이러한 천성령의

皇太子妃本服大功以上親，親王妃及內命婦一品本服朞以上親，五品以上父·祖·兄·弟並免色役.

황제의 종친으로서 종정[시](宗正寺)에 속적(屬籍)된 자[46]와 태황태후·황태후·황후의 본복[47] 시마[48] 이상 친속, 황태자비의 본복 대공 이상 친속, 친왕비와 내명부[49] 1품의 본복 기(朞) 이상 친속, [내명부] 5품 이상의 부·조·형·제는 모두 색역을 면제한다.[50]

형식적 특징은 牛來穎, 「『天聖令』復原硏究中的幾個問題」, 65~76쪽, 『天聖令論集』上 참조.

45) [교감주] 저본의 '緦'은 문맥상 '緦'의 오기이다.

46) 『송사』 권164, 職官4, 3887쪽에 의하면, 宗正寺에 "序同姓之親而第其服紀之戚疏遠近." 하는 '屬籍'이 있었다.

47) '本服'은 『宋刑統』 권6, 名例律 雜條, 101쪽과 『唐律疏議』 권6, 名例52-6의 율문과 소의 〈제52조〉, 137쪽(『역주당률소의』, 352~354쪽)의 "稱袒免以上親者, 各依本服論, 不以尊壓及出降. 義服同正服. 議曰 … 若有犯及取蔭, 各依本服, 不得以尊壓及出降卽依輕服之法. 義服者, 妻妾爲夫, 妾爲夫之長子及婦爲舅姑之類, 相犯者幷與正服同."이라는 규정에서 보듯이, 당시 法制上 친속 관계 결정의 기준이 되는 '본래의 服'을 의미한다. 이것은 특별한 조건에 따라 服喪 기간이 더하거나 준 加服이나 降服과 다르고, 道義·君臣·婚姻 등의 이유로 생긴 義服과도 개념상 구분된다. 김택민, 『중국 고대 형법』, 서울 : 아카넷, 2002, 160~161쪽 참조.

48) 親屬은 服喪 기간에 따라 몇 가지 등급으로 구분되는데, 緦麻는 3개월간 喪服을 입는 '族兄弟' 곧 高祖를 같이 하는 형제 등이 여기에 해당한다. 천성령의 喪葬令에 附載된 '喪服年月'에는 (1)斬衰 3년, (2)齊衰 3년, (3)齊衰杖朞, (4)齊衰朞, (5)齊衰 5월, (6)齊衰 3월, (7)大功 9월, (8)小功 5월, (9)緦麻 3월의 9개 등급으로 나누어 해당 친속을 자세히 기록해 두었으므로, 아래의 服喪 기간에 따른 친속의 구체적 범위는 이를 참조하기 바란다.

49) '內命婦'는 皇后를 제외한 皇帝의 妃嬪과 여성 宮官의 총칭인데, 龔延明, 『宋代官制辭典』, 13쪽에 의하면 그 等級과 品秩은 아래와 같이 나뉜다.

等級		名稱	視品級
1	夫人	貴妃, 淑妃, 德妃, 賢妃	정1품
2	嬪	淑儀, 淑容, 順儀, 順容, 婉儀, 婉容	종1품
		昭儀, 修儀, 修容, 修媛, 充儀, 充容, 充媛	정2품
		特贈 : 大儀, 貴妃, 宸妃	
3	婕妤	婕妤	정3품
4	美人	美人	정4품
5	才人	才人	정5품
	貴人	貴人	無視品
	御侍	御侍	

유관당송문 1)『宋刑統』: 依賦役令, 文武職事官三品以上若郡王期親及同居大功親, 五品以上及國公同居期親, 並免課·役.(권12, 戶婚律 相冒合戶, 196쪽 ; 『唐律疏議』 권12, 戶婚12-1의 소의 〈제161조〉, 241쪽 ; 『역주당률소의』, 2223쪽)

2)『唐六典』: 凡丁戶皆有優復蠲免之制. 諸皇宗籍屬宗正者及諸親, 五品已上父·祖·兄·弟·子·孫, 及諸色雜有職掌人.(권3, 尙書戶部, 77쪽 ; 『역주당육전』상, 332쪽)

3)『新唐書』: 太皇太后·皇太后·皇后緦麻以上親, 內命婦一品以上親, 郡王及五品以上祖·父·兄·弟, 職事·勳官三品以上有封者若縣男[以上]父·子, 國子·太學·四門學生·俊士, 孝子·順孫·義夫·節婦同籍者, 皆免課·役.(권51, 食貨1, 1343쪽)

4)『慶元條法事類』: 嘉泰元年六月十四日勅 : 臣僚箚子, 檢准紹興常平免役令, 諸宗室在宗正屬籍及太皇太后·皇太后·皇太妃·皇后緦麻以上親, 皇太子妃大功以上親, 親王[妃?]·內命婦一品期以上親, 五品以上父·祖·兄·弟, 其色役不供. … 近年以來當官者奉行不恪, 胥吏又從而受幸, 至有暗將屬籍及三后之家緦麻以上親戶內合納役錢一例蠲免, 以爲役錢卽係色役之數. 殊不知出錢免役, 在法, 無官·民戶之拘. 常平免役令又載, 諸前代帝之後, 法應得贖, 及官戶 謂品官, 其亡沒者有蔭同. 若旌表門閭之家, 勅書見在, 並非伎術·賜號處士, 其色役聽免. 然今品官之家納役錢自若也, 品官色役聽免, 而役錢則未嘗免. 屬籍與三后緦麻以上親並緣色役不供之文而遂不供役錢, 可乎? 伏望敷奏戶部, 鏤版申嚴行下. 其有違戾, 則令監司按劾, 亦許人戶越訴. 仍下勅令所著爲成法, 附之申明勅內. 奉聖旨"依."(권48, 賦役門2 支移折變, 662쪽)

5)『宋會要輯稿』: 元豐令節文 : 諸宗室在京(宗?)正屬籍及太皇太后·[皇太后·]皇后緦麻以上親, 並免色役. 所有皇太妃緦麻已上親, 亦合並免色役.(食貨14-6~7)

6)『文獻通考』: 『신당서』의 기록과 같다.(권13, 職役 復除, 142쪽)

7)『宋史』: 元豐令 : 在籍宗子及太皇太后·[皇太后·]皇后緦麻親得免役. 皇太妃宜亦如之.(권172, 食貨上6, 4329쪽)

---

50) 이 조문과 유사한 내용이 『당육전』 등에 보이므로 당제를 계승한 듯하나, 앞의 두 조항에 비하면 그 차이가 크다. '課·役'이 '色役'으로 바뀐 것은 물론 당대의 문헌에 없던 황태자비와 친왕비 관련 규정이 추가되었기 때문이다. 유관당송문의 『慶元條法事類』에 인용된 紹興常平免役令 역시 이 점에서 마찬가지이고, 천성령에서 발견되는 이러한 특징은 이후 송대의 법제로 정착되었다고 생각된다. 『宋會要輯稿』와 『宋史』에 인용된 元豊令에 이에 대한 기록이 없는 것은 節錄된 탓이라고 여겨진다.

▶ 복원 당령

『唐令拾遺』賦役令, 20조, 686~687쪽 ;『唐令拾遺補』賦役令, 20조, 775쪽
『天聖令』당령복원청본, 賦役令, 21조, 476쪽

〈現9〉 諸(諧)[51]縣令須親知所部富貧·丁中多少·人身彊弱, 每因升(外)降[52]戶口, 即作'五等定簿', 連署印記. 若遭災蝗·旱·澇(勞)[53]之處, 任隨貧富爲等級. 差科賦役, 皆據此簿. 凡差科, 先富强, 後貧[弱][54] ; 先多丁, 後少丁. 凡丁分番上役者, 家[有][55]兼丁者, 要月 ; 家貧單身者, 閑月(者).[56] 其賦役輕重·送納(還)[57]遠近, 皆依此以爲等差, 豫爲次第(弟),[58] 務令均濟. 簿定以後, 依次差科. 若有增減, 隨即註[59]記. 里正唯得依符催督, 不得干(千)[60]豫差科. 若縣令不在, 佐官亦准此法(去).[61]

무릇 현령은 반드시 관할 [백성들]의 빈부, 정·중[62]의 다과, 신체의 강약을

---

51) [교감주] 저본의 '諧'는 문맥상 '諸'의 오기이다.

52) [교감주] 저본의 '外'로는 의미가 잘 통하지 않으므로 많은 논란이 있으나, 이를 '升'의 오기로 본 渡邊信一郞, 「北宋天聖令による唐開元二十五年賦役令の復原並びに譯注(未定稿)」의 교감이 타당하다고 생각한다.

53) [교감주] 저본의 '勞'는 유관당송문의 『唐六典』이나 문맥을 감안할 때 '澇'의 오기이다.

54) [교감주] 저본에는 '弱'자가 없으나, 유관 문헌들을 보면 이 글자가 빠진 듯하다.

55) [교감주] 저본의 '家兼丁者'가 유관당송문의 『宋刑統』과 『唐律疏議』의 擅興律에는 '家有兼丁'으로 되어 있으므로 '有'자가 빠진 듯하다. 혹 이 뒤의 '家貧單身'이란 말을 보면 빠진 글자가 '富'일 수도 있다.

56) [교감주] 저본의 '者'는 유관당송문의 『宋刑統』과 『唐律疏議』의 擅興律을 보면 '月'의 오기이다.

57) [교감주] 저본에는 '送納還'으로 되어 있으나, '還'은 衍字인 듯하다. 앞의 〈現3〉조에서 보듯이, 당시 세역 징수와 관련하여 '送納'이란 표현이 빈용되기 때문이다.

58) [교감주] 저본의 '弟'는 문맥과 유관 일본령을 감안할 때 '第'의 오기이다.

59) [교감주] 중화서국의 교록본은 저본의 '註'를 '注'의 오기로 보았으나, 이 두 글자는 통용 가능하다.

60) [교감주] 저본의 '千'은 문맥상 '干'의 오기이다.

61) [교감주] 저본의 '去'는 문맥상 '法'의 오기이다.

62) 『송형통』 권12, 戶婚律 脫漏增減戶口, 190쪽에 추가된 '戶令'에서 "諸男女三歲以下爲黃, 十五以下爲小, 二十以下爲中. 其男年二十一爲丁, 六十爲老, 無夫者爲寡妻妾."이라고 하였다. 이것은 보통 唐令으로 생각하지만, 21세 이상 남자를 '丁'으로 본 이 기록은 『慶元條法事類』에 인용된 "諸男年二十一爲丁."이라는 남송 시기의 '戶令'(권75, 刑獄門

직접 파악하여 호구의 증감에 따라 바로 '오등정부'[63]를 만들어 연서하고 날인하여 확인한다[印記]. 만약 황해(蝗害)·가뭄·수재[澇] 등의 재해[64]를 당한 곳에서는 [재해로 인해 바뀐] 빈부 상황에 따라 등급을 구분할 수 있다. 세역의 차과는[65] 모두 이 장부[簿]에 의거한다. 무릇 차과[의 순서]는 부유하거나 신체 강건하면 먼저 하고 가난하거나 신체 허약하면 뒤로 하며, 정(丁)이 많으면 먼저 하고 정이 적으면 뒤로 한다. 무릇 정이 나뉘어 역을 번상(番上)할 경우, 집에 다른 정이 있으면 '요월'[에 복역시키고], 집이 가난하고 [정이] 본인뿐이라면 '한월'[66][에 복역시킨다]. 세역의 부담과 보내고 들이는

---

5 侍丁, 790쪽)과 동일하다. 단 『宋史』 권174, 食貨上2, 4203쪽에서는 "男夫二十爲丁, 六十爲老."라고 하여 이와 다르다.

63) '五等定簿' 곧 '5등으로 호구를 나눈 장부'는 송대의 稅役 부과 기준이 되었던 '五等丁産簿'와 유사해 보인다. 그런데 일반적으로 '오등정산부'는 『續資治通鑑長編』 권113, 明道 2년 10월 庚子조, 2637쪽의 "詔天下閏年造五等版簿, 自今先錄戶産·丁推(稚?)及所更色役榜示之, 不實者聽民自言."이라는 기록을 근거로 1033년에 가서야 전국적으로 시행되었다고 한다. 그렇다면 天聖令 반포 당시에는 아직 이러한 장부가 보편화되지 않았고, '오등정부'와 '오등정산부'가 동일한 것이라고 단정하기는 어렵다. 하지만 두 장부의 성격이 매우 흡사한 만큼 양자의 밀접한 관계를 부정할 수는 없을 것이다.

64) 『송형통』 권13, 戶婚律 旱澇霜雹蟲蝗, 208쪽(『당률소의』 권13, 戶婚20의 소의 〈제169조〉, 247쪽 ; 『역주당률소의』, 2236~2237쪽)에 여러 가지 재해들을 설명하고 있는데, "旱謂亢陽, 澇謂霖霪 … 蟲蝗謂螟螽蝥賊之類."라고 한다. '災'의 경우 용례가 다양하나, 여기에서는 일단 여러 가지 재해의 통칭으로 해석한다.

65) '差科'의 성격에 대하여서 논란이 많으나, 徭役을 뜻하는 협의와 課·役을 모두 포괄할 수 있는 광의 두 가지가 있음은 대체로 인정한다. 여기에서 '差科'와 '賦役' 사이에 모점을 찍은 중화서국 교록본을 비롯한 기존의 대다수 연구들은 그 의미를 전자로 보고 있다. 그러나 이 조항의 아래에 나오는 "凡差科"와 "其賦役"의 내용이 별개의 사안이 아니라면, 이 差科를 광의로 보고 賦役과 연관시켜 해석하는 편이 좋지 않을까 싶다. 池田溫, 『中國古代籍帳硏究』, 98쪽의 지적처럼, 差科는 "公課 징수의 방식을 가리키는 폭넓은 개념"으로서 비단 "役務" 징발만이 아니라 臨時的인 徵稅 역시 포함할 수 있는 것이다. 사실 『송형통』 권13, 戶婚律 差科賦役不均平及擅賦斂加益, 211쪽(『당률소의』 권13, 戶婚24-1의 소의 〈제173조〉, 251쪽 ; 『역주당률소의』, 2246쪽)의 "諸差科賦役違法及不均平, 杖六十"이라는 구절도 "부역을 차과"한다는 뜻이라는 점에서 이와 마찬가지이다.

66) 『영집해』 권14, 賦役令, 422쪽의 '應役丁'조 注文에서 "要月, 謂依雜令, 四·五·六·七·八·九月. 以外爲閑月也."라고 하였다.

곳의 거리도 모두 이에 의거하여 차등을 두는데, 미리 순서를 정하여 고르게 처리되도록 힘쓴다. [오등정]부가 확정된 다음에는 [호등에 따른] 순서에 의거하여 차과한다. 만약 [호구에] 증감이 있으면 바로 주기(註記)한다. 이정은 오로지 부(符)[67]에 의거하여 독촉만 할 수 있을 뿐이고, 차과하는 데 관여할 수 없다. 만약 현령이 없다면, 보좌하는 관인이 또한 이 법에 준[하여 처리]한다.[68]

유관당송문 1)『宋刑統』: 依令, "凡差科, 先富强, 後貧弱 ; 先多丁, 後少丁."(권13, 戶婚律 差科賦役不均平及擅賦斂加益, 211쪽 ;『唐律疏議』권13, 戶婚24-1의 소의 〈제173조〉, 251쪽 ;『역주당률소의』, 2246쪽)

2)『宋刑統』: 議曰, 差遣之法, 謂先富强, 後貧弱 ; 先多丁, 後少丁. 凡丁分番上役者, 家有兼丁, 要月 ; 家貧單身, 閑月之類.(권16, 擅興律 役功力採取不任用, 266쪽 ;『唐律疏議』권16, 擅興22의 소의 〈제245조〉, 317쪽 ;『역주당률소의』, 2376쪽)

3)『唐六典』: 京畿及天下諸縣令之職 … 所管之戶, 量其資産, 類其强弱, 定爲九等. 其戶皆三年一定, 以入籍帳. 若五九 謂十九·四十九·五十九·七十九·八十九.·三疾 謂殘疾·廢疾·篤疾.·及中·丁多少, 貧富强弱, 蟲霜旱澇, 年收耗實, 過貌形狀及差科簿, 皆親自注定, 務均齊焉.(권30, 三府督護州縣官吏, 753쪽 ;『역주당육

---

67) 『당육전』에서 "尙書省下於州, 州下於縣, 縣下於鄕, 皆曰符"(권1, 三師三公尙書都省, 11쪽 ;『역주당육전』상, 136~140쪽)라고 하였는데, 여기에서의 符는 곧 縣에서 '五等定簿'에 의거하여 작성한 세역 징수 관련 공문일 것이다.『慶元條法事類』의 "文書式"에서 "州下屬縣用此式"(권16, 文書門 文書, 349쪽)이라고 한 것은 符의 한 종류를 예시한 것으로 보인다.

68) 이 조문의 내용은『당육전』등에 보이는 당제와 일면 유사하면서도 차이가 있다. 당대에도 縣令이 세역의 징수와 관련하여 호등을 나누었고 또 그것이 差科와 연계되었다는 점에서 이와 같지만(유관당송문의 문헌들 이외에도,『唐會要』권85, 定戶等第, 1845~1846쪽의 "萬歲通天元年七月二十三日勅 : 天下百姓, 父母令外繼別籍者, 所析之戶等第, 並須與本戶同, 不得降下. 其應入役者, 共計本戶丁·中, 用爲等級, 不得以析生蠲免. 其差科, 各從析戶祇承, 勿容遞相影護."와 같은 기록도 이러한 사실을 잘 보여준다.), 송대의 경우 호구를 9등이 아니라 5등으로 나누고 그 작성 방법 역시 달랐던 듯하기 때문이다. 그리고『영집해』에 인용된 唐令에 따르면 호등을 정할 때 '手實'이 중요하였던 듯하나, 이 조항에는 이에 대한 언급 역시 없다. 따라서 이러한 차이의 역사적 의미에 대하여 앞으로 더 많은 연구가 필요하다고 생각된다.

전』하, 468~470쪽)

4) 『令集解』 : … 依此赴役. … 唐令云, "收手實之際, 作九等定簿"者, 是但據九等, 檢正身·定强弱耳.(권14, 賦役令, 423쪽)

▸ 유관 고려령

『고려시대 율령의 복원과 정리』 : 賦役令[5], 編戶以人丁多寡(高麗令 19, 646쪽)

▸ 유관 일본령

『令義解』 : 國司皆須親知貧富强弱, 因對戶口, 卽作九等定簿, 預爲次第, 依此赴役.(권3, 賦役令, 123쪽 ; 『令集解』 권14, 賦役令, 423쪽)

『令義解』 : 凡差科, 先富强, 後貧弱 ; 先多丁, 後少丁. 其分番上役者, 家有兼丁者, 要月 ; 家貧單身者, 閑月.(권3, 賦役令, 123쪽 ; 『令集解』 권14, 賦役令, 425쪽)

▸ 복원 당령

『唐令拾遺』 賦役令, 24·25조, 689~670쪽 ; 『唐令拾遺補』 賦役令, 24·25조, 777~778쪽

『天聖令』 당령복원청본, 賦役令, 30조, 476쪽

〈現10〉 諸丁·匠上役, 除程[69]外, 各準役日, 給公糧赴作.

무릇 정(丁)[70]과 장인(匠人)이 역을 질 때, 여정(旅程) 기간 이외에 각각 복역 날수[71]에 준하여 공량(公糧)을 지급하여 [복역할 곳에] 가서 일하게 한다.[72]

---

69) [교감주] 『영집해』에 인용된 唐令의 유사한 조문에는 여기에 '糧'이 있고, 獄官令, 〈現13〉조에도 "程糧"이라는 표현이 보인다. 따라서 이 글자가 빠진 것일 수 있으나, 저본대로 읽어도 문맥은 통하므로 고치지 않는다.

70) 『송형통』 권28, 捕亡律 征人防人逃亡, 456~457쪽(『당률소의』 권28, 捕亡11-1의 율문과 소의 〈제461조〉, 534쪽 ; 『역주당률소의』, 3298~3299쪽)은 "諸丁夫·雜匠在役及工·樂·雜戶亡者 … 議曰, 丁謂正役, 夫謂雜徭, 及雜色工匠, 諸司工·樂·雜戶, 注云'太常音聲人亦同.'"이라고 하여, 正役에 징발된 '丁'과 雜徭에 충당된 '夫'를 엄격히 구분한다. 그러나 이 천성령의 賦役令에서는 '夫'를 따로 언급한 예가 없다. 그러므로 여기에서의 役은 주로 正役을 가리킬 가능성이 크고, 正役과 雜徭의 구분이 애매해진 宋代의 경우 다양한 형태의 역에 징발된 이들 중 '匠'처럼 특별한 기능을 갖지 않으면 모두 '丁'으로 부른 듯하다.

71) 〈舊22〉조는 租·庸·調 제도와 연계하여 복역 기간을 규정하였으나, 이 제도가 폐지된 뒤 이에 관한 분명한 令文은 없다.

유관당송문 1)『令集解』: 凡正丁歲役十日 … 釋云, 十日役者, "不給公糧", 何者? 唐令云, "除程糧外, 各准役日, 齎私糧者." (권13, 賦役令, 389쪽)

▸ 복원 당령

『唐令拾遺』 賦役令, 5조, 671쪽 ; 『唐令拾遺補』 賦役令, 5조, 767쪽

『天聖令』 당령복원청본, 賦役令, 32조, 477쪽

〈現11〉 諸丁·匠赴役, 有事故不到闕功者, 與後番人同送陪功. 若故作稽違及逃走者, 所司即追捕決罪, 仍專使送役處陪功. 其合徒者免陪.

무릇 정과 장인이 역을 지러 갈 때, 타당한 사정이 있어[73] 오지 못해 작업[功][74]에 결손이 생길 경우, 뒤에 번상(番上)하는 사람들과 함께 보내 작업을 보충하게 한다.[75] 만약 고의로 지체하여 [시한을] 어기거나[76] 도주한 경우 담당 관사(官司)는 바로 추적해 잡아서 죄를 주고[77] 아울러

---

72) 이 조문은『영집해』에 인용된 唐令과 확연히 다르다. 복역 기간 동안의 양식을 스스로 부담하지 않고 '公糧'으로 지급하였기 때문이다. 이러한 변화는 송 太祖가 水路 공사에 동원된 "丁夫"에게 양식을 "官給"하여 "式"이 되었다는(『續資治通鑑長編』 권1, 太祖 建隆元年 1월조, 6쪽) 것과 무관하지 않아 보인다. 특히 王曾,『王文正筆錄』의 "[宋太祖時]先是, 春夫不給口食, 古之制也. 上惻其勞苦, 特令一夫日給米二升, 天下諸處役夫亦如之, 迄今遂爲永式."이라는 기록을 보면 더욱 그러하다.

73)『영의해』는 이와 동일한 구절 아래 "身及親病之類"라고 附注하였다(권3, 賦役令, 124쪽). 그리고『영집해』에는 이밖에도 "被引重罪證, 并杖以下難明者" 등 여러 사례들을 덧보태고 있다(권14, 賦役令, 426~427쪽).

74) 營繕令, 〈現1〉조의 "諸計功程者, 四月·五月·六月·七月爲長功, 二月·三月·八月·九月爲中功, 十月·十一月·十二月·正月爲短功. 春夏不得伐木. 必臨時要須, 不可廢闕者, 不用此令"이라는 규정에서 보듯이, '功'은 일할 수 있는 시간에 따른 노동량 혹은 작업량의 계산 단위이다. 田令, 〈現5〉조의 '功力'에 대한 주 참조.

75)『영의해』와『영집해』의 注에서 "陪猶助也, 言隨闕功之多少而塡助也."(권3, 賦役令, 124쪽 ; 권14, 賦役令, 427쪽)라고 하였다.

76)『吏學指南』, 184쪽의 '稽遲'와 '違慢'의 설명에서 각각 "留滯曰稽, 不速曰遲", "事有乖戾曰違, 心所怠惰曰慢"이라 하였다. 여기에서의 '違'는 구체적으로 '違限' 곧 "事有程限, 過期不至者"(同上, 185쪽)의 의미로 생각된다.

77)『송형통』 권16, 擅興律 役功力採取不任用, 266쪽(『당률소의』 권16, 擅興23의 율문 〈제246조〉, 317쪽 ; 『역주당률소의』, 2377쪽)에 "諸被差充丁夫·雜匠, 而稽留不赴者, 一日笞三十, 三日加一等, 罪止杖一百, 將領主司加一等. 防人稽留者, 各加三等. 即由將領

전담 사자[專使][78]가 [그를] 복역할 곳으로 보내어 작업을 보충하게 한다. [받을 죄가] 도형에 처해야 할 경우는 [작업의] 보충을 면제한다.[79]

유관당송문 관련 기록이 당송 시기 문헌에서는 확인되지 않는다.

▸ 유관 일본령

『令義解』: 凡丁·匠赴役, 有事故不到闕功者, 與後番人同送陪功. 若故作稽違及逃走者, 所司卽追捕決罪, 仍專使送役處陪功, 卽給雇直.(권3, 賦役令, 124쪽 ; 『令集解』 권14, 賦役令, 426~427쪽)

▸ 복원 당령

『天聖令』 당령복원청본, 賦役令, 35조, 477쪽

〈現12〉 諸科喚丁·匠, 皆量程遠近刻期(其),[80] 於當州界路次更集. 及多者, 本屬以官領送, 不須緣歷州縣. 其不滿百人者, 臨時押(捍)[81]遣.

무릇 정과 장인을 징집[科喚]할 때 모두 여정의 거리를 헤아려서 그 기한을

者, 將領者獨坐."라 하였다. 그리고 服役 기간 중의 죄이지만, 『宋刑統』 권28, 捕亡律 征人防人逃亡, 456~457쪽(『唐律疏議』 권28, 捕亡11-1·2 율문 〈제461조〉, 534~535쪽 ; 『역주당률소의』, 3298~3300쪽)에서 "諸丁夫·雜匠在役及工·樂·雜戶亡者,[原注 : 太常音聲人亦同.] 一日笞三十, 十日加一等, 罪止徒三年. 主司不覺亡者, 一人笞二十, 五人加一等, 罪止杖一百 ; 故縱者, 各與同罪. … 卽人有課·役, 全戶亡者, 亦如之. 若有軍名而亡者, 加一等. 其人無課·役及非全戶亡者, 減二等, 卽女戶亡者, 又減三等. 其里正及監臨主司故縱戶口亡者, 各與同罪, 不知情者, 不坐."라는 규정도 있다.

78) '專使'는 다른 업무를 함께 수행하는 '便使'와 대비되어 중요하고 시급한 임무를 수행한다. 廐牧令, 〈舊23〉조 참조.

79) 이 조문과 유사한 내용은 중국의 기존 문헌에 보이지 않으나 거의 동일한 일본령이 있으므로 唐令을 계승한 듯하다.

80) [교감주] 이 글자의 전후 구절이 난해하여 기존의 교감자들 사이에 이론이 분분하다. 渡邊信一郞, 「北宋天聖令による唐開元二十五年賦役令の復原並びに譯注(未定稿)」는 저본의 '其'가 '期'의 착오라고 보았고, 劉燕儷, 「試論唐代服役丁匠的規範」, 『天聖令論集』上, 119~120쪽과 中國社會科學院歷史硏究所『天聖令』讀書班, 「『天聖令·賦役令』譯注稿」도 여기에 동의한다. 따라서 잠정적으로 이에 따르나, 후술하듯이 이 문장의 해석이 힘든 상황에서 의문을 남긴다.

81) [교감주] 저본의 '捍'은 문맥상 '押'의 오기이다.

정하고, 해당 주 영역의 임시 집결지[路次][82]에 차례로 모이게 한다[更集].[83] [모인 사람들이] 많아질 경우, 해당 소속 [관청이] 관인에게 [징집된 이들을] 거느리게 해서 [복역할 곳으로] 보내고 [원래 지나가도록 예정되었던] 주현을 반드시 따라가지 않아도 된다. 100명 미만일 경우, 그때 상황에 따라 호송해 보낸다.[84]

유관당송문 관련 기록이 당송 시기 문헌에서는 확인되지 않는다.

▸ 복원 당령

『天聖令』 당령복원청본, 賦役令, 36조, 477쪽

〈現13〉 諸役丁·匠, 皆十人外給一人充火頭, 不在課功之限. 元日·冬至·臘·寒食, 並放假一日. 病疾及遇雨雪不堪工作者, 計日除功. 糧盡者, 給糧陪役. 雖雨雪, 非露役者不除.

무릇 정과 장인에게 역을 지울 때 모두 10인 이외에 1인을 [더] 주어 취사원[火頭][85]으로 삼고 [이 취사 담당자는] 작업[功][86]을 부과하는 범위

---

82) '路次'라는 말은 〈現19〉·〈現20〉조에도 나오는데(獄官令, 〈現12〉조의 '道次'도 비슷한 표현이다.), 모두 路程 중에 머무르는 장소와 관련이 있다. 하지만 이동하는 이들이 머무는 구체적 방식은 상황에 따라 달라 보이고, 조문마다 그 실제적인 의미 역시 상이한 듯하다. 赴役者들의 徵集과 연관된 이 구절에서는 일단 集結하는 곳으로 해석해 둔다.

83) '更集'의 정확한 의미는 불분명하다. 〈舊22〉조의 "其丁赴役之日, 長官親自點檢."이라는 규정에 의하면, 징집된 이들을 특정한 시간과 장소에 모을 듯하다. 그러나 '更'이라는 표현을 보면 이들이 모이는 시간이나 장소가 달라 보인다. 따라서 천성령 반포 당시의 징집 방법이 〈舊22〉조와 바뀌었을 수 있다는 전제 아래 일단 전후 문맥에 따라 번역해 보았으나, 이 문제는 좀 더 치밀한 검토가 필요하다고 생각한다.

84) 이 조문은 기존의 문헌에 전혀 보이지 않던 새로운 내용으로서 사료적 가치가 높다. 그러나 丁·匠의 징집과 배분 방법에 대한 〈舊22〉·〈舊23〉·〈舊25〉조 등의 규정이 폐기된 뒤 이를 대체한 관련 법규가 불확실한데다가 문장도 순통하지 않아 정확한 해석이 어렵다는 난점이 있다.

85) '火頭'는 『영의해』와 『영집해』의 "厮丁也, 執炊爨之事"(권3, 賦役令, 124쪽과 권14, 賦役令, 427쪽)라는 주석에서 보듯이 취사를 맡은 자이다.

에 두지 않는다. 설날, 동지, 납일, 한식에는 다 하루씩 휴가를 준다.[87] 병에 걸리거나 비·눈이 내려 일을 할 수 없을 경우, [일을 하지 않은] 날짜를 계산하여 작업량[功]에서 제외한다. [원래 예정된 복역(服役) 날수에 의거하여 준비한] 양식이 떨어진 경우라도, 양식을 [더] 지급하여 역을 보충하게 한다. 비록 비나 눈이 오더라도 노천(露天)에서의 역이 아니라면 [일을 시키고 작업량에서] 제외하지 않는다.[88]

유관당송문 1)『慶元條法事類』: 假寧格 節假 : 元日·寒食·冬至, 五日. 前後各二日. 聖節·天慶節 開基節·先天節·降聖節·三元·夏至·臘, 三日. 前後各一日. 天祺節·天貺節·二社·上巳·重午·三伏·中秋·重陽·人日·中和·七夕·授衣·立春·春分·立秋·秋分·立夏·立冬·大忌·每旬, 一日. … 役丁夫 舊不給者依舊. : 元日·寒食·冬至·臘, 一日. 工作 : 元日·寒食·冬至, 三日 ; 聖節·每旬·請衣·請糧·請大禮賞, 一日. 流囚居作 : 每旬, 一日 ; 元日·寒食·冬至, 三日. (권11, 職制門8 給假, 213~214쪽)

▸ 유관 일본령

『令義解』: 凡役丁·匠, 皆十人外給一人充火頭. 疾病及遇雨不堪執作之日, 減半食, 闕功令陪. 唯疾病者, 給役日直. 雖雨, 非露役者, 不在此限.(권3, 賦役令, 124쪽 ;『令集解』 권14, 賦役令, 427~428쪽)

▸ 복원 당령

『天聖令』 당령복원청본, 賦役令, 37조, 477쪽

---

86) '功'은 당시 노동량 혹은 작업량의 계산 단위이다. 〈現11〉조의 '작업[功]'에 대한 주 참조.

87) 휴가를 준 이 명절들에 대하여서는 假寧令의 〈現1〉·〈現2〉조 참조. 단 이 조문에 규정된 휴가 日數가 假寧令의 내용(元日·冬至·寒食은 7일, 臘日은 3일)과 다른 것은 당시 신분이나 상황에 따라 휴가를 달리 주었기 때문이다. 이러한 사실은 유관당송문의 『경원조법사류』에서 명확히 드러난다.

88) 이 조문의 휴가 날짜는 『경원조법사류』에 실린 假寧格과 일치하므로 송대에 비슷한 규정이 계속 이어졌다고 생각된다. 그리고 일본령에도 이와 유사한 내용이 있으므로 이러한 제도가 당제를 계승한 듯하나, 患者에 대한 처리 등 일부 내용의 차이에 주목할 필요가 있다. 아울러 流配人의 복역(獄官令, 〈現16〉조)과 雜戶·官戶·官奴婢의 노역(雜令, 〈舊22〉조) 방법을 이 조항과 비교해보면 당시 사회의 특성이 잘 드러난다.

〈現14〉 諸在(匠)[89]京有大營造, 役丁·匠之處, 常令官司巡行, 覺擧非違, 仍令御史隨事彈糾.

무릇 경사(京師)에 대영조[90]가 있어 정과 장인에게 역을 지우는 곳은 항상 관사가 돌아다니며 잘못[非違]을 적발하게 하고, 아울러 어사에게 [적발된] 사안에 따라 탄핵하여 바로잡게 한다.[91]

유관당송문 관련 기록이 당송 시기 문헌에서는 확인되지 않는다.

▸ 유관 일본령

『令義解』: 凡在京有大營造 … 役丁·匠之處, 皆令彈正巡行, 若有非違, 隨事彈糾.(권3, 賦役令, 124쪽 ; 『令集解』 권14, 賦役令, 428~429쪽)

▸ 복원 당령

『天聖令』 당령복원청본, 賦役令, 38조, 477쪽

〈現15〉 諸丁·匠在役遭父母喪者, 皆本縣牒役所放還, 殘功不追. 貫不屬縣者, 皆所由司申牒.

무릇 정이나 장인이 복역 중에 부모의 상을 당한 경우[92] 모두 해당[인의

89) [교감주] 저본의 '匠'은 문맥과 유관 일본령을 감안할 때 '在'의 오기이다.

90) '營造'는 토목공사나 器物의 제작을 의미하는데, 여기에서 '大'의 구체적 기준은 확실하지 않다. 유관 일본령의 "役五百人以上"(『영의해』 권3, 賦役令, 124쪽 ; 『令集解』 권14, 賦役令, 428쪽)이라는 주석을 보면 이것이 동원된 인력의 규모와 관련된 듯한데, 『新唐書』 권46, 百官1, 1201쪽에서 "凡京都營繕, 皆下少府·將作共其用, 役千功者先奏."라고 한 것도 이와 무관하지 않을 수 있다. 그리고 『당육전』의 "[將作監]丞掌判監事. 凡內外繕造, 百司供給, 大事則聽制·勅, 小事則俟省符, 以諮大匠, 而下於署·監, 以供其職."(권23, 「將作都水監」, 594~595쪽 ; 『역주당육전』하, 135~136쪽)이란 규정의 '大事'가 '大營造'를 뜻한다면, 이것은 특별한 절차를 거쳐 수행되었을 것이다.

91) 이 조문과 거의 동일한 내용이 일본령에서 확인되므로 당제를 계승한 것이다. 〈現18〉조도 丁·匠을 관리하는 관인에 대한 규정이라는 점에서 마찬가지인데, 이 조항은 복역 장소와 규모의 특수성으로 인해 그 관리가 더욱 엄격하다는 점에 주목해야 한다. 실제로 營繕令에는 '三京' 지역에서의 營造(〈現16〉조)와 궁성 안 '大營造'의 擇日(〈現7〉조)에 대한 별도의 법령이 있다.

92) 〈舊19〉조는 복역 전에 상을 당하였을 때에 대한 규정인데, 이에 따르면 嫡孫으로서

적관(籍貫)이 있는] 현에서 복역하는 곳으로 첩(牒[93])을 보내 집으로 돌려 보내게 하고 남은 작업량[功][94]을 뒤에 시키지 않는다. 적관이 현에 속하지 않는 경우[95] 모두 그 관할 관사(官司)가 첩으로 [복역하는 곳에] 알린다[申牒].[96]

유관당송문 관련 기록이 당송 시기 문헌에서는 확인되지 않는다.

▸ 유관 일본령

『令義解』: 凡丁·匠在役遭父母喪者, 皆國司知實申役所, 卽給役直放還.(권3, 賦役令, 124쪽 ; 『令集解』 권14, 賦役令, 429쪽)

▸ 복원 당령

『天聖令』 당령복원청본, 賦役令, 39조, 477쪽

承重한 자도 부모의 상을 당한 경우와 같이 징발을 유예시키고, 心喪해야 할 사람까지 배려해 준다. 따라서 이 조항에서 오로지 "부모의 상을 당한" 자에 대하여서만 언급한 것과 다르다. 이러한 시혜 대상의 차이는 복역 중에 當喪하면 남은 기간의 역을 면제한 반면 복역 전의 경우 단지 그것을 유예할 뿐으로서 그 혜택이 달랐기 때문이라고 생각된다.

93) '牒'은 당대에 "九品 이상 관인의 公文"으로 汎用된 上行文書의 하나였는데(田令, 〈舊12〉조의 '牒'에 대한 주 참조), 『慶元條法事類』 권16, 文書門 文書, 349쪽의 "文書式"에는 "內外官司非相統攝者, 相移則用此式. … 官雖統攝而無申狀例及縣於比州之類, 皆曰'牒上'. 於所轄而無符·帖例者, 則曰'牒某司'或'某官', 並不闕字."라고 하여 그 성격을 조금 달리 규정하고 있다.

94) 당시 '功'의 의미는 〈現11〉조의 '작업[功]'에 대한 주를 참조하라.

95) 『宋刑統』의 "工·樂者, 工屬少府, 樂屬太常, 並不貫州縣. 雜戶者, 散屬諸司上下, 前已釋訖. 太常音聲人, 謂在太常作樂者 … 俱是配隷之色, 不屬州縣, 唯屬太常, 義寧[原注 : 釋曰 : 義寧, 隋末年號.]以來, 得於州縣附貫, 依舊太常上下, 別名太常音聲人."(권3, 名例律 犯流徒罪의 "諸工樂雜戶及太常音聲人犯流者"에 관한 "議", 52쪽)이나 "工·樂及官戶·奴, 並謂不屬縣貫. 其雜戶若太常音聲人, 有縣貫, 仍各於本司上下, 不從州縣賦役者."(권18, 賊盜律 殺人移鄕, 殺人移鄕條의 "議", 286쪽)라는 기록에 따르면, 工戶·樂戶·官戶·官奴 등이 이러한 예에 속한다. 단 이 내용은 『唐律疏議』 권3, 名例28-1의 소의 〈제28조〉, 75쪽과 권18, 賊盜18-1의 소의, 342쪽(『역주당률소의』, 222~223쪽과 2423쪽)과 거의 같고, 천성령 시행 당시의 현실과 완전히 부합하는지는 의문이다.

96) 이 조문과 거의 동일한 내용이 일본령에서 확인되므로 당제를 계승한 듯하다. 단 일본령의 경우 부모 상을 당하면 '役直' 곧 역을 하지 않는 代價를 지불하고 되돌려 보낸다고 하여 이와 확연히 다르다. 따라서 唐令의 내용에 대하여 기존 연구자들 사이에 많은 논란이 있는데, 확증을 찾을 때까지 결론을 유보하는 편이 좋을 듯하다.

〈現16〉 諸供京貯稾[97]之屬(處),[98] 每年度支(之)[99]豫於畿內諸縣斟量(重)[100]科下.

무릇 경사에 공급할 비축용 짚 따위는 매년 탁지가 미리 경기 지역의 여러 현에서 [필요한 것을] 적절히 헤아려 할당해 징수한다[科下].[101]

유관당송문 관련 기록이 당송 시기 문헌에서는 확인되지 않는다.

▸ 유관 일본령

『令義解』: 凡供京藁藍雜用之屬, 每年民部預於畿內斟量科下.(권3, 賦役令, 124쪽 ; 『令集解』 권14, 賦役令, 429쪽)

▸ 복원 당령

『天聖令』 당령복원청본, 賦役令, 40조, 477쪽

〈現17〉 諸應置頓及供驛須貯(賩)[102]粟·草等數, 皆承三司牒支配. 若別有破費者, 至時塡備.

무릇 치돈(置頓)[103]에 제공하거나 역(驛)에 공급하여 반드시 저장해야

---

97) [교감주] 저본의 '稾'는 여기에서 짚을 뜻하는 '藁', '稿'의 통용자이다.

98) [교감주] 저본의 '處'는 일본령의 유사한 구절처럼 '屬'으로 바꾸면 뜻이 더 잘 통한다.

99) [교감주] 저본의 '度之'는 문맥과 유관 일본령을 감안할 때 '度支'의 오기이다.

100) [교감주] 저본의 '重'은 문맥과 일본령을 감안할 때 '量'의 오기이다.

101) 이 조문은 일본령에 유사한 내용이 있으므로 당제를 계승한 것으로 생각되는데, 여기에서 당시 짚의 중요성(田令, 〈舊43〉조 ; 倉庫令, 〈現2〉조 등 참조)이 잘 드러난다.

102) [교감주] 저본의 '賩'은 문맥상 '貯'의 오기인 듯하다.

103) '頓'은 '임시로 머무르며 宿食할 수 있는 장소'이다. 그런데 '置頓'이 단지 이것의 설치를 뜻한다면, 그 비축물을 이렇게까지 중시한 이유가 의문이다. 따라서 渡邊信一郎, 「北宋天聖令による唐開元二十五年賦役令の復原並びに譯注(未定稿)」가 밝힌 隋代 이래 황제의 行幸 장소였던 '置頓'의 존재가 주목되고, 中國社會科學院歷史研究所『天聖令』讀書班, 「『天聖令·賦役令』譯注稿」는 이것이 오대·송 시기에 군대 주둔지를 가리킨다고도 하였다. 이 말의 의미를 확언하기는 어려우나, 일단 '置頓'으로 이를 번역해 둔다.

할 곡물[粟][104]과 풀 등의 수량은 모두 삼사의 첩(牒)을 받아 안배한다. 만약 다른 일로 써버렸을 경우, 때맞추어 보충해 비치한다.[105]

유관당송문 관련 기록이 당송 시기 문헌에서는 확인되지 않는다.

▸ 복원 당령

『天聖令』 당령복원청본, 賦役令, 41조, 477쪽

〈現18〉 諸役丁·匠, 皆斟量功力, 均課輕重, 日滿卽放. 其主當官司, 不加檢校, 致失功(公)[106]程者, 節級推科, 仍附年考.

무릇 정과 장인에게 역을 지울 때 모두 작업에 필요한 노동력[功力][107]을 적절히 헤아려 그 부담을 고르게 하고[均課], 날수가 차면 곧 돌려보낸다. 주관하는[主當][108] 관사에서 조사하지[檢校] 않아 작업 수행[功程]에 차질이 생긴 경우, [해당 관인을] 등급에 따라 견책하고[節級推科][109] 아울러

---

104) '粟'은 '도정하지 않은 곡물'과 '조'를 모두 뜻할 수 있는데(〈現2〉조의 '米'에 대한 주 참조), 여기에서 특정한 곡물만을 가리킨다고 단정할 근거가 없으므로 일단 더 넓은 의미로 번역한다.

105) 이 조문은 기존의 문헌에 전혀 보이지 않던 새로운 내용으로서 흥미로운데, '頓' 혹은 '置頓'에 관하여서는 앞으로 좀 더 치밀한 연구가 필요할 듯하다.

106) [교감주] 저본의 '公'은 문맥과 일본령을 감안할 때 '功'의 오기이다.

107) 여기에서의 '功力'은 아래의 '功程'이란 표현을 볼 때 구체적인 작업량과 이에 필요한 노동력을 뜻한다고 생각된다. 이러한 용례에 관하여서는 〈現11〉조의 '작업[功]'에 대한 주 참조.

108) '主當'은 『송형통』의 "主守, 不限有品·無品, 謂親主當庫藏者."(권15, 廐庫律 庫藏搜檢偷盜, 242쪽 ; 『당률소의』 권15, 廐庫15-2 〈제210조〉의 소의, 289쪽 ; 『역주당률소의』, 2320쪽)라는 기록에서 보듯이 '監臨官'과 달리 직접 실무를 담당하는 '主守官'과 관련하여 주로 쓰인다(『송형통』 권15, 廐庫律 牧畜死失及課不充, 234쪽 ; 『당률소의』 권15, 廐庫4-3의 소의 〈제199조〉, 280쪽 ; 『역주당률소의』, 2301~2302쪽 참조). 따라서 이것은 여기에서 丁과 匠의 관리를 실제로 주관하다는 의미라고 생각되는데, 『영집해』의 "主當謂主領夫人也."(권14, 賦役令, 430쪽)라는 注文도 이를 확인시켜 준다.

109) '節級推科'의 의미는 논란의 가능성이 있는데, 『영집해』도 이 구절에 대하여 連坐와 연계시킨 해석과 이를 부정하는 주석을 함께 제시하였다(권14, 賦役令, 430쪽).

그해의 고과(考課)에 반영한다[附].[110)]

유관당송문 관련 기록이 당송 시기 문헌에서는 확인되지 않는다.

▸ 유관 일본령

『令義解』: 凡役丁·匠, 皆斟量功力, 均課輕重, 日滿卽放. 其主當官司, 不加檢校, 致失功程者, 節級推科, 仍附考殿.(권3, 賦役令, 125쪽; 『令集解』 권14, 賦役令 430쪽)

▸ 복원 당령

『天聖令』 당령복원청본, 賦役令, 42조, 477쪽

〈現19〉 諸丁·匠往來有(有來)[111)]重患不堪勝致者, 路次州縣, 留附隨便村·坊安置, 供給醫藥. 若患稍輕, 堪前進者, 所領官司, 令徒伴提携將行. 如到役所病患, 到處安置, 幷給醫藥診(珍)[112)]療, 待差[113)]則役. 若無糧食, 卽於隨近倉給.

무릇 정과 장인이 [역을 지러] 오가다 크게 아파서 [목적지에] 이르기 힘들 경우, 가던 길에 머무른[路次] 주현은 편리한 촌이나 방(坊)[114)]에 유숙(留宿)하게 하고, 의약(醫藥)을 제공한다. 만약 병이 조금 나아서 갈만

기존의 연구자들은 대부분 전자의 의미로 보아서 '主當'을 首犯으로 하여 同職者들을 連坐시킨다는 뜻으로 이해한다. 이때 '節級'은 '관청 내 관인의 등급'을 가리키는데, 『영집해』의 "穴云, 節級謂從所闕輕重推科."라는 설명처럼 이것을 주관한 官人이 유발한 '문제의 정도에 따른 등급'으로 보지 못할 이유도 없을 듯하다. 여기에서는 명확한 결론을 유보한다. 雜令, 〈現9〉조의 '節級'에 대한 주 참조.

110) 이 조문은 유사한 내용의 일본령이 있으므로 당제를 계승한 듯하다. 단 마지막 구절은 그 표현이 다른데, 이것은 眞宗 咸平 4년(1001)경에 확립된 송대 특유의 考課 방식인 磨勘法과 관련이 있을 듯하다.

111) [교감주] 저본의 '有來'는 유관 일본령을 보면 '來有'의 오기인 듯하다.

112) [교감주] 저본의 '珍'은 문맥상 '診'의 오기이다.

113) [교감주] 저본의 '差'는 여기에서 '瘥'의 통용자이다.

114) 唐代에는 "在邑居者爲坊 … 在田野者爲村"(『통전』 권3, 食貨 鄕黨, 63쪽)이라고 하였다. 여기에서 坊과 村을 병칭한 것을 보면, 천성령 반포 당시에도 이와 유사한 구분이 있었다고 생각된다.

하게 된 경우, 관할 관사는 동행자들에게 [그를] 도와서 가게 한다. 만약 복역할 곳에 이르러 병이 나서 아프면, 도착한 곳에서 편안히 쉬게 하면서 의약을 주어 치료하여[115] 차도가 있기를 기다려 역을 지운다.[116] 만약 양식이 없다면, 가까운 창(倉)[117]에서 지급한다.[118]

유관당송문 관련 기록이 당송 시기 문헌에서는 확인되지 않는다.

▸ 유관 일본령

『令義解』: 凡丁·匠往來, 如有重患不堪勝致者, 留付隨便郡里, 供給飮食. 待差發遣, 若無糧食, 卽給公糧.(권3, 賦役令, 125쪽 ; 『令集解』 권14, 賦役令, 431쪽)

▸ 복원 당령

『天聖令』 당령복원청본, 賦役令, 43조, 477쪽

〈現20〉 諸丁·匠赴役身死(死身)[119]者, 官爲收殯, 並於路次明立牌(俾)[120]·銘, 數[121]遣檢行, 幷移牒本貫. 家人至日, 分明付領.

무릇 정과 장인이 역을 지러 가다가 본인이 죽은 경우 관(官)에서 시신(屍身)을 거두어 임시 장례를 치르고[收殯] 아울러 [사망 시] 머물던 곳[路次]에

115) 복역 중인 丁·匠에게 이러한 조처를 취하지 않았을 경우 『송형통』은 이에 대한 처벌을 명기하고 있다(권26, 雜律 醫藥故誤傷殺人, 411쪽 ; 『당률소의』 권26, 雜8 〈제396조〉, 484쪽 ; 『역주당률소의』, 3210~3211쪽 참조).

116) 〈現13〉조에 의하면, 이로 인해 일을 하지 않은 날짜만큼 병이 나은 후 더 복역시킨다.

117) '倉'은 곡물을 저장하는 창고이다. 田令, 〈舊41〉조의 '창고'에 대한 주 참조.

118) 이 조문은 유사한 내용의 일본령이 있으므로 당제를 계승한 듯하다. 병의 치료를 우선시하는 이러한 정책은 獄官令, 〈現52〉조에서도 확인된다.

119) [교감주] 유관 일본령을 보면, 저본의 '死身'은 '身死'를 잘못 쓴 것이다.

120) [교감주] 저본의 '俾'는 유관 일본령을 보면 '牌'의 오기인 듯하다.

121) [교감주] 저본의 '數'는 기존의 많은 교감에서 오기가 아닌지 의심하였다. 그런데 渡邊信一郎, 「北宋天聖令による唐開元二十五年賦役令の復原並びに譯注(未定稿)」는 이것을 '자주' 곧 사망자의 팻말 등을 검사하며 둘러보는 빈도의 의미로 이해하였다. 그러나 獄官令, 〈舊4〉조의 "擬埋諸司死囚, 大理檢校."라는 규정을 보면, 이것이 死因 등의 조사를 의미할 수도 있다. 사망자가 생기면 곧 그 이유를 밝히고 후속 조처를 취해야 할 터이기 때문이다. 이 경우 '數'는 '속히'라는 뜻이 될 것이다.

팻말과 지석(誌石)을 분명히 만들고 속히 [사람을] 보내어 조사하게[檢行]하며[122] 아울러 본적지(本籍地)로 첩(牒)을 보낸다. 집안사람[家人]이 온 날, [시신의] 인도와 수령을 확실하게 한다.[123]

유관당송문 관련 기록이 당송 시기 문헌에서는 확인되지 않는다.

▶ 유관 일본령

『令義解』: 凡丁·匠赴役身死者, 給棺. 在道亡者, 所在國司, 以官物作給, 並於路次埋殯立牌, 并告本貫. 若無家人來取者燒之, 有人迎接者, 分明付領.(권3, 賦役令, 125쪽 ; 『令集解』 권14, 賦役令, 431~432쪽)

▶ 복원 당령

『天聖令』 당령복원청본, 賦役令, 44조, 477쪽

〈現21〉 諸役丁·匠者, 皆晝作夜止. 其五月·六月·七月, 從巳至未, 放聽休息.

무릇 정과 장인에게 역을 지울 경우, 모두 낮에만 일하고 밤에는 쉬게 한다.[124] 5월, 6월, 7월에는 사시(巳時)부터 미시(未時)까지 일을 시키지 않고 휴식하도록 허용한다.[125]

---

122) 이러한 조처는 獄官令, 〈舊4〉조에 있는 受刑 중 사망자의 처리 방법과 흡사하다. 여기에서의 '收殯'이 獄官令의 '權殯'과 같다면, 이것은 棺과 墓地의 지급을 의미한다. 그리고 '牌'는 무덤 밖에 세우는 '牓'이며, '銘'은 무덤 안에 넣는 '塼銘'이다.

123) 이 조문은 유사한 내용의 일본령이 있으므로 당제를 계승한 듯하다. 단 여기에는 일본령과 달리 시신을 인도할 이가 없을 때에 대한 규정을 명기하지 않았다는 점이 주목된다.

124) 이러한 작업 시간 규정은 『송형통』 권5, 名例律 雜條, 104쪽에서 "諸稱日者, 以百刻. 計功庸者, 從朝至暮."(『唐律疏議』 권5, 名例55-1의 율문 〈제55조〉, 140쪽 ; 『역주당률소의』, 362쪽)라고 하여 "아침부터 저녁까지"로 하루의 작업량을 계산한 것과 동일하다. 즉 낮과 밤의 구분은 日出과 日沒을 기준으로 하는 것이다.

125) 이 조문은 유사한 내용의 일본령이 있으므로 당제를 계승한 듯하다. 단 휴식 허용 시간이 일본령에 비하여 훨씬 긴데, 기존의 연구자들은 대개 중국과 일본의 기후 차이를 그 이유로 본다.

유관당송문 관련 기록이 당송 시기 문헌에서는 확인되지 않는다.

▶ 유관 일본령

『令義解』: 凡役丁·匠者, 皆晝作夜止. 其六月·七月, 從午至未, 放聽休息. 要須役者, 不在此例.(권3, 賦役令, 125쪽 ; 『令集解』 권14, 賦役令, 432쪽)

▶ 복원 당령

『天聖令』 당령복원청본, 賦役令, 45조, 477쪽

〈現22〉 **諸爲公事須車·牛·人力傳送, 而令條不載者, 皆臨時聽勅. 差科之日, 皆令所司量定須數行下, 不得令在下有疑, 使百姓勞擾.**

무릇 공무(公務)를 위해 수레·소·인력으로 운송하는[傳送][126] 것이 필요한데 영문 조항에 [관련 규정이] 없을 경우, 모두 그때 상황에 따라 칙으로 허락을 받는다.[127] 차과하는 날은 모두 담당 관사(官司)가 필요한 수량을 적절히 확정해서 [공문을] 내려 보내어,[128] 아래에서 [불분명한 상황 탓에] 의혹이 생겨 백성들을 힘들고 혼란스럽게 만들도록[129] 해서는 안 된다.[130]

---

126) 『송형통』 권8, 衛禁律 越州縣鎭戍城及官府廨垣, 137쪽의 "水陸等關, 兩處各有門禁, 行人來往皆有公文, 謂驛使驗符券, 傳送據遞牒"이라는 기록을 보면, '傳送'은 '遞牒'에 의거한 장거리 운송을 뜻한다. 그런데 『당률소의』 권8, 衛禁25-1의 소의 〈제82조〉, 172쪽(『역주당률소의』, 2075쪽)에 의거한 위의 글은 이것을 '符券'에 의거한 '驛使'와 명확히 구분하고 있으나, 당대에 이미 양자를 혼용하여 쓰는 경우도 많다(孟彦弘, 「唐代的驛·傳送與轉運」, 黃正建 편, 『天聖令與唐宋制度硏究』, 北京 : 中國社會科學出版社, 2011 참조). 따라서 여기에서의 '傳送'은 좀 더 폭 넓게 이해하여도 좋을 듯하다.

127) 『영의해』는 이와 동일한 구절 뒤에 "蕃客來朝"와 같은 상황을 예시하고 있다(권3, 賦役令, 125쪽 ; 『영집해』 권14, 賦役令, 432쪽).

128) 『송형통』 권10, 職制律 誤犯宗廟諱, 162쪽(『당률소의』 권10, 職制27의 소의 〈제117조〉, 203쪽 ; 『역주당률소의』, 2143~2144쪽)의 "并事應行下而不行下, 不應行下而行下者, 謂應出符·移·關·牒·刺而不出行下, 不應出符·移·關·牒·刺而出行下者"에 의하면, 官司들 사이의 '行下'는 公文의 送達을 뜻한다. 그러나 여기에서는 이것이 뒤의 '在下'라는 말과 이어져서 하급 기구로 공문을 내려 보내는 것을 가리킨다.

129) 유관 일본령의 "'勞擾'者, 不明期會, 妄動人民之類也."(『영의해』 권3, 賦役令, 126쪽 ; 『영집해』 권14, 賦役令, 433쪽)라는 주석에 따르면, 이것은 差科의 기간이나 대상자 수를 명확하게 하지 않아 생길 수 있는 문제를 우려한 규정이다.

130) 이 조문은 동일한 내용의 일본령이 있으므로 확실히 당제를 계승한 것이다.

유관당송문 관련 기록이 당송 시기 문헌에서는 확인되지 않는다.

▶ 유관 일본령

『令義解』: 凡爲公事, 須車·牛·人力傳送, 而令條不載者, 皆臨時聽勅. 差科之日, 皆令所司量定須數行下, 不得令在下有疑, 使百姓勞擾.(권3, 賦役令, 125~126쪽 ; 『令集解』 권14, 賦役令, 432~433쪽)

▶ 복원 당령

『天聖令』 당령복원청본, 賦役令, 48조, 478쪽

〈現23〉 諸有雜物科稅, 皆明寫所須(道)[131]物·數及應出之戶, 印署, 牓縣[132]及村(材)[133]·坊, 使衆庶同知.

무릇 징수할 잡물[134]이 있을 때 모두 필요한 물품·수량과 [이것을] 내어야만 할 호(戶)를 분명히 적어 날인하고 서명하여, 현과 촌·방[135]에 방(牓)을 붙여 뭇 사람들이 함께 알도록 한다.[136]

유관당송문 1) 『新唐書』: [唐制]國有所須, 先奏而斂. 凡稅斂之數, 書于縣門·村·坊, 與衆知之.(권51, 食貨1, 1343쪽)

2) 『慶元條法事類』: 賦役令 … 諸受納稅租, 所屬起催前期具輸納條件, 牓倉庫·

---

131) [교감주] 저본의 '道'는 문맥상 衍字라고 생각된다.

132) [교감주] 유관 문헌들을 보면 '縣門'으로 되어 있어 여기에 '門'자가 빠졌을 수 있다. 그러나 저본 그대로도 문맥이 통하므로 고치지 않는다.

133) [교감주] 저본의 '材'는 유관당송문의 『신당서』나 문맥을 감안할 때 '村'의 오기이다.

134) '雜物'은 송대에 네 종류의 '歲賦之物' 가운데 하나인 '物産' 여섯 가지 중 특정한 한 품목을 가리키기도 하지만(『송사』 권174, 食貨上2, 4202~4203쪽), 여기에서 이것을 이처럼 좁은 의미로 한정할 필요는 없을 듯하다. 倉庫令의 〈現16〉·〈現18〉조 등에 보이는 '雜物'은 이보다 훨씬 폭넓은 대상을 지칭할 뿐만 아니라, 유관당송문의 『경원조법사류』에서 縣門에 공시하게 한 것 역시 '租稅' 일반이었기 때문이다.

135) '村'과 '坊'의 차이에 대하여서는 〈現19〉조의 동일 사항에 대한 주 참조.

136) 이 조문과 유사한 내용을 전하는 유관 문헌들을 보면 公示 대상 품목이나 장소 등이 상이하다. 그러나 이러한 법령들의 목적은 세역 징수의 공정성 보장이라는 점에서 동일하고, 이러한 차이는 시기나 지역에 따라 달랐던 세역제도 때문이라고 생각된다.

縣門, 其文帳·鈔旁, 須錢成文, 穀成升, 金銀成錢, 布帛成尺, 絲綿成兩, 柴蒿成束.(권47, 賦役門1 受納稅租, 621쪽)

▸ 유관 일본령

『令義解』: 凡調物及地租·雜稅, 皆明寫應輸物數, 立牌坊里, 使衆庶同知.(권3, 賦役令, 126쪽 ; 『令集解』 권14, 賦役令, 435~436쪽)

▸ 복원 당령

『唐令拾遺補』 賦役令, 보3조, 780쪽

『天聖令』 당령복원청본, 賦役令, 50조, 478쪽

右並因舊文, 以新制參定.

위[의 영들]은 예전의 조문을 바탕으로 하되 새로운 제칙을 참작하여 정한 것이다.[137]

〈舊1〉 諸課,[138] 每年計帳至, 戶部具錄色目, 牒度支, 支配[來][139]年事, 限十月三十日以前奏訖. 若須折受餘物, 亦豫支料, 同時處分. 若是軍國所須, 庫藏

---

137) 부역령의 이 現令들은 중국의 기존 문헌에 보이지 않던 것이 많아 중요한 사료적 가치를 갖는다. 이 가운데 대부분은 일본령에서 유사한 기록이 확인되므로 唐令을 계승한 규정으로 여겨지고, 이를 통해 당대의 세역제도에 대한 이해가 심화될 수 있는 것이다. 그러나 주지하듯이 이 시기의 兩稅法은 唐前期까지 시행된 租庸調法과 근본적으로 다르기 때문에, 외형상 비슷해 보이는 법규도 그 실제적인 운용 방법이 상이하였을 가능성이 크다. 따라서 이 조문들을 唐制로 복원할 때 그 미묘한 내용 차이까지 신중하게 고려할 필요가 있다고 생각된다.

138) [교감주] 유관당송문의 『통전』에는 여기에 '役'자가 있으므로, 이 賦役令을 처음 소개한 戴建國, 「天一閣藏『天聖令·賦役令』初探」上 이래 이 글자가 빠졌다는 견해가 적지 않다. 그러나 중화서국 교록본은 〈舊20〉조에 '役'과 관련된 내용이 따로 나온다는 이유로 저본에 착오가 없다고 보았고, 渡邊信一郎, 「北宋天聖令による唐開元二十五年賦役令の復原並びに譯注(未定稿)」와 中國社會科學院歷史研究所『天聖令』讀書班, 「『天聖令·賦役令』譯注稿」 또한 마찬가지이다. 이 문제는 쉽게 시비를 가리기 어렵지만, 이 조항과 〈舊20〉조를 비교할 때 課와 役의 예산 편성 방법과 시기가 다르므로 별개의 조문으로 나뉘었을 가능성이 크다고 생각한다. 따라서 저본에 따른다.

139) [교감주] 저본에는 '來'자가 없으나, 유관당송문의 『통전』과 문맥을 감안할 때 이 글자가 빠졌다고 생각된다.

見無者，錄狀奏聞，不得即科下.

무릇 과(課)[140]는 매년 계장[141]이 오면, 호부(戶部)[142]가 종류[별 내역]을 갖추어 적어[143] 탁지[사](度支司)에 첩(牒)을 보내고, [탁지사가] 내년에 안배할 예산을 10월 30일 이전까지 상주한다.[144] 만약 반드시 여타 물품으로 대체해서[折][145] 받아야만 한다면, 또한 미리 쓸 것을 견적하여[支料] [상주와] 동시에 처리해야 한다. [이후] 만약 나라[軍國][146]에 필요한 것인

---

140) 여기에서 '課'는 앞서 지적하였듯이 〈舊20〉조에 나오는 '役'과 대비된다. 그런데 〈舊8〉조의 "諸田有水旱蟲霜不熟之處, 據見營之田, 州縣檢實, 具帳申省. 十分損四以上, 免租；損六, 免租調；損七以上, 課·役俱免."이라는 기록을 보면, 이것이 '租'와 '調'만을 뜻하는 것처럼도 보인다. 그러나 아래의 〈舊2〉·〈舊3〉조는 각각 '庸·調'와 '租'에 관한 것이므로, 이 조항의 '課'는 '庸'도 포함한다고 보아야 할 듯하다. 더욱이 開元年間(713~741) 이후 役 대신 庸을 징수하는 것이 보편화되었다면(李錦繡, 『唐代財政史稿』 3, 北京：社會科學文獻出版社, 2007, 4~10쪽), 그 이후 庸은 동일한 물품을 징수한 調와 같이 관리되었을 가능성이 크다. 실제로 〈舊20〉조에 의하면 4월 상순까지 이듬해 징발할 役의 양이 미리 결정되었으므로, 이 조항의 규정처럼 10월말에 戶口數를 기록한 計帳에 의거하여 내년의 예산을 정할 때 代役物로 징수할 庸의 양도 견적할 수 있었을 것이다.

141) 唐代의 '計帳'은 실물이 현존하지 않으므로 그 구체적인 형식과 내용을 밝히기 어렵다. 그러나 유관당송문의 『신당서』 기록을 보면, 여기에 당시 課·役 결정의 기초 자료인 戶數와 口數의 集計가 있음은 분명하다.

142) 유관당송문의 『통전』 기록과 달리, 여기에서는 戶部의 역할이 특기되어 있다. 戴建國, 「天一閣藏『天聖令·賦役令』初探」下, 169쪽은 이것이 宋初에 상서성의 호부가 원래의 기능을 상실한 뒤 鹽鐵·度支·戶部의 三司가 그 역할을 나누어 가진 결과라고도 보았는데, 李錦繡, 「唐賦役令復原研究」, 『天一閣藏明鈔本天聖令校證』下, 458쪽의 경우 唐初부터 상서성 안의 호부와 탁지가 이미 이러한 기능을 행하였으므로 이를 단지 표현상의 차이일 뿐이라고 하였다.

143) 각 戶·口에 원칙상 동일한 稅役을 부과하였던 租庸調法 아래에서, 計帳을 근거로 징수 가능한 '課'의 총액은 물론 그 稅目別 액수를 산출할 수 있었다. 따라서 이 말은 바로 이러한 작업의 결과를 항목별로 정리한다는 의미로 생각된다.

144) 이 上奏가 바로 『당육전』 권8, 門下省, 242쪽(『역주당육전』중, 20~21쪽)에서 "凡下之通于上 其制有六：一曰奏抄[原注：謂祭祀, 支度國用, 授六品已下官, 斷流已上罪及除免官當者, 並爲奏抄.]"라고 한 '支度國用'의 '奏抄'일 것이다.

145) '折'은 본래 내어야 할 稅物을 같은 가치의 다른 물품으로 바꾸어 내게 할 때 자주 사용된다. 〈現2〉조의 '折'에 대한 주 참조.

146) '軍國'은 여러 가지 용례가 있다. 그런데 唐前期의 재정 지출이 '供國'과 '供軍' 이외에 '供御'도 포함한다면(李錦繡, 『唐代財政史稿』 3 참조), 여기에서 그 의미는 '軍'과

데 저장하고 있는[庫藏][147] 물품이 현재 없는 경우, 그 상황을 기록해 상주하여 허락을 받아야 하며 [상주하지 않고] 바로 [필요한 물품을] 할당하여 징수할[科下] 수 없다.[148]

유관당송문 1) 『唐六典』: 度支郎中·員外郎掌支度國用·租賦少多之數, 物産豐約之宜, 水陸道路之利, 每歲計其所出而支其所用.(권3, 尙書戶部, 80쪽 ; 『역주당육전』상, 345~346쪽)

2) 『通典』: 諸課·役, 每年計帳至尙書省, 度支配來年事, 限十月三十日以前奏訖. 若須折受餘物, 亦先支料, 同時處分. 若是軍國所須, 庫藏見無者, 錄狀奏聞, 不得便卽科下.(권6, 食貨 賦稅, 108~109쪽)

3) 『新唐書』: [唐制]凡里有手實, 歲終具民之年與地之闊陿幷, 爲鄉帳. 鄉成於縣, 縣成於州, 州成於戶部. 又有計帳, 具來歲課·役以報度支. 國有所須, 先奏而斂.(권51, 食貨1, 1343쪽)

4) 「儀鳳三年度支奏抄」: 一[諸][州]所 申計帳比□□ □ 到更下□ 勘□□ □闕支配□□ 請每年申帳. 絹鄉[布]鄉□□ □ 官, 入國等, 各別爲項帳. 其輕稅人具 □□ □不役□ □ 庸 丁 幷 計應 [五月卅]?日以前申到戶部, 戶 [部] □應支配丁租庸調數, 七月 □ □到度支, 不須更錄封內入國, 數□更?有違, 所有官典並請科附.(大津透, 「唐律令國家の豫算について」, 『日唐律令制の財政構造』, 東京 : 岩波書店, 2006, 42쪽)

▸ 유관 일본령

『令義解』: 凡每年八月卅日以前, 計帳至, 付民部, 主計計庸多少, 充衛士·仕丁·

'國'을 逐字的으로 번역하기보다 포괄적인 뜻으로 이해하는 편이 더 좋을 듯하다.

147) 『당률소의』 권15, 廐庫19의 소의 〈제214조〉, 292쪽 ; 『역주당률소의』, 2326~2327쪽 ; 『송형통』 권15, 廐庫律 損敗倉庫物, 245쪽의 "倉, 謂貯粟·麥之屬. 庫, 謂貯器仗·綿絹之類. 積聚, 謂貯柴草·雜物之所."라는 구분에 따르면, '庫藏'한 주된 물품은 비단일 것이다.

148) 이 조문은 '課'의 예산 편성과 관련된 규정인데, 戶口 관련 내용을 기록한 계장으로써 稅額을 추정한다거나 재정 수입을 먼저 산정한 뒤 그 지출 계획을 편성한다는 점에서 '量入制出'의 財政 관리 방식을 명확히 보여준다. 따라서 '量出制入' 원칙에 입각한 兩稅法을 시행하던 천성령 반포 당시 이 조항이 폐기된 것은 당연하다. 그러나 이것이 租庸調法이 시행되던 시기의 세역제도를 이해하는 데 매우 중요한데, 특히 『통전』의 기록과 상이한 부분은 앞으로 새로운 연구의 출발점이 될 수도 있다.

采女·女丁等食, 以外皆支配役民雇直及食, 九月上旬以前申官.(권3, 賦役令, 118쪽 ; 『令集解』 권13, 賦役令, 392~393쪽)

▸ 복원 당령

『唐令拾遺』 賦役令, 8조, 674쪽 ; 『唐令拾遺補』 賦役令, 8조, 769쪽

『天聖令』 당령복원청본, 賦役令, 1조, 474쪽

〈舊2〉 諸庸·調物, 每年八月上旬起輸, 三十日內畢. 九月上旬(自),[149] 各發本州. 庸調車[150]未發間, 有身死者, 其物却還. 其運脚出庸·調之家, 任和雇送達. 所須裹(褰)[151]束調度, 幷[152]折庸·調充, 隨物輸納.

무릇 용(庸)·조(調)로 징수한 물품은 매년 8월 상순에 [각 주(州)로] 내기 시작하여 30일 안에 끝내도록 한다. 9월 상순에 각각 해당 주에서 [보관할 곳으로][153] 발송한다.[154] 용조거[155]가 아직 출발하기 전에 [용·조를 낸]

---

149) [교감주] 저본의 '自'는 유관당송문의 『通典』을 보면 '旬'의 오기이다.

150) [교감주] 유관당송문의 『通典』에는 여기에 '舟'자가 있으므로, 중화서국 교록본처럼 이 글자가 누락된 것으로 보는 경우가 많다. 그러나 '庸調車'는 倉庫令, 〈舊19〉조에도 또 나오므로, 이것이 당시 令文의 상용구일 가능성도 있다. 따라서 일단 저본에 따른다.

151) [교감주] 저본의 '褰'은 유관당송문의 『通典』을 보면 '裹'의 오기이다.

152) [교감주] 저본의 '弃'을 기존의 교감자들은 '幷' 혹은 '並'으로 보았다. 여기에서는 일단 중화서국 교록본에 따른다.

153) 〈現3〉조에서 "諸州稅調·庸配貯諸處, 及廻折租·調雜取餘物者, 送納訖, 並具帳申三司."라 하였고, 州에 모인 庸·調는 특정한 곳으로 옮겨 보관하였다. 그리고 〈舊5〉조의 "諸輸租庸調, 應送京及外配者, 各遣州判司充綱部領."이라는 규정을 보면, 당시 庸·調로 거둔 물품은 租와 같이 京師나 他州로 운송되는 경우가 많았다고 생각된다. 倉庫令, 〈舊14〉조의 "諸送庸·調向京及納諸處貯庫者, 車別科籧篨四領, 繩二百尺, 籤三十莖."이라는 기록 역시 마찬가지이다. 단 〈舊3〉조에서 "諸租 … 納當州未入倉窖及外配未上道"라 하여 租를 州 안의 창고에 보관하기도 하였다면, 일부 庸·調 또한 그러하였을 수 있다.

154) 大津透가 정리한 「儀鳳三年度支奏抄」의 "[一]□諸州庸調送納配所, 一千[里]內限 / 十月上旬到, 二千里內限十一月上旬 / 到, 三千里內限十二月下旬到, 應?州期 / 限各所司受納□□□□庸調□□ / 所納之司卽□□□ / 度支."(「唐律令國家の豫算について」, 44~45쪽)라는 기록에 따르면, 늦어도 3개월 이내에 이 물품들은 '配所'에 당도해야 하였던 듯하다.

155) '庸調車'는 官에서 庸·調로 거둔 물품들을 모아서 운송하는 수레인데, 유관당송문의

본인이 죽었을 경우, 그 물품은 되돌려준다. 그 운송비[運脚]는 용·조를 낸 집에서 내는데,[156] [운송자를] 고용하여 [따로] 보낼 수도 있다. [용·조로 징수한 물품의] 포장에 필요한 비품[調度]은 모두 용·조로 대체해[折] 충당하는데, [용·조로 징수하는] 물품과 함께 내게 해서 받는다.[157]

유관당송문 1)『唐六典』: 凡庸·調之物, 仲秋而斂之, 季秋發於州.(권3, 尙書戶部, 76쪽 ;『역주당육전』상, 327쪽)

2)『通典』: 諸庸·調物, 每年八月上旬起輸, 三十日內畢. 九月上旬各發本州, 庸調車舟未發閒, 有身死者, 其物卻還. 其運脚出庸·調之家, 任和雇送達. 所須裹束調度, 折庸·調充, 隨物輸納.(권6, 食貨 賦稅, 109쪽)

▸ 유관 일본령

『令義解』: 凡調·庸物, 每年八月中旬起輸, 近國十月卅日, 中國十一月卅日, 遠國十二月卅日以前納訖. 其調糸, 七月卅日以前輸訖. 若調庸未發本國間, 有身死者, 其物却還. 其運脚均出庸調之家, 皆國司領送, 不得僦勾隨便糴輸.(권3, 賦役令, 117쪽 ;『令集解』 권13, 賦役令, 387~389쪽)

▸ 복원 당령

『唐令拾遺』賦役令, 3조, 667~668쪽 ;『唐令拾遺補』賦役令, 3조, 765~766쪽

『通典』 기록처럼 이때 당연히 '舟'를 이용하였을 수도 있을 것이다. 단 賦役令, 〈舊4〉조에 '課船'이란 표현도 있으므로, 여기에서는 단지 육상 운송수단만을 가리킬 가능성이 크다.

156) 『唐六典』은 "凡天下舟車水陸轉運皆具爲脚直, 輕重·貴賤·平易·險澀, 而爲之制.[原注 : 河南·河北·河東·關內等四道諸州運租·庸·雜物等脚, 每馱一百斤, 一百里一百文, 山阪處一百二十文 ; 車載一千斤九百文. 黃河及洛水河, 並從幽州運至平州, 上水, 十六文 ; 下, 六文. 餘水, 上, 十五文 ; 下, 五文. 從澧·荊等州至楊州, 四文. 其山阪險難·驢少處, 不得過一百五十文 ; 平易處, 不得下八十文. 其有人負處, 兩人分一馱. 其用小船處, 並運向播·黔等州及涉海, 各任本州量定.]"(권3,「尙書戶部」, 80~81쪽 ;『역주당육전』상, 348~349쪽)라는 거리와 조건에 따른 운송비 계산 방법을 상세히 규정하고 있다.

157) 이 조문은 거의 동일한 내용이『통전』에 있고, 이를 통해 당대에 庸·調로 거둔 직물의 처리 방법을 알 수가 있다. 단 여기에서는 州를 중심으로 한 내용만 보이는데, 그 先行 과정은 〈現1〉·〈現2〉조에서 확인된다. 물론 〈現1〉조에서 보듯이 그 구체적인 방법은 租庸調法의 폐지와 함께 일부 바뀌었을 수 있다. 〈現3〉조도 州의 稅物 처리 방법에 관한 규정이지만 이 조항과는 그 성격이 다르다.

『天聖令』 당령복원청본, 賦役令, 3조, 474쪽

〈舊3〉 諸租, 準州土(上)[158]收(牧)[159]穫早晩, 斟量路程險易遠近, 次第(弟)[160]分配. 本州收(牧)[161]穫訖發遣, 十一月起輸, 正月三十日納畢. 江南諸州從水路運送之處, 若冬月水淺, 上埭(灘)[162]艱難者, 四月以後運送, 五月三十日納畢. 其輸本州者, 十二(一)[163]月三十日納畢. 若無粟(稾)[164]之鄕, 輸稻·麥者, 隨熟卽輸, 不拘此限. 納當州未入倉窖及外配未上道, 有身死者, 並却還.

무릇 조(租)는 주[별] 전토의 수확 시기의 늦고 빠름을 기준으로 하고, [운송] 노정의 난이(難易)와 거리를 적절히 헤아려 [납부 일정을] 순차적으로 나누어 배송한다. 해당 주의 수확이 끝나면 [조를 징수해 보관할 곳으로] 보내는데, 11월에 내기 시작하여 [이듬해] 1월 30일까지 완납시킨다. 강남 여러 주에서 수로로 운송하는 곳은 만약 겨울철에 물이 얕아 태[165]를 오르기 힘들 경우 4월 이후에 운송하[기 시작하]여 5월 30일까지 완납시킨다. 해당 주로 내는 경우 12월 30일까지 완납시킨다. 만약 조[粟]가 나지 않는 지역에서 벼나 밀[麥][166]을 낼 경우, 곡식이 익으면 바로 내고 이 [완납] 기한에 구애받지 않는다. 당해(當該) 주로 낼 때 아직 창교(倉窖)[167]에 들이지 않았거나 [당해 주] 밖으로 배송할[外配][168] 때 아직 [운송할 수레나 배가 해당

158) [교감주] 저본의 '上'은 유관 문헌들을 보면 '土'의 오기이다.
159) [교감주] 저본의 '牧'은 유관 문헌들을 보면 '收'의 오기이다.
160) [교감주] 저본의 '弟'는 유관당송문의 『通典』을 보면 '第'의 오기이다.
161) [교감주] 저본의 '牧'은 유관당송문의 『通典』을 보면 '收'의 오기이다.
162) [교감주] 저본의 '灘'은 유관 문헌들을 보면 '埭'의 오기인 듯하다.
163) [교감주] 저본에 의하면 한 달만에 납부를 완료하여야 하는데, 『通典』의 기록처럼 '二'로 바꾸는 것이 더 현실적일 듯하다.
164) [교감주] 저본의 '稾'는 유관당송문의 『通典』을 보면 '粟'의 오기이다.
165) '埭'는 물이 얕아 배가 가기 힘든 곳에 수량을 늘리기 위해 그 주변에 쌓은 洑이다.
166) '麥'은 밀·보리 등 다양한 곡물을 지칭할 수 있으나, 여기에서는 당시 많이 경작하던 '밀'로 번역한다.
167) '倉'과 '窖'는 개념상 구분이 가능하나, 자주 연칭되어 곡물을 저장하는 창고를 가리킨다. 田令의 〈舊41〉·〈舊45〉조의 '倉'과 '窖'에 대한 주 및 倉庫令, 〈現1〉조 참조.
168) '外配'는 〈舊5〉·〈舊23〉조에서 京師로 보내는 것과 대비되는 조처같이 보이기도

주를] 떠나지 않았는데 [조(租)를 낸] 본인이 죽었을 경우, 모두 [그 조를] 되돌려준다.[169]

유관당송문 1)『唐六典』: 租則准州土收穫早晩, 量事而斂之, 仲冬起輸, 孟春而納畢 ; 江南諸州從水路運送之處, 若冬月水淺上埭難者, 四月已後運送. 本州納者, 季冬而畢.(권3, 尙書戶部, 76~77쪽 ;『역주당육전』상, 327~328쪽)

2)『通典』: 諸租, 准州土收穫早晩, 斟量路程嶮易遠近, 次第分配. 本州收穫訖發遣, 十一月起輸, 正月三十日內納畢. 若江南諸州從水路運送, 冬月水淺, 上埭艱難者, 四月以後運送, 五月三十日內納了. 其輸本州者, 十二月三十日內納畢. 若無粟之鄕, 輸稻麥, 隨熟卽輸, 不拘此限. 卽納當州未入倉窖及外配未上道, 有身死者, 幷卻還.(권6, 食貨 賦稅下, 109쪽)

▸ 유관 일본령

『令義解』: 凡田租, 准國土收穫早晩, 九月中旬起輸, 十一月卅日以前納畢. 其舂米運京者, 正月起運, 八月卅日以前納畢.(권2, 田令, 107쪽 ;『令集解』田令, 347~348쪽)

▸ 복원 당령

『唐令拾遺』田令, 2조, 608쪽 ;『唐令拾遺補』田令, 2조, 749~750쪽과 賦役令, 보1조, 779쪽

『天聖令』당령복원청본, 賦役令, 3조, 474쪽

〈舊4〉 諸租須運送, 脚出有租之家(家之).[170] 如欲自送及雇運水陸, 並任情

한다. 그러나 廐牧令, 〈舊34〉조처럼 당해 州 밖으로 내보내는 것 일체를 뜻한다고 생각되는 용례 역시 있다. 이 조항 역시 마찬가지로서, 여기에서 문맥상 京師로 배송되는 것을 제외할 수 없기 때문이다. 그러므로 '外配'의 의미를 넓게 해석한다.

169) 이 조문은 거의 동일한 내용이『통전』에 있고, 이를 통해 당대에 租로 거둔 곡물의 처리 방법을 알 수 있다. 이것은 庸·調와 관련된 〈舊2〉조의 전반부 내용과 상응하므로 서로 비교하여 그 異同을 검토할 필요가 있다. 아울러 중요한 사실은 이 규정과 유사한 일본령의 경우 賦役令이 아니라 田令이라는 점이다. 중국과 일본에서 상이한 租의 성격을 드러내는 이러한 차이는 比較史的 시각에서 볼 때 매우 흥미로운 문제를 제기한다.

170) [교감주] 저본의 '家之'는 문맥상 '之家'의 오기이다.

願. 其有課船處, 任以課船充.

무릇 조(租)를 운송하여야만 할 때 운송비[脚][171]는 조를 낼 집에서 부담한다. 만약 스스로 보내거나 수로·육로의 운송자를 고용하[여 따로 보내]고자 하면, 모두 원하는 대로 할 수 있다. 과선[172]이 있는 곳에서는 과선에 실어줄 수도 있다.[173]

유관당송문 관련 기록이 당송 시기 문헌에서는 확인되지 않는다.

▸ 복원 당령

『天聖令』 당령복원청본, 賦役令, 5조, 475쪽

〈舊5〉 諸輸租·調·庸, 應送京及外配者, 各遣州判司充綱部領. 其租仍差縣丞以下爲副, 不得傚句, 隨便糴輸. 若支(之)[174]配之後, 損闕不充數, 及增減廢置, 入城鎭輸納早晚, 須別迴改者, 度支申奏處分.

무릇 조(租)·조(調)·용(庸)을 낼 때 마땅히 경사로 보내거나[175] [조·조·용

171) '脚'은 〈舊2〉조의 '運脚'과 같은 뜻일 것이다. 이 운송비의 계산 방법은 〈舊2〉조의 주 참조.

172) '課船'은 課를 운송하는 배로서 〈舊2〉조에 나오는 '庸調車'와 비슷한 것으로 생각된다. 明代의 문헌이지만, "江漢의 課船 : 선체가 좁고 길며, 배 위에는 선실이 10여 개 줄지어 있다. … 명조 때 淮陰·揚州 일대에서 鹽稅의 징수액이 많아 이런 배로 염세의 銀을 운반하였기에 課船이라 불렀다. 길을 서둘러 내왕하는 여객도 이런 배를 빌려 탔다."(『天工開物』 권中, 여러 가지 배[雜舟], 216쪽)는 기록이 있다.

173) 이 조문은 앞의 〈舊3〉조와 같이 租의 운송에 관한 규정이고, 庸·調에 대한 〈舊2〉조의 후반부 내용과 상응한다. 따라서 이와 유사한 내용이 전승 문헌에 보이지 않을지라도 역시 당제라고 여겨지며, 당 전기의 세역제도와 관련된 새로운 사료로서 주목할 만하다.

174) [교감주] 저본의 '之'로는 해석이 불가능하여, 기존의 교감자들 사이에 이 글자에 대한 논란이 존재한다. 중화서국 교록본 등에서는 '外'로 수정하였으나, 이렇게 되면 '送京' 부분을 포함할 수 없으므로 '支'로 고쳐야 한다는 주장도 있고, 여기에서는 후자에 따른다.

175) 지방과 京師의 창고에서 庸과 調를 보내고 받는 절차에 관하여서는 倉庫令, 〈舊13〉·〈舊14〉조 참조.

을 징발한 주] 밖으로 배송해야만 할 경우, 각각 주의 판사(判司)[176]를 관물(官物) 운송대의 책임자[綱][177]로 충임하여 통솔하게 한다. 조(租)는 또 현승 이하 [관인]을 차출하여 부[책임자]로 삼[아 그 곡물을 직접 운송하게 하]고, 운송을 위탁하거나[僦句][178] 편의에 따라 구매하여 낼 수 없다.[179] 만약 [징수한 조·조·용 을 이미] 배송한 뒤에 [그 물품이] 손실되어 [정해진] 수량을 채우지 못하거나, [내어야 할 물품의 수량이나 종류가] 증감 혹은 변화되어[廢置] [이를 보완하느라] 도시[城鎭]에 들어와 내고 받는 시기가 빠르거나 늦어져서, 반드시 [물품이나 기한을 예정과] 달리 바꾸어야[廻改] 할 경우,[180] 탁지가 보고하여 상주해서 처리한다.[181]

---

176) 『通典』 권33, 職官15, 910~911쪽의 "大唐州府佐吏與隋制同, 有別駕·長史·司馬一人 … 司功·司倉·司戶·司兵·司法·司士等六參軍. … 在府爲曹, 在州爲司. … 大與上府置二員, 州置一員[原注 : 自司功以下, 通謂之判司.], 參軍事各有差[原注 : 京府參軍事有六員, 餘府州或四或三.]"에 의하면, 司功參軍事 등이 州의 '判司'이다.

177) '綱'은 『신당서』의 "蘇揚州距河陰, 斗米費錢百二十, [劉]晏爲歇艎支江船二千艘, 每船受千斛, 十船爲綱, 每綱三百人, 篙工五十, 自揚州遣將部送至河陰, 上三門, 號'上門塡闕船', 米斗減錢九十."(권53, 食貨3, 1368쪽)이라는 기록을 보면 당대 官物 따위의 대량 운송 조직인데, 그 책임자를 또 이렇게 부르기도 하였다(『당률소의』 권11, 職制43-1의 소의 〈제133조〉, 216쪽 ; 『역주당률소의』, 2171쪽 참조). 이와 동일한 용례는 倉庫令, 〈舊13〉조와 關市令, 〈舊2〉조에도 나온다.

178) '僦句(勾)'는 삯을 주고 물건이나 인력을 쓰는 것을 말하는데, 가옥·수레 등의 賃借나 人夫의 고용 등이 모두 여기에 포함된다. 여기에서는 유관당송문의 『唐律疏議』 廐庫律 23조에서 보듯이 賦稅로 거둔 물품을 '客運'하는 것을 뜻한다고 생각된다.

179) 이 규정의 구체적 의미는 유관당송문의 『唐律疏議』 廐庫律 26조에서 잘 알 수 있다. 징수한 물품이 아닌 다른 財貨를 납세할 곳으로 가져와 시장에서 구입하여 내면 처벌 대상이었던 것이다.

180) "增減廢置, 入城鎭輸納早晚, 須別廻改者"의 의미는 분명하지 않다. 中國社會科學院歷史研究所『天聖令』讀書班, 「『天聖令·賦役令』譯注稿」가 이것을 배송 지역 州縣의 변화에 기인한 문제로 보았는데, 이것은 조·조·용으로 거둔 물품의 '損闕'은 이미 앞 구절에서 언급되었기 때문인 듯하다. 그러나 갑자기 여기에서 배송지를 거론한다는 것 역시 이상하기는 마찬가지이다. 따라서 이 문제 역시 물품의 변동과 관련된 것이지만, 그 초점이 이로 인한 시간의 지체에 있지 않을까 조심스럽게 추측해 본다.

181) 이 조문은 기존에 단편적으로만 알던 租·調·庸으로 거둔 물품의 장거리 운송 방법을 명확히 알려준다. 〈現3〉조도 稅物의 운송과 관련된 내용이라는 점에서 동일한데, 두 조항의 비교가 兩稅法의 시행을 전후한 재정 수입 관리 방식의 변화 이해에 도움이 될 것이다.

유관당송문 1)『唐律疏議』: 諸監臨主守之官, 皆不得於所部僦運租稅·課物, 違者, 計所利坐贓論. … 疏議曰, 凡是課稅之物, 監臨主守皆不得於所部內僦勾客運. 其有違者, 計所利, 坐贓論.(권15, 廐庫23의 율문과 소의 〈제218조〉, 293~294쪽 ;『역주당률소의』, 2330쪽 ;『宋刑統』 권15, 廐庫律 輸課稅逗留濫惡, 247쪽)

2)『唐律疏議』: 諸應輸課物, 而輒齎財貨, 詣所輸處市糴充者, 杖一百. 將領主司知情, 與同罪. … 疏議曰, 應輸送課物者, 皆須從出課物之所, 運送輸納之處. 若輒齎財貨, 詣所輸處市糴充者, 杖一百.(권15, 廐庫26의 율문과 소의 〈제222조〉, 295쪽 ;『역주당률소의』, 2332~2333쪽 ;『宋刑統』 권15, 廐庫律 輸課稅逗留濫惡, 247쪽)

3)『唐六典』: 凡都之東租納于都之含嘉倉, 自含嘉倉轉運以實京之太倉. 自洛至陝運於陸, 自陝至京運於水, 量其遞運節制, 置使以監統之. 陸運從洛至陝分別量計十五文, 付運使, 於北路分爲八遞, 應須車牛, 任使司量運多少召雇情願者充, 以十月起運, 盡歲止.(권3, 尙書戶部, 84쪽 ;『역주당육전』상, 363쪽)

4)「儀鳳三年度支奏抄」: 一 諸州庸調, 先是布鄕兼有絲綿者, 有[百姓?] 情願輸綿絹絁者聽. 不得官人州縣公廨典及 富强之家, 僦勾代輸. … [一]□ □ □納? 秦涼二府者, 其絹並令練□ □心, 其州縣官人及親識幷公[公廨][依?][令][並]不得僦勾受雇爲□.(大津透, 「唐律令國家の豫算について」, 35~36쪽)

▸ 유관 일본령

『令義解』: 其運脚均出庸調之家, 皆國司領送, 不得僦勾隨便糴輸.(권3, 賦役令, 117쪽 ;『令集解』 권13, 賦役令, 388~389쪽)

▸ 복원 당령

『唐令拾遺』賦役令, 3조, 667~668쪽 ;『唐令拾遺補』賦役令, 3조, 765~766쪽
『天聖令』 당령복원청본, 賦役令, 7조, 475쪽

〈舊6〉 諸課·役, 破除·見[在][182]及帳後附並同爲一帳, 與其計帳同限申.

무릇 과와 역은 징발이 불가능한 것과 현재 징발할 수 있는 것[183] 그리고

182) [교감주] 저본에는 '在'자가 없으나, 당시의 이와 관련된 문헌들을 볼 때 이 글자가 빠진 듯하다.

183) '破除'와 '見在'라는 표현은 唐代 敦煌의 差科簿에 자주 보이는데, 각 鄕의 戶口들이

장부를 작성한 뒤 추가된 내용[帳後附][184]을 모두 하나의 장부[帳]로 합쳐서,[185] 계장과 동일한 기한 안에[186] 보고한다.[187]

이 두 항목으로 나뉘어져 있다. 즉 '身死'·'逃走'·'沒落'한 이들 등이 '破除'에 들어가고, '見在'에는 戶等에 따라 戶口를 정리해 둔 것이다. 따라서 池田溫, 『中國古代籍帳研究』, 103~104쪽의 설명처럼, 양자는 色役·雜徭의 징발 가능성 여부에 따른 구분으로 보인다. 그런데 이 조문에서는 '役'만이 아니라 '課' 역시 포함하고 있어, 이 표현이 유관당송문 『당육전』에 나오는 官物의 '破用'과 '見在' 곧 '이미 사용해버린 것'과 '현재 남아 있어 쓸 수 있는 것'을 아울러 가리킨다고도 생각된다.(大津透, 「唐律令國家の豫算について」의 「儀鳳三年度支奏抄」를 보면, 34쪽의 "其破用·見在數, 与計帳同申所司."라는 交州都督府 관련 기록 등 이 조항과 유관한 내용들이 더러 있다.) 사실 이러한 의미는 差科簿의 용례와도 내용상 상통한다. 즉 '破除'는 징수나 징발이 불가능하거나 이미 집행되어 버린 課·役을 뜻하고, '見在'란 앞으로 징수·징발할 수 있는 그것을 뜻하는 것이다. 따라서 이 기록은 課와 役의 징발 현황은 물론 이후 그 가능성의 파악에 필수적이라고 하겠다.

184) "開元十八年十一月勅：諸戶籍三年一造, 起正月上旬, 縣司責手實計帳, 赴州依式勘造. … 其戶每以造籍年預定爲九等, 便注籍脚, 有析生·新附者, 於舊戶後以次編附."(『唐會要』 권85, 籍帳, 1848쪽)에서 보듯이, 戶籍 등 官文書의 작성 후 기재 내용에 변화가 생겼을 때 이를 추가로 보충할 필요가 있었을 것이다. 여기에서 '帳後附'는 바로 이렇게 덧보태진 기록을 뜻하고, 敦煌 등지에서 출토된 唐代의 古文書에서 많은 실례가 확인된다. "燉煌郡 燉煌縣 龍勒鄉 都鄉里 天寶六載籍：賓女因果載貳歲 黃女[原注：天寶五載帳後附, 空.] … 戶主鄭恩養載肆拾參歲 白丁[原注：下中戶空]課戶見輸 … 女羅娘載壹拾壹歲 小女[原注：天寶四載帳後漏附, 空.] 女羅娘載壹拾歲 小女[原注：天寶三載籍後漏附, 空.] 女妃娘載陸歲 小女[原注：天寶四載帳後漏附, 空.] 女羅妃載貳歲 黃女[原注：天寶五載帳後漏附, 空.]"(「唐天寶六載燉煌郡燉煌縣龍勒鄉都鄉里籍」, 唐耕耦 주편, 『敦煌法制文書』, 475~477쪽)이 좋은 예인데, 그 명칭은 '帳後(漏)附'만이 아니라 '籍後(漏)附' 등 다양하다.

185) 李錦繡, 「唐賦役令復原研究」, 455쪽에서는 이 조항을 '課役帳條'라고 불렀고, 이렇게 합쳐진 장부를 '課役帳'으로 본 듯하다. 그러나 당송 시기의 문헌에서 이러한 명칭의 문서는 확인되지 않는다. 다만 田令, 〈舊49〉조의 '課帳'이 혹 이와 같은 성격의 문서일 수 있고, 路마다 "役帳"을 작성하였음을 시사하는 송대의 기록은 있다(『續資治通鑑長編』 권392, 元祐元年 11월조, 9546~9547쪽).

186) 計帳은 늦어도 5월말까지는 尙書省에 보내야만 하였다. 田令, 〈舊49〉조의 동일 사항에 대한 주 참조.

187) 이 조문은 計帳과 함께 보내는 課·役 관련 장부에 대한 규정으로서 중요한 사료적 가치를 갖는다. 당 전기에 예산을 편성할 때 계장 이외에도 '勾帳' 등 다양한 관청의 物資 殘高 보고서를 이용하였음은 알고 있었으나(大津透, 「唐律令國家の豫算について」, 70~74쪽 참조), 이처럼 명확한 令文의 존재는 몰랐기 때문이다. 그런데 이 조항의 내용은 기존의 연구와 상이한 부분도 있어, 앞으로 이와 관련된 더욱 치밀한 연구가 기대된다.

유관당송문 1)『唐六典』: 凡天下邊軍皆有支度之使以計軍資·糧仗之用, 每歲所費, 皆申度支而會計之, 以長行旨爲準. 支度使及軍州每年終各具破用·見在數申金部·度支·倉部勘會. 開元二十四年勅, 以每年租耗雜支, 輕重不類, 令戶部修長行旨條五卷, 諸州刺史·縣令改替日, 並令遞相交付者. 省司每年但據應支物數進畫頒行, 附驛遞送. 其支配處分, 並依旨文爲定, 金部皆遞覆而行之.(권3, 尙書戶部, 81쪽 ;『역주당육전』상, 349~350쪽)

▸ 복원 당령

『天聖令』 당령복원청본, 賦役令, 9조, 475쪽

〈舊7〉 諸應食實封者, 皆以課戶充, 準戶數, 州縣與國官·邑官執帳共收. 其租·調, 均爲三分, 一分入官, 二分入國. 公主所食邑, 卽全給. 入官者, 與租·調同送 ; 入國·邑者, 各準配租·調遠近, 州縣官司收其脚直, 然後付國·邑官司. 其丁亦準此, 入國·邑者收[其][188]庸(調).[189]

무릇 마땅히 '식실봉'[190]해야 할 경우 모두 과호[191]로써 충당하는데, [실봉한] 호수에 준하여 주현[의 관사(官司)]가 국관[192]·읍관[193]과 같이 장부에 근거하여 함께 거둔다. 그 조(租)·조(調)는 고루 3분하여, 1/3은 관(官)으로 들이고 2/3는 국으로 들인다. 공주에게 식읍(食邑)으로 지급된 것은 전부 [읍에]

188) [교감주] 저본에는 '其'가 없으나, 중화서국 교록본과 같이 이 글자를 첨가할 때 문맥이 더 자연스럽다.

189) [교감주] 저본의 '調'는 유관 문헌들과 문맥을 감안할 때 衍字이다.

190) 당대에 일반적인 封爵에 규정된 戶數는 虛封이었으나 실제로 被封된 戶의 租·調·庸을 지급할 경우 특별히 '食實封'이라고 하였다.

191)『통전』권7, 食貨7 正中, 155쪽은 "戶內有課口者爲課戶, 無課口者爲不課戶."라는 開元25年令을 전한다.

192) 당대에 皇帝의 형제나 太子 이외의 아들은 모두 '親王'으로 삼아 '封國'하여, 이들은 '親王府'·'親王國' 등 독립된 기구를 세우고 그 안에 官人을 두었다(『唐六典』권29, 諸王府公主邑司, 728~733쪽 ;『역주당육전』하, 372~395쪽). 여기에서 '國官'은 바로 이 親王의 관청에 속한 官人을 가리킨다.

193) 唐代의 外命婦制에 의하면 황제의 고모·누이·딸을 각각 大長公主·長公主·公主라 하였는데, 이들에게 주어진 食地가 邑이고 이를 관리할 '邑司'라는 기구가 설치되었다(『唐六典』권29, 諸王府公主邑司, 733~734쪽 ;『역주당육전』하, 395~396쪽). 여기에서 '邑官'은 바로 이 公主를 위해 만든 조직의 官人을 가리킨다.

준다. 관으로 들일 것은 조·조와 함께 보내고, 국·읍으로 들일 것은 각각 조·조를 여러 곳으로[遠近] 배송하는 방식에 준하여 주현의 관사가 그 운송비를 [담세자에게] 거둔 다음 국·읍의 관사에 준다. 그 정(丁) 또한 이에 준하는데, 국·읍으로 들일 것은 [직접 역(役)을 지울 수 없고] 그 용(庸)을 거둔다.[194)]

유관당송문 1)『唐六典』: … 食邑三百戶 … 其言食實封者, 乃得眞戶. 舊制, 戶皆三丁以上, 一分入國. 開元中定制, 以三丁爲限, 租賦全入封家.(권2, 尙書吏部, 37쪽 ;『역주당육전』상, 219~223쪽)

2)『唐六典』: 凡有功之臣賜實封者, 皆以課戶充, 準戶數, 州縣與國官·邑官執帳共收其租·調, 各準配租·調遠近, 州·縣官司收其脚直, 然後付國·邑官司. 其丁亦準此, 入國·邑者, 收其庸.(권3, 尙書戶部, 78~79쪽 ;『역주당육전』상, 339~341쪽)

3)『通典』: [開元十年]凡諸王及公主以下所食封邑, 皆以課戶充, 州縣與國官·邑官, 共執文帳, 准其戶數, 收其租調, 均爲三分, 其一入官, 其二入國. 公[主]所食邑則全給焉. 二十[十一?]年五月勅 : 諸食邑實封, 並以三丁爲限, 不須一分入官. 其物仍令封隨庸調送入京.(권31, 職官13 歷代王侯封爵, 871쪽)

4)『唐會要』: 舊例 : 凡有功之臣賜實封者, 皆以課戶, 先準戶數, 州縣與國官·邑官, 執帳供[收]其租調. 各準配租調遠近, 州縣官司收其脚直, 然後付國·邑官司. 其下(丁?)亦準此, 入國·邑者, 收其庸.(권90, 食實封數, 1944쪽)

5)『唐會要』: [開元]十一年五月十日勅 : 請諸食實封, 並以[三]丁爲限, 不須一分入官. 其物仍令出封州隨庸調送入京, 其脚以租脚錢充, 並於太府寺納, 然後準給封家.(권90, 緣封雜記, 1952쪽)

▸ 유관 일본령

『令義解』: 凡封戶者, 皆以課戶充. 庸·調全給 ; 其田租爲二分, 一分入官, 一分給主.(권3, 賦役令, 119쪽 ;『令集解』 권13, 賦役令, 395~396쪽)

▸ 복원 당령

194) 이 조문과 거의 동일한 내용이『통전』에 개원 10년(722)의 일로 기록되어 있다. 그런데『통전』과『당회요』에 의하면 이후 그 제도가 바뀌었다고 하므로, 이 조항은 개원 10년 이전의 규정으로 생각된다.

『唐令拾遺』 賦役令, 10조, 675~676쪽과 668~671쪽 ; 『唐令拾遺補』 賦役令, 10조, 770~772쪽

『天聖令』 당령복원청본, 賦役令, 10조, 475쪽

〈舊8〉 諸田有水·旱·蟲·霜不熟[195]之處, 據見營之田, 州縣檢實, 具帳申省. 十分損四以上, 免租 ; 損六, 免租·調 ; 損七以上, 課·役俱免. 若桑·麻損盡者, 各免調. 其已役·已輸者, 聽折來年. 經兩(雨)[年][196]後, 不在折限. 其應損免者, 兼[197]計麥田爲分數.

무릇 전토에 수재·가뭄·병충해·상해로 곡식이 잘 여물지 못한 곳이 있으면, 현재 경작하고 있는 전토에 의거하여 주현에서 실상을 조사하여 장부[帳]를 갖추어 [상서]성에 보고한다. [수확량이] 40퍼센트 이상 줄었으면 조(租)를 면제하고, 60퍼센트 [이상] 줄었으면 조(租)·조(調)를 면제하며, 70퍼센트 [이상] 줄었으면 과·역을 모두 면제한다. 만약 뽕나무나 삼이 다 손상되었으면 각각 조(調)를 면제한다. 그런데 역을 이미 졌거나 [과(課)를] 이미 내었다면, 내년[에 낼 과·역]으로 대체하는 것을 허용한다. 두 해가 지난 뒤라면 대체[하여 면제]해주는 범위에 두지 않는다. 그런데 마땅히 [수확의] 감소로 [과·역을] 면제해줄 경우, 밀[麥][198]을 심은 전토[의 수확량]도 합산하여 [수확 감소의] 비율을 정한다.[199]

---

195) [교감주] 저본의 '不熟'은 유관 문헌들의 경우 대개 '爲災'로 되어 있다.

196) [교감주] 저본의 '雨'는 유관당송문의 『白氏六帖事類集』을 보면 '兩'의 오기이다.

197) [교감주] 저본의 '兼'은 유관당송문 『白氏六帖事類集』에 '通'으로 되어 있고, 천성령을 편찬할 당시 章獻太后의 父이던 劉通의 이름을 피휘한 것으로 생각된다.

198) '麥'을 밀로 번역한 까닭은 〈舊3〉조의 동일 사항에 대한 주 참조.

199) 이 조문은 거의 동일한 내용이 『白氏六帖事類集』에 나오고, 唐初의 규정 또한 이와 유사하다. 그런데 역시 작황·세역과 관련된 賦役令, 〈現4〉조의 경우, 이 조항과 달리 구체적인 감면 기준이나 비율을 명기하지 않았다. 유관당송문의 『救荒活民書』에 실린 남송 시기의 令文들 또한 이 점에서 마찬가지이다. 이러한 차이는 조용조법과 양세법의 상이한 징세 원칙과 방법에 기인한다고 생각되며, 이를 비교함으로써 두 제도의 특징을 해명할 수 있을 것이다.

유관당송문 1)『唐律疏議』: 旱謂亢陽, 澇謂霖霪, 霜謂非時降實, 雹謂損物爲災, 蟲蝗謂螟螽蝥賊之類. 依令, "十分損四以上, 免租 ; 損六, 免租·調 ; 損七以上, 課·役俱免. 若桑麻損盡者, 各免調."(권13, 戶婚20의 소의 〈제169조〉, 247쪽 ; 『역주당률소의』, 2236~2237쪽 ; 『宋刑統』 권13, 戶婚律 旱澇霜雹蟲蝗, 208쪽)

2)『唐六典』: 凡水·旱·蟲·霜爲災害, 則有分數, 十分損四已上, 免租 ; 損六已上, 免租·調 ; 損七已上, 課·役俱免. 若桑·麻損盡者, 各免調. 若已役·已輸者, 聽免其來年.(권3, 尙書戶部, 77쪽 ; 『역주당육전』상, 331쪽)

3)『通典』: 武德 … 二年制 … 凡水·旱·蟲·霜爲災, 十分損四分以上, 免租 ; 損六以上, 免租·調 ; 損七以上, 課·役俱免.(권6, 食貨6 賦稅下, 106쪽)

4)『白氏六帖事類集』: 水旱免稅令 令曰, "諸田, 有旱·蟲·霜處. 據見營田, 州縣檢實, 具帳申省, 十損四已上, 免稅·租·調(?) ; 七已上, 課·役俱免, 若桑·麥損盡, 各免其所輸 ; [已輸者,] 聽折來年 ; 經二年後, 不在折限. 其應免者, 通計麥用(田?)爲分數."(권23, 旱)

5)『舊唐書』: 武德七年, 始定律令 … 賦役之法 … 凡水·旱·蟲·霜爲災, 十分損四已上, 免租 ; 損六已上, 免[租·]調 ; 損七已上課·役俱免.(권48, 食貨上)

6)『唐會要』: [武德]七年三月二十九日, 始定均田賦稅 … 凡水·旱·蟲·傷(霜?)爲災, 十分損四已上, 免租 ; 損六已上, 免[租·]調 ; 損七已上, 課·役俱免.(권83, 租稅上, 2089~2090쪽)

7)『文苑英華』: 臣廷珪言. 伏見, 景龍二年三月十一日勅 … 自今已後, 河南·河北蠶熟, 依限郎輸庸調, 秋苗若損, 唯令折租, 乃爲常式者. … 伏願陛下, 廣天成之德, 均子育之愛, 式崇大體, 追復舊章, 許河南·河北有水旱處, 依貞觀·永徽故事, 一準令式折免, 則蒼生不勝行甚.(권609, 張廷珪 請河北遭旱澇州準式折免表, 3158~3159쪽)

8)『冊府元龜』: [武德]七年三月, 始定均田賦稅 … 凡水·旱·蟲·傷(霜?)爲災, 十損四以上, 免租 ; 損六已上, 免[租·]調 ; 損七已上, 課·役俱免.(권487, 邦計部 賦稅, 5828~5829쪽)

9)『救荒活民書』: 淳熙令 : 課利場務, 經災傷者, 各隨夏秋限, 依所放分數, 於租額除豁.(권上)

10)『救荒活民書』: 淳熙令 : 諸官私田災傷, 夏田以四月·秋田以七月·水田以八月, 聽經縣陳訴, 至月終止. 若應訴月, 并次兩月遇閏, 各展半月. 訴在限外, 不得受理. 非時災傷者, 不拘月分, 自被災傷後, 限一月止. 其所訴狀, 縣錄式曉示, 又具二本, 不得連名. 如未檢覆而改種者, 並量留根查, 以備檢視. 不願作災傷者, 聽. 諸受訴災傷狀, 限當日, 量傷災多少, 以元狀差通判或幕職官. 本州缺官, 卽申轉運司差. 州給

籍用印, 限一日起發, 仍同令佐, 同詣田所, 躬親先檢見存苗畝, 次檢災傷田改(段?). 具所詣田·所檢村及姓名, 應放分數注籍, 每五日一申州, 其籍候檢畢, 繳申州. 州以狀對籍點檢, 自往受訴狀, 復通, 限四十日, 具應放稅租色·額外分數榜示. 元不曾布種者, 不在放限, 仍報縣申州. 州自受狀, 及檢放畢, 申所屬監司檢察. 卽檢放. 有不當, 監司選差隣州官覆檢. 若非親檢次第, 照依州委官法. 失檢察者, 提擧刑獄司覺察究治, 以上被差官不許辭避. 諸官私田災傷, 而訴狀多者, 令佐分受, 置籍其載, 以稅租簿勘同, 受狀五日內, 繳申州. 本州限一日以聞. 諸訴災傷狀, 不依全式者, 卽時籍記退換, 理元下狀日月, 不得出違申州日限. … 淳熙令 : 諸承買官田宅, 納錢有限, 而遇災傷本戶, 放稅及五分者, 再展半年, 再遇者, 各准此. 諸州雨雪過常或愆亢, 提擧常平司體量次第, 申尙書戶部. 蟲蝗水旱, 州申監司, 各具施行次第以聞. 如本州隱蔽, 或所申不盡不實, 監司體訪奏聞. 淳熙令 : 諸州縣豐熟災傷, 轉運司約分數奏聞, 其未收者, 監司·知州不許預奏豐熟.(권中)

11)『救荒活民書』: 淳熙勅 : 諸縣災傷應訴, 而過時不受狀或抑遏者, 徒二年. 州及監司不覺察者, 減三等. 諸鄕書手·貼司代人戶訴災傷者, 各杖一百. 因而受乞財物贓重者, 坐贓論加一等. 許人告. 諸州縣及被差檢覆災傷, 於令有違者, 杖一百. 檢放官不躬親徧諸田者, 以違制論. 諸詐稱災傷, 減免稅租者, 論迴避詐匿, 不論律. 許人告.(권中)

12)『救荒活民書』: 淳熙格 : 告獲詐稱災傷減免稅租者, 杖罪錢一十貫, 徒罪錢二十貫, 流罪錢三十貫. 告獲鄕書手·貼司代人戶訴災傷狀者, 每名錢五十貫. 三百貫止.(권中)

13)『救荒活民書』: 淳熙式, '勅訴災傷狀' … '檢覆災傷狀' …(권中)

14)『慶元條法事類』: 田令 … 諸州縣豐熟災傷, 轉運司約分數奏聞, 其未收成, 監司·知州不許預奏豐熟.(권4, 職制門1 上書奏事, 40쪽)

15)『慶元條法事類』: 賦役令 … 諸災傷倚閣稅租者, 至豐熟日, 隨夏秋每料催納二分 各以本戶本科所閣正稅分數爲率, 願併納者聽. 其料數未足, 又遇災傷者, 權停催理.(권47, 賦役門1 拘催稅租, 612쪽)

16)『文獻通考』: [武德]七年, 始定均田賦稅 … 凡水·旱·蟲·霜爲災, 十分損四分以上, 免租 ; 損六以上, 免租調 ; 損七以上, 課·役俱免.(권2, 田賦2 歷代田賦之制, 41쪽)

▸ 유관 고려령

『고려시대 율령의 복원과 정리』: 賦役令[1-1-2], 損至四分除租(高麗令 19, 637쪽)

▸ 유관 일본령

『令義解』: 凡田有水旱蟲霜不熟之處, 國司檢實, 具錄申官. 十分損五分以上, 免租; 損七分. 免租·調; 損八分以上, 課·役俱免. 若桑·麻損盡者, 各免調. 其已役已輸者, 聽折來年.(권3, 賦役令, 119쪽; 『令集解』 권13, 賦役令, 396~403쪽)

▸ 복원 당령

『唐令拾遺』 賦役令, 11조, 676~679쪽; 『唐令拾遺補』 賦役令, 11조, 772~773쪽

『天聖令』 당령복원청본, 賦役令, 12조, 475쪽

〈舊9〉 諸春季附者, 課·役並理[200]; 夏季附者, 免課從役(役從)[201]; 秋季以後附者, 課·役俱免. 其詐·冒·隱·避以免課·役, 不限附之早晚, 皆理當發年課·役. 逃亡者附亦同.

무릇 봄철에 [적장(籍帳)에 새로] 올린 경우 과와 역을 모두 징발하고, 여름철에 올린 경우 과를 면제하되 역은 시키고, 가을철 이후 올린 경우 과와 역을 함께 면제한다. 그런데 사기·모칭·은폐·회피하여[202] 과나 역을 면제 받았[다가 발각되었]다면, [적장에] 올린 때에 관계없이 모두 응당 내어야 할 그 해의 과·역을 [전부] 징발한다. 도망갔던[203] 자를 [적장에 다시] 올린 경우도 역시 같다.[204]

---

200) [교감주] 저본의 '理'는 당대의 유관 문헌들에 '徵'으로 되어 있고, 宋 仁宗 趙禎의 이름을 피휘한 것이다. 아래의 '理'자 역시 마찬가지이다.

201) [교감주] 저본의 '役從'은 유관 문헌들을 보면 '從役'의 오기이다.

202) 유관 일본령에서는 이러한 행위들에 대하여 "詐復除, 謂之詐也; 相冒有蔭之人, 謂之冒也; 不附戶貫, 謂之隱也; 詐疾病, 謂之避也."(『영의해』 권3, 賦役令, 120쪽; 『영집해』 권13, 賦役令, 405~406쪽)라는 주석을 달아 두었다. 中國社會科學院歷史硏究所『天聖令』讀書班, 「『天聖令·賦役令』譯注稿」가 『당률소의』에서 찾아둔 실례 역시 이와 크게 다르지 않다.

203) 『당률소의』 권28, 捕亡12의 율문과 소의 〈제462조〉, 536쪽(『역주당률소의』, 3302~3302쪽; 『宋刑統』 권28, 捕亡律 征人防人逃亡, 458쪽)의 "諸非亡而浮浪他所者 … 疏議曰, 非亡, 謂非避事逃亡, 而流宕他所者"라는 설명에서 보듯이, '逃亡'은 어떤 일을 회피할 목적의 逃走로서 '浮浪 같은 단순한 거처 이동과 다르다.

유관당송문 1)『唐六典』: 凡丁新附于籍帳者, 春附則課·役並徵 ; 夏附則免課從役 ; 秋附則課·役俱免. 其詐·冒·隱·避以免課·役, 不限附之早晚, 皆徵之.(권3, 尙書戶部, 77쪽 ;『역주당육전』상, 331쪽)

2)『通典』: 諸春季附者, 課·役並徵 ; 夏季附者, 免課從役 ; 秋季附者, 俱免. 其詐冒隱避以免課·役, 不限附之早晚, 皆徵發當年課·役. 逃亡者附亦同之.(권6, 食貨6 賦稅下, 109쪽)

3)『唐會要』: 舊制 : 凡丁新附于籍帳者, 春附則課·役並徵, 夏附則免課從役, 秋冬則課·役俱免. 其詐冒隱避以免課·役, 不限附之早晚, 皆徵之.(권85, 籍帳, 1848쪽)

4)『新唐書』: 凡新附之戶, 春以三月免役, 夏以六月免課, 秋以九月課·役皆免.(권51, 食貨1, 1343쪽)

5)『令集解』: 逃亡者附亦同 … 古記云, 開元式云 … 一依令, 春季附者, 課·役並徵 ; 夏季附者, 免課從役 ; 秋季附者, 課·役俱免.(권13, 賦役令, 406~407쪽)

▸ 유관 일본령

『令義解』: 凡春季附者, 課·役並徵 … ; 夏季附者, 免課從役 ; 秋季以後附者, 課·役俱免. 其詐冒隱避, 以免課·役, 不限附之早晚, 皆徵當發年課·役. 逃亡者附亦同.(권3, 賦役令, 120쪽 ;『令集解』 권13, 賦役令, 405~407쪽)

▸ 복원 당령

『唐令拾遺』 賦役令, 14조, 680~681쪽 ;『唐令拾遺補』 賦役令, 14조, 773쪽
『天聖令』 당령복원청본, 賦役令, 15조, 475쪽

〈舊10〉 諸戶口中男以上及給侍老·疾人死者, 限十日內里正與死家注死時日月, 連署, 經縣印(申)[205]記, 應附除課·役者, 即依常式(或).[206]

무릇 호구 가운데 중남[207] 이상이나 시정(侍丁)이 지급된 노인·[중증]

---

204) 이 조문은 거의 동일한 내용이 당대의 문헌들에 보이므로 당제가 확실하다. 단 유관당송문의『신당서』규정은 이와 다른데, 이것이 시기 차이 때문인지 혹은 단순한 오기 탓인지 불분명하다.

205) [교감주] 저본의 '申'으로도 해석할 수 있지만, 渡邊信一郞,「北宋天聖令による唐開元二十五年賦役令の復原並びに譯注(未定稿)」는 유관 일본령을 근거로 이것을 '印'의 오기라고 보았다. 賦役令, 〈現9〉조나 倉庫令, 〈現22〉조에도 날인하여 확인하는 절차를 '印記'라고 표현하였으므로, 이렇게 수정하는 편이 좋을 듯하다.

206) [교감주] 저본의 '或'은 문맥상 '式'의 오기이다.

장애자[208]가 죽었을 경우, 10일 이내에 이정이 사망자의 집안사람과 함께 사망 날짜를 주기하고[注] 연서하며, 현에서 날인하여 확인한[印記] 뒤 마땅히 과·역 [대장]에 올리거나 빼야 할 경우라면 일반 규정[常式]에 의거[하여 처리]한다.[209]

유관당송문 관련 기록이 당송 시기 문헌에서는 확인되지 않는다.

▸ 유관 일본령

『令義解』: 凡課口及給侍老·疾人死者, 限十日內里長與死家注死時日月, 經國郡司印記.(권3, 賦役令, 120쪽 ; 『令集解』 권13, 賦役令, 407쪽)

▸ 복원 당령

『天聖令』 당령복원청본, 賦役令, 16조, 475쪽

〈舊11〉 諸人居狹鄕樂遷就寬鄕, 去本居千里外, 復(後)[210]三年 ; 五百里外,

---

207) '中男'은 원칙상 租庸調를 부담하지 않았지만 侍丁으로 충원될 수 있을(『通典』 권7, 「食貨 丁中」, 155쪽) 뿐만 아니라 雜徭의 부과 대상이기도 하였다(〈舊18〉조 및 『白氏六帖事類集』 권22, 征役의 '充夫式'). 따라서 이들도 課·役과 무관하지 않았는데, 縣令에게 '丁'과 '中'의 숫자를 직접 파악하여 백성들의 부담 '均齊'를 도모하였다는 『당육전』 권30, 「三府督護州縣官吏」, 753쪽(『역주당육전』하, 468~471쪽)의 기록이 이를 잘 보여준다. 그러므로 이들의 사망을 이처럼 분명히 확인하여야만 했던 것이다.

208) 『통전』 권7, 食貨 丁中, 155쪽의 "按開元二十五年戶令云 : … 諸年八十及篤疾, 給侍丁一人, 九十二人, 百歲三人, 皆先盡子孫, 聽取近親, 皆先輕色. 無近親外取白丁者, 人取家內中男者, 幷並聽."이나 『慶元條法事類』 권75, 刑獄門5 侍丁, 790쪽의 "戶令 … 諸祖父母·父母年八十以上及篤疾者, 每人各給一丁侍"에서 보듯이, 당송 시기에는 '篤疾'(田令, 〈現2〉조의 '殘疾'에 대한 주 참조) 곧 중증 장애자나 고령자의 생활을 돕기 위한 侍丁을 두었다. 그런데 이 侍丁은 당시 "依令, 免役, 唯輸調及租"(『당률소의』 권3, 名例26-4의 소의 〈제26조〉, 70쪽 ; 『역주당률소의』, 214쪽 ; 『宋刑統』 권3, 名例律 犯流徒罪, 47쪽)라고 하여 役을 면제받았으므로, 侍丁을 두던 장애자나 고령자의 사망은 분명히 할 필요가 있었다. 侍丁이었던 이에게 다시 役을 부과할 수 있기 때문이다.

209) 이 조문과 유사한 내용이 일본령에 있으므로 당 전기의 令으로 짐작된다. 이 賦役令에서 중요한 것은 사망 사실이 아니라 課·役의 부담 문제이었고, 兩稅法의 시행으로 세역 부과의 원칙이 변한 뒤 이 조항은 당연히 그 의미를 잃었을 것이다.

210) [교감주] 저본의 '後'는 유관 문헌들과 문맥을 감안할 때 '復'의 오기이다. 아래의 '後' 역시 마찬가지이다.

復(後)二年；三百里(里百)[211]外，復一年．一遷之後，不得更移．

무릇 협향[212]에 살던 사람이 자발적으로 이주해 간 관향이 본래 살던 곳에서 천 리[213] 이상 떨어졌으면 3년간 복(復)하고,[214] 500리 이상이면 2년간 복하며, 300리 이상이면 1년 복한다. 한번 이주한 뒤에는 다시 옮길 수 없다.[215]

유관당송문 1)『唐律疏議』: 依令, "人居狹鄕樂遷就寬鄕, 去本居千里外復三年, 五百里外復二年, 三百里外復一年"之類.(권13, 戶婚23의 소의 〈제172조〉, 251쪽 ;『역주당률소의』, 2244~2245쪽 ;『宋刑統』 권13, 戶婚律 給復除, 210쪽)

2)『通典』: 諸人居狹鄕樂遷就寬鄕者, 去本居千里外復三年, 五百里外復二年, 三百里外復一年. 一遷之後, 不得更移.(권6, 食貨6 賦稅下, 109쪽)

▸ 유관 일본령

---

211) [교감주] 저본의 '里百'은 문맥상 '百里'의 오기이다.

212) 田令, 〈舊13〉조에 명확히 규정되어 있듯이, 당시 '狹鄕'은 전토를 법령에 규정된 원칙대로 지급할 수 없는 지역이고, '寬鄕'은 이와 달리 전토가 충분한 곳이다.

213) 당대의 1里는 小尺으로는 약 540m이나, 더 일반적으로 사용된 大尺의 경우 648m 정도이다. 田令, 〈舊33〉조의 '里'에 대한 주 참조.

214)『唐律疏議』 권4, 名例36-3의 소의 〈제36조〉, 97쪽(『역주당률소의』, 268쪽)의 "'詐復除'者, 謂課·役俱免, 卽如太原元從, 給復終身, 沒落外蕃·投化, 給復十年, 放賤爲良, 給復三年之類. 其有不當復限, 詐同此色, 是爲'詐復除.'"라는 기록을 보면, '復'은 곧 '復除'로서 課·役을 전부 면제한다는 뜻처럼 보인다. 그러나 이렇게 해석하면, 이것이 〈舊9〉조 등 "課·役俱免"을 명기한 여타 부역령의 조항들과 어떤 차이가 있는지 의문이다. 따라서『荀子』의 "中試則復其戶, 利其田宅."에 대한 당 중엽 楊倞의 "復其戶, 不傜役也. 利其田宅, 不徵稅也."라는 주석이 주목되고(楊柳橋,『荀子詁譯』, 議兵, 濟南: 齊魯書社, 1985, 387쪽), 당시 '復'은 단지 役만을 면제시켜준 것인 듯도 하다. 그러나『漢書』 권23, 刑法, 1086쪽의 동일한 구절에 唐初의 顔師古는 "復謂免其賦稅也. 利田宅者, 給其便利之處也."라고 하여 '復'을 '賦稅' 모두의 면제라고 달리 설명하였다. 실제로『新唐書』 권2, 太宗, 40쪽의 "[貞觀15년4월]乙未, 免洛州今歲租, 遷戶故給復者加給一年, 賜民八十以上物, 惸獨鰥寡疾病不能自存者米二斛."이라는 기록을 보더라도 復의 대상에는 '租' 역시 포함되었던 듯하다. 따라서 여기에서는 '復'의 정확한 의미를 밝히지 않고 의문으로 남긴다.

215) 이 조문은『통전』에 동일한 기록이 있으며, '狹鄕'에서 '寬鄕'으로의 이주를 적극 권장하던 田令, 〈舊19〉조 등과 동일한 취지의 규정으로 생각된다. 이러한 조항들은 이른바 '균전제'의 시행을 전제로 하고, 천성령 반포 당시에는 당연히 失效하였다.

『令義解』: 凡人在狹鄉, 樂遷就寬, 去本居路程, 十日以上, 復三年 ; 五日以上, 復二年 ; 二日以上, 復一年. 一遷之後, 不得更移.(권3, 賦役令, 121쪽 ; 『令集解』 권13, 賦役令, 407~408쪽)

▸ 복원 당령

『唐令拾遺』 賦役令, 15조, 681~682쪽 ; 『唐令拾遺補』 賦役令, 15조, 773쪽

『天聖令』 당령복원청본, 賦役令, 17조, 475쪽

〈舊12〉 諸沒落外蕃得還者, 一年以上, 復三年 ; 二年以上, 復四年 ; 三年以上, 復五年 ; 各給賜物十段(改).[216] 外蕃之人投化者, 復十年. 其夷獠(僚)[217]新招慰(尉)[218]及部曲·奴被放(於)[219]附戶貫者, 復三年. 應給賜物, 於初到州給三段, 餘本貫給.

무릇 외국[外蕃]에 억류되었다가[沒落][220] 돌아온 자는 [억류 기간이] 1년 이상이면 3년간 복(復)하고, 2년 이상이면 4년간 복하며, 3년 이상이면 5년간 복하는데, 각각 하사품 10단[221]을 준다. 외국 사람이 [자발적으로][222] 투항하여 귀화한 경우, 10년간 복한다. 단 이족(異族)이 새로 귀순하거나 부곡·노가 해방되어 호적에 올린 경우 3년간 복한다. 마땅히 주어야 할

---

216) [교감주] 저본의 '改'는 문맥상 '段'의 오기이다.

217) [교감주] 저본의 '夷僚'는 문맥상 '夷獠'의 오기로 생각되지만, 혹 이것이 『영집해』에 인용된 開元令처럼 '夷狄'일 가능성도 없지는 않다.

218) [교감주] 저본의 '尉'는 『영집해』에 인용된 開元令을 볼 때 '慰'의 오기이다.

219) [교감주] 저본의 '被於'는 유관당송문의 『통전』과 유관 일본령을 볼 때 '被放'의 오기이다. 『통전』에는 '被'가 '婢'로 되어 있으나, 당시 婢는 주된 세역 담당자가 아니므로 저본과 일본령의 기록이 옳다고 생각된다.

220) '沒落'은 적에게 붙잡히는 등의 이유로 불가피하게 외국에 머무를 수밖에 없게 됨을 뜻한다. 田令, 〈舊20〉조의 '沒落'에 대한 주 참조.

221) 倉庫令, 〈舊15〉조에서 "諸賜物率十段, 絹三匹·布三端[原注 : 貲·紵·罽各一端]·綿四屯[原注 : 春夏卽絲四絇代綿]."이라고 하였다.

222) 石見淸裕, 「唐代內附民族對象規定の再檢討」, 『東洋史硏究』 68-1, 2009는 이 조항에서 '투항'한 자들은 개인이나 가족 단위로 內附한 반면 '귀순'한 이들은 당의 영역 밖에 있던 조직이 집단적으로 들어왔다는 점에서 차이가 있다고 보았다. 그런데 이 두 경우에 대하여 세역상의 혜택을 달리 한 까닭은 일차적으로 그 자발성 여부와 관련이 있다고 여겨진다.

하사품은 처음 도착한 주에서 3단을 지급하고, 나머지 [7단]은 [호적을 두고 정착할][223] 본적지에서 준다.[224]

유관당송문 1) 『唐律疏議』 : 太原元從, 給復終身 ; 沒落外蕃·投化, 給復十年 ; 放賤爲良, 給復三年 之類.(권4, 名例36-3의 소의 〈제36조〉, 97쪽 ; 『역주 당률소의』, 268~269쪽 ; 『宋刑統』 권4, 名例律 會赦不首故蔽匿及不改正徵收, 69쪽)

2) 『通典』 : 諸沒落外蕃得還者, 一年以上, 復三年 ; 二年以上, 復四年 ; 三年以上, 復五年. 外蕃之人投化者, 復十年. 諸部曲·奴婢放附戶貫, 復三年.(권6, 食貨賦稅下, 109쪽)

3) 『新唐書』 : 唐制 … 四夷降戶, 附以寬鄉, 給復十年. 奴婢縱爲良人, 給復三年. 役外蕃人, 一年還者, 給復三年 ; 二年者, 給復四年 ; 三年者, 給復五年.(권51, 食貨志, 1343쪽)

4) 『文獻通考』 : 『신당서』의 기록과 같다.(권13, 職役 復除, 142쪽)

5) 『令集解』 : 外蕃之人投化 … 開元令云, "夷狄新招慰附戶貫者, 復三年." (권13, 賦役令, 409쪽)

▸ 유관 일본령

『令義解』 : 凡沒落外蕃得還者, 一年以上, 復三年 ; 二年以上, 復四年 ; 三年以上, 復五年. 外蕃之人投化者, 復十年. 其家人奴, 被放附戶貫者, 復三年.(권3, 賦役令, 121쪽 ; 『令集解』 권13, 賦役令, 408~409쪽)

▸ 복원 당령

『唐令拾遺』 賦役令, 16조, 682쪽 ; 『唐令拾遺補』 賦役令, 16조, 774쪽
『天聖令』 당령복원청본, 賦役令, 18조, 475쪽

〈舊13〉 諸以公役使二千里外還者, 免一年課·役.

223) 『白氏六帖事類集』 권10, 使絶域의 "沒蕃人還戶貫令[原注 : 沒蕃得還及化外歸朝者, 所在州鎭, 給衣食, 具狀送省奏聞. 化外人, 於寬鄉附貫安置. 落蕃人, 依舊貫, 無舊貫, 任於近親附貫也.]"나 『新唐書』 권51, 食貨志, 1343쪽의 "浮民·部曲·客女·奴婢縱爲良者附寬鄉."이라는 기록을 보면, 이들을 호적에 올리는 장소도 명확히 규정되어 있다.

224) 이 조문과 유사한 내용은 『통전』을 비롯한 당대의 문헌들에 단편적으로 나오는데, 이것이 당령의 원래 형태일 것이다.

무릇 공적인 일로 2천 리 밖으로 사역되었다가 돌아온 경우, 1년의 과·역을 면제한다.[225]

유관당송문 관련 기록이 당송 시기 문헌에서는 확인되지 않는다.

▸ 유관 일본령

『令義解』: 凡以公使外蕃還者, 免一年課·役. 其唐國者, 免三年課·役.(권3, 賦役令, 121쪽 ; 『令集解』 권13, 賦役令, 410쪽)

▸ 복원 당령

『天聖令』 당령복원청본, 賦役令, 19조, 475쪽

〈舊14〉 諸文武職事官三品以上若郡王父·祖·兄·弟·子·孫, 五品以上及勳官三品以上有封者若國公父·祖·子·孫, 勳官二品若郡·縣公侯伯子男父(並)[226]·子, 並免課·役.

무릇 문무 직사관 3품 이상과 군왕의 부·조·형·제·자·손, [문무 직사관] 5품 이상과 훈관 3품 이상으로서 봉작이 있는 자 및 국공의 부·조·자·손, 훈관 2품과 군[공]·현공·[현]후·[현]백·[현]자·[현]남의 부·자는 모두 과·역을 면제한다.[227]

---

225) 이 조문과 유사한 내용이 중국의 기존 문헌에 없으나 비슷한 일본령이 있으므로 당 전기의 令으로 생각된다. 그런데 역시 당령으로 보이는 〈舊22〉조에 의하면, 丁·匠의 '歲役'이 50일 이상이면 租庸調를 모두 면제해 주도록 되어 있어 의문이 생긴다. 당시 하루에 도보로 걷는 거리가 50里라면(『당육전』 권3, 尙書戶部, 80쪽 ; 『역주당육전』상, 347~348쪽), "2천 리 밖으로의 사역"된 경우 그 왕복 여정만으로도 이미 80일 이상이 걸리게 되므로 이 조항은 실질적인 의미가 없기 때문이다. 따라서 이것은 장거리 사역에 동원된 자의 이듬해 과·역을 면제한다는 의미일 가능성도 존재하나, 일단 원문 그대로 해석해 둔다.

226) [교감주] 저본의 '並'은 유관당송문의 『新唐書』과 문맥을 감안할 때 '父'의 오기이다.

227) 이 조문은 『당률소의』 등의 유사한 규정과 課·役 면제 사실을 볼 때 확실히 당제이다. 하지만 그 내용을 여타 문헌과 비교하면 약간 다르다. 5품 이상 文武職事官의 예를 들면, 여타 문헌과 달리 '兄·弟'가 빠져 있는 것이다. 이러한 차이가 어디에서 연유하는지는 좀 더 면밀한 검토가 필요하다. 아울러 이 조항은 아래 〈舊15〉·〈舊16〉·〈舊18〉조의 하급 官人·雜任 등에 대한 세역 감면 규정과 대비되는데, 5품 이상의

유관당송문 1)『唐律疏議』: 依賦役令, 文武職事官三品以上若郡王期親及同居大功親, 五品以上及國公同居期親, 並免課·役.(권12, 戶婚12-1의 소의 〈제161조〉, 241쪽 ; 『역주당률소의』, 2223쪽 ; 권12, 戶婚律 相冒合戶, 196쪽)

2)『唐六典』: 凡丁戶皆有 優復蠲免之制. 諸皇宗籍屬宗正者及諸親, 五品已上父·祖·兄·弟·子·孫, 及諸色雜有職掌人.(권3, 尚書戶部, 77쪽 ; 『역주당육전』상, 332쪽)

3)『新唐書』: 太皇太后·皇太后·皇后緦麻以上親, 內命婦一品以上親, 郡王及五品以上祖·父·兄·弟, 職事·勳官三品以上有封者若縣男[以上]父·子, 國子·太學·四門學生·俊士, 孝子·順孫·義夫·節婦同籍者, 皆免課·役.(권51, 食貨1, 1343쪽)

4)『文獻通考』: 『신당서』의 기록과 같다.(권13, 職役 復除, 142쪽)

▸ 유관 일본령

『令義解』: 凡三位以上父·祖·兄·弟·子·孫, 及五位以上父·子, 並免課·役.(권3, 賦役令, 121~122쪽 ; 『令集解』 권13, 賦役令, 415~416쪽)

▸ 복원 당령

『唐令拾遺』 賦役令, 20조, 686~687쪽 ; 『唐令拾遺補』 賦役令, 20조, 775쪽
『天聖令』 당령복원청본, 賦役令, 22조, 476쪽

〈舊15〉 諸正·義及常平倉督, 縣博士, 州·縣助教, 視流外九品以上, 州·縣市令, 品子任雜掌, 親事, 帳內, 國子·太學·四門·律·書·算等學生·俊士, 無品直司人, 衛士, 庶士, 虞候, 牧長, 內給使, 散使, 天文·醫·卜·按摩·呪禁·藥(樂)[228]園等生, 諸州醫博士·助教, 兩京坊正, 縣錄事, 里正, 州·縣佐·史(使)[229]·倉史·市史, 外監錄事·府·史, 牧尉·史, 雜職, 驛長, 烽帥, 烽副, 防閤, 邑士, 庶僕, 傳送馬·驢主, 採藥師, 獵師, 宰手, 太常寺音聲人, 陵戶, 防人在防及將防年非本州防者(本州非者防),[230] 徒人在役, 流人充侍 謂在配所充侍者.

관인을 특별히 우대하였음은 분명한 사실이다.

228) [교감주] 저본의 '樂'은 문맥상 '藥'의 오기이다.

229) [교감주] 저본의 '使'는 문맥상 '史'의 오기이다.

230) [교감주] 저본의 '將防年本州非者防'은 매우 난해하여 기존의 교감자들 사이에 이론이 분분하다. 잠정적으로 이를 '將防年非本州防者'의 오기로 본 중화서국 교록본에 따른다.

三年外依常式.·使,[231] 並免課·役. 其貢擧人誠得第(弟),[232] 並諸色人年勞已滿應合入流, 有事故未敍者, 皆準此. 其流外長上三品以上及品子任雜掌並親事·帳內, 以理解者, 亦依此例. 應敍不赴者, 即依無資法.

무릇 정[창]·의[창]과 상평[창]의 창독,[233] 현의 박사,[234] 주·현의 조교,[235] 시유외 9품 이상[의 유외관],[236] 주·현의 시령,[237] 품자[238]로서 잡장[239]을 맡은 자, 친사, 장내,[240] 국자[학]·태학·사문[학]·율[학]·서[학]·산[학]

---

231) [교감주] 저본의 '使'는 전후 구절과의 관계가 불확실하고, 기존의 교감에서 다양하게 표점하고 있다. 잠정적으로 중화서국 교록본에 따르지만, '使'의 정확한 의미는 좀 더 검토할 필요가 있을 듯하다.

232) [교감주] 저본의 '弟'는 '第'의 오기이다.

233) 唐代의 곡물 창고는 기본적으로 租를 收合한 正倉, 地稅를 수합한 義倉, 和糴한 것을 수합한 常平倉으로 나뉜다. 『당육전』에는 上·中縣과 모든 鎭에 '倉督'이라는 無品의 吏가 보이고(권30, 三府督護州縣官吏, 752·755쪽 ; 『역주당육전』하, 464~466·477~479쪽), 雜令, 〈舊15〉조에 雜任의 하나로 되어 있다.

234) 『당육전』 권30, 三府督護州縣官吏, 751~753쪽(『역주당육전』하, 454~467쪽)에 의하면, 州 이상 지방 행정단위의 經學博士와 달리 縣의 '博士'는 流內官品이 없다.

235) 『당육전』 권30, 三府督護州縣官吏, 742~753쪽(『역주당육전』하, 406~467쪽)에 의하면, 京兆府 이하 모든 지방 행정단위의 '助教'들은 品階가 없다.

236) 唐代에는 流內官 이외에 流外官과 視流外官이 있었고, 이들 중 최하위 品階가 '시유외9품'이다.

237) '市令'은 市의 관리 책임자인데, 『唐六典』 권30, 三府督護州縣官吏, 746~753쪽(『역주당육전』하, 429~467쪽)에 의하면 中州 이하의 市令은 모두 無品의 吏이다. 雜令, 〈舊15〉조에 '雜任'의 하나로 되어 있다.

238) '品子'는 職事官 6~9品과 勳官 3~5品의 18세 이상의 아들을 가리키고, 이들은 일정 기간 番上하거나 代役錢을 내면 簡試를 통해 散官이 될 수 있었다.

239) '雜掌'의 의미는 분명하지 않으나, 『通典』 권40, 職官22 秩品5, 1106쪽에 나오는 다양한 '職掌' 곧 "內職掌 : 齋郎·府史·亭長·掌固·主膳·幕士·習馭·駕士·門僕·陵戶·樂工·供膳·獸醫·學生·執御·門事·學生·俊(後)士·魚師·監門校尉·直屯·備身·主仗·典食·監門直長·親事·帳內等. 外職掌 : 州縣倉督·錄事·佐·史·府·史·典獄·門事·執刀·白直·市令·市丞·助教·津吏·里正及岳廟齋郎幷折衝府旅帥·隊正·隊副等."이 아닌가 싶다. 물론 이들 중 다수가 이 조항에 따로 명기되어 있으므로 의문이 생길 수 있다. 그러나 "自外及民任雜掌無官品者, 皆平巾幘, 緋衫, 大口袴, 朝集從事則服之. … 自外品子任雜掌者, 皆平巾幘, 緋衫, 大口袴, 朝集從事則服之."(『舊唐書』 권45, 輿服志, 1946쪽)에서 보듯이, 당시 이 '雜掌'은 일반민도 담당할 수 있었다면 그 설명이 불가능하지 않다. 여기에 적시된 '雜掌'은 일반민이라도 세역 면제를 받았지만, 그렇지 않은 경우 '品子'로서 이를 수행한 때만 이러한 혜택이 주어졌다고 볼 수 있기 때문이다.

240) '親事'와 '帳內'는 親王을 비롯하여 3품 이상 官人에게 陪從 등의 명목으로 주어진

등의 학생과 준사,[241] 품계(品階)가 없는 직사인,[242] 위사,[243] 서사,[244] 우후,[245] 목장,[246] 내급사,[247] 산사,[248] 천문·의·복·안마·주금·약원 등의 학생,[249] 여러 주의 의박사·[의]조교,[250] 양경의 방정,[251] 현의 녹사,[252]

이들로서, 각각 6·7品 官人의 아들과 8·9품 관인의 아들에게 담당시키는 것이 원칙이었다.

241) 國子學, 太學, 四門學과 律學, 書學, 算學은 國子監에 소속된 中央官學인데, 앞의 세 학교는 원칙상 官人의 子弟로 입학 자격을 제한하였다. 단 四門學의 경우 庶人을 위한 별도의 定員을 두어 이들을 '俊士'라고 불렀다. 雜令, 〈舊8〉·〈舊9〉조에 이들에 관한 규정이 있다.

242) '直司人'은 관청에서 전문적 기능을 수행하던 '直官'을 가리키는데, 이들 중에 일부는 流內官이 아닌 '無品'者들이었다(李錦繡, 「唐代直官制」, 『唐代制度史略論稿』, 北京 : 中國政法大學出版社, 1998 참조).

243) '衛士'는 황제의 16衛와 東宮의 6率府에 소속된 병사를 말하는데, 6품 이하 관인의 子·孫이나 職役이 없는 일반민에서 선발하였다(『唐六典』 권5, 尙書兵部, 156쪽 ; 『역주 당육전』상, 497~498쪽).

244) 雜令, 〈舊15〉조에서 "其習馭·掌閑·翼馭·執馭·馭士·駕士·幕士·稱長·門僕·主膳·供膳·典食·主酪·獸醫·典鐘·典鼓·價人, 大理問事, 總名'庶士'."라고 하였다. '庶士'로 지칭된 이 하급 吏들의 공통된 특징은 분명하지 않다(黃正建, 「唐代"庶士"硏究」, 黃正建 편, 『天聖令與唐宋制度硏究』, 北京, 中國社會科學出版社, 2011 참조). 雜令의 〈舊2〉조 그리고 〈舊15〉조의 '庶士'에 대한 주 참조.

245) '虞候'는 수·당 시기에 東宮官이나 지방의 武官을 뜻하는 용례도 있으나, 여기에서는 낮은 지위의 兵卒을 가리키는 듯하다. 敦煌에서 발견된 西魏大統13年 문서에 '雜任'이란 명목으로 課가 면제된 '虞候'가 보인다(池田溫, 『中國古代籍帳硏究』, 152~153쪽 참조).

246) 廐牧令, 〈舊2〉조의 "諸牧畜, 群別置長一人, 率十五長置牧尉一人·牧史一人. … 牧長, 取六品以下及勳官三品以下子·白丁·雜色人等, 簡堪牧養者爲之."라는 기록에 나오는 '長'이 곧 이 '牧長'이라고 생각된다. 단 이와 동일한 계통의 '牧尉'와 '牧史'를 왜 아래에 따로 서술하였는지는 의문이다.

247) '內給使'는 雜令, 〈舊15〉조에서 "內侍省·內坊閹人無官品者, 皆名'內給使'."라고 하므로 내시성과 태자 내방 소속의 환관이다. 雜令, 〈舊8〉조에도 이들에 관한 규정이 있다.

248) '散使'는 雜令, 〈舊15〉조의 "親王府閹人, 皆名'散使'."라는 기록을 보면 친왕부 소속의 환관을 뜻한다. 雜令, 〈舊8〉조에도 이들에 관한 규정이 있다.

249) 『당육전』에 의하면, 國子監만이 아니라 일부 관청에도 전문적인 기능을 배우는 학생들이 있었다. 秘書省 太史局의 '天文生', 太常寺 太卜署의 '卜筮生'과 太常寺 太醫署의 '醫生'·'按摩生'·'呪禁生'·'藥園生'·'鍼生' 등이 그것이다. 雜令의 〈舊1〉·〈舊8〉·〈舊9〉조에 이러한 생도들에 관한 규정이 보이고, 특히 의학 관련 학생의 경우 醫疾令에서도 자주 언급되고 있다.

이정,[253] 주·현의 좌·사·창사·시사,[254] 외감의 녹사·부·사,[255] 목위·[목]사,[256] 잡직,[257] 역장,[258] 봉수, 봉부,[259] 방합,[260] 읍사,[261] 서복,[262] 전송마·

250) 『당육전』 권30, 三府督護州縣官吏, 742~747쪽(『역주당육전』하, 406~432쪽)에 의하면, 州까지 '醫學博士'와 '助教'를 두었다. 그런데 이 '醫學博士'는 流內官이었으므로(『당육전』에는 유독 京兆, 河南, 太原 3府의 醫學博士만 관품 기록이 없는데, 이것은 그 하급 행정 단위의 醫學博士조차 流內官임을 생각할 때 기록의 착오일 듯하다.), 이 조항의 '醫博士'와 같은지 의문이다. 그러나 醫疾令, 〈舊17〉조의 "諸州醫博士·助教, 於所管戶內及停家職資內, 取醫術優長者爲之.[原注 : 軍內者仍令出軍.] 若管內無人, 次比近州有處兼取. 皆州司試練, 知其必堪, 然後銓補, 補訖申省."이라는 기록을 볼 때, 당시 流內官이 아닌 '醫博士'는 확실히 여러 州에 존재하였다. 이와 관련하여 『通典』 권33, 職官15 州郡下, 915쪽의 "醫博士 … 大唐開元十一年七月制置, 階·品同錄事. … 貞元十二年二月, 御撰『廣利方』五卷, 頒天下. '自今以後, 諸州府應闕醫博士, 宜令長史各自訪求選試, 取人藝業優長堪效用者, 具以名聞. 已出身人及前資官便與正授, 其未出身且令權知. 四考後, 州司奏與正授. 餘準恆式, 吏部更不須選集.'"이라는 기록이 주목된다. 당 후기에 州의 '醫博士' 충원이 쉽지 않자 그 임용 조건을 완화시켰을 수 있기 때문이다.

251) '坊正'은 성곽 내 민간 거주 단위인 坊의 관리자이고, 특히 '兩京'의 坊正은 雜令, 〈舊15〉조에 '雜任'의 하나로 되어 있다.

252) '錄事'는 문서의 수발과 관리 등을 맡은 하급 관리인데, 『唐六典』 권30, 三府督護州縣官吏, 751~753쪽(『역주당육전』하, 461~467쪽)에 의하면 畿縣 이하의 錄事는 모두 無品의 吏이다. 雜令, 〈舊15〉조에서 '州·縣錄事'를 '雜任'이라 하고, 雜令, 〈舊8〉조에도 이들에 관한 규정이 있다.

253) '里正'은 원칙상 100戶로 이루어진 촌락인 里의 관리자이고, 雜令, 〈舊15〉조에서 "雜任"의 하나로 들고 있다.

254) 『唐六典』 권30, 三府督護州縣官吏에 의하면, 州와 縣의 여러 조직에 다양한 佐와 史가 존재하고(雜令, 〈舊9〉조의 食糧 지급 규정에서는 京兆府·河南府 4縣의 佐와 史만 나온다.), 倉史와 市史는 각각 倉督과 市令 아래에 있다. 이들 모두 無品으로 雜令, 〈舊15〉조에서 '雜任'이라고 하였다.

255) '外監'은 지방에 派出되어 중앙 관청의 임무를 수행하는 監으로서, 『唐六典』에 나오는 太僕寺의 牧監·沙苑監, 司農寺의 屯監·九成宮總監, 少府監의 冶監, 軍器監의 鑄錢監·互市監, 將作監의 百工監 등이 그것이다. 이 外監의 하부 조직에는 錄事, 府, 史 등 無品의 吏들이 많았다.

256) '牧尉'와 '牧史'는 廐牧令, 〈舊2〉조의 "諸牧畜, 群別置長一人, 率十五長置尉一人·史一人. 尉取八品以下散官充, 考第年勞並同職事, 仍給仗身一人."라는 기록을 볼 때 '牧長'의 상급자로서 목축을 책임진다. 그런데 이 기록이 사실이라면, '牧尉'의 경우 流內官으로서 이 조항의 여타 諸色人과 성격이 달라 의문이 생긴다. 그러므로 "散官八品已下子"를 牧尉로 임용하였다는 『唐六典』 권17, 太僕寺, 486쪽(『역주당육전』중, 539~540쪽)의 기록이 주목되지만, 이 경우 '牧尉'의 임용 자격이 그 아래의 '牧長'보다 오히려 낮아 보인다. 廐牧令, 〈舊2〉조와 『唐六典』 모두 '牧長'의 임용 조건으로 "六品已下[及勳

[전송]려의 사육 담당자,[263] 채약사,[264] 엽사,[265] 재수,[266] 태상시음성인,[267] 능호,[268] 방인이 방어 임무를 수행하거나 다가올 방어 임무 해에

官三品以下]子·白丁·雜色人等"이라고 하였기 때문이다. 그러므로 이 문제는 의문으로 남겨둘 수밖에 없다.

257) 雜令, 〈舊15〉조에 "諸州執刀·州縣典獄·問事·白直, 總名'雜職'."이라고 하였다. 이 "雜職"은 이 조항의 뒤에 나오는 "雜任"과 비교할 때 대체로 그 지위가 낮고 상근하지 않았다는 특징이 있다(黃正建, 「『天聖令·雜令』所涉唐前期諸色人雜考」, 黃正建 편, 『天聖令與唐宋制度研究』 참조).

258) '驛長'은 교통·통신 시설이던 驛의 책임자이다.

259) '烽帥'와 '烽副'는 통신 시설이던 烽候의 책임자와 부책임자이다.

260) '防閤'은 5품 이상 職事官에게 지급되어 그 호위 등의 임무를 맡은 이들로서, 敦煌에서 발견된 西魏大統13年 문서를 보면 '雜任'이란 명목으로 課가 면제되었다(池田溫, 『中國古代籍帳研究』, 152~153쪽 참조). 雜令, 〈舊2〉조에 이와 관련된 기록이 있는데, 아래 '邑士'·'庶僕'과 유사한 성격의 존재이다.

261) '邑士'는 公主·郡主·縣主에게 지급되어 호위 등의 임무를 맡은 이들인데, 雜令, 〈舊2〉조에 관련 기록이 보인다.

262) '庶僕'은 6품 이하 職事官에게 지급되어 호위 등의 임무를 맡은 이들인데, 雜令, 〈舊2〉조에 관련 기록이 보인다.

263) 廐牧令, 〈舊21〉조의 "諸州有要路之處, 應置驛及傳送馬·驢 … 其傳送馬·驢主, 於白丁·雜色[原注 : 邑士·駕士等色]丁內, 取家富兼丁者, 付之令養, 以供遞送. 若無付者而中男豐有者, 亦得兼取, 傍折一丁課·役資之, 以供養飼."에서 보듯이, 전송용 말과 나귀를 키우는 책임자를 '傳送馬·驢主'라고 한다.

264) '採藥師'는 곧 醫疾令, 〈舊13〉조의 "諸州輸藥之處, 准校課數量, 置采藥師, 令以時采取. 其所須人功, 申尚書省, 取當州隨近丁支配."의 '采藥師'로서, 지방에서 약재를 채취하는 이들이다.

265) '獵師'는 『新唐書』 권49上, 百官4上, 1285쪽의 "[左右金吾衛]兵曹參軍事, 掌翊府·外府武官, 兼掌獵師."라는 기록에서 보듯이 관청에 소속된 사냥꾼인 듯하다. 敦煌에서 발견된 西魏大統13年 문서를 보면, 이들은 "雜任"의 하나로 課가 면제되었다(池田溫, 『中國古代籍帳研究』, 152~153쪽 참조).

266) '宰手'는 『唐大詔令集』 권70, 寶曆元年正月南郊赦, 395쪽에 '胡食手'와 병칭되어 있고, 당시 요리를 맡은 이라고 생각된다. 『大唐開元禮』 권90, 大儺, 424쪽에 나오는 '宰手齋郎'도 "疈牲匈, 磔之神席之西"하였다고 한다.

267) '太常寺音聲人'은 太常寺에 소속된 樂人으로서 곧 '太常音聲人'이다(『당률소의』 권3, 名例28-1의 소의 〈제28조〉, 74쪽 ; 『역주당률소의』, 222~223쪽 ; 『송형통』 권3, 名例律 犯流徒罪, 51~52쪽 참조). 이들은 종래 그 신분에 관하여 여러 가지 논의가 있었지만, 이 조문을 볼 때 賤人은 아니라고 생각된다.

268) '陵戶'는 황제나 이에 준하는 이들의 陵을 관리하는 陵署에 소속되어 청소 등 잡일을 하는 이들이다.

본인의 주가 아닌 곳에서 방어 임무를 수행할 자,[269)] 도형을 받아 복역하고 있는 죄수, 시정이나 사(使)[270)]로 충원된 유형을 받은 죄수 유배된 곳에서 시정으로 충원된 경우를 말한다. 3년이 지나면, 일반 규정[常式]에 의거한다.[271)]는 모두 과·역을 면제한다. 그리고 공거된 사람[貢擧人]이 실제로 [예부시에서] 급제하거나,[272)] 여러 가지 직장(職掌)을 가진 이들[諸色人][273)]이 정해진 조건을 채워[年勞已滿] 마땅히 입류하여야 하는데[274)] 타당한 사정이

---

269) '防人'은 鎭·戍로 파견되어 변경을 방어하였던 이들로서, 각종 사역에도 동원되는 등 그 부담이 매우 컸다(張澤咸, 『唐五代賦役史草』, 北京 : 中華書局, 1986, 408~413쪽 참조). 따라서 이들에게 임무 수행 중은 물론 본인이 사는 州를 벗어나 멀리 이동하여야만 할 경우 그 전부터 과·역을 면제시켜 주었다고 생각된다.

270) 앞서 밝혔듯이 이 '使'를 전후한 문맥이 불확실하다. 일단 이렇게 표점한 것은 流刑을 받은 죄수의 使役과 이 구절을 연관지어 볼 수 있을 듯하기 때문이다. 원칙상 流刑囚는 1년간 服役시키고(『당률소의』 권3, 名例24-1의 율문 〈제24조〉, 66쪽 ; 『역주당률소의』, 206~207쪽 ; 『송형통』 권3, 名例律 犯流徒罪, 33쪽), 加役流의 형을 받거나 流刑을 보낼 수 없는 특수 신분의 경우 그 기간이 연장될 수도 있었는데(『당률소의』 권3, 名例28-2의 율문 〈제28조〉, 74쪽 ; 『역주당률소의』, 223쪽 ; 『송형통』 권3, 名例律 犯流徒罪, 51쪽), 이때 이들에게 課·役의 부과가 불가능한 것이다. "其應徒則皆配居作[原注 : 在京送將作監, 婦人送少府監縫作, 外州者, 供當處官役及修理城隍·倉庫及公廨雜使. 犯流應住居作者亦準此.]"(『당육전』 권6, 刑部尙書, 190쪽 ; 『역주당육전』상, 605쪽)라는 기록에 보이는 倉庫나 公廨의 '雜使'로 이용된 流刑囚가 그 좋은 예이다. 이들의 상황은 "도형을 받아 복역하고 있는 죄수"와 마찬가지이며, 복역 중 사망자에 대한 규정인 獄官令, 〈舊4〉조가 당시 가혹한 노역에 시달리던 죄수들이 실제로 적지 않았음을 알려준다. 그러나 이러한 해석은 난해한 문맥 탓에 다만 추정일 뿐이다.

271) 이것은 당시 3년이 지나면 侍丁에게 役만을 면제하던 규정(〈舊10〉조)을 적용한다는 의미일 듯하다. 물론 이러한 해석 또한 위의 '使' 개념과 연관되어 있으므로 단지 추론에 그친다.

272) '貢擧人'은 보통 禮部試의 응시자로 선발된 이들을 뜻하는데, 여기에서는 지방에서 올라온 '鄕貢'을 가리킨다고 생각된다. 당시 中央官學을 통해 禮部試의 응시 자격을 취득한 '生徒'도 있었지만, 이들은 國子監의 학생이나 '俊士'로서 이미 課·役을 면제받았기 때문이다.

273) '諸色人'은 여러 가지 의미로 쓰일 수 있으나, 협의의 경우 黃正建, 「『天聖令·雜令』所涉唐前期諸色人雜考」, 黃正建 편, 『天聖令與唐宋制度硏究』의 설명처럼 관청에서 갖가지 職掌을 가지고 있던 流外官 이하 良人 신분의 다양한 사람들을 가리킨다. 이 조항에서 課·役 면제자로 규정된 이들이 그 대표적인 예인데, 특히 이 구절에서는 入流를 기대할 수 있는 流外官 등 비교적 높은 지위의 자를 뜻한다고 생각된다.

274) '入流'는 流內官으로 들어가는 것을 말하는데, 그 주된 대상자는 流外官이었다.

있어 아직 [이부(吏部)에서] 서용(敍用)하지 못한 경우 모두 이에 준한다. 그리고 유외로서 상근하는 [유외]3품 이상 [관인], 품자로서 잡장을 맡은 자와 친사·장내가 적법한 사유로 해직된[275] 경우 역시 이 법례에 의거한다. 마땅히 서용하여야 하는데 [타당한 사정 없이 이부 전선(銓選)에] 오지 않은 경우라면 '무자(無資)'[276]의 법에 의거한다.[277]

이들의 入流 자격은 尙書都省의 令史·書令史의 예(『唐六典』 권1, 三師三公尙書都省, 12쪽 ; 『역주당육전』상, 143~144쪽)에서 보듯이 그 직위와 시기에 따라 달랐다. 그러나 流外官의 銓選 역시 기본적으로 流內官의 그것과 같아서, 매년 평가하는 考의 숫자와 그 평가 등급이 중요하였다. 따라서 이들이 流內官으로 승진하기 위해서는 일정한 근무 '年'數와 '勞'效를 충족시켜야만 하였을 것이다.

275) 범죄가 아니라 "致仕·得替·省員·廢州縣" 등의 이유로 인한 解職을 "以理去官"이라고 하고, 이렇게 해직된 官人은 기본적으로 現任 시와 동등하게 대우하였다(『당률소의』 권2, 名例15-1의 율문과 소의 〈제15조〉, 40쪽 ; 『역주당률소의』, 155쪽 ; 『송형통』 권3, 名例律 請減贖, 22~23쪽). 이 조문의 내용은 바로 이러한 원칙을 일부 職掌 담당자의 부역 면제에서도 적용한다는 뜻일 것이다.

276) '無資'의 의미는 불확실하다. 만약 이 '資'가 관인의 신분, 근무 연한, 경력 등을 전체적으로 고려하여 결정된 職任 부여의 기준이라면(鄧小南, 『課績·資格·考察』, 鄭州 : 大象出版社, 1997, 71~72쪽), 이것은 곧 이러한 자격을 갖추지 못한 자이다. 『당육전』 권5, 尙書兵部, 160~161쪽(『역주당육전』상, 525~528쪽)에서 '上資', '次資', '下資', '無資'에 따라 다른 戰功에 대한 보상 설명 중 "白丁·衛士·雜色人"(『신당서』 권46, 百官1, 1189쪽의 '司勳郎中'조에 전하는 이와 유사한 내용에서는 "雜色人"이 빠져 있다.)을 '無資'라고 한 것이 그 좋은 예이다. 그렇다면 이 구절은 職任을 가질 수 있는 官人의 자격을 전혀 갖추지 못한 자와 같이 처리한다는 의미로 생각된다. 다시 말하면, 상근하는 유외3품 관인 등이 적법한 사유로 해직된 뒤 다시 銓選에 참여하여야 할 때 타당한 이유 없이 오지 않은 경우, 그의 기존 官人으로서의 경력을 인정하지 않겠다는 뜻인 것이다.

277) 이 조문은 流外官과 관청에서 다양한 직무를 수행하는 자 등에 대한 課·役 면제 규정으로서, 비슷한 내용이 당대의 문헌들과 일본령에 보이므로 당제라고 생각된다. 그런데 이 조항은 기존의 기록과 달리 그 해당자를 낱낱이 열거하여 매우 흥미롭다(이들과 관련하여 雜令, 〈舊1〉·〈舊2〉·〈舊8〉·〈舊9〉·〈舊15〉조 등에 상세한 기록이 있다.). 이들은 대부분 〈現6〉조에서 官人에 준하여 戶役을 면제시켜 준다고 한 '雜任'과 유사한 듯하고, 천성령의 반포와 함께 〈現6〉조가 이 조항의 내용 대부분을 대체하였다고 생각된다. 따라서 이 두 조항의 비교를 통하여, 당시 세역제도는 물론 관청에서 실무를 맡은 하급 吏들의 성격 변화를 이해하는 단서를 찾을 수 있을 듯하다. 아울러 이것은 관청의 일을 하고 있던 자에 대한 전토 지급의 특혜(田令, 〈舊15〉조) 혹은 비슷한 일을 하면서도 단지 雜徭만 면제된 이들(〈舊18〉조) 등과 관련하여 다각적인 검토도 필요할 것이다.

유관당송문 1)『唐六典』：凡丁戶皆有優復蠲免之制. 諸皇宗籍屬宗正者及諸親, 五品已上父·祖·兄·弟·子·孫, 及 諸色雜有職掌人.(권3, 尙書戶部, 77쪽 ;『역주당육전』 상, 332쪽)

2)『通典』：諸任官應免課·役者, 皆待蠲符至, 然後注免. 符雖未至, 驗告身灼然實者, 亦免. 其雜任被解應附者, 皆依本司解時日月據徵.(권6, 食貨 賦稅下, 109쪽)

3)『唐會要』：寶歷二年正月, 戶部侍郞崔元略奏, "准賦役, 今內外六品以下官, 及京司諸色職掌人, 合免課·役. 請自今以後, 應諸司見任官, 及准式合蠲免職掌人等, 並先於本司陳牒責保, 待本司牒到, 然後與給符. 其前資官, 卽請於都省陳狀, 准前勘責, 事若不實, 准詐僞律論.(권58, 尙書省諸司中 戶部侍郞, 1188쪽 ;『冊府元龜』 권474, 臺省部 奏議五, 5659쪽 참조)

4)『新唐書』：太皇太后·皇太后·皇后緦麻以上親, 內命婦一品以上親, 郡王及五品以上祖·父·兄·弟, 職事·勳官三品以上有封者若縣男父·子, 國子·太學·四門學生·俊士, 孝子·順孫·義夫·節婦同籍者, 皆免課·役. 凡主戶內有課口者爲課戶. 若老及男廢疾·篤疾·寡妻妾·部曲·客女·奴婢及視九品以上官, 不課.(권51, 食貨1, 1343쪽)

5)『文獻通考』：『신당서』의 기록과 같다.(권13, 職役 復除, 142쪽)

6)『令集解』：逃亡者附亦同. … 古記云, 開元式云 … 一依令, 授官應免課·役, 皆待蠲符至, 然後注免. 雜任解下應附者, 皆依解時月日據徵, 卽雜補任人合依補時月日蠲免. … 一防閤·疾(庶?)僕·邑士·白直等諸色雜任等, 合免課·役, 其中有解替, 卽合計日, 二人共免一年. 一諸色選人中間有替解, 或有轉選得官, 徵免依破除法, 各與本司計會.(권13, 賦役令, 406~407쪽)

▸ 유관 일본령

『令義解』：凡舍人·史生·伴部·使部·兵衛·衛士·仕丁·防人·帳內·資人·事力·驛長·烽長·及內外初位長上·勳位八等以上·雜戶·陵戶·品部·徒人在役, 並免課·役. 其主政·主帳·大毅以下·兵士以上·牧長帳·驛子·烽子·牧子·國學博士·醫師·諸學生·侍丁·里長·貢人得第未敍·勳位九等以下·初位·及殘疾, 並免徭役.(권3, 賦役令, 122쪽 ;『令集解』 권13, 賦役令, 416~417쪽)

▸ 복원 당령

『唐令拾遺』賦役令, 13조와 21조, 680쪽과 687~688쪽 ;『당령습유보』賦役令, 21조, 775~776쪽

『天聖令』 당령복원청본, 賦役令, 23조, 476쪽

〈舊16〉 諸文武職事六品以下九品以上·勳官三品以下五品以上父·子, 若除名未敍人及庶人年五十以上, 若宗姓, 並免役輸庸. 願役身者聽之. 其應輸[278)]庸者, 亦不在雜徭及點防(坊)[279)]之限. 其皇宗七廟子孫, 雖蔭盡, 亦免入軍.

무릇 문·무 직사[관] 6품 이하부터 9품 이상까지와 훈관 3품 이하부터 5품 이상까지의 부·자, 제명된 뒤 아직 서용되지 않은[280)] 자와 서인으로서 나이 50세 이상인 자, 황족은 다 역을 면제하고 용을 내게 한다. 스스로 역을 지려 할 경우 이를 허용한다.[281)] 그리고 마땅히 용을 낼 [수 있게 허용된] 경우, 또한 잡요[282)]와 방인(防人) 차출[283)]의 징발 범위에도 두지 않는다. 그리고 황제의 종친 중 7묘의 후손[284)]은 비록 음의 혜택이 다하였더라도[285)]

---

278) [교감주] 저본의 '輸'는 유관 일본령에 '收'로 되어 있으나, 저본에 따른다.

279) [교감주] 저본의 '坊'은 유관당송문의 『당률소의』를 보면 '防'의 오기이다.

280) '除名'으로 모든 官職과 爵位를 삭제당한 官人은 6년이 지나야 '出身法'에 의하여 다시 서용될 수 있었다. 『당률소의』 권3, 名例21-1·2의 율문 〈제21조〉, 58쪽(『역주당률소의』, 190~191쪽)와 『송형통』 권2, 名例律 以官當徒除名免官免所居官, 36~37쪽 참조.

281) 이 규정은 役을 지지 않을 丁·匠에게 대신 庸을 거둔다는 〈舊24〉조와 일면 비슷해 보인다. 그러나 이것은 담세자에게 그 선택권을 주었다는 점에서 분명한 특혜이다.

282) '雜徭'와 役의 관계는 논란거리이다. 당시 일반민의 賦役을 租·調·庸만이라고 한 기록(『陸贄集』 권22, 均節賦稅恤百姓六條, 716쪽)과 租·調·庸 이외에 따로 '雜徭'를 명기한 문헌(『당육전』 권3, 尙書戶部, 76쪽 ; 『역주당육전』상, 325~326쪽 등)이 병존하기 때문이다. 그러나 雜徭가 正役에 비하여 잡다하고 가벼운 徭役이라는 점은 분명하다.

283) '點防'은 변경의 鎭·戍로 파견하여 방어 임무 등을 맡길 防人(〈舊15〉조의 해당 사항에 대한 주 참조)을 가려서 뽑는 것이다. 『당률소의』 권16, 擅興16-2의 소의 〈제239조〉, 312쪽(『역주당률소의』, 2366쪽)와 『宋刑統』 권16, 擅興律 出給戎仗, 262쪽에서는 '防人'과 '正役'을 명확히 구분하고 있으나, 이 규정을 보면 적어도 그 운용상 양자가 무관하지 않아 보인다.

284) 원래 4廟制였던 唐朝는 貞觀 9년 7廟制를 채용하였고, 개원 10년 9廟制로 바꾸었다(『通典』 권50, 禮10 祫禘下, 1403쪽의 貞元 8년 李嵘 등의 '議' 참조). '9묘의 후손'은 『당육전』 권16, 衛尉宗正寺, 465~466쪽(『역주당육전』중, 487~489쪽)에 자세히 전하나, '7묘의 후손'에 관한 기록은 보이지 않는다.

285) 〈現8〉조에 의하면 宗正寺에 '屬籍'된 황제의 종친은 모두 課·役을 면제받는 蔭의 혜택을 누렸는데, 그 범위는 황제의 袒免親까지로 제한된다. 따라서 이것은 이보다 더 먼 친속 관계라는 뜻일 것이다.

역시 병사로의 징발[入軍]은 면제한다.[286]

유관당송문 1)『唐律疏議』: 又, 依令, "除名未敍人, 免役輸庸, 並不在雜徭及征防之限." (권3, 名例21-1의 소의 〈제21조〉, 58쪽 ;『역주당률소의』, 190~191쪽 ;『宋刑統』 권2, 名例律 以官當徒除名免官免所居官, 37쪽)

2)『唐會要』: [武德二年二月十六日詔曰] 天下諸宗姓任官者, 宜在同列之上. 無職任者, 不在徭役之限.(권65, 宗正寺, 1348쪽)

▸ 유관 일본령

『令義解』: 凡除名未敍人, 免役輸庸. 願役身者聽之. 其應收庸者, 亦不在雜徭及點防之限.(권3, 賦役令, 122쪽 ;『令集解』 권13, 賦役令, 418쪽)

▸ 복원 당령

『唐令拾遺』 賦役令, 23조, 689쪽

『天聖令』 당령복원청본, 賦役令, 24조, 476쪽

〈舊17〉 諸蔭親屬免課·役者, 其散官亦依職事例, 其守官依本品.

무릇 친속에게 음의 혜택을 주어 과·역을 면제할[287] 경우, 산관을 가진 자 또한 직사[관]의 법례에 의거하고, 산관보다 높은 품계의 직사관을 가진 자[守官][288]는 본래의 산관품[本品][289]에 따른다.[290]

---

286) 이 조문은 당대의 문헌에서 유사한 내용이 확인되므로 당제라고 생각된다. 그런데 여기에는 役 대신 庸을 낼 수 있게 해 준 이들에게는 雜徭와 防人의 의무까지 면제시킨다는 새로운 규정이 있고, 이것은 당시 役制의 운용과 관련하여 주목할 만하다.

287) 〈舊14〉·〈舊16〉조에 이에 관한 규정이 있다.

288) 당대에 散官보다 높은 품계의 職事官을 수행할 때 '守'라고 한다(『당육전』 권2, 尙書吏部, 28쪽 ;『역주당육전』상, 161~164쪽).

289) '本品'은 『구당서』의 "凡九品已上職事, 皆帶散位, 謂之本品."(권42, 職官1, 1785쪽)이라는 기록에서 알 수 있듯이 '散位' 곧 散官品이었다. 당대에는 이것이 官人의 지위를 기본적으로 결정하였다.

290) 이 조문과 유사한 내용은 당대의 문헌에서 그 후반부만 분명히 확인되고, 散官에게도 蔭에 의한 세역상의 혜택을 職事官과 똑같이 주었다는 기록은 새로운 사료이다. 영업전의 지급(田令, 〈舊〉5조)이나 그 자손에게 허용된 出身 品階(『당육전』 권2,

유관당송문 1)『通典』: … 令並爲文散官. … 貞觀十一年改令, 以職事高者爲守, 職事卑者爲行. 其欠一階依舊爲兼, 與當階者皆解散官. 官階相當, 無行無守. 其子孫用廕, 皆依散官.(권34, 職官16 文散官, 938쪽)

▶ 복원 당령

『天聖令』 당령복원청본, 賦役令, 25조, 476쪽

〈舊18〉 諸漏刻生·漏童·藥童·奉觶(解)[291]·羊車小史·嶽瀆齋郎·獸醫生, 諸[292]村正·執衣·墓戶, 並免雜徭. 外監掌固典事·屯典事亦準此.

무릇 누각생,[293] 누동,[294] 약동,[295] 봉치,[296] 양거소사,[297] 악독재랑,[298]

「尙書吏部」, 31~32쪽 ;『역주당육전』상, 185~188쪽)에서 직사관과 동일한 대우를 받은 散官은 5품 이상으로만 제한되어 있기 때문이다.

291) [교감주] 저본의 '奉解'는 당시 職名을 생각할 때 '奉觶'의 오기이다.

292) [교감주] '諸'는 일반적으로 조문의 첫머리에 나오는데, 잡요 면제 대상자들을 열거하는 여기에 이 글자가 들어간 까닭은 알 수 없다. 오기일 가능성도 있다.

293) 당대에는 太史局에 中男과 小男으로 충원된 '漏刻生' 360명을 두어 시간을 알려주었다(『唐六典』 권10, 秘書省, 305쪽 ;『역주당육전』중, 179~180쪽). 雜令, 〈舊1〉·〈舊2〉·〈舊8〉조에 이들과 관련된 기록이 있다.

294) 당대에는 太子率更寺에 60명의 '漏童'을 두어 시간을 알려주었다(『唐六典』 권27, 家令率更僕寺, 695·701쪽 ;『역주당육전』하, 314~315쪽·336~338쪽). 雜令, 〈舊1〉·〈舊8〉조에 이들과 관련된 기록이 있다.

295) 『唐六典』에 의하면, 약을 조제하는 '藥童'이 殿中省 尙藥局에 30명(권11, 殿中省, 325쪽 ;『역주당육전』중, 196~197쪽), 太常寺 太醫署에 24명(권14, 太常寺, 392쪽 ;『역주당육전』중, 336~338쪽)이 있었다. 東宮 藥藏局의 '藥僮' 18명(권26, 太子三師·三少·詹事府·左右春坊·內官, 657·667쪽 ;『역주당육전』하, 248~251·285쪽) 역시 그 역할로 보아 이와 같은 것일 수 있다. 雜令, 〈舊8〉조에 이들과 관련된 기록이 있다.

296) 『唐六典』에 의하면, '奉觶'는 光祿寺 良醞署에 120명(권15, 光祿寺, 447쪽 ;『역주당육전』중, 446~447쪽), 東宮 食官署에 30명(권27, 家令率更僕寺, 694쪽 ;『역주당육전』하, 314~315쪽)이 있었다. 雜令, 〈舊1〉·〈舊8〉조에 이들과 관련된 기록이 있다.

297) 『唐六典』 권17, 太僕寺, 476쪽(『역주당육전』중, 496쪽)에 의하면 乘黃署에 '羊車小史' 8명이 있었는데, 이들은 특별한 복장을 하고 羊車라는 작은 수레를 끄는 말을 몰던 아이들에서 유래하였다고 한다(『唐六典』 同上, 482쪽 ;『역주당육전』중, 522~523쪽). 雜令, 〈舊1〉·〈舊8〉조에 이들과 관련된 기록이 있다.

298) 당대에는 5嶽과 4瀆에 각각 '齋郎' 3명이 있어 禮器의 관리 등을 맡았다(『唐六典』 권30, 三府督護州縣官吏, 756쪽 ;『역주당육전』하, 482~483쪽). 雜令, 〈舊1〉·〈舊8〉조에 이들과 관련된 기록이 있다.

수의생,[299] 그리고 촌정,[300] 집의,[301] 묘호[302]는 모두 잡요[303]를 면제한다. 외감의 장고, 전사[304]와 둔의 전사[305] 역시 이에 준[하여 잡요를 면제]한다.[306]

유관당송문 관련 기록이 당송 시기 문헌에서는 확인되지 않는다.

▶ 유관 일본령

『令義解』: 凡舍人·史生 … 並免課·役. … 其坊長·價長, 免雜徭.(권3, 賦役令, 122쪽 ; 『令集解』 권13, 賦役令, 416~418쪽)

---

299) 당대에는 太僕寺에 '庶人之子' 가운데 시험으로 뽑은 '獸醫生' 100명을 두어 실습시켰다(『唐六典』 권17, 太僕寺, 476·480쪽 ; 『역주당육전』중, 496·505쪽). 雜令, 〈舊8〉조에 이들과 관련된 기록이 있다.

300) '村正'은 田野의 민간 거주 단위인 村의 관리자이다. 雜令, 〈舊15〉조에 의하면, 이들은 당시 비슷한 역할을 한 里正·坊正과 달리 '雜任'에 포함되지 않는다.

301) 『唐六典』 권3, 尙書戶部, 78쪽(『역주당육전』상, 338쪽)에 의하면, '執衣'는 州縣官과 在外監官을 돕게 한 '中男'이었다. 그런데 이들은 점차 '課'를 납부하여 身役을 대신했다고 한다(『通典』 권35, 職官 秩祿, 965쪽).

302) 당대에는 '親王墓'나 '公主墓'를 그 인근의 下戶들에게 교대로 관리하게 하였는데(『唐六典』 권3, 尙書戶部, 77~78쪽 ; 『역주당육전』상, 332~335쪽), 이들이 '墓戶'일 것이다.

303) '雜徭'는 正役에 비하여 잡다하고 가벼운 徭役이다. 〈舊16〉조의 '雜徭'에 대한 주 참조.

304) '外監'은 지방에 派出되어 중앙 관청의 임무를 수행하는 監으로서, 太僕寺의 牧監·沙苑監 등 다양한 종류가 있다(〈舊15〉조의 '外監의 錄事·府·史'에 대한 주 참조). 『唐六典』의 外監 관련 기록을 보면, 녹사·부·사 등 無品의 吏들 아래 '掌固'나 '典事'와 같은 하급 실무자들을 둔 경우가 많다.

305) 司農寺 소속 外監인 屯監의 '典事'(『唐六典』 권19, 司農寺, 522쪽 ; 『역주당육전』중, 590~592쪽)가 이미 앞 구절에 포함된다면, 이 '屯典事'가 무엇을 가리키는지 의문이다. 이것이 당시 司農寺나 州·鎭·軍府의 관할 아래 일정한 규모의 전토 단위로 조성된 개별 屯(田令, 〈舊38〉조)의 실제 관리자라고도 생각되나, 『당육전』에서는 이들을 '屯主'·'屯副'라는 다른 이름으로 부르기 때문이다.

306) 이 조문은 중국의 기존 문헌에 전혀 없던 내용으로서 중요한 사료적 가치를 갖는다. 그런데 단지 '雜徭'만을 면제시켜 준 이들과 〈舊15〉조의 모든 課·役 면제자 간의 차이는 흥미로운 문제이다. 이와 관련하여 이 조항의 해당자들이 대부분 丁男이 아니라는 사실이 강조되지만, 村正·墓戶나 外監의 掌固·典事, 屯典事의 경우 반드시 그렇지는 않기 때문이다. 이 문제는 당시 관청의 잡다한 직무 수행자에 대한 다각적인 검토를 필요로 한다고 생각된다.

▸ 복원 당령

『天聖令』 당령복원청본, 賦役令, 26조, 476쪽

〈舊19〉 諸遭父母喪及嫡孫承重者, 皆待服闋(闕)[307]從役. 爲人後者爲其父母, 及父卒母嫁·出妻之子[爲母],[308] 並聽終心喪.

무릇 부모의 상을 당하거나[309] 적손으로서 승중[310]할 경우 모두 복상(服喪) 기간이 끝나기를 기다려 역을 지운다. [양자(養子)로 들어가] 다른 사람의 뒤를 이은 자가 그 [친생] 부모를 위하여[311] 혹은 아버지가 돌아가신 뒤 개가한 어머니나 쫓겨난 [아버지의] 처[出妻]의 아들은 [친생] 어머니를 위하여서는[312] 모두 심상[313]까지 마치[고 역을 지]는 것을 허용한다.[314]

---

307) [교감주] 저본의 '闕'은 문맥상 '闋'의 오기라고 생각된다.

308) [교감주] 저본에는 '爲母'가 없으나, 喪葬令, 〈府3〉조나 『大唐開元禮』 권132, 凶禮 五服制度, 622쪽의 기록을 보면 여기에 이 글자가 있어야 한다.

309) 喪葬令, 〈府1〉·〈府2〉와 『大唐開元禮』 권132, 凶禮 五服制度, 620~622쪽에 의하면, 아들은 아버지를 위해 '斬衰三年', 어머니를 위해 '齊衰三年'의 服을 입는다.

310) '承重'은 喪祭와 宗廟의 重任을 이어받는다는 뜻으로서, 여기에서는 아버지가 일찍 죽어 맏손자가 그 조부의 喪에 喪主가 됨을 의미한다(『大唐開元禮』 권132, 凶禮 五服制度, 620쪽의 "嫡孫爲祖[原注 : 爲承重者, 爲曾祖·高祖後亦如之.]"라는 기록을 보면, 증손자나 현손자의 경우도 여기에 해당될 듯하다. 喪葬令, 〈府1〉조에도 동일한 취지의 기록이 있다.). 이와 관련하여 더 자세한 설명은 喪葬令, 〈府1〉조의 '할아버지의 후사가 된 적손'에 대한 주 참조.

311) 喪葬令, 〈府4〉조와 『大唐開元禮』 권132, 凶禮 五服制度, 622쪽에 의하면, 이 경우 '齊衰不杖期'의 상복을 입는다.

312) 喪葬令, 〈府3〉조와 『大唐開元禮』 권132, 凶禮 五服制度, 622쪽에 의하면, 이 경우 '齊衰杖周'의 상복을 입는다.

313) 孔子에 대한 제자들의 服喪에서 유래하였다는 '心喪'은 특별한 관계를 가진 이에 대하여 喪制의 규정과 별개로 혹은 喪期를 연장하여 애도를 표시하는 것이다. 수당 시기에 정비된 이 제도에 관하여서는 김정식, 「唐 前期 官人 父母喪의 확립과 그 성격」, 『중국고중세사연구』 28, 2012, 215~227쪽 참조.

314) 이 조문과 유사한 내용이 일본령에 보이므로(유예 기간이 다른 것은 당시 일본에서 부모를 위한 복상 기간이 1년이었기 때문이다. 『영의해』 권9, 喪葬令, 服紀條, 296쪽 ; 『영집해』 권40, 同條, 971쪽 참조) 당제라고 생각된다. 사실 중국의 현존 문헌에 이러한 令文이 확인되지 않을 뿐 그 제도의 시행을 보여주는 기록은 많다. 「唐永徽二年後某鄉戶口帳」의 부모 상과 관련된 '終制'(國家文物局古文獻硏究室 등 편, 『吐魯番出土文書』 6, 北京 : 文物出版社, 1985, 115~116쪽)나 「唐天寶年代燉煌郡燉煌縣差科簿」의

유관당송문 관련 기록이 당송 시기 문헌에서는 확인되지 않는다.

▸ 유관 일본령

『令義解』: 凡遭父母喪, 並免朞年徭役.(권3, 賦役令, 122쪽 ; 『令集解』 권13, 賦役令, 418~419쪽

▸ 복원 당령

『唐令拾遺補』 賦役令, 보2조, 779~780쪽

『天聖令』 당령복원청본, 賦役令, 27조, 476쪽

〈舊20〉 諸應役丁者, 每年豫料來年所役色目·多少, 二月上(止)[315]旬申本司校量, 四月上旬錄送度支, 覆審支配總奏. 其在(左)[316]京諸司權時須丁役者, 皆申戶部, 於見役丁內量事抽配. 若當處役丁有賸, 不得輒將迴役. 其非年常支料, 別有營作, 事[317]須丁多, 不可抽減(咸)[318]者, 申度支處分.

무릇 마땅히 정(丁)에게 역을 지워야 할 경우, 매년 내년에 부담시킬 역의 종류와 양을 예상하여 2월 상순에 관할 관사(官司)에 보고하여 검토하게[校量] 하고, [관할 관사는] 4월 상순에 [보고서와 검토 내용을] 기록하여 탁지로 보내며, [탁지가 전국의 역] 안배를 재심사하여 총괄적으로 상주한다. 경사(京師)에 있는 여러 관사들에서 임시로 정의 역이 필요할 경우라면, 모두 호부에 보고하여 [그해 징발 예정자로서] 현재 복역 가능한 정들

'終服'(池田溫, 『中國古代籍帳硏究』, 263~280쪽) 등과 같은 표현이 그것이다. 이 조항은 복역 중 부모 상을 당하였을 때 나머지 役을 면제해 주고 되돌려 보낸 〈現15〉조와 마찬가지로 儒敎의 禮를 존중한 규정이나, 이것이 喪服의 輕重보다 자식의 부모에 대한 관계를 중시하고 있다는 사실이 주목된다. 이보다 같거나 무거운 喪들도 이러한 상황이 아니면 이 조문의 수혜 대상에 포함되지 않기 때문이다.

315) [교감주] 저본의 '止'는 문맥상 '上'의 오기이다.

316) [교감주] 저본의 '左'는 문맥상 '在'의 오기이다.

317) [교감주] 저본의 '事'를 중화서국 교록본에서는 『令集解』의 營繕令에 인용된 唐令 등을 이유로 '猝'과 통용 가능한 '卒'의 오기로 보았다. 그러나 中國社會科學院歷史硏究所『天聖令』讀書班, 「『天聖令·賦役令』譯注稿」의 지적처럼 저본대로 해석해도 무리가 없을 듯하다. 따라서 여기에서는 일단 저본에 따른다.

318) [교감주] 저본의 '咸'은 문맥상 '減'의 오기이다.

가운데 상황을 헤아려 뽑아 배정한다. 설령 해당하는 곳에서 복역 중인 정에 여분이 있더라도, [호부에 보고하지 않고] 임의로 역을 바꾸어 시킬 수 없다. 그러나 평상시 미리 [역의 분배를] 판단할 수 없는 특별한 영조(營造) 작업이 생겨 그 일에 필요한 정이 많아져서 [현재 복역 가능한 정 가운데서만] 뽑아낼 수 없는 경우, 탁지에 보고하여 [정의 징발과 역의 안배를 새로 책정하여] 처리한다.319)

유관당송문 1)『令集解』: … 錄付主計 … 釋云, 依文本司申官, 官付主計, 而稱'錄付'者, 官取本司錄狀, 轉付主計耳. 唐令云, "本司量校, 錄送度支." 文同意殊.(권14, 賦役令, 422쪽)

2)『令集解』: … 及支料之外, 更有別須, 應科折 … 或云, 唐賦役令云, "其非年常支料, 別有營作, 卒須丁多者, 並申度支處分"者, 令此文云, "支料之外, 更有別須, 應科折"者, 則彼文 "支料之外, 別有營作"是, 而制令之日, 省賦役令, 此文不改, 故難會.(권30, 營繕令, 760~761쪽)

▸ 유관 일본령

『令義解』: 凡雇役丁者, 本司預當年所作色目多少申官, 錄付主計, 覆審支配, 七月卅日以前奏訖. 自十月一日, 至二月卅日內, 均分上役. 一番不得過五十日, 若要月者, 不得過卅日. 其人限外上役欲取直者聽. 國司皆須親知貧富强弱, 因對戶口, 卽作九等定簿, 預爲次第, 依此赴役.(권3, 賦役令, 122~123쪽 ;『令集

---

319) 이 조문과 유사한 내용이 중국의 현존 문헌에는 없으나 비슷한 일본령이 있으므로 당 전기의 令이라고 생각된다. '役'의 예산 편성과 관련된 이 조항은 課에 대한 〈舊1〉조와 대비되는데, 度支와 戶部의 중요한 역할이나 책정된 예산 변경의 까다로운 절차 등 동일한 요소가 많다. 단 役의 경우 탁지로 예산을 신청하기까지의 과정을 2월과 4월이라는 시점까지 명기하며 자세히 기록한 반면, 〈舊1〉조는 단지 탁지가 課의 예산을 확정해야 할 10월말이라는 기한만을 밝히고 있다. 이것은 役 관련 작업이 課보다 선행되었음을 시사하고, 그 이유는 당시 세역제도의 특성과 무관하지 않아 보인다. 규정된 기간 이상으로 복역시킬 필요가 있으면 租와 調를 면제해 주어야만 하고(〈舊22〉조), 또 복역 기간이 짧아지면 그만큼 庸을 더 거둘 수 있었기(〈舊24〉조) 때문이다. 다시 말하면, 度支가 4월 상순까지 이듬해 필요한 역의 종류와 양을 미리 파악해 두어야만, 戶部에서 정리한 計帳 곧 지방의 戶口 자료를 참조하여 租庸調法에 따라 실제로 수취할 수 있는 課의 예산을 확정할 수 있었던 것이다.

解』 권14, 賦役令, 421~423쪽)

▸ 복원 당령

『唐令拾遺』 賦役令, 24조와 26조, 689~690쪽 ; 『唐令拾遺補』 賦役令, 24조와 26조, 777~778쪽

『天聖令』 당령복원청본, 賦役令, 28조, 476쪽

〈舊21〉 諸州丁支配不充科數者, 並申度支處分.

무릇 주가 정의 안배에서 할당된 수를 채우지 못할 경우, 모두 탁지에 보고하여 처리한다.[320]

유관당송문 관련 기록이 당송 시기 문헌에서는 확인되지 않는다.

▸ 복원 당령

『天聖令』 당령복원청본, 賦役令, 29조, 476쪽

〈舊22〉 諸丁·匠歲役功二(上)[321]十日, 有閏之年加二日. 須留役者, 滿十五日免調, 三十日租·調俱免役(後)[322]日少者, 計見役日折免. 兼[323]正役並不得過五十日. 其在路遠之處須相資者, 聽臨時處分. 其丁赴役之日, 長官親自點檢, 並閱[324]衣糧周備, 然後發遣. 若欲雇當州縣人及遣(遺)[325]部曲代(伐)[326]役者,

320) 이 조문은 기존 문헌에 보이지 않던 새로운 사료로서 매우 흥미롭다. 그런데 관련 문헌이 없어 그 정확한 해석이 어렵다. 사실 이 규정의 전반부를 혹 "무릇 [탁지가] 주에 안배한 丁이 [주에서 필요하여] 할당받고자 한 수를 채우지 못할 경우"라고 전혀 달리 번역할 수도 있을 듯한 것이다. 그러나 이 조항이 지방에서 度支의 허가 없이 임의로 정을 징발할 수 없게 만들려고 한 규정임은 분명하다.

321) [교감주] 저본의 '上'은 유관 문헌들을 보면 '二'의 오기이다. 『통전』의 경우 이 앞의 '功'을 '工'으로 적고 있으나 저본의 기록이 더욱 타당해 보인다.

322) [교감주] 저본의 '後'는 유관 일본령을 볼 때 '役'의 오기이다.

323) [교감주] 저본의 '兼'은 여타 문헌들에 '通'으로 되어 있다. 天聖令을 편찬할 당시 章獻太后의 父이던 劉通의 이름을 피휘하여 이 글자를 쓰지 않았다.

324) [교감주] 저본의 '閣'은 유관 일본령을 볼 때 '閱'의 오기이다.

325) [교감주] 저본의 '遣'는 유관 일본령을 볼 때 '遺'의 오기이다.

326) [교감주] 저본의 '伐'은 유관 일본령을 볼 때 '代'의 오기이다. 아래의 '伐' 자 역시

聽之，劣(省)[327]弱者不合．卽(耶)[328]於送簿名下各注(住)[329]代人貫屬·姓名(各)．[330] 其匠欲當色雇巧(以)[331]人代(伐)役者，亦聽之．

무릇 정과 장인이 매년 역을 지는 작업량[功][332]은 20일이고, 윤달이 있는 해는 이틀을 더한다. [계속] 머물러 역을 지게 해야 할 경우, 15일이 지나면 조(調)를 면제하고, 30일이 지나면 조(租)와 조(調)를 모두 면제하며, 복역한 날이 [기준일보다] 적을 경우 실제로 역을 진 날짜를 계산하여 [그만큼의 용(庸)과 조(調)·조(租)를] 대체하여 면제한다. 정역과 합쳐서 모두 50일을 넘을 수 없다. 길이 멀어 도와주어야만 할 경우, 그때 상황에 따라 처리하는 것을 허용한다. 정이 역을 지러 가는 날, 장관[333]은 직접 점검하고 의복과 양식을 제대로 갖추었음을 확인한 뒤 출발시킨다. 만약 [정이] 해당 주현의 사람을 고용하거나 부곡을 보내 역을 대신하고자 할 경우 이를 허용하지만, [역을 대신할 이가] 열등하거나 허약한 경우는 안 된다. 보내는 명부[簿][334]의 [원래 징발된 정과 장인] 이름 아래에 각각 대신할 사람의 적관(籍貫)·소속[貫屬]과 성명을 적는다. 장인이 같은 종류의[當色] 기술자를 고용하여 역을 대신 시키고자 할 경우 역시 이를 허용한다.[335]

마찬가지이다.

327) [교감주] 저본의 '省'은 유관 일본령을 볼 때 '劣'의 오기이다.

328) [교감주] 저본의 '耶'는 유관 일본령을 볼 때 '卽'의 오기이다.

329) [교감주] 저본의 '住'는 유관 일본령을 볼 때 '注'의 오기이다. 일본령에서는 이 앞의 '各'을 '具'로 적고 있으나, 저본대로 해석이 가능하므로 고치지 않는다.

330) [교감주] 저본의 '各'은 유관 일본령을 볼 때 '名'의 오기이다.

331) [교감주] 저본의 '以'는 유관 일본령에 '巧'로 되어 있고, 이 경우 뜻이 더 잘 통한다.

332) 일할 수 있는 시간에 따른 노동량 혹은 작업량의 계산 단위로서의 '功'에 대하여서는 〈現11〉조의 '작업'에 대한 주 참조.

333) 劉燕儷, 「試論唐代服役丁匠的規範」, 113쪽에서 잘 설명하였듯이, 이 長官은 縣令일 것이다.

334) 이 名簿가 關市令, 〈舊2〉조의 "諸丁匠上役度關者, 皆據本縣歷名, 共所部送綱典勘度."라는 규정에서 말하는 '本縣歷名'이라면, 이것은 역을 지러 가는 旅程에서도 매우 긴요한 문건이었다.

335) 이 조문에서 복역 기간과 그것이 연장되었을 때 調·租의 면제에 대한 규정은 『통전』을 비롯한 당대의 문헌들에 보이므로 확실히 당제이고, 丁·匠의 파견 방법과

유관당송문 1)『唐律疏議』: 依令, 丁役五十日, 當年課·役俱免.(권5, 名例44-5의 소의 〈제44조〉, 120쪽 ;『역주당률소의』, 317쪽 ;『宋刑統』권5, 名例律 共犯罪逃亡已獲未獲分首從, 87쪽)

2)『唐律疏議』: 依賦役令, 每丁, 租二石 ; 調絁·絹二丈, 綿三兩, 布輸二丈五尺, 麻三斤 ; 丁役二十日.(권13, 戶婚24-2의 소의 〈제173조〉, 252쪽 ;『역주당률소의』, 2246~2247쪽 ;『宋刑統』권13, 戶婚律 差科賦役不均平及擅賦斂加益, 211쪽)

3)『唐六典』: 凡丁歲役二旬 有閏之年加二日, 無事則收其庸, 每日三尺 布加五分之一 ; 有事而加役者, 旬有五日免其調, 三旬則租, 調俱免. 通正役並不得過五十日.(권3, 尙書戶部, 76쪽 ;『역주당육전』상, 326~327쪽)

4)『陸贄集』: "國朝著令, 賦役之法有三 : 一曰租, 二曰調, 三曰庸. … 古者用人之力, 歲不過三日, 後代多事, 其增十之. 國家斟酌物宜, 立爲中制, 每丁一歲定役二旬, 若不役則收其庸, 日準三尺. 以其出絹而當庸直, 故謂之庸.(권22, 均節賦稅恤百姓六條)

5)『通典』: 諸丁·匠歲役工二十日, 有閏之年加二日. 須留役者, 滿十五日免調, 三十日租·調俱免, 從日少者見役日折免. 通正役並不過五十日. 正役謂二十日庸也.(권6, 食貨6 賦稅下)

6)『舊唐書』:『당회요』의 기록과 거의 동일하다.(권48, 食貨上, 2088쪽)

7)『唐會要』: [武德]七年三月二十九日, 始定均田賦稅. … 凡丁歲役二旬, 若不役則收其傭, 每日三尺. 有事而加役者, 旬有五日, 免其調, 三旬則租調俱免, 通正役不過五十日.(권83, 租稅上, 1813쪽)

8)『冊府元龜』:『당회요』의 기록과 거의 동일하다.(권487, 邦計部 賦稅1, 5828쪽)

9)『新唐書』: 唐制 … 用人之力, 歲二十日, 閏加二日, 不役者日爲絹三尺, 謂之庸. 有事而加役二十五日者免調, 三十日者租·調皆免. 通正役不過五十日.(권51, 食貨1, 1343쪽)

10)『資治通鑑』: 初定均田租·庸·調法 … 每丁歲入租粟二石. 調隨土地所宜, 綾·絹·絁·布. 歲役二旬 ; 不役則收其傭, 日三尺 ; 有事而加役者, 旬有五日, 免其

代役 범위 등에 관한 후반부의 내용 또한 유사한 일본령이 있으므로 마찬가지이다. 따라서 이 조항의 발견으로 租庸調法의 근간이 되는 唐令의 원래 형태가 분명해졌을 뿐만 아니라, 아래 〈舊23〉·〈舊25〉조와 함께 검토하면 당시 징발된 이들을 복역할 장소로 보내는 일련의 과정을 잘 알 수 있게 되었다.

調；三旬, 租·調俱免.(권190, 唐 高祖 무덕7년 4월 庚子조, 5982쪽)

11) 『文獻通考』: 『신당서』의 기록과 거의 동일하다.(권2, 田賦 歷代田賦之制, 41쪽)

12) 『令集解』: … 滿卅日租·調俱免. … 釋云 … 唐令, 一丁調絹二丈, 卄日庸絹六丈, 留役滿十五日免調, 卅日租·調俱免. … 及遣家人代役 … 釋云, 唐令, 遣部曲代役者, 卽知是家人也, 案奴婢亦聽耳.(권13, 賦役令, 390~392쪽)

▶ 유관 일본령

『令義解』: 凡正丁歲役十日；若須收庸者, 布二丈六尺 一日二尺六寸. 須留役者, 滿卅日, 祖(租?)調俱免 役日少者, 計見役日折免. 通正役, 並不得過卌日. 次丁二人, 同一正丁. 中男及京畿內, 不在收庸之例. 其丁赴役之日, 長官親自點檢, 幷閱衣糧周備, 然後發遣. 若欲雇當國郡人及遣家人代役者, 聽之, 劣弱者不合. 卽於送簿名下, 具注代人貫屬姓名. 其匠欲當色雇巧人代役者, 聽之.(권3, 賦役令, 117~118쪽；『令集解』 권13, 賦役令, 389~392쪽)

▶ 복원 당령

『唐令拾遺』賦役令, 4조, 668~671쪽；『唐令拾遺補』 4·5조, 766~767쪽

『天聖令』 당령복원청본, 賦役令, 31조, 477쪽

〈舊23〉 諸丁·匠赴役者, 皆具造簿, 於未到前三(王)[336]日內豫送簿尙書省分配. 其外配者, 送配處, 任當州與作所相知追役. 皆以(已)[337]近及遠, 依名分配.

무릇 정과 장인이 역을 지러 갈 경우, 모두 [복역자를 징발한 주(州)에서] 명부[簿]를 자세히 만들어 [복역자들이] 도착하기 3일 이전에 미리 상서성에 명부를 보내어 [복역자들을] 나누어 배치한다. [경사나 복역자들을 징발한 해당 주 이외의] 밖으로 배치할 경우, 배치할 곳에 [미리 명부를] 보내어 해당 주가 일할 곳과 서로 알려 협조해서 역을 시킬 수 있다. 모두 가까운 곳부터 [시작]해서 먼 곳으로, [정과 장인이 할 수 있는 일의]

336) [교감주] 저본의 '王'은 유관 일본령을 볼 때 '三'의 오기이다.

337) [교감주] 저본의 '已'는 유관 일본령을 볼 때 '以'의 오기이다.

종류[名][338]에 따라 [복역자들을] 나누어 배치한다.[339]

유관당송문 관련 기록이 당송 시기 문헌에서는 확인되지 않는다.

▸ 유관 일본령

『令義解』: 諸丁·匠赴役者, 皆具造簿, 丁·匠未到前三日, 豫送薄(簿?)太政官分配. 其外配者, 便送配處, 皆以近及遠, 依名分配, 作具自備.(권3, 賦役令, 123쪽 ; 『令集解』 권14, 賦役令, 425~426쪽)

▸ 복원 당령

『天聖令』 당령복원청본, 賦役令, 33조, 477쪽

〈舊24〉 諸丁·匠不役者, 收庸. 無絹之鄉, 絁·布參受. 日別絁(施)[340]·絹各三尺, 布即[341]三尺七寸五分.

무릇 정과 장인이 역을 지지 않을 경우, [견(絹)으로] 용을 거둔다. 견이 없는 지방에서는 시(絁)나 포(布)를 섞어서 받는다.[342] 하루당 시나 견은 각각 3척[343]이고, 포는 3척 7촌 5푼이다.[344]

---

338) 원문 '名'의 의미는 불확실하다. 劉燕儷, 「試論唐代服役丁匠的規範」, 115쪽은 이것을 이 조항의 첫머리에 나오는 '名簿'와 같은 것으로 보았고, 中國社會科學院歷史硏究所『天聖令』讀書班, 「『天聖令·賦役令』譯注稿」도 이를 따른다. 그런데 劉燕儷의 근거는 『영집해』의 유관 일본령에 인용된 '古記'의 주석이나, 이 책에는 이와 다른 사례도 있다. 사실 『영의해』와 『영집해』가 모두 취한 "依名分配者, 木工·金匠, 執事不同, 隨其名實, 色別分配也."라는 주석은 이것을 匠人의 기능 문제로 해석하고 있다. 게다가 '名'이 '名簿'의 약칭으로 쓰인 용례도 찾기 힘들므로, 그 의미는 징발된 丁·匠이 할 수 있는 일의 종류로 이해하는 편이 좋을 듯하다. 물론 이것은 州에서 보낸 장부에 기재되어 있었을 것이다.

339) 이 조문과 유사한 내용이 중국의 기존 문헌에 없으나 비슷한 일본령이 있으므로 당 전기의 令으로 생각된다. 이 조항은 縣의 역할과 관련된 〈舊22〉조와 달리 州가 해야 할 일을 규정하고 있다.

340) [교감주] 저본의 '施'는 문맥상 '絁'의 오기이다.

341) [교감주] 저본의 '即'은 『통전』에 '則'으로 되어 있으나, 두 글자는 통용 가능하다.

342) 직물의 성격은 〈現1〉조의 해당 사항에 대한 주 참조. 이 조문을 〈現1〉조와 비교할 때, 일반적인 비단이 '紬'와 '絹'으로 달리 표현되고 있음이 주목된다.

343) 雜令의 〈現1〉조에서 "諸度, 以北方秬黍中者, 一黍之廣爲分, 十分爲寸, 十寸爲尺[原注 :

유관당송문 1)『唐六典』: 凡丁歲役二旬, 有閏之年加二日. 無事則收其庸, 每日三尺 ; 布加五分之一.(권3, 尙書戶部, 76쪽 ;『역주당육전』상, 326~327쪽)

2)『陸贄集』: "國朝著令 … 每丁一歲定役二旬, 若不役則收其庸, 日準三尺. 以其出絹而當庸直, 故謂之庸.(권22, 均節賦稅恤百姓六條, 716~718쪽)

3)『通典』: [開元]二十五年定令 … 諸丁·匠不役者收庸, 無絹之鄕, 絁·布參爪. 日別絁·絹各三尺, 布則三尺七寸五分.(권6, 食貨 賦稅下, 107~108쪽)

4)『舊唐書』:『당회요』의 기록과 거의 동일하다.(권48, 食貨上, 2088쪽)

5)『唐會要』: [武德]七年三月二十九日, 始定均田賦稅. … 凡丁歲役二旬, 若不役則收其傭, 每日三尺.(권83, 租稅上, 1813쪽)

6)『冊府元龜』:『당회요』의 기록과 거의 동일하다.(권487, 邦計部 賦稅1, 5828쪽)

7)『新唐書』: 唐制 … 用人之力, 歲二十日, 閏加二日, 不役者日爲絹三尺, 謂之庸.(권51, 食貨1, 1342~1343쪽)

8)『資治通鑑』: 初定均田租·庸·調法 … 歲役二旬 ; 不役則收其傭, 日三尺.(권190, 唐 高祖 무덕7년 4월 庚子조, 5982쪽)

9)『文獻通考』:『신당서』의 기록과 거의 동일하다.(권2, 田賦 歷代田賦之制, 41쪽)

10)『令集解』: … 滿卅日租·調俱免. … 釋云 … 唐令, 一丁調絹二丈, 廿日庸絹六丈, 留役滿十五日免調, 卅日租·調俱免.(권13, 賦役令, 390~391쪽)

▸ 유관 일본령

『令義解』: "凡正丁歲役十日 ; 若須收庸者, 布二丈六尺. 一日二尺六寸(권3, 賦役令, 117쪽 ;『令集解』권13, 賦役令, 389~390쪽)

▸ 복원 당령

『唐令拾遺』賦役令, 4조, 668~671쪽 ;『唐令拾遺補』賦役令, 4조, 766~767쪽

『天聖令』당령복원청본, 賦役令, 34조, 477쪽

一尺二寸爲大尺一尺], 十尺爲丈."이라 하는데, 이러한 길이 단위는 당대에도 마찬가지이다. 당대의 小尺은 약 30cm이고 大尺은 36cm인데, 후자가 더 일반적으로 사용되었다. 田令, 〈舊1〉조의 '畝'에 대한 주 참조.

344) 이 조문과 거의 동일한 내용이『통전』에 開元25年令으로 전하는데,『당육전』의 규정과 조금 다른 것은 시기의 따른 차이라고 생각된다. 일반민을 대상으로 한 이 조항은 담세자의 의사와 무관하다는 점에서 〈舊22〉조와 다르다.

〈舊25〉 諸租·調·庸及丁·匠應入京若配餘處者, 尚書省預令本道別與比州相知, 量程遠近, 以次立限, 使前(死)[345]後相避, 勿令停壅. 其租若路由關(開)[346]河及從水運(連)[347]者, 亦令水未凍前, 到倉輸納.

무릇 조(租)·조(調)·용과 정·장인을 마땅히 경사로 들이거나 [물품과 인력을 징발한 주 이외의] 여타 장소로 배분할 경우, 상서성은 미리 본래 [물품·인력을 징발한 주가 속한] 도가 따로 인근 주와 서로 알려 협조해서 행정(行程)을 헤아려[348] 차례대로 기한을 정하여서 [물품·인력 이동의] 앞뒤가 부닥치지 않도록 피하여 지체되지 않게 한다. 조(租)는 만약 [운송]로가 관중 등의 지역이나 황하를 지나거나 수운을 해야 할 경우에 또 물이 얼기 전에 창(倉)에 도착하여 낼 수 있게 한다.[349]

유관당송문 관련 기록이 당송 시기 문헌에서는 확인되지 않는다.

▸ 복원 당령

『天聖令』 당령복원청본, 賦役令, 46조, 477~478쪽

〈舊26〉 諸丁有所營造, 皆起八月一日從役, 四月一日以後停(亭).[350] 其營屯

345) [교감주] 저본의 '死'는 문맥상 '前'이나 '先'의 오기일 것이다. 여기에서는 일단 '前'으로 고친다.

346) [교감주] 저본의 '開河'를 渡邊信一郎, 「北宋天聖令による唐開元二十五年賦役令の復原並びに譯注(未定稿)」는 별다른 설명 없이 運河라고 하였다. 이러한 해석도 개연성은 있으나, 당시 關中·河東·河南·河北 등의 지역을 뜻하는 '關河'의 용례를 근거로 이것을 그 오기라고 본 중화서국 교록본에 따른다.

347) [교감주] 저본의 '連'은 문맥상 '運'의 오기이다.

348) 『당육전』 권3, 「尙書戶部」, 80쪽(『역주당육전』상, 347~348쪽)을 보면, 당시 '轉運·徵斂·送納'은 운송 방법에 따라 하루에 이동해야 할 거리가 엄격하게 규정되어 있었다.

349) 이 조문은 기존 문헌에 보이지 않던 새로운 사료인데, 징발한 물품과 人力을 멀리 배분하는 구체적인 방법을 잘 보여준다. 이 조항은 복역자들을 보내는 과정에서 縣·州의 역할을 규정한 賦役令 〈舊22〉·〈舊24〉조와 달리 尙書省과 道가 해야 할 일을 언급하고 있다는 점에서 특히 주목할 필요가 있다.

350) [교감주] 저본의 '亭'은 문맥상 '停'의 오기이다.

田·銅冶(冶)[351]及鐵作·塼瓦·運木之處，不在此例．若量事要須，不可停廢者，臨時奏裁．

무릇 정은 영조할 것이 있으면 모두 8월 1일부터 역을 시키고 [이듬해] 4월 1일 이후에는 [사역을] 그친다. 그런데 둔전,[352] 동 제련소, 철기 제작소, 벽돌·기와 [제조소], 목재 운반장을 경영하는 곳은 이 법례에 두지 않는다. 만약 그 일을 헤아려 볼 때 반드시 필요하여 그만둘 수 없을 경우, 그때의 상황에 따라 상주하여 재가를 받는다.[353]

유관당송문 관련 기록이 당송 시기 문헌에서는 확인되지 않는다.

▸ 복원 당령

『天聖令』 당령복원청본, 賦役令, 47조, 478쪽

〈舊27〉 諸朝集使赴京貢獻，皆盡當土所出．其金銀·珠玉·犀象·龜貝(具)，[354] 凡諸珍異之屬；皮革·羽毛·錦·罽·羅·紬·綾·絲·絹·絺·布(希)[355]之類；漆·蜜·香·藥及畵色所須，諸是服食·器翫之物，皆準絹爲價，多不得過五十匹，少不得減二十匹，兼[356]以雜附及官物市充．無，則用正倉．其所送之物，但令無損壞(壤)[357]穢惡(要)[358]而已．不得過事修理，以致勞費．

---

351) [교감주] 저본의 '冶'은 문맥상 '冶'의 오기이다.

352) 원문은 '營屯田'이고, 이것이 '營田'과 '屯田'을 가리킨다고 보는 이도 있다. 그러나 당 전기에 屯田과 확실히 구분되는 營田이 있었는지 의심스럽고(楊際平, 「唐五代"屯田"與"營田"的關係辨析」, 『汕頭大學學報』 1999-5), 이 천성령에는 屯田과 다른 營田의 용례 또한 나오지 않는다. 따라서 '營'을 동사로 번역한다.

353) 이 조문은 기존 문헌에 보이지 않던 새로운 내용으로서 사료적 가치가 크다. 원칙상 4월초부터 7월말까지 營造 작업에 丁을 동원하지 않은 것은 농번기에 일반민의 농사를 방해하지 않기 위함일 것이다. 중국에서 이러한 취지의 제도는 일찍부터 보이지만, 이처럼 기한을 명기한 사례는 흔치 않다.

354) [교감주] 저본의 '具'는 중화서국 교록본처럼 '貝'로 바꿀 때 문맥이 더 잘 통한다.

355) [교감주] 저본의 '希'는 문맥상 '布'의 오기이다.

356) [교감주] 저본의 '兼'을 중화서국 교록본은 '通'의 피휘로 보았으나 저본대로 읽어도 무방할 듯하다.

무릇 조집사[359]가 경사에 와서 바치는 '공헌(貢獻)'은[360] 모두 당해 지역에서 나는 것만으로 한다. 금은·보석·무소뿔·상아·거북 껍데기·조개껍질 등의 여러 가지 진기한 것들, 가죽·깃털·털·금(錦)·모직물[罽]·라(羅)·주(紬)·능(綾)·비단실[絲]·견(絹)[361]·고운 칡베[絺]·포(布)와 같은 것들 [그리고] 옻·꿀·향·약·안료(顏料)와 여러 가지 양생(養生)[362]이나 노리개로 쓸 물건은 모두 견(絹)으로 가격을 매겨 비싸도 50필 이하여야 하고 싸도 20필 이상이어야 하는데, 전부 잡부[물](雜附物)[363]이나 관물로써 사서 충당한다. [잡부물·관물이] 없으면, 정창[364][의 곡물]을 이용한다. [조집사를 통하여] 보내는 물품은 단지 부서지거나 더럽지 않게만 한다. 지나치게 수리하여 인력이나 경비를 낭비해서는 안 된다.[365]

---

357) [교감주] 저본의 '壤'은 유관 일본령을 볼 때 '壞'의 오기이다.

358) [교감주] 저본의 '要'는 유관 일본령을 볼 때 '惡'의 오기이다.

359) 唐代의 '朝集使'는 지방에서 매년 설날의 元會儀禮에 참가하기 위해 파견한 관인이다. 이들은 황제를 알현할 뿐만 아니라 그 지역의 政務와 會計를 중앙에 보고하는 등 중요한 역할을 수행한다.

360) '貢獻'은 李錦繡, 『唐代財政史稿』 2, 北京 : 社會科學文獻出版社, 2007, 189~198쪽에 의하면 매년 常貢하는 것 이외에도 雜貢·別索貢·訪求貢·折造貢·額外獻·絶域貢 등이 있었다. 그런데 倉庫令, 〈舊19〉조의 "諸贓贖及雜附物等, 年別附庸調車送輸. … 其金銀·鍮石等, 附朝集使送."이라는 규정을 볼 때, 이 가운데 귀중하게 여겨진 물품을 朝集使가 가져온 듯하다.

361) 비단은 그 종류가 매우 다양한데, 錦은 채색 문양의 비단, 羅는 交織한 성긴 비단, 紬는 거친 비단, 綾은 綾織한 비단, 絹은 平織한 비단을 뜻하는 경우가 많다. 그러나 앞서 지적한 絹과 紬의 혼용 사례에서 보듯이(〈舊24〉조의 직물 명칭에 대한 주 참조), 이러한 명칭은 시대에 따라 달라지기도 하므로 그 의미를 단정하기는 어렵다.

362) 여기에서의 '服食'이 당시 貢獻物 중에 많았던 황제의 養生 용품이라고 한 中國社會科學院歷史研究所『天聖令』讀書班, 「『天聖令·賦役令』譯注稿」에 따른다.

363) '雜附'는 중화서국 교록본에서 倉庫令, 〈舊19〉조를 근거로 당시 賦稅나 贓贖 이외의 관청 수입이던 '雜附物'을 가리킨다고 보았다. 이와 관련하여 더 자세한 설명은 李錦繡, 「唐開元二十五年倉庫令研究」, 『唐研究』 12, 2006 참조.

364) '正倉'은 『통전』의 "凡天下倉廩, 和糴者爲常平倉, 正租爲正倉, 地子爲義倉."(권26, 職官8, 諸卿中, 732쪽)이라는 기록에서 보듯이 租를 모아둔 곡물 창고이다.

365) 이 조문은 『통전』과 일본령에 유사한 내용이 있으므로 당 전기의 令으로 생각된다. 이에 따르면 朝集使가 가져온 공헌 물품은 제한된 가격의 지방 특산물로서 그 구입 비용도 백성의 부담이 되지 않도록 하였다. 만약 이것이 사실이라면, 유관당송

유관당송문 1)『通典』: 天下諸郡每年常貢, 按令文 : 諸諸州朝集使貢獻, 皆盡當土所出. 準絹爲價, 不得過五十疋, 並以官物充市. 所貢至薄, 其物易供, 聖朝恒制, 在於斯矣.(권6, 부세하, 112쪽)

▸ 유관 일본령

『令義解』: 凡諸國貢獻物者, 皆盡當土所出. 其金銀·珠玉·皮革·羽毛·錦·罽·羅·穀·綾·香·藥·彩色·服食·器用及諸珍異之類, 皆準布爲價, 以官物市充. 不得過五十端. 其所送之物, 但令無損壞穢惡而已. 不得過事修理, 以致勞費.(권3, 賦役令, 126쪽 ;『令集解』 권14, 賦役令, 433~436쪽)

▸ 복원 당령

『唐令拾遺』 賦役令, 26조, 690~691쪽

『天聖令』 당령복원청본, 賦役令, 49조, 478쪽

右令不行.

위의 영들은 시행하지 않는다.[366)]

賦役令卷第二十二

역주_ 하원수

문의 『통전』에 보이는 칭송도 이유가 있다. 그러나 『宋史』의 "自唐以來, 民計田輸賦外, 增取他物, 復折爲賦, 謂之'雜變', 亦謂之'沿納'. 而名品煩細, 其類不一. 官司歲附帳籍, 並緣侵擾, 民以爲患."(권174, 食貨上2, 4206쪽)이라는 기록을 볼 때, 당시 이러한 규정이 제대로 지켜졌는지는 의문이다.

366) 천성령의 반포와 함께 失效한 이 舊令들은 대다수 당대의 것이라는 사실이 분명히 확인된다. 그러나 이 唐令들이 어느 시기의 것인지에 대하여서는 좀 더 면밀한 검토가 필요할 듯하다. 租庸調法과 관련된 조항들은 분명히 兩稅法 시행 이전의 것이겠지만, 이와 무관한 내용들 또한 없지 않기 때문이다.

倉庫令[1] 卷第二十三

〈現1〉 諸倉窖, 皆於城內高燥處置之, 於倉側開渠泄水, 兼種楡柳, 使得成陰. 若地下濕, 不可爲窖者, 造屋貯之, 皆布塼爲地, 倉內仍爲塼場, 以擬輸戶量覆稅物.

무릇 창교(倉窖)[2]는 모두 성내의 높고 건조한 곳에 설치한다. 창(倉)의 옆으로는 도랑[배수구]을 만들어 물이 빠지게 하고, 아울러 느릅나무와 버드나무를 심어 그늘이 지게 한다. 만약 땅이 낮고 습하여 지하에 교(窖)를 만들 수 없는 경우는 지상에 창고 건물[屋]을 지어 곡물을 저장하는데

---

1) 『天聖令』의 倉庫令은 모두 46개 조문이다. 그 가운데 現令이 24개 조문, 舊令이 22개 조문이다. 『唐六典』 권6, 尙書刑部에 열거된 唐令 27편 중 제20편이 창고령이고 일본의 養老令 30편 중 제22편이 창고령이다. 당 이전의 연혁을 살펴보면 일찍이 『睡虎地秦簡』의 秦律에 이미 곡물 저장 관리는 倉律로, 府庫의 화폐와 재물 관리는 金布律이라는 律名으로 나오고 있다. 漢代에는 漢初 『張家山漢簡』二年律令에 倉律은 확인할 수 없지만 金布律은 나오고 있으며, 金布律에 더하여 金布令(甲)도 새로이 만들어졌다. 다만 金布律은 魏 新律 제정 때 毁亡律과 償贓律로 바뀌면서 이후 더 이상 律名으로 사용되지 않는다. 南朝 梁 武帝 때 倉庫라는 律名이 처음 확인되며, 倉庫令은 隋令 30편 중 제25편 倉庫廐牧令에서 처음 찾아볼 수 있는데, 唐令 30편에서는 隋令의 倉庫廐牧令을 제20편 倉庫令과 제21편 廐牧令으로 나누고 있다. 『天聖令』의 창고령은 내용상 倉에 관한 규정과 庫에 관한 규정으로 나뉜다. 倉에 관한 규정은 다시 倉窖의 설치, 창고의 出給, 倉窖 관리 등의 규정으로, 庫에 관한 규정은 庫의 관리와 庫의 출납에 관한 규정 등으로 이루어져 있다.

2) 『禮記』月令篇, "是月也, 可以筑城郭, 建都邑, 穿竇窖, 修囷倉" ; 『孫子算經』卷中, "今有圓窖周五丈四尺, 深一丈八尺" ; 『說文解字』穴部, "窌, 窖也" 등을 통해 倉은 지상 보관 시설이고 窖는 지하 보관 시설임을 알 수 있다. 또 『唐律疏議』 권15, 廐庫19의 소의 〈제214조〉, 292쪽 ; 『역주당률소의』, 2327쪽, 廐庫19, "疏議曰, 倉, 謂貯粟·麥之屬. 庫, 謂貯器仗·綿絹之類"에서 倉은 곡물 저장, 庫는 각 종 기물 및 직물을 보관했음을 알 수 있다.

모두 벽돌을 깔아 바닥을 만들고, 창(倉) 내에도 벽돌을 깐 장(場)[3]을 만들어 수납하는 호가 세물을 헤아려서 확인하는 것[量覆][4]에 대비한다.

유관당송문 1)『宋刑統』: 倉, 謂貯粟·麥之屬. 庫, 謂貯器仗·綿絹之類. 積聚, 謂貯柴草·雜物之所. 皆須高燥之處安置.(권15, 廐庫律 損敗倉庫物積聚物, 245쪽 ;『唐律疏義』권15, 廐庫19의 소의 〈제214조〉, 292쪽 ;『역주당률소의』, 2326~2327쪽)

2)『慶元條法事類』: 諸倉植木爲陰, 不得近屋, 仍置磚場以備量覆, 其敖內地皆布磚.(권36, 庫務1 倉庫約束, 558쪽)

3)『慶元條法事類』: 諸倉庫常嚴水火之備, 地分公人除治草穢, 疏導溝渠.(권36, 庫務1 倉庫約束, 558쪽)

4)『慶元條法事類』: 諸倉庫空地, 不得種蒔.(권36, 庫務1 倉庫約束, 559쪽)

5)『慶元條法事類』: 諸受納苗米, 輒將帶人從入倉, 許人戶越訴.(권36, 庫務1 倉庫約束, 559쪽)

▸ 유관 일본령

『令義解』: 凡倉皆於高燥處置之, 側開池渠. 去倉五十丈內, 不得置舘舍.(권8, 倉庫令, 267쪽)

▸ 복원 당령

『天聖令』당령복원청본, 倉庫令, 1조, 493쪽

〈現2〉諸受稅, 皆令乾淨, 以次第收牓(旁).[5] 同時者, 先遠後近. 當倉監官,

---

3) '場'은 唐代에는 물건 매매의 장소를 의미했지만, 宋代에는 倉場·炭場·草料場·鹽場·茶場·商稅場 등 전매품·商稅·세물의 징수나 관용 물품의 조달 및 구매 등을 처리하기 위한 관청의 말단 현장 기구와 그 설비를 지칭한다(星斌夫 編,『中國社會經濟史語彙(正·續篇), 光文堂書店, 1981년, 222쪽 참조). 따라서 본 조문의 '磚場'은 倉에 부속해서 세물 납부를 확인하는 '倉場'을 설치하면서, 땅이 낮고 습하므로 세물로 내는 곡물이 누수되지 않고 정확하게 계량할 수 있도록 벽돌로 바닥을 깔아서 만들도록 한 것이다.

4) '量覆'은 수납하는 호가 세물을 창 내의 場에 가져와서 무게와 양을 헤아려 확인하는 절차이다.

5) [교감주] '旁'은『令義解』권8, 倉庫令, 受地租條에 근거해서 '牓'자로 고쳐야 한다.

對輸人掌籌交受. 在京及諸州縣, 並用係公人執斗函(兩),[6] 平量槩. 米·粟·大小麥·雜豆等, 一斛加一升爲耗直, 隨訖給鈔總申. 若不入倉窖, 卽隨便出給者, 勿取耗直. 其諸處倉(食)[7]則有耗例者, 不用此例.

무릇 세는 모두 건조하고 깨끗한 것으로 받도록 하고, 순서대로 패찰을 거둔다. 동시에 왔다면 먼 곳에서 온 사람을 먼저 받고 가까운 곳은 나중에 받는다. 해당 창의 감관[8]은 수납자와 대면해서 산가지를 쥐고 [헤아리면서] 받는다. 경사 및 여러 주현에서는 모두 창의 서리[係公人][9]를 써서 곡물의 양을 되는 용기[斗函]를 잡고 평미레로 정확하게 헤아리게 한다. 미·속·대맥·소맥·잡두 등은 1곡(斛) 당 1승을 더해 소모분으로 삼으며[10] 수납이 끝나면 영수증[鈔]를 지급하고[11] 모두 [상부에] 보고한다. 만약 창교(倉窖)로 들이지 않고 바로 내어주는 경우는 소모되는 비용을 거두어서는 안 된다. 각 창에 가모(加耗)에 관한 법례가 있는 경우 이 법례를 적용하지 않는다.

---

6) [교감주] '兩'은 '函'字로 보아야 할 것이다. 당송 시기의 문헌에는 '斗函'이 많이 연용되어 나온다.『唐會要』권88, 倉及常平倉, 1617쪽, "其年(大中六年)十一月勅, 應畿內諸縣百姓·軍戶合送納諸倉, 及諸使兩稅送納斛㪷, 舊例每斗函頭耗物·遽除皆有數限."

7) [교감주] '食'은 '倉'의 오자일 것이다.

8) '監官'은 倉의 監當官을 지칭하는 것으로, 宋代 監當官은 場·務·庫·院 등에서 각종 세물·창고·전매 등을 담당하는 현장 실무 관원의 총칭이었다.

9) '係公人'은 宋代 '公人'이라고도 하는데 관부에서 사역하는 서리를 지칭한다. 본 조문에서의 '係公人'은 函·槩을 가지고 세물의 계량을 전담하는 창의 서리이다.

10) '耗直'은 당송대의 '加耗'제도로 본래는 저장 및 운송 시 자연 감모분을 추가 징수하는 것이었지만 실제로는 정식의 세물에 더하는 부가세가 되었다.

11) 납세를 하면 鈔를 주어서 일종의 납입 영수증을 발급했는데, 그 구체적인 형식과 내용은『中國古代籍帳硏究』(池田溫, 東京 : 東京大學東洋文化硏究所, 1979)의 [189~207] 唐開元-廣德間西州高昌縣周氏納稅抄類(437~446쪽)에서 잘 확인할 수 있다. 그 중 하나를 예로 들면 다음과 같다.

193 唐天寶三-四載(744~745)交河郡高昌縣周通生·周祝子納稅抄
周通生納天寶三年戶稅
莿柴貳拾束. 其年正月五
日, 里正李德抄.

유관당송문 1)『唐六典』: 凡受租皆於輸場對倉官·租綱吏人執籌數函.(권19, 司農寺, 525쪽 ;『역주당육전』중, 606~607쪽)

2)『新唐書』: 太宗方銳意於治, … 配租以斂穫早晚·險易·遠近爲差. 庸·調輸以八月, 發以九月. 同時輸者先遠民. 皆自量.(권51, 食貨, 1344쪽)

3)『慶元條法事類』: 諸受納稅租蒿草, 十束加一束爲耗.(권36, 庫務1 受納違法, 562쪽)

4)『慶元條法事類』: 諸正稅絲綿收官耗及稱耗共一分, 舊不收者仍舊.(권36, 庫務1 受納違法, 562쪽)

5)『慶元條法事類』: 諸受納稅租, 一斛加一升, 舊例不加處依舊. 蒿草十束加一束爲耗, 支盡有欠者, 聽耗內除二分. 卽折變爲見錢者, 其耗不許.(권47, 賦役 受納稅租, 618쪽)

▸ 유관 고려령

『고려시대 율령의 복원과 정리』: 倉庫令[6], 十二倉米耗米(高麗令 20, 653~656쪽)

▸ 유관 일본령

『令義解』: 凡受地租, 皆令乾淨, 以次收牓, 同時者先遠, 京國官司, 共輸人, 執籌對受. 在京倉者, 共主稅按撿, 國郡則長官監撿.(권8, 倉庫令, 267쪽)

▸ 복원 당령

『唐令拾遺』 倉庫令, 1조, 692쪽 ;『唐令拾遺補』 倉庫令, 1을조, 782쪽
『天聖令』 당령복원청본, 倉庫令, 2조, 493쪽

〈現3〉 諸窖底皆鋪槀(稾),[12] 厚五尺. 次鋪大稕, 兩重, 又週廻着(看)[13]稕. 凡用大稕, 皆以小稕揜縫. 着稕訖, 並加苫覆, 然後貯粟. 鑿塼銘, 記斛數·年月及同受官人姓名, 置之粟上, 以苫覆之. 加槀(稾)五尺, 大稕兩重. 築土高七尺, 並竪木牌, 長三尺, 方四寸, 書記如塼銘. 倉屋戶上, 以版題牓如牌式. 其麥窖用槀(稾)及籧[篨].[14]

---

12) [교감주] '槀'는 '稾'와 같다. 이하로 저본의 '槀'는 모두 '稾'자와 같다.
13) [교감주] '看'은 '着'으로 해야 한다. 이 조문의 '着稕'에 따라서 고친다.
14) [교감주] '籧'은 뒤에 마땅히 '篨'字를 더해야 한다. 〈舊2〉조에 따라서 보완한다.

무릇 교(窖)의 바닥은 모두 두께 5척의 마른 짚을 깐다. 그 위에 이중으로 큰 짚단을 깔고, 또 둘레를 짚단으로 빙 두른다. 무릇 큰 짚단은 모두 작은 짚단으로 이어 붙여서 사용한다. 짚단을 까는 것이 끝나면 모두 거적[苫]을 덮고 그 위에 곡물을 쌓는다. 벽돌에 명문(銘文)을 새겨 곡물의 곡(斛)수·연월 및 함께 수령한 관인의 성명을 기록해서 곡물의 위에 두고 거적으로 덮는다. 그 위에 다시 5척 두께의 짚과 두 겹의 큰 짚단을 깐 뒤 흙을 7척의 높이로 쌓고, 모두 길이 3척에 가로세로 4촌의 나무패에 벽돌에 새긴 내용과 똑같이 기록하여 세워둔다. 창옥(倉屋)의 출입문 위에는 나무판에 [앞의] 나무패와 같은 내용을 써서 편액을 만들어 걸어둔다. 그 중 맥류를 저장하는 교는 짚과 자리[籧篨]를 사용한다.

유관당송문 1)『唐六典』: 凡鑿窖·置屋, 皆銘甎爲庾斛之數, 與其年月日, 受領粟官吏姓名. 又立牌如其銘焉.(권19, 司農寺, 526쪽 ;『역주당육전』중, 613~614쪽)

2)『舊唐書』: 凡鑿窖·置屋, 皆銘甎爲庾斛之數, 與其年月日, 受領粟官吏姓銘, 又立牌如其銘焉.(권44, 職官3 司農寺, 1887쪽)

3)『慶元條法事類』: 諸倉置板牌於敖門, 書其色·數·年月·監專姓名.(권36, 庫務1 倉庫約束, 558쪽)

▸ 복원 당령

『唐令拾遺補』倉庫令, 보3조, 785쪽

『天聖令』당령복원청본, 倉庫令, 3조, 494쪽

〈現4〉 諸應[給][15]公糧者, 每月一給. 若無故經百日不請者, 不却給. 勅賜及有故者, 不在此例(例此).[16] 若有故者, 所司按實却給. 其征行及使應合給糧者, 仍令所司具錄姓名爲劵, 所在倉司隨給, 不在隔限. 其雜畜料, 亦准此.

---

15) [교감주] '應' 뒤에 '給'자가 빠져 있어서 〈現6〉조에 근거해서 보완한다.

16) [교감주] '例此'는 '此例'가 도치되어 잘못 쓴 것이다. 〈現2〉조의 '不用此例'에 따라서 고친 것이다.

무릇 공량[17]을 지급하는 경우 매월 한 번 지급한다.[18] 만약 이유 없이 백일이 지나도록 청하지 않은 경우 지급하지 않는다. 칙으로 하사받거나 이유가 있는 경우는 이 법례를 적용하지 않는다. 만약 이유가 있는 경우는 담당 관사에서 사실을 확인하고 소급해서 지급한다. 정행(征行)이나 사신으로 가서 마땅히 공량을 지급해야 하는 경우, 담당 관부에 명하여 상세하게 성명을 기록한 창권(倉劵)을 만들고 이에 따라 소재 창의 관사는 지급하는데 시간의 제한을 두지 않는다. 그 잡축의 사료도 또한 이에 준한다.

유관당송문 관련 기록이 당송 시기 문헌에서는 확인되지 않는다.

▸ 복원 당령

『天聖令』 당령복원청본, 倉庫令, 6조, 494쪽

〈現5〉 諸倉屋及窖出給者, 每出一屋一窖盡, 然後更用以次者. 有賸(賸)[19]附帳, 有欠隨事理[20]罰. 府庫亦準此.

무릇 창옥(倉屋) 및 창교(倉窖)에서 곡물을 내어 주는 경우 매번 하나의

---

17) 公糧은 봉록과는 별도로 공무 수행 시 지급받는 식량을 말한다. 『唐六典』 권6, 尙書刑部, 194쪽 ; 『역주당육전』상, 621~622쪽, "其糧, 丁口日給二升, 中口一升五合, 小口六合"에서 당시 성인 남성의 公糧 지급량은 1일 2승이었음을 알 수 있다.

18) 〈現4〉조의 공량 지급과 관련해서 다음의 『唐六典』 권3, 尙書戶部와 권19, 司農寺의 기사를 참고할 만하다. 『唐六典』 권3, 尙書戶部 倉部郎中員外郎, 84쪽 ; 『역주당육전』 상, 361~362쪽, 『唐六典』 권3, 尙書戶部 倉部郎中, "凡在京諸司官人及諸色人應給倉食者, 皆給貯米, 本司據見在供養. 九品以上給白米. 流外長上者, 外別給兩口糧. 諸牧尉給五口糧, 牧長四口糧.[原注 : 兩口準丁, 餘準中男給.] 諸牧監獸醫上番日, 及衛士·防人已上征行若在鎭及番還, 並在外諸監·關·津番官 上番日給. 土人任者, 若尉·史, 並給身糧. 諸官奴婢皆給公糧, 其官戶上番充役者亦如之." ; 권19, 司農寺 太倉署, 527쪽 ; 『역주당육전』 중, 614~615쪽, "給公糧者, 皆承尙書省符.[原注 : 丁男日給米二升·鹽二勺五撮, 妻·妾·老男·小則減之. 若老中小男元官及見驅使兼國子監學生鍼醫生, 雖未成丁亦依丁例.]"

19) [교감주] '賸'은 '賸'으로 해야 한다. 『唐六典』 권19, 司農寺 諸倉條와 『令義解』 권8, 倉庫令, 倉出給條에 근거해서 고친다.

20) [교감주] '理'는 『令義解』 권8, 倉庫令, 倉出給條에 '徵'으로 되어 있는데, 天聖令에서는 宋代 仁宗의 이름 '禎'의 同音字로 '徵'이 避諱字였기 때문에 고쳐 쓴 것이다.

창옥과 창교를 다 비운 후에야 다시 그 다음의 것을 사용한다. 남은 것이 있으면 장부에 부기하고, 결손이 있으면 사안에 따라 [부족분을] 징수하고 처벌한다. 부(府)와 고(庫) 또한 이에 준한다.

유관당송문 1) 『唐六典』 : 凡粟出給者, 每一屋·一窖盡, 賸者附計, 欠者隨事科徵 ; 非理欠損者, 坐其所由, 令徵陪之.(권19, 司農寺 諸倉監, 528쪽 ; 『역주당육전』중, 622쪽)

▸ 유관 일본령

『令義解』 : 凡倉出給者, 每出一倉盡, 乘者附帳, 欠者隨事徵罰. 藏亦準此.(권8, 倉庫令, 267쪽)

▸ 복원 당령

『唐令拾遺』 倉庫令, 6조, 694~695쪽 ; 『唐令拾遺補』 倉庫令, 6조, 784쪽 및 보2조, 785쪽

『天聖令』 당령복원청본, 倉庫令, 9조, 494쪽

〈現6〉 (諸)[21] 在京諸司官人及諸色人應給食者, 九品以上給白米, 皆所屬本司豫計須數, 申三司下給. 其外使及(及使)[22] 假告, 不在給限. 每申, 皆當司句覆. 卽諸王府官及外官合給食者, 並准此.

경사에서 여러 관사의 관인 및 색인들에게 양식을 지급해야 하는 경우, 9품 이상은 백미를 주는데 모두 소속된 본 관사에서 미리 필요한 수량을 계산하여 삼사(三司)[23]에 신청해서 지급한다.[24] 경사 외의 지역에 사(使)

---

21) [교감주] 저본에는 '諸'자가 있다. 그러나 牛來穎, 「『天聖令』復原硏究中的幾個問題」, 71~73쪽에 따르면, 당시 "在京諸司"로 시작하는 법령에서는 令文 첫머리의 '諸'는 생략하는 것이 일반적이었다고 한다.

22) [교감주] '及使'는 '使及'이 잘못 도치되어 있는 것이다. '外使'는 당송대 공문에 흔히 보이는 용어이다. 예를 들어 『冊府元龜』 권64, 帝王部, 發號令3 및 권89, 帝王部, 赦宥八에는 唐 代宗 大曆14년 6월의 赦文에 '外使及州府'라는 구절이 있고 『續資治通鑑長編』 권66, 眞宗 景德 4년 8월 庚戌條, 1483쪽에 '翰林侍講學士外使, 自(邢)昺始'와 같은 구절들이 나온다.

23) 三司는 본래 당 후기 尙書省에서 분리하여 부세와 전매 등 국가재정의 전문기구로

로 나가거나 휴가인 경우 지급하는 범위에 두지 않는다. 매 번 신청할 때마다 모두 해당 관사는 조사·점검[句覆]한다. 왕부의 관원 및 지방관원으로 양식을 지급해야 하는 경우도 모두 이에 준한다.

유관당송문 1) 『唐六典』: 凡在京諸司官人及諸色人應給倉食者, 皆給貯米, 本司據見在供養. 九品以上給白米.(권3, 尙書戶部, 84쪽 ; 『역주당육전』상, 361쪽)

▸ **복원 당령**

『天聖令』 당령복원청본, 倉庫令, 11조, 494쪽

〈現7〉 諸應給公糧者, 皆於隨近倉給. 其非應給公糧, 臨時須給者, 在京申三司, 聽報乃給. 外州者, 且申且(具)[25]給.

무릇 공량을 지급해야 하는 경우 모두 가까운 창에서 지급한다. 공량을 지급해야 하는 경우가 아니라도 임시로 지급해야할 필요가 있다면 경사에서는 삼사에 신청해서 회답을 받고 지급한다. 지방 주의 경우 신청하면

만든 度支司·戶部司·鹽鐵司의 합칭이었다(『新唐書』 권54, 食貨4, "(憲宗 元和年間)請許商人於戶部·度支·鹽鐵三司飛錢, 每千錢增給百錢" ; 『資治通鑑』 권265, 唐紀81, 昭宣帝天祐三年(906년), "戊寅, 以朱全忠爲鹽鐵·度支·戶部三司都制置使. 三司之名始于此"). 이후 五代 後唐 明宗 때 세 기구를 합쳐서 독립된 기관인 三司를 만들었고 그 장관을 三司使라 했는데(『舊五代史』 권69, 張延朗傳, "張延朗, 汴州開封人也. 事梁, 以租庸吏爲鄆州糧料使. 明宗克鄆州, 得延朗, 復以爲糧料使, 後徙鎭宣武·成德, 以爲元從孔目官. 長興元年, 始置三司使, 拜延朗特進·工部尙書, 充諸道鹽鐵轉運等使, 兼判戶部度支事, 詔以延朗充三司使"), 北宋에서도 계속 이어서 설치하여 국가 최고 재정기구가 되었다(『宋史』 권162, 職官2·三司使, "國初沿五代之制, 置使以總國計, 應四方貢賦之入, 朝廷不豫, 一歸三司, 通管鹽鐵·度支·戶部, 號曰計省, 位亞執政, 目爲計相" ; 『續通志』 職官4, "三司起於唐末, 五代特重其職, 至宋而專掌財賦, 皆以重臣領之").

24) 『唐六典』 권3, 戶部·度支郎中條, "度支郎中·員外郎掌支度國用·租賦少多之數, 物産豊約之宜, 水陸道路之利, 每歲計其所出而支其所用"과 『唐會要』 권58, 戶部侍郎條"故事, 度支, 案郎中判入, 員外郎判出"을 참고해 보면, 소속관사에서 계산해서 필요량을 신청하는 부서는 尙書戶部의 '度支郎中員外郎'이었다고 할 수 있다. 이것이 〈現6〉조에서는 '三司'로 바뀌어져 있는 점을 확인할 수 있다.

25) [교감주] 본래 '具'자로 되어 있는데, '且'자를 잘못 쓴 것으로 보인다.

바로 지급한다.

유관당송문 관련 기록이 당송 시기 문헌에서는 확인되지 않는다.

▸ 복원 당령

『天聖令』 당령복원청본, 倉庫令, 15조, 495쪽

〈現8〉 諸州縣, 每年並預準來年應須糧祿之數, 各於正倉內量留擬備, 隨須出給.

무릇 주현은 매년 미리 다음 해에 필요로 하는 양록(糧祿)[26] 수량에 기준하여 각각 정창(正倉)[27]내에 헤아려 갖추어 두고 필요에 따라 내어준다.

유관당송문 관련 기록이 당송 시기 문헌에서는 확인되지 않는다.

▸ 유관 일본령

『令義解』 : 大藏, 準一季應須物數, 量出別貯. 隨用出給. 其內藏者, 卽納一年須物, 每月別貯出用. 並乘者附帳, 欠者隨事徵罰.(권8, 倉庫令, 267쪽)

▸ 복원 당령

『天聖令』 당령복원청본, 倉庫令, 18조, 495쪽

〈現9〉 諸給糧祿, 皆以當處正倉充. 若邊遠無倉及倉少之處, 準所須數申轉運司, 下隨近有處便[28]給. 隨近處又無倉者, 聽以當處官錢, 準時價給直.

무릇 양록(糧祿)의 지급은 모두 해당 지역의 정창에서 충당한다. 만약

---

26) 〈現8〉조의 '糧祿'은 관인 급여로 지급하는 祿米을 가리킨다. 〈現8〉조에서 〈現11〉조까지는 糧祿에 관한 규정이다.

27) 宋代 正倉은 양세법으로 거둔 곡물을 보관하는 창고이다. 이외에 송대의 곡물 창고는 기근에 대비하는 義倉과 물가 조절을 위한 常平倉 등이 있었다.

28) [교감주] 『唐會要』 권82, 考下나 『冊府元龜』 권636, 銓選部 考課2 大中六年七月考功奏에는 '便'자가 '支'자로 되어 있다.

먼 변경의 창이 없거나 창이 적은 곳은 필요로 하는 수량에 준하여 전운사[29]에 보고하면 가까운 곳의 창에 [전운사의 명을] 하달하여 바로 지급한다. 가까운 곳에 창이 없는 경우, 해당 지역의 관전으로 시가에 준하여 [양록의] 액수만큼 지급하는 것을 들어준다.[30]

유관당송문 1) 『唐會要』 : 今按倉庫令 : 諸給糧祿, 皆以當處正倉充 ; 無倉之處, 則申省隨近有處支給 ; 又無者, 聽以稅物及和糴, 屯收等物充.(권82, 考下, 1788쪽)

2) 『冊府元龜』 : 今按倉庫令支給糧祿, 皆以當處正倉充, 無倉之處, 則申省隨近有處支給. 又無者聽以稅物及和糴屯收等物充.(권636, 銓選部·考課二, 大中六年七月考功奏, 2076쪽)

▸ 복원 당령

『唐令拾遺』 倉庫令, 4조, 693쪽

『天聖令』 당령복원청본, 倉庫令, 19조, 495쪽

〈現10〉 諸京官祿, 於京倉給. 其外官及京[官]兼任(官)[31]外官者, 各於隨近倉便給.

무릇 경관의 봉록은 경창에서 지급한다. 지방관 및 경관으로 지방관을 겸임하는 경우, 각각 가까운 곳의 창에서 편한대로 지급한다.

유관당송문 1) 『唐六典』 : 凡京官之祿, 發京倉以給.(권19, 司農寺, 527쪽 ; 『역주

---

29) 轉運司는 宋代 각 路의 재무를 담당하는 관사로 漕司라고도 불렀으며 장관은 轉運使이다.

30) 창이 없는 경우 해당 지역의 官錢으로 時價에 기준해서 지급한다는 규정은 天寶 연간의 돈황문서를 참고하면(池田溫, 『中國古代籍帳研究』, 東京大學東洋文化研究所, 1979, 466쪽, 唐天寶四載河西豆盧軍和糴會計牒, 53~56行, "準格給副使李景玉天寶四載春夏兩季祿, 粟壹伯貳拾碩, 直㪷估卌二文"), 본래 格으로 시행되었던 내용이 이후 令으로 옮겨졌다고 볼 수도 있다.

31) [교감주] 저본에 '兼任' 뒤에 있는 '官'자는 앞의 '京'자 뒤로 옮겨야 한다.

당육전』중, 614~615쪽)

▸ 복원 당령

『天聖令』 당령복원청본, 倉庫令, 20조, 495쪽

〈現11〉 諸應給祿, 官人於當年內有事故不得請受, 因卽遷解, 更不還本任者, 聽於本貫及後任處給. 其應奪祿者, 亦聽於所在便納(給).[32)]

무릇 녹미를 지급해야 하는데, 관인이 해당 연도 내에 사정이 있어서 청구해서 받을 수 없다가 이어서 바로 관직을 옮기거나 해임되어 다시 본래의 임지로 돌아오지 못한 경우, 본적지 및 후임 장소에서 지급하는 것을 들어준다. 마땅히 녹미를 환수해야 하는 경우도 소재한 곳에서 편의대로 납입하는 것을 들어준다.

유관당송문 관련 기록이 당송 시기 문헌에서는 확인되지 않는다.

▸ 복원 당령

『天聖令』 당령복원청본, 倉庫令, 21조, 495쪽

〈現12〉 諸欠負官倉應納[33)]者, 若分付欠損之徒未離任者, 納本倉, 已去任者, 聽於後任所[34)]及本貫便納. 其隱藏[35)]及貸用者, 亦聽於所在處理納.[36)]

무릇 관부의 창에 [곡식을] 결손시켜 납입해야 하는데 결손분을 분담해야

32) [교감주] 저본의 '給'자는 '納'자의 誤記로 보아야 한다. 앞의 '應奪祿者'가 이미 받은 봉록을 관부에 다시 납부해야 하는 상황이므로 의미 상 '給'자가 될 수 없다. 아마도 '納'자와 형태가 비슷한 '給'자를 잘못 쓴 것으로 보는 것이 타당할 것이다.

33) [교감주] '納'자는 『令義解』 권8, 倉庫令, 欠負官倉에 '徵'자로 되어 있다.

34) [교감주] '所'자는 『令義解』 권8, 倉庫令, 欠負官倉에는 없는 글자이다.

35) [교감주] '藏'자는 『令義解』 권8, 倉庫令, 欠負官倉에는 '截'자로 되어 있다.

36) [교감주] '亦聽於所在處理納'은 『令義解』 권8, 倉庫令, 欠負官倉에 '不限在任去任, 納京'으로 되어 있다.

하는 사람이 아직 임지를 떠나지 않은 경우는 본 창에 내게 하고, 이미 임지를 떠난 경우는 후임지 및 본적지에서 편한대로 납입하는 것을 들어준다. 몰래 감추었거나 [사사로이] 빌려 준 경우도 소재한 곳에서 납입하는 것을 들어준다.

유관당송문 관련 기록이 당송 시기 문헌에서는 확인되지 않는다.

▸ 유관 일본령

『令義解』: 凡欠負官倉應徵者, 若分付欠損之徒未離任者, 納本倉, 已去任者, 聽於後任及本貫便納. 其隱截及貸用者, 不限在任去任納京.(권8, 倉庫令, 269쪽)

▸ 복원 당령

『天聖令』 당령복원청본, 倉庫令, 22조, 495쪽

〈現13〉 諸出倉窖, 稕·草·苫·橛等物,[37] 仍堪用者還依舊用. 若不須及爛惡不任者, 先供燒塼瓦用, 並聽回易·修理倉庫·獄囚鋪設及諸官用.

무릇 창교에서 나온 짚단·풀·거적·말뚝 등의 물건은 그대로 사용할 수 있는 경우는 이전 용도대로 사용한다. 만약 필요하지 않거나 상태가 나빠서 사용하기 어려운 경우는 우선 벽돌이나 기와 제조를 위한 땔감 용도에 공급한다. 아울러 매각하거나[38] 창고를 수리하거나 옥사의 죄수들을 위한 자리 및 여러 가지 관용으로 사용하는 것을 들어준다.

유관당송문 1) 『慶元條法事類』: 諸官物無支用者, 申轉運司相度轉易, 不堪支

---

37) [교감주] 校錄本에서는 '諸出倉窖, 稕·草·苫·橛等物仍堪用者, 還依舊用'으로 표점을 하고 있는데 비해, 본 역주에서는 '諸出倉窖, 稕·草·苫·橛等物, 仍堪用者還依舊用'으로 표점을 다르게 끊었다. 의미가 크게 다르지는 않지만 해석의 편의상 좀 더 자연스러운 듯하다.

38) 校錄本에서는 '回易·修理倉庫·獄囚鋪設及諸官用'으로 병렬하고 있는데 이는 '回易'을 '交易'의 의미로 풀었기 때문이다. 다만 回易은 단순히 매각이라고 하기 보다는 관부의 물자를 민간과 교환해서 교체한다는 의미가 더 강하다고 할 수 있다.

用, 估賣訖申, 又不堪, 差官覆驗棄毁.(권36, 庫務1 倉庫約束, 559쪽)

▸ 복원 당령

『天聖令』 당령복원청본, 倉庫令, 23조, 495쪽

〈現14〉 諸州縣修理倉屋·窖及覆倉, 分付所須人物, 先役本倉兵人, 調度還用舊物. 即本倉無人者, 聽用雜役兵人.[39]

무릇 주현에서 창옥 및 창교를 수리하거나 창의 지붕을 씌울 때는 필요한 사람과 물자를 각각 구분해서 배정한다. 먼저 사람은 본 창의 병인(兵人)을 사역시키며, 비품[調度]은 창의 헌 물건을 그대로 사용한다. 만약 본 창에 사람이 없는 경우는 잡역 병인을 쓰는 것을 허락한다.

유관당송문 관련 기록이 당송 시기 문헌에서는 확인되지 않는다.

〈現15〉 諸倉庫給用, 皆承三司文牒. 其供奉(給)[40]所須及在外軍事要須速給[41]者, 先用後申. 即年常支料及諸州依條[42]合給用者, 不須承牒. 其器物之屬, 以新易故者, 若新物到, 故物並送還所司. 年終, 兩司各以新故物計會, 非理欠損者, 理[43]所由人.

---

39) [교감주] 明抄本은 〈現14〉조와 〈現15〉조 두 영문을 하나로 이어서 쓰고 있다. 이를 校錄本에서는 두 개의 영문으로 나누는데, 〈現15〉조의 '諸倉庫給用' 이하가 『令義解』에서 권8, 倉庫令, 倉藏給用條로 별도의 조문으로 나오기 때문에 구분한 것 같다. 다만 校錄本은 明抄本에서 '即本倉無人者, 聽'까지 쓴 다음 행이 바뀌어 '用雜役兵人, 諸倉庫給用'으로 되어 있는 것에서 〈現15〉조의 앞에 '用雜役兵人'을 붙여 놓고 이는 사실 〈現14〉조의 내용이라고 주를 달고 있다. 굳이 이렇게 구분해서 나눈 이유는 明抄本의 해당 난이 새로운 영문의 시작으로 맨 위에서부터 써야 하는 것을 잘못 필사한 것이 아닌가 생각한 듯싶지만 확실치는 않다. 본고는 내용에 기준해서 '用雜役兵人'을 그대로 〈現14〉조에 붙여 놓았다.

40) [교감주] '給'자는 『令義解』 권8, 倉庫令, 倉藏給用條에 '奉'자로 되어 있다. 저본에는 '供給'으로 되어 있지만 의미가 통하지 않기 때문에, 『令義解』에 따라 '供奉'으로 正文을 고치고 '황제 供奉'의 의미로 해석한다.

41) [교감주] '要須速給'은 『令義解』 권8, 倉庫令, 倉藏給用條에 '要速須給'으로 되어 있다.

42) [교감주] '條'자는 『令義解』 권8, 倉庫令, 倉藏給用條에 '式'자로 되어 있다.

무릇 창고에서 용도에 지급할 때는 모두 삼사(三司)의 문첩을 받는다.[44] 황제의 공봉에 필요한 것이나 경사 외 지역에서 군사일로 반드시 신속히 지급해 주어야 하는 경우는 먼저 지급하고 나중에 보고한다. 만약 매년 경상적인 지급액이거나 조례에 의거해서 지급해야만 하는 여러 주의 경비라면 반드시 [삼사의] 문첩을 받지 않아도 된다. 기물 같은 종류로 헌 물건을 새 것으로 바꾸는 경우 새 물건이 도착하면 헌 물건은 모두 담당 관사로 돌려보낸다. 연말에 두 관사가 각각 새 것과 헌 것을 대조해서 헤아리는데, 합당한 이유 없이 결손이 생긴 경우 원인을 제공한 자에게 배상하게 한다.

유관당송문 관련 기록이 당송 시기 문헌에서는 확인되지 않는다.

▸ 유관 일본령

『令義解』: 倉藏給用, 皆承太政官符, 其供奉所須, 及要速須給, 并諸國依式合給用, 先用後申, 其器物之屬, 以新易故者, 若新物到, 故物並送還所司, 年終兩司, 各以新故物計會, 非理欠損者, 徵所由人.(권8, 倉庫令, 268쪽)

▸ 복원 당령

『天聖令』 당령복원청본, 倉庫令, 25조, 495쪽

〈現16〉 諸倉庫受納·出給·在見雜物帳, 年終各申所屬. 所屬類其名帳, 遞送三司.

무릇 창고의 수납·출급·현재 잡물장부는 연말에 각각 소속한 관사에 보고한다. 소속 관사는 [예하 창고 별로 물목을 집계한] 장부를 분류·취합해서 삼사로 체송한다.

---

43) [교감주] '理'자는 『令義解』 권8, 倉庫令, 倉藏給用條에 '徵'자로 되어 있는데, 宋代에는 이 글자를 避諱하여 고쳐 쓴 것이다.

44) 〈現15〉조의 삼사의 문첩을 받는다는 내용은 『唐六典』 권19, 司農寺·太倉署令조의 "給公糧者, 皆承尙書省符"를 감안하면, 唐代에 '尙書省의 符'가 宋代에는 '三司의 牒'으로 바뀌어졌다고 할 수 있다.

유관당송문 관련 기록이 당송 시기 문헌에서는 확인되지 않는다.

▸ 복원 당령

『天聖令』 당령복원청본, 倉庫令, 29조, 495쪽

〈現17〉 諸倉庫及文案孔目, 專當官人交代之日, 並相分付, 然後放還. 諸倉在窖雜種, 數多不可移動者, 據帳分付.

무릇 창고의 문서 목록[45]은 담당 책임 관인이 교대하는 날짜에 모두 서로 항목별로 나누어 [물건과 직접 대조 확인해서 후임자에게] 인계하고[46] 그런 연후에야 업무 책임에서 벗어나 돌아간다. 여러 창의 교에 보관하는 잡곡의 수량이 많아서 옮길 수 없는 경우 장부에 근거해서 항목별로 구분해서 후임자에게 인계한다.[47]

유관당송문 관련 기록이 당송 시기 문헌에서는 확인되지 않는다.

▸ 유관 일본령

『令義解』 : 凡倉藏及文案孔目, 專當官人, 交代之日, 並相分付, 然後放還.(권, 倉庫令, 269쪽)

▸ 복원 당령

45) '孔目'은 당 후기부터 설치되는 문서 담당 속리를 지칭하는데, 본래 孔目官의 유래가 관부의 '一孔一目' 즉 모든 일이 이들의 손을 거친다는 데에서 비롯했다고 한다. 여기서는 '文案孔目'이라고 해서 문서 목록을 의미한다.

46) 〈現17〉조와 〈現19〉조의 分付는 관리가 임무를 교대할 때 정식 문서로 재물 등을 구분하여 작성해서 후임자에게 인계하는 것을 말한다. 『唐律疏議』 권27, 雜律, 제440조의 疏議, "謂主典替代, 所有文案, 皆須立正案, 分付承後人, 違而不付者, 合杖一百, 縱雖去官, 不同名例免法, 故注云並去官不免."

47) 〈現17〉조나 〈現19〉조와 같이 창고 업무를 책임지는 관원의 인수·인계 절차와 책임소재에 대한 규정은 비슷한 내용이 『睡虎地秦簡』의 倉律에서도 확인되고 있어(『睡虎地秦墓竹簡』, 秦律十八種·倉律, "□□□□□不備, 令其故吏與新吏雜先索出之. 其故吏弗欲, 勿强. 其毋(無)故吏者, 令有秩之吏·令史主, 與倉□雜出之, 索而論不備. 雜者勿更 ; 更之而不備, 令令·丞與賞(償)不備. 倉"), 창고 업무의 인수·인계와 확인절차에 관한 규정이 일찍부터 정비되어 있었음을 알 수 있다.

『天聖令』 당령복원청본, 倉庫令, 27조, 495쪽

〈現18〉 **諸倉庫貯積雜物應出給(及)[48]者, 先盡遠年. 其有不任久貯及故弊者, 申請回易.**

무릇 창고에 저장한 잡물(雜物)을 내어 주어야 하는 경우, 오래된 것부터 먼저 비운다. 그 중 오랜 기간 저장할 수 없거나 오래 되어서 훼손된 경우는 보고하여 매각을 청한다.

유관당송문 1) 『慶元條法事類』 : 諸應給雜物者, 先盡遠年. 卽故弊及不任久貯者, 申請回易.(권37, 庫務2 給納, 580쪽)

▸ 유관 일본령

『令義解』 : 凡倉藏貯積雜物, 應出給者, 先盡遠年. 其有不任久貯, 故弊者, 申太政官請, 斟量處分.(권8, 倉庫令, 268쪽)

▸ 복원 당령

『天聖令』 당령복원청본, 倉庫令, 28조, 495쪽

〈現19〉 **諸倉庫受納, 於後出給, 若有欠者, 皆[49]理[50]專當人以下. 已經分付, 理後人. 理獲訖, 隨便輸納, 有賸付帳申.[51]**

무릇 창고에서 수납하였는데 그 뒤 내어줄 때 만약 결손이 있다면 모두 담당 책임 관원 이하에게서 [그 부족분을] 징수한다. 이미 후임자에게 인계했다면 후임자에게서 [부족분을] 징수한다. [부족분의] 징수가 끝나면 바로 가져다가 창고에 들이고, 남는 것이 있으면 장부에 부기해서

48) [교감주] '及'자는 '給'자의 잘못일 것이다. 〈現19〉조의 '出給'句와 『慶元條法事類』 권37, 庫務2, 給納과 『令義解』 권8, 倉庫令, 倉藏貯積雜物條에 따라서 고친다.

49) [교감주] '皆'자는 『令義解』 권8, 倉庫令, 倉藏受納條에는 '均'자로 되어 있다.

50) [교감주] '理'자는 『令義解』 권8, 倉庫令, 倉藏受納條에는 '徵'자로 되어 있는데, 宋代에는 이 글자를 避諱하여 고쳐 쓴 것이다. 그 뒤의 '理'자도 모두 같다.

51) [교감주] '申'자는 『令義解』 권8, 倉庫令, 倉藏受納條에서는 '申'자 뒤에 '官'자가 있다.

보고한다.

유관당송문 관련 기록이 당송 시기 문헌에서는 확인되지 않는다.

▸ 유관 일본령

『令義解』: 凡倉藏受納, 於後出給, 若有欠者, 均徵給納之人. 已經分付徵後人. 有乘付帳申官.(권8, 倉庫令, 269쪽)

▸ 복원 당령

『天聖令』 당령복원청본, 倉庫令, 29조, 495쪽

〈現20〉 諸欠失官物, 幷句獲合理[52]者, 並依本物理塡. 其物不可備及鄕土無者, 聽準價直理送. 卽身死及配流, 資産並竭者, 勿(物)[53]理.

무릇 관물이 모자라거나 잃어버렸는데 장부와 대조해서 [그 부족분을] 찾아내어 징수해야 하는 경우, 모두 본래의 물품으로 징수하여 채운다. 그 물건이 [그대로] 배상할 수 없거나 그 지역에서 생산되지 않는 경우 그 물건의 가치에 준하여 징수하여 보내는 것을 허락한다. 만일 사망했거나 유배를 갔거나 자산이 전혀 없는 경우는 징수하지 않는다.

유관당송문 관련 기록이 당송 시기 문헌에서는 확인되지 않는다.

▸ 유관 일본령

『令義解』: 凡欠失官物, 幷句獲合徵者, 並依本物徵塡. 其物不可備, 及鄕土無者, 聽準價直徵送. 卽身死, 及配流者, 並免徵.(권8, 倉庫令, 269쪽)

▸ 복원 당령

『天聖令』 당령복원청본, 倉庫令, 30조, 496쪽

---

52) [교감주] '理'자는 『令義解』 권8, 倉庫令, 欠失官物條에는 '徵'자로 되어 있는데, 宋代에는 이 글자를 避諱하여 고쳐 쓴 것이다. 아래의 '理'자 모두 마찬가지이다.

53) [교감주] 明抄本에는 '物'로 되어 있는데 '勿'자를 잘못 필사한 것으로 보인다. 『令義解』 권8, 倉庫令, 欠失官物條의 이 부분은 '並免徵'으로 되어 있다.

〈現21〉 諸司受一物以上, 應納庫者, 納訖, 具錄色目, 申所司附帳.

여러 관사에서 한 종류 이상의 물품[54]을 받아 고(庫)에 들여야 하는 경우, 수납이 끝나면 종류별로 빠짐없이 기록하고 관할 관사[所司][55]에 보고해서 장부에 올린다.

유관당송문 관련 기록이 당송 시기 문헌에서는 확인되지 않는다.

〈現22〉 諸應送雜物不滿匹端者, 各隨多者題印, 不須出帳. 其和市之物, 注市時年月·官司姓名, 用當司印印記.

무릇 보내야 하는 잡물이 1필(匹)·1단(端)[56]이 차지 않는 경우는 각각 많은 쪽으로 제인(題印)을 찍으며 반드시 장부에 기록할 필요는 없다.[57] 민간에서 구매한[和市] 물건은 매매한 때의 연·월과 관인의 성명을 기록하고 해당 관사의 인장을 날인하고 확인한다.

유관당송문 1)『慶元條法事類』: 倉庫令 … 諸官物添零就整而納, 及剋零就整而不支者, 其曆內收支各具整數.(권37, 庫務2 給納, 579쪽)

2)『慶元條法事類』: 倉庫令 … 諸應輸布帛·綢戶, 親題姓名, 書押兩頭, 官用印記. 若充上供者, 本州書受納監專姓名, 和買物仍注買時年月. 知·通審驗起發. 如及省樣, 不得非理退換.(권47, 賦役1 受納稅租, 618쪽)

---

54) 〈現21〉조의 '一物'이나 〈現22〉조의 '雜物' 등의 '物'은 모두 庫에 저장하는 여러 종류의 직물류를 포괄해서 지칭하는 것이다.

55) 五代 이후 宋代에는 庫藏에 관한 사무가 모두 三司로 귀속되기 때문에(『宋史』 권165, 職官5, 2615쪽, "凡廩藏貿易·四方貢賦·百官奉給, 時皆隸三司, 本寺但掌供祠祭香幣·帨巾·神席, 及校造鬥升衡尺而已"), 〈現21〉조의 '所司'는 三司에 해당한다고 보아야 할 것이다.

56) 絹의 단위는 匹이고 布의 단위는 端이다. 1匹은 4丈이고 1端은 5丈이다. 營繕令, 〈現10〉조, 522쪽 참조.

57) 『慶元條法事類』 卷37, 庫務2, 給納에서 인용된 倉庫令에는 "諸官物添零就整而納, 及剋零就整而不支者, 其曆內收支各具整數"라고 해서 장부에 우수리는 기재하지 않는다고 되어 있다. 따라서 1匹·1端이 되지 않는 雜物은 장부에 기록할 필요가 없는 것이다.

▶ 복원 당령

『天聖令』 당령복원청본, 倉庫令, 33조, 496쪽

〈現23〉 諸輸[58]金·銅·銀[59]者, 皆鑄爲鋌, 鑿題斤兩·守主姓名. 其麩金, 不在鑄限.

무릇 금·동·은을 수납하는 경우 모두 주조하여 정(鋌)으로 만들고 중량[斤兩]과 책임자[守主]의 성명을 정에 새겨 넣는다. 그 중 불량한 금속[麩金]은 정을 주조하는 범위에 두지 않는다.

유관당송문 1) 『慶元條法事類』 : 倉庫令 … 諸買納金·銀·銅·鉛·錫, 皆鑄爲鋌, 各鐫斤重·專典姓名·監官押字, 銅·鉛·錫仍鐫爐戶姓名. 麩金不用此令.(권37, 庫務門2 給納, 579쪽)

▶ 복원 당령

『天聖令』 당령복원청본, 倉庫令, 34조, 496쪽

〈現24〉 諸倉庫門, 皆令監當官司封鎖署記. 其左·右藏庫, 記仍印. 開閉(示),[60] 知[61]其鎖鑰, 監門守當之處, 監門掌 ; 非監門守當者, 當處長官掌.

무릇 창고의 문은 모두 해당 관사의 감관(監官)이 잠그고 서명하여 확인한

---

58) [교감주] '輸'는 『慶元條法事類』 권37, 庫務門2 給納에서 인용하는 倉庫令에는 '買納'으로 되어 있다.

59) [교감주] '金·銅·銀'은 『慶元條法事類』 권37, 庫務2 給納에서 인용하는 倉庫令에는 '金·銀·銅·鉛·錫'으로 되어 있다.

60) [교감주] '示'는 응당 '閉'의 誤記일 것이다. 『慶元條法事類』 권4, 職制1 職掌 인용 倉庫令과 同書 권36, 庫務1 倉庫約束 인용 倉庫令과 同書 권37, 庫務2 給納 인용 倉庫令 모두 '閉'로 되어 있다.

61) [교감주] '開示知'는 응당 본래 초록에서 누락된 것을 뒤에 증보한 것이다. 『慶元條法事類』 권4, 職制1 職掌 인용 倉庫令과 同書 권36, 庫務1 倉庫約束 인용 倉庫令과 同書 권37, 庫務2 給納 인용 倉庫令은 '諸倉庫, 監專同開閉, 並押記鎖封'이라고 되어 있어, 〈現24〉조에서 이 구문의 정상적인 순서는 '諸倉庫門, 皆令監當官司知封鎖署記'라고 해야 한다.

다. 그 중 좌장고와 우장고는 확인하고 인장을 찍는다. 문의 개폐와 자물쇠 관리는 감문관(監門官)[62]이 맡아 지키는 곳에서는 감문관이 관장한다. 감문관이 해당 창고를 맡아서 지키지 않는 경우는 해당 지역의 장관이 관장한다.

유관당송문 1)『慶元條法事類』: 倉庫令 … 諸倉庫, 監·專同開閉並押記鎖封. 掌鑰以長官, 門鑰以監門. 無監門處, 長官兼掌.(권4, 職制門1 職掌, 30쪽 ; 권36, 庫務門1 倉庫約束, 558쪽 ; 권37, 庫務門2 給納, 578쪽)

▸ 유관 일본령

『令義解』: 置公文庫鎖鎰者, 長官自掌. 若無長官者, 次官掌之.(권8, 倉庫令, 268쪽 ; 『令集解』, 倉庫令, 5쪽)

▸ 복원 당령

『天聖令』 당령복원청본, 倉庫令, 35조, 496쪽

右並因舊文, 以新制參定.

위[의 영들]은 예전의 조문을 바탕으로 하되 새로운 제칙을 참작하여 정한 것이다.

〈舊1〉 諸倉窖貯積者, 粟支九年 ; 米及雜種支五年. 下濕處, 粟支五年 ; 米及雜種支三年. 貯經三年以上, 一斛聽耗一升 ; 五年以上, 二升. 其下濕處, 稻穀及粳米各聽加耗一倍. 此外不得計年除耗. 若下濕處, 稻穀不可久貯者, 折納大米[63]及糙米. 其折糙米者, 計[64]稻穀[65]三斛(石),[66] 折納糙米一斛

62) 宋代에는 각 관부마다 監門官을 새로 설치하는데(『宋史』 권161, 職官1, 3791쪽, "左藏封椿庫, 都司提領, 監官一員, 監門官一員" ; 『宋史』 권163, 職官3, 3864쪽, "六部監門, 六部監門官一員, 掌司門鑰"), 〈現24〉조의 監門은 바로 이 監門官을 지칭하는 것이다.

63) [교감주] 교록본은 저본의 글자를 '大米'라고 읽었지만, 渡辺信一郎은 '火米'로 읽고 火田경작의 밭벼라고 해석하고 있다(「天聖令倉庫令譯注初稿」, 『唐宋變革研究通訊』 제1집, 2010·3, 18쪽). 저본의 글자가 외견 상 '火米'로 보는 편이 더 타당해 보이기도 하지만 문맥 상 '大米'로 해석하는 것에 따랐다.

(石)四斗.

무릇 창교(倉窖)에 [곡물을] 저장하는 경우, 속(粟)은 9년을 [기한으로] 보관한다. 미(米)와 다른 종류의 곡물은 5년을 [기한으로] 보관한다. 땅이 낮고 습한 곳에서는 속은 5년을 보관하고 미와 다른 여러 종류의 곡물은 3년을 보관한다. 저장한 지 3년 이상을 경과하면 1곡(斛)에 1승(升)의 감모를 허용한다. 5년 이상을 경과하면 2승을 허용한다. 땅이 낮고 습한 곳에서는 도곡(稻穀)[67]과 갱미(粳米)[68]의 감모분을 배로 늘려주는 것을 들어준다. 이 외에는 연수를 헤아려 [저장된 곡물에서] 감모량으로 제할 수 없다. 만약 땅이 낮고 습하여 도곡을 오래 저장할 수 없는 창교라면 대미(大米)[69]와 조미(糙米)[70]로 바꾸어 들인다. 조미로 바꾸는 경우, 도곡 3곡을 조미 1곡 4두(斗)로 계산하여 절납한다.

유관당송문 1) 『唐六典』 : 凡粟支九年, 米及雜種三年. 貯經三年, 斛聽耗一升 ; 五年已上, 二升.(권19, 司農寺, 526~527쪽 ; 『역주당육전』중, 613~614쪽)

2) 『通典』 : 開元二十五年定式 … 王公以下, 每年戶別據所種田, 畝別稅粟二升, 以爲義倉. 其商賈戶若無田及不足者, 上上戶稅五石, 上中以下遞減各有差. 諸出給雜種準粟者, 稻穀一斗五升當粟一斗. 其折納糙米者, 稻三石折納糙米一石四斗.(권12, 食貨12 輕重, 291쪽)

3) 『新唐書』 : 其後, 洛相幽徐齊幷秦蒲州, 又置常平倉, 粟藏九年, 米藏五年, 下濕

---

64) [교감주] '計'자는 『夏侯陽算經』 권上, 變米穀에서 인용하는 唐 倉庫令과 『通典』 권12, 食貨12, 輕重門, '開元二十五年定式'條에는 없다.

65) [교감주] '穀'자는 『夏侯陽算經』 권上, 變米穀에서 인용하는 唐 倉庫令과 『通典』 권12, 食貨12, 輕重門, '開元二十五年定式'條에는 없다.

66) [교감주] '石'자는 『夏侯陽算經』 권上, 變米穀에서는 '斛'으로, 『通典』 권12, 食貨12, 輕重門, '開元二十五年定式'條에서는 '石'으로 되어 있다. 그 뒤의 '石'자도 마찬가지이다.

67) 稻穀은 탈곡하지 않은 상태의 볍씨이다.

68) 粳米는 멥쌀을 의미한다.

69) 大米는 稻穀을 탈곡한 것을 말한다.

70) 糙米는 백미로 정백하지 않은 상태의 현미라고 할 수 있다.

之地, 粟藏五年, 米藏三年, 皆著于令.(권51, 食貨1, 1344쪽)

4)『夏侯陽算經』: 倉庫令云, 其折糙米者, 稻三斛折納糙米一斛四斗.(권上, 變米穀)

▶ 유관 고려령

『고려시대 율령의 복원과 정리』: 倉庫令[1], 所有內莊及東宮食邑積穀歲久(高麗令 20, 652쪽)

▶ 유관 일본령

『令義解』: 凡倉貯積者, 稻穀粟支九年. 雜種支二年. 糒支卄年. 貯經三年以上, 一斛聽耗一升, 五年以上二升.(권8, 倉庫令, 268쪽)

▶ 복원 당령

『唐令拾遺』倉庫令, 제6조, 694~695쪽

『天聖令』당령복원청본, 倉庫令, 4조, 494쪽

〈舊2〉諸輸米粟二斛, 課稾一圍; 圍長三尺. 凡圍皆准此. 三斛, 橛一枚. 米二十斛, 籧篨一番[71]; 粟四十斛, 苫(若)[72]一番. 長八尺, 廣五尺大小,[73] 麥二斛, 稾(稾)一圍; 三斛, 橛一枚; 二十斛, 籧篨一番; 七十斛, 麩(越)[74]一斛. 麥飯二十斛, 籧篨一番. 並充倉窖所用, 即[75]令輸人營備. 不得令官人親識判窖. 修營窖草, 皆取乾者, 然後縛稕. 大者徑一尺四寸, 小者徑四寸.[76] 其邊遠無稾(稾)之處, 任取雜草堪久貯者充之. 若隨便出給, 不入倉窖者, 勿課倉窖調度.

무릇 미·속을 수납하는 경우 2곡에 짚[稾] 1단[圍]을 부과한다. 짚 1단은 둘레가 3척으로 짚단의 크기는 모두 이에 준한다. (미·속) 3곡에 말뚝 1개를

71) [교감주] '番'은『唐六典』권19, 司農寺 太倉署令조에는 '領'으로 되어 있고, 〈舊14〉조에도 '領'으로 되어 있다.

72) [교감주] '若'은 '苫'을 잘못 쓴 것으로,『唐六典』권19, 司農寺 太倉署令조에 따라 고친다.

73) [교감주] '長八尺, 廣五尺大小'는 앞부분의 '圍長三尺. 凡圍皆准此'를 봤을 때 아마도 注文을 正文으로 쓴 것이 아닐까 생각된다.

74) [교감주] '越'은 아마도 '麩'을 잘못 쓴 것이다.

75) [교감주] '即'은『唐六典』권19, 司農寺 太倉署令조에는 '仍'으로 되어있다.

76) [교감주] '大者徑一尺四寸, 小者徑四寸'도 注文을 正文으로 쓴 것으로 보인다.

부과한다. 미 20곡에 자리 1개를, 속 40곡에 거적 1개를 부과한다. 길이는 8척이고 너비는 5척 남짓이다. 보리 2곡에 짚 1단을 거두고 3곡에 말뚝 1개를 거둔다. 20곡에 자리 1개를 거두고 70곡에 기울 1곡을 거둔다. 맥반(麥飯)[77] 20곡에 자리 1개를 거둔다. [이렇게 부과한 것들은] 모두 창교에서 [곡식을 저장할 때] 사용하는 용도에 충당하는데 바로 수납인에게 설치하게 하며, [수납인과] 친분이 있는 관인에게 창교를 관장하게 해서는 안 된다. 창교에 까는 풀을 보수할 때는 모두 마른 것을 취하여 짚단으로 묶는다. 큰 것은 지름이 1척 4촌이고 작은 것은 지름이 4촌이다. 먼 변경지역에 짚이 없는 곳은 오래 저장할 수 있는 잡초를 취하여 충당하는 것을 들어준다. 만약 [이러한 물품들을] 편의로 내어주고 창교에 들이지 않는 경우에는 창교의 필요 비품을 부과해서는 안 된다.

유관당송문 1) 『唐六典』: 輸米·粟二斛, 課稾一圍; 三斛, 橛一枚, 米二十斛, 籧篨一領; 粟四十斛, 苫一蓋; 麥及雜種亦如之; 以充倉窖所用. 仍令輸入營備之.(권19, 司農寺, 526쪽; 『역주당육전』중, 613~614쪽)

▸ 복원 당령

『天聖令』 당령복원청본, 倉庫令, 5조, 494쪽

〈舊3〉 諸給糧,[78] 皆承省[79]符. 丁男一人, 日給二升米, 鹽二勺五撮. 妻·妾及中男·女, 謂年十八者[80]以上者中男·女[81] 米一升五合, 鹽二勺. 老·小男, 謂十一以上者. 中女,[82] 謂年十七以下者. 米一升一合, 鹽一勺五撮. 小男·女, 男謂年七歲以

77) 보리를 찐 후 말려서 가루로 만든 것이다(『急就篇』 권2, “餅餌麥飯甘豆羹. [顔師古注: 麥飯, 磨麥合皮而炊之也. … 麥飯豆羹皆野人農夫之食耳]”).

78) [교감주] ‘糧’은 『唐六典』 권19, 司農寺 太倉署令조에 ‘公糧’이라고 되어 있다.

79) [교감주] ‘省’은 『唐六典』 권19, 司農寺 太倉署令조에 ‘尙書省’이라고 되어 있다.

80) [교감주] ‘者’는 衍文이다.

81) [교감주] ‘中男·女’는 그 다음 문장의 注釋 형식에 비추어 볼 때, 응당 ‘謂年十八以上者’의 앞에 위치해야 한다. 정상적인 순서는 ‘中男·女, 謂年十八以上者’이다.

上者，女謂年十五以下．米九合，鹽一勺．小男·女年六歲以下，米六合，鹽五撮．老·中·小男任[83]官見驅(軀)[84]使者，依成丁男給，[兼國子監學生·鍼·醫生，雖未成丁，] 依丁例給．[85]

무릇 공량은 모두 상서성의 부(符)[86]를 받고 지급한다. 정남(丁男) 1인은 하루에 2승의 미와 2작(勺) 5촬(撮)의 염(鹽)을 지급한다. 처·첩과 중남 및 중녀 18세 이상을 말한다 는 1승 5홉의 미와 2작의 염을 지급한다. 노·소남과 11세 이상을 말한다 중녀 17세 이하를 말한다 는 1승 1홉의 미와 1작 5촬의 염을 지급한다. 소남·녀 남자는 7세 이상이고 여자는 15세 이하이다 는 9홉의 미와 1작의 염을 지급한다. 소남·녀로 6세 이하는 6홉의 미와 5촬의 염을 지급한다. 관위가 없으면서 현재 관부에서 부려지는[驅使] 노남·중남·소남은 정남의 기준에 따라서 지급한다. [아울러 국자감학생과 침·의생은 비록 정남이 되지 않았더라도] 정남의 예에 따라 지급한다.[87]

---

82) [교감주] '中'은 뒤에 '男'자를 더해야 한다. 『通典』 권7, 食貨6 賦稅下에 따르면, 開元 25년 '男·女仍是十六爲中, 二十一成丁'이라고 했다. 令文에 따르면, 中男·女에게 양식을 지급하는 표준은 18세 이상(18~20세)과 17세 이하(16세·17세) 두 종류로 나눌 수 있다. 李錦繡는 본래 교록본에서는 '男'자를 추가해서 '中男·女'라고 하면서 양식 지급 표준이 2종류였다고 했었는데, 다시 '男'자는 사족이었다고 하면서 삭제하고 저본의 '中女'를 그대로 두는 것으로 하고 있다(李錦繡, 「唐開元二十五年《倉庫令》所載給糧標準考－兼論唐代的年齡劃分」, 『傳統中國硏究集刊』 第4輯, 上海：上海人民出版社, 2008).

83) [교감주] '任'은 『唐六典』 권19, 司農寺 太倉署令조에 '無'로 되어 있다.

84) [교감주] '軀'는 '驅'로 해야 한다. 『唐六典』 권19, 司農寺 太倉署令조에 따라 고친다.

85) [교감주] "老·中·小男任官見驅使者, 依成丁男給. 依丁例給"은 『唐六典』 권19, 司農寺 太倉署令조에 "若老·中·小男,無官及見驅使, 兼國子監學生·鍼·醫生, 雖未成丁, 亦依丁例"라고 되어 있다. 〈舊3〉조의 令文 '依成丁男給'과 '依丁例給' 사이에는 응당 누락된 부분이 있는데, 『唐六典』과 결합해서 누락된 자구 '兼國子監學生·鍼·醫生, 雖未成丁'을 보충할 수 있다. 『天聖令』을 초록한 사람은 '成丁' 두 글자로 인하여 한 구문을 빼고 초록하지 않았고 『唐六典』도 '依成丁男給'구를 생략했다.

86) '符'는 상서성에서 각 주로 내려가는 하행 공문서이다(『唐六典』 권1, 三師三公尙書都省, 10~11쪽 ; 『역주당육전』상, 136~138쪽, "凡上之所以 逮下, 其制有六, 曰 ; 制·勅·冊·令·敎·符. 天子曰制, 曰勅, 曰冊. 皇太子曰令. 親王, 公主曰敎. 尙書省下於州, 州下於縣, 縣下於鄉, 皆曰符").

87) 〈舊3〉조의 내용을 표로 정리하면 다음과 같다.

유관당송문 1)『唐六典』: 給公糧者, 皆承尚書省符. 丁男日給米二升, 鹽二勺五撮, 妻·妾·老男·小則減之. 若老·中·小男無官及見驅使, 兼國子監學生·鍼·醫生, 雖未成丁, 亦依丁例.(권19, 司農寺, 527쪽 ;『역주당육전』중, 614~615쪽)

▸ 유관 일본령

『令義解』: 倉藏給用, 皆承太政官府. 其供奉所須, 及要速須給. 并諸國依式給用, 先用後申, 其器物之屬. 以新易故者, 若新物到, 故物並送還所司, 年終兩司各以新故物計會, 非理欠損者, 徵所由人.(권8, 倉庫令, 268쪽)

▸ 복원 당령

『天聖令』 당령복원청본, 倉庫令, 7조, 494쪽

〈舊4〉 諸倉出給, 雜種准粟者, 稻穀·糯穀一斗五升, 大麥一斗二升, 喬麥一斗四升, 小豆九升, 胡麻八升, 各當粟一斗. 黍穀·糜穀·秫穀·麥飯·小麥·青稞(粿)[88]麥·大豆·麻子一斗, 各當粟一斗. 給末鹽一升六合, 當顆鹽一升.

무릇 창에서 내어주는 여러 곡물을 속(粟)으로 기준하는 경우, 도곡과 찹쌀[糯穀]은 1두 5승, 보리[大麥] 1두 2승, 메밀[喬麥] 1두 4승, 팥[小豆] 9승, 참깨[胡麻] 8승이 각각 속 1두에 해당한다. 서곡(黍穀)·메기장[糜穀]·찰기장[秫穀]·맥반(麥飯)·밀[小麥]·쌀보리[青稞麥]·콩[大豆]·삼씨[麻子] 1두는 각각 속 1두에 해당한다. 말염(末鹽)[89]의 지급은 1승 6홉이 과염(顆鹽)[90] 1승에 해당한다.

유관당송문 1)『通典』: 開元二十五年定式 … 王公以下, 每年戶別據所種田,

연령/성별		丁男	丁男의 妻·妾	中男 中女(18세이상)	老男 小男(11세이상) 中女(17세이하)	小男(7세이상) 小女(15세이하)	小男·女 (6세이하)
지급량 (1일)	米	2升	1升5合	1升5合	1升1合	0.9升	0.6升
	鹽	2勺 5撮	2勺	2勺	1勺5撮	1勺	0.5勺

88) [교감주] '粿'는 의미상 '稞'로 고쳐야 '青稞麥'이 된다.

89) 末鹽은 가루 소금으로 인공으로 생산되는 井鹽, 海鹽 따위를 말한다.

90) 顆鹽은 알갱이가 굵은 소금으로 鹽池에서 천연으로 생산되는 것이다.

畝別稅粟二升, 以爲義倉. 其商賈戶若無田及不足者, 上上戶稅五石, 上中以下遞減各有差. 諸出給雜種準粟者, 稻穀一斗五升當粟一斗. 其折納糙米者, 稻三石折納糙米一石四斗.(권12, 食貨12 輕重, 291쪽)

▸ 복원 당령

『天聖令』 당령복원청본, 倉庫令, 8조, 494쪽

〈舊5〉 諸量函, 所在官造. 大者五斛, 中者三斛, 小者一斛. 皆[91]以鐵爲緣, 勘平印署,[92] 然後給用.

무릇 계량 상자는 그 지역의 관부에서 만든다. 큰 것은 5곡, 중간치는 3곡, 작은 것은 1곡이다. 모두 쇠로 가장자리를 두르고 [상자가] 바르게 되어있는지 확인해서 관인을 찍고 서명한 연후에 사용하는 데 공급한다.[93]

유관당송문 1) 『唐六典』: 其函大五斛, 次三斛, 小一斛.(권19, 司農寺, 525쪽 ; 『역주당육전』중, 606~607쪽)

2) 『夏侯陽算經』: 倉庫令, 諸量函, 所在官造, 大者五斛, 中者三斛, 小者一斛, 以鐵爲緣, 勘平印書, 然後給用.(권上, 辨度量衡)

▸ 유관 고려령

『고려시대 율령의 복원과 정리』: 倉庫令[2], 定權衡平斗量(高麗令 20, 652~653쪽)

▸ 복원 당령

『唐令拾遺』 倉庫令, 제2조, 692~693쪽

『天聖令』 당령복원청본, 倉庫令, 10조, 494쪽

---

91) [교감주] '皆'는 『夏侯陽算經』 권上, 辨度量衡에서 인용하는 倉庫令에는 없다.

92) [교감주] '署'는 『夏侯陽算經』 권上, 辨度量衡에서 인용하는 倉庫令에는 '書'로 되어 있다.

93) 雜令, 〈現5〉조는 太府寺에서 만드는 도량 형기의 견본에 관한 규정인데, 이 조항과의 차이가 주목된다.

〈舊6〉 諸在京流外官[94]長上者，身[95]外別給兩口糧，每季一給．牧尉[96]給五口糧，牧長四口糧．兩口准丁，余准中男給．

무릇 경사의 유외관으로 장상(長上)인 경우[97] 본인 이외에 별도로 2구(口)의 양식을 지급하는데 매 계절 한 번 지급한다. 목위(牧尉)[98]에게는 5구의 양식을 지급하며 목장(牧長)에게는 4구의 양식을 지급한다. 2구는 정에 준하고, 나머지는 중남에 준하여 지급한다.

유관당송문 1)『唐六典』: 流外長上者, 外別給兩口糧. 諸牧尉給五口糧, 牧長四口糧. 兩口準丁, 餘準中男給.(권3, 尙書戶部, 84쪽 :『역주당육전』상, 361~362쪽)

▸ 복원 당령

『天聖令』 당령복원청본, 倉庫令, 12조, 494쪽

〈舊7〉 諸牧監獸醫上番日，及衛士·防人以上，征行若在鎭及衛，[99] 番還，幷在外(升)[100]諸監·關·津番官 上番日給．土人任者，若尉史，並給(及)[101]身糧．

무릇 목감(牧監)의 수의는 상번하는 날, 위사·방인(防人) 이상은 정행(征行)하거나 진(鎭)·위(衛)에서 근무하고 교대해서 돌아오는 기간,[102] 아울러

94) [교감주] '官'은『唐六典』권3, 尙書戶部 倉部郎中員外郎조에는 없다.

95) [교감주] '身'은『唐六典』권3, 尙書戶部 倉部郎中員外郎조에는 없다.

96) [교감주] '牧尉'는『唐六典』권3, 尙書戶部 倉部郎中員外郎조에 '諸牧尉'라고 되어 있다.

97) 流外官은 중앙 관사의 하급 관리로 9품의 등급이 있었다. 유외9품에서 令史와 書令史 등 3품 이상은 長上으로 매일 근무하고, 4품 이하의 亭長과 掌固 등은 番官이라고 해서 교대 근무를 했다. 따라서 이 조문의 유외관으로 장상인 경우는 유외 3품 이상을 가리키는 것이다.

98) 牧尉는 廐牧令,〈舊2〉조의 "諸牧畜, 群別置長一人, 率十五長置尉一人·史一人, 取八品以下散官充"에 따르면 牧에서 각 群을 관리하는 牧長의 상급자로 15명의 목장을 관할하는 직책으로 8품 이하 散官에서 충당되었다.

99) [교감주] '衛'는『唐六典』권3, 尙書戶部 倉部郎中員外郎조에는 없다.

100) [교감주] '升'은『唐六典』권3, 尙書戶部 倉部郎中員外郎조에 따라서 '外'자로 고친다.

101) [교감주] '及'은『唐六典』권3, 尙書戶部 倉部郎中員外郎조에 따라서 '給'으로 고친다.

102)『唐六典』권5, 尙書兵部, 157쪽 ;『역주당육전』상, 508~509쪽, "凡諸道廻兵糧糒之物,

지방의 각 감·관·진(津)에서 토착인[土人]으로 번관(番官)[103]을 상번하는 날 지급한다 충임한 경우와 목의 위[牧尉]와 사(史)는 모두 본인의 양식을 지급한다.

유관당송문 1)『唐六典』: 諸牧監獸醫上番日, 及衛士·防人已上征行若在鎭及番還, 並在外諸監·關·津番官 上番日給. 土人任者, 若尉·史, 並給身糧.(권3, 尙書戶部, 84쪽 ;『역주당육전』중, 361~362쪽)

▸ 복원 당령

『天聖令』 당령복원청본, 倉庫令, 13조, 494~495쪽

〈舊8〉 諸官奴婢皆給公糧. 其官戶上番充役(後)[104]者亦如之. 並季別一給, 有賸隨季折.

무릇 관노비에게는 모두 공량을 지급한다. 관호가 상번(上番)하여 역에 충당되는 경우도 이와 같이 한다. 모두 계절 별로 한 번 지급하는데 남는 날짜가 있으면 절산하여 [다른 물품으로] 지급한다.

유관당송문 1)『唐六典』: 諸官奴婢皆給公糧, 其官戶上番充役者亦如之.(권3, 尙書戶部, 84쪽 ;『역주당육전』중, 361~362쪽)

▸ 복원 당령

『天聖令』 당령복원청본, 倉庫令, 14조, 495쪽

〈舊9〉 諸州鎭防人所須鹽, 若當界有出鹽處, 役(後)[105]防人營造自供. 無鹽

衣資之費, 皆所在州縣分而給之." 이 기사에 따르면 교대하고 돌아오는 병사의 의식은 소재의 주현에서 공급하게 되어 있다.

103) 雜令 〈舊15〉조에 따르면 番官은 流外官으로 長上이 아닌 자의 총칭이다.

104) [교감주] '後'는 '役'을 잘못 쓴 것이다. 雜令, 〈舊23〉조 '官戶給糧充役'과 『唐六典』 권3, 尙書戶部 倉部郞中員外郞條에 따라서 고친다.

之處，度支量須多少，隨防人於便近州有官鹽處運供．如當州有船車送租及轉運空還，若防人向防之日，路經有鹽處界過者，亦令量力運向鎭所．

무릇 주·진의 방인(防人)에게 필요한 소금은 만약 해당 지역에 소금이 나는 곳이 있으면 방인을 사역하여 직접 만들어 공급한다. 소금이 나지 않는 곳은 탁지(度支)[106]에서 필요한 양을 헤아려 방인을 관염(官鹽)이 있는 가깝고 편리한 주로 보내 운송하여 공급한다. 만약 해당 주에 조(租)를 보내는 배나 수레가 있거나 운송을 한 뒤 빈 채로 돌아오는 것이거나 혹은 방인이 방수지역으로 가는 길에[107] 소금이 있는 곳을 지나는 경우에도 [운반할 수 있는] 역량을 헤아려 진소(鎭所)로 운송하게 한다.

유관당송문 관련 기록이 당송 시기 문헌에서는 확인되지 않는다.

▶ 복원 당령

『天聖令』 당령복원청본, 倉庫令, 16조, 495쪽

〈舊10〉 諸鹽車·運船，行經百里以外，一斛聽折二升；五百里外(升)，[108] 三升．其間又經上下者，一斛又折一升．若停貯經百日以上，一斛折二升；周年以上，三(一)[109]升．受卽出給者，一斛聽折五合．其末鹽各聽一倍加耗．若土地下濕，貯經周年以上，各加二倍．運輦各加一倍．

무릇 소금을 수송하는 수레[鹽車]나 수송하는 배[運船]가 100리 이상을

105) [교감주] '後'는 '役'을 잘못 쓴 것이다.

106) 『新唐書』 권54, 食貨4, 1377쪽, "唐有鹽池十八, 井六百四十, 皆隸度支."

107) 『唐律疏議』 권28, 捕亡8 〈제458조〉, 532쪽 ; 『역주당률소의』, 3294~3295쪽, "諸防人向防及在防未滿而亡者, [原注 : 鎭人亦同.] 一日杖八十, 三日加一等."

108) [교감주] '升'은 이 조문의 '百里以外'에 근거하여 '外'로 고친다.

109) [교감주] 저본에는 '一'로 되어 있지만 아마도 '三'을 잘못 쓴 것으로 보아야 한다. 이 조문에 따르면 100일 이상을 이동하지 않고 머무르면 1곡 당 2승의 손실을 허용하는데, 1년 이상을 머무르는데 단지 1승만의 손실분을 허용하는 것은 불가능하다. 위의 '行經百里以外, 一斛聽折二升 ; 五百里外, 三升'의 비율에 근거해 보면 '一'은 '三'을 잘못 쓴 것이 분명하다.

이동하는 경우 1곡에 2승의 손실분을 허용한다. 500리 이상은 3승의 손실분을 허용한다. 그 사이에 또 싣고 내리는 지역을 지나는 경우 1곡에 1승의 손실분을 더 허용한다. 만약 수레나 배가 멈춰서 100일 이상을 쌓아두어야 하는 경우 1곡에 2승의 손실분을 허용한다. 만 1년 이상이면 3승을 허용한다. 받은 즉시 내어주는 경우 1곡에 5홉의 손실분을 허용한다. 말염(末鹽)은 각각 2배의 손실분을 더하는 것을 허용한다. 만약 땅이 낮고 습한데 만 1년 이상 쌓아두었다면 각각 3배의 손실분을 더한다. 손수레로 운반하는 경우 각각 2배를 더한다.

유관당송문 관련 기록이 당송 시기 문헌에서는 확인되지 않는다.

▸ 복원 당령

『天聖令』 당령복원청본, 倉庫令, 17조, 495쪽

〈舊11〉 諸官物應理[110)]者, 總計相合錢不滿十·穀米不滿一斗·布帛雜綵不滿一尺·絲綿不滿一兩, 悉不推理.

무릇 관물(官物)로 징수해야 하는 경우 합한 총계가 전으로 10문이 되지 않거나 곡물이 1두가 되지 않거나 포·백·잡채(雜綵)가 1척이 되지 않거나 실·솜이 1량이 되지 않으면 모두 찾아서 징수하지 않는다.

유관당송문 관련 기록이 당송 시기 문헌에서는 확인되지 않는다.

▸ 복원 당령

『天聖令』 당령복원청본, 倉庫令, 31조, 496쪽

〈舊12〉 諸兩京在藏庫及倉, 差中郞將一人專押. 在外凡有倉庫之處, 覆囚使

110) [교감주] '理'는 宋 仁宗의 이름을 避諱하여 쓴 것이다. 仁宗(趙禎)의 피휘자는 禎·楨·貞·偵·寘·媜·徵·湞·旌·癥 등이었다. 아래의 '理'자도 동일하다.

及御史出日，卽令案行．其貯掌盖覆不如法者，還日聞奏．

무릇 양경(兩京) [장안과 낙양]의 장고(藏庫)와 창(倉)은 중랑장 1인을 파견하여 오로지 관리하게 한다. 경사 이외의 창고가 있는 곳은 복수사(覆囚使) 및 어사가 나간 날 바로 감찰하게 한다. [창고의] 저장과 출납을 법대로 하지 않은 경우 [복수사 및 어사는] 돌아오는 날 상주하여 아뢴다.

유관당송문 관련 기록이 당송 시기 문헌에서는 확인되지 않는다.

▸ 유관 일본령

『令義解』: 在京倉藏, 並令彈正巡察, 在外倉庫, 巡察使出日, 卽令按行.(권8, 倉庫令, 268쪽)

▸ 복원 당령

『天聖令』 당령복원청본, 倉庫令, 36조, 496쪽

〈舊13〉諸庸調等應送京者，皆依[見]送物數色目，各造解(見)[111]一道，函盛封印，付綱典送尚書省，驗印封全，然後開付所司，下寺領納訖具申．若有欠失及(二)[112]損，隨卽理塡．其有(用)[113]濫惡短狹不依式者，具狀申省，隨事推決．

무릇 경사로 보내야 하는 용(庸)·조(調) 등은 모두 현재 보내는 물품의 수량과 종류에 따라서 각각 문서[解] 1부를 만들어 상자에 넣고 밀봉해서 인장을 찍어 강(綱)·전(典)에게 주어 상서성으로 보낸다. [상서성은] 인장을 검사해서 밀봉된 상태가 완전한지 확인한 연후에 개봉하여 담당 관사로

111) [교감주] 초록본에는 '皆依送物數色目, 各造解見'으로 되어 있지만, 『令義解』卷8, 倉庫令, '調庸物應送京條'에 '皆依見送物數色目, 各造簿一通'으로 되어 있는 것에 따라 교록본은 '皆依見送物數色目, 各造解一道'로 원문을 수정하고 있다. 교록본의 수정에 따라서 해석한다.

112) [교감주] '二'는 '及'을 잘못 쓴 것이다. 여기서 '欠'은 '欠負'를 가리키며 '失'은 缺失, '損'은 損壞된 것을 의미한다. 영문에서는 '欠失'(倉庫令, 〈現20〉조), '欠損'(倉庫令, 〈現12〉조)을 連用하여 많이 쓰고 있다.

113) [교감주] '用'은 '有'의 잘못일 것이다.

보내고, 담당 관사는 [예하의] 시(寺)로 내려 보내 물품의 납입이 끝나면 빠짐없이 보고한다. 만약 잃어버리거나[欠失] 파손된[欠損] 것이 있으면, 곧 바로 징수하여 [손실분을] 메운다. 품질이 불량하거나 규격보다 짧거나 좁아서 식(式)에 따르지 않은 것이 있으면 빠짐없이 문서로 갖추어 상서성에 보고하며, [상서성은] 사안에 따라서 조사해서 처리한다.

유관당송문 관련 기록이 당송 시기 문헌에서는 확인되지 않는다.

▸ 유관 일본령

『令義解』: 調庸等物, 應送京者, 皆依見送物數色目, 各造簿一通. 國明注載進物色數, 附綱丁等.(권8, 倉庫令, 268~269쪽)

▸ 복원 당령

『天聖令』 당령복원청본, 倉庫令, 37조, 496쪽

〈舊14〉 諸送庸調向京及納諸處貯庫者, 車別科籧篨四領, 繩二百尺, 籖三十莖. 卽在庫舊有仍堪充用者, 不須科. 若舊物少, 則總計(進)[114]少數, 均出諸車.

무릇 용(庸)·조(調)를 경사로 운송하거나 각 저장 창고[庫]에 들이는 경우에[115] 수레 마다 별도로 자리 4령(領),[116] 새끼줄 200척, 대나무 막대 30경(莖)[117]을 부과한다. 만약 창고에 이전 것이 남아있어 여전히 용도에 충당하여 사용할 수 있다면 반드시 부과할 필요는 없다.[118] 만약 이전의

114) [교감주] '進'은 아마도 '計' 혹은 '量'의 잘못일 것이다.

115) 『通典』 권6, 食貨6 賦稅下, 109쪽, "諸庸調物, 每年八月上旬起輸, 三十日內畢. 九月上旬各發本州, 庸調車舟未發閒有身死者, 其物卻還. 其運脚出庸調之家, 任和雇送達. 所須裹束調度, 折庸調充, 隨物輸納."

116) 領은 의복·갑옷·자리 등에 사용하는 量詞이다.

117) 莖은 긴 막대 모양의 물건에 사용하는 量詞이다.

118) 李錦繡는 〈舊14〉조에서 거두는 籧篨·繩·籖 등을 『通典』 권6, 食貨六·賦稅下에 나오는 '所須裹束調度' 즉 '調度費'의 구체적인 항목으로 보면서, 운송 중의 포장에 필요한 물품으로 파악하고 있다(「唐開元二十五年倉庫令研究」, 『唐研究』 제12권, 2006년 12

물건이 부족하다면, 부족한 수량을 전부 헤아려서 균등하게 각 수레마다 내게 한다.

유관당송문 관련 기록이 당송 시기 문헌에서는 확인되지 않는다.

▶ 복원 당령

『天聖令』 당령복원청본, 倉庫令, 38조, 496쪽

〈舊15〉 諸賜物率十段, 絹三匹·布三端·貲·紵·罽各一端. 綿四屯. 春夏即絲四絇(納)[119]代綿. 其布若須有貯擬, 量事不可出用者, 任斟量以應給諸色人布內兼給.

무릇 사물(賜物)에서 10단(段)[120]을 기준으로 할 때 견 3필, 포 3단, 자포·저포·계포는 각 1단이다. 면 4둔(屯)[121]을 비율로 한다. 봄·여름에는 사(絲) 4현(絇)으로 면을 대신한다. 만약 포를 반드시 저장해 두어야 할 필요가 있어서 사정을 헤아려 지급할 수 없는 경우, 사용량을 헤아려 여러 색인(色人)에게 지급해야 하는 포 내에서 아울러 지급하는 것을 허락한다.

월).

119) [교감주] '納'은 '絇'을 잘못 쓴 것이다. 『唐六典』 권3, 金部郎中員外郎條에는 "綿則六兩爲屯, 絲則五兩爲絇" "春夏以絲代綿"이라고 하고 있다.

120) 사여하는 물품의 종류는 絹·布·綿 등 다양하지만 '賜物'의 단위는 일괄적으로 '段'으로 사용하고 있다. '賜物四段' '賜物五段' '賜物七段' '賜物十段'과 같이(『冊府元龜』 권55, 帝王部·養老, "三年十月, 詔古者親問百年義在養老, 其侍年老九十以上並篤疾, 各賜物四段綿帛各一疋. 十一年正月, 車駕幸北都, 詔太原府父老八十以上, 賜物五段板授上縣令, 賜緋婦人板授上縣君九十以上, 賜物七段板授上州長史, 賜緋婦人板授郡君百歲以上, 賜物十段板授上州刺史, 賜紫婦人板授郡君夫人"), 조칙에는 賜物'若干段'으로 표현되지만 이를 庫에서 내어 줄 때는 구체적인 하사 물품의 수량으로 환산해야 할 것이다. 〈舊15〉조 이하의 영문은 바로 그러한 환산 방법을 규정한 것이다. 〈舊15〉조에서 賜物 10단은 각각 絹3필·布3端·綿4屯으로 구성하므로, 가령 '賜物五段'이라고 하면 絹1.5필·布1.5端·綿2屯으로 환산해서 庫에서 출납하면 되는 것이다.

121) 屯은 綿(棉)을 세는 단위의 양사이다. 『通典』 권6, 食貨6, 110쪽, "綿則百八十五萬餘屯, 每丁三兩, 六兩爲屯, 則兩丁合成一屯."

유관당송문 1)『唐六典』: 凡賜物十段, 則約率而給之 : 絹三匹, 布三端, 綿四屯. 貲布·紵布·罽布各一端. 春·夏以絲代綿.(권3, 尙書戶部 金部郞中, 82쪽 ;『역주당육전』상, 355~356쪽)

2)『舊唐書』: 凡賜十段, 其率絹三疋, 布三端, 綿三屯.(권43, 職官2, 1828쪽)

▸ 복원 당령

『天聖令』 당령복원청본, 倉庫令, 38조, 496쪽

〈舊16〉 諸賜雜綵率十段, 絲布二匹(工)[122]·紬(納)[123]二疋·綾二匹·縵四匹.

무릇 잡채(雜綵)를 하사할 때 10단을 기준으로 사포 2필, 주 2필, 능 2필, 만 4필을 비율로 한다.

유관당송문 1)『唐六典』: 若雜綵十段, 則絲布二匹·紬二匹·綾二匹·縵四匹.(권3, 尙書戶部 金部郞中, 82쪽 ;『역주당육전』상, 355~356쪽)

2)『舊唐書』: 若雜綵十段, 則絲布二疋, 紬二疋, 綾二疋, 縵四疋.(권43, 職官2, 1828쪽)

▸ 복원 당령

『天聖令』 당령복원청본, 倉庫令, 40조, 496쪽

〈舊17〉 諸賜蕃客錦(綿)[124]綵率十段, 錦(綿)一疋[125]·綾二匹·縵三匹·綿四屯.

---

122) [교감주] '工'은 '匹'의 잘못이다.『唐六典』권3, 金部郞中員外郞條와『舊唐書』권43, 職官志에 따라서 고친다.

123) [교감주] '納'은 '紬'의 잘못이다.『唐六典』권3, 金部郞中員外郞條와『舊唐書』권43, 職官志에 따라서 고친다.

124) [교감주] '綿'은 '錦'의 잘못이다.『唐六典』권3, 尙書戶部 金部郞中員外郞條와『舊唐書』권43, 職官志에 따라서 고친다. 그 다음도 마찬가지이다.

125) [교감주] '匹'은『唐六典』권3, 尙書戶部 金部郞中員外郞條와『舊唐書』권43, 職官志에는 '張'으로 되어 있다.

무릇 번객(蕃客)[126]에게 금채(錦綵)를 하사하는 경우 10단을 기준으로 금 1필, 능 2필, 만 3필, 면 4둔을 비율로 한다.

유관당송문 1) 『唐六典』: 若賜蕃客錦綵, 率十段則錦一張·綾二匹·縵三匹·綿四屯.(권3, 尙書戶部 金部郎中, 82쪽 ; 『역주당육전』상, 355~356쪽)

2) 『舊唐書』: 若賜蕃客錦綵, 率十段則錦一張, 綾二疋, 縵三疋, 綿四屯.(권43, 職官2, 1828쪽)

▸ 복원 당령

『天聖令』 당령복원청본, 倉庫令, 41조, 496쪽

〈舊18〉 左(右)[127]·右藏(倉)[128]庫及兩京倉, 出一物以上, 所司具錄賜給雜物色目·幷數·請人姓名, 署印送監門, 勘同, 判傍, 聽出.

좌장고·우장고 및 양경 [장안과 낙양]의 창에서 하나 이상의 물품을 내는 경우 담당 관사는 사물(賜物)로 지급하는 여러 물품의 종류와 수량 및 신청인의 성명을 빠짐없이 기록한 후 서명하고 인장을 찍어 감문에 보내며, [감문에서는] 동일한지 확인해서 적방(籍傍)[129]을 판정한 후 내보내는 것을 허락한다.[130]

---

126) 蕃客은 외국의 군주 및 사신을 지칭한다(『隋書』 권9, 禮儀4, 182쪽, "梁元會之禮, … 羣臣及諸蕃客並集, 各從其班而拜").

127) [교감주] '右'는 '左'의 잘못이다. 『唐六典』 권20, 太府寺·左藏署令條와 『舊唐書』 권43, 職官志, 太府寺 左藏署令條에 따라서 고친다.

128) [교감주] '倉'은 '藏'의 잘못이다. 『唐六典』 권20, 太府寺·左藏署令條와 『舊唐書』 권43, 職官志는 모두 이 조문을 太府寺 左藏署令條의 아래에 두고 있다.

129) '傍'은 '籍傍'을 가리키는 것으로, 『唐六典』 권28, 太子左右衛及諸率府의 太子左右監門率府率조와 太子左右監門率府兵曹參軍條 및 『新唐書』 권49上, 百官志 左右監門衛에 보인다.

130) 〈舊15〉조부터의 賜物에 관한 令文들이 『唐六典』에서는 尙書戶部·金部郎中條에 거의 그대로 채록되고 있는데 이 중 〈舊18〉조만 빠져있다. 내용상 이 조문만 따로 『唐六典』 권20, 太府寺·左藏署令條에 '賜給雜物' 부분을 생략했거나 아니면 庫의 출납에 관한 일반 규정이 다른 영문으로 존재해서 내용상 중복되는 이 조문은 『唐六典』에서 그대로 생략되었을 가능성도 있다. 이에 대해 李錦綉는 唐代 국가재정의 중추로서

유관당송문 1)『唐六典』: 凡出給, 先勘木契, 然後錄其名數及請人姓名, 署印送監門, 乃聽出.(권20, 太府寺 左藏署令, 545쪽 ;『역주당육전』중, 660~662쪽)

2)『舊唐書』: 凡出給, 先勘木契, 然後錄其名數, 請人姓名, 署印送監門, 乃聽出.(권44, 職官3, 1890쪽)

▸ 복원 당령

『天聖令』 당령복원청본, 倉庫令, 42조, 496쪽

〈舊19〉 諸贓贖及雜附物等, 年別附庸調車送輸. 若多給官物, 須雇脚者, 還以此物迴充雇運. 其金銀·鍮石等, 附朝集使送. 物有故破·不任用者, 長官對檢有實, 除毁. 在京者, 每季終一送. 皆申尚書省, 隨至下[131]納.

무릇 장(贓)·속(贖) 및 잡다하게 부가된 물품[雜附物][132] 등은 매년 별도로 용(庸)·조(調)를 수송하는 수레에 부쳐서 운송한다. 만약 대부분 관물이어서 반드시 운송인[脚者]을 고용해야 하는 경우, 다시 이 관물로 돌아올 때의 비용에 충당한다. [잡부물 중] 금은과 유석(鍮石) 등은 조집사(朝集使)

좌·우장고의 관리는 엄격하고 상세해서, 左·右藏庫의 수납·출납에 관한 규정은 倉庫令의 조문으로 들어가지 않고 별도의 太府寺式으로 존재했을 것으로 추정하고 있다(「唐開元二十五年倉庫令硏究」,『唐硏究』제12권, 2006년 12월).

131) [교감주] '下'는 '卽'을 잘못 쓴 것으로 보인다. '卽納'은 唐代 공문서의 관용어로,『唐律疏議』권10, 職制41 소의 〈제131조〉, 213쪽 ;『역주당률소의』, 2166~2167쪽에 "旣無限日, 行至卽納"과 같은 예가 있다. 단 '下納'을 '下寺領納'으로 해석하는 것도 의미 상 가능하다.

132) 雜附物과 관련해서는 賦役令의 〈舊27〉조를 참고할 필요가 있다(賦役令, 舊27, 275쪽, "諸朝集使赴京貢獻, 皆盡當土所出. 其金銀·珠玉·犀象·龜貝, 凡諸珍異之屬 ; 皮革·羽毛·錦·罽·羅·紬·綾·絲·絹·絺·布之類, 漆·蜜·香·藥及畫色所須, 諸是服食器玩之物, 皆準絹爲價, 多不得過五十匹, 少不得減二十匹, 兼以雜附及官物市充. 無, 則用正倉. 其所送之物, 但令無損壞穢惡而已. 不得過事修理, 以致勞費"). 賦役令 〈舊27〉조는 朝集使가 가져오는 貢獻物에 관한 상세한 규정인데, 이 중 金·銀 따위는 이 조문에서 雜附物 중 귀중품목으로 따로 朝集使 편에 보낸다고 규정되어 있는 품목이다. 한편 李錦繡는 唐 전기 貢獻을 每年常貢·雜貢·別索貢·訪求貢·折造貢·額外獻·絶域獻 등 7종류로 구분하면서, 雜附物은 이중 雜貢으로서 매년 거두어 右藏庫로 수납되는 제도화된 稅收의 형태로 보고 있다(「唐開元二十五年倉庫令硏究」,『唐硏究』 제12권, 2006년 12월).

편에 부쳐서 보낸다. 물품이 합당한 이유로[故] 파손되어 사용할 수 없을 경우, 장관이 정황을 대조 검사해서 훼손된 것들은 제한다. 경사에서는 매 계절 말마다 한번 보낸다. [창고의 장관이] 모두 상서성에 보고하고 도착하면 바로 [창고로] 내려 보내 납입한다.

유관당송문 관련 기록이 당송 시기 문헌에서는 확인되지 않는다.

▸ 복원 당령
『天聖令』 당령복원청본, 倉庫令, 43조, 496쪽

〈舊20〉 諸州縣應用官物者, 以[應]入京(應)[133]錢物充, 不足則用正倉充, 年終申帳.

무릇 주현에서 관물을 사용해야만 하는 경우, 경사로 들여야 하는 전물(錢物)[134]로 충당한다. 부족하면 정창(正倉)을 이용해서 충당한다. 연말에 장부로 보고한다.

유관당송문 관련 기록이 당송 시기 문헌에서는 확인되지 않는다.

▸ 복원 당령
『天聖令』 당령복원청본, 倉庫令, 44조, 496쪽

〈舊21〉 諸官人出使覆囚者, 幷典各給時(附)[135]服一具. 春·夏遣(遺)[136]者給

133) [교감주] '入京應'은 '應入京'의 잘못이다.

134) 唐代 주의 正倉으로 납입해서 저장하는 곡물 이외는 모두 상서호부 탁지사의 지시에 따라 중앙의 양경 혹은 다른 주로 이송되었다. '入京錢物'은 바로 양경으로 납입하는 화폐와 직물을 말하는 것이다.

135) [교감주] '附'는 '時'의 잘못이다. 이 조문의 '時服'과 『唐六典』 권3, 尙書戶部 金部郎中員外郎條에 따라서 고친다.

136) [교감주] '遺'는 '遣'의 잘못이다. 『唐六典』 권3, 尙書戶部 金部郎中員外郎條에 따라서 고친다.

春衣, 秋·冬去者給冬衣. 其出使外蕃, 典[137]及傔(倂)[138]人·幷隨使[139]·雜色人有職掌者, 量經(給)[140]一時[141]以上, 亦準此. 其雜色人邊州差者, 不在給限. 其尋常出使, 過二季不還者, 當處斟量, 幷典各給時服一副, 並一年內不得再(在)[142]給. 去本任五百里內充使者, 不在給限.

무릇 관인이 사자로 나가 죄수를 재심하는 경우 전(典)과 함께 각각 계절옷 1구(具)를 지급한다. 봄·여름에 파견하는 경우는 봄옷을 지급하고, 가을·겨울에 가는 경우는 겨울옷을 지급한다. 외번(外蕃)에 사(使)로 나가는데 전(典)과 겸인(傔人) 및 수행하는 잡사(雜使)·잡색인(雜色人)으로 직장(職掌)이 있는 자는 헤아려서 한 계절 이상을 지날 것 같으면, 역시 위의 규정에 준하여 지급한다. 그 잡색인이 변경의 주에서 차견된 경우는 지급 범위에 두지 않는다. 늘 사자로 나가 두 계절이 지나도 돌아오지 않는 경우는 해당 지역 관부에서 헤아려 전(典)과 함께 각각 계절 옷 1부(副)를 지급하고 모두 1년 내에는 다시 지급하지 않는다. 본 임지에서 5백리 이내로 사자에 충임된 경우는 이 지급 범위에 두지 않는다.

유관당송문 『唐六典』: 凡遣使覆囚, 則給以時服一具, 隨四時而與之. 若諸使經二孝不還, 則給以時服一副, 每歲再給而止. 諸□人出使覆囚者, 幷典各給時服一具, 春·夏遣者給春衣, 秋·冬去者給冬衣. 其出使外蕃及傔人幷隨身雜使·雜色人有職掌者, 量經一府已上, 亦准此. 其雜色人邊州差者, 不在給限. 其尋常出使過二季不還者, 當處勘量, 幷典各給時服一副. 去本任五百里內充使者, 不在給限.(권3, 尙書戶部 金部郎中, 82쪽 ;

137) [교감주] '典'은 『唐六典』 권3, 尙書戶部·金部郎中員外郎條에는 없다.

138) [교감주] '倂'은 '傔'의 잘못이다. 『唐六典』 권3, 尙書戶部 金部郎中員外郎條에 따라서 고친다.

139) [교감주] '隨使'는 『唐六典』 권3, 尙書戶部 金部郎中員外郎條에 '隨身雜使'로 되어 있다.

140) [교감주] '給'은 '經'의 잘못이다. 『唐六典』 권3, 尙書戶部 金部郎中員外郎條에 따라서 고친다.

141) [교감주] '時'는 『唐六典』 권3, 尙書戶部 金部郎中員外郎條에 '府'로 되어 있다.

142) [교감주] '在'는 '再'의 잘못이다. 『唐六典』 권3, 尙書戶部 金部郎中員外郎條는 이 구문을 '每歲再給而止'로 쓰고 있다.

『역주당육전』상, 356~357쪽)

▶ 복원 당령

『天聖令』 당령복원청본, 倉庫令, 45조, 496쪽

〈舊22〉 諸給時服, 稱一具者, 春·秋給裌[143)]袍一領,[144)] 絹汗衫一領, 頭巾一枚(枝),[145)] 白練裌袴一腰, 絹褌一腰, 鞾(韈)[146)]一量幷氈. 其皮以麂·鹿·牛·羊等充, 下文准此. 夏則布衫一領, 絹汗衫一領, 頭巾一枚, 絹袴一腰, 絹褌一腰, 鞾一量. 冬則複袍一領, 白練襖子一領, 頭巾一枚(枝), 白練複袴一腰, 絹褌一腰(膗),[147)] 鞾一量. 其稱時服(朋)[148)]一副者, 除襖子·汗衫·褌·頭巾·鞾, 餘同上. 冬(尺)[149)]服衣袍, 加綿一十(一)[150)]兩, 襖子八兩, 袴六兩. 其財帛精麤(麄),[151)] 並依別式. 卽官人外使經時, 應給時服者, 所須財帛, 若當處無, [以]鄉土所出者(以)[152)]充, 給訖申省.

무릇 계절 옷을 지급하는데 1구(具)라고 칭하는 경우, 봄·가을에는 겹포(裌袍 ; 핫옷, 두 겹의 겉옷) 1령(領)과 비단 한삼(絹汗衫 ; 비단 속내의, 땀받이) 1령과 두건 1매(枚)와 백련(白練 ; 두꺼운 흰 비단)으로 만든 핫바지 1요(腰)와 비단 홑바지(잠방이) 1요와 가죽신 1량(量) 및 담요를 지급한다. 그 가죽은 노루·사슴·소·양 등으로 충당한다. 이하로 이에 준한다. 여름에는 베적삼

---

143) [교감주] '裌'은 『唐六典』 권3, 尙書戶部 金部郎中員外郎條에는 없다. 아래도 동일하다.

144) [교감주] '領'과 아래 문장의 '枚' '腰' 등의 양사는 『唐六典』 권3, 尙書戶部 金部郎中員外郎條에는 모두 없다.

145) [교감주] '枝'는 '枚'의 잘못이다. 본 조문에 따라서 고친다. 아래도 동일하다.

146) [교감주] '韈'은 '鞾'의 잘못이다. 본 조문과 『唐六典』 권3, 尙書戶部 金部郎中員外郎條에 따라서 고친다.

147) [교감주] '膗'은 '腰'인데, 본 조문에 따라서 고친다.

148) [교감주] '朋'은 '服'의 잘못이다. 본 조문의 '時服'에 따라서 고친다.

149) [교감주] '尺'은 '冬'의 잘못이다. 『唐六典』 권3, 尙書戶部 金部郎中員外郎條에 따라서 고친다.

150) [교감주] '一'은 衍文이다. 『唐六典』 권3, 尙書戶部 金部郎中員外郎條에 따라서 고친다.

151) [교감주] '麄'은 문장 의미에 따라 '麤'로 고친다.

152) [교감주] 뒤쪽에 있는 '以'는 '鄉土所出者'의 앞으로 와야 한다.

1령과 비단 한삼 1령과 두건 1매와 비단 바지 1요와 비단 잠방이 1요와 가죽신 1량을 지급한다. 겨울에는 솜을 넣은 겉옷 1령과 백련으로 만든 웃옷 1령과 두건 1매와 백련으로 만든 솜을 넣은 겹바지 1요와 비단 잠방이 1요와 가죽신 1량을 지급한다. 계절 옷 1부(副)라고 칭하는 경우 웃옷·한삼·잠방이·두건·가죽신을 제외하고 나머지는 위와 같이 지급한다. 동복은 핫옷을 입는데 솜 10량을 더하고, 웃옷은 8량을, 바지는 6량을 더한다. 그 재화·포백의 정밀하고 거친 것은 모두 별도의 식에 따른다. 만약 관인이 경사 이외에서 사자로 한 계절을 넘겨 마땅히 계절 옷을 지급해야 하는데 필요로 하는 재화·포백이 해당 지역에 없다면, 그 지역[鄕土]에서 생산되는 것으로 충당하고 지급을 마친 후 상서성 [호부]에 보고한다.

유관당송문 『唐六典』: 凡時服稱一具者, 全給之 ; 一副者, 減給之. 一具者, 春·秋給袍一·絹汗衫一·頭巾一·白練袴一·絹褌一·鞾一量並氈 ; 夏則以衫代袍, 以單袴代裌袴, 餘依春·秋 ; 冬則袍加綿一十兩, 襖子八兩, 袴六兩. 一副者, 除襖子·汗衫·褌·頭巾·鞾, 餘同上.(권3, 尙書戶部 金部郎中, 82쪽 ; 『역주당육전』상, 356~357쪽)

▸ 복원 당령

『天聖令』 당령복원청본, 倉庫令, 46조, 497쪽

右(古)[153]令(今)[154]不行.

위의 영들은 시행하지 않는다.

倉庫令卷第二十三

역주_ 김진우

153) [교감주] '古'는 '右'의 잘못이다. 『天聖令』 권22, 賦役令에 따라서 고친다.
154) [교감주] '今'은 '令'의 잘못이다. 『天聖令』 권22, 賦役令에 따라서 고친다.

廐牧令[1) 卷第二十四

〈現1〉 諸繫飼, 象, 各給兵士. 量象數多少, 臨行差給. 馬, 以槽(禮)[2)]爲率, 每槽置槽頭一人, 兵士一(人)[3)]人, 獸醫量給. 諸畜須醫者準此. 騾二頭, 驢五頭, 各給兵士一人. 外群羊五百口, 給牧子五人, 群頭一人. 在京(亦)[4)]三棧[5)]羊千口, 給牧

---

1) 『天聖令』의 廐牧令은 모두 50개 조문이다. 그 가운데 現令이 15개 조문, 舊令이 35개 조문이다. 『唐六典』 권6, 尙書刑部에 열거된 唐令 27편 중 제21편이 구목령이고 일본의 養老令 30편 중 제23편이 구목령이다. 당 이전의 연혁은 일찍이 『睡虎地秦簡』 秦律 18種에 廐苑律이 있으며 관련 규정이 效律에도 상당수 나온다. 또 漢初 蕭何가 九章律을 제정할 때 처음 廐律을 만들어 더했다고 전하지만 아마도 秦律을 계승 개정한 내용으로 보아야 할 것이다. 西晉 때 목축에 관한 일을 합해서 처음 廐牧律이라고 했지만 南朝에서는 다시 廐律이라고 했다. 北魏에서는 처음 牧産律이라고 했다가 宣武帝 이후로 廐牧律이라고 했다. 律名이 아닌 令名으로는 隋令 30편 중 제25편 倉庫廐牧令에서 처음 찾아볼 수 있다. 唐令은 30편 중 제21편 廐牧令으로 제20편의 倉庫令과 별도로 나뉘어져 있다. 『天聖令』의 구목령은 내용상 廐에 사육하는 축산의 관리 규정과 牧 내 축산의 관리 규정 및 驛馬·遞馬에 관한 규정 등으로 이루어져 있다. 『天聖令』 廐牧令의 舊令과 現令을 살펴보면 대체로 牧에 관한 규정들이 상당수 폐기되며 동일한 사안에 대해 令文의 내용도 크게 바뀌고 있다. 이는 唐 중후기 이래 北宋 仁宗 연간에 이르기까지 정치·군사상의 변화를 반영하는 것으로, 중앙정부가 더 이상 대규모의 牧을 관리하기 어려운 상황에서 廐牧令 전반에 걸쳐 큰 폭의 令文 개정과 폐기가 이루어졌다고 할 수 있다.

2) [교감주] 저본의 '禮'는 '槽'의 誤記이다. 아래 "每槽置槽頭一人"에 따라서 고친다.

3) [교감주] 『唐六典』 권17, 太僕寺·典廐令條에는 "細馬一·中馬二·駑馬三, … 各給一丁"이라고 되어 있다. 이 조문을 본 조문에서는 비록 '以槽爲率'로 바뀌어 있지만, 말구유마다 기르는 말의 수가 많을 수가 없어서 대체로 槽頭 1인·병사 1인의 養馬 능력에 상당할 수밖에 없다. 즉 細馬 2필, 혹은 中馬 4필, 駑馬 6필 정도로 唐代와 비슷하다. 『延喜式』 권48, 左右馬寮·馬底板·櫪條의 "櫪長一丈六尺, 以一艘充二疋"에서도 즉 말구유[槽=櫪] 하나에 2필의 말을 기르고 있다. 따라서 '人'은 당연히 '一'이고 '八'의 誤記는 아니다.

4) [교감주] 저본의 '亦'은 '京'의 誤記이다. 〈現3〉조 '給豆·鹽·藥'條의 '在京三棧羊'에 따라서 고친다.

子七人，群頭一人．駝三頭·牛三頭，各給兵士一人．

무릇 축사에서 사육할 때 코끼리는 1마리[6]마다 병사를 준다. 코끼리 수의 다소를 헤아려 이동할 때에 임하여 병사를 차출하여 준다. 말은 구유를 단위로 해서 구유마다 조두(槽頭) 1인과 병사 1인을 두며 수의(獸醫)는 [말의 수를] 헤아려서 준다.[7] 모든 가축에게 수의가 필요한 경우 이에 준한다. 노새는 2마리, 나귀는 5마리마다 각각 병사 1인을 준다. 경사 외의 지역에서 방목하여 기르는 양은 500마리에 목자(牧子) 5인과 군두(群頭) 1인을 준다. 경사에서 축사 안에 기르는 양[8]은 1,000마리에 목자 7인과 군두 1인을 준다. 낙타와 소는 3마리에 각각 병사 1인을 준다.[9]

---

5) [교감주] 〈現1〉조와 〈現3〉조의 '棧'은 저본의 原字가 俗體字이다. '棧'은 '欄'과 뜻이 같고 어떤 경우에는 '牢棧' '皂棧'라고 하기도 한다(『宋史』 권179, 食貨下1 및 『宋史』 권198, 兵12 참고). '棧羊'은 방목하지 않고 우리 내에서 기른 양을 가리킨다.

6) 廐牧令에는 여러 종류의 축산이 나오는데, 마리 수를 세는 단위는 코끼리·소·노새·나귀·낙타 등은 頭, 말은 疋, 양은 口 등으로 차이가 있다. 역문에서는 일괄해서 '마리'로 번역한다.

7) 〈舊3〉조에는 말 100마리 이상이면 수의 1명, 500마리 마다 1인씩 더 둔다고 되어 있지만, 現令에서는 구체적인 마리 수를 적시하지는 않고 있다.

8) '棧'은 본래 '短木'의 의미로 양계법에서 자연방사가 아닌 닭장 안에서 닭을 키울 때 일종의 횃대를 놓았던 것에서 유래한다고 한다(賴亮郡, 「「棧」法與『天聖令』所見「三棧羊」考釋」, 『唐宋律令法制考釋－法令實施與制度變遷』, 元照出版公司, 2010년, 159~163쪽 참조).

9) 廐牧令의 〈現1〉조는 각종 축산의 수에 맞추어서 사육을 담당하는 병사와 槽頭·獸醫·牧子 등의 인원수에 관한 규정으로, 『唐六典』의 관련 조문을 통해 볼 때 唐令을 계승하고 있음을 알 수 있다. 다만 내용상으로 많은 변화가 있음을 알 수 있는데, 먼저 코끼리 등 가축 사육에 배정되는 인원이 『唐六典』에서는 '丁'인데 비해 天聖令에서는 '兵士'로 되어 있다. 그리고 『唐六典』에서 사육 인원이 각 가축 별로 구체적인 인원이 배정되어 있는데 비해 天聖令에서는 각 가축 별로 내용의 변화가 상당하다. 즉 코끼리는 마리 당 병사를 두지만 이동시 차출하는 것으로 되어 있고 말은 말구유를 단위로 배정하는 식이다. 특히 말은 『唐六典』에서 細馬 1마리 中馬 2마리 駑馬 3마리에 丁 1명인데 비해 天聖令은 말을 구분하지 않고 말구유를 단위로 조두 1인 병사 1명을 두고 있다. 또 노새 4마리 나귀 6마리에 정 1명인데, 天聖令은 노새 2마리 나귀 5마리에 병사 1인이고, 낙타와 소는 4마리에서 3마리에 병사 1인으로 변경되어 있다. 양은 『唐六典』에 20마리에 정 1명인데 비해 天聖令은 경사의 축사에서 기르는 양은 1000마리를 단위로, 경사 외 지역은 500마리를 단위로 인원을 배정하고 있다. 이처럼 가축 사육 인원이라는 동일한 사안에 대해 해당 영문의

유관당송문 1)『唐六典』: 凡象一給二丁, 細馬一·中馬二·駑馬三·駝·牛·騾各四·驢及純犢各六·羊二十各給一丁, 純謂色不雜者. 若飼黃禾及青草, 各準運處遠近, 臨時加給也. 乳駒·乳犢十給一丁.(권17, 太僕寺, 484쪽 ;『역주당육전』중, 530~531쪽)

▸ 유관 고려령

『고려시대 율령의 복원과 정리』: 廐牧令[3], 諸牧監場畜馬料式(高麗令 21, 672~673쪽)

▸ 유관 일본령

『令義解』: 凡廐, 細馬一疋, 中馬二疋, 駑馬三疋, 各給丁一人. 穫丁每馬一人.日給細馬, 粟一升, 稻三升, 豆二升, 鹽二勺. 中馬, 稻若豆二升, 鹽一勺. 駑馬稻一升, 乾草各五圍, 木葉二圍, 靑草倍之. 皆起十一月上旬飼乾, 四月上旬給靑. 其乳牛, 給豆二升, 稻二把, 取乳日給.(권8, 廐牧令, 271쪽 ;『令集解』권38, 廐牧令, 915~916쪽)

▸ 복원 당령

『唐令拾遺』廐牧令, 1조, 697쪽 ;『唐令拾遺補』廐牧令, 1조, 788쪽

『天聖令』당령복원청본, 廐牧令, 1조, 515쪽

〈現2〉 諸繫飼, 給乾者, 象一(丁)頭,[10] 日給槀(十)五圍[11] ; 馬一疋, 供御及帶甲·遞鋪者, 各日給槀八分, 餘給七分, 蜀[馬][12]給五分 ; 其歲時加減之數(從),[13] 並從本司宣勅下. 及諸畜豆(立)[14]·鹽·藥等, 並準此. 羊一口, 日給槀一分

내용이 크게 바뀐 것은 唐 중후기 이래 宋 天聖令 단계에 이르기까지 廐牧制度의 변화가 상당했고, 廐牧令 전반에 걸쳐 큰 폭에 걸친 영문의 개정과 폐기가 이루어지고 있는 점과 맥을 같이 한다고 할 수 있다.

10) [교감주] 저본의 '象丁頭'는 〈現3〉조에 따라서 '象一頭'로 고친다.

11) [교감주]『唐六典』권17, 太僕寺·典廐令條의 "凡象, 日給藁六圍"에 대한 注文을 보면 "每圍以三尺爲限"이라고 되어 있고, 倉庫令 〈舊2〉조 '輸米粟'條에 "圍長三尺, 凡圍皆准此"라고 되어 있는데, 宋은 唐制를 계승해서,『宋史』권174, 食貨上2에 "凡歲賦, … 藁稭·薪蒸以圍計"라고 했다. 北宋시기 官尺은 唐 前期에 비해 1尺이 약 2cm 길어서 圍도 唐의 圍보다 크다. 따라서 코끼리 한 마리가 하루에 먹는 식량이 唐代의 6圍보다 많을 수는 없기 때문에 저본의 '十五圍'는 지나치게 많은 것이다. 따라서 저본의 '十'字는 당연히 衍文일 것이다.

12) [교감주] 저본의 '蜀' 다음에 '馬'字가 빠져있다. 〈現3〉조의 '蜀馬'에 따라서 보완한다.

(斤)[15]；騾每頭, 日給稾六(大)[16]分；運物(牧)在道者, 給七分. 驢每頭, 日給稾五分(斤)；運物在道者, 給七分(斤). 駝一頭, 日給稾八(入)[17]分；牛一頭, 日給稾一圍.

무릇 축사에서 사육할 때 건초를 공급해야 하는 경우 코끼리는 1마리마다 날마다 짚 5단[圍][18]을 준다. 말은 어용에 공급되거나 몸에 갑옷을 둘러 전마(戰馬)로 쓰거나[19] 체포(遞鋪)[20]의 체마(遞馬)로 쓰는 경우는 각각 매일 1마리마다 짚 0.8단을 주고 그 나머지는 0.7단을 주며 촉마(蜀馬)[21]는 0.5단을 준다. 계절에 따라서 더하고 줄이는 수량은 모두 본사를 통해서 내려오는 선칙(宣勅)에 따른다. 모든 가축에게 주는 콩·소금·약 등은 모두 이에 준한다. 양은 매일 1마리마다 짚 0.1단을 주고 노새는 매일 1마리마다 짚 0.6단을 준다. 물자를 운송하고 있는 경우 0.7단을 준다. 나귀는 매일 1마리마다 짚 0.5단을 준다. 물자를 운송하고 있는 경우 0.7단을 준다. 낙타는 매일 1마리마다 짚 0.8단을

13) [교감주] 저본의 '從'은 '數'의 誤記일 것이다. 文意에 따라 고친다.

14) [교감주] 저본의 '立'은 '豆'의 誤記이다. 〈現3〉조의 '豆·藥·鹽'에 따라서 고친다.

15) [교감주] 저본의 '斤'은 '分'의 誤記이다. 〈現2〉조에서 축산에게 짚단을 주는 것은 모두 '圍' 혹은 '1圍의 분수'를 단위로 계산하고 있으므로, 이에 따라서 '分'으로 고친다. 이하의 '斤'은 모두 '分'으로 고친다.

16) [교감주] 저본의 '大'는 아마도 '六'의 誤記일 것이다. 文意에 따라서 고친다.

17) [교감주] 저본의 '入'은 '八'의 誤記이다. 文意에 따라서 고친다.

18) 倉庫令, 〈舊2〉조에 의하면 "圍長三尺"이라고 한다. 그런데 唐의 大尺은 약 29.6cm이고, 宋尺은 이보다 약 2cm 정도 길어서 약 31.6cm 정도이다. 따라서 1圍는 3尺으로 약 95cm 정도의 둘레라고 할 수 있다.

19) 帶甲은 말의 몸체에 갑옷을 둘러 戰馬로 사용하는 경우를 말한다.

20) 遞鋪는 공문서 전달과 화물 수송을 전담하는 郵傳기구로 五代 이후 점차 역참에서 분리되어 宋代에는 急脚遞鋪, 馬逮鋪, 步遞 3종류로 구분해서 설치되었다. 이 중 急脚遞鋪는 쾌속 步遞로 가장 중요한 역할을 했고 일반적으로는 步遞가 널리 설치되었다. 馬遞鋪에는 戰馬로 사용할 수 없는 말을 주로 遞馬로 갖추어 두었는데, 宋代에는 말이 부족하여 遞馬가 郵傳의 기능과 함께 驛馬로 제공되기도 했지만, 이 역시 부족한 경우가 많았다고 한다. 따라서 영문의 遞鋪는 馬遞鋪의 遞馬로 쓰이는 경우를 말하는 것이다.

21) 蜀馬는 체형이 비교적 왜소한 사천 지방의 말이다. 험준한 지형에 적합하지만 軍馬로는 적합하지 않다(李匡義, 『資暇集』 권中, "成都府, 出小駟, 以其便於難路, 號爲蜀馬").

준다. 소는 매일 1마리마다 짚 1단을 준다.[22)]

유관당송문 1)『唐六典』: 凡象日給稾六圍, 馬·駝·牛各一圍, 羊十一共一圍, 每圍以三尺爲限也. 蜀馬與騾各八分其圍, 驢四分其圍, 乳駒·乳犢五共一圍; 青芻倍之.(권17, 太僕寺, 484쪽;『역주당육전』중, 530~532쪽)

▸ 유관 고려령

『고려시대 율령의 복원과 정리』: 廐牧令[3], 諸牧監場畜馬料式(高麗令 21, 672~673쪽)

▸ 유관 일본령

『令義解』: 凡廐, 細馬一疋, 中馬二疋, 駑馬三疋, 各給丁一人. 穫丁每馬一人.日給細馬, 粟一升, 稻三升, 豆二升, 鹽二勺. 中馬, 稻若豆二升, 鹽一勺. 駑馬稻一升, 乾草各五圍, 木葉二圍, 青草倍之. 皆起十一月上旬飼乾, 四月上旬給青. 其乳牛, 給豆二升, 稻二把, 取乳日給.(권8, 廐牧令, 271쪽;『令集解』권38, 廐牧令, 915~916쪽)

▸ 복원 당령

『唐令拾遺』廐牧令, 2조, 698쪽;『唐令拾遺補』廐牧令, 2조, 788쪽
『天聖令』당령복원청본, 廐牧令, 2조, 515쪽

---

22) 본 조문은 축사에서 사육하는 각종 가축에게 매일 지급하는 건초의 지급량을 규정하고 있는데,『唐六典』의 관련 조문과 비교해 보면 영문의 구조 상 분명히 唐令을 계승하고 있지만 도량형의 변화에 따라 지급량의 단위에서 약간의 변화를 보여주고 있다. 우선 코끼리의 경우『唐六典』에서는 하루에 짚단 6圍를 지급하는데 비해 天聖令에서는 짚단 5圍를 준다고 되어 있다. 내용상으로는 1圍가 줄어든 것이기는 하지만, 唐尺에 비해 宋尺이 약 2㎝ 정도 길어지는 것을 감안하면 실제 지급량은 거의 동일하다고 보아야 할 것이다. 역시『唐六典』에서 말은 1圍를 지급하고 촉마는 0.8圍를 지급하는 것에 비해, 天聖令은 특별한 경우 0.8위, 일반적인 경우 0.7위, 촉마는 0.5위를 지급하고 있다. 그 밖에 노새·나귀·소·양도 동일한 형태로『唐六典』에 비해 天聖令의 지급량이 줄어들고 있지만 도량형의 차이를 감안하면 대동소이하다고 볼 수 있을 것이다. 다만『唐六典』에 비해 天聖令은 가축이 구체적으로 사역하는 경우와 그대로 축사에 있는 경우를 구분해서 지급량을 달리하고 있는 점에서 차이를 보여주고 있다. 실제『唐六典』의 해당 조문은 당시 唐令의 규정을 정리해서 축약된 형태로 기재한 것일 가능성도 있고, 아니면 天聖令 단계에서 가축을 부리는 것을 기준으로 좀 더 세밀하게 구분했을 수도 있을 것이다.

〈現3〉 諸繫飼, 給豆·鹽·藥者, 象一頭, 日給大豆(頭)[23]二斗；馬一疋, 供(俱)[24]御及帶甲·遞鋪者, 日給豆八升, 餘給七升；蜀馬[日給][25]五升；騾(驢)[26]一頭, 日給豆四升·麩一升. 月給鹽六兩·藥一啗. 運物在[道]者(則),[27] 日給鹽五勺；(道)[28]冬月啗藥, 加白米四合. 驢一頭, [日][29]給豆三升·麩五合, 月給鹽二兩·(日)[30]藥一啗. 每七分爲率, 給藥三分. 運物在道者(老),[31] [日]給[32]豆四升, 麩七合. 外群羊一口, 日給大豆五合, 每二旬一給啗·鹽各半兩, 三月以後就牧飼青, 惟給啗·鹽. 在京三棧羊, 日給大豆一升二合, 月給啗·鹽二兩半. 其在京三棧牡羊, 豆·鹽皆准外群, 准四月以後就牧. 駝[一頭],[33] 日給大豆七升, 鹽二合, 負物在道者, 豆給八升. 歲二給啗藥. 牛[一頭],[34] 日給大豆五升, 月給鹽四兩·藥一啗.

무릇 축사에서 사육할 때 콩·소금·약을 주는 경우 코끼리는 1마리마다 매일 대두 2두를 준다. 말은 어용에 공급되거나 몸에 갑옷을 두르거나 체포(遞鋪)의 체마(遞馬)로 쓰이는 경우는 매일 1마리마다 콩 8승을 주고 그 밖은 7승을 준다. 촉마는 매일 5승을 준다. 노새[騾]는 매일 1마리마다

---

23) [교감주] 저본의 '大頭'는 '大豆'의 誤記이다. 〈現3〉조의 이어지는 내용에 따라서 고친다.

24) [교감주] 저본의 '俱'는 '供'의 誤記이다. 〈現2〉조의 "馬一疋, 供御及帶甲"에 따라서 고친다.

25) [교감주] '日給'은 〈現3〉조의 令文에 따라서 보완한 것이다.

26) [교감주] 저본의 '驢'는 '騾'의 誤記이다. 〈現2〉조의 '騾'와 '驢'의 순서 및 사료 지급량의 차이에 따라서 고친다.

27) [교감주] 저본의 '運物在則'은 '運物在道者'의 誤記이다. 〈現2〉조의 注文에 따라 보완해서 고친다.

28) [교감주] 저본의 '道'는 衍字이다. 文意에 따라서 고친다.

29) [교감주] 저본의 '給' 앞에 '日'字가 빠져 있다. 〈現3〉조의 令文에 따라서 보완한다.

30) [교감주] 저본의 '日'은 衍字이다. 〈現3〉조에서 축산에게 주는 藥은 모두 '月給' '旬給'이므로 따라서 삭제한다.

31) [교감주] 저본의 '老'는 '者'의 誤記이다. 〈現2〉조의 注文에 따라서 고친다.

32) [교감주] 저본의 '給' 앞에 '日'字가 빠져 있다. 〈現3〉조의 令文에 따라서 보완한다.

33) [교감주] 저본의 '駝' 뒤에 '一頭' 두 글자가 빠져 있다. 〈現3〉조의 令文에 따라서 보완한다.

34) [교감주] 저본의 '牛' 뒤에 '一頭' 두 글자가 빠져 있다. 〈現3〉조의 令文에 따라서 보완한다.

콩 4승과 밀기울 1승을 준다. 매달 소금 6량과 약 1담을 준다. 물자를 운송하고 있는 경우 매일 소금 5작을 준다. 겨울에는 약을 먹이고 백미 4홉을 더한다. 나귀는 1마리마다 매일 콩 3승과 밀기울 5홉을 주고 매달 소금 2량과 약 1담을 준다. 매 7분을 비율로 해서 약은 3분을 준다. 물자를 운송하고 있는 경우 매일 콩 4승과 밀기울 7홉을 준다. 경사 외의 지역에서 목장에서 기르는 양은 1마리마다 매일 대두 5홉을 주고 2순(旬)마다 한 번 약과 소금을 각각 반량 씩 주는데, 3월 이후는 바로 방목하여 푸른 풀을 먹이고 약과 소금만을 준다. 경사에서 축사 안에 기르는 양은 매일 대두 1승2홉을 주고 매달 약과 소금 2량 반을 준다. 경사의 축사 안에서 기르는 숫양은 콩과 소금을 모두 무리지어 방목하는 양에 준하여 주고 4월 이후에 방목한다. 낙타는 1마리 당 매일 대두 7승과 소금 2홉을 주며, 물자를 운송하고 있는 경우 콩은 8승 준다. 한 해에 2번 약을 주어 먹인다. 소는 1마리마다 매일 대두 5승을 주고 매달 소금 4량과 약 1담을 준다.[35)]

유관당송문 1)『唐六典』: 凡象日給稻·菽各三斗, 鹽一升; 馬, 粟一斗·鹽六勺, 乳者倍之; 駝及牛之乳者·運者各以斗菽, 田牛半之; 駝鹽三合, 牛鹽二合; 羊, 粟·菽各升有四合, 鹽六勺. 象·馬·騾·牛·駝飼靑草日, 粟·豆各減半, 鹽則恒給; 飼禾及靑荳者, 粟·豆全斷. 若無靑可飼, 粟·豆依舊給. 其象至冬給羊皮及故氈作衣也.(권17, 太僕寺, 484쪽;『역주당육전』중, 530~532쪽)

▸ 유관 고려령

35) 본 조문은 축사에서 기르는 각종 가축에게 건초 외에 콩과 소금 및 약을 지급하는 규정이다. 앞서 〈現2〉조가 가축에게 건초를 지급하는 규정이라면 본 조문은 그 외 품목의 지급량에 대한 규정인 것이다. 역시『唐六典』에 관련 조문이 그대로 이어지고 있지만, 내용에서 약간의 차이점이 있다. 코끼리의 경우 稻와 大菽을 3두 씩 지급하는 것이 天聖令에서는 대두 2두의 지급으로 바뀌어 있고 말은 粟 1두에서 특별한 경우 콩 8승, 일반적인 경우 7승, 촉마 0.5승으로 구분하고 있다. 그밖에 노새·나귀·양·낙타·소 등에게도 각각 콩과 소금 및 약의 지급을 세분해서 규정하고 있는데,『唐六典』의 내용보다 보다 더 상세한 것을 알 수 있다. 이를 보면『唐六典』의 해당 내용은 본래 唐令의 내용을 축약한 것이라고 볼 수 있고, 아니면 天聖令 단계에서 보다 자세히 규정한 것이라고 볼 수도 있다.

『고려시대 율령의 복원과 정리』: 廐牧令[3], 諸牧監場畜馬料式(高麗令 21, 672～673쪽)

▸ 유관 일본령

『令義解』: 凡廐, 細馬一疋, 中馬二疋, 駑馬三疋, 各給丁一人. 穫丁每馬一人.日給細馬, 粟一升, 稻三升, 豆二升, 鹽二勺. 中馬, 稻若豆二升, 鹽一勺. 駑馬稻一升, 乾草各五圍, 木葉二圍, 靑草倍之. 皆起十一月上旬飼乾, 四月上旬給靑. 其乳牛, 給豆二升, 稻二把, 取乳日給.(권8, 廐牧令, 271쪽 ; 『令集解』 권8, 廐牧令, 915~916쪽)

▸ 복원 당령

『唐令拾遺』 廐牧令, 제3조, 698쪽

『天聖令』 당령복원청본, 廐牧令, 3조, 515쪽

〈現4〉 諸繫飼, 官畜應請草·豆者, 每年所司豫料(科)[36]一年須數, 申三司勘校, 度支處分, 並於廐所貯積, 用供周年以上. 其州鎭有官畜草·豆, 應出當處者, 依例貯飼.

무릇 축사에서 사육할 때 관부의 축산으로 마땅히 풀과 콩의 지급을 청구해야 하는 경우 해마다 관할 부서에서 한 해의 필요 수량을 미리 헤아려 삼사에 보고하고 [삼사에서는 이를] 대조 검토한 후 탁지에서 처리한다. 모두 축사에 비축해 둔 것에서 1년 이상 지난 것을 [먼저] 사용한다. 그런데 주·진에 관부의 축산을 먹일 풀과 콩이 있어서 그 지역 내에서 지출해야 하는 경우 법례에 따라 저장하고 먹인다.[37]

유관당송문 관련 기록이 당송 시기 문헌에서는 확인되지 않는다.

---

36) [교감주] 저본의 '科'는 '料'의 誤記이다. 다음 〈現5〉조의 "每年所司豫料一年須數"에 따라서 고친다.

37) 본 조문은 가축에게 지급하는 먹이를 청구하는 절차에 관한 규정이다. 해당 관부에서는 1년 필요량을 계산해서 삼사에 보고하고 이를 度支에서 처분하는데 축사에 비축된 물량 중 1년 이상 지난 재고를 먼저 사용하도록 규정하고 있다.

〈現5〉 諸官畜應請脂藥·糖蜜等物療病者, 每年所司豫料一年須數, 申三司勘校, 度支處分, 監官封掌, 以時給散.

무릇 관부의 축산으로 마땅히 지약(脂藥)과 당밀(糖蜜) 등의 물자를 청구하여 병을 치료해야 하는 경우 해마다 관할 부서에서 한 해의 필요 수량을 미리 헤아려 삼사에 보고하고, [삼사에서는 이를] 대조 검토한 후 탁지에서 처분한다. 감관(監官)이 이를 봉인하여 관장하고 계절마다 나누어 준다.[38]

유관당송문 관련 기록이 당송 시기 문헌에서는 확인되지 않는다.

▶ 유관 일본령

『令義解』: 凡官畜應請脂藥療病者, 所司預料須數, 每季日給.(권8, 廐牧令, 271쪽 ; 『令集解』 권38, 廐牧令, 917쪽)

▶ 복원 당령

『天聖令』 당령복원청본, 廐牧令, 5조, 515쪽

〈現6〉 諸牧馬·駝·騾·牛·驢·羊, 牝牡常同群. 其牝馬·驢, 每年三月遊牝. 應收(牧)飼者, 至冬收(牧)飼之.[39]

무릇 목의 말·낙타·노새·소·나귀·양은 암수가 항상 같은 무리를 이루어야 한다. 그 암말과 암나귀는 해마다 3월에 교배한다. 축사로 모아들여 사육해야 하는 경우, 겨울이 되면 모아들여서 먹인다.

유관당송문 1) 『唐六典』: 凡馬以季春游牝. 『月令』, 季春乃合, 累牛騰馬, 游牝于牧. 其駒·犢在牧, 三歲別羣. 若與本羣同牧, 不別給牧人.(권17, 太僕寺, 486쪽 ; 『역주

38) 본 조문은 앞서 〈現4〉조에 이어지는 내용으로, 가축에게 지급해야 하는 물자 중 지약과 당밀 등의 약품을 청구하는 절차에 관한 규정이다. 〈現4〉조와 동일한 절차이지만, 특히 약품인 관계로 감관이 봉인해서 관리하면서 계절 별로 나누어 준다는 내용이 부기되어 있다.

39) [교감주] 본 조문의 令文은 전부 唐令을 채용한 것인데, 『唐律疏議』 권15, 廐庫-1의 소의 〈제196조〉에서 인용하는 廐牧令에는 '應收飼者, 至冬收飼'라고 되어 있다. 이에 따라서 저본의 '牧'을 '收'로 고친다.

당육전』중, 541쪽)

2)『新唐書』: 凡馬遊牝以三月, 駒犢在牧者, 三歲別群.(권48, 百官志3 太僕寺, 1255쪽)

▸ 복원 당령

『唐令拾遺』廐牧令, 제5조, 700쪽

『天聖令』당령복원청본, 廐牧令, 12조, 516쪽

〈現7〉 諸牧, 羊有純色堪供祭祀者, 依所司禮料簡擬, 勿印, 並不得損傷. 其羊豫遣養飼, 隨須(順)[40]供用. 若外處有闕少, 並給官錢市充.

무릇 목에서 양이 순색(純色)으로 제사에 바칠 만하여, 담당 관사에서 예료(禮料)에 따라 가려 뽑으면 낙인을 찍지 말고 절대로 손상시켜서는 안 된다. 그 양은 미리 보내어 사육하다가 필요할 때 제사에 바치는데 쓴다. 만약 경사 이외의 지역에서 [제사에 바칠 양이] 없거나 부족하면 모두 관전을 지급하여 구매해서 충당한다.[41]

유관당송문 1)『唐六典』: 凡大祀養牲在滌九旬, 中祀三旬, 小祀一旬. 其牲方色難備者, 以純色代之. 凡告祈之牲不養. 凡祭祀之犧牲不得捶扑傷損, 死則埋之, 病則易之.(권14, 太常寺 廩犧署, 414쪽 ;『역주당육전』중, 420~421쪽)

〈現8〉 諸牧地, 常以正月以後, [從][42]一面以次漸燒, 至草生使遍. 其鄉土異宜, 及比境草短不須燒處, 不用此令.

---

40) [교감주] 저본의 '順'은 '須'의 誤記이다. 文意에 따라서 고친다.

41) 본 조문은 牧에서 기르는 양 중에서 제사의 희생으로 바칠만한 것을 골라서 관리하는 규정이다.『唐六典』의 관련 조문을 보면, 먼저 제사의 방위에 합당한 색으로 갖추어야 하는데 이를 갖추기 어려운 경우 순색으로 대신할 수 있다고 되어 있고 또 제사의 희생을 손상시켜서는 안 된다는 내용이 나오고 있어서, 본 조문이 唐令에서부터 계속 이어지는 내용이라고 할 수 있다.

42) [교감주] 저본의 '後' 뒤에 '從'字가 빠져있다.『令集解』권38, 廐牧令, 927쪽에 따라서 보완한다.

무릇 목의 초지는 항상 정월 이후에 한쪽 면부터 순서대로 점차 불살라서 풀이 날 때까지 골고루 태운다. 그 지역 풍토가 불사르기에 마땅한 시기가 다르거나 일대의 풀이 짧아서 불사를 필요가 없는 곳은 이 영을 적용하지 않는다.[43]

유관당송문 관련 기록이 당송 시기 문헌에서는 확인되지 않는다.

▸ 유관 일본령

『令義解』: 凡牧地, 恒以正月以後, 從後一面以次漸燒. 至草生使遍. 其鄉土異宜及不須燒處, 不用此令.(권8, 廐牧令, 274쪽 ; 『令集解』 권38, 廐牧令, 927쪽)

▸ 복원 당령

『天聖令』 당령복원청본, 廐牧令, 29조, 518쪽

〈現9〉 諸應給遞馬出使者, 使相給馬十匹, 節度觀察等使·翰林學士各給五疋,[44] 樞密(蜜)[45]直學士至知制誥·防禦·四方館·閤門等使各四疋(尺),[46] 員外郎(郋)[47]以上·三院御史·及帶館閣省職[48]京朝官·武臣帶閤門祇候以上各二匹, 太常博(愽)[49]士以下幷三班使臣各一匹. 尙書(盡)[50]侍郎·卿·監(鹽)[51]·諸衛將軍及內臣奉使宣召, 不限匹數多少, 臨時聽旨. 其馬逐鋪交替(賛).[52] 無遞馬處, 即於所過州縣, 差私馬充, 轉相給替.

---

43) 본 조문은 봄에 새 풀이 나기 전인 정월 이후 목의 초지를 순서대로 고르게 태운다는 규정으로, 동일한 내용의 영문이 일본 養老令에도 확인되고 있어서 이 조문이 唐代에도 존재했음을 알 수 있다.

44) [교감주] 廐牧令 각 조문의 令文에는 항상 '匹'과 '疋'을 혼용하고 있는데, 두 글자가 서로 통하므로 저본을 대조해보고 교감하지는 않는다.

45) [교감주] 저본의 '蜜'은 '密'의 誤記이다. 字義에 따라서 고친다.

46) [교감주] 저본의 '尺'은 '疋'의 誤記이다. 文意에 따라서 고친다.

47) [교감주] 저본의 '郋'은 '郎'의 誤記이다. 字義에 따라서 고친다.

48) [교감주] 저본의 '職'은 본래 '耴'으로 쓰여 있는데, '職'자를 잘못 필사한 것으로 文意에 따라서 고친다.

49) [교감주] 저본의 '愽'은 '博'의 誤記이다. 字義에 따라서 고친다.

50) [교감주] 저본의 '盡'은 '書'의 誤記이다. 字義에 따라서 고친다.

51) [교감주] 저본의 '鹽'은 '監'의 誤記이다. 字義에 따라서 고친다.

무릇 사자로 나가게 되어 체마(遞馬)를 지급해야 하는 경우, 사상(使相)[53]은 말 10필을 주고 절도·관찰 등의 사와 한림학사는 각각 5필을 준다. 추밀직학사 및 지제고·방어·사방관[54)·각문 등의 사는 각각 4필이고 원외랑 이상과 삼원어사[55] 및 관·각·성의 직을 가진 경조관과 무신[56]으로 합문기후(閤門祇候)[57] 이상을 가진 자는 각 2필이며 태상박사 이하와 삼반사신(三班使臣)[58]은 각 1필이다. 상서시랑·경·감과 여러 위의 장군 및 내신(內臣)이 황제의 명으로 사람을 불러오기 위해 나가는[59] 경우는 말의 수에 제한을 두지 않고 (현지에서 처한) 상황에 따라 지(旨)를 따른다. 말은 (노정에 설치된) 체포(遞鋪)의 순서에 따라 교체해 가는데, 체마(遞馬)가 없는 곳은 지나가는 주현에서 사마(私馬)를 차출하여 충당해서 (타고 온 말과) 서로

---

52) [교감주] 저본의 '贊'은 '替'의 誤記이다. 文意에 따라서 고친다.

53) 使相은 당 현종 이래로 당 후기에 節度使에게 同平章事와 같은 직함을 더해주어 재상급으로 대우해준 데에서 유래한다. 五代 시기에도 계속 사용되었고 宋代에는 親王·留守·節度使 등에게 侍中·中書令·同平章事 등을 더해주고 모두 使相이라고 칭했는데 조정의 실무에는 간여하지 않는 일종의 명예직이었다고 할 수 있다.

54) 四方館은 宋代 鴻臚寺에 속한 都亭驛·都亭西驛·懷遠驛·同文館을 지칭하는 것이다. 宋代에는 이 네 곳에서 외국사신을 접대했기 때문에 四方館이라고 합쳐 불렀다.

55) 唐代 御史臺에는 臺院·殿院·察院이라는 三院을 설치하였고 각각 臺院에 侍御史, 殿院에 殿中侍御史, 察院에 監察御史를 두었는데, 宋은 이 제도를 계승해서 三院大夫라고 했다. 〈現9〉조의 三院御史는 御史臺의 三院에 속한 臺院의 侍御史·殿院의 殿中侍御史·察院의 監察御史를 가리킨다.

56) 여기서 武臣은 실제 武將이 아니라 武散階를 가리킨다.

57) 閤門祇候는 閤門司의 祇侯로 宣贊捨人을 보좌하여 조회나 연회 등의 각종 典禮에서 종실 문무백관 외국사절 등을 직위에 따라 정확한 위치를 지정해주고 잘못한 경우 바로 잡아주는 등의 역할을 하였다. 宋代 閤門祇候는 주로 황제의 측근이 武散階(武臣)를 받아서 임명되는 清要職이었고, 북송 중기 이후로는 점차 閤門使가 知閤門事로 불리면서 황제에게 올리는 상주나 御筆의 전달을 맡는 황제 시종관으로서 권력의 실세가 되었다.

58) 宋代에 下級 武官 계통의 敦武郎·修武郎 등을 大使臣, 從義郎·秉義郎·忠訓郎 등을 小使臣으로 구분했는데 宋初 大·小使臣에 관한 일을 모두 三班院에서 주관하게 했기 때문에 大·小使臣을 三班使臣으로 부르게 되었다. 三班은 左班·右班·供奉班이다.

59) '宣召'는 황제가 명을 내려 사람을 불러 오는 것이다(『夢溪筆談』 권1, 故事1, "蓋學士院在禁中, 非內臣宣召, 無因得入").

바꾸어 교체한다.

유관당송문 관련 기록이 당송 시기 문헌에서는 확인되지 않는다.

▸ 유관 고려령

『고려시대 율령의 복원과 정리』: 廐牧令[2], 站驛 [2-7]各道出使大小員鋪馬(高麗令 21, 671쪽)

▸ 유관 일본령

『令義解』: 凡公使須乘驛及傳馬, 若不足者卽以私馬充. 其私馬因公使致死者官爲酬替.(권8, 廐牧令, 276쪽 ; 『令集解』 권38, 廐牧令, 934쪽)

▸ 복원 당령

『唐令拾遺』 廐牧令, 제15조, 708쪽

『天聖令』 당령복원청본, 廐牧令, 41·42조, 519쪽

〈現10〉 諸官私闌馬·駝·騾·牛·驢·羊等,[60] 直有官印·更無私記者, 送官牧. [若無官印][61]及雖有官印·復有私記者, 經一年無主識(耽)[62]認, 卽(郎)[63]印入官, 勿破本印, 幷送隨近牧(收),[64]別群牧放. 若有失雜畜者, 令赴牧識認, 檢實委無詐妄(妾)[65]者, 付主.[66] 其諸州鎭等所得闌畜, 亦仰當界內訪(認)[67]主.

---

60) [교감주] 본 조문의 "諸官私闌馬·駝 … 等" 및 뒷부분의 "諸州鎭等所得闌畜"은 『宋刑統』 권27, 雜律 得闌遺物, 506쪽에 인용된 廐牧令에서는 "諸官私闌遺馬·駝 … 等", "諸州鎭等所得闌遺畜"이라고 되어 있다. 『令集解』 권38, 廐牧令, 935~936쪽과 본 조문의 영문 후반부는 기본적으로 서로 같아서, 양자는 모두 직접적으로 唐 開元令의 廐牧令을 답습하고 있음을 알 수 있으며, 『宋刑統』에서 인용하는 廐牧令의 이 조문은 아마도 天聖令 이전의 舊令일 것이다.

61) [교감주] "若無官印"은 『宋刑統』 권27, 雜律 得闌遺物, 506쪽에 인용된 廐牧令에 근거하여 보완한 것이다.

62) [교감주] 저본의 '耽'은 '識'의 誤記이다. 『宋刑統』 권27, 雜律 得闌遺物, 506쪽에 인용된 廐牧令에 근거하여 고친다.

63) [교감주] 저본의 '郎'은 '卽'의 誤記이다. 『宋刑統』 권27, 雜律 得闌遺物, 506쪽에 인용된 廐牧令에 근거하여 고친다.

64) [교감주] 저본의 '收'는 '牧'의 誤記이다. 『宋刑統』 권27, 雜律 得闌遺物, 506쪽에 인용된 廐牧令에 근거하여 고친다.

65) [교감주] 저본의 '妾'은 '妄'의 誤記이다. 文意에 따라서 고친다.

若經二季無主識認者，幷當處出賣，得價入官．後[有][68]主識認，勘當知實(有)，還其本價．[69]

무릇 관부와 개인의 유실된[70] 말·낙타·노새·소·나귀·양 등으로 가축의 몸체에 관인만 있고 개인 소유의 표지가 없는 경우 관의 목으로 보낸다. [만약 관인이 없거나] 비록 관인이 있어도 또 개인 소유의 표지가 찍혀 있는 경우, 1년이 지나도록 주인의 확인이 없으면 바로 관인을 찍어 관으로 들이는데 본래의 낙인을 없애지는 않으며 아울러 가까운 목으로 보내어 기존의 가축 무리[群]와 서로 섞지 않고 구분해서 방목한다. 만약 잡축을 잃어버렸다고 하는 자가 있으면 목으로 가서 확인하게 하는데 사실을 조사하여 거짓으로 속이는 것이 아니라면 주인에게 돌려준다.[71] 그 주·진 등에서 획득한 유실 가축도 해당 주·진의 관내에서 주인을 찾아주게 한다. 만약 두 계절이 지나도록 주인이 나타나 확인하지 않으면 모두 해당 지역에서 매각하는데 얻은 금전은 관에 들인다. 가축을 판 후에 주인이 확인하게 되면 사실에 부합하는지 조사하여 그 본래의 값을 돌려준다.

---

66) [교감주] "檢實委無詐妄者, 付主"는 『宋刑統』 권27, 雜律 得闌遺物條, 506쪽에 인용된 廐牧令에는 "檢實, 印作「還」字付主"로 되어 있다.

67) [교감주] 저본의 '認'은 '訪'의 誤記이다. 『令集解』 권38, 廐牧令, 國郡所得闌畜條와 『宋刑統』 권27, 雜律 得闌遺物條, 506쪽에 인용된 廐牧令에 근거하여 고친다.

68) [교감주] 저본에는 '後'자 아래에 '有'자가 빠져 있다. 『宋刑統』 권27, 雜律 得闌遺物, 506쪽에 인용된 廐牧令과 『令集解』 권38, 廐牧令 國郡所得闌畜, 935~936쪽에 근거하여 보완한다.

69) [교감주] 저본에는 "勘當知實有, 還其本價"로 되어 있는데, '有'자는 잘못 들어간 글자이다. 『令集解』 권38, 廐牧令, 935~936쪽에는 "勘當知實, 還其本價"라고 되어 있고, 『宋刑統』 권27, 雜律 得闌遺物, 506쪽에 인용된 廐牧令에는 "勘當知實, 還其價"로 되어 있다.

70) 『唐律疏議』 권27, 雜律60 〈제448조〉의 "諸得闌遺物, 滿五日不送官者, 各以亡失罪論, 贓重者, 坐贓論. 私物, 坐贓論減二等"에 따르면, 유실물은 5일 내로 관으로 들여야 하고, 만약 5일이 지나면 亡失罪로 논하는데 장물로 계산한 것이 무겁다면 坐贓으로 논죄한다고 되어 있다.

71) 본 조문에는 없는 내용이지만, 『宋刑統』에서 인용하는 廐牧令에 따르면 유실된 가축의 주인이 나타나 사실로 확인되면 「還」자를 가축에게 찍고 돌려주는 것으로 되어 있다.

유관당송문 1)『宋刑統』: 准廐牧令 ; 諸官·私闌遺馬·駝·騾·牛·驢·羊等, 直有官印·更無私記者, 送官牧. 若無官印及雖有官印·復有私記者, 經一年無主識認, 卽印入官, 勿破本印, 並送隨近牧, 別群牧放. 若有失雜畜者, 令赴牧識認, 檢實, 印作「還」字付主. 其諸州·鎭等所得闌遺畜, 亦仰當界內訪主. 若經二季無主識認者, 並當處出賣. 先賣充傳驛, 得價入官. 後有主識認, 勘當知實, 還其價. (권27, 雜律 得闌遺物, 506쪽)

▸ 유관 일본령

『令義解』: 凡國郡所得闌畜, 皆仰當界內訪主. 若經二季無主識認者, 先充傳馬. 若有餘者出賣, 得價入官. 其在京, 經二季無主識認者, 出賣得價送贓贖司. 後有主識認者, 勘當知實, 還其本價.(권8, 廐牧令, 277쪽 ; 『令集解』 권38, 廐牧令, 935~936쪽)

▸ 복원 당령

『唐令拾遺』 廐牧令, 19조, 710쪽

『天聖令』 당령복원청본, 廐牧令, 47조, 520쪽

〈現11〉 諸水路州縣, 應合遞送而遞馬不行(陵行)[72]者, 並隨事[閑][73]繁, 量給人船.

무릇 수로 연변의 주현에서 마땅히 체송해야 하는데 체마가 갈 수 없는 경우는 모두 업무의 한가하고 번다함에 따라서 사람과 배를 헤아려 공급한다.[74]

---

72) [교감주] 저본의 '陵行'은 잘못 들어간 글자일 수도 있고, 아니면 '陸行'의 誤記일 수도 있는데, 본 조문에서는 '不行'으로만 번역하였다.

73) [교감주] 저본의 "隨事繁"에서 '繁'자 앞에 '閑'자가 빠져 있다. 『令集解』 권38, 廐牧令, 水澤, 931쪽에는 "量閑繁"으로 되어 있고, 『唐六典』 권5, 尙書兵部 駕部郎中員外郎, 163쪽에는 "量事閑要"로 되어 있다. 이에 근거하여 '閑'자를 보완한다.

74) 본 조문은 수로 연변의 주현에서 체송해야 하는데 체마가 다니기 어려운 경우 배로 체송할 수 있도록 한 규정이다. 본 조문에는 구체적으로 배와 인원의 배치를 명기하고 있지는 않지만, 『唐六典』이나 일본 養老令을 참고하면 업무량을 헤아려 일이 많은 경우에서부터 배를 4척~3척~2척으로 구분해서 배치하고 각각 그에 맞추어 1척당 丁 3명을 배정하고 있다.

유관당송문 1)『唐六典』: 凡水驛亦量事閑要以置船, 事繁者每驛四隻, 閑者三隻, 更閑者二隻. 凡馬三名給丁一人, 船一給丁三人.(권5, 尙書兵部 駕部郎中員外郎, 163쪽 ; 『역주당육전』상, 537쪽)

▸ 유관 일본령

『令義解』: 凡水驛不配馬處, 量閑繁, 驛別置船四隻以下, 二隻以上, 隨船配丁, 驛長准陸路置.(권8, 廐牧令, 275쪽 ; 『令集解』 권38, 廐牧令, 931쪽)

▸ 복원 당령

『天聖令』 당령복원청본, 廐牧令, 37조, 519쪽

〈現12〉 諸乘遞, 給借差私馬應至前所替換者, 並不得騰過. 其無馬之處, 不用此令.

무릇 체마를 타거나 [체마가 없어] 개인 소유의 말을 차출해서 빌려 공급한 말을 타고 가다가 교체해야 하는 장소에 도착한 경우, 결코 그대로 말을 타고 더 갈 수 없다. 말이 없는 곳은 이 영을 적용하지 않는다.[75)]

유관당송문 1)『宋刑統』: 諸乘驛馬輒枉道者, 一里杖一百, 五里加一等, 罪止徒二年. 越至他所者, 各加一等. 謂越過所詣之處. 經驛不換馬者, 杖八十. 無馬者, 不坐. [疏]議曰, 乘驛馬者, 皆依驛路而向前驛. 若不依驛路別行, 是爲枉道. 越至他所者, 注云謂越過所詣之處, 假如從京師向洛州, 無故輒過洛州以東, 卽計里加枉道一等. 經驛不換馬, 至所經之驛, 若不換馬者, 杖八十. 因而致死, 依廐牧令, 乘官畜産, 非理致死者, 備償. 無馬者不坐, 謂在驛無馬, 越過者無罪, 因而致死者不償."(권10, 職制律 諸乘驛馬輒枉道, 169쪽 ; 『唐律疏議』 권10, 職制38의 소의 〈제128조〉, 211쪽 ; 『역주당률소의』, 2162~2163쪽)

▸ 유관 일본령

75) 본 조문은 체마를 타거나 민간의 말을 차출해서 가는데, 말을 교체해야 하는 다음 장소를 지나쳐 더 타고 가서는 안 된다는 내용이다. 만약 교체하지 않고 갔다면 『宋刑統』 職制律 諸乘驛馬枉道의 "經驛不換馬者, 杖八十"에 따라 杖80대의 처벌을 받았다고 할 수 있다.

『令義解』: 凡乘驛及傳馬, 應至前所替換者, 並不得騰過. 其無馬之處, 不用此令. (권8, 廐牧令, 276쪽 ; 『令集解』 권38, 廐牧令, 931~932쪽)

▸ 복원 당령

『天聖令』 당령복원청본, 廐牧令, 38조, 519쪽

〈現13〉 諸因公使乘官·私馬[76]以理致死, 證見分明者, 並免理納. 其皮肉, 所在官司出賣, 價納本司. 若非理死失者, 理陪.[77]

무릇 공무로 인해 관부 및 개인 소유의 말을 타고 가다가 합당한 사유로 인해 말이 죽었는데 증거가 분명한 경우, 모두 배상의 납입을 면제한다. 가죽과 고기는 소재 관사에서 매각하고 값은 본사로 납입한다. 만약 합당한 사유 없이 죽거나 잃어버린 경우는 배상한다.

유관당송문 1) 『宋刑統』: 因而致死, 依廐牧令, 乘官畜產, 非理致死者, 備償. 無馬者不坐, 謂在驛無馬, 越過者無罪, 因而致死者不償.(권10, 職制律 諸乘驛馬輒枉道, 189쪽 ; 『唐律疏議』 권10, 職制38의 소의 〈제128조〉, 211쪽 ; 『역주당률소의』, 2162~2163쪽)

▸ 유관 일본령

『令義解』: 凡因公事, 乘官·私馬牛, 以理致死, 證見分明者, 並免徵. 其皮肉, 所在官司出賣, 送價納本司. 若非理死失者, 徵陪.(권38, 廐牧令, 939쪽)

▸ 복원 당령

『唐令拾遺』 廐牧令, 21조, 711쪽

『天聖令』 당령복원청본, 廐牧令, 52조, 520쪽

〈現14〉 諸官畜在道有羸病, 不堪前進者, 留付隨近州縣養飼·救療,[78] 粟·

76) [교감주] 『令集解』 권38, 廐牧令 因公事, 939쪽에는 "因公事乘官·私馬牛"로 되어 있다.

77) [교감주] 저본의 '理陪'는 『令集解』 권38, 廐牧令 因公事條에 唐令을 그대로 사용하여 '徵陪'라고 쓰고 있는데, 天聖令에서는 宋 仁宗의 이름인 趙禎을 피휘하여 '理陪'라고 고쳐 쓴 것이다.

78) [교감주] 저본의 '救療'는 『唐律疏議』 권15, 廐庫律, 278쪽의 疏議에서 인용하는 廐牧令

草及藥官給. 差日, 遣專使送還本司. 其死者, 並申所屬(所)[79]官司, 收納皮角.

무릇 관부의 가축이 이동하는 도중 쇠약해지거나 병이 들어갈 수 없는 경우, 가까운 주현에 맡겨 먹이거나 치료하게 하는데 [가축에게 먹일] 곡물과 풀 및 약은 관부에서 지급한다. [가축이] 회복되는 날, 전사(專使)를 파견하여 본래 가축이 소속된 관부로 돌려보낸다. [맡겨 둔 가축이] 죽은 경우 모두 소속 관사에 알리고 가죽과 뿔은 거두어들인다.[80]

유관당송문 1)『宋刑統』: 諸受官羸病畜産, 養療不如法, 笞三十, 以故致死者, 一笞四十, 三加一等, 罪止杖一百. 疏議曰, 依廐牧令, 官畜在道, 有羸病不堪前進者, 留付隨近州縣養飼療救, 粟草及藥官給. 而所在官司受之, 須養療依法, 有不如法者, 笞三十. 以故致死者, 謂養療不如法而致死者, 一笞四十, 三加一等, 罪止杖一百.(권15, 廐庫律 牧畜死失及課不充, 263~264쪽 ;『唐律疏議』권15, 廐庫 3의 소의〈제198조〉, 278쪽 ;『역주당률소의』, 2298~2299쪽)

2)『慶元條法事類』: 諸官畜在道寄留者, 當職官驗實養療, 月一報所屬. 病損, 以膘分具公文給券, 遞鋪傳送, 仍以起發月日先報.(권79, 畜産門 總法·令, 872쪽)

3)『慶元條法事類』: 諸官駝在道奇留者, 量留兵級養飼, 病損, 差遞鋪同送, 日行一程, 監驛官點驗. 其倒死者, 傳所留兵綴歸本處.(권79, 畜産門 總法·令, 873쪽)

▸ 유관 일본령

『令義解』: 凡官畜在道羸病, 不堪前進者, 留付隨近國郡養飼療救, 草及藥官給. 差日, 遣專使送還所司. 其死者, 充當處公用.(권8, 廐牧令, 278쪽)

과『宋刑統』권15, 廐庫律 牧畜死失及課不充, 263~264쪽 및『令義解』권8, 廐牧令, 278쪽에서는 모두 '療救'라고 쓰고 있다.

79) [교감주] 저본의 '所'는 잘못 들어간 글자로 文意에 따라 삭제한다.

80) 본 조문은 관부에 소속된 가축이 이동 중에 쇠약해지거나 병에 걸려 움직일 수 없는 경우 가까운 주현에 맡겨 돌보거나 치료하게 하는 규정이다. 만약 본 조문의 규정대로 하지 않았을 때는 廐庫律(유관 당송문의『唐律疏議』과『宋刑統』참조)에 따라 처벌하게 되는데, 가축의 養療를 법대로 하지 않으면 笞30이고 이 때문에 죽은 경우는 한 마리에 笞40, 세 마리가 되면 1등을 더하여 杖50이 되며, 최고형은 杖100이다.

▸ 복원 당령

『唐令拾遺』廐牧令, 23조, 711~712쪽

『天聖令』당령복원청본, 廐牧令, 53조, 520쪽

〈現15〉 諸驛受糧稾之日, 州縣官司預料隨近孤貧下戶, 各定輸日, 縣官一人, 就驛監受. 其稾, 若有茭草可以供飼之處, 不(下)[81]須納稾, 隨其鄕便.

무릇 역에서 곡물과 짚을 받는 날은 주현 관사에서 미리 [역에서] 가까운 곳의 고빈(孤貧)한 하호(下戶)[82]를 파악하여 각각 내는 날을 정하고 현의 관리 1인이 역으로 가서 그 수납 상황을 감독한다. 만약 건초가 있어 가축을 먹일 수 있는 곳이면 반드시 짚으로 받을 필요는 없고 그 지방의 형편에 따른다.[83]

유관당송문 관련 기록이 당송 시기 문헌에서는 확인되지 않는다.

右幷因舊文, 以新制參定.

위[의 영들]은 예전의 조문을 바탕으로 하되 새로운 제칙을 참작

---

81) [교감주] 저본의 '下'는 '不'의 誤記이다. 文意에 따라서 고친다.

82) '下戶'는 宋代 5등급의 호등제에서는 4·5등호이다. 송대 호등제에서 1·2·3등호는 上戶(그 중 2·3등호는 中戶라고도 함), 4·5등호는 下戶로 구분하고 差役에서도 1·2등호는 里正 등을, 3등호는 弓箭手 등을, 4·5등호는 단순 力役의 壯丁을 부담하는 차이를 두었다. 당대에는 9등급으로 구분해서 上上戶·上中戶·上下戶·中上戶의 상위 4등급이 '上戶'였고 中中戶·中下戶·下上戶의 3등급이 '次戶'로, 下中戶·下下戶의 2등급이 '下戶'로 구분되었다. 당대의 9등급 호등제는 五代시기 5등급의 호등제로 변화하기 시각해서 송대에 오등호제가 확립되었다. 본 조문의 '孤貧下戶'가 호등제 하에서의 4·5등호를 가리키는 것인지, 아니면 단순히 빈곤한 戶를 가리키는 일반적인 명칭인지는 분명하지 않다.

83) 본 조문은 驛에서 곡물과 짚단을 받는 절차에 관한 규정이다. 역에서 가까운 곳에 사는 빈곤한 下戶를 파악하여 각기 사정에 따라 내는 날을 정해서 내게 하고, 이를 현의 관원 1명이 역에 가서 그 수납을 감독케 한다는 내용이 특기할 만하다. 본 조문이 現(宋)令이라는 점에서 '孤貧下戶'를 송대 5등호 중 4·5등호라고 볼 수도 있지만, 당~오대~송 간의 호등제와 호등 별 賦役 부담의 변화를 함께 살펴보아야지 확정할 수 있는 문제일 것이다.

하여 정한 것이다.

〈舊1〉[84] 諸牧, 馬·牛皆以百二十爲群, 駝·騾·驢各以七十頭爲群, 羊六百二十口爲群, 別配牧子四人. 二以丁充, 二以戶奴充. 其有數少不成群者, 均入諸群(長).[85]

무릇 목에서 말과 소는 모두 120마리를 한 무리[群]로 삼고, 낙타·노새·나귀는 각각 70마리를 한 무리로 삼으며, 양은 620마리를 한 무리로 삼아서 각각 한 무리[1群] 당 목자 4인을 배정한다. 2인은 [일반호의] 정으로 충당하고 2인은 [관]호와 [관]노로 충당한다.[86] 그 중 마리 수가 적어서 한 무리[1群]를 이루지 못하는 경우 고르게 [나누어] 여러 무리 내로 집어넣는다.[87]

유관당송문 1)『唐六典』: 凡馬·牛之羣以百二十, 駝·騾·驢之羣以七十, 羊之羣以六百二十, 羣有牧長·牧尉.(권17, 太僕寺, 486쪽 ;『역주당육전』중, 539~540쪽)

▸ 유관 일본령

---

84) 漢代 이래로 중앙왕조는 邊郡에 대규모의 牧을 설치하여 체계적으로 관리하고자 했지만, 안사의 난 이래 당 후기와 오대십국, 송초에 이르기까지 정치·군사상의 변화는 중앙정부가 邊郡지역 특히 서북지역에서 체계적으로 대규모의 牧을 관리하는 것을 어렵게 하였고, 결국 天聖令 廐牧令의 〈舊1〉조 이하 영문[舊令]들은 북송 인종시기 天聖令 단계에 이르러서 폐기되었다고 볼 수 있을 것이다.

85) [교감주] 저본의 "其有數少不成群者, 均入諸長"은『令集解』권38, 廐牧令, 918쪽의 令文에 대한 注文을 보면 "不足群者, 均入諸群, 見唐令. … 本令云, 其有數少不成群者, 均入諸群"이라고 되어 있다.『令集解』의 해당 문장을『令集解』『國史大系』本의 편집자는 본래 '長'이라고 쓰여 있는 것을 위 부분 문장(不足群者, 均入諸群)과 宮本의 傍書에 근거하여 '群'으로 고친다고 하고 있다. 따라서 저본의 "均入諸長"도 "均入諸群"으로 고쳐서 해석하는 것이 타당한 것 같다.

86) 〈舊16〉조에 牧子로 충원된 官戶와 官奴에 관한 규정이 보인다.

87) 본 조문은 牧에서 기르는 가축의 관리에 관한 내용으로 각 가축 별 1群을 이루는 마리 수를 규정하고 있다. 이 조항은『唐六典』에 1群의 각 마리 수가 똑같이 나와 있지만, 舊令으로 天聖令 단계에서 더 이상 시행되지 않는다는 점에서 宋代 牧의 가축 관리 기준이 변했음을 알 수 있다.

『令集解』: 其牧馬牛, 皆以百爲群.(권38, 廐牧令, 918쪽)

▶ 복원 당령

『唐令拾遺』廐牧令, 23조, 699쪽

『天聖令』당령복원청본, 廐牧令, 6조, 515쪽

〈舊2〉 諸牧畜(畜牧),[88] 群別置長一人, 率十五長置尉一人·史一人. 尉, 取八品以下散官充, 考第年勞並同職事, 仍給仗身一人. 長, 取六品以下及勳官三品以下子·白丁·雜色人等, 簡堪牧養者爲之. 品子經八考, 白丁等經十考, 各隨文武依出身法敍. 品子得五上考, 白丁得六上考者, 量書判授職事. 其白丁等, 年滿無二上考者(者考),[89] 各送還本色. 其以理解者, 並聽續勞.

무릇 목의 가축은 무리 별로 각각 장 1인을 두고 [목]장 15명마다 위 1인, [목]사 1인을 둔다. [목]위는 8품 이하의 산관을 취하여 충당하는데, 고과의 등급[考第][90]과 연공[年勞] 모두 직사관과 같게 하며, 장신(仗身) 1인을 준다. [목]장은 6품 이하 및 훈관 3품 이하의 아들과 백정·잡색인 등에서 취하여 가축을 기를 수 있는 사람을 선발하여 임명한다. 품자(品子)는 8고(考)를 거치고 백정 등은 10고를 거치는데 각각 문관과 무관에 따라 출신법[91]에 의거해서 서임한다. 품자(品子)로 5번 상고(上考)를 얻거

88) [교감주] 저본의 '畜牧'은 '牧畜'을 잘못 바꾸어 쓴 것이다. 廐牧令, 〈舊9〉조 諸牧雜畜死耗와 『唐律疏議』 권15, 廐庫律에 근거하여 고친다.

89) [교감주] 저본의 '者考'는 '考者'를 잘못 바꾸어 쓴 것이다. 文意에 따라 고친다.

90) 唐代 관리 고과평정은 1년에 한 번 실시하는 小考와 4년에 한 번 실시하는 大考가 있었다. 1년에 한 번 고과가 실시되었기 때문에 1년 간 재직한 것을 1考라고 하고 직사관의 재직 기간이 보통 4년이었기 때문에 4考를 1任이라고 했다. 그리고 考續 기한 만료를 考滿, 임직 기한 만료를 任滿이라 했는데 양자는 통용되었다. 唐代 관료의 考課제도에 대해서는 『唐六典』 권2, 尙書吏部, 44쪽(『역주당육전』상, 242~255쪽)에 상세하다.

91) 出身이란 관원이 관직을 획득하기 전의 신분 및 입사 경로나 자격을 가리킨다. 唐代는 皇親·國戚·門蔭 및 常科(進士·明經·明法 등) 합격자를 淸流라고 해서 流外·視品과는 구별해서 出身을 부여했다(『역주당육전』상, 160쪽 참조). 본 조문의 品子·白丁을 出身法에 의거한다는 내용은 淸流가 아닌 流外·視品의 出身으로 文·武官에 서임한다는 의미로 이해할 수 있다.

나 백정으로 6번 상고를 얻은 자는 서(書)를 헤아려 직사를 판수(判授)한다.[92] 그 중 백정 등으로 근무 연한을 채웠지만 상고가 2번이 안 되는 경우 각각 본래의 신분으로 돌려보낸다. 그런데 적법한 이유로 해직된 자는 모두 연공을 그대로 누적시키는 것을 들어준다.

유관당송문 1)『唐六典』: 補長, 以六品已下子·白丁·雜色人等爲之 ; 補尉, 以散官八品已下子爲之. 品子八考, 白丁十考, 隨文·武簡試與資也.(권17, 太僕寺, 486쪽 : 『역주당육전』중, 639~640쪽)

▸ 유관 일본령

『令集解』: 凡牧, 每牧置長一人, 帳一人.(권38, 廐牧令, 918쪽)

▸ 복원 당령

『天聖令』 당령복원청본, 廐牧令, 7조, 515쪽

〈舊3〉 諸繫飼, 馬·駝·騾·牛·驢一百以上, 各給獸醫一人, 每五百加一人. 州軍鎭有官畜處亦准此. 太僕等獸醫應須之[人],[93] 量事分配. 於百姓·軍人內, 各取(石)[94]解醫雜畜者爲之. 其殿中省·太僕寺獸醫, 皆從本司, 准此取(居)[95]人. 補訖, 各申所司, 並分番上下. 軍內取者, 仍各隸軍府. 其牧戶·奴中男, 亦令於牧所分番教習, 並使能解.

무릇 축사에서 사육할 때 말·낙타·노새·소·나귀는 100마리 이상이면

---

92) 唐代 관직 수여는 크게 5품 이상 관과 6품 이하 관으로 나뉘는데, 5품 이상 관은 중서문하에서 관장하면서 冊授·制授하였고 6품 이하 관은 상서도성에서 관장하면서 旨授하였다. 6품 이하 관 중에서 視6품 이하 관과 流外官은 해당 관사에서 判補하였다고 하는데(『通典』 권15, 選擧3 歷代制下, 359쪽 참조), 본 조문의 '量書判授職事'는 바로 해당 관사에서 品子와 白丁에 대해 判補하는 것을 의미한다.

93) [교감주] 저본의 '之'자 아래에 아마도 '人'이 빠져 있는 것 같다. 본 조문의 注文인 "准此取人"句에 따라서 보완한다.

94) [교감주] 저본의 '石'은 '取'의 誤記이다. 본 조문의 注文인 "軍內取者"句와 文意에 따라서 고친다.

95) [교감주] 저본의 '居'는 '取'의 誤記이다. 본 조문의 注文인 "軍內取者"句와 文意에 따라서 고친다.

각각 수의(獸醫) 1인을 두고 500마리마다 1인 씩 더 둔다. 주·군·진의 관부 축산이 있는 곳도 이에 준한다. 태복시 등에 수의가 반드시 필요한 곳은 일을 헤아려서 나누어 배치한다. 백성과 군인 내에서 각각 잡축 치료법을 알고 있는 자는 취하여 수의로 삼는다. 그 전중성[96)]과 태복시[97)]의 수의는 모두 본사에서 이에 준하여 사람을 취한다. 보임이 끝나면 각각 담당 관부에 알리고 모두 번을 나누어 근무케 한다. 군 내에서 [수의를] 취하는 경우는 그대로 각각 본래의 군부에 예속시킨다. 그런데 목의 [관]호나 [관]노의 중남도 목에서 번을 나누어 교습하게 해서 모두 [가축의] 치료법을 해득할 수 있도록 한다.

유관당송문 관련 기록이 당송 시기 문헌에서는 확인되지 않는다.

▸ 복원 당령
『天聖令』 당령복원청본, 廐牧令, 8조, 516쪽

〈舊4〉 諸繫飼, 雜畜皆起十月一日, 羊起十一月一日, 飼乾, 四月一日給青.
무릇 축사에서 사육할 때 잡축은 모두 10월 1일, 양은 11월 1일부터 건초를 먹이고 4월 1일부터는 생풀을 준다.

유관당송문 관련 기록이 당송 시기 문헌에서는 확인되지 않는다.

▸ 복원 당령
『天聖令』 당령복원청본, 廐牧令, 9조, 516쪽

〈舊5〉 諸牧(在), 牡駒·犢[98)]每三歲別群, 准例置尉·長, 給牧人. 其二歲以下

96) 典中省 尙乘局에 소속된 獸醫는 70인이다(『唐六典』 권11, 典中省, 322쪽 ; 『역주당육전』 중, 219~222쪽).

97) 太僕寺에 소속된 獸醫는 600인이다(『唐六典』 권17, 太僕寺, 476쪽 ; 『역주당육전』중, 496쪽).

98) [교감주] 『令集解』 권38, 廐牧令, 918쪽의 集解에서 인용하는 古記注에 "開元令, 牡馬·牡

並三歲牝駒·犢, 並共本群同牧(放),[99] 不須別給牧人.

무릇 목에서 숫망아지·숫송아지는 3살이 되면 무리를 달리하고 법례에 준하여 [목]위·[목]장을 두고 목인을 배치한다. 2살 이하의 숫망아지와 숫송아지 및 3살의 암망아지·암송아지는 모두 본래의 무리와 함께 기르는데 반드시 별도의 목인을 더 배치할 필요는 없다.

유관당송문 1)『唐六典』: 凡馬以季春游牝.『月令』, 季春乃合, 累牛騰馬, 游牝于牧. 其駒·犢在牧, 三歲別羣. 若與本羣同牧, 不別給牧人.(권17, 諸牧監조, 486쪽 ;『역주당육전』중, 541쪽)

2)『新唐書』: 凡馬遊牝以三月, 駒犢在牧者, 三歲別群.(권48, 百官志3 太僕寺, 1255쪽)

▸ 유관 일본령

『令集解』: 開元令, 牡馬·牡牛, 每三歲別群.(권38, 廐牧令, 918쪽)

▸ 복원 당령

『당령습유』廐牧令, 23조, 700쪽

『天聖令』 당령복원청본, 廐牧令, 10조, 516쪽

〈舊6〉 諸牧(放),[100] 牝馬四歲遊牝, 五歲責課 ; 牝駝四歲遊牝(責課),[101] 六歲責課 ; 牝牛·驢三歲遊牝, 四歲責課 ; 牝羊三歲遊牝, 當年責課.

무릇 목에서 암말은 4살이 되면 교배시키고, 5살에 번식 할당 범위에

牛, 每三歲別群"이라고 되어 있는 부분을 참조하면, 본 조문의 "牡駒·犢" 앞의 '諸在'는 아마도 '諸牧'을 잘못 쓴 것으로 보여진다. 또는『唐六典』권17, 太僕寺, 486쪽의 "其駒·犢在牧, 三歲別羣"이라는 내용에 따르면 '諸在' 아래에 '牧'字를 빠트린 것으로도 볼 수 있다. 여기서는 일단 저본의 '諸在'를 '諸牧'의 誤記인 것으로 교감한다.

99) [교감주] 저본의 '放'은 '牧'의 誤記이다.『唐六典』권17, 太僕寺, 468쪽의 "若與本羣同牧, 不別給牧人改"에 따라서 고친다.

100) [교감주] 저본의 '放'은 '牧'의 誤記이다.『令集解』권38, 廐牧令, 919쪽에 따라서 고친다.

101) [교감주] 저본의 '責課'는 '遊牝'의 誤記이다. 본 조문의 같은 종류의 문구와『唐六典』권17, 太僕寺, 486쪽에 따라서 고친다.

넣어 새끼를 낳게 한다. 암낙타는 4살에 교배시키고 6살에 번식 할당 범위에 넣어 새끼를 낳게 한다. 암소와 암나귀는 3살에 교배시키고 4살에 번식 할당 범위에 넣어 새끼를 낳게 한다. 암양은 3살에 교배시키고 그 해에 번식 할당 범위에 넣어 새끼를 낳게 한다.[102)]

유관당송문 1)『唐六典』: 馬牧牝馬四游五課, 駝四游六課, 牛·驢三游四課, 羊三游四課.(권17, 太僕寺, 486쪽 ;『역주당육전』중, 641~642쪽)

▸ 유관 일본령

『令集解』: 凡牧牝馬, 四游遊牝, 五歲責課, 牝牛三歲遊牝, 四歲責課, 各一百每年課駒犢各六十.(권38, 廐牧令, 919쪽)

▸ 복원 당령

『天聖令』 당령복원청본, 廐牧令, 11조, 516쪽

〈舊7〉 諸牧, 牝馬一百匹, 牝牛·驢各一百頭(頭百),[103)] 每年課駒·犢各六十, 其二十歲以上, 不在課限. 三歲遊牝而生駒者, 仍別簿申省. **騾駒減半. 馬從外蕃新來者, 課駒四十, 第二年五十, 第三年同舊課. 牝駝一百頭, 三年內課駒七十. 白羊一百口, 每年課羔七十口. 羖羊一百口, 課羔(恙)[104)] 八十口.**

무릇 목에서 암말 100마리마다, 암소와 암나귀는 각각 100마리마다 매년 망아지와 송아지를 60마리씩 번식해야 하며, 그 중 20살 이상 된 것은 번식해야 하는 범위에 넣지 않는다. 3살에 교배해서 망아지를 낳은 경우는 별도의 장부를 만들어

---

102) 본 조문은 목에서 가축의 교배와 증식 책임량에 관한 규정으로, 각 가축들을 번식기에 교배를 시켜 그 임신기간에 맞추어 번식결과를 확인하고 있다. 말은 평균 임신기간이 11개월로 4살에 교배를 하면 그 다음 해 확인할 수 있고, 낙타는 평균 400일 정도여서 4살에 교배를 하면 6살에 확인할 수 있다. 소는 9~10개월 정도이고 나귀는 12개월 정도로 3살에 교배해서 4살에 확인할 수 있다. 양은 5개월(150일 전후) 정도이므로 바로 그 해에 확인할 수 있다.

103) [교감주] 저본의 '頭百'은 '百頭'의 誤記이다.『唐律疏議』 권15, 廐庫1-1의 소의 〈제196조〉에서 인용한 廐牧令의 "及課不充者, 應課者, 準令, 牝馬一百疋, 牝牛·驢各一百頭, 每年課駒·犢各六十, 騾駒減半"에 근거하여 고친다.

104) [교감주] 저본의 '恙'는 '羔'의 誤記이다. 字義에 따라서 고친다.

상서성으로 보고한다. 새끼 노새는 반으로 줄인다. 외국에서 새로 들여 온 말은 첫해에 망아지 40, 이듬해에 50, 세 번째 해에는 목의 기존 말과 번식량을 똑같이 한다. 암낙타는 100마리를 기준으로 3년 내에 새끼 70마리를 번식해야 한다. 백양은 100마리에 매년 새끼 70마리를 번식해야 한다. 흑양[105]은 100마리에 [매년] 새끼 80마리를 번식해야 한다.[106]

유관당송문 1)『唐律疏議』: 及課不充者, 應課者, 準令, 牝馬一百疋, 牝牛·驢各一百頭, 每年課駒·犢各六十, 騾駒減半. 馬從外蕃新來者, 課駒四十, 第二年五十, 第三年同舊課. 牝駝一百頭, 三年內課駒七十, 白羊一百口, 每年課羔七十口, 羖羊一百口, 課羔八十口. 準此欠數者, 爲課不充. 除外死·失及課不充者一, 牧長及牧子笞三十, 三加一等, 卽是欠二十二, 合杖一百, 過杖一百, 十加一等, 計欠七十二, 罪止徒三年. 羊減三等, 欠三以下未有罪名, 欠四笞十, 三口加一等, 罪止徒一年半. 注云餘條羊準此, 餘條謂養飼不如法之類, 但餘條論畜罪名無羊者, 並減馬三等, 故云準此.(권15, 廐庫1-1의 소의 〈제196조〉, 275~276쪽 ;『역주 당률소의』, 2291~2294쪽 ;『宋刑統』 권15, 廐庫律, 牧畜死失及課不充, 231~232쪽)

2)『唐六典』: 其課各有率, 謂 : 牛·馬·驢之牝百, 而歲課駒·犢各以六十 ; 馬二十歲則不課 ; 三歲游牝而生駒者, 仍別簿申 ; 騾駒半之. 若馬從外蕃而至者, 初年課以四十, 二年五十, 三年全課. 牝駝百而三年之課七十. 羔羊之白者七十, 羖者八十.(권17, 太僕寺, 486~487쪽 ;

---

105) '羖'의 사전적 의미는 검은 양이지만, 인용하는 문헌의 용례 마다 일정하지 않아서 의미가 혼란스러운 면이 있다. 심지어 '羖'에는 거세한 숫양과 검은 색 암양이라는 전혀 상반된 뜻이 나오기도 한다. 이와 관련해서 돈황 문서에는 검은색 양이라는 전형적인 의미의 '羖'의 용례가 다수 나오고 있어서 참고할 만하다(黑維强·敏春芳, 「"羖"字釋義疏證」,『蘭州大學學報』, 2005-5 참조).

106) 본 조문에 따라 牧에서는 해마다 1년 번식 책임량을 채우고 그 결과는 관리 책임자의 고과 평정에 반영되며, 그 책임량을 다하지 못했을 때는『唐律疏議』권15, 廐庫1-1 〈제196조〉에 따라서 처벌받게 된다. 즉 책임량에서 1마리가 부족하면 목장과 목자에게 笞30대를 가하는데 3마리 당 1등의 형벌을 더해서 22마리가 부족하면 杖100대의 처벌까지 받게 되는 것이다. 여기에 부족분이 더 많아 杖100대를 넘기게 될 경우 10마리에 1등의 형벌을 더해 가는데 법정 최고형은 부족분 72마리에 徒3년이다. 양의 경우는 다소 처벌이 가벼워서 3마리 이하의 부족분은 처벌하지 않고 4마리가 부족하면 비로소 笞10대를 가하고 3마리 당 1등의 처벌을 더해 최고형은 徒1년 반이 된다.

『역주당육전』중, 541~542쪽)

▸ 유관 일본령

『令集解』: 凡牧牝馬, 四游遊牝, 五歲責課, 牝牛三歲遊牝, 四歲責課, 各一百每年課駒犢各六十. 其馬三歲遊牝而生駒者, 仍別簿申.(권38, 廐牧令, 919~920쪽)

▸ 복원 당령

『天聖令』 당령복원청본, 廐牧令, 13조, 516쪽

〈舊8〉 諸牧, 馬贏駒一匹, 賞絹一疋. 駝·騾贏駒二頭, 賞絹一疋. 牛·驢贏駒·犢三頭, 賞絹一匹. 白羊贏羔七口, 賞絹一疋. 羖羊贏羔(羊)[107]十口, 賞絹一疋. 每有所贏, 各依上法累加. 其賞物, 二分入長, 一分入牧子. 牧子, 謂長上專當者. 其監官及牧尉, 各統(充)計[108]所管長·尉賞之. 統計, 謂管十五長者, 贏駒十五匹, 賞絹一疋, 監官管尉五者, 贏駒七十五匹, 賞絹一疋之類. 計加亦准此. 若一長一尉不充, 餘長·尉有贏, 亦聽准折賞之. 其監官·尉·長等闕及行用[109]無功不合賞者, 其物悉入兼檢校合賞之人. 物出隨近州 ; 若無, 出京庫. 應賞者, 皆准印後定數, 先塡死耗足外, 然後計酬.

무릇 목에서 말은 망아지 1마리를 [책임량 보다] 더 번식하면 상으로 견 1필을 준다. 낙타와 노새는 새끼 2마리를 더 번식하면 상으로 견 1필을 준다. 소와 나귀는 송아지와 새끼 3마리를 더 번식하면 상으로 견 1필을 준다. 백양은 새끼 7마리를 더 번식하면 상으로 견 1필을 준다. 흑양은 새끼 10마리를 더 번식하면 상으로 견 1필을 준다. 매번 새끼를 더 번식할 때마다 각각 위의 방법에 따라 누적한다. 상으로 주는 물건은 [3등분하여] [목]장이 2분을 가지고 목자가 1분을 가진다. 목자는 계속 근무[長上]하면서 전담하는 자를 말한다. 감관과 목위는 각각 관할하는 [목]장과 [목]위를 합산하

107) [교감주] 저본의 '羊'은 '羔'의 誤記이다. 위의 "白羊贏羔"에 따라서 고친다.

108) [교감주] 저본의 '充計'는 '統計'의 誤記이다. 본 영문의 注文의 '統計'에 근거하여 고친다. 『唐六典』 권17, 太僕寺, 487쪽에는 '通計'로 되어 있다.

109) [교감주] 저본의 '行用'은 『令集解』 권38, 廐牧令, 每乘駒條, 920쪽의 集解에서 인용하는 唐令에는 '行使'라고 되어 있다.

여 상을 준다.[110] 합산한다는 것은 [목위가] [목]장 15명을 관장하는 경우 망아지 15필을 번식하면 상으로 견 1필을 주고, 감관이 [목]위 5명을 관할하는 경우 망아지 75필을 번식하면 견 1필을 상으로 주는 경우를 말하는 것이다. 누적해서 계산하는 것도 이에 준한다. 만약 [15명의] 목장과 [5명의] 목위가 전부 채워지지 않았는데 그 나머지 목장과 목위로 증식한 것은 또한 환산한 것에 준하여 상으로 주는 것을 들어준다. 감관과 [목]위와 [목]장 등에 결원이 있거나 업무 공적이 없어 상을 받을 수 없는 경우, 상으로 주는 물건을 모두 들이고 다시 상을 받아야 할 사람을 조사한다. 상으로 주는 물건은 가까운 주에서 내는데, 만약 없으면 경고(京庫)에서 낸다. 상을 주어야 하는 경우는 모두 낙인을 찍은 후의 정해진 수를 기준으로 하는데, 먼저 죽어서 줄어든 부분을 채우고 충족한 후에 [그러고도 남은 번식분을] 계산하여 상을 준다.

유관당송문 1)『唐六典』: 凡監牧孳生過分則賞 ; 謂馬膹駒一, 則賞絹一匹 ; 駝·騾之膹倍於馬, 驢·牛之膹三, 白羊之膹七, 羖羊之膹十, 皆與馬同. 其賞物二分入長, 一分入牧子. 牧子謂長上專當者. 其監官及牧尉各通計所管長·尉賞之. 通計謂尉官管十五長者, 膹駒十五匹, 賞絹一匹 ; 監官管尉五者, 膹駒七十五匹, 賞絹一匹之類. 計加亦準此. 應賞者, 準印後定數, 先塡死耗足外, 然後計酬之.(권17, 太僕寺, 487쪽 ;『역주당육전』중, 542~544쪽)

▸ 유관 일본령

『令義解』: 凡牧馬牛, 每乘駒二匹, 犢三頭, 各賞牧子稻卄束. 其牧長帳, 各通計所管群賞之.(권8, 廐牧令, 272쪽 ;『令集解』 권38, 廐牧令, 920쪽)

▸ 복원 당령

『天聖令』 당령복원청본, 廐牧令, 14조, 516쪽

〈舊9〉 諸牧, 雜畜死耗者, 每年率一百頭論, 駝除七頭, 騾除六頭, 馬·牛·驢·

110) 牧은 책임자가 牧監으로 上牧의 경우 종5품하, 中牧은 정6품하, 下牧은 종6품하였으며, 그 아래로 副監-丞-主簿를 두었다. 牧의 하부단위로 각 가축의 마리 수를 기준으로 群을 편성하는데, 1群에 牧長 1인을 두고 牧長 15명을 牧尉 1명이 관리하도록 되어 있었다(〈舊2〉조 및 『역주당육전』중, 太僕寺, 537~540쪽 참조).

羖羊除十,[111] 白羊除十五. 從外蕃新來者, 馬·牛·驢·羖羊皆聽除二十, 第二年除十五；駝除十四, 第二年除十；騾除十二, 第二年除九；白羊除二十[五],[112] 第二年[除二十；第三年][113]皆與舊同. 其疫死者, 與牧側私畜相准, 死數同者, 聽以疫除. 馬不在疫除(除疫)[114]之限.[115] 卽馬·牛二十一歲以上, 不入耗限. 若非時霜雪, 緣此死多者, 錄奏.

무릇 목에서 여러 가축이 죽어서 손실되는 경우[116] 매년 100마리를 기준으로 논한다. 낙타는 100마리에서 7마리, 노새는 6마리, 말·소·나귀·흑양은 10마리, 백양은 15마리가 손실되는 것으로 한다. 외국에서 새로 들여 온 경우 말·소·나귀·흑양은 모두 [첫해에는] 20마리의 손실을 허용하고, 두 번째 해에는 15마리의 손실을 허용한다. 낙타는 [첫해에] 14마리의 손실을 허용하고 두 번째 해에는 10마리의 손실을 허용한다. 노새는 [첫해에] 12마리의 손실을 허용하고 두 번째 해에는 9마리의 손실을 허용한다. 백양은 [첫해에] 25마리의 손실을 허용하고 두 번째 해에는 20마리의 손실을 허용한다. 세 번째 해부터는 모두 본래 있던 가축과 같은 손실분을 적용한다. 목에서 줄어든 가축 중 전염병으로 죽은 경우는 목 근처의 개인 소유 가축에 준하여 사망률이 같으면 전염병으로 인한 손실로 빼는

111) [교감주] 저본의 "每年率一百頭論, 駝除七頭, … 馬·牛·驢·羖羊除十"은 『唐六典』 권17, 太僕寺, 487쪽에는 "駝·馬百頭以七頭爲耗, … 牛·驢·羖羊以十, 白羊以十五"로 되어 있다. 『唐律疏議』 권15, 廐庫1-1의 소의 〈제196조〉 인용, 廐牧令과 『令集解』 권38, 廐牧令, 922~924쪽에는 모두 "馬百頭'除十'"으로 되어 있다.

112) [교감주] 저본의 '二十'아래에 '五'자가 빠져있다. 『唐六典』 권17, 太僕寺, 487쪽에 따라서 보완한다.

113) [교감주] 저본의 '第二年'아래에 '除二十, 第三年'이 빠져있다. 본 조문의 앞 문장과 『唐六典』 권17, 太僕寺, 487쪽에 따라서 고친다.

114) [교감주] 저본의 '除疫'은 '疫除'의 誤記이다. 『唐六典』 권17, 太僕寺, 487쪽에 따라서 보완한다.

115) [교감주] 저본의 '限'은 『唐六典』 권17, 太僕寺, 487쪽에는 '例'라고 되어 있다.

116) '死耗'는 가축을 기르면서 발생하는 자연 손실 수량을 법률로 규정한 용어이다. 『唐六典』 권17, 太僕寺, 諸牧監條에는 축산에 疫病이 유행하거나 이상기후로 서리나 한파가 닥쳤을 경우 법률에서 허용하는 死耗分을 적용하지 않으며, 말과 소의 나이가 11살이 넘으면 역시 死耗分에 포함시키지 않는 것으로 되어 있다.

것을 허용한다. 말은 전염병으로 제하는 범위를 적용하지 않는다. 말과 소는 21살 이상이면 [법으로 정해놓은] 손실분의 범위에 포함하지 않는다. 만약 때가 아닌데 서리와 눈이 내려 이로 인해 많이 죽은 경우는 기록하여 상주한다.

유관당송문 1)『唐律疏議』: 議曰, 廐牧令, 諸牧雜畜死耗者, 每年率一百頭論, 駝除七頭, 騾除六頭, 馬·牛·驢·羖羊除十, 白羊除十五. 從外蕃新來者, 馬·牛·驢·羖羊皆聽除二十, 第二年除十五, 駝除十四, 第二年除十, 騾除十二, 第二年除九, 白羊除二十五, 第二年除二十, 第三年皆與舊同. 準率百頭以下除數, 此是年別所除之數, 不合更有死·失.(권15, 廐庫1-1의 소의 〈제196조〉, 275쪽 ;『역주당률소의』, 2291~2294쪽 ;『宋刑統』 권15, 廐庫律 牧畜死失及課不充, 231쪽)

2)『唐六典』: 其有死耗者, 每歲亦以率除之. 謂駝·馬百頭以七頭爲耗, 騾以六, 牛·驢·羖羊以十, 白羊以十五. 從外蕃而新至者, 馬·牛·驢·羖羊皆除二十, 二年除十五 ; 駝除十四, 二年除十 ; 騾除十二, 二年除九 ; 白羊除二十五, 二年除二十 ; 三年, 皆同耗也. 若歲疫, 以私畜準同者以疫除. 準牧側近私畜疫死數, 同則聽以疫除. 馬不在疫除之例. 即馬·牛一十一歲以上, 不入耗除限. 若緣非時霜雪死多者, 錄奏.(권17, 太僕寺, 487쪽 ;『역주당육전』중, 542~544쪽)

3)『新唐書』: 死耗亦以率除之. 歲終監牧使巡按, 以功過相除爲考課.(권48, 百官3, 1255쪽)

▸ 유관 일본령

『令義解』: 凡牧馬牛死耗者, 每年率百頭論十. 其疫死者與牧側私畜相准, 死數同者, 聽以疫除.(권8, 廐牧令, 273쪽 ;『令集解』 권38, 廐牧令, 922~924쪽)

▸ 복원 당령

『天聖令』 당령복원청본, 廐牧令, 15조, 516쪽

〈舊10〉 諸在牧失官雜畜者, 並給一百日訪(放)[117]覓, 限滿(蕃)[118]不獲, 各

117) [교감주] 저본의 '放'은 '訪'의 誤記이다.『唐六典』 권17, 太僕寺, 487쪽에 따라서 고친다.

118) [교감주] 저본의 '蕃'은 '滿'의 誤記이다.『令集解』 권38, 廐牧令, 924쪽에 따라서 고친다.

准失處當時估價理[119]納，牧子及長，各知其半．若戶·奴充牧子無財者，准銅(同)依(衣)[120]加杖例．如有闕及身死，唯理見在人分．其在廐失者，主帥(郎)[121]准牧長，飼(銅)丁[122]準牧子．失而復得，追直還之．其非理死損，准本畜理塡．住居各別，不可共備，求輸傭直者亦聽．

무릇 목에서 관의 여러 가축을 잃어버린 경우 모두 100일의 기한을 주어 찾게 한다. 기한이 지나도 찾지 못하면 각각 잃어버린 곳의 당시 가격에 준하여 징납하는데 목자와 [목]장이 각각 그 반을 책임진다. 만약 [관]호와 [관]노가 목자로 충원되어 재물이 없는 경우는 속동의 금액에 준해서 장형으로 대체하는 [加杖] 법례[123]에 따른다. 만약 [목자와 목장 중] 결원이 있거나 죽은 경우 다만 현재 있는 사람의 몫만 징수한다. 축사에서 잃어버린 경우 주수(主帥)는 [목]장에 준하고 사정(飼丁)은 목자에 준한다. 잃어버렸다가 [100일이 지나] 다시 찾게 되면 값을 추산하여 돌려준다. 합당한 사유 없이 죽어 손실된 것은 본래의 가축 수를 기준으로 징수하여 손실을 메운다. 사는 곳이 각기 달라 함께 일을 할 수 없어서 [대신에] 고용비를 내고자 하는

---

119) [교감주] 저본의 '理'는 『唐六典』 권17, 太僕寺, 487쪽에는 '徵'으로 되어 있다. 송대에 宋 仁宗 趙禎의 이름을 피휘하여 '理'자로 바꾸어 쓴 것이다. 아래 "唯理見在人分"과 "准本畜理塡"의 '理' 자 역시 마찬가지다.

120) [교감주] 저본의 '同衣'는 『唐六典』 권17, 太僕寺, 487쪽에는 '銅依'라고 되어 있어 이에 따라서 고친다. 저본의 "准銅依加杖例"는 『唐律疏議』 권6, 名例47-3 〈제47조〉, 132쪽에 규정된 처벌인 "正贓 및 속죄금을 추징해야 하는데 재물이 없는 경우 속동 2근 당 각각 장 10대로 대신한다(應徵正贓及贖無財者, 準銅二斤各加杖十)"는 내용을 가리키는 것이다(『역주당률소의』, 340쪽).

121) [교감주] 저본의 '主郎'은 『唐六典』 권17, 太僕寺, 487쪽에 '主帥'로 되어 있는데, 이에 따라서 고친다.

122) [교감주] 저본의 '銅丁'은 『唐六典』 권17, 太僕寺, 487쪽에 '飼丁'이라고 되어 있는데, 이에 따라서 고친다.

123) 『唐律疏議』 권3, 名例47 〈제47조〉, 131~132쪽, "諸官戶·部曲·'稱部曲者, 部曲妻及客女亦同.' 官私奴婢有犯, 本條無正文者, 各準良人. 若犯流·徒者, 加杖, 免居作. 疏議曰：犯徒者, 準無兼丁例加杖：徒一年, 加杖一百二十；一等加二十, 徒三年加杖二百. 準犯三流, 亦止杖二百. 決訖, 付官·主, 不居作. 應徵正贓及贖無財者, 準銅二斤各加杖十, 決訖, 付官·主；疏議曰：犯罪應徵正贓及贖, 無財可備者, 皆據其本犯及正贓, 準銅每二斤各加杖十, 決訖付官·主. 銅數雖多, 不得過二百. 今直言正贓, 不言倍贓者, 正贓無財, 猶許加杖放免；倍贓無財, 理然不坐. 其有財堪備者, 自依常律"(『역주당률소의』, 338~340쪽).

경우도 들어준다.

유관당송문 1)『唐六典』: 凡官畜在牧而亡失者, 給程以訪, 過日不獲, 估而徵之. 謂給訪限百日, 不獲, 準失處當時估價徵納, 牧子及長各知其半. 若戶奴無財者, 準銅, 依加杖例. 如有闕及身死, 唯徵見在人分. 其在廏失者, 主帥準牧長, 飼丁準牧子. 其非理死損, 準本畜徵納也.(권17, 太僕寺, 487쪽 ;『역주당육전』중, 544~545쪽)

▸ 유관 고려령

『고려시대 율령의 복원과 정리』: 廏牧令[1], 馬政 [1-2]西北面諸城州鎭官馬齒老及物故者(高麗令 21, 665쪽)

▸ 유관 일본령

『令義解』: 凡在牧失官馬牛者, 並給百日訪覓, 限滿不獲, 各准失處當時估價. 十分論, 七分徵牧子, 三分徵子長帳. 如有闕及身死, 唯徵見在人分. 其在廏失者, 主帥准牧長, 飼丁準牧子. 失而後得, 追直還之. 其非理死損, 准本畜徵塡.(권8, 廏牧令, 273쪽 ;『令集解』 권38, 廏牧令, 924~926쪽)

▸ 복원 당령

『唐令拾遺』 廏牧令, 8조, 704쪽

『天聖令』 당령복원청본, 廏牧令, 16조, 516쪽

〈舊11〉 諸牧,[124] 馬駒以小「官」字印印右[125]膊(髆),[126] 以年辰印印右髀, 以

---

124) [교감주] 본 조문의 영문은『唐六典』 권17, 太僕寺, 487쪽과『資治通鑒』 권233, 唐 德宗 貞元 3년(787년) 9월 정사조, 7504쪽의 胡三省 注에서 인용하는『唐六典』과『唐會要』 권72, 諸監馬印條, 1545쪽 등의 현존하는 사적에서 찾아볼 수 있다.『唐六典』 권17, 太僕寺, 487쪽에서 인용하는 영문은『唐六典』의 편찬 체례에 부합되게 고쳐 쓴 것이고,『資治通鑑』의 胡三省 注에서 인용하고 있는『唐六典』의 영문은 唐令의 원문으로『唐六典』의 편찬 체례와는 부합하지 않는다. 따라서 胡三省 注에서 인용하는 영문 앞의 '『唐六典』'은 아마도 '唐令'의 잘못일 것이다.『唐六典』과『資治通鑑』의 문자가 서로 차이가 있지만 어느 쪽이 맞는지는 교정할 수가 없기 때문에 서로 다른 양쪽의 문자에 대해 상세히 밝히는 것은 의문으로 남겨두고 앞으로의 고증을 기다린다.

125) [교감주] 저본의 '右'는『資治通鑒』 권233, 唐 德宗 貞元 3년 9월 정사조, 7504쪽, 胡三省 注에서 인용하는『唐六典』(唐令)에는 '左'로 되어 있다.

監名依左·右廂印印尾側. 若行容端正, 擬(是)[127]送尚乘者, 則不須印監名. 至二歲起脊(春),[128] 量强·弱·漸,[129] 以「飛」字印印右(廂)[130]髆·膊(髈); 細(納)馬·[次馬][131]俱以龍形印印項左. 送尚乘者, 於尾側依左右閑印, 印以「三花(華)」.[132] 其余雜馬送尚乘者,[133] 以「風」字印印左膊(髈); 以「飛(龍)」[134]字印印右髀.[135] 騾·牛·驢皆以「官」[字][136]印印右膊(髈), 以監名依左·右廂印印右髀[137]; 其駝·羊

126) [교감주] 저본의 '髈'은 '膊'의 誤記이다. 字義에 따라서 고친다. 아래로 모두 같다.

127) [교감주] 저본의 '是'는 『唐六典』 권17, 太僕寺, 487쪽에는 '擬'로 되어 있다. 이에 따라서 고친다.

128) [교감주] 저본의 "至二歲起春"은 『唐六典』 권17, 太僕寺, 487쪽에는 "至二歲始春"으로 되어 있고, 『唐會要』 권72, 諸監馬印條, 1545쪽에는 "至二歲起脊"로 되어 있으며, 『資治通鑒』 권233, 唐 德宗 貞元 3년 9월 정사조, 7504쪽의 胡三省 注에서 인용하는 『唐六典』(唐令)에는 "至三歲起脊"으로 되어 있다. 이 중에서 『唐會要』의 "至二歲起脊"이 맞는 것으로, '脊'은 말의 등뼈를 가리켜서 '起春'은 '起脊'의 誤記이다. 이에 따라서 고친다.

129) [교감주] 저본의 "量强·弱·漸, 以「飛」字印"은 『唐六典』 권17, 太僕寺, 487쪽에는 "則量其力, 又以「飛」字印"으로 되어 있다.

130) [교감주] 저본의 '廂'자는 필요 없는 글자이다. 『唐六典』 권17, 太僕寺, 487쪽에 따라서 고친다. 저본의 "印右髆·膊(髈)"은 『唐六典』 권17, 太僕寺, 487쪽에 "印其左髆·髈"으로 되어 있고, 『唐會要』 권72, 諸監馬印條, 1545쪽과 『資治通鑒』 권233, 唐 德宗 貞元 3년 9월 정사조, 7504쪽의 胡三省 注에서 인용하는 『唐六典』(唐令)에는 "印右髈"으로 되어 있다.

131) [교감주] 저본의 '納馬'는 '細馬'의 誤記이고, 아래에 '次馬' 두 글자가 빠져있다. 『唐會要』 권72, 諸監馬印條, 1545쪽과 『資治通鑒』 권233, 唐紀49, 德宗 貞元3년(787년) 9월 丁巳조, 7504쪽의 胡三省 注에서 인용하는 『唐六典』(唐令)에 따라서 고치고 보완한다.

132) [교감주] 저본의 '三華'는 『唐六典』 권17, 太僕寺, 487쪽과 『唐會要』 권72, 諸監馬印條, 1545쪽에 모두 '三花'라고 되어 있다. 이에 따라서 고친다.

133) [교감주] 저본의 "其余雜馬送尚乘者"는 『唐會要』 권72, 諸監馬印條, 1545쪽에는 "其餘雜馬齒上乘者"로 되어 있고, 『資治通鑒』 권233, 唐 德宗 貞元 3년 9월 정사조, 7504쪽, 胡三省 注에서 인용하는 『唐六典』(唐令)에는 "其餘雜馬上乘者"로 되어 있다.

134) [교감주] 저본의 '龍'은 『唐六典』 권17, 太僕寺, 487쪽과 『唐會要』 권72, 諸監馬印條, 1545쪽과 『資治通鑒』 권233, 唐 德宗 貞元 3년 9월 정사조, 7504쪽, 胡三省 注에서 인용하는 『唐六典』(唐令)에 모두 '飛'로 되어 있다. 이에 따라서 고친다.

135) [교감주] 저본의 "印右髀"는 『唐六典』 권17, 太僕寺, 487쪽과 『唐會要』 권72, 諸監馬印條, 1545쪽에 "印左髀"로 되어 있다.

136) [교감주] 저본의 '官'자 아래에 '字'자가 빠져 있다. 본 조문 첫 부분의 "「官」字印"에 따라서 보완한다.

137) [교감주] 저본의 "騾·牛·驢皆以「官」字印印右膊, 以監名依左·右廂印印右髀" 부분은

皆以「官」字(守)[138]印印右頰. 羊仍割耳. 經印之後, 簡入別所者, 各以新入處監名印印左頰. 官馬賜人者, 以「賜」字印 ; 配諸軍及(乃)[139]充傳送驛者, 以「出」字印, [並][140]印右頰.[141]

무릇 목에서 말과 망아지는 오른 쪽 앞다리에 작은 '관'자인을 찍고, 오른 쪽 뒷다리에는 태어난 해의 인을 찍으며, 꼬리 옆에는 좌·우상을 구분하여 감의 이름을 새긴 인을 찍는다. 만약 형용이 단정하여 상승국으로 보내기로 한 말은 감의 이름을 찍을 필요 없다. 두 살이 되어 등뼈를 세우면 그 힘의 강약과 움직임을 헤아려 '비'자인을 오른쪽 뒷다리와 앞다리에 찍는다. 좋은 말과 그 다음 가는 말은 용 모양의 인을 갖추어 말 목의 왼쪽에 찍는다. 상승국으로 보내는 말은 꼬리 옆에 좌·우한으로 구분해서 인을 찍는데 '삼화'[142]라고 인을 찍는다. 그 나머지 잡마로 상승국에 보내는 경우 '풍'자인을 왼쪽 앞다리에 찍고 '비'자인을 오른 쪽 뒷다리에 찍는다. 노새·소·나귀는 모두 '관'자인을 오른쪽 앞다리에 찍고 좌·우상으로 구분해서 감의 이름을 새긴 인을 오른쪽 뒷다리에 찍는다. 낙타와 양은 모두 '관'자인을 오른쪽 뺨에 찍는다. 양은 여기에 더 귀를 갈라놓는다. 낙인을 찍은 후에 선발되어 다른 곳으로 들이는 경우에는 각각 새로 들이는 곳의 감의 이름이 새겨진 인을 왼쪽 뺨에 찍는다. 관마를 개인에게 하사하는 경우 '사'자를 찍는다. 각 군에 배속되거나 전송마나 역마로 충당되는 경우는 '출'자를 찍는데, 모두 오른

『唐六典』 권17, 太僕寺, 487쪽에 "騾·牛·驢則官名誌其左膊, 監名誌其右髀"로 되어 있다.

138) [교감주] 저본의 '守'는 '字'의 誤記이다. 본 조문 첫 부분의 "「官」字印"에 따라서 고친다.

139) [교감주] 저본의 '乃'는 '及'의 誤記이다. 『唐六典』 권17, 太僕寺, 487쪽과 『唐會要』 권72, 諸監馬印條, 1545쪽에 따라서 고친다.

140) [교감주] 저본의 '印'자 아래에 '並'자가 빠져 있다. 『唐會要』 권72, 諸監馬印條, 1545쪽과 『資治通鑑』 권233, 唐紀49, 德宗 貞元3년(787년) 9월 丁巳조, 7504쪽, 胡三省 注에서 인용하는 『唐六典』(唐令)에 따라서 보완한다.

141) [교감주] 저본의 '印右頰'은 『唐六典』 권17, 太僕寺, 487쪽에 '印左·右頰'으로 되어 있다.

142) '三花'는 말의 갈기를 다듬어서 세 갈래로 땋은 것을 말한다. 당 태종 昭陵의 六駿의 갈기 모양에서 잘 확인할 수 있다.

쪽 빰에 찍는다.

유관당송문 1)『唐六典』: 凡在牧之馬皆印. 印右膊以小「官」字, 右髀以年辰, 尾側以監名, 皆依左·右廂. 若形容端正, 擬送尙乘, 不用監名. 二歲始春(起脊), 則量其力, 又以「飛」字印印其左髀·膊. 細馬·次馬, 以龍形印印其項左 ; 送尙乘者, 尾側依左·右閑印以「三花」. 其餘雜馬送尙乘者, 以「風」字印印左膊, 以「飛」字印印左髀. 騾·牛·驢則官名誌其左膊, 監名誌其右髀. 駝·羊則官名誌其頰, 羊仍割耳. 若經印之後簡入別所者, 各以新入處監名印其左頰. 官馬賜人者, 以「賜」字印 ; 配諸軍及充傳送驛者, 以「出」字印, 並印左·右頰也.(권17, 太僕寺, 487쪽 ; 『역주당육전』중, 545~546쪽)

2)『唐會要』: 凡馬駒以小官字印印右膊, 以年辰印印右髀, 以監名依左右廂印印尾側. 若形容端正, 擬送尙乘者, 則須不印監名. 至二歲起脊, 量强弱, 漸以飛字印印右膊. 細馬次馬俱以龍形印印項左. 送尙乘者, 於尾側依左右閑印以三花. 其餘雜馬齒上乘者, 以風字印左膊. 以飛字印左髀. 經印之後, 簡習別所者, 各以新入處監名印印左頰. 官馬賜人者, 以賜字印. 諸軍及充傳送驛者, 以出字印, 並印右頰. 景雲三年正月十四日 勅, 諸王公主家馬印文, 宜各取本號.(권72, 諸監馬印條, 1545쪽)

3)『資治通鑑』: (胡三省 注)『唐六典』, 有諸監馬印. 凡諸監馬駒, 以小官字印印左膊, 以年辰印印右髀, 以監名依左·右廂印印尾側. 若形容端正, 擬送尙乘者, 則不須印監名. 至三歲起脊, 量强弱漸以飛字印印右膊. 細馬·次馬俱以龍形印印項左. 送尙乘者, 於尾側依左·右閑印以三花. 其餘雜馬上乘者, 以風字印印左膊, 以飛字印印右髀. 經印之後, 簡入別所者, 各以新入處監名印印左頰. 官馬賜人者, 以賜字印配諸軍. 及充傳送驛者, 以出字印並印右頰. 諸蕃馬印隨部落各爲印識.(권233, 당 덕종 정원 3년 9월 정사조, 7504쪽)

▸ 유관 일본령

『令義解』: 凡在牧駒犢, 至二歲者, 每年九月, 國司共牧長對, 以官字印印左髀上, 犢印右髀上. 並印訖, 具錄毛色齒歲, 爲簿兩通. 一通留國爲案, 一通附朝集使申太政官.(권8, 廐牧令, 273~274쪽)

▸ 복원 당령

『天聖令』 당령복원청본, 廐牧令, 17조, 517쪽

〈舊12〉 諸府官馬, 以本衛名印印右膊(髆),[143] 以「官」字印印右髀, 以本府名印印左頰.

무릇 [절충]부의 관마는 [소속된] 본 위(衛)의 이름이 새겨진 인을 오른쪽 앞다리에 찍고, '관'자인을 오른쪽 뒷다리에 찍으며, 본 부의 이름이 새겨진 인을 왼쪽 뺨에 찍는다.

유관당송문 관련 기록이 당송 시기 문헌에서는 확인되지 않는다.

▸ 복원 당령

『天聖令』 당령복원청본, 廏牧令, 18조, 517쪽

〈舊13〉 諸驛馬以「驛」字印印左膊(髆),[144] 以州名印印項左 ; 傳送馬·驢以州名印印右膊(髆), 以「傳」字(右)[145]印印左髀. 官馬付百姓及募人養者, 以「官(守)」[字]印印(字)[146]右(不)[147]髀, 以州名印印左頰. 屯·監牛以「官」字印印左頰, 以「農」字印印左膊(髆). 諸州鎮·戍營田牛以「官」字印印右膊(髆), 以州名印印右髀. 其互市馬, 官市者, 以互市印印右膊(髆) ; 私市者, 印左膊(髆).

무릇 역마는 '역'자인을 왼쪽 앞다리에 찍고 주의 이름이 새겨진 인을 목 왼편에 찍는다. 전송마와 전송려는 주의 이름이 새겨진 인을 오른쪽 앞다리에 찍고 '전'자인을 왼쪽 뒷다리에 찍는다. 관마를 백성에게 맡기거나 사람을 모집하여 기르는 경우, '관'자인을 오른쪽 뒷다리에 찍고 주의

143) [교감주] 저본의 '膊'은 '髆'의 誤記이다. 字義에 따라서 고친다.

144) [교감주] 저본의 '膊'은 '髆'의 誤記이다. 字義에 따라서 고친다. 이하 동일하다.

145) [교감주] 저본의 '右'는 필요 없는 글자이다. 본 조문의 같은 유형의 문장에 따라서 삭제한다.

146) [교감주] 저본의 "以守印印字"에서 '守'는 '官'의 誤記이다. 그 아래에 '字'자가 빠져있는데, '印印' 뒤에 '字'자를 잘못 베껴 쓰고 있다. 본 조문 중 "以「官」字印印 …" 부분에 근거하여 교감하여 고친다.

147) [교감주] 저본의 '印不髀'는 '印右髀'의 誤記이다. 〈舊12〉조와 본 조문의 '印右髀'에 따라서 고친다.

이름이 새겨진 인을 왼쪽 뺨에 찍는다. 둔과 감의 소는 '관'자인을 왼쪽 뺨에 찍고 '농'자인을 왼쪽 앞다리에 찍는다. 여러 주의 진·수의 농지를 경작하는 소는 '관'자인을 오른쪽 앞다리에 찍고 주의 이름이 새겨진 인을 오른쪽 뒷다리에 찍는다. 호시의 말로 관에서 매매하는 경우 호시인을 오른쪽 앞다리에 찍고 민간에서 매매하는 경우는 왼쪽 앞다리에 찍는다.

유관당송문 관련 기록이 당송 시기 문헌에서는 확인되지 않는다.

▸ 복원 당령

『天聖令』 당령복원청본, 廄牧令, 19조, 517쪽

〈舊14〉 諸雜畜印, 爲「官」字·「驛」字·「傳」字者, 在尚書省；爲州名者, 在州；爲衛名·府名者, 各在府·衛；爲龍形·年辰·小「官」[字][148]印者, 小, [謂]字形(謂)小者[149] 在[太][150]僕寺；爲監名者, 在本監；爲「風」字·「飛」字及「三花(華)」[151]者, 在殿中省；爲「農」字者, 在司農寺；互市印在互市監. 其須分道遣使送印者, 聽每印同一樣, 準道數造之.

무릇 여러 가축의 낙인을 찍는 인으로 '관'자·'역'자·'전'자의 인은 상서성에 둔다. 주의 이름을 새긴 인은 주에 둔다. 위와 부의 이름을 새긴 인은 각 부와 위에 둔다. 용 모양·연도·작은'관'자인은 태복시에 둔다. 작다는 것은 자형이 작은 것을 말한다. [목]감의 이름을 새긴 인은 해당 감에 둔다. '풍'자와 '비'자 및 '삼화'인은 전중성에 둔다. '농'자인은 사농시에 둔다. 호시인은 호시감에 둔다. 도 별로 사자를 파견하여 인을 보내야만 하는

---

148) [교감주] 저본의 '官'자 아래에 '字'자가 빠져 있다. 〈舊14〉조의 '「官」字印'에 따라서 보완한다.

149) [교감주] 저본의 "小字形謂小者"에서 '謂'는 앞의 '小'자 뒤에 와야 한다. 초록자가 빠트렸다가 '形'자 뒤에 써넣은 것이다.

150) [교감주] 저본의 '在'자 아래에 '太'자가 빠져 있다. 文意에 따라서 보완한다.

151) [교감주] 저본의 '三華'는 『唐六典』 권17, 太僕寺, 487쪽과 『唐會要』 권72, 諸監馬印條, 1545쪽에 모두 '三花'라고 되어 있다. 이에 따라서 고친다.

경우는 매 인을 정해진 견본으로 만들어서 [가는] 도의 수만큼 만드는 것을 들어준다.

유관당송문 관련 기록이 당송 시기 문헌에서는 확인되지 않는다.

▸ 복원 당령

『天聖令』 당령복원청본, 廐牧令, 20조, 517쪽

〈舊15〉 諸在牧駒·犢及羔, 每年遣使共牧監官司對(封)[152]印. 駒·犢八月印, 羔春秋二時印及割耳, 仍言牝牡入帳. 其馬, 具錄毛色·齒歲·印記, 爲簿兩道, 一道在監案記, 一道長·尉自收, 以擬校勘.

무릇 목에서 망아지와 송아지 및 새끼 양은 매년 사자를 보내 목감의 관사와 함께 대조하여 낙인을 찍는다. 망아지와 송아지는 8월에 낙인을 찍고, 새끼 양은 봄, 가을 두 계절에 낙인을 찍고 귀를 가른 뒤 암수를 장부에 기입한다. 말은 털색과 연령 및 낙인의 글자를 빠짐없이 기록해서 2부의 장부를 만드는데, 1부는 [목]감에 문서철로 보관하고 1부는 [목]장과 [목]위가 직접 수합해서 교감에 대비한다.

유관당송문 관련 기록이 당송 시기 문헌에서는 확인되지 않는다.

▸ 유관 일본령

『令義解』: 凡在牧駒犢, 至二歲者, 每年九月, 國司共牧長對, 以官字印印左髀上, 犢印右髀上. 並印訖, 具錄毛色齒歲, 爲簿兩通. 一通留國爲案, 一通附朝集使申太政官.(권8, 廐牧令, 273~274쪽)

▸ 복원 당령

『天聖令』 당령복원청본, 廐牧令, 21조, 517쪽

---

152) [교감주] 저본의 '封'은 '對'의 誤記이다. 『令集解』 권38, 廐牧令, 926쪽의 "國司共牧長對"에 따라서 고친다.

〈舊16〉 諸官戶·奴充牧子, 在牧十年, 頻得賞者, 放免爲良, 仍充牧戶.

무릇 관호와 [관]노로 목자에 충원되어 목에서 10년 동안 일하면서 자주 상을 받은 경우 방면하여 양인으로 삼고 목호로 충당한다.

유관당송문 관련 기록이 당송 시기 문헌에서는 확인되지 않는다.

▸ 복원 당령

『天聖令』 당령복원청본, 廐牧令, 25조, 517쪽

〈舊17〉 諸牧側人欲入牧地採斫者, 本司給牒, 聽之.

무릇 목 인근의 사람이 목지로 들어와 풀을 채취하거나 나무를 하려고 하는 경우 본사에서 첩을 발급하면 이를 들어준다.

유관당송문 관련 기록이 당송 시기 문헌에서는 확인되지 않는다.

▸ 복원 당령

『天聖令』 당령복원청본, 廐牧令, 26조, 517쪽

〈舊18〉 諸牧, 細馬·次馬監稱左監, 麤馬監稱右監. 仍各起第, 一以次爲名. 馬滿五千匹以上爲上,153) 數外孳生, 計草父三歲以上, 滿五千匹, 卽申(甲)154)所司, 別置(直)155)監. 三千匹以上爲中,156) 不滿三千匹爲下.157) 其雜畜牧, 皆同下監. 其監仍以土地爲(謂)158)名. 卽應別置監, 官牧監與私牧相妨者, 並移私(司)159)牧於

---

153) [교감주] 저본의 '上'은 『唐六典』 권17, 太僕寺, 486쪽에는 '上監'으로 되어 있다.

154) [교감주] 저본의 '甲'은 '申'의 誤記이다. 字義에 따라서 고친다.

155) [교감주] 저본의 '直'은 '置'의 誤記이다. 字義에 따라서 고친다.

156) [교감주] 저본의 '中'은 『唐六典』 권17, 太僕寺, 486쪽에는 '中監'으로 되어 있다.

157) [교감주] 저본의 '下'는 『唐六典』 권17, 太僕寺, 486쪽에는 '下監'으로 되어 있다.

158) [교감주] 저본의 '謂'는 '爲'의 誤記이다. 『唐六典』 권17, 太僕寺, 486쪽에는 "仍以土地爲其監名"으로 되어 있다. 이에 따라서 고친다.

諸處給替. 其有屋宇, 勿令毁剔, 卽給在牧人坐, 仍令州縣量酬功力及價直.

무릇 목에서 좋은 말과 다음 좋은 말이 속한 감은 좌감이라 칭하고, 좋지 않은 말이 속한 감은 우감이라고 칭한다. 나눠진 대로 각각 일(一)부터 차례로 [숫자를] 붙여 말의 이름으로 삼는다. 말은 5천 필 이상을 상[감]으로 한다.(목의) 할당된 수 외에 더 증식한 것은 초부(草父)[160]로 3세 이상을 헤아려 5천 필이 되면 바로 담당 관사에 보고해서 별도의 [목]감을 설치한다. 3천 필 이상은 중[감]으로 하고, 3천 필이 되지 않으면 하[감]으로 한다. [말 이외에] 여러 가축의 목은 모두 하감과 같이 한다. [목]감은 지명 그대로 감의 명칭으로 삼는다. 만약 별도로 감을 설치해야 하는데 관의 목감이 개인 목장과 서로 방해되는 경우 모두 개인 목장을 다른 곳으로 옮겨 대체해 준다. 건물이 있다면 훼손하거나 없애지 않게 해서 목인이 머무는 장소로 제공하고 주현에서 공력과 가치를 헤아려 보상해 준다.

유관당송문 1)『唐六典』: 凡馬有左·右監以別其麤良, 以數紀爲名, 而著其簿籍 ; 細馬之監稱左, 麤馬之監稱右. 其雜畜牧皆同下監, 仍以土地爲其監名.(권17, 太僕寺, 486쪽 ;『역주당육전』중, 540쪽)

2)『舊唐書』: 凡馬五千匹爲上監, 三千匹已上爲中監, 一千匹已上爲下監. 凡馬之群, 有牧長尉,凡馬, 有左右監, 以別其粗良, 以數紀名, 著之簿籍. 細馬稱左, 粗馬稱右.(권44, 職官3, 1883쪽)

3)『新唐書』: 凡馬五千爲上監, 三千爲中監, 不及爲下監. 馬牛之群, 有牧長, 有尉. 馬之駑·良, 皆著籍, 良馬稱左, 駑馬稱右.(권48, 百官3, 1255쪽)

▸ 복원 당령

『天聖令』 당령복원청본, 廐牧令, 27조, 517~518쪽

---

159) [교감주] 저본의 '司'는 '私'의 誤記이다. 본 조문의 바로 앞 '私牧'에 따라서 고친다.

160) 원문의 '草父'는 의미가 분명치 않지만, 문맥 상 당시 牧에서 망아지를 지칭하는 俗語일 가능성도 있다.

〈舊19〉 諸牧, 須獵師之處, 簡戶·奴解騎射者, 令其採捕, 所殺虎狼, 依例給賞.

무릇 목에서 사냥을 해야 할 곳이 있으면 관호와 관노 중에서 기사에 능한 자를 선발하여 포획하는데, 죽인 호랑이와 이리는 법례에 따라서 상을 지급한다.

유관당송문 1) 『唐六典』: 諸有猛獸處, 聽作檻穽·射窠等, 得即於官, 每一賞絹四匹 ; 殺豹及狼, 每一賞絹一匹. 若在牧監內獲犲, 亦每一賞絹一匹. 子各半匹. (권7, 尙書工部, 224쪽 ; 『역주당육전』상, 682~683쪽)

▸ 복원 당령

『天聖令』 당령복원청본, 廐牧令, 28조, 518쪽

〈舊20〉 諸府內, 皆量付官馬令養. 其馬主, 委折衝·果毅等, 於當府衛士及弩手內, 簡家富堪養者充, 免其番上鎮, 防及雜役[161] ; 若從征軍還, 不得留防.

무릇 [절충]부 내에서는 모두 관마를 맡길 만한 곳을 헤아려 기르게 한다. 말의 사육을 담당하는 자는 절충도위와 과의도위 등에게 위임하여 해당 부의 위사와 노수 내에서 집안이 부유하여 사육을 감당할 수 있는 자를 선발하여 충당하게 하며 [선발된 자는] 진에 방인과 잡역 번상하는 것을 면제해 준다. 만약 전쟁에 종군했다가 돌아오는 경우라면 [그 말은] 현지에 머물러 지키게 할 수 없다.

유관당송문 관련 기록이 당송 시기 문헌에서는 확인되지 않는다.

▸ 복원 당령

『天聖令』 당령복원청본, 廐牧令, 30조, 518쪽

161) [교감주] 교록본은 "免其番上鎮·防及雜役"으로 표점을 하고 있지만, "免其番上鎮, 防及雜役"으로 표점을 달리해서 해석한다.

〈舊21〉 諸州有要路之處, 應置驛及傳迗馬·驢, 皆取官馬驢五歲以上·十歲以下·筋骨强壯者充. 如無, 以當州應入京財物市充. 不充, 申所司市給. 其傳[迗][162]馬·驢主, 於白丁·雜色(匹)[163]·[邑(色)士[164]·駕士等色][165]丁內, 取家富兼丁者, 付之令養, 以供遞迗. 若無付者而中男豐有者, 亦得兼取, 傍折一丁課役資之, 以供養飼.

무릇 주의 주요 도로에 역마·역려[驛驢]나 전송마·전송려를 배치해야 한다면 모두 관의 말이나 나귀 중에서 5살 이상 10살 이하로 근골이 튼튼한 것을 취하여 충당한다. 만약 없다면 해당 주에서 경사로 들여야 하는 재물로 구매하여 충당한다. [그래도 필요한 만큼] 충당되지 않으면 관할 관서에 보고해서 구매하여 지급한다. 전송마·전송려의 사육 담당자는 백정·잡색·읍사·가사[166] 등의 색인의 정 내에서 집이 부유하면서 정남이 2인 이상인 경우를 취하여 맡겨 기르게 하여 체송하는데 쓰이도록 한다. 만약 맡길만한 자가 없는데 중남 가운데 부유한 자가 있으면 역시 취할 수 있는데, 정남 한 명분의 과역을 절환해서 보태주어 그 사육에 제공한다.

유관당송문 관련 기록이 당송 시기 문헌에서는 확인되지 않는다.

▸ 복원 당령

『天聖令』 당령복원청본, 廐牧令, 36조, 518쪽

---

162) [교감주] 저본의 '傳' 아래에 '迗'자가 빠져있다. 본 조문의 앞부분 '傳迗馬'에 따라서 보완한다.

163) [교감주] 저본의 '雜匹'은 '雜色'의 誤記이다. 앞서 〈舊2〉조에 나오는 "取 … 白丁·雜色人等"에 근거하여 고친다.

164) [교감주] 저본의 '色士'는 '邑士'의 誤記이다. 雜令, 〈舊2〉조의 "… 邑士, 皆於白丁內家有兼丁者爲之"에 근거하여 고친다.

165) [교감주] 저본의 "其傳迗馬·驢主, 於白丁·雜色[邑士·駕士等色]丁內, 取家富兼丁者"에서 [邑士·駕士等色]은 '雜色'의 注文 부분에 해당하는 것으로 파악할 수 있다. 따라서 이 부분은 "其傳迗馬·驢主, 於白丁·雜色〈邑士·駕士等色〉丁內, 取家富兼丁者"로 표점할 수 있을 것이다.

166) 駕士는 唐代 內侍省의 내복국, 太僕寺의 승황서·전구서·구목서 등에 두어 말의 조련 등을 담당했다.

〈舊22〉 諸府官馬及傳送馬·驢, 非別勅差行及供傳送, 並不得輒乘. 本主欲于村坊側近十里內調習者聽. 其因公使死失者, 官爲立替. 在家死失及病患不堪乘騎者, 軍內馬三十日內備替, 傳送馬六十日內備替, 傳送驢隨闕立替. 若馬·驢主任流內九品以上官及出軍兵餘事故, 馬·驢須轉易, 或家貧不堪飼(餘)[167] 養, 身死之後, 並於當色回付堪養者. 若先闕應須私備者, 各依付馬·驢時價酬直. 卽身死家貧不堪備者, 官爲立替.

무릇 [절충]부의 관마 및 전송마·전송려는 별도의 칙으로 차출되어 가거나 전송에 공급되는 것이 아니라면 모두 함부로 탈 수 없다. 본래 사육을 맡은 자가 촌·방의 10리 내에서 조련시키고자 한다면 들어준다. 공무로 부리다가 죽거나 잃어버린 경우는 관에서 바로 대체해 준다. 사육을 맡은 집에서 죽거나 잃어버리거나 병이 들어 탈 수 없게 된 경우, 군(軍) 내의 말은 30일 이내에 대체해서 채워둔다. 전송마는 60일 이내에 대체해서 채워둬야 하며 전송려는 수가 비면 바로 대체해서 채워 둔다. 만약 말과 나귀의 사육을 담당하는 사람이 유내 9품 이상의 관직을 맡게 되거나 군대의 병사로 나가거나 다른 사유로 말과 나귀의 사육처를 반드시 바꾸어야 하는 경우, 혹은 집이 가난해져서 더 이상 사육을 감당할 수 없는 경우, 사육을 담당한 사람이 죽은 경우 등은 모두 같은 신분 내에서 사육을 감당할 수 있는 자에게 돌려 맡긴다. 만약 [말과 나귀의] 수가 비어 사육 담당자가 먼저 개인적으로 채워 둔 경우 각각 말과 나귀를 맡겼을 때의 가격으로 갚아준다. 만약 담당자가 죽거나 집이 가난해져 [수가 빈 말과 나귀를] 채워두지 못한 경우는 관에서 바로 대체해 준다.

유관당송문 관련 기록이 당송 시기 문헌에서는 확인되지 않는다.

▸ 복원 당령

167) [교감주] 저본의 '餘'는 본 조문 아래의 '堪養'에 근거해서 본다면, 아마도 '飼'자의 誤記이거나 필요 없는 글자일 수 있다.

『天聖令』 당령복원청본, 廐牧令, 39조, 519쪽

〈舊23〉 諸府官馬及傳送[馬][168]·驢, 每年皆刺史·折衝·果毅等檢(儉)[169]簡. 其有老病不堪乘騎者, 府內官馬更對州官簡定；兩京管內, 送尙書省簡[170]；駕不在, 依諸州例. 並官爲差人, 隨便貨賣, 得錢若少, 官馬仍依式府內供備, 傳馬添(忝)[171]當處官物市替. 其馬賣未售間, 應飼草處, 令本主備草直. 若無官物及無馬之處, 速申省處分, 市訖申省. 省司封印, 具錄同道應印馬州名, 差使人分道送付最近州, 委州長官印；無長官, 次官印. 其有舊馬印記不明, 及在外私備替者, 亦卽印之. 印訖, 印署及具錄省下州名符, 以次遞比(北)[172]州. 同道州總準此, 印訖, 令最遠州封(對)印,[173] 附便使送省. 若三十日內無便使, 差專使送, 仍給傳驢. 其入兩(市)[174]京者, 並于尙書省呈印.

무릇 [절충]부의 관마 및 전송마와 전송려는 매년 모두 자사와 절충도위·과의도위 등이 검열해서 선정한다. 그 중 늙고 병들어 탈 수 없는 경우 부 내의 관마는 다시 주의 관원이 대면해서 가려내어 선정한다. 양경의 관내에서는 상서성으로 보내 가려낸다. [관할 지역에] 황제가 없을 때는 각 주의 법례에 따른다. 모두 관에서 사람을 보내 편의대로 파는데 전(錢)을 얻은 것이 새 말로 교체하는데 부족하면 관마는 그대로 식에 따라 부 내에서 공급하여 갖추고 전송마는 해당 지역의 관물을 더하여 팔아서

168) [교감주] 저본의 '送' 아래에 '馬'자가 빠져 있다. 『唐律疏議』 권15, 廐庫2의 소의 〈제197조〉 인용 廐牧令에 따라서 보완한다.

169) [교감주] 저본의 '儉'은 '檢'의 誤記이다. 『令集解』 권38, 廐牧令, 驛傳馬條, 933쪽에 따라서 고친다.

170) [교감주] 본 조문의 '檢簡', '乘騎', '簡定', '兩京', '尙書省簡'은 『唐律疏議』 권15, 廐庫2의 소의 〈197조〉 인용 廐牧令에는 '檢揀', '乘用', '揀定', '京兆府', '尙書省揀'으로 되어 있다.

171) [교감주] 저본의 '忝'은 '添'과 같은 글자이다.

172) [교감주] 저본의 '北'은 '比'의 誤記이다. 文意에 따라서 고친다.

173) [교감주] 저본의 '對印'은 '封印'의 誤記이다. 본 조문의 '省司封印' 및 文意에 따라서 고친다.

174) [교감주] 저본의 '市'는 '兩'의 誤記이다. 본 조문 앞의 '兩京'에 따라서 고친다.

대체한다. [늙고 병든] 말을 파는데 아직 팔리지 않아서 풀을 먹여야만 하는 곳은 본래 말의 사육을 담당한 사람에게 풀의 값을 대게 한다. 만약 관물이 없거나 대체할 수 있는 말이 없는 곳은 신속히 상서성에 보고하고 처분하는데 매매가 끝나면 상서성에 보고한다. 상서성의 담당 관서는 [문서를] 봉인해서, 같은 도 내에 낙인을 찍어야 하는 말과 주의 이름을 갖추어 기록하고 사람을 파견하여 각각 도를 나누어 [해당 문서를] 가장 가까운 주로 송부하는데 주 장관에게 인을 찍게 한다. 장관이 없으면 차관이 인을 찍는다. 그 중 이전의 말에 낙인을 찍은 기록이 분명하지 않거나, 지방 주에서 사사로이 교체한 경우 또한 바로 인을 찍는다. 인을 찍는 것이 끝나면 인을 찍는 관서와 기록을 갖추어 두는 상서성에서는 주에 명부를 하달하는데 순서대로 이웃한 주로 전달해 간다. 같은 도내의 주는 모두 이에 준하는데, 인을 찍는 것이 끝나면 가장 먼 주에서 봉인하게 하고 편사(便使) 편에 부쳐 상서성으로 보내게 한다. 만약 30일 이내에 중앙으로 오는 사자가 없으면 [해당 문서의] 전사(專使)를 파견하여 보내는데 이에 전[송]려를 지급한다.[175] [전송마와 전송려로] 양경에 들어온 경우는 모두 상서성에서 인을 찍는다.

유관당송문 1)『唐律疏議』: 議曰, 依廐牧令, 府內官馬及傳送馬驢, 每年皆刺史·折衝·果毅等檢揀. 其有老病不堪乘用者, 府內官馬更對州官揀定, 京兆府管內送尙書省揀, 隨便貨賣.(권15, 廐庫2의 소의 〈제197조〉, 277쪽 ;『역주당률소의』, 2297~2298쪽 ;『宋刑統』 권15, 廐庫律 牧畜死失及課不充, 232쪽)

▸ 유관 일본령

『令集解』: 凡驛傳馬, 每年國司檢簡. 其有大老病, 不堪乘用者, 隨便貨賣, 得直若

175)『唐律疏議』 권10, 職制37의 소의 〈제127조〉, 210~211쪽(『역주당육전』, 2161쪽)에 인용된 '駕部式'에는 "6품 이하의 前官 散官 衛官을 省司가 긴급한 일로 사신 보낼 때는 말을 지급한다. 사신이 돌아올 때나, (긴급하지 않은) 그 밖의 사신에게는 모두 나귀를 지급한다"는 규정이 있다. 나귀를 타야 하는데 말을 탔다면 1마리에 杖刑 100대, 1마리마다 1등씩 가중하는 무거운 처벌을 받았다.

少, 驛馬添驛稻, 傳馬以官物市替.(권38, 廐牧令, 933~934쪽)

▸ 복원 당령

『天聖令』 당령복원청본, 廐牧令, 40조, 519쪽

〈舊24〉 諸府官馬, 府別差校尉·旅帥二人, 折衝·果毅內一人, 專令檢校. 若折衝·果毅不在, 卽令別將·長史·兵曹一人專知, 不得令有損瘦.

무릇 [절충]부의 관마는 부 별로 교위와 여수 각 2인, 절충도위와 과의도위 내에서 각 1인을 차출하여 검교를 전담하게 한다. 만약 절충도위와 과의도위가 없으면 바로 별장과 장사와 병조 각 1인이 전담하게 해서 (관마가) 손실되거나 쇠약해지지 않도록 한다.

유관당송문 관련 기록이 당송 시기 문헌에서는 확인되지 않는다.

▸ 복원 당령

『天聖令』 당령복원청본, 廐牧令, 43조, 519쪽

〈舊25〉 諸府官馬及 傳送馬·驢, 若官馬·驢差從軍行者, 卽令行軍長史共騎曹同知孔目, 明立膚(膚)·第(弟),[176] 親自檢領. 軍還之日, (還)[177]令同受官司及專典等, 部領送輸, 亦注膚(膚)·第(弟); 並齎死失·病留及隨便附(付)[178]文鈔, 具造帳一道, 軍將以下連署, 赴省句勘訖, 然後聽還.

무릇 [절충]부의 관마 및 전송마·전송려로 만약 관마와 관려로 차출되어

176) [교감주] 저본의 '膚弟'는 '膚·第'의 誤記이다. '膚'는 말과 나귀의 피부색을 가리키며, '第'는 말과 나귀의 등급을 가리킨다. 『敦煌文書』 伯3714호背, 總章二年(669년) 八月, 傳馬坊文書에 "馬坊, … 令狐君節馬, 赤·次, … 牒上件馬給使, … 乘至此, 請定膚·第. 謹牒"이라고 되어 있는데 이에 따라서 고친다.

177) [교감주] 저본의 '還'은 필요 없는 글자이다. 文意에 따라서 삭제한다.

178) [교감주] 저본의 '便'은 '便使'를 가리킨다. '付'는 '附'의 誤記로 문서의 '附送'를 가리킨다. 앞의 〈舊23〉조에 "附便使送省"이라는 부분이 있고, 또 『令集解』 권36, 公式令 京官出使條, 902쪽의 "所經歷處符移, 辨官皆令便送"과 『令集解』 권36, 公式令 責返抄條의 집해, 903쪽의 "於向京使者, 差所行政, 并便附符移等" 등에 의거하여 고친다.

종군하는 경우 바로 행군장사가 기조참군사와 함께 문서를 주관해서 [말·나귀의] 피부색과 등급을 분명히 기입하고 직접 검사해서 관리한다. 군대가 돌아오는 날에는 [말·나귀를] 돌려받는 관사 및 담당관 등과 함께 돌려보내는 일을 통할하는데, 역시 [말·나귀의] 피부색과 등급을 주기한다. 아울러 죽거나 잃어버리거나 병이 들어 [현지에] 남기거나 해서, 편사(便使) 편으로 부쳐 보고했던 문건의 기록들은 빠짐없이 1부의 장부로 만들어 군장 이하로 연대 서명해서 상서성으로 보내 상세한 검토가 끝난 연후에야 돌아가는 것을 들어준다.

유관당송문 관련 기록이 당송 시기 문헌에서는 확인되지 않는다.

▶ 복원 당령

『天聖令』 당령복원청본, 廐牧令, 44조, 519쪽

〈舊26〉 諸官人乘傳送[馬·驢][179]及官馬出使者, 所至之處, 皆用正倉, 準品供給. 無正倉者, 以官物充 ; 又無官物者, 以公廨充. 其在路, 卽於道次驛供 ; 無驛之處, 亦於道次州縣供給. 其於驛供給者, 年終州司總勘, 以正租草填之.

무릇 관인이 전송마·전송려 및 관마를 타고 사자로 나가는 경우, 도착하는 곳마다 [말과 나귀의 먹이는] 모두 정창을 이용하는데 관품에 따라 지급받는 마리 수에 준하여 공급한다. 정창이 없는 경우 관물로 충당한다. 또 관물이 없는 경우는 공해로 충당한다. 노상에서는 여정에 따라 역에서 제공한다. 역이 없는 곳에서도 여정에 따라 주현에서 공급한다. 역에서 공급하는 경우 연말에 주의 관서에서 [한 해 사용량을] 모두 합하여 검사하고 정조(正租)로 거둔 풀로 채워 놓는다.

---

179) [교감주] 저본의 '送' 아래에 '馬·驢' 두 글자가 빠져 있다. 앞의 〈舊25〉조에 근거해서 보완한다.

유관당송문 관련 기록이 당송 시기 문헌에서는 확인되지 않는다.

▸ 복원 당령

『天聖令』 당령복원청본, 廐牧令, 45조, 520쪽

〈舊27〉 諸當路州縣置傳馬處, 皆量事分番, 於州縣承直, 以應急速. 仍準承直馬數, 每馬一疋, 於州縣側近給官地四畝, 供種苜蓿. 當直之馬, 依例供飼. 其州縣跨帶山澤, 有草可求者, 不在此例. 其苜蓿, 常令縣司檢校, 仰耘鋤以時, 手力均出養馬之家. 勿使荒穢, 及有費損; 非給傳馬, 不得浪用. 若給用不盡, 亦任收茭草, 擬[至][180]冬月, 其比界傳送使至, 必知少乏者, 亦卽量給.

무릇 해당 주현에서 전마처(傳馬處)를 설치하면 모두 업무량을 헤아려 [말을] 번으로 나누고 주현에서 당직을 서게 하여 긴급한 일에 대응한다. 당직하는 말의 수에 준하여, 주현에서는 말 1필 당 [전마처에서] 가까운 곳에 관지 4무를 지급하여 말먹이로 사용할 목초를 기르는 데 제공한다. 당직을 서는 말은 법례에 따라 말먹이를 공급한다. 그 주현에 산택이 펼쳐져 있어 풀을 구할 수 있는 경우는 이 법례를 적용하지 않는다. 목초는 항상 현의 관부에서 검교하게 하는데, 김매기를 때에 맞게 해서 노동력은 모두 말을 기르는 집에서 내게 한다. 땅을 황폐하게 하거나 허비하게 해서는 안 된다. 전[송]마에게 지급하는 것이 아니면 함부로 사용할 수 없다. 만약 쓸데에 다 지급하지 못하면 또한 건초를 거두어들여 겨울철에 대비하며, 인접한 지역에서 전송하는 사자가 도착하면 반드시 부족한 부분이 있는지 파악해서 바로 헤아려 공급한다.

유관당송문 관련 기록이 당송 시기 문헌에서는 확인되지 않는다.

▸ 복원 당령

180) [교감주] 저본의 '擬' 아래에 한 글자를 빠트려서, 원문은 아마도 "擬於冬月"이거나 "擬至冬月"일 것이다.

『天聖令』 당령복원청본, 廐牧令, 46조, 520쪽

〈舊28〉 諸臟馬·驢及雜畜, 事未分決, 在京者, 付太僕寺, 於隨近牧放. 在外者, 於推斷之所, 隨近牧放.[181] 斷定之日, 若合沒官,[182] 在京者, 送牧 ; 在外者, 準前條估.

무릇 말과 나귀 및 여러 가축이 장물인데 사안이 아직 판결나지 않았다면, 경사에서는 태복시에 맡겨 가까운 목에서 방목한다. 경사 외의 지역은 추국과 판결을 하는 장소에서 가까운 목으로 보내 방목한다. 판결이 내려지는 날 만약 관에 몰수해야 하는 경우 경사에서는 목으로 보낸다. 지방에서는 앞 조문[183]에 따라서 매매한다.

유관당송문 관련 기록이 당송 시기 문헌에서는 확인되지 않는다.

▸ 유관 일본령

『令義解』 : 凡闌遺之物, 五日內申所司. 其贓畜, 事未分決, 在京者付京職, 斷定之日, 若合沒官出賣. 在外者准前條.(권8, 廐牧令, 277쪽)

▸ 복원 당령

『唐令拾遺』 廐牧令, 20조, 710쪽

『天聖令』 당령복원청본, 廐牧令, 48조, 520쪽

〈舊29〉 諸官畜及私馬帳, 每年附朝集使送省. 其諸王府官馬, 亦准此. 太僕寺官畜帳,[184] 十一月上旬送省. 其馬帳勘校, 訖至來年三月.[185]

---

181) [교감주] 본 조문의 앞 문장을 보면 이 注文은 아마도 令文의 본문일 것이다.

182) [교감주] 저본의 "若合沒官"은 『令集解』 권38, 廐牧令, 937~938쪽에는 "若合沒官出賣"로 되어 있다.

183) 여기서 '앞 조문[前條]'은 앞서 〈現10〉조의 "其諸州鎭等所得闌畜, 亦仰當界內訪主. 若經二季無主識認者, 幷當處出賣, 先賣充傳驛, 得價入官"을 가리키는 것이다.

184) [교감주] 저본에서 "太僕寺官畜帳" 부분은 줄을 바꾸어 첫 머리를 잘못 올려 쓰고 있다. 앞의 "亦准此"뒤로 붙여 써야 한다.

185) [교감주] 본 조문에서 "來年三月"은 馬帳의 교감 기한으로, 官畜帳의 교감 기한은

무릇 관부의 가축 및 개인 소유 말의 장부는 매년 조집사 편에 부쳐 상서성으로 보낸다. 여러 왕부의 관마도 이에 준한다. 태복시의 관부 축산 장부는 11월 상순에 상서성으로 보낸다. 그 중 말의 장부는 대조해서 검토하는데 이듬해 3월까지 마친다.

유관당송문 관련 기록이 당송 시기 문헌에서는 확인되지 않는다.

▸ 복원 당령

『天聖令』 당령복원청본, 廐牧令, 49조, 520쪽

〈舊30〉 諸有私馬五十匹以上, 欲申牒造印者聽, 不得與(興)[186] 官印同, 並印項. 在余處有印者, 沒官. 蕃馬不在此例. 如當官印處有瘢痕者, 亦括沒. 其官羊, 任爲私計, 不得截耳. 其私牧, 皆令當處州縣檢校.

무릇 사마(私馬) 50마리 이상을 가지고 있으면서 문서로 신청해서 [낙인을 찍기 위한] 인을 만들려고 하는 경우는 허가해 주는데, 관인과 같은 것으로 만들 수 없으며 [사마는] 모두 목덜미에 낙인을 찍는다. 다른 곳에 낙인이 있는 경우는 관에 몰수한다. 외국[蕃]의 말은 이 법례를 적용하지 않는다. 만일 관인이 찍혀 있어야 하는 곳에 [지워진] 흉터가 있는 경우 또한 단속하여 몰수한다. 개인이 관부의 양을 마음대로 자기 것으로 헤아려 귀를 잘라서는 안 된다. 개인 목장은 모두 해당 주현에서 검교하도록 한다.

유관당송문 관련 기록이 당송 시기 문헌에서는 확인되지 않는다.

▸ 복원 당령

『天聖令』 당령복원청본, 廐牧令, 50조, 520쪽

없어서 아마도 본 조문에 빠진 내용이 더 있을 것이다.

186) [교감주] 저본의 '興'은 '與'의 誤記이다. 文意에 따라서 고친다.

〈舊31〉 諸官馬·騾·駝·牛死者, 各收筋五兩·腦二兩四銖；驢, 筋三兩·腦一兩十二銖；羊, 筋·腦各一兩；駒·犢三歲以下, 羊羔二歲以下者, 筋·腦各減半.

무릇 관부의 말·노새·낙타·소가 죽은 경우 각각 힘줄 5량과 뇌 2량 4수를 거둔다. 나귀는 힘줄 3량과 뇌 1량 12수를 거둔다. 양은 힘줄과 뇌를 각각 1량 씩 거둔다. 3살 이하의 망아지와 송아지와 2살 이하의 새끼 양은 힘줄과 뇌를 각각 반으로 줄여서 거둔다.

유관당송문 관련 기록이 당송 시기 문헌에서는 확인되지 않는다.

▸ 복원 당령

『天聖令』 당령복원청본, 廐牧令, 51조, 520쪽

〈舊32〉 諸道須置驛者, 每三十里置一驛. 若地勢險阻及無水草處, 隨便安置. 其緣邊須依鎭(銷)[187]戍者, 不限里數.

무릇 길에 역을 설치해야 하는 경우 삼십 리마다 역 하나를 설치한다. 만약 지세가 험하거나 물과 풀이 없는 곳은 편리한 곳을 골라 설치한다. 변경 지역으로 진·수에 따라서 설치하는 경우는 삼십 리의 이수 제한을 두지 않는다.

유관당송문 1) 『唐六典』 : 凡三十里一驛, 天下凡一千六百三十有九所. 若地勢險阻及須依水草, 不必三十里.(권5, 尙書兵部, 163쪽 ; 『역주당육전』상, 535~538쪽)

2) 『通典』 : 三十里置一驛. 其非通途大路則曰館 驛各有將, 以州里富强之家主之, 以待行李. 自至德之後, 民貧不堪命, 遂以官司掌焉. 凡天下水陸驛一千五百八十七. (권33, 職官15, 924쪽.)

---

187) [교감주] 저본의 '銷'는 '鎭'의 誤記이다. 文意에 따라서 고친다.

▸ 복원 당령

『天聖令』 당령복원청본, 廐牧令, 31조, 518쪽

〈舊33〉 諸驛各置長一人, 並量閑要置馬. 其都亭驛置馬七十五匹, 自外弟一等(道)[188]馬六十匹, 弟二等(道)馬四十五匹, 弟三等(道)馬三十匹, 弟四等(道)馬十八匹, 弟五等(道)馬十二匹, 弟六等(道)馬八匹, 並官給. 使稀之處, 所司仍量置馬, 不必須足. 其(某)[189]乘具各准所置馬數備半. 定數下知.[190] 其有山坡峻險之處, 不堪乘大馬者, 聽兼置蜀馬. 其江東·江西并江南有暑(署)濕不宜大馬及嶺(領)[191]南無大馬處, 亦准此. 若有死闕, 當驛立替, 二季備訖. 丁[庸][192]及粟草, 依所司置大馬(馬大)[193]數常給. 其馬死闕, 限外不備者, 計死日以後, 除粟草及丁庸.

무릇 역은 각각 [역]장 1인을 두고 아울러 역의 한가하고 긴요함을 헤아려 말을 둔다. 도정역[194]에는 75필의 말을 두고, 그 외 제1등 역에는 60필, 제2등 역에는 45필, 제3등 역에는 30필, 제4등 역에는 18필, 제5등 역에는 12필, 제6등 역에는 8필을 두는데 [역마는] 모두 관에서 공급한다. 만일 사자가 드문 곳이라면 담당 관부에서는 [사정을] 헤아려 말을 배치하는데 반드시 규정되어 있는 필요량을 충족하지 않아도 된다. 그 승마 장비는

188) [교감주] 저본의 '道'는 '等'의 誤記이다. 이하의 '道'자는 모두 '等'자로 고친다. 『唐六典』 권5, 尙書兵部, 163쪽의 注文에 따라서 고친 것이다.

189) [교감주] 저본의 '某'는 '其'의 誤記이다. 文意에 따라서 고친다.

190) [교감주] 저본의 '定數下知' 네 글자를 교록본에서는 잘못 베껴 쓴 것으로 보았지만, 문맥 상 "수를 정하여 알린다"로 해석하였다.

191) [교감주] 저본의 '署'는 '暑'의 誤記이다. '領'은 '嶺'의 誤記이다. 『唐六典』 권5, 尙書兵部, 163쪽의 注文에 따라서 고친다.

192) [교감주] 저본의 '丁'자 아래에는 '庸'자가 빠져 있다. 〈舊33〉조의 마지막에 있는 '丁庸'에 근거해서 보완한다.

193) [교감주] 저본의 '馬大'는 '大馬'를 거꾸로 쓴 것이다. 〈舊33〉조에 나오는 '大馬'에 근거해서 고친다.

194) 都亭驛은 『唐六典』에는 都亭으로 나오는데 장안과 낙양에 두었다. 『兩京城坊考』 권5, 景行坊 都亭驛, 注에 "唐制, 駕在京有馬九十匹, 在都一百五匹"이라 하여 『唐六典』의 75필보다 많다.

각각 배치된 말의 수에 준하여 그 반을 갖추어 둔다. 수를 정하여 알린다. 산비탈길이나 험준한 곳으로 큰 말을 타기 어려운 경우는 촉마도 함께 배치해 두는 것을 들어준다. 강동·강서와 강남과 같이 덥고 습하여 큰 말의 사육에 적합하지 않거나 영남과 같이 큰 말이 없는 곳 또한 이에 준한다. 만약 말이 죽어 정해진 수가 비어서 해당 역에서 대체해야 하는 경우는 두 계절 내에 채워 놓아야 한다. 정용[195]과 말먹이용 곡물과 풀은 담당 관부에서 역에 배치한 큰 말의 수에 따라 일정하게 지급한다. 역의 말이 죽어 수가 비었는데 정수 외여서 채워 두지 않아도 되는 경우는 말이 죽은 다음날부터 계산하여 말먹이용 곡물과 풀 및 정용을 제한다.

유관당송문 1)『唐六典』: 每驛皆置驛長一人, 量驛之閑要以定其馬數 : 都亭七十五疋, 諸道之第一等減都亭之十五, 第二·第三皆以十五爲差 第四減十二, 第五減六, 第六減四, 其馬官給. 有山阪險峻之處及江南·嶺南暑濕不宜大馬處, 兼置蜀馬. … 凡驛皆給錢以資之, 什物竝皆爲市.(권5, 尙書兵部, 163쪽 ;『역주 당육전』상, 535~538쪽)

2)『通典』: 三十里置一驛. 其非通途大路則曰館 驛各有將, 以州里富强之家主之, 以待行李. 自至德之後, 民貧不堪命, 遂以官司掌焉. 凡天下水陸驛一千五百八十七.(권33, 職官15, 924쪽)

▸ 유관 고려령

『고려시대 율령의 복원과 정리』: 廐牧令[2], 站驛 [2-1]分各驛丁戶(高麗令 21, 668~669쪽) ; 廐牧令[2], 站驛 [2-5]諸驛長(高麗令 21, 670쪽)

▸ 유관 일본령

『令義解』: 凡驛各置長一人, 取驛戶內家口富幹事者爲之.(권8, 廐牧令, 274쪽)

---

195) 말의 종류에 따라 사육에 필요한 노동력도 달랐다. 말 3필에 驛丁 1인을 두었다면 둔한 말(駑馬)을 기준으로 한 것이다.『唐六典』권17, 太僕寺, 484쪽, "凡象一給二丁, 細馬一, 中馬二, 駑馬三, … 羊二十各給一丁, 乳駒·乳犢十給一丁" 참조. 驛丁은 飼養을 직책으로 하고 번상을 하는 色役의 일종이다. 이에 비해 驛子(馬子·馬夫)는 역마를 이용하는 使臣의 안내와 같은 雜用과 遞送을 주요 직책으로 하며 일정한 복무기한이 정해져 있지 않은 雜徭에 해당된다(『唐令拾遺』, 公式令, 579쪽, "(給驛馬)職事三品以上若王四疋, … 皆數外別給驛子. …").

『令義解』: 凡諸道置驛馬, 大路卄疋, 中路十疋, 使稀之處, 國司量置, 不必須足, 皆取筋骨强壯者, 充每馬各令中中戶養飼. 若馬有闕失者, 卽以驛稻市替. 其傳馬每郡各五, 皆用官馬若無者, 以當處官物市充, 通取家富兼丁者付之, 令養以供迎送.(권8, 廐牧令, 275쪽)

▸ 복원 당령

『唐令拾遺』廐牧令 11조, 706쪽 ; 廐牧令 13조, 707쪽

『天聖令』당령복원청본, 廐牧令, 32조, 518쪽

〈舊34〉 諸驛馬三疋·驢五頭, 各給丁一人. 若有餘賸, 不合得全丁者, 計日分數准折給. 馬·驢雖少, 每驛番別仍給一丁. 其丁, 仰管驛州每年七月三十日以前, 豫勘來年須丁數, 申駕部勘[同], 關(同)[196]度支, 量遠近支配. 仰出丁州, 丁別准式收資, 仍據外配庸調處, 依格收脚價納州庫, 令驛家自往請受. 若於當州便配丁者, 亦仰州司準丁一年所輸租調及配脚直, 收付驛家, 其丁課役並免. 驛家願役丁者, 卽於當州取. 如不足, 比州取配, 仍分爲四番上下. 下條准此. 其粟草, 准繫飼馬·驢給.

무릇 역마 3마리와 역려 5마리에 각각 정 1인을 배정한다. 만약 남는 수가 있는데 온전히 정 1인을 배정할 수 없는 경우 하루를 분수로 계산하여 환산 지급한다. 말과 나귀는 수가 비록 적더라도, 역의 번마다 정 1인씩 배정한다. 그 정은 역을 관할하는 주에서 매년 7월30일 이전에 다음 해의 필요한 정의 수를 미리 검토해서 가부에 보고하여 대조 확인하고[勘同], 탁지로 공문[關]을 보내어 알린 후 [역과의] 거리를 헤아려서 안배한다. 정을 내는 주에서는 정 별로 식에 따라 비용을 거두는데, 용·조를 외부로 운송하는 것[外配]에 근거하여 격에 따라서 운송비를 거두어 주의 창고에 들이고 역정의 집에서 직접 와서 청구해서 수령하게 한다. 만약 [역이 있는] 해당 주에서 바로 정을 배정하는 경우에도 주의 관서에서 정이 한 해에 내는 조(租)·조(調) 및 할당받은 운송비에 준하여 거두어 역정의

196) [교감주] 저본에서는 '勘' 다음의 '同'이 '關'자 뒤에 잘못 적혀 있다. 文意에 따라 고친다.

집에 주고 그 정의 과·역도 아울러 면제해 준다. 역정의 집에서 사역할 정을 원하는 경우 바로 해당 주에서 취한다. 만약 [해당 주에서 역정이] 부족한 경우는 이웃한 주에서 취하여 배정하는데 4번으로 편성하여 교대 근무하게 한다. 아래 조문은 이에 준한다. 그 곡물과 풀은 축사에서 기르는 말과 나귀에게 지급하는 것에 준한다.

유관당송문 관련 기록이 당송 시기 문헌에서는 확인되지 않는다.

▸ 복원 당령

『天聖令』 당령복원청본, 廐牧令, 33조, 518쪽

〈舊35〉 諸傳送馬, 諸州令·式外不得輒差. 若領蕃客(容)[197]及獻物入朝, 如客及物得給傳馬者, 所領送品官亦給傳馬. 諸州除年常支料外, 別勅令送入京及領送品官, 亦准此. 其從京出使應須給者, 皆尙書省量事差給, 其馬令主自飼. 若應替還[198]無馬, 騰過(遍)[199]百里以外者, 人糧·粟草官給. 其五品以上欲乘私[馬][200]者聽之, 並不得過合乘之數；粟草亦官給. 其桂·廣·交三府於管內應遣使推勘者, 亦給傳[馬].[201]

무릇 전송마는 각 주에서 영과 식에 규정된 이외로 함부로 차출할 수 없다. 만약 외국 사신 및 외국에서 헌상하는 물건을 호송하여 입조하는데 외국 사신과 [헌상하는] 물건에 전[송]마를 제공할 수 있는 경우는 호송해

197) [교감주] 저본의 '容'은 '客'의 誤記이다. 〈舊35〉조의 그 다음 부분 '客及物'에 따라서 고친다.

198) [교감주] 저본의 '替還'은 『令集解』 권38, 廐牧令, 931쪽에는 '替換'으로 되어 있다.

199) [교감주] 저본의 '遍'은 '過'의 誤記이다. 『令集解』 권38, 廐牧令, 931쪽에 따라서 고친다.

200) [교감주] 저본의 '私'자 아래에 '馬'자가 빠져있다. 『令集解』 권38, 廐牧令, 934쪽과 文意에 따라서 보완한다.

201) [교감주] 저본의 '傳'자 아래에 '馬'자가 빠져있다. 〈舊35〉조의 앞부분 '給傳馬'에 근거해서 보완한다.

오는 품관에게도 전[송]마를 지급한다. 각 주에서 한 해의 경상 지출비[年常支料]를 제외하고 별도의 칙으로 경사로 들여오게 할 때 이를 호송해 오는 품관도 이에 준한다. 경사에서 사자로 나가 전송마의 지급이 필요한 경우 모두 상서성에서 사안을 헤아려 차등 지급하는데 그 말은 [지급받은] 책임자가 직접 먹이도록 한다. 만약 바꾸어 교체할 말이 없는데 100리 밖을 가는 경우 사람의 양식과 말먹이 곡물과 풀은 관에서 지급한다. 5품 이상으로 개인 소유의 말을 타고자 한다면 들어주는데, 모두 [관품에 따라] 규정된 수를 초과할 수 없다. [이 경우에도] 관에서 말먹이 곡물과 풀을 지급한다. 계·광·교주 3부(府)의 관내로 사자를 보내 죄수를 심문하는 경우 또한 전송마를 지급한다.

유관당송문 1)『唐律疏議』: 議曰, 依公式令, '給驛職事三品以上若王, 四疋, 四品及國公以上, 三疋, 五品及爵三品以上, 二疋, 散官前官各遞減職事官一疋, 餘官爵及無品人, 各一疋. 皆數外別給驛子. 此外須將典吏者, 臨時量給.' 此是令文本數. 數外剩取, 是曰「增乘」, 一疋徒一年, 一疋加一等. '應乘驛驢而乘驛馬者', 又準駕部式, '六品以下前官散官衛官, 省司差使急速者, 給馬. 使廻及餘使, 並給驢.' 卽是應乘驢之人, 而乘馬, 各減增乘馬罪一等. 主司知情與同罪者, 謂驛馬主司知增乘驛馬, 及知應乘驢而乘馬等情者, 皆與乘者同罪. 不知情者, 勿論. 餘條驛司準此者, 謂'枉道及越過', '賫私物'之類.(권10, 職制律, 職制37의 소의 〈제127조〉, 210쪽 ; 『역주당률소의』, 2161~2162쪽)

▸ 복원 당령

『天聖令』 당령복원청본, 廐牧令, 34조, 518쪽

右令不行

위의 영들은 시행하지 않는다.

廐牧令卷第(弟)[202] 二十四

역주_ 김진우

202) [교감주] '弟'는 '第'의 誤記이다.

關市令[1)] 卷第二十五 捕亡令附

〈現1〉 諸欲度關者, 皆經當處官司請過(遍)所,[2)] 今日公憑. 下者准此. 具注姓名·年紀及馬牛騾驢牝·毛色·齒歲, 判給. 還者, 連來文申(下)[3)]牒勘給. 若於來文外更須附者, 驗實聽之. 日別總連爲案. 若已得(將)[4)]過所, 有故不去(者)[5)]者, 連舊過所申納. 若在路有故者, 經隨近官司申牒改給, 具狀牒關. 若船筏經關過(遍)[6)]者, 亦請過所.

무릇 관을 넘고자 하는 경우, 모두 해당 지역의 관사를 통해서 과소를

---

1) 『天聖令』의 關市令은 모두 27개 조문으로 이루어져 있고, 그 가운데 現令이 18개 조문, 舊令이 9개 조문이다. 당 이전의 關市令을 살펴보면, 晉令 40편 중 제12편이 관시령, 梁令 30편 중 제12편이 관시령, 隋 開皇令 30권 중 제26권이 관시령이고, 唐令의 경우 開元七年令 27편 중 제22편이 관시령, 開元二十五年令 28편 중 제21편이 관시령이다. 일본령의 경우 養老令 30편 중 제27편이 관시령이다. 또한 출토문서를 통해 일찍이 秦律과 漢律에도 關市 관련 율(령)이 있었음이 확인되는바, 睡虎地秦墓竹簡 秦律十八種의 金布律에 關市 항목이 보이고, 張家山漢簡 二年律令에 [關]市律과 津關令이 편재되어 있다. 『天聖令』의 관시령(현령)은 내용상 關에 관한 규정과 市에 관한 규정으로 나뉜다. 關에 관한 규정은 다시 過所의 신청(1조), 關의 통과(2~6조), 禁物의 반입과 반출(7~8조), 關門의 관리(9조)에 관한 규정으로, 市에 관한 규정은 市(10~12조)와 교역(13~18조)에 관한 규정으로 이루어져 있다. 『天聖令』의 關市令에는 捕亡令이 부기되어 있다.

2) [교감주] '遍'所는 '過'所의 오기이다. 『唐六典』 권6, 尙書刑部, 196쪽 및 『令義解』 권9, 關市令, 297쪽을 참조하여 바로잡는다.

3) [교감주] '下'牒은 '申'牒의 오기이다. 『令義解』 권9, 關市令, 297쪽을 참조하여 바로잡는다.

4) [교감주] '將'은 '得'의 오기이다. 『令義解』 권9, 關市令, 297쪽을 참조하여 바로잡는다. 『天聖令』 關市令에서 "將某物"의 '將'이 '휴대하다'의 의미로 쓰인 경우 그 뒤에는 모두 방위가 나와, 어떤 물건을 휴대하고 어느 곳으로 간다는 의미이다.

5) [교감주] '者'는 '去'의 오기이다. 『令義解』 권9, 關市令, 297쪽을 참조하여 바로잡는다.

6) [교감주] '遍'은 '過'의 오기이다. 『令義解』 권9, 關市令, 297쪽을 참조하여 바로잡는다.

[신]청하는데, 오늘날의 공빙이다. 아래[에서 언급하는 과소]는 [모두] 이에 준한다.[7]) [신청인의] 성명과 나이 및 [휴대하는] 말·소·노새·나귀의 암수, 털 색깔, 나이를 모두 기입하고,[8]) [사실 여부를] 판별하여 발급한다. 돌아갈 때[의 과소]는 올 때[의 과소]문[來文]에 이어서 첩으로 신청하면 대조한 후 발급한다.[9]) 만약 올 때[의 과소]문 이외에 다시 부기해야 할 [사항이

7) 過所는 관부에서 발급한 통행증명서이다. 이 할주에 의하면, 송대에는 '過所'보다 '公憑'이라는 명칭이 널리 사용되었던 것 같다. 당대에도 '과소'와 더불어 '공험'(公憑, 公據)이라고도 불렸는데, 공험은 관에서 발급한 증빙문서로 법적 효력을 갖는 공문서를 의미하였고, 과소는 그러한 공험 가운데 하나였다. 그러나 과소와 공험은 발급 관부나 문서 형식 등 구체적인 측면에서 차이가 있었다. 과소의 발급은 중앙에서는 刑部 司門司, 지방에서는 州에서 담당했는데, 신청과 심사 절차가 매우 엄격하고 복잡했으며, 공문의 양식도 정해져 있었다. 공험은 縣에서 발급했는데, 신청과 심사 절차가 과소처럼 번잡하지 않았고, 공문의 양식도 고정되어 있지 않고 비교적 다양했다. 과소에 관한 문서 행정이 신청자는 물론이고 관부의 입장에서도 지나치게 엄격하고 번잡했기 때문에 당 후기로 갈수록 과소보다는 공험이 점점 더 많이 사용되었다. '과소'와 '공험'의 병용은 오대의 후량과 후당까지 계속되다가 후한에 이르러 공험(公憑, 憑據, 引據)으로 대체되었고, 송대에 이르면 공험이 널리 사용되었다. 김택민, 「在唐新羅人의 활동과 過所·公驗－엔닌의 공험 취득 과정에서 張保皐·新羅人의 역할을 중심으로－」, 『대외문물 교류연구』, 서울 : (재)해상왕장보고기념사업회, 2002, 205~206쪽 ; 程喜霖, 『唐代過所研究』, 北京 : 中華書局, 2000, 134~140쪽 ; 孟彦弘, 「唐代"副過所"及過所的"副白"·"錄白案記"辨釋」, 黃正建 編, 『天聖令與唐宋制度研究』, 北京 : 中國社會科學出版社, 2011(『文史』 2008-4), 196~204쪽 참조.

8) 이는 과소에 기재해야 하는 사항인데, 당송 간에 상당한 변화가 있었던 것 같다. 일본 養老令의 公式令 過所式, 현존하는 당대의 과소 원본 및 과소 관련 출토문서에 의하면, 당대에는 과소에 ① 과소 신청인의 여행 목적, 목적지, 연도에 있는 관·진의 명칭과 수 ② 과소 신청인의 성명, 신분, 연령, 籍貫 ③ 수행인의 성명, 연령, 적관 ④ 노비의 이름과 나이 ⑤ 휴대하는 물품의 종류와 수량 ⑥ 휴대하는 축산의 종류, 마릿수, 털 색깔, 암수, 나이를 기재해야 했다(『令集解』 권33, 公式令 過所式, 842~845쪽 ; 池田溫, 『中國古代籍帳研究』, 東京 : 東京大學出版會, 1979, 363~366쪽 ; 『吐魯番出土文書』 第9冊, 北京 : 文物出版社, 1990, 40쪽 ; 礪波護, 「唐代の過所と公驗」, 『中國中世の文物』, 京都 : 京都大學人文科學研究所, 1993 ; 김택민, 「在唐新羅人의 활동과 過所·公驗－엔닌의 공험 취득 과정에서 張保皐·新羅人의 역할을 중심으로－」, 204쪽 ; 程喜霖, 『唐代過所研究』, 83~104쪽 등 참조). 그런데 송대에는 과소(공험)의 기재 사항이 매우 간소해졌다. 본 조문에 의하면 신청인의 성명과 나이 및 휴대하는 말·소·노새·나귀의 암수, 털 색깔, 나이를 기재하는 것으로 개정되었다. 이는 사람과 물자의 이동이 활발해지고, 그만큼 여행에 관한 규제가 완화되었음을 의미하는 것으로 이해된다. 또한 신청인의 신분 및 적관을 기재하지 않고 노비에 관한 언급도 없어졌는데, 아마도 당송 간의 신분제 변화가 반영된 것으로 보인다.

있는] 경우는 사실을 확인하여 [부기를] 허락한다. 날짜별로 모아 이어서 문서철을 만든다. 만약 이미 과소를 발급받았는데 사정이 생겨 떠나지 않은 경우는[10] 구(舊) 과소[문]에 이어서 [사유를 기재하고] 반납을 [첩으로] 신청한다.[11] 만약 도중에 사정이 생긴 경우에는 가까운 관사를 통해서 첩으로 신청하면 [가까운 관사에서] 고쳐서 발급하고 상황을 구체적으로 기술하여 관(關)에 첩으로 통보한다. 만약 배나 뗏목으로 관을 경유하여 지나는 경우에도[12] 과소를 청한다.[13]

---

9) 유관 일본령의 "連來文"의 注解("謂, 連來文者, 假有行人更欲還京國者, 皆將來時過所, 而請還時過所, 故云連來文也. 其依下文, 卽知未去之間, 過所仍得隨身.") 및 "雖非所部, 有來文者亦給"의 注解("謂, 假有行人取本部過所來, 更亦欲向他開國, 而經當所請過所者, 雖非所部, 錄其有來文, 亦判給之類也.")를 참조하면, 타지에서 들어온 행인이 소지한 (타지에서 발급한) 과소를 '來時過所', 그 행인이 돌아갈 때 당지에서 발급하는 과소를 '還時過所'라 하고, '還時過所'는 '來時過所'에 이어서 작성했던 것 같다.

10) "有故不去者"는 유관 일본령에 "有故卅日不去者"라 하여 기한을 30일로 한정하였고, 〈舊5〉조에도 "比縣隔關, 百姓欲往市易及樵采"의 경우 縣司에서 往還牒을 발급해주면서 기한을 30일로 규정하고 있어, 당대에 과소의 유효 기간은 30일이었던 것으로 이해된다. 과소를 발급받은 후 사정이 생겨 30일이 지나도록 출발하지 못하면 구과소를 반납하고 신과소를 발급받아야 출발할 수 있었다. 송대에도 과소의 유효 기간이 있었을 것으로 생각되는데, 본 조문에 기한이 명시되어 있지 않아 의문이다. 과소가 있어야만 여행이 가능했던 시대에 과소의 유효 기간이 없었다고 상정하기는 어려울 것 같다.

11) 과소 발급 후 사정이 생겨 떠나지 못한 경우의 과소 반납(회수)에 관한 규정인데 그 의미가 불분명하다. 본 조문에서는 "連舊過所申納"이라 하였고, 유관 일본령에서는 "將舊過所申牒改給"이라 하였는데, 본 조문의 의미는 사정이 생겨 떠나지 않은 경우 과소를 회수한다는 것이고, 일본령의 의미는 기한이 지나도록 떠나지 못했지만 여전히 출행하려 할 경우 구과소를 납부하고 신과소를 발급받는다는 것이다. 문맥에서 보건대 일본령의 규정은 당령의 규정일 가능성이 있으며, 본 조문은 당령을 개정한 것으로 보이는데 다만 개정하면서 주도면밀하지 못했던 것 같다. 즉 사정으로 인해 출발하지 못해 과소를 회수한다면 과소에 신구의 구별이 있을 리 없으니 '구과소'라고 칭해서는 안 되며, 또한 단지 과소를 회수할 뿐이라면 '連'자도 불필요하다. 요컨대 기한을 넘기면 구과소를 신과소로 바꾸어야 하지만, 처음 신청할 때처럼 복잡한 절차가 필요치 않고 관부에서 구과소의 내용을 검토한 후 신과소에 옮겨 적으면 되었다. 참고로 현존하는 당대의 과소 5건 중 3건은 재발급을 신청하여("請改給") 받은 과소이다(孟彦弘, 「唐關市令復原研究」, 『天一閣臧明鈔本天聖令校證(附唐令復原研究)』 下冊, 北京 : 中華書局, 2006, 527쪽 참조).

12) "배나 뗏목으로 관을 경유하여" 지나는 곳은 '津'일 것이다. 津에는 다리가 설치된

유관당송문 1)『唐六典』: 凡度關者, 先經本部本司請過所, 在京, 則省給之, 在外, 州給之. 雖非所部, 有來文者, 所在給之.(권6, 尙書刑部, 196쪽 ;『역주당육전』상, 630쪽)

2)『唐六典』: 戶曹·司戶參軍掌戶籍·計帳, 道路·逆旅, 田疇·六畜·過所·蠲符之事, 而剖斷人之訴競.(권30, 三府督護州縣官吏, 749쪽 ;『역주당육전』하, 446~447쪽)

▸ 유관 일본령

『令義解』: 凡欲度關者, 皆經本部本司請過所, 官司撿勘, 然後判給. 還者, 連來文申牒勘給. 若於來文外, 更須附者, 驗實聽之. 日別總連爲案. 若已得過所, 有故卅

곳과 설치되지 않은 곳이 있었다.『당육전』에 의하면, 黃河, 洛水, 灞河, 渭川에는 배 다리(造舟之梁), 돌기둥 다리(石柱之梁), 나무기둥 다리(木柱之梁) 등 巨梁 11개를 설치하였고, 다리가 없는 大津(大津無梁)에는 다리가 없는 만큼 船과 渡子를 공급하였는데(『唐六典』 권7, 尙書工部, 226~227쪽 ;『역주당육전』상, 688~691쪽), 본 조문의 "배나 뗏목으로 관을 경유하여 지나는 경우"란 이처럼 無梁의 大津이 있는 關을 경유하는 경우로 이해된다. 당대에 진은 행정체계상 관에 속해 있었다. 따라서 津吏의 정원 규정도 시기에 따라 다르기는 하지만 上關에 몇 명, 中關에 몇 명, 下關에 몇 명, 진이 없으면 두지 않는다고 하였다(『唐六典』 권30, 三府督護州縣官吏, 756~757쪽 ;『역주당육전』하, 484~488쪽 ;『新唐書』 권49하, 百官4하, 1321쪽 참조). 律에서도 관과 진을 분명히 구분하여, 관은 과소를 (검사하여) 판별하는 곳이고, 진은 다만 건너게 할 뿐 과소를 검사하지 않는다고 규정하였다(『唐律疏議』 권8, 衛禁27의 疏議 〈제84조〉, 175쪽 ;『역주당률소의』, 2082~2083쪽). 그런데 본 조문에서 "배나 뗏목으로 관을 경유하여 지나는" 경우에도 과소를 신청한다고 하고, 또한 〈現2〉조에서 "다리가 설치된 진[津梁]"의 경우 두 곳의 관사에서 과소를 검사한다고 규정하고 있어, 송대에는 진에서도 과소를 검사했음을 알 수 있다. 이는 당송간에 진의 지위와 역할에 변화가 있었음을 시사하는 것으로, 송대에는 당대에 비해 전반적으로 유통경제가 발전하면서 진을 통한 사람과 물자의 이동이 많아져 관 이외에 진에서도 과소 검사가 이루어지게 되었던 것으로 보인다.

13) 본 조문은 과소 신청에 관한 규정이다. 조문의 내용은 ① 度關하기 위한 과소의 신청, ② 과소에 기재해야 할 구체적 사항, ③ 통과하는 관에서의 과소 검사, ④ 과소를 발급받은 후 사정이 생겨 떠나지 못한 경우의 조치(과소의 반납) 및 도중에 사정이 생긴 경우에 대한 조치(과소의 재발급), ⑤ 배나 뗏목으로 관을 통과하는 경우의 과소 신청 등으로 이루어져 있다.『天聖令』에서 과소 신청 관련 조문은 〈現1〉조와 〈舊1〉조, 〈舊2〉조, 〈舊3〉조, 〈舊4〉조, 〈舊5〉조이다. 〈現1〉조는 과소 신청에 관한 일반 규정이고, 〈舊1〉조는 과소 신청에 수반되는 自錄副白 규정, 〈舊2〉조에서 〈舊5〉조까지는 丁匠, 互市, 隔關屬州縣, 關司家口 등 특수 상황에서의 과소 신청에 관한 규정이다. 과소 신청에 관한 일반 규정인 〈現1〉조는 기본적으로 당령을 계승하고 있는데, 송대에는 일반 규정인 〈現1〉조만 시행되고 나머지는 모두 폐지되었다.

日不去者, 將舊過所申牒改給. 若在路有故者, 申隨近國司, 具狀送關, 雖非所部, 有來文者亦給. 若船筏經關過者, 亦請過所.(권9, 關市令, 297쪽)

▸ 복원 당령

『唐令拾遺』 關市令, 1조, 713쪽 ; 『唐令拾遺補』 關市令, 1조, 792쪽
『天聖令』 당령복원청본, 關市令, 1조, 538쪽

〈現2〉 諸行人度關者, 關司一處勘過, 皆以人到爲先後, 不得停擁. 雖廢務日, 亦不在停限. 若津梁阻關須兩處勘度者, 兩處關(官)司[14]覆驗聽過. 其不依過所別向餘關者, 不得聽其出入.

무릇 행인이 관을 넘을 경우 관사 한 곳에서 [과소를] 검사하고 통과시키는데[15] 모두 행인의 도착 [순서]에 따라 선후를 정[해 넘게]하며, [과소 검사를] 정지하거나 지체해서는 안 된다. 비록 일을 하지 않는 날이라 하더라도 [관의 업무] 정지 범위에 두지 않는다. 만약 다리가 설치된 진이나 험준한 관으로 반드시 두 곳에서 [과소를] 검사하고 통과시켜야 하는 경우라면 두 곳의 관사에서 재차 확인하고 통과를 허용한다. 과소[에 기재된 바]에 따르지 않고 달리 다른 관으로 향하는 경우 나가고 들어오는 것[出入]을 허용해서는 안 된다.[16]

---

14) [교감주] '官'司는 '關'司의 오기이다. 『天聖令』 關市令에서 본 조문의 내용과 관련된 다른 조문에 모두 '關'司로 쓰였다.

15) 유관 일본령에 의하면, 過所에 기재된 關名에 의거하여 통과(허용 여부)를 검사한다고 하였다. 또한 「唐開元二十一年(733)唐益謙·薛光泚·康大之請過所案卷」에 의하면, 行客이 경유하는 道路와 關名 및 勘驗 사항들이 구체적으로 기재되어 있다(程喜霖, 『唐代過所研究』, 221~227쪽 ; 劉馨珺, 「評《天一閣藏明鈔本天聖令校證附唐令復原研究》五. 關市令」, 『唐研究』 14, 2008, 533~534쪽 참조).

16) 〈現2〉조부터 〈現6〉조까지는 度關에 관한 규정이다. 본 조문은 관의 통과에 관해 규정하고 있다. 당대나 송대 모두 관에서 행인의 과소를 조사하여 관의 출입을 엄격히 통제했지만, 關司가 행인의 통과 순서를 멋대로 바꾸거나 타당한 이유 없이 과소의 검사를 정지하거나 지체하지 못하게 했다. 송대에는 더 나아가 휴무일에도 과소 검사 업무는 지속하도록 규정하였다. 아울러 일반 관의 경우는 한 곳의 관사에서 과소를 검사하지만, 다리가 설치된 진(津梁)이나 험준한 관(阻關)에서는 두 곳의 관사에서 1차, 2차 검사를 했다.

유관당송문 1) 『宋刑統』 : 疏議曰, 關謂判過所之處, 津直度人, 不判過所者. 依令, 各依先後而度, 無故留難不度者, 一日主司笞四十.(권8, 衛禁律 越州縣鎭戍城及官府廨垣, 138쪽 ; 『唐律疏議』 권8, 衛禁27의 소의 〈제84조〉, 175쪽 ; 『역주당률소의』, 2082~2083쪽)

▸ 유관 일본령

『令義解』 : 凡行人出入關津者, 皆以人到爲先後, 不得停擁.(권9, 關市令, 297쪽)

『令義解』 : 凡行人度關者, 皆依過所載關名勘過. 若不依所詣, 別向餘關者, 關司不得隨便聽其入出.(권9, 關市令, 298쪽)

▸ 복원 당령

『唐令拾遺』 關市令, 2조, 714쪽

『天聖令』 당령복원청본, 關市令, 7조, 539쪽

〈現3〉 諸行人齎過所及乘遞馬出入關者, 關司勘過所, 案記. 其過所·驛券·遞牒並付行人自隨.

무릇 행인이 과소를 소지하거나 체마를 타고[17] 관을 나가고 들어오는

---

17) '遞馬'가 유관 일본령에는 '驛傳馬'로 되어 있다. '驛傳馬'는 驛馬와 傳馬를 가리키며, 당 전기에는 종종 '傳驛'으로 병칭되었다. 驛·傳은 출행하는 관원과 사절에게 숙식과 교통편 제공, 중앙과 지방의 공문서 전달, 화물 운수를 위해 설치되었다. 『天聖令』 廐牧令의 舊令에는 '驛馬(驛馬驢)'와 '傳馬(傳送馬驢)'로 나오며 각각 관련 규정이 있다(廐牧令 〈舊21〉, 〈舊26〉, 〈舊27〉, 〈舊32〉, 〈舊33〉조 등). 당대에는 수륙 교통의 요지에 대략 30리에 1역을 설치, 전국적으로 1,639개의 역이 설치되었는데, 그 중 260개는 水驛, 1,297개는 陸驛, 86개는 수륙 겸용이었다. 驛에는 驛馬를 배치했으며, 역의 등급 및 驛務의 다소에 따라 마릿수가 규정되었다(廐牧令 〈舊32〉, 〈舊33〉조 ; 『唐六典』 권5, 尙書兵部, 162~163쪽 ; 『역주당육전』 상, 535~537쪽 참조). 대체로 驛馬는 긴급 문서의 전달과 중요한 出使에 제공되었고, 傳馬는 긴급하지 않은 문서 및 장거리 전송 문서의 전달과 일반 出使에 제공되었다. 또한 驛과 傳을 이용하려면 각각 이용증이 있어야 했는데, 전자를 傳符(紙券), 후자를 遞牒이라고 했다. 당말과 오대를 거치면서 驛과 遞가 분리되기 시작하고 송대가 되면 확실히 분리되어 驛館은 단지 왕래하는 관원 및 사절의 접대만 담당하고 교통 간선로에 60리마다 1역을 설치하였다. 아울러 전국적으로 遞鋪가 설치되어 문서 전달과 화물 운송을 담당했는데, 대략 18~20리에 하나를 설치하고, 특수상황에서는 5~10리에 하나를 설치했다. 북송 시기 遞鋪의 총수는 5천 개, 남송 시기에는 3천 개 이상이었을 것으로 추정되고 있다. 趙家齊, 『宋代交通管理制度硏究』, 開封 : 河南大學出版社, 2002,

경우 관사는 과소를 검사하고 [검사 사실을] 기록한다.[18] 과소, 역권,[19] 체첩[20]은 모두 행인에게 주어 스스로 지니게 한다.

유관당송문 1)『宋刑統』: 議曰, 水陸等關, 兩處各有門禁, 行人來往皆有公文,

11~25쪽 ; 孟彦弘, 「唐代的驛·傳送與轉運」, 黃正建 編, 『天聖令與唐宋制度研究』, 北京 : 中國社會科學出版社, 2011 참조.

18) '案記'가 유관 일본령에는 '錄白案記'로 나오고, 그 注解에 "謂凡行人, 及乘驛傳度關司, 關司皆寫其過所. 若官府, 以立案記, 直於白紙錄之, 不點朱印, 故云錄白也."라고 하였다. '錄白案記'에 대해서는 李全德과 孟彦弘의 연구가 있는데 견해차를 보이고 있다. 李全德에 의하면 당대에는 행인이 關을 통과할 경우 關司가 과소를 검사하고 '錄白案記'했는데, '案記'란 관사의 검사기록이고, '錄白'이란 관사의 검사기록 부본이다. 행인이 여러 개의 關을 경유한다면 그때마다 과소 검사가 이루어지고 '錄白'이 작성되었다. 현존하는 당대의 과소에서 이를 확인할 수 있는데, 開元 20년(732)의 '石染典 過所(唐開元二十年瓜州都督府給西州百姓遊擊將軍石染典過所)'에서 4곳의 검사기록이 확인되고, 大中 9년(855)의 '圓珍 過所' 2건(唐大中九年十一月尙書省司門給日僧圓珍過所, 唐大中九年三月越州都督府給日僧圓珍過所)에서는 한 곳의 검사기록이 확인된다는 것이다(李全德, 「《天聖令》所見唐代過所的申請與勘驗—以"副白"與"錄白"爲中心」, 『唐研究』 14, 2008). 孟彦弘에 의하면, 關司가 행인의 過所를 검사하고 그 기재 사항이 사실에 부합하여 관을 통과시킬 경우 과소 뒷면(혹은 별지)의 공백에 "某日某處某人勘過"라고 쓰고 서명을 하는데 이것이 바로 '錄白案記'이며, '錄白'이란 過關 기록을 과소 뒷면의 空白에 기재하는 것을 의미하고, '案記'는 바로 하나하나의 기록을 가리키는바, 본 조문의 '案記'와 일본령의 '錄白案記'는 사실상 같다고 보았다(孟彦弘, 「唐代過所的"副白"·"錄白"及過所的"改請"」, 『慶祝寧可先生八十華誕論文集』, 北京 : 中國社會科學出版社, 2008 ; 孟彦弘, 「唐代"副過所"及過所的"副白"·"錄白案記"辨釋」, 2011 ; 孟彦弘, 「再談唐過所申請·勘驗過程中的"副白"與"錄白案記"－與李全德先生的商討」, 中國社會科學院歷史所隋唐宋遼金元研究室 編, 『隋唐宋遼金元史論叢』 1, 2011).

19) 당대에 '驛券'은 역마를 탈 수 있는 승마권으로 수도에서는 門下省에서 발급하고 외지에서는 留守 및 諸軍·諸州에서 발급하였다(『唐六典』 권5, 尙書兵部, 163쪽 ; 『역주 당육전』상, 535~538쪽 참조). 송대에는 역전제도의 변화로 인해 명칭은 당대와 같았으나 공무 여행자가 역에 들어가 숙식을 제공받고 보급품을 수령하는 증빙서로 변하였다(趙家齊, 『宋代交通管理制度研究』, 25~36쪽).

20) 遞牒은 傳送馬驢를 이용할 수 있는 증명서, 遞馬는 遞鋪에 제공되는 말이다. 송대에 遞鋪는 急脚遞, 馬遞, 步遞의 세 등급으로 구분해서 설치했는데, 이 중 가장 빠르고 중요한 역할을 한 것은 急脚遞로 하루에 400리를 갔다(『夢溪筆談』 권11, 官政1, 四庫全書本, "驛傳舊有三等, 曰步遞, 馬遞, 急脚遞, 急脚遞最遽, 日行四百里, 唯軍興則用之"). 黃正建, 「唐代的"傳"與"遞"」, 『中國史研究』 1994-4 ; 曹家齊, 「宋代急脚遞考」, 『中國史研究』 2001-1 참조.

謂驛使驗符券, 傳送據遞牒, 軍防丁夫有總曆, 自餘各請過所而度.(권8, 衛禁律 越州縣鎭戍城及官府廨垣, 136쪽 ; 『唐律疏議』 권8, 衛禁25의 소의 〈제82조〉, 172쪽 ; 『역주당률소의』, 2083~2084쪽)

▸ 유관 일본령

『令義解』 : 凡行人賫過所及乘驛傳馬出入關津者, 關司勘過, 錄白案記. 其正過所及驛鈴傳符並付行人之數. 仍驛鈴傳符, 年終錄目, 申太政官惣勘.(권9, 關市令, 298쪽)

▸ 복원 당령

『天聖令』 당령복원청본, 關市令, 8조, 539쪽

〈現4〉 諸乘遞馬度關者, 關司勘聽往還. 若送囚(因)[21] 度關者, 防援(援)[22] 人亦準此. **其囚(因)[23] 驗遞移聽過.**

무릇 체마를 타고 관을 넘을 경우 관사는 [체첩을] 검사하여 왕래를 허용한다. 만약 죄수를 호송하여 관을 넘을 경우라면 호위하는 사람[防援]도 이에 준한다. 그 죄수는 체송되는 문서를 확인하여 통과를 허용한다.[24]

유관당송문 관련 기록이 당송 시기 문헌에서는 확인되지 않는다.

〈現5〉 諸兵馬出關者, 但得本司連寫勅符, 即宜(宣)[25] 勘出. 其入關者, 據部領兵將文帳檢(撿)[26] 入. 若鎭戍烽有警急事須告前所者, 關司驗鎭戍烽(鋒)[27] 文牒,

21) [교감주] 送'因'은 送'囚'의 오기로 보인다. 獄官令, 〈現12〉조에 '遞送囚者'라고 하였다.
22) [교감주] '防援'은 '防援'이다. 獄官令, 〈現6〉조에 "量囚多少, 給人防援至刑所"라고 하였다.
23) [교감주] 其'因'은 其'囚'의 오기로 보인다. 獄官令, 〈現12〉조에 "遞送囚者"라고 하였다.
24) 체마를 타고 관을 넘을 경우에 대한 규정이 〈現3〉조에 보이므로, 본 조문은 죄수를 호송하여 관을 넘을 경우 호송자 및 죄수의 關 통과에 대한 규정으로 두었던 것으로 보인다.
25) [교감주] '宣'은 '宜'의 오기로 보인다. 두 글자의 형태가 유사하여 오기된 듯하다.
26) [교감주] '撿'入은 '檢'入의 오기이다. 『唐律疏議』 권8, 衛禁29의 소의 〈제86조〉, 176쪽을 참조하여 바로잡는다.

卽宜聽過.

무릇 군대가 관을 나갈 경우 단지 해당 관사[本司]의 연이어 베껴 쓴 칙부[28]를 가지고 있으면 곧바로 대조하여 내보내야 한다. 관으로 들어올 경우에는 그 지역을 통령하는 장수의 명부[文帳]에 의거해서 검사하여 들여보낸다. 만약 진·수·봉[후](烽候)에[29] 위급한 상황이[30] 발생하여 다음 진·수·봉[前所]에 반드시 알려야 할 경우에는[31] 관사(關司)가 진·수·봉의 문첩을 확인하여 바로 통과를 허용해야 한다.[32]

---

27) [교감주] '鋒'은 '烽'의 오기이다. 『唐律疏議』 권8, 衛禁33 〈제90조〉 179쪽에 의거하여 바로잡는다.

28) 당대의 경우 황제의 명령인 制書(詔書)나 勅書는 尙書省에서 符의 형식으로 하달되었다. 勅符란 勅을 符라는 공문 형식으로 만들어 하달한 것이라 생각된다. 병사의 동원에는 勅符와 銅魚符가 필요하였다(『唐律疏議』 권25, 詐僞3-1의 소의 〈제364조〉, 454쪽 ; 『역주당률소의』, 3154~3156쪽 참조).

29) 烽候란 변방에서 위급을 알리는 보고 체계로, 烽堠·烽堡·烽臺라고도 하였다. 당대에는 전국적으로 1,380여 곳의 烽候가 있었는데 대체로 변방에서 수도까지 30리 간격으로 하나씩 두었지만, 지형에 따라 융통성을 두었다. 불을 피워 보고하는 것을 烽이라고 하고, 연기를 올려 보고하는 것을 燧라고 하였는데, 밤에는 擧烽하였고 낮에는 燔燧하였다. 放烽할 때는 一炬, 二炬, 三炬, 四炬로 구분하였는데 적의 다소에 따라 차이를 두었다.

30) '警急'이란 『宋刑統』 권16, 擅興律 擅發兵, 251~252쪽(『唐律疏議』 권16, 擅興1-3의 소의 〈제224조〉, 299쪽 ; 『역주당률소의』, 2340쪽 및 『唐律疏議』 권16, 擅興2-2의 소의 〈제225조〉, 300쪽 ; 『역주당률소의』, 2342~2343쪽)에 의하면, "① 其寇賊卒來, 欲有攻襲, ② 卽城屯反叛, ③ 若賊有內應"의 경우이며, 疏議에서 각각 "① 其有寇賊卒來入境, 欲有攻擊掩襲, ② 及國內城鎭及屯聚兵馬之處, 或反叛, ③ 或外賊自相翻動, 內應國家"라고 설명했다. 이와 같이 위급한 사건이 발생하여 급히 병력이 필요하면 미리 상부에 보고하거나 상부의 지시를 기다리지 않고 편의에 따라 병사를 징발하는 것을 허용한다.

31) "다음 진·수·봉[前所]에 알려야 할 경우"란 『宋刑統』 및 『唐律疏議』의 烽候不警條가 참고가 되는데, 이에 따르면 "봉화 놓는 것을 마쳤는데 다음 봉화가 올라가지 않는 경우"에는 곧바로 연락병(脚力)을 보내 알려야 했다(『宋刑統』 권8, 衛禁律 外姦入內姦出, 142쪽 ; 『唐律疏議』 권8, 衛禁33-2 〈제90조〉, 烽候不警條, 179쪽 ; 『역주당률소의』, 2095~2096쪽 참조). 이에 대해 『武經總要』에는 "만약 낮에 구름이 끼고 안개가 일어 멀리서 연기가 보이지 않을 경우, 원래 연기를 피운 곳에서는 곧바로 脚力人을 보내 신속하게 앞의 봉후에 알린다."고 하여, 상황을 보다 구체적으로 설명하고 있다(『武經總要』 권5, 烽火, "凡白日放煙, 夜則放火 … 若晝日陰晦霧起, 望烟不見, 原放之所卽差脚力人速告前烽, 霧開之處依式放烟.").

유관당송문 1)『宋刑統』: 疏議曰, 准令, 兵馬出關者, 依本司連寫勅符勘度. 入關者, 據部領兵將文帳檢入.(권8, 衛禁律 越州縣鎭戍城及官府廨垣, 139쪽 ;『唐律疏議』권8, 衛禁29의 소의 〈제86조〉, 176쪽 ;『역주당률소의』, 2084~2086쪽)

▸ 복원 당령

『唐令拾遺』關市令, 3조, 714~715쪽

『天聖令』당령복원청본, 關市令, 9조, 539쪽

〈現6〉 諸蕃客初入京, 本發遣州給過所, 具姓名(名)[33]·年紀·顔狀, 牒所入關勘過所. 有一物以上, 關司共蕃客(容)[34]官人具錄申所司 ; 入一關以後, 更不須檢. 若無關處, 初經州鎭亦準此. 卽出關日, 客所得賜物及隨身衣物, 並申所屬官司出過所.

무릇 외국 사절[蕃客]이 처음 입경할 경우[35] 처음 출발하는 주에서 과소를 발급하고 성명, 나이, 얼굴 모습을 낱낱이 기록해서, 들어가게 될 관에 첩을 보내 과소를 검사[하게] 한다. 한 가지 물품이라도 소지하고 있으면 관사(關司)가 외국 사절의 관인과 함께 모두 기록하고 해당 관사(官司)에

---

32) 본 조문은 군대의 關 출입과 鎭·戍·烽에서 파견한 연락병(脚力)의 關 통과에 대한 규정이다. 군대의 관 출입에 관한 규정은 유관당송문『唐律疏議』에서 규정한 바와 대체로 일치하여 당령을 계승한 것으로 보인다. 진·수·봉에서 파견한 연락병의 관 통과에 관한 규정은『당률소의』에 언급되어 있지 않고 다른 사료에도 보이지 않는다. 다만 봉후에 관한 내용이『당률소의』에 있어(『唐律疏議』권8, 衛禁33 〈제90조〉, 179쪽 ;『역주당률소의』, 2094~2096쪽) 기본적으로 당제를 계승한 것으로 생각된다.

33) [교감주] '名名'의 '名'자 하나는 불필요하게 들어간 衍字이다.

34) [교감주] 蕃'容'은 蕃'客'의 오기이다. 본 조문의 첫 부분 및 〈現8〉조에 모두 '蕃客'으로 나온다.

35) '蕃客'이란 외국 사절을 가리키는데, 使者 한 사람만이 아니라 사절단 성원 전체를 통칭하기도 한다. 일반적으로 외국 사절은 '蕃使' 혹은 '蕃國使'라고 칭했는데, '蕃客'이라고도 한 것은 그들을 賓客으로 보고 '賓禮'로 접대했기 때문이다. 다만 '蕃使'라고 할 경우는 使者라는 의미를 더욱 분명히 가졌다(林麟瑄, 「唐代蕃客的法律規範」, 『新史料·新觀點·新視覺《天聖令論集》』(下), 臺北 : 元照出版有限公司, 2011, 388~394쪽 참조).

보고한다. 하나의 관에 들어간 이후에는 [나머지 관에서] 다시 [물품을] 검사해서는 안 된다. 만약 관이 없는 곳이라면, 처음 주·진을 지날 때 역시 이에 준[하여 검사]한다. 만약 관을 나가는 날이 되어 외국인이 받은 하사 물품 및 몸에 걸치는 의류를[36] 다 소속 관사에 보고하면[37] 과소를 내준다.[38]

유관당송문 1)『唐六典』: 典客令掌 … 丞爲之貳. 凡酋渠首領朝見者, 則館而以禮供之. … 若諸蕃獻藥物滋味之屬, 入境州縣與蕃使苞匭封印, 付客及使, 具其名數牒寺. (권18, 鴻臚寺, 506쪽 ;『역주당육전』중, 577~579쪽)

2)『新唐書』: 蕃客往來, 閱其裝重, 入一關者, 餘關不譏.(권46, 百官1 刑部 司門郎中, 1201쪽)

3)『新唐書』: 凡客還, 鴻臚籍衣賫賜物多少以報主客, 給過所.(권48, 百官3 鴻臚寺, 1257~1258쪽)

▸ 유관 일본령

『令義解』: 凡蕃客初入關日, 所有一物以上, 關司共當客官人具錄申所司. 入一關以後, 更不須檢. 若無關處, 初經國司亦準此.(권9, 關市令, 298쪽)

▸ 복원 당령

『唐令拾遺補』 關市令, 보2조, 797쪽

『天聖令』 당령복원청본, 關市令, 10조, 539쪽

---

36) 본 조문의 '隨身衣物'은 〈舊6〉, 〈舊7〉조에 나오는 '緣身衣服'과 같은 의미일 것으로 생각되는바, 모두 "몸에 걸치는 의류(의복)"로 번역하였다. 天聖令 影印本에서 본 조문의 '隨'자와 〈舊6〉, 〈舊7〉조의 '緣'자가 뚜렷하게 다를 뿐 아니라 '隨身'과 '緣身'을 다같이 "몸에 걸치다"는 의미로 이해해도 무방할 듯하여, '隨'를 '緣'으로 혹은 '緣'을 '隨'로 교감하지 않는다.

37) 유관당송문 3)에 의하면 '所屬官司'는 主客署 즉 典客署를 가리킨다.

38) 본 조문은 외국인이 입경할 경우의 과소 발급과 과소 기재 사항, 통과하는 관이나 주·진에서의 과소 검사 및 소지 물품에 대한 검사와 보고, 출관시의 절차 및 과소 발급 등을 규정하고 있다. 외국인이 입경할 경우의 과소 발급 및 과소 기재 사항은 기본적으로 〈現1〉조에서 규정한 일반 원칙과 다를 바 없다. 유관당송문의 내용으로 보아 당령에도 본 조문과 유사한 규정이 있었을 것으로 추정되지만, 송대에 이르러 외국인의 입경 및 출경의 절차와 과소 발급 등에 관한 규정이 보다 정비되고 구체화되었던 것으로 보인다.

〈現7〉 諸有私將禁物至關, 已下過所, 關司捉獲者, 其物沒官. 已度關及越度爲人糾獲者, 三分其物, 二分賞捉人, 一分入(人)[39]官. 若私共化外人交易, 爲人糾獲, 其物悉賞糾人. 如不合將至應禁之地, 爲人糾獲者, 皆二分其物, 一分賞糾人, 一分入官. 若官司於其所部捉獲者, 不在賞限, 其物沒官. 如糾人在禁物鄉應得賞者, 其違禁物準直官酬. 其所獲物應入官者, 年終申所司. 其獲物給賞分數, 自有別勅者, 不拘此限.

무릇 몰래 [사유나 교역이] 금지된 물품[禁物][40]을 가지고 관에 이르면 이미 과소를 발급해 주었더라도 관사가 포착해 압수한 경우, 그 물품은 관에 몰수한다. 이미 관을 넘었거나 관문을 통하지 않고 넘었다가[越度][41] 다른 사람에게 적발되어 압수된 경우, 그 물품은 삼등분하여 삼분의 이는

39) [교감주] '人'官은 '入'官의 오기이다. 『唐律疏議』 권8, 衛禁30-2의 소의 〈제87조〉, 177쪽을 참조하여 바로잡는다.

40) 당대에 '禁物'로는 두 가지 범주가 있었다. 하나는 소유 자체를 금지하는 '私家不應有'이고, 다른 하나는 기본적으로 소유는 허용하되 應禁之地에서 諸蕃과 교역하거나 소지하고서 入蕃하는 것을 금지하는 '私家應有'이다. '私家不應有'로는 '禁兵器'와 '諸禁物'이 있었다(『唐律疏議』 권8, 衛禁30-1의 소의〈제87조〉, 176쪽 ; 『역주당률소의』, 2086~2087쪽 및 『唐律疏議』 권4, 名例32-2의 소의〈제32조〉, 86쪽 ; 『역주당률소의』, 245쪽). '禁兵器'란 甲·弩·矛·矟·具裝 및 旌旗·幡幟 등이고(『唐律疏議』 권16, 擅興20-1의 소의〈제243조〉, 314~316쪽 ; 『역주당률소의』, 2371쪽), '諸禁物'이란 禁書·寶印 등이다(『唐律疏議』 권9, 職制20〈제110조〉, 196쪽 ; 『역주당률소의』, 2129~2131쪽). '應禁之地'에서의 '私家應有'로는 〈舊6〉조에 열거된 물품들이 있었고, 諸蕃과 교역하거나 소지하고서 入蕃하는 것이 금지된 '應禁之地'로는 西邊·北邊의 諸關, 緣邊의 諸州, 嶺外, 越嶲道가 있었다. 송대에는 종래의 禁物 이외에 鹽·礬·茶·乳香·酒麴·銅·鉛·錫·銅礦·鍮石 등의 '榷貨'가 禁物의 대상에 포함되었고(『慶元條法事類』 권28, 榷禁門1, 榷貨總法 勅 名例勅, 380쪽), 서하, 요, 금과의 榷場(互市) 무역이 활발해짐에 따라 '禁物'이나 '應禁之地'가 다수 설정되어 '禁物'과 '應禁之地'가 당대에 비해 크게 늘어났다(劉馨珺, 「唐宋的關界 : 從《天聖·關市令》「應禁之地」談起」, 『新史料·新觀點·新視覺《天聖令論集》』(上), 臺北 : 元照出版有限公司, 2011, 232~236쪽 참조). 한편 孟彦弘은 '應禁之地'란 송대의 용어로 당대에는 이러한 지역을 구체적으로 "西邊·北邊諸關", "嶺外·越雋·(嶲)緣邊諸州"로 열거했다고 이해했고(「唐捕亡令復原硏究」, 533쪽), 劉馨珺은 '應禁之地'란 당률에서 말하는 '關津應禁之處'로 북송인이 첨가한 용어가 아니라고 하였다.

41) '越度'란 關에서 관문을 통하지 않고 넘거나 津에서 나루터를 통하지 않고 건너는 것을 가리킨다(『唐律疏議』 권8, 衛禁25-1의 소의 〈제82조〉, 172쪽 ; 『역주당률소의』, 2075~2076쪽).

붙잡은 사람에게 상으로 주고 삼분의 일은 관에 몰수한다. 만약 몰래 외국인[化外人][42]과 교역을 하다 다른 사람에게 적발되어 압수된 경우, 그 물품은 모두 적발한 사람에게 상으로 준다. 만약 [어떤] 물품을 가지고 [그것의 교역이] 금지된 지역[應禁之地]에 가서는 안 되는데 [갔다가] 다른 사람에게 적발되어 압수한 경우, 모두 그 물품을 이등분하여 이분의 일은 적발한 사람에게 상으로 주고 이분의 일은 관에 몰수한다. 만약 관사가 그 관할 구역에서 포착해 압수한 경우에는 포상의 범위에 두지 않고 그 물품은 관에 몰수한다. 만약 적발한 사람이 금물의 지역[禁物鄕]에서[43] 상을 받아야 할 경우, 그 위금의 물품[違禁物]은 [그것의] 가치에 준하여 관에서 보상한다.[44] 압수한 물품으로 관에 들여야 할 것은 연말에

---

42) '化外人'에 대해 『宋刑統』 및 『唐律疏議』의 소의에서 "化外人이란 蕃夷의 나라로서 따로 君長을 세운 자를 말한다."고 하였고(『宋刑統』 권6, 名例律 化外人相犯, 97쪽 ; 『唐律疏議』 권6, 名例48의 소의 〈제48조〉, 133쪽 ; 『역주당률소의』, 342쪽), 유관당송문 2)의 소의에서는 '化外蕃人'이라고 하였다. 따라서 이 조문에서 '化外人'은 '외국인'으로 보아 무리가 없을 것이다. 그런데 당대의 '化外人'에는 '外蕃投化'한 化外人도 있었고, 특히 송대에는 化外蕃官, 化外刺史, 化外幕職州縣官, 化外主簿, 化外庭州團練使 등 職官名을 가진 化外人을 비롯하여 化外蠻, 化外蕃, 化外溪洞, 化外諸國, 沿邊化外歸明僚人, 化外羈縻州軍 등 '化外○○'의 호칭을 가진 '化外人'이 매우 많았다고 하므로(劉馨珺, 「唐宋的關界 : 從《天聖·關市令》「應禁之地」談起」, 243~248 참조) 주의가 필요하다.

43) 禁物鄕의 일례로 〈舊7〉조의 '禁鐵之鄕'을 들 수 있을 것이다. '禁鐵之鄕'이란 冶의 설치 및 채광이 금지된 지역을 가리키는 듯하다. 당대에는 銀·銅·鐵·錫 등의 산지에 冶를 설치하고 채광과 야금을 하였지만, 개인에게도 채광을 허용하고 收稅하거나 매입하였다(劉馨珺, 「唐宋的關界 : 從〈天聖·關市令〉「應禁之地」談起」, 236~237쪽). 그러나 四邊(혹은 西邊·北邊의 諸州)에서는 官私를 불문하고 鐵冶의 설치나 採銅을 금지하였는데(『唐六典』 권30, 三府督護州縣官吏, 749쪽 ; 『역주당육전』하, 451~453쪽 및 『唐六典』 권22, 小府監 掌冶署, 577쪽 ; 『역주당육전』하, 101~102쪽), 병기와 같은 금물의 원료가 蕃地로 유출되는 것을 막기 위해서였을 것이다. 송대의 禁物鄕으로는 '禁銅錢' 관련 법령에서 동전의 유출을 금하고 있는 化外, 四川(界), 蕃界, 沿邊諸郡, 國界, 廣南國界, 北界, 西邊蕃地, 海界, 沿海緣邊縣界 등의 '應禁之地'를 들 수 있을 것이다(劉馨珺, 「唐宋的關界 : 從〈天聖·關市令〉「應禁之地」談起」, 237~241쪽 참조).

44) 위금물의 가치 평가는 장물의 평가방법을 적용했을 것이다. 장물의 평가에 대해서는 『唐律疏議』 권4, 名例34 〈제34조〉, 91쪽 ; 『역주당률소의』, 256~257쪽, "諸平贓者, 皆據犯處當時物價及上絹估. 議曰, 贓謂罪人所取之贓, 皆平其價直, 準犯處當時上絹之價." 참조.

해당 관사에 보고한다. 압수한 물품을 상으로 주는 비율은 별도의 칙[別勅]이 있는 경우 이 [규정의] 범위에 구애받지 않는다.[45)]

유관당송문 1)『宋刑統』: 議曰, 依關市令 … 私家應有之物, 禁約不合度關, 已下過所, 關司捉獲者, 其物沒官, 若已度關及越度被人糾獲, 三分其物, 二分賞捉人, 一分入官.(권8, 衛禁律 越州縣鎭戍城及官府廨垣, 139~140쪽 ;『唐律疏議』 권8, 衛禁30-2의 소의 〈제87조〉, 177쪽 ;『역주당률소의』, 2087~2088쪽)

2)『宋刑統』: 諸越度邊緣關塞者, 徒二年. 共化外人私相交易, 若取與者, 一尺徒二年半, 三疋加一等, 十五疋加役流. 議曰, … 若共化外蕃人私相交易, 謂市買博易, 或取蕃人之物, 及將物與蕃人, 計贓一尺, 徒二年半, 三疋加一等, 十五疋加役流.(권8, 衛禁律 越州縣鎭戍城及官府廨垣, 140쪽 ;『唐律疏議』 권8, 衛禁31-1의 소의 〈제88조〉, 177쪽 ;『역주당률소의』, 2089~2090쪽)

▸ 유관 일본령

『令義解』: 凡官司未交易之前, 不得私共諸蕃交易. 爲人糾獲者, 二分其物, 一分賞糾人, 一分沒官. 若官司於其所部捉獲者, 皆沒官.(권9, 關市令, 299쪽)

▸ 복원 당령

『天聖令』 당령복원청본, 關市令, 11조, 539쪽

---

45) 〈現7〉조와 〈現8〉조는 禁物의 관 출입에 관한 규정이다.『天聖令』에서 禁物의 관 출입에 관한 조문으로는 〈現7〉조, 〈現8〉조와 〈舊6〉조, 〈舊7〉조가 있다. 본 조문은 금물을 가지고 관을 나갈 수 없다는 규정(〈現8〉조 참조)을 전제로 하여, 금물의 소지자를 적발하여 붙잡은 자에 대한 포상을 규정하고 있다. 구체적으로 ① 몰래 금물을 가지고 관을 넘은 자, ② 몰래 외국인과 (금물을) 교역한 자, ③ 물품을 가지고 應禁之地에 간 자를 민간인이 적발하여 붙잡은 경우, 그에 대한 포상은 몰수 물품으로 하되, 각각의 경우의 몰수 물품에 대한 포상 비율과 몰관 비율을 규정하고 있다. 이와 더불어 禁物鄕에서 포상할 경우의 처리 방법에 대해 규정하고 있다. 본 조문에서 규정한 내용을 통해 당송 간의 변화나 차이를 살펴보면, 우선 ①과 관련하여 당대에는 금물을 가지고 몰래 관을 넘을 수 없다는 규정이 두 가지 경우, 즉 '私家不應有'의 금물인 경우와 '私家應有'의 금물인 경우로 나누어 규정하고 있는데, 송대에는 양자의 구분이 없이 단지 "私將禁物至關"이라고 하였다. 다음으로 송대에는 당대와 달리 ②와 ③의 경우에 대한 포상을 명확히 규정하고, 아울러 '禁物鄕'에서의 포상 방법까지 규정하고 있어, '應禁之地'이나 '禁物鄕'에서의 통제를 더욱 강화했던 것으로 보인다.

〈現8〉 諸禁物不得出關者, 若住在關外因事入關及蕃客入朝別勅賜者, 連寫正勅, 牒關聽出. 卽蕃客在內賜物, 無勅施行者, 所司勘當知實, 亦給牒聽出.

무릇 [사유나 교역이] 금지된 물품은 [가지고] 관을 나갈 수 없지만, 만약 관 밖에 거주하고 있다가 [합당한] 일로 인해 관에 들어오거나 외국 사절[蕃客]이 입조하여 별칙에 의해 하사받은 경우, [별칙으로 받은 물품 목록을] 정칙[으로 받은 물품 목록]에 연이어 베껴 쓰고 관에 첩을 보내 나가는 것을 허용한다. 만약 외국 사절이 궁정에서 물품을 받았는데 [물품 하사의] 시행칙이 없을 경우, 담당 관사가 대조하여 사실임을 확인하면 또한 첩을 발급해주어 [관을] 나가는 것을 허용한다.[46]

유관당송문 관련 기록이 당송 시기 문헌에서는 확인되지 않는다.

▸ 유관 일본령

『令義解』: 凡禁物不得將出境, 若蕃客入朝別勅賜者, 聽將出境.(권9, 關市令, 299쪽)

▸ 복원 당령

『天聖令』 당령복원청본, 關市令, 12조, 539쪽

〈現9〉 諸關門竝日出開·日入閉. 管鑰, 關司官長者執之.

무릇 관문은 모두 해가 뜨면 열고 해가 지면 닫는다. 자물쇠와 열쇠는 관사(關司)의 장관이 관장한다.[47]

---

46) 본 조문은 금물을 가지고 관을 나갈 수 없지만 예외적으로 이를 허용하는 경우에 대한 규정이다. 두 가지 경우 허용되는데, 하나는 關外에 거주하다 일 때문에 입관하여 別勅에 의해 하사받은 경우이고, 다른 하나는 외국인이 입조했다가 別勅에 의해 하사받은 경우이다. 유관 일본령을 통해 당대에도 유사한 규정이 있었을 것으로 짐작되지만, 후자의 경우만 언급하고 있어 전자의 경우는 송대에 새로 추가되었던 것 같다.

47) 본 조문은 관문의 개폐 시간 및 자물쇠와 열쇠의 관리에 대한 규정이다. 유관 일본령에는 전자에 대한 규정만 있고, 후자에 대해서는 언급하지 않았다. 그렇지만 당대에 州·縣·鎭·戍의 장관이 성문의 열쇠를 관장하였고(『唐律疏議』 권8, 衛禁24-5

유관당송문 관련 기록이 당송 시기 문헌에서는 확인되지 않는다.

▸ 유관 일본령

『令義解』: 凡關門, 並日出開, 日入閉.(권9, 關市令, 299쪽)

▸ 복원 당령

『天聖令』 당령복원청본, 關市令, 15조, 539쪽

〈現10〉 諸市四面不得侵占官道以爲賈舍, 每肆各標(摽)[48]行名, 市司每行準平貨物時價爲三等, 旬別一申本司.

무릇 시의 사면에서 공공 도로[官道]를 불법으로 점거하여 가게(賈舍)를 설치해서는 안 된다. 점포[肆]마다 각각 항명(行名)을 쓴 표지를 세운다. 시사(市司)는 항마다 상품[貨物]의 시가(時價)에 준하여 평가해서 [상고·중고·하고의] 삼등[의 가격]을 정하고 열흘에 한 번씩 해당 관사에 보고한다.[49]

의 소의 〈제81조〉, 172쪽 ; 『역주당률소의』, 2072~2073쪽), 都督·刺史·折衝·果毅·鎭長·縣令關監 등의 재외 장관이 죄를 범하여 구류[留身]된 경우 官印과 管鑰을 차관에게 넘겨주어야 하며(『唐律疏議』 권10, 職制40의 소의 〈제130조〉, 212쪽 ; 『역주당률소의』, 2164~2165쪽), 또한 州鎭·倉廚·廐庫·關門 등의 열쇠를 훔친 자에 대한 처벌 규정이 있었던 것으로 보아(『唐律疏議』 권19, 賊盜27 〈제274쪽〉, 351쪽 ; 『역주당률소의』, 2442~2445쪽), 관문의 관약은 관사의 장관이 관장하였을 것이다. 그렇다면 본 조문은 기본적으로 당령 혹은 당대의 관련 규정을 계승한 것으로 보아 무리가 없을 것이다.

48) [교감주] '摽'는 '標'의 오기이다. 『唐六典』 권20, 太府寺, 543쪽 및 『令義解』 권9, 關市令, 299쪽을 참조하여 바로잡는다.

49) 관시령은 크게 關과 市에 대한 규정으로 구성되어 있는데, 〈現10〉조부터 市에 대한 규정이다. 市에 대한 규정은 다시 市의 설치(〈現10〉~〈現12〉조)와 교역(〈現13〉~〈現18〉조)에 대한 규정으로 되어 있다. 본 조문은 도로의 점거를 통한 불법적인 賈舍의 설치, 市司의 行名 표지, 上·中·下估의 삼등 가격의 평가 및 그 보고에 대한 규정이다. 市司의 行名 표지와 상·중·하고의 삼등 가격에 대한 규정은 당령을 거의 그대로 이어받은 것으로 보인다. 시에는 市邸·市店이라고 불리는 邸店과 市肆라고 불리는 肆鋪가 있었다. 邸店은 숙박·음식·창고업을 경영하는 영업체이고, 肆鋪는 고객을 상대로 상품을 판매하는 상점이다(『宋刑統』 권4, 名例律 贓物沒官及徵還官主竝勿徵, 65쪽 ; 『唐律疏議』 권4, 名例34-3의 소의 〈제34조〉, 92쪽 ; 『역주당률소의』, 259쪽). 시내의 사포는 동일업종끼리 모여 동업조합 行을 형성하였고, 市署는 行을

유관당송문 1)『宋刑統』: 諸平贓者, 皆據犯處當時物價及上絹估. … 議曰, 贓謂罪人所取之贓, 皆平其價直, 準犯處當時上絹之價. 依令, 每月旬別三等估. 其贓平所犯旬估, 定罪取所犯旬上絹之價.(권4, 名例律 贓物沒官及徵還官主竝勿徵, 64~65쪽;『唐律疏議』 권4, 名例34 〈제34조〉, 91쪽;『역주당률소의』, 256~257쪽)

2)『宋刑統』: 諸市司評物價不平者, 計所貴賤, 坐贓論, 入己者以盜論.(권26, 雜律 校斗秤不平, 426쪽;『唐律疏議』 권26, 雜律31 〈제419조〉, 498쪽;『역주당률소의』, 3237~3238쪽)

3)『唐六典』: 凡建標立候, 陳肆辨物, 以二物平市, 以三賈均市.(권20, 太府寺, 543쪽;『역주당육전』중, 650~652쪽)

4)『舊唐書』: 凡建標入候, 陳肆辨物, 以二物平市, 謂秤以格, 斗以槩. 以三賈均市. 賈有上·中·下之差.(권44, 職官3, 太府寺 兩京都市署, 1889쪽)

5)『新唐書』: 市肆皆建標築土爲候, 禁榷固及參市自殖者. … 平貨物爲三等之直, 十日爲簿.(권48, 百官3 太府寺 兩京諸市署, 1264쪽)

6)『冊府元龜』: 李明爲刑部員外郎, 宣宗大中六年閏七月奉勅, … 准名例律, 諸平贓者, 皆據犯處當時物價物上絹估. 律疏議云, 贓謂罪人所取之贓, 皆平其價直, 准犯處當時上絹之價, 依令, 每月旬別三等估. 其贓平所犯旬估定罪.(권616, 刑法部 議讞, 1938쪽)

7)『慶元條法事類』: 關市令, 諸物價每月一估, 每物具上中下等, 寔値時估, 結罪申價, 有增減者, 旬具剌狀外, 縣鎭寨實直, 仍申本州審察.(권7, 職制門 監司巡歷, 122쪽)

통해 肆를 관리하는 방식을 취하였다. 이것이 바로 肆마다 行名을 쓴 표지를 세워 소속 行을 명시하도록 한 것이다. 도로 점거를 통한 불법적인 賈舍 설치에 관해서는 송대에 신설된 규정인 듯한데, 여기에는 당송 간의 변화가 반영되어 있는 것으로 이해된다. 상업활동을 공간·시간적으로 통제하던 市制가 당 중기부터 이완되면서 시내의 점포 앞 도로 쪽으로 偏鋪를 가설한다거나 도로의 일부를 불법으로 점유하여 건물을 세우는 일이 발생하였다. 이를 엄금하는 금령을 내리고 철거를 명하기도 했지만, 비슷한 금령이 되풀이되는 것으로 보아 별다른 효력을 발휘하지 못한 것으로 보인다(『唐會要』 권86, 市, 景龍 원년 11월, 1874쪽;『冊府元龜』 권14, 帝王部 都邑2 永泰 2년, 159쪽;『唐會要』 권86, 街巷 大曆 2년 5월 勅, 1867쪽). 9세기가 되면 거의 아무런 구속이나 제한 없이 大街를 향해 문을 내고, 아침이면 開門의 북이 울리기도 전에 문을 열고 저녁에는 밤이 깊어도 문을 닫지 않는 실정이었다(『唐會要』 권86, 街巷 太和 5년 7월, 1867쪽). 당 후기가 되면서 市制는 무너졌지만, 송대에 들어와 공공도로를 불법으로 점유하고 賈舍를 설치하는 현상을 그대로 방치할 수 없어 이를 금하는 규정을 신설했던 것으로 이해된다.

▸ 유관 일본령

『令義解』: 凡市每肆立標, 題行名, 市司准貨物時價爲三等, 十日爲一薄, 在市案記, 季別各申本司.(권9, 關市令, 299쪽)

▸ 복원 당령

『唐令拾遺』 關市令, 7조, 716~718쪽 ; 『唐令拾遺補』 關市令, 7조, 794쪽

『天聖令』 당령복원청본, 關市令, 17조, 540쪽

〈現11〉 諸官與私交關, 以物爲價者, 準中(申)[50]估價. 卽約評[51]贓物者亦如之.

무릇 관부가 민간인과 교역할 때 물품으로 가격을 매기는 경우, 중고(中估)에 준하여 가격을 매긴다. 장물[의 가치]를 평가할 경우에도 이와 같이 한다.[52]

유관당송문 1) 『宋刑統』: 諸平贓者, 皆據犯處當時物價及上絹估. … 議曰贓謂罪人所取之贓, 皆平其價直, 準犯處當時上絹之價. 依令, 每月旬別三等估. 其贓平所犯旬估, 定罪取所犯旬上絹之價. 假有人蒲州盜鹽, 巂州事發, 鹽已費用, 依令懸平, 卽取蒲州中估之鹽, 準蒲州上絹之價, 於巂州斷決之類. 縱有賣買貴賤, 與估不同, 亦依估價爲定.(권4, 名例律 贓物沒官及徵還官主竝勿徵, 65쪽 ; 『唐律疏議』 권4, 名例34 〈제34조〉, 91쪽 ; 『역주당률소의』, 256~257쪽)

2) 『唐六典』: 凡與官交易及懸平贓物, 並用中估.(권20, 太府寺, 543쪽 ; 『역주당육전』중, 650~652쪽)

3) 『唐會要』: 大中六年閏七月勅, 應犯贓人, 其平贓定估等, … 依令懸平, 卽蒲州中估之價, … 其年十月, 中書門下奏, … 卽請取犯處市肆見貨當處中估絹價平之, 如不出絹處, 亦請以當處見貨雜州中估絹價平之, 庶推劾有准, 斷覆無疑. 從之.(권40, 定贓估, 852쪽)

---

50) [교감주] '申'估는 '中'估의 오기이다. 유관당송문의 『宋刑統』(『唐律疏議』), 『唐六典』, 『令義解』 등을 참조하여 바로잡는다.

51) [교감주] '約評'의 '約'이 『令義解』 권9, 關市令, 300쪽에는 '懸'으로 되어 있다. '懸'을 '約'으로 쓴 것은 聖祖 趙玄朗의 '玄'자를 피휘한 것이다.

52) 본 조문은 관부와 민간의 교역 및 장물의 평가에 대한 규정이다. 유관 일본령의 관시령 조문과 사실상 동일한 것으로 보아, 당령을 그대로 이어받은 것이다.

▸ 유관 일본령

『令義解』: 凡官與私交關, 以物爲價者, 准中估價. 卽懸評贓物者亦如之.(권9, 關市令, 300쪽)

▸ 복원 당령

『唐令拾遺』關市令, 8조, 718쪽 ; 『唐令拾遺補』關市令, 8조, 795쪽

『天聖令』 당령복원청본, 關市令, 18조, 540쪽

〈現12〉 諸用秤者皆掛[53]於格, 用斛斗者皆以槩, 粉麵則秤之.

무릇 저울을 사용하[여 무게를 다]는 경우는 모두 틀에 걸고, 곡(斛)과 말[斗]을 사용하[여 부피를 재]는 경우는 모두 평미레로 밀며, 쌀가루나 밀가루는 [저울로] 무게를 단다.[54]

유관당송문 1) 『唐六典』: 以二物平市. 謂秤以格, 斗以槪.(권20, 太府寺, 543쪽 ; 『역주당육전』중, 650~651쪽)

▸ 유관 고려령

『고려시대 율령의 복원과 정리』: 關市令[2], 置平斗量都監(高麗令 23, 680~681쪽)

▸ 유관 일본령

『令義解』: 凡用稱者皆懸於格, 用斛者皆以槩, 粉麵則秤之.(권9, 關市令, 300쪽)

▸ 복원 당령

『唐令拾遺』關市令, 10조, 719쪽

『天聖令』 당령복원청본, 關市令, 20조, 540쪽

---

53) [교감주] 『令義解』 권9, 關市令, 300쪽에는 '掛'가 '懸'으로 되어 있다. '懸'을 '掛'로 쓴 것은 聖祖 趙玄朗의 '玄'자를 피휘한 것이다.

54) 본 조문은 무게를 달고 부피를 재는 量衡에 대한 규정이다. 粉麵은 곡두에 담아 평미레로 밀 경우 힘을 가하는 정도에 따라 부피가 달라질 수도 있기 때문에 저울을 사용하여 무게를 달도록 규정하였을 것이다. 본 조문은 당령을 그대로 계승한 것으로 보인다.

〈現13〉 諸賣牛·馬·駝·騾·驢, 皆價定立券, 本司朱印給付. 若度闢(開)[55]者, 驗過所有實, 亦卽聽賣.

무릇 소·말·낙타·노새·나귀를 팔 때, 모두 값이 결정되어 매매계약서를 작성하면 본사는 붉은색 [관]인을 찍어 [매매계약서를] 발급해준다.[56] 만약 관을 넘어온 경우, 과소를 검사하여 사실과 부합하면 역시 파는 것을 바로 허용한다.[57]

유관당송문 1) 『宋刑統』 : 議曰, 買奴婢馬牛駝騾驢等, 依令並立市券.(권26, 雜律 校斗秤不平, 428쪽 ; 『唐律疏議』 권26, 雜律34-1의 소의 〈제422조〉, 501쪽 ; 『역주당률소의』, 3241~3242쪽)

2) 『唐六典』 : 凡賣買奴婢·牛羊, 用本司·本部公驗以立券. 其馬牛, 唯責保證, 立私

---

55) [교감주] 度'開'는 度'闢'의 오기이다. 關市令, 〈現1〉조, 유관당송문의 『宋刑通』, 『唐律疏議』, 『唐六典』 등을 참조하여 바로잡는다.

56) 당대의 賣婢市券公驗의 실례로 '唐開元十九年二月西州興胡米祿山賣婢市券公驗'이 있고(池田溫, 『中國古代籍帳硏究』, 364쪽 ; 『吐魯番出土文書』 第9冊, 26쪽), 施萍婷, 「從一件奴婢賣買文書看唐代的階級壓迫」, 『文物』 1972-12에도 賣奴市券의 실례가 소개되어 있다.

57) 〈現13〉조부터 〈現18〉조까지는 교역에 대한 규정이다. 본 조문은 가축 판매시의 가격 결정, 매매계약서 작성, 매매계약서 발급에 대한 규정이며, 아울러 度關하여 판매할 경우의 조치에 대해 규정하였다. 『唐律疏議』에 의하면 노비와 가축의 매매는 대략 구매대금 지불(過價), 매매계약서 작성(立券), 매매계약서 발급(過券)의 과정을 거쳐 매매가 완료되었는데(『唐律疏議』 권26, 雜律34 〈제422조〉, 500~501쪽 ; 『역주당률소의』, 3241~3242쪽), 본 조문에서 '價定'은 '過價'의 단계, '朱印'은 '過券'의 단계에 해당하는 것 같다. 度關하여 판매할 경우의 과소 검사는 〈現1〉조의 규정이 적용되었을 것이다. 〈現1〉조에 의하면 가축을 끌고 관을 넘을 경우 과소 신청서에 가축의 암수, 털 색깔, 나이를 모두 기입해야 하고, 해당 관사는 사실 여부를 판별하여 과소를 발급하였다. 따라서 본 조문은 판매 대상 가축의 암수, 털 색깔, 나이 등이 과소에 기재된 사실과 부합하는지 검사하고 부합하면 판매를 허용한다는 것으로 이해된다. 당령에서는 노비와 가축을 병기하고 그 매매에 대해 규정하고 있는데 비해 본 조문에서는 가축의 매매에 대해서만 규정하고 있어, 당송 간에 노비의 성격 및 지위에 변화가 있었음을 시사한다. 당말 오대의 대규모 전란 및 인구 이동으로 당대의 良賤制的 신분제가 해체되면서 당률에서 규정하는 사적 지배 성격의 노비가 사라지고, 송대에 들어와 고용 및 계약에 의해 새로운 신분관계가 형성되면서 이른바 '고용 노비'가 등장하였다. 위 조문에서 '노비' 매매 규정이 탈락된 것은 이러한 변화가 법제상에 반영된 결과로 이해할 수도 있을 것 같다.

券.(권20, 太府寺, 543쪽 ;『역주당육전』중, 650~653쪽)

▸ 유관 일본령

『令義解』: 諸賣奴婢, 皆經本部官司, 取保證, 立券付價.(권9, 關市令, 300쪽)

▸ 복원 당령

『唐令拾遺』關市令, 11조, 720쪽 ;『唐令拾遺補』關市令, 11조, 795~796쪽

『天聖令』당령복원청본, 關市令, 21조, 540쪽

〈現14〉諸造弓箭·橫刀及鞍出賣者, 並依官樣, 各令題鑿造者貫屬·姓名, 州縣官司察其行濫. 劍及漆器之屬, 亦題姓名.

무릇 활과 화살, 패도[橫刀][58] 및 안장을 만들어 내다 팔 경우에는 모두 관부의 견본에 따라 만들고, 각각[의 기물에] 만든 사람의 적관·소속과 성명을 새기도록 하며, 주현의 관사에서는 물품의 부실이나 진위 [여부]를 검사한다. 칼[劍]이나 칠기 종류에도 역시 성명을 새긴다.[59]

유관당송문 1)『唐六典』: 其造弓矢長刀, 官爲立樣, 仍題工人姓名, 然後聽鬻之, 諸器物亦如之.(권20, 太府寺, 543쪽 ;『역주당육전』중, 650~652쪽)

▸ 유관 일본령

『令義解』: 凡出賣者, 勿爲行濫, 其橫刀槍鞍漆器之屬者, 各令題鑿造者姓名.(권

58)『資治通鑑』권198, 唐 太宗 貞觀 2년 3월조, 6235쪽, "上(唐太宗)嘗幸未央宮, 辟仗已過. 忽於草中見一人帶橫刀. 橫刀者, 用皮襻帶之刀, 橫於掖下."

59) 본 조문은 활, 화살, 패도, 안장, 칼, 칠기 등의 제작과 판매 및 검사에 관한 규정으로, 이러한 기물들은 〈現7〉조의 '금물'과는 달리 소유가 허용되었다(『唐律疏議』권16, 擅興20-1 〈제243조〉, 314~315쪽 ;『역주당률소의』, 2371쪽). 이러한 기물을 만들어 팔고자 할 경우에는, 우선 관부에서 정한 견본에 따라 만들어야 하고 기물에 제작자의 본관과 성명을 새겨 책임 소재를 분명히 하였다. 다음으로 주현의 담당 관사에서는 제작된 기물의 부실이나 진위 여부를 검사하였다. 기물의 검사 결과에 대한 조치는 본 조문에서 독립시켜 〈現16〉조에서 규정하였는데, 이처럼 검사 결과를 별개의 조문으로 독립시킨 것은 일본령에서도 마찬가지이다. 본 조문은 기본적으로 당령을 이어받은 것으로 보인다. 다만 당대와 달리 기물에 제작자의 성명과 더불어 본관까지 명기하도록 하였는데, 이것이 천성령 단계에서 추가된 것인지 여부는 불분명하다.

9, 關市令, 301쪽)

▸ 복원 당령

『唐令拾遺』 關市令, 12조, 720쪽

『天聖令』 당령복원청본, 關市令, 22조, 540쪽

〈現15〉 諸欲居係官店肆者, 皆據本屬牒, 然後聽之. 在肆男女別坐.

무릇 관사에 소속된 점사를[60] 이용하고자 할 경우에는 모두 본속(本屬)[61]의 첩에 의거[하여 확인]한 다음 허용한다. 점포[肆]에서 [교역을 할 때] 남녀는 자리를 따로 한다.[62]

유관당송문 관련 기록이 당송 시기 문헌에서는 확인되지 않는다.

▸ 유관 일본령

『令義解』 : 凡在市典販, 男女別坐.(권9, 關市令, 301쪽)

▸ 복원 당령

『天聖令』 당령복원청본, 關市令, 23조, 540쪽

〈現16〉 諸以行濫之物[交]易[63]者沒官, 短狹不如法者還主.

---

60) 오대 및 송대 사료에 '係官莊田', '係官店宅', '係官之地'와 같이 '係官○○'의 용례가 많이 보이는데 '관사에 소속된 ○○'의 의미로 이해된다(『舊五代史』 권112, 周書3, 太祖紀3, 1488쪽, "帝在民間, 素知營田之弊, 至是以天下係官莊田僅萬計, 悉以分賜見佃戶充永業." ; 『舊五代史』 권112, 周書3, 太祖紀3, 1489쪽, "丙戌, 回鶻遣使貢方物, 詔故梁租庸使趙巖姪崇勳見居陳州, 量賜係官店宅, 從王峻之請也." ; 『宋史』 권125, 禮28, 2919쪽, "國朝著令貧無葬地者, 許以係官之地安葬." 등 참조).

61) 본속이란 본래 소속된 행정 단위를 가리키는 것 같다(『宋史』 권118, 禮21 賓禮3 百官相見儀制, 2789쪽, "上佐州縣官, 見宰相樞密使及本屬長官, 竝拜於庭." ; 『宋史』 권191, 兵5 鄕兵2 河北河東陝西義勇, 4737쪽, "又詔, 罷陝西諸路提擧義勇官, 委本屬州縣, 依舊分番教閱." ; 『宋史』 권158, 選擧4 銓法上, 3695쪽, "初定四時參選之制, 凡本屬發選解, 並以四孟月十五日前達省." 등 참조).

62) 본 조문은 관사에 소속된 店肆에서의 교역 및 肆에서의 남녀 別坐에 대한 규정이다. 본 조문의 앞부분, 즉 관사에 소속된 점사에서의 교역에 관한 규정은 천성령 단계에서 신설된 규정인 것 같다.

무릇 부실한 물품이나 위조 물품으로 교역한 경우 관에 몰수하고, 길이가 짧거나 너비가 좁아 법정 규격에 맞지 않은 경우 주인에게 돌려준다.[64)]

유관당송문 1)『宋刑統』: 諸造器用之物, 及絹布之屬, 有行濫短狹而賣者, 各杖六十. 不牢謂之行, 不眞謂之濫. … 議曰, 凡造器用之物, 謂供公私用, 及絹布綾綺之屬, 行濫謂器用之物不牢不眞; 短狹謂絹疋不充四十尺, 布端不滿五十尺, 幅闊不充一尺八寸之屬, 而賣各杖六十. 故禮云, '物勒工名, 以考其誠. 功有不當, 必行其罪.' 其行濫之物沒官, 短狹之物還主.(권26, 雜律 校斗秤不平, 425~426쪽 ;『唐律疏議』 권26, 雜律30-1〈제418조〉, 497~498쪽 ;『역주당률소의』, 3235~3236쪽)

2)『唐六典』: 以僞濫之物, 交易者沒官, 短狹不中量者還主.(권20, 太府寺, 543쪽 ;『역주당육전』중, 650~652쪽)

▸ 유관 일본령

『令義解』: 凡以行濫之物交易者沒官, 短狹不如法者還主.(권9, 關市令, 301쪽)

▸ 복원 당령

『唐令拾遺』 關市令, 13조, 721쪽 ;『唐令拾遺補』 關市令, 13조, 796~797쪽

『天聖令』 당령복원청본, 關市令, 24조, 540쪽

〈現17〉 諸緣邊與外蕃互市者, 皆令互市官司檢校, 各將貨物·畜産等俱赴[互]市所,[65)] 官司先共蕃人對定物價, 然後交易. 非互市官司, 不得共蕃人言語. 其互市所用及市得物數, 每年錄帳申三司. 其蕃人入朝所將羊·馬·雜物等, 若到互市所, 卽令準例交易, 不得在道與官司交關.

---

63) [교감주] '易' 앞에 '交'가 탈락된 것으로 보인다. 〈現17〉조 및 〈現18〉조에 모두 '交易'으로 명기하고 있으므로 '交'자를 보충해 넣는다.

64) 본 조문은 내용상 〈現14〉조의 후반부 "州縣官司察其行濫"에 이어지는 것으로, 관부의 견본에 맞지 않은 '行濫' 물품(器用之物)이나 법정 규격에 맞지 않은 '短狹' 물품(絹布之屬)의 교역에 대한 처리 규정이다. 양자 모두 杖 60대로 처벌하되, 전자의 물품은 관에 몰수하고 후자의 물품은 주인에게 돌려주었다. 본 조문은 유관당송문의 조문과 일치하고 있어 당령을 그대로 이어받은 것으로 생각된다.

65) [교감주] '市所' 앞에 '互'가 탈락된 것으로 보인다. 본 조문의 다른 곳에 모두 '互市所'로 명기되어 있으므로 '互'자를 보충해 넣는다.

무릇 변경 지역에서 외국[인]과 교역[互市]할 경우, 모두 호시의 관사에게 조사하게 한다. 각각 화물이나 축산 등을 가지고 호시가 열리는 곳에 가면, 관사가 먼저 외국인과 물품 값을 따져 정하고, 그런 다음 교역한다. 호시의 관사가 아니면 외국인과 말을 해서는 안 된다. 호시에서 사용한 물품 및 구매한 물품의 수량은 매년 장부[帳]에 기록하여 삼사에 보고한다. 외국인이 입조하면서 가지고 온 양·말·잡물 등은 만약 호시가 열리는 곳에 도착하면 바로 법례에 준하여 교역하고, 도중에 관사와 교역해서는 안 된다.[66)]

유관당송문 1)『宋刑統』: 議曰, … 又準主客式, 蕃客入朝, 於在路不得與客交雜, 亦不得令客與人言語, 州縣官人若無事, 亦不得與客相見.(권8, 衛禁律 越州縣鎭戍城及官府廨垣, 141쪽 ; 『唐律疏議』 권8, 衛禁31-2의 소의 〈제88조〉, 178쪽 ; 『역주당률소의』, 2090~2091쪽)

2)『冊府元龜』: 開成元年六月 … 是月京兆府奏, 准建中元年十月六月勅, 諸錦·罽·綾·羅·縠·繡·織成·細紬·絲·布·犛牛尾·眞珠·銀·銅·鐵·奴婢等, 並不得與諸蕃互市, 又准令式, 中國人不合私與外國人交通買賣婚娶來往, 又擧取蕃客錢以產業奴婢爲質者, 重請禁之.(권999, 外臣部 互市, 4043쪽)

3)『白氏六帖事類集』: 關市令. 令云, 諸外蕃與緣邊互市, 皆令互官司撿校, 其市四面穿塹, 及立籬院, 遣人守門, 市易之日卯後, 各將貨物畜産, 俱赴市所, 官司先與蕃人對定物價, 然後交易也.(권24, 市 互市 ; 『白孔六帖』 권83, 市)

---

66) 본 조문은 변경 지역에서 이루어지는 외국인과의 교역에 대한 규정이다. 본 조문의 전반부는 유관당송문 『白氏六帖事類集』에 인용된 關市令 令文과의 비교를 통해 기본적으로 唐令을 이어받으면서 일부가 폐지되었음을 알 수 있다. 폐지된 부분은 출입을 통제하기 위한 것으로 보이는 市의 건축 구조 및 市門의 관리, 그리고 市에서의 교역 일시에 대한 규정이다. 삭제된 규정을 통해 송대의 互市는 당대에 비해 개방형 구조였던 것으로 보이며 교역 개시 시간에 대한 명시적 제한도 없어졌던 것으로 짐작된다. 후반부는 당대의 문헌에 유관 내용이 보이지 않지만, 그렇다고 곧바로 송대에 신설된 규정이라고 단정하기도 어렵다. 호시에서 민간인과 외국인의 사사로운 접촉을 금하고, 호시에서 사용하거나 획득한 물품의 수량을 매년 三司에 보고하도록 하고, 외국인이 入朝하면서 가지고 온 가축이나 물품에 대해 호시에서의 교역은 허용하되 도중에 官司와 교역하는 것은 금하였다. 이러한 후반부 규정은 송대에 당령의 일부 규제가 폐지되었다고는 하나 전반적으로 보아 호시에 대한 규제가 상당히 엄격하였음을 말해준다.

▸ 복원 당령

『唐令拾遺』關市令, 5조, 715~716쪽 ;『唐令拾遺補』關市令, 5조, 794쪽
『天聖令』당령복원청본, 關市令, 25조, 540쪽

〈現18〉 諸官有所市買, 皆就市交易, 不得乖違時價. 市訖, 具注物主戶屬·姓名, 交付其價, 不得欠違,[67] 仍申所司勘記.

무릇 관부에서 사야 할 것이 있으면 모두 시에 가서 교역하되 시가(時價)를 어겨서는 안 된다. 거래가 끝나면 물품 주인의 호속과 성명을 다 기입하고 그 값을 지불하되 [외상으로] 달아 놓거나 [합의한 값을] 다 지불하지 않으면 안 되며, 그대로 담당 관사에 보고하고 [담당 관사는] 대조하여 기록한다.[68]

유관당송문 관련 기록이 당송 시기 문헌에서는 확인되지 않는다.

▸ 유관 일본령

『令義解』: 凡除官市買, 皆就市交易, 不得坐召物主, 乖違時價. 不論官私, 交付其價, 不得懸違. 謂懸者, 物主相許. 違者, 物主不知和也.(권9, 關市令, 301쪽)

▸ 복원 당령

『天聖令』당령복원청본, 關市令, 27조, 540쪽

右並因舊文, 以新制參定.

위[의 영들은] 예전의 조문을 바탕으로 하되 새로운 제칙을 참작하여 정한 것이다.

---

67) [교감주] '欠違'의 '欠'이 『令義解』 권9, 關市令, 301쪽에는 '懸'으로 되어 있다. '懸'을 '欠'으로 쓴 것은 聖祖 趙造朗의 '玄'자를 피휘한 것이다.

68) 본 조문은 관부의 물품 구매[市買]에 대한 규정이다. 유관 일본령에 관련 조문이 있는 것으로 보아 당대에도 이에 대한 규정이 있었을 것이다.

〈舊1〉 諸請過所, 並令自錄(鈔)[69]副白, 官司勘同, 卽依署給. 其輸送官物者, 檢錄(鈔)實, 付之.

무릇 과소를 신청하면, 모두 직접 기록하여 부본을 만들게 하고, 관사가 대조해서 동일하면 곧 서명하고 발급한다.[70] 관물을 수송할 경우에는 사실대로 기록했는지 검사하고 내준다.[71]

---

69) [교감주] '鈔'는 '錄'의 오기로 보인다. 글자의 형태가 유사하여 오기된 듯하다(아래의 '鈔'도 마찬가지다).

70) 程喜霖에 의하면, 당대에 과소 신청 및 발급은 대략 다음의 절차를 거쳤다. ①과소 신청인이 과소에 기재해야 할 사항(주 8) 참조)을 기재하여 本部·本司에 첩으로 과소를 신청한다. ②本司(縣司)에서는 기재 사항이 사실에 부합한지 조사하고 의문이 있을 경우 里正에게 문의하여 확인한 다음, 상급 관청 즉 중앙의 경우는 尙書省 刑部 司門司에, 지방의 경우는 州·府(戶曹·司戶參軍)에 첩을 보내 해당인의 과소를 신청한다. ③司門司와 州·府에서는 過所式에 의거하여 대조하고 의문이 있을 경우 縣司에 문의하여 확인한 후, 마지막으로 過所 신청 牒文에 의거하여 과소 2부를 만들어 연월일을 기재하고 서명한 다음, 1부('正過所')는 관인을 찍어 신청자에게 발급하고, 1부('副過所')는 관인을 찍지 않고 문서철에 넣어 보관한다(程喜霖, 『唐代過所硏究』, 83~90쪽 참조). 단 '副過所'(副本)의 실제 작성(존재) 여부, 작성되었을 경우 작성 주체와 작성 시점, 그 성격과 기능 등을 둘러싸고 학자들 간에 의견차가 상당히 크다. 이에 대해서는 李全德, 「《天聖令》所見唐代過所的申請與勘驗－以"副白"與"錄白"爲中心」, 2008 ; 孟彦弘, 「唐代"副過所"及過所的"副白"·"錄白案記"辨釋」, 2008 ; 孟彦弘, 「再談唐過所申請·勘驗過程中的"副白"與"錄白案記"－與李全德先生的商討」, 2011 등 참조.

71) 본 조문은 당송 시기 문헌에서 확인되지 않을 뿐 아니라 일본의 養老令에도 유관 조문이 없다. 『天聖令』을 통해 당 관시령의 본 조문이 알려지게 되었다는 점에서 의미가 크다. 李全德에 의하면, 본 조문은 과소 신청에 수반되는 '自錄副白' 즉 副本 작성에 대한 규정이다. 현존 과소에 의하면 과소 신청인이 직접 작성한 과소 신청서(申牒)와 尙書省 및 州府에서 발급한 과소는 동일 문건이 아니다. 현존 과소의 어휘 등에서 보건대 과소는 신청인이 작성한 것이 아니라 관부에서 작성한 것이며, 필적도 명백히 신청인의 필적이 아니다. 圓珍이 친필로 작성한 申牒과 尙書省 司門司 및 越州 都督府에서 그에게 발급한 과소(唐大中九年十一月尙書省司門給日僧圓珍過所, 唐大中九年三月越州都督府給日僧圓珍過所), 그리고 石染典이 친필로 沙州에 신청한 公驗과 瓜州 都督府에서 그에게 발급한 과소(瓜州都督府給西州百姓遊擊將軍石染典過所)를 각각 비교해보면, 과소 신청서(申牒)와 과소의 필적이 다르다. 그렇다면 본 조문의 '自錄副白'은 司門司와 州府에서 과소 신청서에 의거하여 副本을 작성하는 과정을 규정한 것으로 이해된다는 것이다(李全德, 「《天聖令》所見唐代過所的申請與勘驗－以"副白"與"錄白"爲中心」, 208~219쪽 참조). 이에 대해 孟彦弘은 당대에 '副過所'(副本)란 아예 존재하지 않았다고 주장했다. 과소의 신청이나 발급 시에 '副過所'는 작성되지 않았고, 關司가 행인의 과소를 검사하는 勘過 시에도 '副過所'의 문제는

유관당송문 관련 기록이 당송 시기 문헌에서는 확인되지 않는다.

▸ 복원 당령

『天聖令』 당령복원청본, 關市令, 2조, 538쪽

〈舊2〉 諸丁匠上役度關者, 皆據本縣歷(虛)名,[72] 共所部送綱典勘度. 其役了還者, 勘朱印錄(鈔)並元來姓名·年紀同, 放還.

무릇 정이나 장인(匠人)이 역을 지러 관을 넘을 경우, [관사(關司)는] 모두 본현의 명부[歷名]에 의거하고[73] 수송을 맡은 강(綱)·전(典)과[74] 함께 [명부를] 대조하고 [관을] 넘게 한다. 역이 끝나 돌아올 경우, [역소에서 발행한] 붉은색 관인이 찍힌 기록이 [명부에 기재된] 원래의 성명·나이와 동일한지 대조하고 [동일하면] 놓아주어 돌아가게 한다.[75]

존재하지 않았다고 보았다. 본 조문에서 '副白'이란 과소를 改請할 때 市券 등의 抄錄 副本을 첨부하는 것이라고 이해하였다(孟彦弘, 「唐代過所的"副白"·"錄白"及過所的"改請"」, 2008 ; 孟彦弘, 「唐代"副過所"及過所的"副白"·"錄白案記"辨釋」, 174~196쪽 ; 孟彦弘, 「再談唐過所申請·勘驗過程中的"副白"與"錄白案記"－與李全德先生的商討」, 『隋唐宋遼金元史論叢』 1, 2011 등 참조).

72) [교감주] '虛名'의 '虛'는 '歷'의 오기이다. 『令義解』 권9, 關市令, 298쪽에 의거하여 바로잡는다.

73) 歷名은 본현에서 작성하는 상역자 명부를 가리키는 것 같다. 현에서는 각종 세역의 징수를 위해 여러 가지 명부를 작성하고 관리했는데, 본 조문에 나오는 歷名도 그 가운데 하나였을 것이다.

74) 部送이란 죄수, 관물, 축산 등을 押送하는 것이고, 綱과 典은 이러한 관물, 죄수, 축산 등의 수송을 맡은 책임자와 부책임자이다(『唐律疏議』 권11, 職制43-1의 소의 〈제133〉, 216쪽 ; 『역주당률소의』, 2171쪽 참조). 당대에는 관물의 대량 운송을 위해 선단을 조직하고 이를 '綱'이라고도 불렀는데, 『新唐書』에 의하면 1,000斛을 적재할 수 있는 선박 10척을 綱으로 조직하고 綱마다 300명의 인력과 50명의 篙工을 배치하였다(『新唐書』 권53, 食貨3, 1368쪽).

75) 본 조문은 丁·匠이 역에 나가거나 역을 마치고 돌아올 때의 度關에 관한 규정이다. 丁匠上役者의 度關은 일반인과 달리 過所가 아니라 本縣의 歷名, 즉 상역자 명부에 의거하였고, 歷名의 대조는 이들의 수송을 맡은 綱·典과 함께 행하였다. 유관 일본령의 注解("謂丁匠初度, 皆有歷名, 關司寫錄, 以立注記, 當其還時, 據此勘放.")를 참조하면, 關司는 본현에서 보낸 歷名을 베껴 注記를 만들어놓고, 상역자가 귀환할 때 이 注記에 의거하여 대조한 다음 放還하였음을 알 수 있다. 丁匠의 上役은 일반인의

유관당송문 관련 기록이 당송 시기 문헌에서는 확인되지 않는다.

▶ 유관 일본령

『令義解』: 凡丁匠上役及庸調脚度關者, 皆據本國歷名, 共所送使勘度. 其役納畢還者, 勘元來姓名年紀, 同放還.(권9, 關市令, 298쪽)

▶ 복원 당령

『天聖令』 당령복원청본, 關市令, 3조, 539쪽

〈舊3〉 諸將物應向互(玄)市,[76] 從(徒)[77]京出者, 過所司門給, 從(徒)外州出者, 從[78]出物州給, 皆具載色數, 關司勘過.

무릇 물품을 가지고 호시로 가야 할 때 경사에서 출발하는 경우는 과소를 [상서성 형부] 사문[사]에서 발급하고 지방의 주에서 출발하는 경우는 물품을 반출하는 주에서 발급하는데, 모두 [과소에] 물품의 종류와 수량을 낱낱이 기재하고, 관사(關司)는 대조한 다음 통과시킨다.[79]

유관당송문 1) 『唐六典』: 凡度關者, 先經本部本司請過所, 在京, 則省給之, 在外, 州給之.(권6, 尙書刑部, 196쪽 ; 『역주당육전』상, 630쪽)

2) 『唐六典』: 戶曹·司戶參軍掌戶籍·計帳, 道路·逆旅, 田疇·六畜·過所·蠲符之事, 而剖斷人之訴競.(권30, 府督護州縣官吏, 749쪽 ; 『역주당육전』하, 446~447쪽)

여행과는 성격이 다르므로, 매번 上役하기 위해 과소를 신청 혹은 발급한다는 것을 상정하기 어렵다. 따라서 關司는 上役者의 수송을 담당한 綱·典과 함께 本縣의 歷名을 대조하는 것으로 過所 검사를 대신하고, 이로써 행정의 간소화 및 효율화를 꾀했을 것이다.

76) [교감주] '玄市'의 '玄'은 '互'의 오기이다. 글자의 형태가 유사하여 오기된 듯하다.

77) [교감주] '徒'는 '從'의 오기이다. 글자의 형태가 유사하여 오기된 듯하다.

78) [교감주] "從出物州給"에서 '從'은 불필요한 글자인 듯하다. "從外州出者, 出物州給"으로 교감하면, 바로 앞의 "從京出者, 過所司門給"과 완전히 호응한다.

79) 본 조문은 물품을 가지고 互市에 갈 경우의 과소 발급 및 과소 기재 사항에 대한 규정이다. 경사에서 출발할 경우는 尙書省 刑部 司門司에서, 지방에서 출발할 경우는 물품을 반출하는 州에서 각각 과소를 발급하고, 과소에는 물품의 종류와 수량을 낱낱이 기재하도록 하였다. 본 조문은 호시 관련 과소 규정이지만, 유관당송문의 『唐六典』에 보이는 중앙과 지방의 과소 발급에 관한 일반 규정과 차이가 없다.

▸ 복원 당령
『天聖令』 당령복원청본, 關市令, 4조, 539쪽

〈舊4〉 諸隔關屬州縣者, 每年正月造簿付關, 其須往來(及),[80] 就關司申牒, 勘簿判印聽過, 日收連爲案. 其州縣雖別而輸課稅之物者, 亦據縣牒聽過, 隨了卽停.

무릇 [경내에 있는] 관을 사이에 두고 [하나의 주현이 두 구역으로 나뉜] 주현에 속해 있는 경우, 매년 정월에 명부[簿]를 만들어 관에 보내고, [관을] 왕래해야 할 때는 관사(關司)에 첩으로 신청하면 [관사는] 명부를 대조하여 [사실 여부를] 판별하고 관인을 찍어 통과를 허용하며, 날짜별로 모아 이어서 문서철을 만든다. 주현은 비록 다르지만 과세 물품을 수송할 경우에도 역시 현의 첩에 의거하여 통과를 허용하고, [수송이] 끝나면 곧바로 [첩의 효력을] 정지시킨다.[81]

유관당송문 관련 기록이 당송 시기 문헌에서는 확인되지 않는다.

▸ 복원 당령
『天聖令』 당령복원청본, 關市令, 5조, 539쪽

---

80) [교감주] '及'은 '來'의 오기로 보인다. 글자의 형태가 유사하여 오기된 듯하다.
81) 본 조문은 당송 시기 문헌에서 유사한 영문이 확인되지 않고 일본령에도 관련 조문이 없다. 『天聖令』을 통해 본 조문이 알려지게 되었다는 점에서 의의가 크다. 본 조문은 경내의 관에 의해 나뉘어 있는 지역에서 관을 넘어 왕래할 경우의 度關에 대한 규정과, 주현의 경계에 있는 관을 넘어 稅物을 수송할 경우의 度關에 대한 규정이다. 이 양자의 경우는 일반 규정에 따른 과소의 신청과 발급 및 과소 검사를 통해 도관이 이루어지는 것이 아니라, 주현에서 關司로 보낸 簿 및 牒에 의해 도관이 이루어졌다. 동일 주현의 경내에서 도관을 할 경우, 행정의 간소화와 度關者의 편의를 위해 과소 신청이나 발급, 과소 검사와 같은 번잡한 문서행정을 대폭 생략하고 도관에 필요한 최소한의 문서행정만 남겨둔 것으로 이해된다. 稅物 수송에 따른 도관은 일반 여행자의 도관과는 그 성격이 명백히 다르므로 주현의 경계에 있는 관을 넘을 때 縣牒에 의거하여 도관을 허용하되, 縣牒의 효력을 해당 세물의 수송에만 한한다고 명시함으로써 그 남용을 금하였다.

〈舊5〉 諸關官司及家口應須出入餘處關者, 皆從當界請過所. 其於任所關出入(入出)[82]者, 家口造簿籍年紀, 勘過. 若比縣隔關, 百姓欲往市易及樵采者, 縣司給往還牒, 限三十日內聽往還, 過限者依式更翻牒. 其興州人至梁州及鳳州人至梁州·岐州市易者, 雖則比州, 亦聽用行牒.

무릇 관의 관사(官司) 및 그 가족이 타처의 관을 출입해야 할 경우, 모두 해당 경내[의 주현]에 과소를 신청한다. 근무 지역에서 관을 출입할 경우 [그] 가족은 장부[簿]를 만들어 나이를 기록하고, [관사(關司)는 장부를] 대조하여 관을 통과시킨다. 만약 인접 현이 관에 의해 가로막혀 있는데 백성이 교역하러 가거나 땔감을 채집하러 가고자 할 경우, 현사는 왕복 통행증[往還牒]을 발급하되 30일을 기한으로 하여 왕복을 허용하고, 기한이 지날 경우 식에 따라 다시 통행증[첩]을 교체해준다. 그런데 흥주 사람이 양주에 이르거나, 봉주 사람이 양주나 기주에 이르러 교역을 할 경우는[83] 비록 인접 주일지라도 행첩(行牒)[84]의 사용을 허용한다.[85]

---

82) [교감주] '入出'은 '出入'으로 고쳐야 한다. 두 글자가 도치된 듯하다.

83) 당대에 興州, 梁州, 鳳州는 山南西道에, 岐州는 京畿道에 속했다. 흥·양·봉주는 秦嶺 남쪽에, 기주는 秦嶺 북쪽에 위치하였고, 흥주에서 양주로 가려면 興城關(興州 소재)을, 봉주에서 양주로 가려면 甘亭關(梁州 소재)을, 봉주에서 기주로 가려면 散關(岐州 소재)을 통과해야 했다.

84) 『新唐書』에 의하면 '行牒'이란 1개월 이상 出塞하는 사람("出塞踰月者")에게 발급하는 통행증이다(『新唐書』 권46, 百官1 刑部 司門郎中, 1200~1201쪽 참조). 그러나 본 조문의 '행첩'은 전후 문맥에서 보건대 과소보다 신청이나 발급 절차가 간편한 통행증이었을 것으로 이해된다.

85) 본 조문은 당송 시기 문헌에서 유사한 영문이 확인되지 않고 일본의 양로령에도 관련 조문이 없다. 『天聖令』을 통해 본 조문이 알려지게 되었다는 점에서 의의가 크다. 본 조문은 ①關의 官司 및 그 가족의 度關에 대한 규정, ②관을 사이에 두고 인접해 있는 현(比縣隔關)의 백성의 度關에 대한 규정, ③興州에서 梁州로, 鳳州에서 梁州 또는 岐州로 갈 경우의 度關에 대한 규정으로, 모두 당사자에게 度關의 편의를 제공하기 위해 마련한 특별 규정으로 이해된다. ①關의 官司와 그 가족이 타처의 관을 출입할 경우는 해당 주현을 통해 과소를 신청하고 (그 과소를 대조하여 관을 통과시키며), 官司의 가족이 官司가 근무하는 관을 출입할 경우는 과소의 신청 및 발급을 생략하고 가족의 나이를 기록해둔 簿籍을 대조하여 본인 여부를 확인한 다음 관을 통과시켰다. ②比縣隔關의 백성이 교역이나 땔감 채취를 위해 관을 넘어야 할 경우는 30일 기한의 왕복통행증(往還牒)을 발급하고 (기한이 지날

유관당송문 관련 기록이 당송 시기 문헌에서는 확인되지 않는다.

▶ 복원 당령

『天聖令』 당령복원청본, 關市令, 6조, 539쪽

〈舊6〉 諸錦·綾·羅·穀·繡·織成·紬·絲絹·絲布·犛牛尾·眞珠·金·銀·鐵(帖),[86] 並不得與諸蕃互市及將入蕃, 綾不在禁限. 所禁之物, 亦(示)[87]不得將度西邊·北邊[88]諸關及至緣邊諸州興易, 其錦·繡·織成, 亦不得將過嶺外, 金銀不得將過越嶲(雋)[89]道. 如有緣身衣服, 不在禁例. 其西邊·北邊諸關外戶口須作衣服者, 申牒官司, 計其口數斟量, 聽於內地市取, 仍牒關勘過.

무릇 금(錦)·능(綾)·나(羅)·곡(穀)·수(繡)·직성(織成)[90]·주(紬)·사견(絲絹)·사포(絲布)·이우미(犛牛尾)[91]·진주·금·은·철은 모두 외국(인)과 교

경우 過所式에 의거하여 재발급하여) 비교적 용이하게 도관할 수 있도록 하였다. 이 경우는 사실상 하나의 교역권 내지 생활권을 형성하고 있는 인접 현의 백성에게 과소보다 신청 및 발급 절차가 간편한 유효기간 1개월의 왕복통행증을 발급하여 도관의 편의를 제공했음을 의미한다. ③岐州, 鳳州, 興州, 梁州는 關中에서 남하하여 秦嶺을 지나 劍南으로 가는 교통의 요로에 위치하는데, 岐州에는 大散關, 興州에는 興城關, 梁州에는 甘亭關과 百牢關이 있었다(『唐六典』 권6, 尙書刑部 司門郎中, 195~196쪽). 이러한 關을 넘어 인접 주로 가서 교역을 할 때는 과소가 아니라 行牒을 사용하도록 했다. 이 역시 행정의 간소화와 도관의 편의를 위한 조치였을 것으로 이해된다.

86) [교감주] '帖'은 '鐵'의 오기이다. 『唐律疏議』 권8, 衛禁30-2의 소의 〈제87조〉, 176쪽에 인용된 關市令, 『唐會要』 권86, 市, 1874쪽에 인용된 開元 2년 윤3월 勅, 『冊府元龜』 권999, 外臣部 互市 開成 원년 6월조, 4043쪽 등에 의거하여 바로잡는다.

87) [교감주] '示'는 '亦'의 오기이다. 글자의 형태가 유사하여 오기된 것이다.

88) [교감주] 天聖令 影印本에는 본 조문이 두 조문으로 나뉘어, "所禁之物, 亦(示)不得將度西邊·北邊"까지가 하나의 조문, "諸關及至緣邊諸州興易"부터가 또 하나의 조문으로 각각 독립되어 있다. 그러나 유관당송문 1)에 의거하건대 앞뒤를 붙여 하나의 조문으로 보아야 하며, 또한 이처럼 앞뒤를 붙여 읽어야 의미와 맥락이 통한다.

89) [교감주] '雋'은 '嶲'의 오기이다. 글자의 형태가 유사하여 오기된 것이다.

90) 彩絲 및 金縷를 交織하여 꽃무늬를 넣은 絲織物의 하나로, 한대 이래 왕공이나 대신의 의복용으로 사용되었다. 일설에 의하면 서역에서 들어왔다고 한다.

91) 犛牛는 야크(野牛)로 생김새, 털, 꼬리가 氂牛(얼룩소)와 같으나 몸집은 氂牛보다 크다. 犛牛尾는 황제 乘輿의 장식물인 左纛을 만드는 데 쓰였다. 左纛은 車衡의

역하거나 소지하고서 외국으로 들어갈 수 없는데, 능은 금지의 범위에 두지 않는다.[92] [이러한] 금지 물품은 또한 소지하고서 서변·북변의 여러 관을 넘거나 변경 지역의 여러 주에 이르러 교역할 수 없고, [이 가운데] 금·수·직성은 또한 소지하고서 영외로 나갈 수 없으며, 금·은은 소지하고서 월수도를 통과할 수 없다.[93] 만약 몸에 걸치는 의복이라면 금지의 범위에 두지 않는다. 서변·북변의 여러 관(關) 밖[에 거주하는] 호구가 의복을 만들어야 할 경우에는 관사(官司)에 첩으로 신청하고, [관사는] 그 구수를 헤아려 수량을 짐작해서 내지에서 구매하여 취득하는 것을 허용하며, 그대로 관(關)에 첩을 보내고 [관에서는 첩을] 대조하여 통과시킨다.[94]

左邊이나 좌비의 멍에에 꽂아 乘輿를 장식했다.

92) 앞에서 所禁之物로 錦·綾·羅·穀·繡·織成·紬·絲絹·絲布·犛牛尾·眞珠·金·銀·鐵을 열거하고, 바로 뒤이어 아무런 설명도 없이 "능은 금지의 범위에 두지 않는다(綾不在禁限)."라고 하여, 전후 맥락이 통하지 않는다. 유관당송문 1), 3), 4)에 "綾不在禁限"이 없다는 점을 고려하면, "綾不在禁限"은 본문이 아니라 할주일 가능성도 없지 않다. 즉 어느 시점에 이르러 '綾'은 금지 대상에서 제외되었기에 이 사실을 할주를 붙여 밝혀둔 것이라고 볼 수도 있다.

93) 전후 맥락으로 보아 "금·수·직성은 또한 소지하고서 영외를 통과할 수 없으며, 금·은은 소지하고서 월수도를 통과할 수 없다(其錦·繡·織成, 亦不得將過嶺外, 金銀不得將過越嶲道)."도 본문이 아니라 할주일 가능성이 있다. 즉 열거한 14종의 물품은 '所禁之物'로 西邊·北邊의 諸關을 넘거나 緣邊諸州에 가서 교역할 수 없다고 규정하고, 할주를 붙여 이 가운데 錦·繡·織成은 嶺外를, 金·銀은 越嶲道를 통과할 수 없다고 부기한 것으로 이해하면 좀 더 자연스럽다.

94) 〈舊6〉조와 〈舊7〉조는 禁物의 관 출입에 대한 규정이다. 당대에 '금물'로는 '私家不應有'와 '私家應有'의 두 가지 범주가 있었다. 전자는 소유 자체를 금하는 물품이고, 후자는 기본적으로 소유를 허용하되 諸蕃과 교역하거나 소지하고서 入蕃하는 것을 금하는 물품이다(주 40) 참조). 본 조문은 바로 후자의 금물에 대한 구체적 규정이다. 이러한 금물 14종을 열거하고 西邊·北邊의 諸關을 넘거나 緣邊諸州에 가서 교역할 수 없다고 규정하여, "將度西邊北邊諸關"을 "將入蕃"과 마찬가지로, "至緣邊諸州興易"을 "與諸蕃互市"와 마찬가지로 간주하였던 것처럼 보이며, 이를 통해 당대에 西邊·北邊의 諸關이나 緣邊의 諸州는 〈現7〉조에서 말한 '應禁之地'이었음을 짐작할 수 있다. 또한 錦·繡·織成은 嶺外를, 金·銀은 越嶲道를 통과할 수 없다고 부기하고 있어, 14종 전체를 금물로 정한 西邊·北邊의 諸關이나 緣邊의 諸州와 정도 차이는 있지만 嶺外나 越嶲道 역시 '應禁之地'으로 볼 수 있을 것 같다.

유관당송문 1)『唐律疏議』: 疏議曰, 依關市令, 諸錦·綾·羅·縠·紬·綿·絹·布·氂牛尾·眞珠·金·銀·鐵, 並不得度西邊·北邊諸關及至緣邊諸州興易.(권8, 衛禁30-2의 소의 〈제87조〉, 176~177쪽 ;『역주당률소의』, 2088쪽 ;『宋刑通』권8, 衛禁律 越州縣鎭戍城及官府廨垣, 139~140쪽)

2)『唐六典』: 其西邊·北邊諸州禁埡無置鐵冶及採礦. 若器用所須, 則具名數, 移於所由, 官供之, 私者, 私市之.(권22, 小府監, 577쪽 ;『역주당육전』하, 101~102쪽)

3)『唐會要』: 開元二年閏三月勅, 諸錦·綾·羅·縠·繡·織成·紬·絹·絲·氂牛尾·眞珠·金·鐵, 並不得與諸蕃互市, 及將入蕃, 金鐵之物, 亦不得將度西北諸關.(권86, 市, 1874쪽)

4)『冊府元龜』: 開成元年六月 … 是月京兆府奏, 准建中元年十月六日勅, 諸錦·罽·綾·羅·縠·繡·織成·細紬·絲·布·氂牛尾·眞珠·銀·銅·鐵·奴婢等, 並不得與諸蕃互市, 又准令式, 中國人不合私與外國人交通買賣婚娶來往, 又擧取蕃客錢以産業奴婢爲質者, 重請禁之.(권999, 外臣部 互市, 4043쪽)

▸ 복원 당령

『唐令拾遺』關市令, 4조, 715쪽 ;『唐令拾遺補』關市令, 보1조, 797쪽

『天聖令』당령복원청본, 關市令, 3조, 539쪽

〈舊7〉 諸居在禁鐵之鄕, 除緣身衣服之外, 所須乘具及鍋釜農器之類要須者, 量給過所, 於不禁鄕市者, 經本部申牒商量須數, 錄色目給牒聽市. 市訖, 官司勘元牒無賸, 移牒本部知.

무릇 금철(禁鐵)의 지역에 거주하면서 몸에 걸치는 의복을 제외하고 필수적인 승마 용구나 솥단지·가마[솥]·농기 따위가 필요해서 [필요량을] 헤아려 과소를 발급하여 불금(不禁)의 지역에서 구매[하게] 할 경우, 본부를 통해 첩으로 신청하여 필요 수량을 의논하고, [본부는] 종목을 기록하고 첩을 발급하여 구매하는 것을 허용한다. 구매가 끝나면 관사는 원첩(元牒)을 대조하여 [필요 수량보다 많아] 남는 것이 없도록 하고, 본부에 첩을 보내 알린다.[95)]

유관당송문 관련 기록이 당송 시기 문헌에서는 확인되지 않는다.

▸ 복원 당령

『天聖令』 당령복원청본, 關市令, 14조, 539쪽

〈舊8〉 諸非州縣之所, 不得置市. 其市, 當(常)[96]以午時擊鼓三百下而衆大會, 日入前七刻擊鉦三百下散. 其州縣領戶少之處, 欲不設鉦鼓者, 聽之.

무릇 주·현[성]이 아닌 곳에는 시를 설치할 수 없다. 시는 정오에 북 300번을 쳐서 사람들이 많이 모이[게 하]고, 해가 지기 전 7각에 징 300번을 두드려 흩어지게 한다. 관할 호수가 적은 주·현[성]에서 징이나 북을 설치하지 않고자 할 경우 허용한다.[97]

유관당송문 1) 『唐六典』 : 凡市以日午, 擊鼓三百聲而衆以會, 日入前七刻, 擊鉦三百聲而衆以散.(권20, 太府寺, 543~544쪽 ; 『역주당육전』중, 651~654쪽)

2) 『唐會要』 : 諸非州縣之所, 不得置市. 其市當以午時擊鼓二百下而衆大會, 日入前七刻擊鉦三百下散. 其州縣領務少處, 不欲設鉦鼓, 聽之.(권86, 市, 景龍 원년 11월 勅, 1874쪽 ; 『冊府元龜』 권504, 邦計部 關市, 景龍 원년 11월 勅)

▸ 복원 당령

『唐令拾遺』 關市令, 6조, 716쪽 ; 『唐令拾遺補』 關市令, 6조, 794쪽

---

95) 본 조문은 '禁鐵之鄕'에서의 철제 제품 구매를 위한 과소 발급에 대한 규정이다. '禁鐵之鄕'이란 冶의 설치 및 채광이 금지된 지역을 가리키는 듯하다. 당대에는 銀·銅·鐵·錫 등의 산지에 冶를 설치하고 채광과 야금을 하였지만, 개인에게도 채광을 허용하고 수세하거나 매입하였다(劉馨珺, 「唐宋的關界 : 從〈天聖·關市令〉「應禁之地」談起」, 236~237쪽). 그러나 西邊·北邊의 諸州(혹은 四邊)에서는 官私를 불문하고 鐵冶의 설치나 採鉚(혹은 採銅)을 금지하였는데, 병기와 같은 금물의 원료가 蕃地로 유출되는 것을 막기 위해서였을 것이다(『唐六典』 권22, 少府監, 577쪽 ; 『역주당육전』하, 101~102쪽 및 『唐六典』 권30, 三府督護州縣官吏, 749쪽 ; 『역주당육전』하, 451~453쪽 참조).

96) [교감주] '常'은 '當'의 오기이다. 『唐會要』 권86, 市 景龍 원년 11월 勅, 1874쪽에 의거하여 바로잡는다.

97) 본 조문은 주현의 市 설치 및 市에서의 교역 시간에 대한 규정이다.

『天聖令』 당령복원청본, 關市令, 16조, 539쪽

〈舊9〉 諸官(司)[98]私斛斗秤尺, 每年八月詣太府寺平校. 不在京者, 詣所在州縣平校, 並印署然後聽用.

무릇 관부와 개인의 곡(斛)·말[斗]·저울·자는 매년 8월 태부시에 [가지고] 가서 검사한다. 경사가 아닌 경우는 있는 곳의 주현에 가서 검사하고, 모두 관인을 찍고 서명한 다음 사용을 허용한다.

유관당송문 1) 『唐律疏議』 : 疏議曰, 依令, 斛斗秤度等, 所司每年量校, 印署充用.(권26, 雜律32-1의 소의 〈420조〉, 499쪽 ; 『역주당률소의』, 3238~3239쪽 ; 『宋刑統』 : 권26, 雜律 校斗秤不平, 427쪽)

2) 『唐律疏議』 : 校斛斗秤度, 依關市令, 每年八月詣太府寺平校. 不在京者, 詣所在州縣官校, 並印署然後聽用.(권26, 雜律29의 소의 〈제417조〉, 493쪽 ; 『역주당률소의』, 3234~3235쪽 ; 『宋刑統』 권26, 雜律 校斗秤不平, 425쪽)

3) 『唐六典』 : 凡官私斗秤度尺, 每年八月詣寺校印署, 無或差繆, 然後聽用之.(권20, 太府寺, 542쪽 ; 『역주당육전』, 644~646쪽)

4) 『唐會要』 : 開元九年勅格, 權衡度量並函脚, … 關市令, 諸官私斗尺秤度, 每年八月詣金部太府寺平較, 不在京者, 詣所在州縣平較, 並印署然後聽用.(권66, 太府寺, 1364쪽)

▸ 유관 고려령

『고려시대 율령의 복원과 정리』 : 關市令[1], 平校公私秤斛斗升平木長木(高麗令 23, 680쪽)

▸ 유관 일본령

『令義解』 : 凡官私權衡度量, 每年二月詣大藏省平校. 不在京者, 詣所在國司平校, 然後聽用.(권9, 關市令, 300쪽)

▸ 복원 당령

『唐令拾遺』 關市令, 9조, 718~719쪽 ; 『唐令拾遺補』 關市令, 9조, 795쪽

---

98) [교감주] '司私'의 '司'는 '官'의 오기이다. 『唐六典』 권20, 太府寺, 542쪽과 『唐會要』 권66, 太府寺, 1364쪽에 의거하여 바로잡는다.

『天聖令』당령복원청본, 關市令, 19조, 540쪽

右令不行

위의 영들은 시행하지 않는다.

역주_ 김정희

捕亡令[1)]

〈現1〉 諸囚及征防·流移人逃亡及欲入寇賊者, 經隨近官司申牒, 卽移亡者之家居所屬及亡處比州比縣追捕. 承告之處, 下其鄕里村保, 令加訪捉. 若未卽擒獲者, 仰本屬錄亡者年紀·形貌可驗之狀, 更移鄰部切訪. 捉得之日, 移送本司[科斷].[2)] 其失處·[得處][3)]並各申所屬. 若追捕經三年不獲者, 停.

---

1) 『天聖令』의 捕亡令은 關市令에 부기되어 있으며, 전체 16개 조문 가운데 現令이 9개 조문, 舊令이 7개 조문이다. 唐 이전의 경우를 살펴보면, 晉令 40편 중 제12편이 관시령, 제13편이 포망령이고, 梁令 30편 중 제12편이 관시령, 제14편이 포망령(제13편 劫賊水火令)이다. 隋 開皇令은 30권 중 제26권이 관시령이고 포망령은 보이지 않는다. 唐令은 開元七年令 27편 중 제22편이 관시령이고 포망령은 보이지 않으며, 開元二十五年令 28편 중 제21편이 관시령이고 23편이 포망령이다. 일본령의 경우는 養老令 30편 중 제27편이 관시령, 제28편이 포망령이다. 이 가운데 隋 開皇令과 唐 開元七年令에만 포망령이 없는데, 開元七年令의 편재와 편명을 따랐다고 하는 天聖令에서 포망령이 관시령에 부기되어 있는 점을 고려하면 開皇令과 開元七年令에도 포망령이 존재하지 않았다기보다 관시령에 부기되었을 가능성이 있다(桂齊遜, 「評《天一閣藏明鈔本天聖令校證附唐令復原硏究》六. 捕亡令」, 『唐硏究』 14, 2008, 538~539쪽 참조). 또한 출토문서를 통해 일찍이 張家山漢律 二年律令에 布律, 亡律, 關市律, 津關令이 편재되어 있었음이 확인된다. 한편 『唐律疏議』의 捕亡律 편명의 疏議에 의하면, 捕亡律은 魏 文侯 때 李悝가 『法經』 6편을 제정하면서 捕法을 제4편에 두었던 데서 유래하는데, 北魏에 이르러 捕亡律이라 하였고 北齊에서는 捕斷律이라 하였으며 北周에서는 逃捕律이라 하였다가 隋에서 다시 捕亡律이라 하였다(『唐律疏議』 권28, 捕亡律 편명의 疏議, 525쪽 ; 『역주당률소의』, 3279쪽). 『唐六典』 권6, 刑部尙書에 의하면, 晉律 20편 중 제8편이 捕律, 제18편이 關市律이고, 梁律 20편 중 제8편이 討捕律, 제19편이 關市律이며, 北齊律 12편 중 제9편이 捕斷律이고(關市律은 없음), 北周律 25편 중 제16편이 關市律, 제23편이 捕亡律이다. 『天聖令』의 捕亡令(현령)은 내용상 여섯 부분으로 나눌 수 있다. 첫째 賊盜의 추격과 체포(1~3조), 둘째 奴婢·雜畜·貨物의 亡失(4조), 셋째 관할구역에서의 死人 발생(5조), 넷째 奴婢 訴良, 노름과 고리대, 노비소생 從母(6~8조), 다섯째 遺失物의 습득에 관한 내용이다(9조).

2) [교감주] 『宋刑統』 권28, 捕亡律 部內容止逃亡, 464쪽에 인용된 '捕亡令'에 의거하여 보충한다.

무릇 죄수 및 정인(征人)[4]과 방인(防人),[5] 유배인(流配人)과 이향인(移鄕人)[6]이 도망하였거나[7] 도적 집단[寇賊][8]에 들어가려 하는 경우, 가까이 있는 관사(官司)를 통해 첩으로 보고하고, [가까이 있는 관사는] 곧바로 도망자의 집이 속해 있는 [본속(本屬)] 및 도망처의 인접 주현에 [첩으로] 알려서 뒤쫓아 체포한다. 보고를 받은 곳에서는 그 향리·촌보[9]에 알려 수색해서 붙잡도록 한다. 만약 즉시 사로잡지 못할 경우에는 [도망자의] 본속에 의뢰하여 도망자의 나이와 용모 [등] 확증할 수 있는 실상을 기록해서 다시 인접 관할구역[隣部]으로 보내 철저히 수색해서 붙잡도록 한다. 체포 당일에 본사(本司)로 이송하여 판결한다. 그들을 놓친 곳과 잡은 곳에서는 모두 각각 소속 [관부][10]에 보고한다. 만약 뒤쫓아 체포[하기

---

3) [교감주] 『宋刑統』 권28, 捕亡律 部內容止逃亡, 464쪽에 인용된 '捕亡令'에 의거하여 보충한다.

4) 征人은 임시로 모집되어 出征한 자를 가리킨다(『唐律疏議』 권16, 擅興4-1의 소의 〈제227조〉, 302쪽 ; 『역주당률소의』, 2346~2347쪽 ; 『宋刑統』 권16, 擅興律 給發兵符, 253쪽, "議曰, 揀點衛士, 注云征人亦同. 征人謂非衛士, 臨時募行者." 참조).

5) 防人이란 변경의 鎭戍와 烽候에 파견되어 방어 임무와 각종 사역에 동원된 부병을 가리키며, 대개 都督府의 통솔 하에 있는 鎭將·戍主의 지휘를 받았다.

6) 移鄕이란 사형에 처해야 할 자가 사면을 받아 사형이 면제된 경우에 그에게 부과하는 특별 처분으로, 피해자의 집에서 1,000리 이상 떨어진 곳으로 이주시켜 복수를 예방하는 것이다. 복역을 수반하지 않는다는 점에서 流刑과 다르다(『唐律疏議』 권18, 賊盜18-1 〈제265조〉, 341~342쪽 ; 『역주당률소의』, 2423~2424쪽 ; 『宋刑統』 권18, 賊盜律 殺人移鄕, 285~286쪽 참조).

7) "囚及征防·流移人"이 『唐律疏議』에 인용된 捕亡令에는 "囚及征人·防人·流人·移鄕人"으로 열거되어 있다. 『宋刑統』에 인용된 捕亡令에는 본 조문과 마찬가지로 "囚及征防·流移人"으로 축약되어 있는데, 『唐律疏議』 이후 唐令을 편수하는 과정에서 개괄적 성격의 簡稱으로 고쳐 썼을 것이라고 한다(孟彦弘, 「唐捕亡令復原硏究」, 『天一閣藏明鈔本天聖令校證(附唐令復原硏究)』 下冊, 北京 : 中華書局, 2006, 544쪽 참조).

8) 寇賊이란 대체로 국가 지배를 받아들이지 않는 반란집단이나 도적집단을 가리키는 것으로 이해된다(『宋刑統』 권16, 擅興律 擅發兵, 251쪽 참조 ; 『唐律疏議』 권16, 擅興1-3 〈제224조〉, 299쪽 ; 『역주당률소의』, 2340쪽).

9) '鄕里村保'의 '村保'가 다음의 〈現2〉조에는 '村坊'으로 나오고, 養老令에는 '鄕里隣保'로 되어 있다.

10) '所屬'이 유관당송문의 『宋刑統』에는 尙書省, 『慶元條法事類』에는 尙書刑部로 명시되어 있다.

시작]한 지 3년에 지나도록 붙잡지 못한 경우에는 중지한다.[11)]

유관당송문 1)『唐律疏議』: 議曰, 依捕亡令, 囚及征人·防人·流人·移鄕人逃亡, 及欲入寇賊, 若有賊盜及被傷殺, 並須追捕.(권28, 捕亡1의 소의 〈제451조〉, 525쪽 ; 『역주당률소의』, 3279~3281쪽)

2)『宋刑統』: 準捕亡令, 諸囚及征防·流移人逃亡, 及欲入寇賊者, 經隨近官司申牒, 卽移亡者之家居所屬, 及亡處比 釋曰, 比猶近也. 州比縣追捕. 承告之處, 下其鄕里村保, 令加訪捉. 若未卽擒獲者, 仰本屬錄亡者年紀·形皃可驗之狀, 更移鄰部切訪. 捉得之日, 移送本司科斷. 其失處·得處並各申尙書省. 若追捕經三年, 不獲者停.(권28, 捕亡律 部內容止逃亡, 464쪽)

3)『慶元條法事類』: 捕亡令, 諸移鄕人逃亡者, 隨處卽時, 具鄕貫·年·顔·犯狀, 報鄰近捕盜官司並本貫若元斷及藏匿州縣. 事理重者, 牒本路及隣路州收捕, 仍申上書刑部. 犯人元係緣邊及兩地供輸人, 仍每季具已·未獲人數申刑部.(권75, 刑獄門5 移鄕, 778쪽)

▸ 유관 일본령

『令義解』: 凡囚及征人·防人·衛士·仕丁·流移人逃亡及欲入寇賊者, 經隨近官司申牒, 卽告亡者之家居所屬及亡處比國比郡追捕. 承告之處, 下其鄕里隣保, 令加訪捉. 捉得之日, 送本司, 依法科斷. 其失處得處並申太政官.(권28, 捕亡令,

11) 본 조문은 『宋刑統』에 인용된 捕亡令, 『唐律疏議』에 인용된 捕亡令, 그리고 養老令에 해당 조문이 있는 것으로 보아 당령에 근거하고 있음이 분명해 보인다. 본 조문은 도망하였거나 寇賊에 가입하려는 죄수, 征人, 防人, 流人, 移鄕人의 추격과 체포에 관한 규정으로, 추격과 체포의 책임 범위, 체포 후 처리 절차, 추격과 체포의 시한을 규정하였다. 첫째, 추격과 체포의 책임 범위는 사건 발생처의 주현, 도망자의 가택 소재 주현, 도망처의 인접 주현이며, 이들 주현은 관할하의 향리·촌보에 알려 도망자를 탐문해서 붙잡도록 하였다. 이를 좀 더 구체적으로 살펴보면 다음과 같다. 죄수, 征人, 防人, 流人, 移鄕人의 도망 사건이 발생하면 이들의 관리 책임자가 가까이 있는 官司를 통해 (해당 주현에) 첩으로 보고하고, 해당 주현은 도망자가 머물고 있을 가능성이 큰 도망자의 가택 소속 주현과 도망처의 인접 주현에 이첩해서 추포하도록 한다. 보고(또는 이첩)를 받은 곳에서는 관할하의 향리·촌보에 내려 보내 수색해서 붙잡도록 한다. 도망자를 즉각 추포하지 못하면 도망자의 本屬에 의뢰하여 도망자의 나이와 용모 등을 기록해서 인접 관할구역으로 보내 철저히 수색해 붙잡도록 한다. 둘째, 체포 후 처리 절차는 체포 당일 바로 本司로 이송해 판결하고, 도망자를 놓친 곳과 잡은 곳을 모두 각각 소속 관부에 보고한다. 셋째, 추포의 시한은 3년이며 3년이 지나도록 추포하지 못하면 중지한다.

303쪽)

▸ 복원 당령

『唐令拾遺』 捕亡令, 1조, 728쪽

『天聖令』 당령복원청본, 捕亡令, 1조, 549쪽

〈現2〉 諸有賊盜及被傷殺者, 卽告隨近官司·村坊耆保. 聞告之處, 率隨近軍人及捕盜人從發處尋蹤, 登共追捕. 若轉入比界, 其比界共追捕. 若更入它界, 須共所界官司對量蹤跡, 付訖, 然後聽比界者還. 其本發之所, 吏人須待蹤窮.[12] 其蹤跡盡處, 官司精加推討. 若賊在甲界而傷盜乙界及屍在兩(西)界[13]之上者, 兩界官司對共追捕. 如不獲狀驗者, 不得卽加追考,[14] 又不得逼斂人財, 令其募賊. 卽人欲自募者, 聽之.

무릇 적도[15]가 발생하거나 [적도에 의해] 살상이 일어난 경우 곧바로 가까이 있는 관사, 촌방의 기보[16]에게 알린다. 보고를 받은 곳에서는 근처의 군인이나 포졸[捕盜人]을 거느리고 [사건이] 발생한 곳에서부터 종적을 찾고 바로[17] 함께 뒤쫓아 체포한다. 만약 인접 지역[比界]으로 들어갔다면 그 인접 지역에서도 함께 뒤쫓아 체포한다. 만약 다시 다른 지역[它界]으로 들어갔다면 모름지기 그 지역의 관사(官司)와 함께 종적을

---

12) [교감주] 『令義解』에서는 '吏人'을 '使人'이라 하고 앞의 "其本發之所"에 붙여 읽었다. 戴建國도 '使人'으로 교정했는데(「唐捕亡令復原研究」, 『李埏敎授九十華誕紀念文集』, 雲南大學出版社, 2003), 孟彦弘은 '吏人'이 옳다고 보았다(「唐捕亡令復原研究」, 545쪽). 그리고 池田溫은 '蹤窮'의 '蹤'을 衍文으로 보았다(「唐令復原研究的新段階」, 『創價大學人文論集』 2000-12). 그러나 저본대로 읽어도 의미가 통하므로 그대로 둔다.

13) [교감주] 바로 뒤이어 '兩界'가 나올 뿐 아니라 전후 맥락에서 보더라도 '兩界'로 고치는 것이 적절하므로 '兩界'로 고친다.

14) [교감주] '追考'는 『令義解』 권9, 捕亡令, 304쪽에 '懲拷'로 되어 있다. '懲'을 '追'로 쓴 것은 宋 仁宗 趙禎의 '禎'을 피휘한 것으로 보인다. '考'는 '拷'와 통용된다.

15) '賊盜'가 유관당송문 1)에 인용된 捕亡令에는 '賊盜'로, 유관당송문 2)에 인용된 捕亡令에는 '盜賊'으로 되어 있다.

16) '村坊耆保'는 〈現1〉조에서 언급한 '鄕里村保' 및 유관 일본령의 '鄕里隣保'와 기본적으로 같다. 향촌의 하부조직으로 치안유지, 조세징수 업무 등을 보조했다.

17) 『令義解』 內閣文庫 소장 舊紅葉山文庫本은 '登'을 '則也'라고 풀이하였다(『令義解』 권9, 捕亡令, 303쪽 참조).

대조하여 살펴보고 [사건을] 넘겨주어 종료하며, 그런 다음 인접 지역[의 담당자]가 귀환하도록 허용한다. 본래 [사건이] 발생한 곳에서는 이인(吏人)이 [적도의] 종적이 다할 때까지 기다려야 한다. 그 종적이 [마지막으로] 사라진 곳에서는 관사가 샅샅이 찾아 뒤진다. 만약 적도가 [현재] 갑 지역[甲界]에 있는데 을 지역[乙界]에서 상해와 도난이 발생했거나 시체들이 양 지역[兩界]에 걸쳐 있다면 양 지역의 관사가 대조하고 함께 뒤쫓아 체포한다.[18] 만약 정황[을 입증할] 증거를 획득하지 못한 경우 바로 추궁하고 고문해서는 안 되며,[19] 또한 백성의 재물을 강압적으로 거둬들여 현상금을 걸어 적도를 체포해서는 안 된다.[20] 그런데 사람들이 스스로 현상금을 걸어 적도를 체포하고자 한다면 허락한다.[21]

---

18) 적도의 활동 지역이 인접 지역으로 옮겨가거나 확대되는 경우, 그에 따른 추포의 책임 소재 및 지역간 협조를 명확히 규정한 것이다. 적도의 활동 범위를 ① 本發處, ② 2차 지역(比界), ③ 3차 지역(它界), ④ 양 지역에 걸쳐 있는 경우로 나누어, ① 本發處는 추격과 체포의 전 과정에 대해 책임을 진다. ② 2차 지역은 적도가 해당 지역에서 활동할 동안 추포의 책임을 지고, 2차 지역을 벗어나 3차 지역으로 옮겨가면 그곳의 관사에 사건을 인계함과 동시에 추포의 책임을 면한다. ③ 3차 지역도 2차 지역과 동일한 책임을 지되, 만약 3차 지역에서 적도가 마지막으로 종적을 감추었다면 추포 중지 시한(3년)까지 책임을 진다. ④ 적도가 甲 지역에 있는데 乙 지역에서 상해나 도난 사건이 발생했거나 시체들이 甲乙 양 지역에 걸쳐 있다면, 두 곳의 관사가 추포의 책임을 함께 진다.

19) 桂齊遜은 '追考'를 '附考'로 이해하고 "만약 적도를 체포하지 못할 정황이 현저하면 해당 지역의 관리는 연말에 고과 자료에 부기해서는 안 된다."라고 해석했다(桂齊遜, 「唐代律令關係試析－以捕亡律令關於追捕罪人之規範爲例－」, 『唐研究』 14, 2008, 240~241쪽). 그런데 〈현3〉조에서 "捕盜之官皆附考"라고 하여 '附考'라는 어휘가 쓰였는데, '附考'가 "고과 자료에 부기한다(考狀에 부기한다)"라는 의미로 이해되므로, 본 조문의 '追考'를 '附考'로 보는 것은 부적절해 보인다.

20) '募賊'은 현상금을 걸어 적도를 체포한다는 의미로, 다음의 사료가 참고된다. 『北史』 권48, 爾朱榮傳 世隆, 1770~1771쪽, "世隆與兄弟密謀, 慮元曄母干豫朝政, 伺其母衛氏出行, 遣數十騎, 如劫賊於京巷殺之, 公私驚愕, 莫識所由, 尋縣牓以千萬錢募賊, 百姓知之, 莫不喪氣." ; 『魏書』 권13, 宣武靈皇后傳, 340쪽, "殺密多道人, 方懸賞募賊, 又於禁中殺谷會等."

21) 본 조문은 적도가 발생하거나 적도에 의해 살상이 일어난 경우 그 대처 방안에 대한 규정으로, 첫째 사건 발생의 보고와 추포, 둘째 적도의 활동 지역의 전이 혹은 확대에 따른 추포의 책임 소재 및 지역 간 협조, 셋째 증거 없이 가하는 고문 및 懸賞募賊의 금지에 관해 규정하고 있다. 본 조문은 유관당송문에 인용된

유관당송문 1) 『宋刑統』: 議曰, 依捕亡令, … 若有賊盜及被傷殺, 並須追捕.(권28, 捕亡律 將吏追捕罪人, 449쪽; 『唐律疏議』 권28, 捕亡1-1의 소의 〈제451조〉, 525쪽; 『역주당률소의』, 3279~3281쪽)

2) 『宋刑統』: 疏議曰, … 依捕亡令, 有盜賊及傷殺者, 卽告隨近官司·村坊·屯驛. 聞告之處, 率隨近軍人及夫, 從發處追捕.(권28, 捕亡律 被强盜隣里不救助, 454쪽; 『唐律疏議』 권28, 捕亡6의 소의 〈제456조〉, 531쪽; 『역주당률소의』, 3290~3291쪽)

▸ 유관 일본령

『令義解』: 諸有盜賊及被傷殺者, 卽告隨近官司坊里. 聞告之處, 率隨近兵及夫, 從發處尋蹤, 登共追捕. 若轉入比界, 須共比界追捕. 若更入他界, 與所部官司對量蹤跡, 付訖, 然後聽比界者還. 其本發之所使人, 須待蹤窮. 其蹤緖盡處官司精加推討. 若賊在甲界而傷盜乙界, 及屍在兩界之上者, 兩界官司, 對共追捕. 如不獲狀驗者, 不得卽加徵拷.(권9, 捕亡令, 303~304쪽)

▸ 복원 당령

『唐令拾遺』 捕亡令, 2조, 729쪽

『天聖令』 당령복원청본, 捕亡令, 2조, 550쪽

〈現3〉 諸追捕罪人, 合發人兵者, 皆隨事斟酌用多少堪濟. 其當界有巡檢處, 卽與相知, 隨卽討捕. 若力不能制者, 卽告比州比縣. 得告之處, 審知是實, 先須發兵相知除剪, 仍馳驛申(中)奏.[22] 若其遲緩逗留, 不赴警急, 致使賊得鈔掠及追討不獲者, 當處錄狀奏聞. 其得賊·不得賊, 捕盜之官皆附考.

무릇 죄인을 뒤쫓아 체포하는데 인부와 병사를 징발해야 하는 경우, 모두 사안에 따라 임무 완수에 필요한 인원수를 숙고한다. 해당 지역[當界]에 순검처(巡檢處)가 있으면 곧바로 알려 [함께] 즉각 수색해서 체포한다.

捕亡令, 그리고 일본령에 해당 조문이 있어 당령에 근거하고 있음이 분명해 보인다. 다만 유관당송문이나 일본령에 보이지 않은 "如不獲狀驗者" 이하 부분은 당령에 원래 있었다는 주장과 송대에 새로 추가되었을 것이라는 주장이 함께 제기되고 있다(孟彦弘, 「唐捕亡令復原硏究」, 545쪽 참조).

22) [교감주] 『令義解』 권9, 捕亡令, 304쪽에 의거하여 '申奏'로 고친다.

만약 [그 지역의] 힘으로 제압할 수 없는 경우에는 곧바로 인접 주·현에 통보한다. 통보를 받은 곳에서는 상세히 알아보고 사실이면 먼저 모름지기 병사를 징발하고 서로 알려 [함께] 소탕해야 하며, 곧이어 역마를 달려 상주한다. 만약 [통보를 받고도] 지체하고 머뭇거리면서 위급 상황[警急]을 구하러 달려가지 않아[23] 적도로 하여금 노략질할 수 있게 하거나 [적도를] 붙잡지 못하게 한 경우에는 [사건이 발생한] 당처에서 정황을 기록하여 상주한다. 적도를 붙잡았든 적도를 붙잡지 못했든 포도(捕盜) 담당 관료는 [관련 기록을] 모두 고장(考狀)에[24] 부기한다.[25]

유관당송문 1)『唐律疏議』: 諸鄰里被强盜及殺人, 告而不救助者, 杖一百, 聞而不救助者, 減一等. 力勢不能赴救者, 速告隨近官司. 議曰, … 力勢不能赴救者, 謂賊强

---

23) '警急'이란『宋刑統』권16, 擅興律 擅發兵, 251~252쪽(『唐律疏議』권16, 擅興1-3의 소의 〈제224조〉, 299쪽 ;『역주당률소의』, 2340쪽 및『唐律疏議』권16, 擅興2-2의 소의 〈제225조〉, 300쪽 ;『역주당률소의』, 2342~2343쪽)에 의하면, "① 其寇賊卒來, 欲有攻襲, ② 卽城屯反叛, ③ 若賊有內應"의 경우이며, 疏議에서 각각 "① 其有寇賊卒來入境, 欲有攻擊掩襲, ② 及國內城鎭及屯聚兵馬之處, 或反叛, ③ 或外賊自相翻動, 內應國家"라고 설명했다. 이와 같은 위급 상황에서 급히 병력이 필요하면 미리 상부에 보고하거나 상부의 지시를 기다리지 않고 편의에 따라 병사를 징발하는 것을 허용한다. 또한 이러한 위급 상황에서는 비록 관할하에 있지 않은 比部官司에서라도 병사를 調發하거나 지급할 수 있는데, 다만 그 후 각각 즉시 보고해야 한다. 본 조문에서는 罪人이 적도가 되어 노략질할까 우려되는 상황이 '警急'으로 인식되고 있는데,『唐律疏議』및『宋刑統』의 擅興律에서 '警急'으로 열거한 것 가운데 ①에 해당한다고 이해된다. 본 조문의 '警急'과 擅興律의 警急 ①은 〈現1〉조의 "諸囚及征防·流移人逃亡及欲入寇賊者"와도 내용적으로 관계가 있다. 즉 본 조문, 擅興律의 警急 ①, 〈現1〉조를 관련지어 보면, 죄인(죄수)이 寇賊에 들어가(적도가 되어) 노략질(공습)하려고 하는 '警急' 상황이 그려진다.

24) 捕盜官은 적도를 붙잡거나 붙잡지 못한 사실을 모두 考狀에 부기한다고 규정했는데, 이는 적도의 체포 실적을 고과에 반영한다는 의미로 이해되지만,『令義解』의 注解에서는 "반드시 降考하는 것이 아니라 오직 考文에 부기하는 것일 뿐이다(謂不必降考, 唯附考文也)."라고 하여 고과 반영의 의미를 제한적으로 이해했다.

25) 본 조문은 첫째 죄인의 추격과 체포에 필요한 인부와 병사의 징발, 둘째 인접 주현에 대한 협조 요청 및 협조 요청에 응하지 않아 발생한 사태의 보고, 셋째 적도 체포 실적의 고과 반영 등에 관해 규정하였다. 유관당송문의『宋刑統』및『唐律疏議』에는 사실상 본 조문이 없고 극히 일부 내용만 언급되고 있을 뿐이지만 일본령에 해당 조문이 있어 본 조문은 당령에 근거한다고 생각된다.

人少, 或老小羸弱, 不能赴救者.(권28, 捕亡6 〈제456조〉, 530~531쪽 ; 『역주당률소의』, 3290~3292쪽)

2) 『宋刑統』 : 疏議曰, … 依捕亡令, 有盜賊及傷殺者, 卽告隨近官司·村坊·屯驛. 聞告之處, 率隨近軍人及夫, 從發處追捕.(권28, 捕亡律 被强盜隣里不救助, 454쪽 ; 『唐律疏議』 권28, 捕亡6의 소의 〈제456조〉, 531쪽 ; 『역주당률소의』, 3290~3291쪽)

▸ 유관 일본령

『令義解』 : 凡追捕罪人, 合發人兵, 皆隨事斟酌, 使多少堪濟. 其當界有軍團, 卽與相知, 隨卽討撲. 若力不能制, 卽告比國比郡. 得告之處, 審知事實, 先須發兵相知除剪, 仍馳驛申奏. 若其遲緩逗留, 不赴機急, 致使賊得逃亡, 及追討不獲者, 當處錄狀奏聞. 其得賊, 不得賊, 國郡軍團皆附考.(권9, 捕亡令, 304쪽)

▸ 복원 당령

『天聖令』 당령복원청본, 捕亡令, 3조, 550쪽

〈現4〉 諸亡失奴婢·雜畜·貨物等, 於隨近官司申牒案記. 若已入蕃境·還賣入國, 券證分明, 皆還本主, 本主酬直. 奴婢自還者歸主.

무릇 노비, 잡축, 화물 등을 잃어버린 경우 가까이 있는 관사(官司)에 [잃어버린 물품을] 기록해서 첩으로 신고한다.[26] 만약 이미 외국으로 반입되었다가 되팔려 국내로 들어온 경우 계약문서와 증거가 분명하면[27] 모두 본주인에게 돌려주고, 본주인은 그 값을 치른다. 노비가 스스로

26) 유관 일본령의 注解("謂亡失之處, 錄失物由狀及色目, 以申官司. 如得失物者, 據此還主. 是謂申官司案記. 其雖未有案記, 而券契及證據, 足可驗者亦還. 故云券證分明.")에 의하면, 亡失之處에서는 失物의 연유와 모습 및 품목을 기록해서 관사에 보고하고, 만약 失物을 찾게 되면 이에 의거하여 주인에게 돌려주는데, 이것이 "申官司案記"라고 하였다. 그리고 비록 案記하지 않았더라도 계약문서 및 증거로 충분히 증빙할 수 있는 경우에도 역시 돌려주며, 이 때문에 "券證分明"이라 하였다고 설명했다.

27) '券'(혹은 '市券')이란 구매자가 노비를 구매한 계약문서이고(『宋刑統』 권26, 雜律 校斗秤不平, 428쪽 ; 『唐律疏議』 권26, 雜律34-1 〈제422조〉, 500~501쪽 ; 『역주당률소의』, 3241~3242쪽 참조), '證'은 노비가 원래 아무개의 재산임을 증명하는 증거이다. 이 양자가 분명하면, 본주인은 노비를 되찾을 권리가 있되, 구매자에게 노비 구매비용을 치러주어야 한다.

돌아온 경우에는 주인에게 돌려준다.[28)]

유관당송문 관련 기록이 당송 시기 문헌에서는 확인되지 않는다.

▸ 유관 일본령

『令義解』: 凡亡失家人奴婢雜畜, 皆申官司案記. 若獲物之日, 券證分明, 皆還本主.(권9, 捕亡令, 亡失家人條, 304쪽)

▸ 복원 당령

『天聖令』 당령복원청본, 捕亡令, 5조, 550쪽

〈現5〉 諸地分有死人, 不知姓名·家屬者, 經隨近官司申牒推究, 驗其死人. 委無冤橫者, 當界藏埋, 立牓於上, 書其形狀, 以訪家人. 檢屍之條自從別勅.

무릇 관할구역[地分]에서 죽은 사람이 발견되었는데 성명과 가속을 알지 못할 경우 가까이 있는 관사(官司)를 통해 첩으로 보고하고 [관사는] 자세히

28) 본 조문은 노비, 잡축, 화물 등의 분실 신고, 그리고 이것들이 외국으로 반입되었다가 환매되어 국내로 들어온 경우 그 소유권의 귀속과 배상에 대해 규정하고 있다. 일본령에 해당 조문이 있으나 본 조문과는 차이가 있다. 일본령에는 잃어버린 물건(家人·奴婢·雜畜)을 찾았을 때 계약문서와 증거가 분명하면 모두 본주인에게 돌려준다고 했는데, 본 조문에는 잃어버린 물건(奴婢·雜畜·貨物)이 외국으로 반입되었다가 되팔려 국내로 들어온 경우로 내용이 바뀌고 또한 본주인은 돌려받은 후 그 값을 치른다고 했다. 이러한 차이는 亡失物이 어떤 경로를 거쳐 "入蕃境"되었다가 다시 되팔려 송으로 들어오는 일이 드물지 않았기에 관련 규정을 신설했던 데서 비롯된 것으로 보인다. 마지막의 "奴婢自還者歸主"는 일본령에 보이지 않지만 〈舊5〉조에 "若走歸主家, 徵半賞"이라고 하여, 도망 노비가 자발적으로 주인의 집으로 돌아간 경우를 언급하고 있는데, 다만 본 조문은 "入蕃境"한 노비, 〈舊5〉조는 '도망' 노비라는 차이가 있다. 한편 『천성령』의 현령에는 도망 노비에 관한 규정이 〈현4〉와 〈현8〉조를 제외하고 보이지 않으며, 노비 관련 규정 전체로 확대해도 奴婢 訴良을 다룬 〈현6〉조를 더하여 총 3개 조문일 뿐이다. 이것은 포망령에서 폐기된 조항들이 대부분 도망 노비와 관련된 내용이라는 사실(〈舊3〉~〈舊7〉조)과 직접적으로 대응하는데, 송대에는 고용 및 계약에 의해 새로운 신분관계가 형성되고 이른바 '고용 노비'가 등장하면서 도망 노비의 추포 및 그 후속 조치는 더 이상 국가 권력이 법으로 규정해야 할 주요 사안이 아니었음을 의미하는 것으로 이해된다(洪文琪, 「唐宋奴婢逃亡懲罰試探－以《天聖令·捕亡令》爲中心」, 『新史料·新觀點·新視覺《天聖令論集》(上)』, 臺北 : 元照出版有限公司, 2011, 273~275쪽 참조).

조사해서 그 죽은 사람[의 사인(死因)]을 검증한다. 원통함이나 횡액을 당해 죽은 것이 아니라고 판명되면 해당 지역[當界]에 매장하고 [매장처] 위에 팻말을 세우고 형상을 기록해두어 가족을 찾도록 해준다.[29] 검시에 관한 조목은 별도의 칙[別勅]에 따른다.[30]

유관당송문 관련 기록이 당송 시기 문헌에서는 확인되지 않는다.

▸ 유관 일본령

『令義解』: 凡有死人, 不知姓名家屬者, 經隨近官司申牒推究, 當界藏埋, 立牓於上, 畵其形狀, 以訪家屬.(권9, 捕亡令, 有死人條, 305쪽)

▸ 복원 당령

『天聖令』 당령복원청본, 捕亡令, 6조, 550쪽

〈現6〉 諸奴婢訴良, 未(赤)[31]至官府爲人捉送, 檢究(況)事由(日),[32] 知訴良有實應放者, 皆勿坐.

무릇 노비가 양인이라고 소원하러 [가다가] 미처 관부에 도착하기 전에 다른 사람에게 붙잡혀 송치되었는데, 그 사유를 조사해서 양인이라는 소원이 사실이므로 응당 풀어주어야 한다고 판명된 경우, 모두[33] 처벌하지

---

29) 유관 일본령의 注解("謂於藏埋上, 立標牓, 記狀齒老幼及其物色, 令行路看訪其家屬也.")에 의하면 매장처 위에 標牓을 세우고 狀齒老幼 및 그 物色을 기록하였다.

30) 본 조문은 관할구역에서 신원 미상의 死人이 발견되었을 경우 그 처리 절차에 대해 규정하고 있다. 본 조문과 관련된 유관당송문은 보이지 않지만, 일본령에 해당 조문이 있어 당령에 근거하는 것으로 보인다. 다만 일본령에는 없지만 본 조문에 첨가된 "驗其死人. 委無冤橫者" 및 할주 "檢屍之條自從別勅"은 송대에 신설된 듯하며, 檢屍가 일반화된 송대의 상황을 반영한 것으로 보인다. 송대의 검시 관련 규정은 『宋會要輯稿』, 刑法6-1, 檢驗 ; 『慶元條法事類』 권75, 檢屍 ; 『洗冤集錄』 권1, 條令 등에 수록되어 있다.

31) [교감주] 『令義解』 권9, 捕亡令, 307쪽에 의거하여 '赤'을 '未'로 고친다.

32) [교감주] 『令義解』 권9, 捕亡令, 307쪽에 의거하여 '檢況'을 '檢究'로, '事日'을 '事由'로 고친다.

33) '모두'는 양인임을 訴冤하러 가다가 붙잡힌 노비와 그 노비를 붙잡아 송치한 자를 가리키는 것으로 이해된다.

않는다.[34)]

유관당송문 1)『宋刑統』: 諸部曲·奴婢告主, 非謀反·逆·叛者, 皆絞. … 卽奴婢訴良, 妄稱主壓者, 徒三年, 部曲, 減一等. 疏議曰 … 卽奴婢訴良, 妄稱主壓者, 謂奴婢本無良狀, 而妄訴良, 云主壓充賤者, 合徒三年.(권24, 鬪訟律 奴婢告主罪, 369~370쪽 ;『唐律疏議』, 권24, 鬪訟48 〈제349조〉, 438~439쪽 ;『역주당률소의』, 3122~3124쪽)

▸ 유관 일본령

『令義解』: 凡奴婢訴良, 未至官司爲人執送, 撿究事由, 知訴良有實者, 雖無良狀, 皆勿酬賞.(권9, 捕亡令, 307쪽)

▸ 복원 당령

『天聖令』 당령복원청본, 捕亡令, 13조, 551쪽

〈現7〉 諸博(愽)[35)]戲賭財, 在席所有物及 句(勿)合[36)]出玖(玫)[37)]得物, 爲人糾告者, 其物悉賞糾人. 卽輸(輪)物人及出玖(玫)句合容止主人能自首者, 亦

34) 본 조문은 노비의 訴良에 대한 규정이다. 유관당송문에 의하면, 노비는 謀反·謀逆·謀叛의 경우를 제외하고는 주인을 고발할 수 없으며 고발한 경우 絞刑에 처하였다. 단 노비가 양인이라고 訴冤하고 거짓으로 주인의 위협 때문에 노비가 되었다고 말하는 경우 도형 3년에 처한다고 하여, 본래 양인이었던 자가 주인의 협박으로 노비가 된 경우 訴良할 수 있음을 시사하고 있다. 본 조문에서는 노비가 訴良하러 가는 도중에 붙잡혔는데 그 사유를 조사해서 訴冤하는 바가 사실이라 응당 풀어주어야 할 것으로 판명된 경우 모두 논죄하지 않는다고 하였다. 본 조문과 유관당송문의 내용에 의하면, 노비의 訴良은 허용되지 않지만 본래 양인으로 노비가 된 경우에는 허용했음을 알 수 있다. 또한 당령에 근거하는 유관 일본령과 천성령의 본 조문을 비교해보면, 전자는 令文의 주체가 포획자인데 비해, 후자는 令文의 주체가 노비라는 점에서 차이를 보인다. 이것은 송대에 사회가 발전함에 따라 노비의 지위가 개선되었고 천성령을 제정할 때 이점이 반영된 것으로 이해된다(戴建國,「唐捕亡令復原研究」, 75쪽 ; 洪文琪,「唐宋奴婢逃亡懲罰試探-以《天聖令·捕亡令》爲中心」, 274쪽 참조).

35) [교감주]『令義解』 권9, 捕亡令, 307쪽에 의거하여 '愽'을 '博'으로 고친다.

36) [교감주] 본 조문의 뒷부분에 '句合'으로 나오고『令義解』 권9, 捕亡令, 308쪽에도 '句合'으로 되어 있어 '勿合'을 '句合'으로 고친다.

37) [교감주] 文淵閣 四庫全書 電子版,『唐律疏議』 권26, 雜律, 博戲賭財物條에 의거하여 '玫'를 '玖'로 고친다(아래의 '玫'도 마찬가지다).

依(休)[38]賞例. 官司捉獲者, 減半賞之, 餘沒官. 唯賭得財者自首, 不在賞限, 其物悉沒官.

무릇 [쌍륙 등의] 놀이[博戲]에 재물을 걸었을 경우,[39] 노름판에 있는 [모든] 물품 및 사람을 모아 노름하게 하거나[40] 고리대놀이를 하여[41] 얻은 물품이 다른 사람에게 적발되어 고발된 경우, 그 물품은 모두 적발한 사람에게 상으로 준다. 가령 물품을 잃은 사람 및 주사위 던지기를 한 자, 사람을 모아 노름하게 한 자, [장소를 제공하여 노름꾼을] 머물게 한 주인이 자수한 경우에도 역시 상을 주는 법례[賞例]에 따른다. 관사에서 붙잡은 경우에는 반을 감하여 상으로 주고 나머지는 관에 몰수한다. 다만 도박으로 재물을 얻은 자가 자수를 했다면 포상의 범위에 두지 않고 그 재물은 모두 관에 몰수한다.[42]

유관당송문 1)『宋刑統』: 諸博戲賭財物者, 各杖一百. 擧博爲例, 餘戲皆是. 贓重者, 各依己分準盜論. 輸者亦依己分爲從坐. 其停止主人及出九, 若和合者, 各如之. 賭飮食者不坐. … 議曰, 共爲博戲而賭財物, 不滿五疋以下, 各杖一百. 注云擧博爲

---

38) [교감주]『令義解』권9, 捕亡令, 308쪽에 의거하여 '休'를 '依'로 고친다.

39) '博戲'는 雙六, 樗蒲 따위의 노름을 가리킨다.

40) '句合'은 사람을 모아 노름하게 하는 것이다.『宋刑統』과『唐律疏議』에는 '和合'이라고 했다.

41) '出玖'는『宋刑統』,『唐律疏議』,『令義解』에 '出九'라고 했다. 孫奭 撰,『律 附音意』에는 '出九'를 "九分出一爲息"으로 해석하였다(『律 附音意』, 263쪽). 본 조문에서는 노름판에서 노름돈을 빌려주고 구분의 일을 선이자로 받는다는 의미로 이해된다.

42) 본 조문은 재물을 걸고 노름하는 것을 적발하여 고발한 자 및 자수한 자에 대한 포상 규정이다. 포상은 노름에 관여한 자로부터 몰수한 물품으로 했다. 포상의 대상은 다음 세 가지이다. 첫째는 적발하여 고발한 자에 대한 포상인데, 노름판에 있는 물품, 사람을 모아 노름하게 하여(句合) 얻은 물품, 구분의 일을 선이자로 받는 고리대놀이를 하여(出玖) 얻은 물품을 적발하여 고발한 경우 모두 고발한 자에게 상으로 주었다. 둘째는 자수한 자에 대한 포상으로, 노름에서 물품을 잃은 자(輸物人), 구분의 일을 선이자로 받는 고리대놀이를 한 자(出玖), 사람을 모아 노름하게 한 자(句合), 노름 장소를 제공한 자(容止主人)가 자수할 경우 포상하였다. 단 노름에서 재물을 얻은 자는 자수하더라도 포상하지 않고 그 물품은 관에 몰수하였다. 셋째는 관사에서 붙잡은 경우로 그 반은 상으로 주고 나머지는 관에 몰수하였다.

例, 餘戲皆是, 謂擧博爲名, 總爲雜戲之例. … 議曰, 停止主人, 謂停止博戲賭物者主人, 及出九之人, 亦擧九爲例, 不限取利多少. 若和合人令戲者, 不得財, 杖一百. 若得利入己, 並計贓准盜論.(권26, 雜律 博戲賭財物, 415~416쪽 ; 『唐律疏議』 권26, 雜律14 〈제402조〉, 487~488쪽 ; 『역주당률소의』, 3216~3217쪽)

▸ 유관 일본령

『令義解』 : 凡博戲賭財, 在席所有物, 及句合出九得物, 爲人糾告, 其物悉賞糾人. 卽輸物人, 及出九句合容止主人能自首者, 亦依賞例. 官司捉獲者, 減半賞之, 餘沒官. 唯賭得財者自首, 不在賞限, 其物悉沒官.(권9, 捕亡令, 307~308쪽)

▸ 복원 당령

『天聖令』 당령복원청본, 捕亡令, 14조, 551쪽

〈現8〉 諸兩家奴婢俱逃亡, 合生男女, 及略盜奴婢, 知而故買配奴婢者, 所生男女從母.

무릇 두 집안의 노와 비가 함께 도망해서 교합하여 아들딸을 낳거나, 약취하거나 훔쳐낸 노와 비임을 알고서도 고의로 사들여 노와 비를 짝지어 준 경우 [그들이] 낳은 아들딸은 어미를 따른다.[43)]

유관당송문 1) 『宋刑統』 : 又問, 有人知是臟婢, 故買自幸, 因而生子, 合入何人. 答曰, 知是臟婢, 本來不合交關, 違法故買, 意在姦僞. 臟婢所産, 不合從良, 止是生

43) 본 조문은 도망 노비가 낳은 아들딸, 그리고 약취하거나 훔쳐낸 노비임을 알면서도 고의로 구매해 짝지어주어 낳은 아들딸의 신분 및 소유권 귀속에 대한 규정이다. 이들은 모두 '어미를 따른다[從母]'라고 규정하였으니, 이들의 신분은 어미를 따라 노비가 되고 이들에 대한 소유권은 어미의 주인에게 돌아간다는 의미로 이해된다. 『宋刑統』 및 『唐律疏議』의 名例律과 戶婚律의 관련 조문에 의하면, 노비는 재물과 같으므로 주인의 처분에 따라야 하는데, 도망한 奴와 婢, 良人과 장물인 婢, 略盜한 奴와 婢의 혼인은 모두 '本主'의 처분에 따른 것이 아니므로 각각 이혼시키고 '본주'에게 반환되며, 그들 사이의 소생 남녀도 '從母'에 따라 어미의 신분을 따르고 어미의 '本主'에게 귀속되었다(『宋刑統』 권4, 名例律 贓物沒官及徵還官主並勿徵, 63쪽 ; 『唐律疏議』 권4, 名例33-1 〈제33조〉, 89쪽 ; 『역주당률소의』, 252쪽 및 『宋刑統』 권14, 戶婚律 主與奴娶良人, 226쪽 ; 『唐律疏議』 권14, 戶婚43-2 〈제192조〉, 270~271쪽 ; 『역주당률소의』, 2281~2282쪽 참조).

產蓄息, 依律隨母還主.(『宋刑統』 권4, 名例律 贓物沒官及徵還官主並勿徵, 63쪽 ; 『唐律疏議』 권4, 名例33-1의 문답〈제33조〉, 89쪽 ; 『역주당률소의』, 252쪽)인되지 않는다.

▸ 유관 일본령

『令義解』 : 凡兩家奴婢俱逃亡, 合生男女, 並從母. 其略盜奴婢, 知而故買配奴婢者, 所生男女皆入本主. 不知情者從母.(권9, 捕亡律, 308쪽)

▸ 복원 당령

『天聖令』 당령복원청본, 捕亡令, 15조, 551쪽

〈現9〉 諸得闌遺物者, 皆送隨近官(皆)司,[44] 封記收掌, 錄其物色(色物),[45] 牓於要路, 有主識認者, 先責伍保, 及令其失物隱細狀, 驗符合者,[46] 當(常)[47]官隨給. 其非緘封之物, 亦置它所, 不得令認者先見. 滿百日無人識認者, 沒官附帳.

무릇 유실물을 습득하면[48] 모두 근처의 관사에 보내고, [관사에서는 유실물을] 봉하고 [문서철에] 기록한 다음 거두어 보관하며, 그 물품의 종류를 적어 주요 도로[의 게시판]에 고지한다. [고지한 후 자신의 물품임을] 알아보고 확인하는 주인이 나타나면 먼저 오보(伍保)에게[49] [보증하도록]

---

44) [교감주] 『令義解』 권9, 捕亡令, 308쪽에 의거하여 '皆'를 '官'으로 고친다. 이밖에 유관당송문 2)에 인용된 捕亡令에 "皆送隨近縣"이라 하였고, 유관당송문 3)에 "送所在官司"라 하였다.

45) [교감주] 『令義解』 권9, 捕亡令, 308쪽에 의거하여 '色物'을 '物色'으로 고친다. 유관당송문 2)에 인용된 捕亡令에는 "仍錄物色目"이라 하였다.

46) [교감주] 孟彦弘은 유관당송문 2)의 "有主識認者, 檢驗記責保還之."와 유관당송문 3)의 "有人認者, 先責隱細, 狀驗同, 取保給付. 滿百日無人認者, 沒官."을 아울러 살펴보면, 責한 것은 伍保와 失物隱細이므로 "及令其失物隱細狀"의 '令'은 衍文일 것이라고 보았고(「唐捕亡令復原硏究」, 312쪽), 戴建國은 '其'를 '具'로 교정했다(「唐捕亡令復原硏究」, 2003).

47) [교감주] '常'은 '當'의 오기로 보인다. 두 글자의 형태가 유사하여 오기된 듯하다. 戴建國도 '當'으로 교정했다(「唐捕亡令復原硏究」, 『李埏敎授九十華誕紀念文集』, 雲南大學出版社, 2003).

48) 유실물을 얻었다는 것은 寶, 印, 符, 節 및 잡다한 물품 등을 얻었다는 것을 말한다. 유관당송문 1) 참조.

49) 四隣伍保의 伍保이다. 4家1隣, 5家1保라는 향촌 하부조직으로, 치안유지, 조세징수

책임지우고 잃어버린 물품[失物]의 드러나지 않은 세세한 모습을 확인시켜 부합하면 담당관이 바로 내준다. 그런데 함봉하[기 곤란하여 함봉하]지 않는 물품은 또한 다른 곳에 두고 [자신의 물품을 알아보고] 확인하는 자에게 먼저 보게 해서는 안 된다. 100일이 지나도록 분명하게 주장하는 사람이 없으면 관에 몰수하고 장부에 부기한다.[50)]

유관당송문 1) 『宋刑統』 : 諸得闌遺物, 滿五日不送官者, 各以亡失罪論, 贓重者, 坐贓論. 私物, 坐贓論減二等. 疏議曰, 得闌遺之物者, 謂得寶·印·符·節及雜物之類, 卽須送官, 滿五日不送者, 各得亡失之罪. 贓重者, 謂計贓重於亡失者, 坐贓論, 罪止徒三年. 私物, 坐贓論減二等, 罪止徒二年. 器物各還官·主.(권27, 雜律 地內得宿藏物, 445~446쪽 ; 『唐律疏議』 권27, 雜律60 〈제448조〉, 521쪽 ; 『역

등을 책임졌다(『宋刑統』 권17, 賊盜律 劫囚, 277쪽 ; 『唐律疏議』 권17, 賊盜11 〈제258조〉, 331~332쪽 ; 『역주당률소의』, 2404~2405쪽 참조).

50) 본 조문은 습득한 유실물의 처리에 대한 규정으로, 유관 일본령과 『宋刑統』에 해당 조문이 있어 당령에 근거하고 있음이 분명하다. 다만 몇 가지 점에서 당송 간에 상당한 변화가 엿보인다. 첫째 유실물을 관리하는 담당 부서의 변화이다. 『송형통』에 인용된 捕亡令에 의하면, 유실물을 습득하면 모두 근처의 縣으로 보내되, 市에서 습득한 것은 市司로, 金吾가 兩京에서 순찰하다 습득한 것은 金吾衛로 보낸다고 하였다. 일본령에서도 金吾가 衛府로, 金吾衛가 本衛로 바뀌었을 뿐 내용은 기본적으로 동일하다. 따라서 당대에 유실물은 그 습득처에 따라 각각 근처의 官司(혹은 縣), 市司, 金吾衛에서 관리했음을 알 수 있다. 그런데 天聖令의 본 조문 및 유관당송문 3)에서는 유실물을 습득하면 근처의 官司 혹은 소재지 官司로 보낸다고 하여, 송대에는 근처의 官司 혹은 소재지 官司가 유실물 관리 업무를 전적으로 담당했으며, 市司와 金吾衛의 업무는 그만큼 축소되었을 것으로 생각된다. 다음으로 습득 유실물의 고지 방법, 장소, 기간의 변화이다. 일본령과 『송형통』에서는 일차적으로 습득한 물품을 [官司나 市司나 金吾衛의] 문밖에 매달아 두고 주인이(라고 주장하는 자가) 나타나면 확인 절차를 거친 후 돌려주었다. 30일이 지나도록 주인이 나타나지 않으면 거두어 보관하고, 바로 물품의 종류를 기록하여 村·坊門에 게시하되 1년이 지나도록 주인이 나타나지 않으면 관에 몰수하였으며, 몰수한 후라도 물품이 아직 그대로 있을 때 주인이 나타나면 확인 절차를 거친 후 돌려주었다. 그런데 본 조문에서는 일차 단계를 생략하고, 주요 도로(의 게시판에) 물품의 종류를 적어 고지하되 100일이 지나도록 주인이 나타나지 않으면 관에 몰수한다고 규정하고, 몰수 후 주인이 나타난 경우의 처리 규정은 없어졌다. 이를 통해 송대가 되면 습득 유실물 처리 절차 및 기간이 대폭 간소해지고 단축되었음을 알 수 있다.

주당률소의』, 3275~3276쪽)

2) 『宋刑統』: 准, 捕亡令, 諸得闌遺物, 皆送隨近縣, 在市得者, 送市司. 其金吾各在兩京巡察得者, 送金吾衛. 所得之物, 皆懸於門外, 有主識認者, 檢驗記責保還之. 雖未有案記, 但證據灼然可驗者, 亦准此. 其經三十日, 無主認者收掌, 仍錄物色目, 牓村坊門, 經一周年, 無人認者, 沒官, 錄帳申省聽處分. 沒入之後, 物猶見在, 主來認, 證據分明者還之.(권27, 雜律 地內得宿藏物, 446쪽)

3) 『慶元條法事類』: 諸得闌遺物者, 送所在官司, 封記籍定, 榜諭召人識認. 有人認者, 先責隱細狀, 驗同, 取保給付. 滿百日無人認者, 沒官.(권80, 雜門 闌遺雜令, 906쪽)

▸ 유관 일본령

『令義解』: 凡得闌遺物者, 皆送隨近官司, 在市得者, 送市司. 其衛府巡行得者, 各送本衛. 所得之物, 皆懸於門外, 有主識認者, 驗記責保還之. 雖未有記案, 但證據灼然可驗者亦准此. 其經卅日無主認者收掌, 仍錄物色牓門, 經一周無人認者, 沒官, 錄帳申官聽處分, 沒入之後, 物猶見在, 主來識認, 證據分明者還之.(권9, 捕亡令, 308쪽)

『令集解』: 凡闌遺之物, 五日內申所司. 釋云, … 此條稱闌遺物者, 廣及財物, 何者, 唐廄牧令及捕亡令, 並無送司日限故. 雜律議云, 五日內未送官者, 科違令者. 卽知唐令意, 得卽送所司, 不得經日, 此間令, 立闌遺之物五日內申所司之文, 卽知, 非讀爲闌畜, 然則闌畜及財物, 五日內者不可坐, 滿五日後, 乃以失亡乃坐贓論耳.(권38, 廄牧令, 937쪽)

▸ 복원 당령

『唐令拾遺』 捕亡令, 6조, 730~731쪽 ; 『唐令拾遺補』 捕亡令, 6조, 800~801쪽
『天聖令』 당령복원청본, 捕亡令, 16조, 551쪽

右並因舊文, 以新制參定.

위[의 영들은] 예전의 조문을 바탕으로 하되 새로운 제칙을 참작하여 정한 것이다.

〈舊1〉 諸追捕盜賊及逃亡, 先盡壯馬, 二日以內, 一日一夜馬行二百里, 步行一百里 ; 三日以外, 一日一夜馬行一百五十里, 步行八十里. 若人馬有代易者, 自依初制. 如期會須速及力堪進者, 不用此數.

무릇 도적이나 도망자를 뒤쫓아 체포하는 경우 먼저 건장한 말을 다 사용하여, 2일 이내[에 뒤쫓을 수 있다]면 하루 낮 하루 밤에 말로는 200리를 가고 도보로는 100리를 간다. 3일 이상이라면 하루 낮 하루 밤에 말로는 150리를 가고 도보로는 80리를 간다.[51] 만약 교대할 사람과 바꾸어 탈 말이 있다면 당연히 처음의 [2일 이내] 규정에 따른다. 만약 집결하기로 기약하여 신속하게 가야 하거나 계속해서 나아갈 만한 힘이 있다면 이 수치를 적용하지 않는다.

유관당송문 관련 기록이 당송 시기 문헌에서는 확인되지 않는다.

▸ 유관 일본령

『令義解』: 凡行程, 馬日七十里, 步五十里, 車卅里.(권7, 公式令, 266쪽 ; 『令集解』 권36, 公式令, 911쪽)

▸ 복원 당령

『天聖令』 당령복원청본, 捕亡令, 4조, 550쪽

〈舊2〉 諸糾捉賊盜者, 所理[52]倍贓, 皆賞糾捉之人. 家貧無財可理及依法不合理倍(借)贓[53]者, 並計所得正贓準爲五分, 以二分賞糾捉人. 若正贓費盡者, 官出一分以賞捉人. 即官人非因檢校而別糾捉, 并共盜及知情主人首(者)告[54]者, 亦依賞例.

무릇 적도를 적발해 붙잡은 경우 징수하는 배장은[55] 모두 [적도를] 적발해

---

51) 본 조문은 특수 상황에서의 行程이고, 일반 상황에서는 육로의 경우 말은 하루에 70리, 도보나 나귀는 50리, 수레는 30리였다(『唐六典』 권3, 尙書戶部, 80쪽 ; 『역주당육전』상, 347~348쪽 참조).

52) [교감주] 『令義解』 권9, 捕亡令, 304쪽에는 '理'가 '徵'으로 되어 있다(아래의 '理'도 마찬가지다). '徵'을 '理'로 쓴 것은 宋 仁宗 趙禎의 '禎'을 피휘한 것으로 보인다.

53) [교감주] 『令義解』 권9, 捕亡令, 304쪽에 의거하여 '借贓'을 '倍贓'으로 고친다.

54) [교감주] 『令義解』 권9, 捕亡令, 304쪽에 의거하여 '者告'를 '首告'로 고친다.

55) 장물에는 正贓과 倍贓이 있다. 正贓이란 범죄로 인하여 授受한 바로 그 재화를 의미하며(그것으로 교환 매매하여 얻은 다른 재화나 그것으로 인해 생산[婢가

붙잡은 사람에게 상으로 준다. 집이 가난해 [배장으로] 징수할 만한 재화가 없거나 법에 따라 배장을 징수해서는 안 되는 경우에는[56] 모두 획득한 정장을 계산하여 다섯으로 나누고 [그 가운데] 오분의 이를 적발해 붙잡은 사람에게 상으로 준다. 만약 정장을 소비하여 다 소진해버린 경우에는 관에서 [정장의] 오분의 일을 내어 붙잡은 사람에게 상으로 준다. 가령 관인이 [그 관할구역에서] 조사[檢校]를 하다 붙잡은 것이 아니고 별도로 적발해 붙잡은 경우와 함께 훔친 도적[共盜]이나 실정을 아는 자가 [범인을 대신해서] 자수하거나 고발한[57] 경우도 역시 상을 주는 법례[賞例]에 따른다.[58]

낳은 아이] 혹은 번식[말이 낳은 망아지]된 것도 포함), 때로 그러한 재화를 授受한 범죄 행위 자체를 가리키기도 한다. 正贓에는 强盜, 竊盜, 枉法, 不枉法, 受所監臨, 坐贓의 여섯 종류(六贓)가 있는데, 六贓으로 죄가 성립된 경우 그 正贓이 현존하면 추징하여 官이나 原主人에게 반환한다. 단 强盜와 竊盜의 경우는 正贓 외에 正贓에 상당하는 재화를 추징하는데 이것을 倍贓이라고 한다(『唐律疏議』 권4, 名例33 〈제33조〉, 88~91쪽 ; 『역주당률소의』, 250~256쪽 참조).

56) 贓物은 기본적으로 그것이 현존하든 소비되었든 모두 추징한다. 다만 贓罪로 사형이나 유형에 처해진 경우는 받은 죄가 무겁고 대부분 가업이 파산되므로 장물을 이미 소비하였더라도 불쌍히 여겨 추징하지 않는데, 이 경우도 상주하여 황제의 재가를 받기 전에 사면령(會赦)이 내려져 사형과 유형이 사면된 것이라면 장물의 추징을 법대로 집행하고, 황제의 재가를 받은 이후에 사면령이 내려졌다면 장물의 추징을 면제한다. 盜·詐·枉法의 경우는 사면령이나 은강령[會赦及降]이 내려지더라도 正贓은 그대로 추징하고 倍贓의 추징만 면제하는데, 다만 사면령이 내리기 전에 발각된 사건에만 적용한다(『唐律疏議』 권4, 名例33 〈제33조〉, 88~91쪽 ; 『역주당률소의』, 250~256쪽 참조).

57) 首告는 범인을 대신하여 자수·고발하는 것으로, 사람을 보내 대신 자수하는 것(代首), 부곡·노비가 주인을 위해 자수하는 것(爲首), 서로 容隱할 수 있는 자가 告言하는 것 등이다(『唐律疏議』 권5, 名例37-5 〈제37조〉, 102쪽 ; 『역주당률소의』, 276쪽 참조).

58) 본 조문은 적도를 적발해 체포한 자에 대한 포상의 재원 및 방법에 대해 규정하였다. 적도를 적발해 체포한 자에게는 포상을 하는데, 포상의 재원은 우선적으로 적도에게서 추징한 倍贓이고, 적도가 가난해 배장을 추징할 수 없거나 법으로 배장의 추징이 금지된 경우에는 正贓으로 포상하였다. 正贓은 원칙적으로 관이나 원주인에게 돌려주게 되어 있음을 고려하면, 적도 체포자에 대한 포상을 倍贓으로 한다는 규정은 사실상 배장의 추징 목적이 포상의 재원을 마련하기 위한 것이었음을 시사한다. 다만 六贓 가운데 倍贓을 추징하는 것은 强盜와 竊盜뿐이므로 나머지에 대한 포상의 재원은 엄밀한 의미에서 마련되지 않았던 것으로 이해할 수 있으며,

유관당송문 1)『唐律疏議』: 問曰, 律云, 得實無賞, 皆以告者爲首, 教令爲從, 未知告得賞物, 若爲作首從分財. 答曰, 應賞在令有文, 分賞元無等級.(권24, 鬪訟 56-1의 문답 〈제357조〉, 445~446쪽 ;『역주당률소의』, 3139쪽 ;『宋刑統』 권24, 鬪訟律 爲人作辭牒, 376쪽)

2)『唐律疏議』: 議曰, … 若有糾告之人, 應賞者依令與賞.(권4, 名例32-2의 소의 〈제32조〉, 86쪽 ;『역주당률소의』, 246쪽 ;『宋刑統』 권4, 名例律 贓物沒官及徵還官主並勿徵, 61쪽)

3)『宋刑統』: 准捕亡令, 糾捉賊盜者, 所徵倍贓皆賞糾捉之人. 家貧無財可徵, 及依法不合徵倍贓者, 並計得正贓, 準五分, 與二分賞糾捉人. 若正贓費盡者, 官出一分, 以賞捉人. 即官人非因檢校而別糾捉, 並共盜及知情主人首告者, 亦依賞例.(권28, 捕亡律 將吏追捕罪人, 453쪽)

▸ 유관 일본령

『令義解』: 凡糾捉賊盜者, 所徵倍贓, 皆賞糾捉之人. 家貧無財可徵, 及依法不合徵倍贓者, 並計所得正贓, 準爲五分, 以二分賞糾捉人. 即官人非因撿挍而別糾捉, 並共盜及知情主人首告者, 亦依賞例.(권8, 捕亡令, 305쪽)

▸ 복원 당령

『唐令拾遺』 捕亡令, 3조, 729~730쪽

『天聖令』 당령복원청본, 捕亡令, 7조, 550쪽

〈舊3〉 諸奴婢逃亡經三宿及出五十里外, 若度關棧捉獲者, 六分賞一 ; 五百里外, 五分賞一 ; 千里外, 四分賞一 ; 千五百里外, 三分賞一 ; 二千里外, 賞半. 即官奴婢逃亡供公廨者, 公廨出賞, 餘並官酬. 其年六十以上及殘廢不合役者, 并奴婢走投前主及鎭戍關津若禁司之官於部內捉獲者, 賞各減半. 若奴婢不識主, 牓召周年無人識認者, 判入(人)[59]官, 送尚書省, 不得外給, 其賞

포상해야 할 경우 그 재원은 正贓일 수밖에 없었을 것이다. 다음으로 포상 방법은 다음 세 가지이다. 첫째, 적도에게서 배장을 추징한 경우에는 그 전체를 포상으로 주었다. 둘째, 배장이 없어 정장으로 포상해야 하는 경우에는 정장의 오분의 이를 포상으로 주었다. 셋째, 적도가 정장을 모두 소진해버린 경우에는 관에서 정장의 오분의 일에 해당하는 재화를 내어 포상하였다. 이밖에 관인이 업무와 무관하게 사적으로 적도를 체포한 경우, 함께 도적질한 공범이나 실정을 아는 자가 범인을 대신해서 자수·고발한 경우에도 포상하였다.

直官酬．若有主識認，追賞直還之．私牓者，任依私契．

무릇 노비가 도망하여 사흘 밤이 경과했거나 50리 밖으로 나갔다가 관이나 참호·목책을 설치한 곳을[60] 넘다 붙잡힌 경우에는 [노비를 평장(平贓)하여] 육분의 일을 상으로 주고, 500리 밖이라면 오분의 일을 상으로 주고, 1,000리 밖이라면 사분의 일을 상으로 주고, 1,500리 밖이라면 삼분의 일을 상으로 주고, 2,000리 밖이라면 절반을 상으로 준다. 만약 관노비가 도망했는데 [붙잡아] 공해(公廨)에 제공된 자라면 공해에서 상을 내주고 나머지는 모두 관에서 보상한다. 그런데 나이가 60세 이상이거나 잔질·폐질이라서 노역을 시켜서는 안 되는 경우와, 노비가 [도망하여] 전 주인에게 의탁하였[는데 전 주인이 붙잡]거나[61] 진·수·관·진 및 금사의 관이 관할구역[部內]에서 붙잡은 경우에는 상을 각각 반으로 줄인다. 만약 노비가 주인을 식별하지 못해[62] 팻말을 세워 고지한 지[63] 1년이 되어도 [자신의 노비임을] 알아보고 확인하는 사람이 없으면, 판별해서 관에 들여 상서성으로 보내고 외부에 지급해서는 안 되며, 상으로 나가는 비용은 관에서 보상한다. 만약 [자신의 노비임을] 알아보고 확인하는 주인이 있으면 상으로 나간 비용을 추징하고 [주인에게] 돌려준다. 개인이 팻말을 세운 경우는 개인끼리의 계약[私契]에 따르도록 맡긴다.[64]

---

59) [교감주] 『令義解』 권9, 捕亡令, 305쪽에 의거하여 '人官'을 '入官'으로 바로잡는다.

60) 棧이란 참호나 목책이 설치된 곳(塹柵之所)을 가리킨다(『唐律疏議』 권5, 名例律43-3의 소의 〈제43조〉, 117쪽 ; 『역주당률소의』, 310~312쪽 참조).

61) 이는 노비가 현 주인에게서 도망하여 전 주인에게 의탁하였는데, 전 주인이 노비를 붙잡아 송치한 경우로 이해되며, 이 경우 전 주인에게 절반을 상으로 준다는 것이다. 이 부분이 유관 일본령에는 "奴婢走捉前主"로 되어 있는데, 그 注解에 의하면("謂奴婢逃亡, 走捉前主, 卽爲前主捉送, 旣異他人捉獲, 故前主得其半賞.") 이것은 노비가 도망하였다가 전 주인에게 붙잡혀 송치되었다는 의미이며 다른 사람이 붙잡은 것과 다르므로 전 주인이 그 반을 상으로 받는다고 하였다.

62) 유관 일본령의 注解에 의하면("謂奴婢幼稚, 被人略誘, 及流行失路, 終不識主之類也.") 노비가 어릴 때 다른 사람에게 약취·유인되거나 떠돌아다니다 길을 잃어 끝내 주인을 식별하지 못하는 것이다.

63) 유관 일본령에는 '牓告'로 되어 있다. '召'와 '告'는 모두 '알리다'로 의미가 상통한다.

유관당송문 관련 기록이 당송 시기 문헌에서는 확인되지 않는다.

▸ 유관 일본령

『令義解』: 凡官私奴婢逃亡, 經一月以上, 卄分賞一, 一年以上, 十分賞一. 其年七十以上及癈疾, 不合役者, 幷奴婢走捉前主, 及關津捉獲者, 賞各減半. 若奴婢不識主, 牓告周年無人識認者, 判入官, 其賞直官酬. 若有主識認, 徵賞直還之.(권9, 捕亡令, 305~306쪽)

▸ 복원 당령

『天聖令』 당령복원청본, 捕亡令, 8조, 550쪽

〈舊4〉 諸捉獲逃亡奴婢, 限五日內送隨近官司, 案檢知實, 評價, 依令理[65]賞. 其捉人欲徑送本主者, 任之. 若送官司, 見無本主, 其合賞者十日內且令捉人送食. 若捉人不合酬賞及十日外承主[66]不至, 並官給衣糧, 隨能錮役.

무릇 도망한 노비를 붙잡으면 5일 이내에 근처의 관사로 보내고, [관사에서는] 검사하여 [도망 노비인지 아닌지] 사실을 밝히고 [노비] 가격을 평가해서[67] 영에 따라 [평가액을] 징수하여 상으로 준다. 그런데 붙잡은 사람이 본주인에게 곧바로 보내고자 하면 그렇게 하도록 맡긴다. 만약 관사로 보냈는데 현재 본주인이 없으면, 상으로 주어야 할 것에서 10일 이내[까지]는 일단 [노비를] 붙잡은 사람으로 하여금 [노비에게] 음식을 보내게 한다. 만약 붙잡은 사람이 상을 받아서는 안 되거나[68] 10일이 지나도록

---

64) 天聖令의 舊令은 모두 7개 조문인데 〈舊3〉조부터 〈舊7〉조까지 5개 조문이 도망 노비 관련 규정이다. 이 조문들이 모두 폐기되어, 現令에 노비 관련 규정은 3개 조문만 남아 있다. 앞에서도 언급했듯이 송대에는 고용 및 계약에 의해 새로운 신분관계가 형성되고 이른바 '고용 노비'가 등장하면서 도망 노비의 추포 및 그 후속 조치는 더 이상 국가 권력의 주요 관심 사안이 아니었음을 의미하는 것으로 이해된다.

65) [교감주] 『令義解』 권9, 捕亡令, 306쪽에는 '理'가 '徵'으로 되어 있다. '徵'을 '理'로 쓴 것은 宋 仁宗 趙禎의 '禎'을 피휘한 것으로 보인다.

66) [교감주] 『令義解』 권9, 捕亡令, 306쪽에는 '承'字가 없다.

67) 노비 가격의 평가는 〈舊7〉조에 나온다.

68) 유관 일본령의 注解에 따르면("謂下條從戮, 及免賤從良之類也.") 刑戮을 받거나 免賤하여

인도받을 주인이 오지 않으면 모두 관에서 의복과 양식을 지급하고 [노비의] 능력에 따라 구금해서 노역시킨다.[69]

유관당송문 1)『唐律疏議』: 議曰, 凡捉得逃亡奴婢, 依令, 五日內, 合送官司.(권20, 賊盜46-2의 소의 〈제293조〉, 372쪽 ;『역주당률소의』, 2484쪽 ;『宋刑統』 권20, 賊盜律 略賣良賤, 315쪽)

▸ 유관 일본령

『令義解』: 凡捉獲逃亡奴婢, 限五日內, 送隨近官司, 案撿知實, 平價依令徵賞. 其捉人欲侄送本主者, 任之. 若送官司, 見無本主, 其合賞者, 十日內, 且令捉人送食. 若捉人不合酬賞, 及十日外主不至, 並官給衣糧, 隨能固役.(권9, 捕亡令, 306쪽)

▸ 복원 당령

『唐令拾遺』 捕亡令, 4조, 730쪽

『天聖令』 당령복원청본, 捕亡令, 9조, 550쪽

〈舊5〉 諸捉(促)[70]獲逃亡奴婢, 未及送官, 限內致死失者, 免罪不賞. 其已入官, 未付本主而更逃亡, 重被捉送者, 從遠處理[71]賞. 若後捉(促)者遠, 三分以

良人이 된 경우를 가리킨다.

69) 본 조문은 도망 노비를 체포한 자에 대한 포상, 그리고 체포한 후 본주인에게 돌려주기까지 노비에게 제공할 식량과 의복의 조달 방법에 대해 규정하고 있다. 우선 도망 노비를 체포하면 5일 이내에 근처의 관사로 보내도록 하고, 관사에서는 사실 확인 후 노비 값을 평가하고 평가한 노비 값을 추징하여 노비를 체포한 자에게 포상하며, 노비를 체포한 자가 본주인에게 직접 보내고자 하면 이를 허용한다. 다음으로 관사로 송치된 노비의 주인이 현재 부재할 경우, 노비에게 제공하는 식량과 의복은 체류 기간 및 노비 체포자의 신분에 따라 결정되는데, 체류 기간이 10일 이내면 노비 체포자에게 음식을 제공하게 하고, 노비 체포자가 상을 받아서는 안 되거나 10일이 지나도록 주인이 오지 않으면 관사에서 의복과 양식을 제공하고 대신 노비를 능력에 따라 노역시킨다.

70) [교감주]『令義解』 권9, 捕亡令, 306~307쪽에 의거하여 '促'을 '捉'으로 바로잡는다(아래의 '促'도 마찬가지다).

71) [교감주]『令義解』 권9, 捕亡令, 306쪽에는 '理'가 '徵'으로 되어 있다(아래의 '理'도 마찬가지다). '徵'을 '理'로 쓴 것은 宋 仁宗 趙禎의 '禎'을 피휘한 것으로 보인다.

一分賞前(府)[72]捉(促)人, 二分賞後捉(促)人. 若前捉(促)者遠, 中分之. 若走歸主家, 徵(理)半賞.

무릇 도망한 노비를 붙잡아 아직 관에 보내지 않았는데 [5일의] 기한 내에 사망하거나 잃어버리게 된 경우 죄를 면하고 상을 주지 않는다.[73] 이미 관에 들여보냈으나 아직 본주인에게 넘겨주지 않았는데 다시 도망했다가 거듭 붙잡혀 송치된 경우는[74] 원처(遠處)부터 징수하여 상으로 준다. 만약 이차 체포지점이 원처라면, 삼분의 일을 일차 체포자에게 상으로 주고 삼분의 이를 이차 체포자에게 상으로 준다.[75] 만약 일차 체포지점이 원처라면, 반반씩 나누어 준다. 만약 [노비가 스스로] 주인의 집으로 돌아갔다면 반을 징수하여 상으로 준다.

유관당송문 1)『令義解』: 重被執送者, 三分以一分賞前捉人, 二分賞後捉人. …唐令云, 重被捉送者, 從遠處徵賞. 若後捉者遠, 三分以一分賞前捉人, 二分賞後捉人. 若前捉者遠, 中分. 若官司捉獲者, 全賞前捉人也.(권9, 捕亡令, 306~307쪽)

▸ 유관 일본령

『令義解』: 凡捉逃亡奴婢, 未及送官, 限內致死失者, 免罪不賞. 其已入官司, 未付本主, 而更逃亡, 重被執送者, 三分以一分賞前捉人, 二分賞後捉人. 若走歸主家, 猶徵半賞.(권9, 捕亡令, 306~307쪽)

72) [교감주]『令義解』권9, 捕亡令, 307쪽, 注解에 인용된 唐令에 의거하여 '府'를 '前'으로 고친다.

73) 유관 일본령의 注解에 의하면("謂限內以理死失者, 依法免罪. 其限外致死失者, 當依上條論也.") 기한 내에 납득할 만한 이유로 사망하거나 잃어버린 경우 법에 의거하여 죄를 면제한다는 의미이다. 기한이 지난 후에 사망하거나 잃어버리게 되면 捉逃亡條(〈舊4〉조)에 따라 논죄한다고 하였다.

74) 유관 일본령의 注解에 의하면("謂爲他人所執送. 其官司重執獲者, 不在賞例也.") 이는 타인에게 붙잡혀 송치된 경우를 의미하고, 관사에 거듭 붙잡힌 경우는 포상의 법례에 들어가지 않는다고 하였다.

75) 유관 일본령의 注解에 의하면("謂若數度逃亡, 重被執送者, 以一分均賞前捉人, 二分賞最後捉人.") 만약 여러 번 도망하였다가 거듭 붙잡혀 송치된 경우 삼분의 일은 앞에 붙잡은 사람들에게 균등하게 상으로 주고 삼분의 이는 최후에 붙잡은 사람에게 상으로 준다는 의미이다.

▸ 복원 당령

『唐令拾遺』捕亡令, 5조, 730쪽 ; 『당령습유보』捕亡令, 5조, 800쪽

『天聖令』당령복원청본, 捕亡令, 10조, 550쪽

〈舊6〉 諸逃亡奴婢身犯死罪, 爲人捉送, 會恩免死, 還官主者, 依式理[76]賞. 若遂從戮及得免賤從良, 不理賞物.

무릇 도망한 노비가 사죄를 범하였는데 다른 사람에게 붙잡혀 송치되었을 때 은강령을 만나 사죄를 면하여 관이나 주인에게 반환된 경우 식에 따라 징수하여 상을 준다. 만약 마침내 죽임을 받았거나 면천하여 양인이 되었다면 상물(賞物)을 징수하지 않는다.

유관당송문 관련 기록이 당송 시기 문헌에서는 확인되지 않는다.

▸ 유관 일본령

『令義解』: 凡逃亡奴婢, 身犯死罪, 爲人捉送, 會恩免死, 還官主者, 依令徵賞. 若遂從戮, 及得免賤從良者, 不徵賞物.(권9, 捕亡令, 307쪽)

▸ 복원 당령

『天聖令』당령복원청본, 捕亡令, 11조, 550쪽

〈舊7〉 諸評(計)[77]逃亡奴婢價者, 皆將奴婢對官司評之, 勘捉處市價. 如無市者, 準送處市價. 若經五十日無賞可酬者, 令本主與捉人對賣分賞.

무릇 도망 노비의 가격을 평가할 경우 모두 관사가 노비를 대면하고 평가하되 체포한 곳의 시가(市價)를 참작한다. 만약 시가 없는 곳이라면 송치처의 시가에 준[하여 평가]한다. 만약 50일이 지나도록 상을 주어 보상할 수 없다면 본주인과 체포한 사람에게 대면하고 [노비를] 팔아

76) [교감주] 『令義解』 권9, 捕亡令, 307쪽에는 '理'가 '徵'으로 되어 있다(아래의 '理'도 마찬가지다). '徵'을 '理'로 쓴 것은 宋 仁宗 趙禎의 '禎'을 피휘한 것으로 보인다.

77) [교감주] 『令義解』 권9, 捕亡令, 307쪽에 의거하여 '計'를 '評'으로 고친다.

상으로 반반씩 나누도록 한다.

유관당송문 관련 기록이 당송 시기 문헌에서는 확인되지 않는다.

▸ 유관 일본령

『令義解』: 凡平逃亡奴婢價者, 皆將奴婢對官司平之. 若經六十日, 無賞可酬者, 令本主與捉人對賣分賞.(권9, 捕亡令, 307쪽)

▸ 복원 당령

『天聖令』 당령복원청본, 捕亡令, 12조, 550쪽

右令不行[78)]

위의 영들은 시행하지 않는다.

關市令卷第二(一)[79)]十五

역주_ 김정희

78) [교감주] 이 4자가 누락된 것으로 보여 보충한다.

79) [교감주] '一'은 '二'의 誤記이다.

醫疾令[1) 卷第二十六 假寧令附

〈現1〉 諸醫, 大小方脉[2)]·鍼科·灸科·眼科·風科·瘡瘇科·咽喉科·口齒科·產科·[書][3)]禁科·金鏃科·傷折科, 選補醫學, 先取家傳其業, 次取庶人攻習其術者爲之.

무릇 의술에는 대소방맥(大小方脉)[4)]·침과(鍼科)·구과(灸科)[5)]·안과(眼科)·풍과(風科)[6)]·창종과(瘡瘇科)[7)]·인후과(咽喉科)[8)]·구치과(口齒科)[9)]·

---

1) 『唐六典』 권6, 尙書刑部, 183~185쪽(『역주당육전』상, 569~575쪽)에는 漢魏 이래 唐朝까지 律令의 篇目을 기록하고 있다. 이에 의하면 西晉 泰始 연간 賈充 등이 편찬한 令 40篇에 「醫藥疾病」이 처음 보이고, 梁初 蔡法度 등이 편찬한 梁令 30편 가운데 같은 篇目이 있다. 隋 開皇 연간 高熲 등이 편찬한 令 30권에는 醫疾과 관련된 편목이 없으나, 醫疾 관련 條文이 사라지지는 않았을 듯하다. 본 天聖令에서 假寧令이 醫疾令 편목 아래 부기된 것과 같이, 이것이 다른 편목에 편입되었을 것으로 추측된다. 唐 開元 7年令으로 추정되는 唐令 27편에는 醫疾 편목이 들어 있다. 天聖令 醫疾令은 現令 13조문, 舊令 22조문으로 총 35개 조문이다. 국가에 의한 의학교육, 의관 선발 및 약재의 채취와 수납품에 관한 규정도 싣고 있다.

2) [교감주] '脉'은 '脈'과 同字이다.

3) [교감주] '書'는 脫字로서 『宋會要輯稿』 職官22-43, "大方脈科以三十人, 風科以三十人, 小方脈科以十人, 產科·眼科·口齒兼咽喉科·瘡腫兼傷折科·[針]兼灸科·金鏃兼書禁科各以五人爲額.…"에 따라 첨가하였다.

4) 大方脉科는 한의학에서 성인내과, 小方脉科는 소아과를 가리킨다.

5) 灸科는 뜸을 떠서 치료하는 분야이다.

6) 風科는 각종 經絡風病을 치료하는 분야이다.

7) 瘡瘇科는 주로 피부의 부스럼과 종기를 다룬다. 瘡腫이라고도 하며, 본권 〈舊9〉조·〈舊20〉조·〈舊21〉조에는 모두 瘡腫으로 되어 있다.

8) 咽喉科는 현재의 耳鼻咽喉科에 해당된다. 〈舊1〉조를 참조하면, 唐代에는 耳目口齒로 되어 있어 '耳'를 명시하였다. 이에 비해 宋代에는 咽喉와 口齒가 분리되어 있고, 眼科가 별도로 독립되어 있으며 '耳'는 분과명에 드러나 있지 않다. 하지만 신체 구조상 咽喉科에서 담당했을 가능성이 크다.

산과(産科)·서금과(書禁科)[10]·금족과(金鏃科)[11]·상절과(傷折科)[12][가 있는데],[13] 의학[생]을 선발해서 보충[할 경우]에는 먼저 그 의업[業]을 집안 대대로 전해 내려온 자 가운데에서 취하고,[14] 다음으로는 그 [의]술을 힘써 익힌 서인(庶人)을 취하여 [의학생으로] 삼는다.

유관당송문 1) 『唐六典』: 醫博士一人, … 晉代以上手醫子弟代習者, 令助教部教之. (권14, 太常寺, 411쪽 ; 『역주당육전』중, 401~402쪽)

▸ 유관 일본령

『令義解』: 醫生·按摩生·咒禁生·藥園生, 先取藥部及世習, 次取庶人, 年十三以上, 十六以下, 聰令者爲之.(권8, 醫疾令, 279쪽)

▸ 복원 당령

『唐令拾遺補』, 醫疾令, 보1조, 806쪽

『天聖令』 당령복원청본, 醫疾令, 1조, 577쪽

〈現2〉 **諸京府醫博士·助教, 選醫人內法術優長者爲之. 外州亦准此.**

무릇 경부(京府)[15]의 의박사와 의조교는[16] 의인(醫人) 가운데 [의학경전

---

9) 口齒科는 口腔病을 치료하는 분야로서 齒科 치료도 포함되었을 것이다.

10) 書禁科는 祝由書禁科를 가리키며, 神에게 빌고 呪文을 외워 병을 치료하는 분야이다.

11) 金鏃科는 金瘡, 즉 금속성의 칼이나 창·화살 따위로 받은 상처를 치료하는 분야로서 外科에 해당한다.

12) 傷折科는 골절을 치료하는 분야로 整形外科에 해당된다.

13) 『宋會要輯稿』 職官22-43, "未罷局以前局生以三百人爲額, 至紹熙二年九月內, 複置局生, 以一百人爲額 : 大方脈科以三十人, 風科以三十人, 小方脈科以十人, 産科·眼科·口齒兼咽喉科·瘡腫兼傷折科·針兼灸科·金鏃兼書禁科各以五人爲額. …"에서 보듯이, 鍼科와 灸科가 합해 있고, 瘡瘇兼傷折科·口齒兼咽喉科·金鏃兼書禁科라 하여 분과의 항목은 크게 다르지 않다.

14) 위에 인용한 유관 일본령 『令義解』 조문의 注에 따르면, 家傳의 경우는 3代가 이어온 경우를 말한다(『令義解』 권8, 醫疾令, 279쪽, "醫生·按摩生·咒禁生·藥園生, 先取藥部及世習, …[原注 : … 世習者, 三世習醫業, 相承爲名家者也."]).

15) 天聖令 반포 당시 京府는 南京 應天府, 西京 河南部, 東京 開封府를 가리키며, 北京 大名府는 慶曆 2년(1042)에 설치되어 4경이 완성되었다(『宋史』 권85, 地理1, 京府4,

에서 익힌] 치료법[法]과 치료술[術]이[17] 우수한 자를 뽑아 임명한다. 지방의 주도 역시 이에 준한다.[18]

유관당송문 1)『唐六典』: 醫博士一人, 正八品上 … 晉代以上手醫子弟代習者, 令助教部教之. … 皇朝武德中, 博士一人, 助教二人 ; 貞觀中, 減置一人, 又置醫師·醫工佐之, 掌教醫生.(권14, 太常寺, 410쪽 ; 『역주당육전』중, 401~402쪽)

▸ 유관 일본령

『令義解』: 醫博士, 取醫人內法術優長者爲之. 按摩咒禁博士亦准此.(권8, 醫疾令, 279쪽)

▸ 복원 당령

『天聖令』 당령복원청본, 醫疾令, 2조, 578쪽

〈現3〉 諸醫及針學, 各分經受業. 醫學(科)[19]習『甲乙』·『脉經』·『本草』, 兼習『張仲景』·『小品』·『集[驗]』[20]等方. 針學習『素問』·『黃帝針經』·『明堂』·『脉訣』, 兼習『流注』·『偃側』等圖·『赤(亦)[21]烏神針』等經.

2105쪽).

16) 唐代에는 醫博士·針博士·按摩博士·咒禁博士 등 분과별로 박사를 두고, 醫助教와 針助教가 있었다. 그러나 宋代에는 〈現1〉조에서와 같이 13개 분과로 나누었지만 의박사·의조교만 규정되어 있다.

17) 『令義解』 권8, 醫疾令, 279쪽의 注文에, "謂, 法者, 所學之經也. 術者, 所療之驗也."로 되어 있어 이에 근거하여 번역하였다.

18) 〈舊17〉조에서는 京師에 관한 내용은 보이지 않고, 諸州의 선발만 규정하였다. 〈舊17〉조를 폐기하면서 본 조문의 맨 마지막에 "外州亦准此"를 기록하여 1개 조문으로 합친 것이라 생각된다.

19) [교감주] 底本에는 '科'字가 본래 있었으나 문맥상 불필요하므로 삭제하였다.

20) [교감주] '驗'은 脫字이다. 『舊唐書』 권47, 經籍下, 2050쪽과 『新唐書』 권59, 藝文3, 1568쪽 및 『令義解』 권8, 醫疾令, 279쪽을 참조하여 보충한다. 그런데 『備急千金要方』, 後序에 "臣嘗讀唐令, 見其制, 爲醫者皆習張仲景傷寒·陳延之小品, … 兼載唐令二家之學."과 같이 장중경과 진연지의 '二家之學'이라고 하여 『集驗方』은 언급하지 않았기 때문에, '驗'자의 누락이 아니라 '集'의 衍字로 보기도 한다(丸山裕美子, 「律令國家と醫學テキスト－本草書を中心に－」, 『法史學硏究會會報』 11, 2006).

21) [교감주] 底本에는 '亦'으로 되어 있으나, '赤'의 誤記이다.

무릇 의학[생] 및 침학[생]은 각각 [의학] 경전을 분별해서 수업을 받는다. 의학[생]은 『갑을(甲乙)』[22]·『맥경(脉經)』[23]·『본초(本草)』[24]를 익히고,[25] 『장중경(張仲景)』[26]·『소품(小品)』[27]·『집험(集驗)』[28] 등의 방(方)을 아울러 익힌다[兼習]. 침학[생]은 『소문(素問)』[29]·『황제침경(黃帝針

---

22) 『甲乙』은 『甲乙經』 혹은 『黃帝甲乙經』이라고도 한다. 『黃帝甲乙經』 10권 ; 『黃帝甲乙經』 12권. 臟腑·經絡·治療 등의 鍼灸 이론을 설명한 책이다. 이하 醫書에 관한 것은 『舊唐書』 經籍志와 『新唐書』 藝文志를 참고하였다. 『宋史』 藝文志 내용은 兩宋代 전체를 다루고 있으므로, 天聖令이 반포된 北宋 仁宗 天聖 연간의 의서를 고찰하기에는 너무 광범위하다. 비록 宋代의 令文이지만, 의서에 관한 한 唐令과 똑같을 뿐만 아니라, 더욱이 仁宗時期 校正醫書局을 설치하고 唐代 醫書인 『甲乙經』·『廣濟方』·『千金方』·『外臺祕要方』 등을 교정했던 사실은(『續資治通鑑長篇』 권186, 仁宗嘉祐二年八月庚戌條, 4487쪽) 이 시기에도 여전히 唐代의 의서가 이용되고 있었음을 의미하기 때문에 兩唐書를 참조하는 편이 옳다고 생각된다.

23) 『脉經』은 晉 太醫令 王叔和의 『脈經』 10권이 있고, 南北朝時代 黃公興·秦承祖·康普思 등의 『脈經』이 있다. 이 외에도 『三部四時五臟辨候診色脈經』 1권, 『王子顒脈經』 2권, 『鶡權脈經』 1권 등이 있다. 脈理·脈狀의 形症에 따라 질병을 진단하고 치료하는 醫書이다.

24) 『神農本草』 8권 ; 『本草』 20권 등이 있다. 唐代 本草에 관한 의서의 고찰에 대해서는 丸山裕美子, 「律令國家と醫學テキスト－本草書を中心に－」, 『法史學硏究會會報』 11, 2006을 참고할 만하다.

25) 위의 유관당송문과 유관 일본령에서 알 수 있듯이 『唐六典』에는 의생의 학습서 순서를 『本草』·『甲乙』·『脈經』의 순으로 기록하였고, 일본의 養老令 같은 조문에는 『甲乙』·『脈經』·『本草』 순으로 되어 있다. 또한 〈現4〉조에 의하면 의학생과 침학생은 먼저 『本草』를 학습한 후, 『甲乙』과 『脈經』을 익히도록 되어 있어 학습서를 익히는 올바른 순서는 여전히 의문으로 남는다.

26) 『張仲景』은 『傷寒雜病論』 10권을 가리킨다. 漢代 醫學은 기초이론을 연구하는 醫經學派(醫經 7家)와 經驗方을 수집·정리하여 병을 치료하는 經方學派(經方 11家)로 나뉘었는데, 張仲景이 두 학파의 장점을 취해 집대성한 것이 『傷寒雜病論』이다. 원서는 산일되었고, 晉 太醫令 王叔和가 傷寒 부분을 수집하여 정리한 것이 『王叔和張仲景藥方』 15권이다.

27) 『小品』은 『小品方』 또는 『經方小品』이라고도 하며 陳延之가 지은 『小品』 12권이다. 小品이란 經典과 같은 大作에 비해 상대적으로 간략하다는 의미에서 붙여진 이름이다. 外感溫熱病에 관한 論說과 治療法을 포함하고, 각종 救急 상황에 대한 藥物과 鍼灸治療法도 기록되어 있다.

28) 『集驗』은 南朝 宋 姚僧垣이 편찬한 『集驗方』 10권이다.

29) 『素門』은 『黃帝素問經』이라고도 하며, 生理·病理·解剖·診斷·藥物 등에 관한 기초이론서이다. 『黃帝素問』 8권 ; 『黃帝內經太素』 30권 ; 『全元起注黃帝素問』 9권 ; 『王氷注黃帝素問』 24권 ; 『黃帝內經太素』 30권이다.

經)』[30]·『명당(明堂)』[31]·『맥결(脉訣)』[32]을 익히고, 『유주(流注)』[33]·『언측(偃側)』[34] 등의 도(圖)와 『적오신침(赤烏神針)』[35] 등의 경(經)을 아울러 익힌다[兼習].

유관당송문 1) 『唐六典』 : 醫博士掌以醫術敎授諸生習『本草』·『甲乙脉經』, 分而爲業 … 凡鍼生習業者, 敎之如醫生之法. 鍼生習『素問』·『黃帝鍼經』·『明堂』·『脉訣』, 兼習『流注』·『偃側』等圖, 『赤烏神鍼』等經. 業成者, 試『素問』四條, 『黃帝鍼經』·『明堂』·『脉訣』各二條.(권14, 太常寺, 410~411쪽 ; 『역주당육전』중, 402~403쪽)

▸ 유관 일본령

『令義解』 : 醫針生, 各分經受業. 醫生, 習甲乙·脉經·本草, 兼習小品·集驗等方. 針生習素問·黃帝針經·明堂·脉訣, 兼習流注·偃側等圖·赤烏神針等經.(권8, 醫疾令, 279쪽)

▸ 복원 당령

『唐令拾遺』 醫疾令, 8조, 726~727쪽 ; 『唐令拾遺補』 醫疾令, 8조, 805~806쪽

『天聖令』 당령복원청본, 醫疾令, 3조, 578쪽

〈現4〉 諸醫·針學, 先讀『本草』·『脉訣』·『明堂』. 讀『本草』者, 卽令識藥形·知藥性 ; 讀『明堂』者, 卽令驗圖識其孔穴 ; 讀『脉訣』者, 卽令遞相診候,

---

30) 『黃帝鍼經』 10권 ; 『黃帝三部針經』 13권 ; 『黃帝鍼灸經』 12권 ; 『黃帝雜注針經』 1권 ; 『甫謐黃帝三部鍼經』 12권이다.

31) 『明堂孔穴圖』 3권 ; 『黃帝明堂經』 3권 ; 『黃帝內經明堂』 13권 ; 秦承祖 撰 『明堂圖』 3권 ; 『黃帝內經明堂類成』 13권 ; 『黃帝十二經明堂五藏圖』 1권 ; 『楊玄注黃帝明堂經』 3권 ; 『明堂人形圖』 1권 등이다. 明堂圖는 인체를 2분의 1로 축소하여 經絡 즉, 血脈과 穴位를 기재하였다.

32) 『脈生死要訣』 2권 ; 『徐氏脈經訣』 3권 ; 崔嘉彦 撰 『脈訣』 1권 등이 있으며, 脉相과 切脉의 진단에 관한 醫書이다.

33) 『黃帝流注脈經』 1권 ; 『明堂流注』 6권이다. 流注는 피부 깊숙한 곳 또는 骨節에 發熱이 없이 고름이 생기는 병으로, 여기저기 옮겨 다니며 발생하기 때문에 붙여진 이름이다.

34) 『偃側圖』 8권 ; 『黃帝十二經明堂偃側圖』 12권이다. 주로 인체의 정면과 측면의 經絡, 鍼灸 穴位를 기술한 책이다.

35) 張子存 撰 『赤烏神鍼經』 1권이다.

使知四時浮·沉·澁·滑之狀. 次讀『素問』·『黃帝針經』·『甲乙』·『脉經』, 皆使精熟. 其兼習之業, 各令明達.

무릇 의학[생]은 먼저 『본초(本草)』를, 침학[생]은 『맥결(脉訣)』·『명당(明堂)』을 공부한다. 『본초』를 공부할 경우, 약재의 형태를 식별하고 약재의 성질[36]을 알게 한다. 『명당』을 공부할 경우, [경락의] 도(圖)를 실습하여 인체의 경혈[孔穴]을 식별할 수 있게 한다. 『맥결』을 공부할 경우, [학생들끼리] 번갈아 서로 진찰하도록 하여 사시의 부[맥](浮脈)·침[맥](沉脈)·삽[맥](澁脈)·활[맥](滑脈)의 상태를 알도록 한다.[37] 다음으로 『소문』·『황제침경』·『갑을』·『맥경』을 공부하여 모두 정통하게 한다. 아울러 익혀야 하는 과목[兼習之業][38]은 각각 명확하게 익히도록 한다.[39]

---

36) 『神農本草經』에 의하면 藥材는 식물 252종·동물 67종·광물 46종의 총 365種이 있고, 이를 藥性과 효능의 차이에 따라 上藥·中藥·下藥으로 나눈다(『神農本草經』 권1, "上藥一百二十種爲君, 主養命以應天, 無毒多服久服不傷人, 欲輕身益氣不老延年者本上經"; 권2, "中藥一百二十種爲臣, 主養性以應人, 無毒有毒斟酌其宜, 欲遏病補羸者本中經"; 권3, "下藥一百二十五種爲佐使, 主治病以應地, 多毒不可服, 欲除寒熱邪氣破積聚愈疾者本下經.").

37) 浮脈은 脈位가 浮淺하여 살짝 짚어도 나타난다. 급성 열병 초기에 나타나며 오랜 질병으로 양기가 虛損된 사람에게는 浮大하면서 無力한 맥상이 나타나기도 한다. 沈脈은 脈位가 낮게 가라앉아 가볍게 누르면 맥박이 와닿지 않고 세게 눌러야 맥박이 와닿는다. 澁脈은 濇脈이라고도 하며, 칼로 대나무를 긁듯이 맥의 흐름이 매끄럽지 못한 것으로, 血少傷精, 津液虧損 또는 氣滯血瘀에 주로 생기는 맥상으로 빈혈, 심기능부전 등에서 나타난다. 滑脈은 맥의 왕래가 막힘이 없어 마치 쟁반 위에 구슬이 구르는 것처럼 매끄럽게 손에 와닿는 맥상을 말한다. 『備急千金要方』 권84, 指下形狀第三에 의하면, "부맥은 손가락을 들면 有餘하고, 누르면 不足하다"("浮脉, 擧之有餘, 按之不足."), "침맥은 손가락을 가볍게 대면 不足하고 누르면 有餘하다."("沈脉, 擧之不足, 按之有餘"), "색맥은 細하면서 遲하니, 왕래가 어렵고 또한 흩어지며, 혹 1번 그쳤다가 다시 뛰기도 한다"("濇脉, 細而遲, 往來難, 且散, 或一止復來"), "활맥은 가고 오며 나아가고 물러남이 매끄럽고 굴러오는 것처럼 계속 번갈아 가며 들어와 數脈과 비슷하다"("滑脉, 往來前却流利, 展轉替替然與數相似")고 하였다.

38) 兼習之業은 앞의 〈現3〉조에 규정된 의생과 침생의 겸습 과목, 즉 의생의 경우는 『張仲景』·『小品』·『集驗』 등의 方書, 침생의 경우는 『流注』·『偃側』의 圖와 『赤烏神針經』을 가리킨다.

39) 이 조문 마지막의 "其兼習之業, 各令明達"은 『唐六典』에는 없는 문구로서 令文 복원에 매우 요긴한 부분이라 생각된다. 일본의 養老令은 "各令通利"로 되어 있어, 본래 唐令도 이와 같았을 것이다. 이를 근본으로 했던 天聖令은 眞宗 劉皇后의 부친

유관당송문 1)『唐六典』: 太醫令掌諸醫療之法 ; … 諸醫·鍼生讀『本草』者, 卽令識藥形, 知藥性 ; 讀『明堂』者, 卽令驗圖識其孔穴 ; 讀『脉訣』者, 卽令遞相診候, 使知四時浮·沈·澁·滑之狀 ; 讀『素問』·『黃帝鍼經』·『甲乙脉經』皆使精熟.(권14, 太常寺, 409쪽 ; 『역주당육전』중, 399~400쪽)

▸ 유관 일본령

『令義解』: 醫針生, 初入學者, 先讀本草·脉訣·明堂. 讀本草者, 卽令識藥形藥性. 讀明堂者, 卽令驗圖識其孔穴. 讀脉訣者, 令遞相診候, 使知四時浮沉澁滑之狀. 次讀素問·黃帝針經·甲乙·脉經. 皆使精熟. 其兼習之業, 各令通利.(권8, 醫疾令, 280쪽)

▸ 복원 당령

『唐令拾遺』 醫疾令, 2조, 722~723쪽

『天聖令』 당령복원청본, 醫疾令, 4조, 578쪽

〈現5〉 諸醫·針學, 各從所習, 鈔古方誦之. 其上手醫, 有療疾之處, 令其隨從, 習合和·針灸之法.

무릇 의학[생]·침학[생]은 각각 학습할 바에 따라 예로부터의 처방[古方][40][의 필요한 부분]을 베껴서 외운다.[41] 뛰어난 의사가 병을 고친 방법이 있으면 그것을 좇아 [약의] 조제[合和][42]와 침구(針灸)의 방법을

劉通의 이름을 피휘하여 뜻이 통하는 다른 글자 즉, "明達"로 바꾸어 기록했을 것이다.

40) 古方은 예로부터 전해 내려오는 藥方으로 時方과 상대어로 쓰인다. 『傷寒論』과 『金匱要略』에서 열거된 藥方은 모두 古方이라고 불리며, 또한 經方이라고도 한다. 『唐律疏議』 권26, 雜律7-1의 소의 〈제395조〉, 483쪽(『역주당률소의』, 3208~3209쪽)을 참조하면 古方은 古藥方으로 볼 수 있다.

41) 『令義解』 권8, 醫疾令, 280쪽의 注文, "言古來方經, 卷軸盈溢, 皆令其誦之, 或有所不堪, 故抄取其尤要者, 各從所業誦之."를 참조하여, 당시 전해 내려오던 약방이 너무 많아 다 외울 수는 없었기 때문에 중요한 부분만 발췌해서 정리하고 이를 암송시켰던 것으로 해석하였다.

42) 合和의 사전적 의미는 약을 조제한다는 뜻이다. 『令義解』 권8, 醫疾令, 280쪽에는 '知合'으로 되어 있지만, 『千金要方』 권1의 篇名 가운데 「合和篇」이 있으므로, 合和로 두고 해석하였다.

익히도록 한다.

유관당송문 관련 기록이 당송 시기 문헌에서는 확인되지 않는다.

▸ 유관 일본령

『令義解』: 醫針生, 各從所習, 鈔古方誦之. 其上手醫, 有療疾之處, 令其隨從, 習知合針灸之法.(권8, 醫疾令, 280쪽)

▸ 복원 당령

『天聖令』 당령복원청본, 醫疾令, 6조, 578쪽

〈現6〉 諸有私自學習·解醫療者, 若醫官闕人, 召赴醫官院, 令尙藥奉御簡試所業, 答義三十道, 本院(副)[43]使·副等糊名覆校, 藝業灼然者錄奏, 聽旨補充.

무릇 개인이 스스로 [의서를] 학습해서 질병 치료법을 해득한 자가 있을 경우, 의관(醫官)에 결원이 생겼다면 [이들을] 의관원(醫官院)[44]으로 불러 상약봉어(尙藥奉御)[45]로 하여금 공부한 바를 간시(簡試)하도록 한다.[46] [의서의] 뜻을 [묻는] 30문항[道]을 답하면 본 [한림의관]원의 사(使)·부사(副使) 등이 [수험자들의] 이름을 가리고[糊名] 다시 확인해서 대조하여,

---

43) [교감주] 底本에는 "本院副使副"로 되어 있으나, 『宋史』 권169, 職官9, 4059~4060쪽에 "翰林醫官使, 翰林醫官副使"라 하였듯이, 使와 副使이다. 『續資治通鑑長篇』 권123, 仁宗寶元二年二月條, 2895쪽에는 "中書 : '翰林醫官院醫官使二人·直院七人 … 今定使副各二員·直院四員 …'"이라 하여 '使副'로 되어 있고, 『文獻通考』 권55, 職官9에는 "宋制, 翰林醫官院使副各二人, 並領院事 …"에도 역시 '使副'로 기록하였는데, 모두 使와 副使를 의미한다. 따라서 '副'는 衍字로 보아야 할 것이다.

44) 醫官院은 〈現8〉조 '翰林院官'의 '翰林院', 〈現10〉조의 '本院', 그리고 〈現11〉조의 '翰林醫官院'과 같은 것이라 생각된다. 翰林醫官院에 대한 설명은 그 명칭이 정확하게 언급된 〈現11〉조의 각주에 있다.

45) 尙藥奉御는 宋代 殿中省 6局 가운데 尙藥局의 長官이다. 宋代의 殿中省 6局은 尙食·尙藥·尙醞·尙衣·尙舍·尙輦局으로, 唐代의 6局인 尙食·尙藥·尙衣·尙舍·尙乘·尙輦局과 약간의 차이가 있다(『宋史』 권164, 職官4, 3880~3881쪽).

46) 唐代에는 名醫의 子弟 가운데서 簡試의 절차 없이 3년간의 질병 치료과정이 검증되면 상주하였다(『新唐書』 권46, 百官1, 1195쪽).

[치료] 기술과 학업이 뛰어난 자를 기록해서 상주하고, 황제의 재가를 기다려 [의관으로] 보충한다.[47)]

유관당송문 관련 기록이 당송 시기 문헌에서는 확인되지 않는다.

▸ 유관 일본령

『令義解』: 有私自學習解醫療者, 投名典藥, 試驗堪者, 聽准醫針生例考試.(권8, 醫疾令, 281쪽)

▸ 복원 당령

『天聖令』 당령복원청본, 醫疾令, 9조, 578쪽

〈現7〉 諸醫學·針學, 專令(學)[48)]習業, 不得雜(雖)[49)]使.

무릇 의학[생]·침학[생]은 오로지 학업만을 익히도록 하고, 여러 가지 [잡무]를 시켜서는 안 된다.

유관당송문 관련 기록이 당송 시기 문헌에서는 확인되지 않는다.

▸ 유관 일본령

『令義解』: 醫針生按摩咒禁生, 專令習業, 不得雜使.(권8, 醫疾令, 283쪽)

▸ 복원 당령

『天聖令』 당령복원청본, 醫疾令, 15조, 579쪽

〈現8〉 諸在京文武職事官病患者, 並本司奏聞, 以內侍領[50)]翰林院官就加診

47) 본 조문이 중앙에서 私醫를 醫官으로 선발하는 것과 관련한 규정인데 비해, 〈現13〉조는 지방의 私醫가 醫官이 될 수 있는 자격과 관련된 조문이다.

48) [교감주] 底本의 '學'字는 衍字이다.

49) [교감주] 底本에는 '雖'字로 되어 있으나 '雜'의 誤字이다.

50) [교감주] 底本에는 '以內侍' 다음에 글자를 쓸 공간이 충분히 있음에도 불구하고, '領'자 한 글자만 다음 한 줄에 쓰여 있다. 필사과정에서의 실수라 생각하고 한 조문으로 연결하였다.

視. 其在外者, 於隨近官司申牒, 遣醫爲療. 內(旧)[51]外官出使亦准此.

무릇 경사의 문무 직사관이 병에 걸린 경우[52] 모두 [해당 관원의] 본사가 상주하여 아뢰면 내시가 한림원관(翰林院官)[53]을 통솔하여 가서 진료한다.[54] 지방의 경우는 가까운 관사에서 첩(牒)으로 알리면 의관을 보내 치료한다. 중앙관과 지방관이 출사한 경우에도 역시 이에 준한다.

유관당송문 관련 기록이 당송 시기 문헌에서는 확인되지 않는다.

▸ 유관 고려령

『고려시대 율령의 복원과 정리』: 醫疾令[4], 內外文官五品武官四品以上疾病(高麗令 26, 694~695쪽)

▸유관 일본령

『令義解』: 凡五位以上病患者, 並奏聞遣醫爲療, 仍量病給藥. 致仕者亦准此.(권 8, 醫疾令, 285쪽)

▸ 복원 당령

『天聖令』 당령복원청본, 醫疾令, 17조, 579쪽

〈現9〉 諸鴆毒·冶(治)[55]葛, 私家皆不得有.

---

51) [교감주] '旧'는 '內'의 誤字이다.

52) 〈舊10〉조에서는 文武 職事官 5품 이상으로 致仕한 자들의 병환시 조치를 규정하였다.

53) 翰林院官은 〈現10〉조에 보이는 "本院使·副·直院" 등 翰林醫官院에 소속된 의관을 가리킨다.

54) 仁宗代 이전인 太宗 雍熙 2년(985) 翰林醫官使 劉翰에게 詔를 내려 武成軍 節度使 劉遇의 질병을 치료하도록 한 사례(『宋史』 권461, 劉翰傳, 13507쪽, "太平興國四年, 命爲翰林醫官使, 再加檢校戶部郎中. 雍熙二年. 滑州劉遇疾, 詔翰馳往視之. 翰還, 言遇必瘳, 既而卽死, 坐責授和州團練副使.")가 있다. 이후 范仲淹이 병에 걸렸을 때, 仁宗이 使를 보내 약을 하사한 기록이나(『宋史』 권314, 范仲淹傳, 10575쪽, "初, 仲淹病, 帝常遣使賜藥存問, 既卒, 嗟悼久之."), 英宗 때 程戡이 질병에 걸렸을 때 황제가 使를 보내고 의약을 내렸던 기사(『宋史』 권292, 程戡傳, 9757쪽, "戡告老章累上, 終弗聽, 遣使以手詔問勞, 賜茶藥·黃金, …")의 使 역시 翰林醫官使를 가리키는 것으로 보인다.

55) [교감주] 底本에는 '治'字로 되어 있으나 『宋刑統』 권18, 賊盜律 造畜蠱毒, 283쪽과 『唐律疏議』 권18, 賊盜16 〈제262조〉, 339쪽을 참고하면 '冶'의 誤字이다.

무릇 짐독(鴆毒)[56]과 야갈(冶葛)[57]은 모두 사가(私家)에서 소유할 수 없다.[58]

유관당송문 1) 『宋刑統』 : 諸以毒藥藥人, 及賣者, 絞, … 議曰, 凡以毒藥藥人, 謂以鴆毒冶葛·烏頭·附子之類, 堪以殺人者, 將用藥人, 及賣者知情, 並合科絞.(권18, 賊盜律 造畜蠱毒, 283쪽 ; 『唐律疏議』 권18, 賊盜16 〈제263조〉, 339쪽 ; 『역주당률소의』, 2417~2418쪽)

〈現10〉 諸合藥供御, 本院使·副(副使)[59]·直院·尙藥奉御·醫官·醫學等豫與御藥院相知, 同具緘封, 然後進(追)[60]御. 其中宮及東宮准此.

무릇 약을 조제하여 황제에게 바치는 경우,[61] 본 [한림의관]원의 사(使)와 부사(副使),[62] 직원(直院), 상약봉어, 의관, 의학 등이 미리 어약원[63]과

---

56) 鴆은 짐새로서 廣東省에 사는 올빼미 비슷한 毒鳥인데, 짐독은 이 새의 깃을 술에 담가 만든 독을 가리킨다.

57) 冶葛은 野葛로도 쓰며, 『本草綱目』 권17하에 따르면, 下品으로 분류한 鉤吻 아래 野葛, 毒根, 胡蔓草, 斷腸草, 黃藤, 火把花 등이 나열되어 있다. 중국 내 廣東, 嶺南 등 지역에 따라 野葛을 胡蔓草, 斷腸草 등 다른 이름으로 부른다고도 한다.

58) 유관당송문의 『唐律疏議』와 『宋刑統』에 鴆毒·冶葛·烏頭·附子와 같은 독약을 남에게 먹인 자나 판매한 자는 교수형에 처하도록 규정하고 있는 것처럼, 令에 의해 소유하지 못하도록 규정하고, 이를 어긴 경우 律에 의해 처벌받았음을 알 수 있다.

59) [교감주] '副使'는 '使副'의 誤記이다. 앞의 〈現6〉조의 교감주에 인용한 바와 같이 『宋史』 권169, 職官9, 4059~4060쪽의 "翰林醫官使, 翰林醫官副使"와 『續資治通鑑長篇』 권123, 仁宗寶元二年二月條, 2895쪽 및 『文獻通考』 권55, 職官9에 근거하여 바로잡는다.

60) [교감주] '追御'는 '進御'의 誤記이다. 『宋史』 권164, 職官4, 3881쪽, "以進御及供奉禁中之用."에 따라 바로잡는다.

61) 御藥을 조제할 경우 처방대로 따르지 않으면 唐代의 경우 十惡의 大不敬(『唐律疏議』 권1, 명례6의 소의15 〈제6조〉, 10~11쪽 ; 『역주당률소의』, 116~118쪽), 宋代의 경우는 大不恭에 해당된다(『宋刑統』 권10, 名例 十惡, 10쪽).

62) 翰林醫官院에는 翰林醫官使와 副使가 설치되어 본원의 일을 주관하였다(『文獻通考』 권55, 職官9). 神宗 元豊 5년(1082) 翰林醫官局으로 바꾸었을 때에도 使와 副使는 그대로 두었기 때문에(『宋會要輯稿』 職官36-99) 앞의 교감주에서 바로잡았듯이 使와 副使로 해석하였다.

63) 御藥院은 北宋 太宗 至道 3년(997)에 설치되었고, 약을 조제하여 황제와 禁中에 제공하는 일을 관장하였다. 定員이 없는 勾當官을 설치하고 內侍로 充員시켰다가

[황제의 질병 진단과 치료 방법을] 서로 상의하여, [약을 조제한 연·월·일 및 처방을] 모두 갖추어 [적고] 봉한 연후에 바친다.64) 중궁 및 동궁은 이에 준한다.65)

유관당송문 1)『唐六典』: 凡合和御藥, … 合藥供御, 門下·中書司別長官一人, 并當上大將軍衛別一人, 與殿中監·尙藥奉御等監視 ; 藥成, 醫佐以上先嘗, 然後封印 ; 寫本方, 方後具注年·月·日, 監藥者徧署名, 俱奏. 餌藥之日, 尙藥奉御先嘗, 次殿中監嘗, 次皇太子嘗, 然後進御.(권11, 殿中省, 325쪽 ;『역주당육전』중, 199쪽)

2)『宋刑統』: 諸合和御藥誤不如本方, 及封題誤者, 醫絞. … 依令, 合和御藥在內諸省, 省別長官一人, 并當上大將軍·將軍衛別一人, 與尙藥奉御等監視藥成, 醫以上, 先嘗 ….(권9, 職制律 合和御藥誤, 151~152쪽 ;『唐律疏議』 권9, 職制12-1 1제102조〉, 190~191쪽 ;『역주당률소의』, 2119~2120쪽)

▸ 유관 고려령

『고려시대 율령의 복원과 정리』: 醫疾令[3], 尙藥局(高麗令 26, 693~694쪽)

▸ 유관 일본령

『令義解』: 合和御藥, 中務少輔以上一人, 共內藥正等監視.(권8, 醫疾令, 285쪽) ; 餌藥之日, 侍御先嘗, 次內藥正嘗, 次中務卿嘗, 然後進御. 其中宮及東宮准

후에 士人도 임명하였다. 徽宗 崇寧 2년(1103) 殿中省에 합병되었다가, 南宋時期에 다시 설치되었다(『宋史』 권164, 職官4, 3881쪽).

64) 조제가 완성된 약이 황제에게 바쳐지기 직전의 과정을 "同具緘封"이라고 압축해서 표현하였지만, 유관당송문에 인용한『唐六典』을 참고하면 역시 御藥의 조제 일시와 처방전을 모두 갖추어 써 넣은 후 봉인했을 것이다. 위의 유관당송문『宋刑統』에 어약을 바치기 전 감시하고 맛보는 규정이 있지만, 본 醫疾令 조문 가운데에는 어약을 바치기 전 맛보는 것에 관한 규정은 없다. 다만, 神宗 元豊 때(1078~1085) 入內內侍 4인에게 조제된 御藥을 먼저 맛본 후에 바치도록 한 기록이 있다(『宋會要輯稿』 職官19-14, "御藥院勾當官四人, 以入內內侍充, 掌制藥以進御, 又供禁中之用, 凡藥嘗而後進.").

65) 唐代의 경우 中宮에는 宮官 가운데 尙食局의 司藥이 의약을 관장하였다(『唐六典』 권12, 內官宮官內侍省, 353쪽 ;『역주당육전』중, 266쪽). 東宮에는 藥藏郎이 의료를 관장하고, 황태자에게 질병이 생겼을 경우 侍醫가 진찰했으며, 宮臣들이 제조된 어약을 맛보았다(『唐六典』 권26, 太子府, 667쪽 ;『역주당육전』하, 284~285쪽). 宋代에는 太宗 至道 3년(997)에 설치된 御藥院이 禁中의 의약을 관장했다(『宋史』 권164, 職官4, 3881쪽).

此.(권8, 醫疾令, 285쪽)

▸ 복원 당령

『唐令拾遺』 醫疾令, 1조, 722쪽 ; 『唐令拾遺補』 醫疾令, 1조, 802~803쪽

〈現11〉 翰林醫官院每歲量合諸藥. 至夏, 遣內侍於諸門給散.

한림의관원(翰林醫官院)[66]은 매해 [질병을] 헤아려 여러 약을 조제한다. 여름이 되면 내시(內侍)를 여러 문에 보내 [약을] 나누어 준다.[67]

유관당송문 1) 『唐六典』 : 太醫令掌諸醫療之法 ; 丞爲之貳. … 每歲常合傷寒·時氣·瘧·痢·傷中·金瘡之藥, 以備人之疾病者.(권14, 太常寺, 409쪽 ; 『역주당육전』 중, 399쪽)

2) 『宋史』 : 暑月, 卽令醫官合藥, 與內侍分詣城門寺院散給軍民.(권461, 方技上, 13510쪽)

▸ 유관 일본령

『令義解』 : 典藥寮, 每歲量合傷寒·時氣·瘧·痢·傷中·金創, 諸雜藥, 以擬療治. 諸國准此.(권8, 醫疾令, 285쪽)

66) 翰林醫官은 『唐會要』 권65, 殿中省, 1332쪽, "貞元十五年四月勅 : '殿中省尚藥局司醫, 宜更置一員 ; 醫佐加置兩員, 仍並留授翰林醫官, 所司不得注擬.'" ; 권82, 醫術, 1806쪽, "八年八月, 加殿中省侍御醫·藥藏局丞俸錢, 仍令侍御醫及尚藥直長·藥藏郎並留授翰林醫官, 所司不得注擬."의 기록과 같이 唐 德宗 貞元 8년(792)에 처음 보인다. 이후 北宋代에는 정식관부로서 翰林醫官院을 설치하고 翰林醫官使와 副使 이하, 그 아래 奉御·醫丞·醫學·祗候 등을 두었다(『文獻通考』 권55, 職官9).

67) 본 조문은 北宋代 翰林醫官院의 직무 범위가 확대된 측면을 보여주는 것 중의 하나이다. 翰林醫官은 唐 후반기부터 황제를 비롯한 황실 의료를 관장하면서 그 직무를 확대하기 시작하여, 北宋代에 이르러서는 중앙 의료관부로서의 기능도 수행하였다. 이 조문에 규정된 매해 일정한 질병 치료를 위한 상비약의 제조와 분배 역시 唐代에는 太醫署의 직무였는데, 翰林醫官院의 직무로 변화된 것이다. 이 조문을 비롯해서 〈現6〉, 〈現8〉조 그리고 〈現10〉조는 중앙 의료관부로서의 翰林醫官院이 어떠한 역할을 했는지를 고찰할 수 있는 규정들이다. 이들 조문에 근거하여 翰林醫官의 직무변화를 중심으로 唐代 황제 의료관부가 北宋 天聖年間에 이르기까지 무엇을 계승하고, 또 어떻게 변화하였는지를 고찰한 金澔, 「唐代 皇帝의 醫療官府－『天聖令』 「醫疾令」에 근거하여 北宋 天聖年間까지의 연속성과 변화상 추적－」, 『歷史學報』 217, 2013 연구가 있다.

▸ 복원 당령

『唐令拾遺』, 醫疾令, 4조, 724쪽 ; 『唐令拾遺補』 醫疾令, 4조, 803~804쪽
『天聖令』 당령복원청본, 醫疾令, 25조, 579쪽

〈現12〉 諸宿衛兵士(土)[68]當上, 及在京諸軍班有疾病者, 分遣醫官巡療, 行軍(者)[69]處亦准此.

무릇 숙위 병사가 상번할 때나 경사의 여러 군반(軍班)[70] [가운데] 질병에 걸린 자가 있는 경우 의관을 나누어 보내 순회하며 치료하고, 군대가 출정해 있는 곳[行軍處]도 역시 이에 준한다.[71]

유관당송문 관련 기록이 당송 시기 문헌에서는 확인되지 않는다.

〈現13〉 諸州醫生, 有業術優長·效驗無失·情願入仕(任)[72]者, 本州具述以聞. 卽私醫有明達經方·閑解藥性·療病有驗, 灼然爲鄕閭所推許者, [州司精加試練,][73] 亦錄名奏聞.

여러 주의 의생 [가운데] 학업과 의술이 우수하고 [치료의] 효험에 잘못이 없는 자 [가운데] 입사(入仕)를 원하는 자가 있으면, 본 주(州)에서 빠짐없이 기록해서 갖추어 아뢴다. 만약 민간의사[私醫] [가운데] 경전과 방서에[74]

---

68) [교감주] 底本에는 '土'로 되어 있으나 '士'의 誤記이다.

69) [교감주] 底本에는 '者'로 되어 있으나 '軍'의 誤記이다.

70) 宋代 禁衛軍인 諸班直中의 軍士를 班士라 하였는데, 본 조문의 "在京諸軍班"은 경사 금위군에 소속된 병사를 가리키는 것으로 보인다.

71) 天聖令을 반포하기 이전부터 이미 邊郡·出師·出使 및 貢院에 醫官을 파견했으며, 京城에는 翰林醫官院 소속 翰林祗候를 보내 진료하였다(『宋史』 권461, 方技上, 13510쪽).

72) [교감주] 底本에는 '任'으로 되어 있으나 '仕'의 誤記이다.

73) [교감주] '州司精加試練'은 본래 '療病有驗'의 다음에 있었으나, 해석상 '亦錄名奏聞'의 앞에 와야 자연스러우므로 옮겨서 번역하였다.

74) 〈舊7〉조의 "經雖不第, 而明於諸方"과 같이 經과 方을 나누어 해석하였다. 본 조문은 私醫를 醫官으로 선발하는 것과 관련한 규정이므로 의관이 될 수 있는 자격 조건으로서 醫學經典과 각종 方書의 통달을 요구했을 것이기 때문이다. 〈舊8〉조에도 經方이

통달하고 약성(藥性)을 숙지하며, 질병 치료에 효험이 뛰어나 향촌에서 높이 평가받은 자는 주의 [담당] 관사가 정밀하게 다시 시험하고, 역시 이름을 기록하여 아뢴다.[75]

유관당송문 1) 『唐會要』 : (貞元十二年)至三月十五日, 勅 : '… 自今已後, 諸州應闕醫博士, 宜令長史各自訪求選試, 取藝業優長, 堪效用者, 具以名聞, 已出身入式, 吏部更不須選集.'(권82, 醫術, 1806쪽)

▸ 유관 일본령

『令義解』 : 凡國醫生業術優長, 情願入仕者, 本國具述藝能, 申送太政官.(권8, 醫疾令, 283쪽)

▸ 복원 당령

『天聖令』 당령복원청본, 醫疾令, 29조, 579쪽

右並因舊(獲)[76]文, 以新制參定.

위[의 영들]은 예전의 조문을 바탕으로 하되, 새로운 제칙을 참작하여 정한 것이다.

〈舊1〉 諸醫生旣讀諸經, 乃(及)[77]分業教習. 率二十人(八),[78] 以十一人學體療, 三人學瘡(療)[79]瘇.[80] 三人學少小, 二人學耳目口齒, 一人學角法, 各專其

나오는데, 이 경우는 按摩生이 익혀야 하는 것으로 본 조문의 經方과 달리 해석하였다.

75) 諸州 醫生의 선발, 교육, 시험제 등에 대한 규정은 〈舊16〉조·〈舊17〉조·〈舊18〉조에 있고, 중앙에서 私醫를 醫官으로 선발하는 규정은 〈現6〉조에 있다.

76) [교감주] '獲'은 '舊'의 誤記이다. 天聖令 다른 편에 반복되는 문장이므로 그에 근거하여 바로 잡는다.

77) [교감주] '及'은 '乃'의 誤記이다. 『唐六典』 권14, 太常寺, 410쪽 및 『令義解』 권8, 醫疾令, 280쪽을 참조하여 바로 잡는다.

78) [교감주] '八'은 '人'의 誤記이다. 『唐六典』 권14, 太常寺, 410쪽에는 '率二十人'이라 하였고, 『令義解』 권8, 醫疾令, 280쪽에는 '率廿'이라 하였으므로, 이를 참조하여 바로 잡는다.

79) [교감주] '療'는 '瘡'의 誤記이다. 『唐六典』 권14, 太常寺, 410쪽과 『令義解』 권8, 醫疾令,

業.

무릇 의생이[81] 여러 [의학]경전을 공부하고 나면 전공을 나누어 교습[받는다]. 20인을 기준으로 할 때[82] 11인은 체료(體療)[83]를 배우고, 3인은 창종(瘡瘇)[84]을 배우며, 3인은 소소(少小)[85]를 배우고, 2인은 이목구치(耳目口齒)[86]를 배우며, 1인은 각법(角法)[87]을 배우는데, 각각 그 전공만을 [공부]한다.[88]

유관당송문 1) 『唐六典』: 醫博士掌以醫術教授諸生習『本草』·『甲乙脉經』, 分而爲業 : 一曰體療, 二曰瘡腫, 三曰少小, 四曰耳目口齒, 五曰角法. 諸醫生旣讀諸

280쪽을 참조하여 바로 잡는다.

80) [교감주] 底本에는 注文으로 표기되어 있으나, 마땅히 令의 正文이 되어야 한다. 또한 '瘇'은 『唐六典』에 '腫'이라 되어 있는데, 통하는 글자이다.

81) 『唐六典』 권14, 太常寺, 408~411쪽(『역주당육전』중, 397~408쪽)에 의하면, 唐代에는 太常寺 太醫署에 從7品下의 太醫令이 있고, 그 아래 醫博士·鍼博士·按摩博士·咒禁博士를 각각 1명씩 두어 각각 의생·침생·안마생·주금생을 가르치도록 하였다.

82) 『唐六典』 권14, 太常寺, 392쪽(『역주당육전』중, 336쪽)에 의하면, 醫生의 정원은 40명이다. "率二十人"이라 하여 20명을 기준으로 각 전공별 배정 인원을 제시하였으므로, 체료는 22명, 창종과 소소 각각 6명, 이목구치 4명, 각법은 2명이 되는데, 인체 전반을 공부하는 체료에 가장 많은 인원이 배치되었음을 알 수 있다.

83) 體療는 한의학의 內科에 해당한다.

84) 瘡瘇은 한의학의 外科에 해당한다.

85) 少小는 한의학의 小兒科에 해당한다. 『唐六典』 권3, 尙書戶部, 73~74쪽(『역주당육전』상, 313쪽), "凡男·女始生爲「黃」, 四歲爲「小」, 十六歲爲「中」, 二十有一爲「丁」, 六十爲「老」."에 따르면 小는 4세~15세까지를 가리키고, 少에 대한 규정은 없다. 『令義解』 권8, 醫疾令, 280쪽의 注文에 의하면 小는 6세 이상, 少는 18세 이하로 되어 있다.

86) 耳目口齒는 五官科, 즉 耳鼻咽喉科 및 齒科에 해당한다.

87) 角法은 外科에서 시행하는 附缸治療法이다. 唐代 王燾의 『外臺備要』 40권에는 角法에 의한 치료법이 실려 있다. 치료의 도구로 짐승의 뿔을 사용했기 때문에 角이라 칭했다. 先秦時期부터 화농성 질환을 치료하는데 사용한 방법으로 현재 중국에서 拔罐法이라는 것이 바로 角法의 원칙과 같다(于文忠, 「角法少議」, 『中華醫史雜誌』 11-2, 1981, 95쪽).

88) 본 조문은 唐代 醫生을 體療·瘡瘇·少小·耳目口齒·角法의 5개 전공으로 나누어 학습시키는 것에 관한 규정이다. 이외 〈舊2〉조와 〈舊8〉조에 규정되어 있듯이 針生·按摩生·咒禁生이 각각 별도의 전공을 학습하였으므로, 唐代의 醫學分科는 8개로 분류할 수 있다. 宋代의 醫學分科는 〈現1〉조에 규정되어 있다.

經, 乃分業教習, 率二十人以十一人學體療, 三人學瘡腫, 三人學少小, 二人學耳目口齒, 一人學角法.(권14, 太常寺, 410쪽 ; 『역주당육전』중, 402~403쪽)

▶ 유관 일본령

『令義解』: 醫生旣讀諸經, 乃分業教習. 率廿以十二人學體療, 三人學創腫. 三人學少小, 二人學耳目口齒, 各專其業.(권8, 醫疾令, 280쪽)

▶ 복원 당령

『唐令拾遺』醫疾令, 6조, 725~726쪽

『天聖令』당령복원청본, 醫疾令, 5조, 578쪽

〈舊2〉 諸醫·針生, 博(愽)[89]士一月一試, 太醫令·丞一季一試, 太常卿·丞年終總(絁)[90]試. 其考試法式, 一准國子監學生例. 若業術灼然, 過於見任官者, 卽聽補替(贊).[91] 其在學九年業無成者, 退從本色.

무릇 의생과 침생은[92] [의박사와 침]박사가 달마다 한 번씩 시험하고, 태의령(太醫令)과 [태의]승(太醫丞)이 계절마다 한 번씩 시험하며, 태상경(太常卿)과 [태상]승(太常丞)이 연말에 종합 시험한다. 시험의 법식(法式)은 일체 국자감(國子監) 학생의 예에 준한다.[93] 만약 학업과 의술이 확연하게 뛰어나서 현임관을 능가할 경우에는 [그 자리에] 교체시킬 것을 허락한다. 그러나 9년간 배우고도 학업에 성과가 없을 경우에는 퇴학시켜 본래의 신분[本色]으로 한다.[94]

---

89) [교감주] '愽'은 '博'의 古字로 쓰이기도 했으나, 『康熙字典』에는 '博字之譌'라 했다. 통용하는 '博'으로 고친다.

90) [교감주] '絁'는 '總'이어야 한다. 『唐六典』 권14, 太常寺, 409쪽에 근거하여 바로 잡는다.

91) [교감주] '贊'은 '替'의 誤記이다. 『唐六典』 권14, 太常寺, 409쪽에 근거하여 바로 잡는다.

92) 雜令, 〈舊8〉조와 〈舊9〉조에 의하면, 唐代 의생·침생은 長上이며, 식량을 지급하도록 규정하였다.

93) 〈舊7〉조에도 問答의 法式은 國子監 학생을 시험하는 예에 준한다고 규정되어 있다.

94) 『唐六典』 권21, 國子監, 558~559쪽(『역주당육전』하, 32~34쪽), "凡六學生有不率師教者, 則舉而免之. 其頻三年下第, 九年在學及律生六年無成者, 亦如之."의 기록을 참고하면,

유관당송문 1)『唐六典』：太醫令掌諸醫療之法；丞爲之貳. 其屬有四. 曰醫師·鍼師·按摩師·呪禁師, 皆有博士以教之, 其考試·登用如國子監之法. … 博士月一試, 太醫令·丞季一試, 太常丞年終惣試. 若業術過於見任官者, 卽聽補替. 其在學九年無成者, 退從本色.(권14, 太常寺, 409쪽 ;『역주당육전』중, 399~400쪽)

▸ 유관 일본령

『令義解』：凡醫針生, 博士一月一試, 典藥頭助一季一試, 宮內卿輔, 年終惣試, 其考試法式, 一准大學生例, 若業術灼然, 過於見任官者, 卽聽補替, 其在學九年無成者, 退從本色.(권8, 醫疾令, 281쪽)

▸ 복원 당령

『唐令拾遺』醫疾令, 3조, 723~724쪽 ;『唐令拾遺補』醫疾令, 3조, 803쪽
『天聖令』당령복원청본, 醫疾令, 7조, 578쪽

〈舊3〉 諸學體療者限七年成, 學少小及瘡腫者各五年成, 學耳目口齒者四年成, 學角法者三年成, 針生七年成. 業成之日, 令尙藥官司取業術優長者, 就太常對, 丞以上皆精加校練, 具述行業, 申送尙書省(者).[95]

무릇 체료(體療)를 배우는 경우는 [그 학업을] 7년 안에 이루어야 하고, 소소(少小) 및 창종(瘡腫)을 배우는 경우 각각 5년에 이루고, 이목구치(耳目口齒)를 배우는 경우는 4년에 이루고, 각법(角法)을 배우는 경우는 3년에 이루고, 침생은 7년에 이루어야 한다.[96] 학업이 완성되는 날, 상약관사(尙藥官司)[97]로 하여금 학업과 의술이 우수한 자를 뽑아 태상[시]에 가서 면대하

역시 國子監 학생들의 규정에 준한 것이다.

95) [교감주] '者'는 '省'의 誤記이다. 〈舊7〉조를 참고하여 바로 잡는다.

96) 유관당송문에 인용한『唐六典』에는 耳目口齒와 角法의 경우 모두 2년 완성으로 되어 있고, 養老令에는 耳目口齒가 본 조문과 같이 4년으로 되어 있으며 角法에 대한 기록은 없다. 반면, 본 조문에서는 耳目口齒의 경우 4년, 角法은 3년으로 차이를 보인다.

97) 尙藥官司는 唐代 황제의 의료를 담당하는 殿中省 尙藥局을 가리킨다. 황제의 의례와 일상시봉을 관장하는 殿中省에는 尙食·尙藥·尙衣·尙舍·尙乘·尙輦局의 6局이 설치되었는데, 그 가운데 상약국의 장관 尙藥奉御는 尙食奉御와 함께 正5品下로서 나머지 4局의 봉어가 從5品上인데 비해 一階 높다(『唐六典』권11, 殿中省, 324~325쪽 ;『역주당육전』중, 196~197쪽).

여 시험보도록 하는데, [태상]승 이상이 모두 정밀하게 검사하고 시험하여 품행과 학업·치료술[의 성적]을 빠짐없이 기록하여 상서성에 보고한다.

유관당송문 1)『唐六典』: 醫博士掌以醫術教授諸生習『本草』·『甲乙脉經』, 分而爲業 : 一曰體療, 二曰瘡腫, 三曰少小, 四曰耳目口齒, 五曰角法. 諸醫生旣讀諸經, 乃分業教習, 率二十人以十一人學體療, 三人學瘡腫, 三人學少小, 二人學耳目口齒, 一人學角法. 體療者, 七年成 ; 少小及瘡腫, 五年 ; 耳目口齒之疾並角法, 二年成.(권14, 太常寺, 409쪽 ;『역주당육전』중, 402~403쪽)

▸ 유관 일본령

『令義解』: 學體療者, 限七年成學, 少小及創腫者, 各五年成學, 耳目口齒者, 四年成, 針生七年成, 業成之日, 令典藥寮業術優長者, 就宮內省, 對丞以上, 精加挍練, 具述行業, 申送太政官.(권8, 醫疾令, 281쪽)

▸ 복원 당령

『唐令拾遺』醫疾令, 7조, 726쪽

『天聖令』 당령복원청본, 醫疾令, 8조, 578쪽

〈舊4〉 諸醫·針生初入學者, 皆行束脩之禮於其師. 醫·針生各絹一疋, 案[98]摩·咒禁及諸州醫生率二人共絹一疋. 皆有酒脯. 其分束脩, 准國子監學生例.

무릇 의생과 침생이 처음 입학하는 경우 모두 스승에게 속수(束脩)[99]의 예를 행한다. 의생과 침생은 각각 견 1필, 안마생과 주금생[100] 및 여러 주(州)의 의생은 2인이 함께 견 1필[을 드린다]. [속수에는] 모두 술과 말린 고기가 있다. [의생과 침생의 스승들이] 속수를 나누는 것은 국자감

---

98) [교감주] '案'은 '按'과 통하는 글자이다.

99) 束脩는 束修라고도 하며, 입학할 때 스승에게 드리는 禮物이다.『唐六典』권21, 國子監, 559쪽(『역주당육전』하, 38~39쪽), "其生初入, 置束帛一篚·酒一壺·脩一案, 號爲束脩之禮."의 기록에서 알 수 있듯이 國子監 학생에게 束脩의 禮가 있었다.『通典』권121, 開元禮纂類16 州學生束脩, 3080쪽에는 "束帛一篚, 一疋, 酒一壺, 二斗 ; 脯一案, 五脡. 縣禮同."과 같이 州縣 학생의 속수례가 기록되어 있다.

100) 雜令 〈舊1〉조의 注文에 天文生·卜筮生의 입학시 束脩의 禮는 按摩生·咒禁生의 예와 같다고 규정되어 있다.

학생의 [속수를 스승들이 나누는] 예에 준한다.[101)]

유관당송문 관련 기록이 당송 시기 문헌에서는 확인되지 않는다.

▸ 유관 일본령

『令義解』: 醫針生初入學, 皆行束脩禮, 一准大學生, 其按摩咒禁生減半.(권8, 醫疾令, 282쪽)

▸ 복원 당령

『天聖令』 당령복원청본, 醫疾令, 10조, 578쪽

〈舊5〉 諸教習『素問』·『黃帝針經』·『甲乙』, 博(愽)[102)]士皆案文講說, 如講五經之法. 私有精達此三部者, 皆送尚書省, 於流內比校.

무릇 『소문』, 『황제침경』, 『갑을』의 교습은 [의·침]박사가[103)] 모두 [의학경]문에 의거하여 강의하는데 오경(五經)을 강의하는 법과 같다. [민간에서] 스스로 [독학하여 『소문』, 『황제침경』, 『갑을』] 이 3부에 통달한 자가 있으면 모두 상서성에 보내어 유내(流內)[와 그 실력을] 견주게 한다.[104)]

유관당송문 관련 기록이 당송 시기 문헌에서는 확인되지 않는다.

▸ 유관 일본령

『令義解』: 教習本草·素問·黃帝針經·甲乙, 博士皆案文講說, 如講五經之法.(권

---

101) 『唐會要』 권35, 學校, 740쪽에 "神龍二年九月勅 … 初入學, 皆行束脩之禮, 禮於師. 國子·太學各絹三疋, 四門學絹二疋, 俊士及律·書·算學·州縣各絹一疋, 皆有酒脯. 其束脩三分入博士, 二分助教, 以每年國子監所管學生, …"이라 하여 학생이 낸 속수의 5분의 3할은 博士, 5분의 2할은 助教가 갖는 것으로 되어 있다.

102) [교감주] '愽'은 '博'의 古字로 쓰이기도 했으나, 『康熙字典』에는 '博字之譌'라 했다.

103) 『素問』과 『黃帝針經』은 침박사가 침생을 교습시키고, 『甲乙』은 의박사가 의생을 교습시키는 경전이므로, 본 조문의 '博士'는 의박사와 침박사를 가리키는 것으로 해석하였다.

104) 민간에서 개인이 醫書를 독학하고 치료법을 익힌 경우, 이를 醫官으로 선발하는 것과 관련한 규정은 〈現6〉조에 있다.

8, 醫疾令, 282쪽)

▸ 복원 당령

『天聖令』 당령복원청본, 醫疾令, 11조, 578쪽

〈舊6〉 諸醫·針師, 醫監·醫正量其所能, 有病之處, 遣爲救療. 每歲太常試, 驗其識解優劣·差病多少以定考等.[105)]

무릇 의사[106)]와 침사[107)]는 의감[108)]과 의정[109)]이 능력을 헤아려 질병이 발생한 곳에 보내 치료하게 한다. 매해 태상[시]에서 [의사와 침사를] 시험하여, [의료지식을] 해득한 [정도의] 우열과, 병을 치료한 [건수의] 많고 적음을 확인하여 고과의 등급을 정한다.

유관당송문 1) 『唐六典』 : 凡醫師·醫正·醫工療人疾病, 以其全多少而書之, 以爲考課.(권14, 太常寺, 409쪽 ; 『역주당육전』중, 399~400쪽)

▸ 유관 일본령

『令義解』 : 醫針師, 典藥量其所能, 有病之處, 遣爲救療. 每年宮內省試驗其識解優劣·差病多少, 以定考第.(권8, 醫疾令, 282쪽)

▸ 복원 당령

『唐令拾遺補』 醫疾令, 보2조, 806~807쪽

『天聖令』 당령복원청본, 醫疾令, 12조, 578쪽

〈舊7〉 諸醫·針生以業成申送尙書省者, 所司覆試策, 各[十][110)]三條. 醫生試

---

105) [교감주] 『令義解』 권8, 醫疾令, 282쪽에는 '等'이 '第'로 되어 있다.

106) 醫師의 정원은 20명이고, 流外官이다. 이하 정원수와 품계는 『唐六典』 권14, 太常寺, 409~410쪽에 근거하였다.

107) 鍼師의 정원은 10명이고, 流外官이다.

108) 醫監의 정원은 4인이고, 從8品下이다.

109) 醫正의 정원은 8인이고, 從9品下이다.

110) [교감주] '十'字는 脫字로 생각된다. 본 조문에 제시된 각 과목의 시험 조문수를 계산해 보면 13개조가 맞으므로, '十'字를 첨가하여 번역한다.

『甲乙』四條,『本草』·『脉經』各三條. 針生試『素問』四條,『黃帝鍼經』·『明堂』·『脉訣』各二條. 其兼習之業, 醫·針各三條. 問答法式及考等高下, 並准試國子監學生例. 得第(弟)[111]者, 醫生從九品上叙, 針生降一等. 不第者, 退還本學. 經雖不第, 而明於諸方, 量堪療疾者, 仍聽於醫師·針師內比校, 優者爲師, 次者爲工. 卽不第人少, 補闕(聞)[112]不足, 量於見任及以理解醫針生內, 簡堪療疾者兼補.

무릇 의생과 침생이 학업을 이루어 상서성에 보고하는 경우 담당 관부[所司]가 다시 필기시험을 보는데 각각 13조이다. 의생은 『갑을』 4조, 『본초』와 『맥경』 각각 3조를 시험한다. 침생은 『소문』 4조, 『황제침경』, 『명당』, 『맥결』 각각 2조를 시험한다. 아울러 익혀야하는 과목[兼習之業][113]은 의생과 침생이 각각 3조[를 시험한]다. 문답의 법식(法式) 및 시험 성적의 고하는 모두 국자감 학생을 시험하는 예에 준한다.[114] 합격한 경우 의생은 종9품상에 서품하고, 침생은 1등을 내려 [서품]한다. 불합격한 경우에는 본래의 학업으로 되돌려 보낸다. 경(經)에는 비록 불합격했더라도 여러 방(方)에 밝고 병을 치료할만한 경우 의사·침사들과 [그 실력을] 견주어서 뛰어난 자는 [의사·침]사로 삼고, 그 다음[으로 뛰어난] 자는 [의공·침]공으로 삼도록 허락한다.[115] 설사 불합격한 사람이 적은데도 [여전히] 결원을 보충하는데 부족하다면, 재학생[現任] 및 정당한 이유로 휴학한[理解] 의생·침생 중에서 헤아려 병을 치료할만한 자를 뽑아 아울러 보충한다.[116]

---

111) [교감주] '弟'는 '第'의 誤記이다. 본 조문의 '不第者', '卽不第人少'에 근거하여 '弟'를 '第'로 바꾸었다.

112) [교감주] '聞'은 '闕'이 되어야 의미가 통하므로 文意에 근거하여 바꾸었다.

113) 兼習之業은 앞의 〈現3〉조와 〈現4〉조에도 나오는데, 의생과 침생의 겸습 과목을 가리킨다. 즉 의생의 경우는 『張仲景』·『小品』·『集驗』 등의 方書, 침생의 경우는 『流注』·『偃側』의 圖와 『赤烏神針經』을 말한다.

114) 시험의 法式을 國子監 학생의 예에 준한다는 규정은 〈舊2〉조의 注文에도 명시되어 있다.

115) 醫工과 針工은 모두 流外로서 太醫署에 醫工 100명, 針工 20명을 설치하였다(『唐六典』 권14, 太常寺, 392쪽 ; 『역주당육전』중, 336~337쪽).

116) 중앙 太醫署의 의생·침생과 관련하여 〈舊2〉조는 시험을 치르는 시기에 관한 규정,

유관당송문 1) 『唐六典』 : 醫博士掌以醫術教授諸生習『本草』·『甲乙脉經』, … 凡鍼生習業者, 教之如醫生之法. 鍼生習『素問』·『黃帝鍼經』·『明堂』·『脉訣』, 兼習『流注』·『偃側』等圖, 『赤烏神鍼』等經. 業成者, 試『素問』四條, 『黃帝鍼經』·『明堂』·『脉訣』各二條.(권14, 太常寺, 410~411쪽 ; 『역주당육전』중, 402~405쪽)

▸ 유관 고려령

『고려시대 율령의 복원과 정리』 : 醫疾令[5], 醫業式(高麗令 26, 695~696쪽)

▸ 유관 일본령

『令義解』 : 醫針生, 業成送官者, 式部覆試, 各十二條, 醫生試甲乙四條, 本草·脉經各三條. 針生試素問四條, 黃帝鍼經·明堂·脉訣各二條. 其兼習之業, 醫·針各二條. 問答法式, 並准大學生例. 醫生全通, 從八位下叙, 通八以上, 大初位上叙. 其針生降醫生一等, 不第者, 退還本學. 經雖不第, 而明於諸方, 量堪療病者, 仍聽補醫師.(권8, 醫疾令, 282~283쪽)

▸ 복원 당령

『唐令拾遺』 醫疾令, 8조, 726~727쪽 ; 『唐令拾遺補』 醫疾令, 8조, 805~806쪽
『天聖令』 당령복원청본, 醫疾令, 13조, 578쪽

〈舊8〉 諸按摩生學按摩, 誦傷折經方及刺(刺)[117]縛之法, 限三年成. 咒禁生學咒禁·解忤·持禁之法, 限二年成. 其業成之日, 並申補本色師·工.

무릇 안마생(按摩生)은 안마를 배울 때 [뼈가] 부러지거나 어긋난 것[傷折]을 치료하는 경방(經方)[118] 및 자박(刺縛)[119]의 법을 외워야 하며 3년

〈舊3〉조는 太常寺에 가서 치르는 面對에 관한 규정, 그리고 〈現3〉조는 배워야 할 의서에 관한 규정이다. 〈現3〉조는 唐令을 그대로 참고한 것이므로, 모두 唐代 太醫署 의생·침생의 교육제도에 대해 알 수 있는 규정들이다. 또한 〈現6〉조와 〈現13〉조는 각각 중앙과 지방의 私醫를 의관으로 선발하는 규정이며, 〈舊17〉조·〈舊18〉조·〈舊19〉조는 지방 의생에 관한 규정들이다. 이러한 조문들을 근거로 唐代 醫官 선발을 고찰한 연구는 참고할 만하다(程錦, 「唐代醫官選任制度探微」, 『唐研究』 14, 2008 ; 張耐冬, 「唐代太醫署醫學生選取標準」, 『唐研究』 14, 2008).

117) [교감주] '刺'은 '刺'의 誤記이다.

118) 經方은 漢代 이전의 方劑를 가리킨다. 『漢書』 권30, 藝文, 1777~1778쪽에 "經方者, 本草石之寒溫, 量疾病之淺深, 假藥味之滋, 因氣感之宜, 辯五苦六辛, 致水火之齊, 以通閉解結, 反之於平."이라 하고, 經方 11家, 274卷이라 하였다. 그러나 이것이 전해지지 않기 때문에 후에는 『素問』, 『靈樞』와 張仲景의 『傷寒論』, 『金匱要略』 등에 기재되어

안에 이루어야 한다. 주금생(咒禁生)은 주금(咒禁),[120] 해오(解忤),[121] 지금(持禁)[122]의 법을 배우며 2년 안에 이루어야 한다.[123] 학업이 끝나는 날, 모두 본래 신분[인 안마생·주금생]으로 [안마사·주금]사와 [안마공·주금]공에[124] 보임할 것을 보고한다.

유관당송문 1)『唐六典』: 按摩博士掌教按摩生以消息導引之法, … 若損傷折跌者, 以法正之. … 呪禁博士掌教呪禁生以呪禁祓除邪魅之爲厲者.(권14, 太常寺, 411쪽 ;『역주당육전』중, 406~408쪽)

▸ 유관 일본령

『令義解』: 按摩生學按摩傷折方及判縛之法. 咒禁生學咒禁解忤持禁之法, 皆限三季成. 其業成之日, 並申送太政官.(권8, 醫疾令, 283쪽)

▸ 복원 당령

『唐令拾遺補』醫疾令, 보4조, 807~808쪽

『天聖令』 당령복원청본, 醫疾令, 14조, 578쪽

있는 方劑를 가리켜 經方이라 하였다. 본 조문의 經方은 안마생이 3년 안에 완성해야 하는 것으로 〈現13〉조에서 私醫를 醫官으로 선발할 때의 자격 조건인 "明達經方"의 經方과는 다른 것으로 이해된다.

119) 刺縛은 일본의 養老令에 判縛으로 되어 있는데, 대략 같은 의미로서 뼈가 부러진 곳의 瘀血을 鍼으로 풀고, 뼈가 부러진 정도가 심하면 잘 묶고 按摩로 導引하는 것이다. 刺縛 이하 咒禁·解忤·持禁에 대한 해석은『令義解』권8, 醫疾令, 283쪽에 근거하였다.

120) 咒禁이란 符祝이라고도 하며 본래 道士나 僧侶가 악귀를 쫓는 口訣을 의미하는데, 符咒로 邪氣를 없애고 병을 치료하는 것이다.

121) 解忤란 咒禁法으로 邪氣를 놀라게 하여 뒤섞여 있거나 잘못된 것을 푼다는 의미로 解忤라 하였다.

122) 持禁이란 杖刀를 쥐고 呪文을 읽는 것이다. 咒禁으로 신체를 굳건하게 하여 湯火와 刀刃의 상처를 입지 않게 한다는 의미에서 持禁이라 하였다.

123) 유관당송문에 인용한『唐六典』에는 학업을 완성해야 하는 연한에 대한 기록이 없으며, 일본의 養老令에는 3季라 하여 차이를 보인다.

124) 太醫署에 설치된 按摩師는 4인, 按摩工은 16인이다(『唐六典』권14, 太常寺, 411쪽 ;『역주당육전』중, 405~406쪽).

〈舊9〉 諸女醫，取官戶·婢年二十以上三十以下·無夫及無男女·性識慧了者五十人，別所安置，內給事四人，幷監門守當．醫博(愽)[125]士教以安胎產難及瘡腫·傷折·針灸之法，皆按文口授．每季女醫之內業成者試之，年終醫監·正試．限五年成．

무릇 여의(女醫)는[126] 관호(官戶)와 [관]비(官婢)[127] [가운데] 20세 이상 30세 이하로, 남편이 없거나 아들·딸이 없으며, 타고난 재능이 총명한 자 50인[128]을 취하여 별도의 장소에[129] 안치하고 내급사(內給事)[130] 4인이 [이들을] 감시하고 관리한다. 의박사는 [여의에게] 임산부 보호와 난산[安胎產難] 및 부스럼과 종기[瘡腫], 골절[傷折], 침놓기와 뜸뜨기[針灸]의 법을 가르치는데 모두 [의학경]문에 의거하여 구두로 전해준다.[131] 매

---

125) [교감주] '愽'은 '博'의 古字로 쓰이기도 했으나, 『康熙字典』에는 '博字之譌'라 했다. 통용하는 '博'으로 고친다.

126) 唐代 女醫에 관해서는 일본 養老令의 女醫 관련 조문을 통해 간접적으로 유추해 볼 수 있었으며, 『唐六典』 권12, 內官宮官內侍省, 353쪽(『역주당육전』중, 266쪽)에 근거하여, 皇后와 妃嬪을 시봉하는 宮官 가운데 尙食局의 司藥이 의약을 관장하는 여성 관원임을 알 수 있었다. 본 조문에는 唐代 女醫의 선발 기준과 자격 조건 및 그 교육 방법 등이 상세히 규정되어 있어, 唐朝의 女醫制度 연구에 큰 도움이 된다. 본 조문을 근거로 한 연구성과로는 程錦, 「唐代女醫制度」, 『唐研究』 12, 2006이 있다.

127) 倉庫令, 〈舊6〉조의 "官戶奴"는 官戶와 官奴, 雜令 〈舊10〉조의 "官戶奴婢" 및 〈舊16〉조의 "官戶奴婢男女"는 官戶와 官奴·官婢를 가리키듯이 본 조문에서는 官戶·官婢로 보아야 할 것이다.

128) 太醫署의 경우, 醫生·針生이 각각 20명, 按摩生 15명, 咒禁生 10명으로 총 65명인 것과 비교한다면(『唐六典』 권14, 太常寺, 392쪽 ; 『역주당육전』중, 336~337쪽), 女醫 50명은 상당히 많은 수이다.

129) 『令義解』 권8, 醫疾令, 283쪽에 "謂, 內藥司側, 造別院安置也."라 하여 內藥司 쪽에 別院을 만들었는데, 內藥司는 唐代 殿中省의 尙藥局에 상당하므로, 본 조문의 別所도 尙藥局 근처에 있었을 것이라 추측된다.

130) 內給事는 唐代 內侍省에 소속된 宦官으로서 정원은 8인, 品階는 從5品下이다. 자세한 직임에 관해서는 『唐六典』 권12, 內官宮官內侍省, 357쪽(『역주당육전』중, 281~282쪽) 참조.

131) 교육방법에 있어 〈舊5〉조에서는 太醫署 학생들에게 "案文講說"한 것과 달리, 女醫에게는 "按文口授"의 차이를 보인다. 이는 沒官된 최하 신분층의 여성을 대상으로 했기 때문이었을 것이다.

계절마다 [의박사는] 여의 가운데에서 학업을 이룬 자를 시험하고, 연말에 의감과 의정이 시험한다.[132] [학업은] 5년 안에 이루어야 한다.[133]

유관당송문 관련 기록이 당송 시기 문헌에서는 확인되지 않는다.

▸ 유관 일본령

『令義解』: 女醫取官戶婢年十五以上, 卄五以下, 性識慧了者卅人, 別所安置, 教以安胎産難, 及創腫傷折, 針灸之法, 皆按文口授. 每月醫博士試, 年終內藥司試. 限七季成.(권8, 醫疾令, 283쪽)

▸ 복원 당령

『唐令拾遺』 醫疾令, 9조, 727쪽

『天聖令』 당령복원청본, 醫疾令, 16조, 579쪽

〈舊10〉 諸文武職事五品以上官致仕有疾患, 在京城者, 官給醫藥; 在外者, 亦准此量給, 以官物市供.

무릇 문무 직사관 5품 이상으로 퇴직한 자가 질환이 있으면 경성에 거주하는 경우, 관(官)이 의약을 지급한다. 지방에 거주하는 경우도 역시 이에 준해서 [질병을] 헤아려 지급한다. 관물(官物)로 사서 공급한다.[134]

---

132) 시험제도의 경우, 〈舊2〉조에 규정된 바와 같이 太醫署에서는 학생들을 대상으로 每月·每季·每年 치르고, 太醫署의 장·차관인 太醫令과 太醫丞 및 太常寺의 장·차관인 太常卿과 太常丞이 시험을 주관했던 것에 비해, 女醫는 일단 학업을 이룬 자들만 대상으로 하여 每季·每年 太醫署의 종8품하 醫監과 종9품하 醫正이 시험을 주관했던 것과 비교된다.

133) 학업 완성년한의 경우, 〈舊3〉조와 〈舊8〉조에 규정된 바와 같이 太醫署에서는 각각의 분야에 2년~7년까지 별도의 완성년한을 규정한 반면, 女醫는 1명이 4개의 분야를 모두 익혀야 하며 5년 완성으로 규정하고 있다.

134) 위에 인용한 유관 일본령의 『令義解』에는 5位 이상의 현임 관인과 퇴직한 관인의 경우도 역시 5位 이상만을 그 치료 대상으로 하고 있다. 唐令의 규정도 이와 유사했을 것이라 추측된다. 天聖令을 반포할 때 본 조문을 폐기한 것은 〈現8〉조 규정과 같이 현재 직임을 맡고 있는 職事官의 경우 品級의 제한을 두지 않고 모두 그 치료 대상으로 하고 있는 것과 관련 있다. 즉, 北宋 天聖年間에는 관료의 의료혜택을 직사관 9품까지로 그 범위를 확대한데 비해, 퇴직자는 아예 제외시켰다.

유관당송문 관련 기록이 당송 시기 문헌에서는 확인되지 않는다.

▸ 유관 고려령

『고려시대 율령의 복원과 정리』: 醫疾令[4], 內外文官五品武官四品以上疾病(高麗令 26, 694~695쪽)

▸ 유관 일본령

『令義解』: 凡五位以上病患者, 並奏聞遣醫爲療, 仍量病給藥. 致仕者亦准此.(권8, 醫疾令, 285쪽)

▸ 복원 당령

『天聖令』 당령복원청본, 醫疾令, 18조, 579쪽

〈舊11〉 諸藥品族,[135] 太常年別支料, 依『本草』所出, 申尙書省散下, 令隨時收采. 若所出雖非『本草』舊時收採地, 而習用爲良者, 亦令采之. 每一百斤給傳驢一頭, 不滿一百斤附朝集使送太常, 仍申帳尙書省. 須買者豫買.

무릇 약재류는 태상시[의 태의서]에서 연별로 필요량을 산정해서 『본초』의 산출지 기록에 의하여[136] 상서성에 신청하면 [주에] 지시내려 제때에 [약재를] 거두게 한다. 만약 [약재가] 산출되는 것이 『본초』[에 의거한 바]는 아니더라도, 옛부터 거두어들이던 곳으로 빈번히 사용하여 양질로 [확인된] 것이면 역시 거두도록 한다.[137] [약재] 100근마다 전려(傳驢) 1두를 주고,[138] 100근 미만은 조집사 편에 부쳐서 태상시[의 태의서]로 보내고 상서성에 장(帳)으로 보고한다. 마땅히 사야할 것은 미리 산다.[139]

---

135) [교감주] '族'이 일본의 養老令에는 '施'라 되어 있지만 원문대로 해석하였다.

136) 唐代 파악되고 있는 약재의 종류만 850종으로 이 가운데 474종이 『本草』에 기록되어 있다(권14, 太常寺, 409~410쪽 ; 『역주당육전』중, 399~401쪽 참조).

137) 唐代 파악되어 있는 약의 종류는 850種으로, 360종은 『神農本經』에, 182종은 『名醫別錄』에, 114종은 『新修本草』에 새로 附記되었다(『唐六典』 권14, 太常寺, 409쪽 ; 『역주당육전』중, 401쪽).

138) 傳驢는 전송에 쓰이는 나귀로 이에 관한 규정은 廐牧令, 〈舊23〉조에 있다.

139) 본 조문과 더불어 〈舊12〉조, 〈舊13〉조, 〈舊20〉조는 모두 藥材 收取에 관한 규정이다. 본 조문이 중앙의 太常寺로 약재를 납입하는 것에 관한 규정이라면, 〈舊12〉조는

유관당송문 1)『唐六典』: 太醫令掌諸醫療之法 ; … 皆辨其所出州土, 每歲貯納, 擇其良者而進焉.(권14, 太常寺, 409~410쪽 ;『역주당육전』중, 399~401쪽) ; 凡諸州每年任土所出藥物可用者, 隨時收採, 以給人之疾患.(권30, 三府督護州縣官吏, 748쪽 ;『역주당육전』하, 438~443쪽)

2)『新唐書』: 凡藥, 辨其所出, 擇其良者進焉.(권48, 百官3, 1245쪽)

▸ 유관 일본령

『令義解』: 藥品施典藥年別支析, 依藥所出, 申太政官散下, 令隨時收採.(권8, 醫疾令, 284쪽)

▸ 복원 당령

『唐令拾遺補』醫疾令, 보5~보6갑조, 808쪽

『天聖令』당령복원청본, 醫疾令, 19조, 579쪽

〈舊12〉 京都各置藥園一所, 擇良田三頃, 置師, 取庶人年十六以上二十以下充(克)[140]生, 教讀『本草』, 辨識諸藥并采種之法. 隨近山澤有藥草之處, 采掘種之. 土(士)[141]無其物而種得生者, 令所有之州送子種蒔(蔣),[142] 犁·牛·人力, 司農寺給. 其鄉土(士)[143]所宜種卽堪用者, 太常斟量責課入度之用. 其藥園生, 業成之日補[藥][144]園師.

수도와 낙양에 각각 약원(藥園) 1곳을 설치하고, 양전(良田) 3경을 택해 [약원]사를 두는데,[145] 16세 이상 20세 이하의 서인을 취해 [약원]생으로

중앙에서의 약재 재배에 관한 규정이고, 〈舊13〉조는 중앙으로 보내야 할 약재를 지방에서 어떻게 수취해야 하는지에 대한 규정으로서 이상 3개 조문은 모두 중앙의 약재 관리에 관한 것이다. 이에 비해 〈舊20〉조는 지방에서 소용되는 약재의 채취에 관한 규정이다.

140) [교감주] 底本에는 '克'으로 되어 있으나, '充'의 誤記이다.

141) [교감주] 底本에는 '士'로 되어 있으나, '土'의 誤記이다.

142) [교감주] 底本에는 '蔣'으로 되어 있으나, 문맥상 '蒔'가 되어야 한다.

143) [교감주] 底本에는 '士'로 되어 있으나, '土'의 誤記이다.

144) [교감주] '藥'은 脫字이다.『唐六典』권14, 太常寺, 411쪽을 참조하여 보충한다.

145)『唐六典』에 의하면, 太醫署에는 藥園師 2인, 藥園生 8인이 설치되었다(권14, 太常寺, 392쪽 ;『역주당육전』중, 336~338쪽 참조).

충원해서 『본초』를 가르치며, 여러 약재를 변별하고 아울러 채취하고 심는 방법을 알게 한다. 근처 산택에 약초가 나는 곳이 있으면 [약초를] 캐어다가 재배한다. 지역에 그 약초가 없으나 씨를 뿌리면 자랄 수 있는 경우, [약초가 원래] 있던 주로 하여금 종자를 보내게 해서 재배하게 하며, 쟁기·소·인력은 사농시가 지급한다. 지역 풍토가 적합하고 재배하면 [약재로] 쓸 수 있는 경우, 태상시가 사용할 분량을 헤아려 할당한다. 약원생은 학업이 완성되는 날 약원사에 보임한다.

유관당송문 1) 『唐六典』: 藥園師以時種蒔·收採諸藥. 京師置藥園一所, 擇良田三頃, 取庶人十六已上·二十已下充藥園生, 業成, 補藥園師.(권14, 太常寺, 411쪽 ; 『역주당육전』중, 399~401쪽)

2) 『新唐書』: 京師以良田爲園, 庶人十六以上爲藥園生, 業成者爲師.(권48, 百官3, 1245쪽)

▸ 유관 일본령

『令義解』: 凡醫生, 按摩生, 咒禁生, 藥園生, 先取藥部及世習, 次取庶人年十三已上, 十六已下, 聰令者爲之.(권8, 醫疾令, 279쪽) ; 凡藥園, 令師檢校, 仍取園生, 教讀本草, 辨識諸藥幷採種之法, 隨近山澤有藥草之處, 採握種之, 所須人功, 並役藥戶.(권8, 醫疾令, 284쪽)

▸ 복원 당령

『唐令拾遺』醫疾令, 5조, 725쪽 ; 『唐令拾遺補』醫疾令, 5조, 804~805쪽

『天聖令』당령복원청본, 醫疾令, 20조, 579쪽

〈舊13〉 諸州輸藥之處, 准校課數量, 置采藥師, 令以時采取. 其所須人功, 申尙書省, 取當州隨近丁支配.

무릇 주 [가운데 중앙으로] 약재를 보내는 곳에는 부과된 [약재의] 수량에 준하여 채약사(采藥師)를 두어서[146] 제때에 맞추어 채취하게 한다. 필요한

146) 유관당송문 『新唐書』에 의하면, 약재를 부과한 주에 채약사 1명을 설치하도록 했으나, 본 조문은 부과된 약재 수량을 고려하여 州마다 채약사의 정원수도 달랐음을

노동력은 상서성에 보고하여 해당 주 [약재 생산지] 근처의 정(丁)을 취해 안배한다.147)

유관당송문 1)『唐六典』: 凡諸州每年任土所出藥物可用者, 隨時收採, 以給人之疾患.(권30, 三府督護州縣官吏, 748쪽 ;『역주당육전』하, 438~443쪽)
2)『新唐書』: 凡課藥之州, 置採藥師一人.(권48, 百官3, 1245쪽)

▸ 유관 일본령

『令義解』: 諸國輸藥之處, 置採藥師, 令以時採取, 其人功, 取當處隨近丁配支.(권8, 醫疾令, 284쪽)

▸ 복원 당령

『唐令拾遺補』醫疾令, 보6을조, 808~809쪽

『天聖令』당령복원청본, 醫疾令, 21조, 579쪽

〈舊14〉 諸在內諸門及患坊, 應進湯藥, 但兼有毒藥者, 並對門司合進. 不得進生藥.

무릇 궁성의 여러 문 및 환방(患坊)148)에 탕약을 들여야 하는데 독성을 겸하고 있는 약149)의 경우에는 모두 문사(門司)150)에 대면하여 [문적(門籍)

보여준다.

147) 〈舊20〉조에는 州에서 소용되는 약재의 경우, 雜職과 防人을 뽑아 채취하도록 규정하였다.

148) 患坊에 대해서는 확실히 알 수 없으나 궁성 안에 있었음은 분명하다. 宮人 患坊의 藥庫에는 監門 및 醫師·醫監·醫正 등이 모두 관여하고 있었던 것처럼, 철저한 관리가 이루어지고 있었으며(『新唐書』 권48, 百官3, 1244~1245쪽, "宮人患坊有藥庫, 監門莅出. 醫師·醫監·醫正番別一人莅坊."), 궁인이 환방에서 죽었다는 기록도 있다(周紹良·趙超 主編, 『唐代墓誌彙編續集』, 2001, 顯慶047, 唐故七品宮人墓誌銘, 113쪽).

149) 『神農本草經』 권2, "中藥一百二十種爲臣, 主養性以應人, 無毒有毒斟酌其宜, 欲遏病補羸者本中經" ; 권3, "下藥一百二十五種爲佐使, 主治病以應地, 多毒不可服, 欲除寒熱邪氣破積聚愈疾者本下經."에 의하면 中藥과 下藥에 속하는 水銀·附子 등이 毒 성분을 갖고 있는 약이다.

150) 左右監門衛 소속 左右監門校尉 및 直長·長人長上·直長長上 등 궁문 출입을 관장하는 자를 가리킨다(『唐六典』 권25, 諸衛府, 640쪽 ;『역주당육전』하, 223~226쪽).

또는 적방(籍傍)에] 부합한 경우에 바쳐야 한다.[151] 생약을 바쳐서는 안 된다.

유관당송문 관련 기록이 당송 시기 문헌에서는 확인되지 않는다.

▸ 복원 당령

『天聖令』 당령복원청본, 醫疾令, 24조, 579쪽

〈舊15〉 諸行軍及作役(投)[152]之處, 五百人以上, 太常給醫(藥)[153]師[一][154]人. 五千人以上給二人. 自此以上, 率五千人加一人. 其隴右監牧·西使·南使, 各給二人. 餘使各一人. 仍簡擇充(克),[155] 監牧醫師, 糧料·勞考准獸醫官例. 並量給藥. 每給醫師(藥)[156]二人, 以傷折醫兼之, 並給傳乘.

무릇 출정하는 군대 및 역(役)을 부리는 곳의 [인원이] 500인 이상이면 태상시가 의사 1인을 지급한다.[157] 5,000인 이상이면 [의사] 2인을 지급한다. 이 이상은 5,000인 마다 1인을 더한다. 농우(隴右)의 감목(監牧),[158]

151) 『唐六典』 권25, 諸衛府, 640쪽(『역주당육전』하, 223~226쪽)에 의하면, 唐代 宮門과 殿門 출입시에는 本司에서 官爵과 姓名을 갖추어 해당 門司에 이첩하고, 해당 門司는 左右監門衛의 將軍·中郎將에게 보내어 본인임을 확인한 후에 출입이 허락되었다. 또한 『唐六典』 권28, 太子左右監門率府, 719쪽(『역주당육전』하, 361~362쪽)에 의하면, 재물이나 기구, 용품을 궁에 들여야 할 때는 籍傍이 필요했다. 본 조문에서 '對門司合進'이라고 한 것은 바로 이러한 상황을 가리키는 것으로 생각된다.

152) [교감주] 『令集解』 권30, 營繕令, 768쪽에서 唐 醫疾令을 인용하여 '行軍及作役之處'라 하였고, 의미상에서도 作役이 적절하므로 '投'를 '役'으로 고친다.

153) [교감주] 底本에는 '藥'으로 되어 있으나, 『令集解』 권30, 營繕令, 768쪽에서 唐 醫疾令을 인용하여 '太常給醫師'라 하였으므로 '醫'로 고친다.

154) [교감주] 『令集解』 권30, 營繕令, 768쪽에서 唐 醫疾令을 인용하여 '太常給醫師一人'이라 하였으므로 '一'을 넣어 해석하였다.

155) [교감주] 底本에는 克으로 되어 있으나 '充'의 誤字이다.

156) [교감주] 底本에는 醫師가 아닌 藥으로 되어 있으나, 본 조문의 내용상 醫師로 해야 한다.

157) 축사에서 사육하는 馬·駝·騾·牛·驢의 경우는 100마리 이상이면 각각 獸醫 1인, 500마리마다 1인씩 추가하는 규정은 廐牧令, 〈舊3〉조에 있다.

158) 隴右는 唐代 貞觀 10道, 開元 15道 중의 하나인데, 唐初 突厥馬 2000필, 隋馬 3000필을

서사(西使), 남사(南使)에는 각각 [의사] 2인을 지급한다.[159] 나머지 사(使)에는[160] 각각 1인을 지급한다. [의사는] 간시로 뽑아 충원하고, 감목 의사의 녹봉과 생활물품[粮料], 근무실적에 대한 고과평정[勞考]은 수의관(獸醫官)[161]의 예에 준한다.[162] 모두 [질병과 사람수를] 헤아려 약을 지급한다. 의사 2인을 지급할 때마다 골절 치료를 겸[할 수 있는 의사를 포함]하고, 모두 전승(傳乘)을 지급한다.[163]

유관당송문 1)『唐大詔令集』: 天寶三年八月三衛彍騎疾病給食料勅 : 所須藥物, 仍與太常計會, 量事供擬, 并差醫人救療.(권114, 醫方, 595쪽)

2)『冊府元龜』: 景龍二年三月, 築朔方軍城. 四月, 以兵匠有疾病者, 令醫人齎藥巡療.(권147, 帝王部, 1778쪽)

3)『令集解』: 凡近大水, 有堤防之處. … 又唐醫疾令云, 行軍及作役之處, 五百人以上,

이곳에 옮겨 방목시키면서 監牧의 제도가 시작되었다(『新唐書』 권50, 兵, 1337쪽에 "馬者, 兵之用也. 監牧所以蕃馬也, 其制起於近世. 唐之初起, 得突厥馬二千匹, 又得隋馬三千於赤岸澤, 徙之隴右, 監牧之制始於此.").

159) 『元和郡縣圖志』 권3, 關內道3, 59쪽, "天寶中, 諸使共有五十監. 南使管十八監, 西使管十六監, 北使管七監, 東宮使管九監. 監牧地, 東西約六百里, 南北約四百里. 天寶十二年, 諸監見在馬總三十一萬九千三百八十七匹, 內一十三萬三千五百九十八匹課馬."에서 四使의 규모를 알 수 있다. 즉, 16감의 西使, 18감의 南使에는 각각 2명의 의사를 파견하고, 이보다 규모가 작은 7감의 北使와 9감의 東使에는 각각 1명의 의사를 파견했던 것이다. 한편 廐牧令, 〈現1〉조에는 각종 축산의 수에 따라 사육을 담당하는 병사 및 獸醫의 수가 규정되어 있다.

160) 『唐六典』 권17, 太僕寺, 486쪽(『역주당육전』중, 540쪽), "諸羣牧別立南使·北使·西使·東使, 以分統之."라 하였으니, 나머지는 北使와 東使를 가리킨다.

161) 唐代 獸醫는 殿中省 尙乘局에 70명(『唐六典』 권11, 殿中省, 330~331쪽 ; 『역주당육전』중, 220~226쪽), 太僕寺에는 600명 정원이며, 獸醫生 가운데 학업시험에 합격한 자를 獸醫에 보임시켰다(『唐六典』 권17, 太僕寺, 496쪽 ; 『역주당육전』중, 496~505쪽).

162) 獸醫官의 녹봉과 고과평정이 어떠했는지는 상세히 알 수 없지만, 流外官을 뽑는 것과 考滿 이후의 승진 등에 관해서는 『唐六典』 권2, 尙書吏部, 36쪽(『역주당육전』상, 216쪽)을 참고할 수 있다. 流內官의 勞考에 대해서는 『唐六典』 권2, 尙書吏部, 32쪽(『역주당육전』상, 189~190쪽)에 자세히 설명되어 있다.

163) 〈現12〉조는 중앙군대와 행군시 병사의 질병 치료에 모두 중앙에서 의사를 파견하는 규정이고, 〈舊21〉조는 鎭·戍의 防人 이상의 질병 치료에 州에서 의사를 파견하는 규정이다.

太常給醫師一人.(권20, 營繕令, 近大水, 768쪽)

▸ 복원 당령

『唐令拾遺』 醫疾令, 11조, 727쪽

『天聖令』 당령복원청본, 醫疾令, 27조, 579쪽

〈舊16〉 諸醫·針師等巡患之處, 所療損與不損, 患處官司錄醫人姓名案記, 仍錄牒太常寺, 據爲黜陟. 諸州醫師亦准此.

무릇 의사·침사 등이 순회하며 질병을 치료하는[164] 지역에서는[165] 치료성과를 질환이 있는 지역의 관사가 의인(醫人)의 성명과 함께 기록해서 문안[案記][166]으로 만들어 첩(牒)으로 기록해서 태상시에 보내 승진과 강등[黜陟]의 근거로 삼는다. 여러 주의 의사도[167] 또한 이에 준한다.

---

164) 이 조문의 "巡"은 "巡廻 또는 巡視"를, "患"은 "질환 또는 환자"를 의미한 것으로 보고, "巡患"을 "순회하며 질병을 치료하다"로 해석하였다. 〈舊22〉조에도 "巡患"이 나오며, 〈舊6〉조의 "有病之處, 遣爲救療" 및 〈舊19〉조의 "即於管內分番巡行, 有疾患之處"도 본 조문의 '巡患'과 같은 의미로 파악된다. 陳登武, 「從「天聖·醫疾令」看唐宋醫療照護與醫事法規－以"巡患制度"爲中心」, 『唐研究』 14, 2008에서는 의사·침사가 救療를 奉命한 것을 칭하여 "巡患"이라 하고, 이를 巡患制度로서 설명하고 있다.

165) 貞觀 15년·17년·18년·22년 여러 주에 전염병이 돌아 의사가 파견된 기록이 있다(『冊府元龜』 권147, 帝王部, 1777쪽, "(貞觀十五年)三月戊辰, 如襄城宮. 澤州疾疫, 遣醫就療. … (十七年)閏六月, 潭·濠·廬三州疾疫, 遣醫療焉. … 十八年自春及夏, 廬·濠·巴·普·郴疾疫, 遣醫往療.").

166) 案記의 사전적 의미는 보관용으로 묶어 놓은 공문서 기록이다.

167) 唐代 관련 문헌에서는 지방에 醫師를 설치한 기록을 찾을 수 없다. 『唐六典』 권30, 三府督護州縣官吏, 740~747쪽(『역주당육전』하, 398~432쪽)에 근거하면 의학박사·의조교·의학생이 설치되었다. 의학박사는 조교와 학생에게 의술을 가르치는 의료교육체제임과 동시에 질병 치료를 담당한 의사의 직무도 수행했다(『唐會要』 권82, 醫術, 1802쪽, "至開元十一年七月五日, 詔曰, 遠路僻州, 醫術全無. 下人疾苦, 將何恃賴? 宜令天下諸州, 各置職事醫學博士一員, 階品同於錄事. 每州本草及百一集驗方, 與經史同貯. 至二十七年二月七日勅, 十萬戶以上州, 置醫生二十人, 十萬戶以下, 置十二人. 各於當界巡療."). 그러므로 본 조문에서 언급한 州의 의사는 지방에 설치된 의학박사와 의조교를 가리키며, 〈舊19〉조를 참조할 때, 학업을 마친 의학생도 포함되는 것으로 여겨진다.

유관당송문 관련 기록이 당송 시기 문헌에서는 확인되지 않는다.

▸ 유관 일본령

『令義解』: 醫針師等, 巡患之家, 所療損與不損, 患家錄醫人姓名, 申宮內省, 據爲黜陟. 諸國醫師亦准此.(권8, 醫疾令, 285쪽)

▸ 복원 당령

『天聖令』 당령복원청본, 醫疾令, 28조, 579쪽

〈舊17〉 諸州醫愽(博)[168]士·助敎, 於所管戶內及停家職資內, 取醫術優長者爲之. 軍內者仍令出軍. 若管內無人, 次比近州有處兼取. 皆州司試練, 知其必堪, 然後銓補, 補[169]訖申省. 其學生取人, 依太醫署. 若州在邊遠及管夷獠之處, 無人堪習業者, 不在置限.

무릇 주의 의박사·[의]조교는[170] 관할하는 호 및 직무 경력자[停家職資][171] 안에서 의술이 우수한 자를 취해 삼는다. 군대 내에서의 경우는 그대로 군인을 취하도록 한다. 만약 관할 지역 안에 사람이 없으면 인근 주의 [의술이 우수한 자가] 있는 곳에서 아울러 취한다. 모두 주의 관사가 시험하여 반드시 [의박사·의조교를] 감당할만한지 확인한 후에 전형을 거쳐 보충하고, 보충을 마치면 [상서]성에 보고한다. [의]학생의 선발은 태의서[의 선발 기준]에 따른다.[172] 만약 변경 주 및 오랑캐를 관할하는 지역에

---

168) [교감주] '愽'은 '博'의 古字로 쓰이기도 했으나, 『康熙字典』에는 '博字之譌'라 했다. 통용하는 '博'으로 고친다.

169) [교감주] '補訖申省'은 본래 앞의 '補'字를 반복한다는 표시로 'ㅌ'라 되어 있었으나, 正字 '補'로 고쳐 쓴다.

170) 유관당송문의 『通典』 기록에 근거하면 唐代 지방의 의박사는 玄宗 開元 11년(723)에 처음 설치되었다. 따라서 지방의 의박사 선발에 관한 이 조문은 적어도 開元 11년 이후의 영문임을 알 수 있다.

171) 停家職資란 文武 職事官 경력자를 가리키는데(『唐律疏議』 권28, 捕亡1-2의 소의 〈제451조〉, 526쪽(『역주당률소의』, 3281쪽의 주석 참조), 본 조문에서는 의료 관련 전문지식을 필요로 하는 경우이기 때문에 직무 경력자로 번역하였다.

172) 이 조문에서는 의학생의 선발 기준을 太醫署에 따른다고 하였지만, 太醫署와 같이 전공별로 나누었는지는 관련기록이 없어 알 수 없다. 다만 그들의 시험제도 등에

학업을 익힐만한 사람이 없는 경우는 [의학생] 설치 범위에 두지 않는다.[173]

유관당송문 1)『唐六典』: 京兆·河南·太原府 ; … 醫學博士一人 ; 助教一人 ; 開元初置. 醫學生二十人. 貞觀初置.(권30, 三府督護州縣官吏, 742쪽 ; 『역주당육전』하, 406~412쪽)

2)『通典』: 醫博士 : 一人, 大唐開元十一年七月制置, 階品同錄事. 每州寫『本草』·『百一集驗方』, 與經史同貯. 其年九月, 御撰『廣濟方』五卷頒天下. 貞元十二年二月, 御撰『廣利方』五卷頒天下. '自今以後, 諸州府應闕醫博士, 宜令長史各自訪求選試, 取人藝業優長堪效用者, 具以名聞. 已出身人及前資官便與正授, 其未出身且令權知. 四考後, 州司奏與正授. 餘準恆式, 吏部更不須選集'.(권23, 職官15, 915쪽)

3)『唐會要』: 至開元十一年七月五日, 詔曰, 遠路僻州, 醫術全無. 下人疾苦, 將何恃賴? 宜令天下諸州, 各置職事醫學博士一員, 階品同於錄事.(권82, 醫術, 1802쪽)

▸ 유관 일본령

『令義解』: 醫博士, 取醫人內法術優長者爲之. 按摩咒禁博士亦准此.(권8, 醫疾令, 279쪽)

▸ 복원 당령

『天聖令』 당령복원청본, 醫疾令, 30조, 580쪽

〈舊18〉 諸州愽(博)[174]士教授醫方, 及生徒課業年限, 並准太醫署(置)[175]教習法. 其餘(錄)[176]雜療, 行用有效者, 亦兼習之.

대해서는 〈舊19〉조에 관련 규정이 있다.

173) 〈現2〉조에서는 중앙의 의박사·의조교 선발에 대한 규정과 함께 지방은 그에 준한다고 하여, 한 조문 안에서 중앙과 지방을 함께 다루고 있다.

174) [교감주] '愽'은 '博'의 古字로 쓰이기도 했으나, 『康熙字典』에는 '博字之譌'라 했다. 통용하는 '博'으로 고친다.

175) [교감주] 底本에는 '太醫置'라 되어 있으나 의미상 '太醫署'로 바꾸어야 한다.

176) [교감주] 底本에는 '錄'字로 되어 있으나 '餘'의 誤字이다.

무릇 주에서 [의]박사의 의술 교육과[177] 학생들의 학업년한은 모두 태의서의 교습법에 준한다.[178] 그 밖에 여러 치료법 가운데 행용되어 효험이 있는 경우 역시 아울러 익히게 한다.[179]

유관당송문 1)『唐六典』: 醫博士掌以醫術敎授諸生習『本草』·『甲乙脉經』, 分而爲業.(권14, 太常寺, 410쪽 ;『역주당육전』중, 402쪽)

▶ 유관 일본령

『令義解』: 凡國醫師, 敎授醫方, 及生徒課業年限, 並准典藥寮敎習法. 其餘雜治, 行用有效者, 亦兼習之.(권8, 醫疾令, 284쪽)

▶ 복원 당령

『天聖令』 당령복원청본, 醫疾令, 31조, 580쪽

〈舊19〉 諸州醫生, 每季博(愽)[180]士等自試, 年終長官及本司對試. 並明立試簿, 考定優劣. 試有不精者, 隨狀科罰. 若不率師敎, 數有愆犯, 及課業不充(克),[181] 終無長進者, 隨事解黜, 卽立替人. 其遭喪及餘事故合解者, 亦卽立替. 學生習業早成, 堪療疾者, 卽於管內分番巡行, 有疾患之處, 隨卽救療. 效與無效, 皆錄爲簿. 年終考校, 頻經無效者, 斟量決罰.

무릇 주(州)의 의생은 계절마다 [의]박사 등이 직접 시험하고, 연말에 장관 및 본사가 면대하여 시험한다. 모두 시험 성적부를 분명하게 만들고 우열을 심사하여 정한다. 시험해서 정통하지 못함이 있는 경우 [정황을

---

177) 醫方은 醫術 또는 醫療處方의 뜻이 있으나,『舊唐書』권44, 職官3, 1876쪽에 의박사의 직임을 "博士掌以醫術敎授諸生"이라 한 것에 근거하여 醫方을 醫術로 해석하였다.

178) 太醫署의 교습법에 관해서는 〈舊1〉조~〈舊8〉조에 규정되어 있고,『唐六典』권14, 太常寺, 409~401쪽에 관련 내용이 실려 있다.

179) 開元 11년(723) 지방에 의박사를 설치할 때 주마다『本草』·『百一集驗方』을 베껴두고,『廣濟方』을 반포하였으며, 貞元 12년(796)에도『廣利方』을 반포했으므로(『通典』권23, 職官15, 915쪽) 지방의 의박사가 의학생에게 이러한 醫書를 교습시켰을 것이다.

180) [교감주] '愽'은 '博'의 古字로 쓰이기도 했으나,『康熙字典』에는 '博字之譌'라 했다. 통용하는 '博'으로 고친다.

181) [교감주] 底本에는 '克'으로 되어 있으나 '充'의 誤字이다.

기록한] 문서에 따라 처벌한다. 만약 스승의 가르침을 따르지 않고 자주 잘못을 저지르거나 학업에 충실하지 않아 끝내 향상됨이 없는 경우에는 사안에 따라 쫓아내고 곧 다른 사람으로 대체한다. 상(喪)을 당하거나 기타 사정으로 해임해야할 경우 역시 곧 다른 사람으로 대체한다. 학생이 학업 익히기를 일찍 완성하고 질병 치료를 감당할 수 있을 경우, 곧 관할 구역 내에서 번(番)을 나누어 순행하며 질환이 발생하는 곳이 있으면 바로 가서 치료하도록 한다. [치료의] 효험여부를 모두 기록하여 문서로 만든다. 연말에 고과하여 [치료] 효험이 없는 경우가 빈번했다면 헤아려 처벌한다.[182)]

유관당송문 관련 기록이 당송 시기 문헌에서는 확인되지 않는다.

▸ 유관 일본령

『令義解』: 凡國醫生, 每月醫師試, 年終國司對試. 並明定優劣. 試有不通者, 隨狀科罪. 若不率師教, 數有僭犯, 及課業不充, 終無長進者, 隨事解黜, 卽立替人.(권8, 醫疾令, 284쪽)

▸ 복원 당령

『天聖令』 당령복원청본, 醫疾令, 32조, 580쪽

〈舊20〉 諸州於當土所出, 有藥草堪療疾者, 量差雜職·防人, 隨時收采, 豫合傷寒·時氣·瘧痢·瘡腫等藥. 部內有疾患者, 隨須給之.

무릇 주는 그 지역에서 나온 것 중에 질병을 치료할만한 약초가 있는 경우, 잡직(雜職)[183)]과 방인(防人)[184)]을 헤아려 뽑아[185)] 제때 거두어서

182) 〈舊17〉조, 〈舊18〉조와 함께 총 3개 조문이 모두 지방 의생과 관련한 것이고, 중앙 太醫署 醫生의 시험제도는 〈舊2〉조와 〈舊7〉조에 규정되어 있다.

183) 『唐六典』 권3, 尙書戶部, 78쪽(『역주당육전』상, 339쪽), "凡州·縣有公廨白直及雜職."이라 하였다. 그런데 雜令, 〈舊15〉조에는 州의 執刀, 주현의 典獄·問事·白直을 모두 雜職으로 규정하였다.

184) 防人의 소속 체계를 알 수 있는 기록은 『新唐書』 권49하, 百官志, 1320쪽, "凡軍鎭,

상한(傷寒),[186] 전염병[時氣], 학질과 이질[瘧痢], 부스럼과 종기[瘡腫] 등의 약을 미리 조제한다. 관할 구역 내에 질환이 있는 경우 필요에 따라 [약을] 지급해야 한다.

유관당송문 1) 『唐六典』: 凡醫師·醫正·醫工療人疾病, 以其全多少而書之, 以爲考課. 每歲常合傷寒·時氣·瘧·痢·傷中·金瘡之藥, 以備人之疾病者.(권14, 太常寺, 409쪽 ; 『역주당육전』중, 399~400쪽)

▸ 유관 일본령

『令義解』: 典藥寮, 每歲量合傷寒·時氣·瘧·痢·傷中·金創, 諸雜藥, 以擬療治. 諸國准此.(권8, 醫疾令, 285쪽)

▸ 복원 당령

『唐令拾遺』醫疾令, 4조, 724쪽

『天聖令』당령복원청본, 醫疾令, 33조, 580쪽

〈舊21〉 諸鎭戍防人以上有疾患者, 州量遣醫師救療. 若醫師不足, 軍人·百姓內有解醫術者, 隨便遣療. 每年申省, 下太常寺, 量給傷寒·時氣·瘧痢·瘡腫等藥, 貯庫安置. 若當鎭土地所出者, 並自采充(克).[187]

무릇 진(鎭)·수(戍)[188]의 방인(防人) 이상에 질환이 생긴 경우에는 주(州)

五百人有押官一人, 千人有子總管一人, 五千人又有府三人·史四人. 上戍, 佐一人·史二人 ; 中戍, 史二人 ; 下戍, 史一人. 唐廢戍子, 每防人五百人爲上鎭, 三百人爲中鎭, 不及者爲下鎭 ; 五十人爲上戍, 三十人爲中戍, 不及者爲下戍."를 들 수 있다. 변경의 鎭戍와 烽候에 근무하는 府兵을 특별히 防人이라고 부르며, 대개 도독부에 의해 통솔되는 鎭將·戍主의 지휘 하에 임무를 수행했다(『역주당육전』상, 531~532쪽 참조).

185) 중앙에 보낼 약재는 〈舊13〉조에 규정된 바와 같이 약재의 채취와 수납을 부과한 州 약재 생산지 근처의 丁을 취하도록 했다.

186) 傷寒은 여러 가지로 설명되는데 대표적으로 外感熱性病을 가리킨다. 『素問』「熱論」에서 熱病은 모두 傷寒의 종류라고 하였다(『黃帝內經素問』 권9, "黃帝問曰, 今夫熱病者, 皆傷寒之類也.").

187) [교감주] 底本에는 '克'으로 되어 있으나 '充'의 誤字이다.

188) 鎭과 戍의 주요 임무는 변방의 수비에 있으며, 上中下의 3等이 있다. 上鎭은 500인(鎭將은 정6품하), 中鎭은 300인(정7품상), 下鎭은 300인 이하(정7품하)이며, 上戍는 50인(戍

에서 헤아려 의사를 파견하여 치료한다.[189] 만약 의사가 부족하면 군인과 백성 가운데 의술을 이해하는 자가 있는 경우 형편에 따라 파견하여 치료한다. 매년 [상서]성에 보고하면 태상시에 하달하여 상한(傷寒), 전염병[時氣], 학질과 이질[瘧痢], 부스럼과 종기[瘡腫] 등의 약을 헤아려 지급하도록 하고, 창고에 저장하여 안전하게 둔다. 만약 해당 진(鎭)의 토지에서 [약재가] 나오는 경우 모두 스스로 채취하여 충당한다.

유관당송문 관련 기록이 당송 시기 문헌에서는 확인되지 않는다.

▸ 복원 당령

『天聖令』 당령복원청본, 醫疾令, 34조, 580쪽

〈舊22〉 諸醫師巡患之處, 皆於所在公廨給食.

무릇 의사가 순회하며 질병을 치료하는 지역에서는 모두 소재 관청[公廨]에서 음식을 지급한다.[190]

유관당송문 관련 기록이 당송 시기 문헌에서는 확인되지 않는다.

▸ 복원 당령

『天聖令』 당령복원청본, 醫疾令, 35조, 580쪽

主는 정8품하), 中戍는 30인(종8품하), 下戍는 30인 이하(정9품하)이다(『唐六典』 권30, 三府督護州縣官吏, 755~756쪽 ; 『역주당육전』하, 477~482쪽 참조).

189) 〈舊15〉조에 따르면 行軍 및 役을 부리는 곳에는 중앙의 太常寺 太醫署에서 醫師를 파견하였다.

190) 『唐六典』 권4, 尙書禮部, 128~129쪽(『역주당육전』상, 458~461쪽)에 의하면, 관인의 常食料는 3품 이상이 9盤, 4·5품은 7盤, 6품부터 9품까지는 5盤으로 각각 차등 지급되었다. 唐代 醫師는 流外官으로서 상식료 지급 규정에 해당되지 않지만, 지역을 순회하며 질병을 치료하는 醫師들에게는 특별히 관이 음식을 지급하도록 한 별도의 규정을 만들 필요가 있었을 것이다.

右令不行

위의 영들은 시행하지 않는다.

역주_ 김 호

假寧令[1)]

〈現1〉 元日·冬至·寒食，各給假七日．前後各三日．

정월 초하루[元日], 동지, 한식[2)]에는 각각 7일의 휴가를 준다.[3)] [정월 초하루, 동지, 한식 그 당일과 절일을] 전후로 각각 3일이다.

유관당송문 1)『唐六典』: 內外官吏則有假寧之節, 謂元正·冬至各給假七日, 寒食通淸明四日.(권2, 尙書吏部, 35쪽 ;『역주당육전』상, 208~209쪽)

2)『唐會要』: (開元)二十四年二月十一日勅 : "寒食·淸明, 四日爲假." 至大曆十三年二月十五日, 勅 : "自今以後, 寒食通淸明休假五日." 至貞元六年三月九日,

---

1) 晉令·梁令·唐令[開元7年令]에는 假寧令 편목이 보이지 않고, 隋 開皇令에는 假寧令은 있으나, 醫疾令이 보이지 않는다. 假寧令의 편목이 보이지 않는 경우, 다른 편목에 附記되어 있을 가능성이 높다. 본 天聖令에도 假寧令이 醫疾令에 附記되어 있는 것이다. 假寧令은 관인의 휴가에 관한 규정으로 現令 23개 조문, 舊令 6개 조문, 총 29개 조문이다. 이 가운데 19개 조문이 喪葬과 관련한 휴가 규정이다.

〈歷代 假寧令·醫疾令 篇目 비교표〉

令	晉令	梁令	開皇令	開元7年令	天聖令	日本令
出 處	『唐六典』	『唐六典』	『唐六典』	『唐六典』	『天一閣明鈔本』	『令義解』
醫疾令	○	○	×	○	○ ▶ 附假寧令	○
假寧令	×	×	○	×	×	○

假寧의 의미를 『令義解』 권9, 假寧令, 287쪽에 "假寧令卄五[原注 : 假者, 休假, 卽每六日並給休假一日之類是也. 寧者, 歸寧, 卽三年一給定省假是也. 釋云 : 假, 暇也. 寧, 安也. 謂官人給假及歸寧令耳.]"라 정의하였다. 『初學記』 권20, 政理部, 假第6, 482쪽에는 "急·告·寧, 皆休假名也. … 寧, 安也. 告曰, 寧也."라 하였다.

2) 寒食은 冬至로부터 105일째 되는 날이다.

3) 賦役令, 〈現13〉조에는 丁·匠에게도 元日·冬至·臘·寒食에는 하루의 휴가를 주도록 규정되어 있다.

勅："寒食·淸明, 宜准元日節, 前後各給三日."(권82, 休假, 1798쪽)

3)『慶元條法事類』：元日·寒食·冬至, 五日；前後各二日.(권11, 給假 假寧格, 213쪽)

4)『宋會要輯稿』：國初休假之制, 皆按令式：歲節·寒食·冬至, 各假七日, 休務五日.(職官6-15)

5)「唐天寶年代諸令式表」：元日, 冬至, 幷給七日. 節前三日, 節後三日. 寒食通淸明給假四日.(假寧令, 開元二十八年三月九日, 敦煌法制文書, 214쪽)

▸ 유관 고려령

『고려시대 율령의 복원과 정리』：假寧令[5-1], 官吏給暇(高麗令 27, 703~704쪽)

▸ 복원 당령

『唐令拾遺』假寧令, 1갑조, 732~734쪽

『天聖令』당령복원청본, 假寧令, 1조, 600쪽

〈現2〉 天慶·先天·降聖·乾元·長寧·上元·夏至·中元·下元·臘等節(卽),[4] 各給假三日. 前後各一日. 長寧節惟(准)[5]京師給假.

천경(天慶),[6] 선천(先天),[7] 강성(降聖),[8] 건원(乾元),[9] 장녕(長寧),[10] 상원

---

4) [교감주] 底本에는 '卽'으로 되어 있으나 '節'의 誤字이다.

5) [교감주] 獄官令, 〈現7〉조의 注文에 "長寧節惟在京則禁"이라 되어 있고, 雜令, 〈現7〉조의 注文에는 "長寧節唯在京則禁"으로 되어 있으며, '惟'와 '唯'는 통하는 글자이다. 따라서 본 조문의 '准'은 '惟'의 誤字인 듯하여, '惟'로 바꾸어 해석하였다.

6) 天慶節은 정월 3일이다. 北宋 眞宗 大中祥符 원년(1008) 天書가 하사된 것을 기념하기 위해 만든 節日이다. 당시 王欽若은 신선이 泰山에서 眞宗에게 天書를 하사하는 꿈을 꾸었다며 天書를 만들어 바쳤다.

7) 先天節은 7월 1일이다. 北宋 眞宗 大中祥符 5년(1012) 聖祖 趙玄朗이 강림한 날을 기념하여 만든 節日이다.

8) 降聖節은 10월 24일이다. 北宋 眞宗 大中祥符 5년(1012) 聖祖 趙玄朗이 延恩殿에 강림한 날을 기념하여 만든 節日이며, 휴가와 연회는 모두 天慶節과 같이 하였다.『續資治通鑑長編』에 의하면, 大中祥符 5년 10월에 九天司命上卿保生天尊이 延恩殿에 강림하였다고 했는데(권79, 大中祥符五年十月戊午條, 1797쪽), 이가 바로 聖祖이다. 같은 해 閏10月 詔에, "詔：'聖祖名, 上曰玄·下曰朗, 不得斥犯. 以七月一日爲先天節, 十月二十四日爲降聖節, 並休假五日. 兩京·諸州, 前七日建道場設醮, 假內禁屠·輟刑, 聽士民宴樂, 京城張燈一夕.'"이라 하였는데(권79, 大中祥符五年閏十月條, 1801쪽), 이때는 휴가일

(上元),[11] 하지(夏至), 중원(中元),[12] 하원(下元),[13] 납(臘)[14] 등의 절일에는[15] 각각 3일의 휴가를 준다. [절일 당일과 절일을] 전후로 각각 하루다. 장녕절에는 경사(京師)만 휴가를 준다.[16]

유관당송문 1)『唐六典』: 內外官吏則有假寧之節, 謂元正·冬至各給假七日, 寒食通淸明四日, 八月十五日·夏至及臘各三日, 正月七日·十五日 … 並給休假一日.(권2, 尙書吏部, 35쪽 ;『역주당육전』상, 208~209쪽)

2)『慶元條法事類』: 人日·中和·七夕·授衣·立春·春分·立秋·秋分·立夏·立冬·單忌日並不休務, 天慶·開基·先天·降聖·三元·夏至·臘前後日准此.(권11, 給假 假寧令, 211쪽)

3)『慶元條法事類』: 聖節·天慶節, 開基節·先天節·降聖節·三元·夏至·臘, 三日 ; 前後各一日.(권11, 給假 假寧格, 213쪽)

4)『宋會要輯稿』: 聖節·上元·中元, 各假三日, 休務一日.(職官6-15)

수가 5일로 되어 있다. 天慶節·先天節·降聖節은 北宋 眞宗이 즉위 후 도교의 신을 이용하여 황실의 권위를 높이려 한 정치적 의도에서 나온 것이다. 즉, 澶淵의 맹(1004) 굴욕을 덮기 위한 명목으로 만든 것이라 할 수 있다.

9) 乾元節은 北宋 仁宗의 생일 4월 14일을 기념하는 절일이다. 唐代는 玄宗의 생일을 千秋節이라 하여 휴가를 주었다(『唐會要』 권29, 節日, 631쪽, "開元十七年八月五日, 左丞相源乾曜, 右丞相張說等, 上表請以是日爲千秋節, 著之甲令, 布于天下, 咸令休假, 群臣當以是日進萬壽酒."). 유관당송문『唐六典』에 기록된 '8월 15일'은 '8월 5일'의 誤記로 지적된 바 있는데(池田溫,「天長節管見」,『日本古代の政治と文化』, 吉川弘文館, 1987), 北宋代 황제의 생일을 절일로 정한 것에 미루어『唐六典』의 기록은 '8월 5일'이어야 할 것 같다.

10) 長寧節은 北宋 仁宗의 母親이자 眞宗의 皇后였던 章獻皇太后의 생일 1월 8일로 乾興 원년(1022)에 정했는데, 章獻皇太后가 당시 수렴청정을 했기 때문에 생일을 휴가로 지정한 것 같다.

11) 上元은 정월 15일이다. 道敎에서는 天上의 仙官이 1년에 3번 인간의 선악을 살피는데 그 때를 元이라 하였다.

12) 中元은 7월 15일이다. 道觀에서는 이날 醮齋를 지내고, 佛寺에서는 盂蘭盆會를 열었다.

13) 下元은 10월 15일이다.

14) 臘日은 冬至 뒤의 셋째 戌日에 여러 신에게 제사를 지내는 날이다.

15) 獄官令, 〈現7〉조에 따르면, 乾元·長寧·天慶·先天·降聖節에는 사형을 집행하지 않도록 규정하였다.

16) 雜令, 〈現7〉조에는 乾元節·長寧節에 각각 7일, 天慶節·先天節·降聖節에 각각 5일 동안 屠殺을 금지하는 규정이 있다.

5)「唐天寶年代諸令式表」: 夏至·臘, 各三日. 節前一日, 節後一日. 正月七日, 十五日, … 休假一日.(假寧令 ; 開元二十八年三月九日, 敦煌法制文書, 214쪽)

▸ 유관 고려령

『고려시대 율령의 복원과 정리』: 假寧令[5-1], 官吏給暇(高麗令 27, 703~704쪽)

▸ 복원 당령

『唐令拾遺』假寧令, 1갑조, 732~734쪽 ;『唐令拾遺補』假寧令, 1병조, 810~812쪽
『天聖令』당령복원청본, 假寧令, 2조, 600쪽

〈現3〉 **天祺·天貺·人日·中和節·春秋社·三月上巳·重五·三伏·七夕·九月朔授衣·重陽·立春·春[17]分·立秋·秋[18]分·立夏·立冬·諸大忌日及每旬, 並給休假一日.** 若公務急速, 不在此限.

천기(天祺),[19] 천황(天貺),[20] 인일(人日),[21] 중화절(中和節),[22] 춘사(春社)와 추사(秋社),[23] 3월 상사(上巳),[24] 중오(重五),[25] 삼복(三伏),[26] 칠석(七

---

17) [교감주] 底本에는 '春'字를 반복한다는 표시로 '匕'라 되어 있었으나, 正字 '春'으로 고쳐 쓴다.

18) [교감주] 底本에는 '秋'字를 반복한다는 표시로 '匕'라 되어 있었으나, 正字 '秋'로 고쳐 쓴다.

19) 天祺는 北宋 眞宗 天禧 元年(1017)에 天書가 하사된 것을 기념하여 만든 날이다.

20) 天貺은 北宋 眞宗 大中祥符 2년(1009)에 天書가 하사된 것을 기념하여 만든 날이다.

21) 人日은 정월 7일이다. 전설상 女媧가 雞·狗·豬·羊·牛·馬 등의 動物을 창조하고, 7일째 사람을 만들었다고 해서 正月 初七日을 사람의 生日 즉 人日이라 하였다. 『荊楚歲時記』에는 "正月七日爲人日. 以七種菜爲羹, 剪綵爲人或鏤金箔爲人, 以貼屛風. 亦戴之頭鬢. 又造華勝以相遺, 登高賦詩."라 하여 人日에 행하는 풍속을 기록하였다.

22) 中和節은 2월 1일이다. 唐代 절일 가운데 하나였던 정월 그믐의 晦日이 변경된 것이다. 『新唐書』에 의하면, 唐 德宗 貞元 연간(785~805) 정월 그믐[晦日]의 절일을 없애고, 2월 1일을 새 명절인 중화절로 정하는 令이 반포되었다(『新唐書』 권139, 李泌傳, 4637쪽, "帝以'前世上巳·九日, 皆大宴集, 而寒食多與上巳同時, 欲以二月名節, 自我爲古, 若何而可?' 泌請 : '廢正月晦, 以二月朔爲中和節, 因賜大臣戚里尺. 謂之裁度. 民間以靑囊盛百穀瓜果種相問遺, 號爲獻生子. 里閭釀宜春酒, 以祭勾芒神. 祈豐年. 百官進農書, 以示務本.' 帝悅, 乃著令, 與上巳·九日爲三令節, 中外皆賜緡錢燕會.").

23) 春秋社는 立春과 立秋 후 5번째 戊日에 풍년을 기원하고 감사드리는 제사이다.

24) 三月의 첫 번째 上巳日에는 後漢 때부터 祓除라 하여 동쪽에서 흐르는 물에 몸을

夕), 9월 초하루의 수의(授衣),[27] 중양(重陽),[28] 입춘, 춘분, 입추, 추분, 입하, 입동, 여러 대기일(大忌日)[29] 및 10일마다 모두 휴가 하루를 준다. 만약 공무가 급하여 빨리 [처리]해야 한다면 이 범위에 두지 않는다.

유관당송문 1) 『唐六典』: 內外官吏則有假寧之節, 元正·冬至各給假七日, 寒食通淸明四日, 八月十五日·夏至及臘各三日. 正月七日·十五日·晦日·春·秋二社·二月八日·三月三日·四月八日·五月五日·三伏日·七月七日·十五日·九月九日·十月一日·立春·春分·立秋·秋分·立夏·立冬·每旬, 並給休假一日. 五月給田假, 九月給授衣假, 爲兩番, 各十五日.(권2, 尙書吏部, 35쪽 ; 역주당육전』상, 208~210쪽)

2) 『慶元條法事類』: 人日·中和·七夕·授衣·立春·春分·立秋·秋分·立夏·立冬·單忌日並不休務, 天慶·開基·先天·降聖·三元·夏至·臘前後日准此.(권11, 給假假寧令, 211쪽)

3) 『慶元條法事類』: 天祺節·天貺節·二社·上巳·重午·三伏·中秋·重陽·人日·中和·七夕·授衣·立春·春分·立秋·秋分·立夏·立冬·大忌·每旬, 一日.(권11, 給假假寧格, 213쪽)

4) 『宋會要輯稿』: 春秋二社·上巳·重午·重陽·立春·人日·中和節·春分·立夏·三伏·立秋·七夕·秋分·授衣·立冬, 各假一日, 不休務 ; 夏至·臘日, 各假三日, 不休務 ; 諸大祀假一日, 不休務. 其後或因舊制, 或增建慶節·旬日賜沐, 皆今休務者, 並著于令.(職官6-15)

5) 「唐天寶年代諸令式表」: 晦日, 春秋二社, 二月八日, 三月三日, 五月五日, 三伏,

씻고 정결히 하는 풍속이 있었다(『通典』 권55, 吉禮14, 1553쪽).

25) 重五는 5월 5일 端午節이다.

26) 三伏은 初伏·中伏·末伏으로 夏至 후 3번째 庚日이 初伏, 4번째 庚日이 中伏, 立秋 후 첫 번째 庚日이 末伏이다.

27) 授衣는 겨울옷을 준비한다는 것으로 고대에는 9월을 授衣의 시기로 정했다(『毛詩正義』 권8-1, 國風, 574쪽, "七月流火, 九月授衣. [原注 : 九月霜始降, 婦功成, 可以授冬衣矣.]"). 唐代 授衣假에 관한 규정은 〈舊1〉조에 있다.

28) 重陽은 9월 9일이다. 9는 陽의 數 가운데 가장 큰 수로 이 숫자가 겹쳐 重九라고도 한다.

29) 『唐六典』 권17, 太僕寺, 488쪽(『역주당육전』중, 547~548쪽)을 참조하면 國忌日에는 정무를 보지 않았다. 「唐天寶年代諸令式表」에는 國忌日을 나열하고, 태종·고종·무측천·중종 등의 忌日에는 '廢務', 高祖 李淵의 부친인 元帝[李丙], 李淵의 祖父 景帝[李虎] 등의 기일에는 '不廢務'로 구분하였다(假寧令, 開元二十八年三月九日, 敦煌法制文書 中國珍稀法律典籍集成·甲編·第三冊, 214쪽).

七月七日, 十五日, 九月九日, 十月一日及每月旬, 休假一日.(假寧令, 開元二十八年三月九日, 敦煌法制文書, 214쪽)

▸ 유관 고려령

『고려시대 율령의 복원과 정리』: 假寧令[5-1], 官吏給暇(高麗令 27, 703~704쪽)

▸ 유관 일본령

『令義解』: 凡在京諸司, 每六日, 並給休假一日. 中務, 宮內, 供奉諸司, 及五衛府, 別給假五日, 不依百官之例.(권9, 假寧令, 287쪽 ; 『令集解』 권40, 假寧令, 943~944쪽)

▸ 복원 당령

『唐令拾遺』假寧令, 1조, 732~734쪽 ; 『唐令拾遺補』假寧令, 1병조, 810~812쪽
『天聖令』당령복원청본, 假寧令, 3조, 600쪽

〈現4〉 諸婚, 給假九日, 除程. 朞親婚嫁五日, 大功三日, 小功以下一日, 並不給程. 朞以下無主者, 百里內(外)[30]除程. 禮, 婚·葬給假者, 並於事前給之, 它皆准此.

무릇 [본인과 자식의] 혼인에는 휴가 9일을 주며 여정[에 소요되는 기간]을 [휴가일수에] 포함시키지 않는다. 기년복을 입는 친족의 혼인에는 5일, 대공복[을 입는 친족의 혼인]에는 3일, 소공복 이하[를 입는 친족의 혼인]에는 1일[을 주되], 모두 여정[에 소요되는 기간]을 주지 않는다. 기년복을 입는 친족 이하[의 혼인에] 혼주(婚主)가 없는 경우, 100리 내는 여정[에 소요되는 기간]을 [휴가일수에] 포함시키지 않는다. 예(禮)에, 혼례와 장례에 휴가를 주는 것은 모두 사전에 준다고 하였는데 다른 경우도 모두 이에 준한다.

유관당송문 1) 『唐六典』: 內外官吏則有假寧之節, … 婚嫁, 九日, 除程. 周親婚嫁, 五日 ; 大功, 三日 ; 小功, 一日, 不給程. 齊衰周, 給假三十日.(권2, 尚書吏部, 35쪽 ; 『역주

---

30) [교감주] 底本에는 '百里外'로 되어 있으나, 〈現16〉조와 『大唐開元禮』 권3, 序禮下, 34~35쪽 및 『太平御覽』 권634, 治道部15 急假, 2844쪽에서 인용한 假寧令에 근거하여 '百里內'로 고쳐 쓴다.

당육전』상, 208~211쪽)

2) 『大唐開元禮』: 給假. … 冠給假三日, 婚給假九日, 除程. 周親婚嫁五日, 大功三日, 小功一日. 周以下, 百里內除程.(권3, 序例下 雜制, 34~35쪽 ; 『通典』 권108, 禮68, 開元禮纂類3 雜制 給假, 2812쪽)

3) 『太平御覽』: 假寧令 … 又曰, 諸婚, 給假九日, 除程. 周親婚嫁, 五日, 大功三日, 小功已下一日, 並不給程. 周已下無主者, 百里內除程.(권634, 治道部15 急假, 2844쪽)

4) 『慶元條法事類』: 諸婚嫁及葬應給假者, 聽於事前給之, 不許離任.(권11, 給假 假寧令, 211쪽)

5) 『慶元條法事類』: 婚嫁 : 身自婚, 九日 ; 期親, 五日 ; 大功, 三日 ; 小功, 二日 ; 緦麻, 一日.(권11, 給假 假寧格, 213쪽)

▸ 복원 당령

『唐令拾遺』 假寧令, 4조, 738~739쪽 ; 『唐令拾遺補』 假寧令, 4조, 812쪽
『天聖令』 당령복원청본, 假寧令, 8조, 601쪽

〈現5〉 諸本服朞親以上, 疾病危(爲)[31]篤·遠行久別及諸急難, 並量給假.

무릇 본복으로 기친 이상 친속의 질병이 위독하거나, 멀리 가서 오래 이별하게 되거나, 급하고 어려운 일이 생긴 경우에는 모두 헤아려 휴가를 준다.[32]

유관당송문 1) 『唐會要』: 大中四年正月制 : "… 諸州府及縣官到任已後, 多請遠假, 或言周親疾病, 或言將赴婚姻, 令式假名, 長吏難爲止抑, …."(권82, 休假, 1801쪽)

2) 『太平御覽』: 假寧令 … 又曰, … 諸本服周親已上, 疾病危篤·遠行久別, 及諸急難, 並量給假.(권634, 治道部15 急假, 2844쪽)

3) 『慶元條法事類』: 諸期以上親, 遠行久別, 或疾病危篤及諸急難, 並量給假.(권

31) [교감주] 底本에는 '爲'로 되어 있으나 '危'의 誤字이다. 『太平御覽』과 『慶元條法事類』의 관련 令文에 근거하여 '危'로 고친다.

32) 〈舊3〉조에는 3년에 1번 부모의 안부를 묻는 定省假 규정이 있다.

11, 給假 假寧令, 211쪽)

▸ 복원 당령

『唐令拾遺』假寧令, 16조, 752쪽

『天聖令』당령복원청본, 假寧令, 9조, 601쪽

〈現6〉 諸喪, 斬衰(哀)[33]三年·齊衰三年者, 並解官. 齊衰(哀)[34]杖朞及爲人後者爲其父母, 若庶子(人)[35]爲後爲其母, 亦解官, 申其[36]心喪. 母出及嫁, 爲父後者雖不服, 亦申心喪. 皆爲生己(已)[37]者. 其嫡·繼·慈·養, 若改嫁或歸宗經三年以上斷絶, 及父爲長子·夫爲妻, 並不解官, 假同齊衰(哀)[38]朞.

무릇 참최(斬衰) 3년, 자최(齊衰) 3년의 상(喪)에는 모두 관직에서 해임한다[解官].[39] 자최장기(齊衰杖朞) 및 다른 사람의 후사(後嗣)가 된 자가 그의 [낳아준] 부모를 위해,[40] 또는 서자(庶子)가 후사가 되어 그의 [낳아준] 어미를 위해서도[41] 역시 관직에서 해임하고, 심상(心喪)한다. 어미가 내쫓

33) [교감주] 底本에는 '哀'로 되어 있으나 '衰'의 誤字이다. 『續資治通鑑長編』 권117, 宋仁宗景祐二年八月辛酉條, 2750쪽에 인용된 假寧令과 『令集解』 권40, 假寧令, 287~288쪽에 인용된 開元令을 참조하여 '衰'로 고친다.

34) [교감주] 앞의 注와 같다.

35) [교감주] 底本에는 '人'으로 되어 있으나 '子'의 誤字이다. 『續資治通鑑長編』 권117, 宋仁宗景祐二年八月辛酉條, 2750쪽에 인용된 假寧令을 참조하여 '子'로 고친다.

36) [교감주] 『續資治通鑑長編』 권117, 宋仁宗景祐二年八月辛酉條, 2750쪽에 인용된 假寧令에는 '其'字가 없으나, 『大唐開元禮』에는 있다.

37) [교감주] 底本에는 '已'로 되어 있으나 '己'의 誤字이다. 『續資治通鑑長編』 권117, 宋仁宗景祐二年八月辛酉條, 2750쪽에 인용된 假寧令을 참조하여 '己'로 고친다.

38) [교감주] 底本에는 '哀'로 되어 있으나 '衰'의 誤字이다. 『續資治通鑑長編』 권117, 宋仁宗景祐二年八月辛酉條, 2750쪽에 인용된 假寧令을 참조하여 '衰'로 고친다.

39) 解官은 현직에서 떠나는 것[停職]으로 官品을 상실하는 것은 아니며, 告身은 그대로 보유한다(『唐律疏議』 권2, 名例15-1의 소의 〈제15조〉, 40쪽 ; 『역주당률소의』, 155~156쪽). 만약 복상기간임에도 불구하고 관직을 구한 경우에는 免所去官에 처했다(『唐律疏議』 권3, 名例20-4의 소의 〈제20조〉, 57쪽(『역주당률소의』, 188쪽) ; 『宋刑統』 권2, 名例, 以官當徒除名免官免所去官, 35쪽).

40) 喪葬令, 〈附4〉조의 "爲人後者爲其父母"에 따라 상복은 齊衰期에 해당한다.

41) 喪葬令, 〈附9〉조의 "庶子爲父後者爲其母"에 따라 상복은 緦麻 3개월에 해당한다.

기거나 재가한 경우, 아비의 대를 이은 자는 비록 [내쫓기거나 재가한 어미를 위해] 상복을 입지는 않더라도 역시 심상한다.[42] 모두 자신을 낳은 경우이다. 그런데 적모(嫡母)·계모(繼母)·자모(慈母)·양모(養母)[43]가 만약 개가하였거나 혹은 친정에 돌아가서[歸宗] 3년 이상 단절한 경우[의 복상][44] 및 아비가 장자를 위해, 남편이 처를 위해서 [복상할 경우에]는 모두 관직에서 해임하지 않고, 휴가는 자최 기년복[의 상을 당한 경우]와 같다.[45]

유관당송문 1)『隋書』: 是以令云 : '爲人後者, 爲其父母並解官, 申其心喪, 父卒母嫁, 爲父後者, 雖不服亦申心喪, 其繼母嫁不解官.'(권71, 劉子翊傳, 1651~1652

---

42) 모친이 내쫓긴 경우 즉, 내쫓긴 아내의 자식은 25개월 동안 심상해야 했다(『唐律疏議』 권10, 職制31-1의 소의 〈제121조〉, 206~207쪽 ;『역주당률소의』, 2152~2154쪽).

43) 嫡母는 父의 正妻, 繼母는 嫡母가 사망하였거나 出妻되고 父가 再娶한 자, 慈母는 妾으로서 자식이 없는 자가 妾의 자식으로서 어머니가 없는 자를 아버지의 명으로 母子가 된 경우, 養母는 아이가 없어 같은 종족의 자식을 데려다 키운 경우를 가리킨다(『唐律疏議』 권6, 名例52-4의 소의 〈제52조〉, 137쪽 ;『역주당률소의』, 350~351쪽).

44) 아버지가 돌아가신 경우 嫡母·繼母·慈母·養母와 같은 非所生母의 服은 親生母의 服인 齊衰三年과 같다. 그러나 만약 死別이나 出妻 등 어떤 사유로 歸宗하여 3년 이상 斷絶되었다면, 아버지와의 義理를 斷絶한 것으로 간주하고 守喪의 대상이 되지 않아 解官·心喪 모두 하지 않는 것이다.

45) 이 조문은 관인의 복상기간 중 解官의 여부에 대한 규정으로, 解官해야 하는 경우는 服에 따라 크게 3가지로 구분하고 있다. 첫째, 참최3년, 자최3년 그리고 자최장기의 경우이다. 둘째, 다른 사람의 後嗣가 된 자가 그의 생부모를 위해 복상하는 경우와 서자가 후사가 되어 그의 생모를 위해서 복상하는 경우이다. 셋째, 아버지의 代를 이은 자가 내쫓긴 생모나 재가한 생모를 위한 경우로서 입어야할 복은 없지만 心喪해야 하므로 解官에 해당하는 것이다. 다음으로 解官하지 않는 경우는 4가지를 규정하였다. 첫째, 改嫁한 적모·계모·자모·양모를 위해, 둘째, 적모·계모·자모·양모가 남편과 사별하고 친정에 돌아가 3년 이상이 지나 단절된 경우, 셋째, 아버지가 장자를 위해 복상하는 경우, 넷째, 남편이 처를 위해 복상하는 경우로, 모두 관직에서 해임하지는 않는 것이다. 이러한 경우에 주는 휴가는 자최 기년복의 상을 당한 경우와 같다고 하였는데, 이어지는 〈現7〉조에 근거하면 휴가일수는 30일이 된다. 한편 전통시대 喪禮는 매우 중요한 것이어서 流罪人이나 移鄕人이 부모·조부모상, 기친상을 당한 경우에도 일정한 휴가를 주었다. 이와 관련해서는 獄官令, 〈舊7〉조에 규정되어 있다.

쪽)

2)『大唐開元禮』: 凡斬衰三年·齊衰三年者, 並解官. 齊衰杖周及爲人後者爲其父母·若庶子爲後爲其母者, 解官, 申其心喪. 皆爲生己者. 若嫡繼慈養改嫁或歸宗三年以上斷絶者, 及父爲長子·夫爲妻, 並不解官, 假同齊衰周也.(권3, 序例下 雜制, 34쪽 ;『通典』 권108, 禮68, 開元禮纂類3 雜制 居官遭喪, 2812쪽)

3)『慶元條法事類』: 諸爲嫡·繼·慈·養母改嫁或歸宗, 歸宗謂三年以上斷絶者. 及爲長子之喪給假, 並同齊衰期.(권11, 給假 假寧令, 212쪽)

4)『慶元條法事類』: 在職, 遭喪 : 期親, 七日 ; 大功, 五日 ; 小功·緦麻, 三日 ; 降而服絶·無服之殤, 一日 ; 改葬期以下親, 一日.(권11, 給假 假寧格, 214쪽)

5)『續資治通鑑長編』: 按天聖六年勅, … 假寧令 : '諸喪, 斬·齊三年, 並解官 ; 齊衰杖期及爲人後者爲其父母, 若庶子爲後爲其母, 亦解官, 申心喪 ; 母出及嫁, 爲父後者雖不服, 亦申心喪.' 注云 : '皆爲生己者.'(권117, 宋仁宗景祐二年八月辛酉條, 2750쪽)

▸ 유관 고려령

『고려시대 율령의 복원과 정리』: 假寧令[1-1], 齊衰三年給暇百日(高麗令 27, 697~698쪽)

▸ 유관 일본령

『令義解』: 凡職事官, 遭父母喪並解官. 自餘皆給假. 夫及祖父母, 養父母, 外祖父母, 卅日. 三月服, 廿日. 一月服, 十日. 七日服, 三日.(권9, 假寧令, 287~288쪽 ;『令集解』 권40, 假寧令, 946~947쪽)

▸ 복원 당령

『唐令拾遺』 假寧令, 5병조, 742~745쪽

『天聖令』 당령복원청본, 假寧令, 10조, 601쪽

〈現7〉 諸齊衰(哀)[46]期給假三十日, 聞哀二十日, 葬五日, 除服三日.

무릇 자최기[의 상]에는[47] 휴가 30일을 주고, 문애(聞哀)라면 20일,[48] 장례

---

46) [교감주] 底本에는 '哀'로 되어 있으나, '衰'의 誤字이다.

47) 齊衰朞年服은 조부모, 백숙부모, 형제 등을 위한 상복이며 1년간 입는다. 자최기년복의 상복을 입어야 하는 경우에 대한 상세한 규정은 喪葬令 〈附4〉에 있다.

48) 聞哀는 聞喪擧哀를 가리키며,『大唐開元禮』 권150, 凶禮 王公以下喪通儀, 720쪽에

에는 5일, 제복(除服)[49]에는 3일을 준다.

유관당송문 1)『唐六典』: 內外官吏則有假寧之節, … 齊衰周, 給假三十日 ; 葬, 三日 ; 除服, 二日.(권2, 尙書吏部, 35쪽 ;『역주당육전』상, 209~211쪽)

2)『大唐開元禮』: 凡齊衰周, 給假三十日, 葬五日 ; 除服, 三日.(권3, 序例下 雜制, 34쪽 ;『通典』권108, 禮68 開元禮纂類3 序禮下 雜制 給假, 2812쪽)

▶ 유관 고려령

『고려시대 율령의 복원과 정리』: 假寧令[1-1], 齊衰三年給暇百日(高麗令 27, 697~698쪽)

▶ 복원 당령

『唐令拾遺』假寧令, 6을조, 745~746쪽

『天聖令』당령복원청본, 假寧令, 11조, 601쪽

〈現8〉 諸齊衰(哀)[50]三月·五月, 大功九月·七月, 並給假二十日, 聞哀十四日, 葬三日, 除服二日.

무릇 자최 3개월과 5개월,[51] 대공 9개월과 7개월[의 상]에는[52] 모두 휴가

의하면 聞哀는 擧哀와 奔喪의 절차로 나뉜다. 〈現15〉조에 聞喪擧哀 휴가일수의 계산법이 규정되어 있는데, 그에 따라 계산하면 본 조문 聞哀의 휴가일수, 즉 聞喪擧哀의 휴가일수가 들어맞는다.

49) 『禮記注疏』권42, 雜記下, 1392쪽, "有父之喪, 如未沒喪而母死, 其除父之喪也, 服其除服, 卒事, 反喪服. [鄭玄注 : 除服, 謂祥祭之服也.]"에 따르면, 除服은 祥祭의 服을 일컫는다. 『大唐開元禮』권140, 凶禮 大祥祭, 671쪽, "其日夙興, 內外各服其縗服, 並於次哭, 盡哀. 除服者著除服訖, 又哭, 盡哀止."라 하여 大祥祭를 지낼 때 치르는 除服 의식의 절차를 명시하고 있다. 그런데『司馬氏書儀』권6, 喪儀2 喪次, 65쪽에는 "斬衰寢苫枕塊, 不脫絰帶, 不與人坐, 非時見乎母也. 不入中門, 既虞, 寢有席枕木, 二十七月除服而復寢."이라 하고, 같은 책, 권9, 禫祭, 102쪽에는 "今律勅三年之喪, 皆二十七月而除, 不可違也."라 하여, 北宋時期에는 禫祭 때 除服을 하도록 했음을 알 수 있다. 하지만 같은 책, 권9, 喪儀5, 101쪽에 "按世俗無受服. 謂大祥爲除服, 卽著禫服, 今從衆."이라 하여, 아마도 唐代까지 해 오던 것처럼 北宋 전반기에는 여전히 大祥 때 除服하는 경우가 일반적이었던 것 같다.

50) [교감주] 底本에는 '哀'로 되어 있으나, '衰'의 誤字이다.

51) 齊衰服 3개월은 高祖父 등을 위해, 齊衰服 5개월은 증조부 등을 위해 입는 것으로 이에 대한 상세한 규정은 각각 喪葬令 〈附6〉조와 〈附5〉조에 있다.

20일을 주고, 문애라면 14일, 장례에는 3일, 제복(除服)에는 2일을 준다.

유관당송문 1)『大唐開元禮』: 齊衰三月·五月, 大功九月, 並給假二十日, 葬三日, 除服二日.(권3, 序例下 雜制, 34쪽 ;『通典』권108, 禮68 開元禮纂類3 序禮下 雜制 給假, 2812쪽)

2)『慶元條法事類』: 諸喪葬除服給假, 齊衰三月·五月, 依大功親, 緦麻以上應降者, 依降服.(권11, 給假 假寧令, 211쪽)

▸ 유관 고려령

『고려시대 율령의 복원과 정리』: 假寧令[1-1], 齊衰三年給暇百日(高麗令 27, 697~698쪽)

▸ 복원 당령

『唐令拾遺』假寧令, 6을조, 745~746쪽

『天聖令』당령복원청본, 假寧令, 12조, 601쪽

〈現9〉 **諸小功五月, 給假十五日, 聞哀十日, 葬二日, 除服一日.**

무릇 소공 5개월[의 상]에는[53] 휴가 15일을 주고, 문애라면 10일, 장례에는 2일, 제복(除服)에는 1일을 준다.

유관당송문 1)『唐六典』: 內外官吏則有假寧之節, … 小功五月, 給假十五日 ; 葬, 二日 ; 除服, 一日.(권2, 尙書吏部, 35쪽 ;『역주당육전』상, 209~211쪽)

2)『大唐開元禮』: 小功五月, 給假十五日, 葬二日, 除服, 一日.(권3, 序例下 雜制, 35쪽상 ;『通典』권108, 禮68 開元禮纂類3 序禮下 雜制 給假, 2812쪽)

▸ 유관 고려령

---

52) 大功服 9개월은 사촌형제, 출가한 고모·자매 등을 위한 상복이고, 大功服 7개월은 中殤, 이를테면 사촌형제가 12세에서 15세 사이에 사망했을 경우에 입는 상복이다. 大功 9개월과 大功 7개월의 상복을 입어야 하는 경우에 대한 상세한 규정은 喪葬令, 〈附7〉조에 있다.

53) 小功服 5개월은 伯叔祖父母, 堂伯叔祖父母 등을 위한 상복으로, 이에 대한 상세한 규정은 喪葬令 〈附8〉조에 있다.

『고려시대 율령의 복원과 정리』: 假寧令[1-1], 齊衰三年給暇百日(高麗令 27, 697~698쪽)

▶ 복원 당령

『唐令拾遺』 假寧令, 6을조, 745~746쪽

『天聖令』 당령복원청본, 假寧令, 13조, 601쪽

〈現10〉 諸緦麻三月, 給假七日, 卽本服緦麻出降服絶者, 給假三日. 聞哀五日, 葬及除[服][54]各一日.

무릇 시마 3개월[의 상]에는[55] 휴가 7일을 주고, 만약 본복이 시마인데 한 등급 내려 복이 없어진 경우에는[56] 휴가 3일을 준다. 문애라면 5일, 장례 및 제복(除服)에는 각각 하루씩 준다.

유관당송문 1)『唐六典』: 內外官吏則有假寧之節, … 緦麻三月, 給假七日 ; 葬及除服皆一日.(권2, 尙書吏部, 35쪽 ; 『역주당육전』상, 209~211쪽)

2)『大唐開元禮』: 緦麻三月, 給假七日, 出降者三日, 葬及除服各一日.(권3, 序例下 雜制 34쪽 ; 『通典』 권108, 禮68, 開元禮纂類3 序禮下 雜制 給假, 2812쪽)

3)『慶元條法事類』: 諸緦麻以上親成服, 應給假之喪出殯及柩至同.(권11, 給假 假寧令, 212쪽)

▶ 유관 고려령

『고려시대 율령의 복원과 정리』: 假寧令[1-1], 齊衰三年給暇百日(高麗令 27, 697~698쪽)

---

54) [교감주] '服'은 脫字이다. 앞의 〈現7〉·〈現8〉·〈現9〉조 및 유관당송문에 제시된 『唐六典』과 『大唐開元禮』에 근거하여 보충한다.

55) 緦麻服 3개월은 曾伯叔祖父母, 堂姑母 등을 위한 상복이다. 緦麻 3개월의 상복을 입어야 하는 경우에 대한 상세한 규정은 喪葬令, 〈附9〉조에 있다.

56) 服을 낮추어 하는 것을 降服이라 하며, 尊降·厭降·旁尊降·出降의 4종류가 있다. 이 가운데 出降의 대상은 남의 양자가 된 자[爲人後]·시집간 여자[女子子嫁者]이다(『儀禮注疏』 권30, 喪服10, 664쪽, 大夫之適子爲妻條, 鄭玄의 注, "降有四品, 君·大夫以尊降, 公子·大夫之子以厭降, 公之昆弟以旁尊降, 爲人後者·女子子嫁者以出降."). 본조문의 주에서 '本服緦麻出降服絶者'는 五服制의 가장 마지막인 緦麻服에서 出降하여 비록 더 이상의 복관계가 아닌 '服絶' 즉, 服이 없어지는 것이다.

▶ 복원 당령

『唐令拾遺』 假寧令, 6을조, 745~746쪽

『天聖令』 당령복원청본, 假寧令, 14조, 601쪽

〈現11〉 諸無服之殤, 生三月至七歲. 本服朞以上給假五日, 大功三日, 小功二日, 緦麻一日.

무릇 복이 없는 상(殤)에는[57] [복이 없는 상이란] 생후 3개월에서 7세까지[의 아이가 사망한 경우를 말한다]. 본래의 복이 기년복[朞] 이상인 경우는 휴가 5일을 주고, 대공은 3일, 소공은 2일, 시마는 1일을 준다.

유관당송문 1) 『大唐開元禮』 : 無服之殤, 本服周以上, 給五日, 大功三日, 小功二日, 緦麻一日.(권3, 序例下 雜制, 34쪽 ; 『通典』 권108, 禮68 開元禮纂類3 序禮下 雜制 給假, 2812쪽)

▶ 유관 일본령

『令義解』 : 凡無服之殤, 生三月至七歲. 本服三月, 給假三日, 一月服, 二日, 七日服, 一日.(권9, 假寧令, 288쪽 ; 『令集解』 권40, 假寧令, 947~948쪽)

▶ 복원 당령

『唐令拾遺』 假寧令, 7조, 746쪽 ; 『唐令拾遺補』 假寧令, 7조, 814쪽

『天聖令』 당령복원청본, 假寧令, 15조, 601쪽

〈現12〉 諸無服之喪, 若服內之親祥除及喪柩還(遠),[58] 若已應祖(祖)[59]免或

57) 『儀禮注疏』 권31, 喪服11, 692쪽, "年十九至十六爲長殤, 十五至十二爲中殤, 十一至八歲爲下殤, 不滿八歲以下爲無服之殤." 喪葬令, 〈附7〉·〈附8〉·〈附9〉조는 이와 관련한 복제를 규정하였다.

58) [교감주] '遠'은 '還'의 誤字인 것 같다. 史書에는 '喪柩還鄕' 혹은 '喪柩還京'이란 기록이 많이 보인다. 예를 들어 『梁書』 권30, 顧協傳, 445~446쪽에 "大同八年, 卒, 時年七十三, 高祖悼惜之, 手詔曰 : '…大殮旣畢, 卽送其喪柩還鄕, 並營冢槨, 並皆資給, 悉使周辦.…'"이라 하였고, 『舊唐書』 권110, 李光弼傳, 3311쪽에는 "光弼旣疾亟, 將吏問以後事, 曰 : '吾久在軍中, 不得就養, 旣爲不孝子, 夫復何言!' 因取已封絹布各三千疋·錢三千貫文分給將士. 部下護喪柩還京師."라 하였다. 이를 참조하여 본 조문의 '遠'은 '還'으로 고쳐

親表喪葬，諸如此例，皆給一日.

무릇 상복관계가 없는 상(喪),[60] 또는 복내 친속의 상제(祥除)[61] 및 시신을 넣은 관이 돌아온 경우, 또는 마땅히 단문친이거나 혹은 친척의[62] 상장(喪葬)과 같은 경우는 모두 [휴가] 하루를 준다.

유관당송문 1)『慶元條法事類』: 遭本宗及同居無服親之喪, 一日.(권11, 給假 假寧格, 214쪽)

2)『慶元條法事類』: 諸緦麻以上親成服, 應給假之喪出殯及柩至同. 在遭喪·聞喪假限外及其祥除, 並別給一日.(권11, 給假 假寧令, 212쪽)

〈現13〉 諸師經受業者喪，給假三日.

무릇 가르침을 받은 스승의[63] 상(喪)에는 휴가 3일을 준다.[64]

해석한다.

59) [교감주] '祖'는 '袒'의 誤字이다.

60)『唐律疏議』권14, 戶婚33-3의 소의 〈제182조〉, 262쪽(『역주당률소의』, 2266쪽)에서는 상복 관계는 없지만 혼인을 할 수 없는 범위를 설정하였는데, 대개 外姻尊卑이다. 따라서 服은 없지만 비교적 近親에 속하는 일정 범위 親屬의 喪에 휴가를 준 것으로 이해할 수 있다.

61) 祥除는 大祥 기간이 끝나 상복을 벗는다는 의미인데,『宋史』권7, 眞宗本紀2, 134쪽에 "(景德四年)丁未, 中書門下言莊穆皇后祥除已久, 秋宴請擧樂, 不允."이라 한 것이나,『禮記注疏』권33, 喪服小記, 146쪽에도 "'久而不葬'者, 謂有事礙, 不得依月葬者, 則三年服, 身皆不得祥除也."라 하여 祥祭에 해당하는 복을 벗는 것으로 해석할 수 있다.

62) 親屬이란 緦麻 이상이거나 大功 이상과 혼인한 家를 말한다고 했으므로(『唐律疏議』권11, 職制53-3의 소의 〈제143조〉, 226쪽 ;『역주당률소의』, 2192쪽), 본 조문에서의 親表도 이 범위였을 것이다.

63)『唐律疏議』권1, 名例6-10의 소의 〈제6조〉, 15쪽(『역주당률소의』, 127~128쪽) ;『宋刑統』권1, 名例, 十惡, 15쪽에 의하면 스승이란 儒學을 가르치되, 私學이 아니라고 규정하였다. 즉, 弘文館이나 國子監 및 州縣 등의 학교에서 가르쳤던 스승을 가리킨다.

64)『續資治通鑑長編』권189, 仁宗嘉祐四年春正月甲辰條, 4548쪽, "甲辰, 翰林學士胡宿權知貢擧太子中允·天章閣侍講·管勾太學胡瑗病不能朝. 戊午, 授太常博士, 致仕. 瑗歸海陵, 諸生與朝士祖餞東門外, 時以爲榮. 及卒, 詔賻其家, 集賢校理錢公輔, 率太學諸生百餘人卽佛舍爲位哭, 又自陳師喪, 給假二日."의 기록은 天聖令이 반포된 지 약 30년이 지난 仁宗 嘉祐 4년(1060)의 정황으로 당시 태학생에게 준 휴가는 2일이었다.

유관당송문 1)『大唐開元禮』: 師經受業者, 喪給三日.(권3, 序例下 雜制, 34쪽 ;『通典』 권108, 禮68 開元禮纂類3 序禮下 雜制 給假, 2812쪽)

▸ 유관 일본령

『令義解』: 凡師經受業者喪, 給假三日.(권9, 假寧令, 288쪽 ;『令集解』 권40, 假寧令, 948~949쪽)

▸ 복원 당령

『唐令拾遺』 假寧令, 8조, 746쪽

『天聖令』 당령복원청본, 假寧令, 16조, 601쪽

〈現14〉 諸改葬, 齊衰杖朞以上, 給假二十日, 除程. 朞三日, 大功二日, 小功·緦麻各一日.

무릇 개장(改葬)[65]할 경우 자최장기 이상은 휴가 20일을 주고, 여정은 [휴가일수에] 포함하지 않는다. [자최]기는 3일, 대공은 2일, 소공과 시마는 각각 1일을 준다.[66]

유관당송문 1)『慶元條法事類』: 諸在職遭喪及改葬應給假者, 外縣鎭寨獨員所處申所屬, 候權差到官交割, 計假日.(권11, 給假 假寧令, 212쪽)

▸ 유관 고려령

『고려시대 율령의 복원과 정리』: 假寧令[1-3], 官吏及軍其人等有父母墳墓改葬者(高麗令 27, 698~699쪽)

▸ 유관 일본령

『令義解』: 凡改葬, 一年服, 給假卄日, 五月服, 十日. 三月服, 七日. 一月服, 三日, 七日服, 一日.(권9, 假寧令, 288쪽 ;『令集解』 권40, 假寧令, 949쪽)

---

65) 『儀禮注疏』 권34, 喪服11, 744쪽, "改葬, 緦.[鄭玄注 ; '言改葬者, 明棺物毁敗, 改設之. 如葬時也'.]"

66) 喪葬令, 〈附9〉조에 아들이 부모를 위해, 처첩이 남편을 위해 개장할 때는 시마복을 입도록 규정되어 있다.

▸ 복원 당령

『天聖令』 당령복원청본, 假寧令, 17조, 601쪽

〈現15〉 諸聞喪擧哀，其假三分減一，有賸日者入假限.

무릇 문상거애(聞喪擧哀)[67]는 [상례] 휴가에서 3분의 1을 감하[고 난 3분의 2를 주]고, 자투리 날이 있으면 [문상거애] 휴가 기한에 들인다.[68]

유관당송문 1) 『唐六典』 : 內外官吏則有假寧之節, …若聞喪擧哀, 並三分減一.(권2, 尙書吏部, 35쪽 ; 『역주당육전』상, 208~211쪽)

2) 『大唐開元禮』 : 若聞喪擧哀, 其假三分減一.(권3, 序例下 雜制, 34쪽 ; 『通典』 권108, 禮68 開元禮纂類3 序禮下 雜制 給假, 2812쪽)

3) 『慶元條法事類』 : 諸聞喪給假, 減喪三分之一, 有餘分者, 亦給一日.(권11, 給假 假寧令, 212쪽)

▸ 유관 일본령

『令義解』 : 凡聞喪擧哀, 其假減半. 有乘日者, 入假限.(권9, 假寧令, 288쪽 ; 『令集解』 권40, 假寧令, 949~950쪽)

▸ 복원 당령

『唐令拾遺』 假寧令, 9조, 747쪽

『天聖令』 당령복원청본, 假寧令, 18조, 601쪽

〈現16〉 諸給喪葬等假，朞以上並給程，大功以下在百里內者亦給程.

---

67) 『大唐開元禮』 권150, 凶禮 王公以下喪通儀, 720쪽에 聞喪擧哀는 擧哀와 奔喪의 절차로 나뉘고, 擧哀의 의례는 "諸聞喪擧哀者, 於聞喪所哭盡哀, 問故, 又哭盡哀, 改著素服. …"으로 시작한다. 喪葬令, 〈現3〉조의 '擧哀' 항목에 대한 주석 참조.

68) 이 조문에서 규정한 계산법에 따르면, 〈現7〉조~〈現10〉조에 규정된 문애 휴가일수가 들어맞는다. 〈現7〉조의 경우, 자최기의 상을 당한 관인의 상례 휴가일이 30일이므로 3분의 1에 해당하는 10일을 뺀 나머지 20일이 문상거애 일수가 되는 것이다. 또한 〈現8〉조의 경우, 齊衰 5개월의 상례 휴가일 20일에서 3분의 1에 해당하는 6일을 빼고, 3분의 2에 해당하는 12일과 자투리 2일을 문상거애 휴가기간에 들여, 그 일수는 14일이 되는 것이다.

무릇 상장(喪葬) 등의 휴가를 줄 경우, 기친 이상[의 상장]에는 모두 여정[에 소요되는 기간]을 주고, 대공 이하[의 상장은] 100리 이내일 경우에도 여정[에 소요되는 기간]을 준다.[69]

유관당송문 1) 『唐六典』 : 內外官吏則有假寧之節, …齊衰周, 給假三十日 ; … 周已上親皆給程.(권2, 尚書吏部, 35쪽)

▸ 유관 고려령

『고려시대 율령의 복원과 정리』 : 假寧令[5-4], 兩親及祖父母歸葬(高麗令 27, 705~706쪽)

▸ 유관 일본령

『令義解』 : 凡給喪葬假, 三月服以上並給程.(권9, 假寧令, 288쪽 ; 『令集解』 권40, 假寧令, 950쪽)

▸ 복원 당령

『唐令拾遺』 假寧令, 10조, 747쪽

『天聖令』 당령복원청본, 假寧令, 19조, 601쪽

〈現17〉 **諸給喪假, 以喪日爲始, 擧哀者以聞喪(哀)[70]日爲始.**

무릇 상례 휴가를 줄 때는 사망한 날[喪日]을 [휴가의] 시작으로 하고, 거애의 경우는 상을 들은 날을 시작으로 한다.[71]

유관당송문 1) 『慶元條法事類』 : 諸遭喪給假, 以遭喪日爲始, 聞喪者, 以聞喪日爲始.(권11, 給假 假寧令, 212쪽)

---

69) 이 조문의 후반부 "大功以下在百里內者亦給程"은 『唐六典』과 일본의 養老令에 모두 없는 구절이기 때문에 天聖令 반포 당시 추가했을 가능성이 크다.

70) [교감주] 底本에는 '聞哀日'로 되어 있다. 그런데 『慶元條法事類』 권11, 假寧令, 212쪽에는 '聞喪日'로, 『令義解』 권9, 假寧令, 288쪽에는 '聞喪'으로 되어 있는데, 의미상 '聞喪日'이 적절할 것 같아 고쳐 번역하였다.

71) 〈現22〉조에는 地方官 및 使人의 擧哀 장소에 대한 규정이 있다.

▶ 유관 일본령

『令義解』：凡給喪假, 以喪日爲始, 擧哀者, 以聞喪爲始.(권9, 假寧令, 288쪽；『令集解』 권40, 假寧令, 950~951쪽)

▶ 복원 당령

『唐令拾遺』 假寧令, 11조, 747~748쪽

『天聖令』 당령복원청본, 假寧令, 20조, 601쪽

〈現18〉 諸遭喪被起者, 服內忌給假三日, 大·小祥各七日, 禫五日, 每月朔·望各一日. 祥·禫假給程. 若在節假內, 朝集·宿直皆聽不預.

무릇 상을 당했는데 [조정에] 기용된 경우,[72] 복상기간 내의 기일에는 휴가 3일을 주고, 대상(大祥)과 소상(小祥)은 각각 7일, 담제(禫祭)는 5일,[73] 매월 초하루와 보름에 각각 하루[의 휴가]를 준다.[74] [대소]상과 담제에는 여정에 소요되는 기간을 준다. 또한 절일 휴가기간에는 조집과 숙직 모두 참여하지 않아도 된다.[75]

유관당송문 1) 『大唐開元禮』：凡遭喪被起者, 以服內忌日給假三日, 大小祥各七

72) 喪을 당한 자가 朝廷에 기용될 경우 상복을 입고 관청에 들어갈 수 없기 때문에 喪服이 아닌 品階에 맞는 의복을 착용하되 색깔을 연하게 입었으며, 집에서는 물론 服制에 맞게 喪服을 입었다(『宋史』 권125, 禮28, 凶禮4, 2922쪽, "禮官言：'準令文, 凶服不入公門. 其遭喪被起, 在朝參處, 常服各依品服, 惟色以淺, 無金玉飾；在家, 依其服制.' …").

73) 宋代 祥祭와 禫祭에 대해서는 『宋會要輯稿』 禮36-19, "景祐三年五月二十一日, 審刑院言：'… 今與有司檢詳典禮, 准'五服年月勅'；十三月小祥, 除首絰[経]；二十五月大祥, 除靈座, 除衰裳, 去絰杖；二十七月禫祭, 踰月復平常.'"；同上, "禮官議曰, '… 三年之喪, 十三月爲小祥, 二十五月爲大祥, 二十六月服素縞, 二十七月禫祭, 踰月仍復平常.自初喪至此月, 首尾二十七月, 踰月謂終禫月餘日, 次月改朔, 是名踰月, 卽合純吉. 請頒天下, 以爲定式.' 從之."；『慶元條法事類』 권77, 服制門, 服制令, 823쪽, "諸三年之喪, 十三月小祥, 除首絰. 二十五月大祥, 除衰裳, 去絰杖. 二十七月禫祭, 逾月從吉."이라 되어 있는 것처럼, 小祥은 13개월, 大祥은 25개월, 禫祭는 27개월이었다.

74) 유관당송문에 인용한 『慶元條法事類』 기록에 따르면, 변경의 武官에게는 祥祭·禫祭·卒哭·朔·望에도 휴가를 주지 않았다. 北宋代에는 契丹·西夏·女眞과의 대외관계와 지역적 특수성을 고려하여 변경의 경우는 예외로 두었던 것 같다.

75) 관직에 있을 때 상을 당한 경우의 解官에 관한 규정은 〈現6〉조에 있다.

日, 禫五日, 每月朔望各一日. 祥禫給程.(권3, 序例下 雜制, 35쪽 ; 『通典』 권108, 禮68, 開元禮纂類3 雜制 給假, 2812쪽)

2) 『慶元條法事類』 : 諸丁憂不解官, 節假內朝集宿直, 聽免. 卽任緣邊遇軍期者, 祥·禫·卒哭·朔·望假不給.(권11, 給假 假寧令, 212쪽)

▸ 복원 당령

『唐令拾遺補』 假寧令, 보1조, 815~816쪽

『天聖令』 당령복원청본, 假寧令, 21조, 601쪽

〈現19〉 諸私忌日給假一日, 忌前之夕聽還.

무릇 개인의 제삿날에는 휴가 하루를 주고,[76] 제사 전날 밤에는 귀가를 허락한다.[77]

유관당송문 1) 『唐六典』 : 內外官吏則有假寧之節, … 私忌給假一日, 忌前之夕聽還.(권2, 尙書吏部, 35쪽 ; 『역주당육전』 상, 208~211쪽)

2) 『大唐開元禮』 : 凡私忌日, 給假一日, 忌前之夕聽還.(권3, 序例下 雜制, 35쪽 ; 『通典』 권108, 禮68 開元禮纂類3 雜制 給假, 2812쪽)

---

76) 개인의 제사와 국가의 제사가 겹쳤을 때는 국가 제사가 우선했음을 알 수 있는 唐代의 기록이 있다. 德宗 貞元 8년(792) 將作監 元亘이 개인 제사로 인해 昭德皇后廟의 제례에 참석하지 않아 처벌받았던 것이다(『舊唐書』 권136, 盧邁傳, 3753~3754쪽, "將作監元亘當攝太尉享昭德皇后廟, 以私忌日不受誓誡, 爲御史劾奏. 詔尙書省與禮官·法官集議. 邁奏狀曰 : '臣按『禮記』, 大夫士將祭於公, 旣視濯而父母死, 猶奉祭. 又按唐禮, 散齋有大功之喪, 致齋有周親喪, 齋中疾病, 卽還家不奉祭事, 皆無忌日不受誓誡之文. 雖假寧令忌日給假一日, 春秋之義, 不以家事辭王事.'").

77) 유관당송문에 인용한 唐代 관련 기록을 근거로 개인 제사 때 휴가 하루를 주는 규정은 唐代부터 있었음을 알 수 있다. 그러나 위에 인용한 『續資治通鑑長編』의 기록에 주목할 필요가 있다. 본래 北宋 太祖 開寶 9년(976) 자사·낭중·장군 이상에게 개인의 제사 때 휴가를 주도록 했다(『續資治通鑑長編』 권17, 太祖開寶九年九月丙寅, 376쪽, "始令刺史·將軍·郎中以上私忌給假."). 하지만 편칙자가 기록하는 과정에서 "刺史·將軍·郎中以上" 구절을 빠뜨려 대부분의 관리들이 점차 개인 제사 때 휴가를 쓰게 되자, 眞宗 景德 3년(1006) 개인의 제사 휴가를 아예 群臣으로 확대시키고, 제사 하루 전에는 귀가를 허락했던 것이다. 그렇다면 적어도 北宋初부터 景德 3년(1006)까지는 개인의 제사 때 휴가를 주는 규정이 令에 없었으며, 景德 3년의 詔 이후 다시 仁宗 天聖年間 令으로 이를 규정했다고 이해할 수 있다.

3) 『唐會要』 : 又按唐禮 : '散齋有大功喪, 致齋有周親喪, 齋中疾病, 則還家不奉祭祀', 皆無忌日不受誓戒之文. 雖假寧令忌日有給假一日, ….(권23, 緣祀裁製, 519쪽 ; 『舊唐書』 권136, 盧邁傳, 3753~3754쪽)
4) 『續資治通鑑長編』 : 初, 開寶中, 文武官郎中·刺史·將軍以上, 私忌日給假. 其後, 編勅者失不載, 有司第相緣遵用. 乙亥, 始詔羣臣自今私忌日並給假一日, 忌前之夕, 聽還私第.(권62, 眞宗景德三年二月乙亥, 1386쪽)
5) 『慶元條法事類』 : 諸應給私忌假者, 忌前之夕直宿聽免.(권11, 給假 假寧令, 211쪽)

▸ 복원 당령

『唐令拾遺』 假寧令, 12조, 748~749쪽 ; 『唐令拾遺補』 假寧令, 12조, 814쪽
『天聖令』 당령복원청본, 假寧令, 22조, 601쪽

〈現20〉 諸官人遠任及公使在外, 祖父母·父母喪應解官, 無人告者, 聽家人經所在陳牒告追. 若奉勅出使及任居邊要者, 申(申者)[78] 所屬奏聞.

무릇 관인이 먼 곳에 임용되었거나 공사(公使)로 지방에 있더라도 조부모상이나 부모상을 당하면 관직에서 해임해야 하는데, [그 집안에서 사망소식을] 알릴 사람이 없으면, 집안 사람이 소재 [관사]를 거쳐 첩(牒)을 내어 [관사가] 알릴 것을 허락한다.[79] 만약 칙을 받들고 출사하였거나 변경의 요지에 임명되어 있는 자[가 조부모상이나 부모상을 당한 경우]는 소속 관사에 알리고 [관사는] 상주하여 아뢴다.

유관당송문 관련 기록이 당송 시기 문헌에서는 확인되지 않는다.

▸ 유관 일본령

---

78) [교감주] 底本에는 "… 任居邊要申者 …"로 되어 있으나 『令義解』 권9, 假寧令, 289쪽을 참조하여 "… 任居邊要者, 申 …"으로 고쳐 번역하였다.

79) 『令義解』 권9, 假寧令, 289쪽의 注文에 "謂, 官司得喪家牒, 更附便使移告, 若無便使者, 亦差專使報告."라 하여 이 과정을 비교적 상세히 묘사하고 있다. 이를 참고하면 본문의 "牒"은 喪家牒을 의미하는 것으로 볼 수 있다.

『令義解』: 凡官人, 遠任及公使, 父母喪應解官. 無人告者, 聽家人經所在官司, 陳牒告追. 若奉勅出使, 及任居邊要者, 申官處分.(권9, 假寧令, 289쪽 ; 『令集解』 권40, 假寧令, 951~952쪽)

▶ 복원 당령

『天聖令』 당령복원청본, 假寧令, 23조, 601쪽

〈現21〉 諸兩應給假者, 從多給.

무릇 양쪽으로 휴가를 주어야할 경우 많은 쪽으로 준다.[80)]

유관당송문 1) 『慶元條法事類』: 諸假應給假者, 從多給. 假未滿而再應給者, 以後給日爲始.(권11, 給假 假寧令, 211쪽)

〈現22〉 諸外官及使人聞喪者, 聽於所在館舍安置, 不得於州縣公廨內擧哀.

무릇 지방관 및 사인(使人)이 문상[거애]할 경우, 소재 [관사의] 숙소에 [예를 행할 수 있는 장소를] 안치하는 것을 허락하지만, 주현의 공해(公廨) 안에서는 거애하게 하면 안된다.[81)]

유관당송문 1) 『司馬氏書儀』: 今人皆擇日擧哀. 凡悲哀之至, 在初聞其喪, 聞喪

---

80) 개인에게 주는 휴가의 조건이 겹칠 경우 휴가기간이 긴 쪽으로 준다는 의미이다. 이를테면 齊衰 3개월의 상과 緦麻 3개월의 상을 동시에 당했을 경우, 각각 〈現8〉조와 〈現10〉조에 근거해 자최3개월 상에는 휴가 20일, 시마3개월 상에는 휴가 7일을 주어야 하는데, 이 두 가지 중 휴가기간이 긴 〈現8〉조의 규정을 적용하여 휴가 20일을 준다는 것이다. 두 가지 조건 하에서 지급 대상이 될 경우, 항상 많은 쪽으로 주는 것이 원칙이라는 점은 喪葬令, 〈現7〉조와 田令, 〈舊5〉조에서도 확인할 수 있다.

81) 본 조문에서는 公廨 안에서 擧哀하지 못하도록 하였는데, 유관당송문 『慶元條法事類』 기록에 따르면 廳事에서 擧哀하지 못하도록 규정되어 있다. 또한 喪葬令, 〈現30〉조에는 "諸在任官身喪, 聽於公廨內棺斂, 不得在廳事."라는 규정이 있어 棺斂의 경우 公廨 안에서는 가능하지만, 역시 廳事에서는 불가하였다. 이상의 기록들을 고려했을 때 관청으로서의 公廨, 공무를 실제 집행하는 장소인 廳事, 그리고 숙소인 館舍의 구분이 있었던 것 같은데, 그 공간적인 배치가 어떠했는지는 명확하지 않다.

則當哭之, 何必擇日! 又擧哀卦服皆於僧舍. 蓋以五服年月敕, 不得於州縣公廨內擧哀. 若不在州縣公廨. 何必就僧舍不於本家, 蓋有今人多忌諱故也.(권6, 喪儀2, 聞喪·奔喪)

2) 『慶元條法事類』: 諸命官在職聞喪, 不得於廳事擧哀.(권77, 喪葬 服制令, 836쪽)

▸ 유관 일본령

『令義解』: 凡外官及使人聞喪者, 聽所在館舍安置, 不得於國郡廳內擧哀.(권9, 假寧令, 289쪽 ; 『令集解』 권40, 假寧令, 953~954쪽)

▸ 복원 당령

『天聖令』 당령복원청본, 假寧令, 26조, 602쪽

〈現23〉 諸在外文武官請假出境者, 皆申所在奏聞.

무릇 지방의 문무 관원이 휴가를 청하여 관할 지역을 벗어날 경우에는 모두 소재 [관사]에 보고하고 [소재 관사에서] 상주하여 아뢴다.[82)]

유관당송문 1) 『唐六典』: 內外官吏則有假寧之節, … 五品已上請假出境, 皆吏部奏聞.(권2, 尙書吏部, 35쪽 ; 『역주당육전』상, 208~212쪽)

2) 『唐會要』: 大中四年正月制: "… 其諸州府縣官請出界假故一月以下, 卽任權差諸聽通判 ; 一月以上, 卽勾當留官例其課料等, 據數每貫尅二百與見判案官."(권82, 休假, 1801쪽)

▸ 복원 당령

『唐令拾遺』 假寧令, 13조, 749쪽

『天聖令』 당령복원청본, 假寧令, 25조, 601쪽

右並因舊文, 以新制參定.

---

82) 본 조문은 北宋代 지방 문무관원의 휴가 신청 시 관할 지역을 벗어날 경우와 관련된 규정으로 중앙관에 대한 규정은 假寧令에 보이지 않는다. 유관당송문 『唐六典』에 따르면, 唐代의 경우 5품 이상의 휴가 관련 절차는 吏部에서 관장하였고, 그와 관련한 몇 가지 규정은 〈舊5〉조에 상세히 실려 있다.

위[의 영들]은 예전의 조문을 바탕으로 하되, 새로운 제칙을 참작하여 정한 것이다.

〈舊1〉 諸內外官, 五月給田假, 九月給授衣假, 分爲兩番, 各十五日. 其田假, 若風土異宜, 種收不等, 並隨便給之.

무릇 중앙과 지방의 관인은 5월에 전가(田假)를 주고,[83] 9월에 수의가(授衣假)를 주며, 2개 조로 나누어 각각 15일씩 준다.[84] 그런데 전가의 경우는 풍토가 달라 씨 뿌리고 거두는 시기가 같지 않으면 모두 형편에 따라 준다.[85]

유관당송문 1) 『唐六典』 : 內外官吏則有假寧之節, … 五月給田假, 九月給授衣假, 爲兩番, 各十五日.(권2, 尙書吏部, 35쪽 ; 『역주당육전』상, 208~210쪽)

2) 『唐會要』 : (開元)二十五年 … 其年正月, 內外官五月給田假, 九月給授衣假,

---

83) 現令에는 田假와 관련한 휴가 규정이 없다. 唐代 관인들이 莊園을 소유하여 農桑經營과 밀접한 관계가 있었던데 비해, 宋代의 관인들은 대부분 京師와 도시에 거주하였기 때문에 田假가 폐지되었다고 지적된 바 있다(池田溫, 「東亞古代假寧制小考」, Proceedings of the Conference on the Sino-Korean-Japanese Cultural Relations, 1983). 漢代 이후로 관인들이 일정기간 집에 돌아가지 못하고 관청에서 숙식하며 근무해야 했기 때문에 旬沐·田假·授衣假 등 다양한 휴가가 필요했던 것이라 지적되기도 하였다(楊聯陞, 「帝制中國的作息時間表」, 『國史探微』, 聯經出版事業公司, 1983). 田假와 授衣假의 제도가 唐宋代에 걸쳐 변화하는 것에 대해 연구해 볼 가치가 있는데, 최근 天聖令 假寧令을 토대로 당송대 휴가제의 변화와 관련한 연구성과가 있다(趙大榮, 「唐宋『假寧令』硏究」, 『唐硏究』 12, 2006 ; 桂齊遜, 「唐宋官吏休假制度比較硏究－以『天聖·假寧令』爲核心」, 『新史料·新觀點·新視角－天聖令論集(上)』, 元照出版公司, 2011).

84) 『新唐書』 권44, 選擧上, 1161쪽, "諸學生通二經, 俊士通三經已及第而願留者, 四門學生補太學, 太學生補國子學. 每歲五月給田假, 九月給授衣假, 二百里外給程."과 같이 학생들에게도 田假와 授衣假를 주었는데 2백리 밖은 여정에 소요되는 기간도 주었다. 또한 田假와 授衣假는 唐詩에 간혹 등장하는 소재이기도 하다(『全唐詩』 권61, 李嶠, 夏晩九成宮呈同寮, "田假限疾, 不獲還莊, 載想田園, 兼思親友, 率成短韻, 用寫長懷, 贈杜幽素." ; 『全唐詩』 권236, 錢起, 谷口新居寄同省朋故, "… 蕭然授衣日, 得此還山趣, …").

85) 〈現3〉조에 授衣假에 관한 규정이 있는데, 본 조문의 15일 휴가와 달리 하루에 불과하다.

分爲兩番, 各十五日.(권82, 休假, 1799쪽)

3) 『太平御覽』: 假寧令曰, 諸內外官, 五月給田假, 九月給受衣假, 爲兩番, 各十五日. 田假, 若風土異宜, 種收不等, 通隨給之.(권634, 治道部15 急假, 741쪽)

4) 『慶元條法事類』: 諸假皆休務, … 七夕·授衣·立春·春分·立秋·秋分·立夏·立冬·單忌日並不休務, …(권11, 給假 假寧令, 211쪽)

5) 『慶元條法事類』: 節假 : … 七夕·授衣·立春 …, 一日.(권11, 給假 假寧格, 213쪽)

6) 「唐天寶年代諸令式表」: (內)外官, 五月, 九月給假田假, 授衣假, 分爲兩番, 各十五日.(假寧令, 開元二十八年三月九日, 敦煌法制文書, 214쪽)

▸ 유관 일본령

『令義解』: 凡在京諸司, … 五月八月給田假, 分爲兩番, 各十五日. 其風土異宜, 種收不等, 通隨便給, 外官不在此限.(권9, 假寧令, 287쪽 ; 『令集解』 권40, 假寧令, 943~945쪽)

▸ 복원 당령

『唐令拾遺補』 假寧令, 1병조, 810~812쪽

『天聖令』 당령복원청본, 假寧令, 4조, 600쪽

〈舊2〉 諸百官九品以上私家祔廟, 除程, 給假五日. 四時祭者, 各給假四日. 並謂主(正)[86]祭者. 去任所三百里內, 亦給程. 若在京都, 除祭日, 仍各依朝參假例.[87]

무릇 백관 9품 이상이 사가(私家)의 묘(廟)에 신주를 모실 때[祔廟],[88] 여정은 [휴가일수에] 포함시키지 않고, 5일의 휴가를 준다. 사시의 제사[四時祭][89]에는 각각 4일의 휴가를 준다. 모두 제사를 주관하는 경우를 말한다. 임지로부터 3백리 내는 또한 여정[에 소요되는 기간]을 준다. 만약 경도에

86) [교감주] 底本에는 '正祭者'로 되어 있으나, 『太平御覽』 권634, 治道部 急假, 741쪽을 참고하여 '主祭者'로 고친다.

87) [교감주] 『太平御覽』 권634, 治道部15 急假, 741쪽에는 '仍各依朝參例'로 되어 있다.

88) 祔廟란 神主를 祖廟에 모시는 제사이다.

89) 四時祭는 時祭로서 음력 2월·5월·8월·11월에 5代祖 이상 조상의 신령을 함께 제사지내는 것이다.

있으면 제삿날은 제외하고 각각 조참의 휴가 예[90]에 따른다.

유관당송문 1)『唐六典』: 內外官吏則有假寧之節, … 私家祔廟, 各給假五日. 四時祭, 各四日.(권2, 尙書吏部, 35쪽 ;『역주당육전』상, 208~210쪽)

2)『大唐開元禮』: 凡私家祔廟, 給五日. 四時祭, 給四日.(권3, 序例下 雜制, 35쪽 ;『通典』 권108, 禮68 開元禮纂類3 雜制 給假, 2812쪽)

3)『太平御覽』: 又曰, 諸百官九品私家廟, 除程, 給假五日. 四時祭祀, 各給假四日. 並課主祭者. 去任所三百里內, 亦給程. 若在京師, 除祭日, 仍各依朝參例.(권634, 治道部15 急假 假寧令, 741쪽)

▸ 유관 고려령

『고려시대 율령의 복원과 정리』: 假寧令[5-6], 大小官吏四仲時祭(高麗令 27, 706~707쪽)

▸ 복원 당령

『唐令拾遺』 假寧令, 15조, 751쪽

『天聖令』 당령복원청본, 假寧令, 5조, 600쪽

〈舊3〉 諸文武官, 若流外以上長上[91]者, 父母在三百里外,[92] [三][93]年一給定省假三十日[94] ; 其拜墓,[95] 五年一給假十五日,[96] 並除程. 若已經還家者, 計

---

90) 唐代의 朝參은 품계에 따라 매일 입조하는 常參官, 3일에 한 번 입조하는 九參官, 5일에 한 번 입조하는 六參官으로 나뉘었고, 이외 지위와 신분에 따라 조회 참여일수가 달랐다(『新唐書』 권48, 百官3, 1236쪽, "文武官職事九品以上及二王後, 朝朔望. 文官五品以上及兩省供奉官·監察御史·員外郎·太常博士, 日參, 號常參官. 武官三品以上, 三日一朝, 號九參官, 五品以上及折衝當番者, 五日一朝, 號六參官. 弘文·崇文館·國子監學生, 四時參. 諸王入朝及以恩追至者, 日參."). 그런데 朝參의 휴가례가 어떠한 것인지에 대해서는 명확하지 않다.

91) [교감주]『太平御覽』 권634, 治道部15 急假, 741쪽에서 인용한 假寧令에는 '長上'이 없다.

92) [교감주]『唐六典』 권2, 尙書吏部, 35쪽에는 '父母在三千里外'로 되어 있고, 유사한 내용을 싣고 있는『大唐開元禮』와『太平御覽』에는 里數가 아예 기재되어 있지 않다.

93) [교감주] '三'字는 脫字이다.『唐六典』 권2, 尙書吏部, 35쪽과『太平御覽』 권634, 治道部15 急假, 741쪽을 참조하여 보충하였다.

94) [교감주]『唐六典』에는 '三十五日'로 되어 있고,『太平御覽』은 본 조문과 같다.

還後年給. 其五品以上, 所司勘當於事無闕者, 奏聞. 不得輒自奏請.

무릇 문·무관, 또는 유외(流外) 이상 장상(長上)의 경우, 부모가 3백리 밖에 있으면 3년에 1번 정성가(定省假) 30일을 준다.[97] 성묘는 5년에 1번 휴가 15일을 주고,[98] 모두 여정[에 소요되는 기간]을 포함시키지 않는다. 만약 [다른 사유로] 이미 집에 갔다 온 경우는 갔다 온 다음 해부터 계산해서 [휴가를] 준다. 5품 이상은 소속 관사가 잘 따져 보아[勘當] [이 사람이 휴가를 가더라도] 일처리에 문제가 없을 경우 상주하여 아뢴다. 함부로 직접 주청(奏請)해서는 안 된다.

유관당송문 1)『唐六典』: 父母在三千里外, 三年一給定省假三十五日 ; 五百里, 五年一給拜掃假十五日, 並除程, 五品已上並奏聞.(권2, 尚書吏部, 35쪽 ;『역주 당육전』상, 208~210쪽)

2)『大唐開元禮』: 凡內外官, 三年一給定省假三十日 ; 五年一給拜墓假十五日, 竝除程.(권3, 序例下 雜制, 35쪽 ;『通典』권108, 禮68 開元禮纂類3 雜制 給假, 2812쪽)

3)『太平御覽』: 又曰, 諸文武官, 若流外已上者, 父母在, 三年給定假三十日. 其拜墓, 五年一假十日, 並除程. 若已經還家者, 計還後給. 其五品已上, 所司審勘於事每闕者奏, 不得輒自奏請.(권634, 治道部15 急假, 741쪽)

4)『慶元條法事類』: 及父母疾病危篤乞假省視應離任者, 本屬驗實給之. 省視者, 除程不得過三十日.(권11, 給假 假寧令, 211쪽)

---

95) [교감주]『大唐開元禮』와『太平御覽』권634, 治道部15 急假, 741쪽에는 본 조문과 같이 拜墓라 하였으나,『唐六典』에는 '拜掃假',『唐會要』권23, 寒食拜掃, 513쪽에는 "太和三年正月勅, 文武常參官拜掃, 據令式, 五年一給假, 宜本司准令式處分 …"으로 역시 拜掃라 하였다.

96) [교감주]『太平御覽』에는 '十日'로 되어 있고,『唐六典』과『大唐開元禮』는 본 조문과 같다.

97) 朞親 이상이 질병으로 위독할 경우에 휴가를 주는 규정이 〈現5〉조에 있고, 유관당송문에 인용한『慶元條法事類』에서 볼 수 있듯이 부모가 질병으로 위독할 경우에는 휴가를 주었으며, 여정에 소요되는 기간은 포함시키지 않되 30일을 넘길 수는 없었으니 결국 定省假와 같은 셈이다.

98) 성묘를 위한 寒食의 7일 휴가 규정이 〈現1〉조에 있다.

▸ 유관 일본령

『令義解』: 凡文武官長上者, 父母在畿外, 三年一給定省假卅日, 除程. 若已經還家者, 計還後年給.(권9, 假寧令, 287쪽 ; 『令集解』 권40, 假寧令, 945~946쪽)

▸ 복원 당령

『唐令拾遺』 假寧令, 2조, 736~737쪽

『天聖令』 당령복원청본, 假寧令, 6조, 600쪽

〈舊4〉 諸冠, 給假三日 ; 五服內親冠, 給假一日, 並不給程.

무릇 관례(冠禮)[99]에는 휴가 3일을 주고, 오복(五服) 이내 친족의 관례에는 휴가 하루를 주며,[100] 모두 여정[에 소요되는 기간]은 주지 않는다.

유관당송문 1) 『唐六典』: 內外官吏則有假寧之節, … 冠, 給三日 ; 五服內親冠, 給假一日, 不給程.

2) 『大唐開元禮』: 冠, 給假三日.(권3, 序例下 雜制, 34쪽 ; 『通典』 권108, 禮68 開元禮纂類3 雜制 給假, 2812쪽)

3) 『太平御覽』: 假寧令…又曰, … 請冠, 給假三日, 五服內親冠, 給假一日, 並不給程.(권634, 治道部15, 急假, 741쪽)

▸ 복원 당령

『唐令拾遺』 假寧令, 3조, 738쪽

『天聖令』 당령복원청본, 假寧令, 7조, 601쪽

---

99) 『禮記注疏』 권1, 曲禮上, 22쪽, "二十日弱冠, 三十日壯, 四十日强而仕 …."

100) 漢代에는 冠禮가 매우 중시되어 惠帝 4년(192B.C.) 관례를 거행할 때 천하에 赦免令을 내리기도 하였다(『漢書』 권2, 惠帝紀, 90쪽). 北魏 孝文帝 때도 황태자 元恂을 책봉할 때 관례를 치르면서 그것이 갖는 의미에 대해 강조하기도 하였다(『魏書』 권22, 孝文五王傳, 587쪽, "太和十七年七月癸丑, 立恂爲皇太子. 及冠恂於廟, 高祖臨光極東堂, 引恂入見, 誡以冠義曰 : '夫冠禮表之百代, 所以正容體, 齊顔色, 順辭令. 容體正, 顔色齊, 辭令順 ; 故能正君臣, 親父子, 和長幼. 然母見必拜, 兄弟必敬, 責以成人之禮. …' 二十年, 改字宣道."). 본 조문의 규정과 같이 唐代에는 五服 이내 친족의 관례에도 휴가를 주었으나, 宋代에 들어가 관례의 중요성이 점차 줄어든 것 같다(『曾鞏集』 권14, 王無咎字序, 226~227쪽, "… 然古之人重冠, 於冠重字, 字則亦未可忽也. 今冠禮廢, 字亦非其時, 古禮之不行甚矣.").

〈舊5〉 諸京官(師)[101]請假, 職事三品以[上][102]給三日, 五品以上給十日. [以外][103]及欲出關者, 若宿衛官當上五品以上請假, 並本司奏聞, 若在職掌須緣兵部處分, 及武官出外州者, 並兵部奏. 私忌則不奏. 其非應奏及六品以下, 皆本司判給; 應須奏者, 亦本司奏聞. 其千牛·備身左右, 給訖, 仍申所司. 若出百里外者, 申兵部勘量, 可給者亦奏聞. 東宮千牛亦准此錄啓.

무릇 경관(京官)이 휴가를 청할 경우, 직사관 3품 이상은 3일을 주고, 5품 이상은 10일을 준다. 이 [정해진 휴가일수] 외 [더 신청하거나] 또는 관(關)을 나가려는 자,[104] 또한 숙위관으로 근무하는 5품 이상이 휴가를 청하는 경우는 모두 본사가 상주하여 아뢰고, 만약 맡은 바 직무가 반드시 병부와 연계해서 처분해야 하는 경우 및 무관이 [경사] 밖의 주로 나갈 경우는 모두 병부가 상주한다. 개인의 제사라면 상주하지 않는다.[105] 상주할 필요가 없거나 6품 이하는 모두 본사가 판(判)하여 [휴가를] 준다. 상주해야 할 경우에는 역시 본사가 상주하여 아뢴다. 그런데 천우비신(千牛備身)과 비신좌우(備身左右)는 휴가를 주고 나서 유관 관사[所司]에 알린다.[106] 만약 100리 밖으로 나갈 경우에는 병부에 알려서 조사하고 [휴가를] 줄 수 있는 경우라면 역시 상주하여 아뢴다. 동궁천우(東宮千牛) 역시 이에 준하여 계(啓)[107]로써

101) [교감주] 底本에는 '京師'로 되어 있으나, 〈舊6〉조를 참고해 볼 때 '京官'이어야 한다.

102) [교감주] '上'은 脫字이다.

103) [교감주] '以外'는 脫字이다. 『令義解』 권9, 假寧令, 289쪽을 참조하여 보충하였다.

104) 〈現23〉조에는 지방관이 휴가를 신청하여 관할지역을 벗어날 경우에 대한 규정이 있다.

105) 개인의 제사와 관련한 휴가 규정은 〈現19〉조에 있다.

106) 정6품상의 千牛備身과 정6품하의 備身左右는 左右千牛衛 소속으로 고품관인의 자손이 담당하는 특별한 직임이다(『唐六典』 권5, 尙書兵部, 154쪽 ; 『역주당육전』상, 488~499쪽). 이들은 6품 이하로서 本司가 판하여 휴가를 주는 대상에 속하지만, 휴가를 주고 난 후, 유관 관사에 알리도록 하거나, 100리 밖이라는 거리를 한정하여 이를 벗어날 경우에는 兵部에서 휴가 사유가 타당한지를 조사하도록 특별히 명시하였다. 이는 황제 신변을 경호하는 직무상의 중요성에서 비롯되었을 것이다.

107) 『唐六典』 권1, 尙書都省, 11쪽(『역주당육전』상, 137~138쪽)에 의하면 啓는 황태자에게 올리는 문서이다.

황태자에게 알린다.[108]

유관당송문 1) 『唐六典』: 內外官吏則有假寧之節, … 五品已上請假出境, 皆吏部奏聞.(권2, 尙書吏部, 35쪽 ; 『역주당육전』상, 208쪽)

▸ 유관 일본령

『令義解』: 凡請假, 五衛府五位以上, 給三日. 京官三位以上, 給五日. 五位以上, 給十日, 以外, 及欲出畿外奏聞. 其非應奏, 及六位以下, 皆本司判給, 應須奏者, 並官申聞.(권9, 假寧令, 289쪽 ; 『令集解』 권40, 假寧令, 952~953쪽)

▸ 복원 당령

『唐令拾遺』 假寧令, 13조, 749쪽

『天聖令』 당령복원청본, 假寧令, 24조, 601쪽

〈舊6〉 諸外官授訖, 給假裝束. 其去授[109]官處千里內者四十日, 二千里內五十日, 三千里內六十日, 四千里內七十日, 過四千里外[110]八十日, 並除程. 其假內欲赴任者, 聽之. 若有事須早遣者, 不用此令. 舊人代至, 亦准此. 若舊人見有田苗應待收穫者, 待收穫訖遣還.[111] **若京官先[112]在外者, 其裝束假減外[官][113]之半.**

---

108) 이 조문은 唐代 京官의 휴가 신청에 관한 규정으로 唐代 官人에게는 節日, 冠·婚·喪·祭禮 등과 관련한 휴가 외에 품계에 따라 일정한 휴가를 신청할 수 있었다. 관인의 휴가 신청과 절차와 관련하여 〈現23〉조는 지방관이 관할지역을 벗어날 경우, 『唐六典』에는 5품 이상관이 관할지역을 벗어날 경우만 기록되어 있으나, 이 조문은 크게 5품 이상, 6품 이하, 그리고 황제와 황태자의 신변을 호위하는 千牛備身·備身左右 및 東宮千牛의 세 범주로 나누어 훨씬 상세한 내용을 포함하고 있다.

109) [교감주] 『五代會要』 권12, 休假 後晉天福二年條, 212쪽에는 '授'가 '所'로 되어 있다.

110) [교감주] 『五代會要』 권12, 休假 後晉天福二年條, 212쪽에는 '外'가 '者'로 되어 있다.

111) [교감주] 底本에는 "若舊人見有里者待苗應待收穫者訖收穫追還"으로 되어 있으나, 문장이 뒤섞이고 誤字가 있어 『令義解』 권9, 假寧令, 289~290쪽을 참고하여 고쳤다.

112) [교감주] 『五代會要』 권12, 休假 後晉天福二年條, 212쪽 및 天寶令式表에 기재된 假寧令에는 모두 '先' 앞에 '身'자가 있다.

113) [교감주] 『五代會要』 권12, 休假 後晉天福二年條, 212쪽 및 天寶令式表에 기재된 天寶令式表을 참조하여 '官'자를 넣었다.

무릇 지방관으로 제수되면, 휴가를 주어 짐을 꾸리게 한다. 관이 제수된 곳의 거리가 천리 내인 경우는 40일, 2천리 내는 50일, 3천리 내는 60일, 4천리 내는 70일, 4천리를 넘으면 80일이고, 모두 여정은 포함시키지 않는다.[114] 그러나 휴가기간 내에 부임하고자 할 경우에는 이를 허락한다. 만약 사정이 있어 일찍 파견해야 할 경우에는 이 영문을 적용하지 않는다. 전임자[舊人]는 신임자[代]가 도착하면 역시 이에 준하여 [장속가를] 준다. 만약 전임자에게 현재 토지에 작물이 자라고 있어 수확을 기다려야 할 경우에는 수확이 끝나기를 기다렸다가 돌려보낸다. 만약 경관(京官)이 앞서 지방에 있었던 경우라면, 장속가(裝束假)는 지방관[으로 제수되어 주는 장속가]의 반을 감한다.

유관당송문 1) 「唐天寶年代諸令式表」: 諸外官授訖, 給假裝束. 千里內者四十日, 二千里內五十日, 三千里內六十日, 四千里內七十日, 過四千里外八十日, 並除程. 其假內欲赴任者, 聽之. 若有事須早遣者, 不用此令. 若京官身先在外者, 其裝束假減外官之半.(假寧令, 開元二十八年三月九日, 敦煌法制文書, 214쪽)

2) 『唐律疏議』: 議曰, 依令, 之官各有裝束程限. 限滿不赴, 一日笞十, 十日加一等, 罪止徒一年. 其替人已到, 淹留不還, 準不赴任之程, 減罪二等. 其有田苗者, 依令, 聽待收田訖發遣. 無田苗者, 依限須還.(권9, 職制6 〈제96조〉, 186~187쪽; 『역주당률소의』, 2110쪽; 『송형통』 권9, 職制律, 刺史縣令私出界, 148쪽)

▸ 유관 일본령

『令義解』: 凡外官任訖, 給裝束假. 近國卄日, 中國卅日, 遠國卌日, 並除程. 其假內

---

114) 眞宗 咸平 원년(998)의 詔에 京朝官 知州·通判·知軍監·縣場 등으로 차견되는 경우, 여정에 소요되는 기간을 제외한 한달의 휴가를 주도록 했다(『宋會要輯稿』 儀制9-8, "眞宗咸平元年十二月, 詔: '京朝官差知州·通判·知軍監·縣場及監臨物務者, 差定後不得更赴朝參, 限五日朝辭, 除程更與限一月. 如違, 三日已上別具聞奏.'"). 또한 사천·광동·복건에 부임하는 경우 60일, 나머지 지역은 30일의 기간을 주도록 한 규정이 있다(『慶元條法事類』 권5, 職制令, 53쪽, "諸之官者, [原注: 宗室注授宮觀·岳廟及添差不釐務窠闕同.] 川·廣·福建路, 限六十日; [原注: 本路待闕者減半.] 餘路, 三十日. [原注: 自外赴在京官依所在路程限.]"). 따라서 본 조문이 폐기되어 裝束假라는 명칭은 없지만, 여전히 지방관에 부임될 경우 일정한 휴가를 주었음을 알 수 있다.

欲赴任者聽之. 若有事須早遣者, 不用此令. 舊人代至, 亦准此. 若舊人見有田苗應待收獲者, 待收獲訖遣還.(권9, 假寧令, 289~290쪽 ;『令集解』권40, 假寧令, 954~955쪽)

▸ 복원 당령

『唐令拾遺』假寧令, 14조, 749~751쪽 ;『唐令拾遺補』假寧令, 12조, 814~815쪽
『天聖令』당령복원청본, 假寧令, 27조, 602쪽

右令不行.[115]

위의 영들은 시행하지 않는다.

醫疾令 卷第二十六

역주_ 김 호

115) [교감주] 底本에는 〈舊6〉 조문 뒤에 바로 연결되어 있었으나, 의미상 별개의 문장이므로 분리하였다.

獄官令[1)] 卷第二十七

〈現1〉 諸犯罪, 皆於事發處州縣推斷. 在京諸司人事發者(給),[2)] 巡察糾捉到罪人等, 並送所屬官司推斷. 在京無所屬者, 送開封府. 雖有所屬官司, 無決罰例者, 準此.

무릇 범죄는 모두 사건이 발각된[事發][3)] 주현에서 심문하여 판결한다.

---

1) 獄官은 刑獄을 주재하거나 獄을 관리하는 관인을 의미하므로, 獄官令은 獄事에 관한 직무지침서라고 할 수 있다. 역대 令에서 확인되는 명칭은 漢代의 獄令, 『唐律疏議』와 『宋刑統』에 보이는 獄官令, 南宋의 법률집인 『慶元條法事類』에 보이는 斷獄令 등이 있다. 獄官과 관련된 律은, 漢代 九章律에서는 囚律이라 했으며, 魏律 이래 晉律, 梁律, 北魏律, 北周律, 隋律, 唐律에 이르기까지 모두 斷獄律이라 하였다. 다만 北齊에서는 捕斷律이라 하였다(程樹德, 『九朝律考』, 北京 : 中華書局, 1963, 57쪽 ; 『唐六典』 권6, 尙書刑部, 180~183쪽 ; 『역주당육전』 상, 550~568쪽). 天聖令 가운데 獄官令의 구성은 당시 시행되었던 現令 59조와 참고한 뒤 폐기된 舊令 12조로 편성되었다. 주요 내용은 관인 범죄와 贖刑, 사형 집행, 유죄인의 후송과 복역, 신문 절차, 別司移推, 무고와 反坐의 죄, 옥의 관리, 慮囚, 刑具 등과 관련된 규정이다.

2) [교감주] 『令義解』 권10, 獄令, 311쪽의 "在京諸司事發者"에 근거하여 '給'字는 '者'字의 오기로 보인다.

3) '事發'은 사건의 發覺, 즉 관이 사건을 認知하여 형사적 수속을 시작함을 의미한다. 『唐律疏議』 권4, 名例29-1의 "犯罪已發"에 대한 疏議는 "已發이라는 것은 이미 (관에) 告言된 것을 말한다. 令에 따라 三審을 거쳐 (告言을) 수리해야 할 경우 처음 고언으로 곧 發된 것이다"라고 하였고, 名例37-1의 "犯罪未發"에 대한 疏議도 대개 같은 뜻으로 해설하여, 이것이 律 해석상 전체로 통하는 定義라고 보아도 좋다. 그러나 이 정의만으로는 충분하지 못하다. 즉 관이 사건을 인지하여 사법적 처리를 위한 수속을 시작하는 것은 비단 누군가의 告言만이 아니라 자체적인 糾擧에 따라 이루어지기도 하기 때문이다. 즉 '擧劾'(鬪訟20), '擧牒' 및 '別擧推勘'(斷獄12의 疏議), '案問欲擧'(名例37-7의 疏議) 등의 용례로 볼 때 '擧'는 官이 직권에 의해 사람의 범죄를 적발하여 형사적 수속을 시작했음을 의미한다. 다시 정리해서 말하면, 사건의 발각은 피해자의 고소, 제삼자의 고발, 범죄인의 자수, 官司의 糾擧를 통해 이루어진다(王雲海 주편, 『宋代司法制度』, 開封 : 河南人民出版社, 1992, 120~135쪽). 현대 사법제도에서는 범죄가 발생한

경사에서 여러 관사 사람의 사건이 발각되었거나, 순찰 중 적발하여 체포된 죄인 등은 모두 소속 관사로 보내 심문하여 판결한다. 경사에 소속된 곳이 없는 자는 개봉부로 보낸다. 비록 소속 관사는 있지만 형집행 법례[決罰例[4]]가 없는 경우는 이에 준한다.

유관당송문 1)『唐六典』: 凡有犯罪者, 皆從所發州縣推而斷之, 在京諸司, 則徒以上, 送大理, 杖以下當司斷之, 若金吾糺獲, 亦送大理.(권6, 尙書刑部, 189쪽 ; 『역주당육전』상, 596쪽)

2)『慶元條法事類』: 諸犯罪皆於事發之州推斷, 杖以下, 縣決之, 徒以上及應奏者, 竝須追證勘結圓備, 方得送州. 若重罪已明, 不礙檢斷, 而本州非理駁退者, 提點刑獄司覺察按治.(권73, 刑獄3, 744쪽)

▸ 유관 일본령

『令義解』: 凡犯罪, 皆於事發處官司推斷. 在京諸司人, 京及諸國人, 在京諸司事發者, 犯徒以上, 送刑部省. 杖罪以下, 當司決. 其衛府糺捉罪人, 非貫屬京者, 皆送刑部省.(권10, 獄令, 311쪽)

▸ 복원 당령

『唐令拾遺』 獄官令, 1조, 757쪽 ;『唐令拾遺補』 獄官令, 1조, 817쪽

『天聖令』 당령복원청본, 獄官令, 1조, 643쪽

지역의 기관이 심판을 관할하는 것이 통례이지만, 당송 시대의 사법제도에서 심판은 범죄 사안이 발각된 지역의 관사가 관할하는 것으로 규정되어 있다. 따라서 사건이 발각된 지역과 사건의 발생 지역은 반드시 일치하지 않을 수 있다.『唐律疏議』와 『宋刑統』에는 범죄는 일반적으로 발각된 지역의 관사가 심리한다고 규정하면서, 공범이 타 지역에서 뒤에 발각된 경우 공문을 보내 압송을 요구할 수 있으며, 공문을 받고 즉시 이송하지 않는 경우의 처벌에 대한 규정과 함께 공범의 이송 원칙에 대해서도 비교적 상세한 규정을 두고 있다(『唐律疏議』 권30, 斷獄律13 〈제481조〉, 556~557쪽 ;『역주당률소의』, 3343~3345쪽 ;『宋刑統』 권29, 479쪽 ; 王雲海, 위의 책, 241~242쪽).

4) 決罰例는 장죄 이하를 처결하는 법례이다(『唐律疏議』 권30, 斷獄30-2의 소의 〈제498조〉, 573쪽 ;『역주당률소의』, 3377쪽, "卽品官任流外, 及雜任於本司, 及監臨, 犯杖罪以下, 依決罰例"). 또한 決은 死刑이나 笞杖刑과 같은 형의 집행이 완료되었다는 의미이다(김택민, 『중국고대형법』, 서울 : 아카넷, 2002, 669쪽).

〈現2〉 諸犯罪, 杖以下, 縣決之 ; 徒以上, 送州推斷. 若官人犯罪, 具案錄奏, 下大理寺檢斷, 審刑院詳正其罪, 議定奏聞, 聽勅處分. 如有不當者, 亦隨事駁正, 其應州斷者, 從別勅.

무릇 범죄는 장죄 이하는 현에서 집행하고, 도죄 이상은 주로 보내 심문하여 판결한다. 만약 관인이 죄를 범한 경우 [주는 사건과 관련된] 안건 기록[案錄[5]]을 갖추어서 상주해야 하며, [안건이 상주되면] 대리시로 내려 보내 다시 죄에 적용할 조문을 검출하게[檢斷][6] 하고, 심형원에서 그 죄를 바르게 정하기 위한 논의를 하여[詳正], 의논이 정해지면 [황제에게] 아뢰어 칙을 듣고 처분한다. 만일 부당함이 있다면 또한 사안에 따라 반박하여 바로 잡고[駁正], [그 가운데] 주에서 판결해야 하는 경우는 별도의 칙[7]에 따른다.

유관당송문 1) 『唐律疏議』 : 依獄官令, 「杖罪以下, 縣決之. 徒以上, 縣斷定, 送州覆審訖. 徒罪及流應決杖·笞若應贖者, 卽決配徵贖. 其大理寺及京兆(『宋刑統』은 開封)·河南府斷徒及官人罪, 竝後有雪減, 竝申省, 省司覆審無失, 速卽下知. 如有

5) 상급 기관에 재심을 요청할 경우에는 죄상[情], 진술서 및 供狀[款], 심문서[招], 자복서[伏]를 갖추고, 法司가 적용한 條例를 붉은 글자로 적고, 그 뒤에 推司가 죄인에게 이의가 없는지 물은 錄問과 檢法官의 姓名을 적는다(『宋史』 권200, 刑法2, 4992쪽, 合奏案者, 具情款招伏奏聞, 法司朱書檢坐條例, 推司錄問, 檢法官吏姓名于後). 法司와 檢法官은 같다(王雲海 主編, 『宋代司法制度』, 281~282쪽).

6) 宋의 司法制度에서 審問과 판결은 엄격히 분리해서 시행되었다. 즉 審問官[推司 또는 獄司]이 심문을 마치고 판결에 필요한 근거자료를 다 작성하면[結款], 이를 넘겨받은 檢法官은 사건에 적용할 법률 조문을 검출하여 長官의 판결에 대비해야 하는데, 이 절차를 檢斷이라 한다(王雲海, 『宋代司法制度』, 281쪽). 단 본 조문의 檢斷은 복심기관인 大理寺에서 행하는 것이므로 州에서 판결한 안건에 적용된 법률 조문이 적합한지를 審査하는 절차이다.

7) 천성령 옥관령에는 別勅이란 단어가 자주 나오는데, 대부분은 별도의 칙으로 해석된다. 다만 송대에는 1司, 1路, 1州, 1縣에 모두 '別勅'이 있었으므로 주의할 필요가 있다(『宋史』 권199, 刑法1, 4962쪽). 예를 들면 眞宗 天禧 4년(1020) 李迪 등이 『一州一縣新編勅』 50권을 헌상하였으며(『續資治通鑑長編』 권95, 眞宗 天禧 4年 2月 辛卯條, 2180쪽) 仁宗 慶歷 연간(1042~1054) 1司의 勅은 2,317조, 1路의 勅은 1,827조, 1주와 1현의 칙은 1,451조가 있었다(『宋史』 권199, 刑法1, 4963쪽).

不當者, 隨事駁正. 若大理寺及諸州斷流以上, 若除·免·官當者, 皆連寫案狀申省, 大理寺及京兆(『宋刑統』에는 開封)·河南府卽封案送. 若駕行幸, 卽準諸州例, 案覆理盡申奏.(권30, 斷獄律17 〈제485조〉, 561~562쪽 ; 『역주당률소의』, 3351~ 3352쪽 ; 『宋刑統』 권30, 484쪽)

2) 『唐六典』 : 犯罪者, 徒已上縣斷定, 送州覆審訖, 徒罪及流應決杖·笞若應贖者, 卽決配·徵贖. 其大理及京兆·河南斷徒及官人罪, 竝後有雪減, 竝申省司審詳無失, 乃覆下之, 如有不當者, 亦隨事駁正.(권6, 尚書刑部, 189쪽 ; 『역주당육전』상, 596~597쪽)

3) 『續資治通鑑長編』 : 自今諸道奏案並下大理寺檢斷, 刑部詳覆, 如舊制焉.(권5, 太祖 乾德 二年 正月 甲辰條, 120쪽)

▸ 유관 일본령

『令義解』 : 凡犯罪, 笞罪郡決之. 杖罪以上, 郡斷定, 送國, 覆審訖. 徒杖罪及流應決杖, 若應贖者, 卽決配徵贖. 刑部省及諸國, 斷流以上, 若除·免·官當者, 皆連寫案申太政官, 案覆理盡申奏. 卽按覆事有不盡, 在外者遣使就覆, 在京者更就省覆. (권10, 獄令, 311~312쪽)

▸ 복원 당령

『唐令拾遺』 獄官令, 2조, 757쪽 ; 『唐令拾遺補』 獄官令, 2조, 817쪽

『天聖令』 당령복원청본, 獄官令, 2조, 644쪽

〈現3〉 諸在京及諸州見禁囚, 每月逐旬錄囚姓名, 略注犯狀及禁時月日·處斷刑名, 所主官署奏, 下刑部審覆. 如有不當及稽滯, 隨卽擧駁, 本部來月一日奏.

무릇 경사 및 여러 주에 현재 구금중인 죄수들은, 매월 열흘마다 죄수의 성명을 기록하고, 범행의 정상, 구금한 날짜, 처단한 죄와 형을 간략하게 기입하여, 주관하는 관이 서명해서 아뢰면, 형부로 내려 보내 자세하게 살펴 확인하게 한다.[8] 만일 부당함이나 지체됨이 있다면, 곧바로 이유를 들어서 반박하고, 본부 [형부]는 다음 달 1일에 [이를] 아뢴다.

---

8) 宋 太宗 太平興國 6년(982)에는 5일마다 살피도록 하였으나(『宋史』 권199, 刑法1, 49~68쪽), 淳化(990~994) 초기에는 10일마다 살피도록 하였다(『宋史』 권199, 刑法1, 4971~4972쪽).

유관당송문 1) 『唐六典』: 凡禁囚皆五日一慮焉 慮, 謂檢閱之也. 斷決訖, 各依本犯具發處日·月別, 總作一帳, 附朝集使申刑部.(권6, 尙書刑部, 190쪽 ; 『역주당육전』상, 605~606쪽)

2) 『唐六典』: 凡在京諸司見禁囚, 每月二十五日已前, 本司錄其所犯及禁時日月以報刑部. 來月一日以聞.(권6, 尙書刑部, 192쪽 ; 『역주당육전』상, 615쪽)

3) 『舊唐書』: 太宗又制在京見禁囚, 刑部每月一奏.(권50, 刑法, 2138쪽)

4) 『舊五代史』: 唐同光二年六月已巳, 勅應御史臺·河南府行臺·馬步司·左右軍巡院, 見禁囚徒, 據罪輕重, 限十日內竝須決遣申奏.(권147, 刑法, 1965쪽)

5) 『宋史』: 雍熙元年, 令諸州十日一具囚帳及所犯罪名·繫禁日數以聞, 俾刑部專意糾擧.(권199, 刑法1, 4969쪽)

▸ 복원 당령

『唐令拾遺補』 獄官令, 補4조, 827쪽

『天聖令』 당령복원청본, 獄官令, 3조, 644쪽

〈現4〉 諸擧轄刑獄官, 常檢行獄囚鎖枷·鋪席及疾病·糧餉之事, 有(在)[9]不如法者, 隨事推科(行).[10]

무릇 형옥을 총괄하는 관인[11]은 항상 순행하며 옥[12]에 갇힌 죄수들의 형구·돗자리·질병·식사와 관련된 일을 살피고, 법 규정대로 행하지 않은 경우가 있다면, [잘못한] 일에 따라 조사하여 처벌한다.

---

9) [교감주] 『唐六典』 권6, 尙書刑部, 192쪽의 '有不如法者'에 따라 '在'는 '有'로 고친다.

10) [교감주] 천성령, 〈現55〉조의 '有安置·役使不如法者, 隨事推科'에 따라 '行'은 '科'로 고친다.

11) 擧轄刑獄官에 대한 구체적인 내용을 밝힌 자료는 없다. 다만 당대와 송대의 자료를 통해서 유추해 보면 경사의 擧轄刑獄官은 眞宗 大中祥符 2년(1009)에 설치된 糾察在京刑獄司(『續資治通鑑長編』 권72, 眞宗 大中祥符 2年 7月 丁巳, 1622쪽), 지방의 擧轄刑獄官은 太宗 淳化 2년(991)에 설치된 諸路提點刑獄官(『宋史』 권5, 太宗2, 87쪽)으로 짐작된다.

12) 송대의 獄은 開封府에 府司獄과 左右軍巡院獄이 있었고, 그 밖의 官司에는 殿前獄·馬步軍司獄·四排岸獄이 있었다. 경사 밖에는 三京의 府司獄과 左右軍巡院獄이 있었다. 여러 州에는 軍院獄과 司理院獄이 있었고, 縣에도 옥이 있었다(『宋史』 권201, 刑法3, 5021쪽).

유관당송문 1) 『唐六典』: 使牒與州案同, 然後復送刑部 … 使人至日, 先檢行獄囚枷鎖鋪席, 及疾病糧餉之事, 有不如法者, 皆以狀申. 若巡察使·按察使·廉察使·採訪使, 皆待制命而行, 非有恒也.(권6, 尙書刑部, 192쪽 ; 『역주당육전』상, 613~615쪽)

▸ 유관 일본령

『令義解』: 凡覆囚使人至日, 先檢行獄囚枷杻, 補席, 及病粮餉之事. 有不如法者, 亦以狀申附考(권10, 獄令, 312쪽)

▸ 복원 당령

『唐令拾遺』 獄官令, 5조, 760쪽

『天聖令』 당령복원청본, 獄官令, 6조, 644쪽

〈現5〉 **諸決大辟罪, 在京者, 行決之司一覆奏, 得旨乃決. 在外者, 決訖六十日錄案奏, 下刑部詳覆, 有不當者, 得隨事擧駁. 其京城及駕所在, 決囚日, 內敎坊及太常並停音樂. 外州決囚日, 亦不擧樂.**

무릇 사형을 집행할 때, 경사의 경우에는 형을 집행하는 관사에서 한번 복주하고,[13] 칙지를 얻어서 집행한다. 경사 밖의 경우에는 형 집행이 끝난 후 60일 이내에 안건을 자세히 기록하여 아뢰고, (안건 기록이 올라오면) 형부로 내려 보내 다시 조사하여 확인하게 하고, 부당함이 있으면 사안에 따라 이유를 들어 반박할 수 있게 한다. 경성 및 황제가 있는 곳[駕所在]에서 죄수를 처형하는 날 내교방 및 태상시는 모두 음악을 멈춘다. 경사 밖의 주에서 죄수를 처형하는 날에도 또한 음악을 연주하지

13) 唐 太宗이 大理丞 張蘊古를 사형 집행한 후 자신의 판단이 성급했음을 깨닫고 이후 사형 집행 전에는 반드시 세 번 覆奏하게 하였다. 이후 五覆奏로 확대하여 집행 전 1일과 2일에 복주하고 집행일에 삼복주하도록 규정했다(『舊唐書』 권50, 刑法, 2139~2140쪽). 五代 시기 경사에서는 二覆奏가 시행되었으며(『五代會要』 권10, 刑法雜錄, 122쪽), 송대 경사에서는 대체로 一覆奏가 시행되었으나, 지방에서는 覆奏가 없었다(『宋史』 권201, 刑法3, 4974~4975쪽). 또한 유관당송문에서 보듯이 당률에는 복주에 대해 황제의 회답이 내리기를 기다리지 않고 사형을 집행한 자는 유형 2천리에 처하는 것과 같은 처벌 규정이 있고, 『宋刑統』에도 이 규정이 그대로 전재되어 있지만, 이후 복주 제도 자체가 바뀐 상황에서 이 규정이 그대로 유효했는지는 확인하기 어렵다.

않는다.

유관당송문 1)『唐律疏議』: 諸死罪囚, 不待覆奏報下而決者, 流二千里. 卽奏報應決者, 聽三日乃行刑, 若限未滿而行刑者, 徒一年. 卽過限, 違一日杖一百, 二日加一等. 疏議曰: 死罪囚, 謂奏畫已訖, 應行刑者. 皆三覆奏訖, 然始下決. 若不待覆奏報下而輒行決者, 流二千里. 卽奏報應決者, 謂奏訖報下, 應行決者. 聽三日乃行刑, 稱日者, 以百刻, 須以符到三日乃行刑. 若限未滿三日而行刑者, 徒一年. 卽過限, 違一日杖一百, 二日加一等. 在外旣無漏刻, 但取日周晬時爲限.(권30, 斷獄律29 〈제497조〉, 572쪽 ;『역주당률소의』, 3375쪽 ;『宋刑統』 권30, 495쪽)

2)『宋刑統』: 准獄官令, 諸決大辟罪, 若犯惡逆以上, 及部曲·奴婢殺主者, 唯一覆奏.(권30, 495쪽)

3)『宋刑統』: 准唐建中三年十一月十四日勅節文, 應決大辟罪, 自今以後, 在京者宜令行決之司三覆奏, 決日一覆. 在外者, 所司兩覆奏, 仍每覆不得過三日, 餘依令式.(권30, 495쪽)

4)『唐六典』: 凡決大辟罪, 在京者, 行決之司五覆奏, 在外者, 刑部三覆奏. 在京者, 決前一日二覆奏, 決日三覆奏, 在外者, 初日一覆奏, 後日再覆奏, 縱臨時有勅, 不許覆奏, 亦準此覆奏. 若犯惡逆以上及部曲·奴婢殺主者, 唯一覆奏. 決大辟罪, 皆防援至刑所, 囚一人防援二十人, 每一人加五人. 五品已上非惡逆者, 聽乘車竝官給酒食, 聽親故辭訣, 宣告犯狀, 仍日未後乃行刑. 囚在外, 奏報之日, 不得馳驛行下. 凡京城決囚之日, 尙食蔬食, 內敎坊及太常寺皆撤樂.(권6, 尙書刑部, 189쪽 ;『역주당육전』상, 597~601쪽)

5)『五代會要』: 應在京有犯極刑者, 令決前決日, 各一覆奏, 聽進止.(권10, 刑法雜錄, 122쪽)

6)『慶元條法事類』: 諸決大辟日, 本處官司不得擧樂.(권73, 刑獄3, 745쪽)

7)『慶元條法事類』: 諸州大辟案已決者, 提點刑獄司類聚, 具錄情款·刑名及曾與不曾駁改月日有無稽留, 委申尙書刑部.(권74, 刑獄3, 746쪽)

▸ 유관 일본령

『令義解』: 凡決大辟罪, 在京者, 行決之司三覆奏, 決前一日一覆奏, 決日再覆奏, 在外者, 符下日三覆奏. 初日一覆奏, 後日再覆奏. 家人奴婢殺主, 不須覆奏.(권10, 獄令, 313쪽)

▸ 복원 당령

『唐令拾遺』 獄官令, 6조, 761쪽

『天聖令』 당령복원청본, 獄官令, 7조, 644쪽

〈現6〉 諸決大辟罪皆於市, 量囚多少, 給人防援至刑所. 五品以上聽乘車, 並官給酒食, 聽親故辭訣, 宣告犯狀, 皆日未後乃行刑. 犯惡逆以上, 不在乘車之限. 決經宿, 所司卽爲埋瘞, 若有親故, 亦任收葬.[14] 卽囚身在外者, 斷報之日, 馬遞行下.

무릇 사형은 모두 시(市)에서 집행하고, 죄수의 많고 적음을 헤아려 사람들을 보내 호위하여 형 집행 장소에 이르게 한다.[15] 5품 이상은 수레를 타는 것을 허락하고, 또한 관에서 술과 음식을 제공하며, 친척이나 친구와 이별을 할 수 있게 하며, 범한 죄상을 널리 알리고, 모두 그날 미시 이후에 형을 집행한다.[16] 악역 이상[17]을 범한 경우 수레를 탈 수 있는 범위에 두지 않는다.

---

14) [교감주] 원문에는 "犯惡逆以上之限決經宿不在乘車埋瘞若有親所司卽爲故亦任收葬"으로 되어 있는데, 이 부분은 필사 과정에서 발생한 착오로 보이며, 유관당송문 『通典』과 『令義解』의 내용을 보면 "犯惡逆以上, 不在乘車之限. 決經宿, 所司卽爲埋瘞, 若有親故. 亦任收葬"으로 바꾸어야 한다.

15) 유관당송문 『唐六典』과 이 조문을 비교해 보면, 市에서 사형을 집행하는 점은 당대와 같지만, 사형수를 호송하는 인원수의 규정은 당대와 차이가 있다. 당대에는 사형수가 한 명일 경우 20명이 호송하고, 사형수가 1명 증가할 때마다 5명을 추가로 지원하도록 규정되어 있지만, 이 조문에서는 구체적인 인원수가 명시되어 있지 않다.

16) 본 조문에서 사형수가 형 집행 전 친척이나 친구와 이별을 나눌 수 있도록 배려하고, 죄상을 선포한 후 未時(13：00~15：00) 이후 형을 집행한 점은 당의 제도와 같다. 사형을 未時 이후 낮에 市에서 공개로 집행하는 것은 "모든 사람들에게 알려 衆人과 함께 그를 내버린다.[與衆棄之]"는 사형 집행의 목적을 달성하기 위한 것이다(『通典』 권169, 刑法7, 4368쪽, "方刑於市, 使萬人知罪而與衆棄之."). 이후에도 사형 집행 시간은 그대로 유지되었으나(『續資治通鑑長編』 권376, 哲宗 元祐 원년, 9118~9119쪽), 明 世宗 嘉靖 7년(1528) 이후 오시(11：00~13：00) 이후에 집행하도록 했다(石冬梅, 「唐代死刑的執行時間辨析」, 『保定師範專科學校學報』, 2007-3).

17) 惡逆은 당송률의 십악 가운데 네 번째 항목으로, "조부모·부모를 구타하거나 죽일 것을 꾀하거나, 伯叔父母·姑母·兄·누나·외조부모·남편·남편의 조부모와 부모를 살해한 행위를 말한다." 악역 이상이라는 것은 악역보다 우선순위에 있는 謀反, 謀大逆, 謀叛을 포함한다는 것을 말한다(『唐律疏議』 권1, 名例律6 〈제6조〉, 6~9쪽.

[사형을] 집행한 후 밤이 지나면, 관할 관사는 즉시 매장한다. 만일 친척이나 친구가 있다면 [그들에게] 맡겨서 [시신을] 수습해서 장례를 치르게 한다. 가령 죄수가 경사 밖에 있는 경우 단죄에 비답이 내린 날 마체(馬遞)로 [공문을] 내려 보낸다.[18]

유관당송문 1) 『唐六典』 : 凡決大辟罪皆於市 古者, 決大辟罪皆於市. 自今上臨御以來無其刑, 但存其文耳.(권6, 尚書刑部, 189쪽 ; 『역주당육전』상, 597~598쪽)

2) 『唐六典』 : 決大辟罪皆防援至刑所, 囚一人防援二十人, 每一囚加五人. 五品以上非惡逆者, 聽乘車竝官給酒食, 聽親故辭訣, 宣告犯狀, 仍日未後乃行刑. 囚在外, 奏報之日, 不得馳驛行下.(권6, 尚書刑部, 189쪽 ; 『역주당육전』상, 598~600쪽)

3) 『通典』 : 諸決大辟罪, 皆防援至刑所, 囚一人防援二十人, 每一囚加五人, 五品以上聽乘車, 竝官給酒食, 聽親故辭訣, 宣告犯狀. 皆日未後乃行刑 犯惡逆以上, 不在乘車之限. 決經宿, 所司卽爲埋瘗. 若有親故, 亦任以瘗之.(권168, 刑法6, 4349쪽)

4) 『宋刑統』 : 又條, 諸決大辟罪, 經宿, 所司卽爲蘁埋瘗, 若有親故, 亦任收葬. 又條, 諸囚死, 無親戚者, 皆給棺, 於官地內權殯. 若犯惡逆以上, 不給棺. 准唐元和六年三月二十七日勅, 決囚準令以未後者, 不得過申時. 如勅到府及諸司已至未後者, 卽至來日, 仍勒本司官准舊例與御史同監引決.

准唐會昌元年九月五日勅節文, 刑部奏, 犯贓五品以上, 合抵死刑, 請準獄官令, 賜自盡於家. 勅旨依奏.

准唐天成三年閏八月二十三日勅, 在京或遇行極法日, 宜不擧樂, 朕減常膳. 天下諸州府或遇行極法日, 宜逐處不擧聲樂(권30, 斷獄律, 494쪽)

5) 『慶元條法事類』 : 諸決大辟罪於市, 遣他官同所勘官吏監決, 量差人護送. 仍先令長吏集當職官, 引囚親行審問鄕貫·年甲·姓名來歷, 別無不同, 給酒食, 聽親

『역주당률소의』, 106~130쪽 ; 『宋刑統』 권1, 7~13쪽). 십악 가운데 이 네 가지 죄는 거의 모든 특전이 배제되는 극악한 범죄로 간주되는데(『김택민, 『중국고대 형법』, 136~139쪽), 본 조문은 이 죄인의 경우 사형이 집행되는 마지막 순간에 수레 타는 특전까지 허용할 수 없다는 것을 규정한 것이다.

18) 馬遞란 송대의 문서 전달 방식 가운데 하나이다. 송대에 오면 驛館제도는 숙식을 제공하는 驛館과 문서를 전달하는 遞鋪로 그 기능이 나누어진다. 전달 속도에 따라 3등급이 있었다. 하나는 步遞, 하나는 馬遞, 하나는 急脚遞이며, 가장 빠른 것은 急脚遞로 하루 400리를 간다((宋)沈括 著, 胡道靜 校證, 『夢溪筆談』 권11, 官政1, 上海 : 上海古籍出版社, 1987년, "驛傳舊有三等, 曰步遞, 馬遞, 急脚遞, 急脚遞最遽, 日行四百里, 唯軍興則用之").

戚辭決, 示以犯狀 六品以上官犯非惡逆以上者, 聽乘車.(권73, 刑獄3, 745쪽)

▸ 유관 일본령

『令義解』: 凡斷罪行刑之日 竝宣告犯狀. 決大辟罪囚, 皆防援着枷至刑所 囚一人防援二十人, 每一囚加五人. 五位以上及皇親, 聽乘馬. 聽親故辭訣 仍日未有行刑, 卽囚身在外者, 奏報之日, 不得馳驛行下.(권10, 獄令, 313쪽)

▸ 복원 당령

『唐令拾遺』 獄官令, 7조, 762쪽

『天聖令』 당령복원청본, 獄官令, 8조, 644쪽

〈現7〉 諸決大辟罪, 在京及諸州, 遣它官與掌獄官監決. 春夏不行斬刑, 十惡內, 惡逆以上四等罪不拘此令. 乾元·長寧·天慶·先天·降聖節各五日, 前後各二日. 天貺·天祺及元正·冬至·寒食·立春·立夏·太歲·三元·大祠(詞)[19]·國忌等日, 及雨雪未晴, 皆不決大辟. 長寧節, 惟在京則禁.

무릇 사형을 집행할 때, 경사 및 여러 주에서는 [추국과 관련 없는] 다른 관원을 보내어 옥을 관장하는 관원과 함께 사형 집행을 감독한다.[20] 봄과 여름에는 참형을 집행하지 않는데, 십악 내 악역 이상 네 등급의 죄는 이 영에 구애되지 않는다.[21] 건원·장녕·천경·선천·강성절에는 각각 5일

19) [교감주] 『慶元條法事類』 권3, 刑獄3, 745쪽의 '大祠'에 근거하여 '詞'는 '祠'의 오기로 보인다.

20) 이 조문에서 재판과 관련 없는 관인을 파견하여 옥을 관장하는 관인과 함께 사형 집행을 감독하도록 규정된 것은 당의 제도와 차이가 있다. 유관당송문 『通典』에서 보듯이 당대에는 관작 5품 이상인 자의 사형 집행의 경우 경사에서는 大理正(종5품하), 주에서는 別駕·長史 등의 上佐가 감독하고, 관작 5품 이상이 아니면 모두 판관이 감독한다. 이들 외에 경사에서 사형이 집행될 때는 어사나 금오위가 감독하도록 하였다.

21) 입춘부터 추분까지의 시기에 사형 집행을 상주할 수 없다는 것은 고래의 통칙이다. 일찍이 漢代 儒學者들이 陰陽五行說을 바탕으로 만물의 생육 시기에는 薄刑을 시행하고 사형을 집행해서는 안 된다는 입장을 견지한 이후 이러한 이념이 법률에 반영되었다(楊鴻烈, 『中國法律思想史』, 臺灣商務印書館, 1981, 6~16쪽). 이 같은 전통을 이어받아 唐宋律에는 다 같이 이를 위반한 자는 도형1년에 처하도록 규정하고 있다. 다만 惡逆 이상의 4등 죄, 즉 十惡의 謀反, 謀大逆, 謀叛, 惡逆을 범한 자는 이 율령에 구애됨이 없이 처형하는데, 이를 '不待時'라 한다. 그런데 유관당송문에서 보듯이

동안 전후로 각 2일이다. 천황·천기[22)]·원정·동지·한식·입춘·입하·태세[23)]·삼원[24)]·대사·국기 등의 날이나 비나 눈이 내려 하늘이 개지 않은 날은 모두 사형을 집행하지 않는다. 장녕절에는 경사에서만 사형 집행을 금한다.[25)]

유관당송문 1)『唐律疏議』: 獄官令, 從立春至秋分, 不得奏決死刑, 違者徒一年.

唐令에는 악역 이상과 함께 노비나 부곡이 주인을 살해한 경우에는 이 令에 구애받지 않는다고 규정되어 있고,『宋刑統』도 이를 그대로 이어 받고 있어, 본 조문에 노비와 부곡의 주인살해죄가 포함되어 있지 않은 것과는 차이를 보이고 있다. 아마도 이는 노비·부곡이 점차 사라져 가는 송대 사회 현상을 반영하는 것으로 보인다. 또한 '春夏不行斬刑'이라 하여 송대에 봄과 여름에 금한 사형은 斬刑만으로 絞刑은 포함하지 않았던 것으로 보이는데, 歐陽脩의『文忠集』(권139, 米光濬斬決逃軍乞免勘狀)에도 "春夏不行斬決의 令勅이 있었다"고 한 句節이 있어 사실임이 확인된다.

22) 聖節은 長春節(음2월26일, 태조), 乾明節(이후 壽寧節이라 함. 음10월7일, 태종), 承天節(음10월2일, 진종), 乾元節(음4월14일, 인종), 長寧節(음 1월8일, 인종의 모)로 태조를 비롯한 사람들의 생일이다. 慶節은 天慶節(음1월3일), 天貺節(음6월6일), 先天節(음7월1일), 降聖節(음10월24일), 天禎節(음4월1일, 仁宗의 피휘로 天祺節로 고침), 寧貺節(음5월12일), 眞元節(음2월15일), 元成節(음8월9일), 開基節(음1월4일), 天符節(음10월25일) 등이다(『宋史』 권112, 禮15, 2671~2681쪽).

23) 고대에는 歲星 즉 木星이 12년 주기(실은 11.86년)로 하늘을 일주한다고 인식하여, 그 운행을 계산하여 기년으로 삼았는데 이를 歲星紀年法이라고 한다. 다만 목성의 운행 주기는 일정하지 않고 운행 방향도 서에서 동으로 움직이므로 이를 보완할 필요가 있었다. 그래서 가상의 별을 설정하여 이상적인 천체를 구상하였는데 이를 歲陰·太陰·太歲 등으로 불렀으며, 운행 방향도 동에서 서로 설정하였다. 이 太歲를 기년으로 삼는 것을 太歲紀年法이라 한다(張聞玉 저,『古代天文曆法講座』, 桂林 : 廣西師範大學出版社, 2008, 32~33쪽). 太歲는 그 해의 간지가 元日의 간지와 같은 해를 말한다고 한다(中村裕一,『中國古代の年中行事-第一冊 春-』, 東京 : 汲古書院, 2009, 147쪽). 또한 方士들이 매년 太歲가 있는 방위를 凶方으로 삼으면서 '太歲가 위치한 간지는 반드시 범하면 안 된다(太歲所在之辰, 必不可犯)'라는 인식이 형성되었으며, 송대에는 이르러 東岳廟에 배향됨으로써 더욱 인격화되었다(馬曠源,「太歲-土地神話前考」,『運城高專學報』, 1994년 2기 ; 張寅成,「秦漢時代의 太歲·月建占」,『人文科學研究所論文集』 제XX권 제2호, 충남대학교, 1993, 참고).

24) 음력 1월 15일은 上元, 7월 15일은 中元, 10월 15일은 下元으로 이를 三元이라 한다.

25) 律은 범한 바가 악역 이상이거나 노비·부곡이 주인을 살해한 행위라서 사형을 집행할 수 있는 때를 기다리지 않는 '不待時'의 죄일지라도 令에 규정된 斷屠日이나 禁殺日에 사형을 집행한 자는 장형 60대에 처하도록 규정되어 있다(『唐律疏議』 권30, 斷獄28의 소의 〈제496조〉, 571쪽 ;『역주당률소의』, 3373쪽 ;『宋刑統』 권30, 斷獄律, 493쪽).

若犯惡逆以上及奴婢·部曲殺主者, 不拘此令. 其大祭祀及致齋·朔望·上下弦·二十四氣·雨未晴·夜未明·斷屠月日及假日, 竝不得奏決死刑. 其所犯雖不待時, 若於斷屠月, 謂正月·五月·九月及禁殺日, 謂每月十直日, 月一日·八日·十四日·十五日·十八日·二十三日·二十四日·二十八日·二十九日·三十日, 雖不待時, 於此月日, 亦不得決死刑, 違而決者, 各杖六十. 待時而違者, 謂秋分以前·立春以後, 正月·五月·九月及十直日, 不得行刑, 故違時日者, 加二等, 合杖八十. 其正月·五月·九月有閏者, 令文但云正月·五月·九月斷屠, 卽有閏者各同正月, 亦不得奏決死刑.(권30, 斷獄28-1의 소의 〈제496조〉, 571~572쪽 ; 『역주당률소의』, 3373~3375쪽 ; 『宋刑統』 권30, 斷獄律, 493~494쪽)

2) 『通典』 : 諸決大辟罪, 官爵五品以上, 在京者大理正監決, 在外者上佐監決, 餘竝判官監決. 從立春至秋分, 不得奏決死刑. 若犯惡逆以上及奴婢·部曲殺主者, 不拘此令. 在京決死囚, 皆令御史·金吾監決. 若囚有冤枉灼然者, 停決聞奏.(권168, 刑法六, 4349쪽)

3) 『舊唐書』 : 從立春至秋分, 不得奏決死刑, 其大祭祀及致齋朔望上下弦二十四氣, 雨未晴, 夜未明, 斷屠日月, 及假日, 竝不得奏決死刑.(권50, 刑法, 2138쪽)

4) 『唐會要』 : 貞觀十一年正月勅, 在京禁囚每月奏, 自立春至秋分, 不得奏決死.(권41, 雜記, 745쪽)

5) 『唐會要』 : 太和元年十二月, 御史臺奏, 伏以京城囚徒, 準勅科決者, 臣當準舊例, 差御史一人監決, 如囚稱冤, 卽收禁聞奏.(권60, 御史臺上, 1045쪽)

6) 『五代會要』 : 後唐同光三年六月二十一日大理寺奏, 準獄律, 諸立春已後秋分已前, 不得奏決死刑, 違者徒一年.(권10, 刑法雜錄, 121쪽)

7) 『宋刑統』 : 准獄官令, 諸決大辟罪, 官爵五品以上, 在京者大理正監決, 在外者上佐監決, 其餘竝判官監決.

8) 『續資治通鑑長編』 : 又決大辟於市, 遣他官與掌獄官同監, 量差人防護, 仍先給酒食, 聽親戚辭訣, 示以犯狀, 不得掩塞其口, 及令人衆奔譟.(권376, 哲宗 元祐元年 四月 辛亥條, 9118쪽)

9) 『慶元條法事類』 : 諸決大辟罪於市, 遣他官同所勘官吏監決, 量差人護送.(권3, 刑獄3, 745쪽)

10) 『慶元條法事類』 : 諸決大辟不以時日, 卽遇罪聖節及天慶·開基·降聖以上各三日, 前後各一日 天貺·天祺節·丁卯·戊子日·元日·寒食·冬至·立春·立夏·太歲·三元·大祠·國忌 以上各一日, 及雨雪未晴, 皆不行決. 其流以下罪, 遇聖節正節日及丁卯·戊子日, 竝準此 令衆, 遇聖節免.(권73, 刑獄3, 745~746쪽)

▸ 복원 당령

『唐令拾遺』 獄官令, 9조, 765쪽

『天聖令』 당령복원청본, 獄官令, 10조, 644쪽

〈現8〉 諸監決死囚, 若囚有稱冤者, 停決別推.

무릇 사형수의 사형 집행을 감독하는데, 만약 사형수가 억울함을 호소함이 있으면, 사형 집행을 멈추고 별도로 추국한다.[26)]

유관당송문 1) 『唐六典』 : 七品已上及皇族·若婦人犯非斬者, 皆絞於隱處 … 若囚有冤濫灼然者, 聽停決奏聞.(권6, 尚書刑部, 189쪽 ; 『역주당육전』상, 597~599쪽)

2) 『通典』 : 若囚有冤枉灼然者, 停決聞奏.(권168, 刑法6, 4349쪽)

3) 『唐會要』 : 太和元年十二月, 御史臺奏, 伏以京城囚徒, 準勅科決者, 臣當準舊例, 差御史一人監決, 如囚稱冤, 卽收禁聞奏.(권60, 御史臺上, 1045쪽)

4) 『宋刑統』 : 准唐長慶元年十日月勅節文, 應犯諸罪, 臨決稱冤, 已經三度斷結, 不在重推限.(권29, 斷獄律, 480쪽)

5) 『續資治通鑑長編』 : 自今大辟案, 具臨刑稱冤者, 竝委不干礙官覆推之. 如闕官, 卽白轉運·提點刑獄使者, 就鄰州遣官按之.(권72, 眞宗 大中祥符 二年條, 1626쪽)

---

26) 생명은 일단 사망하면 회생할 수 없으므로, 단 한 사람이라도 억울하게 사형으로 단죄되거나 사형을 당하는 일이 있어서는 안 된다. 때문에 율령은 어떤 죄의 형을 사형에 포함시키는 데 매우 신중하였고, 사형으로 단죄하더라도 그 형을 집행함에는 까다롭고 신중한 절차를 규정해 두었다. 이 조문도 사형에 관한 신중하고 까다로운 절차 중의 하나로 집행의 마지막 순간까지 억울함이 없는지 죄수에게 묻고, 만에 하나라도 억울함이 있다면 구제해야 한다는 의미를 담고 있다. 다만, 唐 武宗은 사형수가 형 집행 때 억울함을 호소하는 것은 대개 사면령을 기대하면서 요행을 바라는데 불과하므로 두 번 이상 억울함을 호소하여 추국한 결과 다름이 없다면 다시 아뢰지 말도록 했으며(『冊府元龜』 권613, 刑法, 7356쪽), 穆宗은 長慶 원년(821)에 사형 집행 때 억울함을 호소하여 이미 세 번 단죄된 경우 다시 추국할 수 없도록 하였다(『宋刑統』 권29, 斷獄, 480쪽). 송대에는 사건을 추국하여 판결을 내린 사안에 의문이 제기되면 동급의 다른 관사가 다시 추국 하는 것을 '移司別勘'이라 하며, 하급관사에서 보고한 내용에 이의를 제기하여 상급관사가 관원을 파견하여 다시 추국하는 것을 '差官別推'라고 한다(王雲海, 『宋代司法制度』, 11쪽).

▸ 복원 당령

『唐令拾遺』獄官令, 9조, 765쪽

『天聖令』당령복원청본, 獄官令, 10조, 644쪽

〈現9〉 諸犯流以下, 應除·免·官當, 未奏身死者, 告身不追. 即奏時不知身死, 奏後云先死者, 依奏定. 其常赦所不免者, 依常例. 若雜犯[死]罪, 獄成會赦全原者, 解[見][27]任職事.

무릇 [관인이] 유죄(流罪) 이하를 범하여, 제명·면관[28]·관당[29]에 해당하

---

27) [교감주] 『令義解』 권10, 獄令, 314쪽에 근거하여 '死'와 '見'字를 보충한다.

28) 免官에는 免所居官이 포함된다. 『宋刑統』 권2, 19~20, 26~41쪽(『唐律疏議』 권2~3, 名例11, 18~21조)에 규정된 除名, 免官, 免所居官 처분의 내용과 해당범죄는 다음과 같다.

	내용	해당범죄	서임시기
除名	통상적으로 관과 작을 모두 삭제한다. 초임 이래의 관과 작을 모두 삭제하여 초임 이전의 출신 자격으로 되돌리는 것을 말한다.	5류(가역류, 반역연좌류, 자손범과실류, 불효류, 회사유류), 십악, 고살인, 모반과 대역죄에 연좌된 죄, 감림관과 주수가 감림 범위 안에서 범한 간음죄·도죄·약인죄 및 재물을 받고 왕법한 죄, 사망한 잡범 사죄수, 사사로이 주전한 죄 등	6년 뒤 서임됨.
免官	2종(직사관과 산관과 위관을 1관으로 하고, 훈관을 1관으로 한다)의 관을 모두 면관한다. 단 작과 강등되지 않는 관은 고신 회수를 보류한다.	감림관과 주수가 제명에 해당하는 죄를 짓고 은강령을 받은 경우, 관인이 감림 범위 밖에서 범한 간음죄·도죄·약인죄, 유죄와 도죄를 범하고 달아난 죄, 조부모·부모의 상중에 樂을 즐기거나 혼인한 죄 등	3년 뒤 원래 관품에서 2등 감하여 서임됨.
免所居官	1관을 면하는 것으로, 직사관과 산관이나 훈관 가운데 1관을 해면한다. 단 작과 강등되지 않는 관은 고신 회수를 보류한다.	감림관과 주수가 제명에 해당하는 죄를 짓고 사면령을 받은 경우, 아버지와 할아버지의 이름을 범한 죄, 조부모와 부모를 봉양하지 않은 죄, 부모의 상중에 애를 낳거나 첩을 얻은 죄, 부모의 장중에 호적을 따로 하고 재산을 나눈 죄, 복상 중에 관직을 구한 죄, 감림관과 주수가 천인을 간한 죄 등	1년 뒤 원래 관품에서 1등 감하여 서임됨.

29) 官當은 流內官에 한하며, 관으로 도형을 당하는 사법적 처분이다. 私罪라면 5품 이상은 1관으로 도형 2년, 6품 이하는 도형 1년을 당한다. 公罪라면 5품 이상은 1관으로 도형 3년, 6품 이하는 도형 2년을 당한다. 단 세 가지 유죄는 모두 도형 4년에 비정한다. 관당하고 남은 官階가 있으면 1년 만에 서임을 허용하되 원래의 관품에서 1등을 감하고, 관품에 남은 것이 없으면 3년 만에 서임을 허용하되 원래의 관품에서 2등을 강등하여 서임된다(『唐律疏議』 권2, 名例17 〈제17조〉, 44~45쪽 ; 『역주당률소의』, 165~172쪽).

는데,[30] [황제에게 처분을] 아뢰기 전에 죽었다면 고신을 추탈하지 않는다.[31] 다만 아뢸 때는 죽은 줄 몰랐으나, 아뢴 후에 앞서 죽었다고 말하는 경우 아뢰어 정해진 바에 따른다. 그러나 죄가 일반사면령[32]으로 면할 수 없는 경우는 상례(常例)를 따른다.[33] 만약 잡범사죄로[34] 옥이 성립되

30) 당대 제명과 면관을 받을 수 있는 관은 직사관, 산관, 위관, 훈관 등이었다. 그런데 송 태종은 淳化 원년(990)에 면관 처분은 직사관만으로 할 수 있게 하고, 훈관·산관·試官은 면관할 수 있는 관의 범주에서 제외시켰다(『續資治通鑑長編』 권31, 太宗 淳化 원년, 699쪽, "詔自今免官者竝以職事官, 不得以勳·散·試官之類").

31) 除名은 출신 이래 모든 관을 추탈하므로 歷任官 전체의 告身이 추탈 대상이다. 免官은 2관을 면하고 3등을 강등하여 敍任하므로 면하는 2관과 강등되는 2등의 관의 고신이 추탈 대상이다. 免所居官은 1관을 면하고 1년 뒤에 1등을 감하여 서임하므로 면하는 1관과 강등되는 1등의 관의 고신이 추탈 대상이다. 官當은 관품으로 徒罪를 당하고 1년 뒤에 1등을 감하여 서임하므로 당하는 관품과 강등되는 1등의 관의 고신이 추탈 대상이다(『唐律疏議』 권2~3, 名例11, 18~21조 ; 『宋刑統』 권2, 19~20, 26~41쪽).

32) 唐代 사면은 大赦와 常赦, 普赦와 曲赦, 通赦와 特赦, 慮와 降으로 나누어진다. 대사는 은사의 범위가 가장 넓고 상사로 면할 수 없는 죄까지 포함한다. 보사는 은사가 전국적으로 시행하는 경우이며, 곡사는 일부 지역에 한정해서 시행되는 경우이다. 통사는 일반인을 대상으로 하며, 특사는 특정인을 대상으로 한다. 慮는 죄수를 살피는 것으로 통상 죄를 면하거나 감경하는 경우가 많다. 降은 죄를 강등하는 것으로 은강령으로도 부른다(김택민, 『중국고대형법』, 528~544쪽 참고). 宋代 사면의 종류는 부정기적인 大赦, 德音, 曲赦와 정기적인 大禮赦가 있었다. 대사에는 잡범사죄 이하의 죄는 풀어주지만 십악 등 중대한 범죄는 풀어주지 못하는 常赦와 황제의 등극이나 중대한 사안이 발생했을 때 내리는 대사로 나누어진다. 德音은 일반적으로 死罪는 流罪로 감하고, 流罪는 徒罪로 감하고, 徒罪 이하는 석방해 준다. 曲赦는 일부 지역의 모종의 사건에 대해서 죄를 면해 주는 것이다. 大禮赦의 주요한 것은 南郊大赦와 明堂大赦가 있었다. 남교대사는 일반적으로 3년마다 한 번씩 내려졌으며, 명당대사보다 사면의 범위가 넓었다(戴建國, 『宋代刑法史硏究』, 上海人民出版社, 2008, 333~357쪽 참고).

33) 唐의 제도에서 일반사면령으로 사면될 수 없는 죄는 恩赦가 내려도 여전히 死刑이나 유형에 처하거나 혹은 除名·免所居官 및 移鄕하는 것을 말한다. 통상적인 恩赦로 면제되지 않는 죄는 赦書에서 "죄에 輕重(의 구별) 없이 모두 恩赦로서 면제한다."고 하였지만 통상적인 恩赦로 면제되지 않는 것을 특별히 면제한다고 말하지 않은 경우 통상적인 恩赦로 면제되지 않는다. 즉 惡逆을 범하였다면 여전히 死刑에 처하고, 謀反·大逆하였거나 從父兄姉·小功尊屬을 살해하였거나 혹은 蠱毒을 제조하거나 길렀다면 여전히 유형에 처하며, 十惡과 故殺罪를 범하였거나 謀反·大逆으로 緣坐되어 옥이 성립된 경우에는 여전히 除名하고, 監臨·主守하는 범위 안에서 姦淫·盜·略人하였거나 재물을 받고 枉法하여 옥이 성립되었다면 恩赦가 내리더라도

어[35] 사면령에 따라 완전히 용서받은 경우 현임의 직사관을 해임한다.

유관당송문 1) 『唐六典』 : 凡犯流罪已下, 應除·免·官當未奏身死者, 免其追奪. 謂不奪告身. 若奏時不知身死, 奏後云先死者, 依奏定. 其常赦所不原者, 不在免限.(권6, 尙書刑部, 190쪽 ; 『역주당육전』상, 602~603쪽)

2) 『舊唐書』 : 凡犯流罪已下, 應除免官. 當未奏, 身死者, 免其追奪.(권43, 職官2, 1838쪽)

▸ 유관 일본령

『令義解』 : 凡犯流以下, 應除·免·官當, 未奏身死者, 位記不追, 卽奏時不知身死, 奏後云先死者, 依奏定. 其常赦所不免者, 依常例. 若雜犯死罪, 獄成會赦, 全原者, 解見任職事.(권10, 獄令, 314쪽)

▸ 복원 당령

『唐令拾遺』 獄官令, 11조, 768쪽 ; 『唐令拾遺補』 獄官令, 11조, 820쪽
『天聖令』 당령복원청본, 獄官令, 12조, 645쪽

〈現10〉 諸流人科斷已定, 及移鄕人, 皆不得棄放妻妾. 如(如)[36]兩情願離者, 聽之. 父母及子孫, 去住從其私便, 至配所, 又不得因使還鄕. 如有妄作逗(逼)[37]留·私還及(皆配)[38]逃亡者, 隨卽申. 若別勅配流者, 奏聞.

免所居官하며, 사람을 살해하여 사형에 처해야 할 자는 恩赦令이 내리더라도 移鄕한다(『唐律疏議』 권30, 斷獄律20-2 및 주와 소의 〈제488조〉, 566쪽 ; 『역주당률소의』, 3363~3364쪽). 송대의 경우는 다음과 같다. 십악, 투살, 겁살, 모의하여 살인을 실행한 죄, 방화, 관과 吏의 正枉法贓罪가 死罪에 이른 경우 등이다(『宋朝諸臣奏議』 권100, 上仁宗乞郊禋更不行赦, 上海 : 上海古籍出版社, 1999, 1073쪽).

34) 雜犯死罪는 十惡·故殺人·反逆緣坐가 아니면서, 관인이 관할 범위 내에서 姦·盜·略人·受財하여 死刑에 해당하는 罪이다(『唐律疏議』 권2, 名例18-4의 소의 〈제18조〉, 50쪽 ; 『역주당률소의』, 178쪽).

35) 獄이 성립되었다는 것은 장물과 범행의 진상이 드러나 증명되었거나 판결을 마치고 상서성에서 아직 상주하지 않은 상태를 말한다(『唐律疏議』 권2, 명례18-2의 소의 〈제18조〉, 48쪽 ; 『역주당률소의』, 174쪽).

36) [교감주] '如'는 연문이다.

37) [교감주] 『令義解』 '如有妄作逗留'에 따라 '逼'은 '逗'로 바꾸었다.

38) [교감주] '皆配'는 『令義解』 '私還及逃亡者'와 비교하면 연문으로 보인다.

무릇 죄가 이미 정해진 유죄인과 이향인[39]은 모두 처와 첩을 내버리거나 내칠 수 없다. 만일 두 사람의 정리가 헤어지기를 원한다면 이를 허락한다.[40] 부모 및 자손은 [죄수를] 따라가든지 머물든지 각자의 편의에 따르지만, (일단) 유배 장소에 도착하면 임의로[41] 본향으로 돌아갈 수 없다. 만약 [유죄인과 이향인이] 이유 없이 [다른 곳에] 머물거나 사사로이 돌아가거나 도망간 자가 있다면 곧바로 보고해야 한다. 만약 별도의 칙으로 유배시켜야 하는 경우는 아뢴다.

유관당송문 1)『唐律疏議』: 依令, 犯流斷定, 不得棄放妻妾 … 議曰, 移鄕人, 妻妾隨之, 父祖子孫欲隨者聽, 不得棄放妻妾, 皆準流人, 故云亦準此.(권3, 名例 24-3의 소의 및 24-5의 소의 〈제24조〉, 67쪽 ;『역주당률소의』, 207~209쪽 ;『宋刑統』 권3, 44쪽)

2)『唐六典』: 流移之人皆不得棄放妻妾及私遁還鄕 若妻子在遠, 豫爲追喚, 待至同發.(권6, 尙書刑部, 190쪽 ;『역주당육전』상, 602~603쪽)

3)『舊唐書』: 流移之人, 皆不得棄放妻妾, 及私遁還鄕.(권43, 職官2, 1838쪽)

4)『慶元條法事類』: 諸移鄕者, 聽家屬隨行, 家在他所者, 移文發遣, 若罪人已死而家屬願還者, 亦聽 謂非外界人及本條不許還者. 願隨而在他所或願還而不能自致者, 差遞鋪傳送.(권75, 刑獄5, 777쪽)

▸ 유관 일본령

『令義解』: 凡流人科斷已定及移鄕人, 皆不得棄放妻妾至配所. 如有妄作逗留, 私還及逃亡者, 隋卽申太政官.(권10, 獄令, 315쪽)

---

39) 移鄕은 사형에 처해야 할 자가 사면 받아 사형이 면제된 경우 부과하는 특별 처분이다. 이 처분을 받은 사람은 피해자의 집에서 천리 이상 떨어진 곳으로 이주시켜 복수를 예방하는 것이다. 복역을 수반하지 않는 점에서 流刑과 다르다(김택민,『중국고대형법』, 661~663쪽).

40) 부부가 합의하여 이혼한다면 동행의 의무가 없다는 것이다. 이러한 규정은 당의 율령에는 없는 것으로 唐宋 두 율령의 큰 차이이다. 유죄인의 합의 이혼을 허용하는 규정을 둔 이 영은 당대 사회와는 차별되는 송대 사회의 일면을 보여주는 중요한 자료라 할 수 있을 것이다.

41) '因使'는 '심부름을 핑계'로도 해석 되므로 애매한 면이 있다.

▸ 복원 당령

『唐令拾遺』 獄官令, 12조, 769쪽 ; 『唐令拾遺補』 獄官令, 12조, 820쪽

『天聖令』 당령복원청본, 獄官令, 13조, 645쪽

〈現11〉 諸流人應配者, 各(若)[42]依所配里數, 無要重城鎭之處, 仍逐(遂)[43]要配之, 唯得就遠, 不得就近.

무릇 유죄인을 마땅히 유배 보내야 하는 경우, 각각 유형의 거리 수에 따라야 하고,[44] [유배 가는 곳에] 중요한 성이나 진(鎭)이 없다면, 필요에 따라 그들을 배속시키며, (유형의 거리 수보다) 먼 곳으로 가게 할 수 있으나 가까운 곳으로 가게 할 수는 없다.[45]

유관당송문 1) 『唐會要』 : 今後望請諸流人應配者, 依所配里數, 無要重城鎭之處, 仍逐罪配之, 準得就近, 勅旨, 從之.(권41, 左降官及流人, 740쪽)

2) 『冊府元龜』 : 今再條流其遞過流囚, 准律日行五十里.(권613, 刑法, 7355쪽)

3) 『宋刑統』 : 諸流人應配者, 各依所配里數, 無要重城鎭之處, 仍逐要配之, 唯得就遠, 不得就近.(권3, 名例律, 48쪽)

▸ 유관 일본령

『令義解』 : 凡流人應配者, 依罪輕重, 各配三流.(권10, 獄令, 315쪽)

▸ 복원 당령

『唐令拾遺』 獄官令, 13조, 770쪽 ; 『唐令拾遺補』 獄官令, 13조, 820쪽

『天聖令』 당령복원청본, 獄官令, 14조, 645쪽

---

42) [교감주] 『宋刑統』 권3, 名例律, 48쪽의 '各依所配里數'에 따라 '若'은 '各'으로 고친다.

43) [교감주] 『宋刑統』 권3, 名例律, 48쪽의 '仍逐要配之'에 따라 '遂'는 '逐'으로 고친다.

44) 宋代의 流刑은 4가지이다. 加役流는 脊杖 20대와 配役 3년, 流刑 3천里는 脊杖 20대와 配役 1년, 流刑 2천5백里는 脊杖 18대와 配役 1년, 流刑 2천里는 脊杖 17대와 配役 1년이 부가되었다(『宋史』 권199, 刑法1, 4967쪽).

45) 당 숙종 이후 가까운 곳부터 배속시키던 것을 僖宗 乾符 5년(878)에는 먼 곳부터 배속하도록 개정하였다. 본 조문은 이때 개정된 것에 따른 것으로 짐작된다(유관당송문 『唐會要』와 『宋刑統』 참조).

〈現12〉 諸遞送囚者, 皆令道次州縣量罪輕重·强弱, 遣人援送, 明相付領. 其臨時有旨, 遣官部送者, 從別勅.

무릇 죄수를 교대로 호송하는[遞送] 경우, 모두 지나가는 곳의 주현에 명하여 죄의 경중과 [죄수의] 강건함과 유약함을 헤아려, 사람을 보내 호송을 돕도록 하고, 인수인계를 분명하게 한다.46) [체송] 시기에 임해서 칙지가 내려져 관인을 보내 압송하는 경우는 별도의 칙에 따른다.47)

유관당송문 1)『慶元條法事類』: 諸部送罪人應逐州差人交替而不差人致越過者, 知·通各徒一年, 兵職官加一等, 仍許以次州奏劾. 卽部送人不陳乞交替而自越過者, 杖一百 … 諸部送罪人, 量輕重多寡, 差兵級或院虞侯, 外界及兩地供輸人送他州者, 準此.(권75, 刑獄5, 791·793쪽)

▸ 유관 일본령

『令義解』: 凡遞送死囚者, 皆令道次軍團大毅, 親自部領, 及餘遞送囚徒, 應禁錮者, 皆少毅部領, 竝差防援, 明相付領.(권10, 獄令, 316쪽)

▸ 복원 당령

『天聖令』 당령복원청본, 獄官令, 16조, 645쪽

〈現13〉 諸流移人在路, 皆遞給程糧, 每請糧, 無故不得停留.

무릇 유죄인이나 이향인이 [유배지로] 가는 도중 먹을 식량을 번갈아 지급하는데, 매번 양식을 청함에 이유 없이 정지하여 머물 수 없다.48)

---

46) 知州와 通判은 죄수 압송 대오가 주 영역으로 들어오면 사람들을 보내 호송인들을 교체해야 한다. 만약 교체 없이 주 영역을 지나가도록 내버려 두면 각각 도형 1년에 처하고, 죄수를 압송하는 사람들이 교체를 요구하지 않고 주 경계를 지나면 장 백 대에 처한다(유관당송문 『慶元條法事類』 참조).

47) [교감주]저본의 '者, 從別勅' 부분은 문맥상 獄官令 〈現12〉조 뒤에 붙어야 하므로 〈現12〉조에 번역문을 기재하였다.

48) 언제부터 지급했는지 분명하지 않지만 죄인과 가속에게는 口券을 준다. 이는 경유하는 곳에서 양식을 지급받을 수 있는 증서로, 당시 유죄인을 호송할 때 양식 지급 방식의 일단을 보여준다(유관당송문 『慶元條法事類』 참조).

유관당송문 1)『慶元條法事類』: 諸部送罪人, 有故住程者, 申所至官司, 聽留, 官司每日檢察, 可行卽遣 … 諸部送罪人及家屬, 皆給緣路口券, 三歲以下不給(권75, 刑獄5, 793~794쪽)

▸ 유관 일본령

『令義解』: 凡流移人在路, 皆遞給程糧, 每請程糧停留不得過二日, 其傳馬給不, 臨時處分.(권10, 獄令, 316쪽)

▸ 복원 당령

『天聖令』 당령복원청본, 獄官令, 17조, 645쪽

〈現14〉 諸流移人至配所, [付][49]領訖, 仍勘本所發遣日月及到日, 準計行程. 若領送使人在路稽留, 不依程限, 領處官司隨事推斷. 或罪人在[路][50]逃·亡, 皆具事以聞.

무릇 유죄인과 이향인이 유배 장소에 도착하여 인수인계가 끝나면, 본래 장소에서 출발한 날짜 및 도착한 날짜를 따져 확인하는데, 행정[51]의 총계에 준한다.[52] 만약 [이들을] 이끌고 호송하는 사인이 도중에 지체하여 행정의 기한에 따르지 않았다면, [이들을] 인수받은 관사가 사안에 따라 추국하여

---

49) [교감주] 『令義解』 '至配所付領訖'에 따르면 '付'자는 탈락된 것으로 보인다.

50) [교감주] 『慶元條法事類』 권75, 刑獄5, 778쪽의 '在路報逃·死之類同'에 따르면 '路'가 탈락된 것으로 보인다.

51) 行程이란 하루에 나아간 거리를 의미한다. 당대에는 말을 타고 가면 하루에 70리, 걸어가거나 당나귀를 타고 가면 하루에 50리, 수레를 타고 가면 하루에 30리가 행정에 해당하였다(『唐律疏議』 권3, 명례25-1의 소의 〈제25조〉, 68쪽 ; 『역주당률소의』, 210쪽).

52) 유죄인과 이향인의 호송은 규정된 행정 기한에 따라야 하는데, 總計를 기준으로 한다. 總計는 유관당송문 『唐律疏議』의 注에서 설명하듯이, 길을 떠난 날부터 기준 시점까지의 行程을 총계함을 말한다. 가령 流刑 2천里에 처해진 경우, 도보로 가는 일정은 40일이 되는데, 만약 40일 차기 전에 사면령이 내리면 이미 간 거리에 관계없이 모두 사면령에 따라 용서된다. 그렇지만 40일이 지났는데도 아직 목적지에 도착하지 못했는데 사면령이 내린 경우 사면의 범위에 포함되지 못하는 것이다. 유관당송문 『慶元條法事類』에서 보듯이 宋代에는 호송책임자에게 行程曆을 지급하여 경유하는 현이나 관에서 날짜를 확인받도록 하였다.

죄준다. 혹 죄인이 도중에 도망하거나 죽었다면, 모두 사실을 갖추어 보고한다.[53)]

유관당송문 1)『唐律疏議』: 諸流配人在道會赦, 計行程過限者, 不得以赦原. 謂從上道日總計, 行程有違者. 疏議曰, 行程, 依令,馬, 日七十里, 驢及步人, 五十里, 車, 三十里. 其水程, 江·河·餘水沿泝, 程各不同. 但車馬及步人同行, 遲速不等者, 竝從遲者爲限. 注 : 謂從上道日總計, 行程有違者. 疏]議曰 : 假有配流二千里, 準步程合四十日, 若未滿四十日會赦, 不問已行遠近, 竝從赦原. 從上道日總計, 行程有違者, 卽不在赦限.(권3, 名例25-1 〈제25조〉, 68~69쪽 ;『역주당률소의』, 210~211쪽 ;『宋刑統』 권3, 45쪽.)

2)『唐律疏議』: 諸徒·流應送配所, 而稽留不送者, 一日笞三十, 三日加一等, 過杖一百, 十日加一等, 罪止徒二年 不得過罪人之罪.(권30, 斷獄24-1 〈제492조〉, 569쪽 ;『역주당률소의』, 3368~3369쪽)

3)『五代會要』: 周顯德五年閏七月, 度支奏, 當司漕運水陸行程制, 陸行, 馬日七十里, 步及驢五十里, 車三十里.(권15, 度支, 199쪽)

4)『慶元條法事類』: 諸移鄕者, 斷訖, 節錄所犯, 及以隨行家屬財物數住家之所, 具載於牒. 付部送人, 乃給行程曆, 經由縣鎭批書月日. 病者仍保明. 若須財物支用, 聽經官自言, 於牒內書印給付. 應替者, 檢視交受. 入別路界者, 所至州縣卽時申提點刑獄司檢察. 至所隸州受訖, 回報元斷官司. 若未至而身死或逃亡, 隨處受牒點檢, 仍報元斷若住家及所隸州.(권75, 刑獄5, 778쪽)

▸ 유관 일본령

『令義解』: 凡流移人, 至配所付領訖, 仍勘本所發遣日月及到日, 準計行程. 若領送使人, 在路稽留, 不依程限, 領處官司, 隨事推斷, 仍以狀申太政官.(권10, 獄令, 316쪽)

▸ 복원 당령

『唐令拾遺』 獄官令, 15조, 771쪽

『天聖令』 당령복원청본, 獄官令, 18조, 645쪽

---

53) 移鄕人이 도망한 경우 도망간 곳에서 즉시 향관, 나이, 생김새, 죄상 등을 갖추어 인근 포도관사·본관·원래 판결한 관사·숨을 만한 주현에 알리고, 사안이 중대한 경우는 본로 및 인근 로와 주에 첩으로 알려 체포하게 하고, 상서형부로 보고하도록 규정되어 있다(『慶元條法事類』 권75, 移鄕門, 778쪽).

〈現15〉 諸犯徒(罪)[54]應配居作者, 在京分送東·西八作司, 在外州者, 供當處[官役. 當處][55]無官作[者], 留當州修理城隍·倉庫及公廨雜使. 犯流應住居作者, 亦(各)[56]準此. 若婦人待配者, 爲針工.

무릇 도죄를 범하여 마땅히 배속되어 노역해야 하는 자는, 경사에서는 동·서팔작사[57]로 나누어 보내고, 경사 밖 주의 경우는 해당 지역 관사에서 복역시킨다. 그 지역의 관사에 할 일이 없는 경우, 해당 주에 머물게 해서 성과 해자, 창고를 수리하거나 공해의 잡다한 일에 사역시킨다. 유죄를 범하고 마땅히 머물면서 노역해야 하는 경우, 또한 이에 준한다.[58] 만약 부인이 유배를 대기하는 경우, 바느질꾼으로 삼는다.

유관당송문 1)『唐律疏議』: 準獄官令, 犯徒應配居作, 在京送將作監, 在外州者供當處官役(권30, 斷獄24-1의 소의 〈제492조〉, 569쪽 ;『역주당률소의』, 3368~3369쪽)

---

54) [교감주]『宋刑統』 권3, 名例律, 51쪽의 '犯徒應配居作'에 따르면 '罪'는 '徒'의 오기로 보인다.

55) [교감주]『宋刑統』 권3, 名例律, 51쪽의 '供當處官役. 當處無官作者'에 따르면 '官役. 當處'와 '者'는 결자로 보인다.

56) [교감주]『宋刑統』 권3, 名例律, 51쪽의 '其犯流應住居作者, 亦准此'에 따르면 '各'은 '亦'의 오기이다.

57) 八作司는 경성 내외의 修繕을 담당하는 기구로 장작감에 예속되었다(『宋史』 권165, 職官5, 3919쪽). 『宋刑統』에 전하는 獄官令에는, 경사의 경우 도죄인은 장작감으로 보내고, 부인은 소부감으로 보내 복역시키도록 규정되어 있는데 반해, 본 조문은 동·서팔작사로 보내도록 한 점에서 차이가 있다. 팔작사는 太宗 太平興國 2년(977)에 동·서로 나누어졌으며, 眞宗 景德 4년(1007)에 다시 하나로 합쳐졌다가, 仁宗 천성 원년(1022)에 다시 동·서로 분리되었다(龔延明, 『宋代職官辭典』, 北京 : 中華書局, 1997년, 369쪽 참고). 이 조문은 仁宗 때의 변화를 반영한 것이라 할 수 있다.

58) 이 조문에서는 유죄를 범하였으나 유배지로 보내지 않고 복역시키는 자에 대해 분명하게 언급하고 있지 않다. 당·송률을 살펴보면, 流刑을 범하였지만 유배지로 보내지 않고 머물러 노역에 종사하게 하는 대상은 다음과 같다. 工戶·樂戶·雜戶·太常音聲人 등이 유죄를 범하면 유형 2,000리는 장 백 대로 대체하여 집행하고, 1등마다 30대를 더하며. 유배지로 보내지 않고 3년간 복역시킨다. 加役流는 복역 기간이 4년이다(『唐律疏議』 권3, 명례28-1, 28-2 〈제28조〉, 74쪽 ;『역주당률소의』, 222~223쪽).

2) 『唐六典』: 其應徒則皆配居作 在京送將作監, 婦人送少府監縫作, 外州者, 供當處官役及修理城隍倉庫及解雜使(권6, 尙書刑部, 190쪽 ; 『역주당육전』상, 605쪽)

3) 『宋刑統』: 獄官令, 諸犯徒應配居作者, 在京送將作監, 婦人送小府監縫作. 在外者, 供當處官役. 當處無官作者, 聽留當州修理城隍·倉庫及解雜使. 配流應住居作者亦準此. 婦人亦留當州□□□配舂(권3, 名例律, 51쪽)

▸ 유관 일본령

『令義解』: 凡犯徒應配居役者, 畿內送京師, 在外供當處官役, 其犯流應住居作者, 亦準此, 婦人配縫作及舂.(권10, 獄令, 317쪽)

▸ 복원 당령

『唐令拾遺』 獄官令, 17조, 773쪽 ; 『唐令拾遺補』 獄官令, 17조, 821쪽

『天聖令』 당령복원청본, 獄官令, 20조, 645쪽

〈現16〉 諸流配罪人居作者, 不得着巾帶. 每旬給假一日, 臘·寒食, 各給假二日, 不得出所居之院. 患假者, 不令陪日, 役滿則於(放).[59]

무릇 유배인이 복역할 때에는 두건을 두르거나 허리띠를 찰 수 없다. 10일 마다 휴가를 하루 주고, 납일[60]과 한식에는 2일의 휴가를 주지만 복역하고 있는 관서 밖으로 나갈 수 없다. 병으로 휴가를 얻은 경우 휴가 받은 날 수는 보충하지 않아도 되며,[61] 복역 기간이 끝나면 방면한다.[62]

---

59) [교감주] 『慶元條法事類』 권75, 刑獄5, 782쪽의 '亦滿或恩則放'에 따르면 '於'字는 '放'字의 오자로 보인다.

60) 臘日은 한 해를 마치는 제사인 臘祭를 지내는 날로 음력 12월 초팔일이다.

61) 이 조문의 휴가 규정은 당의 제도와 대략 비슷한데, 병가의 경우는 정반대이다. 즉 당의 제도에서는 병가를 보충하도록 규정되어 있지만(『唐律疏議』 권29, 斷獄32의 소의 〈제500조〉, 574쪽 ; 『역주당률소의』, 3379쪽), 이 조문에서는 병가를 보충하지 않아도 된다고 하였고, 또한 『慶元條法事類』의 조문 또한 이와 같다.

62) 당대에는 복역 기간을 마치면 유배 지역의 편호가 되어 본향을 돌아갈 수 없었다(『唐六典』 권6, 尙書刑部, 186쪽 ; 『역주당육전』상, 579~581쪽). 그런데 송대에는 編管人과 羈管人은 노역은 하지 않고 관할관의 감독만을 받고 유배지에서 10년이 지나면 법에 따라 가까운 곳으로 옮겨질 수 있었으며(量移), 이후 시간이 지나면 석방되었다(王雲海, 『宋代司法制度』, 386쪽). 다만 모반에 연좌된 編管人과 羈管人은 영원히

유관당송문 1)『唐六典』: 其應徒則皆配居作 … 諸流·徒罪居作者皆著鉗, 若無鉗者著盤枷, 病及有保者聽脫, 不得著巾·帶. 每旬給假一日, 臘·寒食各給二日, 不得出所役之院. 患假者, 倍日役之.(권6, 尙書刑部, 190쪽 ;『역주당육전』상, 605~606쪽)

2)『慶元條法事類』: 諸流囚決訖, 髡髮去巾帶, 給口食, 二十日外居作, 量以兵給或將校防轄. 假日不得出所之院, 以病在假者, 免陪日. 亦滿或恩則放(권75, 刑獄5, 782쪽)

▸ 유관 일본령

『令義解』: 凡流徒罪居作者, 皆着鈦若盤枷, 有病聽脫, 不得着巾, 每旬給假一日, 不得出所役之院, 患假者陪日. 役滿, 遞送本屬.(권10, 獄令, 317쪽)

▸ 복원 당령

『唐令拾遺』獄官令, 18조, 774쪽 ;『唐令拾遺補』獄官令, 18조, 821쪽
『天聖令』당령복원청본, 獄官令, 21조, 645쪽

〈現17〉 諸配流囚決訖, 二十日外居作, 量以配所兵校防轄.

무릇 유죄수가 유배지에 배치하고 [장형을] 집행한 후 20일이 지나면 복역시키며,[63] 병사와 장교를 헤아려 배치하여 지키고 관리한다.

유관당송문 1)『慶元條法事類』: 諸流囚決訖, 髡髮去巾帶, 給口食, 二十日外居作, 量以兵級或將校防轄. 假日不得出所之院, 以病在假者, 免陪日. 亦滿或恩則放.(권75, 刑獄5, 782쪽)

▸ 유관 일본령

『令義解』: 凡徒流囚在役者, 囚一人, 兩人防援, 在京者, 取物部及衛士充. 在外者, 取當處兵士, 分番防守.(권10, 獄令, 317~318쪽)

▸ 복원 당령

석방될 수 없었다(『慶元條法事類』권75, 刑獄5, 784쪽, "諸緣坐編管·羈管人永不放還者").

63) 이 조문은 유죄인이 유배지에 도착하면 해당 지역의 관사는 먼저 각각 정해진 척장을 집행하고 20일 간 휴식을 주어서 몸을 추스르게 한 뒤 복역시키도록 규정했음을 보여준다.

『天聖令』 당령복원청본, 獄官令, 22조, 646쪽

〈現18〉 諸流移人在路有産，竝家口量給假．若身及家口遇患，或逢賊(賦)[64] 難·津濟水漲不得行者，竝經隨近官司申牒請記，每日檢行，堪進卽遣．若患者[伴多不]可停待(侍)[65]者，所送公人分明付屬隨近(伴多不)[66]州縣，依法將養，待損，卽遣遞送．若祖父母·父母喪，及家口有死者，亦量給假．

무릇 유죄인과 이향인을 [유배지로 압송하는] 길에 [부인이] 아이를 낳은 경우 [동행하는] 가족과 함께 헤아려 휴가를 준다. 만일 본인이나 가족 가운데 병이 났거나, 혹은 도적을 만나 어려움에 처했거나, 진(津)의 나루에 물이 불어 건널 수 없는 경우, 모두 지나는 길에서 가까운 관사에 첩으로 보고하여 [사정을] 기록하여 확인하기를 청하며, [그 관사는] 매일 갈 수 있는지 살펴서, 갈 수 있으면 즉시 보낸다. 만일 환자와 동행하는 죄수가 많아 다 머물러 기다릴 수 없다면,[67] 호송하는 공인(公人)은 가까운 주현에 [환자를] 분명하게 당부하여 맡기며, [주현에서는 그를] 법에 따라 보살펴서, [병의 증상이] 가벼워지면 즉시 보낸다. 만일 조부모·부모의 상 및 가족 가운데 죽은 이가 있다면 또한 헤아려 휴가를 준다.[68]

유관당송문 1) 『新唐書』 : 流移人在道疾病, 婦人免乳, 祖父母父母喪, 男女奴婢

---

64) [교감주] 『高麗史』 권85, 刑法, 871쪽의 "若身及家口遇患, 或逢賊·津濟水漲不得行者"라고 되어 있는 바에 따라 '賦'는 '賊'으로 바꾼다.

65) [교감주] 『令義解』 권10, 獄令, 318쪽의 "若患者伴多不可停待者"로 되어 있는 바에 따라 '侍'는 '待'로 바꾼다.

66) [교감주] 『令義解』 권10, 獄令, 318쪽의 '竝經隨近國司'와 대조해 보면 '伴多不'는 연문으로 보인다.

67) 『令義解』 권10, 獄令, 318쪽의 주석에는 "流移囚三人, 一人病患, 而二人不患者, 二人前行, 若二人疾患, 而一人不患者, 一人停待之類也."라 하여 만약 流移人 인원 중 환자가 2/3를 차지하면 함께 머문다고 설명했다.

68) 『令義解』 권10, 獄令, 318쪽의 주석에는 "若祖父母·父母喪者, 給假十日 … 家口有死者, 三日, 家人奴婢者給假一日."이라 하여 조부모·부모상에는 10일, 가족의 죽음에는 3일, 노비의 죽음에는 1일의 휴가를 준다고 설명하였다.

死, 皆給假, 授程糧.(권56, 刑法, 1411쪽)

2)『慶元條法事類』: 諸移鄕人在道聞祖父母父母喪, 及隨行家屬有疾或死若産者, 申所在官司, 量事給住程假.(권75, 刑獄5, 777쪽)

▸유관 고려령

『高麗史』: 諸流移囚在途, 有婦人産者, 並家口, 給暇二十日, 家女及婢, 給暇七日. 若身及家口, 遇患或逢賊, 津濟水漲, 不得行者, 隨近官, 每日驗行, 堪進卽遣, 若祖父母·父母喪者, 給暇十五日, 家口有死者, 七日.(권85, 刑法, 871쪽)

▸ 유관 일본령

『令義解』: 凡流移囚, 在路有婦人産者, 竝家口, 給假二十日 家女及婢, 給假七日. 若身及家口遇患, 或津濟水長漲, 不得行者, 竝經隨近國司, 每日撿行, 堪進卽遣. 若患者伴多不可停待者. 所送使人分明付屬隨近國郡, 依法將養. 待損卽遣遞送, 若祖父母·父母喪者, 給假十日, 家口有死者, 三日, 家人奴婢者給假一日.(권10, 獄令, 318쪽)

▸ 복원 당령

『唐令拾遺補』 獄官令, 보1조, 825~826쪽

『天聖令』 당령복원청본, 獄官令, 23조, 646쪽

〈現19〉 諸婦人在禁臨産月者, (臨産月者),[69] 責保聽出. 死罪産後滿二十日·流罪以下産滿三十日, 竝卽追禁, 不(在)[70]給程.

무릇 부인이 구금되어 있는데 산달이 임박한 경우, 보증인을 세우면 [옥에서] 나가는 것을 허락한다. 사죄의 경우 산후 20일, 유죄 이하의 경우 산후 30일이 되면 모두 즉시 추환하여 구금하고, 오고 가는 일정은 주지 않는다.

유관당송문 관련 기록이 당송 시기 문헌에서는 확인되지 않는다.

69) [교감주] '臨産月者'는 반복되었으므로 연문이다.

70) [교감주] 『令義解』 권10, 獄令, 319쪽, "産後滿三十日, 並卽追禁, 不給程."과 비교해 보면, '在'는 연문으로 보인다.

▶유관 고려령

『高麗史』 : 諸婦人在禁臨産月者, 責保聽出. 死罪産後滿二十日, 流罪以下産滿三十日.(권85, 刑法, 871쪽)

▶ 유관 일본령

『令義解』 : 凡婦人在禁, 臨産月者, 死罪, 産後滿二十日, 流罪以下, 産後滿三十日, 竝卽追禁, 不給程.(권10, 獄令, 319쪽)

▶ 복원 당령

『唐令拾遺補』 獄官令, 보7조, 828쪽

『天聖令』 당령복원청본, 獄官令, 26조, 646쪽

〈現20〉 諸婦人犯死罪産子, 無家人者, 付近親收養 ; 無近親, 付四鄰. 有欲養爲子者, 雖異姓, 皆聽之.

무릇 부인이 사죄를 범하고 자식을 낳았는데 가족이 없다면 가까운 친척에게 주어서 기르게 하고, 가까운 친척이 없다면 이웃에게 준다. 길러서 자식으로 삼으려 하는 자가 있는 경우 비록 성이 다르더라도 모두 허락한다.[71]

유관당송문 1) 『慶元條法事類』 : 諸大辟囚, 本宗同居親年十歲以下無家人者, 責付近親收養, 無近親者, 付鄰人, 其不願養而有餘人欲以爲子孫者, 聽. 異姓者, 皆從其姓.(권75, 刑獄5, 806쪽)

▶ 유관 일본령

『令義解』 : 凡婦人犯死罪, 産子, 無家口者, 付近親收養, 無近親, 付四鄰. 有欲養爲子者, 雖異姓皆聽之.(권10, 獄令, 319쪽)

---

71) 唐令에는 아들이 없는 경우 同宗 가운데 昭穆에 합당한 자를 養子로 들이는 것을 허용한다고 규정되어 있다(『唐律疏議』 권4, 名例36의 소의 〈제36조〉, 97쪽 ; 『역주당률소의』, 267~268쪽). 만일 姓이 다른 남자를 양자로 들이는 경우 도형 1년에 처하며, 양자를 준 자도 태형 50대에 처한다. 다만 예외적으로 3세 이하의 버려진 아이를 데려다 기르는 경우 성이 달라도 양자로 삼고 그 성을 따르게 할 수 있었다(『唐律疏議』 권12, 戶婚8-2 〈제157조〉, 237쪽 ; 『역주당률소의』, 2216쪽). 宋令도 이를 따른 것이다.

▶ 복원 당령

『天聖令』 당령복원청본, 獄官令, 27조, 646쪽

〈現21〉 諸公坐相連, 應合得罪者, 諸司尙書竝同長官. 若無, 其主判正官(官)[72]亦準此. 以外皆爲佐職, 流外官以下行署文案者, 皆爲主典, 卽品官勘署文案者, 亦同 主典之坐.[73]

무릇 공죄로 연대하여 죄를 받아야 하는 경우,[74] 상서성 여러 부[諸司]의 상서도 장관과 동일한 [예로] 한다.[75] 만약 [장관이] 없다면 정관을 겸임[主判]하는 경우도 이에 준한다. 이외의 관직은 모두 좌직이 되고, 유외관 이하 공문서를 처리하고 서명을 하는 자는 모두 주전이 되며,[76] 품관으로 공문서를 대조하고 서명하는 자 역시 주전의 죄를 받는다.[77]

---

72) [교감주] '官'字는 연문이다.

73) [교감주] 본 조문의 文意上 '主典之坐'는 주문이 아니라 정문이어야 맞다.

74) 公坐는 公罪이며 공무상 범한 과실죄이다. 同職은 같은 사안에 連署하는 관직이다. 공죄는 연서하는 官職이 연대하여 죄를 받는데 이것이 同職連坐이다. 唐 律令의 同職은 대개 그 권한에 따라 長官, 通判官, 判官, 主典 4等으로 나누어진다. 예를 들면 大理寺의 경우 大理卿은 長官, 大理少卿 및 大理正은 通判官, 大理丞은 判官, 府와 史는 主典이 된다. 장관, 통판관, 판관, 주전은 하나의 사안에 연대 서명을 하고, 만일 공무로 인한 범죄가 발생했을 경우 연대 처벌을 받는다. 처벌 방식은 죄를 범한 관이 주범이 되고, 나머지는 차례로 등급을 감하여 처벌한다. 만일 4등관에 결원이 생기더라도 원칙적으로는 4등관법에 따라 처벌한다. 關이나 戍 등 원래 3등관 밖에 없는 경우는 3등관법에 따른다(김택민, 『중국 고대 형법』, 469~473쪽).

75) 尙書都省의 경우 원래 장관은 尙書令이었는데, 唐 太宗이 황제로 즉위하기 전에 취임한 일이 있어 이후 신하들이 취임하기를 꺼렸으므로 尙書左右僕射를 장관으로 삼았으나, 그 휘하의 6部 尙書도 관품이 3품으로 재상의 직임을 수행하는 中書·門下省의 장관과 같으므로 특별히 장관의 법례와 같게 하는 조문을 둔 것이다. 본 조문도 이를 따른 것이다.

76) 본 조문은 同職이 당의 제도와 달리 長官·佐職·主典의 3등관으로 구성되어 있는데, 이는 唐의 동직이 장관·통판관·판관·주전의 4등관으로 구성되어 있는 것에(『唐律疏議』 권5, 名例40-1의 소의 〈제40조〉, 110쪽 ; 『역주당률소의』, 293쪽) 비해 한 등급이 적다. 이는 唐制의 통판관·판관을 좌직 한 등급으로 묶은 결과로 보인다.

77) 流內 관품을 가진 자라도 본래 流外官이 수행하는 문안 처리를 담당할 경우 主典의 법례를 적용하도록 규정한 것으로 짐작된다. 宋 太宗은 "流內品官이 流外職事를

유관당송문 1)『唐律疏議』: 官長者, 依令, 諸司尙書同官長之例.(권1, 名例6-10의 소의 〈제6조〉, 15쪽 ;『역주당률소의』, 128쪽 ;『宋刑統』 권1, 13쪽)

2)『唐律疏議』: 諸同職犯公坐者, 長官爲一等, 通判官爲一等, 判官爲一等, 主典爲一等, 各以所由爲首.(권5, 名例40-1 〈제40조〉, 110쪽 ;『역주당률소의』, 293~294쪽 ;『宋刑統』 권5, 79쪽)

3)『唐律疏議』: 議曰, 毆佐職者, 謂除長官之外, 當司九品以上之官, 皆爲佐職.(권21, 鬪訟11-3의 소의 〈제312조〉, 396쪽 ;『역주당률소의』, 3043~3044쪽 ;『宋刑統』 권21, 335쪽)

4)『宋刑統』: 據獄官令, 長官以外, 皆爲佐職.(권30, 485쪽)

▸ 유관 일본령

『令義解』: 凡公坐相連, 右大臣以上及八省卿, 諸長官, 竝爲長官. 大納言及少輔以上, 諸司貳, 皆爲次官. 少納言, 左右辨及諸司糾判, 皆爲判官. 諸司勘署, 皆爲主典.(권10, 獄令, 319쪽)

▸ 복원 당령

『唐令拾遺』 獄官令, 19조, 774쪽 ;『唐令拾遺補』 獄官令, 22조, 828쪽

『天聖令』 당령복원청본, 獄官令, 28조, 646쪽

〈現22〉 諸因父·祖官蔭 出身得官, 父·祖犯除名罪者, 子孫不在解限. 若子孫復犯除名者, 後敍之日, 從無蔭法. 其父·祖因犯降敍者, 亦從後蔭敍.

무릇 부와 조부의 관음[78]으로 출신하여 관을 얻었는데, 부와 조부가 제명에

맡으면 율문에 준하여 처분한다"는 勅을 내렸다(『續資治通鑑長編』 권24, 宋 太宗 太平興國 8년 3월 丁巳條, 539쪽).

78) 당 玄宗 開元 4년(716)에 제정된 官蔭은 다음과 같다. "무릇 (부·조의 官蔭으로 出身하는 경우) 1品子는 正7品上, 2品子는 正7品下, 正3品子는 從7品上, 從3品子는 從7品下, 正4品子는 正8品上, 從4品子는 正8品下, 正5品子는 從8品上, 從5品子는 從8品下로 서임한다. 3品 이상은 曾孫까지, 5品 이상은 孫까지 음이 미치는데, 孫은 子보다 1등 내리고, 曾孫은 孫보다 1등 내린다. 贈官의 음은 正官보다 1등 내리고, 散官은 職事官과 같다. 만약 3品官이 勳官을 겸해 가지고 있어 勳官의 蔭에 의하고자 할 경우 4품은 1등을 내라고, 5품은 2등을 내린다. 4품과 5품이 훈관을 겸해 가지고 있는 경우 曾孫을 음할 수 없다. 郡·縣公의 子는 從5品에 준해 蔭하며, 縣男 이상의 子는 1등을 내리고, 勳官 2품의 子는 또 1등을 내린다. 二王後의 子孫은 正3품에 준해 蔭한다."(『唐會要』 권81, 用蔭, 1774쪽) 宋 眞宗 때의 제도를 예로 들어보면,

해당하는 죄를 범했을 경우, 자와 손의 [관품은] 해면의 범위에 들지 않는다. 만약 자와 손이 다시 제명에 해당하는 죄를 범한 경우에는 이후 서임[79]할 때 무음의 법에 따른다.[80] 그런데 부와 조부가 범죄로 인하여 강등되어 서임된 경우, 자와 손은 또한 [강등된] 후의 관음에 따라서 서임한다.[81]

현임관·직사관·差遣을 蔭補의 기준으로 삼았다. 이는 職事官, 散官, 勳官, 爵 모두에 음보가 허용되던 唐의 制度와 다르다(游彪,『宋代蔭補制研究』, 北京 : 中國社會科學出版社, 2001년, 23쪽). 다음 표는 宋 眞宗 大中祥符 8年(1015)의 蔭補制度이다(『續資治通鑑長編』 권84, 宋 眞宗 大中祥符 8年 정월 己丑條, 1911~1912쪽).

官名	親屬關係	授官
宰臣, 樞密使, 節度使帶平章事	子 弟, 侄, 孫	東頭供奉官(從八品) 左侍禁
樞密使, 參知政事, 樞密副使, 宣徽使, 節度使	子 弟, 侄, 孫	西頭供奉官 右侍禁
左右僕射, 太子三少, 御史大夫, 文明殿學士, 資政殿學士, 諸行尙書	子 弟, 侄, 孫	左侍禁 左班殿直
三司使, 翰林, 資政殿, 翰林侍讀, 侍講, 龍圖閣, 樞密直學士, 左·右常侍, 上將軍, 統軍, 太常, 宗正卿, 御史中丞, 左·右丞, 諸行侍郎, 兩使留后, 觀察使, 內客省使	子 弟, 侄, 孫	右侍禁 右班殿直
給事, 諫議, 中書舍人, 知制誥, 龍圖閣直學士, 待制, 三司副使, 防御, 團練, 客省, 引進, 四方館, 閤門使, 樞密都承旨	子 弟, 侄, 孫	右班殿直 三班奉職
大卿監, 帶職少卿監, 諸州刺史	子 弟, 侄, 孫	三班奉職 借職
諸衛大將軍, 少卿監, 諸行郎中, 帶職員外郎, 內諸司使, 樞密諸房承旨	子	借職
諸衛將軍, 諸司副使	子	借職
樞密諸房副承旨	子	初命授同學究出身, 再經恩授借職

79) 송대에 제명된 관인이 다시 서용되어 제수받은 관직이 簿·尉·判司라면 4任 10考를 거치는 동안 殿·犯이 없어야 縣令이나 錄事參軍으로 擬注될 수 있었다(『宋會要輯稿』, 職官76-3).

80) 唐宋의 제도에서 관인이 除名 처분되면 모든 관작을 삭탈하고 출신으로 되돌리며, 6년이 지나면 다시 서임될 수 있다. 그런데 관음 출신의 경우 이미 父·祖父가 제명 처분되었다면 官蔭의 효력은 정지되므로, 오직 選擧令에 정한 바에 따라서만 서임될 수 있다. 선거령은 "3品 이상은 奏聞하여 勅에 따르며, 正4品은 從7品下에, 從4品은 正8品上에, 正5品은 正8品下에, 從5品은 從8品上에, 6·7品은 모두 從9品上에, 8·9品은 從9品下에 敍任한다. 出身 官品이 이 法에 정한 것보다 높은 경우에는 높은 것에 따를 것을 허용한다"고 되어 있다(『唐律疏議』 권3, 名例21-2의 소의 〈제21조〉, 59쪽 ; 『역주당률소의』, 191~192쪽 ; 『宋刑統』 권2, 37쪽).

유관당송문 관련 기록이 당송 시기 문헌에서는 확인되지 않는다.

▸ 유관 일본령

『令義解』: 凡因父祖官蔭, 出身得位, 父祖犯除名罪者, 子孫不在追限. 若子孫復除名者, 後敍之日, 卽從無蔭法. 其父祖因犯降敍者, 亦從後蔭敍.(권10, 獄令, 320쪽)

▸ 복원 당령

『天聖令』 당령복원청본, 獄官令, 29조, 646쪽

〈現23〉 諸婦人因夫·子受邑號, 而夫·子犯除·免·官當者, 其母·妻邑號亦隨除. 卽被棄放及改適者, 亦準此. 若夫·子因犯降敍者, 母·妻亦降. 夫·子雖降而邑號不移者, 不在降限.

무릇 부인이 남편이나 아들로 인하여 읍호[82]를 제수 받았는데, 남편이나 아들이 제명·면관·관당에 해당하는 죄를 범한 경우 모나 처의 읍호 또한 [그에] 따라 삭제한다. 또한 [모나 처가] 내버려지거나 쫓겨나거나 개가한 경우도 또한 이에 준한다. 만약 남편이나 아들이 범죄로 인하여 강등되었다가 서임되는 경우, 모나 처의 (읍호도) 또한 강등된다. 남편이나 아들이 비록 강등되었으나 읍호가 바뀌지 않는 경우 [부인의 읍호는] 강등의 범위에 두지 않는다.

---

81) 부·조부가 이미 免官·免所居官 처분되었다가 관품이 강등되어 다시 서임되었다면, 제명 처분된 자손이 다시 서임될 때 그 영향을 받는다. 즉 면관된 자는 3년 후에 원래의 관품에서 2등을 내려 서임하고(『唐律疏議』 권3, 名例21-4 〈제21조〉, 60쪽 ; 『역주당률소의』, 194쪽 ; 『宋刑統』 권2, 36쪽), 면소거관된 자는 1년 후에 원래의 관품에서 1등을 내려 서임한다(『唐律疏議』 권3, 名例21-5 〈제21조〉, 60쪽 ; 『역주당률소의』, 194~195쪽 ; 『宋刑統』 권2, 36쪽). 따라서 자손이 제명되었다가 부·조의 관음으로 서임될 경우, 만약 부·조가 면관·면소거관으로 강등되어 서임되었다면, 자손은 부·조의 원래의 관품이 아니고 강등되어 서임된 관품에 따른다.

82) 다음 표는 『舊唐書』(권43, 職官2, 1821쪽)와 『宋會要輯稿』(儀制10-22)에 기재된 唐·宋의 婦人의 邑號이다.

유관당송문 1) 『唐律疏議』 : 注 : 婦人因夫·子得邑號, 犯除名者, 年滿之後, 夫·子見在有官爵者, 聽依式敍. 疏議曰, 婦人因夫·子而得邑號曰夫人·郡君·縣君·鄕君等. 其身犯罪而得除名, 年滿敍日, 計夫·子見有在官爵, 仍合授夫人·郡縣·鄕君者. 竝依前授, 不降其品, 若夫·被降官者, 竝依降授法, 如夫·子進官者, 聽依高敍. 其婦人敍法, 令備明文, 爲因夫·子官爵, 故不依降減之例.(권3, 名例21-3의 注 〈제21조〉, 60쪽 ; 『역주당률소의』, 192쪽 ; 『宋刑統』 권2, 38쪽)

2) 『唐律疏議』 : 其婦人犯夫及義絶者, 得以子蔭. 注云, 雖出亦同. 疏議曰, 婦人犯夫及與夫家義絶, 竝夫在被出, 竝得以子蔭者, 爲母子無絶道故也.(권2, 名例15-7 〈제15조〉, 41쪽 ; 『역주당률소의』, 159~160쪽 ; 『宋刑統』 권2, 24쪽)

4) 『宋會要輯稿』 : 康定元年十月五日, 審刑院言, 檢會令文, 諸婦人因夫·子受邑號, 而夫·子犯除名當免官者, 其妻邑號亦隨除.(儀制10-25)

〈現24〉 諸官人因犯移配及別勅解見任, 若本罪不合除·免及官當者, 告身各不在追例.

무릇 관인이 죄를 범하여 이배되었거나[83] 별도의 칙으로 현임관에서

唐		宋	
官職	邑號	官職	邑號
一品, 國公	母·妻 : 國夫人	宰相, 使相, 尙書令, 三師, 三公王母	母 : 國太夫人 妻 : 國夫人
三品已上	母·妻 : 郡夫人	參知政事, 宣徽使, 樞密副使, 東宮一品二品, 尙書省二品三品, 御史大夫, 兩省侍郞, 太常卿, 留守, 節度使, 西班二品, 嗣王, 郡王, 國公, 郡公, 縣公, 大都督, 大都護	母 : 郡太夫人 妻 : 郡夫人
五品, 勳官三品	母·妻 : 縣君	左右常侍, 太子賓客, 御史中丞, 左右丞, 諸行侍郞, 給事中, 諫議大夫, 正中書舍人, 翰林學士以下, 龍圖閣直學士以上, 諸寺大卿監, 國子祭酒, 太子詹事, 諸王傅, 諸衛大將軍, 中都護, 副都護, 中都督, 防禦·團練使	母 : 郡太君 妻 : 郡君
散官, 職事, 勳官四品	母·妻 : 鄕君	左右庶子, 諸寺少卿監, 諸行郞中, 國子司業, 三京少尹, 赤縣令, 太子詹事, 左右諭德, 諸衛將軍, 諸州刺史, 下都護, 下都督, 太子家令, 太子率更令, 太子僕	母 : 縣太君 妻 : 縣君

송대 부인의 읍호는 徽宗 연간에 변화가 보인다. 휘종은 政和 2년(1112)에 부인의 읍호가 郡縣을 冠稱하는 것은 부인을 예우하는 법도가 아니라는 이유로 읍호의 명칭을 바꾸었다. 즉 執政 이상의 부인은 夫人, 尙書 이상은 淑人, 侍郞 이상은 碩人, 太中大夫 이상은 令人, 中散大夫 이상은 恭人, 朝奉大夫 이상은 宜人, 朝奉郞 이상은 安人, 通直郞 이상의 부인은 孺人이라 했다(『宋會要輯稿』, 儀制10-28·29).

83) 移配는 복수를 피하여 타향으로 이주시키는 것이다(『唐律疏議』 권17, 賊盜13의 소의 〈제260조〉, 320쪽 ; 김택민, 『중국고대형법』, 661~664쪽 참조).

해면되었더라도 본래의 죄가 제명·면관 및 관당에 해당하지 않는 경우, 각각 고신은 회수하는 법례에 두지 않는다.[84]

유관당송문 관련 기록이 당송 시기 문헌에서는 확인되지 않는다.

▸ 유관 일본령

『令義解』: 凡官人因犯移配 謂避讎移鄕也, 及別勅解見任, 若本罪不合除免及官當者, 位記各不在追例.(권10, 獄令, 320쪽)

▸ 복원 당령

『天聖令』 당령복원청본, 獄官令, 30조, 646쪽

〈現25〉 諸犯罪, 應除·免及官當者, 計所除·免·官當給[85]降至告身, 贖追納庫, 奏報之日, 除名者官·爵告身悉毁 婦人有邑號者, 亦準此. 官當及免官·免所居官者, 唯(准)[86]毁見當免及降至者告身; 降所[不][87]至者, 不在追限. 應毁者, 並送省, 連案, 注「毁」字納庫; 不應毁者, 斷處案呈付. 若推檢合復者, 皆勘所毁告身, 狀同, 然後申奏.

무릇 죄를 범하여 제명·면관 및 관당해야 하는 경우, 제명·면관 및 관당으로

84) 관인의 범죄 가운데는 일반인의 범죄와는 달리 主刑 외에 從刑으로 제명·면관·면소거관·관당의 처분이 부가되는 것이 많다. 제명의 경우 현임뿐만 아니라 역임한 관의 고신 전부를 추탈하고, 면관·면소거관·관당의 경우 현임관과 강등되는 역임관의 告身이 추탈된다. 그런데 추탈하고 남은 역임관의 고신은 서임이 제한되는 일정 기간이 지난 뒤 다시 서임될 경우 資歷으로 이용되므로 고신의 추탈 여부를 분명히 규정할 필요가 있었다.

85) "計所除·免·官當給降至告身, 贖追納庫"에서 '給'字의 뜻이 애매하다. 다만 '給'字를 '及'字로 바꾸어, "除名, 免官, 官當 및 降等되는 告身을 계산하여 (죄를 당하고 남은 죄에 대한) 贖金은 庫에 納付케 한다"고 번역해 보면 뜻이 순통한다. 이는 본 조문 내에 "唯(准)毁見當免及降至者告身"과 비교해 보면 더욱 그렇다. 다만 明鈔本 原文에 '給'字로 되어 있는 것에 대해 點校하는 분들이 校勘해서 수정하지 않았고, 또 일체 類似 條文이 없기 때문에 과연 免官·免所居官의 처분하고 뒤에 서용할 때 강등되는 官의 告身으로도 죄를 당한다고 보아도 좋다는 증거 자료는 없는 셈이다. 그렇지만 令文은 강등되는 고신으로도 죄를 당한다는 뜻으로 번역했다.

86) [교감주] 『令義解』 권10, 獄令, 320쪽에 의하면 '准'字는 '唯'字로 바꾸어야 한다.

87) [교감주] 『令義解』 권10, 獄令, 320쪽에 의하면 '不'字는 누락되었다.

강등될 고신[88]을 계산하여, [고신으로 제하고 남은 죄의] 속금은 창고에 들이며, 아뢰어 비답을 받은 날 제명된 사람의 관과 작의 고신은 모두 훼손시킨다. 부인이 읍호가 있다면 또한 이에 준한다. 관당 및 면관과 면소거관의 경우 관당되거나 해면된 관 및 강등에 이른 고신만 폐기한다. 강등에 이르지 않은 고신은 추탈의 범위에 들지 않는다. 반드시 폐기해야 할 것은 모두 [상서]성으로 보내 문서철로 만들고 '훼'자를 주기하여 창고에 들이며, 폐기해서는 안 되는 것은 판결한 곳에서 문안으로 보고한다. 만일 헤아려 살펴서 마땅히 [고신을] 회복해야 하는 경우 모두 폐기한 고신을 확인해서 [죄의] 정황이 같음을 확인한 후에 아뢴다.

유관당송문 1)『宋會要輯稿』: 六年詔, 追官或除名, 比限勅到日取宣勅告身, 令逐處當職官吏注毁, 所追奪因依限十日內納尙書刑部.(職官11-65)

2)『慶元條法事類』: 諸除名者, 出身補授以來文書皆毁, 當·免者, 計所當·免之官毁之. 斷後限十日追取批書毁抹, 申納尙書刑部 將校應追毁所授文書者, 準此. 其印紙亦據所追任數批書, 用印書字給還.(권6, 職制3, 85쪽)

▸ 유관 일본령

『令義解』: 凡犯罪 應除免及官當者, 奏報之日, 除名者, 位記悉毁, 官當及免官, 免所居官者, 唯毁見當免, 及降至者位記, 降所不至者, 不在追限. 應毁者, 並送太

---

88) 관인이 제명·면관·면소거관·관당에 해당하는 죄를 범한 경우 반드시 먼저 각각 해당하는 바를 처분한다. 즉 제명의 경우 현임뿐만 아니라 역임한 관의 고신 전부를 추탈한다. 면관은 현임의 二官 모두와 강등되는 2등의 역임관의 고신을 추탈한다. 현임의 이관이란 직사관·산관·위관을 一官으로 하고 훈관을 一官으로 한다(『唐律疏議』 권3, 名例19-3의 주와 소의 〈제19조〉, 56쪽 ;『역주당률소의』, 185쪽). 강등되는 2등의 관이란 예를 들면 정칠품상인 관인이 면관에 해당하는 죄를 범하고 3년 후 서임될 때 2등을 감하는데, 정칠품상과 정칠품하는 강등되는 관이며, 종칠품상 이하는 降所不至가 되는 것이다. 면소거관은 현임의 일관과 강등되는 1등의 역임관의 고신을 추탈한다. 관당은 죄를 당하는 관과 강등되는 1등의 역임관의 고신을 추탈한다. 추탈된 관의 고신은 죄를 당하는데, 만약 그렇게 하고도 죄가 남는 경우 속금을 징수한다. 즉 죄가 무거워 위의 처분을 다 하고도 죄가 남는 경우 속금을 징수하는 것이다(『唐律疏議』 권3, 名例22-3과 소의 〈제22조〉, 64쪽 ;『역주당률소의』, 202쪽).

政官毀, 式部案注毀字. 以太政官印, 印毀字上.(권10, 獄令, 320쪽)

▸ 복원 당령

『唐令拾遺』獄官令, 20조, 775쪽 ;『唐令拾遺補』獄官令, 20조, 821쪽

『天聖令』당령복원청본, 獄官令, 29조, 646쪽

〈現26〉 諸犯罪, [應][89]除·免·官當者, 不得釐事及朝會. 其被勅推, 雖非官當·除·免, 徒以上不得入內.

무릇 죄를 범하여 제명·면관·관당에 처해야하는 경우, 그 관인은 직무를 수행하거나 조회에 참여할 수 없다. [사안이] 칙에 따라 심문받는 경우라면 비록 관당·제명·면관에 해당되지 않더라도 도죄 이상은 입조할 수 없다.

유관당송문 1)『宋刑統』: 議, … 雖有歷任之官者, 假有一品職事, 犯當免官, 仍有歷任二品以下官, 未敍之間, 不得預朝參之例, 其免所居官及以官當徒, 限內未敍者, 亦準此.(권2 名例律 以官當徒除名免官免所居官, 40쪽 ;『唐律疏議』권3, 名例21-11의 소의〈제21조〉, 63쪽 ;『역주당률소의』, 200쪽)

▸ 유관 일본령

『令義解』: 凡犯罪應除免官當者, 不得釐事及朝會. 其被勅推, 雖非官當除·免, 徒以上, 不得入內. 其三位以上, 非解官以上者 仍聽釐事朝會入內供奉.(권10, 獄令, 321쪽)

▸ 복원 당령

『天聖令』당령복원청본, 獄官令, 32조, 646쪽

〈現27〉 諸犯罪事發, 有贓狀露驗者, 雖徒伴未盡, 見獲者先依狀斷之, 自外從後追究.

무릇 죄를 범하여 사건이 발각되고 장물과 정상[狀][90]이 드러나 [죄가]

89) [교감주]『令義解』권10, 獄令, 321쪽의 '凡犯罪應除免官當者'에 따르면 '應'字는 누락된 것으로 보인다.

90) 律에서 贓은 재물을 탈취하거나 재물을 授受함으로써 범죄를 구성했을 때 탈취나

증명된 경우, 비록 공범이 모두 붙잡히지 않았더라도 현재 붙잡힌 자는 정상에 따라 먼저 단죄하고, 그 외는 뒤에 따로 [죄를] 규명한다.

유관당송문 1)『宋刑統』: 又條, 諸犯罪事發, 有贓狀露驗者, 雖徒伴未盡見獲者, 先依狀斷之, 自後從後追究.(권30, 斷獄律 斷罪引律令格式, 485쪽)

▸ 유관 일본령

『令義解』: 凡犯罪事發, 有贓狀露驗者, 雖徒伴未盡, 見獲者, 先依狀斷之 , 自外從後追究.(권10, 獄令, 321쪽)

▸ 복원 당령

『唐令拾遺』 獄官令, 21조, 775~776쪽 ; 『唐令拾遺補』 獄官令, 21조, 821쪽

『天聖令』 당령복원청본, 獄官令, 33조, 646쪽

〈現28〉 **諸犯罪未發及已發未斷決, 逢格改者, 若格重, 聽依犯時 ; 格輕者, 聽從輕法.**

무릇 범한 죄가 발각되지 않았거나 이미 발각되었지만 판결이 아직 나지 않았는데 격[91]이 개정된 경우, 만약 [개정된] 격의 [형벌이] 무거우면 죄를 범했을 때의 [법을] 따르는 것을 허용하고, 격이 가벼우면 가벼운 법을 따르는 것을 허용한다.[92]

수수의 대상이 된 재물을 지칭하거나 그 범죄를 의미한다. 贓罪에는 强盜·竊盜·枉法·不枉法·受所監臨·坐贓의 여섯 가지가 있다(『唐律疏議』 권4, 名例33-1의 소의 〈제33조〉, 88쪽 ; 『역주당률소의』, 250~251쪽). 狀은 살인 등 범죄 행위의 진상을 파악하여 증거를 확보한 것을 말한다(『唐律疏議』 권2, 名例18-2의 소의 〈제18조〉, 48쪽 ; 『역주당률소의』, 174쪽).

91) 格은 『慶元條法事類』 등에 따르면 法을 의미하며, 법은 법조문이다.

92) 이 규정은, 新法은 재판에 소급 적용할 수 없고 범죄시의 법에 따라야 하며, 다만 舊法과 비교하여 신법의 형이 가벼워 피고에게 이익을 줄 수 있는 경우에만 신법에 따르는 것을 허용한다는 의미이다. 현대 형법에서는 이 같은 규정을 '신법 불소급의 원칙' 또는 '형벌 불소급의 원칙'이라 하는데 죄형법정주의 원칙 가운데 중요한 내용이다. 당송률에서는 고의로 이를 위반한 경우 고의로 죄를 준 죄로 논죄한다(『唐律疏議』 권30, 斷獄19-1의 소의 〈제486조〉, 562쪽 ; 『역주당률소의』, 3352~3353쪽). 이 제도의 연원은 漢代부터 찾을 수 있다. 『漢書』 孔光傳에는 "令에 '범법자는 각기

유관당송문 1) 『唐律疏議』 : 依獄官令, 犯罪逢格改者, 若格輕, 聽從輕.(권4, 名例31-1의 답 〈제31조〉, 85쪽 ; 『역주당률소의』, 242~243쪽 ; 『宋刑統』 권4, 59쪽)

2) 『唐律疏議』 : 故令云, 犯罪未斷決, 逢格改者, 格重, 聽依犯時, 格輕, 聽從輕法. (권30, 斷獄20-1의 소의 〈제488조〉, 566쪽 ; 『역주당률소의』, 3361쪽 ; 『宋刑統』 권30, 490쪽)

3) 『唐六典』 : 凡有罪未發及已發未斷而逢格改者, 若格重則依舊條, 輕從輕法. (권6, 尙書刑部, 191쪽 ; 『역주당육전』상, 613쪽)

4) 『慶元條法事類』 : 諸犯罪未發及已發未論決而改法者, 法重, 聽依犯時, 法輕, 從輕法. 即應事已用舊法理斷者, 不得用新法追改.(권73, 刑獄3, 741쪽)

▸ 유관 일본령

『令義解』 : 凡犯罪未發及已發未斷決, 逢格改者, 若格重, 聽依犯時, 若格輕, 聽從輕法.(권10, 獄令, 321쪽)

▸ 복원 당령

『唐令拾遺』 獄官令, 22조, 776쪽 ; 『唐令拾遺補』 獄官令, 22조, 821쪽

『天聖令』 당령복원청본, 獄官令, 34조, 646쪽

〈現29〉 諸告言人罪, 非謀叛以上者, 受理之官皆先面審, 示以虛得反坐之罪, 具列於狀, 判訖付司. 若事有切害者, 不在此例. 切害, 謂殺人·賊盜·逃亡, 若强姦及有急速之類. 不解書者, 典爲書之. 若前人合禁, 告人亦禁, 辦定放之. 即鄰伍告者, 有死罪, 留告人散禁 ; 流以下, 責保參對.

무릇 다른 사람의 죄에 대한 고소·고발[93]이, 모반 이상[94]이 아닌 경우

범한 때의 율령에 따라 논죄한다'고 하였다"는 기사가 있는데, 이 슈은 바로 신법 불소급의 원칙을 규정한 것이며, 이 조문의 선구이다(김택민, 『중국고대 형법』, 64쪽).

93) 告·告言이란 官司에 고발한다는 의미이다. 그런데 唐宋 律令에는 告 이외에 訴·訴訟·辭訴·訴理·理訴 등 訴字를 사용하여 고소를 표현하는 용어가 보이고 있다. 양자를 비교하면 告란 타인이 죄를 범한 사실을 관사에 고발하는 것이고, 訴란 자기가 타인으로부터 받은 침해나 억압에 대해 관사에 구제를 신청하는 것으로, 양자는 語義를 분명히 달리 한다. 그러나 양자의 구별이 법 개념으로까지 발전한 것은 아니다. 자신이 직접 피해를 받은 것이 아니라 타인이 저지른 범죄를 고하는 것은

고소·고발을 접수하는 관인이 모두 먼저 대면하여 심문하여, 거짓이라면 반좌[95]의 죄를 얻을 수 있음을 알려주고, 문서에 [심문한 내용을] 구체적으로 열거하여, [판관이] 판정하여 관할 관사로 보낸다. 만약 사건에 특별히 엄중함이 있는 경우 이 예의 범위에 두지 않는다. 특별히 엄중함이란 살인·도적·도망, 또는 강간 및 신속하게 처리해야 하는 부류를 이른다. [고발자가] 글을 모르는 경우 전(典)[96]이 대신해서 [고발장을] 작성한다. 만일 고발당한 사람을 구금해야 하는 경우 고발한 사람 또한 구금하며, 판(辨)[97]이 정해지면 고발인을 방면한다. 가령 이웃이 고발한 경우 사죄라면 고발한 사람은 형구를 채우지 않은 채 구금하고, 유죄 이하이라면 [고발한 사람은] 보증인을 세워 방면하고 [관청에] 들어와 대질 심문에 응하게 한다.[98]

告라고 하지 訴라고는 하지 않는다는 정도의 차이는 분명히 있었지만, 告와 訴에 기초하여 현대법의 형사와 민사에 상당하는 두 종류의 수속이 제도적으로 확연히 구분되어 있었던 것은 아니다.

94) 謀叛 이상의 범죄는 謀反·謀大逆·謀叛이며, 특히 무거운 죄 열 가지인 10惡 가운데서도 우선적으로 배열되어 있다(『唐律疏議』 권1, 名例6, 131쪽 ; 『역주당률소의』, 106~110쪽).

95) 反坐는 다른 사람을 무고하면 무고한 죄명으로 고발한 사람을 처벌하는 것을 말한다(『唐律疏議』 권23, 鬪訟41 〈제342조〉·鬪訟42 〈제343조〉·鬪訟43 〈제343조〉, 428~432쪽 ; 『역주당률소의』, 3102~3110쪽). 이는 무분별한 고소를 막기 위한 조처이다. 당률은 다른 사람을 謀反과 謀大逆으로 무고한 자는 참수형에 처하며, 종범은 교수형에 처한다고 규정하였다(『唐律疏議』 권23, 鬪訟40 〈제341조〉, 428쪽 ; 『역주당률소의』, 3102쪽).

96) 〈現35〉조에 '若不解書者, 主典依口寫訖, 對判官讀示'라고 되어 있는 것과 비교해 보면 '典'은 '主典'으로 보인다.

97) 〈現35〉조 "諸問囚, 皆判官親問, 辭定, 令自書辨."의 辨이 『宋刑統』(권29, 475쪽)에는 款으로 되어 있는 것으로 알 수 있듯이 辨은 款이다. 款은 심문관이 심문을 마치고 죄수의 자백을 바탕으로 죄수가 작성하는 죄에 관한 진술서를 포함하여 판결에 필요한 자료를 모아 작성해서 판관에게 제공하는 供狀이다(王雲海, 『宋代司法制度』, 269쪽).

98) 유관당송문 『唐六典』과 『通典』에서 보듯이 당의 제도에서는 다른 사람의 죄를 고소·고발하면 반드시 세 번 심사하되 매 심사는 모두 다른 날에 하여 수리하도록 규정되어 있으며, 使人이 이동 중에 있어 다른 날을 기다릴 수 없는 경우에 한하여 고소·고발한 당일 세 차례 심사를 할 수 있게 되어 있었다. 그런데 이 조문에는 반드시 면대하여 심사한다는 규정만 있고 다른 날 세 번 심사한다는 규정은 없는데,

유관당송문 1)『唐六典』: 凡告言人罪, 非謀叛以上, 皆三審之. 應受辭·牒官司竝具曉示虛得反坐之狀. 每審皆別日受辭, 若有事切害者不在此例.(권6, 尙書刑部, 190쪽 ; 『역주당육전』상, 607쪽)

2)『通典』: 諸告人罪, 非叛以上者, 皆令三審. 應受辭牒, 官司並具曉示, 竝得叛坐之情. 每審皆別日受辭, 若使人在路, 不得留待別日受辭者, 聽當日三審.官人於審後判記審訖, 然後付司, 若事有切害者, 不在此例. 切害, 謂殺人·賊盜·逃亡與强姦良人, 及更有急速之類. 不解書者, 典爲書之. 前人合禁, 告人亦禁, 辨定放之. 卽鄰伍告者, 有死罪, 留告人散禁, 流以下, 責保參對.(권165, 刑法3, 4260쪽)

▸ 유관 일본령

『令義解』: 凡告言人罪, 非謀叛以上者, 皆令三審, 應受辭牒官司, 竝具曉示虛得反坐之狀, 每審皆別日, 受辭官人, 於審後署記, 審訖然後推斷. 若事有切害者, 不在此例. 切害, 謂殺人, 賊盜, 逃亡. 若强姦良人, 及有急速之類. 其前人合禁, 告人亦禁, 辨定放之.(권10, 獄令, 321~322쪽)

▸ 복원 당령

『唐令拾遺』 獄官令, 23조, 776~778쪽 ; 『唐令拾遺補』 獄官令, 23조, 821쪽
『天聖令』 당령복원청본, 獄官令, 35조, 646~647쪽

〈現30〉 諸告密人, 皆經當處長官告. 長官有事, 經次官告. 若長官·次官俱有密者, 任經比界論告(者).[99] 受告官司丁寧示語, 確言有實, 卽禁身, 據狀檢校. 若須掩捕者, 卽掩捕. 應與餘州相知者, 所在官司準狀收掩. 事當謀叛以上, 雖檢校, 仍馳驛奏聞. 其大將臨戎·出師在外及本處留守, 竝邊要州都督·刺史, 雖被告, 不得卽禁. 指斥乘輿及妖言惑衆者, 檢校訖總奏. 承牒掩捕者, 若無別狀, 不須別奏. 其有告密, 示語確不肯道, 云須面奏者, 受告官司更分明示語虛得無密(及)[100]反坐之罪, 又不肯道事(示)[狀][101]者, 禁身(死),[102] 馳驛奏聞. 若稱

이는 宋의 고소·고발 절차가 당의 그것보다 간략했음을 의미한다.

99) [교감주]『唐六典』 권6, 尙書刑部, 190쪽의 '長官, 佐官俱有事者, 經比界論告'에 따르면 '者'字는 연문으로 보인다.

100) [교감주]『令義解』 권10, 獄令, 322~323쪽의 '明示語虛得無密反坐之罪'에 따르면 '及'字는 연문으로 보인다.

101) [교감주]『令義解』 권10, 獄令, 322~323쪽의 '又不肯道示事狀者'에 따르면 '示'字는 '事'字의 오기이며, '狀'字는 누락되었다.

是謀叛以上者，給驛，差使部領送京．若勘問不道事狀，因失罪人者，與知而不告者同．其犯死罪囚，及緣邊諸州鎭防人，若配流人告密者，竝不在送限．應須檢校及奏聞者，準前例．

무릇 (다른 사람의) 비밀스런 행위를[103] 고발하려는 사람은, 모두 해당 지역의 장관을 거쳐서 고발한다. 장관이 관련된 일이라면 차관을 거쳐서 고발한다. 만약 장관과 차관에게 모두 비밀스런 움직임이 있다면, 이웃 지역의 [장관을 거쳐서 죄상을 써서] 고발한다. 고발을 접수한 관사는 거짓이면 반좌의 죄를 받는다는 것을 확실하게 알려주고 [그래도] 사실이라고 확언하면 즉시 구금하고, 고발장에 근거하여 조사해서 자세히 살핀다. 만약 반드시 엄습해서 체포해야 하는 경우에는 즉시 엄습 체포한다. 마땅히 다른 주(州)에 통지해야 하는 경우에도 (죄인이) 있는 곳의 관사가 정황에 따라 엄습해서 체포한다.[104] 사안이 모반 이상에 해당하면 비록 조사하여 자세히 살피는 중이라도 신속히[馳驛] 황제에게 아뢴다. 그러나 대장이 적과 마주하고 있거나 출병하여 경사 밖에 있거나 본처에 유수(留守)하고 있는 경우와 변경 요충지 주의 도독과 자사는 비록 고발되었더라도 곧바로 구금할 수 없다. 황제를 지목하여 비난하거나 요사한 말로 대중을 현혹시키는 경우 조사하여 자세히 살핀 후 모두 황제에게 아뢴다. 첩(牒)을 받들어 엄습 체포하는 경우 만약 특별한 정상이 없으면 별도로 아뢸 필요는 없다. 그러나 다른 사람의 비밀스러운 움직임을 고발함에, 거짓이면 반좌의 죄를 받는다고 말해 주어도 확실히 말하지 않고 황제를 직접 뵙고 아뢰겠다고 하는

---

102) [교감주] 『令義解』 권10, 獄令, 322~323쪽의 '禁身'에 따르면 '死'字는 '身'字의 오기로 보인다.

103) '비밀스런 행위[密]'란 謀叛 이상을 가리키지만, 황제를 지목하여 비난하는 행위나 요사한 말로 대중을 현혹하는 행위도 이에 포함된다(『令義解』 권10, 獄令, 322~323쪽).

104) "應與餘州相知者, 所在官司準狀收掩"은 해석이 어려운데, 유관당송문 『令義解』(권10, 323쪽)의 "捕亡令에 이르기를 '만약 세력으로 제압하기 어려운 경우 즉시 이웃 國·郡에 고한다'는 것이 이것이다(謂, 捕亡令云, 若力不能制者, 卽告比國比郡, 是也)"라고 한 해설을 바탕으로 보충해서 번역하였다.

경우, 고발을 접수하는 관사는 거짓이면 반좌의 죄를 받게 됨을 다시 분명히 말하고, 그래도 사건의 정상을 말하지 않으면 그를 구금하고 신속히 아뢴다. 만약 모반 이상이라고 말하는 자는 역마를 지급하고 사자를 뽑아 경사로 호송한다. 만약 따져 묻는데도 사건의 정상을 말하지 않아서 죄인을 놓친 경우, [범죄 사실을] 알고도 고발하지 않은 경우와 [죄가] 같다. 그러나 사죄를 범한 죄수 및 변경 여러 주의 진의 방인(防人), 또는 유배인이 [다른 사람의] 비밀스러운 행위를 고발한 경우에는 경사로 호송하는 범위에 포함하지 않는다. 마땅히 조사하여 자세히 살피거나 보고해야 하는 경우에는 앞의 예에 준한다.

유관당송문 1) 『唐六典』: 告密有不於所由, 掩捕卽從近也. 謂告密人皆經當處長官告, 長官有事, 經佐官告, 長官佐官俱有事者, 經比界論告. 若須有掩捕應與餘州相知者, 所在準法收捕. 事當謀叛已上, 馳驛奏聞. 且稱告謀叛已上不肯言事意者, 給驛部送京. 其犯死罪囚及緣邊諸州鎭防人等若犯流人告密, 並不在送限.(권6, 尙書刑部, 190쪽 ; 『역주당육전』상, 607~608쪽)

▸ 유관 일본령

『令義解』: 凡告密人, 皆經當處長官告. 長官有事, 經次官告. 若長官次官俱有密者, 任經比界論告, 受告官司準法示語, 確言有實, 卽禁身據狀撿校. 若須掩捕者, 卽掩捕. 應與餘國相知者, 所在國司, 準狀收掩. 事當謀叛以上, 雖撿校, 仍馳驛奏聞. 指斥乘輿, 及妖言惑衆者, 檢校訖摠奏. 承告掩捕者, 若無別狀, 不須別奏. 其有雖稱告密, 示語確不肯道, 仍云須面奏者, 受告官司更分明示語, 虛得無密反坐之罪, 又不肯道示事狀者, 禁身, 馳驛奏聞. 若直稱是謀叛以上, 不吐事狀者, 給驛差使部領送京 若勘問, 不導事狀因失事機者, 與知而不告同. 其犯死罪囚, 及配流人告密者, 竝不在送限. 應須撿校, 及奏聞者, 準前例.(권10, 獄令, 322~323쪽)

▸ 복원 당령

『唐令拾遺』 獄官令, 24조, 778~779쪽 ; 『唐令拾遺補』 獄官令, 24조, 821쪽
『天聖令』 당령복원청본, 獄官令, 36조, 647쪽

〈現31〉 諸囚逮引人爲徒侶者, 皆審鞫由狀, 然後追攝. 若追而雪放, 又更妄引, 及囚在獄死者, 本處精審案覆.

무릇 죄수가 다른 사람을 끌어들여[逮引] 공범으로 삼은 경우, 모두 (죄수가 그렇게 한) 이유와 정상을 살펴 추국한 후에 [공범을] 쫓아 붙잡는다. 만약 [공범을] 체포하였다가 죄가 없어 방면시켰는데 또 허위로 끌어들였는데 죄수가 옥에서 죽은 경우 본 지역에서 사안을 다시 정밀하게 조사하여 확인한다.

유관당송문 1)『唐律疏議』: 諸囚在禁, 妄引人爲徒侶者, 以誣告罪論. 卽本犯雖死, 仍準流·徒加杖及贖法. 疏議曰 … 以誣告罪論, 謂依鬪訟律, 誣告人者, 各反坐. 卽本犯應死, 不可累加, 故準流·徒加杖法. 其應贖者, 卽準流·徒贖之.(권29, 斷獄7-1〈제475조〉, 551쪽 ;『역주당률소의』, 3333~3334쪽 ;『宋刑統』 권29, 474쪽)

▸ 유관 일본령

『令義解』: 凡囚逮引人爲徒侶者, 皆審鞫由狀, 然後追攝. 若追而雪放, 又更妄引, 及囚在獄死者, 年別具狀, 附朝集使, 申太政官按覆.(권10, 獄令, 323~324쪽)

▸ 복원 당령

『天聖令』 당령복원청본, 獄官令, 37조, 647쪽

〈現32〉 諸察獄之官, 先備五聽, 又驗諸證據, 事狀疑似猶不首實者, 然後考掠. 每考相去二十日, 若訊未畢, 更移它司, 仍須考鞫者, 囚移它司者, 連寫本案俱移, 則連計前訊, 以充三度. 卽罪非重害, 及疑似處少, 不必皆須滿三度. 若(者)[囚][105]因訊致死者, 皆具申牒當處, 委它官親驗死狀.

무릇 옥송을 심리하는 관인은 먼저 오청[106]을 다하고, 또 모든 증거를

---

105) [교감주]『唐六典』 권6, 尙書刑部, 191쪽의 '若囚因訊致死者'에 따르면 '者'字는 '若'의 오기로 보이며, '囚'字는 누락된 것으로 보인다.

106) 五聽은 辭聽·色聽·氣聽·耳聽·目聽이다. 辭聽은 그 말을 살피되 중언부언하면 정직하지 않은 것이며, 色聽은 그 안색을 살피되 낯이 붉어지면 정직하지 않은 것이고, 氣聽은 그 숨결을 살피되 헐떡이면 정직하지 않은 것이며, 耳聽은 그 듣는 바를 살피되 미혹이 있다면 정직하지 않은 것이고, 目聽은 그 시선을 살피되 눈빛이 흐리다면 정직하지 않은 것이다(『周禮注疏』 권35, 秋官 小司寇, 1073쪽).

검사해서 사건의 정상에 혐의가 있으나 여전히 실토하지 않는 경우에 고문한다. 매번 고문은 20일 간격을 두며, 신문이 끝나지 않았는데 다른 관사로 옮겨 계속해서 고문하여 추국해야 하는 경우, 죄수가 다른 관사로 이동하는 경우 본 문안을 이어 써서 함께 이관한다. 앞서 고신한 것을 이어 계산하여 3번을 채운다. 그러나 죄가 심한 위해가 아니거나 의심 부분이 적은 경우 반드시 모두 세 차례 채울 필요는 없다. 만약 죄수가 고신으로 인하여 죽은 경우 (사유를) 모두 갖추어 첩(牒)으로 해당 지역의 [관청에] 보고하며, [그 관청에서는] 다른 관원에게 위임하여 죽은 정상을 직접 조사하게 한다.

유관당송문 1) 『唐六典』: 凡察獄之官先備五聽, 一曰辭聽, 二曰色聽, 三曰氣聽, 四曰耳聽, 五曰目聽. 又稽諸證信, 有可徵焉而不肯首實者, 然後拷掠, 二十日一訊之. 訊未畢, 更移他司, 仍須拷鞫, 通計前訊, 以充三度. 卽罪非重害及疑似處少, 不必備三. 若囚因訊致死者, 皆與長官及糾彈官對驗. 其拷囚及行決罰不得中易人.(권6, 尙書刑部, 190~191쪽 ; 『역주당육전』상, 608~610쪽)

2) 『通典』: 諸審獄之官, 先備五聽, 又驗諸證信, 事狀疑似猶不首實者, 然後拷掠. 每訊, 相去二十日, 若訊未畢, 更移他司, 仍須拷鞫者, 因移他司者, 連寫本案俱移. 則通計前訊, 以充三度. 卽罪重害, 及疑似處少, 不必皆須滿三者, 囚因訊致死者, 皆須申牒當處長官, 與糺彈官對驗.(권168, 刑法6, 4348쪽)

3) 『宋刑統』: 諸察獄之官, 先備五聽. … 依獄官令, 拷囚每訊相去二十日, 若拷未畢, 更移他司, 仍須考鞫, 卽通計前訊, 以充三度, 故此條拷囚不得過三度, 杖數總不得過二百. … 拷滿不承, 取保放之. … 若拷過三度, 及杖外以他法拷掠者, 杖一百. 杖數過者, 反坐所剩. 以故致死者, 徒二年.(권29, 斷獄律 不合拷訊者取證爲定, 475~476쪽 ; 『唐律疏議』 권29, 斷獄8-1의 소의 〈제476조〉, 552쪽 ; 『역주당률소의』, 3334쪽)

▸ 유관 일본령

『令義解』: 凡察獄之官, 先備五聽, 又驗諸證信, 事狀疑似, 猶不首實者, 然後拷掠. 每訊相去二十日, 若訊未畢, 移他司, 仍須拷鞫者. 囚移他司者, 連寫本案, 俱移. 則通計前訊, 以死三度. 卽罪非重害, 及疑似處少, 不必皆須滿三. 若囚因訊致死者,

皆具申當處長官, 在京者, 與彈正對驗.(권10, 獄令, 324쪽)

▸ 복원 당령

『唐令拾遺』獄官令, 25조, 779~781쪽 ;『唐令拾遺補』獄官令, 25조, 821~822쪽

『天聖令』당령복원청본, 獄官令, 38조, 647쪽

〈現33〉 諸訊囚, 非親典主司, 皆不得至囚所聽問消息. 其考囚及行罰者, 皆不得中易人.

무릇 죄수를 신문할 때 직접 담당하는 관사가 아니면 모두 죄수가 있는 곳으로 와서 신문의 진행 상황을 듣거나 물을 수 없다. 죄수를 고문하거나 형벌을 집행하는 사람은 모두 중간에 다른 사람으로 바꿀 수 없다.

유관당송문 1)『唐六典』: 其拷囚及行決罰不得中易人(권6, 尙書刑部, 191쪽 ;『역주 당육전』상, 608~610쪽)

2)『宋刑統』: 獄官令, 諸訊囚非親典主司, 皆不得至囚所聽問消息. 其拷囚及行罰者, 皆不得中易人.(권29, 斷獄律 不合拷訊者取證爲定, 475쪽)

▸ 유관 일본령

『令義解』: 凡訊囚非親訊司, 不得至囚所, 聽問消息.(권10, 獄令, 324쪽)

▸ 복원 당령

『唐令拾遺』獄官令, 26조, 781쪽

『天聖令』당령복원청본, 獄官令, 39조, 647쪽

〈現34〉 諸死罪囚, 雖已奏報, 猶訴冤枉, 事有可疑, 須推覆者, 以狀奏聞, 聽旨別推.

무릇 사죄를 지은 죄수가, 비록 이미 (사형 집행을) 아뢰어 비답을 받았더라도, 여전히 억울하다거나 잘못 판결되었다고 호소하고 사안에 의심할 만한 것이 있어 반드시 다시 조사해야 하는 경우, 문서로 아뢰고 칙지를 받아 별추한다.

유관당송문 1)『續資治通鑑長編』: 尙書省言, 大理寺修立到, 大辟或品官犯罪已結案, 未錄問, 而罪人飜異, 或其家屬稱冤者, 聽移司別推. 若已錄問而飜異稱冤者, 仍馬遞申提刑司審察, 若事不可委本州者, 差官別推, 從之.(권499, 宋 哲宗 元符元年 六月條, 11873쪽)

▶ 유관 일본령

『令義解』: 凡死罪雖已奏報, 猶訴冤枉, 事有可疑, 須推覆者, 以狀奏聞, 遣使馳驛檢校.(권10, 獄令, 324쪽)

▶ 복원 당령

『天聖令』 당령복원청본, 獄官令, 40조, 647쪽

〈現35〉 諸問囚, 皆判官親問, 辭定, 令自書辦. 若不解書者, 主典依口寫訖, 對判官讀示.

무릇 죄수를 심문할 때 모두 판관[107]이 친히 심문하고 자술 내용이 정해지면 본인이 판(辦)[108]을 작성하고 확인하게 한다. 만약 [죄수가] 글을 알지 못하면 주전이 [죄수의] 구술에 따라 쓴 뒤 판관을 대면하여 읽고 보여준다.[109]

107) 당대 判官이라는 불리는 직함은 여러 종류가 있다. 우선 관부 내의 관은 각각 그 권한에 따라 대개 長官·通判官·判官·主典으로 나누어진다(김택민, 『중국고대형법』, 469쪽). 즉 판관은 동직 4등관 가운데 하나이다. 또한 각종 使職을 보좌하는 幕職官 가운데 判官이 있었는데, 예를 들면 節度判官, 觀察判官 등이 그것이다. 송대에는 사직을 보좌하던 判官은 일률적으로 從8品에 규정되었다(『宋史』 권168, 職官8, 4016~4017쪽). 여기서 언급한 判官은 앞의 의미를 지닌 것이 아니라 옥사와 관련된 내용을 판결을 하는 관인으로 보아야 한다.

108) 『宋刑統』 권29, 斷獄律 不合拷訊者取衆證爲定, 475쪽에는 '辦'字가 '款'字로 되어 있다. 따라서 辦은 款과 같으며, 〈現29〉조의 각주에서 설명한대로, 辦은 판결을 위한 자료로 供狀이다.

109) 혐의자의 죄상에 대한 신문이 끝나면 심문관은 판결하는 法司에게 제출할 자료를 갖추어야 하는데, 이를 結案 혹은 結款이라 한다. 結案이 끝난 후 이를 읽어주는 것을 讀鞫이라 하며, 독국이 끝나면 이를 재차 확인하는 錄問을 거쳐야 하고, 녹문이 끝나면 法司가 죄상에 적합한 법조문을 찾아 적용하게 된다. 이 조문은 結款과 讀鞫까지의 과정에 대한 규정이다(王雲海, 『宋代司法制度』, 269쪽).

유관당송문 1)『宋刑統』: 又條, 諸問囚皆判官親問, 辭定, 令自書款. 若不解書, 主典依口寫訖, 對判官讀示.(권29, 斷獄律 不合拷訊者取衆證爲定, 475쪽)

▸ 유관 일본령

『令義解』: 凡問囚辭定, 訊司口寫, 訖對囚讀示.(권10, 獄令, 325쪽)

▸ 복원 당령

『唐令拾遺』 獄官令, 27조, 781쪽

『天聖令』 당령복원청본, 獄官令, 41조, 647쪽

〈現36〉 **諸禁囚, 死罪枷杻, 婦人及流罪以下去杻, 其杖罪散禁. 若隱情拒訊者, 從別勅. 年八十以上·十歲以下及廢疾·懷孕·侏儒之類(精),[110] 雖犯死罪, 亦散禁.**

무릇 죄수를 구금함에, 사죄를 범한 죄수는 [목에] 칼과 [손에] 수갑을 채우고, 부인 및 유죄 이하의 죄수는 수갑을 제거하며, 장죄를 범한 죄수는 [몸에] 형구를 채우지 않는다. 만일 사건의 정상을 숨기고 신문을 거부하는 경우, 별도의 칙을 따른다. 80세 이상, 10세 이하 및 폐질자,[111] 임신부, 기형적으로 키가 작은 사람 등의 부류는 비록 사죄를 범했더라도 형구를 채우지 않는다.

유관당송문 1)『唐律疏議』: 獄官令, 禁囚, 死罪枷·杻, 婦人及流以下去杻, 其杖罪散禁.(권29, 斷獄1-1의 소의 〈제469조〉, 545쪽 ; 『역주당률소의』, 3320쪽)

2)『唐六典』: 凡死罪枷而杻, 婦人及徒·流枷而不杻, 官品及勳散之階第七已上鎖而不枷. 勳官武騎尉及散官宣義郎竝七品階. 諸應議·請·減者, 犯流已上, 若除·免官·當者, 竝鎖禁.(권6, 尙書刑部, 188쪽 ; 『역주당육전』상, 594~595쪽)

---

110) [교감주] 『宋刑統』 권29, 斷獄律, 466쪽의 '侏儒之類'에 따라 '精'字는 '類字'로 고친다.

111) 廢疾은 癡瘂(언어장애인), 侏儒(기형적으로 키가 작은 사람), 腰脊折(척추장애인), 一肢廢(사지 가운데 한 곳이 상한 사람)와 같은 경우이며, 篤疾은 惡疾(난치병), 癲狂(정신장애인), 兩肢廢(사지 가운데 두 곳이 상한 사람), 兩目盲(시각장애인)과 같은 경우이다(『宋刑統』 권12, 戶婚律 脫漏增減戶口, 190쪽 ; 仁井田陞, 『唐令拾遺』, 東京 : 東京大學出版會, 1964, 228쪽 참조).

3)『宋刑統』: 又條, 諸禁囚死罪枷杻, 婦人及流罪以下去杻, 其杖罪散禁. 年八十以上及十歲幷廢疾 釋曰, 廢疾具在第十二丁中老小疾條, 懷孕·侏儒之類, 雖犯死罪, 亦散禁.(권29, 斷獄律 應囚禁枷鏁杻, 466쪽)

4)『宋會要輯稿』: 若囚死罪, 枷杻, 劫賊在禁五人以上, 別差軍人及將校日夕防守. 婦人及流以下, 去杻. 婦人在禁皆與男夫別所, 仍以雜色婦人伴守. 杖罪散禁, 若隱情拒抗者亦加訐. 八十以上·十歲以下及廢疾·懷妊·侏儒之類, 雖犯死罪亦散禁.(刑法6之51)

▸ 유관 일본령

『令義解』: 凡禁囚, 死罪枷杻, 婦女及流罪以下去杻, 其杖罪散禁. 年八十·十歲及廢疾·懷孕·侏儒之類, 雖犯死罪, 亦散禁(권10, 獄令, 325조)

▸ 복원당령

『唐令拾遺』 獄官令, 28조, 781~782쪽 ;『唐令拾遺補』 獄官令, 28조, 822쪽
『天聖令』 당령복원청본, 獄官令, 42조, 647쪽

〈現37〉 諸犯罪應入罪[112]議·請者, 皆奏. 應議者, 諸司七品以上, 竝於都座議定. 雖非入議, 但本罪應奏, 處斷有疑及[經][113]斷不伏者, 亦衆議, 量定其罪. 別勅付議者, 武職不在集(禁)[114]限. 此外與奪之事, 連判之官不同者, 聽於後別[115]判, 不得退付曹司, 抑令改判. 如錯失者, 聽退付改正. 凡議事, 皆牒御史臺, 令御史一人監議, 仍令司別各爲議文, 其意(竟)[116]見有別者, 人別自申其議, 所司科(料)[117]簡, 以狀奏聞. 若違式及不委議意而署者, 御史糾彈.

무릇 죄를 범하였는데 의장과 청장[118]에 해당하는 경우 모두 아뢴다.

112) [교감주]『唐六典』 권6, 尙書刑部, 191쪽에 따르면 '罪'字는 연문으로 보인다.
113) [교감주]『令義解』 권10, 獄令, 325쪽, '及經斷不伏者'에 따라 '經'字를 삽입한다.
114) [교감주]『令義解』 권10, 獄令, 325쪽, '亦在集限'에 따라 '禁'字는 '集'字로 고친다.
115) [교감주] 원문에는 '別後'라고 되어 있으나 文意에 따라 '後別'로 고친다.
116) [교감주]『令義解』 권10, 獄令, 325쪽, '若意見有異者'에 따라 '竟'字는 '意'字로 고친다.
117) [교감주]『唐六典』 권6, 尙書刑部, 191쪽의 '所司科簡'에 따라 '料'字는 '科'字로 고친다.
118) 議請은 議章과 請章을 말하며, 특수한 신분을 지닌 사람이 죄를 범하였을 때 감형해주는 제도이다. 議章의 대상에는 議親·議故·議賢·議能·議功·議貴·議勤·議賓의 여덟 가지(八議)가 있으며 請章의 대상은 첫째, 황태자비의 대공친 이상 친속, 둘째, 팔의에 해당하는 자의 기친 이상 친속 및 손자, 셋째, 문무 직사관으로서 4품 이하

의(議)해야 하는 경우 모든 관청[諸司]의 7품 이상이 모두 도좌(都座)[119]에 모여 의하여 정한다. 비록 의장의 (자격에) 들지 않더라도 본래의 죄가 반드시 아뢰어야 하는 경우나 단죄에 의심이 있거나 판결에 불복하는 경우 또한 여러 사람이 의하여 그 죄를 헤아려 정한다. 별도의 칙으로 의(議)에 붙이는 경우 무직(武職)은 [도좌에] 모이는 범위에 들지 않는다. 이 이외에 죄의 유무를 정하는 사안에 연판하는 관인들의 (의견이) 일치하

5품 이상, 산관 3품 이하 5품 이상, 훈관 및 작 2품 이하 5품 이상을 가진 본인이다. 議章과 請章 이외에 減章과 贖章도 있는데, 減章의 대상은 첫째, 5품 이상 관품이나 작으로 청장을 적용받을 수 있는 자격이 있는 자의 조부모·부모·형제·자매·처·자·손 등, 둘째, 6·7품의 문무직사관·산관·훈관을 가진 본인이다. 속장의 대상은 첫째, 관품으로 감장을 적용받을 수 있는 7품 이상 관원의 조부모·부모·처·자·손 등, 둘째, 8·9품 관원 본인, 셋째, 5품 이상의 첩, 넷째, 假版官이다(김택민, 『중국고대형법』, 165~176쪽 참조). 이들이 죄를 범하면 다음과 같은 혜택을 받는다. 먼저 의장에 해당하는 자가 사죄를 범하면 議局을 열어 죄를 의논하고, 유죄 이하를 범한 경우 1등을 감하여 처분한다. 청장에 해당하는 자가 사죄를 범하면 황제에게 별도로 주청하며 유죄 이하를 범한 경우 1등을 감하여 처분한다(『唐律疏議』 권2, 名例8-1의 소의 〈제8조〉, 32쪽 ; 『역주당률소의』, 137쪽). 감장에 해당하는 자가 유죄 이하를 범한 경우 1등을 감하며, 속장에 해당하는 자가 유죄 이하를 범한 경우 속면할 수 있다. 議章·請章·減章의 대상자 또는 나이 70세 이상과 15세 이하 및 廢疾인 자는 모두 고문해서는 안 되고, 모두 衆證에 의거하여 죄를 정하며, 主司가 이를 위반한 경우 고의나 과실로 죄를 더한 것으로 논죄하도록 규정하였다(『唐律疏議』 권29, 斷獄6-1 〈제474조〉, 550쪽 ; 『역주당률소의』, 3330쪽). 『宋刑統』에 따르면, 송대에도 議章과 請章이 있었지만 太宗 淳化 원년(990) 관인 범죄의 속형은 직사관만 해당되며, 散官·勳官·爵 등은 허용하지 않은 조처가 내려진 이후 변화가 보인다. 즉 散官 2품 이상 및 爵 1품자는 議貴에 해당되지 않고, 이들의 기친 이상 친속 및 孫 등은 請章에 해당되지 않았다. 5품 이상의 산관, 훈관, 작은 청장에 해당하지 않고, 이들의 조부모, 부모, 형제, 자매, 처, 자, 손 등은 減章에 해당되지 않았다. 7품 이상의 산관, 훈관은 감장에 해당되지 않았다(魏殿金, 『宋代刑罰制度硏究』, 濟南 : 齊魯書社, 2009, 127쪽). 『慶元條法事類』에 따르면, 爵과 勳官은 議章, 請章, 減章, 贖章, 官當, 免官의 혜택에서 제외되었다(권76, 當贖門, 811쪽) 『令義解』에 '雖非六議'라고 한 것은 日本律의 議章 자격 요건이 여섯 가지이기 때문이다. 六議는 議親·議故·議賢·議能·議功·議貴로 唐律에 비해 議勤·議賓이 없다(『律令』 律 名例律1, 岩波書店, 1976, 19~20쪽).

119) 대신들이 정사를 의논하던 곳으로, 당송대에는 대체로 都堂으로 불렸다. 만약 八議에 해당하는 자가 死罪를 범하면, 먼저 議罪를 奏請하고, 令의 규정에 의하여 都堂에 모여 議罪하며, 議罪해서 의논이 정해지면 상주하여 재가를 받는다(『唐律疏議』 권2, 名例8-1의 소의 〈제8조〉, 32쪽 ; 『역주당률소의』, 137쪽).

지 않는 경우 이후 별도의 판결을 허용하되, [본래의] 관사로 되돌려 보내 억지로 판결을 고치도록 해서는 안 된다. 그러나 (판결에) 잘못이 있는 경우에는 [관사로] 돌려보내 개정하게 하는 것을 허용한다. 무릇 사건을 의할 때는 모두 어사대로 첩을 보내 어사 1인에게 감시하도록 하고, 관사별로 각각 의한 것을 문서로 작성하게 하며, 다른 의견이 있는 경우 사람마다 스스로 그 의논을 펴도록 하고, 관할 관사에서 조목별로 간추려서 문서로 상주한다. 만일 식(式)을 어기거나 의의 뜻을 알지 못하고 서명한 자는 어사가 규탄한다.

유관당송문 1)『唐六典』: 凡獄囚應入議·請者, 皆申刑部, 集諸司七品已上於都座議之. 若有別議, 所司科簡, 具狀以聞. 若衆議異常, 堪爲典則者, 錄送史館.(권6, 尙書刑部, 191쪽 ;『역주당육전』상, 608~611쪽)

2)『唐六典』: 凡尙書省有會議, 亦監其過謬. 尙書省諸司七品已上官會議, 皆先牒報臺, 亦一人往監, 若據狀有違及不委議意而署名者, 糾彈之.(권13, 御史臺, 382쪽 ;『역주당육전』중, 329~334쪽)

3)『宋刑統』: 諸八議者, 犯死罪, 皆條所坐及應議之狀, 先奏請議, 議定奏裁 議者, 原情議罪, 稱定刑之律而不正決之.(권2, 八議, 16~17쪽 ;『唐律疏議』권2, 名例8-1〈제8조〉, 32쪽 ;『역주당률소의』, 137쪽)

▸ 유관 일본령

『令義解』: 凡犯罪, 應入議請者, 皆申太政官, 應議者, 大納言以上, 及刑部卿, 大輔, 少輔, 判事, 於官議定. 雖非六議, 但本罪應奏, 處斷有疑, 及經斷不伏者, 亦衆議量定. 雖非此官司, 令別勅參議者, 亦在集限, 若意見有異者, 人別同申其議. 官斷簡, 以狀奏聞.(권10, 獄令, 325쪽)

▸ 복원당령

『唐令拾遺』獄官令, 29조, 782~783쪽 ;『唐令拾遺補』獄官令, 29조, 822쪽

『天聖令』당령복원청본, 獄官令, 43조, 647쪽

〈現38〉 諸判官斷事, 悉依律·令·格·式正文. 若牒至檢事, 唯(准)[120]得檢出事狀, 不得輒言與奪.

무릇 판관이 사건을 판결할 때는 모두 율·령·격·식의 정문에 따라야 한다.[121] 만약 첩(牒)이 이르러 사안을 검사할 때는 오직 사안의 정황에 [적용할 수 있는 법조문을] 검출할 뿐 함부로 죄의 유무를 말해서는 안 된다.[122]

유관당송문 1)『唐六典』: 凡斷獄之官, 皆擧律令格式正條以結之. 若正條不見者, 其可出者則擧重以明輕, 其可入者則擧輕以明重.(권6, 尙書刑部, 191쪽 ; 『역주당육전』상, 608~610쪽)

2)『五代會要』: 勅大理寺每有詳斷刑獄案牘, 準律須具引律令格式正文.(권16, 大理寺, 209쪽)

3)『宋刑統』: 諸斷罪皆須具引律令格式正文, 違者笞三十. 若數事共條, 止引所犯罪者, 聽.(권30, 斷獄律, 484쪽 ;『唐律疏議』권30, 斷獄16-1 〈제484조〉, 561쪽 ;『역주당률소의』, 3350쪽)

4)『慶元條法事類』: 諸事應檢法者, 其檢法之司唯得檢出事狀, 不得輒言與奪.(권73, 刑獄3, 742쪽)

▸ 유관 일본령

---

120) [교감주]『慶元條法事類』권73, 刑獄3, 742쪽의 '唯得檢出事狀'에 따라 '准'字는 '唯'로 고친다.

121) 당률과 송률은 모두 "무릇 판결할 때에는 모두 반드시 율·령·격·식의 正文을 갖추어 인용해야 한다. 위반한 자는 태형 30대에 처한다"라고 규정하였다(『唐律疏議』권30, 斷獄16-1 〈제484조〉, 561쪽 ;『역주당률소의』, 3350쪽 ;『송형통』권30, 斷獄律, 484쪽). 이는 범한 죄에 대해서는 모두 적용할 조문이 있다는 것을 전제로 한다. 따라서 판결할 때는 반드시 범행에 부합하는 바로 그 조문에 의거해야만 하는데, 만약 판결문에 조문을 그대로 갖추어 인용하지 않으면 잘못 판결할 수 있으므로, 이를 위반한 자는 태형 30대에 처하는 것이다(『唐律疏議』권30, 斷獄16-1의 소의 〈제484조〉, 561쪽 ;『역주당률소의』, 3350쪽).

122) 이 조문에서는 관련 조문을 검사하는 관인이 누구인지 분명하게 규정되어 있지 않지만,『慶元條法事類』에는 '檢法之司'라고 지칭하였다. 송의 제도에서 검법하는 관사는 法司 또는 讞司라고도 불렀는데, 대개 司法參軍이나 法曹參軍이 담당했다(王雲海,『宋代司法制度』, 274쪽). 이들은 장관의 판결에 대비하여 죄상을 자세히 조사하여 적용할 수 있는 관련 법조문들을 검출해서 제공해야 하는데, 이 때 판관의 판결에 영향을 미칠 수 있는 죄의 유무나 형의 경중을 함부로 말해서는 안 된다. 본 조문의 후반부는 이 원칙에 대한 규정이다.

『令義解』: 凡諸司斷事, 悉依律令格式正文, 主典檢事, 唯得檢出事狀, 不得輒言與奪.(권10, 獄令, 325쪽)

▸ 복원당령

『唐令拾遺補』 獄官令, 보2조, 826~827쪽

『天聖令』 당령복원청본, 獄官令, 44조, 647쪽

〈現39〉 諸文武官犯罪合禁, 在京者皆先奏後禁, 若犯死罪及在外者, 先禁後奏. 其職事及散官三品以上有罪, 勅令禁推者, 所推之司皆覆奏, 然後禁推(身).[123] 五品以上, 竝聽別所坐牀. 婦人有(有)[124]官品者, 亦聽. 若宿衛官及諸軍(君)[125]衛士以上犯罪須追, 及爲支證者, 制獄則聽直隸本衛司追掩. 獄係京府者, 從府牒, 餘州準此. 衛司卽依發遣. 其上番入宿衛者, 本衛司錄奏發遣, 竝不得隨便追收. 卽主兵馬帳官人·主典須追者, 亦準此.

무릇 문관과 무관이 죄를 범하여 구금해야 할 때 경사에 있는 자들은 모두 먼저 아뢰고 난 뒤에 구금한다. 만약 사죄를 범하였거나 경사 밖에 있는 자는 먼저 구금하고 난 뒤에 보고한다. 그런데 3품 이상의 직사관이나 산관이 죄가 있어 칙령으로 구금하여 추국해야 하는 경우, 추국하는 관사는 모두 다시 아뢴 후에 구금하여 추국한다. 5품 이상은 모두 별도의 장소에서 평상에 앉는 것을 허락한다. 부인이 관품을 가진 경우 또한 이를 허락한다. 만약 숙위하는 관원 및 여러 군대의 위사[126] 이상이 죄를 범하여 쫓아야 하거나 증인으로 삼기 위한 경우 제옥(制獄)[127]에 가둬야 한다면 [이들이] 직

123) [교감주] 『宋刑統』 권29, 斷獄律, 467쪽의 '所推之司皆覆奏, 然後禁推'에 따라 '身'字는 '推'字로 고친다.

124) [교감주] 有는 연문으로 보인다.

125) [교감주] '君'字는 문맥상 '軍'字로 보인다.

126) 당대 兵士는 衛에 예속되어 있는데 각각 그 이름이 있었다. 左·右衛는 驍騎, 左·右驍衛는 豹騎, 左·右武衛는 熊渠, 左·右威衛는 羽林, 左·右領軍衛는 射聲, 左·右金吾衛는 佽飛라고 한다. 東宮左·右衛率府는 超乘, 左·右司禦率府는 旅賁, 左·右淸道率府는 直湯이라 하며, 총칭하여 衛士라고 한다. 모두 6品 이하 관의 子孫 및 白丁으로 職役이 없는 자를 簡點하여 충원한다(『唐六典』 권5, 尙書兵部, 156쪽 ; 『역주당육전』 상, 497~498쪽).

127) 황제가 특별히 명령을 내려 죄인을 감금하는 장소이다.

예본위사(直隷本衛司)에서 쫓아 엄습하는 것을 허락한다.[128] 경부(京府)[129]의 감옥에 구금해야 하는 경우 부(府)의 첩(牒)에 따르고, 나머지 주(州)는 이에 준한다. 위사는 징발하여 보내는 [절차에] 따른다. 상번하러 온 숙위자를 [체포하는 경우] 본래의 위사에서 기록하여 보내도록 아뢰고, 결코 편의대로 쫓아서 체포해서는 안 된다. 병사·군마의 장적을 주관하는 관인과 주전으로 반드시 쫓아야 하는 경우도 또한 이에 준한다.

유관당송문 1)『宋刑統』: 又諸職事官五品以上, 散官二品以上, 犯罪合禁在京者, 皆先奏. 若犯死罪及在外者, 先禁後奏. 其職事及散官三品以上有罪, 勅令禁推者, 所推之司皆覆奏, 然後禁推.(권29, 斷獄律 應囚禁枷鎖杻, 467쪽)

▸ 유관 일본령

『令義解』: 凡五位以上, 犯罪合禁, 皆先奏. 若犯死罪及在外者, 先禁後奏, 竝聽別所坐, 婦女有位者亦同. 若五衛府志以上及兵衛犯罪須追者, 竝聽鞫獄官司經本府, 追掩, 本府卽奏執遣. 其主帥及衛士者, 本府卽依執送.(권10, 獄令, 326쪽)

▸ 복원당령

『唐令拾遺』 獄官令, 29조, 784~785쪽 ;『唐令拾遺補』 獄官令, 29조, 822쪽
『天聖令』 당령복원청본, 獄官令, 46조, 647~648쪽

〈現40〉 諸奉使有所掩攝, 皆告本部·本司, 不得徑卽收捕. 若急速·密者, 且捕捉獲, 取本司公文發遣. 奉勅使者亦同.

무릇 임무를 띠고 파견된 사자가 불시에 체포해야 할 바가 있다면, 모두 본부와 본사에 고하고 (체포해야 하며) 곧바로 체포할 수 없다. 만약

---

128) 宋代 경사 치안은 '천자의 衛兵'(『宋史』 권187, 兵1, 4569쪽)이라 불렸던 禁軍 殿前司, 侍衛親軍馬軍司, 侍衛親軍步軍司가 담당하였다. 송대에도 당의 제도와 같이 경사 치안을 담당하였던 諸衛가 설치되었지만, 종실에게 제수해주거나 무관의 증관에 활용되었을 뿐 실제 직무는 없었다(『宋史』 권166, 職官6, 3931~3932쪽).

129) 仁宗 天聖 연간에는 3京 제도를 시행했는데, 東京은 開封府, 西京은 河南府, 南京(眞宗 大中祥符 7년(1014) 설치)은 應天府라고 불렀다. 이후 仁宗 慶曆 2년(1043)에 北京을 두어서 大名府라 하였다(『元豊九域志』 권1, 北京 : 中華書局, 2005, 2~8쪽 참고).

긴급하거나 비밀스러운 사안의 경우 우선 붙잡아 체포하고, [사후에 보고하여] 본사의 공문을 취하여 보낸다. 칙으로 명을 받든 사자의 경우도 또한 이와 같다.

유관당송문 1) 『慶元條法事類』: 諸奉使有所追攝, 皆報所官司, 不得直行收捕. 事涉機速, 聽先捕獲, 仍取所屬公文發遣.(권5, 職制2 奉使, 50쪽)

▸ 유관 일본령

『令義解』: 凡奉使有所掩攝, 皆告本部本司, 不得侄卽收捕. 若急速密者, 且捕獲取本司公文發遣.(권10, 獄令, 326쪽)

▸ 복원당령

『天聖令』 당령복원청본, 獄官令, 47조, 648쪽

〈現41〉 諸婦人在禁, 皆與(於)[130] 男夫別所, [仍][131] 以雜色婦女伴獄.

무릇 부인이 구금된 경우 모두 성년 남자와 별도의 장소에 구금하고, 잡다한 역에 복무하는 부녀에게 지키도록 한다.

유관당송문 1) 『新唐書』: 貴賤·男女異獄. 五品以上月一沐. 暑則置漿. 禁紙筆·金刃·錢物·杵梃入者. 囚病, 給醫藥. 重者脫械鎖, 家人入侍.(권48, 百官3, 1257쪽)

2) 『慶元條法事類』: 諸婦人在獄, 以倡女伴之, 仍與男子別所.(권75, 刑獄5, 806쪽)

3) 『宋會要輯稿』: 婦人及流以下, 去杻. 婦人在禁皆與男夫別所, 仍以雜色婦人伴守.(刑法6-51)

▸ 유관 일본령

『令義解』: 凡婦人在禁, 皆與男夫別所.(권10, 獄令, 327쪽)

---

130) [교감주] 『慶元條法事類』 권75, 刑獄5, 806쪽의 "仍與男子別所"에 따르면 '於'字는 '與'字의 오기로 보인다.

131) [교감주] 『宋會要輯稿』 刑法6-51의 "仍以雜色婦人伴守"에 따라 '仍'자를 삽입하였다.

▸ 복원당령

『唐令拾遺補』 獄官令, 보3조, 827쪽

『天聖令』 당령복원청본, 獄官令, 48조, 648쪽

〈現42〉 諸囚, 當處長官十日一慮, 無長[官],[132] 次官慮. 其囚延引久禁, 不被推問, 若事狀可知, 雖支證未盡, 或告一人數事, 及被告人有數事者, 若重事得實, 輕事未了, 如此之徒, 慮官竝即斷決.

무릇 수감자는 해당처의 장관이 10일마다 한 차례 검열[慮]하고,[133] 장관이 없다면 차관이 검열한다. 그런데 오래 갇혀 있으면서 심문을 받지 않았지만 만약 사건의 정상은 파악되었는데 증거와 증언이 미진한 경우, 혹은 한 사람이 여러 사건을 고발하였거나 피고인이 여러 사건에 연루되었는데 무거운 사안이 사실로 확인되고 가벼운 사안이 해결되지 않은 경우, 이와 같은 수감자들의 [사건은] 모두 검열하는 관인이 모두 즉시 판결한다.

유관당송문 1) 『唐六典』 : 凡禁囚皆五日一慮焉. 慮, 謂檢閱之也. 斷決訖, 各依本犯具發處日月別, 總作一帳, 附朝集使申刑部.(권6, 尙書刑部, 190쪽 ; 『역주당육전』상, 605~606쪽)

2) 『唐六典』 : 若禁囚有推決未盡·留繫未結者, 五日一慮. 若淹延久繫, 不被推詰, 或其狀可知, 而推證未盡, 或訟一人數事及被訟人有數事, 重事實而輕事未決者, 咸慮而決之.(권18, 大理寺, 502쪽 ; 『역주당육전』중, 555~557쪽)

3) 『宋史』 : [開寶二年]詔兩京諸州, 令長吏督獄掾, 五日一檢視, 灑掃獄戶, 洗滌杻械. 貧不能自存者給飮食, 病者給醫藥, 輕繫卽時決遣, 毋淹滯. … 諸州大獄, 長吏不親決, 胥吏旁緣爲姦, 逮捕證佐, 滋蔓踰年而獄未具. 自今長吏每五日一慮囚, 情得者卽決之. … 雍熙元年, 令諸州十日一具囚帳及所犯罪名繫禁日數以

---

132) [교감주] 『令義解』 권10, 獄令, 327쪽의 "凡囚, 當處長官, 十五日一撿行, 無長官, 次官撿行." 에 따라 '官'자를 삽입하였다.

133) 유관당송문에서 보듯이 唐代에는 5일마다 한 번씩 죄수를 검열하도록 규정되어 있었고, 宋 태조 開寶 2년(969)에도 5일마다 죄수를 검시하도록 令을 내렸다. 이와는 달리 본 조문에서는 10일에 한 번 검열하도록 규정되어 있는데 이는 아마도 太宗 雍熙 원년(984)의 조치 이후 개정된 것 같다.

聞, 俾刑部專意糾擧.(권199, 刑法1, 4968~4969쪽)

4)『宋會要輯稿』: 宜令有司限詔到, 其囚人枷械, 囹圄戶庭, 長吏每五日一次檢視, 灑掃務在淸潔. 貧無所自給者供飮食, 病者給醫藥, 小罪卽時決遣. 重繫無得淹滯.(刑法6-51)

▸ 유관 일본령

『令義解』: 凡囚, 當處長官, 十五日一檢行, 無長官, 次官檢行, 其囚延引久禁, 不被推問. 若事狀雖可知, 支證未盡, 或告一人數事, 乃被告人有數事者, 重事得實, 輕事未畢, 如此之徒, 檢行官司, 竝卽斷決.(권10, 獄令, 327쪽)

▸ 복원당령

『唐令拾遺』 獄官令, 32조, 785~786쪽 ; 『唐令拾遺補』 獄官令, 32조, 823쪽
『天聖令』 당령복원청본, 獄官令, 49조, 648쪽

〈現43〉 諸盜發, 所在官司具發年月·事狀, 聞奏附申.

무릇 도적이 발생하면, 소재지의 관사는 발생한 연월, 사건의 정상을 갖추어서 아뢰고 덧붙여 보고한다.[134]

유관당송문 1)『續資治通鑑長編』: 詔, 諸路轉運·提點刑獄司賊盜發而不以聞者, 其州縣長官竝以違制論.(권176, 仁宗 至和 元年條, 4256쪽)

2)『慶元條法事類』: 諸賊盜發, 本州卽時注籍, 强盜及殺人賊, 限三日奏, 凶惡群盜入界, 或已經奏, 至出界, 雖不曾作過, 準此. 及申提點刑獄·提擧賊盜司, 謀叛及州縣·鎭·寨內劫盜, 或諸軍結集强盜若强盜七人以上者, 仍申轉運司. 仍批書捕盜官印紙. 監司所至, 取索印紙點檢. 提點刑獄司每歲六月·十二月終各具諸州已獲及滿百日未獲火數, 限次季以聞. 强盜, 每月一次具已·未獲人數申尙書刑部.(권6, 職制3, 84쪽)

▸ 유관 일본령

『令義解』: 凡盜發, 徒以上囚, 各依本犯, 具錄發及斷日月, 年別摠帳, 附朝集使,

134) 유관당송문『慶元條法事類』에 따르면, 각 州는 도적이 발생하면 즉시 문서를 작성하고, 강도나 살인적이라면 3일 내에 상주하고 동시에 提點刑獄司와 提擧賊盜司에 보고하였다. 즉 이와 같은 사건이 발생하면 황제와 유관 관사에 모두 보고하도록 했다. 그래서 본문의 '附申'은 사안과 관련 있는 관사로 보고하는 것으로 이해된다.

申太政官.(권10, 獄令, 327쪽)

▸ 복원당령

『唐令拾遺』 獄官令, 33조, 786쪽

『天聖令』 당령복원청본, 獄官令, 50조, 648쪽

〈現44〉 諸鞫獄官與被鞫人有五服內親, 及大功以上婚姻之家, 竝受業師, 經爲本部都督·刺史·縣令, 及有讎嫌者, 皆聽換推. 經爲屬佐, 於府主亦同.

무릇 사건을 추국하는 관인과 추국 받는 사람이 오복 이내의 친속[135]이거나, 대공 이상의 친속[136]과 혼인한 집안이거나, 학업을 전수받은 스승이거나,[137] 일찍이 본인이 속한 지역의 도독·자사·현령이었거나,[138] 좋지

---

135) 五服親은 親疏에 따른 다섯 가지 등급의 內外 친속이다. 五服은 본래 喪服의 다섯 가지로서, 斬衰(3년)·齊衰(3년·杖期·不杖期·5월·3월)·大功(9월)·小功(5월)·緦麻(3월)의 5등급이 있다. 친속의 등급과 명칭은 喪服으로 부르는데, 다만 律令에서 부모와 자녀, 남편과 아내는 상복으로 부르지 않고 그대로 부·모·자·녀·남편·아내로 부른다. 조부모와 증·고조부모는 원칙적으로 부모와 동일하며 服制에 따르지 않는다. 期親 가운데 율에서 가장 중요한 것은 백숙부모로 간단히 '期'라고 부르며, 이들 친속을 기친이라고 부른다. 이외의 방계 친속은 상복 명칭에 따라 大功親·小功親·緦麻親이라 부른다. 동일 혈족 가운데 부계 친속은 기친이고, 조부계는 대공친, 증조계는 소공친, 고조계는 시마친이 된다. 다만 백숙부모와 형제의 子는 원래 대공친이나 상복의 등급을 올려 기친으로 삼는다. 외계 혈족과 처계 혈족도 역시 복제에 따라 구분된다. 그러나 외계 혈족은 동계 혈족에 비하여 등급이 떨어지며, 처계 혈족은 처부모만 시마친이다(김택민, 『중국고대형법』, 152~153쪽). 더욱 자세한 내용은 喪葬令 〈府1〉조에서 〈府10〉조를 참조하기 바람.

136) 대공 이상의 친속은 대공친과 기친을 가리킨다. 대공친은 자신의 사촌을 말한다. 기친은 자신의 백숙부, 형제, 형제의 子를 말한다(김택민, 『중국고대형법』, 154쪽).

137) 律에서 학업을 전수받은 스승을 살해한 경우 十惡의 不義罪를 적용한다고 되어 있으나(『唐律疏議』 권1, 名例6-9(제6조), 15쪽 ; 『역주당률소의』, 128쪽 ; 『宋刑統』 권1, 13쪽), 스승과 제자의 관계를 정한 조문은 없다. 다만 道觀·佛寺 안에서 몸소 가르침을 받아 마땅히 스승으로 모셔야 할 觀·寺主는 백숙부모와 같으므로(『唐律疏議』, 名例57-2(제57조), 144쪽 ; 『역주당률소의』, 360쪽 ; 『宋刑統』 권1, 107쪽), 이를 준용하면 스승과 제자 사이의 관계는 기친관계로 비정할 수 있다(김택민, 『중국고대형법』, 162~163쪽).

138) 都督은 北宋 시기에는 없는 관직이다. 南宋 시기에는 재상이 군대를 통솔할 때 임시적으로 수여하는 관함이었다(龔延明, 『宋代官制辭典』, 439쪽). 刺史는 송대에도 간혹 '節度使州', '刺史州' 등이 보이지만 刺史는 무관에게만 사용했던 官銜이며 실질적

않은 감정을 가진 경우 모두 관인을 바꾸어 추국하는 것을 허락한다. 전에 속료였다면, 부주에 대해서도 이와 같다.

유관당송문 1)『唐六典』: 凡鞫獄官與被鞫人有親屬·仇嫌者, 皆聽更之. 親, 謂五服內親, 及大功已上婚姻之家, 竝授業經師, 爲本部都督·刺史·縣令及府佐於府主, 皆同換推.(권6, 尙書刑部, 191쪽 ;『역주당육전』상, 612~613쪽)

2)『舊唐書』: 凡鞫獄官與被鞫人有親屬讐嫌者, 皆聽更之.(권43, 職官2, 838쪽)

3)『宋刑統』: 諸鞫獄官與被鞫人有五服內親, 及大功已上婚姻之家, 竝授業經師, 經爲本部都督·刺史·縣令, 及有讎嫌者, 皆須聽換. 推經爲府佐, 國官於府主, 亦同.(권29, 475쪽)

▸ 유관 일본령

『令義解』: 凡鞫獄官司, 與被鞫人, 有五等內親, 及三等以上婚姻之家, 竝受業師, 及有讎嫌者, 皆聽換推, 經爲帳內資人, 於本主亦同.(권10, 獄令, 328쪽)

▸ 복원당령

『唐令拾遺』 獄官令, 34조, 786~787쪽

『天聖令』 당령복원청본, 獄官令, 52조, 648쪽

〈現45〉 諸犯罪, 須驗告身. 若告(身)[139]身失落, 或在遠者, 皆驗案. 無案, 聽據保爲實. 其告身在遠, 從後追驗.

무릇 [관인이] 죄를 범하면 반드시 고신을 검사한다.[140] 만일 고신이 유실되었거나 혹은 먼 곳에 있는 경우, 모두 원안(原案)을 검사한다. [고신의] 원안이 없다면 보인(保人)에 의거해 사실로 삼는 것을 허락한다. 그런데 고신이 먼 곳에 있다면 이후에 검사한 것을 따른다.[141]

으로 지방행정 등급을 나타내는 것은 아니었다(程幸超,『中國地方行政制度史』, 成都 : 四川人民出版社, 1992, 165쪽 참고).

139) [교감주] 저본의 '身'자는 '告'의 오기이다.

140) 관인의 범죄가 발생하면 고신을 살피도록 한 것은 관인에게 주어진 형사상 특전과 관련이 있다. 앞의 獄官令 〈現37〉조의 각주에서 설명했듯이 당송대 법에서 관인은 관품에 따라 감형되거나 고신으로 형을 대체할 수 있었다. 이처럼 고신은 관인 신분을 증명하는 문서였기에 이의 확인은 필수적이었다.

유관당송문 관련 기록이 당송 시기 문헌에는 확인되지 않는다

▸ 유관 일본령

『令義解』: 凡犯罪須驗位記, 若位記失落, 或在遠者, 皆驗案.(권10, 獄令, 328쪽)

▸ 복원당령

『天聖令』 당령복원청본, 獄官令, 53조, 648쪽

〈現46〉 **諸州有疑獄不決者, 奏讞刑法之司. 仍疑者, 亦奏下尚書省議. 有衆議異常, 堪爲典則者, 錄送史館.**

무릇 주에서 [적용할 법조문에] 의혹이 있어서 판결을 내리지 못하는 경우, 형법을 담당하는 관사에 심의를 청한다.[142] 여전히 의혹이 있는 경우 역시 상주하고, [상주하면] 상서성으로 내려 보내 의(議)하도록 한다. 만일 중의(衆議)가 상칙(常勅)과 달라서 준칙으로 삼을 만한 경우, 기록하여 사관으로 보낸다.

유관당송문 1) 『唐六典』: 凡獄囚應入議·請者, 皆申刑部, 集諸司七品已上於都座議之. 若有別議, 所司科簡, 具狀以聞. 若衆議異常, 堪爲典則者, 錄送史館.(권6, 尚書刑部, 191쪽 ; 『역주당육전』상, 608~611쪽)

2) 『舊五代史』: 應諸道州府, 凡有囚徒, 據推勘到案款, 一一盡理, 子細檢律令格

---

141) 송대에는 궁궐 右掖門 동쪽 주랑에 官告院이 설치되었으며, 이부의 告身案은 모두 이곳으로 모아 두고 中書의 除改에 대비했다(『職官分紀』 권9, 官告院, 247쪽).

142) 이 조문의 '刑法之司'는 유관당송문 『舊五代史』에서 법률 적용에 의혹이 있는 경우 大理寺로 보낸다고 한 점, 神宗 元豊 개혁 이전에 대리시는 천하의 奏案을 평의할 뿐 옥사를 다루지 않는다.'고 한 점(『宋史』 권165, 職官5, 3900쪽, "先是舊制, 大理寺讞天下奏案而不治獄."), 〈現2〉조에 대리시는 주에서 신청한 사안에 대한 법리 검출만을 담당한다고 한 점 등으로 보면 대리시로 짐작된다. 태종 때 審刑院이 신설된 이후 각 지역의 형옥과 奏案은 먼저 審刑院에 접수한 후 대리시에서 법리 검출을 하였다. 참고로 奏案의 審覆 과정은 대체로 다음과 같았다. 審刑院(印訖)→大理寺(詳斷)→刑部(詳覆)→ 審刑院(詳議)→황제→상서(執行)에서 형이 집행되면 한 사건은 일단락된다. 만일 황제가 여전히 판결에 의문을 가질 때 中書에 명을 내려 논의하여 결정하도록 하는데, 이를 雜議라 한다.

勅, 其間或有疑者, 準令文讞, 大理寺亦疑, 申尙書省, 省寺明有指歸, 州府然後決遣.(권147, 刑法, 1969쪽)

▸ 유관 일본령

『令義解』: 凡國有疑獄不決者, 奏讞刑法省, 若刑部仍疑, 申太政官.(권10, 獄令, 328쪽)

▸ 복원당령

『唐令拾遺』 獄官令, 35조, 787쪽 ; 『唐令拾遺補』 獄官令, 35조, 823쪽

『天聖令』 당령복원청본, 獄官令, 54조, 648쪽

〈現47〉 [諸][143]赦日, 主者設金雞及鼓於宮城門外, 勒集囚徒於闕前, 撾鼓千聲訖, 宣制放, 其赦書依程頒下.[144]

무릇 사면령이 내리는 날에는, 주관하는 관인이[145] 궁성의 문 밖에 금계[146] 및 북을 설치하고, 대궐 앞에 죄수들을 모아 놓고, 북을 쳐 천 번 울리고

---

143) [교감주] 저본에서 '諸'자가 누락된 것은 황제와 관련된 내용이므로 삭제한 것이다.

144) 宋代의 사서 반포 의례는 다음과 같다. 郊祀 하루 전 有司는 宣德門 밖에 백관 등의 자리를 마련하고, 太常寺는 악기와 북을 설치한다. 그 날 刑部는 죄수를 점검하여 기다린다. 황제가 선덕문으로 와 어좌에 앉으면, 通事舍人이 群官을 이끌고 와서 두 차례 절한다. 侍臣이 '황명을 받들라'고 외치면 통사사인이 선덕루 앞으로 오고, 시신은 칙을 선독하고 金鷄를 세우라 명한다. 통사사인이 물러나 班의 남쪽에 이르러 赦書를 관장하는 관사에게 칙을 교부하면 태상경은 북을 치고 죄수를 모은다. 少府監이 선덕루 동남쪽 모퉁이에 鷄竿을 세우면, 竿末伎人이 사방에서 새끼줄을 타고 올라와 金鷄 입에 물려 있는 진홍색 幡을 차지한 사람이 즉시 樓 위로 던져준다. 선덕루 위에서는 붉은 실로 만든 줄로 나무 학을 꿰뚫어 놓고, 仙人이 제서를 받들어 그것을 타고 내려온다. 땅에 닿으면 채색한 대에 학을 받들어 모시고, 有司가 제서를 취하여 상 위에 둔다. 閤門使가 황제의 명을 받들어 상을 中書門下에 교부하면, 통서사인에게 전하여 주고, 북면을 향하여 "제서가 있다"라고 말하면, 백관이 두 번 절한다. 사서 선독이 끝나면, 중서문하에 다시 돌려주고, 刑部侍郎이 황제의 명을 받들어 죄수를 방면하면, 백관이 축하한다. 합문사가 나아가 앞에 이르고 승지의 宣答이 끝나면, 백관은 다시 두 번 절하고, 춤추며 물러난다(『宋史』 권117, 禮20, 2773~2774쪽).

145) 위에서 보듯이 송대에는 金鷄는 소부감이 담당했는데, 唐代에는 武庫令이 이를 담당하였다(『唐六典』 권16, 衛尉寺, 460쪽 ; 『역주당육전』중, 461~463쪽).

146) 당의 제도에 따르면, 사면하는 날에 7장 높이의 장대에 4척 크기의 금으로 장식된 닭 조형을 올려놓았다(『新唐書』 권48, 百官3, 1269쪽).

나서, 제서를 선독하고 풀어준다. 그 사서는 행정[147]에 의거하여 [여러 주로] 내려 보낸다.

유관당송문 1)『唐六典』: 凡國有赦宥之事, 先集囚徒於闕下, 命衛尉樹金鷄, 待宣制訖, 乃釋之.(권6, 尙書刑部, 192쪽 ;『역주당육전』상, 616쪽)

2)『唐六典』: 凡有赦則先建金雞, 兼置鼓於宮城門之右, 視大理及府·縣囚徒至, 則撾其鼓.(권16, 衛尉寺, 464쪽 ;『역주당육전』중, 479~480쪽)

3)『通典』: 北齊, 赦日, 武庫令設金雞及鼓於閶闔門之右. 勒集囚徒於闕前, 撾鼓千聲, 脫枷鏁, 遣之. 大唐令曰 : "赦日, 武庫令設金雞及鼓於宮城門外之右, 勒集囚徒於闕前, 撾鼓千聲訖, 宣制放. 其赦書頒諸州, 用絹寫行下."(권169, 刑法7, 4386쪽)

4)『舊唐書』: 武庫令設金雞及鼓於宮城門外之右, 勒集囚徒於闕前, 撾鼓千聲訖, 宣制放, 其赦書頒諸州, 用絹寫行下.(권50, 刑法, 2139쪽)

▸ 복원당령

『唐令拾遺』獄官令, 43조, 798쪽 ;『唐令拾遺補』獄官令, 43을조, 825쪽

『天聖令』당령복원청본, 獄官令, 55조, 648쪽

〈現48〉 諸贖, 死刑限八十日, 流六十日, 徒五十日, [杖四十日],[148] 笞三十日. 若無故過限不輸者, 會赦不免. 雖有披訴, 據理不移前斷者, 亦不在免限. 若應理官(者)[149]物者, 準直 : 五十疋以上, 一百日 ; 三十疋以上, 五十日 ; 二十疋以上, 三十日 ; 不滿二十疋以下, 二十日. 若欠負官物, 應理正贓及贖罪銅(同),[150] 貧無以備者, 欠無正贓, 則所屬保奏聽旨. 贖罪銅則本屬長吏取保放之, 會恩者從勅處分.

---

147) 당대 赦書의 행정은 하루에 500리였으며(『冊府元龜』 권91, 帝王部 赦宥10, "赦書, 日行五百里."), 송대 사서의 행정은 하루 500리로 馬遞를 이용하였다(『慶元條法事類』 권16, 文書1, 340쪽).

148) [교감주]『宋刑統』권30, 斷獄律 緣坐應沒官不沒官, 492쪽, '杖四十日'에 따라 삽입한다.

149) [교감주] '者'字는 연문이다.

150) [교감주]『慶元條法事類』권76, 當贖, 812쪽, '諸贖銅而貧乏無可理者'에 따라 '同'字는 '銅'字로 바꾼다.

무릇 속금의 [수납은] 사형의 경우 80일을 기한으로 하고, 유형은 60일, 도형은 50일, [장형은 40일], 태형은 30일로 한다. 만약 아무 이유 없이 기한을 넘기고도 [속금을] 납부하지 않은 경우에는 사면령이 내리더라도 면할 수 없다. 비록 억울함을 호소함이 있더라도 이치상 앞서 판결한 것이 바뀌지 않는 경우 또한 면제의 범위에 들지 않는다. 만약 마땅히 관물로 징수해야[151] 하는 경우 [징수하는 물품의] 액수에 준하는데, [그 기한은] 50필 이상은 100일, 30필 이상은 50일, 20필 이상은 30일, 20필 이하는 20일이다. 만약 관물에 손상을 끼쳐서 마땅히 정장(正贓)[152] 및 속죄동을 징수해야 하는데 가난하여 변상할 수 없는 경우나, 정장이 없는 경우에는, [이들이] 속한 관사에서 [이들을] 보증하고 아뢰어 칙지를 기다린다. 속죄동이라면 [이들이] 본래 소속된 관사의 장리가 [이들에게] 보증인을 세우게 하여 방면하고, 은강령이 내린 경우 칙에 따라 처분한다.

유관당송문 1)『唐律疏議』: 依獄官令, 贖死刑八十日, 流六十日, 徒五十日, 杖四十日, 笞三十日. 若應徵官物者, 准直五十匹以上一百日, 三十匹以上五十日, 二十匹以上三十日, 不滿二十疋以下二十日, 其失有欠負應徵, 違限不送者, 竝准令文, 依限送納. 違者一日笞十, 五日加一等, 罪止杖一百. 若除·免·官當, 謂犯罪斷除名·免官·免所居官及官當, 應追告身, 不送者亦一日笞十, 五日加一等, 罪止杖一百.(권30, 斷獄25의 소의 〈제493조〉, 570쪽 ;『역주당률소의』, 3369~3370쪽 ;『宋刑統』 권30, 492쪽)

2)『唐會要』: 天寶六年四月八日勅節文 : "其贖銅如情願納錢, 每斛一百二十文. 若負欠官物, 應徵正贓及贖物無財以備. 官役折庸. 其物雖多, 止限三年. 一人一日折絹四尺. 若會恩旨, 其物合免者, 停役."(권40, 定贓估, 727쪽)

3)『慶元條法事類』: 請應理官物, 准直, 五十匹以上百日, 三十匹以上五十日, 二十匹以上三十日, 不滿二十匹二十日.(권32, 財用3, 518쪽)

---

151) [교감주] '應理'에서 '理'는 인종 연간 '徵'의 避諱로 보이므로, 원 뜻인 '징수하다'라고 해석하는 것이 옳다.

152) 죄인이 취한 재화를 장물이라 하며, 正贓이란 통상 죄인이 취한 원래의 장물을 가리킨다(『唐律疏議』 권4, 名例33-1의 소의 〈제33조〉, 88쪽 ;『역주당률소의』, 250~251쪽).

4)『慶元條法事類』: 諸贖銅而貧乏無可理者, 本州長吏取保放之.(권76, 當贖, 812쪽)

▸ 유관 일본령

『令義解』: 凡贖死刑, 限八十日, 流六十日, 徒五十日, 杖四十日, 笞三十日. 若無故過限不輸者, 會赦不免. 雖有披訴, 據理不移前斷者, 亦不在免限. 若應徵官物者, 准直, 五十端以上一百日, 三十端以上五十日, 二十端以上三十日, 不滿二十端以下, 二十日. 若欠負官物, 應徵正贓及贖物, 無財以備, 官役折庸, 其物雖多, 限止五年. 一人一日, 折布二尺六寸.(권10, 獄令, 328~329쪽)

▸ 복원당령

『唐令拾遺』 獄官令, 36조, 788~790쪽 ; 『唐令拾遺』 獄官令, 36조, 823쪽

『天聖令』 당령복원청본, 獄官令, 56조, 648쪽

〈現49〉 諸枷, 大辟重二十五斤, 徒·流二十斤, 杖罪一十五斤, 各長五尺以上, 六尺以下. 頰(類)[153)]長二尺五寸以上·六寸以下. 共闊一尺四寸以上·六寸以下 ; 徑三寸以上·四寸以下. 仍以乾木爲之, 其長闊·輕重, 刻志其上. 杻長一尺六寸以上·二尺以下, 廣三寸, 厚(原)[154)]一寸. 鉗重八兩以上·一斤以下, 長一尺以上·壹尺五寸以下. 鏁長八尺以上·一丈二尺以下.

무릇 가(枷)[155)]는, 대벽죄의 경우 무게가 25근, 도죄와 유죄는 20근, 장죄는 15근이며, 길이는 각각 5척 이상 6척 이하이다.[156)] 협(頰)[157)]은 길이가

153) [교감주] 『宋刑統』 권29, 斷獄律 應囚禁枷鏁杻, 466쪽의 '頰杖二尺五寸以上'에 따라 '類'字는 '頰'字로 고친다.

154) [교감주] 『宋刑統』 권29, 斷獄律 應囚禁枷鏁杻, 466쪽의 '厚一寸'에 따라 '原'字는 '厚'字로 고친다.

155) 枷는 목에 씌우는 형구의 일종이다.

156) 『唐六典』 등 당대 文獻과 『宋刑統』에는 枷의 길이만 제시되고 무게는 쓰여 있지 않는데, 이 조문에는 형에 따른 가의 무게를 구체적으로 적시하고 있는 점이 특징이다. 『宋會要輯稿』에 따르면 태종 淳化 2년(991)에 대벽죄, 유죄, 도죄에 적용하는 가의 무게가 정해졌고, 순화 4년(993)에는 河北提點刑獄 陳綱의 건의에 따라 장죄에도 가의 무게를 정했다(『宋會要輯稿』 刑法6-77, 4년 12월 28일).

157) 頰은 형구의 일종으로 보기도 하지만, 枷의 한 형태로 짧은 쪽을 의미한다는 주장도 있다(林澐, 「枷的演變」, 『中國典籍與文化』, 1994-3).

2척 5촌 이상 2척 6촌 이하이다. 너비는 모두 1척 4촌 이상 1척 6촌 이하이다. [목이 들어가는 원의] 지름은 3촌 이상 4촌 이하이다. 마른 나무로 만들며, 그 길이와 너비, 무게는 가(枷)에다 새긴다.[158] 뉴(杻)[159]의 길이는 1척 6촌 이상 2척 이하, 너비는 3촌, 두께는 1촌이다. 겸(鉗)[160]의 무게는 8량 이상 1근 이하이며, 길이는 1척 이상 1척 5촌 이하이다. 쇄(鏁)[161]의 길이는 8척 이상 1장 2척 이하이다.

유관당송문 1)『唐六典』: 凡枷·杖·杻·鏁之制各有差等. 枷長五尺已上·六尺已下, 頰長二尺五寸已上·六寸已下. 共闊一尺四寸已上·六寸已下, 徑頭三寸已上·四寸已下. 杻長一尺六寸已上·二尺已下, 廣三寸, 厚一寸. 鉗重八兩已上·一斤已下, 長一尺已上·一尺五寸已下. 鎖長八尺已上·一丈二尺已下.(권6, 尙書刑部, 191쪽 ;『역주당육전』상, 611쪽)

2)『宋刑統』: 諸枷長五尺以上, 六尺以下, 頰長二尺五寸以上·六寸以下. 共闊一尺四寸以上, 六寸以下, 徑三寸. 杻長一尺六寸以上, 二尺以下, 廣三寸, 厚一寸. 鉗重八兩以上, 一斤以下, 長一尺以上, 一尺五寸以下. 鎖長八寸以上, 一尺一二寸(一尺二寸)以下.(권29, 斷獄律 應囚禁枷鏁杻, 466쪽)

3)『宋會要輯稿』: 諸枷大辟重二十五斤, 流·徒二十斤, 杖罪十五斤.各長五尺以上, 六尺已下 ; 頰長二尺五寸以上, 六寸以下 ; 共闊一尺四寸以上, 六寸已下 ; 徑三寸以上, 四寸已下. 仍以乾木爲之, 其闊狹輕重刻志其上.杻長一尺六寸已上, 二尺已下 ; 廣三寸, 厚一寸. 鉗重八兩已上, 一斤已下 ; 長一尺已上, 一尺五寸已下. 鏁長八尺已上, 一丈二尺已下. 太宗淳化二年九月, 詔所置枷徒·流罪重二十斤, 死罪重二十五斤, 竝用乾木, 長短闊厚如令.(刑法6-77)

▸ 복원당령

『唐令拾遺』獄官令, 42조, 795~798쪽 ;『唐令拾遺補』獄官令, 42조, 825쪽

---

158) 형구에 규격을 새겨 넣은 것은 태종 순화 3년(992) 大理寺丞 惠僨의 상주에 따른 것이다. 혜가는 주현에서 제작하는 枷가 令과 부합하지 않는 것이 많으므로 知州나 通判이 영에 의거하여 가를 만들고 형구의 등급을 새겨 넣게 할 것을 주청했다. 이에 따르면 형구에 길이와 너비 및 무게를 새겨 넣는 것은 송대에 신설된 제도인 것으로 보인다(『宋會要輯稿』, 刑法6-77).

159) 杻는 손에 채우는 형구이다.

160) 鉗은 쇠붙이 등으로 목, 손 등을 채우는 형구이다.

161) 鏁는 쇠사슬 등으로 이루어진 형구이다.

『天聖令』 당령복원청본, 獄官令, 57조, 648쪽

〈現50〉 諸杖, 皆削去節目. 官杖長三尺五寸, 大頭闊不得過二寸, 厚及小頭徑不得[過][162]九分. 小杖長不得過四尺五寸, 大頭徑六分, 小頭徑五分. 訊囚(因)[163]杖長同官杖, 大頭徑三分二氂, 小頭徑二分二氂. 其官杖用火印爲記, 不得以筋·膠及諸物裝釘. 考訊者臀·腿分受.

무릇 장은 모두 마디를 없앤다. 관에서 사용하는 장의 길이는 3척 5촌이며, 굵은 쪽의 너비는 2촌을 넘어서는 안 되며, (가운데 부분의) 두께 및 가는 쪽의 지름은 9분을 넘어서는 안 된다. 소장(小杖)의 길이는 4척 5촌을 넘어서는 안 되며, 굵은 쪽의 지름은 6분, 가는 쪽의 지름은 5분이다.[164] 죄수를 신문할 때 쓰는 장의 길이는 관에서 사용하는 장과 동일하고, 굵은 쪽은 지름이 3분 2리, 가는 쪽은 2분 2리이다. 관에서 사용하는 장[165]은 인두를 사용하여 표기하며, [짐승의] 힘줄이나 아교 및 여러 가지 물질을 붙이거나 박아 넣어서는 안 된다. 고문장을 받는 경우 볼기와 넓적다리로 나누어서 받게 한다.

유관당송문 1) 『唐六典』 : 杖皆削去節目, 長三尺五寸. 訊囚杖大頭徑三分二氂, 小頭二分二氂 ; 常行杖大頭二分七氂, 小頭一分七氂 ; 笞杖大頭二分, 小頭一分半. 其決笞者腿·臀分受, 杖者背·腿·臀分受, 須數等拷訊者亦同. 願背·腿均受者, 聽. 殿庭決杖者, 皆背受.(권6, 尙書刑部, 191쪽 ; 『역주당육전』상, 611~612쪽)

2) 『通典』 : 諸杖皆削去節目, 長三尺五寸. 訊囚杖, 大頭三分二氂, 小頭二分二氂. 常行杖, 大頭二分七氂, 小頭一分七氂. 笞杖, 大頭二分, 小頭一分半. 其決笞者腿

162) [교감주] 『宋史』 권199, 刑法1, 4967쪽, "常行官杖如周顯德五年制, 長三尺五寸, 大頭闊不得過二寸, 厚及小頭徑不得過九分."에 근거하여 '過'字를 삽입한다.

163) [교감주] 『宋刑統』 권29, 斷獄律, 481쪽의 '訊囚杖'에 근거하여 '因'字는 '囚'로 고친다.

164) 소장은 당대의 태장과 비슷하며, 이미 형을 집행한 이후 죄의 판결이 번복되어 남은 죄를 折杖하여 장형으로 집행할 때에 사용했으며, 대체로 가벼운 죄를 벌할 때 사용되었다고 한다(戴建國, 『宋代刑法史硏究』, 2008, 171쪽).

165) 官杖은 '常行官杖'으로도 불렸다(『續資治通鑑長編』 권4, 太祖 乾德 원년 3월 癸酉條, 88쪽).

分受, 決杖者背·腿·臀分受, 須數等. 考訊者亦同. 笞以下, 願背·腿均受者, 聽. 卽殿廷決者, 皆背受.(권168, 刑法6, 4350쪽)

3)『舊唐書』: 其杖皆削去節目, 長三尺五寸. 訊囚杖, 大頭徑三分二氂, 小頭二分二氂. 常行杖, 大頭二分七氂, 小頭一分七氂. 笞杖, 大頭二分, 小頭一分半. 其決笞者, 腿分受. 決杖者, 背·腿·臀分受. 及須數等拷訊者, 亦同.(권50, 刑法, 2139쪽)

5)『宋刑統』: 依令, 杖皆削去節目, 長三尺五寸. 訊囚杖大頭徑三分二氂, 小頭二分二氂. 常行杖大頭二分七氂, 小頭一分七氂. 笞杖大頭二分, 小頭一分五氂.(권29, 斷獄律, 481쪽 ;『唐律疏議』권29, 斷獄14 〈제482조〉, 557쪽 ;『역주당률소의』, 3346쪽)

6)『新唐書』: 凡杖, 皆長三尺五寸, 削去節目. 訊杖, 大頭徑三分二氂, 小頭二分二氂. 常行杖, 大頭二分七氂, 小頭一分七氂. 笞杖, 大頭二分, 小頭一分有半.(권56, 刑法, 1411쪽)

7)『慶元條法事類』: 諸獄具, 每月當職官依式檢校, 杖不得留節目(日), 亦不得釘飾及加筋膠之類. 仍用火印, 從官給. … 杖, 重一十五兩, 長止三尺五寸, 上闊二寸, 厚九分, 下徑九分. 笞, 止四尺, 上闊六分, 厚四分, 下徑四分.(권73, 刑獄3, 749쪽)

▸ 유관 일본령

『令義解』: 凡杖皆削去節目, 長三尺五寸. 訊囚杖及常行杖大頭徑四分, 小頭三分. 笞杖, 大頭三分, 小頭二分. 枷, 長四尺以下, 三尺以上. 梏, 長一尺八寸以下, 一尺二寸以上, 其決杖笞者, 臀受. 拷訊者, 背臀分受. 須數等.(권10, 獄令, 332쪽)

▸ 복원당령

『唐令拾遺』獄官令, 41조, 793~795쪽 ;『唐令拾遺補』獄官令, 41조, 824~825쪽
『天聖令』당령복원청본, 獄官令, 58조, 648~649쪽

〈現51〉 諸獄皆厚鋪席薦, 夏月置漿[水].[166] 其囚每月一沐. 其紙筆及酒·金刃·錢(鐵)[167]物·杵棒之類, 竝不得入.

---

166) [교감주]『宋刑統』권29, 斷獄律, 471쪽의 '諸獄皆厚鋪席薦, 夏月置漿水'에 근거하여 '水'자를 보충한다.

167) [교감주]『宋刑統』권29, 斷獄律, 471쪽의 '其紙筆及酒·金刃·錢物·杵棒之類, 並不得入'에 근거하여 '鐵'자는 '錢'자로 수정한다.

무릇 옥에는 모두 깔개를 두텁게 하고, 여름에는 마실 것을 둔다. 갇힌 죄수는 매월 한 번 목욕을 시킨다. 종이, 붓, 술, 날선 쇠붙이, 돈되는 물품, 방망이, 막대기 같은 부류의 물건은 모두 들여올 수 없다.[168)]

유관당송문 1)『唐六典』: 獄丞掌率獄吏, 知囚徒. 貴賤·男女異獄. 五品以上月一沐, 暑則置漿. 禁紙筆·金刃·錢物·杵梃入者. 囚病給醫藥, 重者脫械·鏁, 家人入侍.(권18, 大理寺, 504쪽 ;『역주당육전』중, 561~565쪽)

2)『宋刑統』: 諸獄皆厚鋪席薦, 夏月置漿水, 其囚每月一沐. 其紙筆及酒·金刃·錢物·杵棒之類, 竝不得入.(권29, 斷獄律, 471쪽)

3)『新唐書』: 獄丞二人, 從九品下, 掌率獄史, 知囚徒貴賤男女異獄, 五品以上月一沐, 暑則置漿. 禁紙筆·金刃·錢物·杵梃入者.(권48, 百官3, 1257쪽)

4)『新唐書』: 諸獄之長官, 五日一慮囚. 夏置漿飮, 月一沐之.(권56, 刑法, 1410쪽)

5)『宋史』: 諸獄皆置樓牖, 設漿鋪席, 時具沐浴, 食令溫暖, 寒則給薪炭衣物, 暑則五日一滌枷杻. 郡縣則所職之官躬行檢視, 獄敝則修之使固.(권201, 刑法3, 5021쪽)

6)『慶元條法事類』: 諸獄凡金刃若酒及紙筆錢物瓷器杵棒之屬, 皆不得入.(권75, 刑獄5, 805쪽)

7)『宋會要輯稿』: [淳化四年] 三月四日, 每追到罪人, 卽躬親問過, 令史引於直官前, 點檢沿身及臥物, 不得將紙筆·文書·刀子入獄. 直官須輪次承事直印, 禁人送食, 不得用瓷器. 先於直官前呈過, 及出再呈. 不得帶文書器令, 以致傳達獄情.(職官55-3)

8)『宋會要輯稿』: [眞宗咸平元年二月五日, 詔曰] 獄內掃洒潔淨, 供給水漿, 職官專切檢校.(刑法5-18)

9)『宋會要輯稿』: [雍熙三年] 四月四日, 詔諸道州府凡禁繫之所, 並須灑掃牢獄, 供給漿飮 ; 械繫之具, 皆令潔淨 ; 疾者爲致醫藥, 無家者官給口糧 ; 小罪卽決遣, 大罪審辯其情, 無致淹延. … [眞宗大中祥符八年] 五月, 詔開封府, 應禁罪人並置印簿抄上緣身衣物拘管, 候斷放日給付銷簿, 獄內不得置紙筆硯瓦.(刑法6-51~53)

---

168) 唐宋의 律令에는 옥의 반입 금지 물품에 문서가 포함되어 있지만(『唐六典』 권18, 大理寺, 504쪽 ;『宋刑統』 권29, 斷獄律, 471쪽), 이 조문에는 문서에 대한 언급이 없다.

▸ 유관 일본령

『令義解』: 凡獄, 皆給厚席薦, 其紙筆及兵刃杵棒之類, 竝不得入.(권10, 獄令, 329쪽)

▸ 복원 당령

『唐令拾遺』 獄官令, 37조, 790쪽 ; 『唐令拾遺補』 獄官令, 37조, 823~824쪽

『天聖令』 당령복원청본, 獄官令, 59조, 649쪽

〈現52〉 **諸獄囚有疾病者, 主司陳牒, 長官親驗知實, 給醫藥救療, 病重者脫去枷·鏁·杻, 仍聽家內一人入禁看侍.** 若(者)職事·散官二品以上, 聽婦女·子孫內二人入[侍].[169] **其有死者, 亦即同檢, 若(者)[170]有它故, 隨狀推科.**

무릇 옥에 갇힌 죄수에게 질병이 생긴 경우 담당하는 관사는 첩으로 알리며, (첩이 올라오면) 장관이 직접 살펴서 실상을 파악하여 의약품을 주어서 치료하도록 하고, 병이 위중한 자는 가(枷), 쇄(鏁), 뉴(杻)를 벗겨주고, 집안사람(家人) 한 명이 [감옥으로] 들어 와서 시중을 들 수 있도록 허락한다. 만약 (병든 죄수가) 2품 이상의 직사관이나 산관인 경우, 부녀나 자와 손 가운데 두 명이 들어 와서 시중을 들 수 있도록 허락한다.[171] 죽은 자가 생긴 경우 [가족과] 함께 즉시 검시하고, 만약 다른 이유가 있다면 정상에 따라서 조사해서 처벌한다.[172]

---

169) [교감주] 『新唐書』 권56, 刑法, 1410쪽의 "婦女子孫二人入侍"에 근거하여 '侍'字를 삽입한다.

170) [교감주] 『宋刑統』 권29, 斷獄律, 471쪽의 '若有他故'에 따라 '者'는 '若'자로 고친다.

171) 이 조문에서는 죄인이 직사관 또는 산관 2품 이상인 경우 婦女나 子孫 중 2명이 시중드는 것을 허락하는 것으로 되어 있는데, 당대에는 직사관 또는 산관 3품 이상인 경우에 이를 허락했다(『新唐書』 권56, 刑法, 1410쪽).

172) 질병에 걸린 죄수에게 衣藥 지급 등 행해야 할 조치를 취하지 않은 경우, 당률에서는 도형 1년에 처하도록 하였고, 남송의 제도에서는 도형 1년 반에 처하도록 하였다. 또한 당률에서는 죄수의 음식을 줄이거나 훔쳐 죄수를 죽게 하였다면 관련자는 교수형에 처하도록 하였다(『唐律疏議』 권29, 斷獄5의 소의 〈제473조〉, 549쪽 ; 『역주 당률소의』, 3328~3329쪽 ; 『慶元條法事類』 권74, 刑獄4, 765쪽). 본 조문에서 말하는 '다른 이유'란 질병 의의 다른 사유로 죄수가 사망한 경우를 가리킨다.

유관당송문 1)『唐律疏議』: [疏]議曰, 準獄官令, … 囚有疾病, 主司陳牒, 請給醫藥救療. 此等應合請給, 而主司不爲請給及主司不卽給, 準令病重, 聽家人入視而不聽. 及應脫去枷·鏁·杻, 而所司不爲脫去者, 所由官司合杖六十. 以故致死者, 謂不爲請及雖請不卽爲給衣糧·醫藥, 病重不許家人入視及不脫去枷·鏁·杻, 由此致死者, 所由官司徒一年. 卽減竊囚食者, 不限多少, 笞五十. 若由減竊囚食, 其囚以故致死者, 減竊之人合絞.(권29, 斷獄5의 소의 〈제473조〉, 549쪽 ; 『역주당률소의』, 3328~3329쪽 ; 『宋刑統』 권29, 471쪽)

2)『宋刑統』: 諸獄囚有疾病, 主司陳牒長官, 親驗知實, 給醫藥救療, 病重者脫去枷鏁杻, 仍聽家內一人入禁看侍. 若有他故, 隨狀推斷.(권29, 斷獄律 囚應請給醫藥衣食, 471쪽)

3)『新唐書』: 囚病, 給醫藥, 重者脫械鏁, 家人入侍.(권48, 百官3, 1257쪽)

4)『新唐書』: 疾病給醫藥, 重者釋械, 其家一人入侍, 職事散官三品以上, 婦女子孫二人入侍.(권56, 刑法, 1410쪽)

5)『慶元條法事類』: 若囚病不卽申擧, 或不切醫治致死數多, 或疾病不治, 責出十日內死, 事理重者, 官吏準此.(권74, 刑獄4, 765쪽)

6)『慶元條法事類』: 諸囚在禁病死 因捶考過傷及疾病不治, 責出十日內死而事理輕者同. 歲終通計所禁人數, 死及一分, 獄子杖一百, 吏人減一等, 當職官又減一等, 每一分遞加一等, 罪止徒一年半, 仍不以去官赦降原減.(권74, 刑獄4, 765쪽)

▸ 유관 일본령

『令義解』: 凡獄囚有疾病者, 主守申牒, 判官以下, 親驗知實, 給醫藥救療, 病重者脫去枷杻, 仍聽家內一人入禁看侍. 其有死者, 亦卽同撿, 若有他故者, 隨狀推科.(권10, 獄令, 329쪽)

▸ 복원 당령

『唐令拾遺』 獄官令, 38조, 790~791쪽 ; 『唐令拾遺補』 獄官令, 38조, 824쪽
『天聖令』 당령복원청본, 獄官令, 60조, 649쪽

〈現53〉 諸流人至配所, 竝給官糧, 令其居作. 其見囚絶餉者, 亦給之.

무릇 유죄인이 유배지에 도착하면 관의 양식을 지급하고 복역시킨다. 현재 구금되어 있는 자가 먹을 것이 떨어진 경우 또한 그에게도 먹을 것을 지급한다.[173)]

유관당송문 1) 『唐律疏議』: 疏議曰, 準獄官令, 囚去家懸遠絶餉者, 官給衣糧, 家人至日依數徵納.(권29, 斷獄5의 소의 〈제473조〉, 549쪽 ; 『역주당률소의』, 3329쪽 ; 『宋刑統』 권29, 471쪽)

2) 『宋史』: [高宗紹興]十三年, 詔: "禁囚無供飯者, 臨安日支錢二十文, 外路十五文."(권200, 刑法二, 4993쪽)

3) 『宋會要輯稿』: [徽宗政和]三年七月二十三日, 大理寺丞郭異求奏: "應刑獄官司寄禁無人供送飯食之人, 依正禁人支破, 或乞減半支給." 詔減半支破.(刑法6-58)

▸ 유관 일본령

『令義解』: 凡流人至配所居作者, 竝給官糧. 若留住居作者, 及徒役者, 竝食私粮. 卽家貧不能全備者, 二等以上親代備, 五十日糧, 隨盡公給. 若去家懸遠絶餉, 及家人未知者, 官給衣糧, 家人至日, 依數徵納.(권10, 獄令, 330쪽)

▸ 복원 당령

『唐令拾遺』 獄官令, 39조, 791쪽

『天聖令』 당령복원청본, 獄官令, 61조, 649쪽

〈現54〉 諸奉勅處分, 令著律·令及式者, 雖未附入, 其有違者, 卽依違律·令·式法科.

무릇 칙을 받들어 (사안을) 처분하는데, [그 칙을] 율, 령 및 식으로 삼게 한 경우, 비록 아직 [율, 령 및 식에] 추가되지 않았더라도 그것을 위반한 자가 있다면, 그 율, 령, 식을 위반해서 적용할 법에 따라 처벌한다.[174]

---

173) 일본의 養老令에도 본 조문과 유사한 조문이 있는 것으로 보아 唐令에도 이와 비슷한 규정이 있었던 것으로 짐작된다. 그런데 관에서 죄수에게 지급하는 양식과 관련하여 당률에서는 관에서 지급한 양식을 죄수의 가족에게 배상하도록 하였다. 그렇지만 본 조문과 〈現13〉조에는 죄수에게 양식을 지급하고 배상을 청구한다는 明文이 없다. 한편 현재 구금되어 있는 죄수의 양식이 떨어진 경우 얼마를 제공하는지 규정하지 않았지만, 徽宗 政和 3년(1113)에 감금된 자 중 재판이 진행 중인 자에게는 재판이 끝나고 감금된 죄수의 반만 지급하도록 하였다. 유관당송문 『宋史』에서 보듯이 남송 시기 高宗은 紹興 13년(1143)에 양식을 제공받지 못한 죄수의 경우 수도인 臨安에서는 하루 20文, 다른 路에서는 15文을 지급하라는 詔를 내렸다.

174) 황제의 제서·조칙은 당연히 법적 효력이 있지만, 당해 사안에만 적용되는 것과

유관당송문 관련 기록이 당송 시기 문헌에서는 확인되지 않는다.

〈現55〉 諸京城內繫囚及徒役之處, 常令提轄官司月別巡行, 有安置·役使不如法者, 隨事推科.

무릇 경성 내에 죄수를 구금하고 있거나 도죄인을 복역시키고 있는 곳은, 항상 관할 관사로 하여금 달마다 순행하여, [이들의] 안치[175]와 사역을 법대로 하지 않은 경우 사안에 따라서 조사하여 처벌하게 한다.[176]

유관당송문 1) 『舊唐書』: 又制在京見禁囚, 刑部每月一奏, 從立春至秋分, 不得奏決死刑.(권50, 刑法志, 2138쪽)

2) 『新唐書』: 京師之囚, 刑部月一奏, 御史巡行之.(권56, 刑法, 1410쪽)

▸ 유관 일본령

『令義解』: 凡在京繫囚, 及徒役之處, 恒令彈正, 月別巡行, 有安置役使不如法者, 隨事糾彈.(권10, 獄令, 330쪽)

▸ 복원 당령

『唐令拾遺補』 獄官令, 補4조, 827쪽

『天聖令』 당령복원청본, 獄官令, 62조, 649쪽

영구적인 효력을 갖는 것으로 구분된다. 본 조문은 사안을 처분하기 위한 勅을 영구적인 효력을 갖는 율·령·식으로 삼도록 하였을 경우, 아직 법전에 올리지 않았더라도 효력을 가진 법률로 간주하도록 한 것이다. 만약 영구적인 효력을 갖지 않는 임시 제서·조칙을 함부로 인용하여 판결함으로써 죄에 증감이 생긴 경우 고의 또는 과실로 사람의 죄를 증감한 죄로 처벌하도록 규정하고 있다(김택민, 『중국 고대 형법』, 62~63쪽).

175) 安置의 사전적 의미는 죄인을 구금시킨다는 것이지만, 獄官令 〈現36〉·〈現41〉·〈現49〉·〈現51〉조 등을 보면 감옥 내의 형구와 시설 및 처우 등을 의미하는 것으로 해석해야 한다.

176) 이 조문에서 언급한 '관할 관사'는 眞宗 大中祥符 2년(1009)에 설치된 糾察刑獄司로 짐작된다. 이 관사는 형옥과 구금에 관련된 경사의 여러 기관들을 감찰하고 형안의 오류를 적발하는 업무를 담당하여 糾察在京刑獄司라고도 하였다(『宋史』 권163, 職官3, 3858쪽).

〈現56〉 諸犯罪及欠損官物, 經赦·降合免, 別勅遣推者, 依赦·降例執奏.

무릇 죄를 범하거나 관물에 손실을 입힌 경우 사면령이나 은강령이 내려 마땅히 사면해야 하지만 별도의 칙[別勅]으로 추국하고 있거나 [징수해야 하는] 경우 사면령이나 은강령의 법례에 따라 집주한다.

유관당송문 관련 기록이 당송 시기 문헌에서는 확인되지 않는다.

▸ 유관 일본령

『令義解』: 凡犯罪, 及欠損官物, 經赦降合免, 別勅遣推徵者, 依赦降例執聞.(권10, 獄令, 330쪽)

▸ 복원 당령

『天聖令』 당령복원청본, 獄官令, 64조, 649쪽

〈現57〉 諸犯罪資財入官者, 若緣坐得[免],[177] 或依律不坐, 各計分法還之, 卽別勅降罪從輕, 物見在, 亦還之. 其本罪不合緣坐而別勅沒家者, 罪止及一房. 若受人寄借及質錢之屬, 當時卽有言請, 券證分明者, 皆不在錄限. 其有競(兢)[178]財, 官司未決者, 權行檢校.

무릇 죄를 범하여 재물을 관으로 들이는 경우, 만약 연좌[179]에서 면제되거나[180] 혹은 율에 의거하여 연좌되지 않는 자가 있다면,[181] 각각 나누는

177) [교감주] 『令義解』 권10, 獄令, 331쪽, "若緣坐得免"에 근거하여 '免'을 삽입한다.

178) [교감주] '兢'자는 의미상 '競'자여야 하며, 『令義解』 권10, 獄令, 331쪽, 資財入官條에 근거하여 '競'으로 고친다.

179) 緣坐와 連坐는 자신이 범죄와 무관하더라도 단지 正犯과 일정한 신분 관계를 갖고 있다는 이유만으로 죄를 받는 것을 말한다. 본 조문에 언급된 緣坐는 자신과 정범이 친속 관계인 경우이며, 連坐는 자신과 정범이 同職이거나 同伍 등의 관계일 경우에 죄를 받는 것이다. 緣坐가 적용되는 범죄는 1) 謀反과 大逆, 2) 이미 착수한 謀叛罪, 3) 征討 소식을 적에게 알려 준 죄(이상 국가 법익 침해죄), 4) 1家에서 死罪에 해당하지 않는 3人을 살해하였거나 사람을 支解한 죄(일반인 법익 침해죄), 5) 독충을 기르거나 독약을 제조한 죄(사회 법익 침해죄)가 있다(김택민, 『중국 고대 형법』, 463~465쪽).

180) '연좌에서 제외된 자'는 당송률에 의하면 남자는 80세 이상이거나 독질, 여자는

법례로 계산하여 그들에게 돌려주고,[182] 만약 별도의 칙으로 죄를 감하여 [재물을 몰관하는 죄보다] 가벼운 죄에 처하는 경우 [관에 들인] 재물이 있다면 또한 돌려준다. 그런데 본래 지은 죄는 연좌에 해당하지 않는데 별도의 칙[別勅]으로 가산을 몰수하는 경우, 죄는 그 일방[183]에 그친다. 만약 다른 사람에게 부탁받아 맡거나 빌린 것이나 저당 잡혀 빌린 돈 등은, 몰수될 때에 [돌려달라는] 요청이 있고 문서나 물증이 분명한 경우, 모두 거두어들이는 범위에 들지 않는다. 그런데 재물에 대한 다툼이 있고, 관사에서 판결을 내리지 않은 경우, 임시로 처리하고 이후 자세히 살핀다.

60세 이상이거나 폐질이 이에 해당한다(『唐律疏議』 권17, 賊盜1-1의 율문과 소의 〈제248조〉, 321쪽 ; 『역주당률소의』, 2381~2382쪽 ; 『宋刑統』 권17, 268쪽).

181) 당송률의 법적으로 연좌되지 않는 사람은 同堂 이외의 친족에게 出繼한 자(『唐律疏議』 권17, 賊盜1-1의 소의 〈제248조〉, 322쪽 ; 『역주당률소의』, 2382~2383쪽 ; 『宋刑統』 권17, 269쪽), 기친 이상이 아닌 자와 그의 아들과 손자 그리고 조모, 백모, 숙모, 고모, 형제의 아내가 각각 남편이 없는 경우가 이에 해당된다(『唐律疏議』 권17, 賊盜2의 소의 〈제249조〉, 323쪽 ; 『역주당률소의』, 2386쪽 ; 『宋刑統』 권17, 270쪽).

182) 당송률에는 노인이나 질환자로 연좌가 면제되는 경우 재물을 모두 '一子分法'에 따라 돌려준다고 규정하였다. 예컨대 80세인 사람에게 3男 10孫이 있는데, 그 중 1孫이 반역하여 1男만 생존한 경우에는 戶令에 따라 3男分法(사망한 2男을 포함하여 2男의 몫은 그 아들들에게 분재)으로 하고, 여기에 노인 1인을 더하여 4分하여 돌려준다. 혹은 3男이 모두 사망하고 10孫만 생존한 경우에는 戶令에 따라 손자들이 균분하므로, 노인과 10孫을 합하여 모두 11分으로 하고 1分만 남겨 노인에게 돌려준다(유관당송문 『宋刑統』·『唐律疏議』). 이 외에 연좌가 면제되는 자 중 재물을 분배받는 자로 조모·손부·백숙모·형제의 아내 가운데 남편이 없는 자는 '一子分法'에 따라 남편의 몫을 받게 되지만, 남편이 있는데 남편이 沒官된 자는 친정에 돌아가야 하고 남편이 유배된 경우에는 배소에 따라가야 하므로 모두 분재 대상에 포함되지 않는다. 또한 미혼 고모나 자매는 결혼 자금뿐만 아니라 '一子分法'에 따라 몫을 받으며, 연좌를 면하는 부녀는 모두 戶 내의 분재 받을 사람의 다소에 따라 '一子分法'을 적용하여 각각의 몫을 받도록 규정하였다(김택민, 『중국 고대형법』, 674~675쪽). 한편 송대의 법례에 따르면 기본적으로 아들에게 균등하게 나누어 주며, 아들이 죽으면 손자가 계승하고, 자식이 없는 처나 첩은 아들만큼의 몫을 가진다. 만약 여러 아들이 다 죽고 늙은 부모가 살아있다면 손자들과 균등하게 나누어 가지고, 아들이 살아있다면 아들의 수와 균등하게 나누어 가진다(邢鐵·薛志清, 「宋代的諸子平均析産方式」, 『河北師範大學學報』 제29권 2기, 2006년).

183) 一房은, 唐 玄宗 開元 연간 李錡의 고사에 따르면, 죄를 범한 당사자와 자식들로 한정된다(『新唐書』 권132, 蔣乂傳, 4533쪽).

유관당송문 1)『唐律疏議』: 諸緣坐非同居者, 資財田宅不在沒限. 雖同居, 非緣坐及緣坐人子孫應免流者, 各準分法留還. [注] 老疾得免者, 各準一子分法. [疏議]曰, 「緣坐非同居者」, 謂謀反大逆人親伯叔兄弟已分異訖, 田宅資財不在沒限. 雖見同居, 準律非緣坐, 謂非期以上親及子孫, 其祖母及伯叔母姑兄弟妻, 各謂無夫者, 律文不載, 竝非緣坐. 其「緣坐人子孫」謂伯叔子及兄弟孫, 據律亦不緣坐. 「各準分法留還」, 謂未經分異, 犯罪之後, 竝準戶令分法. 其孫婦, 雖非緣坐, 夫沒卽合歸宗, 準法不入分限. 注云「老疾得免者」, 男夫年八十及篤疾, 婦人年六十及廢疾, 各準戶內應分人多少, 人別得準一子分法留還

[問]曰, 老疾得免者, 各準一子分法. 假有一人年八十, 有三男十孫, 或一孫反逆, 或一男見在, 或三男俱死, 唯有十孫. 老者若爲留分? [答]曰, 男但一人見在, 依令作三男分法, 添老者一人, 卽爲四分. 若三男死盡, 依令諸子均分, 老人共十孫爲十一分, 留一分與老者, 是爲「各準一子分法」(권17, 賊盜2 소의의 문답1 〈제249조〉, 323쪽 ;『역주당률소의』, 2386~2387쪽 ;『宋刑統』 권17, 271쪽)

▸ 유관 일본령

『令義解』: 凡犯罪資財入官者, 若緣坐得免, 或依律不坐, 各計分法還之. 卽別勅降罪從輕, 物見在, 亦還之. 其本罪不合緣坐而別勅破家者, 罪止一房. 若受人寄借, 及質物之屬, 當時卽有言請, 券證分明者, 皆不在錄限. 其有競財, 官司未決者, 依法檢校.(권10, 獄令, 331쪽)

▸ 복원 당령

『天聖令』 당령복원청본, 獄官令, 66조, 649쪽

〈現58〉 諸辨證已定, 逢赦更翻者, 悉以赦前辨證爲定.

무릇 죄수의 진술과 증거가 이미 확정되었는데, 사면령이 내린 뒤 다시 번복하는 경우 모두 사면령이 내리기 전의 진술과 증거로 [죄를] 정한다.

유관당송문 관련 기록이 당송 시기 문헌에서는 확인되지 않는다.

▸ 유관 일본령

『令義解』: 凡辨證已定, 逢赦更翻者, 悉以赦前辨證爲定.(권10, 獄令, 331쪽)

▸ 복원 당령

『天聖令』 당령복원청본, 獄官令, 67조, 649쪽

〈現59〉 諸傷損於人, 及誣告得罪, 其人應合贖者, 銅入被告及傷損之家. 卽兩人相犯俱得罪, 及同居相犯者, 銅竝入官.

무릇 다른 사람에게 손상을 끼쳤거나 무고하여 [반좌의] 죄를 얻게 되었는데, [가해한] 그 사람이 속금으로 [죄를 대신할 수 있는] 경우 [그 속죄]동은 무고당한 사람 및 손상을 입은 사람의 집에 준다. 만일 [가해자와 피해자] 두 사람이 서로 범하여 모두 죄를 얻었거나 동거자가 서로 범한 경우, [속죄]동은 모두 관에 들인다.

유관당송문 1) 『宋刑統』: 準獄官令, 諸傷損於人及誣告得罪, 其人應合贖者, □□被告及傷損之家, 卽兩人相犯得罪, □□□□□□□□□.(권1, 名例律 死刑2, 6쪽)

2) 『慶元條法事類』: 諸傷損於人得罪應贖者, 銅入被傷損之家, 卽考決罪人有犯, 銅入官.(권73, 刑獄3, 745쪽)

3) 『慶元條法事類』: 諸誣告及傷損於人得罪應贖者, 銅入被誣及傷損之家. 卽考決罪人或在任官於所部有犯, 若兩俱有罪, 及同居相犯者, 銅入官.(권76, 刑獄6, 818쪽)

▸ 유관 일본령

『令義解』: 凡傷損於人, 及誣告得罪, 其人應合贖者, 銅入被告及傷損之家, 卽兩人相犯俱得罪. 及同居相犯者, 銅入官.(권10, 獄令, 331~332쪽)

▸ 복원 당령

『唐令拾遺』 獄官令, 40조, 792쪽

『天聖令』 당령복원청본, 獄官令, 68조, 649쪽

右並因舊文, 以新制參定.

위[의 영들]은 예전의 조문을 바탕으로 하되 새로운 제칙을 참작하여 정한 것이다.

〈舊1〉 諸州斷罪應申覆者, 刑部每年正月共吏部相知, 量取(若)[184]歷任清勤·明識法理者充使, 將過中書門下, 定訖奏聞, 令分道巡(巡道)[185]覆. 若應勾會官物者, 量加判官[及][186]典. 刑部錄囚姓名, 略注犯狀, 牒使知. 嶺南使人以九月上旬, 馳驛發遣(道).[187] 見囚事盡未斷者, 催斷即覆, [覆][188]訖, 使牒與州案同封, 申牒刑部. 若州司枉斷, 使人推覆無罪, 州司款伏(狀),[189] 灼然合免者, 任使判放, 仍錄狀申. 其降入流徒者, 自從流徒. 若使人與州執見有別者, 各以狀申. 其理狀已盡, 可斷決而使人不斷, 妄生節目盤退者, 州司以狀錄申. 附使人[考退].[190] 其徒罪, 州斷得伏辨及贓狀露驗者, 即役, 不須待使, 以外待使. 其使[人][191]仍總按覆, [覆][192]訖, 同州見者, 仍牒州配役. 其州司枉斷, 使判無罪, 州司款伏, 及州使各執異見者, 準上文.

무릇 주(州)에서 죄를 판결했는데 복심해야 할 경우, 형부는 매년 정월에 이부와 서로 상의하여 직무 수행이 청근(淸勤)하고[193] 법리(法理)에 밝은

---

184) [교감주] 『唐六典』 권6, 尙書刑部, 191쪽, '取歷任淸勤'에 근거하여 '若'자는 '取'자로 바꾼다.

185) [교감주] 『唐六典』 권6, 尙書刑部, 191쪽, '乃令分道巡覆' 및 문맥상의 의미로 보아 '道巡'으로 해야 한다.

186) [교감주] 『唐六典』 권6, 尙書刑部, 191쪽의 注文인 '若應句會官物者加判官及典'에 근거하여 '及'자를 보충한다.

187) [교감주] 『唐六典』 권6, 尙書刑部, 191쪽의 注文인 '嶺南使以九月上旬先發遣'에 근거하여 '道'자는 '遣'자로 바꾼다.

188) [교감주] 『令義解』 권10, 獄令, 312쪽, "事盡未斷者, 催斷卽覆, 覆訖"'에 근거하여 '覆'자를 보충한다.

189) [교감주] 『唐六典』 권6, 尙書刑部, 191쪽의 注文인 '主司款伏'에 근거하여 '狀'자는 '伏'자로 바꾼다.

190) [교감주] '退'字는 문의상 연문으로 보인다.

191) [교감주] 『令義解』 권10, 獄令, 312쪽, "其使人仍惣按覆"에 근거하여 '人'자를 보충한다.

192) [교감주] 『令義解』 권10, 獄令, 312쪽, "其使人仍惣按覆 覆訖"에 근거하여 '覆'자를 보충한다.

193) 송대 관인의 考課 산정 기준은 당대의 4善 27最를 기초로 한 것은 분명하지만, 그대로 답습한 것은 아니었다. 송대의 善은 '德義有聞, 淸愼明著, 公平可稱, 恪勤匪懈'으로 당대와 변화가 없지만, 最는 당대의 27最를 간소화 하고 있다. 북송 神宗 때 監司에 대한 고과 산정 기준은 7事로 "一曰勸農桑, 治荒廢 ; 二曰招荒亡, 增戶口 ; 三曰

자를 헤아려 취하여 사인(使人)으로 충임하되, 다시 중서문하를 거쳐 확정한 뒤 아뢰어 재가를 받은 뒤, 도(道)[194]별로 나누어 순행하며 복심케 한다. 만약 관물을 회계 감사 해야 할 경우에는 판관과 주전을 헤아려 더한다. 형부는 죄수의 성명을 기록하고, 범죄의 정상을 간략하게 기입하여 첩(牒)으로 사인에게 알린다. 영남 사인은 9월 상순에 역마를 주어서 파견한다. 현재 구금되어 있는 죄수의 사안에 대한 심리가 끝났는데 판결을 하지 않은 경우, 판결을 재촉하여 곧바로 복심하고, [복심이] 끝나면 사인의 첩(牒)과 주(州)의 안(案)을 같이 봉하여, 형부에 첩으로 보고한다. 만약 주의 관사가 잘못 판결하였고, 사인이 복심한 결과 죄가 없으며, 주의 관사가 그것에 승복하여 분명히 면죄해야 하는 경우라면, 사인이 판정하여 방면하고, 이어서 정상을 기록하여 보고한다. 유죄와 도죄로 감형된 경우, 유죄와 도죄의 처벌법에 따른다. 만약 사인과 주가 각자의 견해를 고집하여 다른 것이 있는 경우, 각각 장(狀)으로 [형부에] 보고한다. 그런데 죄상에 대한 심리가 이미 끝나 판결하여 처결할 수 있음에도 사인이 판결하지 않으면서 멋대로 핑계를 만들어 빙빙 돌려 물리치는 경우, 주의 관사는 [사인의] 정황을 기록하여 보고한다. [그 문서는] 사인의 고적(考籍)에 첨부한다. 도죄인은, 주의 판결이 죄인의 승복을 받았거나 장물이나 죄상이 드러난 경우, 곧바로 복역시키고 반드시 사인의 [복심을] 기다릴 필요는 없으며, 이 외의 사건은 사인의 [복심을] 기다려야 한다. 사인이 사건의 모든 진상을 조사하여 복심을 마친 결과가 주의 견해와 같은 경우, 또 주에 첩을 보내 배속하여 복역하게 한다. 주의 관사가 잘못 판결하였는데 사인이 무죄로 판결하고 그것을 주의 관사가 승복한 경우와, 주의 관사와 사인이

興利除害 ; 四曰劾有罪, 平獄訟 ; 五曰失案察 ; 六曰屏盜賊 ; 七曰舉廉能."이고, 守令의 고과 산정 기준은 3最로 "獄訟無冤, 催科不擾, 爲治事之最 ; 農桑墾殖, 水利興脩, 爲勸課之最 ; 屏除姦盜, 人獲安處, 賑恤困窮, 不致流移, 爲撫養之最. 通算分定三等 ; 五事爲上, 三事爲中, 餘爲下."(『宋會要輯稿』 職官10-20)라고 하였다. 한편 남송에서는 4善4最를 고과 산정 기준으로 정하였다(『慶元條法事類』 권5, 職制2 考課格, 69~70쪽).

194) 당대의 道는 태종 貞觀원년(657)에 자연지리 조건에 따라 10道를 설치하였다. 현종 開元 21년(733)에 山南·江南道를 東·西로 나누고 黔南道(黔中道)와 京畿·都畿를 증설하여 15道로 하였다. 이 때 각 道마다 採訪使를 두어 감찰하게 하였다(『舊唐書』 권38, 地理1, 1384~1385쪽 ; 『新唐書』 권37, 地理1, 959~956쪽).

각자 다른 견해를 고집하는 경우는 위의 조문에 준한다.[195]

유관당송문 1) 『唐六典』: 凡天下諸州斷罪應申覆者, 每年正月與吏部擇使, 取歷任清勤明職法理者, 仍過中書門下定訖以聞, 乃令分道巡覆. 若應句會官物者加判官及典. 刑部錄囚徒所犯以授使, 嶺南使以九月上旬先發遣. 使牒與州案同, 然後復送刑部. 若州司枉斷, 使推無罪, 州司款伏, 灼然無罪者, 任使判放, 其降入流徒者, 亦從流徒法. 若使人與州執見有別者, 各以狀申. 若理狀已盡, 可斷決, 而使人妄生節目盤退者, 州司錄申辨, 及贓狀露驗者卽決, 不得待使覆, 其餘罪皆待覆定. 使人至日, 先檢行獄囚枷鏁補席及疾病糧餉之事, 有不如法者, 皆以狀聞. 若巡察使按察使廉察使採訪使, 皆待制命而行, 非有恒也.(권6, 尙書刑部, 191~192쪽 ; 『역주당육전』상, 613~615쪽)

▸ 유관 일본령

『令義解』: 諸國斷罪應申覆者, 太政官量差使人, 取强明解法律者, 分道巡覆見囚. 事盡未斷者, 催斷卽覆, 覆訖錄申. 若國司枉斷, 使人推覆無罪, 國司款伏, 酌然合免者, 任使判放. 仍錄狀申. 其使人與國執見有別者, 各以狀申. 若理狀已盡可斷決, 而使人不斷. 妄生節目盤退者, 國司以狀錄申官, 附使人考. 其徒罪, 國斷得伏辨, 及贓狀露驗者卽役, 不須待使. 其使人仍惣按覆. 覆訖同國·見者. 仍附國配役.(권10, 獄令, 312쪽)

▸ 복원 당령

『唐令拾遺』 獄官令, 4조, 759쪽

『天聖令』 당령복원청본, 獄官令, 4조, 644쪽

〈舊2〉 諸犯罪在市, 杖以下, 市決之. 應合蔭贖及徒以上, 送縣. 其在京市, 非京兆府, [竝][196]送大理寺. 駕幸之處[亦][197]準此.

무릇 시에서 죄를 범하면, 장죄 이하는 시를 [관리하는 관사가] 그 죄를 처결한다.[198] 음(蔭)으로 속면[199]해야 하는 사람의 죄이거나 [일반 사람의]

---

195) "위의 조문에 따른다(准上文)"의 뜻이 분명치 않으나, 짐작컨대 이 조문 내에 이미 사인이 복심한 결과를 보고하라는 뜻의 규정과 같이, 이 부분도 사인의 복심 결과를 주의 관사가 승복한 것과 그렇지 않은 것으로 구분하여 보고하라는 의미로 생각된다.

196) [교감주] 『通典』 권168, 刑法6, 4349쪽, '非京兆府, 並送大理寺'에 근거하여 '並'자를 삽입한다.

197) [교감주] 『通典』 권168, 刑法6, 4349쪽, '駕幸之處, 亦准此'에 근거하여 '亦'자를 삽입한다.

198) 당대 長安과 洛陽[兩京]에는 太府寺 아래 兩京都市署를 설치하고 市令(종6품상)과

도죄 이상이라면 현으로 보낸다. 그런데 경시(京市)에서 일어나면[200] 경조부가 아니라 [모두] 대리시(大理寺)로 보낸다.[201] 황제가 순행하고 있는 곳도 [역시] 이에 준한다.

유관당송문 1)『通典』: 諸犯罪在市, 杖以下市決之. 應合蔭贖及徒以上, 送縣. 其在京市非京兆府, 竝送大理寺. 駕幸之處, 亦準此.(권168, 刑法6, 4349쪽)

▸ 복원 당령

『唐令拾遺』獄官令, 3조, 758쪽

『天聖令』당령복원청본, 獄官令, 5조, 644쪽

〈舊3〉 諸決大辟罪皆於市. 五品以上犯非惡逆以上, 聽自盡於家. 七品以上及皇族, 若婦人犯非斬者, 絞於隱處.

무릇 사형은 모두 시(市)에서 집행한다. 5품 이상의 [관인으로] 범한 죄가 악역(惡逆) 이상이 아니라면 집에서 자진하는 것을 허락한다. 7품 이상 및 황족, 또는 부인이 저지른 죄가 참형에 해당하지 않는 경우 은밀한

市丞(정8품상)을 두어서 市를 관리하도록 하였다(『舊唐書』 권44, 職官3, 1889~1890쪽).

199) 음으로 속죄될 수 있는 사람들은 6, 7품 관인의 조부모·부모·처·자·손을 말한다(『唐律疏議』 권1, 名例11-1과 소의 〈제11조〉, 34~35쪽 ; 『역주당률소의』, 143쪽). 이는 특전 가운데 가장 가벼운 贖章에 해당한다. 따라서 이보다 두터운 특전인 議章, 請章, 減章 대상자는 당연히 시에서 처결할 수 없었을 것이다.

200) 당대 兩京에는 東市, 西市, 南市가 설치되었는데, 측천무후 垂拱 연간(685~688) 장안의 南市가 폐지되고, 현종 개원 연간(713~741) 낙양의 西市가 폐지되었다(『唐六典』 권20, 太府寺, 543쪽 ; 『역주당육전』중, 648~650쪽).

201) "京市에서 京兆府에서 일어난 것이 아닌 경우(其在京市, 非京兆府)"의 뜻이 정확히 파악되지 않는다. 그런데 京兆府에는 23개 縣이 있고, 그 가운데 京城 內에 있는 縣은 萬年縣과 長安縣으로 그 안에 각각 東市와 西市가 있으며, 이 시들이 바로 京市이다. 따라서 이 두 시에서 일어났고, 그래서 이 밖의 京兆府 내의 다른 縣의 市에서 일어난 사건이 아닌 경우 市의 관사가 처결할 수 없고 곧바로 大理寺로 보내야 한다는 뜻으로 해석된다. 그래야 다음에 이어지는 "황제가 순행하고 있는 곳도 이에 준한다(駕行之處亦准此)"의 의미와 順通된다.

곳에서 교수형을 집행한다.

유관당송문 1)『唐律疏議』: 依獄官令, 五品以上, 犯非惡逆以上, 聽自盡於家. (권30, 斷獄31 〈제499조〉, 573쪽 ; 『역주당률소의』, 3378쪽)

2)『唐六典』: 凡決大辟罪皆於市. 古者, 決大辟罪皆於市. 自今上臨御以來無其刑, 但存其文耳. 五品已上犯非惡逆已上, 聽自盡於家. 七品已上及皇族, 若婦人犯非斬者, 皆絞於隱處. 決大辟罪, 官爵五品已上在京者, 大理正監決, 在外者, 上佐監決, 餘並判官監決, 在京決者, 亦皆有御史金吾監決, 若囚有冤濫灼然者, 聽停決奏聞.(권6, 尙書刑部, 189쪽 ; 『역주당육전』상, 597~599쪽)

3)『舊唐書』: 會昌元年九月, 庫部郎中·知制誥紇干泉等奏 : "準刑部奏, 犯贓官五品已上, 合抵死刑, 請準獄官令賜死於家者, 伏請永爲定格." 從之.(권50, 刑法, 2156쪽) ; 『唐會要』 권39, 定格令, 825쪽 및 『冊府元龜』 권613, 刑法部 定律令에도 대략 同文이 있다.

4)『慶元條法事類』: 諸決大辟罪於市, 遣他官同所勘官吏監決, 量差人護送.(권73, 刑獄3, 745쪽)

5)『宋會要輯稿』: [至道元年]先是, 詔紹斌領兵於普樂河應接裏送糧草入靈州, 尋遇番賊劫虜, 抛失官糧. 準律, 守備不設·爲賊所掩覆者斬. 準令, 五品已上犯非惡逆以上聽自盡. 時從寬宥.(職官64-13)

▸ 유관 일본령

『令義解』: 凡決大辟罪. 皆於市. 五位以上及皇親. 犯非惡逆以上. 聽自盡於家. 七位以上及婦人. 犯非斬者. 絞於隱處.(권10, 獄令, 313쪽)

▸ 복원 당령

『唐令拾遺』 獄官令, 8조, 764쪽

『天聖令』 복원당령청본 獄官令, 9조, 644쪽

〈舊4〉 諸囚死, 無親戚者, 皆給棺, 於官地內權殯.[202] 其棺並用官物造給. 若犯惡逆以上, 不給棺. 其官地去京七里外, 量給一頃以下, 擬埋諸司死囚, 大理檢校. **置塼銘於壙內, 立牓於上, 書其姓名(肆),**[203] **仍下本屬, 告家人令取. 即流移人在路,**

202) 殯은 입관하여 장사 때까지 안치하는 것을 지칭하는데, 여기서는 가매장 정도로 해석된다.

及流·徒在役死者, 亦準此.

무릇 죄수가 죽었는데 친척이 없는 경우, 모두 관을 지급하여 관유지 내에 가매장한다. 그 관은 모두 관물로 만들어서 지급한다. 만약 악역 이상을 범하였다면 관을 지급하지 않는다. 경사에서 7리 밖에 관유지 1경(頃) 이하를 헤아려 지급하여 매장에 대비하고, 여러 관사에서 죽은 죄수는 대리시에서 상세히 점검한다. 시신을 묻은 구덩이 안에는 벽돌로 만든 명(銘)을 넣어 두고, 위에는 푯말을 세워 죄수의 성명을 적어 두고, 본래 소속지 [관청]에 [문서를] 내려 보내서 가족들에게 알려 거두어 가도록 한다.[204] 유죄인과 이향인이 도중에서 죽거나 유죄인과 도죄인이 복역하다가 죽은 경우 또한 이에 준한다.

유관당송문 1)『通典』: 諸囚死, 無親戚者, 皆給棺, 於官地內權殯. 其棺, 在京者將作造供, 在外者, 用官物給. 若犯惡逆以上, 不給官地, 去京七里外, 量給一頃以下擬埋. 諸司死囚, 隸大理檢校. 置塼銘於壙內, 立牓於上, 書其姓名. 仍下本屬告家人令取. 卽流移人在路及流所徒在役死者, 亦準此.(권168, 刑法6, 4349~4350쪽)

2)『新唐書』: 凡囚已刑, 無親屬者, 將作給棺, 瘞於京城七里外, 壙有甎銘, 上揭以榜, 家人得取以葬.(권62, 刑法, 1410쪽)

3)『慶元條法事類』: 諸禁囚身死無親屬者, 官爲殯瘞標識, 仍移文本屬, 告示家人. 般取所費, 無隨身財物或不足者, 皆支贓罰錢.(권74, 刑獄4, 766쪽)

▸ 유관 일본령

『令義解』: 凡囚死無親戚者, 皆於閑地權埋, 立牓於上, 記其姓名, 仍下本屬. 卽流移人在路, 及流徒在役死者, 準此.

▸ 복원 당령

『唐令拾遺』獄官令, 11조, 767쪽

---

203) [교감주]『通典』권168, 刑法6, 4350쪽, '書其姓名'에 근거하여 '肆'는 삭제한다.

204) 죄수가 사망하였을 때 친척이 없는 경우 家人에게 알려 시신을 수습해가도록 한 점에서는 당송의 제도가 같다. 그러나 남송의 제도에서는 죄수가 사망한 이후 소요된 경비를 家人에게 거두도록 하고 있는데, 家人이 지닌 재물이 없거나 부족한 경우 관에서는 贓罰錢으로 그 비용을 충당하도록 하였다(유관당송문『慶元條法事類』). 賦役令 〈現20〉조에는 정과 장인이 역을 지러갔다가 사망했을 때의 조처가 규정되어 있다.

『天聖令』 복원당령청본 獄官令, 11조, 645쪽

〈舊5〉 諸(請)[205]流移人, 州斷訖, 應申請配者, 皆令專使送省(者)[206]司. 令量配訖, 還附專使報州, 符至, 季別一遣. 若符在季末(未)[207]至者, 聽與後季人同遣. 具錄所隨家口及被符告若發遣日月, 便移配處, 遞差防援(護).[208] 其援人皆取壯者充, 余應防援者, 皆準此. [專使部][209]領, 送達配所. 若配西州伊州者, 並送涼州都督府. 江北(比)[210]人配嶺(領)[211]以南者, 送付桂廣二都督府. 其非劍南諸州人而配南寧以南及巂州界者, 皆送付益州都督府, 取領即還. 其涼州都督府等, 各差[專][212]使, 準式送配所. 付領訖, 速報元[送]處, 竝申省知. 其使人, 差部內散官充, 仍申省以爲使勞. 若無散官, 兼取勳官强幹者充. 又無勳官, 則參軍事充. 其使並給傳乘. 若妻·子在遠, 又無路便, 豫爲追喚, 使得同發. 其妻·子未至間, 囚身合役者, 且於隨近公役, 仍錄已役日月下配所, 聽折即於限內.

무릇 주에서 유죄인과 이향인에 대한 판결이 끝나고 배속을 신청해야 하는 경우, 모두 전사(專使)를 시켜 상서성 형부로 [명단을] 보낸다. [상서성 형부에서] 죄의 경중을 헤아려 배속지를 정하면 다시 전사에게 부쳐 주에 알리고, 부(符)가 도착하면 [죄수는] 계절마다 한 번씩 보낸다. 만약 부가 계절 말미에 도착하는 경우에는, 다음 계절에 보낼 사람과 함께 보내는 것을 허락한다. 동행하는 가족, 부로 고지된 내용 및 출발 일자를 자세히 기록하고, 즉시 유배될 곳으로 이동시키며, [지나는 지역마다] 갈마들면서 방원을 차출한

205) [교감주] '請'자는 문맥상 '諸'로 바꾸어야 한다.

206) [교감주] '者'자는 이 조문의 '並申省知'에 따라 '省'자로 바꾼다.

207) [교감주] 『令義解』 권10, 獄令, 315쪽의 注文인 "若符在季末至者"에 따라 '未'자는 '末'자로 바꾼다.

208) [교감주] 이 조문의 주문 '其援人皆取壯者充'에 따라 '護'자는 '援'자로 바꾼다.

209) [교감주] 『令義解』 권10, 獄令, 315쪽, "專使部領, 送達配所"에 따라 '專使部'를 삽입한다.

210) [교감주] 『唐六典』 권6, 尚書刑部, 190쪽의 注文인 '江北人配嶺南者'에 따라 '比'자는 '北'자로 고친다.

211) [교감주] 『唐六典』 권6, 尚書刑部, 190쪽의 注文인 '江北人配嶺南者'에 따라 '領'자는 '嶺'자로 고친다.

212) [교감주] 『唐六典』 권6, 尚書刑部, 190쪽의 注文인 '其涼府等各差專使'에 따라 '專'자를 삽입한다.

다. 방원은 모두 건장한 자를 취하여 충당한다. 그 밖에 방원을 [차출해야] 할 경우도 모두 이에 준한다. 전사가 이들을 유배될 곳으로 압송한다. 만약 서주(西州)와 이주(伊州)로 유배할 경우, 모두 양주도독부(涼州都督府)로 보낸다. 강북인(江北人)을 오령(五嶺) 이남으로 유배할 경우 계주·광주도독부로 보낸다. 검남 여러 주의 사람이 아니면서 남녕(南寧) 이남 및 수주(巂州)로 유배할 경우, 모두 익주도독부(益州都督府)로 보내고, 인계하는 즉시 돌아온다. 양주도독부 등은 각각 전사를 차출하여 식에 준하여 배소로 보낸다. 인계를 마치면 출발시킨 주에 신속히 알리고, 아울러 상서형부에 보고하여 알린다. 그 사인은 관할지역 내의 산관으로 차출해 충당하고, 아울러 상서형부에 보고하여 사인의 노적(勞績)으로 삼게 한다. 만약 산관이 없다면 훈관 가운데 강간(强幹)한 자를 취하여 충당한다. 또한 훈관이 없다면 참군사로 충당한다. 그 사인에게는 전마와 수레를 지급한다. 만약 처자가 먼 곳에 있고, 또한 이동할 수단[路便]이 따로 없는 경우 미리 불러 같이 출발할 수 있게 한다. 그런데 처자가 도착하지 않은 사이에 죄수가 복역해야 하는 경우 가까운 관청의 역(役)에 복무케 하고, 이미 복역한 날수를 기록하여 유배될 곳으로 보내어 [복역] 기한 내에서 감하는 것을 허락한다.

유관당송문 1) 『唐六典』: 配西州·伊州者, 送涼府; 江北人配嶺南者, 送桂·廣府; 非劍南人配姚, 巂州者, 送付益府, 取領卽還. 其涼府等各差專使領送. 所領送人皆有程限, 不得稽留遲緩.(권6, 尙書刑部, 190쪽; 『역주당육전』상, 602~604쪽)

2) 『慶元條法事類』: 諸移鄕者, 斷訖, 節錄所犯, 及以隨行家屬財物數·住家之所, 具載於牒.(권75, 刑獄5, 777쪽)

3) 『慶元條法事類』: 諸州乞配及乞住配罪人, 皆申尙書刑部. 乞配者, 仍據地理·應配之人配往. 兩州以上乞配者, 剩, 配闕人多處.(권75, 刑獄5, 782쪽)

▸ 유관 일본령

『令義解』: 凡流移人, 太政官量, 符至, 季別一遣. 若符在季末至者, 聽與後季人同遣. 具錄所隨家口, 及發遣日月, 便下配處, 遞差防援, 專使部領, 送達配所, 付領訖, 速報元送處, 竝申太政官知. 若妻子在遠, 又非路便豫, 爲追喚, 使得同發. 其妻子

未至間, 囚身合役者, 且於隨近公役, 仍錄已役日月, 下配所聽折.(권10, 獄令, 315~316쪽)

▸ 복원 당령

『唐令拾遺』獄官令, 14조, 770쪽

『天聖令』복원당령청본 獄官令, 15조, 645쪽

〈舊6〉 諸流移人 移人, 謂本犯除名者. 至配所, 六載以後聽仕. 其犯反(及)[213]逆緣坐流, 及因反(及)[214]逆免死配流, 不在此限. 卽本犯不應流而特配流者, 三(二)[215]載以後聽仕. 有資蔭者, 各依本犯收敍法. 其解見任及非除名移鄕者, 年限·敍法準考解例.

무릇 유죄인과 이향인은 이향인은 본래 범한 죄가 제명에 해당하는 자를 말한다. 유배 장소에 도착하고 6년이 지난 뒤 출사하는 것을 허락한다.[216] 그런데 반역에 연좌되어 유배되었거나 반역하였으나 죽음을 면제받아 유배된 자는 이 범위에 들지 않는다. 그러나 본래 범한 죄가 반드시 유형에 처해야 할 것이 아니지만 특별히 유배된 자는 3년이 지난 후 출사하는 것을 허락한다. 자력(資歷)이 있거나 음(蔭)이 있는 자는 각각 본 범인의 수서법(收敍法)에 따른다. 그런데 현임관이 해면되었거나 제명이 아니면서 이향된 경우, 연한과 서임하는 법[敍法]은 고해례(考解例)[217]에 준한다.

---

213) [교감주]『唐律疏議』권3, 名例24-1의 소의2 〈제24조〉, 67쪽의 '反逆緣坐流及因反·逆免死配流'에 따라 '及'자는 '反'자로 바꾼다.

214) [교감주] 위의 주에 따라 '及'자는 '反'자로 바꾼다.

215) [교감주]『唐律疏議』권3, 名例24-1의 소의2 〈제24조〉, 67쪽의 '三載以後亦聽仕'에 따라 '二'자는 '三'자로 바꾼다.

216) 본 조문의 注에서 이향인은 본래 범한 죄가 除名에 해당하는 자를 가리킨다고 하였는데, 당률은 除名에 해당하는 죄를 범한 자의 경우 6년 뒤에 서임하는 것을 허락한다. 이 때 서임하는 법은 '出身法에 따른다'고 하였는데, 이것은 서임 제한 기간이 만료된 자가 적용받을 選擧令에 따름을 의미한다. 선거령은 "3品 이상은 奏聞하여 勅에 따르며, 正4品은 從7品下에, 從4品은 正8品上에, 正5品은 正8品下에, 從5品은 從8品上에, 6·7品은 모두 從9品上에, 8·9品은 從9品下에 敍任한다. 出身 官品이 이 法에 정한 것보다 높은 경우에는 높은 것에 따를 것을 허용한다"는 규정 등으로 되어 있다(『唐律疏議』권3, 名例21-2의 소의 〈제21조〉, 59쪽 ;『역주당률소의』, 191~192쪽).

유관당송문 1)『唐律疏議』: 故令云, 流人至配所, 六載以後聽仕. 反逆緣坐流及因反·逆免死配流, 不在此例. 卽本犯不應流而特配流者, 三載以後亦聽仕(권3, 名例24-1의 소의2 〈제24조〉, 67쪽 ;『역주당률소의』, 207쪽)

2)『唐六典』: 凡犯流罪已下應除·免·官當未奏身死者, … 至六載然後聽仕. 其犯反逆緣坐流及免死役流不在此例. 卽本犯不應流而特配流者, 三載以後聽仕. 有資者各依本犯收敍法. 其解見任及非除名·移鄕者, 年限·敍法皆準考解之例.(권6, 尙書刑部, 190쪽 ;『역주당육전』상, 602~604쪽)

▸ 유관 일본령

『令義解』: 凡流移人, 移人, 謂本犯除名者. 至配所六載以後聽仕, 其犯反逆緣坐流及因反逆免死配流, 不在此例. 卽本犯不應流而特配流者, 三載以後亦聽仕. 有蔭者, 各依本犯收敍法. 其解見任, 及非除名移鄕者, 年限準考解例.(권10, 獄令, 316~317쪽)

▸ 복원 당령

『唐令拾遺』 獄官令, 16조, 771쪽

『天聖令』 복원당령청본 獄官令, 19조, 645쪽

〈舊7〉 諸流移人未達前所, 而祖父母父母在鄕喪者, 當處給假七日發哀, [周][218] 喪給假三日. 其流配在役而父母喪者, 給假百日擧哀, 祖父母喪, 承重者亦同, 周喪給柒日, 竝除給程.

무릇 유죄인과 이향인이 목적지에 도착하지 않았는데, 본향에서 조부모·부모의 상을 당한 경우, 현지에서 휴가 7일을 주어 발애(發哀)하도록 하고, 기친상은 휴가 3일을 준다. 그런데 유배지에서 복역하던 중에 부모의

---

217) 考課에 의한 해면과 서임의 방식은『唐六典』에 자세히 설명되어 있다. 祿을 받는 관인은 고과에서 중상 이상의 등급을 받을 때마다 1等을 올려주고 1季의 녹을 더해주며, 중하 이하이면 그때마다 1등을 깎고 1계의 녹을 감한다. 만약 私罪로 인하여 하중 이하를 받거나 公罪로 인하여 하하를 받으면 모두 현임 관에서 해임하고 당년의 녹을 주지 않으며 고신을 몰수한다. 1년이 지나면 본품에 따라 서임하는 것을 허용한다(권2, 尙書吏部, 44쪽 ;『역주당육전』상, 252~253쪽).

218) [교감주]『高麗史』 권85, 刑法, 871쪽의 '周喪, 承重亦同.' 부분과 본 조문 후반의 '周喪給柒日'에 따라 '周'字를 삽입한다.

상을 당했다면, 휴가 100일을 주어서 거애(擧哀)[219]하도록 하고, 조부모의 상을 당한 승중[220]의 경우도 또한 [이와] 같이 한다. 기친상은 7일의 휴가를 주고, 모두 오고 가는 일정은 휴가 중에 포함하지 않는다.

유관당송문 1)『新唐書』: 流移人在道疾病, 婦人免乳, 祖父母父母喪, 男女奴婢死, 皆給假, 授程糧.(권56, 刑法, 1411쪽)

2)『慶元條法事類』: 諸移鄉人在道聞祖父母父母喪, 及隨行家屬有疾或死若產者, 申所在官司, 量事給住程假.(권75, 刑獄5, 777쪽)

▸ 유관 고려령

『高麗史』: 流移人, 未達前所, 而祖父母·父母在鄕喪者, 給暇七日發哀, 周喪, 承重亦同. 諸婦人在禁臨産月者, 責保聽出, 死罪産後滿二十日, 流罪以下滿三十日. 諸犯死罪在禁非惡逆以上, 遭父母喪夫喪祖父母喪, 承重者給假七日發哀, 流徒罪三十日, 責保乃出. 諸流移囚在途, 有婦人產者, 竝家口, 給暇二十日, 家女及婢, 給暇七日. 若身及家口, 遇患或逢賊, 津濟水漲, 不得行者, 隨近官, 每日驗行, 堪進即遣, 若祖父母·父母喪者, 給暇十五日, 家口有死者, 七日.(권85, 刑法, 871쪽)

▸ 유관 일본령

『令義解』: 凡流移人, 未達前所, 而祖父母·父母在鄕喪者, 當處給假三日發哀. 其徒流在役, 而父母喪者, 給假五十日擧哀. 祖父母喪承重者亦同. 二等親七日, 竝不給程.(권10, 獄令, 318쪽)

▸ 복원 당령

『唐令拾遺補』 獄官令, 보6조, 828쪽

『天聖令』 복원당령청본 獄官令, 24조, 646쪽

---

219) 擧哀는 聞喪한 뒤 통곡하며 애도하는 喪儀이다. 喪葬令, 〈現3〉조의 '거애' 항목에 대한 주석 참조.

220) 承重이란 喪祭와 宗廟의 重任을 이어받는다는 뜻이다. 여기에서 承重이란 高祖에 앞서 曾祖·祖·父가, 曾祖에 앞서 祖·父, 祖에 앞서 父가 각각 먼저 작고하였을 경우에 嫡玄孫·嫡曾孫·嫡孫이 高祖·曾祖·祖를 위해 父에 대해서와 마찬가지로 斬衰服(3년)을 입는 것을 말한다(『儀禮』 권29, 喪服, 賈公彦疏).

〈舊8〉 諸犯流罪以下, 辭定, 欲成婚者, 責保給假七日, 正冬三日. 已配役者亦聽. 竝不給程. 無保者, 唯(准)[221]給節日假, 不合出.

무릇 유죄 이하를 범하고 [범인의] 자술이 확정된 경우, 혼인을 하고자 하는 자는 보증인을 세우면 7일간 휴가를 주고, 동지에는 3일간 휴가를 준다. 이미 배속되어 복역하는 경우 또한 이를 허락한다. 모두 오고 가는 일정은 주지 않는다. 만일 보증인이 없는 경우, 절일(節日)의 휴가만 주고 배속된 곳을 벗어나게 할 수 없다.

유관당송문 관련 기록이 당송 시기 문헌에서는 확인되지 않는다.

▸ 복원 당령

『天聖令』 복원당령청본 獄官令, 25조, 646쪽

〈舊9〉 諸應議請(請議)[222]減者, 犯流以上, 若除·免·官當竝鏁禁. 公坐(座)[223]流私罪徒, 竝謂非官當者, 責保參對. 其九品以上及無官應贖者, 犯徒以上若除·免·官當者, 枷禁. 公罪徒, 竝散禁, 不脫巾帶, 辦定, 皆聽在外. 參對(斷).[224]

무릇 의장(議章)·청장(請章)·감장(減章)에 해당하는 자[225]가 유죄 이상을 범하고, 또한 [그 죄가] 제명·면관·관당에 해당한다면 모두 쇄(鏁)를 채워 구금한다. 공죄(公罪)로 인한 유죄와 사죄(私罪)로 인한 도죄는 모두 관당에 해당하지 않는 경우를 말한다. 보증인을 세워 풀어주고 심문관을 대면하게 한다. 그런데 9품 이상 및 관이 없지만 속(贖)에 해당하는 자와 도죄 이상으로

---

221) [교감주] '准'자는 문맥상 '唯'자로 고친다.

222) [교감주] 『唐律疏議』 권29, 斷獄1-1의 소의 〈제469조〉, 545쪽의 '諸應議請減'에 근거하여 '議請'으로 바꾼다.

223) [교감주] 『宋刑統』 권29, 斷獄律 應囚禁枷鏁杻, 466~467쪽, '公坐流'에 근거하여 '坐'자로 바꾼다.

224) [교감주] 『宋刑統』 권29, 斷獄律 應囚禁枷鏁杻, 466~467쪽, '皆聽在外參對'에 근거하여 '對'자로 바꾼다.

225) 議·請·減章에 대해서는 〈現37〉조의 각주에서 설명하였다.

제명·면관·관당에 해당하는 자는 가(枷)를 씌워 구금한다. 공죄로 도죄를 범하였다면 형구를 채우지 않고 구금하고 두건과 허리띠를 벗기지 않으며 판(辦)[226]이 확정되면 모두 [옥] 밖에서 심문관을 대면하는 것을 허락한다.

유관당송문 1)『唐六典』: 諸應議·請·減者, 犯流已上, 若除·免·官當者, 竝鏁禁.(권6, 尙書刑部, 188쪽 ;『역주당육전』상, 594~595쪽)

2)『唐律疏議』: 又條, 應議請減者, 犯流以上, 若除免官當並鏁禁.(권29, 斷獄1-1의 소의 〈제469조〉, 545쪽 ;『역주당률소의』, 3320~3321쪽)

3)『宋刑統』: 又條, 諸禁囚死罪加杻, 婦人及流罪以下去杻. 其杖罪散禁. 年八十及十歲幷廢疾, 釋曰, 廢疾具在諸十二丁中老小疾條. 懷孕·侏儒之類, 雖犯死罪, 亦散禁. 諸應議·請·減者, 犯流罪以上, 若除·免·官當者, 竝鏁禁. 公坐流·私罪徒, 竝謂非官當者, 責保參對. 其九品以上及無官應贖者, 犯徒以上, 若除·免·官當者, 枷禁. 公罪徒竝散禁, 不脫巾帶, 款定皆聽在外參對.(권29, 斷獄律, 466~467쪽)

▸ 유관 일본령

『令義解』: 凡應議·請·減者, 犯流以上, 若除·免·官當者, 竝肱禁, 公坐流·私罪徒, 並謂非官當者, 責保參對. 其初位以上, 及無位應贖, 犯徒以上及除·免·官當者, 梏禁. 公罪徒, 竝散禁, 不脫巾(권10, 獄令, 325쪽)

▸ 복원 당령

『唐令拾遺』獄官令, 30조, 783쪽

『天聖令』복원당령청본 獄官令, 45조, 647쪽

〈舊10〉 諸犯死罪在禁, 非惡逆以上, 遭父母喪·婦人夫喪, 及祖父母喪承重者, 皆給假七日發哀, 流·徒罪三十日, 悉不給程. 竝待辦定, 責保乃給.

무릇 사죄를 범하여 구금되어 있는데 [죄상이] 악역 이상이 아니면서 부모 상, 부인으로서 남편 상, 승중자로서 조부모 상을 당한 경우 모두 7일의 휴가를 주어 발애(發哀)하게 하고, 유죄·도죄의 경우 휴가 30일을

226) '辦'에 대해서는 〈現29〉조와 〈現35〉조의 각주에서 설명하였다.

주되, 모두 오고 가는 일정은 주지 않는다. 또한 판(辦)이 확정되기를 기다려서 보증인을 세우면 [휴가를] 준다.

유관당송문 1)『慶元條法事類』: 諸配流·編管·羈管·移鄉人在道聞祖父母父母喪, 及隨行家屬有疾或死若產者, 申所在官司, 量事給住程假.(권11, 職制門8, 213쪽)

▸ 유관 고려령

『高麗史』: 諸流移人, 未達前所, 而祖父母·父母在鄉喪者, 給暇七日發哀, 周喪, 承重亦同. 諸婦人在禁臨產月者, 責保聽出, 死罪產後滿二十日, 流罪以下滿三十日. 諸犯死罪在禁非惡逆以上, 遭父母喪夫喪祖父母喪, 承重者給假七日發哀, 流徒罪三十日, 責保乃出. 諸流移囚在途, 有婦人產者, 竝家口, 給暇二十日, 家女及婢, 給暇七日. 若身及家口, 遇患或逢賊, 津濟水漲, 不得行者, 隨近官, 每日驗行, 堪進卽遣, 若祖父母·父母喪者, 給暇十五日, 家口有死者, 七日.(권85, 刑法, 871쪽)

▸ 유관 일본령

『令義解』: 凡犯死罪在禁, 非惡逆以上, 祖父母喪·婦人夫喪及祖父母喪承重者, 皆給假七日發哀. 流徒罪二十日, 悉不給程.(권10, 獄令, 327쪽)

▸ 복원 당령

『唐令拾遺補』 獄官令, 보8조, 828쪽

『天聖令』 복원당령청본 獄官令, 51조, 648쪽

〈舊11〉 諸道士(女)[227]女冠·僧尼犯罪, 徒以上及姦·盜·詐脫法服, 依律科斷, 餘犯依僧道法.

무릇 도사·여관·비구·비구니가 죄를 범하였는데, 도죄(徒罪) 이상 및 간죄(姦罪)·도죄(盜罪)·거짓으로 법복을 벗은 죄라면 율에 의하여 처벌하고,[228] 나머지 범죄는 승도법(僧道法)[229]에 의거한다.

---

227) [교감주] '女'字는 오기이며, 문맥에 따라 '士'자로 고친다.

228) 도사·여관·비구·비구니가 姦罪와 盜罪를 범한 것은 비윤리적인 죄행으로 법에서 가장 무겁게 처벌하도록 하여, 일반인과 동일하게 처리하도록 규정하였다(『唐律疏

유관당송문 관련 기록이 당송 시기 문헌에서는 확인되지 않는다.

▸ 복원 당령

『天聖令』 복원당령청본 獄官令, 64조, 649쪽

〈舊12〉 諸放賤爲部曲·客女及官戶, 逃亡經三十日, 竝追充賤.

무릇 노비를 면하여 부곡·객녀 및 관호로 삼았는데, 도망하여 30일이 지난 경우 모두 추포하여 노비로 충당한다.

유관당송문 1) 『唐律疏議』: 諸官戶·官奴婢亡者, 一日杖六十, 三日加一等. 部曲·私奴婢亦同. 主司不覺亡者, 一口笞三十, 五口加一等, 罪止杖一百. 故縱官戶亡者, 與同罪. 奴婢, 準盜論. 即誘導官私奴婢亡者, 準盜論, 仍令備償.(권28, 捕亡13 〈제463조〉, 536쪽 ; 『역주당률소의』, 3303쪽)

▸ 유관 일본령

『令義解』: 凡放賤爲家人及官戶, 逃亡經卅日, 並追死賤.(권10, 獄令, 330쪽)

▸ 복원 당령

『天聖令』 복원당령청본 獄官令, 65조, 649쪽

右令不行.

위의 영들은 시행하지 않는다.

議』 권6, 名例57-6의 주와 소의 〈제57조〉, 145쪽 ; 『역주당률소의』, 372쪽).

229) 僧道와 관련해서는 당률에 사사로이 불교와 도교에 입문하거나 도첩을 준 경우에 대한 처벌 규정이 있다(『唐律疏議』 권12, 戶婚5 〈제154조〉, 235~236쪽 ; 『역주당률소의』, 2211~2213쪽). 『令集解』에 인용된 道僧格의 逸文을 통해 당대에도 道僧과 관련된 법이 있었다는 전제 하에 일찍부터 당의 道僧格에 관한 연구가 진행되어 왔다(三浦周行, 「關於僧尼的法制的起源」, 『史學雜誌』 第15編 第4·第6號, 1904 ; 諸戶立雄, 「北魏的僧制和 唐的〈道僧格〉」, 『秋大史學』 20, 1973 ; 鄭顯文, 「唐代〈道僧格〉研究」, 『歷史研究』, 2004-4 참조). 최근 천성령의 발견으로 본 조문에 근거한 연구로 董春林의 「論唐宋僧道法之演變」(『江西社會科學』 2010-10)이 있다.

獄官令 卷第二十七

역주_ 김종섭·김택민

營繕令[1] 卷第二十八

〈現1〉 諸計功程者, 四月·五月·六月·七月爲長功, 二月·三月·八月·九月爲中功, 十月·十一月·十二月·正月爲短功. 春夏不得伐木. 必臨時要須, 不可廢闕者, 不用此令.

무릇 작업량의 계산은[2] 4월·5월·6월·7월은 장공(長功)으로, 2월·3월·8월·9월은 중공(中功)으로, 10월·11월·12월·1월은 단공(短功)으로 한다. 봄과 여름에는 나무를 벨 수 없다.[3] 반드시 그 때에 필요하여 그만둘 수 없는 경우에는 이 영을 적용하지 않는다.

---

1) 『唐六典』 권6, 尙書刑部, 183~185쪽(『역주당육전』상, 569~575쪽)에는 漢魏 이래 唐朝까지 律令의 篇目이 기록되어 있다. 營繕令은 당 이전 令의 편목에서는 보이지 않고 唐令에서 최초로 등장하며, 당령 27편 중 제25편에 해당한다. 또한 日本의 養老令 30편 중 제20편이 영선령이다. 다만 『晉令輯存』(張鵬一 編著, 徐淸廉 校補, 『晉令輯存』, 西安 : 三秦出版社, 1989, 205쪽)에서는 『太平御覽』 권770, 舟部3, 3415쪽, "營繕令曰, '諸私家不得有艨衝等船.'"에 근거하여 晉 營繕令 1개 조문을 복원하였다. 즉 영의 편명이 비록 없더라도 營繕에 관련된 조문이 당 이전에도 존재하였을 가능성을 상정할 수 있다. 天聖令 영선령은 총 32개 조문으로 이루어져 있는데, 그 중 現令과 舊令으로 각각 26개 조문과 4개 조문이 구분되며, 이 외에 시기를 확정하기 어려운 2개 조문이 또한 존재한다. 내용상 영선령은 工程의 기획, 豫算의 신청, 人力의 동원, 作業 실행, 器械 관리 등에 관해 중앙과 지방의 여러 주무 관사와 실행 관사가 처리해야 할 임무에 대한 규정을 담고 있다.

2) 일반적으로 노동량의 단위로서의 功은 아침부터 저녁까지를 기준으로 하였는데, 계절에 따라 일조시간이 다르므로 노동시간 역시 계절에 따라 길어지거나 짧아지게 된다(『唐律疏議』 권6, 명례55-1 〈제55조〉, 140쪽 ; 『역주당률소의』, 362쪽).

3) 계절에 따른 금지는 봄과 여름의 벌목 금지 외에도 겨울의 冶金 금지, 봄·여름·가을의 토목 공사 금지 등이 있었는데, 이러한 금지 규정을 둔 배경에는 화재의 예방, 農桑의 보호라는 현실적 이유뿐만 아니라 生育과 死藏을 상징하는 각 계절에 어긋나는 행동을 금한다는 관념적 이유도 적용된 것으로 생각된다.

유관당송문 1)『唐六典』: 凡功有長短, 役有輕重. 凡計功程者, 四月·五月·六月·七月爲長功, 二月·三月·八月·九月爲中功, 十月·十一月·十二月·正月爲短功. 凡啓塞之時, 火土之禁, 必辨其經制, 而擧其條目. 凡四時之禁 : 每歲十月以後, 盡于二月, 不得起治作 ; 冬至以後, 盡九月, 不得興土工 ; 春·夏不伐木. 若臨事要行, 理不可廢者, 以從別式.(권23, 將作監, 595쪽 ;『역주당육전』하, 135~137쪽)

2)『唐六典』: 凡興建修築, … 凡計功程者, 夏三月與秋七月爲長功, 冬三月與春正月爲短功, 春之二月·三月·秋之八月·九月爲中功. 其役功則依戶部式.(권7, 尙書工部, 222쪽 ;『역주당육전』상, 670~673쪽)

3)『新唐書』: 四月至七月爲長功, 二月·三月·八月·九月爲中功, 十月至正月爲短功.(권46, 百官1, 1201쪽)

4)『新唐書』: 自十月距二月, 休冶功 ; 自冬至距九月, 休土功. … 功有長短, 役有輕重. 自四月距七月, 爲長功 ; 二月·三月·八月·九月, 爲中功 ; 自十月距正月, 爲短功.(권48, 百官3, 1272~1273쪽)

5)『營造法式』: 諸稱長功者, 四月·五月·六月·七月, 中功謂二月·三月·八月·九月, 短功謂十月·十一月·十二月·正月.(권2, 總釋下, 45쪽)

▸ 유관 일본령

『令義解』: 凡計功程者, 四月五月六月七月, 爲長功, 二月三月八月九月, 爲中功, 十月十一月十二月正月, 爲短功.(권6, 營繕令, 221쪽 ;『令集解』권30, 營繕令, 755쪽)

▸ 복원 당령

『唐令拾遺』營繕令, 1조, 800쪽 ;『唐令拾遺補』營繕令, 1조, 831쪽
『天聖令』당령복원청본, 營繕令, 1~2조, 672쪽

〈現2〉 諸新造州鎭城郭役(後)[4]功者, 具科申奏, 聽報營造.

무릇 주와 진의 성곽을 새로 축조하는 데에 인력을 동원할 경우, 조목을 자세히 갖추어 상주하고,[5] 허락을 받은 후에 영조한다.

---

4) [교감주]『通典』권7, 食貨7 歷代盛衰戶口, 151~152쪽의 "每丁一月役功三日, 計十丁一年共得三百六十日."이라는 기록과 賦役令,〈舊22〉조의 "丁匠歲役功上十日, 有閏之年加二日."이라는 영문에 따르면 저본의 '後'는 '役'의 誤記이다.

5) 당대의 경우 지방에서 상서성으로 보고한 성곽 축조 계획은 상서공부에서 타당성을

유관당송문 1) 『宋刑統』 : 議曰, 修城郭, 築堤防, 興起人功, 有所營造, 依營繕令 : "計人功多少, 申尙書省聽報, 始合役功." 或不言上及不待報, 各計所役人庸, 坐贓論減一等. 其庸倍論, 罪止徒二年半.(권16, 擅興律 興造料請, 262쪽 ; 『唐律疏議』 권16, 擅興17-1의 소의 〈제240조〉, 312~313쪽 ; 『역주당률소의』, 2366~2367쪽)

▸ 복원 당령

『唐令拾遺』 營繕令, 2조, 800~801쪽 ; 『唐令拾遺補』 營繕令, 2조, 831쪽
『天聖令』 당령복원청본, 營繕令, 3조, 672쪽

〈現3〉 諸別奉勅令有營造, 及和雇(顧)[6]造作之類, 未定用物數者, 所司支料(科),[7] 皆先錄所須總數, 奏聞.

무릇 별도로 칙령을 받아 영조하거나[8] 인력을 고용하여 제작하는 일 등에서 사용될 물품의 수량[9]이 확정되지 않은 경우 해당 관사의 지출을 계산하여 모두 먼저 필요한 총 수량을 기록하여 아뢴다.

판별하였다(『唐六典』 권7, 尙書工部, 216쪽 ; 『역주당육전』상, 638쪽, "郎中·員外郎掌經營興造之衆務, 凡城池之修濬, 土木之繕葺, 工匠之程式, 咸經度之.").

6) [교감주] 저본의 '顧'는 문맥상 '雇'의 誤記이다.

7) [교감주] 저본의 '科'는 '料'의 誤記이다. 『令義解』 권6 및 『令集解』 권30, 營繕令 有所營造條, "所司皆先錄所須摠數"에는 '支料'가 보이지 않는다. 그러나 『舊唐書』 권49, 食貨下, 2123쪽, 開元二年九月勅의 "其常平所須錢物, 宜令所司支料奏聞.", 『通典』 권6, 食貨6 賦稅下, 108~109쪽, "若須折受餘物, 亦先支料." 및 倉庫令, 〈現15〉조의 "卽年常支料"에 의거하여 바로잡는다.

8) 일본 養老令의 營繕令 '有所營造條' 注文에는 당령에 '別勅有所營造'로 되어 있다고 하여 당령 역시 본 조문과 마찬가지로 별도의 勅에 의하거나 특별한 영조에 관한 규정을 두고 있었던 것으로 보인다(『令義解』 권6, 營繕令, 221쪽 ; 『令集解』 권30, 營繕令, 756쪽, "[原注 : 謂 : 別勅臨時有所營造也. 所以知者, 『唐令』云 : '別勅有所營造.' 此令雖不言別勅, 而理亦不殊.]").

9) 『令集解』 권30, 營繕令, 757쪽 注文에 인용된 令釋에 "其賦役令, 爲丁夫立文. 營繕令, 爲材木役直并物立文."이라고 한 것을 고려하면, 본 조문의 내용은 材木·役直과 物資 등의 "用物"에 관련된 규정으로 보인다. 즉 임시적이거나 특별한 영조에 관하여 〈現2〉조가 '人力'에 관한 '支料'를 규정한 것이라고 한다면, 본 조문은 '用物'에 대한 '支料'에 관한 부분을 규정한 것이다.

유관당송문 1)『宋刑統』: 諸有所興造, 應言上而不言上, 應待報而不待報, 各計庸坐贓論, 減一等. 卽料請財物及人功, 多少違實者, 笞五十. 若事已損費, 各併計所違, 贓庸重者坐贓論, 減一等. 本料不實, 料者坐. 請者不實, 請者坐. … 議曰 : 修城郭, 築隄防, 興起人功, 有所營造, 依營繕令, 計人功多少, 申尙書省聽報, 始合役功. 或不言上, 及不待報, 各計所役人庸, 坐贓論, 減一等, 其庸倍論, 罪止徒二年半.(권16, 擅興律 興造料請, 262쪽 ;『唐律疏議』 권16, 擅興17의 율문 및 소의 〈제240조〉, 312~313쪽 ;『역주당률소의』, 2366~2367쪽)

▸ 유관 일본령

『令義解』: 凡有所營造, 及和雇造作之類, 所司皆先錄所須摠數, 申太政官.(권6, 營繕令, 221쪽 ;『令集解』 권30, 營繕令, 756~757쪽)

▸ 복원 당령

『唐令拾遺』 營繕令, 2조, 800쪽 ;『唐令拾遺補』 營繕令, 2조, 831쪽

『天聖令』 당령복원청본, 營繕令, 3조, 672쪽

〈現4〉 大廟[10] 及宮殿皆四阿, 施鴟尾, 社[11] 門·觀·寺·神祠亦如之. 其宮(官)[12] 內及京城諸門·外州正(鎭)[13] 牙門等, 竝施鴟尾, 自外不合.

태묘[大廟] 및 궁전은 모두 사아(四阿)[14]로 하여 치미[15]를 설치하고, 사문·

10) [교감주] "大廟"로 시작하는 본 조문은 "諸"로 시작하지 않는데, 이는 平闕式에 근거한 것이다. 이처럼 "諸"字로 시작되지 않는 천성령 조문의 형식적 특징에 관해서는 牛來穎, 「『天聖令』復原硏究中的幾個問題」, 『新史料·新觀點·新視角 : 天聖令論集』(上), 臺北 : 元照出版公司, 2011, 65~76쪽을 참조할 것. 또한 저본의 "大廟"는 "太廟"와 동의어로 쓰이기 때문에 그대로 둔다.

11) [교감주] [元] 陸友 撰, 『硏北雜志』 권상, "宋制 : 太廟及宮殿皆四阿, 施鴟尾. 社門·觀·寺·神祠亦如之 其宮內及京城諸門·外州正衙門等, 並施鴟尾, 自外不合."에 의거하여 "社"를 보충한다.

12) [교감주] 저본에는 "官"으로 되어 있지만, 앞서 인용된『硏北雜志』 권상에 의거하여 "宮"으로 고친다.

13) [교감주] 저본의 "鎭"은 앞의『硏北雜志』 권상 및『宋史』 권154, 輿服志, 3600쪽, "諸州正牙門及城門, 並施鴟尾, 不得施拒鵲."에 의거하여 "正"으로 고친다.

14) 四阿의 阿는 지붕의 경사면이 서로 만나는 모서리를 구성하는 垂脊(정·후면과 측면이 만나는 부분의 마루로 내림 혹은 추녀마루에 해당)을 가리키는 말로 4면이 경사진 지붕에는 모두 네 개의 垂脊이 있기 때문에 四阿라고 한다. 따라서 四阿는 4면에 모두 처마가 있으며 가운데에 용마루가 있고 4면이 경사진 지붕을 가리킨다(李

도관·사찰·신사 역시 이와 같이 한다.[16] 궁 안과 경성의 모든 문 및 지방 주(州) 관아[正牙]의 정문 등은 모두 치미를 설치하며, 그 외의 곳은 설치할 수 없다.[17]

允鉌 著, 이상해 外 譯, 『중국 고전건축의 원리』, 서울 : 시공사, 2000, 218~219쪽 참조).

15) 鴟尾는 궁전 등 건물의 용마루[正脊] 양단에 설치한 장식으로 '吻'의 한 종류이다. 치미의 원형은 대체로 인도의 마갈어(摩竭魚 : 고래) 형상에서 기원한 것으로 알려져 있으며, 마갈어는 佛經에서 雨神으로 "避火"의 효능을 가진 것으로 여겨졌다(臧麗娜, 「鴟尾考略」, 『東南大學學報』 第1卷 第4期, 1999. 11. 82~83쪽 ; 許桂平, 「我國古代建築中屋頂裝飾件」, 『山西建筑』 第29卷 第4期, 2003. 4. 9~10쪽 등 참조). 한편 『宋史』에 의하면 州의 관아와 城의 정문에 鴟尾를 설치하지만, '拒鵲'은 설치하지 못하도록 규정하고 있다. 거작은 치미의 등지느러미 부분에 새가 둥지를 만드는 것을 방지하기 위해 박아 넣은 철침으로 '拒鵲子'라고도 한다. 거작의 설치가 금지된 원인으로는 치미에 거작을 더하면 높이가 높아져 비바람에 치미가 쉽게 손상될 수 있고, 철침으로 제작되었기 때문에 벼락으로 인해 화재가 일어날 가능성이 있기 때문인 것으로 보인다(許桂平, 위의 논문, 2003, 10쪽).

16) 북송 후기에 편찬된 『營造法式』에는 四阿殿閣이라는 명칭이 보이는데, 吳殿·五脊殿으로도 불린다고 한다. 이에 따르면 본 조문의 "四阿"는 단순히 4면의 경사진 지붕과 4개의 추녀마루를 설치한다는 의미가 아니라 四阿殿閣이라는 건축물의 형식을 가리키는 것으로 생각된다([宋] 李誡 撰, 『營造法式』 권5, 陽馬, 105쪽, "凡四阿殿閣, 若四椽·六椽五間及八椽七間, 或十椽九間以上, 其角梁相續, 直至脊槫, 各以逐架斜長加之. 如八椽五間至十椽七間, 並兩頭增出脊槫各三尺. [原注 : 隨所加脊槫盡處, 別施各梁一重. 俗謂之吳殿, 亦曰五脊殿.]", 上海 : 商務印書館, 1954).

17) 『營造法式』에서 치미의 크기를 건물의 형식에 따라 다르게 규정하고 있었던 것을 보면, 당시에는 치미 설치에 대한 규정은 상당히 엄격하였던 것으로 생각된다.

〈『營造法式』 권13, 瓦作制度에 보이는 각종 건물에 따른 鴟尾의 높이〉

건물 종류	間數 및 椽數	鴟尾의 높이(尺)	비고
殿屋	9間 8椽 이상 : 有副階	9~10	
	無副階	8	
	5~7間	7~7.5	椽數 不計
	3間	5~5.5	
樓閣	3檐者	7	殿 5間과 同
	2檐者	5~5.5	殿 3間과 同
殿挾屋		4~4.5	
廊屋之類		3~3.5	
小亭殿 等		2~2.5	

潘谷西·何建中, 『營造法式解讀』, 南京 : 東南大學出版社, 2005, 163쪽에서 재인용.

유관당송문 1)『宋史』: 諸州正牙門及城門, 並施鴟尾, 不得施拒鵲.(권154, 輿服 6, 3600쪽)

▸ 복원 당령

『唐令拾遺』 營繕令, 3조, 801쪽 ;『唐令拾遺補』 營繕令, 3조, 831쪽

『天聖令』 당령복원청본, 營繕令, 3조, 672쪽

〈現5〉 諸王公以下, 舍屋不得施重(行)[18]拱·藻井. 三品以上不得過九架, 五品以上不得過七架, 並廳(聽)[19]廈兩頭. 六品以下不得過五架. 其門舍, 三品以上不得[20]過五架三間, 五品以上不得過三間兩廈, 六品以下及庶人不得過一間兩廈. 五品以上仍連[21]作烏頭大門. 父·祖舍宅及門, 子孫雖蔭(陰)[22]盡, 仍聽依舊居住.

무릇 왕공 이하는 집에 겹으로 된 공포와 화려한 문양으로 장식한 천장을 설치할 수 없다. 3품 이상은 [본채가] 아홉 도리를 넘을 수 없고, 5품 이상은 [본채가] 일곱 도리를 넘을 수 없으며, 모두 [본채] 대청을 하양두[23]로 한다. 6품 이하는 [본채가] 다섯 도리를 넘을 수 없다. 그 문사[24] [건설에

18) [교감주] 저본의 '行'은 '重'의 오기이다. 유관당송문『宋刑統』에 의거하여 바로잡는다.

19) [교감주] 저본의 '聽'은 '廳'의 오기이다. 유관당송문『營造法式』과『唐六典』에 의거하여 바로잡는다.

20) [교감주] 저본에는 '得'이 탈루되었다. 文意와 유관당송문『唐會要』에 의거하여 바로잡는다.

21) [교감주] '連'은 유관당송문『宋史』에서는 '許'로 되어있으며,『唐會要』에서는 '通'으로 되어 있다. 이는 宋에서 避諱한 것으로 보인다.

22) [교감주] 저본의 '陰'은 '蔭'의 오기이다. 文意에 따라 바로잡는다.

23) 廈兩頭는 廈兩頭造 혹은 二廈頭라는 중국 전통 지붕 양식을 말한다. 보통 廳堂의 건축에 사용하며 이와 거의 동일한 모양으로 殿閣에 사용하는 양식은 九脊殿이라고 한다. 그 지붕 모양은 팔작지붕과 유사하다(潘谷西·何建中,『《營造法式》解讀』, 南京 : 東南大學出版社, 2005, 61~62쪽 ; 王其鈞 主編,『中國古建築圖解』 1, 北京 : 機械工業出版社, 2006, 7쪽).

24) 유관당송문『唐會要』의 기록을 보면 門舍는 門屋과 통용된다. 門屋은 독립된 하나의 건물로 대문과 건물의 기능을 동시에 가지고 있으며, 궁전에서부터 서민의 집에까지 광범위하게 사용되었다(王其鈞 主編,『中國古建築圖解』 1, 114쪽 참조).

서] 3품 이상은 다섯 도리의 세 칸을 넘을 수 없고, 5품 이상은 세 칸에 두 행랑을 넘을 수 없으며, 6품 이하 및 서인은 한 칸에 두 행랑을 넘을 수 없다. 5품 이상[25]은 모두 오두대문[26]을 지을 수 있다. 아버지와 할아버지의 집과 문은 자손이 비록 음이 다하였더라도 예전대로 거주하는 것을 허락한다.[27]

유관당송문 1)『唐六典』: 凡宮室之制, 自天子至于士庶, 各有差等, 天子之宮殿皆施重栱、藻井. 王公、諸臣三品已上九架, 五品已上七架, 並廳厦兩頭 ; 六品已下五架. 其門舍三品已上五架三間, 五品已上三間兩厦、六品已下及庶人一間兩厦. 五品已上得制烏頭門. 若官修者, 左校爲之. 私家自修者, 制度准此.(권23, 將作監, 596쪽 ;『역주당육전』하, 141~143쪽)

2)『唐會要』: 又奏, "准, 營繕令, 王公已下, 舍屋不得施重栱·藻井. 三品已上堂舍, 不得過五間九架, 廳厦兩頭門屋, 不得過五間五架. 五品已上堂舍, 不得過五間七架, 廳厦兩頭門屋, 不得過三間兩架, 仍通作烏頭大門, 勳官各依本品. 六品七品已下堂舍, 不得過三間五架, 門屋不得過一間兩架. 非常參官, 不得造軸心舍, 及施懸魚·對鳳·瓦獸·通栿乳梁裝飾. 其祖父舍宅, 門廕子孫, 雖廕盡, 聽依仍舊居住. 其士庶公私第宅, 皆不得造樓閣, 臨視人家. 近者或有不守勑文, 因循制造, 自今以後, 伏請禁斷. 又庶人所造堂舍, 不得過三間四架, 門屋一間兩架, 仍不得

---

25) 유관당송문의『營造法式』권2, 總釋下 및『宋史』에서는 烏頭門의 설치 허용 기준이 '六品以上'이라고 기록되어 본 조문의 '五品以上'과 품계 차이가 있다.『營造法式』에서는 별도의 설명 없이 "唐六典六品以上仍通用烏頭大門."이라고 기록되어 있으나, 실제로『唐六典』에서는 "五品已上得制烏頭門."이라고 되어 있다. 또한『唐會要』에서도 '五品已上'이라고 기록되었다.

26) 烏頭門은 欞星門이라고도 하며 住宅, 祠廟의 정문 앞에 위치한 독립 건축물이다. 唐宋 시기 6품 이상 관원의 주택 앞에 설치할 수 있는 의례용 문이다. 그 모양은 간단하여 두 개의 나무 기둥이 가운데 문짝을 끼고 있는 형식이며 기둥 상부에 부식 방지를 위한 통 모양의 기와를 올렸는데 검은색을 사용하였기에 "烏頭"라고 불렸다(潘谷西·何建中,『《營造法式》解讀』, 107~110쪽).

27) 일본의『倭名類聚抄』에도 이와 유사한 기록이 있다.『倭名類聚抄』권10, 居處部, "諸王公以下, 舍屋不得施重拱·藻井. 三品以上, 堂舍不得過五間九架, 廳厦兩頭. 門屋不得過三間五架. 五品以上, 堂舍不得過五間七架, 廳厦兩頭. 門屋不得過三間兩架. 仍連作烏頭大門. 勳官各依本品. 六品以下及庶人, 堂舍不得通三間兩架. 門屋不得過一間兩架. 非常參官不得造軸心舍, 及施懸魚·對鳳·瓦獸, 通栿乳梁裝飾. 其祖父舍宅門, 蔭子孫雖蔭盡, 仍聽依舊居住. 其士庶公私第宅, 皆不得造樓閣, 臨視人家."

輒施裝飾. 又準律, 諸營造舍宅, 於令有違者, 杖一百. 雖會赦令, 皆令改正. 其物可賣者聽賣. 若經赦百日不改去及不賣者, 論如律."(권31, 輿服上, 671쪽)

3)『新唐書』: 文宗卽位, 以四方車服僭奢, 下詔準儀制令, 品秩勳勞爲等級. … 王公之居, 不施重栱·藻井. 三品堂五間九架, 門三間五架 ; 五品堂五間七架, 門三間兩架 ; 六品·七品堂三間五架, 庶人四架, 而門皆一間兩架. 常參官施懸魚·對鳳·瓦獸·通乳梁."(권24, 車服, 531~532쪽)

4)『宋刑統』: 營造舍宅者, 依營繕令, 王公已下, 凡有舍屋, 不得施重拱·藻井.(권26, 雜律 營造舍宅車服違令, 416쪽 ;『唐律疏義』권26, 雜律15-1의 소의 〈제403조〉, 488쪽 ;『역주당률소의』, 3218쪽)

5)『營造法式』: 唐六典六品以上仍通用烏頭大門.(권2, 總釋下 烏頭門, 33쪽)

6)『營造法式』: 凡堂廳並廈兩頭造, 則兩梢間用角梁轉過兩椽, 按唐六典及營繕令云, 王公以下居第並廳廈兩頭者, 此制也.(권5, 大木作制度2, 105쪽)

7)『宋史』: 凡公宇, 棟施瓦獸, 門設梐枑. 諸州正牙門及城門, 並施鴟尾, 不得施拒鵲. 六品以上宅舍, 許作烏頭門. 父祖舍宅有者, 子孫許仍之. 凡民庶家, 不得施重栱·藻井及五色文采爲飾, 仍不得四鋪飛簷. 庶人舍屋, 許五架, 門一間兩廈而已.(권154, 輿服6, 3600쪽)

▸ 복원 당령

『唐令拾遺』營繕令, 4조, 801~804쪽 ;『唐令拾遺補』營繕令, 4조, 831~832쪽
『天聖令』당령복원청본, 營繕令, 6조, 672쪽

〈現6〉 諸公私[28]第(弟)[29]宅, 皆不得起樓閣, 臨視人家.

무릇 공사의 주택에서는 모두 타인의 집이 내려다보이도록 누각[30]을

28) [교감주] '公私'는 유관당송문『唐會要』에서는 '其士庶王公'으로 되어있으며,『令集解』권30, 營繕令, 私第宅條에서는 '公'이 없다.

29) [교감주] 저본의 '弟'는 '第'의 오기이다. 文意와 유관당송문『唐會要』및『令集解』권30, 營繕令, 私第宅條에 의거하여 바로잡는다.

30) 樓와 閣은 1층 이상의 건축물을 말한다. 樓와 閣은 종종 붙여서 사용되지만, 동일한 개념은 아니다.『說文解字』에 '樓는 重屋이다'라고 하였는데, 이는 수직방향으로 屋이 한 차례 더 중첩되었다는 뜻으로 보통 다층의 건축물을 가리킨다. 閣은 重屋이 아닌 支柱(기둥) 위의 구조물을 가리킨다. 따라서 閣은 저층 평면과 상층 평면의 사용기능이 다르며, 대부분의 경우 1층은 支柱層일 뿐이다. 支柱層은 밀폐되지 않은 공간을 형성하는데, 層을 이루기는 하지만, 室이라고 할 수는 없다. 李允鉌

세워서는 안 된다.

유관당송문 1)『唐會要』: 又奏, '准, 營繕令, 王公已下, 舍屋不得施重栱·藻井. 三品已上堂舍, 不得過五間九架, 廳廈兩頭門屋, 不得過五間五架. 五品已上堂舍, 不得過五間七架, 廳廈兩頭門屋, 不得過三間兩架, 仍通作烏頭大門, 勳官各依本品. 六品七品已下堂舍, 不得過三間五架, 門屋不得過一間兩架. 非常參官, 不得造軸心舍, 及施懸魚·對鳳·瓦獸·通袱乳梁裝飾. 其祖父舍宅, 門廕子孫, 雖廕盡, 聽依仍舊居住. 其士庶公私第宅, 皆不得造樓閣, 臨視人家.(권31, 輿服上, 671쪽)

2)『唐會要』: 諸坊市邸店樓屋, 皆不得起樓閣, 臨視人家, 勒百日內毁拆.(권59, 尙書省諸司下, 1220쪽)

▸ 유관 일본령

『令義解』: 凡私第宅, 皆不得起樓閣, 臨視人家.(권6, 營繕令, 221쪽 ;『令集解』 권30, 營繕令, 757쪽)

▸ 복원 당령

『唐令拾遺』營繕令, 4조, 801~804쪽 ;『唐令拾遺補』營繕令, 4조, 831~832쪽

『天聖令』 당령복원청본, 營繕令, 6조, 672쪽

〈現7〉 宮城內有大營造及修理, 皆令(不)[31]司天監擇日奏聞.

궁성 내에서 크게 건물을 짓거나 수리하는 경우, 모두 사천감[32]에게 택일하여 아뢰게 한다.

著, 이상해 外 譯,『중국 고전건축의 원리』, 85쪽 참조.

31) [교감주] 저본의 '不'은『令義解』권30, 營繕令, 221쪽의 '皆令陰陽寮擇日'이라는 영문에 따라 '令'으로 고친다.

32) 당대에는 占卜 업무를 태상시 예하의 太卜署가 담당하였는데, 북송 전기에 태상시 직무의 대부분이 太常禮院으로 이관되면서 사천감이 점복을 담당하게 되었다. 이후 元豊改制 시에 태상시가 부활하고 사천감은 태사국으로 개칭되어 비서성에 소속되었으나, 여전히 중요한 국가 행사를 위한 擇日은 태사국이 전담하였다(『宋史』 권164, 職官4 太史局, 3879쪽, "太史局 : 掌測驗天文, 考定曆法. 凡日月·星辰·風雲·氣候·祥眚之事, 日具所占以聞. 歲頒曆于天下, 則預造進呈. 祭祀·冠昏及大典禮, 則選所用日.").

유관당송문 1)『唐六典』：凡修理宮廟, 太常先擇日以聞, 然後興作.(권23, 將作監, 594쪽 ;『역주당육전』하, 127~134쪽)
2)『新唐書』：凡治宮廟, 太常擇日以聞.(권48, 百官3, 1272쪽)

▸ 유관 일본령

『令義解』：宮內有營造及修理, 皆令陰陽寮擇日.(권6, 營繕令, 221쪽 ;『令集解』권30, 營繕令, 757쪽)

▸ 복원 당령

『唐令拾遺』營繕令, 5조, 804쪽

『天聖令』당령복원청본, 營繕令, 7조, 672쪽

〈現8〉 諸營造軍器, 皆須依樣, 鐫題年月及工匠·官典姓名, 及所造州·監. 角弓則題角面, 甲則題身·裙·覆髆, 並注行鍱數. 其題並用朱漆. 不可鐫題者, 不用此令.

무릇 군사 기물의 제작은 모두 견본[樣]에 따라야 하고, 제작 연월과 만든 장인과 담당관[官典]의 이름 및 제작한 주와 감을 새겨 넣는다. 각궁은 뿔[로 만든 활짱]의 표면에 새기며, 갑옷은 몸통갑옷[身甲], 하체갑옷[裙], 어깨갑옷[覆髆][33]에 새기며, 모두 사용한 미늘[行鍱][34]의 수를 기록한다. 새겨 넣는 글자는 모두 붉은 옻을 사용한다. [제작 사항을] 새길 수 없는 경우에는[35] 이 영을 적용하지 않는다.

유관당송문 1)『唐六典』：凡營軍器, 皆鐫題年月及工人姓名, 辨其名物, 而閱其虛實.(권23, 將作監, 595쪽 ;『역주당육전』하, 136~138쪽)
2)『通典』：諸應請甲數葉行數, 於甲襻上鈔記 ; 其袍, 秤知斤兩, 於袍背上具注斤

---

33) 송대의 갑주는 크게 몸통갑옷, 하체갑옷, 어깨갑옷, 투구의 네 부분으로 나뉘며, 재료에 따라 鐵甲, 皮甲, 紙甲의 세 종류로 구분되었다(『武經總要前集』권13, 器圖, "右有鐵皮紙三等, 其制有甲身上綴披髆, 下屬弔腿, 首則兜鍪·頓項.").

34) 鍱은 '鐵葉' 혹은 '葉'이라고도 하였으며, 일반적으로 얇은 철편을 통칭하나 여기서는 갑옷 제작에 사용하는 미늘을 뜻한다.

35)『令義解』권6, 營繕令 營造軍器條, 222쪽의 注文에는 '謂弓箭等之類'라 하여 화살 등의 軍器를 예로 들고 있다.

兩；幷槍, 量長短尺丈：軍司並立爲文桉.(권149, 兵2 雜敎令, 3820쪽)

3)『宋史』：紹興四年, 軍器所言："得旨, 依御降式造甲. 緣甲之式有四等, 甲葉千八百二十五, 表裏磨鋥. 內披膊葉五百四, 每葉重二錢六分；又甲身葉三百三十二, 每葉重四錢七分；又腿裙鶻尾葉六百七十九, 每葉重四錢五分；又兜鍪簾葉三百一十, 每葉重二錢五分. 幷兜鍪一, 盃子·眉子共一斤一兩, 皮線結頭等重五斤十二兩五錢有奇. 每一甲重四十有九斤十二兩. 若甲葉一一依元領分兩, 如重輕差殊, 卽棄不用, 虛費工材. 乞以新式甲葉分兩輕重通融, 全裝共四十五斤至五十斤止." 詔勿過五十斤.(권197, 兵11 器甲之制, 4922쪽)

▸ 유관 일본령

『令義解』：凡營造軍器, 皆須依樣, 令鐫題年月及工匠姓名, 若有不可鐫題者, 不用此令.(권6, 營繕令, 221~222쪽；『令集解』 권30, 營繕令, 757쪽)

▸ 복원 당령

『唐令拾遺』 營繕令, 6조, 804~805쪽

『天聖令』 당령복원청본, 營繕令, 8조, 672쪽

〈現9〉 諸造車皆同軌, 若山澤阻險, 不可同者, 聽隨鄕制.[36]

무릇 수레를 제작할 때에는 모두 수레의 너비를 동일하게 하는데, 산택이 험난하여 동일하게 할 수 없는 경우 그 지역의 제도에 따르는 것을 허락한다.

유관당송문 관련 기록이 당송 시기 문헌에서는 확인되지 않는다.

〈現10〉 諸造錦·羅·紗·縠·紬·絹·絁(施)[37]·布之類(數),[38] 皆闊二尺, 長四丈爲匹, 布長五丈爲端. 其土俗有異, 官司別定長闊者, 不用此令. 絲綿以

---

36) [교감주] 中華書局 校錄本에서 지적하였듯이, 〈現10〉조의 서두에 기재되어 있는 '制'는 문맥상 〈現9〉조의 내용으로 보는 것이 타당하다고 생각된다.

37) [교감주] 저본의 '施'는, 유관당송문 『新唐書』 및 『宋史』 권27, 高宗本紀, 506쪽, "(紹興3年7月辛未)蠲紹興二年和市絁帛."의 기록과 비교해 볼 때, '絁'의 誤記이다.

38) [교감주] 유관당송문 『唐六典』 및 『令義解』 營繕令과 비교해 보면 저본의 '數'는 '類'의 誤記이다.

兩, 麻以斤.

무릇 금·라·사·곡·주·견·시·포 등을 제작할 때에는 모두 너비 2척, 길이 4장을 1필로 하며, 포는 길이 5장을 1단으로 한다. 지역의 습속이 달라 관사에서 별도로 길이와 너비[의 기준]을 정한 경우 이 영문을 적용하지 않는다. 사·면은 량을, 마는 근을 [단위로] 한다.

유관당송문 1)『唐六典』: 凡縑·帛之類, 必定其長短廣狹之制, 端·匹·屯·綟之差焉. 羅·錦·綾·絹·紗·穀·絁·紬之屬以四丈爲匹, 布則五丈爲端, 綿則六兩爲屯, 絲則五兩爲絇, 麻乃三斤爲綟.(권3, 尙書戶部, 82쪽 ;『역주당육전』상, 355쪽)

2)『通典』: (開元)二十五年定令 : 諸課戶一丁租調, 准武德二年之制. 其調絹絁布, 並隨鄕土所出. 絹絁各二丈, 布則二丈五尺. 輸絹絁者綿三兩, 輸布者麻三斤. 其絹絁爲疋, 布爲端, 綿爲屯, 麻爲綟. 若當戶不成疋端屯綟者, 皆隨近合成. 其調麻每年支料有餘, 折一斤輸粟一斗, 與租同受. 其江南諸州租, 並迴造納布. 准令, 布帛皆闊尺八寸·長四丈爲疋, 布五丈爲端, 綿六兩爲屯, 絲五兩爲絇, 麻三斤爲綟.(권6, 食貨6, 107~108쪽)

3)『新唐書』: 錦·羅·紗·穀·綾·紬·絁·絹·布, 皆廣尺有八寸, 四丈爲匹. 布五丈爲端, 綿六兩爲屯, 絲五兩爲絇, 麻三斤爲綟. 凡綾錦文織, 禁示於外.(권48, 百官3, 1271쪽)

▸ 유관 일본령

『令義解』: 凡錦·羅·紗·綾·紬·紵之類, 皆闊一尺八寸, 長四丈爲匹.(권6, 營繕令, 222쪽 ;『令集解』 권30, 營繕令, 758쪽)

▸ 복원 당령

『唐令拾遺補』 營繕令, 보1조, 833쪽

『天聖令』 당령복원청본, 營繕令, 10조, 672쪽

〈現11〉 立春前, 三京府及諸州縣門外, 並造土牛·耕人, 其形色依司天監每歲奏定頒下. 縣在州郭者, 不得別造.

입춘 전[39] 삼경부[40] 및 모든 주현의 [관아] 문 밖에 모두 흙으로 만든

소와 농부의 상(像)을 세우는데,[41] 그 모양과 색은 매년 사천감이 상주해서 정해 반포하는 바에 따른다. 현의 치소가 주의 외성[州郭] 안에 있는 경우 별도로 만들지 못한다.

유관당송문 1)『大唐開元禮』: 凡立春前, 兩京及諸州縣門外, 並造土牛·耕人, 各隨方色.(권3, 序禮下 雜制, 33쪽)

2)『通典』: 立春前, 兩京及諸州縣門外, 並造土牛耕人, 各隨方色.(권108, 禮68 雜制, 2811쪽)

3)『兼明書』: 按營繕令 : 立春前二日, 京城及諸州縣門外, 各立土牛·耕人, 斯皆失其先書示農之義也.(권1, 土牛義)

4)『東京夢華錄』: 立春前一日, 開封府進春牛, 入禁中鞭春. 開封·祥符兩縣, 置春牛於府前.(권6, 立春, 534쪽)

5)『歲時廣記』: 國朝會要, 令立春前五日, 都邑並造土牛耕夫犁具於大門外之東. 是日黎明, 有司爲壇以祭先農, 官吏各具綵仗, 環擊牛者三, 所以示勸耕之意.(권8, 立春 鞭春牛)

6)『古今合璧事類備要』: 立春前五日, 並造土牛耕夫犁具於大門之外. 是日黎明, 有司爲壇以祭先農, 官吏各具綵仗, 環擊牛者三, 所以示勸耕之意. 夢華錄.(前集 권15, 節序門 立春 出土牛 ;『古今事文類聚』前集 권6, 天時部 正月 出土牛)

7)『文苑英華』: 得宜春縣門外, 各隨方色造牛耕人, 州司科不應爲, 訴云春前二

---

39) 立春 때에 흙으로 만든 소와 농부의 상을 세우는 시기에 대해 본 조문과 유관당송문 중『大唐開元禮』,『通典』에는 "立春前"이라고만 되어 있어, 土偶를 만들어 세우는 정확한 날짜를 알 수 없다. 다만 五代에 저술된『兼明書』에 인용된 營繕令에 의하면 立春 2일 전에 행하는 것으로 되어 있지만, 唐과 北宋에서도 立春 2일 전에 행해진 것인지는 확실치 않다. 그리고 북송 말의 상황을 보여주는『東京夢華錄』에 의하면 立春 하루 전에 개봉부에 春牛를 세운다고 하였으며, 남송 시기에 저술된『歲時廣記』,『古今合璧事類備要』등의 類書類에는 立春 5일 전에 土偶를 세운다고 되어 있다. 한편 後漢 때에는 立春 때 문밖에 설치한 土偶를 立夏까지 세워두었다고 하지만, 당과 송에서는 土偶를 언제 철거하는지에 대해서는 기록이 없다(『後漢書』卷30, 禮儀上, 3102쪽, "立春之日, 夜漏未盡五刻, 京師百官皆衣青衣, 郡國縣道官下至斗食令史皆服青幘, 立青幡, 施土牛耕人于門外, 以示兆民, 至立夏.").

40) 東京 開封府·西京 河南府·南京 應天府를 가리킨다.

41) 흙으로 소를 빚어 세우게 된 것은 음력 12월 음기(陰氣 : 寒氣)를 제거하기 위해서였는데(『禮記正義』권17, 月令, 653쪽, "(季冬之月) 命有司大難, 旁磔, 出土牛, 以送寒氣."), 유관당송문에서도 보듯이 勸農의 뜻을 알리기 위한 의미에서 제작되었다.

日.(권504, 歲時門 十九道 立春設土牛, 2588쪽 ;『全唐文』권956, 對春設土牛判, 9919쪽)

▸ 복원 당령

『天聖令』당령복원청본, 營繕令, 11조, 672쪽

〈現12〉 三京及州鎭等貯庫器仗, 有生澀綻斷者, 每年一修理. 若經出給破壞者, 並隨事料理, 各委長官親自對料. 在京者, 所須調度人功,[42] (再)[43]申三司處分. 其須大作者, 送司修理. 在外者,[44] 役當處鎭遏兵防(防兵防)[45]調度, 出當州官物供. 若無兵防及調度, 申三司處分, 聽用官物. 及役(後)[46]工匠, 當州無, 出比州.[47]

삼경 및 주와 진 등의 무기고에 저장된 병기[器仗]가 녹이 슬거나 [실밥이] 터지거나 부러진 것이 있는 경우 매년 한 차례 수리한다.[48] 만약 출급된 이후 파손된 경우 모두 사안에 따라 처리하는데, 각각 장관이 직접 대조하여 판단하도록 한다. 경사에서는 필요한 비품과 인력은 삼사에 보고하여

---

42) [교감주]『令集解』권30, 營繕令, '貯庫器仗條'에 의하면 '人' 이하에 '力'字가 있는 점으로 보아 저본의 "所須調度人" 이하에 '力'字가 누락된 것으로 보인다. 또 〈現17〉조 및 〈現19〉조에 따라 저본의 "人" 이하에 누락된 "力"을 "功"으로 고쳐 보충한다.

43) [교감주] 저본의 '再'는 衍文인 듯하다.『令集解』권30, 營繕令, '貯庫器仗條'에 근거하여 "再"를 삭제한다.

44) [교감주] 저본의 "在外" 이하에 '者'字가 누락된 것으로 보인다. 본 조문의 "在京者" 및『令集解』권30, 營繕令, '貯庫器仗條'에 근거하여 '者'를 보충한다.

45) [교감주] 저본의 '防兵防'은 衍文인 것으로 보여 삭제한다.

46) [교감주] 저본의 '後'는 〈現2〉조에 의하면 '役'으로 고치는 것이 타당하다.

47) [교감주] 저본에서 본 조문은 '自對料'로 시작되고 있고, "三京及州鎭等貯庫器仗, … 各委長官親"은 별도의 조문처럼 독립되어 있다. 그러나『令集解』권30, 營繕令, '貯庫器仗條'에 따르면 '自對料' 이하의 문장은 '各委長官親' 뒤에 붙어 있기 때문에 본래 하나의 令文이었을 것이라 생각된다. 따라서 저본의 "三京及州鎭等貯庫器仗, … 各委長官親"과 "自對料 … 出比州"를 연결하여 하나의 令文으로 하였다.

48) 일본의 養老令에는 병기 수리를 3년에 한 번으로 규정하고 있지만, 당 무종 회창 6년(846) 8월 勅과 선종 '給夏州等四道節度以下官俸勅'에는 매년의 병기 수리의 定額이 규정되어 있었던 것으로 보아 당에서는 매년 병기를 수리하도록 한 규정이 있었던 것으로 생각된다. 따라서 본 조문은 당의 이러한 규정을 송이 계승한 것으로 보인다.

처리한다. 대규모 작업[大作]이 필요한 경우는 담당 관사에 보내어 수리한다.[49] [경사] 밖에서는 해당 지역에 주둔하는[鎭遏] 병사와 방인[兵防]을 동원하는데 사용할 비품은 해당 주의 관물을 내어 공급한다. 만약 병사와 방인 및 비용이 없는 경우 삼사에 상신하고 처리하면 관물의 사용을 허락한다. 만약 동원해야 할 장인이 해당 주에 없다면 가까운 주에서 보낸다.

유관당송문 1)『冊府元龜』: 修器仗每年一千貫文. 如以後依前, 兵額不實, 器仗不修, 其本判官, 重加貶降, 主帥別擧處分.(권508, 邦計部 俸祿4 武宗 會昌6年 8月 勅, 1279쪽;『全唐文』권81, 宣宗3 給夏州等四道節度以下官俸勅)

▸ 유관 일본령

『令集解』: 凡貯庫器仗. 有生澁綻斷者. 三年一度修理. 若經出給破壞者. 竝隨事料理. 在京者. 所須調度人力. 申太政官處分. 在外者. 役當處兵士及防人. 調度用當國官物.(권30, 營繕令, 762쪽)

▸ 복원 당령

『唐令拾遺』營繕令, 7조, 805쪽;『唐令拾遺補』營繕令, 7을조, 833쪽
『天聖令』당령복원청본, 營繕令, 15조, 673쪽

〈現13〉諸鍪甲具裝, 若有綻斷, 應須修理·縫連者, 各依本色, 不得參雜.

무릇 갑주와 마갑[50]이 터지고 떨어져 수리하고 꿰매야 하는 경우에는

---

49) 宋代의 병기 제조를 담당하는 官署로 중앙에는 南北作坊(후일 東西作坊)과 弓弩院 및 御前軍器局所·萬全指揮이 있었고, 지방에는 路의 都作院 및 州의 小作院이 있었다. 또 병기 제조를 관리하는 기구로는 북송 초에는 三司의 冑案이 있었고, 이후 工部·軍器監·都大提擧內外製造軍器所 및 지방의 作院을 관할하는 각 路의 轉運司 등이 있었다(汪聖鐸,『兩宋財政史』, 北京: 中華書局, 1995, 436쪽). 본 조문에서 경사에서의 대규모의 병기 수리가 필요한 경우 담당 관사에 보내어 수리하도록 규정하고 있는데, 이 때의 담당 관사는 경사에서 병기의 제조 및 수리를 담당하는 남북작방과 궁노원인 것으로 보인다. 또한 삼사에게 보고한 것은 삼사의 주안이 병기 제조를 관할하고 있었기 때문이었다.

50) 具裝은 기본적으로 갑옷이라는 뜻이지만 역문에서는 사람이 입는 甲冑와 대비하여

각각 본색[51]에 따르게 하여 [다른 것이] 섞이게 해서는 안 된다.

유관당송문 1) 『宋史』: 凡內外甲仗器械, 造作繕修, 皆有法式.(권163, 職官3, 3857쪽)

2) 『宋史』: (天聖)六年, 詔: "外器甲久不繕, 先遣使分詣諸路閱視修治之."(권197, 兵11, 4911쪽)

▸ 복원 당령

『天聖令』 당령복원청본, 營繕令, 16조, 673쪽

〈現14〉 諸用瓦器之處, 經用損壞, 一年之內, 十分聽除二分, [以][52]外追[53]塡.

무릇 도기[54]를 쓰는 곳에서 사용 중 손괴는 한 해 동안 [원래 수령 한] 전체[十分]에서 2분을 제하는 것을 허락하고[55] 그 외는 추징해서 채우도록

말의 馬甲으로 해석하였다(『宋史』 권148, 儀衛6 鹵簿儀服, 3470쪽, "甲騎具裝, 甲, 人鎧也; 具裝, 馬鎧也. 甲以布爲裏, 黃絁表之, 青綠畫爲甲文, 紅錦褖, 青絁爲下裙, 絳韋爲絡, 金銅鈌, 長短至膝. 前膺爲人面二, 自背連膺, 纏以錦騰蛇. 具裝, 如常馬甲, 加珂拂於前膺及後鞦.").

51) 갑주의 본래 색에 관해서는 다음 기록을 참조할 수 있다. 『政和五禮新儀』 권15, 鹵簿 大駕外仗, "第一隊左右領軍衛, 折衝都尉二人騎分領鶡鷄旂, 二次𥎞矟在都尉內, 次朱鍪甲弓矢六十人爲三重. 第二隊左右領軍衛, 果毅都尉貔旂, 次朱鍪甲刀盾. 第三隊左右領軍衛, 折衝都尉三角獸旂, 次青鍪甲刀盾. 第五隊左右威衛折衝都尉重黃鹿旗, 次黑鍪甲弓矢. 第六隊左右威衛, 果毅都尉飛麟旂, 次黑鍪甲刀盾. 自第二隊以下, 每隊都尉及執旂刀盾弓矢人,數行列, 並同. 第一隊, 隊內將軍及都尉, 並平巾幘紫絁繡袍大口袴錦臘蛇革帶繡文, 並同. 前部馬隊都尉服, 執𥎞矟人, 平巾幘緋絁繡寶相花衫大口袴革帶. 執旂人, 並五色絁繡抹額寶相花衫, 執刀盾弓矢人, 並錦臂褠行縢鞵, 內行縢鞵, 各隨鍪甲本色. 第七隊至第十二隊內, 都尉旂弓矢刀盾人, 並准此."; 『玉海』 권80, 唐朝會五仗 衙內五衛 黃麾仗五旗仗 諸衛儀仗, 1486쪽, "鍪甲弓箭刀楯矟襏, 各隨其五旗之色."

52) [교감주] 저본에는 '以'가 탈루되었다. 文意와 『令義解』 권6, 營繕令, 瓦器經用條에 의거하여 바로잡는다.

53) [교감주] '追'는 『令義解』 권6, 營繕令, 瓦器經用條에는 '徵'으로 되어 있다. 이는 宋仁宗의 이름인 '禎'을 피휘한 것으로 보인다.

54) 『令義解』 권6, 營繕令, 223쪽, "凡瓦器經用損壞者, [原注: 謂陶器, 盤杯之類也.]"(『令集解』 권30, 營繕令, 瓦器經用條의 注文, 763쪽, "釋云, 瓦器, 謂陶器也.)

한다.

유관당송문 1)『慶元條法事類』: 諸經用瓷器破損者, 除歲一分, 瓦器二分.(권36, 庫務1, 559쪽)

▸ 유관 일본령

『令義解』: 凡瓦器經用損壞者, 一年之內, 十分聽除二分, 以外徵塡.(권6, 營繕令, 223쪽 ;『令集解』 권30, 營繕令, 763쪽)

▸ 복원 당령

『唐令拾遺補』 營繕令, 보2조, 834쪽

『天聖令』 당령복원청본, 營繕令, 19조, 673쪽

〈現15〉 京城內諸橋及道當城門街者, 並分作司修營, 自餘州縣料理.

경성 내 모든 교량 및 성문가[56]에 해당하는 도로는 모두 동·서팔작사[57]에서 [구역을] 나누어 보수·정비하며, 나머지는 [각] 주현이 담당하여 처리한다.[58]

---

55)『令義解』瓦器經用條의 주석을 이용하여 해석하였다.『令義解』권6, 營繕令, 瓦器經用條의 注文, 223쪽, "謂依元受數, 惣爲十分, 若奇而不足者, 准量爲分耳."

56) 城門街란 도성 내의 남북 및 동서 방향의 街路 중에서 성문과 연접한 大街를 말한다. 唐代 長安城의 남문인 明德門에서 시작하여 皇城의 남문인 朱雀門까지 이르는 朱雀大街와 北宋代 開封外城의 남문인 南薰門에서 시작하여 內城의 朱雀門을 지나 황성의 남문인 正陽門(宣德門)까지 이르는 御街가 대표적이다.

57) 作司는 北宋代 京城 내외의 修繕 업무를 담당했던 將作監 예하 기관인 東·西八作司를 가리킨다(『宋史』 권165, 職官5, 3919쪽, "東西八作司, 掌京城內外繕修之事."). 獄官令, 〈現15〉조의 '八作司' 항목의 주석 참조.

58) 이처럼 도성 내의 주요 도로와 교량을 중앙 관부에서 직접 보수·관리하도록 한 조처는 국가가 주요 교통로에 중요성과 권위를 부여하기 위한 목적이었다고 생각된다. 특히 개봉의 경우 수로와 육로 교통이 발달한 도시였을 뿐만 아니라 다수의 교량이 성내에 위치하여 당대 장안성에 비해 교량과 도로 관리가 더욱 중시되었다(曹家齊,『宋代交通管理制度研究』, 開封 : 河南大學出版社, 2002, 264~265쪽 ; 黃正建 主編,『《天聖令》與唐宋制度研究』, 北京 : 中國社會科學出版社, 2011, 354~356쪽).

유관당송문 1)『唐會要』: 兩京城內諸橋及當城門街者, 並將作修營, 餘州縣料理.(권86, 橋梁, 1869쪽)

2)『唐會要』: 承前府縣並差百姓修理橋梁, 不逾旬月, 卽被毀折, 又更差勒修造, 百姓勞煩, 常以爲弊, 宜委左右街使勾當捉搦, 勿令違犯. 如歲月深久, 橋木爛壞, 要修理者, 左右街使與京兆府計會其事, 申報中書門下計料處置. 其坊市橋令當管修理, 諸街橋京兆府以當府利錢充修造.(권86, 橋梁, 1869~1870쪽)

3)『冊府元龜』: (開元)十九年六月, 詔曰: 京雒兩都, 是惟帝宅, 街衢坊市, 固須修整. 比聞取土穿掘, 因作穢汚坑塹. 四方遠近, 何以瞻矚? 頃雖處分, 仍或有違. 宜令所司, 申明前勅, 更不得於街巷穿坑及取土. 其舊溝渠, 令當界乘閒整頓疏決. 墻宇橋道, 亦當界漸修, 不得廣有勞役.(권14, 帝王部 都邑2)

4)『宋史』: 街道司, 掌轄治道路人兵, 若車駕行幸, 則前期修治, 有積水則疏導之.(권165, 職官5, 3921~3922쪽)

5)『續資治通鑑長編』: 是歲, 命川·陝諸州長吏·通判並兼橋道事.(卷8, 太祖 乾德5年 12月條, 197쪽)

6)『開元水部式殘卷』: 皇城內溝渠擁塞停水之處及道損壞, 皆令當處諸司修理. 其橋, 將作修造. 十字街側, 令當鋪衛士修理. 其京城內及羅郭牆各依地分, 當坊修理.(敦煌文書 P.2507, 110~113行)

▸ 유관 일본령

『令義解』: 凡京內大橋, 及宮城門前橋者, 並木工寮修營, 自餘役京內人夫.(권6, 營繕令, 223쪽 ; 『令集解』 권30, 營繕令, 764쪽)

▸ 복원 당령

『唐令拾遺補』 營繕令, 보3조, 834~835쪽

『天聖令』 당령복원청본, 營繕令, 22조, 673쪽

〈現16〉 三京營造及貯備雜物, 每年諸司總料(科)[59]來年一周所須, 申三司, 本司量校, 豫定出所科(料)[60]備·營造期限, 總奏聽報. 若依法先有定料(科),[61] 不

59) [교감주] 저본의 '科'는 『令集解』 권30, 營繕令, 在京營造條에서 "諸司總料來年所須"라고 한 바에 따라 '料'로 고친다.

60) [교감주] 저본의 '料'는 『令集解』 권30, 營繕令, 在京營造條에서 "科備, 謂卽是雜徭也."라고 注한 바에 따라 '科'로 고친다.

61) [교감주] 저본의 '科'는 『令集解』 권30, 營繕令, 在京營造條에서 "定料, 不須增減也."라고

須增減者, 得本司處分. 其年常支料, 供用不足, 及支料之外, 更有別須, 應科料者, 亦申奏聽報.

삼경에서 영조에 쓰거나 비축할 잡물[62]은 해마다 각 관사에서 다음 한 해에 필요한 바를 모두 산정하여 삼사에 보고하면 [삼사 관할의] 해당 관사에서 이를 검토하고, 산출되는 곳에 따라 부과할 것과 영조할 기한을 미리 정해서 이를 총괄하여 상주하고 회답을 기다린다. 만약 법에 따라 앞서 정해진 액수[定料]가 있어 증감할 필요가 없는 경우에는 [삼사 관할의] 해당 관사에서 처분할 수 있다. 그런데 통상적으로 지출하는 예산이 사용하기에 부족할 경우 및 통상적인 지출 외에 다시 별도로 필요하여 조목별로 책정[科料]해야 할 경우 역시 상주하여 회답을 기다린다.[63]

유관당송문 1)『唐六典』: 凡營造修理, 土木瓦石不出於所司者, 總料其數, 上于尙書省.(권23, 將作藍, 595쪽 ;『역주당육전』하, 136~137쪽)

2)『新唐書』: 工部郎中·員外郎, 各一人, 掌城池土木之工役程式, 爲尙書·侍郎之貳. 凡京都營繕, 皆下少府·將作共其用. 役千功者先奏.(권46, 百官1, 1201쪽)

3)『續資治通鑑長編』: 比聞差官繕修京師官舍, 其初多廣計工料, 旣而指羨盈以邀賞, 故所修不得完久. 自今須實計工料, 申三司. 如七年內隳損者, 其監修官吏及工匠, 並劾罪以聞.(권177, 仁宗 至和 元年 9月 乙丑條, 4279쪽)

4)『宋史』: 凡土木工匠之政·京都繕修隸三司修造案 ; 本監但掌祠祀供省牲牌·鎭石·炷香·盥手·焚版幣之事.(권165, 職官5, 3918쪽)

5)『宋史』: 天聖初, 首命有司取景德一歲用度, 較天禧所出, 省其不急者. 自祥符天書一出, 齋醮糜費甚衆, 京城之內, 一夕數處, 至是, 始大裁損, 京師營造, 多內侍

注한 바에 따라 '料'로 고친다.

62) 여기서의 '잡물'은 토목사업에 쓰이거나 비축해 두어야 할 관련 물자 일반을 가리키는 것으로 생각된다. 송대의 잡물이라는 단어는 歲賦로 납부하는 물품 중 특정한 품목을 뜻하기도 하지만, 그 자체로서 '다양한 물품'을 뜻하기도 하기 때문이다. 다만 본 조문에서 말하는 잡물에는 楠木, 白土, 대리석 등 각지의 토산품 중에서 토목건축과 관련된 특정한 자재가 포함되었을 것이다. 북송대의 잡물 징수에 관해서는 賦役令, 〈現23〉조에서 그 내용을 확인할 수 있다.

63) 영조에 필요한 역의 산출과 부과 절차는 賦役令, 〈舊20〉조의 내용을 참고할 수 있다.

傳旨呼索, 費無藝極. 帝與太后知其弊, 詔自今營造所須, 先下三司度功費然後給.(권179, 食貨下1, 4350쪽)

▶ 유관 일본령

『令義解』: 凡在京營造, 及貯備雜物, 每年, 諸司總料來年所須, 申太政官付主計, 豫定出所科備. 若依法先有定料, 不須增減者, 不用此令. 其年常支料, 供用不足, 及支料之外, 更有別須, 應科折者, 亦申太政官.(권6, 營繕令, 222쪽 ; 『令集解』 권30, 營繕令, 758~761쪽)

▶ 복원 당령

『唐令拾遺』 營繕令, 7조, 805쪽 ; 『唐令拾遺補』, 營繕令, 7을조, 833쪽
『天聖令』 당령복원청본, 營繕令, 12조, 672쪽

〈現17〉 諸在外有合營造之處, 皆豫具[錄][64]造作色目(錄)·料請來年所須人功調度·丁匠集期, 附遞申三司處分.[65]

무릇 지방에 영조해야할 곳이 있다면 영조 작업의 종류, 이듬해에 필요한 인력·물자를 견적하여 청구한 [내역], 정·장인(匠人)의 소집 시기를 모두 미리 갖추어 적어 체(遞)를 이용하여[66] 삼사에 보고하고 처리한다.

유관당송문 관련 기록이 당송 시기 문헌에서는 확인되지 않는다.

〈現18〉 諸雜匠, 如有別項和雇(顧)[67]者, 日給米二升(昇).[68]

---

64) [교감주] '具錄'은 天聖令에 여러 차례 등장하는 표현이므로, '色目錄'의 '錄'을 '具' 뒤로 이동시켜 보충하였다. 中華書局 校錄本도 이와 동일하다.

65) [교감주] 中華書局 校錄本에서 지적하였듯이, 〈現18〉조의 서두에 기재되어 있는 '處分'은 문맥상 〈現17〉조의 일부로 보는 것이 타당하다고 생각된다.

66) 賦役令, 〈現4〉조에도 '附遞申'이라는 표현이 등장한다. '遞'는 당시 지방의 교통·통신 據點이던 '遞鋪'를 지칭하는 것으로, '附遞'는 곧 '遞'를 이용한 공식적 문서의 전달 경로를 거친다는 의미이다(자세한 설명은 賦役令, 〈現4〉조의 각주 참조).

67) [교감주] '顧'는 문맥상 '雇'의 誤記이다.

68) [교감주] '昇'은 문맥상 '升'의 誤記이다.

무릇 잡장[69]은 별도의 항목으로 고용할 경우 하루에 미[70] 2승을 지급한다.[71]

유관당송문 관련 기록이 당송 시기 문헌에서는 확인되지 않는다.

〈現19〉 諸官船(般)[72]行用, 若有損壞, 州無船場者, 官司隨事修理. 若不堪修理, 須造替者, 每年預料人功調度, 申三司聽報.

무릇 관선을 운항하다가 파손되었는데, [파손된 지역의] 주에 선박수리소[船場][73]가 없는 경우 관사가 사안에 따라 수리한다.[74] 만약 수리를

---

69) 雜匠에 대해 『宋刑統』 권28, 捕亡律 征人防人逃亡, 457쪽에서는 '雜色巧匠'이라고 정의하였으며, 『唐律疏議』에서는 '雜色工匠'이라고 하였다(권28, 捕亡11-1조의 소의 〈제461조〉, 534쪽 ; 『역주당률소의』, 3298~3299쪽).

70) '米'는 쌀이라는 특정 곡물을 가리킬 수도 있으나, '粟'과 대비될 때는 도정한 곡물 일반, 특히 도정한 조를 뜻하는 경우가 많다고 한다(자세한 설명은 賦役令, 〈現2〉조의 각주 참조).

71) 이러한 '미 2승'의 지급 원칙은 본 조문의 경우뿐만 아니라, 天聖 8년(1030), 益·梓·利·夔에서 上京으로 조운을 운반하던 인부 및 河東·陝西路의 綱運에게도 매일 지급되던 식량의 양이었다(『宋會要輯稿』 食貨42-17, "(仁宗天聖八年)五月六日, … 復詔三司 : '今後四路州軍差借人夫般運上京, 并河東·陝西路州軍綱運, 卽每日人支口食米二升 ; 止轉般鄰近州軍官物, 卽不支.'"). 또한 비록 남송 시기이기는 하나 乾道 4년(1168) 수리 작업에 동원된 人工들에게도 적용되었던 규정이었다(『宋會要輯稿』 食貨8-11, "(孝宗乾道四年)七年十二月八日, 臣僚又言 : '紹興府諸暨縣地接婺之浦江, 義烏衆溪輻湊, 與本縣諸山之水凡四十餘港合流而下. 境內舊有七十二湖可以瀦蓄, 歲久, 湖變爲田, 不惟水無所歸, 而溪港浸爲漲沙堙塞. 由是久雨則有墊溺之患, 久晴則有旱暵之憂. 開鑿約用六十八萬一千五百工, 每工日給米二升, 計用米一萬三千六百三十碩.' 詔令蔣芾相度.").

72) [교감주] 저본의 '般'은 문맥상 '船'의 誤記이다.

73) 송대의 관영 선박수리소나 조선소가 최초로 설치된 시점에 관해서는 명확하지 않지만, 태조 조광윤이 건륭 2년(961) 정월에 造船務로 행차하였다는 기록이 있는 것으로 보아 북송 초부터 두어졌던 것으로 보인다(『宋史』 권1, 太祖紀, 8쪽, "二年春正月, … 壬寅, 幸造船務, 觀習水戰."). 북송대 관영 선박수리소와 조선소는 洺州, 潭州, 鼎州, 杭州, 婺州, 吉州, 廣州 등에 설치되어 있었다(『宋史』 권187, 兵三 乾隆以來之制, 4657·4658·4664쪽).

74) 송대 지방에 설치된 수공업 기구의 관리는 원칙상으로는 중앙의 관련 기관의 비준을 거치도록 되어 있지만, 주로 路級 기관에서 주관하고 있었다. 즉 지방에 설치된 관영 선박수리소나 조선소의 경우 각종 물자의 운수와 관련된 轉運司·發運司

할 수 없어 [새로] 건조하여 교체해야 하는 경우 매년 동원해야 할 인력과 물자를 미리 산정하여 삼사에 보고하고 회답을 기다린다.[75)]

유관당송문 관련 기록이 당송 시기 문헌에서는 확인되지 않는다.

▸ 유관 일본령

『令義解』: 凡官船行用, 若有壞損者, 隨事修理. 若不堪修理, 須造替者, 預料人功調度, 申太政官.(권6, 營繕令, 224쪽; 『令集解』 권30, 營繕令, 767쪽)

▸ 복원 당령

『天聖令』 당령복원청본, 營繕令, 27조, 673쪽

〈現20〉 諸私家不得有戰艦·海鶻(鷉)[76)]·蒙衝·黃龍·雙利·平乘·八棹(掉)[77)]·舴艋·艓子等. 自外雜船, 不在禁限.

무릇 민간에서는 전함·해골[78)]·몽충[79)]·황룡·쌍리·평승[80)]·팔도[81)]·책

·輦運司 및 制置司 등의 관할 아래에 있었고, 선박의 건조 및 수리는 廂軍에 소속된 兵匠을 비롯한 일반 병사들이 동원되었다. 따라서 본 조문의 내용으로 볼 때 운항 중인 관선이 손상되었을 경우 일반적으로는 諸司의 관할 하에 있는 주의 조선소와 선박수리소에서 상군을 동원해 선박의 수리를 담당하도록 규정되어 있었을 것이다(徐東升, 「從官手工業管理看宋代路級機構的關系」, 『厦門大學學報』 2005-4; 曹凜, 「北宋船場的質量査檢和管理」, 『中國船檢』, 2010. 1. 참조).

75) 선박을 새로 건조하여 교체해야 할 경우 삼사에 보고한 것은 三司兵案이 선박의 건조에도 관여하고 있었기 때문인 것으로 보인다(『宋史』 권162, 職官2 三司使, 3808쪽, "鹽鐵分掌七案: 一曰兵案, [原注: 掌衙司軍將·大將·四排岸司兵卒之名籍, … 三部胥吏之名帳及刑獄, 造船·捕盜·亡逃絶戶資産·禁錢. 景德二年, 併度支案爲刑案.]").

76) [교감주] 저본의 '鷉'은 '鶻'의 오기이다. 『武經總要前集』 권11, 水戰 戰船, "其戰則, 有樓船鬪艦走舸海鶻, 其潛襲則, 有蒙衝游艇."에 의거하여 바로잡는다.

77) [교감주] 저본의 '掉'는 '棹'의 오기이다. 文意에 의거하여 바로잡는다.

78) 『通典』 권160, 兵13 水平及水戰具 附, 4123쪽, "海鶻: 頭低尾高, 前大後小, 如鶻之狀, 舷下左右置浮版, 形如鶻翅翼, 以助其船, 雖風濤漲天, 免有傾側. 覆背上, 左右張生牛皮爲城, 牙旗·金鼓如常法, 此江海之中戰船也."

79) 『通典』 권160, 兵13 水平及水戰具 附, 4123쪽, "蒙衝: 以生牛皮蒙船覆背, 兩廂開掣棹孔, 前後左右有弩窗·矛穴, 敵不得近, 矢石不能敗. 此不用大船, 務於疾速, 乘人之不及, 非戰之船也."

80) 『隋書』 권48, 楊素傳, 1281쪽, "(楊)素居永安, 造大艦, 名曰五牙, 上起樓五層, 高百餘尺,

맹[82]·접자[83] 등을 소유할 수 없다. 이외에 잡다한 배들은 이 제한에 두지 않는다.

유관당송문 1)『太平御覽』: 營繕令曰, "諸私家不得有戰艦等船."(권770, 舟部3, 3415쪽)
2)『太平御覽』: 營繕令曰, "諸私家不得有蒙衝等船."(권770, 舟部3, 3415쪽)

▸ 복원 당령
『唐令拾遺補』營繕令, 보5·6조, 835~836쪽
『天聖令』당령복원청본, 營繕令, 28조, 673쪽

〈現21〉諸州縣公廨舍破壞者(者壞),[84] 皆以雜役兵人修理. 無兵人處, 量於門內戶均融物力, 縣皆申州候報. 如自新創造·功役大者, 皆具奏聽旨.

무릇 주현 관아의 건물이 파괴된 경우 모두 잡역병으로 수리한다. 잡역병이 없는 곳은 방곽호(坊廓戶)를 헤아려 물력(物力)[85]을 고르게 거두어 사용하며, 현은 모두 주에 보고하고 그 허가를 기다린다. 만약 새롭게 건축해야 하거나 공사가 클 경우 모두 상주하여 칙지를 기다린다.

左右前後置六拍竿, 並高五十尺, 容戰士八百人, 旗幟加於上. 次曰黃龍, 置兵百人. 自餘平乘·舴艋等各有差."

81)『資治通鑑』권180, 수 양제 대업 원년 8월 임인조, 5621쪽, "又有平乘·靑龍·艨艟·艚艟·八櫂·艇舸等數千艘, 並十二衛兵乘之, 并載兵器帳幕, 兵士自引, 不給夫."

82)『太平御覽』권771, 舟部4, 3417쪽, "宋元嘉起居注曰, '有司奏云, 楊州刺史王弘上會稽, 從事韋詣解列, 先風聞餘姚令何玢之, 造作平床一, 乘舴艋一艘, 精麗過常, 用功兼倍, 請免玢今官. 詔可其奏.'"

83)『能改齋漫錄』권6, 事實1 艓子, 135쪽, "杜田杜詩補遺正謬云, '杜子美最能行云, 富豪有錢駕大舸, 貧窮取給行艓子. 案揚雄方言, 南楚江湖湘, 凡船, 大者謂之舸. 艓, 小舟名. 音葉, 言輕如小葉也.'"

84) [교감주] 저본의 '者壞'는 '壞者'의 오기이다. 文意에 의거하여 바로잡는다.

85) 物力은 家業錢이라고도 하며 혹은 産錢, 産業錢, 家産錢, 家業貫百, 家力, 家活이라고도 하였다. 戶等에 따라 부과한 雜稅의 일종으로, 田畝物力과 浮財物力으로 나뉜다. 田畝物力은 田地의 頃畝와 肥瘠에 근거하여 부과되었고, 桑功·耕畜·農具·屋宇 등 服食器用은 모두 浮財物力으로 計入되었다.

유관당송문 1)『宋刑統』: 議曰, 依軍防令, 防人在防, 守固之外, 唯得修理軍器·城隍·公廨·屋宇.(권16, 擅興律 出給戎仗, 262쪽 ;『唐律疏議』권16, 擅興16-1의 소의 〈제239조〉, 312쪽 ;『역주당률소의』, 2365~2366쪽)

▸ 복원 당령

『天聖令』당령복원청본, 營繕令, 29조, 673쪽

〈現22〉 諸近河及陂塘大水, 有堤堰之處, 州縣長吏以時檢行. 若須修理, 每秋收訖, 勸募衆力, 官爲總領. 或[若][86]古陂可漑田利民, 及停水須疏決之處, 亦准此. 至春末使訖. 其官自興功, 卽從別勑. 若暴水汎(泛)[87]溢, 毀壞隄防, 交爲人患者, 先卽修營, 不拘時限. 應役人多, 且役且申. 若要急, 有軍營之兵士, 亦得充[88]役. 若不時經始致爲人害者, 所轄官司訪察, 申奏推科.[89]

무릇 황하나 큰 물을 가두어 놓은 저수지[90] 인근에 제방이 있는 곳은, 주현의 장리가 때에 맞춰 이를 점검한다. 만약 수리해야 한다면 매 해 추수가 끝난 뒤 여러 사람의 힘을 권해 모아서 [수리하고] 관은 이들을

86) [교감주] 문맥상 '或'은 '若'의 오기일 가능성이 있으나, 저본에 따라 '或'으로 번역하였다.

87) [교감주]『令集解』권30, 營繕令, 近大水條의 '若暴水汎溢'이라는 영문에 따르면 본문의 '沉'은 '汎'이 되어야 한다.

88)『令集解』권30, 營繕令, 近大水條의 注文에 '亦得通役'이라고 한 것과 달리 '亦得充役'이라고 표현한 것은 당시 眞宗의 황후인 章獻明肅太后 劉氏의 부친 이름을 避諱하였기 때문이다(『宋史』권9, 仁宗1, 177쪽, "(乾興元年十月)詔中外避皇太后父諱.").

89) [교감주] 〈現22〉조의 원문은 '總'에서 완료되나,『令集解』권30, 營繕令, 767~769쪽의 내용에 따르면 中華書局 校錄本 〈宋24〉조 文頭의 '領或'이 〈宋22〉조 '總' 이후로 이어져야 하며, '或' 다음으로는 中華書局 校錄本에서 별도의 조(교록본 〈唐3〉조)로 독립되어 있는 '古陂可漑田利民' 이하의 문장이 이어질 것으로 추정된다. 교록본의 본 조는 제방에 대한 지방관의 상시적인 점검 및 보수 의무에 관한 규정을, 교록본의 〈唐3〉조는 수로 준설과 긴급한 제방 보수에 관한 규정을 주된 내용으로 하고 있다. 그런데 유관 일본령의 영문 형태로 보아 당대에는 두 조의 내용이 하나의 영문이었을 것으로 짐작되는데, 송대에 수로의 보수와 관리가 더욱 중시되었다는 점에서 교록본의 〈唐3〉조에 규정된 긴급시의 제방 보수가『천성령』반포 시에 폐기되었으리라고 생각하기는 어렵다. 따라서 여기에서는 각 조문의 영문과 의미의 연관성에 따라 두 조를 연결하여 하나의 영문으로 하였다.

90) 본 조에서 '陂塘大水'란 강과 수로, 湖沼 및 圍田, 圩田 등을 포괄하는 개념이다.

총괄한다. 혹 오래된 저수지로 전토에 관개하면 백성에게 이익을 줄 수 있거나 물이 막혀 터 주어야 할 곳 역시 이에 따른다. 3월까지 마치도록 한다. 관에서 직접 공사를 일으키는 것은 별도의 칙에 따른다. 만일 홍수로 강이 범람해 제방이 무너져 곧바로 사람들에게 피해가 될 경우 먼저 즉시 수축하며 시한에 구애받지 않는다. 동원해야 할 인원이 많을 경우 작업을 하는 동시에 보고한다. 만약 긴요하고 급박한 경우라면 군영의 병사들 또한 작업에 동원할 수 있다. 만약 적합하지 않은 때에 작업을 시작하여 백성에게 해를 끼친 경우라면 관할 [상급] 관사에서 직접 현장을 조사하고 이를 상주하여 심문한 뒤 죄를 준다.

유관당송문 1)『唐六典』: 凡京畿之內渠堰陂池之壞決, 則下於所由, 而後修之. 每渠及斗門置長各一人, 以庶人年五十已上并勳官及停家職資有幹用者爲之. 至漑田時, 乃令節其水之多少, 均其灌漑焉. … 凡京畿諸水, 禁人因灌漑而有費者, 及引水不利而穿鑿者 ; 其應入內諸水, 有餘則任王公·公主·百官家節而用之.(권23, 都水監, 599쪽 ;『역주당육전』하, 160~164쪽)

2)『唐六典』: 仲春乃命通溝瀆, 立隄防, 孟冬而畢. 若秋·夏霖潦, 泛溢衝壞者, 則不待其時而修葺.(권7, 尙書工部, 226쪽 ;『역주당육전』상, 687쪽)

3)『舊唐書』: 河·汴有初, 不修則毁澱, 故每年正月發近縣丁男, 塞長茭, 決沮淤.(권123, 劉晏傳, 3513쪽)

4)『宋刑統』: 依營繕令, 近河及大水有隄防之處, 刺史·縣令以時檢校. 若須修理, 每秋收訖, 量功多少, 差人夫修理. 若暴水汎溢, 損壞隄防, 交爲人患者, 先卽修營, 不拘時限.(권27, 雜律 不修隄防, 431쪽 ;『唐律疏議』권27, 雜律36-1의 소의 〈제424조〉, 504~505쪽 ;『역주당률소의』, 3244~3245쪽)

5)『新唐書』: 諸州堤堰, 刺史·縣令以時檢行, 而涖其決築.(권46, 百官1, 1202쪽)

6)『宋史』: 京畿溝洫 : … 先是, 京都每歲春濬溝瀆, 而勢家豪族, 有不卽施工者. 帝聞之, 遣使分視, 自是不復有稽遲者, 以至雨潦暴集, 無所壅遏, 都人賴之.(권94, 河渠4, 2343쪽)

7)『宋會要輯稿』: 凡水之政令, 若江淮河濟汴洛, 隄防決溢·疏導壅底之約束, 以時檢行而計度.(職官16-3)

8)『唐開元水部式殘卷』: 龍首·涇堰·五門·六門·昇原等堰, 令隨近縣官專知檢校, 仍堰別各於州縣差中男廿人·匠十二人分番看守, 開閉節水. 所有損壞, 隨卽修理, 如破多人少, 任縣申州, 差夫相助.(敦煌文書 P.2507號, 24~27行)

▸ 유관 일본령

『令義解』: 凡近大水, 有堤防之處, 國郡司以時檢行. 若須修理, 每秋收訖, 量功多少, 自近及遠, 差人夫修理. 若暴水汎溢, 毀壞隄防, 交爲人患者, 先卽修營, 不拘時限, 應役五百人以上者, 且役且申, 若要急者, 軍團兵士, 亦得通役. 所役不得過五日.(권6, 營繕令, 224쪽 ; 『令集解』 권30, 營繕令, 767~769쪽)

▸ 복원 당령

『唐令拾遺』 營繕令, 8조, 805쪽

『天聖令』 당령복원청본, 營繕令, 30조, 674쪽

〈現23〉 諸津橋道路, 每年起九月半, 當界修理, 十月使訖. 若有阬·渠·井·穴, 並立標記. 其要路陷壞·停水, 交廢行旅者, 不拘時月, 量差人夫修理. 非當司能辦[91])者申請.

무릇 나루터와 교량과 도로는 매년 9월 중순에 해당 지역에서 수리를 시작하여 10월까지 끝낸다.[92]) 또한 구덩이, 도랑, 우물, 구멍이 있으면 모두 표지를 세워둔다. 만약 주요 도로가 함몰되거나 물이 고여 통행이 막힌 경우는 시기에 구애받지 않고 [필요한 인원을] 헤아려 인부를 차출하여 수리한다. 해당 관사에서 처리할 수 있는 사안이 아닌 경우 보고하여 [처분을] 요청한다.

---

91) [교감주] 유관 일본령에 인용한 『令集解』에서는 이를 '辨'이라 하였으나, 교록본에서는 '辦'으로 표기하였다. 문맥에 따라 두 가지 모두 해석이 가능하나, 여기에서는 교록본에 따라 '辦'으로 표기하고 해석하였다.

92) 이는 〈現22〉조에 규정된 제방의 수리와 마찬가지로 농한기를 이용함으로써 力役으로 농사가 방해받는 것을 방지하려는 목적으로 생각된다. 또한 주요 도로가 함몰되거나 수몰되어 통행이 불가능해진 때에는 시기에 구애받지 않고 즉시 수리하도록 하고, 지방관이 이러한 수리 의무를 위반하였을 때에는 책임을 묻도록 규정한 점 역시 제방 수리의 경우와 동일하다.

유관당송문 1)『唐會要』: 大歷五年五月勅 : 承前府縣並差百姓修理橋梁, 不逾旬月, 卽被毁折, 又更差勤修造, 百姓勞煩, 常以爲弊, 宜委左右街使勾當捉搦, 勿令違犯. 如歲月深久, 橋木爛壞, 要修理者, 左右街使與京兆府計會其事, 申報中書門下計料處置. 其坊市橋令當管修理, 諸街橋京兆府以當府利錢充修造. 其年八月勅 : 其坊市內有橋, 不問大小, 各仰本街曲當界共修, 仍令京兆府各差本界官及當坊市所由勾當, 每年限正月十五日內令畢. 如違, 百姓決二十, 仍勤依前令修, 文武官一切具名聞奏, 節級科貶. 如後續有破壞, 仍令所由時看功用多少, 計定數修理, 不得輒斂料率, 及有隱欺.(권86, 橋梁, 1869~1870쪽)

2)『宋刑統』: 其津濟之處, 應造橋航, 及應置船筏, 而不造置, 及擅移橋濟者, 杖七十, 停廢行人者, 杖一百.(권27, 雜律 不修隄防, 430~431쪽 ;『唐律疏議』 권27, 雜律 36-2 〈제424조〉, 505쪽 ;『역주당률소의』, 3247쪽)

3)『新唐書』: 凡津梁道路, 治以九月.(권46, 百官1, 1201쪽)

4)『新唐書』: 水部郎中·員外郎, 各一人, 掌津濟·船艫·渠梁·堤堰·溝洫·漁捕·運漕·碾磑之事. 凡坑陷·井穴皆有標.(권46, 百官1, 1202쪽)

5)『冊府元龜』: (開元)十九年六月, 詔曰 : 京雒兩都, 是惟帝宅, 街衢坊市, 固須修整. 比聞取土穿掘, 因作穢汚坑塹. 四方遠近, 何以瞻矚? 頃雖處分, 仍或有違. 宜令所司, 申明前勅, 更不得於街巷穿坑及取土. 其舊溝渠, 令當界乘閒整頓疏決. 墻宇橋道, 亦當界漸修, 不得廣有勞役.(권14, 帝王部 都邑2)

6)『唐開元水部式殘卷』: 洛水中橋·天津橋等, 每令橋南北捉街衛士灑掃. 所有穿穴, 隨卽陪填, 仍令巡街郎將等檢校, 勿使非理破損. 若水漲, 令縣家檢校.(敦煌文書 P.2507號, 43~45行)

▸ 유관 일본령

『令義解』: 凡津橋道路, 每年起九月半, 當界修理, 十月使訖. 其要路陷壞·停水, 交廢行旅者, 不拘時月, 量差人夫修理. 非當司能辨者申請.(권6, 營繕令, 223쪽 ;『令集解』 권30, 營繕令, 764~765쪽)

▸ 복원 당령

『唐令拾遺補』 營繕令, 보4조, 835쪽

『天聖令』 당령복원청본, 營繕令, 23조, 673쪽

〈現24〉 諸堰穴漏, 造絙及供堰雜用, 年終豫料役(後)[93]功多少, 隨處供修.

其功力大者, 檢計申奏, 聽旨修完.

무릇 제방에 구멍이 생겨 물이 샐 경우, [돌·흙을 담은] 망태 및 제방의 [수리에] 공급할 잡용은 연말에 작업량 및 인력[94]의 다소를 미리 견적하여 지역별로 공급하여 수리하도록 한다. 작업량과 인력[의 소용]이 많은 경우 견적을 조사하여 상주하며, 칙지를 받은 후 수리를 마친다.

유관당송문 관련 기록이 당송 시기 문헌에서는 확인되지 않는다.

〈現25〉 諸官船貯在州鎭者, 皆逐便安置, 竝加覆蓋(盇),[95] 量遣人看守及隨壞修理. 不堪修理者, 附帳申上. 若應須給使者, 官司親檢付領, 行還收納.

무릇 관선을 주·진에 보관할 경우 모두 편의에 따라 안전하게 두고, 아울러 덮개를 씌우며, 헤아려서 인력을 파견하여 간수하고, 파손된 곳을 수리하도록 한다. 수리할 수 없는 경우 장부에 부기하여 상부에 보고한다. 마땅히 사신에게 지급해야 할 경우라면 관사가 직접 [관선의] 인도와 수령을 점검하고, [사신이] 돌아가면 [관선을] 회수한다.

유관당송문 관련 기록이 당송 시기 문헌에서는 확인되지 않는다.

---

93) [교감주] 저본의 '後'는 문맥상 '役'의 誤記이다.

94) "役功"의 용례를 살펴보면, 영조 작업 그 자체를 의미하는 경우도 있고, 작업에 필요한 인력의 규모 혹은 작업량을 구체적으로 지칭하는 사례도 존재한다. 본 조문에서는 지급할 雜用의 산정을 위해 役功의 多少를 견적하여 수리 작업의 규모를 가늠하는 것이므로, "작업량 및 인력"이라고 번역하였다. "功力" 역시 "役功"에 상응하는 의미로 파악, 동일한 어휘로 번역하였다. 『唐律疏議』 권16, 擅興17-1의 소의 〈제240조〉, 312쪽(『역주당률소의』, 2366~2367쪽), "疏議曰 : 修城郭, 築堤防, 興起人功, 有所營造, 依營繕令 : '計人功多少, 申尙書省聽報, 始合役功.'" ; 『唐會要』 권89, 疏鑿利人, 1924쪽, "至太和五年七月, 造復爲河陽節度使, 奏浚懷州古渠枋口堰, 役功四萬, 漑濟源河內溫武陟四縣田五千頃." ; 『通典』 권7, 食貨7, 151쪽, "每丁一月役功三日, 計十丁一年共得三百六十日."

95) [교감주] 저본의 "盇"은 문맥상 "蓋"의 誤記이다.

▸ 유관 일본령

『令義解』: 凡有官船之處, 皆逐便安置, 並加覆蓋, 量遣兵士看守, 隨壞修理. 不堪料理者, 附帳申上. 其主船司船者, 令船戶分番看守.(권6, 營繕令, 223~224쪽 ; 『令集解』 권30, 營繕令, 765~766쪽)

▸ 복원 당령

『天聖令』 당령복원청본, 營繕令, 25조, 673쪽

〈現26〉 諸官船, 每年具言色目·勝受斛斗·破除·見在·不任, 帳申.[96)]

무릇 관선은 매년 [관선의] 종류, 적재량[斛斗],[97)] 폐기 [내역], 현재 보유 [내역], 사용 가능 여부[98)]를 갖추어 적고 장으로 보고한다.

유관당송문 관련 기록이 당송 시기 문헌에서는 확인되지 않는다.

▸ 유관 일본령

『令義解』: 凡官私船, 每年具顯色目, 勝受斛斗, 破除, 見在, 任不, 附朝集使申省.(권6, 營繕令, 224쪽 ; 『令集解』 권30, 營繕令, 766~767쪽)

▸ 복원 당령

『天聖令』 당령복원청본, 營繕令, 26조, 673쪽

右竝因舊文, 以新制參定.

위[의 영들]은 예전의 조문을 바탕으로 하되 새로운 제칙을 참작

96) [교감주] 저본에는 행이 바뀌지 않고 右並因舊文, 以新制參定이 이어져 있으나, 帳申 뒤에서 행이 바뀌어야 한다.

97) 『令義解』 권6, 營繕令, 官私船條의 주문에서는 勝受를 "勝堪也. 受載也. 言船腹孔所容受之多少也."라 해석하고 있다. 한편 宋代 선박의 적재량을 표시하는 단위로는 '料'가 자주 사용된다. 중국학자들은 대개 1料(斛)=1石으로 보고 있으나 1料=13.51立方尺으로 보는 견해도 있다(山形欣哉, 「"清明上河圖"の船を造る」, 『清明上河圖をよむ』, 東京 : 勉誠出版社, 2003, 167쪽).

98) 『令集解』 권30, 營繕令, 官私船條와 『令義解』 권6, 營繕令, 官私船條의 주문에는 각각 "任不. 用與不用耳也. … 任不. 謂見在之中可用不用也. … 見在任不. 謂任用或不任用也.", "破除者. 滅失也. 任不者. 猶用與不用也."라고 하여 不任(任不)에 대해 현재 남아있는 선박 가운데 사용하고 있는 것과 사용하지 않고 있는 것으로 풀이하였다.

하여 정한 것이다.

〈舊1〉 諸軍器供宿衛者, 每年二時, 衛尉卿巡檢, 其甲番別與少府監相知, 令匠共金吾就仗鋪同檢, 指授縫連訖, 仍令御史臺重覆, 餘有不調及損破, 隨即料理. 若非理損壞, 及所巡匠知壞不言者, 並令主司推罪, 其有不任者, 各從本衛申所司, 送在府監修理, 於武庫給替. 若諸處所送器仗等須(項)[99]修理者, 亦准此. 其金銀裝刀, 若有非理損失者, 追服用人, 研耗者, 官爲修理.

무릇 숙위에게 공급되는 병기는 매년 위위경[100]이 두 차례 순시하여 검열하는데, [위위경은] 병기의 묶음 별로 소부감과 서로 상의하여 장인에게 금오위와 함께 병기를 진열한 곳으로 가서 검사하게 하여 꿰매고 수선하는 일을 마치도록 지시하도록 하며, 또 어사대로 하여금 다시 검사하도록 한다. 남은 것 중 제대로 수리되지 않거나 파손된 것이 있다면 즉시 처리하도록 한다. 만약 합당하지 않은 이유로 파손한 경우나 검사한 장인이 파손된 것을 알고도 보고하지 않은 경우 모두 주관 관사[主司]에게 추국하여 죄를 처벌하고, 사용할 수 없는 것은 각 위(衛)에서 담당 관사에 보고하여 [파손된 병기를] 소부감에 보내어 수리하도록 하고 무고에서 교체하여 지급한다. 만약 여러 곳에서 보내 온 병기 등을 수리해야 하는 경우 역시 이에 따른다. 금과 은으로 장식된 칼[101]을 합당하지 않은 이유로 파손하거나 잃어버린 경우 패용하여 사용한 자에게 추징하고, 마모된 경우 관에서

99) [교감주] 저본의 項은 須의 誤記인 듯하다. 文意에 따라 고친다.

100) 북송 신종대의 元豊改制 이전에 위위시의 장관인 위위경을 비롯하여 衛尉少卿 등은 寄祿官이었고, 그 고유의 업무는 다른 관서에서 담당하게 되어 위위시는 관장하는 업무가 없었다고 한다(『宋史』 권164, 職官4 衛尉寺, 3892쪽, "衛尉寺, … 舊制, 判寺事一人, 以郎官以上充. 凡武庫·武器歸內庫, 守宮歸儀鸞司, 本寺無所掌." ; 『文獻通考』 권55, 職官考9 衛尉卿, 501쪽, "宋衛尉寺, 判寺事一人, 以郎官以上充. 凡武庫武器並歸內庫, 及軍器庫以他官及內侍典領. 守宮歸儀鸞司, 本寺無所掌. 卿少卿丞皆爲寄祿官, 卿後來爲中奉大夫, 少卿奉直大夫, 寺丞宣義郎.").

101) '金銀裝刀'는 金銀으로 장식한 刀로 『唐六典』의 규정에 의하면 의장대가 지니는 儀刀이다(권16, 衛尉寺, 461쪽 ; 『역주당육전』중, 469쪽, "刀之制有四 : 一曰儀刀, 二曰鄣刀, 三曰橫刀, 四曰陌刀. [原注 : … 至隋, 謂之儀刀, 裝以金銀, 羽儀所執.]").

수리한다.

유관당송문 1)『唐六典』: 衛尉卿之職, 掌邦國器械文物之政令, 總武庫·武器·守宮三署之官屬. … 每歲二時閱之, 其有損弊者, 則移于少府監及金吾修之.(권16, 衛尉宗正寺, 459쪽 ;『역주당육전』중, 457~458쪽)

2)『新唐書』: 衛尉寺 卿一人, 從三品 … 掌器械文物, 總武庫·武器·守宮三署. … 凡供宮衛者, 歲再閱, 有敝則脩於少府.(권48, 百官3 衛尉寺, 1248~1249쪽)

3)『職官分紀』: 唐職官志, 衛尉卿一人. 從三品, 古曰 : 衛尉, 梁加卿字, 隋品第二. 龍朔改司衛正卿, 咸亨復舊 … 總武庫·武器·守宮三署之官屬. … 其應供宿衛者, 每歲二時閱之其有損弊者, 移於少府監及金吾修之.(권19, 衛尉, 441쪽)

▸ 복원 당령

『天聖令』 당령복원청본, 營繕令, 17조, 673쪽

〈舊2〉[102] 諸營造·雜作, 應須女功者, 皆令諸司戶·婢[103]等造. 其應供奉之物, 卽送掖庭局供. 若作多, 及軍國所用, 量請不濟者, 奏聽處分. 其太常祭服·羽葆·伎(技)[104]衣及雜女功作, 並令音聲家營作, 綵帛調度, 令太常受領, 付(付)[105]作家.

무릇 영조(營造)와 잡작(雜作)에 반드시 여성의 작업이 필요한 경우, 모두 여러 관사의 [관]호·비 등이 제작하도록 한다. 공봉해야 할 물품이라면 바로 액정국으로 보내 바치도록 한다. 만약 작업량이 많거나 국가의 중대사

102) [교감주] 저본에 별도의 조문으로(中華書局 校錄本에서는 〈附1〉조) 독립되어 있는 "之物 … 作家" 부분은 『令義解』의 유관 조문을 참조해 보았을 때, 〈舊2〉조의 내용과 연결되는 것으로 보인다. 따라서 교록본의 지적대로 두 조문을 통합하여 하나의 조문으로 정리하고, 저본에서 注文으로 표기되었던 "之物, 其應供奉之物, 即送掖庭局供"은 正文으로 수정하였다.

103) [교감주] 中華書局 校錄本에서는 '戶婢'에 별도의 표점을 부기하지 않았으나, 본 역주문에서는 戶婢를 官戶와 官婢의 連稱으로 이해하여서 가운뎃점을 이용해 '戶·婢'로 표기하였다.

104) [교감주] 저본의 '技'는 中華書局 校錄本의 지적대로 문맥상 '伎'의 誤記이다.

105) [교감주] 中華書局 校錄本에서 지적한 바와 같이, 저본의 '付付' 중 두 번째 '付'는 문맥상 衍字이다.

[軍國][106]에 필요한 것인데, [작업량을] 헤아려 완수할 수 없다고 고한 경우 상주하고 처분을 기다리도록 한다. 태상시의 제복·우보[107]·기인(伎人)의 의복 및 여성이 작업해야 할 여러 물품은 모두 [태상]음성가에서 제작하도록 하고, 비단 [등의] 재료는 태상시에서 수령하여 제작을 담당한 [태상음성]가에 지급하도록 한다.[108]

유관당송문 1)『新唐書』: 掖庭局, … 掌宮人簿帳·女工. 凡宮人名籍, 司其除附 ; 公桑養蠶, 會其課業 ; 供奉物皆取焉. 婦人以罪配沒, 工縫巧者隸之, 無技能者隸司農. 諸司營作須女功者, 取於戶婢.(권47, 百官2, 1222쪽)

▸ 유관 일본령

『令義解』: 凡在京營造雜作, 應須女工者, 皆令本司造. 若作多, 及軍事所用, 量謂不濟者, 申太政官, 役京內婦女.(권6, 營繕令, 223쪽 ;『令集解』권30, 營繕令, 763쪽)

▸ 복원 당령

『天聖令』당령복원청본, 營繕令, 18조, 673쪽

〈舊3〉 諸別勅有所修造, 令量給人力者, 計滿千功以上, 皆須奏聞.

무릇 별도의 칙으로 수리하거나 조성하는데 인력을 헤아려 공급하도록 한 경우, 계산하여 천 공(功) 이상이면 모두 반드시 상주하여 보고한다.

유관당송문 1)『唐六典』: 凡內外繕造, 百司供給, 大事則聽制·勅, 小事則俟省

106) '軍國'은『令義解』營繕令에 '軍事'로 되어 있지만, 唐代의 사료에서는 좀 더 포괄적인 의미로 사용되고 있는 것 같다(賦役令, 〈舊1〉조의 해당 각주 참조).

107) 羽葆는 새의 깃털을 모아 만든 儀仗의 일종으로,『唐六典』권14, 太常寺, 407쪽(『역주당육전』중, 375~377쪽)에 '羽葆鼓(羽葆로 장식한 鼓)'에 대한 기록이 있다.

108) 태상음성인은 태상시의 太樂署와 鼓吹署에 번상하던 자들로 관이 아닌 주·현에 호적이 있었으며, '良人'과 혼인하는 것이 가능하였다. 태상음성인은 의례시 가무를 담당하던 일종의 '특수 직역호'였으므로 관련 물품 역시 일반적인 관호·관비가 아닌 자체 제작을 원칙으로 하였던 것 같다.

符.(권23, 將作監, 594쪽 ; 『역주당육전』하, 135~139쪽)

2) 『新唐書』: 凡京都營繕, 皆下少府·將作共其用, 役千功者先奏.(권46, 百官1, 1201쪽)

3) 『新唐書』: 凡外營繕, 大事則聽制勅, 小事則須省符.(권48, 百官3, 1273쪽)

〈舊4〉 諸傍水隄(陡)[109]內, 不得造小隄及人居. 其隄內外各五步並隄上, 多種楡柳雜樹. 若隄內窄狹, 隨地量種, 擬充隄堰之(內)[110]用.

무릇 물 가까이의 제방 안에는 작은 제방이나 민가를 지을 수 없다.[111] 제방의 안팎 5보 이내 및 제방 위에는 느릅나무·버드나무와 여러 나무를 많이 심는다.[112] 만약 제방 안쪽이 협소하면 토질에 따라 헤아려 나무를 심어, 제방의 용도에 맞게 충당한다.

유관당송문 1) 『文苑英華』: 乙修堤畢, 複請種樹功價. 有司以爲不急之務, 乙固請營繕. 令諸候水堤內不得造小堤及人居, 其堤內外各五步並堤上種楡·柳·雜樹, 若堤內窄狹地種, 擬充堤堰之用.(권526, 判24 修隄請種樹判, 2696쪽)

2) 『續資治通鑑長編』: 君平管勾汴口, 嘗建言歲開汴口當審擇其地, 則水湍駛而無留沙, 歲可省疏浚工百餘萬, 詔用其策. 雖役不歲興, 然其後浸有淤塞之患. 又請沿河縣令佐·使臣能植楡柳至萬株者, 書曆爲課.(권92, 眞宗 天禧 2年 9月

109) [교감주] 저본의 '陡'는 유관당송문 1)에서 인용된 영선령 영문에 따르면 '隄'의 오기이다.

110) [교감주] 저본의 '內'는 유관당송문 1)에서 인용된 영선령 영문에 따르면 '之'의 오기이다.

111) 이는 수재 시의 인명 피해를 방지할 목적과 盜水를 방지할 목적의 두 방면에서 고려되어야 할 것으로 보인다. 盜水의 문제는 당 전기부터 이미 존재하여 당은 국가가 직접 수자원을 보호하고 분배하기 위한 규정을 만들어 두었으며 수자원의 사적 이용과 독점에 대한 처벌 규정을 율에 성문화시켜두기도 하였다. 이와 같은 소위 '水權 보호'의 문제와 관련해서는 雜令, 〈現15〉조를 함께 참조하여 이해할 필요가 있다.

112) 아울러 송대에는 제방의 강화와 하천의 보호를 목적으로 木岸이 세워진 경우가 많았다(『續資治通鑑長編』 권184, 仁宗 嘉祐 元年 9月 癸卯條, 4448쪽 ; 『續資治通鑑長編』 권269, 神宗 熙寧 8年 10月 甲寅條, 6608쪽 및 『宋史』 권95, 河渠5, 2357~2358쪽 ; 『宋史』 권97, 河渠7, 2405쪽 참조).

甲申條, 2127쪽)

3)『續資治通鑑長編』: 臣謂宜於理水隄外, 魏樓減水河之東, 修大隄, 際河下接滑州界大隄, 依向著地分, 量置河淸兵及選官分巡, 歲增楡柳. 其汴南岸亦準此, 仍於臨汴常積梢椿, 以備修塞, 萬一不虞, 得以固守, 障其東行, 可使還河, 似爲經久之利.(권333, 神宗 元豊 6年 2月 辛亥條, 8016쪽)

4)『宋史』: 三年十月, 詔: 緣汴河州縣長吏, 常以春首課民夾岸植楡柳, 以固堤防.(권93, 河渠3, 2317쪽)

5)『宋史』: 凡治水之法, 以防止水, 以溝蕩水, 以澮寫水, 以陂池豬水. 凡江·河·淮·海所經郡邑, 皆頒其禁令. 視汴·洛水勢漲涸增損而調節之. 凡河防謹其法禁, 歲計茭揵之數, 前期儲積, 以時頒用, 各隨其所治地而任其責. 興役以後月至十月止, 民功則隨其先後毋過一月. 若導水漑田及疏治壅積爲民利者, 定其賞罰. 凡修堤岸·植楡柳, 則視其勤惰多寡以爲殿最.(권165, 職官5, 3922쪽)

▸ 유관 일본령

『令義解』: 凡隄內外幷隄上, 多種楡柳雜樹, 充隄堰用.(권6, 營繕令, 225쪽 ;『令集解』 권30, 營繕令, 769쪽)

▸ 복원 당령

『唐令拾遺補』營繕令, 보7조, 836쪽

『天聖令』당령복원청본, 營繕令, 32조, 674쪽

右令不行.

위의 영들은 시행하지 않는다.

〈附1〉 諸州鎭戍有旗(預)[113]旛須染者, 當處斟量役防人, 隨地上所有草木(本)[114]堪用者收染.[115]

---

113) [교감주] 저본의 '預'는 '旗'의 誤記인 듯하다. 文意에 따라 고친다.

114) [교감주] 저본의 '本'은『唐六典』권22, 小府軍器監 織染署令條의 "凡染大抵以草木而成."에 근거하여 '木'으로 고친다.

115) 〈附1〉, 〈附2〉조는 저본에서 "右令不行" 다음에 기재되어 있다. 이는 喪葬令을 제외한 天聖令의 다른 영에서는 찾아보기 힘든 형태이며(喪葬令, 〈附1〉조 각주 참조), 또한 이들과 대응하는 당송대의 사료 역시 보이지 않는다. 때문에 이 조문들이 現令에 속한 것인지 舊令에 속한 것인지 혹은 필사 과정중의 오류인지 판단하기 어렵다.

무릇 주나 진·수에서 깃발을 염색해야 할 경우 당해 지역에서 헤아려 방인을 사역하고, 현지에서 나는 초목 중에 사용할 수 있는 것을 거두어 염색한다.

유관당송문 1)『唐六典』: 凡染大低以草木而成, 有以花·葉, 有以莖·實, 有以根·皮, 出有方土, 採以時月, 皆率其屬而脩其職焉.(권22, 少府軍器監, 576쪽 ;『역주당육전』하, 98~99쪽)

▶ 복원 당령
『天聖令』 당령복원청본, 營繕令, 20조, 673쪽

〈附2〉 諸州縣所造禮器·車輅·鼓吹·儀仗等, 竝用官物, 帳申(申帳)[116]所司. 若有剝落及色惡者, 以公廨物修理. 準絹五疋以上用官物充, 所須人功, 役當處防人·衛士. 非理損壞者, 依式推理.

무릇 주현에서 예기·수레·악기·의장 등을 제조할 때에는 모두 관물을 사용하며 장(帳)으로 담당 관사에 보고한다. 만약 [칠이] 떨어져 나가거나 색이 바랜 경우 공해물[117]로 수리한다. 비단 5필 이상에 준하는 [비용은] 관물로 충당하고 필요한 인력은 현지의 방인·위사를 이용한다. 까닭 없이 파손된 경우 식에 따라 추국하여 다스린다.

유관당송문 관련 기록이 당송 시기 문헌에서는 확인되지 않는다.

中華書局 校錄本에서는 이 조문들을 附令으로 정리하였다. 본서에서도 이를 참고하여 〈附1〉, 〈附2〉조로 표기하였다.

116) [교감주] 저본의 '申帳'은 '帳申'의 오기이다. 文意에 의거하여 바로잡는다.

117) 公廨物은 公廨錢이라고도 한다. 공해물은 국가의 예산 체계에 편입된 官物과 달리 각 관청이 독자적으로 錢物이나 토지 등을 운영하여 얻는 수익물로, 자체의 제반 경비나 필요한 물자에 충당되었다. 唐代의 경우 公廨田 또는 公廨(本)錢을 조성하여 수익을 얻었다. 宋代에는 보통 公使錢·物, 公用錢·物 등으로 불렀지만, 그 재원이나 용도가 기본적으로 당대와 동일하였기에, 공해물이란 명칭 또한 관용적으로 사용되었다(雜令, 〈現19〉·〈現28〉조 참조).

▸ 복원 당령

『天聖令』 당령복원청본, 營繕令, 21조, 673쪽

營繕令 卷第二十八

역주_ 김진·이완석·이준형·임정운·정재균

喪葬令[1] 卷第二十九 喪服年月附

1) '喪葬'의 '喪'은 '死體' 또는 '죽다', '葬'은 '감추다'(藏)라고 하는 해석(『令集解』권40, 喪葬令, 955쪽에 "喪葬[原注 : 喪者, 死屍稱也. 葬者, 藏也. … 跡云, 死謂之喪, 藏謂之葬. 言死事葬事令耳.]")에서 '喪葬'의 의미와 來源을 파악할 수 있다. 異論이 있긴 하지만, 대체로 喪과 葬은 喪葬儀禮 중에서 매장단계를 기준으로 구분된다. 즉 사망에서 매장 직전의 단계까지가 喪, 그 이후 매장단계가 葬이라고 할 수 있다. 이처럼 喪과 葬은 개념상·절차상 구분되나 본질적으로는 불가분의 관계에 있으므로 통상 '喪葬'으로 連稱되는 경우가 많았고, 또 喪이 葬까지 포괄한 의미로 쓰이는 경우도 드물지 않았다. 한편 '喪葬'이라는 成語는 대체로 진한대 이후 출현한 것으로 보이는데, 기본적인 뜻은 사람이 죽은 후 일련의 喪事를 처리하고 사체를 매장하는 일을 가리키며, 여기에 이와 관련된 禮儀와 習俗까지 포함해서 일컫기도 한다. 그리고 喪葬令은 위 『令集解』의 注에서도 간결하게 풀이했듯이, '死事'(喪事)와 '葬事'에 관한 법적 규정이다. 한편 『唐六典』에 소개된 상장령의 연혁을 보면, 晉令(40편 중 제17편), 梁令(30편 중 제17편), 隋 開皇令(30권 중 제29권), 唐令(27권 중 제26권)에 喪葬令이 편제되어 있다. 喪葬令은 隋 開皇令부터 끝에서 두 번째 卷에 배열되었는데, 이는 唐令도 같으며(권6, 尙書刑部, 183~185쪽 ; 『역주당육전』상, 569~574쪽), 『天聖令』 喪葬令도 이 순서를 따랐다. 그러나 喪葬令의 篇名은 남송 乾道 연간(1165~1173) 이후 사라졌고, 그 내용은 기본적으로 服制令에 포함되었다(『慶元條法事類』 권77, 服制門 服制 服制令, 823~824쪽 및 835~837쪽). 이는 金·元代에도 마찬가지다. 그런데 남송·金·元代의 服制令은 晉·梁代의 服制令과 이름은 같지만 성격이 전혀 다르다. 晉·梁代의 服制令은 喪服 제도와 무관한 服飾 등급에 관한 규정이기 때문이다. 『天聖令』 喪葬令은 남송대에 와서 복제령 외에 일부 조문(특히 葬制 부분)은 服制格과 服制式에 편입되었다(『慶元條法事類』 권77, 服制門 喪葬 服制格·服制式, 839~842쪽). 그리고 『天聖令』 喪葬令에 附載된 五服制度 규정인 '喪服年月'은 服制格에 보다 더 자세히 규정되었다(『慶元條法事類』 권77, 服制門 服制 服制格, 824~829쪽). 『天聖令』 喪葬令은 現令 33개, 舊令 5개 조문과 舊令 말미의 '右令不行' 다음에 附載된 '喪服年月' 10개 조문으로 구성되어 있다. 따라서 『天聖令』 喪葬令 중 확실한 舊令의 비율은 10% 남짓으로, 이는 殘卷 『天聖令』의 전체 令 중에서 그 비율이 가장 낮다. 물론 이 비율이 낮다는 이유만으로 당·송간 상장령의 변화가 다른 令에 비해 미미했다고 단정할 수는 없다. 『天聖令』 喪葬令의 現令에도 당령을 개정하거나 신설한 조항이 다수 존재하기 때문이다. 그러나 喪葬은 본질적으로 禮의 영역에 속하는 데다 喪葬禮는 다른 부문의 禮보다 변화가 크지도, 빠르지도 않다는 점을 고려하면, 『天聖令』 喪葬令에서 폐기된 당령의 비율이 극히 낮은 점을 이해할 수 있을 것이다. 『天聖令』 喪葬令은 내용상 크게 다섯 부분으로 나눌 수 있다. 즉 ①諸陵의 보호를 위한 규제, ②皇帝 등의 擧哀 및 臨喪, ③관원 사망 시의 弔祭·賻物·官給·勅葬, ④상장의례에 따른 殮服과 送葬用具·器物·葬制(石棺·石槨 금지, 묘지 규제, 立碑碣 등) ⑤기타 戶絶財産의 처리·閏月·給氷 등이다. 현재 『天聖令』 喪葬令에 관해서는 校勘·復原을 비롯하여 개별 조문을 주된 사료로 한 연구가 다수 발표되었지만, 전체 조문을

〈現1〉 先代帝王陵, 並不得耕牧樵採.

선대 제왕의 능[2]에서는 모두 [밭을] 갈거나, [가축을] 기르거나, 초목을 베거나, [열매·나물 등을] 채취[3]할 수 없다.[4]

대상으로 한 연구만 들면, 吳麗娛, 「唐喪葬令復原研究」, 天一閣博物館·中國社會科學院歷史研究所天聖令整理課題組 校證, 『明鈔本天聖令校證 附唐令復原研究』(下), 北京 : 中華書局, 2006(이하 吳麗娛, 「唐喪葬令復原研究」로 略記함) ; 稻田奈津子, 「北宋天聖令による唐喪葬令復原研究の再檢討－條文排列を中心に」, 『東京大學史料編纂所研究紀要』 18, 2008 ; 沈宗憲, 「宋代喪葬法令初探－以'天聖喪葬令'爲基礎的討論」, 『新史料·新觀點·新視角 : 天聖令論集』(下), 臺北 : 元照出版公司, 2011을 들 수 있다.

2) 본 조문의 耕牧樵採 금지규정이 일본의 養老令에는 '先皇陵'조에 포함되어 있다. 養老令의 注解에서 '先皇陵'을 '先代以來帝王山陵'(『令集解』 권40, 喪葬令 先皇陵, 955쪽, "凡先皇陵[原注 : 謂先代以來帝王山陵皆是也.]")이라고 하는 데서 보듯, 養老令은 '先代帝王'(本朝 이전의 시기나 朝代의 제왕)과 '先皇'(現皇帝 이전의 本朝 황제)을 구분하지 않고 있다. 그러므로 養老令에서는 '先代帝王陵'에 대한 조문이 따로 설정되지 않고, '先皇陵'조에 통합되어 있는 것이다. 이와 관련, 吳麗娛는 원래 唐令에서는 분리되어 있던 별개의 두 조문이 일본에는 선대 제왕 제사가 존재하지 않았기 때문에, 당령 수용 과정에서 하나로 통합되면서 생긴 현상인 만큼 본 조문은 새로 추가된 宋令이 아니라고 추정했다(吳麗娛, 「唐喪葬令復原研究」, 676~677쪽).

3) '樵採'는 보통 '땔나무를 채취하다'라는 뜻으로 쓰이나, 『令集解』의 注解는 "釋云, … 樵, 樵柴也. 取也. … 採, 採菜也.", 그리고 "古記云, … 樵採謂自然所生之物盜取也. 樵謂刈伐木草. 採謂采取菓實之類也."라고 하여 '樵'와 '採'를 분리하여 풀이하였다(권40, 喪葬令, 先皇陵條, 955쪽). 한편 송대 문헌에도 '樵採'가 단지 '땔나무를 채취하다'는 뜻만이 아니라 '侵耕'과 관련되어 쓰이는 경우가 많으므로, 본 조문의 '樵'는 '草木을 베다'는 뜻으로 봐야 할 것이다.

4) 본 조문은 당대 聖帝, 明王 능묘에서의 '樵采'행위를 금한 唐 天寶 연간(742~756)의 규정(유관당송문 1), 일본 養老令의 先皇陵 兆域 內에서의 耕牧樵採 금지규정('유관일본령')과 같은 맥락이다. 그러나 본 조문에 대응하는 당의 令文이 발견되지 않았기 때문에 현재로서는 본 조문을 당령 원문으로 확정하기 어렵다. 이와 상관없이 본 조문은 오히려 仁宗代 天聖令 반포 이전 누차 반포된 詔文(유관당송문 2, 5, 6, 7) 등과 내용이 매우 유사하므로 이것들을 토대로 영문으로 제정되었을 것이라는 추정도 배제할 수 없다. 그런데 선대 제왕의 능묘 보호를 위한 규제는 이전 시기의 선례를 따른 것(顧炎武, 『日知錄』(黃汝成, 『日知錄集釋』, 長沙 : 岳麓書社, 1996) 권15, 前代陵墓, 550~552쪽 참조)이 분명하므로 그 자체로서는 새로운 것이 없다. 그러나 이전의 금지규정은 詔文으로 斷續的으로 반포된 반면, 본 조문은 令文으로 규정되었다는 점이 다르다. 선대 제왕 능묘에서의 금지규정은 선대 제왕에 대한 제사와 불가분의 관계가 있다(유관당송문 2). 제사 대상이 된 선대 제왕이 당대는 帝嚳·帝堯·帝舜·禹王·湯王·文王·武王·漢 高祖의 8인이었지만(『大唐開元禮』 권1, 序例上 神位, 16쪽 및 同 권50, 有司享先代帝王, 284~286쪽), 송 초(乾德 4년 ; 966)의 경우에는 전설상의 太昊(伏羲)·女媧에서부터 後晉 高祖까지 41명에 이르렀다(『宋會要輯稿』

유관당송문 1)『冊府元龜』：詔："自古聖帝明王陵墓, 有頹毁者, 宜令管內量事修葺, 仍明立標記, 禁其樵采."(권174, 帝王部 修廢, 唐 玄宗 天寶3載 12월조)

2)『續資治通鑑長編』：詔："歷代帝王陵廟皆給守戶致祭, 禁樵採, 諸州長吏·縣令佐常檢之."(권7, 송 태조 건덕 4년 동10월 계해조, 180쪽)

3)『慶元條法事類』：諸前代帝王及諸后陵寢, 不得耕牧樵採, 其名臣賢士·義夫節婦墳塚准此.(권80, 雜門 毁失官私物 雜令, 910쪽)

4)『文獻通考』：宋太祖皇帝建隆二年, 詔："先代帝王陵寢, 宜令所屬州府遣近戶守視, 其塚墓有墮毁者,亦加修葺."(권103, 宗廟考13, 有司享先代帝王儀, 940쪽)

5)『宋會要輯稿』：景德元年十月二日, 詔："應前代帝王陵寢, 及名臣賢士·義夫節婦墳隴, 並禁樵采, 如有摧毁, 官爲修築, 無主墳墓碑碣·石獸之類, 敢有壞者論如律. 乃每歲之首, 所在擧行此詔."(禮38-5；『宋史』권105, 禮8 吉禮8 先代陵廟, 2559쪽에도 대략 同文)

6)『宋會要輯稿』：大中祥符四年七月二日, 詔："歷代帝王陵寢, 申禁樵採, 犯者所在官司並論其罪."(禮38-5)

7)『宋會要輯稿』：大中祥符六年六月十四日, … 又下詔曰："… 應京東·京西·河東·陝西·淮南·江南·兩浙·荊湖南北路, 有歷代帝王陵寢之處, 依景德元年勅, 禁止樵採, 不得侵耕發掘, 違者收捕嚴斷."(禮38-5)

8)『宋會要輯稿』：熙寧十年二月十四日, 權御史中丞鄧潤甫言："… 國家熙寧令, 勅前代帝王陵寢並禁樵采."(禮38-3)

▸ 유관 일본령

『令義解』：凡先皇陵, 置陵戶令守, 非陵戶令守者, 十年一替, 兆域內不得葬埋及耕牧樵採.(권26, 喪葬令, 291쪽；『令集解』권40, 喪葬令, 955쪽)

▸ 복원 당령

『天聖令』당령복원청본, 喪葬令, 1조, 709쪽

〈現2〉 先皇陵, 去陵一里內不得葬埋(理)[5]

선황릉의 경우, 능에서 1리 안에서는 매장(埋葬)할 수 없다.[6]

禮38—1·2, 1344쪽).

5) [교감주] '理'는 '埋'의 誤記이다. 유관당송문 4)의 '按喪葬令, 去陵一里內不得葬埋'를 참고하여 바로잡는다.

유관당송문 1)『唐六典』: 若父·祖陪陵, 子·孫從葬者, 亦如之. … 凡諸陵皆置留守, 領甲士, 與陵令相左右. 兆域內禁人無得葬埋, 古墳則不毁.(권14, 太常寺, 401쪽 ;『역주당육전』중, 369~370쪽)

2)『唐會要』: 若父·祖陪陵, 子·孫從葬者, 亦如之. … 凡諸陵皆置留守, 領甲士, 與陵令相知, 巡警左右兆域內, 禁人無得葬埋. 古墳則不毁.(권21, 陪陵名位, 479~480쪽)

3)『新唐書』: 諸陵四至有封, 禁民葬, 唯故墳不毁.(권48, 百官3 宗正寺 諸陵臺令, 1251쪽)

4)『宋會要輯稿』: 開寶八年十月, (永)安陵守當高品皇甫玉言, 請禁民庶不得近陵闕穿土, 及於三五里外葬埋. 詔太常禮院詳定, 禮院言:"按喪葬令, 去陵一里內不得葬埋." 從之.(禮37-27)

5)『宋會要輯稿』: 治平四年二月二十四日, 詔山陵地內有墳墓者, 並等第給錢遷葬, 無主者以官錢徙於官地而葬之.(禮37-11)

▸ 유관 일본령

『令義解』: 凡先皇陵, 置陵戶令守, 非陵戶令守者, 十年一替. 兆域內不得葬埋及耕牧樵採.(권26, 喪葬令, 291쪽 ;『令集解』권40, 喪葬令, 955쪽)

▸ 복원 당령

『唐令拾遺』喪葬令, 1조, 806쪽 ;『唐令拾遺補』喪葬令, 1조, 838쪽

『天聖令』당령복원청본, 喪葬令, 2조, 709쪽

〈現3〉 皇帝·皇太后·[皇后][7)]·[皇][8)]太子爲五服之內皇親擧哀, 本服期者, 三朝哭而止, 大功者, 其日朝晡(脯)[9)]哭而止, 小功以下及[10)]皇帝爲內命婦二

---

6) 본 조문은 유관당송문 1)『唐六典』의 기록과 약간 차이가 있다.『唐六典』만이 아니라 養老令에서도 매장 금지구역을 단지 '諸陵' 또는 先皇陵의 '兆域內'라고만 했지만, 본 조문은 구체적으로 '(先皇)陵에서 一里內'라고 명기하고 있다. 이 '去陵一里內'가 유관당송문 4)의 開寶 8년(975) 詔文 후반부와 정확히 일치하기 때문에 본 조문은 이 詔文을 토대로 제정된 것으로 보인다. 이 詔文은 太常禮院이 기존의 상장령을 토대로 ('按喪葬令') 매장 금지구역 제정에 관해 건의한 것을 받아들여 반포된 것이 확실한데, 여기서 태상예원이 인용하는 상장령이 어느 시기에 제정된 것인지는 불명이지만,『唐令拾遺』의 복원 당령이나 養老令과는 명백히 다르다.

7) [교감주] '皇后'는 脫文이다. 유관당송문 1)에 의거해 보충한다.

8) [교감주] '皇'은 脫文이다. 유관당송문에 1)에 의거해 보충한다.

9) [교감주] '脯'는 '晡'의 오기이다. 유관당송문 1)에 의거해 바로잡는다.

品以上·百官職事二品以上喪,[11] 官一品喪,[12] 皇太后·[皇后][13]爲內命婦二品以上喪, 皇太子爲三師·三少及宮(官)[14]臣三品以上喪, 並一擧哀而止. 其擧哀皆素服. 皇帝擧哀日, 內敎坊(防)[15]及太(大)[16]常並停音樂.

황제·황태후·황후·황태자가 오복[17] 내의 황친을 위하여 거애[18]할 경우 본복[19] 기친(期親)[20]이면 3일 동안 아침의 곡으로 그치고, [본복] 대공친의

---

10) [교감주] 底本에는 '及' 다음에 공란으로 되어 있고, '皇帝' 이하가 行이 바뀌어 본문보다 한 글자 위부터 시작되고 있다. 이는 擡頭에 의거했기 때문으로 생각되지만 여기서는 行을 바꾸지 않는다.

11) [교감주] '喪'은 유관당송문 1)에 '及'으로 되어 있다.

12) [교감주] 저본에는 '喪' 다음에 공란으로 되어 있고, '皇太后' 이하가 行이 바뀌어 본문과 같은 위치에서 시작되고 있다. 이것도 擡頭에 의거했기 때문으로 생각되지만 여기서도 行을 바꾸지 않는다.

13) [교감주] '皇后'는 脫文이다. 유관당송문에 1)에 의거해 보충한다.

14) [교감주] '官'은 '宮'의 오기이다. 유관당송문에 1)에 의거해 바로잡는다.

15) [교감주] '內敎防'의 '防'은 '坊'의 오기이다. 文意에 의해 바로잡는다.

16) [교감주] '大常'은 '太常'의 오기이다. '太常'은 '太常寺'의 줄임말로 자주 쓰인다.

17) 五服이란 친속을 親疎, 尊卑에 따라 喪服의 제작법과 재료를 달리 하여 만든 喪服을 입는 기간에 따라 다섯 등급, 즉 斬衰(3년), 齊衰(3년, 1년, 5개월, 3개월), 大功(9개월, 7개월), 小功(5개월), 緦麻(3개월)로 나눈 상복 및 그 상복을 입는 친속을 말한다. 五服제도에 관한 자세한 내용은 喪葬令에 附載된 '喪服年月'을 참조할 것.

18) 擧哀는 初喪을 듣고[聞喪] 통곡하며 애도하는 喪儀로, 發哀라고도 한다. 친속 관계, 奔喪 여부 등에 따라 정해진 擧哀 儀式을 행한다. 황제의 경우 궁중의 일정한 장소에서 정해진 격식과 절차에 따라 거애 의식을 거행한다. 송대 황제의 거애 장소, 복장, 절차 등을 간단히 요약하면, 우선 황제는 거애 장소인 廣德殿 등 便殿 또는 後苑에 설치된 거애 시설[幕殿]에 常服(公服)을 입고 가마를 타고 간다. 여기서 素服으로 갈아입고 태상박사, 태상경의 인도에 따라 곡을 하여(15회 소리 내어 운다) 거애를 마친 뒤, 소복을 벗고 다시 常服으로 갈아입은 후 돌아오는 것이다(『宋史』 권124, 禮77, 凶禮3, 諸臣喪葬等儀, 2905쪽). 그리고 황제나 황태자는 臨喪 때도 거애 의례를 행한다. 『大唐開元禮』 권133, 凶禮 訃奏, 628~630쪽에는 황제의 擧哀 대상으로 外祖父母, 皇后父母, 諸王妃主, 內命婦, 宗戚, 貴臣, 蕃國主를 설정하여 각각 황제의 擧哀에 대해 자세히 서술하고 있다. 한편 假寧令에는 관인에게 주는 擧哀 휴가(〈現7〉~〈現10〉조, 〈現15〉~〈現17〉조) 및 거애 장소(〈現22〉조)에 대한 규정이 있다.

19) 本服은 '본래의 服', 곧 혈연관계에 의해 결정된 服으로 嫡孫의 承重 등에 의해 加服하거나 또는 出嫁·出系에 의해 降服하기 이전의 본래의 服이다. 다시 말해 '본래의 喪에 규정된 상복을 입어야 할 친속'을 말한다.

20) 1년 동안 상복을 입어야 하는 친속을 말한다.

경우는 그날 아침과 저녁의 곡으로 그친다. [본복] 소공친 이하[는 한 차례의 곡으로 그치고], 황제는 내명부[21] 2품 이상과 직사관 2품 이상의 상 및 관[22] 1품의 상을 위해, 황태후·황후는 내명부 2품 이상의 상을 위해, 황태자는 [태자]삼사·[태자]삼소 및 동궁관[宮臣] 3품 이상의 상을 위해 모두 한 차례의 곡으로 그친다.[23] 거애 때는 모두 소복[24]을 입는다. 황제가 거애하는 날 내교방[25] 및 태상시[26]는 모두 음악을 연주하지 않는다.[27]

---

21) 內命婦는 협의로는 妃·嬪 등 황제의 첩을 말하지만, 광의로는 여기에 宮官(宮人女官)을 포함하기도 한다. 『宋史』에는 內命婦를 크게 夫人(4妃)에서 嬪(大儀 등 17種), 婕妤, 美人, 才人·貴人까지의 5등급으로 구분했다. "內命婦之品五, 曰貴妃·淑妃·德妃·賢妃, 曰大儀·貴儀·淑儀·淑容·順儀·順容·婉儀·婉容·昭儀·昭容·昭媛·修儀·修容·修媛·充儀·充容·充媛, 曰婕妤, 曰美人, 曰才人·貴人."(권160, 職官3 吏部, 3837쪽 ; 『宋會要輯稿』 職官9-17에도 同文이 수록되어 있으나 '婉儀'가 빠져 있다) 그러나 『宋會要輯稿』 后妃 4-2~3 및 4-11에 의하면, 尙書內省에 職掌이 있는 宮官(宮人女官)도 內命婦에 포함되어 있다. 한편 唐 職員令에 의하면, 황제의 妃·嬪 외에 황태자의 첩인 '良娣 이하'까지도 내명부로 규정하고 있다(『通典』 권31, 職官16, 后妃及內官命婦附 : "大唐外命婦之制 : [原注 : 皇帝妃嬪及太子良娣以下爲內命婦, 公主及王妃以下爲外命婦. 今內命婦具職員令中.]" ; 『唐六典』 권2, 尙書吏部, 38~40쪽 ; 『역주당육전』상, 225~229쪽). 그런데 胡三省의 注에 의하면, 내명부를 '宮內女官'의 通稱으로 보고 있다(『資治通鑑』 권192, 唐紀8, 太宗 貞觀元年(627) 三月 癸巳, 6034쪽 : "皇后帥內外命婦親蠶." 胡三省注 : "內命婦, 宮內女官, 自貴妃至侍巾, 亦分九品.").

22) 여기서의 官은 당대의 散官에 해당되는데, 송대는 寄祿官이 本官, 正官이며 官이라고 할 때 보통 職事가 없는 기록관을 가리킨다. 송대의 산관은 단순한 직함으로 服色을 정하는데 쓰일 뿐 사실상 위계와 봉록을 정하는 데 기준이 되는 기록관 속에 포함되어 버렸기 때문에 당대에 비해 훨씬 더 그 의미를 상실했다. 원풍 관제개혁 때 당대의 직사관명을 차용해왔던 기록관은 원래의 직사관으로 다시 바뀐다.

23) 본 조문과 관련된 규정이 隋의 開皇令에도 포함되어 있다(『隋書』 권8, 禮儀3, 153쪽 ; 『通典』 권80, 禮40 凶禮2 總論喪期, 2169쪽에도 轉載). 한편 『大唐開元禮』에는 황제, 中宮(太皇太后·皇太后·皇后), 황태자의 거애 대상이 각각 열거되어 있고, 이에 상응한 거애 규정이 자세히 기록되어 있다. 이에 의하면 황제는 外祖父母, 皇后父母, 諸王妃主, 內命婦, 宗戚, 貴臣, 蕃國主를 위해(권133, 凶禮 訃奏, 628~632쪽), 中宮은 父母·祖父母, 諸王妃主, 外祖父母, 諸王妃主, 宗戚을 위해(권135, 凶禮 東宮擧哀, 636~637쪽), 그리고 황태자는 諸王妃主, 良娣, 良媛 等, 外祖父母, 妃父母, 太師·太傅·太保, 宗戚, 貴臣을 위해(권136, 凶禮 東宮擧哀, 642~645쪽) 거애를 한다고 했다.

24) 素服은 일찍부터 '送終'에 입는 의복이었고, 喪服이 강등[喪殺]된 것으로 간주되었다(『禮記正義』 권26, 郊特牲, 936~937쪽, "素服, 以送終也. … 蜡之祭, 仁之至, 義之盡也. [鄭玄注 : 送終喪殺, 所謂老物也. 素服, 衣裳皆素.]").

25) 教坊은 당 초에 설치되었고 송 초에는 宣徽院에, 신종 元豊改制 때에는 태상시에

유관당송문 1)『唐六典』: 司儀令 …; 丞爲之貳. 若皇帝·皇太后·皇后·皇太子, 爲五服之親擧哀, 本服周年者, 三朝哭而止; 大功者, 其日朝晡哭而止; 小功已下, 及皇帝爲內命婦二品已上者, 百官執事及散官一品喪, 皇太后·皇后, 爲內命婦三品已上喪, 皇太子, 爲三師·三少, 及宮臣三品已上, 並一擧哀而止.(권18, 鴻臚寺, 507쪽;『역주당육전』중, 580~582쪽)

▶ 복원 당령

『唐令拾遺』 喪葬令, 3조, 807쪽;『唐令拾遺補』 喪葬令, 3조, 838쪽

『天聖令』 당령복원청본, 喪葬令, 4조, 709쪽

〈現4〉 皇帝臨臣之喪, 一品服錫衰, 三品以上緦衰, 四品以下疑衰.[28] 皇太子臨弔, 三師三少則錫衰, 宮臣四品以上緦衰, 五品以下疑衰.

황제가 신하의 상에 임할[29] 경우, 1품은 석최[30]를 입고, 3품 이상은 시최[31]

속했던 樂司이다. 송대에는 조정의 연회나 행사에서 가무, 악곡, 잡극 등을 관장했다.『朝野類要』 권1, 敎坊, 30쪽에 의하면 송대에는 東·西敎坊이 있었다고 했다.

26) 敎坊이 주로 오락성 음악을 담당한 반면 太常寺는 雅樂을 담당했다.

27) 본 조문의 거애 규정은 기본적으로 隋의 開皇令(『隋書』 권8, 禮儀3, 153쪽)을 이은 것으로 보이는 당령을 계승했다. 다만 본 조문에는 素服 착용 및 황제의 거애 시 음악 정지 규정이 신설된 注文에 추가되었다.

28) [교감주] 저본에는 '衰' 다음에 공란으로 되어 있고, '皇太子' 이하가 行이 바뀌어 본문보다 한 글자 위에서 시작되고 있다. 이것도 註 10), 12)에서 말한 擡頭에 의거했기 때문으로 생각되지만 여기서는 行을 바꾸지 않는다.

29) 臨喪과 擧哀(〈現3〉조) 대상자의 범위를 비교해보면, 황제의 경우 거애는 직사관 2품 이상으로 한정되지만 임상은 4품 이하까지 포함된다. 그러나 송대 거애와 임상에 관한 사례들을 보면 임상 쪽이 훨씬 더 적어 보인다. 皮慶生, 「宋代的"車駕臨奠"」,『臺大歷史學報』第33期, 2004, 59쪽에 의하면, 황제의 임상 횟수는 북·남송 합해 모두 193회가 확인되는데, 대부분 휘종 政和 연간 이전에 집중되어(180회) 있으며, 이 중 宗戚이 133회, 大臣은 47회에 불과하다. 게다가 남송에서는 大臣 臨喪이 4회에 불과하여 사실상 황제의 임상은 거의 사라진 것이나 마찬가지였다. 이는『政和五禮新儀』의 편찬을 계기로 이전 황제의 親臨이 '遣使臨喪'으로 바뀌게 된 것이 주된 이유였으며, 또 政和 연간 이전에는 송대 임상 의례가 開元禮를 계승해 이뤄졌으나 규모나 절차 면에서 축소되었고, 정화 연간 이후에는 황제의 임상 시 擧哭의례가 사라졌다고 한다(43~69쪽). 그렇다면 〈現4〉조에는 황제의 임상 대상이 4품 이하까지로 규정되어 있지만, 그것은 하나의 규정일 뿐 실제로는 宗戚을 제외하면 임상은 극소수의 고관만이 누릴 수 있는 최고의 예우였다고 할 수 있다.

를, 4품 이하는 의최[32]를 입는다.[33] 황태자가 [태자]삼사·[태자]삼소[의상에] 임하여 조문할 때는 석최를, 동궁관[宮臣] 4품 이상은 시최를, 5품 이하는 의최를 입는다.[34]

유관당송문 1) 『唐六典』 : 司儀令 … ; 丞爲之貳. …皇帝臨臣之喪, 一品服錫縗, 三品已上緦縗, 四品已下疑縗. 皇太子臨弔三師·三少則錫縗, 宮臣四品已上緦縗, 五品已下疑縗.(권18, 鴻臚寺, 507쪽 ; 『역주당육전』중, 581~583쪽)

2) 『新唐書』 : 皇帝服 ; 一品錫衰, 三品以上緦衰, 四品以下疑衰.(권20, 禮樂10, 442쪽)

3) 『宋史』 : 天聖喪葬令 : 皇帝臨臣之喪, 一品服錫衰, 三品已上緦衰, 四品已下疑衰. 皇太子臨弔三師·三少則錫衰, 宮臣四品已下緦衰, 五品已下疑衰.(권124,

30) 錫衰는 布를 짜는 실[올]의 반을 가공하여 포를 짠 후 다시 가공한 細布['錫']로 만든 弔服이다(『儀禮注疏』 권33, 喪服11, 723쪽, "[賈公彦 疏 : 案下記云 … 傳曰 : '錫者十五升抽其半, 無事其縷, 有事其布曰錫.' 鄭注云 : '謂之錫者, 治其布, 使之滑易也. 錫者, 不治其縷, 哀在內也. 緦者, 不治其布, 哀在外.' 若然, 則二衰皆同升數, 但錫衰重, 故治布不治縷, 哀在內故. 此緦麻衰, 治縷不治布, 哀在外故也.]").

31) 緦衰는 포를 짜는 실의 반을 가공하되 포를 짠 후에는 다시 가공하지 않는 布[緦]로 만든 弔服이다(『儀禮注疏』 권33, 喪服, 723쪽, "傳曰 : 緦者, 十五升抽其半, 有事其縷, 無事其布, 曰緦.[鄭玄注 : 謂之緦者, 治其縷, 細如絲也.]" 및 위의 주 참조).

32) 疑衰는 포를 짜는 실과 완성된 포를 모두 가공 처리한 포로 만든 弔服이다. 석최, 시최보다 가벼운 弔服이다. 鄭玄은 의최가 吉服과 별로 다를 게 없다고 보았다(『周禮注疏』 권21, 司服, 655쪽, "王爲三公六卿錫衰, 爲諸侯緦衰, 爲大夫士疑衰, 其首服皆弁絰. … [賈公彦 疏 : … [鄭]玄謂, '疑之言擬也, 擬於吉'者, 以其吉服十五升, 今疑衰十四升, 少一升而已, 故云擬於吉者也.]").

33) 본 조문의 錫衰, 緦衰, 疑衰는 고래로 군주가 신하를 위해 입는 弔服으로(『周禮注疏』 권21, 司服, 655쪽, "王爲三公六卿錫衰, 爲諸侯緦衰, 爲大夫士疑衰, 其服皆弁絰.[鄭玄注 : 君爲臣服弔服也.]"), 황제가 임상 때 입는 素服을 가공의 정도에 따라 구분한 것이다. 송대 황제는 臨喪 때 素服을 입었다(『宋會要輯稿』, 禮41-15, "乘輿, 素服臨喪, 致奠, 擧哭, 賻賜有差, 或詔從官拜奠而還." ; 『宋史』 권124, 禮77, 車駕臨奠, 2903쪽, "其儀, 乘輿自內出, … 皇帝至幕殿, 改素服就臨. 喪主內外再拜. 皇帝十五擧音, 喪主內外皆哭.").

34) 본 조문은 관원의 喪에 황제·황태자가 입는 臨喪服에 관한 규정이다. 臨喪服만이 아니라 臨喪의 대상과 범위가 유관당송문 『唐六典』의 기록과 완전히 일치한다. 또 隋의 開皇令에도 관련 규정이 있다(『隋書』 권8, 禮儀3, 255~256쪽). 한편 본 조문과 유관당송문 『唐六典』에는 皇太后·皇后의 臨喪 규정이 나와 있지는 않지만, 『大唐開元禮』 권136, 凶禮 臨喪, 639~640쪽에는 皇太后·皇后가 外祖父母喪과 內命婦喪에 臨喪하는 것으로 되어 있다.

禮27, 2903쪽)

▶ 유관 일본령

『令義解』: 凡天皇爲本服二等以上親喪服錫紵. 爲三等以下及諸臣之上, 除帛布外, 通用雜色.(권26, 喪葬令, 291쪽 ; 『令集解』 권40, 喪葬令, 956쪽)

▶ 복원 당령

『唐令拾遺』 喪葬令, 4조, 810~811쪽 ; 『唐令拾遺補』 喪葬令, 4조, 838쪽
『天聖令』 당령복원청본, 喪葬令, 5조, 709~710쪽

〈現5〉 諸內外文武官遭祖父母·父母喪, 及以理去官[35]或身喪者, 並奏. 百官在職薨卒者, 當司分番會哀, 同(在)[36]設一祭. 其[在][37]京薨卒應勅葬者, 鴻臚卿監護喪事, 卿[38]闕則以它官攝. 司儀令示禮制. 今以太常禮院禮直官攝.

무릇 중앙과 지방의 문·무관이 조부모·부모의 상을 당하거나 적법한 사유로 해직된[39] 뒤 혹 본인이 사망했을 경우 모두 상주한다. 백관이 재직 중 홍·졸[40]한 경우 해당 관사[의 관원이] 순번을 나눠 모여서 애도하고

---

35) [교감주] 中華書局 校錄本에서 校勘者가 '以理去官' 뒤에 [致仕?]를 의미상 보충한 바 있는데, 그 후 校勘者 자신이 [致仕?]의 보충은 오해에서 비롯된 것이라고 하였다(吳麗娛, 「關於'喪葬令'整理復原的幾個問題－兼與稻田奈津子女史商榷」, 臺師大歷史系 外 主編, 『新史料·新觀點·新視角 : 天聖令論集(下)』, 臺北 : 元照出版有限公司, 2011, 141쪽).

36) [교감주] '在'는 衍字이다. 『慶元條法事類』 권77, 服制門 喪葬 服制令條의 "本司官分番會哀, 同設一祭."에 의거해서 삭제한다.

37) [교감주] '在'는 문맥상 脫字이다. 『唐六典』 권18, 鴻臚寺 司儀令條의 '在京薨卒'이라는 구절을 참고하여 보충한다.

38) [교감주] '卿'은 저본에 正文과 같은 글자 크기로 되어 있으나 문맥상 注文이 타당하므로 注文으로 처리한다.

39) '以理去官'이란 범죄로 인해 해직된 것이 아니라 致仕·교체·인원 감축·州縣의 폐지 등 적법한 사유로 해직되는 경우를 말한다. 이러한 이유로 해직된 자는 범죄를 저질렀을 경우 議罪·上請·減刑·贖罪할 수 있고 또 친속을 蔭庇할 수 있는데 이러한 특권은 현임관과 동등하다(『宋刑統』 권2, 名例律 請減贖 疏議, 22~23쪽 ; 『唐律疏議』 권2, 名例15-1의 疏議 〈제15조〉, 40쪽 ; 『역주당률소의』, 155~156쪽 참조).

40) 3품 이상인 자의 사망을 薨, 5품 이상인 자(4~5품)의 사망을 卒이라 한다. 〈現31〉조에 "諸百官身亡者, 三品以上者稱薨, 五品以上稱卒, 六品以下達於庶人稱死.[原注 : 今三品者, 惟尙書·節度以上則稱薨.]"이라 했다.

[會哀] 합동으로 조제(弔祭)를 한 차례 올린다.[41] [관인이] 경사에서 홍·졸하여 마땅히 칙장(勅葬)[42]을 해야 할 경우 홍려경[43]이 상사를 감호하고, [홍려]경이 궐위 때는 다른 관료가 대신한다. 사의령[44]이 예제를 교시(敎示)해준다.[45] 지금은 태상예원[46]의 예직관[47]이 대신한다.[48]

---

41) 앞 주에서 보듯, 薨·卒이 5품 이상 관인의 사망을 일컫는다는 점을 고려하면 본 조문의 會哀와 弔祭는 5품 이상 직사관의 喪에('百官在職薨卒者') 해당되는 일이라고 봐야 할 것이다.

42) 勅葬은 황제의 下詔로 勳貴·大臣의 喪葬을 거행되는 喪葬 제도이다. 황제가 특별히 조칙을 내려 칙사를 파견하여 護喪하고 勅祭를 지내며 상장에 필요한 물자와 인력은 관급한다. 이러한 칙장 사례는 한대부터 보이나 당대부터 상장령의 규정에 의해 일정한 관품에 따라 거행되면서 제도화되었다. 당대에는 주로 詔葬으로 불렸다. 勅葬 때의 관급 규정은 〈現23〉 참조.

43) 송 전기의 鴻臚卿은 差遣(實職)이 아니라 階官이었고, 이 시기 鴻臚寺의 長은 判鴻臚寺事[差遣]였다. 이 구절에서 송 초 폐지된 司儀令을 함께 언급하고 있는 것을 보면, 여기서의 홍려경은 직사관이던 당대의 홍려경을 말하고 있는 것으로 보인다. 아니면 송대 신설된 判鴻臚寺事를 관용적으로 홍려경이라고 했을 수도 있다. 한편 송대 직사관으로서의 鴻臚卿은 원풍 관제개혁 때 설치되었다.

44) 당대 司儀令은 鴻臚寺 소속인 司儀署의 長으로 흉례 의식과 상장 용구 공급을 관장했다. 司儀署는 송 초에 폐지되었다.

45) 『令集解』 권40, 百官在職條, 960쪽에서는 '示禮制'에 대해 "謂 … 贊相凶禮是也."라고 注解했는데, 이를 고려하면 본 조문의 '示禮制'에도 단지 禮制의 敎示만이 아니라 喪禮에 따른 흉례 의식의 진행을 돕는 일까지 포함된 것으로 봐야 할 것이다.

46) 太常禮院은 당대 설치된 이래 오대에 이어 송대에도 설치되었다. 송 전기에 예부와 태상시 소관이던 禮樂, 典禮 관련 직무를 넘겨받아 최고의 禮儀 전문 기구로 발전했다. 儀注의 詳定과 修纂, 예제의 검토와 改訂, 禮儀 문제에 대한 건의, 황제의 下問에 대한 회답 등이 주요 직무였다. 태상시 소속이었으나 실질적으로는 독립기구였고 결정 사항은 황제에게 直達할 수 있었다. 하지만 인종 康定 원년(1040) 判太常寺, 同判太常寺가 설치되어 태상예원의 직무를 겸하게 되자 역할이 축소되었고 마침내 신종 熙寧 3년(1070) 폐지되었다.

47) 禮直官은 大禮, 凶禮 등 국가 행사의 儀式을 주로 현장에서 진행하는 실무관료였다. 태상시 소속으로 正禮直官 2명, 副禮直官 2명을 두었고 태상예원에 배속되기도 했다. 휘종 政和 3년(1113) 『政和五禮新儀』의 반포로 士庶 간에 많은 문의가 발생할 것을 대비하여 증원되기도 했다.

48) 본 조문은 관인의 遭喪·사망 때의 上奏 대상과 범위, 會哀와 弔祭, 勅葬 때 喪事의 監護에 관한 규정이다. 본 조문에는 해당 관사의 관인이 分番하여 애도를 표하고 합동으로 弔祭를 치른다는 규정이 있는데, 이는 유관당송문 1), 2), 3) 등에는 보이지 않는다. 『天聖令』 '당령복원청본'은 이 부분을 당령으로 복원했다. 隋의 開皇令(『隋書』 권8, 禮儀3, 156쪽)에도 본 조문과 관련된 규정이 있다.

유관당송문 1)『唐六典』: 凡京官職事三品已上·散官二品已上遭祖父母·父母喪, 京官四品及都督·刺史並內外職事若散官以理去官五品已上在京薨·卒, 及五品之官死王事者, 將葬, 皆祭以少牢, 司儀率齋郎執俎豆以往, 三品已上又贈以束帛, 一品加乘馬. 既引, 又遣使贈於郭門之外, 皆以束帛, 一品加璧.(권18, 鴻臚寺, 507쪽 ;『역주당육전』중, 583~584쪽)

2)『通典』: 隋開皇初, 太常卿牛弘奏著喪紀令 : "正一品薨, 則鴻臚卿監護喪事, 司儀令示禮制. 二品以上則鴻臚丞監護, 司儀丞示禮制. 五品以上薨卒, 及三品以上有周親以上喪, 並掌儀一人示禮制."(권84, 凶禮6 小斂, 2284쪽)

3)『唐會要』: 舊制, 凡詔喪, 大臣一品則鴻臚卿護其喪. 二品則少卿, 三品丞. 人往皆命司儀示以制.(권38, 葬, 808쪽)

4)『舊唐書』: 凡詔葬大臣, 一品則卿護其喪事, 二品則少卿, 三品丞一人往. 皆命司儀以示禮制.(권44, 職官3, 1885쪽)

5)『新唐書』: 京官職事三品以上·散官二品以上祖父母·父母喪, 職事散官五品以上·都督·刺史卒于京師, 及五品死王事者, 將葬, 祭以少牢, 率齋郎執俎豆以往. 三品以上贈以束帛, 黑一·纁二, 一品加乘馬, 既引, 遣使贈於郭門之外, 皆有束帛, 一品加璧.(권48, 百官3, 1259쪽)

6)『慶元條法事類』: 諸命官在職身亡, 聽於公廨棺殮, 唯避廳事. 本司官分番會哀, 同設一祭.(권77, 服制門 喪葬 服制令, 836쪽)

▸ 유관 일본령

『令義解』: 凡京官三位以上, 遭祖父母·父母及妻喪, 四位遭父母喪, 五位以上身喪, 竝奏聞, 遣使弔. 殯斂之事, 竝從別式.(권26, 喪葬令, 291쪽 ;『令集解』권40, 喪葬令, 957~958쪽)

『令義解』: 凡百官在職薨·卒, 當司分番會喪, 親王, 及太政大臣, 散一位, 治部大輔監護喪事, 左右大臣, 及散二位, 治部少輔監護, 三位治部丞監護, 三位以上, 及皇親, 皆土部示禮制. 內親王女王及內命婦亦准此.(권26, 喪葬令, 291~292쪽 ;『令集解』권40, 喪葬令, 959~960쪽)

▸ 복원 당령

『唐令拾遺』喪葬令, 6조, 812~813쪽

『天聖令』당령복원청본, 喪葬令, 6·7조, 710쪽

〈現6〉諸宗室(室宗)[49]·內外皇親·文武官薨卒, 及家有親屬之喪, 合賜賻物者，皆鴻臚寺具官·名聞奏．物數多少，聽旨隨給．

무릇 종실[50]·내외황친·문무관이 훙·졸하거나 [그들의] 가(家)에 친속[51]의 상이 있어 마땅히 부물(賻物)[52]을 지급해야 할 경우, 모두 홍려시가 [그들의] 관과 이름을 갖춰 주문(奏聞)한다. [부]물의 수량은 칙지를 받는 대로[53] 지급한다.[54]

유관당송문 1)『唐六典』: 其百官薨·卒喪事及葬應以官供者, 皆所司及本屬上於

---

49) [교감주] 室宗은 문맥상 宗室의 오기이다.

50) 송대 종실의 범위에는 5등친 이하도 포함되었다. 당대는 5등친 내에 황후의 친척도 포함되었지만 5등친 외의 사람은 친족으로 간주하지 않았다. 송대 종실의 범위가 당대보다 넓은 것이다. 북송 중기 이후 종실의 숫자가 크게 증가하자 종실의 범위를 조정하려는 시도가 몇 차례 있었지만, '宗'의 중요성을 강조하는 사대부사회 분위기의 영향도 있고 해서 종실의 범위는 줄지 않았다(John W. Chaffee 著·趙冬梅 譯,『天潢貴胄 —宋代宗室史』, 南京 ; 江蘇人民出版社, 2005, 7~11, 71~73쪽 참조). 한편 종실의 상장 의례와 관련해서는 종실 관련 여러 호적 중 屬籍이 중요했다(『宋史』 권164, 職官4 宗正寺, 3887쪽, "凡修纂牒·譜·圖·籍, 其別有五, … 曰屬籍序同姓之親而第其服紀之戚疏遠近.").

51) 당·송률에서의 친속의 범위는 '本服으로 緦麻以上親과 大功以上親과 혼인한 家'로 규정되었다(『宋刑統』 권11, 職制律 受所監臨贓, 소의, 182쪽 ;『唐律疏議』 권11, 職制 53-3의 소의 〈제140조〉, 225~226쪽 ;『역주당률소의』, 2192~2193쪽).

52) 여기서의 賻物은 勅葬 대상이 아닌 자의 상장 비용을 충당하기 위해 관에서 지급하는 재물을 말한다. 賻物은 賻贈, 賵賻, 賵贈이라고도 했다. 司馬光은 賻, 贈, 賵 등의 의미와 당시 실태를 간명하게 적고 있다(『司馬氏書儀』 권7, 喪儀3 親賓奠·賻贈, 84쪽, "士喪禮, … '將葬, 有賵有奠有賻·贈, 知死者贈, 知生者賻'. 賻·贈皆用貨財, 但將命之辭異耳." ; 같은 책, 권5, 喪儀1 弔酹·賻襚, 55~56쪽, "[原注 : 故古有含襚賵賻之禮. 珠玉曰含, 衣衾曰襚, 車馬曰賵, 貨財曰賻, 皆所以矜恤喪家, 助其斂葬也. 今人皆送紙錢賵作. … 又今人亦無以車馬弔喪者, 則賵禮亦不必存也. 凡金帛錢穀之類, 皆可謂之貨財.]"). 본 조문에서는 부물 지급 대상자로 종실, 황친, 문무관 및 그들의 동거 친속 중 '부물을 지급해야 할' 자로 규정하고 있다.

53) 송 초 賻物 지급은 홍려시가 賻物 지급 규정[舊例]을 검토한 결과를 入內內侍省에 통보하면, 入內內侍省이 取捨하여 勅旨를 받은 후 이루어졌다(유관당송문 4, 5). 그러나 신종 熙寧 7년(1074), 부물 지급 수량에 관한 '舊例'의 不備를 보완하여 '新式'이 제정되었다(유관당송문 4).

54) 본 조문은 勅葬 대상이 아닌 관원에 대한 賻物 지급의 전제가 되는 奏聞, 지급수량 결정에 관한 규정이다. 賻物의 수량은 최종적으로 勅旨를 얻은 후 결정하여 지급한다는 '勅旨規定'은 당대의 규정에는 없는 내용이다.

尙書省, 尙書省乃下, 寺下司儀, 司儀准品而料上於寺.(권18, 鴻臚寺, 508쪽 ; 『역주당육전』중, 587~588쪽)

2) 『通典』: 大唐制, 諸職事官薨卒, 文武一品, 賻物二百段, 粟二百石. 二品物一百五十段, 粟一百五十石. 三品物百段, 粟百石, 正四品物七十, 粟七十石. 從四品物六十段, 粟六十石. 正五品物五十段, 粟五十石. 從五品物四十段, 粟四十石. 正六品物三十段. 從六品物二十六段. 正七品物二十二段. 從七品物十八段. 正八品物十六段. 從八品物十四段. 正九品物十二段,從九品物. 行守者(者守)從多. 王及二王後, 若散官及以理去官三品以上, 全給. 五品以上, 給半. 若身沒王事, 並依職事品. 其別勅賜者, 不在折限.(권86, 禮46 賵賻, 2333쪽)

3) 『宋史』: 凡近臣及帶職事官薨, 非詔葬者, 如有喪訃及遷葬, 皆賜賻贈, 鴻臚寺與入內內侍省以舊例取旨.(권124, 禮志27 凶禮3 諸臣喪葬等儀, 2907쪽)

4) 『宋會要輯稿』: 國朝凡近臣及帶職事官薨卒, 非詔葬者, 如有喪訃及遷葬, 皆賜賻贈, 鴻臚寺與入內內侍省以舊例取旨. 其嘗踐兩府或任近侍者, 多增其數. 熙寧七年, 命官參酌舊例, 著爲新式, 付之有司. 舊例所載不備, 今並其數俱存之新式.(禮44-1)

5) 『宋會要輯稿』: 景德4年(1007)九月十一日, 翰林學士晁迥等言, '奉勅與龍圖閣待制戚綸議定鴻臚寺賻贈條件. … 臣僚薨亡, 如無恩旨勅葬及五服內親喪及遷葬合有賻贈者, 下鴻臚寺檢會體例, 牒報內侍省取旨.' 從之.(禮44-24~25)

▸ 유관 일본령

『令義解』: 凡職事官薨·卒, 賻物, 正從一位絁卅疋, 布一百廿端, 鐵十連, 正從二位絁廿五疋, 布一百端, 鐵八連, 正從三位絁廿二疋, 布八十八端, 鐵六連, 正四位絁十六疋, 布六十四端, 鐵三連, 從四位絁十四疋, 布五十六端, 鐵三連, 正五位絁十一疋, 布四十四端, 鐵二連, 從五位絁十疋, 布四十端, 鐵二連, 六位絁四疋, 布十六端, 七位絁三匹, 布十二端, 八位絁二疋, 布八端, 初位絁一疋, 布四端, 皆依本位給, 其散位三位以上, 三分給二, 五位以上給半, 太政大臣絁五十疋, 布二百端, 鐵十五連, 親王及左右大臣准一位, 大納言准二位. 若身死王事, 皆依職事例, 其別勅賜物者, 不拘此令. 其無位皇親, 准從五位, 三分給二, 女亦准此. 減數不等, 從多給.(권26, 喪葬令, 292쪽 ; 『令集解』 권40, 960~963쪽)

▸ 복원 당령

『唐令拾遺』 喪葬令, 8조, 814~816쪽 ; 『唐令拾遺補』 喪葬令, 보3조, 844쪽

『天聖令』 당령복원청본, 喪葬令, 8조, 710쪽

〈現7〉 諸賻物兩應給者, 從多給.

무릇 부물을 양쪽에서 지급해야 하는 경우 많은 쪽으로 지급한다.55)

유관당송문 1)『通典』: 大唐制, … 諸賻物應兩合給者, 從多給.(권86, 禮46, 賵賻, 2333쪽)

2)『白孔六帖』: 凡職事官薨·卒, 皆有賻贈,『唐六典』禮部注, … 而應給者, 從多給, 服已終則不給. 自依退復田法.(권65, 賻贈)

3)『宋史』: 熙寧七年, 參酌舊制著爲新式, 諸臣喪, 兩人以上各該支賜孝贈, 只就數多者給 ; 官與職各該賻贈者, 從多給, 差遣·權幷同, 權發遣並與正同.(권124, 禮27 凶禮3 諸臣喪葬等儀, 2908쪽)

▸ 유관 일본령

55) 부물 지급에 있어서 2개 [이상]의 조건이란 우선 지급대상인 관인이 官銜(寄祿官, 差遣, 館職 등)을 동시에 2개 [이상] 갖고 있는 경우, 다른 관직을 겸임하거나 임시로 맡아 그 직무를 대리하는 경우, 그리고 喪家에 2인 이상의 관인이 있는 경우를 상정해볼 수 있다. 신종 때의 기록이지만, 부물 지급 관련 '新式'에 의하면, 관인의 喪에 (一家에) 2인 이상의 지급대상자가 있는 경우 많은 쪽으로 지급했고, 官(寄祿官)과 職(館職)을 兼有하는 관인에게도 많은 쪽으로 지급했다. 이는 正職의 職事官이나 他職을 대리하는 權官의 경우에도 동일하게 적용되었고, 또 資序가 2等 낮은 관인[權發遣]도 正官과 마찬가지로 많은 쪽으로 지급했다(유관당송문 3). 그런데 '從多給' 규정은, 직사관에게 職料錢(職錢)과 米麥을 지급할 경우 職錢과 米麥 중 實數를 계산하여 많은 쪽으로 지급한다는 규정(『宋史』 권172, 職官12 奉祿制下, 4141쪽, "職料錢·米麥計實數給, 兩應給者, 從多給.[原注 : 謂職錢·米麥.]")에도 해당되는데, 이를 고려하면 '從多給' 규정이 부물로 지급되는 품목이 2개 [이상] 존재하는 경우에도 적용되는 것으로 볼 수 있다. 그러나 송대 관인에 대한 부물 지급은 관품에 따라 지급품목과 수량이 정해져 있었기 때문에(〈現6〉조 및 註 참조), 부물 지급에서 있어서 지급품목은 본 조문에 말하는 '從多給' 적용 기준에서 제외되었다고 봐야 할 것이다. 한편 송대 '從多給' 규정은 관원에 대한 휴가 지급(假寧令, 〈現21〉조, "諸兩應給假者, 從多給."), 다른 관직을 權攝하는 관인에 대한 公使錢 지급에도 적용되고 있다(『慶元條法事類』 권6, 職制門3 權攝差委 公用令, 102쪽, "諸公使命官權攝他官而兩應供給, 從一多, … 其差往他處權攝者, 到·罷餽送共不得過所權月, 給一月之數."). 또한 '從多給' 규정은 당대에도 부물 지급(유관당송문 1), 영업전 지급(田令, 〈舊5〉조, "諸永業田, … 其散官五品以上同職事給, 兼有官爵及勳俱應給者, 唯從多, 不並給."), 그리고 兩職을 겸임한 京官에게 지급되는 防閤이나 庶僕의 수를 정하는 데도 적용되었다(『唐六典』 권3, 尙書戶部, 78쪽 ; 『역주당육전』상, 336~337쪽, "凡京司文武職事官皆有防閤, 一品九十六人, … 六品給庶僕十二人, … [原注 : 京官任兩職者, 從多給.]").

『令義解』：凡賻物兩應合給者, 從多給.(권26, 喪葬令, 293쪽 ;『令集解』권40, 喪葬令, 963쪽)

▸ 복원 당령

『唐令拾遺』喪葬令, 9조, 816쪽

『天聖令』당령복원청본, 喪葬令, 11조, 710쪽

〈現8〉 諸贈官(物)者, 賻[物][56]及供葬所須, 並依贈官品給. 若賻後得贈者, 不合更給.

무릇 추증된 관인의 경우 부물이나 장례를 치르는 데 필요한 [물품은] 모두 추증된 관품에 의해 지급한다. 만약 부물을 지급한 후에 관품이 추증된 경우 다시 지급해서는 안 된다.[57]

유관당송문 1)『白居易集』：按國典, 官五品已上, 墓廟得立碑. 又按喪葬令, 凡諸贈官, 得同正官之制.(권69, 唐故湖州長城縣令贈戶部侍郎博陵崔氏府君神道碑銘幷序, 1458쪽)

2)『慶元條法事類』：諸供葬之物, 依所贈官品給. 賻後贈官者非.(권77, 服制門 喪葬給賜令, 838쪽)

3)『金石萃編』：按國典, 官至三品墓得立碑, 又按喪葬令, 諸追贈官品得同正.(권123, 苻璘碑)

▸ 복원 당령

『天聖令』당령복원청본, 喪葬令, 12조, 710쪽

〈現9〉 諸賻物及粟, 皆出所在倉庫, 得旨則給.

56) [교감주] '諸贈官(物)者, 賻[物]'의 (物)은 衍字이고 [物]은 脫字이다. '物'은 '官' 뒤가 아니라 '賻' 뒤에 와야 뜻이 통한다. 즉 '諸贈官者, 賻物'이라야 바르다.

57) 본 조문에 대응하는 기록이 당대 규정에는 보이지 않는다. 그러나 당대에도 贈官은 正官과 같은 대우를 한다(유관당송문 1, "諸贈官, 得同正官之制.")는 규정이 있고, 실제로 당대에도 증관품에 따라 부물을 지급하는 사례가 다수 확인되므로 본 조문과 같은 취지의 규정이 있었을 것이다.

무릇 상장에 지급하는 재물과 곡물은 모두 [상가의] 소재지 창고에서 내며 칙지(勅旨)를 얻으면 지급한다.[58)]

유관당송문 1) 『通典』 : 諸賻物及粟, 皆出所在倉庫, 服終則不給.(권86, 禮46 賵賻, 2333쪽)

▸ 복원 당령

『唐令拾遺補』 喪葬令, 보1조, 844쪽

『天聖令』 당령복원청본, 喪葬令, 13조, 710쪽

〈現10〉 諸一品二品喪, 勅備本品鹵簿送殯[59)]者, 以少牢贈祭於都城外, 加璧(壁),[60)] 束帛深靑[61)]三·纁二.

무릇 1품·2품 [관인의] 상에 칙으로 본품에 따른 노부[62)]를 갖춰 송장(送葬)[送殯]을 할 경우, 소뢰[63)]로써 도성 밖에서 증제를 지내고 벽(璧)을 보태주

58) 본 조문은 喪葬에 지급되는 재물과 곡물의 출급에 관한 규정으로, 지급물은 칙지를 얻어 현지 창고에서 출급한다는 것이 골자이다. 유관당송문의 『通典』에 보듯, 당대의 "服이 끝나면 지급하지 않는다"는 규정은 본 조문에서 "칙지를 얻으면 지급한다"라는 전혀 다른 규정으로 개정되었다. 부물 지급 수량의 최종 결정(〈現6〉조)뿐 아니라 창고 출급 과정에서도 황제의 의지[旨]가 개입되고 있음을 확인할 수 있다.

59) [교감주] '殯'은 유관당송문 3)의 『宋史』에 '葬'으로 되어 있다.

60) [교감주] '壁'은 文意로 보아 '璧'의 오기이다.

61) [교감주] '深靑'은 송 태조의 始祖라고 믿는 聖祖 趙玄郎의 '玄'을 피휘한 것이다. 玄은 검은색 비단을 말한다. 그런데 천성령과 같은 시기에 편찬된 『新唐書』에 '三品以上贈以束帛, 黑一·纁二'라고 했듯이, '玄'을 '黑'이라고도 했다(권48, 百官3 鴻臚寺, 1259쪽). 이는 聖祖 趙玄郎의 '玄'을 피휘하되 검은 색[玄]을 살리기 위해 '深靑' 또는 '黑'으로 고친 것으로 생각된다.

62) 本品鹵簿는 本品, 곧 당대는 散位, 송대는 寄祿官品에 따라 규정된 노부를 말한다. 鹵簿에 대해, 『石林燕語』 권4, 50쪽에 "大駕儀仗, 通號'鹵簿', 蔡邕『獨斷』已有此名. 唐人謂鹵, 櫓也, 甲楯之別名. 凡兵衛以甲楯居外爲前導, 捍蔽其先後, 皆著之簿籍, 故曰'鹵簿'."라고 했다. 인용문에서는 황제의 노부만을 언급하고 있지만, 당송대에는 皇太子·后妃·王公·公主·內命婦·高官에 대해서도 규정에 따라 노부가 지급되었다.

63) 小牢는 제사용 羊과 豕 또는 이를 제사에 바치는 일을 일컫는다. 여기에 소가 추가된 것이 大牢(太牢)이다.

며 속백[64]은 검은 비단[深靑] 3[필], 붉은 비단[纁] 2[필을][65] 지급한다.[66]

유관당송문 1)『唐六典』: 凡京官職事三品已上, 散官二品已上遭祖父母, 父母喪,京官四品及都督, 刺史並內外職事若散官以理去官五品已上, 在京薨, 卒, 及五品之官死王事者, 將葬, 皆祭少牢, 司儀率齋郎, 執俎豆以往 ; 三品已上又贈以束帛, 一品加乘馬. 旣引, 又遣使贈於郭門之外, 皆以束帛, 一品加璧.(권18, 鴻臚寺, 507쪽 ;『역주당육전』중, 583~584쪽)

2)『唐六典』: 凡內外職事五品已上在兩京薨·卒, 及身死王事, 將葬, 皆祭以少牢, 三品已上贈以束帛, 一品加乘馬. 旣引, 又遣使贈於郭門之外, 皆以束帛, 一品加璧. 致仕薨·卒, 並依職事見任之法.(권4, 尙書禮部, 119쪽 ;『역주당육전』상, 429~430쪽)

3)『通典』: 大唐制, … 至邦門, 三品以上贈以束帛, 一品加乘馬. 旣引, 又遣使贈於郭門外, 皆以束帛, 一品加璧.(권86, 禮46 器行序, 2339쪽)

4)『新唐書』: 京官職事三品以上·散官二品以上祖父母·父母喪, 職事散官五品以上·都督·刺史卒于京師, 及五品死王事者, 將葬, 祭以少牢, 率齋郎執俎豆以往. 三品以上贈以束帛, 黑一·纁二, 一品加乘馬 ; 旣引, 遣使贈於郭門之外, 皆有束帛, 一品加璧.(권48,百官3 鴻臚寺,1258~1259쪽)

5)『宋史』: 詔葬 : 禮院例冊, 諸一品·二品喪, 勅備本品鹵簿送葬者, 以少牢贈祭於都城外, 加璧, 束帛深靑三·纁二.(권124, 禮27 凶禮3, 2909쪽)

▸ 복원 당령

『唐令拾遺』 喪葬令, 5조, 811~812쪽

『天聖令』 당령복원청본, 喪葬令, 복원6조, 710쪽

---

64) 束帛은 帛을 묶은 것으로 5匹이 1束이다. 玄(검은 비단)과 纁(담홍색 비단)이 있으며 혼례나 장례 등 聘問 시에 예물로 사용되었다.『儀禮注疏』권4, 士昏禮, 77쪽과 同 권39, 旣夕禮, 859쪽에도 각각 "納徵, 玄纁束帛.", "公賵, 玄纁束."이라 하여 納徵과 賵[賻物]에 玄·纁의 束帛이 예물로 쓰인다고 했다.

65) 玄三匹, 纁二匹의 의미에 대해,『通典』에 "玄三匹, 纁二匹, 取三天兩地之義也"라고 했다(권58, 嘉禮3, 1645쪽). 한편 본 조문에는 深靑(玄)과 纁의 단위가 나와 있지 않지만, 이 기록에 의하면 匹이 확실하다.

66) 본 조문은 贈祭, 곧 送葬 途上(都城 밖)에서 죽은 이에게 음식을 올리는 奠을 치르고 束帛 등을 바치는 상장 의식에 관한 규정이다. 이는 勅葬 대상자에게만 해당되는 것으로 본 조문은 당령을 약간 개정했다. 당대에 비해 송대에는 증제 지급대상이 축소되고 지급물도 승마는 제외되었다.

〈現11〉 諸五品以上薨卒及遭喪應合弔祭者, 在京從本司奏; 在外及無本司者, 從所屬州府奏.

무릇 5품 이상 [관인]이 훙·졸하거나 상을 당해 마땅히 조제를 치러야 할 경우, 경사에서는 본사에서 상주하고 지방 및 본사가 없는 경우[67]에는 소속 주부(州府)에서 상주한다.[68]

유관당송문 관련 기록이 당송 시기 문헌에서는 확인되지 않는다.

▸ 복원 당령

『天聖令』 당령복원청본, 喪葬令, 6조, 710쪽.

〈現12〉 諸文武職事五品以上官致仕薨卒者, 其弔祭賻物並依見任官例. 其於任所致仕(任)[69]未還而薨卒者, 仍量給手力, 送還本貫.

무릇 문무 직사관 5품 이상 [관인]이 치사(致仕)하여 훙·졸했을 경우, 조제와 부물은 모두 현임관의 예에 따른다. 임지에서 치사하여 [본적지에] 돌아오지 못하고 훙·졸했을 경우에도 수력(手力)[70]을 적절히 지급해 본적

---

67) '本司가 없는' 관인이란 어떠한 경우의 관인을 가리키는지 확실치 않다. 본 조문에서 '無本司'가 '在外'와 병기되는 것을 보면 지방관은 아닌 듯하다. 그렇다면 일단 出使 등 공무로 장기간 외지에 파견되어 있는 기간에 사망하여 사실상 중앙의 원래 소속 관사와 단절된 중앙관을 상정해볼 수 있다. 吳麗娛도 저본의 '在外及無本司者'에 대해, "在京의 外官 및 외지에 出使한 京官"이라고 보았다(吳麗娛, 「關於'喪葬令'整理復原的幾個問題－兼與稻田奈津子女史商榷」, 142쪽). 그러나 '在外'를 반드시 '在京의 外官'에 한정할 필요는 없지 않을까 한다.

68) 본 조문은 5품 이상 관인이 죽거나 상을 당해 弔祭해야 할 경우의 上奏(사망 보고)에 관한 규정으로 관인의 소속 또는 소재지에 따라 상주할 관사를 정한다고 규정하고 있다. 본 조문에 대응하는 당대의 기록은 보이지 않지만, 당대에 百官의 상장 시 '官供'을 위해 鴻臚寺를 중심으로 보고체계가 갖춰져 있음을 고려하면 官供을 위해서는 당연히 사전에 사망 사실을 상주하는 절차(사망 보고)가 있었을 것이다. 그러므로 당령에도 관인이 사망 또는 상을 당했을 때 어떤 관사가 주체가 되어 상주하느냐 하는 규정이 존재했을 것으로 생각된다.

69) [교감주] '任'은 文意로 보아 '仕'의 오기이다.

70) 송대의 手力은 관원 개인이나 관부에 배속되어 관원 迎送에의 隨從, 체납 세금의

지로 송환한다.[71]

유관당송문 1)『唐六典』: (五品以上)致仕薨·卒, 並依職事見任之法.(권4, 尙書禮部, 119쪽 ;『역주당육전』상, 429~430쪽)

2)『唐六典』: 凡以理去官, 及散官三品已上, 與見任職事同, 其五品以上, 減見任職事之半, 致仕者同見任.(권18, 鴻臚寺, 508쪽 ;『역주당육전』중, 587~588쪽)

3)『小畜集』: 按喪葬令, … 又云文武五品已上致仕官薨卒者, 其弔祭賻物依見任.(권29, 殿中丞贈太常少卿桑公神道碑銘幷書)

▸ 복원 당령

『唐令拾遺補』 喪葬令, 보2조, 844쪽.

『天聖令』 당령복원청본, 喪葬令, 15조, 710쪽.

〈現13〉 諸官人以理去官身喪者, 聽斂以本官之服. 無官者, 斂以時服. 婦人有官品者, 亦以其服斂. 應珮[72]者, 皆以蠟(鑞)[73]代玉.[74]

무릇 관인이 적법한 사유로 관직을 떠나 있을 때 사망한 경우[75] 본관의 [관]복으로 [소]렴[76]하는 것을 허용한다. [징벌로] 관직을 박탈당한[無

독촉과 추징, 기타 잡역을 맡았다. 송 초의 手力은 2·3등호에서 차출되었으나 신종대 모역법 실시 이후 胥吏化하였다. 人力이라고도 했고 지방 서리 중 弓手와 함께 숫자가 가장 많았다. 지위는 비교적 낮은 편이었다(苗書梅,「宋代州級公吏制度硏究」,『河南大學學報·社科版』 2004-6, 105쪽 참조).

71) 본 조문은 致仕 관원에 대한 弔祭와 賻物 지급 및 임지에서 사망한 치사 관원의 柩 송환에 관한 규정이다. 당대의 관련 규정은 확인되지 않지만, 유관당송문 1)에 보듯, 당대에도 치사 관원의 훙·졸 시 직사관에 대한 규정을 따른다고 했으므로 당대에도 유사한 규정이 있었을 것이다.

72) [교감주] '珮'는 '佩'와 통용자로 유관당송문 1)의 『唐六典』 기록에는 '佩'로 되어 있다. 그러나 유관당송문 2)의『通典』에는 저본처럼 '珮'로 되어 있으므로 그대로 둔다.

73) [교감주] '鑞'은 '蠟'의 오기이다. 유관당송문 1)의『唐六典』 기록에 의거해 바로잡는다.

74) 유관당송문 2)『通典』의 注文에는 본 조문이나『唐六典』注文의 '皆用蠟代玉'에 이어 '禁以金玉珠寶而斂也'가 추가되어 있다. 하지만 이는 소렴이 아니라 매장과 관련된 일이므로 착오인 듯하다.

75) '以理去官'에 대해서는 〈現5〉조의 註 참조.

官]77) 경우에는 시복78)으로 염한다. 부인이 관품이 있는 경우 그 [관]복으로 염한다.79) 패옥을 하는 경우 모두 밀랍으로 옥을 대신한다.

유관당송문 1)『唐六典』: 凡百官以理去職而薨·卒者, 聽斂以本官之服. 無官者, 介幘·單衣. 婦人有官品者, 亦以其服斂. 應佩者, 皆用蠟代玉.(권18, 鴻臚寺, 507쪽 ; 『역주당육전』중, 583~584쪽)

2)『通典』: 其百官以理去職而薨卒者, 聽斂以本官之服. 無官者介幘單衣. 婦人有官品, 亦以其服斂. 應珮者, 皆用蠟代玉, 禁以金玉珠寶而斂也.(권84, 凶禮6, 小斂, 2285쪽)

3)『慶元條法事類』: 諸命官以理去官身亡者, 殮以本官之服. 婦人有官品者, 亦以其服殮.(권77, 服制門 喪葬 服制令, 836쪽)

---

76) 본 조문만 보면 여기서의 斂(殮)이 小斂인지 大斂인지 판별하기 어렵다. 그러나 유관당송문 2)의 『通典』에 본 조문과 같은 내용이 '小斂' 항목에 수록되어 있는 데서도 보듯, 본 조문의 斂은 小斂을 말한다. 현임관의 大斂(棺斂) 규정은 〈現30〉조에 있다.

77) 본 조문의 '無官'의 '官'은 관품이 아니라 관직을 가리킨다고 생각된다. '無官'이 앞 구절의 '정당한 사유로 해직된 경우(以理去官)'와 병기되고 있는 것으로 보아 넓은 의미의 '관품이 없는 자', 곧 서인을 지칭하는 것이 아니라 '징벌로 제명 또는 강제해직된 경우'로 판단된다. 이러한 의미의 '無官'에 대해, 『朝野類要』 권5, 降免, 100쪽에 "編管以上, 則必除名勒停, 謂無官也, 故曰追毁出身以來文字."라 했다.

78) 時服은 원래 계절 옷을 가리키지만(『禮記正義』 권10, 檀弓下4, 365쪽, "…其斂以時服." 鄭玄 注 : "以時行之服, 不改制節."), 본 조문의 時服은 五代의 舊制를 계승한 것으로 송대는 매년 단오와 10월 1일에 문무 群臣과 장교에게 지급되었고, 聖節(황제의 생일)에 지급되기도 했다(『宋史』 권153, 輿服5 諸臣服下 時服, 3570~3571쪽, "時服. 宋初因五代舊制, 每歲諸臣皆賜時服, 然止賜將相·學士·禁軍大校. 建隆三年(962), 太祖謂侍臣曰'百官不賜, 甚無謂也.' 乃徧賜之. 歲遇端午·十月一日, 文武羣臣將校皆給焉. … 應給錦袍者, 汗衫以黃縠, 別加繡抱肚·小扇. 誕聖節所給, 如時服."). 송대는 官職의 高下에 따라 袍, 襖, 衫, 袍肚, 勒帛 등의 時服을 전부 또는 일부를 賞賜했다. 時服의 재료는 처음에는 錦이었으나 후에 이보다 낮은 등급의 綾, 絹이 추가되었고, 時服의 圖案도 7등급으로 나눠 차등화했다(同上, 3570~3572쪽). 한편 당대의 時服에 대해서는 倉庫令, 〈舊22〉조에 지급규정이 있는데, 지급품목이 송대와 크게 다르다. 이에 따르면 당대의 時服이 실용적인 계절 옷이라면 송대의 時服은 실용성보다 賞賜品이라는 성격이 강하다.

79) 본 조문은 隋의 開皇令(『隋書』 권8, 禮儀3, 156쪽)을 이은 당의 규정과 대부분 일치하지만, 다만 징벌로 관직을 박탈당한 관원의 斂服이 당대의 '介幘, 單衣'에서 '時服'으로 바뀌었다. 남송의 규정에는 관직을 박탈당한 관인의 염복 규정은 빠져 있다(유관당송문 3).

▸ 복원 당령

『唐令拾遺』 喪葬令, 7조, 813~814쪽

『天聖令』 당령복원청본, 喪葬令, 16조, 711쪽

〈現14〉 諸重, 一品挂[80]鬲六, 五品以上四, 六品以下二.

무릇 중[81]에, 1품은 역(鬲)[82] 여섯, 5품 이상은 넷, 6품 이하는 둘을 건다.[83]

유관당송문 1)『唐六典』 : 凡設鬲及銘旌·輀車之屬之差. … 一品縣鬲六, 五品已上四, 六品已下二.(권18, 鴻臚寺, 508쪽)

2)『通典』 : 隋文帝開皇初, 定典禮. 太常卿牛弘奏曰"諸重, 一品縣鬲六, 五品已上四, 六品已下二."(권84, 凶禮6 懸重, 2276쪽)

3)『通典』 : 重木, 刊鑿之, 爲懸孔也, (三品以上)長八尺, 四品五品長七尺, 六品以下六尺. 橫者半之, 置於庭三分庭一在南. ….(권138, 開元禮纂類33 凶禮5 重, 3513쪽)

3)『司馬氏書儀』 : … 則埋魂帛潔地. … 喪葬令, 諸重, 一品柱(挂?)鬲六, 五品以上四, 六品已下亦然.(권5, 喪儀1 魂帛, 54쪽)

4)『慶元條法事類』 : 重挂鬲, 一品六, 六品以上四, 九品以上二.(권77, 服制門 喪制服制格, 839쪽)

5)『宋史』 : 諸重, 一品柱(掛?)鬲六, 五品已上四, 六品已下二.(권124, 禮27 凶禮3

80) [교감주] '挂'는 유관당송문 『唐六典』에는 '懸'으로 되어 있으나, 본 조문을 비롯하여 유관당송문 4)에는 '挂'로 되어 있다. 聖祖 趙玄郎의 '玄'을 피휘했기 때문이다.

81) 重(重木)은 神主(木主)를 만들기 전에 신주의 임시 대체물로 사용하기 위해 나무 막대기를 깎아 만드는 예기이다. 重의 중·상단에 구멍을 파서 橫木을 꿰어 십자형으로 만든 후 뜰의 중앙 남쪽에 세우며 신주가 만들어지면 祖廟 앞에 묻는다.

82) 鬲은 重의 橫木 양쪽에 거는 瓦甁으로 重에 매달기 때문에 重鬲이라고도 한다. 이 鬲에 죽을 담아 사자의 신령에 바친다.

83) 본 조문의 규정은 隋의 開皇令(『隋書』 권8, 禮儀3, 156쪽 및 유관당송문 2) 이래 변한 것이 없지만, 남송대에는 관품별 규정에 약간의 조정이 있다. 그런데 유관당송문 3)의 『通典』에 의하면, 鬲을 거는 重木의 길이도 관품에 따라 세 등급으로 나뉘었다(『大唐開元禮』 권142, 凶禮 三品以上喪之一 重, 656쪽 ; 권138, 四品五品喪之一 重, 680쪽 ; 권146, 凶禮 六品以下喪之一 重, 702쪽도 同). 한편 송대 민간에서는 간편하다는 이유로 重 대신 魂帛이 많이 사용되었다(『司馬氏書儀』 권5, 喪儀1 魂帛, 54쪽, "[原注] : 檀弓曰, 重主道也. … 士民之家, 未嘗識也, 皆用魂帛. 魂帛亦主道也. … 今且從俗, 貴其簡易.").

詔葬, 2909쪽)

▸ 복원 당령

『唐令拾遺』 喪葬令, 11조, 817~818쪽 ; 『唐令拾遺補』 喪葬令, 11조, 839쪽
『天聖令』 당령복원청본, 喪葬令, 17조, 711쪽

〈現15〉 諸銘旌, 三品以上長九尺, 五品以上長八尺, 六品以下長七尺, 皆書'某官·封·姓名之柩.

무릇 명정[84]은 3품 이상이면 길이 9척, 5품 이상은 8척, 6품 이하는 7척이다. 모두 '모관·[모]봉·성명지구'라고 쓴다.[85]

유관당송문 1) 『大唐開元禮』 : 爲銘以絳, 廣充幅, 長九尺, 韜杠. 杠, 銘旌竿也. 杠之長準其絳也, 公以上杠爲龍首也. 書曰 : '某官封之柩'. 在棺曰柩. 婦人之夫有官封者, 云'某官封夫人姓之柩', 子有官封者, 云'太夫人之柩', 郡縣君隨其稱. 置於宇西階上.(권 142, 凶禮 三品以上喪之一 銘, 656쪽)

2) 『大唐開元禮』 : 爲銘以絳, 廣終幅, 長八尺, 龍首, 韜杠. 銘旌竿也. 杠之長準其絳也, 書曰 : '某官封之柩' 在棺曰柩. 無封者云, 某姓官之柩. 婦人其夫有官封者, 云'某姓官封夫

84) 銘旌은 죽은 이의 신분과 성명 등을 적은 旗로 원래 죽은 이를 식별하기 위해 사용되기 시작했다. 銘 또는 明旌이라고도 했다. 襲 직후, 소렴 전 붉은 색 비단에 흰 글씨로 사자의 신분과 성명을 적어 만든 후 앞 조문에서 말한 重에 두었다가 대렴 후에 대나무 장대에 매달아 柩의 전방 우측에 세워 송장 행렬에 나서며, 매장 때 깃대는 제거하고 柩를 덮는다.

85) 유관당송문에 보듯, 관인의 명정에 쓰는 글자는 문헌에 따라 약간씩 다르다. 즉 '某官·封·姓名之柩'(『唐六典』, 『唐會要』, 『慶元條法事類』), '某官·封之柩'(유관당송문 1·2 『大唐開元禮』, 유관당송문 5 『通典』, 『新唐書』), '某姓名·官之柩'(유관당송문 3 『大唐開元禮』), '某官·封·姓君之柩'(유관당송문 6 『通典』), '某姓官之柩'(유관당송문 5 『通典』의 注文), '某官·封·姓之柩'(『宋史』), '某官·某公之柩'(『司馬氏書儀』, 『朱子家禮』)라 한 것이 그것이다. 위 기록들을 대조해 보면 크게 관인의 명정에 성명을 쓰는가의 여부, 그리고 성명을 쓴다면 성과 이름을 다 쓰느냐 아니면 성만 쓰고 이름은 쓰지 않느냐 하는 것으로 구분된다. 다만 『大唐開元禮』에 따르면, '某官·封之柩'(5품 이상)과 '某姓名·官之柩'(6품 이하)는 관품에 따라 구분되었다. 어쨌든 令文인 본 조문의 규정과 같은 첫째의 '某官·封·姓名之柩'가 표준일 것으로 생각되나 현재로서는 당송대 관인의 명정에 쓰는 글자가 정확히 무엇이었는지 확정할 수 없지 않을까 한다.

人姓之柩', 子有官封者, 云'太夫人之柩', 郡縣鄕官, 各隨其稱.(권138, 凶禮 四品五品喪之一 銘, 680쪽)

3)『大唐開元禮』: 爲銘以絳, 廣充幅, 長六尺, 韜杠. 書曰: '某姓名官之柩', 婦人云'某氏姓之柩'. 置於宇西階上.(권146, 凶禮 六品以下喪之一 銘, 702쪽)

4)『唐六典』: 凡設鬲及銘旌·輀車之屬之差. … 凡銘旌, 三品已上長九尺, 五品已上八尺, 六品已下七尺, 皆書云, '某官·封·姓名之柩.'(권18, 鴻臚寺, 508쪽; 『역주당육전』중, 584~586쪽)

5)『通典』: 爲銘以絳, 廣充幅, 四品以下廣終幅. 長九尺, 韜杠. 杠, 銘旌竿也. 杠之長準其絳也. 公以上杠爲龍首. 四品五品幅長八尺, 龍首, 韜杠. 六品以下幅長六尺, 韜杠. 書曰'某官封之柩'. 在棺曰柩. 婦人其夫有官封, 云'某官封夫人姓之柩'. 子有官封者, 云'太夫人之柩'. 郡縣君隨其稱. 若無封者, 云'某姓官之柩'. 六品以下亦如之. 置於宇西階上.(권138, 開元禮纂類33 凶禮5 銘, 3512쪽)

6)『通典』: 大唐元陵儀注, … 又設銘旌, 以絳, 廣充幅, 長二丈九尺, … 其三品以上長九尺, 五品以上八尺, 六品以下七尺, 皆書'某官·封·姓君之柩.' 具開元禮.(권84, 凶禮6, 設銘, 2275쪽)

7)『唐會要』: 舊制, 銘旌, 三品已上長九尺, 五品已上長八尺, 六品已下七尺, 皆書云, 某官封姓名之柩.(권38, 葬, 808쪽)

8)『新唐書』: 乃爲明旌, 以絳廣充幅, 一品至于三品, 長九尺, 韜杠, 銘曰'某官封之柩', 置於西階上; 四品至于五品, 長八尺; 六品至于九品, 長六尺.(권20, 禮樂10, 凶禮, 諸臣之喪, 449쪽)

9)『五代會要』: 凡銘旌, 三品已上長九尺, 五品已上長八尺, 六品已上(下?)長七尺(권8, 喪葬上, 135쪽)

10)『司馬氏書儀』: 銘旌, 以絳帛爲之, 廣終幅. 三品以上長九尺, 五品以上八尺, 六品以下七尺, 書曰'某官某公之柩.' 官卑, 曰'某君某妻', 曰'某封邑某氏.' 若無官封, 卽隨其生時所稱. 以竹爲杠, 長準銘旌, 置於西階上. … 開元禮, 杠之長, 準其絳, 王公以下杠爲龍首, 仍韜杠. 喪葬令, 銘旌長各有尺數.(권5, 喪儀1 銘旌, 53~54쪽)

11)『朱子家禮』: 以絳帛爲銘旌,廣終幅, 三品以上九尺, 五品以下八尺, 六品以下七尺. 書曰'某官某公之柩', 無官卽隨其生時所稱. 以竹爲杠, 如其長, 倚於靈座之右.(권4, 喪禮 立銘旌)

12)『宋史』: 諸銘旌; 三品已上長九尺, 五品已上八尺, 六品已上(下?)七尺, 皆書某官封姓之柩.(권124, 禮 凶禮3, 詔葬, 2909쪽)

13)『慶元條法事類』: 銘旌, 書'官封姓名之柩'. 四品以上長九尺, 六品以上長八尺,

九品以上長七尺.(권77, 服制門 喪制 服制式, 840쪽)

▸ 복원 당령

『唐令拾遺』 喪葬令, 12조, 818~820쪽 ; 『唐令拾遺補』 喪葬令, 839쪽
『天聖令』 당령복원청본, 喪葬令, 17조, 711쪽

〈現16〉 諸輀(輌)[86]車, 三品以上油幰, 朱絲絡網, 施襈, 兩廂(相)[87]畫龍, 幰竿(等)[88]諸末垂六旒蘇. 七品以上油幰, 施襈(僎),[89] 兩廂畫雲(龍)[90]氣, 垂四旒蘇. 九品以上無旒蘇 ; 男子幰·襈·旒蘇皆用素, 婦人皆用綵. 庶人鱉甲車, 無幰·襈·畫飾.

무릇 이거[91]는 3품 이상이면 유칠(油漆)한 휘장[油幰]을 두르고 붉은 실로 묶으며, 가장자리 장식을 하고, [이거의] 양면에 용을 그려 넣으며 휘장의 장대[竿] 끝에는 마(麻)로 만든 여섯 가닥짜리 깃발 장식[旒蘇]을 늘어뜨린다. 7품 이상이면 유칠한 휘장을 두르고, 가장자리 장식을 하고, [이거의] 양면에 구름 모양을 그려 넣으며, 마로 만든 네 가닥짜리 깃발 장식을 늘어뜨린다. 9품 이상은 마로 만든 가닥 없는 깃발 장식을 늘어뜨린다. 남자는 휘장, 가장자리 장식, 마로 만든 깃발 장식은 모두 흰 것을 쓰고, 부녀자는 모두 채색된 것을 쓴다. 서인은 별갑거[92]를 쓰고 휘장, 가장자리 장식, 그림

86) [교감주] '輌'은 '輀'의 오기이다. 『宋史』 권124, 禮27 凶禮3 諸臣喪葬等儀條와 『五代會要』 권8, 喪葬上 後唐 天成 2年條 및 『慶元條法事類』 권77, 喪制 服制式條에 의거해 바로잡는다.

87) [교감주] '相'은 '廂'의 오기이다. 유관당송문 1), 2), 4) 등에 의거해 바로잡는다.

88) [교감주] '等'은 '竿'의 오기이다. 유관당송문 1), 3), 4) 등에 의거해 바로잡는다.

89) [교감주] '僎'은 '襈'의 오기이다. 유관당송문 1), 2), 4) 등에 의거해 바로잡는다.

90) [교감주] '龍'은 '雲'의 오기이다. 유관당송문 1), 2), 4) 등에 의거해 바로잡는다.

91) 輀車는 柩를 실어 묘지까지 운반하는 수레로 송장 행렬에 나서는 각종 수레 중 장식이 가장 화려하며 가장 뒤에 따른다. 『通典』에 의하면, 당대 3품 이상 관인의 송장에 나서는 수레의 행렬순서는 靈車→方相車(6품 이하는 魌頭車)→誌石車→大棺車→輴車(4품 이하는 輴車 없음)→轜車 순이다(권139, 禮99, 開元禮纂類334 凶禮6, 3539쪽 참조).

92) 鱉甲車는 수레의 지붕 윗부분이 자라 등처럼 타원형으로 솟아오른 柩車이다.

장식은 없다.[93)]

유관당송문 1)『唐六典』: 凡設鬲及銘旌·輀車之屬之差. 其轜車, 三品已上油幰, 朱絲絡網, 施襈, 兩廂畫龍, 幰竿諸末, 垂六旒蘇 ; 七品已上油幰, 施襈, 兩廂畫雲氣, 四旒蘇 ; 八品已下無旒蘇. 男子幰·襈·旒蘇皆用素, 婦人皆用綵. 庶人鼈甲車, 無幰·襈·畫飾.(권18, 鴻臚寺, 508쪽 ;『역주당육전』중, 584~586쪽)

2)『通典』: 隋文帝初定禮. 轜車, 三品以上, 油幰, 朱絲絡網, 施襈, 兩箱畫龍, 幰竿諸末垂六旒蘇. 七品以上, 油幰, 施襈, 兩箱畫雲氣, 垂四旒蘇. 八品以下, 達於庶人, 鼈甲車, 無幰襈旒蘇畫飾.(권86, 禮46 凶禮8 薦車馬明器及飾棺, 2326쪽)

3)『五代會要』: 諸輀車, 三品已上, 許使油幰, 施襈, 兩廂畫龍虎 ; 七品以上祗許使油幰, 施襈, 兩廂畫雲氣. 男子幰·襈·旒蘇, 皆使素, 婦人使綵.(권8, 喪葬上, 135~136쪽)

4)『五代會要』: 諸車轝, 三品已上油幰, 朱絲絡網, 施襈, 兩廂畫龍虎, 幰竿朱末, 垂六旒蘇, 今之纓帶也. 七品已上油幰, 施襈, 兩廂畫雲氣, 垂四旒蘇. 九品已上無旒蘇. 車轝上有結絡, 三品以上及將相有鳳臺, 自諸品官及郡守升朝者, 羚羊山華, 餘並平幰. 百姓喪葬, 祇合使鱉甲車, 無幰·襈·畫飾, 並無已前儀.(同上, 134쪽)

5)『宋史』: 諸輀車, 三品已上油幰, 朱絲絡網, 施襈, 兩廂畫龍, 幰竿諸末, 垂六旒蘇 ; 七品已上油幰, 施襈, 兩廂畫雲氣, 垂四旒蘇 ; 九品已上無旒蘇. 庶人鼈甲車, 無幰·襈·畫飾.(권124, 禮27 凶禮3, 2909쪽)

6)『慶元條法事類』: 諸輀車·幰·襈·旒蘇, 男子用素, 婦人用綵. 九品無旒蘇, 庶人鼈甲車, 無幰·襈·畫飾. 即用喪轝, 或四品以上用輴車, 九品以上用轜轆車, 聽.(권77, 服制門 喪葬 服制令, 836쪽)

7)『慶元條法事類』: 輀車, 四品以上, 油幰, 硃(朱?)絲絡網, 施襈, 兩箱畫龍, 幰竿諸末垂旒蘇六, 八品已上, 油幰, 施襈, 兩箱畫雲氣, 垂旒蘇四.(권77, 服制門 喪葬 服制式, 841쪽)

▸ 유관 일본령

『令義解』: 王一品條 : 凡親王一品, 方相車各一具, 鼓一百面, 大角五十口, 小角一百口, 幡四百竿, 金鉦鐃鼓各二面, 楯七枚, 發喪三日. 二品, 鼓八十面,大角四十

93) 본 조문의 규정은 수의 개황령에 들어 있고(유관당송문 2), 이것이 당령으로 계승되었으며 다시 본 조문으로 이어졌다. 轜車의 장식품 종류나 규격은 거의 같다.

口, 小角八十口, 幡三百五十竿. 三品四品, 鼓六十面, 大角三十口, 小角六十口, 幡三百竿, 其車鐃鼓楯鉦, 及發喪日, 並准一品. 諸臣一位, 及左右大臣, 皆准二品二位及大納言, 准三品. 唯除楯車. 三位, 轜一具, 鼓四十面, 大角卄口, 小角四十口, 幡二百竿, 金鉦鐃鼓各一面, 發喪一日. 太政大臣, 方相 車各一具, 鼓一百四十面, 大角七十口, 小角一百四十口, 幡五百竿, 金鉦鐃鼓各四面, 楯九枚, 發喪五日. 以外葬具及遊部, 並從別式. 五位以上及親王, 並借具及帷帳. 若欲私備者聽. 女亦准此.(권9, 喪葬令, 293~294쪽 ; 『令集解』 권40, 喪葬令, 964~968쪽)

▸ 복원 당령

『唐令拾遺』 喪葬令, 13조, 820~823쪽 ; 『唐令拾遺補』 喪葬令, 13조, 839~840쪽
『天聖令』 당령복원청본, 喪葬令, 19조, 711쪽

〈現17〉 諸引·披·鐸·翣·挽歌, 三品以上四引·四披·六鐸 有挽歌者, 鐸依歌人數. 以下准此. 六翣, 挽歌六行三十六人 ; 四品二引·二披·四鐸·四翣, 挽歌四行十六人 ; 五品六品 謂升(外)[94]朝者, 皆准此. 挽歌八人[95] ; 七品八品 謂非升(外)朝者.[96] 挽歌六人 ; 九品(十品)[97] 挽歌四人. 檢校·試官同眞(真)[98]品. 其持引·披者, 皆布幘·布深衣, 挽歌[者][99]白練幘·[白練][100]褠衣, 執鐸·綍, 並鞋·襪.

---

94) [교감주] '外'는 '升'의 오기이다. '升朝者'는 朝官인 升朝官이다.

95) [교감주] '挽歌八人' 앞에 脫文이 있는 것으로 보인다. 저본에는 五品六品, 七品八品, 九品(十品)에 관한 기술에 모두 挽歌만 있고 引·披·鐸·翣에 관한 규정은 없다. 그러나 『唐六典』 권18, 鴻臚寺 司儀令條 注에는 "五品已上二引·二披·四鐸·四翣, 挽歌四行十有六人. 九品已上二鐸·二翣."이라 했다. 또 『慶元條法事類』 권77, 服制門 喪葬 服制格에도 "紼·鐸·披·翣, 四品以上, 紼四·披四·鐸六·翣六 ; 六品以上, 紼二·披二·鐸四·翣四 ; 九品以上, 鐸二·翣二."라 했다.

96) [교감주] 저본에는 '謂非升朝者.'가 九品(十品)이하의 注文으로 되어 있다. 그러나 『慶元條法事類』 권77, 服制門 喪葬 服制格에 "挽歌, 四品以上六行, 行六人 ; 六品以上四行, 行四人 ; 八品以上[陞朝官准六品]六人 ; 九品, 四人."이라 하는 데서 보듯, '八品以上'의 注文에 '陞朝官准六品'이라고 부기하였다. 또한 북송 전기 升朝官은 정8품 이상에 해당되므로 '謂非升朝者'는 '七品八品' 다음의 注文으로 옮겨야 옳을 듯하다.

97) [교감주] '十品'은 衍字이다. 당송대 품계에 十品은 없다.

98) [교감주] '真'은 正字인 '眞'으로 고친다.

99) [교감주] '者'는 脫字이다. 『唐六典』 권18, 鴻臚寺 司儀令條의 注에 의거해 보충한다.

100) [교감주] '白練'은 脫字이다. 『唐六典』 권18, 鴻臚寺 司儀令條 注 및 『慶元條法事類』 권77, 服制門 喪葬 服制式條에 의거해 보충한다.

무릇 인(引)[101]·피(披)[102]·탁(鐸)[103]·삽(翣)[104]·만가(挽歌)는, 3품 이상은 4인·4피·6탁·만가가 있는 경우 탁은 만가를 부르는 사람[105] 수에 의거한다. 이하 이에 준한다. 6삽이며 만가는 6행으로 36인이다. 4품은 2인·2피·4탁·4삽이며 만가는 4행으로 16인이다. 5품·6품은 승조관[106]을 말하며 모두 이에 준한다. 만가 8인이다. 7품·8품은 승조관이 아닌 자를 말한다. 만가 6인이다. 9품은 만가 4인이다. 검교관(檢校官)[107]·시관(試官)[108]은 진품(眞品)과 같이 한다. 인·피를 잡는 자는 모두 베 두건을 쓰고 베 심의[109]를 입으며, 만가를

---

101) 送葬 시에 柩車를 끄는 끈이다(『儀禮注疏』 권38, 旣夕禮, 850쪽, "屬引. [鄭玄注 : 屬猶著也. 引, 所以引柩車.]" ; 『周禮注疏』 권10, 地官司徒 大司徒, 320쪽, "大喪 … 屬其六引 …. [鄭玄注 : … 鄭司農云 : '六引, 謂引喪車索也.']").

102) 柩車에 실린 柩가 기울거나 전복되는 것을 막기 위해 사용하는 끈이다. 柩의 양쪽에 묶어 柩車의 좌우에서 잡고 가면서 균형을 잡는다(『周禮注疏』 권31, 夏官司馬下 司士, 963쪽 ; 『禮記正義』 권7, 檀弓上, 245쪽).

103) 악기로 사용되는 銅鈴이다. 鐸을 흔들면 그 리듬에 맞춰 挽歌를 부른다(『通典』 권139, 開元禮纂類34 凶禮6 進引, 3536쪽, "鐸者, 以銅爲之, 所以節挽者.").

104) 翣은 棺의 장식으로 먼저 나무로 틀을 짠 뒤 白布로 씌우며 부착된 손잡이를 들고 柩車나 棺柩를 가린다(『禮記正義』 권45, 喪大記, 1496~1500쪽).

105) 挽郎이라고 한다.

106) 升朝官은 朝官의 異稱으로 常參官을 말한다. 북송 전기 升朝官은 총 37階였다.

107) 송대 檢校官은 실직이 없는 일종의 加官이었다. 원래 唐初의 검교관은 正官이 아니었으나 職事가 있었다. 그러나 현종대 使職이나 지방관이 '檢校吏部尙書'라는 식으로 중앙 고관의 관함에 '檢校'를 冠하는 일이 많아지면서 虛銜으로 변했다. 宋初에도 이를 계승했는데 檢校太師에서부터 檢校水部員外郎까지 모두 19階가 있었다. 무신, 軍職, 蕃官, 吏職 등에게 加官으로 많이 수여되었고 문신은 추밀사, 선휘사, 절도사, 전임 재상에게 수여되었다. 그러나 元豊 관제개혁으로 그 수가 대폭 줄었다.

108) 試官은 당 측천무후 때 濫官정책으로 대거 설치되었는데 정식 관원이 아니라 '試用의 官'이라는 성격이 강했다. 처음에는 職事를 갖기도 했으나 당 중기 이후 虛銜으로 변했다. 송대의 試官은 幕職州縣官(選人)이나 진사급제자에게 初授되며 吏部의 銓選을 거쳐야 正官이 될 수 있었다. 따라서 職事가 없는 일종의 加官이었다. 송초에는 '恩澤'으로 試官을 얻을 수 있었으나 正官과 달리 이부의 銓選에 참여할 수 있는 자격이 없었으므로 직사관이 될 수 없었다. 그러나 태종 太平興國 2년(977) 이후 試官으로 7選(年)이 지나면 銓選에 참여해서 직사관이 될 수 있는 길이 열렸다. 試官은 試秩, 試銜이라고도 했고 試大理評事, 試秘書省校書郎, 試助教 등 모두 6階였다.

109) 深衣는 上衣와 下裳이 이어진 두루마기형 長衣다(『禮記正義』 권58, 深衣, 1822쪽, "[孔穎達疏 : 所以此稱深衣者, 以餘服則上衣下裳不相連, 此深衣衣裳相連, 被體深邃, 故謂之'深衣'.] 古者深衣, 蓋有制度, 以應規矩繩權衡.").

부르는 자는 백련책을 쓰고 백련구의를 입으며, 탁·발(紼)[110]을 잡고 모두 [흰색] 신과 버선을 신는다.[111]

유관당송문 1)『唐六典』: 凡引·披·鐸·翣·挽歌·方相,·魌頭·纛·帳之屬亦如之. … 三品已上四引, 四披, 六鐸, 六翣 ; 挽歌六行三十六人 ; 有挽歌者, 鐸依歌人數, 已下準此. 五品已上二引·二披·四鐸·四翣, 挽歌四行十有六人. 九品已上二鐸·二翣. 其執引·披者, 皆布幘·布深衣 ; 挽歌者白練幘·白褠衣, 皆執鐸·披.(권18, 鴻臚寺 508쪽 ;『역주당육전』중, 584~586쪽)

2)『通典』: 一品引四, 披六, 鐸左右各八, 黼翣二, 黻翣二, 畫翣二. 二品·三品, 引二, 披四, 鐸左右各六, 黼翣二, 畫翣二. 四品·五品, 引二, 披二, 鐸左右各四, 黼翣二, 畫翣二. 六品以下, 引二, 披二, 鐸·畫·翣各二, 唯無黼黻翣耳. 凡引者, 輀車索也. 披者, 繫於輀車, 四樹在旁, 執之以備傾覆. 鐸者, 以銅爲之, 所以節挽者. 翣者, 以木爲筐, 廣二尺, 高二尺四寸, 其形方, 兩角高, 衣以白布, 柄長五尺. 黼翣黻翣, 畫黼黻文於翣之內, 四緣畫以雲氣. 畫翣者, 內外四緣皆畫雲氣. 庶人無引·披·鐸·翣.(권139, 禮99 開元禮纂類34 凶禮6, 3536쪽)

3)『通典』: 大唐制, 鴻臚寺司儀署令掌, 凡引·披·鐸·翣·挽歌·纛帳之屬. 三品以上四引, 四披, 六鐸, 六翣 ; 六品以上二引, 二披, 四鐸, 四翣 ; 九品以上二鐸, 二翣. 凡執引·披者, 皆布幘, 布深衣. 其下帳, 五品以上用素繒, 六品以下用練, 婦人用綵.(권86, 禮46 凶禮8, 2338~2339쪽)

4)『通典』: 大唐元陵之制, … 其百官制, 鴻臚寺司儀署令掌挽歌. 三品以上六行三十人, 六品以上四行十六人, 皆白練褠衣, 皆執鐸帗.(권86, 禮46 凶禮8, 2340쪽)

5)『新唐書』: 陳器用 … 一品引四·披六·鐸左右各八·黼翣二·黻翣二·畫翣二, 二品三品引二·披四·鐸左右各六·黼翣二·畫翣二, 四品五品引二·披二·鐸左右各四·黼翣二·畫翣二, 六品至於九品披二·鐸二·畫翣二.(권20, 禮樂10 諸臣

---

110) '紼'은 棺柩를 드는 끈으로 下棺 때 사용하며 綍과 同字이다(『禮記正義』 권9, 檀弓下, 301~302쪽 ;『通典』 권86, 凶禮8 喪制4 器行序, 2337쪽, "周制, 大喪, … 及葬, 帥而屬六紼. … [原注 : 紼, 擧棺索.]").

111) 본 조문은 송장 행렬의 輀車와 運柩에 사용되는 葬具, 挽歌(輓歌)에 관한 규정이다. 약간의 차이는 있으나 본 조문의 내용은 이미 隋 開皇令(『隋書』 권8, 禮儀3, 155쪽~156쪽)에 규정되어 있고(단, 隋令에는 만가 규정이 없음), 당령은 이를 계승했는데 본 조문은 升朝官(常參官)·檢校官·試官에게 지급되는 挽歌와 歌人(挽郎) 규정을 추가했다. 한편, 송대에는 본 조문의 규정과는 관계없이 실제 송장 행렬에 사용하는 喪具에 변화가 보인다. 예컨대 송대는 대부분 輀車 대신 상여를 이용해 운구했기 때문에 引과 披는 사용하지 않았고, 또 鐸 대신 징[鉦]과 북을 사용하는 일이 많아졌다(『司馬氏書儀』 권8, 喪儀4 陳器 注, 88쪽).

之喪, 451쪽)

6) 『司馬氏書儀』 : …貴賤有數,… 喪葬令, 三品以上六翣, 挽歌六行三十六人, 四品至九品各有差.(권8, 喪儀4 陳器, 88쪽)

7) 『宋史』 : 諸引·披·鐸·翣·挽歌 : 三品已上四引·四披·六鐸·六翣, 挽歌六行三十六人 ; 四品二引·二披·四鐸·四翣, 挽歌者四行十六人 ; 五品·六品挽歌八人 ; 七品·八品挽歌六人 ; 六品·九品 謂非升朝者. 挽歌四人. 其持引·披, 皆布幘·布深衣 ; 挽歌, 白練幘·白練褠衣, 皆執鐸·綍, 並鞵襪.(권124, 禮志27 諸臣喪葬等儀, 2908쪽)

8) 『慶元條法事類』 : 諸葬有挽歌者, 鐸如歌人之數. 即檢校官應用紼·鐸·披·翣·挽歌者, 並同眞品.(권77, 服制門 喪葬 服制令, 836쪽)

9) 『慶元條法事類』 : 紼·鐸·披·翣, 四品以上, 紼四·披四·鐸六·翣六 ; 六品以上, 紼二·披二·鐸四·翣四 ; 九品以上, 鐸二·翣二. 挽歌, 四品以上六行, 行六人 ; 六品以上四行, 行四人 ; 八品以上 陞朝官准六品 六人 ; 九品, 四人.(권77, 服制門 喪葬 服制格, 839쪽)

10) 『慶元條法事類』 : 持紼披者, 布幘·布深衣. 挽歌者, 白練幘·白練褠衣, 執紼鐸.(권77, 服制門 喪葬 服制式, 841쪽)

▸ 복원 당령

『唐令拾遺』 喪葬令, 14조, 823~826쪽

『天聖令』 당령복원청본, 喪葬令, 20조, 711쪽

〈現18〉 **諸四品以上用方相, 七品以上用魌頭.** 方相四目, 魌頭兩[目],[112] 並深靑(淸)[113]衣朱裳, 執戈揚盾, 載於車.

무릇 4품 이상[의 상에는] 방상을 사용하고 7품 이상[의 상에는] 기두[114]를 사용한다. 방상은 눈이 넷이고 기두는 눈이 둘로 모두 검은 상의[深靑衣]와 붉은

112) [교감주] '目'은 脫字이다. 유관당송문 1), 2) 등에 의거해 보충한다.

113) [교감주] '淸'은 '靑'의 오기이다. 유관당송문 1), 2) 등에 의거해 바로잡는다. '深靑'은 聖朝 趙玄郞의 諱를 피해 '玄'을 대신해 쓰인 것이다. 유관당송문 7)에 '深靑衣[原注 : 即玄衣.]'라고 했다.

114) 方相과 魌頭는 鬼를 쫓는 의식인 儺儀나 장례 시에 疫鬼나 악귀를 쫓기 위해 사용하는 일종의 가면이다. 장례 시에는 靈柩를 인도하는 '길을 여는 신'으로서의 의미도 있다.

치마를 입으며 창을 잡고 방패를 들며 수레에 싣는다.[115]

유관당송문 1)『大唐開元禮』: 凡四品以上用方相, 七品上用魌頭.(권3, 序例下 雜制, 34쪽 ;『通典』권108, 開元禮纂類3 雜制, 2812쪽, "方相纛竿"의 注文에도 同文.)

2)『唐六典』: 凡引·披·鐸·翣·挽歌·方相,·魌頭·纛·帳之屬亦如之. … 其方相四目, 五品已上用之 ; 魌頭兩目, 七品已上用之 ; 並玄衣·朱裳, 執戈·楯, 載於車.(권18, 鴻臚寺, 508쪽 ;『역주당육전』중, 584~586쪽)

3)『通典』: 北齊制, 三品以上喪者, 借白鼓一面, 喪畢進輸. 三品以上及五等, 通用方相, 方相之制, 見大喪篇. 四品以下, 達庶人, 以魌頭. 魌頭與方相小異.(권86, 禮46 凶禮8 薦車馬明器及飾棺, 2326쪽)

3)『五代會要』: 官至四品已上使方相, 七品已上魌頭·四目·玄衣朱裳·執戈揚楯如常制, 七(八?)品已下及無官品者勿用.(권8, 喪葬上, 133~134쪽)

4)『司馬氏書儀』: … 方相在前 … 喪葬令, 四品以上用方相, 七品以上用魌頭. 方相四目, 魌頭兩目, 載於車.(권8, 喪儀4 陳器, 87쪽)

5)『事物紀原』: 宋朝喪葬令, 有方相·魌頭之别, 皆是其品所當用, 而世以四目爲方相, 兩目爲魌頭.(권9, 吉凶典制部 魌頭, 482쪽)

6)『燕翼詒謀錄』: 太平興國六年, 又禁喪葬不得用樂, 庶人不得用方相魌頭.(권3, 24쪽)

7)『東萊别集』: 又按紹興喪葬式, 方相魌頭, 深靑衣, 卽玄衣. 朱裳, 執戈揚盾. 古禮, 方相氏狂夫四人, 世俗乃用竹結縛爲之, 不應古制. 今參定魌頭, 當使人服深靑衣朱裳, 冠且用世俗所造方相氏之冠, 戴假面黃金四目, 世俗所謂面具也. 執戈揚盾.

---

115) 장례 때의 方相과 魌頭의 기원은 각각 周代와 한대까지 소급되지만, 이에 관한 명확한 규정은 北齊令에 처음으로 보인다. 北齊令에서는 방상은 3품 이상, 기두는 4품 이하 서인까지 허용했다(『隋書』권8, 禮儀3, 155쪽, "後齊定令, … 三品已上及五等開國, 通用方相. 四品已下, 達於庶人, 以魌頭." 및 유관당송문 3). 이 규정이 隋의 開皇令에서 대폭 개정되었다(『隋書』권8, 禮儀3, 156쪽, "開皇初, 高祖思定典禮. … 其喪紀, 上自王公, 下逮庶人, 著令皆爲定制 … 四品已上用方相, 七品已上用魌頭."). 본 조문은 隋令을 계승한 당령을 이은 것이다. 한편 송대에도 서인의 방상·기두 사용은 금지되었지만(유관당송문 6, 8, 9), 실제로는 서인들도 이를 점포에서 구입하여 사용할 정도로 널리 유행하였고(『東京夢華錄』권4, 雜賃), 方相은 사람 대신 代用物을 사용하는 것이 일반화되었다(유관당송문 7). 그런데 남송 紹興 연간(1131~1162)에 오면 喪葬式에 본 조문의 注文이 들어 있고(유관당송문 7),『慶元條法事類』에는 본문과 注文이 모두 服制式에 규정되었다(유관당송문 8).

近胡文定公之葬, 方相用人.(권3, 家範3 喪儀 陳器, 187쪽)

8)『慶元條法事類』: 方相魌頭, 深靑衣朱裳, 執戈揚盾, 載於車. 五品以上方相四目, 八品以上魌頭兩目.(권77, 服制門 喪葬 服制式, 841쪽)

9)『宋史』: 諸四品以上用方相, 七品以上用魌頭.(권124, 禮27 諸臣喪葬等儀, 2909쪽)

▸ 복원 당령

『唐令拾遺』 喪葬令, 14조, 823~826쪽

『天聖令』 당령복원청본, 喪葬令, 21조, 711쪽

〈現19〉 諸纛, 五品以上, 其竿長九尺, 六品以下五尺(以下五尺以上).[111]

무릇 독[112]은 5품 이상이면 장대의 길이가 9척이고, 6품 이하이면 [장대의 길이가] 5척이다.[113]

유관당송문 1)『大唐開元禮』: 五品以上纛竿九尺, 六品以上長五尺.(권3, 序例下 雜制, 34쪽 ;『通典』 권108, 開元禮纂類3 雜制, 2812쪽도 同文.)

2)『唐六典』: 凡引·披·鐸·翣·挽歌·方相,·魌頭·纛·帳之屬亦如之. … 其纛, 五品已

111) [교감주] 저본의 '以下五尺以上'은 뜻이 잘 통하지 않는다. 유관당송문 5)의『宋史』에도 '已下, 五尺已上'으로 되어 있는데 마찬가지로 궐문과 衍文이 뒤섞여 있는 것으로 생각된다. 이 부분은 문헌마다 약간씩 다른데, 이를테면 '六品以上長五尺'(『大唐開元禮』), '六品已下五尺'(『唐六典』), '六品以下無纛, 下皆准此'(『通典』), '五品已下長五尺, 無官品者勿用.'(『五代會要』)이라고 되어 있다. 우선 '六品以上長五尺'(『大唐開元禮』)과 '六品已下五尺'(『唐六典』)은 완전히 상반된다. 뿐만 아니라『通典』에도 '六品以下無纛, 下皆准此'라고 하는가 하면, '六品以上長六尺'이라고도 했다. 이에 따르면 六品은 '無纛'인지 '長六尺'인지 판단하기 어렵다. 문맥으로 보면『唐六典』의 '六品已下五尺'이 타당한 듯하다. 그러나 현재로서는 정확한 원문 확정은 보류할 수밖에 없는데 잠정적으로『唐六典』의 '六品已下五尺'을 취하기로 한다.

112) 纛은 새의 깃이나 꿩꼬리, 쇠꼬리로 장식한 큰 旗로 고래로 제왕의 수레를 장식하거나 군대, 의장대에서 사용해왔다. 송장 시에는 柩를 끄는 자가 독을 잡고 柩의 이동을 지휘하여 그 행렬의 진퇴를 조절하기도 했다.

113) 본 조문은 원문 자체가 불완전할 뿐만 아니라 이에 관한 여타 관련 문헌의 기록도 차이가 있기 때문에 정확한 원문 확정이 어렵다. 따라서 본 조문과 관련한 당송간의 변화상을 명확히 파악하기 쉽지 않다. 다만 유관당송문 6)에 보듯, 남송대에는 纛 사용이 6품 이상에게만 허용되었고, 독의 장대 길이는 9尺 이하로 단일화되었다.

上竿長九尺, 六品已下五尺.(권18, 鴻臚寺, 508쪽 ; 『역주당육전』중, 584~586쪽)

3) 『通典』 : 執纛者入, 當西階南, 北面立. 六品以下無纛, 下皆准此.(권108, 開元禮纂類34 三品以上喪中 四品以下至庶人附 進引, 3537쪽)

4) 『五代會要』 : 諸纛, 今謂之鵝毛五纛, 五品已上竿長七尺, 五(六?)品已下長五尺, 無官品者勿用.(권, 喪葬上, 134쪽)

5) 『宋史』 : 諸纛, 五品已上, 其纛竿九尺 ; 已下, 五尺已上.(권124, 禮27 凶禮3, 2909쪽)

6) 『慶元條法事類』 : 諸纛, 六品以上, 其竿長不得過九尺.(권77, 服制門 喪葬 服制令, 837쪽)

▸ 복원 당령

『唐令拾遺』 喪葬令, 14조, 823~826쪽

『天聖令』 당령복원청본, 喪葬令, 22조, 711쪽

〈現20〉 **諸內命婦應得鹵簿者, 葬亦給之.** 官無鹵簿者, 及庶人容車, 並以犢車爲之.

무릇 내·외명부[114)]로 마땅히 노부를 지급받을 수 있는 경우 장례 시에도 [노부를] 지급한다.[115)] 관인이라도 노부 [지급이] 없는 자나 서인의 용차[116)]는

114) 外命婦의 사전적 의미는 宮外의 命婦(封號를 받은 婦人)로서, 公主(大長公主, 長公主)나 諸王의 母·妻·妃 외에 品官의 母·妻로 封號를 받은 부인을 가리킨다. 본래 西周와 춘추시대에는 卿·大夫의 妻를 외명부라고 지칭했다(『禮記正義』 권44, 喪大記, 1444쪽, "外命婦率外宗哭於堂上北面." 鄭玄注, "卿·大夫之妻爲外命婦."). 『宋史』에서는 송대 외명부의 封號를 14종으로 분류했다(권160, 職官3 吏部, 3837쪽, "外內(衍字?)命婦之號十有四 : 曰大長公主, 曰長公主, 曰公主, 曰郡主, 曰縣主, 曰國夫人, 曰郡夫人, 曰淑人, 曰碩人, 曰令人, 曰恭人, 曰宜人, 曰安人, 曰孺人."). 한편 『通典』에서는 당대 외명부에 대해 "大唐外命婦之制 : [原注 : … 公主及王妃以下爲外命婦. …]라고 간단히 정의를 내린 후, '國夫人' 이하 品官의 母·妻의 封號를 열거하고 있다(권34, 職官16 后妃(及內官命婦附), 949~950쪽). 內命婦에 대해서는 〈現3〉조의 註를 참조할 것.

115) 『宋史』 권147, 儀衛5 政和大駕鹵簿幷宣和增減 公主鹵簿, 3457~3458쪽의 '一品鹵簿', '二品鹵簿', '三品鹵簿' 항목에는 모두 '命婦同'이라고 注記되어 있다. 이로 보아 內外命婦鹵簿는 公主鹵簿와 동일한 규정이 적용되고 있음을 알 수 있다. 또 "公主鹵簿, 惟葬日給之."라 하듯, 공주노부(내·외명부도 同)는 장례일에만 지급되었다. 그러나 이 기록의 말미에 '以上皆政和所定也'라고 명기하고 있기 때문에 휘종 政和 연간(1111~1118) 이전의 상황은 불명이다.

모두 우차(牛車)[犢車]를 사용한다.[117]

유관당송문 1) 『唐六典』: 凡五品已上薨·卒及葬合弔祭者, 應須布深衣·幘·素三梁六柱轝, 皆官借之. 其內外命婦應得鹵簿者, 亦給之.(권18, 鴻臚寺, 508쪽 ; 『역주당육전』중, 587~588쪽)

2) 『通典』: 喪葬令, "凡五品已上薨·卒及葬祭者, 應須布深衣·幘·素幕·轝, 皆官借之. 其內外命婦應得鹵簿者, 亦給之."(권86, 禮46 凶禮8 葬儀, 2351쪽)

3) 『慶元條法事類』: 諸內外命婦應得鹵簿者, 葬亦給. 官無鹵簿者, 及庶人容車, 通以犢車爲之.(권77, 服制門 喪葬 服制令, 837쪽)

▸ 복원 당령

『天聖令』 당령복원청본, 喪葬令, 24조, 711쪽

〈現21〉 諸葬, 不得以石爲棺槨及石室. 其棺槨皆不得雕鏤彩畫, 施戶(方)[118]牖欄檻, 棺內又不得有金寶(寶金)[119]珠玉.

무릇 시신을 매장할 때, 돌로 관·곽이나 석실을 만들어서는 안 된다. 관이나 곽에는 모두 [문양을] 새겨 넣거나 화려한 그림을 그려 넣을 수 없고 문·창·난간을 설치할 수 없으며, 또한 관 안에 금보·주옥을 넣어서도 안 된다.[120]

---

116) 容車는 송장 때 죽은 이의 衣冠, 畫像 등을 운반하는 수레이다.

117) 본 조문은 장례 시 내·외명부에 대한 鹵簿 지급과 노부 지급이 없는 관인 및 서인의 容車에 대한 규정이다. 본 조문은 당 상장령(유관당송문 1, 2)의 전반부를 삭제하고, 대신 후반부에 注文을 새로 추가하여 내용을 대폭 개정했다. 그리고 원래의 당령은 폐기된 '舊令'으로 처리되었다(〈舊3〉조).

118) [교감주] '方'은 당대 사료와 『五代會要』에 '戶'로 되어 있으나 『慶元條法事類』와 『宋史』에는 원문대로 '方'으로 되어 있다. 그러나 원문의 '方'보다 '戶'쪽이 원문의 의미가 분명해지므로 '戶'로 고친다.

119) [교감주] '寶金'은 '金寶'의 오기이다. 유관당송문 『唐六典』, 『慶元條法事類』, 『宋史』 등에 의거해 바로잡는다.

120) 본 조문은 당대의 규정과 일치하는데, 후반부의 규정은 隋의 開皇令(『隋書』 권8, 禮儀3 凶禮, 156쪽, "開皇初, 高祖思定典禮. … 棺內不得置金銀珠玉.")에도 보인다.

유관당송문 1)『唐六典』: 其內外命婦應得鹵簿者, 亦給之. … 凡葬, 禁以石爲棺槨者. 其棺槨禁雕鏤·綵畫·施戶牖欄檻者, 棺內禁金寶珠玉而斂者.(권18, 鴻臚寺, 508쪽 ; 『역주당육전』중, 587~588쪽)

2)『通典』: 大唐制, 諸葬不得以石爲棺槨及石室. 其棺槨皆不得雕鏤彩畫·施戶牖欄檻, 棺內又不得有金寶珠玉.(권85, 凶禮7 喪制3 棺槨制, 2299쪽)

3)『五代會要』: 凡棺槨不計有官品, 並不得棺槨上雕鏤畫飾, 施戶牕檻楹等.(권8, 喪葬上, 133쪽)

4)『五代會要』: 諸棺槨皆不得雕鏤彩畫, 施戶牕欄檻, 棺內不得有金寶珠玉.(권8, 喪葬上, 136쪽)

5)『司馬氏書儀』: 凡穿地宜狹而深, 壙中宜穿. … 喪葬令, 葬不得以石爲棺槨及石室. (권7, 喪儀3 穿壙, 79쪽)

6)『慶元條法事類』: 諸棺椁皆不得雕畫, 施方牖欄檻, 並內[金]寶珠玉. 其不得以石爲棺椁及爲室者, 亦禁之.(권77, 服制門 喪葬 服制令, 837쪽)

7)『宋史』: 諸葬, 不得以石爲棺槨及石, 其棺槨皆不得雕鏤彩畫, 施方牖欄檻, 棺內不得藏金寶珠玉.(권124, 禮27 凶禮3 諸臣喪葬等儀, 2909쪽)

▸ 유관 고려령

『고려시대 율령의 복원과 정리』: 喪葬令[6], 禁棺槨飾金箔 (고려령 29, 725쪽)

▸ 복원 당령

『唐令拾遺』 喪葬令, 17조, 828~830쪽

『天聖令』 당령복원청본, 喪葬令, 25조, 711쪽

〈現22〉 諸諡, 王公及職事官三品以上, 錄[121]行狀申省, 考功勘校, 下太常禮院擬[諡][122]訖, 申省議定奏聞(文)[123] 贈官亦准此. **無爵者稱'子'. 若蘊德丘園, 聲實明著, 雖無官爵, 亦奏錫諡曰'先生'.**

무릇 시호는, 왕·공이나 직사관 3품 이상[이 사망한 경우], [본가에서]

121) [교감주] 유관당송문 3)에는 '錄' 앞에 '皆'가 있다. 원문대로 둬도 무방하므로 그대로 둔다.

122) [교감주] 유관당송문 1), 2), 3)에는 '擬' 다음에 '諡'가 있다. 이를 참고하여 '諡'를 보충한다.

123) '文'은 '聞'의 오기이다. 유관당송문 1), 3)에 의거해 바로잡는다.

행장[124]을 기록하여 상서성에 상신하면 고공[사(司)]에서 대조 심사하고, 태상예원[125]에 하달하여 시호의 초안을 정한[擬謚] 뒤 [다시] 상서성에 상신하고 [관원들이] 모여 의논하여 정한 후 상주한다. 증관도 이에 준한다. 작위가 없는 경우 '자'를 칭한다.[126] 만약 은거하며 덕을 쌓아 성망과 실제가 분명하고 현저한 경우 비록 관·작이 없더라도 역시 상주하면 시호를 하사하여 '선생'이라 칭한다.[127]

유관당송문 1)『唐六典』: 諸職事官三品已上·散官二品已上身亡者, 其佐史錄行狀申考功, 考功責歷任勘校, 下太常寺擬謚訖, 覆申考功, 於都堂集省內官議定, 然後奏聞. 贈官同職事. 無爵者稱'子'. 若蘊德丘園, 聲實明著, 雖無官爵, 亦奏賜謚曰'先生'.(권2, 尙書吏部, 44쪽 ; 『역주당육전』상, 255~256쪽 ; 『唐會要』 권79, 謚法上, 1720쪽에도 대략 同文)

2)『唐六典』: 凡王公以上(下?)擬謚, 皆跡其功德而爲之褒貶. 議謚 : 職事官三品已上·散官二品已上, 佐史錄行狀, 申考功勘校, 下太常擬謚訖, 申省議定奏聞. 無爵稱'子'. … 養德丘園, 聲實名著, 則謚曰'先生'.(권14, 太常寺, 396쪽 ; 『역주당육전』중, 350~352쪽) '王公以上'이 『太平御覽』에는 '王公已下'로 되어 있다(권229, 職官部27, 1086쪽, "六典曰 … 凡王公已下擬謚, 皆迹其功德而爲之褒貶.").

3)『通典』: 大唐之制, … 議謚職事官三品已上·散官二品已上, 佐吏錄行狀, 申考功勘校,

---

124) 行狀은 死者의 籍貫·世系·事蹟 등을 적은 글로 관에서 死者의 贈官이나 贈謚, 列傳 등의 자료로 삼도록 하기 위해 자손이나 문생, 동료 등이 쓴다. 물론 이러한 목적 외의 행장이 더 많다.

125) 太常禮院에 관해서는 〈現5〉조의 주를 참조할 것.

126) 無爵者에 대해 '子'의 謚號를 사여한다는 규정이 처음 나온 것은 東晉 元帝 大興3년(320)의 일이었다(『唐六典』 권14, 太常寺, 396쪽 ; 『역주당육전』중, 350~352쪽, "[原注] : 沈約『謚法』云, '晉大興三年, 始詔無爵謚皆稱子也.'").

127) 본 조문은 시호 사여[贈謚] 대상자의 범위와 자격 및 시호 제정 절차에 관한 규정이다. 贈官 절차도 이와 같다. 본 조문의 내용은 기본적으로 유관당송문 1)과 동일하다. 다만 본 조문에는 당대 규정의 散官이 삭제되었고 擬謚 기구가 태상시에서 태상예원으로 바뀌었다. 또 請謚 때 제출하는 행장을 기록하는 주체도 당대 규정에는 贈謚 대상자의 생전의 屬吏인 佐史 또는 佐吏로 되어 있으나 본 조문에는 나와 있지 않다. 그러나 後唐 莊宗 同光 2년(924)에 請謚 때 本家에서도 행장을 기록하는 것을 허용하였고(유관당송문 6), 송대에는 本家가 행장을 기록하는 주체로 규정되었다(유관당송문 8, 9, 11, 12).

下太常擬謚記(訖?), 申省, 議定奏聞. 無爵稱'子'. … 養德丘園, 聲實明著, 則謚曰'先生'.(권104, 禮64 凶禮26 單複謚議, 2719쪽)

4)『舊唐書』: 凡公已下擬謚, 皆迹其功行, 爲之褒貶. 無爵稱子. 養德邱園, 聲實明著, 則謚曰先生.(권44, 職官3 太常寺, 1873쪽)

5)『新唐書』: 按王公·三品以上功過善惡爲之謚.(권48, 百官3 太常寺, 1241쪽)

6)『五代會要』: 後唐同光二年四月, 史館奏: "… 王公百官定謚, 考功錄行狀幷謚議, 逐月具有無牒報. … 應中外官薨亡請謚者, 許本家各錄行狀一本申送. 右乞宣下有司, 條件施行." 從之.(권18, 諸司送史館事例, 293~294쪽)

7)『司馬光集』: 謹案令文, "諸謚王公及職事官三品以上, 皆錄行狀申省, 考功勘校, 下太常禮院擬謚訖, 申省議定奏聞."(권16, 論夏令公謚狀, 499쪽 ;『宋朝諸臣奏議』 권95, 禮樂門 謚法 上仁宗論夏竦不當謚文, 1023쪽에도 同文)

8)『宋史』: 定謚. 王公及職事官三品以上薨, 贈官同. 本家錄行狀上尙書省, 考功移太常禮院議定, 博士撰議, 考功審覆, 判都省集合省官參議, 具上中書門下宰臣判准, 始錄奏聞. 敕付所司卽考功錄牒, 以未葬前賜其家. 省官有異議者, 聽具議聞. 蘊德丘園, 聲實明著, 雖無官爵, 亦奏賜謚曰'先生'.(권124, 禮27 凶禮 諸臣喪葬等儀, 2913쪽)

9)『慶元條法事類』: 諸謚, 光祿大夫·節度使以上, 本家不(?)以葬前後, 錄行狀三本, 申所屬繳奏. 其文並錄事實. 或本家不願請謚者, 取子孫狀以聞. 若蘊德·邱園聲聞顯著, 雖無官爵, 聽所屬奏賜.(권13, 職制門10 亡歿 服制令, 283쪽)

10)『宋會要輯稿』:『宋史』의 기록과 같지만 注文인 '贈官同'이 빠져 있다.(禮58-1)

11)『宋會要輯稿』: 雍熙四年五月, 直史館胡旦言: "舊制, 文武官臣僚皆以功行上下各賜謚法, 近朝以來, 遂成闕典, 皆須本家請謚, 而所費甚多. … 今後臣僚薨卒至, 並令禮官取本家行狀定謚, 送考功詳覆, 仍令考功關送史館, 永爲定式." 從之.(禮58-1)

12)『宋會要輯稿』: 大中祥符五年正月二十二日, 詔: "文武薨卒當定謚者, 自今如本家申請, 卽施行, 不須先具奏入俟報."(禮58-2)

▶ 복원 당령

『天聖令』 당령복원청본, 喪葬令, 26조, 711쪽

〈現23〉 諸應[祖][128]宗室·皇親及臣僚等勅葬者, 所須及賜人徒, 並從官給.

무릇 마땅히 종실·황친이나 신료 등이 칙장을 할 경우 필요한 물자와 인력은 모두 관에서 지급한다.[129)]

유관당송문 1)『慶元條法事類』: 諸勅葬所須之物, 主管官具數報所屬, 卽時以所在官物充, 闕或不足, 給轉運司錢買. 工匠闕, 卽和雇. 葬地近官山者, 其合用石聽採. 應副不足, 申轉運司計置, 其人從(徒?)並從官給, 隨行人應給肉者, 計價給錢.(권77, 服制門 喪葬 服制令, 835쪽)

▸ 복원 당령

『天聖令』 당령복원청본, 喪葬令, 31조, 711쪽

〈現24〉 諸墓田, 一品方九(品)[130)]十步, 墳高一丈八尺; 二品方八十步, 墳高一丈六尺; 三品方七十步, 墳高一丈四尺; 四品方六十步, 墳高一丈二尺; 五品方五十步, 墳高一丈; 六品以下並方二十步, 墳高不得過八尺. 其葬地欲博(愽)[131)]買者, 聽之.

무릇 묘지는, 1품이면 방 90보·봉분 높이 1장 8척, 2품이면 방 80보·봉분 높이 1장 6척, 3품이면 방 70보·봉분 높이 1장 4척, 4품이면 방 60보·봉분 높이 1장 2척, 5품이면 방 50보·봉분 높이 1장, 6품 이하는 모두 방 20보·봉분 높이를 8척을 초과할 수 없다. 장지를 박매[132)]하고자 할 경우 허용한다.[133)]

---

128) [교감주] '祖'는 문맥상 衍字이다.

129) 본 조문은 勅葬 때 필요한 물자와 인력의 官給 규정이다. 칙장은 황친·종실이나 고관 등의 상장에 특별히 詔를 내려 칙사를 파견하여 喪事를 監護하며(〈現5〉), 喪葬에 필요한 물자와 인력은 모두 관에서 지급하거나 대여해주는 상장제도이다. 당대는 3품 이상 관원에게 詔葬(勅葬) 자격이 주어졌으나 송대는 3품 이하 및 지방관으로까지 확대되었고, 그 결과 칙장 대상자가 늘게 되었는데 관급은 오히려 줄어들게 되었다. 남송의 服制令에는 유관당송문의 令文 외에 6條의 칙장 관련 令文이 수록되어 있다(『慶元條法事類』 권77, 服制門 喪葬 服制令, 835쪽).

130) [교감주] '品'은 衍字이다. 유관당송문 1), 2) 등에 의거해 바로잡는다.

131) [교감주] '愽'은 '博'으로 고친다. '愽'은 '博'의 古字로 쓰이기도 했으나 『康熙字典』에는 '博字之譌'라 했다.

132) 博買는 정부가 관에서 정한 가격으로 강제 매입하는 방식의 일종으로, 송대에는 주로 남해무역으로 수입되는 물품에 대해 수입품의 일정 부분을 세금 명목으로

유관당송문 1)『大唐開元禮』: 凡百官葬, 墓田, 一品方九十步, 墳高一丈八尺, 二品方八十步, 墳高一丈六尺, 三品方七十步, 墳高一丈四尺 ; 四品方六十步, 墳高一丈二尺 ; 五品方五十步, 墳高一丈 ; 六品以下並方二十步, 墳高不得過八尺.(권3, 序禮下 雜制, 34쪽 ;『通典』권108, 禮68 開元禮纂類3, 2811쪽에도 同文)

2)『唐會要』: (開元)二十九年正月十五日勅, 其墓田, 一品塋地, 先方九十步, 今減至七十步, 墳先高一丈八尺, 減至一丈六尺. 二品先方八十步, 減至六十步, 墳先高一丈六尺, 減至一丈四尺. 三品墓田, 先方七十步, 減至五十步, 墳先高一丈四尺, 減至一丈二尺. 其四品墓田, 先方六十步, 減至四十步, 墳高一丈二尺, 減至一丈一尺. 五品墓田, 先方五十步, 減至三十步, 墳先高一丈, 減至九尺. 六品以下墓田, 先方二十步, 減至十五步, 墳高八尺, 減至七尺. 其庶人先無步數, 請方七步, 墳四尺.(권38, 葬, 811쪽)

3)『宋刑統』: 疏議曰, … 墳塋者, 一品方九十步, 墳高一丈八尺. … 此等之類, 具在令文. … 釋曰, 墳墓石獸具喪葬令.(권26, 雜律 營造舍宅車服違令, 416~417쪽 ;『唐律疏議』권26, 雜律15-3의 소의 〈제403조〉, 488쪽 ;『역주당률소의』, 3218~3219쪽)

4)『司馬氏書儀』: … 更不書官. … 喪葬令, 一品墳高一丈八尺, 每品減二尺, 六品以下不得過八尺.(권7, 喪儀3 碑誌, 80쪽)

5)『慶元條法事類』: 墓田, 一品方九十步, 二品方八十步 ; 三品方七十步 ; 四品方六十步 ; 五品方五十步 ; 六品方四十步, 七品以下方二十步, 庶人方十八步. 墳, 一品高一丈八尺, 二品高一丈六尺 ; 三品高一丈四尺, 四品高一丈二尺, 五

실물 징수하는 抽解와 함께 널리 시행되었다. 博買의 '博'은 본래 물자를 교역·매매하는 정도의 의미에 불과했으나 송대에는 '博易', '博買', '博糴' 등의 용어로 널리 사용되었다(和田淸 編,『宋史食貨志譯註1』, 東京 : 東洋文庫, 1983再版, 707~708쪽의 註 151 참조). 그런데 본 조문의 博買 허용 규정은 官이 직접 葬地를 매입해서 대상자에게 지급하는 것이 아니라 단지 대상자가 博買 방식으로 葬地 매입을 허용하는 것에 불과하다.

133) 본 조문에 규정된 묘지 면적과 봉분 높이에 대한 제한 규정은 품관 구분이나 그에 따른 묘지 제한 규정에서 당령과 완전히 일치한다. 다만 본 조문에는 博買 규정이 추가되었다. 남송대에는 품관 구분이 좀 더 세분되고 약간 조정되었으며, 서인에 대한 규정이 추가되었다(유관당송문 5). 한편 당송대의 律에서는 법령을 어겨 墳墓, 碑碣, 石獸를 조성했을 경우 각각 杖100으로 다스렸다(『宋刑統』권26, 雜律 營造舍宅車服違令, 416~417쪽 ;『唐律疏議』권26, 雜律15-3의 소의 〈제403조〉, 488쪽 ;『역주당률소의』, 3218~3219쪽).

高一丈, 六品以下高八尺, 庶人高六尺.(권77, 服制門 喪葬 服制式, 841쪽)

▸ 복원 당령

『唐令拾遺』 喪葬令, 18조, 830~831쪽 ; 『唐令拾遺補』 喪葬令, 18조, 841쪽
『天聖令』 당령복원청본, 喪葬令, 29조, 711쪽

〈現25〉 諸墓域門及四隅, 三品以上築闕, 五品以上立土堠, 餘皆封塋而已.

무릇 묘역의 문이나 네 모퉁이에 3품 이상은 궐(闕)[134]을 세우고, 5품 이상은 토후(土堠)[135]를 쌓으며, 나머지는 모두 봉분만 할 수 있다.[136]

유관당송문 1) 『大唐開元禮』 : 凡官葬, 墓田, … 其域及四隅, 四品以上築闕, 五品以上立土堠, 餘皆封塋而已.(권3, 序禮下 雜制, 34쪽 ; 『通典』 권108, 禮68 開元禮纂類3 序例下, 2811쪽도 同文)

2) 『慶元條法事類』 : 墓域門及四隅, 四品以上築闕, 六品以上立土堠, 七品以下, 庶人同. 封塋.(권77, 服制門 喪葬 服制式, 842쪽)

▸ 유관 고려령

---

134) 闕은 궁전, 城垣, 祠廟, 墓道 등의 대문이나 입구 밖에 통상 좌우대칭으로 세운 한 쌍의 기둥 모양의 건축물로 모양이 牌牓과 비슷하나 橫梁[들보]이 없다. 양쪽 구조물의 중앙을 비게 하여[闕] 통로를 만든 구조이다. 기원은 주대까지 소급되며 처음엔 나무로 만들었으나 후에 돌로 만들었는데[石闕], 후한대의 墓闕은 크기나 화려한 장식으로도 유명하다.

135) 土堠는 원래 경계를 나누거나 里程을 표시하기 위해 일정한 간격으로 도로 양쪽에 쌓아 둔 흙더미 또는 흙담[土堠, 土堆]을 말한다. 그러나 이것이 언제부터 관료의 묘지 시설로 쓰였는지는 확실치 않으나 『大唐開元禮』에 관련 규정이 있는 것으로 보아 늦어도 당 중기에는 널리 보급된 것으로 보인다.

136) 본 조문은 분묘 외에 묘역 내에서의 시설(闕과 土堠) 축조는 5품 이상에게만 허용된다고 규정하고 있다. 본 조문은 당령을 계승한 것이 확실한데, 다만 본 조문의 '三品以上築闕'이 『大唐開元禮』와 『通典』에는 '四品以上築闕'로 되어 있다. 그러나 두 문헌에는 이어서 '五品以上立土堠'라고 되어 있는데 이로 보아 '四品以上築闕'은 본 조문의 규정처럼 '三品以上築闕'의 착오일 것으로 생각된다. 한편 『慶元條法事類』에는 闕門은 4품 이상, 土堠는 6품 이상이 세우거나 쌓을 수 있고 7품 이하는 봉분만 허용한다고 했다. 본 조문과 비교해 보면 관원의 등급 구분이 약간 조정되었고 庶人 규정이 注文으로 추가되었다.

『고려시대 율령의 복원과 정리』: 喪葬令[6], 禁棺槨飾金箔(고려령 29, 725쪽)

▸ 복원 당령

『唐令拾遺』 喪葬令, 18조, 830~831쪽

『天聖令』 당령복원청본, 喪葬令, 30조, 711쪽

〈現26〉 **諸碑碣, 其文皆須實錄, 不得濫有褒飾. 五品以上立碑, 螭首龜趺(跌),[137] [趺][138]上高不得過九尺；七品以上立碣, 趺(跌)[139]上高四尺, 圭首方趺(跌).[140] 若隱淪道素·孝義著聞者, 雖無官品, 亦得立碣. 其石獸, 三品以上六(品),[141] 五品以上四.**

무릇 비나 갈[142]은, 그 글은 모두 사실대로 기록해야 하고 함부로 치켜세우거나 꾸미는 일이 있어서는 안 된다. 5품 이상은 비를 세우고 이수와 귀부를 하되 받침 위 높이는 9척을 넘어서는 안 된다. 7품 이상은 갈을 세우고 받침 위 높이는 4척[을 넘어서는 안 되며], 규형(圭形)의 비수(碑首)와 네모 받침을 한다. 만약 은거하며 도가 뛰어나거나 효행·의행이 널리 알려졌을 경우 비록 관품이 없더라도 역시 갈을 세울 수 있다. 석수는 3품 이상이면 여섯, 5품 이상이면 넷이다.[143]

---

137) [교감주] '跌'은 '趺'의 오기이다. 유관당송문 2), 5), 7)에 의거해 바로잡는다.

138) [교감주] '趺'는 脫字이다. 유관당송문 2), 5), 7)에 의거해 바로잡는다.

139) [교감주] '跌'은 '趺'의 오기이다. 유관당송문 2), 5), 7)에 의거해 바로잡는다.

140) [교감주] '跌'은 '趺'의 오기이다. 유관당송문 2), 5), 7)에 의거해 바로잡는다.

141) [교감주] '品'은 衍字이다. 유관당송문 2), 5), 8)에 의거해 바로잡는다.

142) 碣은 碑의 일종으로, 원래 '標榜'[標識]을 의미하는 '楬'에서 유래했다. 처음에는 나무로 표지를 삼았는데 후에 돌로 '墓楬'을 만들면서 '碣'로 변했다고 한다(『封氏聞見記』 권6, 碑碣, 57~58쪽, "碣, 亦碑之類也. … 然則物有標榜, 皆謂之'楬'. … 其字本從木, 後人以石爲墓楬, 因變爲碣."). 그런데 碣은 원래 碑首가 네모난 碑와 구분해서 상부가 뾰족하거나 둥근 것을 지칭했으나 후에는 대개 碑와 혼용되었다. 한편 원문에 碣의 형태와 관련, '圭首'라고 했는데 여기서 '圭'는 '圭形', 즉 碑首의 상부가 뾰족한 '尖頭形'을 말하며 '笏形'이라고도 한다. 이와 달리 상부가 원형인 것을 '暈形'이라고 한다. 그러나 圭首, 즉 '圭形碑首'의 형태가 圭처럼 완전히 삼각형은 아니고 솟아오른 부분의 경사가 완만할 경우 약간 둥근 모양을 하게 되므로 이 둘을 구분하지 않고 둘 다 '圭形'에 포함시키기도 한다.

143) 본 조문은 관품에 따라 세울 수 있는 碑 또는 碣의 높이, 형태 및 石獸 허용 등에

유관당송문 1)『大唐開元禮』: 凡立碑, 五品以上螭首龜趺(趺?), 高不得過九尺, 七品以上立碑(碣?), 圭首方趺, 趺上高四尺. 其石獸等, 三品以上六事, 五品以上四事.(권3, 序例下 雜制, 34쪽 ; 『通典』 권108, 禮68 開元禮纂類3 序例下, 2811쪽도 대략 同文)

2)『唐六典』: 碑碣之制, 五品已上立碑, 螭首龜趺, 趺上高不得過九尺. 七品已上立碣, 圭首方趺, 趺上高不過四尺. 若隱淪道素·孝義著聞, 雖不仕, 亦立碣. 凡石人·石獸之類, 三品已上用六, 五品已上用四.(권4, 尙書禮部, 120쪽 ; 『역주당육전』상, 429~430쪽 ; 『唐會要』 권38, 服紀下 葬, 809쪽의 "舊制, 碑碣之制, 五品已上立碑," 이하 대략 同文)

3)『封氏聞見記』: 墓前碑碣, 未詳所起. … 隋氏制, 五品以上立碑, 螭首龜趺, 趺上不得過四尺, 載在喪葬令.(권6, 碑碣, 57~58쪽 ; 『唐語林』 권8, 補遺, 700쪽에도 대략 同文)

4)『宋刑統』: 疏議曰, 喪葬令, 五品以上聽立碑, 七品以上立碣, 塋域之內, 亦有石獸.(권27, 雜律 毁人碑碣廟主, 442쪽 ; 『唐律疏議』 권27, 雜律55의 소의 〈제443조〉, 517쪽 ; 『역주당률소의』, 3268~3269쪽)

5)『宋刑統』: 疏議曰, … 石獸者, 三品以上六, 五品以上四. 此等之類, 具在令文.(권26, 雜律 營造舍宅車服違令, 416~417쪽 ; 『唐律疏議』 권26, 雜律15-3의 소의 〈제403조〉, 488쪽 ; 『역주당률소의』, 3218~3219쪽)

6)『司馬氏書儀』: … 更不書官. … 喪葬令, … 又五品以上立碑, 螭首龜趺, 趺上高不得過九尺 ; 七品以上立碣, 圭首方趺, 趺上高四尺. 其石獸三品以上六, 五品以上四.(권7, 喪儀3 碑誌, 80쪽)

7)『慶元條法事類』: 諸葬, 六品以上立碑, 七品以上立碣. 其隱淪道素·孝義著聞, 雖無官品, 亦聽立竭.(권77, 服制門 喪葬 服制令, 837쪽)

8)『慶元條法事類』: 碑, 螭首龜趺, 上高九尺. 碣, 圭首方趺, 上高四尺.(권77, 服制門 喪葬 服制式, 842쪽)

9)『慶元條法事類』: 石獸, 四品以上六, 六品以上四.(권77, 服制門 喪葬 服制格, 840쪽)

대해 규정하고 있다. 우선 비와 갈은 비수와 碑座의 형태에 차이에 있고 5품 이상은 비, 6~7품은 갈을 세우고 높이에도 차등을 두었다. 이는 수의 開皇令(『隋書』 권8, 禮儀, 157쪽 및 유관당송문 3)부터 『慶元條法事類』의 규정까지 바뀐 내용이 거의 없다. 다만 立碑 자격이 수의 개황령에서는 3품 이상이었으나 당령과 『天聖令』에서는 5품 이상, 그리고 『慶元條法事類』에서는 6품 이상으로 바뀌었다. 그러나 갈에 대한 규정은 모두 수의 개황령 이래 7품 이상으로 같고 묘 앞의 石獸 허용 규정도 같다.

▸ 복원 당령

『唐令拾遺』喪葬令, 20조, 832~835쪽 ;『唐令拾遺補』喪葬令, 20조, 842~843쪽
『天聖令』당령복원청본, 喪葬令, 32조, 711쪽

〈現27〉 諸身喪戶絶者, 所有部曲·客[女][144]·[奴][145]婢(女)[146]·宅店·資財, 令近親 親依本服, 不以出降. 轉易貨賣, 將營葬事及量營功德之外, 餘財並(不)[147]與女. 戶雖同, 資財先別者, 亦准此. 無女均入以次近親. 無親戚者, 官爲檢校. 若亡人在日, 自有遺囑處分, 證驗分明者, 不用此令. 卽別勅有制者, 從別勅.

무릇 사람이 사망하여 호절[148]이 된 경우, 모든 부곡·객녀·노비·점택·가재는 근친에게 친등은 본복에 의하고 출가(出家)나 출계(出系)로 인한 강복(降服)으로 하지 않는다. 교환·매도하도록 하여 장사를 치르고 공덕[149]을 적절히 행하는 [비용] 외에 나머지는 모두 딸에게 준다. [방계친이 사망자와] 같은 호적에 있다 해도[戶雖同][150] 가산을 먼저 분할한 경우에는 역시 이에 준한다. 딸이 없으면

144) [교감주] '女'는 脫字이다. 유관당송문 1)과 『令集解』 권40, 喪葬令 身喪戶絶條의 注文에 의거해 보충한다.

145) [교감주] '奴'는 脫字이다. 유관당송문 1)과 『令集解』 권40, 喪葬令 身喪戶絶條의 注文에 의거해 보충한다.

146) [교감주] '女'는 衍字이다. 유관당송문 1)과 『令集解』 권40, 喪葬令 身喪戶絶條의 注文에 의거해 삭제한다.

147) [교감주] '不'은 衍字이다. 유관당송문 1)과 『令集解』 권40, 喪葬令 身喪戶絶條의 注文에 의거해 삭제한다.

148) 여기서의 戶絶은 남자 승계인(친자, 양자, 繼子)이 없는 상태에서 부모가 모두 사망하거나 또는 아버지가 사망했는데도 立嗣하지 않은 채 어머니가 개가해 버려 家戶가 단절된 상태를 말한다. 사료에는 '戶絶之家', '絶戶', '絶家', '已絶之家'라는 식으로 쓰인다.

149) 功德은 협의로는 사람이 죽은 후 亡魂을 지옥에서 구출하기 위해 지내는 齋를 말하는데, 사망 후 49일, 卒哭, 대·소상 때 승려를 불러 법회를 열었다. 또한 공덕은 이러한 設齋 외에 염불, 誦經, 布施, 造像 등 佛事를 행하는 일을 뜻하기도 한다. 한편 송대 민간에서는 이러한 불교식 공덕 외에 道士를 초청하여 개최하는 도교식 공덕 의례도 유행하였다.

150) '戶雖同'의 의미는 명확하지 않은데, 여기서는 "사망자가 호적상으로는 방계친과

근친 순서로 고르게 돌아가게 한다. 친척이 없는 경우에는 관에서 맡아 관리[檢校][151]한다. 만약 죽은 이가 생전에 스스로 유촉처분해서 그 증거가 분명하다면 이 영문을 적용하지 않는다. 만약 별도의 칙[別勅]에 규정이 있는 경우 그 별도의 칙을 따른다.[152]

유관당송문 1) 『宋刑統』：准喪葬令, 諸身喪戶絶者, 所有部曲·客女·奴婢·店宅·資財, 部曲 並令近親, 親依本服, 不以出降. 轉易貨賣, 將營葬事及量營功德之之外, 餘財並與女. 戶雖同, 資財先別者, 亦准此. 無女均入以次近親, 無親戚者, 官爲檢校. 若亡人在日, 自有遺囑處分, 證驗分明者, 不用此令.(권12, 戶婚律 戶婚資產, 198쪽)

2) 『宋刑統』：准唐開成元年七月五日勅節文, 自今後, 如百姓及諸色人死絶無男, 空有女, 已出嫁者, 令文合得資産. 其間如有心懷覬望, 孝道不全, 與夫合謀有所侵奪者, 委所在長吏, 嚴加糾察, 如有此色, 不在給與之限.(권12, 戶婚律 戶婚資產, 198쪽)

동거하고 있다 해도"라고 한 해석(滋賀秀三, 『中國家族法の原理』, 東京：創文社, 1967, 396쪽)을 참고하여 적절히 옮겼다.

151) 여기서의 檢校는 "官이 타인의 재물(주로 金銀이나 見錢)·재산을 임시로 맡아 관리하다"는 뜻으로, 송대에는 각지에 檢校庫를 설치하여 주로 고아의 재물·재산 관리를 관장했다(加藤繁, 「宋の檢校庫に就いて」, 『支那經濟史考證 下卷』, 東京：東洋文庫, 1949, 235~238쪽. 原載 『史學雜誌』 38-10, 1926). 보다 자세히 말하면, 검교란 부모를 잃은 고아를 위해 관이 부모의 유산을 관리하되 일정한 기간마다 그 수익을 생활비로 고아에게 지급하고 고아는 친척에게 양육을 위탁하여 성년이 되면 남은 재물·재산을 반환하는 제도이다. 그런데 이 법의 남용을 방지하기 위해, 州縣이 검교해서는 안 되는데 함부로 검교를 했을 경우 越訴를 허용했다(『名公書判淸明集』 권7, 戶婚門 檢校 不當檢校而求檢校, 228쪽, "揆之條法, 所謂檢校者, 蓋身亡男孤幼, 官爲檢校財物, 度所須, 給之孤幼, 責付親戚可托者撫養, 候年及格, 官盡給還, 此法也. 又准勅, 州縣不應檢校輒檢校者, 許越訴. 此又關防過用法者也.").

152) 본 조문은 戶絶財産의 귀속·처리·승계 순서 및 유촉처분에 관한 규정이다. 유관당송문 1)에서 보듯, 『宋刑統』은 본 조문의 마지막 구절인 '卽別勅有制者, 從別勅.'을 제외하고 본 조문과 완전히 일치하는 당 상장령을 인용하여 수록하고 있다. 본 조문도 송대 소멸되었거나 소멸되었을 것으로 여겨지는 부곡, 객녀, 노비를 재산 상속의 대상으로 삼고 있는 내용까지 개정 없이 전재하고 있다. 따라서 본 조문이 송대 현실을 제대로 반영하고 있는지는 의문이다. 조문 말미에 '別勅 우선' 규정을 추가한 것이나 天聖令 반포 이후 호절재산에 관한 보다 자세한 규정이 여러 차례 나온 것도 그 때문이라고 생각한다.

3)『宋刑統』: 臣等參詳, 請今後戶絶者, 所有店宅·畜産·資財, 營葬功德之外, 有出嫁女者, 三分給與一分, 其餘並入官. 如有莊田, 均與近親承佃, 如有出嫁親女被出, 及夫亡無子, 並不曾分割得夫家財産入己, 還歸父母家, 後戶絶者, 並同在室女例, 餘准令勅處分.(권12, 戶婚律 戶婚資産, 198쪽)

4)『續資治通鑒長編』: 戶部言, '戶絶財産盡均給在室及歸宗女. 千貫已上者, 內以一分給出嫁諸. 止有歸宗諸女者絶三分中給二分外, 餘一分中以一半給出嫁諸女, 不滿二百貫給一百貫, 不滿一百貫全給. 止有出嫁諸女者, 不滿三百貫給一百貫, 不滿一百貫亦全給, 三百貫已上三分中給一分. 已上給出嫁諸女並至二千貫止, 若及二萬貫以上, 臨時具數奏裁增給.' 從之.(권501, 철종 원부 원년 팔월 정해조, 11935쪽)

5)『宋史』: 丞相趙雄上 淳熙條法事類, 帝讀至收騾馬·舟船·契書稅, 曰, '恐後世有算及舟車之譏. 戶令 : '戶絶之家, 許給其家三千貫, 及二萬貫者取旨.'帝曰 : '其家不幸而絶, 及二萬貫迺取之, 是有心利其財也.' 又捕亡律, '公人不獲盜者, 罰金.' 帝曰, '罰金而不加罪, 是使之受財縱盜也.'(권200, 刑法2, 4994쪽)

6)『宋會要輯稿』: [仁宗天聖五年]四月, 詔, '條貫戶絶財産律令格勅及臣僚起請甚多, 宜令禮部員外郎知制誥陳琳·工部郎中龍圖閣待制馬宗元與審刑院大理寺同檢尋前後條貫, 子細詳定聞奏.' 今詳前勅, 若亡人遺囑證驗分明, 並依遺囑施行. 切緣戶絶之人, 有係富豪戶, 如無遺囑, 除三分給一及(分?)殯殮營齋外, 其餘店宅財物, 雖有同居三年已上之人, 恐防爭訟, 並仰奏取指揮, 當議量給同居之人, 餘並納官. 所有今日已前見估賣莊田, 無人買者, 勘會如已有人租佃者, 並給見佃人, 更不納租課, 只依元稅供輸出戶爲主. 如無, 卽許無田産戶全分請射. 其已典賣田産, 不得更有檢 估根括.(食貨61-55)

7)『宋會要輯稿』: [仁宗天聖四年]七月, 審刑院言 ; '詳定戶絶條貫. 今後戶絶之家, 如無在室女·有出 嫁女者, 將資財莊宅物色除殯葬營齋外, 三分與一分. 如無出嫁女, 卽給與出嫁親 姑姊妹·姪一分. 餘二分, 若亡人在日, 親屬及入舍婿·義男·隨母男等自來同居, 營業佃蒔, 至戶絶人身亡及三年已上者, 二分店宅財物莊田, 並給爲主. 如無出嫁 姑姊妹姪, 並全與同居之人. 若同居未及三年, 及戶絶之人孑然無同居者, 並納官莊田, 依今文, 均與近親. 如無近親, 卽均與從來佃蒔或分種之人承稅爲主. 若亡人遺囑證驗分明, 依遺囑施行.' 從之.(食貨61-55)

8)『慶元條法事類』: 諸戶絶有財産者, 廂耆鄰人卽時申縣籍記, 當日委官, 躬親抄估, 量其葬送之費, 卽時給付, 共不得過參伯貫, 財産及萬貫以上, 不得過伍拾貫, 責付近親或應得財産者, 同爲營辦. 無近親及應得財産人者, 官爲營辦. 僧·道卽委主

首.(권51, 道釋門2 戶令, 724쪽)

9)『名公書判淸明集』: 又法, 諸戶絶財産盡給在堂諸女, 歸宗者減半.(권7, 戶婚門 立繼 立繼有據不爲戶絶, 217쪽)

10)『名公書判淸明集』: 准令, 戶絶財産盡給在室諸女, 而歸宗女減半.(권9, 戶婚門 違法交易 孤女贖父田, 316쪽)

11)『名公書判淸明集』: … 考之令文, '諸戶絶財産盡給在室諸女'. 又云, '諸已絶而立繼絶子孫, 於絶戶財産, 若止有財室諸女, 卽以全戶四分之一給之.' … 今旣知條法, 在室諸女得四分之三, 而繼絶男止得四分之一, ….(권8, 戶婚門 立繼類 繼絶子孫止得財産四分之一, 251~253쪽)

12)『名公書判淸明集』: 又准戶令, '諸已絶之家立繼絶子孫, 謂近親尊長命繼者 於絶家財産者, 若止有在室諸女, 卽以全戶四分之一給之, 若又有歸宗諸女, 給五分之一. 止有歸宗諸女, 依戶絶法給外, 卽以其餘減半給之, 餘沒官. 止有出嫁諸女, 卽以全戶三分爲率, 以二分與出嫁諸女均給, 餘一分沒官.'(권8, 戶婚門 立繼類 命繼與立繼不同, 266~267쪽)

13)『名公書判淸明集』: 准法, 諸已絶之家而立繼絶子, 謂近親尊長命繼者. 於絶家財産, 若只有在室諸女, 卽以全戶四分之一給之, 若又有歸宗諸女, 給五分之一. 其在室並歸宗女卽以所得四分, 依戶絶法給之. 止有歸宗諸女, 依戶絶法給外, 卽以其餘減半給之, 餘沒官. 止有出嫁諸女者, 卽以全戶三分爲率, 以二分與出嫁女均給, 一分沒官. 若無在室·歸宗·出嫁諸女, 以全戶三分給一, 並至三千貫止, 卽及二萬貫, 增給二千貫.(권8, 戶婚門 立繼類 處分孤遺田産, 288쪽)

▸ 유관 일본령

『令義解』: 凡身喪戶絶無親者, 所有家人奴婢及宅資, 四隣五保共爲檢校, 財物營盡功德, 其家人奴婢者, 放爲良人. 若亡人存日處分, 証驗分明者, 不用此令.(권9, 喪葬令, 294~295쪽 ;『令集解』 권40, 喪葬令, 968~970쪽)

▸ 복원 당령

『唐令拾遺』喪葬令, 21조, 835~839쪽 ;『唐令拾遺補』喪葬令, 21조, 843~844쪽

『天聖令』당령복원청본, 喪葬令, 33조, 712쪽

〈現28〉 諸三年及朞喪不數閏, 大功以下數之. 以閏月亡者, 祥(詳)[153]及忌

153) [교감주] '詳'은 '祥'의 오기이다. 유관당송문 1)과 2)에 의거해 바로잡는다.

日，皆以閏所附之月爲正．

무릇 3년상과 1년상은 윤달을 계산하지 않고 대공 이하[의 상은] 계산한다. 윤달에 사망한 경우, 대·소상과 기일은 모두 윤달이 붙어 있는 달을 본달[正]로 한다.[154)]

유관당송문 1)『大唐開元禮』：凡三年及周喪不數閏，禫則數之，以閏月亡者，祥及忌日，皆以閏所祔(附?)之月爲正.(권150, 凶禮 王公以下喪通儀 居常節, 723쪽)

2)『慶元條法事類』：諸三年及期喪不數閏，禫月及大功以下數之．其閏月亡者，祥及忌日，皆以所附之月爲正．閏月追服准此.(권77, 服制門 服制令, 823쪽)

▸ 복원 당령

『天聖令』 당령복원청본, 喪葬令, 34조, 712쪽

〈現29〉 諸職事官三品以上，暑月薨者，給氷．

무릇 직사관 3품 이상이 여름[暑月][155)]에 훙한 경우 얼음을 지급[156)]한

154) 본 조문은 유관당송문『大唐開元禮』의 규정과 기본적으로 같다. 다만『大唐開元禮』의 注文인 '禫則數之'가 본 조문에서는 正文의 '大功以下數之'로 바뀌었다.『慶元條法事類』에도 禫祭에 윤달을 계산한다고 되어 있으나, 수의 개황령(『隋書』 권8, 禮儀 喪葬, 157쪽, "三年及朞喪, 不數閏. 大功已下數之. 以閏月亡者, 祥及忌日, 皆以閏所附之月爲正.")과 본 조문에는 담제 규정이 없다. 이 점 외에도 본 조문은 오히려 隋令과 정확히 일치한다.

155) 暑月은 음력 6월의 異稱으로 쓰이나, 대략 음력 6월을 전후한 小暑와 大暑의 시기, 또는 여름을 포괄하는 의미로도 쓰인다. 그런데 남송 令文에서는 暑月을 5~7월, 寒月을 11월~이듬해 1월로 규정하고 있다(①『慶元條法事類』 권73, 刑獄門3 決遣 斷獄令, 744쪽, "諸公事遇暑月,[原註：謂五月至七月終.] 早, 辰時前；晚, 酉時後, 方聽行決.[原註：事繁州縣, 早, 巳時前；晚, 申時後.]", ②『慶元條法事類』 권73, 刑獄門3 決遣 時令, 746쪽, "諸罪人應令衆者, 遇暑月並免.[原注：寒, 謂自十一月至次年正月終；暑, 謂自五月至七月終.]", ③『慶元條法事類』 권75, 刑獄門5 部送罪人 時令, 794쪽, "諸配軍及逃亡兵級應部送者, 遇寒月,[原注：謂十一月至次年正月終.]"). 그러나 이러한 暑月 및 寒月 규정이 어떤 경우에 적용되는지에 대해서는 생각해볼 여지가 있다. 왜냐하면 ①의 형 집행, ②의 죄인에 대한 부가 징벌인 令衆(示衆), ③의 범죄 군인의 호송과 같은 특정 사안의 경우에만 해당되는 것인지, 아니면 본 조문을 포함한 公務 전반에도 모두 적용되는지는 확실치 않기 때문이다. 다시 말해 인용문에 보듯, 특정 사안에

다.[157]

유관당송문 1)『通典』: 大唐之制, 諸職事官三品以上·散官二品以上, 暑月薨者, 給氷.(권84, 禮44 喪制2 設氷, 2273쪽)

▸ 유관 일본령

『令義解』: 凡親王及三位以上, 暑月薨者, 給氷.(권9, 喪葬令, 295쪽 ; 『令集解』 권14, 970쪽)

▸ 복원 당령

『唐令拾遺』 喪葬令, 22조, 839쪽

『天聖令』 당령복원청본, 喪葬令, 35조, 712쪽

〈現30〉 諸在任官身喪, 聽於公廨內棺斂, 不得在廳事. 其屍柩·家屬, 並給公人送還. 其川峽·廣南·福建等路死於任者, 其家資物色[官][158]爲檢錄, 選本處人員護送還家. 官賜錢十千, 仍據口給倉券, 到日停支. 以理解替後身亡者, 亦同.

관한 규정에서만 暑月과 寒月에 대해 注記된 것은 당시에 注記의 내용과 다른 인식이 존재했음을 반증한다고 볼 수 있다는 것이다. 어쨌든 본 조문의 暑月도 5~7월로 생각되나 위와 같은 注記가 없어 단정하기 어렵기 때문에 일단 '여름'으로 해둔다. 참고로 양로령에서는 暑月을 6월과 7월의 두 달로 규정했다(『令集解』 권14, 喪葬令 親王條, 970쪽의 '暑月' 注 '謂六月七月.').

156) 喪葬 때 얼음을 지급한 사실은 선진 시대에도 확인되는데, 당송대에는 이것이 令에 규정되었다. 이와 관련, 당송대 高官의 '暑月喪葬'에 얼음을 지급한다는 규정이 설정된 것은 선진시대 大夫와 士가 3月葬인 것처럼 당송대의 관인도 3月葬이었다는 점과 관련이 있다고 생각된다(『大唐開元禮』 권132, 凶禮 總論節制, 621쪽, "王公以下皆三月而葬." ; 『司馬氏書儀』 권8, 喪儀8 虞祭, 93쪽, "[原注 : 今五服年月勅, 自王公以下皆三月而葬.]").

157) 유관당송문 『通典』의 기록을 근거로 복원된 당령에는 얼음 지급 대상이 되는 관원으로 직사관 3품 이상 관원 외에 散官 2품 이상 관원도 포함되어 있으나 본 조항에서는 산관 규정이 삭제되었다. 『慶元條法事類』에는 관원의 喪葬에 얼음을 지급한다는 규정이 보이지 않는다.

158) [교감주] '官'은 脫字로 보인다. 문맥과 〈現27〉조 '無親戚者, 官爲檢校'의 구절을 참고하여 보충한다.

무릇 재임관이 [임지에서] 사망한 경우, 공해[159] 내에서 대렴(大斂)[160][棺斂]을 허용하지만 청사[161]에서 [대렴을] 해서는 안 된다. 시구(屍柩)와 가속은 모두 공인[162]을 지급하여 [본가로] 송환한다. 사천[川峽][163]·광남[164]·복건로 등에서 재임 중 사망한 경우, 가재 따위[物色][165]는 관에서 점검하여 기록해두며, 사망지[本處]의 인원을 선발하여 본가로 호송하여 귀환하도록 한다. 관에서 [가속에게] 10관(貫)을 주고 구수(口數)에 따라 창권[166]을 지급하며 도착한 날 지급을 정지한다. 적법한 사유로 해직되거나

---

159) 당송대 公廨는 여러 가지 의미로 쓰이나 본 조문에서는 廳事와 대비되는 것으로 보아 廳事 외의 관청 건물을 가리키는 것으로 생각된다.

160) 大斂(棺斂)은 入棺(納棺)을 말하며, 대체로 소렴에 비해 참여하는 家屬이 많고 의식도 더 정중하다. 소렴은 戶內에서 행하지만, 대렴은 실외[阼]에서 행한다(『禮記正義』 권7, 檀弓上, 250~251쪽, "子游曰 : '飯於牖下, 小斂於戶內, 大斂於阼, 殯於客位, 祖於庭, 葬於墓, 所以及遠也. 故喪事有進而無退.'"). 古禮에서는 사망 후 3일째 되는 날에 대렴을 행하였다.

161) 廳事는 正廳 등 공무를 집행하는 장소이다.

162) 송대 公人은 吏人과 더불어 公吏로 불리는 존재로, 吏人보다 지위가 낮은 하급 서리를 총칭한다. 문서전달, 관원 迎送, 창고출납, 치안보조 등 주로 육체적 노동력을 필요로 하는 단순 직무에 종사했다. 송 초에는 중·하등호에서 차충되었고 모역법 실시 후 서리화했다. 송대 公人과 吏人에 대한 개괄적 구분과 公吏 개념에 대해 『慶元條法事類』 권52, 公吏門 名例勅, 737쪽에 "諸稱'公人'者, 爲衙前, 專副, 庫·稱·掏子, 杖直, 獄子, 兵級之類. 稱'吏人'者, 謂職級至貼司, 行案·不行案人並同. 稱'公吏'者, 謂公人·吏人."이라 했다.

163) 川峽은 송 초 四川지방에 설치된 西川路와 峽路에서 이름이 유래했는데, 후에도 송대에는 四川과 함께 통용되었다. 한편 후에 西川路는 益州(成都府路)와 梓州路(후에 潼川府路), 峽路는 利州路와 夔州路로 각각 나뉘었다. 『慶元條法事類』 권51, 道釋門2 雜犯 名例勅, 727쪽에도 "諸稱'川峽'者, 謂成都府·潼川府·利州·夔州路."라고 했다.

164) 廣南은 송 초 嶺南지방에 설치된 廣南路를 말하는데, 후에 廣南東路와 廣南西路로 나뉘었다. 오늘날의 廣東과 廣西라는 이름은 여기서 유래하였다.

165) '物色'은 원래 '物의 종류'를 뜻하지만, 변해서 '그러한 것, 등등'의 의미로도 사용되었다. 예컨대 '布帛等物色'이라고 하면, '布·帛이나 그러한 종류의 것'이라는 의미로, 일반적으로는 布絹 등의 직물이 된다(日野開三郞, 『五代史』, 東京 : 明德出版社, 1971, 39쪽의 註13 참조).

166) 倉券은 관원이 공무로 타지에 갈 경우 行路의 州縣 곡물창고에서 식량을 수령할 수 있는 증표이다. 송대에는 공무를 수행하는 관원에게 지위나 용도 등에 따라 驛券, 館券, 倉券을 지급했다.

교체된 후 사망한 경우도 같다.[167)]

유관당송문 1)『慶元條法事類』: 諸命官在職身亡, 聽於公廨棺斂, 唯避廳事. (권77, 服制門 服制令, 836쪽)

2)『慶元條法事類』: 諸在任官身亡, 赴·罷在道或幹公事同. 以報到日問其家良賤口數並賞, 計程數給倉券, 不得過五十程, 於在州縣, 在京非.(권13, 職制門10 亡歿驛令, 283~284쪽)

▸ 복원 당령

『天聖令』 당령복원청본, 喪葬令, 14조, 711쪽

〈現31〉 諸百官身亡者, 三品以上(者)[168)]稱薨, 五品以上稱卒, 六品以下達於庶人稱死. 今三品者, 惟尚書·節度以上則稱薨.

무릇 백관이 사망한 경우, 3품 이상은 '훙'이라 칭하고, 5품 이상은 '졸'이라 칭하며, 6품 이하 서인에 이르기까지는 '사'라고 칭한다. 지금 3품의 경우 오직 상서·절도사[169)] 이상만 훙이라 칭한다.[170)]

---

167) 본 조문에 대응하는 당대의 규정은 보이지 않는다. 다만 使人의 사망 시에 賻物 외의 지급인 殯斂調度 지급을 규정한 〈舊2〉조와 재임관 사망 시 직접 고향으로 柩를 송환할 능력이 없는 경우 手力 지급과 柩의 송환을 규정한 『唐律疏議』의 기록(권26, 雜律19-2 및 疏議 〈제407조〉, 491쪽 ; 『당률소의역주, 3224쪽)과 내용상 어느 정도 관련성이 있어 보인다. 吳麗娛도 본 조문을 당령 복원의 근거로 단정하기 어렵다고 없다고 하면서도 위와 같은 당대의 규정이 발전한 것으로 보았다(吳麗娛, 「唐喪葬令復原研究」, 685~686쪽). 그러나 使人과 지방관은 엄연히 다른데다 公廨 내에서의 大斂 허용, 가속의 송환, 특정 지명을 구체적으로 명기하여 특례 규정을 둔 점, 가속에게 官錢과 倉卷을 지급한다는 내용은 당대 기록에는 보이지 않는다. 그러므로 현 단계에서 이 조문을 당령으로 복원하기는 어렵지 않을까 한다. 한편 북송 철종대 이후 四川 등의 세 지역만이 아니라 관권이 재임 중 혹은 부임·이임하는 도중에 사망한 경우 가속에게 창권을 지급했다(『續資治通鑑長編』 권493, 哲宗 紹聖4년 11월 丙寅條, 11697쪽, "前知泗州王英言, '官員在任, 或赴任移替在路未到而身亡者, 問其家口數并所歸處, 計程給倉劵.' 從之."). 그리고 임지에서 사망한 지방관의 가속에게 대한 倉劵 지급규정은 남송대에는 驛令에 설정되었다(유관당송문 2).

168) [교감주] '者'는 衍字이다. 유관당송문 1), 2)에 의거해 삭제한다.

169) 북송 전기 尙書와 節度使는 모두 실직이 없는 寄祿官이었다. 특히 송대 절도사(종2품)는 실직이 없는 武階일 뿐 실제로는 대부분 문신에게 加官되었다. 元豊 관제개혁

유관당송문 1)『大唐開元禮』: 凡百官身亡者, 三品以上稱薨, 五品以上稱卒, 六品以下達於庶人稱死.(권3, 序例下 雜制, 34쪽)

2)『慶元條法事類』: 諸命官身亡, 三品以上稱薨, 六品以上稱卒, 七品以下達於庶人稱死.(권13, 職制門10 服制令, 282쪽)

▸ 유관 일본령

『令義解』: 凡百官身亡者, 親王及三位以上稱薨, 五位以上及皇親稱卒, 六位以下達於庶人稱死.(권9, 喪葬令, 295쪽 ;『令集解』 권16, 喪葬令, 970쪽)

▸ 복원 당령

『唐令拾遺』 喪葬令, 23조, 840쪽

『天聖令』 당령복원청본, 喪葬令, 36조, 712쪽

〈現32〉 諸官人薨卒, 應合弔祭者, 詔聘官亦同.

무릇 관인이 훙·졸하여 마땅히 조제(弔祭)를 치러야 할 경우, 조빙관(詔聘官)[171]도 [5품 이상의 관인과] 같이 한다.[172]

이전 尙書의 寄祿官階는 이부상서가 정2품, 병부상서·호부상서·형부상서가 종2품, 예부상서·공부상서가 정3품이었다(張希淸 等,『宋代典章制度』, 長春 : 吉林文史出版社, 2001, 79쪽, '宋代文臣京朝官寄祿官階沿革表' 참조). 한편『慶元條法事類』 권4, 職制門 官品令, 17쪽에 의하면 6부 상서와 절도사는 모두 종2품이었다.

170) 본 조문은 유관당송문 1)의『大唐開元禮』는 물론 일본 養老令에도 관련 규정이 있으므로 당령을 계승한 것이 확실하며 호칭 구분도 당령과 다를 게 없다. 다만 본 조문은 注文을 따로 설정하여 당시 3품 이상인 자를 尙書와 節度使 이상인 자로 명기하였다. 그런데 남송대에는 '卒'은 '5품 이상'에서 '6품 이상'으로, '死'는 '6품 이하'에서 '7품 이하'로 바뀌었다(유관당송문 2).

171) '詔聘官'은 용례가 보이지 않아 명확한 의미를 파악하기 힘들다. 그렇지만 字意에 따라 일단 "詔를 내려 招聘한 관인"으로 해석할 수 있다. '詔聘'은 詔를 내려 大德, 隱逸, 處士 등을 招聘한다는 뜻으로, 이를 통해 관인이 된 자가 '詔聘官'이라는 것이다. 본 조문의 '薨·卒'은 5품 이상 관인의 사망을 일컫기 때문에(〈現31〉조) '詔聘官'은 적어도 5품 이상 관인에게 허용되는 弔祭를 치를 수 있는 자격을 갖추고 있다고 할 수 있다. 송대 관인이 遭喪이나 본인 사망 때 弔祭를 치를 수 있는 자는 勅葬 자격자 (〈現10〉조)를 비롯해서 5품 이상의 현임관(〈現5〉조), 문무 직사관 5품 이상의 致仕官이었다(〈現12〉조). 그렇다면 '詔聘官'은 이들에 준하는 弔祭를 치를 수 있었다고 이해된다. 그리고 5품 이상 관인은 훙·졸하거나 조제를 치러야 할 경우 일정한 절차에 따라 상주하고(〈現11〉조), 또 본인이 죽거나 家屬의 喪에 賻物을 지급 받을

유관당송문 관련 기록이 당송 시기 문헌에서는 확인되지 않는다.

〈現33〉 諸喪葬不能備禮者, 貴得同賤. 賤雖富, 不得同貴.

무릇 상장에 예수(禮數)[173]를 갖출 수 없을 경우, 신분이 높은 쪽이 낮은 쪽과 같게 할 수 있으나 낮은 쪽은 비록 부유해도 높은 쪽과 같게 할 수 없다.[174]

유관당송문 1)『五代會要』: 諸喪葬不得備禮者, 貴得同賤, 賤不得同貴.(권8, 喪葬上, 136쪽)

2)『司馬氏書儀』: … 更不書官. … 喪葬令 … 又曰, '諸喪葬不能備禮者, 貴得同賤. 賤雖富, 不得同貴.'(권7, 喪儀3 碑誌, 80쪽)

3)『慶元條法事類』: 諸喪葬有制數, 而力不及者, 聽從便.(권77, 服制門 服制令, 836쪽)

수 있었다(〈現6〉조). 그러므로 '詔聘官'의 경우도 이상과 같은 5품 이상 관인과 동등한 대우를 받을 수 있었다고 생각된다.

172) 본 조문은 우선 문장 구조가 완전하지 못한 것 같다. 전반부의 '應合弔祭者' 다음에 와야 할 술부에 해당하는 부분이 빠져 있다고 생각되기 때문이다. 술부 부분이 드러나야 '詔聘官亦同'의 '亦同'의 의미도 분명해진다. 원문대로는 '詔聘官'이 "무엇과 어떻게 '亦同'"한 것인지 확실히 알 수 없으므로 본 조문 전체의 의미도 명확하게 파악되지 않는다. 이처럼 문장이 불완전하지만, 대략 "'詔聘官'도 5품 이상 관인과 같이 조제를 치를 수 있으며 이 경우 절차와 대우를 5품 이상의 관인과 같이 한다"는 의미가 아닐까 생각된다.

173) '備禮'의 '禮'는 禮數를 말하는데, 禮數는 신분이나 지위에 따른 상장 禮制의 品數[등급]를 말한다. 유관당송문 3)에 보듯, '制數'라고도 한다.

174) 상장령의 각 조문은 신분이나 지위에 상응하여 준수해야 할 禮數를 엄격히 규정하고 있다. 유관당송문『慶元條法事類』에도 보듯, 喪葬에는 制數, 곧 등급규정이 있어야 한다는 전제가 깔려 있다. 그런 의미에서 본 조문은 상장 예제에 관한 법률상의 기본원칙을 천명한 규정이라고 할 수 있다. 본 조문의 규정은『隋書』에도 관련 규정이 있고(권8, 禮儀3, 156쪽, "其喪紀, 上自王公, 下逮庶人, 著令皆有定制, 無相差越."), 유관당송문『五代會要』의 기록을 주된 근거로 하여 이미 복원 당령으로 제시된 바 있다(『唐令拾遺』). 그러나 본 조문은 복원 당령에 없는 "(신분이나 관품이 낮은 쪽은) 재력이 있어도"('雖富')라는 구절을 첨가하고 있다. 이는 송대 상장의례에 재력이 중요하게 작용했고, 특히 민간에서 상인을 비롯한 부민층의 '越制', 즉 厚葬 풍습이 성행하고 있었다는 사실을 반증하는 것으로 생각된다.

▸ 유관 일본령

『令義解』: 凡喪葬不能備禮者, 貴得同賤, 賤不得同貴.(권9, 259쪽 ; 『令集解』 권16, 970쪽)

▸ 복원 당령

『唐令拾遺』 喪葬令, 24조, 840~841쪽

『天聖令』 당령복원청본, 喪葬令, 37조, 712쪽

右並因舊文, 以新制參定.[175)]

위[의 영들]은 예전의 조문을 바탕으로 하되 새로운 제칙을 참작하여 정한 것이다.

〈舊1〉 皇家諸親喪賻物, 皇帝本服朞, 準一品 ; 本服大功, 准二品 ; 本服小功及皇太后本服朞, 準三品 ; 皇帝本服緦麻·皇太后本服大功(大功本服)[176)] 皇后本服朞·皇太子妃父母, 準正四(四正)[177)]品 ; 皇帝本服袒(袓)[178)]免皇太后本服小功·皇后本服大功·皇太子妃本服朞, 準從四品 ; 皇太后本服緦麻·皇后本服小功, 準正五品 ; 皇后本服緦麻, 準從五品. 若官爵高者, 從高. 無服之殤, 並不給. 其準一品給賻[物][179)]者, 並依職事品.

황가 제친의 상에 부물을 지급할 경우 황제의 본복 기친[180)]은 1품에 준하고, 본복 대공친은 2품에 준하며 [황제의] 본복 소공친과 황태후의 본복 기친은 3품에 준한다. 황제의 본복 시마친·황태후의 본복 대공친·황

175) [교감주] 저본에는 '右並因舊文, 以新制參定'이 〈現33〉조의 마지막 구절인 '不得同貴'에 이어져 있으나 당연히 行을 바꿔야 한다.

176) [교감주] '大功本服'은 '本服大功'의 오기이다. 앞뒤 문맥에 의거해 바로잡는다.

177) [교감주] '四正'은 '正四'의 오기이다. 문맥에 의거해 바로잡는다.

178) [교감주] '袓免'은 '袒免'의 오기이다. 字義로 보아 '袒免'을 말하는 것이 분명하므로 바로잡는다.

179) [교감주] '物'은 脫字로 보인다. 본 조문 첫머리의 '皇家諸親喪賻物'을 참고하여 보충한다.

180) 본 조문의 '朞[親]', '大功', '小功', '緦麻'에 관해서는 喪葬令에 부재된 '喪服年月'에 상세하므로 자세한 설명은 이로 미룬다.

후의 본복 기친·황태자비의 부모는 정4품에 준한다. 황제의 본복 단문친[181]·황태후의 본복 소공친·황후의 본복 대공친·황태자비의 본복 기친은 종4품에 준한다. 황태후의 본복 시마친·황후의 본복 소공친은 정5품에 준한다. 황후의 본복 시마친은 종5품에 준한다. 만약 관·작이 높은 경우 높은 쪽을 따라 [부물을 지급한다.] 무복의 상(殤)[182]에는 모두 지급하지 않는다. 1품에 준해서 부물을 지급해야 하는 경우, 모두 직사관품에 의한다.[183]

유관당송문 관련 기록이 당송 시기 문헌에서는 확인되지 않는다.

▸ 복원 당령

---

181) '袒免[親]'은 高祖의 父(5代祖)를 같은 조상으로 하는 五服 외의 同族이다. 袒免은 '袒衣免冠', 즉 (왼쪽) 소매를 걷고[袒], 冠을 벗고 머리를 묶는다[免]는 뜻으로 이로써 애도를 표하면 되며 正服은 없다(『禮記正義』 권34, 大傳, 1171쪽).

182) '無服의 殤', 곧 '服이 없는 殤'이란 8세 이전에 사망한 경우를 말한다. 그런데 無服의 殤에서 哭을 하는 기간과 관련, 『儀禮』 喪服篇의 '以日易月'의 해석을 놓고 논란이 많았는데 鄭玄說과 王肅說의 대립이 대표적이다(『通典』 권91, 禮51 大功殤服九月七月, 2489~2490쪽). 鄭玄說은 '以日易月'에 대해 '날로써 살아 있던 달을 바꿔' 哭을 하는 것으로 해석했다. 이를테면 한 달을 살았다면 하루 동안 哭을 한다는 것이다. 그러나 王肅說은 '以日易月'이란, '날로써 服喪하는 달을 바꿔' 哭을 한다고 해석했다. 그러므로 殤으로 죽은 本服의 周親(期親)에 대해서는 13일, 大功은 9일, 小功은 5일, 緦麻는 3일만 곡을 하면 된다는 것이다. 『大唐開元禮』는 王肅說을 채택했다(『大唐開元禮』 권132, 凶禮 五服制度 大功 殤九月七月, 623쪽, "爲子女子子之長殤中殤[原注 : … 八世以下爲無服之殤. 以日易月, 本服周者, 哭之十三日, 大功九日, 小功五日, 緦麻三日.]"). 한편 無服의 殤에서 이름을 짓기 전에(생후 3개월 미만) 죽었다면 곡을 하지 않는다(『儀禮注疏』 권31, 喪服, 692쪽). 그런데 『大唐開元禮』에서는 無服의 殤을 8세 이하라고 규정했지만, 송대의 令文에는 생후 3개월에서 7세까지로 명확히 규정되었다(『慶元條法事類』 권77, 服制門 服制令, 823쪽 및 假寧令, 〈現11〉조의 注文).

183) 본 조문에 의하면 皇家諸親에는 황친, 곧 황제의 本族만 아니라 황태후, 황후, 황태자비의 친속까지 포함되어 있으며 각각 그 친소관계에 따른 부물 지급을 규정하고 있다. 한편 본 조문이 天聖令 제정 단계에서 폐기된 것은 송대 종실, 황친 등에 대한 부물 지급이 '舊例'(熙寧 7년 이후는 '新式')에 의거해서 칙지를 얻은 후 지급했기 때문이다(〈現6〉조의 註 참조). 송대 종실, 황친, 관원 등에 대한 부물 지급과 관련, 지급 대상자의 구분, 부물의 종류와 수량에 대해서는 '舊禮'와 '新式'에 매우 상세히 규정되어 있다.

『天聖令』 당령복원청본, 喪葬令, 8조, 710쪽

〈舊2〉 諸使人所在身喪, 皆給殯斂調度, 造輿·差夫遞送[至][184]家. 其爵一品·職事及散官五品以上馬輿, 餘皆驢輿. 有水路處給船, 其物並所在公給, 仍申報所遣之司.

무릇 사인(使人)이 소재지에서 사망한 경우, 모두 빈렴[에 소요되는] 조도[185]를 지급하고 [구(柩)를 실을] 수레를 만들고 인부를 차출하여 차례로 송환하여 본가에 이르도록 한다. 작 1품·직사관 및 산관 5품 이상에게는 말이 끄는 수레를, 나머지는 모두 나귀가 끄는 수레를 [지급한다.] 수로가 있는 곳에서는 배를 지급하고 그 물품은 모두 소재지의 관에서 지급하며 곧바로 [사인을] 파견한 관사에 문서로 보고한다.[186]

유관당송문 1) 『唐律疏議』 : 諸從征及從行·公使, 於所在身死, 依令應送還本鄉, … 疏議曰, … 喪葬令, '使人所在身喪, 皆給殯殮調度, 遞送至家.'(권26, 雜律19-1의 율문 및 소의 〈제407조〉, 490~491쪽 ; 『역주당률소의』, 3222~3223쪽 ; 『宋刑統』 권26, 雜律 征行出使疾病身死, 419쪽)

---

184) [교감주] '至'는 脫字로 보인다. 유관당송문 『唐律疏議』의 疏議에 인용된 喪葬令의 '遞送至家'를 참고하여 보충한다.

185) 殯斂調度는 殯斂, 곧 죽은 이를 斂襲하여 草殯할 때 필요한 棺이나 斂服 등의 물품을 말한다. 『令集解』 권26, 喪葬令, "凡官人從征從行, 及使人所在身喪, 皆給殯斂調度."의 注에 "謂賻物之外別給."이라 했듯이, 관원의 상장에 관에서 賻物과는 별도로 지급하는 것을 지칭했다.

186) 喪葬令 現令에는 재임관의 柩 송환 규정은 있으나(〈現30〉조), 使人의 사망에 관한 처리 규정이 없다. 한편 남송대에는 관인의 柩 송환 규정이 상장령이 아니라 吏卒令과 輦運令에 보인다. 예컨대 지방관이나 외지에 파견된 품관이 외지에서 사망하면 廂軍을 차출하여 本家로 柩를 송환하거나(『慶元條法事類』 권77, 服制門 喪葬 吏卒令, 838쪽), 命官·品官之家의 사망 시 歸葬을 위해 선박을 지급한다(『慶元條法事類』 권77, 服制門 喪葬 輦運令, 838쪽)는 규정이 그것이다. 그러나 본 조문처럼 使人만을 대상으로 한 빈렴조도 지급 규정이나 5품관 이상과 이하를 나눠 馬輿나 驢輿를 지급한다는 규정은 보이지 않는다. 본 조문이 天聖令 단계에서 폐기된 것도 이와 무관하지 않은 듯하다.

▸ 유관 일본령

『令義解』: 凡官人從征從行, 及使人所在身喪, 皆給殯斂調度.(권9, 喪葬令, 293쪽 ; 『令集解』 권26, 963~964쪽)

▸ 복원 당령

『唐令拾遺』 喪葬令, 10乙조, 816쪽

『天聖令』 당령복원청본, 喪葬令, 14조, 710쪽

〈舊3〉 **諸五品以上薨卒及葬, 應合弔祭者, 所須布深衣幘·素三梁六柱輿,[187] 皆官借之(祭).[188] 其內外命婦應得鹵簿者, 亦准此.**

무릇 5품 이상이 훙·졸하거나 장례를 치를 때 마땅히 조제를 치러야 할 경우, 필요한 베 심의[189]·베 두건·들보 셋과 기둥 여섯의 흰 수레는 모두 관에서 빌려준다. 내·외명부로 마땅히 노부를 지급 받을 수 있는 자도 이에 준한다.[190]

유관당송문 1) 『唐六典』: 凡五品已上薨·卒及葬合弔祭者, 應須布深衣·幘·素三梁六柱轝, 皆官借之. 其內外命婦應得鹵簿者, 亦如之.(권18, 鴻臚寺, 508쪽 ; 『역주당육전』중, 587~588쪽)

2) 『通典』: 喪葬令, '凡五品以上薨·卒及葬祭者, 應須布深衣·幘·素幕·轝, 皆官借之. 其內外命婦應得鹵簿者, 亦給之.'(권86, 禮46 葬儀, 2351쪽)

3) 『五代會要』: 又諸官五品已上, 許使三梁六柱轝車, 轝上有結絡 ; 三品已上帶

187) [교감주] 저본의 '素三梁六柱輿'는 유관당송문의 『唐六典』의 기록도 동일하나 『通典』에는 '素幕·轝'이라고 되어 있고, 『五代會要』에는 '三梁六柱轝車'라고 되어 있다.

188) [교감주] '祭'는 '借之'의 오기로 보인다. 유관당송문 1)과 2)에 의거하여 바로잡는다.

189) 深衣에 대해서는 〈現17〉조의 註 참조.

190) 본 조문은 5품 이상 관원의 훙·졸 시 喪葬에 필요한 복장과 수레를 관에서 대여해 준다는 규정이다. 주의할 것은 후반부의 규정이 내·외명부에 대한 노부 지급 규정 자체가 아니라 노부를 지급받을 수 있는 내·외명부의 상장에 심의, 두건, 수레 지급을 5품 이상 관원에 준하여 관에서 빌려준다는 것이다. 그러나 송대에 5품 이상 관원이나 내·외명부에 대한 상장용구 대여 규정이 어떠했는지 확실치 않다. 본 조문이 天聖令에서 폐기된 것은 송대 상장용구 대여 규정이 엄격해졌거나 아니면 상장 풍습이 당대와 달라서 본 조문의 상장용구가 불필요해졌기 때문이 아니었을까 한다.

將相者, 有鳳臺.(권8, 喪葬上, 136쪽)

▸ 복원 당령

『唐令拾遺』 喪葬令, 16조, 827~828쪽

『天聖令』 당령복원청본, 喪葬令, 24조, 711쪽

〈舊4〉 諸去京城七里內, 不得葬埋.

무릇 경성의 7리 내에서는 [시신을] 매장할 수 없다.[191]

유관당송문 1) 『慶元條法事類』 : 諸州天慶觀傍側並城內, 不得安葬.(권77, 服制門 服制令, 837쪽)

▸ 유관 일본령

『令義解』 : 凡皇都及道路側近, 並不得葬埋.(권9, 喪葬令, 294쪽 ; 『令集解』 권26, 喪葬令, 967쪽)

▸ 복원 당령

『唐令拾遺』 喪葬令, 附錄 開皇律令, 841쪽

『天聖令』 당령복원청본, 喪葬令, 27조, 711쪽

〈舊5〉 諸庶人以上在城有宅, 將尸柩入者, 皆聽之.

191) "京城 7리 내에서는 매장을 금한다"는 본 조문의 규정은 "경사에서 매장할 경우 城의 7리 밖에서 해야 한다"고 규정한 수의 개황령(『隋書』 권8, 禮儀3 喪葬, 156쪽 : "開皇初, 高祖思定典禮. … 其喪紀, 上自王公, 下逮庶人, 著令皆爲定制, … 在京師葬者, 去城七里外.")을 계승한 것으로 보인다. 그리고 京城 7리 내 매장 금지 규정은, 당대 친척이 없는 죄수를 매장할 경우 官이 경사 밖의 官地를 지급하여 매장한다는 규정에서도 확인된다(獄官令, 〈舊4〉조). 한편 『天聖令』 喪葬令의 現令에는 "(先皇)陵 1리 내에서는 매장을 금한다"(〈現2〉)는 규정이 있지만, 본 조문과 유사한 매장 금지 규정은 없다. 그 대신 남송대의 令文에 "州의 城內에서 매장을 금한다"는 규정이 있다(유관당송문 1). 이는 '城內'만 매장 금지 구역에 해당되고, 성 밖은 城과의 거리에 상관없이 매장이 허용되는 것으로 이해된다. 이러한 '州의 城內 매장 금지' 규정은 당연히 京師에도 적용되므로 송대는 본 조문의 '경성 7리 내 매장 금지'와 같은 규정을 별도로 설정할 필요가 없었을 것이다. 天聖令 제정 시 본 조문이 폐기된 것도 이 때문이 아닌가 한다.

무릇 서인 이상이 성내에 가택이 있어서 [성내로] 구(柩)를 반입하려 할 경우 모두 허용한다.[192)]

유관당송문 관련 기록이 당송 시기 문헌에서는 확인되지 않는다.

▸ 복원 당령

『天聖令』 당령복원청본, 喪葬令, 28조, 711쪽

右令不行

위의 영들은 시행하지 않는다.

〈附1〉 **喪服年月** : 其解官給假, 並准假寧(令)[193)]令文 ; 言禮定刑, 即與「五服年月新勑」兼行(息).[194)]

상복연월[195)] : 해관(解官)과 휴가지급은 모두 가녕령 영문에 준하고, 예제를 논하고

---

192) 본 조문만 놓고 보면 城內로 柩 반입을 허용하는 이유를 파악하기 어렵다. 城內 柩 반입 허용은 '庶人以上', 곧 良人이어야 하고, 城內에 가택이 있는 경우에 한정하고 있다. 물론 성내 柩 반입이 허용되었다고 해도 경사의 경우는 '경성 7리 내 매장 금지' 규정(〈舊4〉조) 때문에 당연히 매장을 할 수 없다. 그렇다면 경사 외의 지역에서는 城內 매장을 허용하는 것인가에 대해서는 확실치 않다. 그러나 이와 상관없이 본 조문은 매장까지는 아니더라도 성내에서 殯은 물론 送葬도 허용하고 있음을 말해준다.

193) [교감주] '令'은 '寧'의 오기이다. 假寧令의 존재와 文意에 의해 고친다.

194) [교감주] '兼息'은 '兼行'의 오기로 보인다. '五服年月勅'이 천성령 반포 2년 전에 반포되었고 '喪服年月'이 이에 의거했다는 점을 고려하여 고친다(『續資治通鑑長編』 권105, 인종 천성 5년 10월 을유조, 2453~2454쪽, "學士承旨劉筠等言,'(孫)奭所上五服制度, … 又節取假寧令附五服勅後, 以便有司. 而喪服親疏隆殺之紀, 始有定制.' 己丑, 詔國子監摹印頒天下." 참조).

195) 五服制度가 開元禮뿐 아니라 원래부터 당령에도 존재했는가, 존재했다면 영문의 어떤 편명에, 어떤 형태 (正文인가, 부록인가)로 수록되어 있었는가에 대해서는 확실치 않다. 그러나 적어도 당말 또는 오대에 假寧令의 부록 형태로 존재했던 것은 확실해 보이며 송 초에도 오복제도는 가녕령 말미에 부록의 형태로 남아 있었다. 그런데 假寧令에 附載되었던 오복제도는 '五服年月勅'을 제정할 때 節錄되어 '오복연월칙'의 뒷부분에 부재되었고, 이것이 2년 후 천성령 편찬 때 다시 약간 축약·개정되었으며 이름도 '喪服年月'로 바뀌어 상장령 뒷부분에 부재된 것이다(皮

형명(刑名)과 형량을 정할 때는 '오복연월신칙'[196]과 겸하여 시행한다.[197]

斬衰三年：
참최[198] 3년[199]

子爲父.
아들이 아버지를 위해 한다.

嫡孫爲祖後者，爲祖. 爲曾·高後者亦同.
할아버지의 후사가 된 적손[200]이 할아버지를 위하여 한다. 증·고조의

慶生, 「唐宋時期五服制度入令過程試探－以'喪葬令'所附'喪服年月'爲中心」, 『唐研究』 14, 2008, 383~394쪽 참조). 이에 따라 注文에서 보듯, 解官과 휴가지급은 가녕령에 의거하고, 예제를 논하고 刑名과 刑量을 정할 때는 '오복연월칙'과 '상복연월'을 겸행하게 된 것이다.

196) '五服年月勅'은 名儒 孫奭(962~1033)이 당시 시행되던 상복제도와 『大唐開元禮』에 의거해 찬수된 『開寶通禮』(971)에 수록된 '五服年月'을 토대로 초안을 작성하고 兩制, 곧 한림학사와 知制誥, 그리고 太常禮院의 詳定을 거쳐 제정되었다. 송대 오복제도의 운영에는 '상복연월'보다 '오복연월칙'이 더 많이 이용되었다. 그 예로 『司馬氏書儀』의 '喪儀'에서도 '상복연월'이 아니라 '五服年月勅'을 인용하고 있다. 특히 五服制度에 관해서는 『司馬氏書儀』 권6, '喪儀', 69쪽의 '五服年月略'의 注에 "其詳見五服年月勅"이라고 명기하고 있다. 그러나 '五服年月勅'은 현재 逸文 몇 편이 전해질 뿐이다.

197) '상복연월'은 오복제도를 斬衰 3년, 齊衰(자최 3년, 자최杖朞, 자최朞, 자최 5월, 자최 3월), 大功 9월[성인 9월, 長殤 9월, 中殤 7월], 小功 5월[성인 5월, 殤], 緦麻 3월[성인 3월, 殤]로 분류하고 있다. 이는 『大唐開元禮』나 『慶元條法事類』의 분류방식과 거의 같은데, '상복연월'은 이 두 문헌과 달리 正服, 降服 등의 표제를 붙여 다시 세분하지는 않았다. 뿐만 아니라 '상복연월'에는 兩書 각 항목의 注文이 대부분 생략되었다.

198) 참최복은 가장 무거운 상복으로 服飾의 재료나 봉제 방식이 가장 조악하며 喪期도 가장 긴 3년이다. 斬은 (단을) 꿰매지 않는다는 뜻이다(『儀禮注疏』 권30, 喪服 齊衰三年章, 651~652쪽).

199) 당에서 남송까지의 오복제도의 변천과정을 살피기 위해 『天聖令』 喪葬令 '喪服年月'을 비롯해서 『大唐開元禮』, 『司馬氏書儀』, 『慶元條法事類』, 『朱子家禮』의 관련 조항을 대조하여 〈五服制度對照表〉를 제시하였다. 따라서 이하 개별항목에 대한 자세한 설명은 생략하기로 한다.

200) 嫡孫은 넓은 의미로는 嫡(長)子인 父와 正妻인 母 所生의 아들이지만, 여기서는 嫡(長)子인 아버지가 조부의 생존 중에 사망하여 조부의 후사가 된 맏손자(嫡長孫)로서 조부로부터 宗祀의 중임을 계승한다[承重；受重]. 承重의 嫡孫은 여타 衆孫과

후사가 된 자도 같다.

女子在室爲父. 已許嫁同. 女嫁反在父母之室爲父. 謂父喪朞年內被出者.
시집 안 간 딸이 아버지를 위해 한다. 이미 출가를 허락한 경우도 같다.

시집간 딸이 쫓겨나서 부모의 집에 돌아와 있는 경우 아버지를 위해 한다. 부친상을 당한 후 1년 내에 쫓겨난 자를 말한다.

父爲嫡子. 妻妾爲夫.
아버지가 적[장]자[201]를 위해 한다. 처와 첩이 남편을 위해 한다.

爲夫之父. 爲人後者爲所後父.
남편의 아버지를 위해 한다.
남의 후사가 된 자가 후사로 삼은 아버지를 위해 한다.

〈附2〉 齊衰三年 :

자최[202] 3년

몇 가지 경우에 있어서 복상관계가 달랐다. 예를 들면 衆孫은 조부모를 위한 복이 모두 齊衰不杖朞이지만, 嫡孫은 조부를 위한 복이 斬衰三年이고, 조모를 위한 복은 조부가 살아계시면 齊衰杖朞, 조부가 돌아가셨으면 齊衰三年으로 어느 경우나 衆孫보다 무겁다. 그런데 송대는 신종대 이후 적손의 승중은 적자인 아버지가 사망하고 아버지의 형제가 없을 때 이루어졌고, 적손이 없으면 嫡孫同母弟→庶孫長者('衆長孫')의 순서로 이루어졌다. 이러한 승중 순서는 조칙과 令으로 규정되었다(『宋史』 권125, 禮志28 服紀, 2933~2934쪽 ; 『慶元條法事類』 권77, 服制門 服制令, 823쪽). 단 『慶元條法事類』에는 『宋史』의 '庶孫長者'가 '衆長孫'으로 되어 있다. 한편 남송대의 令文에 의하면, 封爵 계승 때의 승중은 이와 달리 嫡庶나 長幼를 고려하지 않았고 적자가 있어도 다른 형제도 승중이 가능했다(『慶元條法事類』 권77, 服制門 服制令, 823쪽).

201) 嫡子는 보통 嫡妻 소생의 아들을 뜻하나 여기서는 嫡長子를 가리킨다. 본 항목 '父爲嫡子'의 嫡子를 『司馬氏書儀』 五服年月略은 嫡長子로, 『大唐開元禮』 五服制度와 『慶元條法事類』 服制格 그리고 『儀禮』 喪服은 모두 長子로 적고 있는 것으로 보아 적장자가 확실하다. 『大唐開元禮』 五服制度와 『慶元條法事類』 服制令에서도 嫡子가 아니면 長子가 될 수 없으므로 庶子는 長子가 될 수 없다고 했다(『大唐開元禮』 권132, 五服制度 斬衰, 620쪽, '父爲長子'[原注 : … 故庶子不得爲長子, 三年.] ; 『慶元條法事類』 권77, 服制門 服制令, 823쪽, "諸非嫡子, 不爲長子, 三年.").

202) 자최복은 단을 꿰맨 거친 베로 만든 상의[衰]와 하의[裳]를 말한다(『儀禮注疏』 권30, 喪服 齊衰三年章, 651~652쪽).

子爲母. 父在同.
아들이 어머니를 위해 한다. 아버지가 살아계셔도 같다.[203]

爲祖後者, 祖卒爲祖母. 爲曾·高後者亦同.
할아버지의 후사가 된 자가 할아버지가 돌아가셨으면 할머니를 위해 한다. 증·고조의 후사가 된 자도 역시 같다.

母爲長子. 婦爲夫之母.
어머니가 장자를 위해 한다.
며느리가 남편의 어머니를 위해 한다.

繼母如母. 繼母爲長子.
계모는 친모와 같이 [자최 3년복을] 한다. 계모가 장자를 위해 한다.

慈母如母. 妾爲夫之長子.
자모(慈母)[204]는 친모와 같다. 첩이 남편의 장자를 위해 한다.

〈附3〉 齊衰杖朞：

자최장기

父卒母嫁及出(出及)[205]妻之子爲母. 報服亦同.
아버지가 돌아가신 뒤 개가한 어머니나 쫓겨난 [아버지의] 처의 아들이

203) 『大唐開元禮』 권132, 五服制度 齊衰三年, 621쪽, '子爲母'의 注에 "舊禮, 父卒爲母周, 今改與父[在]服同."이라 했듯이, 어머니를 위한 복이 '舊禮'에서는 '父卒'의 경우에만 齊衰三年이었으나 開元禮에는 '父在'의 경우에도 자최3년으로 되어 있다. 어머니를 위한 복이 '父在'의 경우에도 자최3년이 된 것은 당 고종 上元 元年(674), 武后의 건의를 받아들여 반포한 조칙에 따른 것인데(『通典』 권89, 禮49 凶禮11, '齊縗杖周', 2448쪽, "大唐前上元元年, 武太后上表曰,'父在爲母服止一周, 雖心喪三年, 服由尊降. 竊謂子之於母, 慈愛特深, 所以禽獸之情, 猶能知母, 三年在懷, 理宜崇報. 今請父在爲母終三年之服.' 詔依行焉."), 『大唐開元禮』도 이를 채택한 것이다.

204) 慈母는 자식 없는 첩에게 어머니를 여읜 또 다른 첩 자식의 양육을 남편으로부터 위임받은 첩이다. 이 경우 첩 자식은 자모를 친모처럼 봉양하고 3년상을 치러야 하므로 자최 3년이 되는 것이다.

205) [교감주] '出及'은 '及出'의 오기이다. 『大唐開元禮』 권132, 五服制度 齊衰杖朞, 622쪽 및 『慶元條法事類』 권77, 服制門 服制格 齊衰杖朞, 825쪽에 의거해 바로잡는다.

[친생] 어머니를 위해 한다.[206] 갚아주는 복[報服][207] 역시 같다.

爲祖後者, 祖在爲祖母. 爲曾·高後者亦同.

할아버지의 후사가 된 자가 할아버지가 살아계시면 할머니를 위해 한다. 증·고조의 후사가 된 자도 같다.

父卒繼母嫁, 從, 爲之服. 報服亦同. **夫爲妻.**

아버지가 돌아가시고 계모가 개가했을 때 따라가서 [양육을 받았을] 경우 계모를 위해 복을 한다.[208] 갚아주는 복 역시 같다. 남편이 아내를 위해 한다.

〈附4〉 齊衰朞 :

자최[부장]기[209]

---

206) 당송대 규정에는 어머니가 쫓겨났거나 아버지가 돌아가신 후 어머니가 개가했다면, 자식은 어머니를 위해 자최장기로 降服하며 3년(25개월) 동안 마음속으로 복상[心喪]해야 했다(『宋刑統』 권10, 職制律 匿哀聽樂從吉 疏議, 163쪽 ; 『唐律疏議』 권10, 職制30-1의 소의(제120조), 204쪽 ; 『역주당률소의』, 2146~2147쪽 및 『宋刑統』 권10, 職制律 匿哀冒哀求仕 疏議, 165쪽 ; 『唐律疏議』 권10, 職制31-1의 소의(제121조), 206~207쪽 ; 『역주당률소의』, 2152~2144쪽). 그런데 『大唐開元禮』에 의하면, 이 경우 "아버지의 후사가 된 자는 상복을 입지 않는다"라고만 하여 心喪 여부는 언급하지 않았는데(권132, 凶禮 五服制度 齊衰杖周, 622쪽), 隋令에는 아버지의 후사가 된 자도 '父卒母嫁'의 경우에 상복은 입지 않지만 심상은 한다고 규정되었다(『隋書』 권71, 劉子翊傳, 1651~1652쪽 ; "子翊駁之曰 '… 是以令云 … 父卒母嫁, 爲父後者雖不服, 亦申心喪.'"). 그리고 假寧令, 〈現6〉조에는 아버지의 후사가 된 자는 아버지가 돌아가신 후 개가한 어머니뿐만 아니라 쫓겨난 어머니의 상에도 상복을 입지 않고 심상을 한다고 했다.

207) 報服이란 어떤 특정한 관계에서 서로 동등한 복으로 보답해주는 복이다. 다시 말해 상대방의 예우에 대해 그에 상당하는 보답으로 입는 복이다. 예를 들면, 남의 후사가 된 자는 친부모를 위해 본복인 참최복이 아니라 降服하여 자최부장기로 복상하는데 친부모도 그를 위해 자최부장기로 갚아주는 것이다.

208) 아버지가 사망한 후 계모가 개가했을 때 자식이 따라가서 양육을 받았다면 계모를 위해 服을 하지만, 계모가 쫓겨났거나 따라가서 양육을 받지 않았다면 복을 하지 않는다(『大唐開元禮』 권132, 五服制度 齊衰杖朞, 622쪽 및 『慶元條法事類』 권77, 服制門 服制格 齊衰杖朞, 825쪽). 이는 원문의 '從'을, "개가한 계모를 따라가서 양육을 받다"고 해석한 王肅說을 채택한 것이다. 반면 鄭玄說은 한때 계모였다면 그녀를 따라갔든 아니든 모두 계모의 사후 복을 해야 한다는 입장이다.

爲祖父母. 父所生庶母亦同. **爲伯叔(叔伯)[210]父母.**

할아버지·할머니를 위해 한다. 아버지의 친생 서모도 같다. 큰아버지·큰어머니, 작은아버지·작은어머니를 위해 한다.

爲兄弟. 爲衆子.

형제를 위해 한다. 장자가 아닌 모든 아들[衆子][211]을 위해 한다.

爲兄弟之子. 女在室同. **爲嫡孫.**

형제의 아들을 위해 한다. 시집가지 않은 여자도 같다. 적손을 위해 한다.

爲姑·姊妹·女在室者. 適人無夫·子者同.

시집가지 않은 고모·자매·딸을 위해 한다. 시집 간 사람이 남편과 아들이 없는 경우도 같다.

女在室者爲兄弟·姪. 姪女在室同.

시집가지 않은 딸이 형제·조카를 위해 한다. 시집가지 않은 조카도 같다.

婦人無夫·子者爲兄弟·姪. 姪女及姊妹在室亦同.

남편과 아들이 없는 부인(婦人)이 형제·조카를 위해 한다. 시집가지 않은 조카딸과 자매도 역시 같다.

女爲祖父母. 出嫁同. **妾爲子.**

손녀가 할아버지·할머니를 위해 한다. 출가한 손녀도 같다. 첩이 [친]아들을

---

209) 齊衰不杖朞는 '喪杖을 짚지 않고 마로 짠 짚신을 신는다'는 것을 제외하면 齊衰杖朞와 服期는 같다.

210) [교감주] '叔伯'은 '伯叔'의 오기이다. 『大唐開元禮』 권132, 五服制度 齊衰不杖朞, 622쪽 및 『慶元條法事類』 권77, 服制門 服制格 齊衰不杖朞, 825쪽에 의거해 바로잡는다.

211) 衆子는 長子의 모든 동생을 말하며 첩의 자식도 포함된다(『儀禮注疏』 권30, 喪服 齊衰不杖朞章, 655쪽, "爲衆子."[鄭玄注, "衆子者, 長子之弟及妾子."] ; 『大唐開元禮』 권132, 五服制度 齊衰不杖朞, 622쪽, '爲衆子'의 注에도 同文). 그리고 『慶元條法事類』 권77, 服制門 服制格 齊衰不杖朞, 823쪽, '爲衆子'의 注에는 "謂長子之弟及妾子若女子"라 하여 衆子에는 長子의 同母弟와 첩의 아들뿐만 아니라 여자도 포함되었음을 분명히 했다. 한편 이러한 衆子와 같은 뜻으로 庶子도 쓰인다. 그 예로 『大唐開元禮』의 '妾爲君之庶子'(권132, 五服制度 齊衰不杖朞, 622쪽)가 『慶元條法事類』에는 '妾爲君之衆子'(권77, 服制門 服制 服制格 齊衰不杖朞, 823쪽)로 되어 있다. 이 경우의 庶子가 첩 자식으로서의 庶子만을 지칭하는 게 아님은 물론이다. 庶孫도 마찬가지다. 그런데 '喪服年月'에는 庶子가 첩 자식만을 지칭하는 경우도 있고 衆子와 같은 뜻으로 혼용되는 경우가 있으므로 주의를 요한다.

위해 한다.

女適人爲兄弟之爲父後者.
시집 간 딸이 아버지의 후사가 된 형제를 위해 한다.

妾爲父母. 爲人後者爲其父母. 報服亦同.
첩이 [친]부모를 위해 한다. 남의 후사가 된 자가 친생 부모를 위해 한다. 갚아주는 복도 같다.

女適人者爲父母. 爲繼父之同居者.
시집간 딸이 [친]부모를 위해 한다. 동거하는 계부를 위해 한다.[212]

妾爲嫡妻. 妾爲夫之庶子.
첩이 남편의 정처(正妻)를 위해 한다. 첩이 남편의 중자(衆子)[庶子]를 위해 한다.

爲[夫之][213]兄弟之子. 男女同.
남편 형제의 아들을 위해 한다. 남녀가 같다.

舅姑爲嫡婦.
시아버지와 시어머니가 장자의 아내를 위해 한다.

〈附5〉 齊衰五月:

자최 5월[214]

---

212) 『大唐開元禮』 권132, 五服制度, 齊衰不杖朞, 622쪽 및 『慶元條法事類』 권77, 服制門 服制格 齊衰不杖朞, 825쪽에서는 '爲繼父之同居者'의 '繼父之同居'에 대해, "자식이 원래 대공친 이상의 친속이 없고 개가한 어머니를 따라간 집에도 (계부의) 대공친 이상의 친속이 없는 경우를 말한다"고 했다.

213) [교감주] '夫之'는 脫字이다. 『大唐開元禮』 권132, 五服制度, 齊衰不杖朞, 622쪽 및 『慶元條法事類』 권77, 服制門 服制格 齊衰不杖朞, 825쪽에 의거해 바로잡는다.

214) 자최 5월은 『儀禮』 喪服에 항목 자체가 없고, 증조부모를 위해서는 자최 3월로 복을 한다고 했다. 그런데 『大唐開元禮』에 의하면, 증·조부모를 위한 자최 5월은 원래의 자최 3월이 등급이 너무 낮다는 이유로 '新議'를 거쳐 자최 5월로 개정한 것이다(『大唐開元禮』 권132, 五服制度, 齊衰五月, 623쪽, "[原註 : 本三月. 以其降殺太多, 故新議改從五月.]"). 이 '新議'는 당 태종의 명으로 侍中 魏徵, 禮部侍郞 令狐德棻 등이 참여하여 벌인 논의로 이후 증조부모를 위한 복상 기간이 자최 3월에서 자최

爲曾祖父母. 女爲曾祖父母. 出嫁同.

증조부·증조모를 위해 한다. 증손녀가 증조부·증조모를 위해 한다. 출가한 경우도 같다.

〈附6〉 齊衰三月 :

자최 3월

爲高祖父母. 女爲高祖父母. 出嫁同.

고조부·고조모를 위해 한다. 현손녀가 고조부·고조모를 위해 한다. 출가한 경우도 같다.

爲繼父不同居.

[예전에 동거했으나 지금은] 동거하지 않는[215] 계부를 위해 한다.

〈附7〉 大功九月 : 長殤九月, 中殤七月.

대공 9월 : 장상[216] 9월, 중상 7월.

5월로 늘었다(『新唐書』 권20, 禮樂10 凶禮 五服之制, 446쪽).

215) '爲繼父不同居'의 '不同居'는 전에 함께 산 적이 있지만, 지금은 함께 살지 않는 경우를 말하며 '異居'와 같다(『儀禮注疏』 권31, 喪服 齊衰三月章, 687쪽, "繼父不同居者. [鄭玄注 : 嘗同居, 今不同.]" ; 『禮記正義』 권33, 喪服小記, 1141쪽, "繼父不同居也者, 必嘗同居. 皆無主後, 同財而祭其祖禰爲同居, 有主後者爲異居."). 만약 계부에게 자식이 있거나 대공친 이상의 친속이 있으면 함께 살더라도 異居로 간주하며 원래 함께 산 적이 없었다면 복을 하지 않는다.

216) 당송대 규정에 의하면, 殤이란 미성년(20세 미만)에 죽은 경우를 말하는데, 남자가 결혼했거나 여자가 시집가는 것을 허락 받았다면 미성년에 죽었더라도 殤으로 간주하지 않았다(『大唐開元禮』 권132, 五服制度 大功 殤九月七月, 623쪽 : "爲子女子子之長殤中殤 [原注 : 殤者男女未成人而死, 可哀傷者. 男子已娶, 女子許嫁皆不爲殤.]" 및 『慶元條法事類』 권77, 服制門 服制令, 823쪽 : "卽已娶及嫁許. [原注 : 謂依令聽嫁者.] 則服之如成人."). 한편 『禮記』에 의하면 남자는 冠禮, 여자는 笄禮를 치렀다면 미성년에 죽었더라도 殤이 되지 않는다고 했으나(『禮記正義』 권33, 喪服小記, 1145쪽), 여자의 경우 鄭玄은 許婚을 기준으로 殤 여부를 구분했다(『儀禮注疏』 권 28, 喪服, 692쪽, "子·女子子之長殤·中殤." 鄭玄注 ; "殤者, 男女未冠笄而死, 可殤者. 女子子許嫁,

爲同堂兄弟. 姊妹在室同. 爲庶孫. 女在室同.
종형제[同堂兄弟]를 위하여 한다. 시집가지 않은 종자매도 같다. 중손(衆孫)[庶孫]을 위해 한다. 시집가지 않은 중손녀도 같다.

爲女適人者. 爲姑·姊妹適人者.
시집간 딸을 위해 한다. 시집간 고모·자매를 위해 한다.

女適人爲兄弟·姪. 姑·姊妹及姪女在室同.
시집간 딸이 형제·조카를 위해 한다. 시집간 고모·자매와 시집가지 않은 조카딸도 같다.

出母爲女適人者. 報服亦同.
쫓겨난 어머니가 시집간 딸을 위해 한다. 갚아주는 복도 같다.

女適人爲伯叔父母. 報服亦同.
시집간 딸이 백부모·숙부모를 위해 한다. 갚아주는 복도 같다.

爲人後者爲其兄弟. 報服[亦][217]同.
남의 후사가 된 자가 그의 형제를 위해 한다. 갚아주는 복도 같다.

爲人後者爲其姑·姊妹在室者. 報服亦同.
남의 후사가 된 자가 시집가지 않은 그의 고모·자매를 위해 한다. 갚아주는 복도 같다.

爲夫之祖父母. 爲夫之伯叔父母.
남편의 조부모를 위해 한다. 남편의 백부모·숙부모를 위해 한다.

爲兄弟子之婦. 爲夫兄弟子之婦.
형제의 며느리를 위해 한다. 남편 형제의 며느리를 위해 한다.

夫爲人後者, 其妻爲本生舅姑.
남편이 남의 후사가 된 경우 그 처가 본래의 시아버지·시어머니를 위해 한다.

不爲殤也."). 한편 長殤, 中殤, 下殤에 대해서는 〈附10〉의 原文 및 관련 註를 참조할 것.

217) [교감주] '亦'은 脫字이다. 앞뒤 注文에 의거해 보충한다.

爲衆子婦.
중자의 며느리를 위해 한다.

爲子之長殤·中殤. 男女同.
장상·중상으로 죽은 아들을 위해 한다. 남녀가 같다.

爲叔父之(母)[218]長殤·中殤.
장상·중상으로 죽은 숙부를 위해 한다.

爲姑·姊妹之長殤·中殤.
장상·중상으로 죽은 고모·자매를 위해 한다.

爲兄弟之長殤·中殤.
장상·중상으로 죽은 형제를 위해 한다.

爲嫡孫之長殤·中殤. 嫡曾·玄孫同.
장상·중상으로 죽은 적손을 위해 한다. 적증손·적현손도 같다.

爲兄弟之子長殤·中殤. 男女同.
장상·중상으로 죽은 형제의 아들을 위해 한다. 남녀가 같다.

爲夫兄弟之子之長殤·中殤. 男女同.
장상·중상으로 죽은 남편 형제의 아들을 위해 한다. 남녀가 같다.

〈附8〉 小功五月 : [殤][219]

소공 5월 : 상

爲伯叔祖父母. 爲兄弟之孫.

218) [교감주] '母'는 '之'의 오기이다. 『大唐開元禮』 권132, 五服制度 大功 殤九月七月, 623쪽 및 『慶元條法事類』 권77, 服制門 服制格 大功九月 殤, 826쪽에 의거해 바로잡는다.

219) [교감주] '殤'은 脫字로 보인다. '喪服年月'의 '大功九月'에는 注文에 '長殤九月, 中殤七月'이라 했고, '緦麻三月殤'에는 '殤'을 표제어의 正文으로 처리했으나 '殤'字가 있다. 그리고 『大唐開元禮』 권132, 五服制度 小功五月, 624~625쪽이나 『慶元條法事類』 권77, 服制門 服制格 小功五月, 826쪽에도 '小功五月'을 '殤'과 '成人'으로 구분하고 있는 것을 고려하여 본 '小功五月' 다음에 '殤'을 보충하여 注文으로 처리한다.

조부의 형제 및 그 처를 위해 한다. 형제의 손자를 위해 한다.

爲兄弟之孫女在室者.
시집 안 간 형제의 손녀를 위해 한다.

爲同堂伯叔父母.
당백부모·당숙부모를 위해 한다.

爲同堂兄弟之子.
종형제의 아들을 위해 한다.

爲同堂兄弟之女在室者.
시집 안 간 종형제의 딸을 위해 한다.

爲從祖姑(孤)[220]·姊妹在室者. 報服亦(並)[221]同.
시집 안 간 당고모(조부 형제의 딸 ; 아버지의 종자매)·재종자매(조부 형제의 손녀)를 위해 한다. 갚아주는 복도 같다.

爲再從兄弟.
재종형제를 위해 한다.

爲從祖祖姑在室者. 報服亦同.
시집 안 간 조부의 누이를 위해 한다. 갚아주는 복도 같다.

爲外祖父母. 爲舅. 報服亦同.
외조부모를 위해 한다. 외삼촌을 위해 한다. 갚아주는 복도 같다.

爲母之姊妹. 報服亦同.
어머니의 자매를 위해 한다. 갚아주는 복도 같다.

爲同堂姊妹適人者. 報服亦同.
시집간 종자매를 위해 한다. 갚아주는 복도 같다.

爲孫女適人者.
시집간 손녀를 위해 한다.

220) [교감주] '孤'는 '姑'의 誤記이다. 『大唐開元禮』 권132, 五服制度 小功五月, 625쪽 및 『慶元條法事類』 권77, 服制門 服制格 小功五月, 827쪽에 의거해 바로잡는다.
221) [교감주] '並'은 '亦'의 오기이다. 앞뒤 注文에 의거해 바로잡는다.

爲人後者爲其姑·姊妹適人者. 報服亦同.
남의 후사가 된 자가 시집간 친고모·친자매를 위해 한다. 갚아주는 복도 같다.

爲夫兄弟之孫.
남편 형제의 손자를 위해 한다.

爲夫同堂兄弟之子.
남편 종형제의 아들을 위해 한다.

爲夫之姑·姊妹在室者. 適人同, 報服亦如之.
남편의 시집 안 간 고모·자매를 위해 한다. 시집간 사람도 같고 갚아주는 복도 같다.

妯娌相爲服.
손윗동서와 손아랫동서가[222] 서로를 위해 복을 한다.

爲同母異父兄弟·姊妹.
어머니가 같고 아버지가 다른 형제·자매를 위해 한다.

爲嫡母之父母·兄弟·姊妹.
[첩의 자식이] 적모의 부모·형제·자매를 위해 한다.

爲庶母慈己者. 爲嫡孫之婦.
자기에게 젖을 먹여 길러 준[慈己] 서모[223]를 위해 한다. 적손의 부인을 위해 한다.

母出爲繼母之父母·兄弟·姊妹.
친모가 쫓겨나면 계모의 부모·형제·자매를 위해 한다.

---

222) 妯娌는 娣姒라고도 한다. 娣姒, 곧 娣婦·姒婦는 형제의 처끼리 서로 부르는 이름이다. 일반적으로 손윗동서가 아랫동서를 '娣婦'라고 부르고, 아랫동서는 윗동서를 '姒婦'라고 부른다고 했다(『慶元條法事類』 권77, 服制門 服制格 小功五月 827쪽, '爲娣·姒婦'의 注). 그러나 형의 처나 동생의 처를 불문하고 연장자를 姒, 연소자를 娣라고 한다는 견해도 있다.

223) 『大唐開元禮』 권132, 五服制度 小功五月, 625쪽에 "爲庶母慈己者, [原註 : 謂庶母之乳養己者.]"라고 했다. 그러므로 상복관계에서 젖을 먹여 길러준 庶母는 그렇지 않은 庶母와 다르고 乳母와도 다르다. 후자의 두 경우는 모두 緦麻3월이다.

爲兄弟妻. 報服亦同. 爲男女之下殤.
형제의 처를 위해 한다. 갚아주는 복도 같다. 하상으로 죽은 아들·딸을 위해 한다.

爲叔父·姑·姊妹·兄弟之下殤.
하상으로 죽은 숙부·고모·형제를 위해 한다.

爲嫡孫之下殤.
하상으로 죽은 적손을 위해 한다.

爲兄弟子之下殤. 男女同.
하상으로 죽은 형제의 아들을 위해 한다. 남녀가 같다.

爲同堂姊妹·兄弟長殤.
장상으로 죽은 종자매·종형제를 위해 한다.

爲庶孫(子)[224]之長殤. 男女同.
장상으로 죽은 중손[庶孫]을 위해 한다. 남녀가 같다.

爲人後者爲其姑·姊妹·兄弟之長殤.
남의 후사가 된 자가 장상으로 죽은 친고모·친자매·친형제를 위해 한다.

出嫁姑爲姪之長殤. 男女同.
출가한 고모가 장상으로 죽은 조카를 위해 한다. 남녀가 같다.

爲夫兄弟子之下殤. 男女同.
하상으로 죽은 남편 형제의 아들을 위해 한다. 남녀가 같다.

爲夫之叔父之長殤.
장상으로 죽은 남편의 숙부를 위해 한다.

〈附9〉 緦麻三月 : 殤.[225]

---

224) [교감주] '庶子'는 '庶孫'의 誤記이다. 『大唐開元禮』 권132, 五服制度 小功五月, 624쪽의 '爲庶孫丈夫婦人之長殤' 및 『慶元條法事類』 권77, 服制門 服制格 小功五月, 827쪽의 '爲衆孫之長殤'에 의거해 바로잡는다.

225) [교감주] 저본의 '殤'은 '緦麻三月'과 같은 크기의 글씨로 붙여서 쓰고 있으나, '殤'은

爲族兄弟. 爲族曾祖(祖曾)[226]父母.
삼종형제를 위해 한다. 조부의 백숙부모(증조의 형제 및 그 처)를 위해 한다.

爲兄弟之曾孫.
형제의 증손을 위해 한다.

爲兄弟曾孫女之在室者.
시집 안 간 형제의 증손녀를 위해 한다.

爲族祖父母.
조부의 종형제를 위해 한다.

爲同堂兄弟之孫. 同堂兄弟之孫女在室同, 出嫁則無服.
종형제의 손자를 위해 한다. 시집 안 간 종형제의 손녀도 같고 출가하면 복이 없다.

爲族父母.
아버지의 재종형제와 그 처를 위해 한다.

爲再從兄弟之子. 再從兄弟之女在室同, 出嫁則無服.
재종형제의 아들을 위해 한다. 시집 안 간 재종형제의 딸도 같지만 출가하면 복이 없다.

爲外孫. 男女同. 爲曾孫·玄孫.
외손자를 위해 한다. 남녀가 같다. 증손·현손을 위해 한다.

爲姨兄弟·姊妹. 爲姑之子.

注文으로 처리하는 것이 옳을 듯하다. 『大唐開元禮』 권132, 五服制度 緦麻三月, 625~626쪽 및 『慶元條法事類』 권77, 服制門 服制格 緦麻三月, 826쪽에서는 '緦麻三月'을 '殤'과 '成人'으로 구분하고 있는데, 이를 고려하여 '殤'을 본 '緦麻三月'의 注文으로 처리한다.

226) [교감주] '祖曾'은 '曾祖'의 誤記이다. 『大唐開元禮』 권132, 五服制度 緦麻三月, 626쪽 및 『慶元條法事類』 권77, 服制門 服制格 緦麻三月, 828쪽에 의거해 바로잡는다.

이종 형제·자매를 위해 한다. 고모의 아들을 위해 한다.

爲舅之子. 爲族曾祖姑在室者. 報服亦同.

외삼촌의 아들을 위해 한다. 증조부의 자매를 위해 한다. 갚아주는 복도 같다.

爲族祖姑在室者. 報服亦同.

시집 안 간 조부의 종자매를 위해 한다. 갚아주는 복도 같다.

爲族[姑][227]在室者. 報服亦同.

시집 안 간 아버지의 재종자매를 위해 한다. 갚아주는 복도 같다.

爲從祖姑·姊妹適人者. 報服亦(並)[228]同.

시집간 아버지의 종자매·자기의 재종자매를 위해 한다. 갚아주는 복도 같다.

女適人者爲同堂伯叔父母. 報服亦同.

시집간 딸이 당백부모·당숙부모를 위해 한다. 갚아주는 복도 같다.

庶子爲父後者爲其母.

서자[229]로 아버지의 후사가 된 자가 친생 어머니를 위해 한다.

爲從祖祖姑適人者. 報服亦同.

시집간 할아버지의 자매를 위해 한다. 갚아주는 복도 같다.

爲人後者爲外祖父母.

남의 후사된 자가 외조부모를 위해 한다.

---

227) [교감주] '姑'는 脫字이다. 『大唐開元禮』 권132, 五服制度 緦麻三月, 626쪽 및 『慶元條法事類』 권77, 服制門 服制格 緦麻三月, 828쪽에 의거해 보충한다.

228) [교감주] '並'은 '亦'의 誤記이다. 앞뒤 注文에 의거해 바로잡는다.

229) 여기서의 庶子는 衆子, 곧 '長子의 모든 동생'이라는 의미의 庶子(〈附4〉 '爲衆子'의 註 참조)가 아니라 첩의 자식만을 말한다. 왜냐하면 적장자의 同母弟는 어머니를 위한 복이 시마3월이 아니라 자최3년이므로 본 항목의 庶子는 첩 자식일 수밖에 없기 때문이다. 첩 자식으로서의 庶子는 嫡母가 改嫁 등의 이유로 없거나 죽었을 경우라야 친생모를 위해 복을 한다(『慶元條法事類』 권77, 服制門 服制格 緦麻三月, 828쪽, [原註 : 若無嫡母及嫡母卒, 則爲所生母服.] 및 『大唐開元禮』 권132, 五服制度 緦麻三月, 626쪽).

爲兄弟之孫女適人者. 報服亦同.
형제의 시집간 손녀를 위해 한다. 갚아주는 복도 같다.

爲夫兄弟之曾孫.
남편 형제의 증손을 위해 한다.

爲夫同堂兄弟之孫.
남편 종형제의 손자를 위해 한다.

爲夫再從兄弟之子. 男女同.
남편 재종형제의 아들을 위해 한다. 남녀가 같다.

爲庶孫之婦. 爲庶母. 父之妾有子者.
중손[庶孫]의 부인을 위해 한다. 서모를 위해 한다. 아버지의 첩에 아들이 있는 경우이다.

爲乳母. 爲妻之父母. 報服亦同.
유모를 위해 한다. 처의 부모를 위해 한다. 갚아주는 복도 같다.

爲夫之曾祖·高祖父母.
남편의 증조부모·고조부모를 위해 한다.

爲夫之從祖祖父母.
남편의 조부 형제 및 그 처를 위해 한다.

爲兄弟孫之婦. 爲夫兄(兄夫)[230]弟孫之婦.(爲兄夫弟孫之婦.)[231]
형제의 손자며느리를 위해 한다. 남편 형제의 손자며느리를 위해 한다.

爲夫之從祖父母.
남편 아버지의 종형제 및 그 처를 위해 한다.

爲同堂兄弟子之婦.
종형제의 손자며느리를 위해 한다.

爲夫之外祖父母. 爲外孫婦.

230) [교감주] '兄夫'는 '夫兄'의 誤記이다. 『慶元條法事類』 권77, 服制門 服制格 緦麻三月, 829쪽에 의거해 바로잡는다.

231) [교감주] '爲兄夫弟孫之婦'는 중복된 衍文이므로 삭제한다.

남편의 외조부모를 위해 한다. 외손자며느리를 위해 한다.

爲夫之從父兄弟之妻.
남편 종형제의 처를 위해 한다.

爲夫之從[父][232]姊妹在室及適人者.
남편의 미혼 및 기혼 종자매를 위해 한다.

爲夫之同堂兄弟子之婦.
남편 종형제의 며느리를 위해 한다.

爲夫之舅姨. 爲姊妹之子之婦.
남편의 외삼촌·이모를 위해 한다. 자매의 며느리를 위해 한다.

爲甥之婦.
생질부를 위해 한다.

子爲父母·妻妾爲夫, 改葬緦, 旣葬除之(旣葬除之, 改葬緦).[233]
아들이 부모를 위해, 처첩이 남편을 위해 개장[234]할 때는 시마복을 입으며

---

232) [교감주] '父'는 脫字이다.『大唐開元禮』권132, 五服制度 緦麻三月, 627쪽 및『慶元條法事類』권77, 服制門 服制格 緦麻三月, 829쪽에 의거해 보충한다.

233) [교감주] '旣葬除之, 改葬緦.'는 '改葬緦, 旣葬除之.'가 도치된 것으로 보인다.『大唐開元禮』권132, 五服制度 緦麻三月, 627쪽에는 "改葬緦[原注 : 子爲父母·妻妾爲夫, 旣葬除之.]"라고 되어 있다. 저본의 '子爲父母·妻妾爲夫, 旣葬除之.'가 '改葬緦'의 注文으로 되어 있는 것이다. 또『慶元條法事類』권77, 服制門 喪葬 服制令, 836쪽에도 "諸子爲父母, 妻妾爲夫, 改葬, 服緦, 旣葬除之."라고 되어 있다. 본 조문이『慶元條法事類』에는 독립된 令文으로 되어 있다.

234) 鄭玄에 의하면, 改葬이란 棺物이 훼손되어 장례 때처럼 棺을 다시 설치하는 것이다. 또 그에 의하면 改葬은 분묘의 붕괴로 인해 屍柩가 亡失되려는 경우에 한다고 했다. 이 경우 賈公彦 疏는 別處에 改葬해야 하는 것으로 해석했다(『儀禮注疏』권34, 喪服11, 744쪽, "改葬, 緦." 鄭玄注, "謂墳墓以他故崩壞, 將亡失屍柩也. 言改葬者, 明棺物毀敗, 改設之, 如葬時也." 賈公彦 疏, "… 釋曰, 云'謂墳墓以他故崩壞, 將亡失屍柩者也'者, 鄭解改葬之意. 云'他故'者, 謂若遭水潦漂蕩之等, 墳墓崩壞, 將亡失屍柩, 故須別處改葬也. 云'改葬者, 明棺物毀敗, 改設之, 如葬時也'者, 直言棺物毀敗而改設, 不言依服, 則所設者, 唯此棺如葬時也."). 그러나 후에는 이러한 改葬의 본뜻과 상관없이 風水說 등의 영향으로 葬地를 옮겨 매장하는 遷葬(移葬)도 改葬이라고 했는데, 改葬이라고 하면 오히려 이쪽의 의미로 사용되는 경우가 많았다. 송대에도 風水說이 改葬에 큰 영향을 주었다(『名公書判淸明集』권13, 懲惡門 告訐 告訐服內親, 494쪽, "且遷改父祖墳墓, 在法雖當經官自陳, 然今人子孫以風水不利, 而遷改父祖墳墓者往往有之, 雖達官貴臣之家, 有所不免."). 한편

개장을 마치면 [바로] 벗는다.[235)]

爲從父兄弟·姊妹之中殤·下殤.
중상·하상으로 죽은 종형제·종자매를 위해 한다.

爲庶孫之中殤·下殤. 男女同.
중상·하상으로 죽은 중손[庶孫]을 위해 한다. 남녀가 같다.

爲從祖叔父之長殤. 爲舅姨之長殤.
장상으로 죽은 당숙을 위해 한다. 장상으로 죽은 외삼촌·이모를 위해 한다.

爲從父兄弟之子長殤.
장상으로 죽은 종형제의 아들을 위해 한다.

爲從祖兄弟之長殤.
장상으로 죽은 재종형제를 위해 한다.

爲兄弟之孫長殤.
장상으로 죽은 형제의 손자를 위해 한다.

남송의 戶令에 의하면, 改葬을 위해서는 사전에 그 사유를 적어 관부에 신고한 후 관부의 사실 확인 절차를 거쳐 허가를 얻어야 했다. 단, 改葬 대상자가 品官이거나 그 자손이 품관인 경우에는 이 규정에 구애받지 않았다(『慶元條法事類』 권77, 服制門 喪葬 戶令, 838쪽, "諸改葬親屬者, 具事因申縣, 按實責狀, 無他意乃聽. 若品官或所葬人子孫爲品官, 不用此令.").

235) 改葬服에 대해 鄭玄은 '臣爲君' 외에 자식이 아버지를 위해, 처가 남편을 위해 緦麻服을 3개월 입는다고 했다(『儀禮注疏』 권34, 喪服11, 744쪽, "改葬, 緦. … [鄭玄注, 服緦者, 臣爲君也, 子爲父也, 妻爲夫也. 必服緦者, 親見屍柩, 不可以無服, 緦三月而除之.]"). 그러나 王肅은 본래 3년복을 입는 자가 부모의 改葬에 시마복을 입는 것이고, 개장을 마치면 바로 벗으며, 부모를 위해서가 아니면 시마복을 입지 않고 '吊服加麻', 곧 弔服을 입고 흰 두건 위에 麻를 꼬아 만든 環絰을 두른다고 했다(『通典』권102, 禮62, 凶禮24, 改葬服議, 2678쪽, "(王)肅又云, '本有三年之服者, 道有遠近, 或有艱故, 旣葬而除, 不待有三月之服也. 非父母, 無服, 無服則吊服加麻.'"). 이로 보아 『大唐開元禮』나 '喪服年月'의 '旣葬而除'는 명백히 王肅說을 따른 것이다. 그리고 개장 때 시마복을 입는 범위는 『大唐開元禮』나 '喪服年月'이 王肅說에 비해 '妻妾爲夫'가 추가되었고, 鄭玄說에 비해서는 '臣爲君'이 빠진 대신 '子爲母'와 '妾爲夫'의 두 조항이 추가되었다. 한편 『新唐書』에 의하면, 改葬 때 冠·服·杖·屨는 모두 儀禮에 따른다고 했다(권20, 禮樂10 凶禮 五服之制, 446~447쪽, "改葬 : 子爲父母, 妻妾爲其夫, 其冠服杖屨皆依儀禮.").

爲從祖姑·姊妹之長殤.
장상으로 죽은 종자매·재종자매를 위해 한다.

爲人後者爲其兄弟之中殤·下殤.
남의 후사가 된 자가 중상·하상으로 죽은 자기 형제를 위해 한다.

出嫁姑爲姪之中殤·下殤. 男女同.
출가한 고모가 중상·하상으로 죽은 조카를 위해 한다. 남녀가 같다.

爲人後者爲其姑·姊妹之中殤·下殤.
남의 후사가 된 자가 중상·하상으로 죽은 자기 고모·자매를 위해 한다.

爲人後者爲其從父兄弟之長殤.
남의 후사가 된 자가 장상으로 죽은 자기 종형제를 위해 한다.

爲夫之叔父之中殤·下殤.
중상·하상으로 죽은 남편의 숙부를 위해 한다.

爲夫之姑·姊妹之長殤.
장상으로 죽은 남편의 고모·자매를 위해 한다.

〈附10〉 准禮有三殤. 年十九至十六爲長殤, 十五至十二(二十)[236]爲中殤, 十一至八歲爲下殤. 長殤·中殤降正服一等, 下(一)[237]殤降長殤·中殤一等.

예에 따르면 상(殤)에는 세 종류가 있다. 열아홉 살에서 열여섯 살까지가 장상이고, 열다섯 살에서 열두 살까지가 중상이며, 열한 살에서 여덟 살까지가 하상이다.[238] 장상·중상은 정복에서 1등을 낮추고,[239] 하상은

236) [교감주] '二十'은 '十二'의 誤記이다. 『大唐開元禮』 권132, 五服制度 大功殤九月七月, 623쪽의 注文 및 『慶元條法事類』 권77, 服制門 服制令, 823쪽에 의거해 바로잡는다.

237) [교감주] '一'은 '下'의 誤記이다. 『大唐開元禮』 권132, 五服制度 大功殤九月七月, 623쪽의 注文 및 『慶元條法事類』 권77, 服制門 服制令, 823쪽에 의거해 바로잡는다.

238) 본 조문에는 '無服之殤'에 대한 규정이 없으나 『大唐開元禮』에서는 '無服之殤'을 '八世以下爲無服之殤'이라 했고, 『慶元條法事類』에서는 '生三月之七歲者, 爲無服之殤'이라 했다. 또 본 조문에는 미성년에 죽었더라도 '男子已娶'나 '女子許嫁'의 경우 '殤'으로 간주하지 않는다는 규정, 그리고 '以日易月'(〈舊1〉조의 註를 참조할 것) 규정이 없다.

장상·중상에서 1등을 낮춘다.

유관당송문 1)『大唐開元禮』: 爲子女子子之長殤中殤. 殤者男女未成人而死, 可哀傷者. 男子已娶, 女子許嫁皆不爲殤. 年十九至十六爲長殤, 十五至十二爲中殤, 十一至八歲爲下殤, 八世以下爲無服之殤. 以日易月, 本服周者, 哭之十三日, 大功九日, 小功五日, 緦麻三日.(권132, 凶禮 五服制度 大功 殤九月七月, 623쪽)

2)『慶元條法事類』: 諸男女亡, 年十九至十六爲長殤, 十五至十二爲中殤, 十一至八歲爲下殤, 生三月之七歲者, 爲無服之殤. 哭之以日易月, 本服周者, 哭之十三日, 大功九日, 小功五日, 緦麻三日. 卽已娶及嫁許. 謂依令聽嫁者. 則服之如成人.(권77, 服制門 服制令, 823쪽)

喪葬令卷弟二十九

역주_ 김영진

239) 본 조문에서는 中殤의 경우 正服에서 1등을 낮춘다고만 했는데(降一等), 실은 중상에는 降一等과 降二等이 있다. 물론 중상은 長殤처럼 降一等하는 경우가 많지만, 下殤처럼 降二等하는 경우도 적지 않다. 이는 앞의 '喪服年月'을 일별해도 쉽게 알 수 있다. 예컨대 숙부를 위한 正服은 자최부장기인데 숙부의 중상에는 장상과 마찬가지로 降一等하여 大功이 되고, 하상은 降二等하여 小功이 된다. 또 종형제(당형제)를 위한 상복의 경우 정복은 대공인데, 장상은 降一等하여 소공이 되고, 중상은 하상과 마찬가지로 降二等하여 緦麻가 되는 것이다.

〈표 1〉五服制度 對照表 1 : 斬衰三年

<table>
<tr><th></th><th colspan="2">開元禮
「五服制度」</th><th>天聖令・喪葬令
「喪服年月」</th><th>司馬氏書儀
「五服年月略」</th><th colspan="2">慶元條法事類
「服制格」</th><th colspan="2">朱子家禮·喪禮
「服之制」</th></tr>
<tr><td rowspan="3">斬衰
三年</td><td>正服</td><td>1.子爲父
2.女子子在室爲父
3.女子子嫁反在父母之室爲父</td><td rowspan="3">1.子爲父
2.嫡孫爲祖後者爲祖爲曾高後者亦同
3.女子在室爲父已許嫁同
4.女嫁反在父母之室爲父謂父喪朞年內被出者
5.父爲嫡子
6.妻妾爲夫
7.爲夫之父
8.爲人後者爲所後父</td><td rowspan="3">1.子爲父女在室同
2.嫡孫爲祖承重謂當爲祖後者
3.父爲嫡長子謂當爲後者
4.婦爲舅其夫爲祖後者妻亦從服
5.爲人後者爲所後父爲父所後祖承重者亦如之
6.妻爲夫
7.妾爲君</td><td>正服</td><td>1.子爲父</td><td>正服</td><td>1.子爲父</td></tr>
<tr><td>加服</td><td>1.嫡孫爲祖.
2.父爲長子</td><td>加服</td><td>1.嫡孫爲祖
2.父爲長子</td><td>加服</td><td>1.嫡孫父卒爲祖若曾高祖承重者也
2.父爲嫡子當爲後者也</td></tr>
<tr><td>義服</td><td>1.爲人後者爲所後父
2.妻爲夫
3.妾爲君
4.國官爲國君</td><td>義服</td><td>1.婦爲舅
2.爲人後者爲所後父
3.妾爲君
4.妻爲夫</td><td>義服</td><td>1.婦爲舅
2.爲人後者爲所後父爲所後祖承重也.夫爲人後則妻從服也.
3.妻爲夫
4.妾爲君</td></tr>
</table>

〈표 2〉五服制度 對照表 2 : 齊衰三年

<table>
<tr><th></th><th colspan="2">開元禮
「五服制度」</th><th>天聖令・喪葬令
「喪服年月」</th><th>司馬氏書儀
「五服年月略」</th><th colspan="2">慶元條法事類
「服制格」</th><th colspan="2">朱子家禮·喪禮
「服之制」</th></tr>
<tr><td rowspan="3">齊衰
三年</td><td>正服</td><td>1.子爲母</td><td rowspan="3">1.子爲母父在同
2.爲祖後者祖卒爲祖母爲曾高後者亦同
3.母爲長子
4.婦爲夫之母
5.繼母如母
6.繼母爲長子</td><td rowspan="3">1.子爲母
2.嫡孫承重祖卒爲祖母
3.母爲嫡長子
4.婦爲姑其夫爲祖後者.妻亦從服祖姑</td><td>正服</td><td>1.子爲母</td><td>正服</td><td>1.子爲母</td></tr>
<tr><td>加服</td><td>1.爲祖後者祖卒則爲祖母</td><td>加服</td><td>1.嫡孫爲祖母
2.母爲長子</td><td>加服</td><td>1.嫡孫父卒爲祖母若曾高祖母承重者也
2.母爲嫡子當爲後者也</td></tr>
<tr><td>義服</td><td>1.母爲長子*
2.繼母如母</td><td>義服</td><td>1.婦爲姑
2.爲繼母</td><td>義服</td><td>1.婦爲姑
2.爲繼母</td></tr>
</table>

		開元禮	天聖令·喪葬令	司馬氏書儀		慶元條法事類		朱子家禮
		3.慈母如母 4.繼母爲長子 5.妾爲君之長子	7.慈母如母 8.妾爲夫之長子			3.爲慈母 4.繼母爲長子 5.妾爲君之長子		3.爲慈母 4.繼母爲長子 5.妾爲君之長子

*『大唐開元禮』에서는 '母爲長子'를 義服으로 분류했으나 어머니가 長子를 위해 입는 상복은 義服일 수 없으므로 오기로 보인다. 『通典』은 正服에, 『新唐書』, 『政和五禮新儀』, 『慶元條法事類』, 『朱子家禮』등은 모두 加服으로 분류했다.

〈表 3〉 五服制度 對照表 3 : 齊衰杖朞

		開元禮 「五服制度」	天聖令・喪葬令 「喪服年月」	司馬氏書儀 「五服年月略」		慶元條法事類 「服制格」		朱子家禮·喪禮 「服之制」
齊衰杖朞	正服	1.爲祖後者祖在爲祖母	1.父卒母嫁及出妻之子爲母報服亦同 2.爲祖後者祖在爲祖母爲曾高後者亦同 3.父卒繼母嫁,從,爲之服報服亦同 4.夫爲妻	1.子爲嫁母出母,報報,爲母服其子亦同,若爲父後則無服 2.夫爲妻	正服	1.嫡孫祖在爲祖母	正服	1.嫡孫父卒祖在爲祖母
	降服	1.父卒母嫁及出妻之子爲母皆報			降服	1.父卒母嫁及出妻之子爲母	降服	1.爲嫁母出母(子爲父後則爲出母嫁母無服,繼母出則無服)
	義服	1.父卒繼母嫁從爲之服報 2.夫爲妻			義服	1.父卒爲繼母嫁已從之 2.夫爲妻	義服	1.爲父卒繼母嫁而已從之者 2.夫爲妻

〈表 4〉 五服制度 對照表 4 : 齊衰(不杖)朞

		開元禮 「五服制度」	天聖令 葬令 「喪服年月」	司馬氏書儀 「五服年月略」		慶元條法事類 「服制格」		朱子家禮・喪禮 「服之制」
齊衰(不杖)朞	正服	1.爲祖父母 2.爲伯叔父 3.爲衆子 4.爲兄弟 5.爲兄弟之子	1.爲祖父母父所生庶母亦同 2.爲伯叔父母 3.爲兄弟 4.爲衆子 5.爲兄弟之子女在室同	1.爲祖父母女出嫁者同 2.爲伯叔父母 3.爲兄弟 4.爲衆子 5.爲兄弟之子	正服	1.爲祖父母 2.爲伯叔父 3.爲兄弟 4.爲衆子 5.爲兄弟之子	正服	1.爲祖父母 2.庶子之子爲父之母 3.爲伯叔父 4.爲兄弟 5.爲衆子男女

<table>
<tr><td rowspan="4"></td><td></td><td>6.爲嫡孫
7.爲姑姉妹女子子在室及適人無主者姑姉妹報
8.女子子爲祖父母
9.妾爲其子</td><td rowspan="4">6.爲嫡孫
7.爲姑姊妹女在室者適人無夫子者同
8.女在室者爲兄弟姪姪女在室同
9.婦人無夫子者爲兄弟姪姪女及姊妹在室亦同
10.女爲祖父母出嫁同
11.妾爲子
12.女適人爲兄弟之爲父後者
13.妾爲父母
14.爲人後者爲其父母報服亦同
15.女適人者爲父母
16.爲繼父之同居者
17.妾爲嫡妻
18.妾爲夫之庶子
19.爲夫之兄弟之子
20.舅姑爲嫡婦</td><td rowspan="4">6.爲嫡孫
7.爲姑姊妹女在室雖適人無夫與子者亦同
8.爲人後者爲其父母報
9.女適人者爲父母
10.妾爲嫡妻
11.爲夫之兄弟之子
12.舅姑爲嫡婦</td><td></td><td>6.爲姑姊妹女及適人無主者
7.婦人無夫與子者,爲其兄弟姊妹及兄弟之子
8.妾爲其子</td><td></td><td>6.爲兄弟之子
7.爲姑姊妹女在室及適人而無夫與子者
8.婦人無夫與子者,爲其兄弟姊妹及兄弟之子
9.妾爲其子</td></tr>
<tr><td>加服</td><td>1.女子子適人者爲兄弟之爲父後者</td><td>加服</td><td>1.爲嫡孫
2.女適人者爲兄弟之爲父後者</td><td>加服</td><td>1.爲嫡孫
2.女適人者爲兄弟之爲父後者</td></tr>
<tr><td>降服</td><td>1.妾爲其父母
2.爲人後者爲其父母報
3.女適人者爲其父母</td><td>降服</td><td>1.嫁母出母爲其子
2.妾爲其父母
3.爲人後者爲其父母
4.父母爲其子之爲人後者
5.女適人者爲父母</td><td>降服</td><td>1.嫁母出母爲其子子雖爲父後猶服也
2.妾爲其父母</td></tr>
<tr><td>義服</td><td>1.爲伯叔母
2.爲繼父之同居者
3.妾爲嫡妻
4.妾爲君之庶子
5.婦爲舅姑
6.爲夫之兄弟之子
7.舅姑爲嫡婦</td><td>義服</td><td>1.繼母嫁爲前夫之子從己者
2.爲伯叔母
3.爲繼父之同居者
4.妾爲嫡妻
5.妾爲君之衆子
6.爲夫之兄弟之子
7.舅姑爲嫡婦</td><td>義服</td><td>1.繼母嫁母爲前夫之子從己者
2.爲伯叔母
3.爲夫之兄弟之子
4.繼父同居,父子皆無大功之親者
5.妾爲女君
6.妾爲君之衆子
7.舅姑爲嫡婦</td></tr>
</table>

〈표 5〉 五服制度 對照表 5：齊衰五月・齊衰三月

		開元禮 「五服制度」	天聖令・喪葬令 「喪服年月」	司馬氏書儀 「五服年月略」	慶元條法事類 「服制格」	朱子家禮·喪禮 「服之制」
齊衰五月	正服	1.爲曾祖父母 2.女子子在室者及嫁者爲曾祖父母	1.爲曾祖父母 2.女爲曾祖父母出嫁同	1.爲曾祖父母女出嫁者亦同	1.爲曾祖父母女嫡人同	1.爲曾祖父母女嫡人者不降
齊衰三月	正服	1.爲高祖父母 2.女子子在室者及嫁者爲曾祖父母	1.爲高祖父母 2.女爲高祖父母出嫁同 3.爲繼父不同居	1.爲高祖父母女出嫁者亦同	1.爲高祖父母女嫡人同	1.爲高祖父母女嫡人者不降
	義服	1.爲繼父不同居			1.爲繼父不同居者	1.繼父不同居者謂先同今異 2.雖同居而繼父有子,已有大功以上親者也其元不同居者則不服

〈표 6〉 五服制度 對照表 6：大功九月

		開元禮 「五服制度」	天聖令・喪葬令 「喪服年月」	司馬氏書儀 「五服年月略」	慶元條法事類 「服制格」	朱子家禮·喪禮 「服之制」
大功長殤九月・中殤七月	正服	1.爲子女子子之長殤中殤 2.爲叔父之長殤中殤 3.爲姑姊妹之長殤中殤 4.爲兄弟之長殤中殤 5.爲嫡孫之長殤中殤 6.爲兄弟之子女子子之長殤中殤	1.爲子之長殤中殤男女同 2.爲叔父之長殤中殤 3.爲姑姊妹之長殤中殤 4.爲兄弟之長殤中殤 5.爲嫡孫之長殤中殤嫡曾玄孫同 6.爲兄弟之子長殤中殤男女同 7.爲夫兄弟之子之長殤中殤男女同		1.爲子之長觴中殤 2.爲嫡孫之長殤中殤嫡曾孫玄孫同 3.爲叔父之長殤中殤. 4.爲姑姊妹之長殤中殤. 5.爲兄弟之長殤中殤. 6.爲兄弟之子長殤中殤	
	義服	1.爲夫之兄弟之子女子子之長殤中殤			1.爲夫之兄弟之子長殤中殤	

大功成人九月								
	正服	1.從父兄弟姊妹在室亦然 2.爲庶孫女在室亦然	1.爲同堂兄弟姊妹在室同 2.爲庶孫女在室同 3.爲女適人者 4.爲姑姊妹適人者 5.女適人爲兄弟姪姑姊妹及姪女在室同 6.出母爲女適人者報服亦同 7.女適人爲伯叔父母報服亦同 8.爲人後者爲其兄弟報服亦同 9.爲人後者爲其姑姊在室者報服亦同 10.爲夫之祖父母 11.爲夫之伯叔父母 12.爲兄弟子之婦 13.爲夫兄弟子之婦 14.夫爲人後者,其妻爲本生舅姑 15.爲衆子婦	1.爲從兄弟 2.爲庶孫 3.爲女姑姊妹兄弟之女適人者 4.女適人者爲伯叔父母兄弟姝 5.爲人後者爲其兄弟姑姊妹 6.爲衆子婦 7.爲兄弟子之婦 8.爲夫之祖父母伯叔父母兄弟子之婦	正服	1.從父兄弟姊妹 2.爲衆孫男女同	正服	1.爲從夫兄弟姊妹(謂伯叔父之子) 2.衆孫男女
	降服	1.爲女子子適人者. 2.爲姑姊妹適人者報 3.出母爲女子子適人者女報同 4.爲兄弟之女適人者報 5.爲人後者爲其兄弟 6.爲人後者爲其姑姊妹在室者報 報			降服	1.爲姑姊妹適人者 2.爲女適人者 3.女適人者爲姑姊妹兄弟及兄弟之子 4.出母爲女適人者 6.女適人者爲出母 7.爲兄弟女適人者 8.女適人者爲伯叔父 9.爲人後者爲其姑姊妹兄弟 10.兄弟侄爲人後者	降服	
	義服	1.爲夫之祖父母 2.爲夫之伯叔父母報 3.爲夫之兄弟女適人者 4.夫爲人後者其妻爲本生舅姑 5.爲衆子婦			義服	1.爲夫祖父母 2.爲夫伯叔父母 3.爲兄弟子之婦 4.爲夫兄弟子之婦 5.爲夫兄弟女適人者 6.女嫡人者爲伯叔母 7.夫爲人後者其妻爲本生舅姑 8.爲衆子婦	義服	1.爲衆子婦 2.爲兄弟子之婦 3.爲夫之祖父母伯叔父母兄弟子之婦 4.夫爲人後者其妻爲本生舅姑

〈表 7〉五服制度 對照表 7 : 小功五月

		開元禮 「五服制度」	天聖令・喪葬令 「喪服年月」	司馬氏書儀 「五服年月略」		慶元條法事類 「服制格」		朱子家禮·喪禮 「服之制」
小功五月殤	正服	1.爲子女子子之下殤 2.爲叔父之下殤 3.爲姑姊妹之下殤 4.爲嫡孫之下殤 5.爲兄弟之下殤 6.爲兄弟之子女子子之下殤 7.爲從父兄弟姊妹之長殤 8.爲庶孫丈夫婦人之長殤	1.爲男女之下殤 2.爲叔父姑姊妹兄弟之下殤. 3.爲嫡孫之下殤 4.爲兄弟子之下殤男女同 5.爲同堂姊妹兄弟長殤 6.爲庶孫之長殤男女同 7.爲人後者爲其姑姊妹兄弟之長殤 8.出嫁姑爲姪之長殤男女同 9.爲夫兄弟子之下殤男女同 10.爲夫之叔父之長殤		正服	1.爲子之下殤 2.爲嫡孫之下殤 3.爲叔父之下殤 4.爲姑姊妹之下殤 5.爲兄弟之下殤 6.爲兄弟子之下殤 7.爲從夫兄弟姊妹之長殤 8.爲衆孫之長殤		
	降服	1.爲人後者爲其兄弟之長殤 2.爲姪丈夫婦人之長殤 3.爲人後者爲其姑姊妹之長殤			降服	1.爲人後者爲其姑姊妹兄弟之長殤 2.女適人者爲兄弟之長殤		
	義服	1.爲夫之兄弟之子女子子之下殤 2.爲夫之伯叔父之長殤			義服	1.爲夫兄弟之子下殤 2.爲夫叔夫長殤		
小功五月成人	正服	1.爲從祖祖父報 2.爲從祖父報 3.爲從朝姑姊妹在室者報 4.爲從祖兄弟報 5.爲從祖祖姑在室者報 6.爲外祖父母 7.爲舅及從母丈夫婦人報	1.爲伯叔祖父母 2.爲兄弟之孫 3.爲兄弟之孫女在室者 4.爲同堂伯叔父母 5.爲同堂兄弟之子 6.爲同堂兄弟之女在室者 7.爲從祖姑姊妹在室者報服亦同	1.爲從祖祖父母 2.爲兄弟之孫 3.爲從祖父母 4.爲從兄弟之子 5.爲從父兄弟之子 6.爲從祖兄弟姑姊妹 7.爲從祖祖姑	正服	1.爲從祖祖父 2.爲兄弟之孫 3.爲從祖父 4.爲從祖姑 5.爲同堂兄弟之子 6.爲從祖兄弟 7.爲從祖姊妹	正服	1.爲從祖祖父從祖祖姑 2.爲兄弟之孫 3.爲從祖父從祖姑 4.爲從夫兄弟之子 5.爲從祖兄弟姊妹 6.爲外祖父母 7.爲舅

			8.爲再從兄弟 9.爲從祖祖姑在室者報服亦同 10.爲外祖父母 11.爲舅報服亦同 12.爲母之姊妹報服亦同 13.爲同堂姊妹適人者報服亦同 14.爲孫女適人者 15.爲人後者爲其姑姊妹適人者報服亦同 16.爲夫兄弟之孫 17.爲夫同堂兄弟之子 18.爲夫之姑姊妹在室者適人同,報服亦如之 19.妯娌相爲服 20.爲同母異父兄弟姊妹 21.爲嫡母之父母兄弟姊妹 22.爲庶母慈己者 23.爲嫡孫之婦 24.母出爲繼母之父母兄弟姊妹 25.爲兄弟妻報服亦同	8.爲外祖父母 9.爲舅 10.爲從母 11.爲甥 12.爲夫兄弟之孫 13.爲夫從父兄弟之子 14.爲夫之姑姊妹在室適人等 15.女爲兄弟姝之妻 16.爲娣姒婦報 17.爲同[母]異父兄弟姊妹 18.爲兄弟妻 19.爲夫之兄弟		8.爲從祖祖姑 9.爲外祖父母 10.爲舅 11.爲從母 12.爲甥 13.女爲姊妹之子 14.爲同母異父兄弟姊妹		8.爲甥 9.爲從母 10.爲同母異父兄弟姊妹
	降服	1.爲從父姊妹適人者報 2.爲孫女適人者 3.爲人後者爲其姑姊妹適人者報			降服	1.爲從父姊妹適人者 2.適人者爲從父兄弟 3.爲孫女適人者 4.爲人後者爲其姑姊妹適人者 5.爲人後者爲其從父兄弟 6.女適人者爲其兄弟侄之爲人後者	降服	
	義服	1.爲從祖祖母報 2.爲從祖母報 3.爲夫之姑姊妹在室及適人者報 4.爲娣姒婦報 5.爲同母異父兄弟姊妹報 6.爲嫡母之父母兄弟從母 7.爲庶母慈己者 8.爲嫡孫之婦 9.母出爲繼母之父母兄弟從母 10.嫂叔報			義服	1.爲從祖祖母 2.爲夫兄弟之孫 3.爲從祖母 4.爲夫同堂兄弟之子 5.爲夫之姑姊妹適人同 6.女在室及適人者, 爲兄弟侄之妻 7.爲娣姒婦 8.爲嫡母之父母兄弟從母 9.母出爲繼母之父母兄弟從母 10.爲庶母慈己者	義服	1.爲從祖祖母 2.爲夫兄弟之孫 3.爲從祖母 4.爲夫從兄弟之子 5.爲夫之姑姊妹(適人者不降也) 6.女爲兄弟侄之妻(已適人亦不降也) 7.爲娣姒婦 8.庶子爲嫡母之父母兄弟姊妹(嫡母死則不服也) 9.母出爲繼母之父母兄弟姊妹 10.爲庶母慈己者.

						11.爲嫡孫之婦 12.兄弟妻 13.爲夫之兄弟		11爲嫡孫若曾元孫之當爲後者之婦若其姑在則否也 12.爲兄弟之妻 13.爲夫之兄弟

〈表 8〉五服制度 對照表 8 : 緦麻三月

		開元禮 「五服制度」	天聖令・喪葬令 「喪服年月」	司馬氏書儀 「五服年月略」		慶元條法事類 「服制格」	朱子家禮·喪禮 「服之制」
緦麻三月殤	正服	1.爲從父兄弟姊妹之中殤下殤 2.爲庶孫丈夫婦人之中殤下殤 3.爲從祖叔父之長殤 4.爲從祖兄弟之長殤 5.爲舅及從母之長殤 6.爲從父兄弟之子之長殤 7.爲兄弟之孫之長殤 8.爲從祖姑姊妹之長殤	1.爲從父兄弟姊妹之中殤下殤 2.爲庶孫之中殤下殤男女同 3.爲從祖叔父之長殤 4.爲舅姨之長殤 5.爲從父兄弟之子長殤 6.爲從祖兄弟之長殤. 7.爲兄弟之孫長殤 8.爲從祖姑姊妹之長殤 9.爲人後者爲其兄弟之中殤下殤		正服	1.爲從父兄弟姊妹之中殤下殤 2.爲衆孫之中殤下殤 3.爲從祖叔父之長殤 4.爲從祖兄弟之子長殤 5.爲舅及從母之長殤 6.爲從祖姑姊妹之長殤 7.爲從父兄弟之子之長殤 8.爲兄弟之孫長殤	
	降服	1.爲人後者爲其兄弟之中殤下殤 2.爲姪丈夫婦人之中殤下殤 3.爲人後者爲其姑姊妹之中殤下殤	10.出嫁姑爲姪之中殤下殤男女同 11.爲人後者爲其姑姊妹之中殤下殤 12.爲人後者爲其從父兄弟之長殤		降服	1.女適人者爲兄弟之子中傷下殤 2..爲人後者爲其姑兄弟姊妹之中殤下殤 3.爲人後者爲其從父兄弟之長傷	
	義服	1.爲人後者爲從父兄弟之子之長殤	13.爲夫之叔父之中殤下殤 14.爲夫之姑姊妹之長殤		義服	1.爲夫之叔父中殤下殤 2.爲夫之姑姊妹之長殤	

		2.爲夫之叔父之中殤下殤 3.爲夫之姑姊妹之長殤						
緦麻 三月 成人	正服	1.爲族兄弟 2.爲族曾祖父報 3.爲族祖父報 4.爲族父報 5.爲外孫 6.爲曾孫玄孫 7.爲從母兄弟姊妹 8.爲姑之子 9.爲舅之子 10.爲族曾祖姑在室者報 11.爲族祖姑在室者 12.爲族姑在室者報	1.爲族兄弟 2.爲族曾祖父母 3.爲兄弟之曾孫 4.爲兄弟曾孫女之在室者 5.爲族祖父母 6.爲同堂兄弟之孫同堂兄弟之孫女在室同,出嫁則無服 7.爲族父母 8.爲再從兄弟之子再從兄弟之女在室同, 出嫁則無服 9.爲外孫男女同 10.爲曾孫玄孫 11.爲姨兄弟姊妹 12.爲姑之子	1.爲三從兄弟 2.爲曾祖之兄弟姊妹服 3.爲祖之從父兄弟姊妹服 4.爲父之再從兄弟姊妹服 5.爲外孫 6.爲曾孫元孫 7.爲從母之子 8.爲姑之子 9.爲舅之子 10.爲曾祖兄弟之妻服 11.爲祖從父兄弟之妻服 12.爲父再從兄弟之妻服 13.爲庶孫之婦 14.爲庶母父之妾有子者	正服	1.爲族兄弟姊妹 2.爲族曾祖父 3.爲族曾祖姑 4.爲兄弟之曾孫 5.爲族祖父 6.爲族祖姑 7.爲同堂兄弟之孫 8.爲族父族姑 9.爲再從兄弟之子 10.爲曾孫玄孫 11.爲外孫 12.爲從母兄弟姊妹 13.爲姑之子 14.爲舅之子	正服	1.爲族曾祖父族曾祖姑 2.爲兄弟之曾孫 3.爲兄弟之曾孫也 4.爲族祖父族祖姑 5.爲族父族姑 6.爲從祖兄弟之子 7.爲族兄弟姊妹 8.爲曾孫元孫 9.爲外孫 10.爲從母兄弟姊妹 11.爲外兄弟謂姑之子 12.爲內兄弟謂舅之子
	降服	1.女子子適人者爲從祖父報 2.爲從祖姑姊妹適人者報 3.庶子爲父後者爲其母 4.爲從祖祖姑適人者報 5.爲人後者爲外祖父母 6.爲兄弟之孫女適人者報	13.爲舅之子 14.爲族曾祖姑在室者報服亦同 15.爲族祖姑在室者報服亦同 16.爲族姑在室者報服亦同 17.爲從祖姑姊妹適人者報服亦同 18.女適人者爲同堂伯叔父母報服亦同 19.庶子爲父後者爲其母 20.爲從祖祖姑適人者報服亦同 21.爲人後者爲外祖父母	15.爲乳母 16.爲壻 17.爲妻之父母 18.爲夫之曾祖高祖父母 19.爲夫之從祖祖兄弟及妻服 20.爲夫之從兄弟之妻 21.爲從父兄弟子之婦 22.爲夫之外祖父母服 23.爲夫之從父兄弟子之妻 24.爲父之從父姊在室適人等 25.爲夫之舅及從母	降服	1.爲從祖姑姊妹適人者 2.女適人者爲從祖姑 3.女適人者爲從祖祖姑 4.女適人者爲從祖兄弟 5.女適人者爲從祖姊妹 6.女適人者爲從祖父 7.女適人者爲同堂兄弟之子 8.爲同堂兄弟之女適人者 9.庶子爲父後者爲其母 10.爲從祖祖姑適人者	降服	1.庶子爲父後者爲其母爲其母之父母兄弟姊妹則無服

			22.爲兄弟之孫女適人者報服亦同 23.爲夫兄弟之曾孫. 24.爲夫同堂兄弟之孫 25.爲夫再從兄弟之子男女同	26.爲姊妹子之婦 27.爲甥之婦		11.女適人者爲兄弟之孫 12.爲人後者爲本生外祖父母 13.爲兄弟之孫女適人者 14.女適人者爲從祖祖父		
	義服	1.爲族曾祖母報 2.爲族祖母報 3.爲族母報 4.爲庶孫之婦 5.女子子適人者爲從祖伯叔母 6.爲庶母 7.爲乳母 8.爲壻 9.爲妻之父母 10.爲夫之曾祖高祖母報 11.爲夫之從祖祖父母報 12.爲夫之從祖父母報 13.爲夫之外祖父母報 14.爲夫之從祖兄弟之子 15.爲夫之從父兄弟之妻 16.爲夫之從父姊妹在室及適人者 17.爲夫之舅及從母報 改葬緦* 子爲父母.妻妾爲夫，旣葬除之	26.爲庶孫之婦 27.爲庶母父之妾有子者 28.爲乳母 29.爲妻之父母報服亦同 30.爲夫之曾祖高祖父母 31.爲夫之從祖祖父母 32.爲兄弟孫之婦 33.爲夫兄弟孫之婦 34..爲夫之從祖父母 35.爲同堂兄弟子之婦 36.爲夫之外祖父母 37.爲外孫婦 38.爲夫之從父兄弟之妻 39.爲夫之從父姊妹 40.在室及適人者 41.爲夫之同堂兄弟子之婦 42.爲夫之舅姨 43.爲姊妹之子之婦 44.爲甥之婦 子爲父母,妻妾爲夫,旣葬除之,改葬緦*		義服	1.女適人者爲從祖祖母 2.爲族曾祖母 3.爲夫兄弟之曾孫 4.爲族祖母 5.爲夫同堂兄弟之孫 6.爲族母 7.爲再從兄弟之子 8.爲衆孫之婦 9.女適人者爲從祖母 10.爲庶母 11.爲乳母 12.爲壻 13.爲妻之父母 14.爲夫之曾祖高祖父母 15.爲夫之從祖祖父母 16.爲兄弟孫之婦 17.爲夫兄弟孫之婦 18.爲夫之從祖父母 19.爲同堂兄弟子之婦 20.爲夫同堂兄弟子之婦 21.爲夫之從父兄弟之妻 22.爲夫之兄弟孫女適人 23.爲夫之從父兄弟之女適	義服	1.爲族曾祖母 2.爲夫兄弟之曾孫 3.爲族祖母 4.爲夫從兄弟之孫 5.爲族母 6.爲夫從祖兄弟之子 7.爲庶孫之婦 8.士爲庶母謂父妾之有子者 9.爲乳母 10.爲壻 11.爲妻之父母妻亡而別娶亦同，卽妻之親母，雖嫁出猶服也 12.爲夫之曾祖高祖 13.爲夫之從祖祖父母 14.爲兄弟孫之婦 15.爲夫兄弟孫之婦 16.爲夫之從祖父母 17.爲從父兄弟子之婦 18.爲夫從兄弟子之婦 19.爲夫從父兄弟之妻 20.爲夫之從父姊妹適人者不降也 21.爲夫之外祖父母 22.爲夫之從母及舅

						人 24.爲夫之從父姊妹 25.爲夫之外祖父母 26.爲夫之舅及從母 27.爲外孫婦 28.女爲姊妹子之婦 29.爲甥之婦		23.爲外孫婦 24.女爲姊妹之子婦 25.爲甥婦

* 『大唐開元禮』에는 "改葬緦 子爲父母, 妻妾爲夫, 旣葬除之."로 되어 있는데, 天聖令·喪葬令「喪服年月」에는 "子爲父母, 妻妾爲夫, 旣葬除之, 改葬緦."라고 되어 있다. 원래 '改葬緦' 의 注文이었던 부분이 正文으로 바뀌고 '改葬緦'가 이 正文의 뒷부분으로 옮겨진 것이다.

雜令[1] 卷第三十

1) 雜令은 단독으로 篇을 이루지 못하거나 다른 令에 편입되기 부적합한 令文들이 하나로 묶여 편제된 것이므로 잡다한 내용이 뒤섞여 있는 것이 특징이다. 따라서 일부를 제외하고 대부분 개별 條文들 사이의 연관성을 찾기 힘들다. '雜令'이라는 篇名이 붙여진 이유도 각기 體例가 있는 다른 令들과 달리 '班雜不同'의 속성을 지니기 때문이라고 할 수 있다(『令義解』 권10, 雜令, 333쪽, "雜令第卅[原注 : 謂, 獄令以上, 各有條例, 此篇班雜不同, 故云雜令.]"). 잡령이 갖는 이러한 '班雜不同'의 성격은 '雜律'에 대한 『唐律疏議』의 개념 규정과도 일치한다(『唐律疏議』 권26, 雜律의 疏議, 479쪽, "此篇拾遺補闕, 錯綜成文, 班雜不同." ; 『역주당률소의』, 3201쪽). 그런데 雜令의 '雜'을 冠한 篇名의 존재는 '令'에 앞서 '法'과 '律'에서 확인되는데, '雜法'과 '雜律'이 그것이다. '雜法'은 戰國 魏의 李悝가 지었다는 『法經』 六篇 중의 하나라고 전해진다. '雜律'의 경우 『睡虎地秦簡』 秦律에는 '雜'이 들어간 律名으로 '內史雜'과 '尉雜'이 있지만, 독립된 '雜律'의 편목은 없다. 그러나 商鞅이 『法經』 6편을 근거로 '改法爲律'했다고 했고, 漢初의 九章律도 秦의 六律을 보충하여 제정되었다고 하므로 秦律에 雜律이 포함되어 있었을 것이다. '雜律'은 漢初 『張家山漢簡』 二年律令에서도 확인되며, 이후 역대 왕조의 律名에서 '雜律'의 편목(단 北周 때는 '雜犯律')이 확인되거나 존재했을 것으로 짐작된다(『唐六典』 권6, 尙書刑部, 180~183쪽 ; 『역주당육전』상, 550~565쪽). 한편 잡령은 晉令(40편 중 제18~20편의 3편)을 위시하여 梁令(30편 중 제18~20편의 3편), 隋 開皇令(30권 중 제30권), 唐令(27권 중 제27권)에 편제되어 있다. 잡령은 隋 開皇令 이후 마지막 卷에 배열되었는데, 이는 唐令도 같다(『唐六典』 권6, 尙書刑部, 183~185쪽 ; 『역주당육전』상, 569~574쪽). 그런데 잡령은 포괄하는 범위가 매우 넓고, 시대별로 내용이 크게 다르기 때문에 다른 令에 비해 개별 조문의 설정 의도나 입법 취지를 파악하기가 쉽지 않다. 또 사회의 변화에 따라 제정된 신설 법규 중 다수가 잡령에 편입되거나 혹은 令을 制定·改定할 때 다른 令에서 잡령으로, 반대로 잡령이 다른 令으로 편입되는 일이 빈번했다. 이는 북송 『天聖令』 잡령이 남송 慶元令 잡령으로 변화하는 과정에서 가장 두드러지게 나타난다. 慶元令의 현존 잡령 65조 중 『天聖令』 잡령과 동일한 것이 불과 5조에 그친다는 사실이 이를 잘 말해준다. 그렇다고 해서 경원령 단계에서 天聖令 잡령이 거의 다 폐기된 것은 결코 아니며, 대부분 신설된 令이나 기존의 기타 令, 혹은 格이나 式 등에 편입되었다. 이처럼 雜令이 본질적으로 '班雜不同'의 성격을 갖고 있고, 또 雜令과 다른 令의 出入이 심했다고 해서 잡령이 중요하지 않다는 뜻은 결코 아니다. 오히려 令文의 '雜令 出入' 배경과 경위, 그리고 그 의미를 파악하여 사회의 변화상을 이해하려는 노력이 중요하다고 본다. 殘卷『天聖令』 雜令은 현존 『天聖令』 10卷의 마지막 卷일 뿐만 아니라 『天聖令』 전체의 마지막 卷이다. 殘卷『天聖令』 雜令은 現令이 41개 조문, 舊令이 23개 조문(마지막 제23조는 未完)으로 총 64개 조문이다. 그러나 未完의 舊令 제23조 다음에 舊令 제24조 또는 제25조·제26조가 존재했을 것으로 보는 견해도 있는데, 이를 따르면 『天聖令』 雜令은 총 65조 또는 67조가 된다. 어쨌든 현존 총 64개 조문 중 舊令 23개 조문은 『天聖令』 雜令 전체의 36%로, 이는 殘卷『天聖令』

〈現1〉 諸度, 以北方秬黍中者, 一黍之廣爲分, 十分爲寸, 十寸爲尺, 一尺二寸爲大尺一尺.[2] 十尺爲丈.

무릇 길이[의 단위]는 북방[3]의 검은 기장 중간 것[4]을 기준으로 하여 기장 하나의 너비를 1분으로, 10분을 1촌으로, 10촌을 1척으로 1[소]척 2촌을 1대척으로 한다. 10척을 1장으로 한다.[5]

의 전체 令 중에서 舊令이 차지하고 있는 비율보다 약간 낮다. 『天聖令』 잡령도 포괄하고 있는 범위가 매우 광범위하기 때문에 분류가 쉽지 않은데, 論者에 따라 5~6개 門, 또는 23類~24類 등으로 분류하기도 한다. 그러나 이 분류도 기준이나 관점에 따라 얼마든지 달라질 수 있다. 『天聖令』 雜令 중 現令은 度量衡 관련 조문(총 6조)을 제외하면, 대부분은 성격이 다른 1~2개의 조문으로 구성되어 있다. 때문에 여기서는 조문의 類別은 생략하고, 가능한 한 개별 조문 항목에서 그 취지를 서술하기로 한다. 그러나 『天聖令』 雜令의 舊令은 신분, 대우, 선발 등에 대한 규정을 중심으로 대략 다음과 같이 분류할 수 있다. 이를테면 관인에 대한 俸祿 外의 대우, 諸色人(雜色人)의 선발과 임용 및 분류와 근무 방식, 親王·公主·特殊官人의 대우, 官賤人(官奴婢·官戶·雜戶) 규정 등이 그것이다. 그런데 이 舊令 중에서 현존 당송 문헌에서 확인되지 않는 新出 내용을 담은 조문이 전체 23조 중 12조(52%)에 달하는데, 이는 現令의 비율(15%)보다 훨씬 높다. 天聖令 雜令 전체를 개관한 논문에는 戴建國, 「唐'開元二十五年令·雜令'復原研究」, 『文史』 2006-3 ; 黃正建, 「天聖雜令復原唐令研究」, 天一閣博物館·中國社會科學院歷史研究所天聖令整理課題組 校證, 『明鈔本天聖令校證附 唐令復原研究』(下)(이하 黃正建, 「雜令復原研究」로 略記함), 北京 : 中華書局, 2006 ; 黃正建, 「'天聖令·雜令'の整理と研究」, 『日本古代學』 2, 2010 ; 黃正建, 「'天聖令·雜令'的比較研究」, 陳豊祥 主編, 『新史料·新觀點·新視角 : 天聖令論集』(下), 臺北 : 元照出版有限公司, 2011 ; 三上喜孝, 「北宋天聖雜令に關する覺書－日本令との比較の觀点から－」, 『山形大學歷史·地理·人類學論集』 8, 2007 등이 있다.

2) [교감주] '一尺二寸爲大尺一尺'은 문헌에 따라 正文 또는 注文으로 되어 있거나 아예 빠져 있는 경우도 있다. 유관당송문의 『南部新書』와 유관 일본령의 『令義解』에는 본 조문처럼 注文으로 되어 있다. '一尺二寸爲大尺一尺'은 '度'制의 大小制에 관한 부연 설명이므로 注文으로 처리하는 것이 타당한 듯하며, 당령에도 注文으로 되어있었을 가능성이 크다고 생각한다. 이러한 예가 〈現2〉조·〈現3〉조의 '量'과 '權衡'의 大小制 부분에 관한 기록에서도 보이는데 마찬가지로 注文이었을 것으로 생각한다.

3) 북방이란 上黨(산서성 長治市)의 羊頭山을 말한다. 이곳에서 神農氏가 黍(찰기장), 稷(메기장) 등 오곡을 재배했었다는 신화가 전해진다. 이를 토대로 전통시대 중국에서는 일찍부터 이곳이 농업의 발상지로 간주되어 왔다.

4) 上黨 羊頭山의 기장은 다른 곳과 달리 매우 검고 둥글며 무겁다. 그런데 水旱이나 肥瘠에 따라 낟알의 크기가 달라지는 일이 발생했으므로 도량형 제정의 기준으로 삼기 위해서는 반드시 중간 크기의 기장을 골라야 했다(『隋書』 권16, 律曆, 406쪽, "且上黨之黍, 有異他鄉, 其色至烏, 其形圓重, 用之爲量, 定不徒然. 正以時有水旱之差, 地有肥瘠之異, 取黍大小, 未必得中.").

유관당송문 1)『唐六典』: 凡度, 以北方秬黍中者, 一黍之廣爲分, 十分爲寸, 十寸爲尺, 一尺二寸爲大尺, 十尺爲丈.(권3, 尙書戶部, 81쪽 ;『역주당육전』상, 351~352쪽)

2)『通典』: 凡權衡度量之制, 度, 以北方秬黍中者一黍之廣爲分, 十分爲寸, 十寸爲尺, 一尺二寸爲大尺, 十尺爲丈.(권6, 食貨6 賦稅下, 108쪽 ;『舊唐書』권43, 職官2, 1827쪽 및『舊唐書』권48, 食貨上, 2089쪽에도 同文. 그러나『舊唐書』食貨上에는 '一尺二寸爲大尺'의 구절이 빠져 있다.)

3)『唐會要』: 開元九年勅格, 權衡度量, 並函脚雜令. 諸度, 以北方秬黍中者一黍之廣爲分, 十分爲寸, 十寸爲尺, 三尺爲大尺.(권66, 太府寺, 1364쪽)

4)『宋刑統』: 雜令, … 度, 以秬黍中者, 一黍之廣爲分, 十分爲寸, 十寸爲尺, 一尺二寸爲大尺一尺, 十尺爲丈.(권26, 雜律 校斗秤不平, 425쪽 ;『唐律疏議』권26, 雜律29의 疏議 〈제417조〉, 497쪽 ;『역주당률소의』, 3234~3235쪽)

5)『南部新書』: 令云, "諸度, 以北方秬黍中者, 一黍之廣爲分, 十分爲寸, 十寸爲尺, 一尺二寸爲大尺一尺, 十尺爲丈."(壬, 147쪽)

▸ 유관 일본령

『令義解』: 凡度, 十分爲寸, 十寸爲尺, 一尺二寸爲大尺一尺, 十尺爲丈(권10, 雜令, 333쪽).

▸ 복원 당령

『唐令拾遺』雜令, 1조, 842~843쪽 ;『唐令拾遺補』雜令, 1조, 848쪽

『天聖令』당령복원청본, 雜令, 1조, 749쪽

〈現2〉 諸量, 以秬黍中者, 容一千二百黍爲龠, 十龠爲合,[6] 十合爲升, 十升爲

---

5) 〈現1〉조에서 〈現6〉조까지는 도량형 관련 조문이다.『唐令拾遺』에 제시된 복원 당령과 대략 同文이고 조문의 배열순서도 일치한다. 그러나 세부 사항에서는 약간 다른 점이 있다.

6) [교감주] '十龠爲合'은 유관당송문에 보듯, 문헌에 따라 '十龠爲合' 혹은 '二龠爲合'으로 되어 있다.『唐會要』,『宋刑統』(『唐律疏議』도 同),『南部新書』그리고『令義解』권10, 雜令 度十分條, 333쪽, '十合爲升'의 注에는 '十龠爲合'이라고 되어 있는 반면,『唐六典』,『通典』,『舊唐書』(職官志 및 食貨志)에는 '二龠爲合'으로 되어 있다. 그런데 戴建國은 宋 潘自牧,『記纂淵海』권3, 律曆部·量의 "本朝二龠爲合, 注云謂二十四銖,『皇祐新樂圖』曰 : 今令文誤作十龠爲合."을 근거로, 이『皇祐新樂圖』所引 영문은 天聖令이 확실하므로 본 조문의 '十龠爲合'은 잘못 抄寫된 것이 아니라 천성령 편찬 때 '十龠爲合'으로

斗，三斗爲大斗一斗，十斗爲斛.

무릇 부피[의 단위]는 [북방의] 검은 기장 중간 것을 기준으로 하여 1,200개의 기장 [낟알]을 담은 것을 1작으로, 10작을 1홉으로, 10홉을 1승으로, 10승을 1두로, [소두] 3두를 대두 1두로 한다. 10두를 1곡으로 한다.7)

유관당송문 1)『唐六典』: 凡量, 以秬黍中者, 容一千二百爲龠, 二龠爲合, 十合爲升, 十升爲爲斗, 三斗爲大斗, 十斗爲斛.(권3, 尙書戶部, 81쪽 ; 『역주당육전』 상, 351~352쪽)

2)『唐會要』: 諸量, 以秬黍中者, 容一千二百粒爲龠, 十龠爲合, 十合爲升, 十升爲斗, 三斗爲大斗, 十斗爲斛.(권66, 太府寺, 1364쪽)

3)『舊唐書』: 凡量, 以秬黍中者容一千二百爲龠, 二龠爲合, 十合爲升, 十升爲斗, 三斗爲大斗, 十斗爲斛.(권43, 職官2, 1827쪽)

4)『舊唐書』: 凡權衡度量之制, … 量, 以秬黍中者容一千二百爲龠, 二龠爲合, 十合爲升, 十升爲斗, 三升爲大升, 三斗爲大斗, 十大斗爲斛.(권48, 食貨上, 2089쪽 ; 『通典』 권6, 食貨6 賦稅下, 108쪽에도 同文. 그러나 본 조문의 末句인 '十斗爲斛'이 『舊唐書』 食貨志에는 '十大斗爲斛'으로 되어 있다.)

5)『宋刑統』: 校斛斗秤度, … 其校法, 雜令, … 量, 以北方秬黍中者, 容一千二百爲籥, 十籥爲合, 十合爲升, 十升爲斗, 三斗爲大斗一斗, 十斗爲斛.(권26, 雜律 校斗秤不平, 425쪽 ; 『唐律疏議』 권26, 雜律29의 疏議 〈제417조〉, 497쪽 ; 『역주당률소의』, 3234~3235쪽)

6)『南部新書』: 諸量, 以秬黍中者, 容一千二百黍爲籥, 十籥爲合, 十合爲升, 十升爲㪷, 三斗爲大斗一斗 十㪷爲斛.(壬, 147쪽)

▸ 유관 고려령

되었다고 주장하면서 당령 복원 시에 '十龠爲合'을 '二龠爲合'으로 고쳤다(「唐開元二十五年令·雜令'復原硏究」, 112쪽). 中華書局 校錄本도 대건국의 견해와 같은데 『天聖令』 淸本이나 '당령복원청본'에는 원문의 '十龠爲合'을 그대로 두었다. 더 검토할 여지가 있지만 여기서는 일단 '十龠爲合'을 원문 그대로 둔다.

7) 남송 후기에 오면 기존의 量器인 斛이 容器 입구가 크고 부피가 커서 불편하다는 이유로 量制에 변화가 생겼다. 즉 종래 10斗=1斛이 5斗=1斛으로 바뀐 것이다. 따라서 이 변화가 있기 전까지 斛은 石과 같은 단위로 쓰여 왔으나 이로써 2斛=1石이 되었다. 그러므로 10斗는 2斛이자 1石이 된 것이다.

『고려시대 율령의 복원과 정리』 : 雜令[3], 內外官斛(고려령 30, 741쪽)

▸ 유관 일본령

『令義解』 : 量, 十合爲升, 三升爲大升一升, 十升爲斗, 十斗爲斛(권10, 雜令, 333쪽)

▸ 복원 당령

『唐令拾遺』 雜令, 2조, 843~845쪽 ; 『唐令拾遺補』 雜令, 2조, 849쪽

『天聖令』 당령복원청본, 雜令, 2조, 749쪽

〈現3〉 **諸權衡, 以秬黍中者, 百黍之重爲[銖],**[8] **二十四銖爲兩(銖),**[9] 三兩爲大兩一兩. **十六兩爲斤.**

무릇 무게[의 단위][10]는 [북방의] 검은 기장 중간 것 100개의 무게를 1수(銖)로 하고, 24수를 1량으로 하며, [소량] 3량을 대량 1량으로 한다. 16량을 1근으로 한다.[11]

유관당송문 1) 『唐六典』 : 凡權衡, 以秬黍中者, 百黍之重爲銖, 二十四銖爲兩, 三兩爲大兩, 十六兩爲斤.(권3, 尙書戶部, 81쪽 ; 『역주당육전』상, 351~352쪽)

2) 『唐會要』 : 諸權衡, 以秬黍中者, 百黍之重爲銖, 二十四銖爲兩, 三兩爲大兩, 十六兩爲斤.(권66, 太府寺, 1364쪽)

3) 『舊唐書』 : 凡權衡, 以秬黍中者, 百黍之重爲銖, 二十四銖爲兩, 三兩爲大兩,

---

8) [교감주] '銖'는 脫字이다. 유관당송문의 『唐六典』 권3, 尙書戶部 및 『南部新書』 壬에 의거해 보충한다.

9) [교감주] '銖'는 衍字이다. 유관당송문의 『唐六典』 권3, 尙書戶部 및 『南部新書』 壬에 의거해 삭제한다.

10) 원문의 '權衡'은 權(저울추)과 衡(저울대)의 합성어로 저울을 말하며, 衡器의 通稱으로도 쓰인다. 그런데 衡制를 규정한 본 조문에서는 權衡이 '무게를 재다', 또는 '무게(의 단위·기준)'의 의미로 쓰였다.

11) 송대에는 衡制로서 본 조문의 銖, 兩, 斤 외에 당 이래 사용되던 黍, 絫, 銖, 兩을 단위로 하는 무게 단위도 사용되었다(유관당송문 6). 그러나 이는 10진법을 단위로 한 것이 아니어서 불편했기 때문에 10진법에 따른 보다 정밀하고 편리한 毫, 釐, 分, 錢, 兩 단위의 衡制가 생겼다. 이는 진종 景德 연간(1004~1007), 劉承珪가 정밀하고 작은 戥秤을 발명함으로써 가능해진 것이다(『宋史』 권68, 律曆1, 1495~1497쪽). 후일 초정밀 단위의 금·은이나 약재 등의 무게를 재는 데 사용하는 저울은 바로 북송대 출현한 것이다(吳慧, 『新編簡明中國度量衡通史』, 北京 : 中國計量出版社, 2006, 119쪽).

十六兩爲斤.(권43, 職官2, 1827쪽 ; 同書, 권48, 食貨上, 2089쪽 ; 『通典』 권6, 食貨6 賦稅下, 108쪽에도 同文)

4) 『宋刑統』 : 校斛斗秤度, … 其校法, 雜令, … 秤權衡, 以秬黍中者, 百黍之重爲銖, 二十四銖爲兩, 三兩爲大兩一兩, 十六兩爲斤.(권26, 雜律 校斗秤不平 疏議, 425쪽 ; 『唐律疏議』 권26, 雜律29의 疏議 〈제417조〉, 497쪽 ; 『역주당률소의』, 3234~3235쪽)

5) 『南部新書』 : 諸權衡, 以秬黍中者, 百黍之重爲銖, 二十四銖爲兩, 三兩爲大兩一兩. 十六兩爲斤.(壬, 147쪽)

6) 『宋史』 : 自積黍而取絫. 從積黍而取絫, 則十黍爲絫, 十絫爲銖, 二十四銖爲兩. 錘皆以銅爲之.(권68, 律曆1, 1495쪽)

▸ 유관 일본령

『令義解』 : 權衡, 廿四銖爲兩, 三兩爲大兩一兩. 十六兩爲斤.(권10, 雜令, 333쪽)

▸ 복원 당령

『唐令拾遺』 雜令, 3조, 843~845쪽 ; 『唐令拾遺補』 雜令, 3조, 849~850쪽
『天聖令』 당령복원청본, 雜令, 3조, 749쪽

〈現4〉 諸積秬黍爲度 · 量 · 權[衡][12]者, 調鍾律 · 測晷景 · 合湯藥 · 造制冕,[13] 及官私皆用大(之).[14]

무릇 검은 기장을 누적하여 길이·부피·무게[의 단위]로 삼는 것은 종의 음률을 조절하고, 해 그림자를 측정하고, 탕약을 조제하고, 관면(冠冕)의 제도를 정할 때[는 소제(小制)를 쓰]고,[15] [이 밖에] 관과 민간에서는

---

12) [교감주] '衡'은 脫字이다. 〈現3〉의 원문과 유관당송문의 『唐六典』 권3, 尙書戶部 및 『南部新書』 壬에 의거해 보충한다.

13) [교감주] '造制冕'은 유관당송문에 보듯, 문헌에 따라 표기가 다르다. 즉 '冠冕之制'(『唐六典』, 『舊唐書』 職官志), '冠冕制'(『舊唐書』 食貨志, 『通典』), '冕服制'(『唐會要』, 『南部新書』)로 되어 있다. 현재로서는 어느 것이 맞는지 단정할 수 없기 때문에 원문대로 둔다.

14) [교감주] '之'는 '大'의 오기로 보인다. 유관당송문 『唐會要』의 "合湯藥及冕服制用之外, 官私悉用大者."와 『南部新書』의 "及冕服制, 則用之, 此外官私悉用大者."를 참고하여 바로잡는다.

15) 저본의 '… 造制冕, 及官私皆用之.'에는 궐문이나 착오가 있는 듯하다. 유관당송문의

모두 대제(大制)를 쓴다.[16]

유관당송문 1)『唐六典』: 凡積秬黍爲度量權衡者, 調鐘律, 測晷景, 合湯藥及冠冕之制則用之, 內外官司悉用大者.(권3, 尙書戶部, 81쪽 ;『역주당육전』상, 351~352쪽)

2)『通典』: 凡權衡度量之制, … 調鍾律, 測晷景, 合湯藥及冠冕制用小升·小兩, 自餘公私用大升·大兩.(권6, 食貨6 賦稅下, 108쪽)

3)『唐會要』: 諸積秬黍爲度量權衡者, 調鍾律, 測晷景, 合湯藥及冕服制用之外, 官私悉用大者.(권66, 太府寺, 1364쪽)

4)『舊唐書』: 凡積秬黍爲度量權衡, 調鐘律, 測晷景, 合湯藥及冠冕之制用之. 內外官私悉用大者.(권43, 職官2 尙書戶部, 1827쪽)

5)『舊唐書』: 凡權衡度量之制, … 調鐘律, 測晷景, 合湯藥及冠冕制, 用小升小兩, 自餘公私用大升大兩.(권48, 食貨上, 2089쪽)

6)『南部新書』: 令云, … 諸積秬黍爲度量權衡, 調鐘律, 測晷景, 合湯藥, 及冕服制, 則用之, 此外官私悉用大者.(壬, 147쪽)

▸ 유관 일본령

『令義解』: 凡度地, 量銀銅穀者, 皆用大. 此外官私悉用小者.(권10, 雜令, 333쪽)

▸ 복원 당령

『唐令拾遺』 雜令, 4조, 846쪽 ;『唐令拾遺補』 雜令, 4조, 850쪽

『天聖令』 당령복원청본, 雜令, 4조, 749쪽

여러 기록에 보듯, 이 부분은 문헌마다 미묘한 차이가 있기 때문에 어느 기록이 令文의 원문인지 혹은 그것에 가장 가까운지 확정하기 어렵다. 그래서 원문 그대로는 명확하게 文意를 파악하기 어렵다. 그러나 유관당송문 2)의『通典』(유관당송문 5의『舊唐書』食貨上도 同)의 기록을 보면, 造鍾律 이하 冕服制(冠冕制)까지는 小升·小兩을 쓰고, 그 밖에 公私에서는 大升·大兩을 쓴다고 명기했으므로 文意가 명확하다. 따라서 번역문은 이를 참고하여 적절히 옮겼다.

16) 본 조문은 度量衡制에 있어서 大小制에 관한 규정이다. '調種律' 등 4개의 경우에는 小制를 쓰고, 그 외에는 관이나 민간이 모두 大制를 쓴다는 것이다. 令文에서 小制 사용의 경우만을 별도로 명기한 것은 당송대에는 大制 사용이 일반적이었음을 말해준다. 도량형제는 隋의 전국 통일로 이전 시기의 혼란스러운 기준이 어느 정도 정돈되었다. 大小制도 수대에 출현했는데, 기본적으로 隋의 도량형제를 계승한 唐은 大小制도 계승했다. 宋도 본 조문을 비롯해서 앞의 度·量·衡制 규정에서 보듯, 唐制를 계승했는데 大小制도 마찬가지였다.

〈現5〉 太府寺造秤·斗·升·合等様, 皆以銅爲之, 尺以鐵.

태부시[17]가 저울·말·되·홉 등의 견본[様]을 제조하는 경우 모두 동으로 만들고 자는 철로 만든다.[18]

유관당송문 1)『唐會要』: 京諸司及諸州各給秤·尺及五尺度·斗·升·合等様, 皆銅爲之.(권66, 太府寺, 1364쪽)

2)『南部新書』: 在京諸司及諸州各給秤·尺度·斗·升·合等様, 皆以銅爲之.(壬, 147쪽)

3)『宋史』: 度量權衡, 皆太府掌造, 以給內外官司及民間之用.(권68, 律曆, 1497쪽)

4)『宋史』: 本寺但掌, … 及校造斗升衡尺而已.(권165, 職官5 太府寺, 3906쪽)

▸ 유관 일본령

『令義解』: 凡用度量權官司皆給様, 其様皆銅爲之.(권10, 雜令, 333쪽)

▸ 복원 당령

『唐令拾遺』 雜令, 5조, 846쪽 ; 『唐令拾遺補』 雜令, 5조, 850쪽

『天聖令』 당령복원청본, 雜令, 5조, 749쪽

---

17) 도량형과 관련한 太府寺의 역할에 대해, 유관당송문 『宋史』 律曆志에는 태부시가 '造'하여 내외 관사와 민간에 '給'한다고 했고, 『宋史』, 職官5, 太府寺에는 '校造'한다고 했다. 당대의 경우 태부시가 도량형기를 '平校'(校勘)하며, 지방에서는 소재지 주현에서 平校한다고 했다(關市令, 〈舊9〉조, "諸官私斛斗秤尺, 每年八月詣太府寺平校. 不在京者, 詣所在州縣平校, 並印署, 然後聽用."). 그리고 폐기된 당령에 의하면, 당대 量器는 소재지 관부에서 제조한다고 규정했다(倉庫令, 〈舊5〉조, "諸量函, 所在官造. 大者五斛, 中者三斛, 小者一斛. 皆以鐵爲緣, 勘平印署, 然後給用."). 그러나 도량형기의 제조와 관련, 당대와 달리 송대 '諸州'의 역할은 불분명하다. 그런데 營繕令, 〈現10〉조에 의하면 織物에 대해 길이와 너비 단위의 지역별 습속의 차이를 인정하여 각 지역 관사가 독자적으로 기준을 정하는 것을 허용하고 있다. 그렇다면 州도 일정한 범위에서 도량형기의 제조 권한을 갖고 있었다고 생각된다.

18) 본 조문에서는 도량형기 중 자[尺]만 철로 만든다고 했는데, 유관당송문 1)과 2)에 보듯 당령에서는 모두 동으로 만든다고 했다. 한편 당대 도량형기를 관장하는 관서가 '在京'은 태부시, 지방은 州縣(關市令, 〈舊9〉조)인 반면 본 조문 및 『宋史』에는 太府寺로만 되어 있다.

〈現6〉 **諸度地, 五尺爲步, 三百六十步爲里.**

땅을 잴 때는 5척을 1보로 하고 360보를 1리로 한다.[19]

유관당송문 1)『唐六典』: 凡天下之田, 五尺爲步.(권3, 尙書戶部, 74쪽 ;『역주 당육전』상, 317쪽)

2)『舊唐書』: 武德七年, 始定律令, 以度田之制, 五尺爲步, 步二百四十爲畝, 畝百爲頃.(권48, 食貨上, 2088쪽)

3)『夏侯陽算經』: '雜令', 諸度地, 以五尺爲一步, 三百六十步爲一里.(권上, 論步數不等)

4)『南部新書』: 諸度地, 五尺爲步, 三百步爲一里.(壬, 148쪽).

5)『宋史』: 仁宗天聖五年, 內侍盧道隆上記里鼓車之制, "… 以古法六尺爲步, 三百步爲里, 用較今法五尺爲步, 三百六十步爲里. …"(권149, 輿服1, 3494쪽)

▸ 유관 일본령

『令義解』: 凡度地, 五尺爲步, 三百步爲里.(권10, 雜令, 333쪽)

▸ 복원 당령

『唐令拾遺』 雜令, 6조, 846~847쪽 ;『唐令拾遺補』 雜令, 6조, 851쪽
『天聖令』 당령복원청본, 雜令, 6조, 749쪽

〈現7〉 **諸禁屠宰, 正月·五月·九月全禁之 ; 乾元·長寧節各七日,** 前後各三日 **天慶·先天(年)[20]·降聖等節各五日 ;** 前後各二日. **天貺·天祺節·諸國忌各一日.** 長寧節唯在京則禁.

무릇 도살을 금지할 경우 정월·5월·9월에는 전면 금하고, 건원(乾元)[21]·장

---

19) 본 조문이나 유관당송문에 보면, 사료에 따라 '三百六十步爲里' 또는 '三百步爲里'로 되어 있다. 그러나 전자는 小尺을, 후자는 大尺을 적용한 것으로 실은 같은 것이다. 〈現1〉조의 注文에서도 보듯, 송대 1大尺은 小尺으로 1尺2寸이다.

20) [교감주] '先年'은 '先天'의 오기이다. 假寧令, 〈現2〉조와 獄官令, 〈現7〉조에도 '先天'으로 되어 있다.

21) 乾元節은 仁宗의 생일(4월14일)로 즉위 해인 乾興 元年(1022)에 聖節로 제정되었다. 聖節은 황제의 탄생일로 당 현종의 생일인 千秋節 (후에 天長節로 개칭)을 節日로 삼은 데서 기원을 찾을 수 있다. 송대 성절은 일시적으로 황제 외에 황태후와

녕절(長寧節)[22]에는 각기 7일을 [금하고], [당일과] 전후 각 3일이다. 천경(天慶)[23]·선천(先天)[24]·강성절(降聖節)[25]에는 5일을 [금하며], [당일과] 전후 각 2일이다. 천황(天貺)[26]·천기절(天祺節),[27] 여러 국기(國忌)[28]에는 각 1일

태황태후의 생일까지 가리키기도 했지만 나중에는 황제 생일에만 성절 이름이 붙여졌다(『朝野類要』 권1, 聖節, 32쪽, "國朝故事, 帝·后生辰, 皆有聖節名. 後免之, 只名生辰, 惟帝立節名."). 한편 송대 황제의 생일 외에 태황태후와 황태후의 생일이 성절로 제정된 것은 본 조문의 長寧節과 宣仁太皇太后(英宗의 황후이자 神宗의 생모이며 哲宗의 조모)의 坤成節뿐으로 둘 다 수렴청정을 했다는 공통점이 있다. 유관당송문에서 보듯, 성절 도살금지 규정은 천추절에서 비롯되었지만 당·오대의 성절 도살금지 규정이 성절 당일에 한정되었다는 점, 영문이 아니라 조칙으로 단속적으로 반포되었다는 점에서 송대와 차이가 있다. 본 조문 성절의 '7일 도살금지' 규정은 직접적으로는 진종의 생일인 承天節(12월 2일)의 선례를 따른 것이다(『宋會要輯稿』 禮57-35, 乾元節, "(天聖)二年六月二十八日, 荊湖北路展(轉?)運使孫沖言, '承天節禁屠七日, 其齋筵任設肉食, 卽不得於假內宰殺. …'").

22) 長寧節은 眞宗의 황후이자 仁宗의 義母인 章獻皇太后(劉太后)의 생일(1월 8일)로 乾興 元年(1022)에 聖節로 제정되었다.

23) 眞宗 大中祥符 元年(1008)의 1년 동안 天書가 세 차례 下降했다는데, 天慶節은 天書가 처음으로 左承天門 남쪽 鴟尾에 하강했다는 날(1월 3일)로 같은 해 11월에 節日로 제정되었고, 전국에 天慶觀이 건립되기 시작했다. 본 조문의 天慶節 이하 天祺節까지는 소위 諸慶節로, 諸慶節은 澶淵之盟(1004) 체결 4년 후인 진종 大中祥符 원년(1008)부터 10년 동안 '天書下降'(天慶·天貺·天祺節)과 '聖祖降臨'(先天·降聖節)을 구실로 제정된 節日이다. 이는 遼에 씻을 수 없는 굴욕을 당한 진종이 佞臣 王欽若 등과 함께 도교를 이용하여 위와 같은 일련의 사건을 조작함으로써 훼손된 황권의 권위와 송 왕조의 장구한 안녕을 보장받기 위한 정치적 의도에서 나온 혐의가 짙다.

24) 先天節은 聖祖 趙玄郎이 後唐 明宗 天成 元年(926) 7월 1일에 강림했다는 날을 기념하여 大中祥符 5年(1012)에 節日로 제정되었다.

25) 降聖節은 大中祥符 5年(1012) 10월 24일에 聖祖가 延恩殿에 강림하여 진종과 상면했다는 날을 기념하여 節日로 제정되었다. 그런데 유관당송문 9) 『朝野類要』의 降聖節의 注文에 보면, 降聖節이 天書가 내린 날('天書降')로 기록되어 있다. 그러나 『宋會要輯稿』 禮57-30에는 "大中祥符五年閏十月八日, 詔以七月一日聖祖下降日爲先天節, 十月二十四日降延恩殿日爲降聖節, 並休假五日, …"이라고 하여 聖祖가 최초 하강한 날인 先天節에 이어 延恩殿에 다시 下降한 날을 降聖節로 정했다고 했다. 『宋史』 112권, 禮15 嘉禮3 諸慶節, 2680~2681쪽에도 『宋會要輯稿』의 기록과 같은 내용이 실려 있는 것으로 보아 『朝野類要』의 降聖節 注文('天書降')은 착오라고 생각된다.

26) 天貺節은 大中祥符 2년(1009) 6월 6일에 天書가 세 번째로 泰山에 하강했다는 날을 기념하여 節日로 제정되었다.

27) 天祺節은 天禧 元年(1017) 4월 1일에 天書가 두 번째로 功德閣에 하강했다는 날을 기념하여 節日로 제정되었다. 원래는 天禎節이었으나 仁宗의 諱인 '禎'을 피해 天祺節

을 [금한다]. 장녕절에는 단지 경사에서만[29] 금한다.[30]

유관당송문 1)『唐六典』: 三百里皆不得弋獵·採捕. 每年正月·五月·九月, 皆禁屠殺採捕.(권7, 尙書工部, 225쪽 ;『역주당육전』상, 682~683쪽)

2)『唐六典』: … 丞爲之貳. 凡屠宰, 國忌廢務日·立春前後一日·每月一日·八日·十四日·十五日·十八日·二十三日·二十四日·二十八日·二十九日·三十日·每歲正月·五月·九月皆罷之.(권17, 太僕寺, 488쪽 ;『역주당육전』중, 547~548쪽)

3)『唐會要』: 武德二年正月二十四日詔, "自今已後, 每年正月(九日)[五月·九月]·及每月十齋日, 並不得行刑, 所在公私, 宜斷屠釣."(권41, 斷屠釣, 855쪽)

4)『唐會要』: 開成二年八月勅, "慶成節, 宜令內外司及天下州府, 但以素食, 不用屠殺, 永爲常式."(권41, 斷屠釣, 858쪽)

5)『冊府元龜』: 二十六年正月丁醜親迎氣於東郊祀靑帝下制曰, … 其每年千秋節日, 仍不得輒有屠宰.(권85, 帝王部 赦宥4 ;『唐大詔令集』권73, 開元 26年正月勅, 407~408쪽에도 同文)

6)『唐大詔令集』: 武德二年正月詔, "… 自今以後, 每年正月·五月·九月, 凡關屠宰·殺戮·網捕·畋獵, 並宜禁止."(권113, 道釋, 586쪽)

7)『舊五代史』: 天福六年二月辛卯, 詔天下郡縣, 不得以天和節禁屠宰, 輒滯刑獄. 晉高祖二月二十八日生, 爲天和節.(권79, 晉書 高祖本紀, 1045쪽)

8)『宋刑統』: 若於斷屠月, 謂正月·五月·九月, 及禁殺日, 謂每月十直日, 月一日·

로 개명된 것이다.

28) 송대의 國忌는 송 왕조의 先帝와 先后의 忌日이다. 國忌에는 다른 節日과 달리 시기에 따라 또는 國忌별로 벌이는 행사가 꽤 다른데 망라적으로 정리하면 禁樂, 廢務, 사찰에서의 行香修齋, 관원에의 휴가지급, 禁刑, 도살금지 등을 들 수 있다. 그러나 이 중 다수는 생략되는 경우가 많았다(『宋史』 권123, 禮, 凶禮 忌日, 2890쪽 ; 朱瑞熙 外, 『遼宋西夏金社會生活史』, 北京 : 中國社會科學出版社, 1998, 393~394쪽 참조).

29) 長寧節에 한해 도살금지 규정이 경사에만 적용되는 것은 사형집행이나(獄官令,〈現7〉조), 관원에 대한 휴가 지급(假寧令,〈現2〉조)의 경우도 같다.

30) 본 조문은 당대와 마찬가지로 斷屠月(정월, 5월, 9월)의 도살금지를 규정하고 있지만, 기타 도살금지일은 당대와 크게 다르다. 우선 당대의 十齋日(十直日) 도살금지 규정이 본 조문에서는 삭제되었다. 반면 본 조문에는 송 眞宗 때 신설된 諸慶節(天慶節 등 5개 節日) 및 國忌의 도살금지 규정이 새로 추가되었다. 또 聖節의 도살금지 규정도 당대는 성절 당일에만 한정됐지만 본 조문에서는 성절 당일을 포함해서 7일로 크게 늘었다. 한편 유관당송문의『慶元條法事類』에 의하면, 본 조문의 諸慶節이 약간 축소·조정되었을 뿐 아니라 이때의 도살금지일이 당일 하루로 크게 줄었고, 聖節의 도살금지일도 7일에서 3일로 줄었다.

八日·十四日·十五日·十八日·二十三日·二十四日·二十八日·二十九日·三十日, 雖不待時, 於此月日亦不得決死刑.(권30, 斷獄律 決死罪 疏議 ;『唐律疏議』 권30, 雜律28의 疏議 〈제496조〉, 571쪽 ;『역주당률소의』, 3373쪽)

9)『朝野類要』: 自唐以二月一日爲中和節, 國朝因之, 以正月三日爲天慶節, 景德五年正月三日, 天書降. 四日爲開基節, 周顯德七年正月四日, 太祖皇帝登位. 四月一日爲天祺節, 大中祥符元年四月一日, 天書降. 六月六日爲天貺節, 大中祥符二年六月六日, 天書降. 七月一日爲先天節, 後唐天成元年七月一日, 聖祖軒轅黃帝降. 十月二十四日爲降聖節, 大中祥符五年十月二十四日, 天書降. 是日禁屠宰·行刑, 著爲令甲.(권1, 諸節, 33쪽)

10)『老學庵筆記』: 唐高祖實錄, 武德二年正月甲子, 下詔曰 : "… 自今每年正月·五月·九月·十直日, 並不得行刑, 所在公私, 宜斷屠釣."(권8, 55쪽)

11)『慶元條法事類』: 諸禁屠宰, 天慶·先天·降聖·開基節, 丁卯·戊子日, 各一日. 丁卯·戊子日仍禁魚獵. 聖節, 三日. 用前十日爲始, 禁三日, 魚獵同. 卽崇奉神御及緣祠事, 不在禁止之限.(권79, 畜産門 採捕屠宰 時令, 894쪽)

12)『宋會要輯稿』: (景德)三年二月九日, 三司使丁謂上言, "伏覩國家以天慶節日不禁刑罰禁烹宰, 竊惟誕慶之日, 動植歡心, 雖均宴樂之私, 未頒惻隱之令. 伏見唐武德·開元以來詔令, 皆節日不行刑, 禁屠釣, 慶成·慶陽·壽昌等節皆禁烹宰. 欲望承天節日准天慶節例, 前後禁屠宰, 輟刑罰, 著於甲令, 用爲常式." 從之.(禮57-34)

▸ 유관 고려령

『고려시대 율령의 복원과 정리』: 雜令[4-3], 宰殺牛馬者科罪(고려령 30, 743쪽)

▸ 유관 일본령

『令義解』: 凡月六齋日, 公私皆斷殺生(권10, 雜令, 333쪽)

▸ 복원 당령

『唐令拾遺』 雜令, 7조, 847쪽 ;『唐令拾遺補』 雜令, 7조, 851~852쪽
『天聖令』 당령복원청본, 雜令, 7조, 749쪽

〈現8〉 **諸雜畜有孕, 皆不得殺. 仲春不得採捕鳥獸雛卵之類.**

무릇 모든 가축[雜畜][31]은 새끼를 배면 도살해서는 안 된다. 중춘[32]에는

새나 짐승의 새끼와 알 같은 것들을 포획하거나 채취해서는 안 된다.[33)]

유관당송문 1)『唐六典』: 凡採捕·畋獵, 必以其時.(권7, 尙書工部, 224쪽 ;『역주당육전』상, 682~683쪽 ;『舊唐書』권43, 職官2 尙書工部, 1841쪽에도 同文. 단『唐六典』의 '畋獵'이 '漁獵'으로 되어 있다)

2)『唐六典』: … 丞爲之貳. … 諸雜畜及羖羊有孕者, 雖非其日月, 亦免之.(권17, 太僕寺, 488쪽 ;『역주당육전』중, 547~548쪽)

3)『宋大詔令集』: 王者稽古臨民, 順時布政, 屬陽春在候, 品彙咸亨. 鳥獸蟲魚, 俾各安於物性, 罝罘羅網, 宜不出於國門, 庶無胎卵之傷, 用助陰陽之氣. 其禁民無得採捕蟲魚, 彈射飛鳥, 仍永爲定式. 每年有司具申明之.(권198, 政事51 禁約上 禁采捕詔 建隆二年二月己卯, 729쪽)

4)『宋大詔令集』: 方春陽和之時, 鳥獸孳育, 民或捕取以食, 甚傷生理, 而逆時令,

---

31) 雜畜은 보통 '馬·牛를 제외한 기타 가축'을 가리키는 경우가 많다(『宋刑統』권19, 賊盜律 盜官私馬牛殺, 298~299쪽 ;『唐律疏議』권19, 賊盜32의 율문과 소의 〈제279조〉, 356쪽 ;『역주당률소의』, 2453쪽, "今後應有盜官私馬牛及雜畜而殺之. … 疏議曰, 馬牛軍國所用, 故與餘畜不同." ;『舊唐書』권43, 職官2 太僕寺, 1882쪽, "令掌繫飼馬牛, 給養雜畜之事."). 그러나 雜畜의 범위에 명백히 馬·牛를 포함시키는 용례도 있다(廐牧令, 〈舊9〉조, "諸牧雜畜死耗者, 每年率一百頭論, 駝除七頭, 騾除六頭, 馬·牛·驢·羖羊除十, 白羊除十五."). 그런데 잉태한 잡축을 도살해서는 안 된다는 본 조문의 취지에서 보면, 이용가치가 훨씬 큰 馬·牛가 본 조문의 雜畜 범위에서 제외되는 것이 오히려 이상하다. 따라서 여기서의 잡축은 '모든 가축'으로서 당시의 '畜産'에 해당된다.

32) '仲春'은 유관당송문 5), 6)『慶元條法事類』의 '時令'과 '雜勅'에는 모두 기간이 명시되어 '春夏之月[原注 : 謂二月至四月終]'으로 바뀌었다. 이를 고려하면 본 조문의 '仲春'을 孟·仲·季春의 仲春(음 2월)으로 한정할 필요는 없을 것이다. 鳥獸의 새끼나 알의 포획과 채취를 반드시 '仲春(음 2월)'에만 금한다는 발상은 맞지 않기 때문이다. 따라서 본 조문의 '仲春'은 생명이 잉태·양육·성장하는 시기를 상징적으로 나타내는 것으로 생각된다.

33) 본 조문에 대응하는 당령은 확인되지 않지만, 유관당송문 1) 및 2)의 후반부에 보듯, 본 조문의 취지를 담은 규정은 당대에도 확인된다. 본 조문은『慶元條法事類』에는 時令에 편입되었고 내용도 추가되었으며, 雜勅에는 처벌규정이 들어 있다(유관당송문 5, 6). 한편 잉태한 동물이나 새끼, 알 등을 도살·포획·채취를 금한다는 관념은 훨씬 이전 시기에도 있었다. 이를테면『禮記正義』권12, 王制, 437쪽에 "不麛, 不卵, 不殺胎, 不殀夭, 不覆巢."라고 하는 데서 보듯, 鳥獸가 번식하고 생장하는 시기에는 알, 새끼, 잉태한 짐승을 잡거나 죽여서는 안 되며 둥지를 파괴해서도 안 된다고 했다. 이러한 관념은 이미 출토 秦律의 田律에도 명문화되었다(睡虎地秦墓整理小組,『睡虎地秦墓竹簡』, 北京 : 文物出版社, 1978, 26쪽).

自今宜禁民二月至九月, 無得捕獵及持竿挾彈, 探巢摘卵. 州縣長吏嚴飭里胥, 伺察擒捕, 重致其罪. 仍令州縣于要害處粉壁, 揭詔書示之.(권198, 政事51 禁約上 二月至九月禁捕獵詔 太平興國三年四月丙辰, 731쪽)

5)『慶元條法事類』: 諸雜畜有孕, 皆不得殺. 鳥獸雛卵之類, 春夏之月 謂二月至四月終. 禁採捕. 州縣及巡·尉常切禁止·覺察, 仍歲首檢舉條制曉諭.(권79, 畜産門 採捕屠宰 時令, 894쪽)

6)『慶元條法事類』: 諸雜畜有孕而輒殺, 及鳥獸雛卵之類, 春夏之月 謂二月至四月終. 採捕及製造採捕之具貨賣者, 各杖八十. 謂羅網·彈弓·粘竿·弩子之類. 廂耆巡察人縱容者, 與同罪.(권79, 畜産門 採捕屠宰 雜勅, 893쪽)

7)『宋會要輯稿』: 條法, 畜有孕者不得殺, 禽獸雛卵之類, 仲春之月禁采捕.(刑法 2-151)

8)『宋會要輯稿』: 眞宗景德四年二月十三日, 詔, "方春用事, 前令禁采捕鳥獸, 有司當申明之."(刑法 2-159)

9)『宋會要輯稿』: (仁宗)景佑三年二月五日, 詔曰, "國家本仁義之用, 達天地之和. 春令方行, 物性鹹遂, 當明弋獵之禁, 俾無䴥卵之傷. 眷乃攸司, 各謹常憲. 應有持粘竿·彈弓·罝網及諸般飛放獵捕禽獸並采取雛卵及鹿胎人等, 於春夏月並依條嚴切禁斷, 今後春首舉行."(刑法2-160)

▸ 복원 당령

『唐令拾遺補』 雜令, 補8조, 860~861쪽

『天聖令』 당령복원청본, 雜令, 제8조, 749쪽

〈現9〉 諸每年司天監預造來年曆日, 三京·諸州各給一本, 量程遠近, 節級送. 樞密院散頒, 並令年前至所在. 司天監上象[34]器物·天文圖書, 不得輒出監. 監生不得讀占書, 其仰觀所見, 不得漏泄. 若有祥兆[35]·災異, 本監奏訖, 季別具錄, 封送門下省, 入起居注. 年終總錄, 封送史館. 所送者不得載占[言].[36]

---

34) [교감주] '上象'은 유관당송문의 『唐六典』 등에는 '玄象'으로 되어 있다. 聖祖 趙玄郎의 '玄'을 避諱해서 '上'으로 고친 것이다. 眞宗 이후 송대 문헌에는 '上象' 외에 '元象'(『宋大詔令集』 권199, 政事52 禁約下 禁天文兵書詔, 734쪽), 또는 '天象'(『慶元條法事類』 文書門2, 私有禁書 職制勅, 376쪽)이라고도 표기했다.

35) [교감주] '祥兆'는 '瑞祥'의 뜻으로 쓰였는데, 『唐六典』 등에는 '徵驗'이라고 되어 있다. '徵'이 仁宗(趙禎)의 避諱字였기 때문으로 생각된다.

무릇 매년 사천감은 이듬해의 역[曆日][37]을 미리 만들어 3경[38]과 여러 주에 각 1부를 노정의 원근을 헤아려 순차적으로[節級][39] 보낸다. 추밀원이 전국에 산포[散頒]하며 모두 신년이 오기 전에 소재지에 이르도록 한다. 사천감의 천문관측 기구와 천문도서는 함부로 [사천]감 밖으로 반출해서는 안 된다. [사천감] 감생은 [천문] 점서를 읽어서는 안 되며, 관측하여 보고 [얻은] 바를 누설해서도 안 된다. 만약 서상(瑞祥)·재이 [현상이] 있으면 본 감이 상주를 마치고 계절별로 자세히 기록하여 밀봉해서 문하성에 보내 기거주에 기입하도록 한다. 연말에는 그 해의 전체 기록을 밀봉하여 사관에 보낸다. 보내는 자는 점언(占言)을 적어넣어서는 안 된다.[40]

유관당송문 1)『唐六典』: 凡玄象器物, 天文圖書, 苟非其任, 不得與焉 觀生不得讀占書, 所見徵祥災異, 密封聞奏, 漏泄有刑. 每季錄所見災祥, 送門下·中書省, 入起居注, 歲終總錄, 封送史館. 每年預造來歲曆, 頒於天下.(권10, 秘書省, 303쪽 ;『역주 당육전』중, 170~171쪽)

---

36) [교감주] '言'은 脫字로 보인다. 유관당송문 4)『五代會要』의 '不載占言'과『令義解』雜令, 秘書玄象條, 334쪽의 注에 '占言'이라고 되어 있는 것을 참고하여 보충한다.

37) 여기서의 曆日은 曆 또는 曆書(역에 관한 전문 연구서적의 의미가 아닌)를 가리킨다. 원문의 '來年曆日'이 유관당송문의『唐六典』과『令義解』에는 '來年曆'으로 되어 있다. 또『五代會要』권18, 諸司送史館事例, 293쪽에 "司天台逐月錄報, 弁每月供曆日一本, …"에서도 曆日이 曆(曆書)임을 분명히 알 수 있다.

38) 天聖令 반포 당시의 三京은 東京 開封府, 西京 河南府, 南京 應天府였다. 仁宗 慶曆 2년(1042), 大名府를 北京으로 삼았고 이로써 4京 체제가 완성되었다.

39) 節級은 당송대에 하급 무관의 명칭으로 쓰였고 당말 이후에는 吏人의 일종으로도 쓰였지만, 본래 節級의 의미는 '等第'로서 현대어로 말하면 '等級' 또는 '順序', '段階'이며, 이런 용법으로 물품을 릴레이식으로 보내는 것을 '節級般送'이라고도 했다(日野開三郎,『五代史』, 東京 : 明德出版社, 1971, 107쪽의 註 참조).

40) 본 조문은 당령과 반대로 造曆 관련 내용이 전반부에 배치되었지만, 전체 내용은 당령과 거의 일치하기 때문에 당령을 계승한 것이 분명해 보인다. 다만 본 조문은 曆 배포에 관한 내용을 대폭 보완하여 보다 구체적으로 규정하고 있다. 특히 송대 軍政 최고기구인 樞密院이 전국 배포 책임을 맡는다는 규정이 주목된다. 또 본 조문과 당대의 규정(유관당송문 1)은 司天監 監生과 天文觀生에 대해 각각 금지사항을 명기하고 있으나, 본 조문에는 司天監 監生에게 관측기구와 천문도서의 반출을 금한다는 규정이 추가되었다.

2) 『舊唐書』: 『唐六典』과 같은 내용이 기재되어 있으나 注文은 생략되어 있다.(권43, 職官2 祕書省, 1856쪽)
3) 『新唐書』: 凡天文圖書·器物, 非其任不得與焉. 每季錄祥眚送門下·中書省, 紀于起居注, 歲終上送史館. 歲頒曆于天下.(권47, 百官2 祕書省 司天臺, 1215쪽)
4) 『五代會要』: 後唐同光二年四月, 史館奏: "… 天文祥變·占候徵驗, 司天台逐月錄報, 并每月供曆日一本, 瑞祥禮節逐季錄報, 并諸道合畫圖申送. …" 從之.(권18, 諸司送史館事例, 293쪽)
5) 『五代會要』: 長興三年二月, 司天臺奏: "奉中書門下牒, 令逐年申送史館十一曜細行曆并周天行度·祥變等. 當司舊例, 祗依申星曜事件, 不載占言." 勅: "宜令司天臺密奏留中外, 其餘凡奏曆象·雲物·水旱等事, 及諸州府或奏災祥, 一一並申送史館."(권18, 諸司送史館事例, 294쪽)
6) 『舊五代史』: 詔司天臺, 除密奏留中外, 應奏曆象·雲物·水旱, 及十曜細行·諸州災祥, 宜並報史館, 以備編修.(권43, 明宗紀9, 長興三年 二月 己卯, 589쪽)
7) 『宋刑統』: 諸玄象器物·天文圖書·讖書·七曜曆·太一·雷公式, 私家不得有, 違者徒二年. 私習天文者同 其緯·候及論語讖, 不在禁限.(권9, 職制律 禁玄象器物, 155쪽; 『唐律疏議』 권9, 職制20〈제110조〉, 196쪽; 『역주당률소의』, 2129~2130쪽)
8) 『宋刑統』: 准周廣順三年九月五日勅節文,今後所有玄象器物·天文圖書·讖書·七曜曆·太一·雷公式, 私家不得有及衷私傳習, 如有者竝須焚毀. 其司天監翰林院人員竝不得將前件圖書等, 於外邊令人看覽. 其陰陽·卜筮·占算之書不在禁限. 所有每年曆日, 侯朝廷頒行後, 方許私雕印傳寫, 所司不得預前流布於外, 違者竝准法科罪.(권9, 職制律 禁玄象器物, 156쪽)

▸ 유관 일본령

1) 『令義解』: 凡陰陽寮每年預造來年曆, 十一月一日申送中務, 中務奏聞, 內外諸司各給一本, 並令年前至所在.(권10, 雜令, 333~334쪽)
2) 『令義解』: 凡秘書玄象器物天文圖書, 不得輒出, 觀生不得讀占書, 其仰觀所見, 不得漏泄. 若有徵祥災異, 陰陽寮奏訖者, 季別封送中務省, 入國史. 所送者, 不得載占言.(권10, 雜令, 334쪽)

▸ 복원 당령

『唐令拾遺』 雜令, 8조, 847~848쪽; 『唐令拾遺補』 雜令, 補1조, 857쪽
『天聖令』 당령복원청본, 雜令, 9조, 749쪽

〈現10〉 諸州界內有出銅鉚(鉗)[41]處, 官未置場者, 百姓不得私採. 金·銀·鉛·鑞·鐵等亦如之. 西北(比)[42]緣邊無問公私, 不得置鐵冶(治).[43] 自餘山川藪澤之利非禁者, 公私共之.

무릇 주의 영역 내[界內][44]에 동광[45]이 있는데 관이 아직 [그곳에] 장(場)[46]을 설치하지 않았을 경우, 백성이 사사로이 채굴해서는 안 된다. 금·은·납·백랍·철 등도 이와 같다. 서북연변에서는 관이나 민을 불문하고 철야를 설치해서는 안 된다.[47] 그 밖에 산천과 수택에서 나오는 이익[48]은 금지하지

---

41) [교감주] '鉗'는 '鉚'의 誤記이다. 字形이 비슷해서 옮겨 적을 때 착오가 있었던 것으로 보인다. '鉚'은 '鑛'의 古字이다. 잘 쓰이지는 않으나 그대로 둔다.

42) [교감주] '比'는 '北'의 오기이다. 文意와 유관당송문 2)의 『唐六典』 권22, 少府監의 '西邊·北邊'을 참고하여 바로잡는다.

43) [교감주] '鐵治'의 '治'는 '冶'의 오기이다. 유관당송문의 『唐六典』과 『舊唐書』에는 '冶'로 되어 있다.

44) '界內'의 '界'는 '境界'[線]의 의미가 아니라 '管域'[面]의 의미로 쓰였다. 당·오대·송대의 '界' 또는 '界內'는 '地分內'('地域區分內')를 뜻하는데, 가령 '州界'('州界內') 또는 '縣界'('縣界內')라고 하면 州 또는 縣의 '地分內'('地域區分內'), 즉 '領域(內)'를 각각 의미했다고 한다(日野開三郞, 『五代史』, 107쪽의 註 참조). 그렇다면 본 조문의 '界內'는 '管內'('管轄區域內'), '領域內'의 의미로 보는 것이 적절한 것 같다. 또한 『朝野類要』에 보이는 '本朝界內'의 '界內'도 이러한 의미로 쓰였다(『朝野類要』 권3, 歸附等, 67쪽, "忠義人, 謂元係諸軍人, 見在本朝界內, 或在蕃地, 心懷忠義, 一時立功者.").

45) 『宋史』 권185, 食貨下7 阬冶, 4523쪽 및 4525쪽에 의하면, 북송 전기(연도 미상)에 銅 産地가 8州2軍, 英宗 治平 연간(1064~1066)에는 24州2軍이었다. 참고로 鐵 産地는 각각 31州2軍, 9州1軍이었다. 그렇다면 治平 연간에는 북송 전기에 비해 銅 産地는 2.6배 증가한 반면 鐵 産地는 오히려 70%나 감소했다.

46) 場은 광산지대에 설치되어 광산의 관리와 감독 및 收稅를 담당하는 기구이다. 송대는 광산지대에 監·冶·場·務를 두어 官이 직접 생산을 통제·감독하거나(관영) 또는 돈을 거둬 민영을 허가하기도 했다. 그런데 冶를 제외한 監·場·務는 광산지대만이 아니라 염·차 등 전매품 생산지에 설치되어 전매사업을 관장했고 또 주요 상업도시에 설치되어 상세를 징수하였다.

47) 유관당송문 1), 2)에 보면, 당은 관·민 모두에게 '서변·북변' 또는 四邊에서의 동·철 생산을 금하고 있지만, 본 조문에서는 '서북연변'에서의 鐵冶 설치만 금하고 있다. 본 조문에 특기된 '서북연변'은 당시 西夏와의 접경지역이었던 陝西路에 해당되는데, 본 조문에서 관·민 모두 이 지역에 철야 설치를 금한다고 규정한 것은 우선 무기재료인 철 유출을 막기 위한 것으로 생각되며, 또 이 지역이 鐵錢 사용 지역이라는 점도 관련이 있는 듯하다.

48) '山川藪澤之利'란 채집, 벌채, 어로, 사냥 등 자연자원의 1차적 이용으로 얻는 것뿐

않은 경우 관과 민이 공유한다.[49)]

유관당송문 1)『唐六典』: … 通山澤之利以贍貧人, … 凡州界內有出銅鐵處, 官未採者, 聽百姓私採. 若鑄得銅及白鑞, 官爲市取. 如欲折充課役, 亦聽之. 其四邊, 無問公私, 不得置鐵冶及採銅. 自餘山川藪澤之利, 公私共之.(권30, 士曹司士參軍, 749쪽 ; 『역주당육전』하, 451~452쪽)

2)『唐六典』: 凡天下諸州出銅鐵之所, 聽人私採, 官收其稅. 若白鑞, 則官爲市之. 其西邊·北邊諸州禁人無置鐵冶及採鉚.(권22, 少府軍器監, 577쪽 ; 『역주당육전』하, 101~102쪽)

아니라 광물자원이나 염, 차 등 자연자원에 기술과 자본 등이 상당 부분 투여된 생산품까지도 포함한다. 당송률에 의하면, 山澤陂湖에서 나는 物産의 이익은 '與衆共之'해야 하는데, 이를 어기고 독점한 자는 杖60으로 다스렸다. 단 功力을 들여 취한 경우는 강제로 받아내지 않았다(『宋刑統』 권26, 雜律 占固山野之利, 417쪽, "諸占固山野陂湖之利者, 杖六十. 疏議曰, 山澤陂湖, 物産所植, 所有利潤, 與衆共之. 其有占固者, 杖六十, 已施功, 取者不追." ; 『唐律疏議』 권26, 雜律15-3의 율문 및 소의 〈제405조〉, 489쪽 ; 『역주당률소의』, 3220~3221쪽).

49) 본 조문은 山川藪澤, 특히 광산 이용에 관한 규정이다. 전반부는 場·冶 설치와 운용, 후반부는 산천수택의 이용에 관한 일반적인 원칙을 규정하고 있다. 그런데 전반부는 당령을 계승한 것이 분명해 보이지만 구체적인 내용에는 몇 가지 중요한 차이가 있다. 본 조문에는 "官未置場者, 百姓不得私採."라고 되어 있으나 유관당송문 1)의 당대 규정에는 "官未採者, 聽百姓私採."라고 되어 있다(유관당송문 2, 3에는 "聽人私採, 官收其稅"). 본 조문에서 "場이 설치되지 않은 경우 민의 私採를 금한다"라고 한 것은, 바꿔 말하면 "場이 설치된 곳에서는 (관의 허가를 받으면) 민의 私採가 허용된다"는 것으로 해석된다. 이는 모든 광물자원의 채굴권은 일차적으로 官[국가]의 소유이므로 차후 관영이든 민영이든 국가가 결정한다는 의미로 이해할 수 있다. 반면 당대의 "官未採者, 聽百姓私採."는 "관의 채굴 이전에는 私採가 가능하다"는 뜻이므로 "관이 채광을 하게 되면 백성은 私採를 해서는 안 된다"는 뜻으로 해석할 수 있다. 물론 당대에도 민간의 채광을 허용하는 사례가 확인되지만 이와 상관없이 令文만 놓고 보면, 송의 私採 허용요건이 강화되었다고 할 수 있다. 그리고 산림수택 이용의 기본 원칙인 '公私共之'도 본 조문과 당대 규정이 같으나 본 조문에만 '금지하지 않는 경우'('非禁者')가 들어 있다. 이 점도 송이 민의 산림수택 이용에 대한 제한을 강화하고 있는 것이라고 할 수 있다. 또 본 조문에서는 銅 외에 금·은 등 주요 금속에도 銅 설치규정이 적용된다고 했으나, 당대 규정에서는 동·철 외에는 관련규정이 없다. 한편 채굴 금지지역과 관련한 당대 금지규정들을 보면 미묘한 차이가 있다. 즉 '四邊'에서의 公私 모두 동·철 생산 금지(유관당송문 1), '西邊·北邊'에서의 鐵冶 설치와 採鑛 금지(유관당송문 2), '西北諸州'에서의 鐵冶 설치와 採鐵 금지(유관 당송문 3)라고 되어 있다. 그러나 본 조문에서는 '西北緣邊'에서의 鐵冶 설치만 금하고 있다.

3)『舊唐書』: 凡天下出銅鐵州府, 聽人私採, 官收其稅. 若白鑞, 則官市之. 其西北諸州, 禁人無置鐵冶及採鐵.(권44, 職官3 掌冶署, 1894쪽)

▸ 유관 일본령

『令義解』: 凡國內有處銅鐵處, 官未採者, 聽百姓私採. 若納銅鐵, 折充庸調者聽. 自餘非禁處者, 山川藪澤之利, 公私共之.(권10, 雜令, 334쪽)

▸ 복원 당령

『唐令拾遺』 雜令, 9조, 848~849쪽 ; 『唐令拾遺補』 雜令, 9조, 852~853쪽
『天聖令』 당령복원청본, 雜令, 12조, 750쪽

〈現11〉 **諸知山澤有異寶·異木及金·玉·銅·銀·[50]彩色雜物處, 堪供國用者, 皆具以狀聞.**

무릇 산택에 진귀한 보석이나 나무[51] 및 금·옥·동·은·여러 가지 [고운] 색깔의 잡물이 있는 곳을 알게 되어 [그것들이] 나라의 쓰임에 공급할 만한 경우 모두 장(狀)으로 자세히 아뢴다.[52]

---

50) [교감주] 中華書局 校錄本은 유관당송문 『唐六典』의 기록을 근거로 '銀'은 '鐵'이 아닐까 추측하면서도 '銀'일 가능성을 배제하지 않았다. 위의 『令義解』에는 '銅', '鐵'은 없지만 '銀'이 있다. 한편 다른 문헌에도 '銅·銀'이라는 표기 방식이 있으므로 '銀'은 원문대로 둔다.

51) 본 조문의 異寶와 異木이 구체적으로 무엇을 가리키는지는 확실치 않다. 다만 『令義解』 권10, 雜令, 334쪽의 注에서 異寶는 '馬腦·虎魄之類也', 異木은 '沈香·白檀·蘇芳之類也'라고 풀이했고, 『令集解』 所載 '令集解逸文' 雜令, 知山澤條注에서 "古記云, 異寶何物. 答, 異石作器可寶是. 異木, 謂白檀紫檀之類."라고 풀이한 데서 짐작할 따름이다. 이에 따르면 異寶는 진귀한 보석류, 異木은 향료·약재·고급 목재 등으로 쓰이는 나무라고 생각된다. 물론 당시 일본의 異寶와 異木에 대한 인식이 당·송대의 그것과 반드시 일치할 수는 없겠으나 참고는 될 것이다.

52) 본 조문과 당대의 규정(유관당송문 1)은 문자의 출입이나 표현상 약간의 차이가 있을 뿐 내용은 일치한다. 즉 당대 규정의 '銅·鐵'이 '銅·銀'으로, '奏聞'이 '皆具以狀聞'으로 바뀌고 있을 뿐이다. 그런데 본 조문에 보면 누가 어디에 상주할 것인가에 대해 나와 있지 않은데, 유관당송문 『慶元條法事類』에는 민이 州縣에 신고하고 州縣이 상서성 本部에 상신한다고 되어 있다. 여기서의 본부는 '山澤之政'을 관장하는 工部였을 것이다.

유관당송문 1)『唐六典』: 凡知山澤有異寶·異木及金·玉·銅·鐵·彩色雜物處, 堪供國用者, 奏聞.(권30, 士曹司士參軍, 749쪽 ;『역주당육전』하, 451~453쪽)

2)『慶元條法事類』: 諸知山澤有異寶異木若雜物, 並謂堪供國用者. 許人告, 州縣具狀申尙書本部.(권80, 雜門 雜犯 雜令, 926쪽)

▶ 유관 일본령

『令義解』: 凡知山澤有異寶異木, 及金玉銀彩色雜物處, 堪供國用者, 皆申太政官聞奏.(권10, 雜令, 334~335쪽)

▶ 복원 당령

『唐令拾遺』 雜令, 10조, 849쪽 ;『唐令拾遺補』 雜令, 10조, 853쪽

『天聖令』 당령복원청본, 雜令, 13조, 750쪽

〈現12〉 [諸][53]每年皇城司藏氷, 每段方一尺五寸, 厚三寸, 孟冬先以役兵護取氷河岸, 去其塵穢, 季冬氷結, 運送氷井務.

무릇 매년 황성사[54]가 얼음을 저장할 경우 빙괴(氷塊)는 사방 1척5촌, 두께 3촌으로 하고, 음력 10월에 먼저 역병(役兵)[55]을 동원하여 황하 연안에서 [얼기 시작한] 얼음을 점유[護取][56]하여 오물을 제거하며, 음력 12월에

---

53) [교감주] '諸'는 脫字이다. '諸'가 令文 條文의 첫 字라는 점, 그리고 〈現9〉조의 '諸每年'을 참고하여 보충한다.

54) 皇城司는 주로 황성 경비, 宮門의 개폐와 출입을 관장했고, 그 밖에 황제 직속의 비밀 첩보기관으로서 軍中 사찰, 民情 탐지 등도 담당했다. 그 長인 皇城使는 실직이 없는 단순한 武階였고, 대략 4~10명의 勾當皇城司(幹當皇城司)가 황성사의 직무를 관장했다. 주로 외척인 군인 및 환관이 임명되었다. 휘하에 禁軍인 親從官·親事官 등이 수천 명 배속되었다(佐伯富, 「宋代の皇城司について」, 『中國史研究』 1, 京都 : 同朋舍, 1983(再)[原載 ;『東方學報』 9, 1938], 4~18쪽 참조).

55) 役兵은 송대 운하 준설, 제방 수축 등 각종 잡역에 복무하는 廂軍이다.

56) 맹동에 먼저 役兵이 얼음을 護取한다는 것이 '伐氷' 자체를 말하는 것은 아니다. 왜냐하면 맹동은 얼음이 얼기 시작하는 시기였고 또 원문에 '季冬氷結'이라고 하듯 계동에 결빙되어야 얼음을 채취할 수 있기 때문이다. 그러므로 여기서의 '護取'는 맹동에 얼기 시작한 얼음 또는 그 水域을 役兵이 일단 점유·확보하여 타인의 접근을 막는 것으로 해석되며, 따라서 원문의 취지는 맹동에 '護取'한 후 오물을 제거하고 계동에 결빙되면 그 때 얼음을 채취해서 빙정무에 보내 장빙케 한다고 보는 것이 자연스럽다. 이상과 같은 해석에는 『禮記正義』 권17, 月令, 632~655쪽의 기록("孟冬之

결빙되면 [채취해서] 빙정무[57])로 운송한다.[58])

유관당송문 1)『唐六典』: 季冬藏氷, 祭司寒以黑牡秬黍, 仲春啓氷亦如之.(권19, 司農寺, 524쪽 ;『역주당육전』중, 601~604쪽)

2)『唐六典』: 凡季冬藏氷. 每歲藏一千段, 方三尺, 厚一尺五寸, 所管州於山谷鑿而取之. 先立春三日納之氷井.『周禮』: 淩人掌氷井. 歲十有二月, 令斬氷, 三其淩. 春始治鑑, 夏頒氷, 秋刷. 鄭玄云 : 淩, 氷室也 ; 刷, 淸也 ; 刷除淩室, 更納新氷. 西陸朝覲而出之, 以進御焉. (권19, 司農寺, 526쪽 ;『역주당육전』중, 611~612쪽)

3)『通典』: 大唐制, 先立春三日, 因用黑牡·秬黍祭司寒之神於氷室. 祭訖, 鑿氷千段方三尺, 厚尺五寸而藏之. 仲春開氷, 祭如藏禮, 依以桃弧·棘矢設於氷室戶內之右. 禮畢遂留之. 餘具開元禮.(권55, 吉禮14 享司寒條, 1548쪽)

4)『舊唐書』: 季冬藏氷, 仲春頒氷, 皆祭司寒.(권44, 職官3 司農寺, 1886쪽)

5)『新唐書』: 季冬, 藏氷千段, 先立春三日納之氷井, 以黑牡秬黍祭司寒, 仲春啓氷亦如之.(권48, 百官3 司農寺, 1260쪽)

6)『續資治通鑑長編』: 始置藏氷務, 常以孟夏命官用幣, 以黑牡祭玄冥之神, 乃開氷, 薦於太廟.(권2, 建隆 2年 12月 辛酉條, 57쪽)

7)『宋史』: 司寒之祭, 常以四月, 命官率太祝, 用牲·幣及黑牡·秬黍祭玄冥之神, 乃開氷以薦太廟. 建隆二年, 置藏氷署而修其祀焉.(권103, 禮6, 2518쪽)

8)『宋史』: 天聖新令, 春分開氷, 祭司寒於氷井務, 卜日薦氷於太廟 ; 季冬藏氷, 設祭亦如之.(同上, 2518~2519쪽)

9)『宋會要輯稿』: 太祖建隆二年, 詔, 置氷井務隸皇城司.(食貨55-1)

月 … 水始氷, 仲冬之月, … 氷益壯, 季冬之月, … 氷方盛. 水澤腹堅, 命取氷, 氷以入.")도 참고가 된다.

57) 氷井務는 황성사 소속으로 氷室에 얼음을 저장하고 출고하는 일을 맡았다. 그런데 유관당송문 6), 7), 9)에 의하면, 창설 시기가 모두 태조 建隆 2年(961)이고 직장이 같은 것으로 보아 동일 관서인 게 분명하지만, 명칭은 각각 '藏氷務', '藏氷署', '氷井務'로 다르다. 뒷 시기의 기록에는 대부분 '氷井務'로 나오지만 창설 당시의 이름은 명확하지 않다.

58) 본 조문은 당령과 전반적인 맥락에서는 계승관계가 인정되나 채취하는 氷塊의 규격과 수량의 차이, 채빙 작업자의 차이(役兵과 '所管州'), 채빙 지점의 차이('河岸'과 '山谷'), 藏氷 관장 기구의 명시, '護取' 규정의 신설 등 세부적인 내용에서는 차이가 꽤 크다. 특히 '護取', 즉 본격적인 채빙의 준비 단계부터 役兵을 사역시킨다고 규정한 것은 송대의 氷塊 관리가 보다 엄격했음을 말해준다고 하겠다.

▸ 복원 당령

『天聖令』 당령복원청본, 雜令, 14조, 750쪽

〈現13〉 諸親王府文武官, 王在京日, 在京, 謂任京官及不出藩者. 令條無別制者, 並同京官 ; 出藩者各同外官. 即從王入朝者, 賜會·朝參同京官. 車駕巡幸, 所在州縣官入(人)[59]見, 在駕前[60]祗承(丞)[61]者, 賜會[62]並同京官.

무릇 친왕부의 문무관[63]은 왕이 경사에 있을 때 경사에 있다는 것은 [왕이] 경관[64]에 임명되었거나 봉국(封國)으로 나아가지 않은 경우를 말한다. 영의 조문에 별도의 규정이 없는 경우 모두 경관과 같이 [대우]하고, [왕이] 봉국으로 나아간 경우에는 [친왕부 문무관은] 각기 지방관과 같이 [대우]한다. 왕을 따라 입조하는 경우 연회 시의 사여나 조참은 경관과 같이 [대우]한다. 황제가 순행할 때 소재지 주현관이 황제를 알현하거나 어전(御前)에서 공봉(供奉)[祗承]할 경우 연회 시의 사여는 모두 경관과 같이 [대우]한다.[65]

유관당송문 1) 『五代會要』 : 晉高祖天福二年十一月, 中書門下奏 : "准雜令, 車駕巡幸所在州縣官入見, 在駕所祗承者, 賜贈並同京官." 從之.(권5, 行幸, 75쪽)

---

59) [교감주] '人見'의 '人'은 유관당송문 1)에는 '入'으로, 유관당송문 3)에는 '人'으로 되어 있다. '入'쪽이 뜻이 잘 통하므로 고친다.

60) [교감주] '駕前'은 유관당송문 1), 3)에는 '駕所'로 되어 있으나 '駕前'이라는 成語('순행 중인 황제의 御前')도 있고 뜻도 통하므로 그대로 둔다.

61) [교감주] '丞'은 '承'의 오기이다. 유관당송문에는 모두 '承'으로 되어 있다.

62) [교감주] '賜會'는 유관당송문 1), 2)에는 '賜贈'으로, 유관당송문 3)에는 '賜會'로 되어 있다. 원문 중반부에 '賜會'가 나오는 것을 고려하여 그대로 둔다.

63) 親王府(王府, 諸王宮, 藩邸) 소속 문무관에 대해, 『宋史』에 "親王府 傅·長史·司馬·諮議參軍·友·記室參軍·王府教授·小學教授. 傅及長史·司馬, 有其官而未嘗除."(권162, 職官2 王府官, 3826쪽), "親王府翊善·贊讀·直講, … 爲從七品."(권168, 職官8 官品, 4016쪽)이라 하여 주요 속관들을 전하고 있다. 그러나 친왕부 문무관 중에는 이름만 있고 실제로는 임명되지 않는 경우가 많았고, 置廢도 일정하지 않았으며 無定員이었다.

64) 여기서의 京官은 京朝官 중의 未常參官인 京官이 아니라 중앙관을 가리킨다. 영문에 나오는 外官의 상대어로 쓰였기 때문이다. 유관당송문의 京官도 마찬가지다.

65) 본 조문은 후반부 '車駕巡幸' 이하는 당령이 확실해 보이나 나머지 부분은 天聖令에서 대폭 추가되었다.

2)『舊五代史』: 天福二年十一月戊午, 中書奏 : “準雜令, 車駕巡幸所祗承者, 賜贈並同京官.” 從之.(권76, 晉書2 高祖紀, 1009쪽)

3)『冊府元龜』: 中書奏 : “准雜令, 車駕巡幸所[在?]州縣官人見, 在駕所祗承, 賜會並同京官.” 可之.(권61, 帝王部 立制度2, 晉 高祖 天福二年 十一月 戊午條)

▸ 복원 당령

『天聖令』 당령복원청본, 雜令, 15조, 750쪽

〈現14〉 諸竹木爲暴水漂失有能接得者, 並積於岸上, 明立標牓, 於隨近官司申牒. 有主識認者, 江·河五分賞二, 餘水五分賞一. 非官物, 限三十日外, 無主認者, 入所得人. 官失者不在賞限.

무릇 죽·목이 홍수로 유실(流失)되었는데 습득할 수 있는 경우 모두 강변[의 고지]에 쌓아 표지를 분명히 세우고 근처의 관사에 첩으로 보고한다. 주인이 알고 확인한 경우에는 장강과 황하는 5분의 2를 상으로 주고, 나머지 하천은 5분의 1을 상으로 준다.[66] 관 소유가 아닌 유실물은 30일의 기한이 지나도 주인의 확인이 없으면 습득한 사람에게 [모두] 준다.[67] 관이 [죽·목을] 유실했을 경우는 포상 범위에 두지 않는다.[68]

---

66) 장강·황하(2/5)와 기타 하천(1/5)의 포상 비율이 다른 것은 功力에 차이가 있었기 때문일 것이다(『令集解』 所載 ‘令集解逸文’ 雜令 公私材木條, 22쪽, “釋云, … 唐令, ‘江河五分賞二, 餘水五分賞一’, 言餘水功少故.” 참조). 한편 淮水가 국경선이 된 남송대에는 淮水에서의 포상 비율이 장강·황하의 그것과 같다(유관당송문 3).

67) 본 조문에는 竹·木 流失物의 주인을 확인하는 관부의 절차가 나와 있지 않고 확인기간도 30일에 불과하다. 이는 물품과 가축의 遺失物에 대한 관의 확인절차가 비교적 자세하고 확인기간도 긴 것과 대비된다(捕亡令, 〈現9〉조 및 廐牧令, 〈現10〉조).

68) 본 조문과 유관당송문 『宋刑統』에 근거한 복원 당령과 비교해 보면, 문구에 증감이 있고 포상 규정에 차이가 있다. 예를 들면 복원 당령은 ‘公·私’의 구분 없이 포상한다고 했으나, 본 조문에는 복원 당령 문두의 ‘公私’가 삭제되었고 포상 규정도 公·私를 구분해서 적용한다고 했다. 즉 본 조문에는 民의 流失된 竹·木에 대해서만 포상 규정이 있고, 관의 流失物인 경우는 포상 범위에 두지 않는다고 명기하였다. 이처럼 본 조문은 유실물의 포상 규정과 관련, ‘公’과 ‘私’의 구분을 명확히 하여 다르게 대처했다는 점에서 당령과 차이가 있다. 한편 『慶元條法事類』에는 유실된 竹·木에 대한 신고 규정은 잡령에, 포상 규정은 賞格에 들어 있다(유관당송문 2, 3). 賞格의

유관당송문 1)『宋刑統』: 准雜令, 諸公私竹木爲暴水漂失, 有能接得者, 並積於岸上, 明立標牓, 於隨近官司申牒. 有主識認者, 江·河五分賞二分, 餘水五分賞一分. 限三十日, 無主認者, 入所得人.(권27, 雜律 得闌遺物, 446쪽)

2)『慶元條法事類』: 諸收救得漂失竹木, 具數申官.(권80, 雜門 闌遺 雜令, 907쪽)

3)『慶元條法事類』: 收救得漂失私竹木, 諸河, 給二分. 江·淮·黃河, 給四分. 無主者, 全給.(권80, 雜門 闌遺 賞格, 908쪽)

4)『唐開元水部式殘卷』: 都水監三津各配守橋卅人, … 每水大漲, 卽追赴橋. 如能接得公私材木筏等, 依令分賞.(敦煌文書 P.2507, 86~89行)

5)『令集解』: 釋云, … "唐令, '江河五分賞二, 餘水五分賞一.'"('令集解逸文' 雜令 公私材木條, 23쪽)

▸ 유관 일본령

『令集解』: 凡公私材木, 爲暴水漂失有採得者, 並積於岸上, 明立標牓, 申隨近官司. 有主識認者, 五分賞一. 限三十日外, 無主認者, 入所得人.(권10, 雜令, 335쪽)

▸ 복원 당령

『唐令拾遺』 雜令, 10조, 849~850쪽 ;『唐令拾遺補』 雜令, 853쪽

『天聖令』 당령복원청본, 雜令, 18조, 750쪽

〈現15〉 諸取水漑田, 皆從下始, 先稻後陸, 依次而用. 其欲緣渠造碾磑, 經州縣申牒, 檢水還流入渠及公私無妨者, 聽之. 卽須修理渠·堰者, 先役用水之家.

무릇 물을 끌어 전토에 관개를 할 경우 모두 [용수로의] 하류지역에서 시작하고,[69] 도전(稻田)을 먼저 하고 육전(陸田)을 나중에 하며, 순서에

포상 규정에는 유실된 '私竹·木'을 습득했을 경우로만 한정하고 있는데, 이는 관의 유실된 竹·木에 대해서는 포상하지 않는다는 본 조문의 취지가 남송대에도 그대로 계승되고 있음을 잘 말해준다.

69) 관개용수에 있어서의 '從下始' 규정은 유관당송문 『唐六典』에 '自下始'로 되어 있는 것으로 보아 당대 규정을 이은 것이 확실하지만, 다만 '下'의 실체에 대해서는 諸說이 있다. 그런데 '下'가 유관당송문 『新唐書』 '自遠始'의 '遠'에 대응하고 있는 점을 고려하면, '從下始'와 '自遠始'는 같은 뜻이 된다. 그러나 '下'나 '遠'은 그 기점이 나와 있지 않아서 그 의미가 반드시 명확하지는 않지만, '遠'은 '漑田'과 불가분인 관개수로에서 '먼 곳'으로 생각되므로 본 조문의 '下'도 관개수로에서 '먼 곳', 또는 '하류(지역)'로 볼 수 있다. 관개용수의 순서는 관개수로에서 '먼 곳' 또는 '하류(지역)'

따라 [물을] 이용한다.[70] 용수로에 연해 연애[71]를 설치하려면 주현에 첩으로 신청하고, 물이 [연애를] 환류하여 용수로로 유입되는지, 관·민에 방해가 없는지를 검사하여[72] [지장이 없으면] 허가한다. 용수로나 제방[堰][73]을 수리해야 할 때는 먼저 물을 이용하는 집[의 사람]을 사역[74]한

에서 우선적으로 용수를 하도록 해야 관개수로에서 '가까운 곳' 또는 '상류(지역)'에서의 용수의 독점을 막아 공평하게 농전에 관개를 할 수 있고, 나아가 관개수로의 上·下流 또는 遠·近 지역 간의 용수 문제를 해결할 수 있기 때문이다. 이러한 의미에서 본 조문의 '從下始'는 농전의 관개용수를 둘러싼 水權 분쟁을 미연에 방지하려는 최소한의 장치였다고 할 수 있다. 이와 관련, 남송의 田令에는 여러 사람이 농전 관개를 하는 경우 물을 막아 저수하는 곳에는 官司가 경계 표지를 분명히 세우고 이를 문서에 기록해둔다고 했다(『慶元條法事類』 권49, 農桑門 農田水利 田令, 684쪽, "卽瀦水之地, 衆共溉田者, 官司仍明立界至, 注籍.[原注 : 請佃及買者, 追地利入官.]").

70) 관개의 순서와 관련해서 본 조문의 '依次而用'과 같은 내용이 唐 水部式에는 '依次取用'으로 되어 있다[『唐開元水部式殘卷』(敦煌文書 P.2507號), 6~7行, "凡澆田, 皆仰預知頃畝, 依次取用, 水遍卽令閇塞, 務使均普, 不得偏併."]. 唐 水部式의 '依次取用'은 전토의 면적[頃畝]을 우선 고려하여 所定의 순서를 정해 물을 공평하게 이용하고 용수의 독점을 금한다는 규정이라고 생각된다.

71) 碾磑의 명확한 의미에 대해서는 설이 분분하나 대체로 연자방아[또는 물레방아]나 맷돌 형태의 제분·탈곡용 기구로 생각된다. 당 이후 이것의 置廢를 놓고 문제가 된 것은 水力을 이용하는 연애인데, 이를 水磑, 水碾, 水磨라 했다.

72) 용수로에 碾磑(水磑)를 설치하게 되면, 충분한 水力을 안정적으로 유지하기 위해 자연적인 물 흐름을 막는 堰과 같은 구조물을 축조할 필요가 있다. 그러나 그렇게 되면 물 흐름이 왜곡되고 유속이 느려져 상류 쪽의 용수로 바닥에 흙이나 모래가 쌓이게 되며, 만약 제때에 준설하지 않으면 용수로가 막혀 물이 넘치거나 심하면 손괴되어 農田 관개가 불가능해질 수도 있다. 이러한 상황은 연애가 대규모이거나 용수로에 연애 숫자가 많을수록 자주 발생하게 된다. 그러므로 官에서는 농전 관개에 지장이 없도록 연애 설치 단계부터 철저히 관리 감독해야 하고, 이미 연애가 설치되어 농전 관개에 방해가 되는 경우라면 철거를 명하거나 직접 철거하지 않을 수 없다. 본 조문의 이 부분은 이와 같은 상황을 상정하여 설정된 규정이라고 할 수 있다. 이와 관련, 唐 水部式에서 연애의 설치와 용수로 인해 용수로가 막히면 연애 설치자가 자체적으로 이를 제거하여 물이 통하게 해야 하며, 만약 방치해서 물이 넘치거나 용수로가 손괴되어 국가의 水利사업과 농민의 農田 관개에 방해가 되면 官이 연애를 강제 철거한다고 규정한 것도[『唐開元水部式殘卷』(敦煌文書 P.2507號), 46~47行, "諸水碾磑, 若壅水質泥塞渠, 不自疏導, 致令水溢渠壞, 於公私有妨者, 碾磑卽令毁破."] 이와 같은 맥락에서 이해된다.

73) 堰은 물을 다른 곳으로 끌거나 流量·수위를 조절하기 위해 水路나 유출구에 축조하는 구조물이다. 남송 河渠令에는 堰과 斗門의 설치에 관한 규정이 있다(『慶元條法事類』

다.[75)]

유관당송문 1)『唐六典』: 凡水有溉灌者, 碾磑不得與爭其利. 自季夏及于仲春, 皆閉斗門, 有餘乃得聽用之. … 凡用水自下始.(권7, 尙書工部, 226쪽 ;『역주당육전』상, 687쪽)

2)『新唐書』: 凡 … 漑田自遠始, 先稻後陸.(권48, 百官3 都水監, 1276쪽)

3)『慶元條法事類』: 諸以水漑田, 皆從下始, 仍先稻後陸. 若渠堰應修者, 先役用水之家. 其碾磑之類壅水於公私有害者, 除之.(권49, 農桑門 農田水利 河渠令, 684쪽)

4)『慶元條法事類』: 諸小渠灌漑, 上有碾磑, 卽爲棄水者, 九月一日至十二月終方許用水. 八月以前, 其水有餘, 不妨灌漑者, 不用此令.(권49, 農桑門 農田水利

권49, 農桑門 農田水利 河渠令, 684~685쪽, "諸大渠灌漑, 皆置斗門, 不得當渠造堰. 聽於上流爲斗門引取, 申所屬檢視置之.[原注 : 其傍支俱地高水下, 須暫堰而漑灌者, 聽.]"). 이에 의하면, 大渠를 이용해 관개할 때는 斗門을 설치하도록 하고 堰 축조를 금했으며, 만약 상류에 斗門을 설치하여 물을 끌어 관개하려면 소속 관사에 두문 설치를 신청하여 허가를 얻어야 했다. 그러나 大渠가 아닌 '傍渠'나 '支渠'가 '地高水下'의 곳에 있는 경우에는 잠정적으로 堰을 쌓아 관개하는 것을 허용했다. 이와 대략 같은 규정이 唐 水部式에도 들어 있다(『唐開元水部式殘卷』 敦惶文書 P.2507號, 3~6行). 한편 남송대에는 河道에 堰을 축조하거나 河道를 좁혀 농작물을 재배하는 것도 금했다(『慶元條法事類』 권49, 農桑門 農田水利 田令, 684쪽, "河道不得築堰或束狹以利種植.").

74) 渠·堰 수리와 관련, 본 조문과 남송의 河渠令(유관당송문 3)에서는 모두 '用水之家'를 먼저 사역시킨다고 했으나, 唐 水部式에서는 '隨近人'을 동원해서 수리한다고 했다[『唐開元水部式殘卷』(敦惶文書 P.2507號), 29行, "若渠堰破壞, 卽用隨近人修理."].

75) 본 조문은 水利에 관한 규정으로 관개·용수의 순서, 연애 설치의 제한적 허용, 용수로·제언의 修理에 관한 내용이다. 본 조문과 양로령의 규정은 대부분 일치하므로 당령에도 관련 규정이 존재했을 것으로 판단되지만, '先稻後陸' 규정은 양로령에 없기 때문에 이 규정이 당령에 들어 있었는지는 확실치 않다. 단 '先稻後陸'의 語句는 유관당송문의 『新唐書』와 『慶元條法事類』 河渠令에도 보이는데, 이는 당송대 稻田(水田)의 개발과 확대 현상을 반영한 것으로 생각된다. 한편 본 조문의 연애 설치 규정의 취지는 연애 설치와 경영이 전토의 관개용수와 서로 충돌할 수밖에 없으므로 연애의 용수는 농전의 관개용수에 우선할 수 없고, 따라서 연애 설치와 운영은 농전 관개용수에 방해가 되지 않는 범위에서 제한적으로 허용하는 것으로 이해된다. 이러한 취지는 연애의 용수 허용기간(농전 관개에 지장이 없는 기간)에 관한 唐 水部式(유관당송문 5)과 남송 河渠令(유관당송문 4)의 규정에서도 확인된다. 특히 두 사료는 관개용 小渠 上에 이미 설치된 연애의 용수 허용기간 및 수량이 충분한 경우의 용수 허용 규정도 일치한다.

河渠令, 685쪽)

5)『唐開元水部式殘卷』: 諸漑灌小渠上, 先有碾磑, 其水以下卽棄者, 每年八月卅日以後, 正月一日以前聽動用, 自餘之月, 仰所管官司於用磑斗門下著鎖封印, 仍去卻磑石, 先盡百姓漑灌. 若天雨水足, 不須澆田, 任聽動用. 其傍渠疑有偸水之磑, 亦准此斷塞.(敦煌文書 P.2507號, 46~47行)

▸ 유관 일본령

『令義解』: 凡取水漑田, 皆從下始, 依次而用. 其欲緣渠造碾磑, 經國郡司, 公私無妨者聽之. 卽須修治渠堰者, 先役用水之家.(권10, 雜令, 335쪽)

▸ 복원 당령

『唐令拾遺』 雜令, 12조, 850~851쪽

『天聖令』 당령복원청본, 雜令, 19조, 750쪽

〈現16〉 諸要路津濟不堪涉渡之處, 皆置船運渡, 依至津(律)[76]先後爲次. 州縣所由檢校, 及差人夫充[其渡子].[77] 其沿河津濟所給船艘·渡子, 從別勅.

무릇 주요 도로의 나루터[津濟][78] 중에 건널 수 없는 곳[79]에는 모두 배를 두어 건너게 하고,[80] 나루에 도착한 [순서의] 선후에 따라 [건너는] 차례를

---

76) [교감주] '律'은 '津'의 오기이다. 『令義解』 권10, 雜令, 335쪽에 의거해 바로잡는다.

77) [교감주] '其渡子'는 脫字로 보인다. 『令義解』 권10, 雜令, 335쪽에는 '其度子'라고 되어 있는데, '度'는 '渡'와 통용되므로 '其渡子'는 『令義解』의 기록대로 '其度子'라고 해도 무방하나 본 조문의 末句에 '渡子'가 나오는 점을 고려하여 '其渡子'로 고쳐 보충한다.

78) '津濟'의 '濟'는 關의 門에 해당한다. 당시 關을 통과하려면 통행증(송대는 公憑·公驗, 당대는 過所)을 제시하고 關의 門을 통과해야 했는데, 이 關의 門에 해당하는 것이 津의 濟이다. 따라서 본 조문의 '津濟'의 字意的 해석은 '津의 濟'로서 官의 관리 내지 통제 아래 물을 건너는 특정 장소이며(『宋刑統』 권8, 衛禁律 越州縣鎭戍城及官府廨垣, 138~139쪽 ; 『唐律疏議』 권8, 衛禁25의 소의 〈제82조〉, 172쪽 ; 『역주당률소의』, 2075쪽), "議曰, 越度者, 謂關不由門, 津不由濟而度者, 徒一年半."], 대체로 渡船場, 나루터가 이에 해당될 것이다. 關市令, 〈現1〉조에는 津濟 통과와 관련한 규정이 있다.

79) 저본의 '不堪涉渡之處'에 대해, 『令集解』 所載 '令集解逸文' 雜令, 要路津濟條의 '古記云'에서는 "謂造橋不便之處, 難波掘江之類也."라고 注解하였다.

80) 당송률에는 '津濟之處'에 교량·배다리[浮橋]를 설치해야 하거나 배·뗏목을 둬야 하는데 이를 이행하지 하지 않으면 함부로 다리나 渡船場(濟)을 옮겼을 경우와 마찬가지로 杖70으로 다스렸다(『宋刑統』 권27, 雜律 不修隄防, 430~431쪽, "其津濟之

정한다. 주현의 소유[81]가 검교하며 인부를 차출하여 뱃사공[渡子][82]으로 충임한다. 황하 연변의 나루터에 지급되는 배와 뱃사공 [의 숫자는] 별도의 칙[別勅]에 따른다.[83]

유관당송문 1) 『宋刑統』: 疏議曰, … 依令, '各依先後而度.'(권8, 衛禁律 關津留難, 138쪽 ; 『唐律疏議』 권8, 衛禁27의 소의 〈제84조〉, 175쪽 ; 『역주당률소의』, 2082쪽)

▸ 유관 일본령

『令義解』; 凡要路津濟, 不堪涉渡之處, 皆置船運渡, 依至津先後爲次. 國郡官司檢校, 及差人夫, 充其度子. 二人已上十人以下, 每二人·船各一艘.(권10, 雜令, 335쪽)

處, 應造橋航, 及應置船筏, 而不造置, 及擅移橋濟者, 杖七十, 停廢行人者, 杖一百." ; 『唐律疏議』 권27, 雜律36-2 〈제424조〉, 505쪽 ; 『역주당률소의』, 3247쪽).

81) 당대의 所由는 『資治通鑑』 권242, 唐 穆宗 長慶二年 夏四月 甲戌條, 7815쪽의 胡注에 "所由, … 事必經其手, 故謂之所由."라고 하듯, 특정 신분을 지칭하지 않고 대체로 '담당자', '有關官吏'의 의미로 쓰였다. 그 실체는 吏人 또는 官人으로 이 외에 잡역부담자가 포함되는 경우도 있었다. 그러나 송대의 所由는 公人[하급 서리]의 일종으로 특정 직무를 담당하는 존재를 가리킨다. 한편 苗書梅는 당말 오대의 所有는 지방의 치안을 유지하고 雜差를 담당하는 잡역이었고, 북송 전기에는 公人으로서 치안과 捕盜를 담당했는데 북송 중기 縣尉와 弓手가 치안을 담당한 이후 그 숫자가 대폭 줄었고 남송대에는 두지 않는 경우도 있었다고 한다(苗書梅, 「宋代縣級公吏制度初論」, 『文史哲』 2003-1, 126쪽 참조). 그러나 본 조문의 所有는 문맥상 송대의 용법인 公人의 일종으로서가 아니라 당대의 용법인 '담당자', '有關官吏'의 의미로 쓰였다고 생각된다.

82) 渡子는 당시 水手, 梢工 등을 포괄하는 이름으로 본 조문의 규정처럼 일반적으로 人夫, 곧 민으로 충임했으나 군인으로 충당하는 경우도 있었다. 曹家齊, 『宋代交通管理制度研究』, 開封 : 河南大學出版社, 2002, 84쪽.

83) 津濟 관리에 관한 규정인 본 조문은 현재 당령에는 보이지 않지만 양로령에 본 조문 전·중반부와 거의 동일한 규정이 있는 것으로 보아 당령에도 존재했을 것으로 짐작된다. 본 조문은 송대에도 關만이 아니라 津濟의 설치와 관리가 官에 의해 이루어지고 있음을 말해준다. 그러나 송대에는 官이 津濟를 전적으로 관리·통제하는 방식만이 아니라 민간이 정부에 일정한 금액을 납부하는 대가로 징세·관리권을 위임받는 買撲(撲買, 承買) 형태의 방식도 존재했다. 어느 쪽이든 원칙적으로 허가가 없는 곳에서 물을 건너는 私渡를 금했고, 특히 황하를 비롯한 주요 하천의 私渡를 더욱 엄금하였다.

▶ 복원 당령

『天聖令』 당령복원청본, 雜令, 20조, 750쪽

〈現17〉 諸官船官筏行及停住之處, 不得約止私船私筏.

무릇 관[용]의 선박[84]과 뗏목이 다니거나 정박하는 곳에 민간의 선박과 뗏목을 [줄에] 묶어 정박시켜서는 안 된다.[85]

유관당송문 관련기록이 당송 시기 문헌에는 확인되지 않는다.

〈現18〉 諸州縣及關津所有浮橋及貯船之處, 並大堰斗門須開閉者, 若遭水汎漲並凌澌欲至, 所掌官司急(司急)[86]備人功救助. 量力不足者, 申牒. 所屬州縣隨給軍人並船, 共相救助, 勿使停壅. 其橋漂破, 所失船木即仰當所官司, 先牒水過之處兩岸州縣, 量差人收接, 遞送本所.

무릇 주·현과 관·진에 부교가 있거나 선박을 보관하는 곳에, 그리고 큰 제방[堰]의 갑문[斗門][87]을 반드시 열거나 닫아야 할 때, 만약 물이 넘치거나 유빙[凌澌]이 도달하려 하면 소관 관사[88]가 급히 인력을 갖춰 구조한다.

84) 본 조문의 관선을 반드시 '관 소유의 선박'이라고 한정할 필요는 없을 듯하다. 본 조문의 취지에 비춰보면, 관선에는 漕運이나 전쟁에의 차출 등 비상 시 관의 필요에 따라 차출되거나 和雇되는 '관용의 민 소유 선박'도 포함되어야 한다고 보기 때문이다. 다시 말해 본 조문에서의 관선은 '소유' 개념이 아니라 '용도' 개념으로 봐야 한다는 것이다. 官筏도 마찬가지다.

85) 본 조문은 민간의 선박과 뗏목의 운행과 정박에 대한 규제를 규정하고 있다. 바꿔 말해 이는 민간의 선박과 뗏목으로 인해 관의 선박과 뗏목의 운행과 정박이 방해를 받아서는 안 된다는 뜻이다. 송대는 이와 같은 규정 외에 관선의 관리·통제에 매우 세심한 주의를 기울였을 뿐 아니라 戰艦·海鶻과 같은 특정 선박에 대한 민간 소유를 금했다(營繕令, 〈現20〉조·〈現21〉조·〈現26〉조·〈現27〉조). 본 조문도 이와 같은 官船에 대한 송 정부 방침의 연장선상에서 이해할 수 있다.

86) [교감주] '司急'은 衍字이다.

87) 斗門(閘門)은 수량을 조절하기 위해 설치하는 水門으로 주로 관개·수리, 선박 운항, 조운, 홍수 방지 등을 위해 설치되었다.

88) 여기서의 '所掌官司'가 구체적으로 어떤 관사 혹은 어떤 기구를 지칭하는지 확실치 않은데, 북송 초 河渠의 수리와 방호를 담당한 부서는 三司의 鹽鐵部 소속 胄案이었다.

인력을 헤아려 부족하면 첩으로 보고한다. 소속 주현은 즉시 군인과 배를 공급해서 [소관 관사가 동원한 인력과] 함께 구조하여 [물이나 유빙이] 정체되거나 쌓이지 않도록 한다. 부교가 떠내려가거나 파손되면 유실된 배나 판목은 바로 해당 지역의 관사에 [수습을] 요청하는데, [해당 지역의 관사는] 먼저 물이 통과하는 곳 양쪽 연안의 주·현에 첩을 보내고, [양안의 주·현에서는] 인부를 적절히 차출해 [유실된 배나 판목을] 수습하여 잃어버린 곳[本所]으로 체송한다.[89]

유관당송문 관련기록이 당송 시기 문헌에는 확인되지 않는다.

〈現19〉 (諸)[90]在京諸司官, 應官給牀(壯)[91]席·氈·褥·帳設者, 皆儀鸞司供備. 及諸處使人在驛安置者, 亦量給氈被. 若席經二年·氈經五年·褥經七年有破壞者, 請新納故. 諸司自有公廨者, 不用此令.

경사 여러 관사의 관원에게 마땅히 관에서 상(牀)[92] 위에 까는 자리·모직

인종 皇祐 3년(1051) 황하, 汴河 등 하천의 제방 수축을 전담하기 위해 三司河渠司가 설치되었고, 嘉祐 3년(1058) 이를 폐지하고 都水監을 설치하여 河渠를 비롯해 津渡, 교량, 川澤 등을 관장케 했다.

89) 본 조문은 부교나 선박 보관처 및 斗門 개폐 시의 위급 상황에 대한 官의 대처, 그리고 부교의 유실이나 파손으로 인해 유실된 배나 판목의 수습과 처리에 관한 규정이다. 본 조문은 위급 상황이 발생했을 경우 구조인력의 충원과 선박 지원 및 대처, 유실된 배나 판목의 수습 체계를 구체적으로 보여주고 있는데, 이는 긴급사태 발생 시 당시 관부 대처방식의 한 유형을 말해주는 것으로 생각된다. 그리고 본 조문에서는 특정 직무를 전담하는 소관 관사 외에 주·현의 역할과 책임이 컸다는 점도 확인할 수 있다.

90) [교감주] 저본에는 '諸'자가 있다. 그러나 牛來穎, 「『天聖令』復原硏究中的幾個問題」, 『新史料·新觀點·新視角 天聖令論集』上, 71~73쪽에 따르면, 당시 "在京諸司"로 시작하는 법령에서는 令文 첫머리의 '諸'는 생략되는 것이 일반적이었다고 한다.

91) [교감주] '壯'은 '牀'의 오기이다. 문맥과 유관 일본령 『令義解』의 '並給牀席'에 의거해 바로잡는다.

92) 牀은 용도나 형태에 따라 坐牀과 臥牀(寢牀), 그리고 이 둘을 겸한 것으로 나눌 수 있는데 본 조문의 牀이 어느 쪽인지는 불명이다. 다만 牀 위에 까는 지급품을 보면 이들 모두를 포괄하고 있는 듯하다.

깔개[氈]·요를 지급해야 하거나 휘장을 설치하는 경우 모두 의란사[93]가 준비하여 공급한다. 여러 곳의 사인이 역에 숙박할 경우 역시 모직 깔개와 이불을 적절히 지급한다. 만약 자리가 [지급된 지] 2년, 모직 깔개가 5년, 요가 7년이 지나 파손된 것이 있으면 새 것을 신청하고 예전 것은 반납한다. 여러 관사가 자체에 공사물(公使物)[公廨][94]이 있는 경우 이 영을 적용하지 않는다.[95]

---

93) 儀鸞司는 衛尉寺의 소속기구로 조회, 순행, 祀廟에서의 제사, 연회 등에서 황제를 供奉하거나 궁중에서 장막을 설치하는 등의 일을 관장했다. 오대 때 창설되었고 당대에는 衛尉寺 소속의 守宮署가 그 일을 담당했다.

94) 公廨는 원래 官舍 또는 官署·官廳을 가리키나 관청 내의 政廳인 '廳事'와 대비되어 廳事 이외의 官舍를 가리키기도 한다(喪葬令, 〈現30〉조, "諸在任官身喪, 聽於公廨內棺斂, 不得在廳事."). 그러나 여기서의 公廨는 公使物(公用物)을 말하며, 당대에는 주로 公廨物, 公廨之物이라고 했고 단지 公廨라고도 했다. 이 公使物, 公廨物에 해당하는 것이 錢이면 각각 公使錢, 公廨錢이 된다. 『天聖令』에서는 본 조문처럼 단지 '公廨'라고만 하는 예가 다수 보이는데, 문맥상 '公廨'는 이러한 公使錢·物, 公廨錢·物을 가리키는 경우가 많다. 이는 公廨錢·物의 약칭으로서의 公廨가 재원이나 쓰임새에서 송의 그것과 크게 다르지 않았기 때문에 당대에 쓰이던 명칭을 관용적으로 쓴 것으로 보인다. 한편 公使錢·物 또는 公廨錢·物은 국가의 정규 예산 체계에 편입된 '官物'('係省錢物')과 달리 각 관청이 독자적으로 운영하는 錢·物이나 토지 및 이로 얻는 수익물로, 자체의 제반 경비나 필요한 물자에 충당되었다. 公使錢·物 또는 公廨錢·物은 각 관청이나 州縣의 운영을 위해 자체 조달하여 사용하므로 국가의 경상적인 재정회계와는 별도의 회계로 운영되는 것이다('非係省錢物'). 당대의 경우 公廨田 또는 公廨(本)錢을 조성하여 수익을 얻었다. 한편 송대 公使錢의 재원은 중앙 정부에서 지급되는 正賜[公使]錢과 각 관청에서 직접 조달하는 非正賜[公使]錢으로 대별할 수 있다. 正賜[公使]錢은 일부 연변지역을 제외하면 지급액이 소액이었고, 또 전쟁 등으로 인해 중앙의 재정 상태가 악화되면 지급 자체가 중단되는 경우도 있었다. 때문에 지방에서는 回易(公使本錢 운영), 職田 수입, 관 소유의 閑田 수입, 각종 雜稅錢·附加稅 징수, 度牒 발급 등 매우 다양한 방법으로 공사전을 조달하였다. 이 밖에 公使酒를 양조하여 연회나 선물용으로 쓰기도 했다. 한편 공사전의 주된 용도는 통과하는 관료의 접대(연회와 선물)와 관내 주둔하는 군대의 위로[犒設] 비용이었다. 이 외에 관청 건물의 수리, 비품·器物 조달, 治水, 祭典, 각종 연회비 등 거의 모든 지방정치 운용에 사용되었고, 외국 사신 접대에도 쓰였다. 또한 관료 자신의 사생활에 轉用되는 일도 적지 않았다(佐伯富, 「宋代の公使錢について」, 『中國史硏究 第二』, 京都大學文學部內 東洋史硏究會, 1971, 170~230쪽 ; 同, 「宋代の公使庫について」, 同上, 231~262쪽 ; 汪聖鐸, 『兩宋財政史』下, 北京 : 中華書局, 1995, 482~486쪽 ; 包偉民, 『宋代地方財政史硏究』, 上海古籍出版社, 2001, 58~61쪽 참조).

95) 본 조문 전체에 대응하는 당령은 확인되지 않지만 본 조문의 일부가 복원 당령과

유관당송문 1)『新唐書』: 京諸司長上官, 以品給其牀罽. 供蕃客帷帟, 則題歲月. 席壽三年, 氈壽五年, 褥壽七年. 不及期而壞, 有罰.(권48, 百官3 衛尉寺 守宮署, 1250쪽)

▸ 유관 일본령

1)『令義解』: 凡廳上及曹司座者, 五位以上, 並給牀席. 其制從別式.(권10, 雜令, 335쪽)

2)『令義解』: 凡在京諸司主典以上, 每年正月, 並給座席. 以下隨壞卽給.(권10, 雜令, 335~336쪽)

▸ 복원 당령

『唐令拾遺補』 雜令, 補2조, 857쪽

『天聖令』 당령복원청본, 雜令, 26조, 750쪽

〈現20〉 諸官人緣使及諸色行人請賜訖停行者, 並劫納[96]已發五百里外者, 納半, 一千里外者, 勿納. 應納者若已造衣物, 仍聽兼納. 其官人有犯罪追還者, 但未達前所, 所賜物並復納.

무릇 관인으로 사인(使人)이 된 자나 여러 종류의 행인[97]이 사물(賜物)을

거의 일치하고, 또 양로령에도 유사한 규정이 있다. 따라서 본 조문은 당령을 계승한 것이 확실하지만 대폭 개정되었다. 그런데 지급품의 사용 기한 준수 규정과 관련, 유관당송문의 『新唐書』와 본 조문의 규정에는 큰 차이가 있다. 즉 『新唐書』에서는 지급된 물품이 기한 이전에 사용이 불가능할 정도로 파손이 심하면 처벌했으나, 본 조문에서는 처벌규정이 삭제되고 대신 기한이 지나 파손된 경우에는 교환한다고 했다. 그리고 본 조문에는 관사 내에 자체적으로 지급품을 보유하고 있는 경우는 본 조문을 적용하지 않는다고 하여 융통성을 두었다.

96) [교감주] '納'은 仁宗 趙禎의 諱를 피해 '徵'을 '納'으로 고친 것이다. 단 유관당송문 1)에 보면, 본 조문의 '納'은 '兼納'의 경우에만 '納'으로 되어 있고 나머지는 모두 '徵'으로 되어 있다.

97) 行人에는 여러 가지 뜻이 있으나 여기서는 使者의 의미로 쓰인 것 같다. 그런데 行人이 본 조문 전반부의 '官人緣使'와 병기되고 있는 것을 보면 여기서의 행인은 관인이 아니면서 使人의 임무를 부여 받은 자이거나 또는 정식으로 除授 받은 使人을 돕거나 수행하는 자가 아닌가 한다. 아래의 인용문에도 이러한 의미에서 行人과 使人이 병기되고 있다(『宋史』 권375, 李邴傳, 11609쪽, "臣謂宜專命一官, 如古所謂行人者, 或止左右司領之, 當遣使人, 擧成法而授之, 庶免臨時斟酌之勞, 而朝廷得以專意治兵矣.").

청해 지급 받았는데 [사정에 의해] 사행(使行)이 중지된 경우, [사물은] 모두 반납시킨다. 이미 출발하여 5백 리 이상 갔다면 반을 반납시키고, 천 리 이상 갔다면 반납을 면제한다.[98] 마땅히 반납시켜야 하는 경우 만약 이미 의복을 만들었더라도 함께 반납하는 것을 허용한다. 관인이 죄를 범해 [강제] 소환 당하게 된 경우, 아직 [사행] 예정지[前所]에 도착하지 않았다면 사여한 물품은 모두 반납시킨다.[99]

유관당송문 1)『白氏六帖事類集』: … 使人蕃賜物令, 雜令, 諸官人緣使, 諸色行人請賜訖, 停行, 並刼徵, 已發五百里外徵半, 一千里外停徵. 已造衣裳聽兼納. 東至高麗, 南至眞臘, 西至波斯·吐蕃及堅昆都督, 北至突厥·契丹·靺鞨, 並爲入蕃, 餘爲絶域.(권16, 和戎)

2)『慶元條法事類』: 諸使已請賜而停行者, 復納. 已造衣物, 聽納衣物. 已行五百里外免半, 一千里或身亡者全免. 命官未達前所而以罪追還者, 不在免限.(권32, 財用 3 理欠 理欠令, 515쪽)

▸ 유관 일본령

『令義解』: 凡官人等回使得賜, 使事停者, 所賜之物, 並不在追限. 其有犯罪追還者, 所賜物並徵納.(권10, 雜令, 336쪽)

▸ 복원 당령

『唐令拾遺』 雜令, 14조, 852쪽 ;『唐令拾遺補』 雜令, 14조, 853쪽

『天聖令』 당령복원청본, 雜令, 32조, 751쪽

---

98) 본 조문의 반납 규정은 '5백 리 이상'과 '천 리 이상'으로 구분되고 있을 뿐 '5백 리 이내'는 언급이 없다. 그것은 아마 '5백 리 이내'가 애초부터 賜物 대상이 아니었기 때문으로 생각된다. 한편 당대 時服 지급 규정에 의하면, 본임지에서 500리 이내에 使人으로 충임된 경우는 지급 범위에 포함되지 않았다(倉庫令, 〈舊21〉조, "諸官人出使覆囚者, 幷典各給時服一具. … 去本任五百里內充使者, 不在給限.").

99) 본 조문은 使行이 정지된 경우의 賜物 반납 규정이다. 즉 사물을 지급 받은 후 사행 자체가 정지되었을 때의 반납, 출발지로부터 이동거리에 따른 반납의 구분, 그리고 범죄로 인해 귀환 당한 경우의 반납 의무를 규정하고 있다. 본 조문의 전·중반부는 유관당송문 1)에 인용된 당 잡령의 전·중반부에 대응하지만, 본 조문 후반부는 당 잡령의 후반부, 즉 '東至高麗' 이하와 전혀 다르다. 그러나 본 조문 후반부는 養老令의 "其有犯罪追還者, 所賜物並徵納."(유관 일본령『令義解』)에 대응하므로 이 부분이 당령에도 있었을 것으로 판단된다. 그렇다면 본 조문은 전부 당령을 계승하여 개정한 것으로 봐도 될 것이다.

〈現21〉 [諸][100]內外諸司所須紙·筆·墨等, 及諸館閤(閣)[101]供寫文書者, 並從官給. 若別使推事, 及大辟獄按者, 聽兼用當司贓贖物充.

무릇 중앙과 지방의 여러 관사에서 필요한 종이·붓·먹 등이나 여러 관각[102]이 문서를 필사할 경우 [필요한 물품은] 모두 관에서 지급한다. 만약 별도로 충임된 사자(使者)가 사안을 재심리하거나[103] 사죄 사건의 옥안(獄案)을 조사할 경우, 해당 관사에서 [몰수·징수한] 장물(贓物)·속물(贖物)을 겸용하여 충당하는 것을 허용한다.[104]

유관당송문 관련기록이 당송 시기 문헌에는 확인되지 않는다.

〈現22〉 諸訴田宅·婚姻·債負, 於法合理(里)[105]者. 起十月一日官司受理, 至正

---

100) [교감주] '諸'는 脫字이다. 令文의 條文 첫머리에 '諸'가 나오는 점을 고려하여 보충한다.

101) [교감주] '閤'은 '閣'의 誤記이다. 송대 官名에는 '館閤'은 없고 '館閣'이 있다.

102) 館閣은 송 초 설치된 3館秘閣, 즉 昭文館, 史館, 集賢院의 3館과 秘閣을 가리킨다. 모두 崇文院 소속기구로 직무는 궁중 도서의 校勘, 史書와 勅撰書의 편찬, 문헌의 수집·정리·收藏 등이었다. 원풍 관제개혁으로 崇文院이 폐지되고 秘書省이 설치되면서 秘閣을 제외한 3館도 폐지되었는데, 그 직무는 다른 부서에서 분담했다. 이후 관념상으로는 秘書省이 '館閣'으로 인식되었다. 한편 廣義의 館閣에는 龍圖閣, 天章閣 등 前皇帝의 도서나 그림, 글씨 등 유품을 전문적으로 收藏하는 文庫(藏書閣)까지도 포함시키기도 한다. 그렇지만 館閣의 핵심이자 본류는 물론 3館秘閣이었다. 본 조문에서 종이 등의 지급과 관련, 관각을 별도로 명기한 것은 주요 직무인 編史 작업만이 아니라 중요 서적의 교감, 보존도 관장했기 때문에 여타 일반 행정 관사보다 고급 용지가 훨씬 많이 필요했기 때문일 것이다.

103) '別使推事'에 대해, 『宋刑統』 권30, 斷獄律 官司出入人罪, 488쪽에 "議曰, 別使推事, 謂充使別推覆者."(『唐律疏議』 권30, 雜律30-4의 疏議 〈제487조〉, 565쪽 ; 『역주당률소의』, 3358~3359쪽)라 했다.

104) 본 조문과 관련된 내용이 다른 문헌에서는 확인되지 않을 뿐 아니라 그 취지도 명확히 파악하기 어렵다. 그러나 館閣 관련 규정은 송대 관각의 직무를 상기하면 어느 정도 그 취지를 이해할 수 있을 것이다. 그리고 장속물 충당 규정은 해당 관사의 일상적인 관리와 경상회계의 범주 밖의 별도 체계에서 운용되는 贓贖物로 충당한다는 것으로 이해할 수 있다. 이는 別使 역시 일상적인 使人이 아니므로 별사의 비용도 비일상적인 贓贖物로 충당한다는 것으로 이해된다.

105) [교감주] '里'는 '理'의 誤記이다. 문맥과 『宋刑統』 권26, 雜律 公私債負, 412쪽, "疏議曰, 負債者, 謂非出擧之物, 依令合理者."를 참고하여 바로잡는다.

月三十日住接詞狀，至三月三十日斷畢．停滯者以狀聞．若先有文案，及交相侵奪者，隨時受理．

무릇 전택·혼인·채무 [채무는] 법으로 다스려야 하는 것이다. 관련 소송은 10월 1일부터 관사에서 수리하여 [이듬해] 정월 30일에 고소장 접수를 마감하며, 3월 30일까지 판결을 마친다.[106] [기한까지 마치지 못해] 정체되었다면 [정체 사유를 적어] 장(狀)으로 상주한다. 만약 이미 안건으로 올라 있거나 갑자기[交][107] 서로 침탈[108]한 경우에는 수시로 수리한다.[109]

---

106) 본 조문에 의하면 전택·혼인·채무의 제소기간은 4개월(10월 1일~이듬해 1월 30일), 재판기간은 6개월(10월 1일~3월 30일)이다. 이는 後周 顯德 4년(957)의 詔文(유관당송문 1, 2, 3)에 규정된 소송 개시일(11월 1일)과 제소 마감일(2월 30일)에 비해 각각 1개월씩 빠르지만 제소기간(4개월)과 재판 종료일(3월 30일)은 같다(유관당송문 5). 그런데 본 조문의 규정은 남송 紹興令에 계승되었다(유관당송문 8). 이에 의하면, 향촌에서는 2월 1일의 '入務'(農務에의 진입)부터 10월 1일의 '務開'(농무의 해제·종료)까지 전택 등 민사소송의 고소장을 수리하지 않는다고 했다('務限之法'; 유관당송문 9). 소흥령에 의하면, 入務(2월 1일)부터 務開 직전(9월 30일)까지가 제소 금지기간이고, 무개(10월 1일)부터 입무 직전인 1월 30일까지가 제소기간, 즉 고소장 접수기간이 된다. 이는 본 조문의 제소기간과 동일하다. 이처럼 전택 등 민사사건에 대해 제소기간과 재판기간을 제한한 것은 장기간의 소송으로 인해 농사에 지장이 있어서는 안 된다는 것이 주된 이유였다(유관당송문 5, 7 및 유관당송문 9, "務限之法, 大要欲民不違農時."). 그러므로 농번기에 해당하는 '務限'의 시기에는 긴급하지 않은 전택 등 민사소송을 제한한 것이다.

107) '交'는 '交相'의 '交'로 볼 수도 있으나 『令義解』 권10, 雜令 訴訟條, 336쪽의 注에 "謂交, 非徐遲之詞."라고 풀이한 것을 참고하여 옮겼다.

108) 『令義解』 권10, 雜令 訴訟條, 336쪽의 注에는 '侵奪'에 대해, "侵者, 侵損於人也. 奪者, 强收財物."이라고 풀이했다.

109) 본 조문은 민사소송의 수리 기간에 대한 규정으로 전택·혼인·채무에 관한 사건의 제소기간과 재판기간 및 그 예외의 경우에 대해 규정하고 있다. 유관당송문 4)의 『宋刑統』 기록에 근거하여 복원된 당령과 본 조문을 비교해보면, 당령은 제소기간과 재판기간을 구분하지 않고 단지 3월30일까지 '檢校'한다고만 했지만, 본 조문은 이때까지 판결을 마치지 못하면 '狀聞'한다고 했다. 하지만 제소기간과 재판기간에 구애받지 않는 예외의 경우로 '先有文案'과 '交相侵奪'을 들고 있는 것은 같다. 그런데 이러한 경우의 소송기한에 대해 당령은 '不在此例'라고 했으나(양로령도 같음), 본 조문은 보다 명확하게 '隨時受理'라고 했다. 또 본 조문에는 당령에 없는 '停滯者以狀聞'이 들어 있다. 이 부분이 유관당송문 5)의 '臣等參詳' 이하 起請文에는 보다 구체적으로 '具停滯刑獄事由聞奏'라고 되어 있다. 그리고 '債負'에 대한 본 조문의 注文, 즉 '於法合理者'는 이 起請文의 注文에 '債負謂法許徵理者'라고 되어 있는데 이 둘은

유관당송문 1)『冊府元龜』: 詔曰, "准令, 諸田宅婚姻, 起十一月一日, 至三月三十日, 州縣爭論, 舊有釐革, 每至農月, 貴塞訟端. 近聞官吏因循, 繇此成弊, 凡有訴競, 故作逗留, 至時而不與盡詞. 入務而卽便停罷, 强猾者因此得志, 孤弱者無以自伸. 起今後應有人論訴物業婚姻, 取十一月一日後, 許陳詞狀, 至三月三十日權停, 自三月三十日已前, 如已有陳詞, 至權停日, 公事未了絶者, 仰本處州縣, 亦與盡理勘逐, 須見定奪了絶. 其本處官吏, 如敢違慢, 並當重責, 其三月一日後, 至十月三十日前, 如有婚田詞訟者, 州縣不得與理. 若是交相侵奪, 情理妨害, 不可停滯者, 不拘此限."(권61, 帝王部 立制度2, 世宗 顯德 四年 七月 甲辰條)

2)『冊府元龜』: 위『冊府元龜』의 기록과 대략 같으나 '自三月三十日已前, 如已有陳詞, 至權停日' 부분이 빠져 있다.(권613, 刑法部 定律令5, 世宗 顯德 4年 7月條)

3)『舊五代史』: 詔曰, "準令, 諸論田宅婚姻, 起十一月一日至三月三十日止者. 州縣爭論, 舊有釐革, 每至農月, 貴塞訟端. 近聞官吏因循, 由此成弊, 凡有訴競, 故作逗遛, 至時而不與盡辭, 入務而卽便停罷, 强猾者因玆得計, 孤弱者無以自伸. 起今後應有人論訴陳辭狀, 至二月三十日權停. 若是交相侵奪·情理妨害·不可停滯者, 不拘此限."(권117, 世宗紀, 顯德 4年 7月 甲辰條, 1560~1561쪽)

4)『宋刑統』: 准雜令, 諸訴田宅·婚姻·債負, 起十月一日, 至三月三十日檢校, 以外不合. 若先有文案, 及交相侵奪者, 不在此例.(권13, 戶婚律, 婚田入務, 207쪽)

5)『宋刑統』: 臣等參詳, 所有論競田宅·婚姻·債負之類, 債負謂法許徵理者. 取十月一日以後, 許官司受理, 至正月三十日住接詞狀, 三月三十日以前斷遣須畢. 如未畢, 具停滯刑獄事由聞奏. 如是交相侵奪, 及諸般詞訟, 但不干田農人戶者, 所在官司隨時受理斷遣, 不拘上件月日之限.(권13, 戶婚律, 婚田入務, 207쪽)

6)『名公書判淸明集』: 在法, 諸典賣田産, 年限已滿, 業主於務限前取贖, 而典主故作遷延占據者, 杖一百.(권9, 戶婚 取贖 典主遷延入務, 318쪽)

7)『宋會要輯稿』: (景祐)五年五月三日詔, 諸色人論田上詣闕進狀, 朝廷下轉運提刑差官推勘者, 並依令十月一日以後施行, 不得有妨農務.(刑法3-45)

8)『宋會要輯稿』: 紹興二年三月兩浙轉運司言, 准紹興令, 諸鄕村以二月一日後爲入務, 應訴田宅婚姻負債者勿受理, 十月一日後爲務開. … 詔應人戶典過田

같은 내용으로 다른 문헌에는 보이지 않는다. 그런데 본 조문의 '先有文案, 及交相侵奪者'는 당령과 같지만 이 起請文에는 '先有文案及諸般詞訟, 但不干田農人戶者'로 되어 있다. 이상에서 보면 본 조문은 당령을 약간 개정·보충하고 유관당송문 5)의 起請文을 참고하여 제정된 것이 확실해 보인다.

產, 如於入務限內年限已滿, 備到元錢收贖, 別無交互不明, 並許收贖. 如有詞訴, 亦許官司受理, 餘依條施行.(刑法3-46)

9) 『宋會要輯稿』: 孝宗隆興元年四月二十四日, 大理卿李洪言: "務限之法, 大要欲民不違農時, 故凡入務而訴婚田之事者, 州縣勿得受理. 然慮富彊之家乘時恣橫, 豪奪貧弱, 於是又爲之制, 使交相侵奪者受理, 不拘務限. 比年以來州縣之官務爲苟且, 往往借令文爲說. 入務之後, 一切不問, 遂使貧民橫被豪奪者, 無所伸訴, 欲望明飭州縣, 應婚田之訟, 有下戶爲豪彊侵奪者, 不得以務限爲拘, 如違, 許人戶越訴." 從之.(刑法3-48)

▸ 유관 일본령

『令義解』: 凡訴訟, 起十月一日, 至三月三十日檢校, 以外不合. 若交相侵奪者, 不在此例.(권10, 雜令, 336쪽)

▸ 복원 당령

『唐令拾遺』 雜令, 15조, 852~853쪽

『天聖令』 당령복원청본, 雜令, 35조, 751쪽

〈現23〉 諸家長在, 子孫·弟姪等不得輒以奴婢·六畜·田宅及餘財物私自質舉, 及賣田宅. 無質而舉者亦准此. **其有家長遠令卑幼質舉·賣者, 皆檢於官司, 得實, 然後聽之. 若不相本問, 違而輒與, 及買者, 物追還主.**

무릇 가장[110]이 있다면 아들·손자·아우·조카 등은 노비·가축[六畜][111]·전택 및 기타 재물을 자기 마음대로 질거[112]하거나 전택을 매각해서는

110) 家長은 호적제도나 기타 공적인 관계에서는 戶主가 된다. 가장은 家 내에서 세대가 가장 높고 나이가 가장 많은 남자가 되는 것이 일반적이다. 가장의 권한은 家의 형태, 즉 家父長型(小型)인가, 아니면 傍系同居型(大型)인가에 따라 달라질 수 있지만 본 조문의 가장은 文意로 보아 후자도 포함된다.

111) 六畜은 말, 소, 양, 돼지, 개, 닭을 가리키지만, 여기서는 모든 가축[雜畜]을 지칭하는 것으로 봐야 할 것이다. 『令義解』 권10, 雜令 家長在條에는 '六畜' 대신 '雜畜'이라고 했다.

112) 質舉는 質[담보의 일종]이 있는 出舉를 말한다. 質은 금전 등을 빌리기 위해 채권자[錢主]에게 질물[담보물]의 점유권, 사용·수익권을 이전하는 것[占有質]으로 채권자는 질물의 수익으로 이식을 충당하며 채무자[質入者, 業主]는 질물의 소유권과 回贖權을 보유한다. 出舉는 금전·재물·곡물 등의 元本을 내어[出] 이식을 거둘 목적으로 대여하는 것[舉]으로 이른바 '利息이 있는 貸借'이다. 舉債, 舉借, 舉放, 舉息, 舉錢

안 된다. 담보[質] 없이 빚을 지는 경우도 이에 준한다. 가장이 멀리 있어서 [부득이] 비유에게 질거나 매각을 하게 한 경우, 모두 관사에서 검교하여 사실을 확인한 연후에 허가한다. 만약 [상대방이 가장이나 관사에 사실관계를] 묻지 않고 [법을] 위반하여 함부로 대여했거나 매입했을 경우, [질물·매]물은 원주인에게 되돌려준다.113)

유관당송문 1)『五代會要』: 周廣順二年十二月, 開封府奏, "… 其有典質倚當物業, 仰官牙人·業主及四鄰同署文契, … 如是卑幼不問家長, 便將物業典賣倚當, 或雖是骨肉物業, 自己不合有分, 輒敢典賣倚當者, 所犯人重行科斷, 其牙人·錢主, 並當深罪. 所有物業, 請准格律指揮. …" 從之.(권26, 市, 415~416쪽)

2)『宋刑統』: 准雜令, 諸家長在, 在謂三百里內非隔閡者. 而子孫·弟姪等不得輒以奴婢·六畜·田宅及餘財物私自質舉, 及賣田宅. 無質而舉者亦准此. 其有質舉·賣者, 皆得本司文牒, 然後聽之. 若不相本問, 違而輒與及買者, 物追還主, 錢沒不追. (권26, 雜律 公私債負, 412쪽 ; 同書 권13, 戶婚律 典賣指當論競物業, 205쪽에도 同文)

3)『宋刑統』: 臣等參詳, 應典賣物業或指名質舉, 須是家主尊長, 對錢主或錢主親信人, 當面署押契貼. 或婦女難於面對者, 須隔簾幕親聞商量, 方成交易. 如家主尊長在外, 不計遠近, 並須依此. 若隔在化外, 及阻隔兵戈, 卽須州縣相度事理,

---

등으로도 불린다.

113) 본 조문은 卑幼의 가산처분 금지 및 제한적 허용에 관한 규정이다. 바꿔 말해 이는 가장의 가산처분권 보호규정이기도 하다. 본 조문은 유관당송문 2)의『宋刑統』所引 잡령을 근거로 복원된 당령과 기본적으로 동일하지만 약간 차이가 있다. 우선 당령에는 '家長在'의 '在'에 대한 注文이 있으나 본 조문에는 없다. 이는 가장이 있는 경우 비유가 무단으로 가산을 처분할 수 없다는 것으로 '家長在'의 경우는 당령에 비해 본 조문 쪽이 비유의 가산처분이 더욱 엄격해졌다고 할 수 있다. 그러나 본 조문에는 당령에 없는 '家長遠令卑幼', 곧 '가장이 遠地에 있는 경우 가장의 명령이 있으면 비유도 처분할 수 있다'는 부분이 들어 있다. 또 당령은 비유의 위법 처분이 있는 경우 재물은 원주인에게 돌려주고 매각이나 질거로 획득한 돈은 몰수한다고 했지만("物追還主, 錢沒不追"), 본 조문에는 '物追還主' 규정만 남고 몰수 규정이 삭제되었는데, 금전에 대한 처리 규정은 없다. 그러나 유관당송문 3)의 起請文에서는 비유의 위법 처분이 있는 경우 금전과 대상물은 각각 양 주인에게 돌려준다('錢業各還兩主')고 했고, 만약 비유가 이미 금전을 소비해버려서 상환할 수 없는 경우 '家主尊長'은 상환할 의무가 없다고 했다.

給與憑由, 方許商量交易. 如是卑幼骨肉蒙昧尊長, 專擅典賣·質擧·倚當, 或僞署尊長姓名, 其卑幼及牙保引致人等, 並當重斷, 錢·業各還兩主. 其錢已經卑幼破用, 無可徵償者, 不在更於家主尊長處徵理之限. 應田宅·物業雖是骨肉不合有分, 輒將典賣者, 准盜論, 從律處分.(권13, 戶婚律 典賣指當論競物業, 205~206쪽)

4)『宋刑統』: 准唐元和五年十一月六日勅節文, 應諸色人中, 身是卑幼, 不告家長, 私擧公私錢物等, 多有此色子弟, 凶惡徒黨因之交結, 便與作保, 擧諸司及形要家錢物, 同爲非道破用, 家有尊長, 都不知委. 及徵收本利, 擧者便東西, 保人等卽稱"擧錢主見有家宅·莊業, 請便收納", 喧訴相次, 實擾府縣. 今後如有此色擧錢, 無尊者同署文契, 推問得實, 其擧錢主在與不在, 其保人等並請先決二十, 其本利仍令均攤塡納, 冀絶奸計.(권26, 雜律 卑幼公私債負, 413쪽)

5)『名公書判淸明集』: 在法, 諸同居卑幼私輒典賣田地, 在五年內者, 聽尊長理訴.(권6, 戶婚 叔侄爭再判, 190쪽)

▸ 유관 일본령

『令義解』: 凡家長在, 而子孫弟姪等, 不得輒以奴婢雜畜田宅及餘財物, 私自質擧及賣. 若不相本問, 違而輒與及買者, 依律科罪.(권10, 雜令, 336쪽)

▸ 복원 당령

『唐令拾遺』 雜令, 16조, 853쪽 ; 『唐令拾遺補』 雜令, 16조, 854쪽
『天聖令』 당령복원청본, 雜令, 36조, 751쪽

〈現24〉 諸以財物出擧者, 任依私契, 官不爲理. 每月取利不得過六分. 積日雖多, 不得過一倍, 亦不得迴利爲本. 其放物者准此. **若違法責[114]利·契外掣奪·及非出息之債者, 官理(里)[115]斷. 收質者若計利過本不贖, 聽從私納. 如負債者逃, 保人代償.**

무릇 재물로 이식을 얻기 위해 대여하는[出擧] 경우 사인간의 계약에 따르도록 일임하고 관은 관여하지 않는다. 매월 이식 수취는 6푼(6%)을

114) [교감주] '責'은 유관당송문 6)에는 '積'으로 되어 있고, 『令義解』 권10, 雜令 公私以財物條, 336쪽에는 '責'으로 되어 있다. 어느 쪽도 가능한데 원문대로 둔다.

115) [교감주] '里'는 '理'의 오기이다. 『令義解』 권10, 雜令 公私以財物條, 336쪽의 '官爲理'에 의거해 바로잡는다.

초과해서는 안 된다.116) [빌린] 날짜가 많이 경과했다 해도 [이식 총액은 원본의] 배(100%)를 초과해서는 안 되며, 또한 이식을 돌려 원본에 [합산]해서도 안 된다.117) [재물 대신] 곡물을 빌려주고 이식을 받는 경우 이에 준한다.118) 만약 법을 위반하여 이식을 물리거나 계약 외의 압류를 하거나 또는 이식이 붙지 않는 채무119)의 경우는 관이 관여하여 판결한다. 질물을 수취하여 [출거한] 경우 만약 이식을 계산하여 원본을 넘었는데도 되찾지 않았다면 사납120)에 따를 것을 허용한다. 만약 채무자[負債者]121)가 도망

116) 월리 6% 초과 금지 규정은 본 조문이나 유관당송문 6)『宋刑統』所引 雜令의 규정이 같다. 그러나 유관당송문에 제시된 관련 규정들을 보면 모두 월리 4~5% 초과 금지로 되어 있다. 이식 총액의 제한(원본의 100%), 복리계산 금지 규정은 유관당송문의 관련 기록이 모두 일치한다. 특히 유관당송문 9)에서는 이식 총액이 원본을 넘을 때는 몰수한다고 했다.

117) 유관당송문 10)에 보듯, 남송에서는 재물출거에서 복리계산 했을 경우 杖60으로 다스렸고, 협박하여 강제로 이식을 취했을 경우는 가중처벌하고 있다.

118) 저본의 "其放物者准此."가 유관당송문 6)의『宋刑統』所引 雜令에는 "其放財物爲粟麥者, 亦不得廻利本, 及過一倍."로 되어 있다. '放物者'보다 '放財物爲粟麥者' 쪽이 의미가 더 분명하다. 그리고 '放物'이 正文의 '財物出擧'와 어떠한 차이가 있는지 불분명하므로 '放物者'는 '放財物爲粟麥者'의 의미로 옮긴다.

119) '이식이 붙지 않는 채무'('非出息之債')란 당시 용어로 '負債'를 말한다. 유관당송문 4)에 "疏議曰 ; 負債者, 謂非出擧之物, 依令合理者, 或欠負公私財物."이라 했다. 出擧가 '有息借貸'인데 반해 '負債'는 '無息借貸'이다. 다시 말해 負債는 '이식이 없는 消費貸借'(仁井田陞,『中國法制史 增訂版』, 東京 : 岩波書店, 1963, 324~325쪽 참조)와 使用貸借로서, 당송률에서는 負債 상환 계약을 어기거나 기한을 지키지 않으면 연체기간, 채무액에 따라 차등적으로 형벌을 부과했다(유관당송문 4). 그러나 '負債'는 말 그대로 '빚[債]을 지는[負] 것'이라는 뜻으로도 사용되었고, 또 당시 '채무의 총칭'으로 쓰이는 '債負'와 혼용되기도 했다. 예컨대 유관당송문 5)에 "諸負債不告官司, 而強牽財物, 過本契者, 坐贓論. 疏議曰, 公私債負, 違契不償, 應牽掣者, 皆告官司聽斷."이라고 하는 데서 보듯, 律文에는 '負債', 疏議에는 '債負'라 했다. 이는 앞에서 말한 '非出擧之物'을 일컫는 '負債'와는 다른 용법이다. 그런데 송대에 오면 '負債'가 '債負'와 혼용되는 경우가 더욱 많아질 뿐만 아니라 원래 '無息借貸'인 '負債'에도 利息이 붙기도 했다. 이렇게 되자 '負債'가 '有息借貸'인 출거까지 포괄하는 경우도 생기게 되었다. 물론 '負債'는 본뜻인 '非出擧之物' 또는 '非出息之債'이라는 의미로도 계속 쓰였기 때문에 신중한 접근이 필요하다.

120) '私納'은 유관당송문 14)에는 '私約'으로 되어 있다. 이를 참고하면 원문의 私納이란, 質權者(錢主)와 質入者(業主)간의 사적인 約定이 된다. 이때의 사적인 약정은 몇 가지 경우를 상정할 수 있는데, 우선 質入者의 입장에서 보면, 원래 약정한 回贖金

간 경우 보증한 사람[保人]이 대신 상환[122]한다.[123]

유관당송문 1)『唐六典』: 凡質擧之利, 收子不得踰五分, 出息債過其倍, 若回利充本, 官不(爲?)理.(권6, 尙書刑部, 195쪽 ;『역주당육전』상, 625~627쪽)

2)『唐會要』: 長安元年十一月十三日勅, 負債出擧, 不得回利作本, 並法外生利, 仍令州縣, 嚴加禁斷.(권88, 雜錄, 1919쪽)

3)『唐會要』: (開元)十六年二月十六日詔, 比來公私擧放, 取利頗深, 有損貧下, 事須厘革. 自今已後, 天下負擧, 祗宜四分收利, 官本五分取利.(권88, 雜錄, 1919쪽)

4)『宋刑統』: 諸負債違契不償, 一匹以上違二十日, 笞二十 … 百匹又加三等. 各令備償. 疏議曰, 負債者, 謂非出擧之物, 依令合理者, 或欠負公私財物, 乃違約乖期不償者, 一匹以上違二十日, 笞二十 … 百日不償, 合徒一年, 各令備償.(권26, 雜律 公私債負, 412쪽 ;『唐律疏議』권26, 잡률10의 율문 및 소의 〈제398조〉, 485쪽 ;『역주당률소의』, 3212~3213쪽)

5)『宋刑統』: 諸負債不告官司, 而强牽財物, 過本契者, 坐贓論. 疏議曰, 公私債負, 違契不償, 應牽掣者, 皆告官司聽斷. 若不告官司而强牽掣財物, 若奴婢畜産, 過本契者, 坐贓論.(권26, 雜律 公私債負, 412쪽 ;『唐律疏議』권26, 잡률10의 율문 및 소의 〈제399조〉, 485~486쪽 ;『역주당률소의』, 3213~3214쪽)

대신 다른 대체물로 납입할 것을 質權者에게 요청하거나 또는 회속 기한 연장을 요청하는 경우이다. 그리고 質權者의 입장에서는 질입자의 回贖 기한 위반에 따른 질물 점유를 생각해 볼 수 있다.

105) '負債者'의 '負債'는 '채무의 총칭'인 '債負'의 뜻으로 쓰인 것으로 보인다.

122) 본 조문에서 보증인은 채무자가 도망가지 않는다는 것을 담보할 뿐 채무자와 동일한 채무를 지는 것은 아니며, 또 일반적인 채무자가 채무 불이행 시에 지는 변제 책임을 지는 것도 아니다. 여기서 보증인의 책임은 '채무자가 도망가지 않는 것을 보증'함으로써 채무자의 채무 이행을 보증하는 것이다. 仁井田陞은 이러한 보증을 '留住保證'이라고 했고, 지불보증과는 명백히 다르다고 했다(仁井田陞,『中國法制史硏究 土地法·取引法』, 東京 : 東京大學出版會, 1960, 500~501쪽 참조).

123) 본 조문은 財物出擧, 質擧, 負債(無息借貸), 보증 책임에 대한 규정이다. 즉 출거에 있어서 私契의 인정, 이식율과 이식 총액 제한 및 복리계산 금지, 위법으로 이식을 취한 경우 등에 있어서 官의 관여, 質物의 처리, 보증인의 代償 책임 등을 규정하고 있다. 본 조문은 유관당송문 6)을 근거로 복원된 당령을 상당 부분 개정 또는 삭제했다. 특히 채무 불이행 시 강제 사역과 질물 처리에 관한 규정에서 본 조문은 당령과 큰 차이를 보인다. 한편 본 조문이『慶元條法事類』에는 關市令에 편입되었다(유관당송문 13,14).

6)『宋刑統』: 准雜令, 諸公私以財物出擧者, 任依私契, 官不爲理. 每月取利不得過六分. 積日雖多, 不得過一倍. 若官物及公廨, 本利停訖, 每計過五十日, 不送盡者, 餘本生利如初, 不得更過一倍. 家資盡者役身折酬. 役通取戶內男口, 又不得廻利爲本. 其放財物爲粟麥者, 亦不得廻利爲本, 及過一倍. 若違法積利, 契外掣奪, 及非出息之債者, 官爲理. 收質者, 非對物主, 不得輒賣. 若計利過本不贖, 聽告市司對賣, 有剩還之. 如負債者逃, 保人代償.(권26, 雜律 公私債負, 412~413쪽)

7)『宋刑統』: 戶部格勅, 天下私質擧, 宜四分收利, 官本五分生利.(권26, 雜律 公私債負, 413쪽)

8)『宋刑統』: 准唐開成二年八月二日勅節文, 今後應有擧放, 又將産業等上契取錢, 並勒依官法, 不得五分以上生利. 如未辯計會, 其利止於一倍, 不得虛立倍契, 及計會未足, 抑令翻契, 廻利爲本. 如有違越, 一任取錢人經府縣陳論, 追勘得實, 其放錢人請決脊杖二十, 枷項令衆一月日. 如屬諸軍·諸使, 亦准百姓例科處.(권26, 雜律 公私債負, 414쪽)

9)『續資治通鑒長編』: 令富民出息錢不得過倍稱, 違者沒入之.(권23, 태종 태평흥국 7년 6월 병자조, 522쪽)

10)『慶元條法事類』: 諸以財物出擧而回利充本者, 杖六十, 以威勢毆縛取索, 加故殺罪三等.(권80, 雜門 出擧債負 雜勅, 902쪽)

11)『慶元條法事類』: 諸以負債違契不償, 罪止杖一百.(권80, 雜門 出擧債負 雜勅, 902쪽)

12)『慶元條法事類』: 諸以債負質當人口, 虛立人力·女使雇契同. 杖一百, 人放逐便, 錢物不追. 情重者奏裁.(권80, 雜門 出擧債負 雜勅, 902쪽)

13)『慶元條法事類』: 諸以財物出擧者, 每月取利不得過四釐, 積日雖多, 不得過一倍.(권80, 雜門 出擧債負 關市令, 903쪽)

14)『慶元條法事類』: 諸負債違契不償, 官爲理索. 欠者逃亡, 保人代償, 各不得留禁. 卽欠在五年外或違法取利, 及高擡賣價, 若元借穀米而令准折價錢者, 各不得受理. 其收質者, 過限不贖, 聽從私約.(권80, 雜門 出擧債負 關市令, 903쪽)

▸ 유관 일본령

『令義解』: 凡公私以財物出擧者, 任依私契, 官不爲理. 每六十日取利, 不得過八分之一. 雖過四百八十日, 不得過一倍. 家資盡者, 役身折酬. 不得廻利爲本. 若違法責利, 契外掣奪, 及非出息之債者, 官爲理. 其質者, 非對物主, 不得輒賣, 若計利過本不贖, 聽告所司對賣. 卽有乘還之. 如負債者逃避, 保人代償.(권10, 雜令,

336~337쪽)

▶ 복원 당령

『唐令拾遺』 雜令, 17조, 853~855쪽 ; 『唐令拾遺補』 雜令, 17조, 854쪽

『天聖令』 당령복원청본, 雜令, 37조, 751쪽

〈現25〉 **諸以粟(票)[124]·麥出擧, 還爲粟·麥者, 任依私契, 官不爲理. 仍以一年爲斷, 不得因舊本生利,[125] 又不得迴利爲本.**

무릇 속·맥으로 출거하여 속·맥으로 상환할 경우 사인간의 계약에 따르도록 일임하고, 관은 관여하지 않는다. [속·맥 출거는] 1년을 기한으로 하고,[126] [1년 이후에는] 원곡[舊本]으로 이식[127]을 [다시] 발생케 해서는 안 되며[128] 또 이식을 돌려 원본에 [합산]해서도 안 된다.[129]

---

124) [교감주] '票'는 '粟'의 오기이다. 유관당송문 1)에 의거해 바로잡는다.

125) [교감주] 저본의 '生利' 앞에 유관당송문 1)의 『宋刑統』과 『令義解』 권10, 雜令 以稻粟條, 337쪽에는 모두 '更令'이 있다. 이쪽이 의미가 보다 분명하지만 저본대로 둔다.

126) 宋律에서 1년은 360일인데 윤달도 계산에 넣었다(『宋刑統』 권6, 名例律 雜條, 104쪽, "稱年者, 以三百六十日. 議曰, 在律稱年, 多據徒役, 此既計日, 不以十二月稱年. 議稱年, 閏月亦計爲日. 稱載, 不論閏, 須經正月以後, 始是一載.). 그러나 당시 곡물의 대차 관행은 봄에 빌려 수확기인 가을에 갚는 '一熟'을 기준으로 했다(仁井田陞, 『中國法制史 增訂版』, 326쪽 참조). 또 『令義解』 권10, 雜令 以稻粟條, 337쪽의 注文에도 "謂春時擧受, 以秋冬報, 是爲一年也."라고 했다.

127) 본 조문에는 粟麥出擧의 이식총액이 규정되지 않았지만 재물출거와 마찬가지로 원곡의 100%를 넘을 수 없었다(『宋刑統』 권26, 雜律 公私債負, 412~413쪽, "[原注 : 其放財物爲粟麥者, 亦不得廻利爲本, 及過一倍.]").

128) 원문의 '不得因舊本生利'에서 '舊本'의 의미가 명확하지 않다. 그러나 앞 구절의 "[속·맥출거는] 1년을 기한으로 한다"는 규정을 참고하면, 舊本은 貸主로부터 최초로 빌린 元本(元穀)에 대해 '1년[一熟] 만기' 이후의 시점에서 지칭하는 말인 것 같다. 그렇더라도 '不得因舊本生利'의 의미는 여전히 불명확하다. 이 구절은 일단 "(1년 이후에는 舊本(元穀)만 상환하고) 舊本에는 이자를 붙여서는 안 된다"는 의미로 해석된다. 그렇다면 1년 이후에는 갚지 못한 舊本이 있어도 이에 대한 이식은 붙이지 않는다는 것인데, 이 점이 쉽게 납득이 안 된다. 그러나 당시 곡물출거에 있어서 이식 수취 관행이 '1년 10할'이었다는 점, 그리고 앞 주에서 인용한 '이식의 過一培(10할 초과) 금지' 규정을 고려하면, 이 구절의 의미를 이해할 수 있다고 본다. 즉 당시는 '1년 10할' 이식이 관행이었는데, 만약 1년 이후에도 舊本에 대해 다시 이식을 붙이면 '過一培' 금지 규정에 어긋나기 때문에 舊本에 대해서는 이듬해부터 다시 이식을 붙이지 않는다고 해석할 수 있다. 왜냐하면 원래 수확기에 갚기로

유관당송문 1)『宋刑統』: 諸以粟麥出擧, 還爲粟麥者, 任依私契, 官不爲理. 仍以一年爲斷, 不得因舊本更令生利, 又不得迴利爲本.(권26, 雜律 公私債負, 413쪽)

2)『建炎以來繫年要錄』: 左朝奉郎監尙書六部門鍾世明轉對論, "富室乘農民之急, 貸以米穀, 使之償錢, 而又重取其利. 乞令止償本色." 從之.(권161, 紹興 20年 12月 丁巳條, 5137쪽)

3)『慶元條法事類』: 諸 … 卽元借米穀者, 止還本色, 每歲取利不得過五分. 謂每斗不得過五升之類. 仍不得准折價錢.(권80, 雜門 出擧債負 關市令, 903쪽)

▸ 유관 일본령

『令義解』: 凡以稻粟出擧者, 任依私契, 官不爲理. 仍以一年爲斷, 不得過一倍. 其官半倍, 並不得因舊本更令生利, 及迴利爲本. 若家資盡, 亦准上條.(권10, 雜令, 337쪽)

▸ 복원 당령

『唐令拾遺』 雜令, 18조, 855쪽

『天聖令』 당령복원청본, 雜令, 37조, 752쪽

〈現26〉 諸於官地內得宿藏物者, 皆入得人. 於他人私地得者, 與地主中分之. 若得古器形(刑)[130]制異者, 悉送官酬直.

약정했으나 갚지 못한 경우, 다시 舊本에 대해 이식을 붙이게 되면 다른 재물과 달리 곡물은 또 다시 1년 뒤의 수확을 기다려 상환해야 하는 데다 이 기간 동안 이식이 누적되므로 결국 舊本과 이식은 더욱 더 갚기 어려워질 것이고, 경우에 따라서는 상환이 불가능한 상황이 발생할 수 있기 때문이다. 이렇게 본다면 곡물 출거에 있어서 이식 발생 기한을 1년으로 제한한 것은 국가의 소농민 보호라는 관점에서 이해할 수 있다. 舊本과 관련, 養老令에서는 舊本을 新本으로 돌리거나 갚지 못한 원본과 이식을 전부 다시 新本으로 돌리는 행위를 금하고 있다(『令義解』 권10, 雜令, 337쪽, '不得廻利爲本'의 注, "其廻舊本爲新本, 及全廻不償之本利更爲新本, 亦同也.").

129) 본 조문은 粟麥出擧에서 원곡과 이식을 동종의 곡물로 갚을 경우는 私契를 인정하고 관부는 관여하지 않는다는 것, 상환 기한은 1년으로 한다는 것, 그리고 이식률 산정 방법의 규제를 규정하고 있다. 본 조문은 유관당송문『宋刑統』에 인용된 당령과 완전히 일치한다. 한편 유관당송문 3)에 보듯, 남송대에도 곡물 상환은 本色, 즉 동종·동급의 대체물로 한다고 했고, 이식률은 최고 年利 5分(50% ; 남송의 1分은 1/10임)으로 크게 제한했다.

130) [교감주] '刑'은 '形'의 오기이다. 유관당송문 1)『宋刑統』 권27, 雜律 地內得宿藏物의

무릇 관지 내에서 매장물을 습득한 경우 모두 습득한 사람에게 준다. 타인의 사유지에서 습득했다면 토지 주인과 반으로 나눈다. 만약 오래된 기물 중에서 형태와 양식이 기이한 것을 습득한 경우 모두 관에 보내게 하고 [관이] 대가를 보상한다.[131]

유관당송문 1)『宋刑統』: 諸於他人地內得宿藏物, 隱而不送者, 計合還主之分, 坐贓論減三等. 若得古器形制異, 而不送官者, 罪亦如之. 疏議曰, 謂凡人於他人地內得宿藏物者, 依令, 合與地主中分, 若有隱而不送, 計應合還主之分, 坐贓論, 減三等, 罪止徒一年半.(권27, 雜律 地內得宿藏物, 445쪽 ;『唐律疏議』권27, 雜律59의 율문과 소의〈제447조〉, 520쪽 ;『역주당률소의』, 3274~3275쪽)

2)『慶元條法事類』: 諸官地內得宿藏物者, 聽收. 若他人地內得者, 與地主中分. 卽器物形制有異者, 悉送官, 酬其直.(권80, 雜門 闌遺 雜令, 906쪽)

▸ 유관 일본령

『令義解』: 凡於官地得宿藏物者, 皆入得人. 於他人私地得, 與地主中分之. 得古器形制異者, 悉送官酬直.(권22, 雜令, 338쪽)

▸ 복원 당령

『唐令拾遺』 雜令, 20조, 855~856쪽 ;『唐令拾遺補』 雜令, 20조, 854~855쪽

『天聖令』 당령복원청본, 雜令, 40조, 752쪽

〈現27〉 諸畜產觝人者, 截兩角 ; 踰人者, 絆之[132] ; 齧人者, 截兩耳. 其有狂犬, 所在聽殺之.

'若得古器形制異'에 의거해 바로잡는다.

131) 본 조문은 매장물의 귀속 및 보상 규정이다. 본 조문은 양로령과 완전히 일치하므로 당령을 계승한 것이 확실하다. 그런데 유관당송문의『慶元條法事類』에는 본 조문의 '皆入得人'이 '聽收'로 되어 있다. 이는 官地 내에서의 습득물은 습득자에게 준다는 본 조문의 규정이 남송 慶元令에서는 관에서 몰수한다는 규정으로 바뀐 것이다. 단 본 조문의 중·후반부는『慶元條法事類』의 기록과 일치한다. 한편, 당·송률에서는 사유지에서 매장물을 습득한 자가 주인의 몫(1/2)을 돌려주지 않거나 특이한 古器를 습득하고도 숨기고 관에 보내지 않으면 처벌했다(유관당송문 1).

132) [교감주] '之'가 유관당송문 1)의『宋刑統』所引 雜令에는 '足'으로 되어 있다. 그러나 상기『令義解』에 '之'로 되어 있는 것을 고려하여 원문대로 둔다.

무릇 가축이 사람을 뿔로 받았다면 두 뿔을 자르고, 사람을 찼다면 [다리를] 묶어두며, 사람을 물었다면 두 귀를 자른다. 미친개가 있다면 그 자리에서 죽이는 것을 허용한다.133)

유관당송문 1)『宋刑統』: 諸畜産及噬犬有觝蹹齧人, 而標幟·羈絆不如法, 若狂犬不殺者, 笞四十. 以故殺傷人者, 以過失論. … 議曰, 依雜令, "畜産觝人者, 截兩角. 蹹人者, 絆足. 齧人者, 截兩耳." 此爲標幟羈絆之法.(권15, 廐庫律 故殺誤殺官私馬牛並雜畜條, 236~237쪽 ; 『唐律疏議』 권15, 廏庫12-1의 율문과 소의 〈제207조〉, 285쪽 ; 『역주당률소의』, 2313~2314쪽)

2)『慶元條法事類』: 諸畜産抵人者, 截兩角 ; 嚙人, 截兩耳 ; 蹹人者, 絆之.(권79, 畜産 畜産傷人 廐牧令, 893쪽)

▸ 유관 일본령

『令義解』: 諸畜産觝人者, 截兩角. 蹹人者, 絆之. 齧人者, 截兩耳. 其有狂犬, 所在聽殺之.(권22, 雜令, 338쪽)

▸ 복원 당령

『唐令拾遺』 雜令, 21조, 855~856쪽 ; 『唐令拾遺補』 雜令, 21조, 855쪽

『天聖令』 당령복원청본, 雜令, 41조, 752쪽

〈現28〉 諸州縣學館牆宇頹壞·牀(壯)134)席几案須修理者, 用當處州縣公廨物充.

무릇 주·현 학교[學館]135)의 건물이 파손·붕괴되었거나 의자·책상이 [파

---

133) 본 조문은 사람에게 상해를 입혔거나 위해를 가할 우려가 있는 가축에 대한 처리 규정이다. 유관당송문 1)을 근거로 복원된 당령에는 본 조문의 末句가 빠져 있지만 나머지 부분은 본 조문과 일치한다. 유관당송문 1)에 보듯, 당률에 狂犬을 죽이지 않았을 경우 주인을 처벌한다는 규정이 있는 점, 그리고 양로령의 관련 기록이 본 조문과 완전히 일치하는 점을 고려하면 당령에도 본 조문의 末句 부분이 존재했을 것으로 판단된다. 그리고 본 조문은 『慶元條法事類』에는 廐牧令에 수록되어 있는데 문구 배열이 다르지만 내용은 같다.

134) [교감주] '壯'은 '牀'의 誤記이다. 文意에 의해 바로잡는다.

135) 송대 지방 官學이 본격적으로 전국에 설치되고 체계를 갖추기 시작한 것은 인종 慶曆 연간(1041~1048) 范仲淹 등의 '興學校' 노력의 결과 '州縣立學'의 詔令이 반포된(경

손되어] 수리해야 할 경우 해당지 주·현의 공사물[公廨物][136]로 충당한다.[137]

유관당송문 관련 기록이 당송 시기 문헌에서는 확인되지 않는다.

〈現29〉 諸州縣官私珍奇·異物·滋味·鷹狗·玉帛·口馬之類非正勅索者, 皆不(得)[138]得進獻. 其年常貢方物者, 不在此限.

무릇 주·현의 관·민은 진기하고 특이한 물품·진미[滋味]·매와 개, 옥과 비단, 명마[口馬][139]와 같은 것들을 정칙(正勅)으로 요구하지 않은 경우 모두 진헌해서는 안 된다. 해마다 일정하게 공납하는 토산물은 이 범위에 두지 않는다.[140]

력 4년) 이후의 일이었다(『文獻通考』 권46, 學校考7 郡國鄕黨之學, 431쪽).

136) 公使物과 公廨物에 대해서는 〈現19〉조의 주를 참조할 것.

137) 본 조문은 州縣 학교의 파손된 건물과 비품 수리는 해당 주·현의 公使物(公廨物)로 충당한다는 규정이다. 현재 본 조문에 대응하는 당의 令文은 물론 유사한 기록도 확인되지 않는다. 본 조문의 취지는 두 가지 관점에서 이해할 수 있다. 하나는 중앙 정부가 수리비를 지원하지 않으므로 지방의 공해물로 자체 해결해야 한다는 것이고, 다른 하나는 주·현에서 민간에게 수리비 지원을 강제해서는 안 된다는 것이다. 天聖令 반포 당시에는 주·현 학교의 설립은 극히 미미했고, 정부의 지원도 부족 또는 부재했기 때문에 그 건립과 운영에 어려움이 많았다. 이 시기는 '州縣立學'의 詔가 반포되기(慶曆 4년) 이전이었으므로 주·현 학교의 건립과 운영은 거의 전적으로 지방관의 의지와 역량에 달려있었다. 이 과정에서 지방관의 과잉 의욕으로 민간에게 후원을 강요하는 일이 발생하기도 했다. 본 조문이 설정된 것도 바로 이 같은 이유 때문으로 생각된다. 한편 州縣 관청 건물인 公廨舍의 수리 규정은 營繕令, 〈現21〉조에 있다.

138) [교감주] '得'은 '不'의 오기이다. 文意에 의해 바로잡는다.

139) 口馬의 본뜻은 '장성 이북 특히 張家口 이북에서 나는 말'로서 名馬, 良馬의 뜻으로 쓰인다. 본 조문의 口馬가 유관당송문의 『文獻通考』에는 '名馬'로 되어 있다.

140) 본 조문은 특이하고 진귀한 貢物의 진헌에 관한 규정이다. 전반부는 珍奇·異物 등의 貢物은 正勅에 의해서가 아니면 진헌해서는 안 된다는 내용이다. 바꿔 말해 이는 正勅이 내려지면 이러한 공물도 진헌한다는 뜻이 된다. 따라서 본 조문은 別貢 자체를 전면 금하는 규정은 아니다. 그리고 후반부는 매년 정규적인 常貢의 지방 토산물은 이 규정에 구애받지 않는다고 했다. 본 조문의 "非正勅索者, 皆不得進獻"은 『新唐書』에 '非有詔不獻'이라고 되어 있는데 둘은 같은 내용이다. 그러나

유관당송문 1)『新唐書』: 州府歲市土所出爲貢, 其價視絹之上下, 無過五十匹. 異物·滋味·口馬·鷹犬, 非有詔不獻. 有加配, 則以代租賦.(권51, 食貨1, 1344쪽)

2)『文獻通考』; 唐制, 州府歲市土所出爲貢, 其價視絹之上下, 無過五十匹. 異物·滋味·名馬·鷹犬, 非有詔不獻. 有加配, 則以代租賦.(권22, 土貢考1, 215쪽)

▸ 복원 당령

『天聖令』 당령복원청본, 雜令, 44조, 752쪽

〈現30〉 諸王·公主及官人, 不得遣官屬·親事·奴客(容)[141]·部曲等在市肆興販(放),[142] 及於邸店沽賣·出擧. 其遣人於外處賣買給家非商利者, 不在此例.

친왕[諸王][143]·공주 및 관인은 관속·친사·노객·부곡 등에게 점포[市肆][144]에서 상거래를 하게 하거나 저점[145]에서 판매·출거를 하게 해서는

『新唐書』에는 본 조문에서 규제하는 공물 중에서 '珍奇'와 '玉帛'이 빠져 있다. 또 본 조문의 후반부는 『新唐書』의 그것과 완전히 다른 내용이다. 따라서 현재로서는 본 조문과 『新唐書』의 기록 중 어느 쪽이 당령인지 확정하기 어렵다.

141) [교감주] '容'은 '客'의 誤記이다. 유관당송문 1)과 2)에 의거해 바로잡는다.

142) [교감주] '放'은 '販'의 誤記이다. 유관당송문 1)과 2)에 의거해 바로잡는다.

143) '諸王'의 '諸'는 令文 條文의 문두에 오는 發語詞 '諸'가 아니라 親王의 異稱인 '諸王'의 '諸'이다. 이 점은 본 조문과 일치하는 令文이 수록된 『稽古定制』 권1, 唐制(『大明會典』 권97 所收)에서 본 조문의 '諸王'이 '凡諸王'으로 되어 있는 데서도 확인된다. 또 『續資治通鑑長編』 권59, 진종 경덕 2년 3월 신유조, 1324쪽의 "詔諸王·公主·近臣, 無得以下第親族·賓客求賜科名."이라는 기록도 이 점을 뒷받침해준다.

144) 市肆의 '市'는 원래 州·縣 城內의 상업구역, 보다 엄밀히 말하면 城內의 가로에 의해 4角으로 구획된 지역인 坊 안의 지정 상업구역(坊 전체 또는 당대 長安처럼 복수의 坊이 市인 경우도 있다)을 말한다. 肆는 오늘날의 상점 또는 점포이며 市 안에 집중 분포되어 있었다. 舖(鋪) 또는 肆舖라고도 했다. 따라서 市肆의 본뜻은 '지정 상업구역인 市 안의 肆[상점]'이다. 그런데 당 후기 이후 市制, 곧 상업 활동의 장소적·시간적 제한, 그리고 坊制의 붕괴로 肆는 거주지역인 여러 坊은 물론 城外까지 확산되었다. 里肆가 많이 생기게 된 것이다. 송대에 오면 이러한 현상이 더욱 두드러졌다. 그러므로 관인 등의 상업 활동을 금한다는 본 조문의 취지에서 볼 때, 본 조문의 市肆는 '지정 상업구역인 市 안의 肆[상점]'라는 원뜻에 한정된 것이 아니라 '城市의 肆'는 물론 里肆까지 포함된 것으로 봐야 할 것이다.

145) 邸店은 숙박·음식·창고업을 겸영하는 상업시설로 이들 업종 외에 상품 판매의 중개·알선, 위탁판매, 금융업, 운송수단 제공 등 客商의 활동을 돕는 각종 일을

안 된다. 남에게 외지에서 매매하게 하더라도 자가에만 공급되고 상업 이익을 꾀하는 것이 아니라면 이 범위에 두지 않는다.146)

유관당송문 1)『白氏六帖』: 雜令, 諸王·公主及宮(官?)人, 不得[遣]親事·帳內·邑司·如(奴?)客·部曲等, 在市興販, 及邸店沽賣者(衍字?)出擧.(권11, 公主)

▸ 유관 일본령

『令義解』: 凡皇親及五位以上, 不得遣帳內資人及家人奴婢等, 定市肆興販.其於市沽賣出擧, 及遣人於外處貿易往來者, 不在此例.(권10, 雜令, 337쪽)

▸ 복원 당령

『唐令拾遺』 雜令, 22조, 857쪽 ;『唐令拾遺補』 雜令, 22조, 855쪽

『天聖令』 당령복원청본, 雜令, 45甲·45乙조, 752쪽

〈現31〉 諸官人赴任及以理去官, 雖無食券(券食),147) 欲投驛止宿者, 聽之,

하는 경우가 많았다. 말하자면 객상의 활동 무대이자 원격지 상업의 거점이라고 할 수 있다. 邸肆, 邸鋪, 邸舍, 塌房, 塌坊이라고도 했다. 당 중기 이후 邸店은 도시만이 아니라 향촌의 교통 요지에도 설치되었고, 송대 상업의 발달과 중소도시의 대거 출현으로 그 수가 크게 증가했다. 그런데 邸店에 대해,『宋刑統』 권4, 名例律 贓物沒官及徵還官主竝勿徵, 65쪽에 "議曰, … 邸店者, 居物之處爲邸, 沽賣之所爲店."(『唐律疏議』 권4, 名例34의 소의 〈제34조〉, 92쪽 ;『역주당률소의』, 258~259쪽)이라 하여 邸는 물품 보관 장소, 店은 판매 장소로 구분하여 풀이하고 있다. 그러나 실제로 저점의 영업범위는 이러한 당·송률의 규정보다 훨씬 넓기 때문에 당시에 이처럼 엄밀하게 구분해서 쓰였는지는 의문이다. 한편 이러한 해석과 달리 규모가 작은 것을 店, 큰 것을 邸라고 불렀다는 견해도 있다.

146) 본 조문은 친왕·공주·관인이 관속 등 대리인을 통해 상행위를 하는 것을 금한다는 규정이다. 그러나 대리인을 통한 외지에서의 매매가 이익 추구를 위한 것이 아니라 가내 수요를 위한 것이라면 이러한 규정을 적용하지 않는다는 예외조항을 附記하고 있다. 본 조문은 당령의 '帳內, 邑司'가 '官屬'으로 바뀐 것 외에는 완전히 일치한다. 본 조문의 취지는 관인 등이 영리를 목적으로 벌이는 상행위를 금한다는 것이지 모든 매매행위를 일절 금하는 것이 아니다. 그러나 본 조문은 관인 등이 예외조항, 곧 대리인을 통해 행하는 매매가 商利를 위한 것이 아니고 '給家'를 위한 것이라면 금지 대상에서 제외된다는 규정의 허점을 악용하여 상행위에 나설 수 있는 단서를 마련해줬다는 점도 부인할 수 없다.

147) [교감주] '券食'은 '食券'의 오기인 듯하다. 中華書局 校錄本은『舊五代史』에 보이는 용례(권67, 唐書43, 任圜傳 895~896쪽, "先是, 使人食券, 皆出於戶部.")를 근거로 '券食'은

並不得輒受(爲)[148]供給.

무릇 관인이 부임하거나 적법한 사유로 관직을 떠나는 경우 비록 식권(食券)[149]이 없더라도 역에 투숙하고자 한다면 이를 허용하되 모두 함부로 [음식이나 물품 등을] 공급받게 해서는 안 된다.[150]

유관당송문 1)『宋刑統』: 疏議曰, … 雜令, 私行人, 職事五品以上·散官二品以上·爵國公以上, 欲投驛止宿者, 聽之. 邊遠及無村店之處, 九品以上·勳官五品以上及爵, 遇屯驛止宿亦聽, 並不得輒受供給.(권26, 雜律 不應入驛而入, 420~421쪽; 『唐律疏議』 권26, 雜律21의 소의 〈제409조〉, 492쪽; 『역주당률소의』, 3226쪽)

2)『慶元條法事類』: 諸驛, 品官之家及未入官人若校尉, 雖不請券, 並聽入.(권10, 職制7 舍驛 驛令, 177쪽)

▸ 유관 일본령

『令義解』: 凡私行人, 五位以上, 欲投驛止宿者, 聽之. 若邊遠及無村里之處, 初位

'食券'의 오기일 것으로 추정했다. 그러나 '券食'은 '倉券'의 오기일 가능성도 있다. 倉券은 송대 공무로 出行하는 관원이나 가속에게 지급하는 식량 수령 증표의 하나로, 상장령, 〈現30〉에도 부임지에서 사망한 재임관의 가속이 본가로 귀환하는 路程에서 식량을 지급받을 수 있도록 '倉券'을 지급한다는 규정이 있다. 저본의 '券食'을 '倉券'의 오기로 보는 이유는, '食'과 '倉'이 字形이 비슷해서 抄寫者가 먼저 '倉券'의 '倉'을 '食'으로 오인했을 수 있고, 이 오인한 '食'을 다시 '券'과 뒤바꿔서 '券食'으로 잘못 抄寫했을 가능성이 있기 때문이다. 그렇지만 확정할 수 없으므로 여기서는 일단 中華書局 校錄本의 교감에 따른다.

148) [교감주] '爲'는 '受'의 오기이다. 유관당송문 1)의 '並不得輒受供給'에 의거해 바로잡는다.

149) '食券'은 송대 문헌에 용례가 보이지 않는데, 中華書局 校錄本의 교감대로 저본의 '券食'이 食券이 맞다면 食券은 관인에게 지급되는 驛券, 館券, 倉券 중 하나이거나 또는 이들을 포괄하는 이름일 수도 있다. 그러나 어느 것인지는 확정할 수 없으므로 여기서는 일단 중화서국 교록본의 교감에 따라 '食券'으로 옮긴다.

150) 본 조문은 유관당송문 1)에 근거해 복원된 당령과 후반부의 '並不得輒受供給' 외에는 크게 다르다. 즉 본 조문에 규정된 역 투숙 대상자는 당령의 그것과 다를 뿐 아니라 9품 이상 관인 등이 변방 遠地나 村店이 없는 곳에서 '屯驛'에 투숙할 수 있다는 당령의 규정이 본 조문에서는 삭제되었다. 반면 본 조문에서는 부임 또는 以理去官의 관인은 '食券'이 없어도 역 투숙이 가능하다는 규정이 신설되었다.

以上及勳位, 亦聽之. 並不得輒受供給.(권10, 雜令, 338쪽)

▸ 복원 당령

『唐令拾遺』 雜令, 23조, 857~858쪽

『天聖令』 당령복원청본, 雜令, 46조, 752쪽

〈現32〉 諸貯藁及茭草成積者, 皆以苫覆, 加笆籬泥之. 其大不成積者, 並不須笆籬. 在京冬受·至夏用盡者, 皆量爲小積, 不須苫覆 ; 貯經夏者, 苫覆之. 其所須苫·橛(撅)[151]·笆籬等調度, 官爲出備. 若有舊物堪用, 及計貯年近者, 無須調度.

무릇 짚이나 꼴을 저장하는데 더미[積][152]를 이룰 경우 모두 거적으로 덮고 울타리를 두르고 진흙을 발라 봉한다. 그 크기가 더미를 이룰 정도가 아니면 울타리를 두를 필요는 없다. 경사에서 겨울에 [짚이나 꼴을] 수납하여 [이듬해] 여름까지 다 사용할 경우 모두 작은 더미[小積]를 적절히 만들고 거적을 덮을 필요는 없다. 여름을 경과하며 저장할 경우 거적을 덮는다. 필요한 거적·말뚝·울타리 등의 비품[調度][153]은 관이 내어 갖춘다. 만약 예전에 쓰던 물품이 사용할 만하거나 저장 햇수가 가깝다면 비품[을 지급]할 필요는 없다.[154]

---

151) [교감주] '撅'은 '橛'의 誤記이다. 倉庫令, 〈現13〉조의 "諸出倉窖, 稃·草·苫·橛等物仍堪用者, 還依舊用."에 보이는 '橛'을 참고하여 바로잡는다.

152) 유관당송문에 보듯, 積은 藁를 저장하는 하나의 단위로 당대의 경우 1積은 3,000圍였고('以三千圍爲積'), 1圍는 길이가 3尺이었다(倉庫令, 〈舊2〉조, "… 課藁一圍.[原注 : 圍長三尺. 凡圍皆准此.]"). 한편 당시 '倉'이나 '庫'에 대응해서 柴草나 雜物을 저장하는 곳을 '積聚'라고 하였다(『宋刑統』 권15, 廐庫律 損敗倉庫物, 245쪽 ; 『唐律疏議』 권15, 廐庫19의 율문과 소의 〈제214조〉, 292쪽 ; 『역주당률소의』, 2326~2327쪽, "諸倉庫及積聚財物, 安置不如法, … 疏議曰, 倉謂貯粟·麥之屬. 庫謂貯器仗·綿絹之類. 積聚謂貯柴草·雜物之所. 皆須高燥之處安置.").

153) 調度는 어떤 일을 하는 데 필요한 제반 물품, 비품, 인력 등을 말한다. 예컨대 殯斂調度는 賻物 외에 官에서 별도로 지급하는 상장에 필요한 물품이나 비품 등을 뜻하고(喪葬令, 〈舊2〉조), 倉窖調度는 倉窖의 출급이나 관리 등을 위해 필요한 비품이나 물품 등을 가리킨다(倉庫令, 〈舊2〉조). 調度는 관에서 지급하기도 하고 민으로부터 거두기도 하는데, 『天聖令』에는 주로 폐기된 舊令에 많이 보인다.

154) 본 조문은 짚과 건초의 보관 방법에 관한 규정으로, 이에 대응하는 기록은 보이지

유관당송문 1)『文苑英華』: 所司貯藁, 以三千圍爲積, 苫覆無芘籬. 合科何罪? 對曰, 貯積之法, 令條有文. 數越三千, 理則多僻, 從(縱?)勤苫覆, 終闕芘籬. 施功不同, 處事彌爽, 犯旣非謬, 辜不免科.(권543, 貯藁判, 2772쪽 ;『全唐文』권983, 對貯藁判, 10178쪽에도 同文)

〈現33〉 諸貯稾及貯茭草, 高原處, 稾支七年, 茭支四年 ; 土地平處, 稾支五年, 茭支三年 ; 土地下處, 稾支四年, 茭支二年.

무릇 짚을 저장하거나 건초를 저장할 경우 고지에서는 짚은 7년 보관하고 건초는 4년 보관한다. 평지에서는 짚은 5년 보관하고 건초는 3년 보관한다. 저지에서는 짚은 4년 보관하고 건초는 2년 보관한다.[155)]

유관당송문 1)『唐六典』: 其關內·隴右·西使·北使·南使, 諸牧監馬·牛·駝·羊, 皆貯藁及茭草. 高原藁支七年, 茭草支四年 ; 平地藁支五年, 茭草支三年 ; 下土藁支四年, 茭草二年.(권7, 尙書工部, 225쪽 ;『역주당육전』상, 683~684쪽)

2)『舊唐書』:『唐六典』기록의 본문만 있고 注文이 없다(권3, 職官2 工部, 1841쪽).

▸ 복원 당령

『天聖令』당령복원청본, 雜令, 48조, 752쪽

〈現34〉 諸給百司炭, 起十月, 盡九十日止. 宮人及蕃客, 隨時量給.

무릇 모든 관원[百司][156)]에게 탄[157)]을 지급[158)]할 경우 10월부터 90일 동안

않는다. 그러나 유관당송문에 인용된 당대의 判語에 관련 내용이 있는데, 특히 "貯積之法, 令條有文."이라는 구절은 본 조문과 관련한 당령이 존재했을 가능성을 시사한다. 그렇지만 현재 보다 구체적인 관련 사료가 없기 때문에 이 判語는 물론 본 조문도 당령 복원의 근거로 삼기는 어렵다고 본다.

155) 본 조문은 짚과 건초의 보관 연한에 관한 규정이다. 보관 장소가 위치한 지대의 고도 차, 즉 고지, 평지, 저지로 구분하여 짚과 건초의 보관 연한을 달리 규정하고 있다. 본 조문과 위『唐六典』의 注文과 비교해보면, 字句의 차이는 있지만 지대의 구분, 보관 연한이 완전히 일치한다.

에 마친다.[159] 궁인 및 외국 사신에게는 때에 맞춰 적절히 지급한다.

유관당송문 1) 『唐六典』: 其柴炭·木橦進內及供百官·蕃客, 並於農隙納之. 供內及宮人, 起十月, 畢二月, 供百官·蕃客, 起十一月, 畢正月.(권7, 尙書工部, 225쪽 ; 『역주당육전』상, 684쪽)

2) 『舊唐書』: 『唐六典』 기록의 본문만 있고 注文이 없다.(권3, 職官2 工部, 1841쪽)

▸ 유관 일본령

『令義解』: 凡給後宮及親王炭, 起十月一日, 盡二月卅日. 其薪, 知用多少量給. 供進炭者, 不在此例.(권10, 雜令, 339쪽)

▸ 복원 당령

『唐令拾遺補』 雜令, 補3조, 858쪽

『天聖令』 당령복원청본, 雜令, 49조, 752쪽

---

156) 百司에 대해 『朝野類要』 권3, 職任 百司, 75쪽에 "上自三省, 下及倉·場·庫·務, 皆謂百司. 或謂之有司, 又謂之京局."이라고 하는 데서 보듯, 원래 百司는 '각급 官司' 또는 '모든 官司'라는 의미이나 본 조문의 百司는 百官, 즉 '각급 관원'이라는 의미로 쓰였다.

157) 본 조문의 炭이 목탄(숯)인지 아니면 석탄인지 또는 둘 다인지 확실치 않다. 다만 송대에 석탄이 제철·製陶용 외에 북방의 대도시를 중심으로 취사와 난방용으로 널리 사용되었다는[宮崎市定, 「宋代における石炭と鐵」, 『アジア史論考 下卷』, 東京: 朝日新聞社, 1976(원재 『東方學』 13, 1957)] 점을 고려하면 본 조문의 탄에는 석탄이 포함되었을 가능성이 없지 않다. 그런데 남송 초의 陸游가 "북방에는 석탄이 많고, 남방에는 목탄이 많으며 촉에는 竹炭도 있다."(『老學庵筆記』 권1, 7쪽, "北方多石炭, 南方多木炭, 而蜀又有竹炭.")는 지적을 고려하면 본 조문의 탄은 각 지역의 사정, 이를테면 석탄 산지와의 거리, 난방 기간의 장단 등을 감안하여 목탄 또는 석탄이 공급되었을 것으로 판단된다. 또 이 둘을 섞어 공급했을 수도 있다.

158) 송 초 탄 공급을 관장하는 최고의 관서는 三司인데, 예하의 鐵案이 석탄 생산을 관장했다. 그리고 실제 炭 공급은 사농시 소속의 內柴炭庫와 炭場이 관장했고, 석탄의 수납과 판매는 태부시 소속의 石炭場이 관장했다.

159) 본 조문은 炭의 공급 시기와 공급 대상에 대한 규정이다. 유관당송문의 『唐六典』 기록을 보면, 正文은 柴炭과 木橦의 '수납'에 관한 것이고, 注文은 '공급'에 관한 것이다. 따라서 본 조문에 대응하는 것은 注文이며, 正文은 〈舊16〉조에 대응한다. 『唐六典』의 기록을 근거로 복원된 당령과 본 조문은 공급 품목에서부터 공급 대상, 공급 시기가 다르다. 또 본 조문 注文의 '隨時量給'을 논외로 하면, 본 조문의 공급 기간이 복원 당령에 비해 짧다. 이와 같은 차이에도 불구하고 본 조문은 당령을 계승한 것이 확실하지만 그 내용은 대폭 개정되었다.

〈現35〉 諸蕃使往還, 當大路左側(則)[160]公私不(不)[161]得畜當方蕃夷奴婢. 有者轉雇與內地人. 其歸朝人色類相似者, 又不得與客相見, 亦不得充援(授)[162]夫等.

무릇 외국 사신이 왕래하는 경우 대로[163] 부근[左側][164]에서는 관이든 민이든 [외국 사신과] 같은 나라의 외국인을 노비로 두어서는 안 된다. 있으면 내지인에게 옮겨 고용시키는 것[轉雇][165]을 허용한다. 귀조인[166]이 [외국 사신과] 부류가 서로 비슷한 경우 또한 외국 사신[客]과 서로 만나게 해서도 안 되며, [그들을] 돕는 사람[援夫] 등으로 충당케 해서도

160) [교감주] '則'은 '側'의 오기이다. 『令義解』 권10, 雜令 蕃使往還條의 "凡蕃使往還, 當大路近側"에 의거해 바로잡는다.

161) [교감주] '不'은 衍字이다. 『令義解』 권10, 雜令 蕃使往還條의 "不得置當方蕃人及畜同色奴婢"에 의거해 삭제한다.

162) [교감주] '授夫'는 '援夫'의 오기이다. 『令義解』 권10, 雜令 蕃使往還條에 '援夫'라고 되어 있다.

163) 본 조문의 '大路'는 구체적인 의미가 확실치 않은데, 대체로 국가별로 사신이 왕래하도록 정해진 大路가 아닐까 한다. 이와 관련, 『令義解』의 注에는 신라 사신이 왕래했다고 생각되는 西海道 측근에 新羅奴婢 등을 두어서는 안 된다고 했다(권10, 雜令, 339쪽, "凡蕃使往還, 當大路近側, 不得置當方蕃人, 及畜同色奴婢. [原注 : "謂, 假如, 西海道側近, 不可畜新羅奴婢之類.]").

164) '左側'은 유관 일본령의 『令義解』에는 '近側'으로 되어 있다. 때문에 당초 黃正建, 「雜令復原硏究」에서는 당령을 복원하면서 '左側'을 확정짓지 못한 채 남겨두었다. 그러나 나중에 교감자가 당송 시기에 '左側'은 '右側'의 상대어로서 갖는 의미 외에 '附近', '側近', '周圍' 등의 뜻으로도 사용된 용례가 있었다는 사실을 근거로 본 조문의 '左側'은 착오가 아니며, '近側'의 誤記도 아님을 지적했다(黃正建, 「天聖令·雜令校錄與復原爲唐令的幾個問題」, 黃正建 主編, 『天聖令與唐宋制度硏究』, 北京 : 中國社會科學出版社, 2011, 85~89쪽).

165) 轉雇는 일반적으로 雇工이 원래의 雇主와 맺은 고용관계가 소멸되어 그 관계가 새로운 雇主에게 轉移되는 것을 말한다. 이 조문에 따르면 송대는 외국인 노비와도 일종의 고용관계를 맺고 있음을 짐작할 수 있다.

166) 歸朝人은 遼왕조 지배 하의 燕雲16州에서 탈출하여 송 왕조에 歸附해 온 거란인·여진인·발해인·漢人 등을 말한다. 남송의 趙升은 '歸朝人' 등 당시 歸附人의 종류를 歸正人·歸順人·歸明人·歸朝人·忠義人으로 구분하여 정의하였다(『朝野類要』 권3, 歸附等, 67쪽, "歸正, 謂原係本朝州軍人, 因陷蕃, 後來歸本朝. 歸順, 謂元係西南蕃蠻溪峒頭首等, 納土歸順, 依舊在溪峒主管職事. 歸明, 謂元係西南蕃蠻溪峒人, 納土出來本朝, 補官或給田養濟. 歸朝, 謂元係燕山府等路州·軍人歸本朝者. 忠義人, 謂元係諸軍人, 見在本朝界內, 或在蕃地, 心懷忠義, 一時立功者.").

안 된다.[167]

유관당송문 1) 『宋刑統』: 又准主客式, "蕃客入朝, 於在路不得與客交雜, 亦不得令客與人言語. 州·縣官人若無事, 亦不得與客相見."(권8, 衛禁律 越州縣鎭戍城及官府廨垣, 소의 141쪽 ; 『唐律疏議』 권8, 衛禁31-2의 소의 〈제88조〉, 178쪽 ; 『역주당률소의』, 2090~2091쪽)

2) 『慶元條法事類』: 諸蕃使往還道路, 公私不得養僱本蕃人. 其歸明人與蕃使同類者, 廻避.(권78, 蠻夷門 入貢 雜令, 849쪽 ; 同書 권78, 蠻夷門 歸明附籍約束, 雜令, 861쪽에도 同文)

▸ 유관 일본령

『令義解』: 凡蕃使往還, 當大路近側, 不得置當方蕃人, 及畜同色奴婢, 亦不得充傳馬子及援夫等.(권10, 雜令, 339쪽)

▸ 복원 당령

『唐令拾遺補』 雜令, 補4조, 858~859쪽

『天聖令』 당령복원청본, 雜令, 51조, 752쪽

〈現36〉 諸犯罪人被戮, 其緣坐應配沒者, 不得配在禁苑內供奉, 及東宮·親王所左右驅使.

무릇 죄를 범한 사람이 처형되고 이에 연좌되어 마땅히 [가속 등을] 몰관(沒官)하여 배속해야 하는 경우[168] 금원[169] 내의 공봉이나 동궁·친왕부 측근

167) 본 조문은 외국 사신과의 접촉금지 규정으로, 양로령에 거의 같은 내용의 규정이 있으므로 당령을 계승한 것이 확실하다. 그러나 본 조문에는 당령에 없는 해당국 출신 노비의 '轉雇' 허용과 '歸朝人' 부분이 추가되었다. 유관당송문 『宋刑統』에 인용된 唐 主客式에는 蕃客과의 相見 금지 대상이 '州·縣官人'으로 되어 있으나 본 조문에서는 '歸朝人'으로 바뀌었다. 이는 북송대 대외관계의 열세 국면을 반영하는 것으로 보인다. 그러나 유관당송문 『慶元條法事類』에는 본 조문의 '해당국 출신 奴婢의 轉雇' 부분이 삭제되었고, '歸朝人'도 '歸明人'으로 바뀌었다. 이를 통해서도 북송과 남송의 대외관계 변화상의 일면을 읽을 수 있다고 생각한다.

168) 당송대 謀反이나 大逆은 首犯·從犯 모두 참수형(謀大逆은 교수형)에 처해졌고, 죄인의 父나 16세 이상의 아들은 교수형에 처해졌으며, 15세 이하의 아들과 모·딸·처·첩·祖·孫·형제·자매는 部曲·資財(動産)·전택과 함께 沒官되었다. 노비는 資財로

의 구사에 배속해서는 안 된다.[170]

유관당송문 관련 기록이 당송 시기 문헌에서는 확인되지 않는다.

▸ 유관 일본령

『令義解』: 凡犯罪被戮, 其父子應配沒, 不得配禁內供奉及東宮所驅使.(권10, 雜令, 339쪽)

▸ 복원 당령

『天聖令』 당령복원청본, 雜令, 52조, 752쪽

〈現37〉 諸外官親屬經過, 不得以公廨供給. 凡是賓客, 亦不得於百姓間安置.

무릇 지방관은 친속[171]이 [임지를] 통과할 경우 공사전·물(公使錢·物)[公

간주되어 역시 몰관되었다(『宋刑統』 권17, 賊盜律 謀反逆叛, 268~269쪽 ; 『唐律疏議』 권17, 賊盜1의 율문 및 소의 〈제248조〉, 321~322쪽 ; 『역주당률소의』, 2381~2383쪽). 그리고 『唐六典』 권6, 尙書刑部, 193쪽 ; 『역주당육전』상, 618~619쪽에도 "凡反逆相坐, 沒其家爲官奴婢.[原注 : 反逆家男女及奴婢沒官, 皆謂之官奴婢.]"라고 하였다.

169) 禁苑은 원래 御苑, 곧 황제의 苑囿를 가리키지만 宮廷이라는 의미로도 쓰인다. 본 조문의 禁苑은 後者 또는 이 둘을 모두 포함한 뜻으로 사용된 것으로 봐야 한다. 왜냐하면 '범죄로 인해 沒官되어 관노비가 된 자를 供奉에 배속해서는 안 된다'는 본 조문의 취지를 감안하면, 그들에 대한 '배속 금지'의 장소가 宮廷을 빼놓고 御苑에만 한정되었다고 볼 수 없기 때문이다. 한편 유관 일본령의 『令義解』에는 본 조문의 '禁苑內'가 禁中·宮內를 뜻하는 '禁內'로 되어 있다.

170) 본 조문은 범죄로 인해 적몰되어 관노비가 된 자의 배속 금지 장소에 관한 규정이다. 본 조문과 상기 養老令이 거의 일치하므로 이러한 내용이 당령에도 존재했을 것으로 생각된다.

171) 당송률에서의 親屬 또는 親의 범위는 '本服으로 緦麻以上親 및 대공친 이상과 혼인한 家'라고 규정했다(『宋刑統』 권11, 職制律 受所監臨贓, 181쪽 ; 『唐律疏議』 권11, 職制53-3의 소의 〈제143조〉, 225쪽 ; 『역주당률소의』, 2192쪽). 또 '親'도 친속과 동일하게 규정되었다(『宋刑統』 권11, 職制律 受所監臨贓, 184쪽 ; 『唐律疏議』 권11, 職制58의 소의 〈148조〉, 229쪽 ; 『역주당률소의』, 2199쪽). 그런데 본 조문의 親屬이 유관당송문 『慶元條法事類』에는 '親戚'으로 되어 있다. 남송대 勅文에 규정된 '親戚'의 범위는 『慶元條法事類』 권8, 職制5 親嫌 名例勅, 148쪽에 "諸稱親戚者, 謂同居[原注 : 無服同]若緦麻以上[原注 : 本宗袒免同], 母·妻大功以上親[原注 : 姑·姊·妹·侄女·孫女之夫, 侄女·孫女之子同], 女婿·子婦之父祖兄弟,[原注 : 孫女婿及孫婦之父, 兄弟妻及姊妹夫之父

解][172]을 공급해서는 안 된다.[173] [지방관은 자신의] 빈객도 민가에서 유숙(留宿)[安置][174]하게 해서는 안 된다.[175]

유관당송문 1) 『慶元條法事類』：諸任外官者, 親戚經過, 不得以公使例外供給, 凡賓客亦不得令於民家安泊.(권9, 職制6 饋送 雜令, 169쪽)

▸ 유관 일본령

同], 母妻姊妹·外孫及甥之夫.[原注：妻之姐妹之子若外祖父及舅同.]"이라 하여 보다 구체적으로 열거되고 있다.

172) 여기서의 公解가 왜 '公使錢·物'인지, 그리고 공사전·물의 용도 등에 대해서는 〈現19〉조의 註를 참조할 것. 그런데 유관당송문 『慶元條法事類』에는 본 조문의 公解가 '公使'로 되어 있다. 公使는 송대에 통용되는 公使錢 또는 公使物의 약칭으로 『慶元條法事類』에는 대부분 公使로 되어 있다.

173) 본 조문의 '公解'가 유관당송문 『慶元條法事類』에는 '公使例外'로 되어 있다. 이는 '例'에 의거해 公使錢·物을 사용해야 한다는 점을 명시하고 있는 것이다. 남송의 영문에 의하면, 당시 공사전 사용 규정은 例를 모아놓은 例冊에 수록되어 있었다(『慶元條法事類』 권9, 職制6 饋送 公用令, 169쪽, "諸公使, 例冊外聽長官臨時支用. 非見任官不得月給, 非州不得饋送過客. 其正賜錢, 不拘此令."). 또한 공사전 사용규정 위반에 대한 처벌도 당연히 例冊에 근거하고 있다(『慶元條法事類』 권9, 職制6 饋送 廐庫律, 168쪽, "諸公使 … 即以公使[原注：正賜非.]見錢·金帛珍寶遺人, 准盜論減一等.[原注：例冊內立定節儀非.]").

174) 원문의 '百姓間安置'가 유관당송문 『慶元條法事類』에는 '民家安泊'으로 되어 있다. 후자 쪽이 의미가 더 분명하다. 한편 지방관으로 하여금 빈객에게 민가 숙박을 금하도록 규정한 것은 민에 대한 관의 작폐를 사전에 방지한다는 관점에서 이해할 수 있다. 이에 대한 관련 자료를 찾기 어렵지만 현임관의 민가 투숙에 관한 다음의 제한규정이 참고가 된다. 즉 현임관이 향촌에 갈 때 官舍나 사원·道觀이 없는 경우라야 민가 투숙을 허용한다는 것이다(『慶元條法事類』 권6, 職制門3 差出 職制令, 96쪽, "諸在任官行詣鄉村而無官舍寺觀, 聽于民家宿止."). 이러한 규정은 지방관의 민가 투숙이 민폐가 되므로 이를 사전에 금한다는 취지에서 마련된 것으로 볼 수 있다. 그렇다면 본 조문에서 말하는 지방관의 빈객도 官方側 인물이므로 이들에 대한 민가 留宿 금지 규정도 같은 맥락에서 이해할 수 있다.

175) 당대 문헌에는 본 조문과 관련된 기록이 보이지 않지만, 양로령에 관련 기록이 있다. 그러나 본 조문은 지방관의 친척과 빈객을 분리해서 각각 다른 내용을 규정하고 있지만, 양로령은 본 조문 후반부의 '安置' 부분이 없고 대신 빈객은 전반부의 친속 관련 규정과 통합되었다. 당령에도 관련 令文이 존재했을 것으로 생각되지만 당령 원문이 어느 쪽인지는 판단하기 어렵다. 또 『慶元條法事類』의 잡령에도 관련 영문이 있는데 본 조문과 字句가 약간 다르지만 내용은 일치한다.

『令義解』：凡外官, 有親屬賓客經過, 不得以官物供給.(권10, 雜令, 340쪽)

▸ 복원 당령

『天聖令』 당령복원청본, 雜令, 61조, 753쪽

〈現38〉 諸外任官人, 不得於部內置莊園·店宅, 又不得將親屬·賓客往任所請占田宅, 營造邸店·碾磑, 與百姓爭利. 雖非親屬·賓客, 但因官人形勢請受造立者, 悉在禁限.

무릇 지방에 부임하는 관인은 관할지역 내에서 장원·점택을 매입·소유[置]해서는 안 되며, 또 친속·빈객을 동반하여 임지에 가서[176] 전택을 청점[177]하게 하거나 저점·연애를 짓거나 만들어 백성과 이익을 다퉈서도 안 된다. 비록 친속·빈객이 아니더라도 [측근 등이] 관인의 위세로 인해 [권한을] 수취하여 [저점 등을] 건립하는 경우 모두 금지 범위에 둔다.[178]

유관당송문 1)『唐六典』：凡官人, 不得於部內請射田地及造碾磑, 與人爭利. (권30, 三府督護州縣官吏, 749쪽 ;『역주당육전』하, 446~447쪽)

▸ 유관 일본령

---

176) 지방관의 부임 시 "친속·빈객을 동반해서는 안 된다"는 내용은 북송 말 편찬된 지방관[縣令]의 실무 지침서인『作邑自箴』에도 들어 있다. 즉 신임 현령은 부임할 때 "親戚·門客·秀才·醫·術·僧·道·人力 등을 데리고 가지 말라"고 권고하고 있다(『作邑自箴』 권7, 知縣事牓, "勘會, 今月日到任, 並無親戚並門客·秀才及醫·術·僧·道·人力之類隨行. 竊慮有妄作上件名目之人, 在外作過, 須至曉示者.").

177) 請占은 有力戶 등이 官府로부터 棄田이나 荒地 등의 경영권을 얻어 개간·경작하는 것으로 일정 기간이 지나도 원주인이 나타나지 않으면 소유권을 얻을 수도 있었다. 유관당송문의『唐六典』에는 請射로 되어 있다.

178) 본 조문은 지방관의 관할지 내 부동산 매입·소유 금지, 친속·빈객을 통한 영리행위 금지, 관의 위세를 이용한 상업시설 건립 금지를 규정하고 있다. 본 조문의 전반부에 대응하는 내용이 당령과 양로령에 있기 때문에 이 부분은 당령을 계승한 것이 확실하다. 그러나 후반부 '雖非親屬' 이하는 본 조문에 새로 추가된 내용이다. 본 조문은 관속 등 대리인을 통한 친왕, 공주, 관인의 영리행위 금지를 규정한 〈現30〉조와 대동소이하지만, 본 조문에는 관할구역 내 장원·점택의 매입·소유 금지 및 관의 위세를 이용한 경제행위 금지규정이 들어 있다.

『令義解』: 凡外任官人, 不得將親屬·賓客往任所, 及請占田宅, 與百姓爭利.(권 10, 雜令, 340쪽)

▸ 복원 당령

『唐令拾遺』 雜令, 26조, 859쪽

『天聖令』 당령복원청본, 雜令, 62조, 753쪽

〈現39〉 諸在京及外州公廨雜物, 皆令本司自句,[179] 錄財物五行見在帳, 具申三司, 並隨至句勘.

무릇 경사 및 지방 주의 공해잡물[180]은 모두 해당 관사가 자체적으로 점검하고[自句][181] 재물오행현재장[182]을 기록하여 [정해진 형식을] 갖춰

---

179) [교감주] '自句'의 '句'(조문 말미 '句勘'의 '句'도 同)의 의미로는 보통 '勾'가 많이 쓰인다. 유관 일본령의 『令義解』에도 '勾'로 되어 있다. 그러나 '句'와 '勾'는 통용되므로 저본대로 둔다.

180) '公廨雜物'의 '雜物'이 구체적으로 어떤 종류의 물품들을 가리키는지 분명하지 않다. 다만 송대 州에서 轉運司에 보고하는 '雜物帳'에 의하면, 금·은 등 광물을 비롯해서 錢, 布帛류, 珠玉·寶貨류, 수은·明礬류 등을 錢帛帳에 기록하고, 이를 제외한 나머지 각종 물품은 雜物帳에 기록하는 것으로 되어 있다(『慶元條法事類』 권37, 庫務門2 給納 倉庫式, 585쪽, "雜物帳: [原注: 應錢帛帳內官物, 除正收金·銀·錢·帛·絲·綿·布·珠·玉·寶貨·朱砂·水銀·香·礬·銅·鉛·錫·鐵之類, 在錢帛帳管係外, 餘名色併入此帳.]"). 그렇다면 재정운용에 있어서 재물을 분류할 때의 '雜物'이란 일단 이 錢帛帳에 기록되지 않는 나머지 각종 물품으로 볼 수 있다. 그런데 위에 열거한 품목 중에는 鹽茶류와 糧草류가 빠져 있는데, 鹽茶류와 糧草류는 '雜物帳'과 다른 별도의 '收支見在錢物狀'(同, 587쪽)과 '比較糧草收支狀'(同, 592쪽)에 각각 포함되어 있으므로 鹽茶류와 糧草류도 당연히 잡물로 분류되지 않았다.

181) '句', 곧 勾는 문서행정과 관련, 勾稽 즉 '자세히 조사·검사한다'는 뜻으로 사용된다. 이러한 뜻 외에 여기서는 '審計', 곧 '회계감사' 과정도 포함된 것으로 봐야 할 것이다. 본 조문의 취지가 각 관사에서 공해잡물을 자체 점검한 후 상부에 보고한다는 것인 만큼 이 보고를 위해서는 각종 회계자료의 숫자를 합산하여 통계를 내야 했을 것이다. 그러므로 본 조문의 '句'도 이러한 일련의 전 과정을 포함하는 것으로 보인다. 실제로 송대 州에서 재물회계의 심사와 상부 보고는 일괄해서 勾院(審計院)과 磨勘院에서 행하였다.

182) '財物五行見在帳'이라는 장부는 송대에는 확인되지 않는데, 당대의 경우 이러한 장부가 존재했다고 한다. 李錦繡에 의하면, '재물오행현재장'의 '재물오행'은 '각종 잡물'이라는 뜻이며, 이는 중국 중고시기에 흔히 보이는 술어라고 한다. 그리고 '재물오행현재장'은 '공해의 현재 각종 잡물'을 기재하는 '財務帳'이며 줄여서 '五行帳'으로 부르기도 했다고 한다(李錦繡, 「唐'五行帳'考」, 陳豊祥 主編, 『新史料·新觀點·新視

삼사에 보고하도록 하며[具申][183] [삼사는] 모두 [재물오행현재장이] 도착하는 대로 대조·점검[句勘][184]한다.[185][186]

角 : 天聖令論集』(下), 臺北 : 元照出版有限公司, 2011). 한편 당대에는 이와 별도로 勾帳이 있었는데, 勾帳은 주로 유동성이 많은 재물의 수입과 지출의 수량을 중점적으로 기재하는 장부로, 현재의 상황을 기재하는 오행장과 더불어 당대 2대 장부양식이며 이 둘은 서로 대체할 수 없었다고 한다(同, 319쪽). 그런데 『慶元條法事類』에는 본 조문의 '財物五行見在帳'과 유사한 이름의 '錢物收支見在狀' ('收支見在錢物狀') 양식이 수록되어 있는데, 문두에 '某路轉運司', 문미에 '謹具申尙書戶部', 그리고 맨 끝부분에 '諸州申轉運司仿此'라고 되어 있다(『慶元條法事類』 권37, 庫務門2 給納 倉庫式 收支見在錢物狀, 586~587쪽). 이는 전운사가 州의 보고를 토대로 '錢物收支見在狀'을 작성하여 戶部에 최종 보고하고 있음을 잘 말해 준다.

183) '具申'은 일정한 형식 또는 양식으로 상부에 보고하는 문서의 말미에 상투어로도 쓰인다. 송대 상부에 보고하는 狀, 帳, 計帳 등의 양식을 보면, 문서 말미에 단지 '謹具申聞'라고만 하는 경우도 있지만 대부분 보고 받는 관서의 이름을 붙이며 마지막 부분에 '謹具申轉運司', '謹具申某司', 또는 '謹具申尙書戶部', '謹具申尙書某部'라는 식으로 되어 있다(『慶元條法事類』 권37, 庫務門2 給納 倉庫式 및 同 文書式, 584~594쪽 ; 『慶元條法事類』 권48, 賦役門2 稅租帳 賦役式 및 同 賞式, 645~650쪽, 656쪽).

184) 句勘(勾勘)은 장부 등의 착오를 대조 검사하는 것으로, 주로 하급기관에서 보고한 장부 등을 대조 검사하는 것을 말한다. 勘勾 또는 勾覆이라고도 한다. 예를 들면, 縣·鎭·倉場·庫務에서 州에 보고한 帳을 州에서 勘勾하고, 諸州에서 보고한 帳을 路의 轉運司에서 勘勾하는 식이다(『續資治通鑑長編』 권309, 神宗 元豊 3년 閏九月 庚子條, 7495쪽, "其縣·鎭·倉場·庫務帳, 本州勘勾 ; 諸州帳, 轉運司勘勾."). 또한 勾勘은 동급의 다른 기관에서 일차로 勾檢한 것을 재차 대조 검사하는 것을 뜻하기도 한다.

185) 본 조문을 근거로 몇 가지 '복원 당령'이 제시되었다. ① 黃正建, 雜令復原硏究, 753쪽, "諸公廨雜物, 皆令本司自勾. 錄見在帳, 具申尙書省, 隨至勾勘." ; ② 戴建國, 「唐'開元二十五年令·雜令'硏究」, 120쪽, "諸在京及外州公廨雜物, 皆令本司自勾錄財物費用·見在帳, 年終具申比部, 並隨至勾勘." ; ③ 李錦繡, 「唐'五行帳'考」, 305쪽, "諸在京及外州公廨雜物, 皆令本司自勾, 錄其財物五行見在帳, 具申尙書省, 並隨至勾勘." 이에 따르면, ①은 天聖令과 養老令의 서로 동일한 문자를 당령으로 복원하는 것을 원칙으로 하면서 天聖令의 '三司'를 '尙書省'으로 고친 것에 불과하고, ②는 天聖令과 養老令을 절충했지만 대체로 養老令에 많이 의거했으며, ③은 거의 전적으로 天聖令을 근거로 복원하였다. 그러나 서로 견해의 차이가 커서 당령 원문이 어떠했는지 확정하기 어렵다.

186) 본 조문은 공해잡물의 勾檢 및 보고에 관한 규정이다. 양로령에도 같은 내용의 규정이 있으므로 당령에도 이러한 규정이 존재했을 것이다. 그러나 송대의 경우 州의 재정보고는 상급 감독기구인 轉運司에 하는 것이 일반적인데 본 조문만 놓고 보면 이 단계가 생략되어 三司에 보고하는 것으로 되어 있다. 그런데 남송대 州에서 상부에 보고하는 '雜物帳' 양식을 보면, 보고를 받는 곳은 전운사로 되어 있다(『慶元條法事類』 권37, 庫務門2 給納 倉庫式 雜物帳, 585~586쪽). 이를 고려하면 본 조문의 공해잡물

유관당송문 관련 기록이 당송 시기 문헌에서는 확인되지 않는다.

▸ 유관 일본령

『令義解』: 凡公廨雜物, 皆令本司自勾錄. 其費用見在帳, 年終一申太政官, 隨至勾勘.(권10, 雜令, 340~341쪽)

▸ 복원 당령

『天聖令』 당령복원청본, 雜令, 63조, 753쪽

〈現40〉 諸道士·女冠·僧·尼, 州縣三年一造籍, 具言出家年月·夏臘·學業, 隨處印署. 案(按)[187] 留州縣, 帳申尙書祠部. 其身死及數有增減者, 每(毋)[188] 年錄名及增減因由, 狀申祠部, 具入帳.

무릇 도사·여관·비구·비구니는 주현이 3년에 한 번 적(籍)을 만들고 출가 연월·법랍·학업[189]을 일일이 기재하여 각 처[190]에 날인하고 서명한다. 원부[案]는 주현에 보존하고 장(帳)은 상서성 사부[191]에 보고한다. [도사 등이] 사망하거나 숫자에 증감이 있는 경우 [주현은] 매년 명단 및 증감 사유를 기록하여 사부에 장(狀)으로 보고하고,[192] [사부는] 빠짐없이 장

도 州에서 전운사에 보고하고, 다시 전운사에서 삼사에 보고하는 체계가 아니었을까 한다. 그러므로 본 조문은 중간보고 단계의 전운사가 생략된 것으로 보인다.

187) [교감주] '按'은 문맥상 '案'의 誤記로 보인다.

188) [교감주] '毋'는 문맥상 '每'의 誤記이다.

189) 여기서의 學業은 念讀한 經의 명칭과 분량을 말한다. 學業이 유관 일본령 『令義解』에는 '德業'이라고 되어 있는데, 그 注에 "德者, 得也. 猶云得業. 假如, 華嚴三論之類."라고 했다.

190) 원문의 '隨處'가 구체적으로 어디를 가리키는지 확실하지 않다. 다만 문맥으로 보면 造籍 때 기입하는 出家年月, 夏臘, 學業 사항이 기재된 곳을 가리키는 것으로 보인다. 그렇다면 '隨處印署'는 이 사항들이 기재된 곳에 각각 서명 날인하는 것이 된다. 이 '隨處印署' 부분이 유관 일본령의 『令義解』에는 '依式印之'로 되어 있다.

191) 祠部는 상서성 예부 소속이다. 불교와 도교에 관해서는 비구·비구니, 도사·여관, 童行의 籍을 접수·관리하고 도첩·戒牒 발급을 관장했다(『宋會要輯稿』 職官13-16, "祠部掌祠祭·書日休暇, 令受諸州僧尼·道士女冠·童行之籍, 給剃度受戒文牒.").

192) 유관당송문 6)에 의하면, '僧道(及)童行帳'은 '三年一供'하는데, 全帳은 3년마다 1부를 상신하며 다시 '三供刺帳'한다고 했다. '三供刺帳'의 의미는 全帳과는 별도로 刺帳을

(帳)에 기입한다.193)

유관당송문 1)『唐六典』: 諸道士·女冠·僧·尼之簿籍, 亦三年一造. 其籍一本送祠部, 一本送鴻臚, 一本留州縣.(권4, 尙書禮部, 126쪽 ; 『역주당육전』상, 452쪽)

2)『通典』: 司封郎中一人. … 天寶八載十一月, 勅道士·女冠籍每十載一造, 永爲常式. 至德二年十一月, 勅道士·女冠等宜依前, 屬司封曹.(권23, 職官5 吏部尙書, 634쪽 ; 『文獻通考』 권52, 職官6, 476쪽에도 同文)

3)『唐會要』: 每三歲, 州縣爲籍. 一以留州縣, 一以上祠部.(권49, 僧籍, 1011쪽)

4)『新唐書』: 每三歲州·縣爲籍, 一以留縣, 一以留州 ; 僧·尼, 一以上祠部, 道士·女官(冠?), 一以上宗正, 一以上司封.(권48, 百官3 宗正寺, 1252쪽)

5)『五代會要』: 周顯德二年五月六日勅 : "兩京諸州府, 每年造僧帳兩本, 一本申奏聞, 一本申祠部 … 如有身死·還俗·逃亡者, 旋申報逐處州縣, 次年帳內開脫." … 至五年七月勅 : "今後僧帳, 每三年一造, 其程限准元勅施行."(권16, 祠部, 265쪽)

6)『慶元條法事類』: 諸僧道及童行帳三年一供, 每一供全帳, 三供刺帳, 周而復

매년 1부씩 만들어 상신하면 3년에 3부가 되니 이를 '三供刺帳'이라고 했던 것이다. 全帳은 주현이 3년간의 변동사항을 기록하는 것이지만, 刺帳은 1년 단위의 변동사항만 기록하므로 매년 상신해야 의미가 있다. '3年1造'의 全帳이 바로 본 조문 전반부에서 '3年1造'의 籍을 토대로 祠部에 상신한다는 帳이고, '1年1造'의 刺帳이 매년 상신한다는 狀인 것이다. 유관당송문 7)의『宋會要輯稿』에서 말하는 '僧道童行每三年一造帳'의 帳은 바로 이 '3年1造'의 全帳을 말하는 것으로 보인다. 한편 僧道籍과 관련해서는 '僧道童行等帳'이 全帳이고, '僧道童行等刺帳'이 刺帳이다. 全帳과 刺帳은 상부에 보고하는 내용만이 아니라 양식에서도 차이가 있다(『慶元條法事類』 권51, 道釋門 供帳道釋令, 715~717쪽 참조).

193) 본 조문은 도교와 불교 승려의 造籍과 보고에 관한 규정이다. 조적을 관장하는 관부[주현]와 시기['3年1造'], 僧·道籍의 存留[주현]와 송부처[祠部], 인원 증감 시의 보고 등을 규정하고 있다. 당령 복원의 근거인 상기『唐六典』기록과 비교해보면, 우선 주현에서 3년에 한 번 조적한다는 내용은 같다. 그러나『唐六典』은 僧·道籍을 주현에 1부를 남기고, 祠部와 홍려시에 각각 1부씩 송부한다고 했는데, 본 조문에는 홍려시 송부 부분은 빠져 있다. 조적 때 출가연월·夏臘·학업 사항을 기재하고 날인한다는 부분은 양로령에도 있으므로 당령 원문에도 있었을 것이다. 다만 본 조문에는 僧·道籍의 기재사항과 도사 등의 인원 증감 사항을 매년 사부에 보고한다는 내용이 추가되었다. 이는 새로운 내용으로 정기적인 '3年1造'의 조적과 다음 차례의 조적 기간 사이에 별도로 행해지는 것이다. 따라서 '3年1造'의 僧·道籍을 토대로 작성된 帳과 인원수의 증감과 그 사유를 기록하여 매년 보고하는 狀은 별개의 것이 된다.

始. 限三月以前申尚書禮部.(권51, 道釋 供帳 道釋令, 715쪽)

7)『宋會要輯稿』: 凡僧道童行每三年一造帳, 上祠部, 以五月三十日至京師.(道釋1-13)

▸ 유관 일본령

『令義解』: 凡僧尼·京國官司, 每六年造籍三通, 各顯出家年月·夏臈臘及德業, 依式印之. 一通留職國, 以外申送太政官, 一通送中書, 一通送治部. 所須調度, 並令寺准人數出物.(권10, 雜令, 341쪽)

▸ 복원 당령

『唐令拾遺』 雜令, 27조, 859~860쪽 ; 『唐令拾遺補』 雜令, 855~856쪽

『天聖令』 당령복원청본, 雜令, 64조, 753쪽

〈現41〉 諸有猛獸之處, 聽作檻穽·射窠 等, 不得當人行之路, 皆明立標幟, 以告往來.

무릇 맹수가 출몰하는 곳에 [생포용] 우리나 구덩이[194]·사과[195] 등을 만드는 것을 허용하되, 사람이 다니는 길에 파거나 설치해서는 안 되며, 모두 표지를 분명히 세워 왕래하는 [사람들에게] 고지해야[196] 한다.[197]

---

194) 『後漢書』 권41, 宋均傳, 1412쪽, "… 常募設檻穽而猶多傷害. 李賢 注, '檻, 爲機以捕獸. 穽謂穿地陷之.'" ; 『後漢書』 권80하, 趙壹傳, 2629쪽, "罼網加上, 機穽在下. 李賢 注, '機, 捕獸機檻也. 穽, 穿地陷獸.'" ; 『令義解』 권10, 雜令, 341쪽, "凡作檻穽 … [原注 : 謂, 檻者圈, 穽者埳(焰?), 並所以捕獸者也.]" 이들 기록에 따르면, '檻'에 대해 『後漢書』의 李賢 注는 捕獸用 '機'[기구]가 설치된 우리, 『令義解』의 注는 捕獸用 '圈'[우리]라고만 했다.

195) 射窠는 맹수를 유인하여 포획하거나 사살하기 위해 발사 장치나 기구를 설치한 일종의 위장 소굴로, 모양이 짐승의 巢窟과 비슷했기 때문에 붙여진 이름이다. 射窠는 유관당송문 3)의 『南部新書』에는 '射窩'로 되어 있는데 같은 뜻이다. 檻이 주로 생포용 우리[圈, 圈檻]라는 것과 대비된다.

196) 당송률에 의하면, 맹수가 출몰하는 곳에 함정 등을 만들고도 표지를 세우지 않았거나 표지를 세우지 않아 사람을 살상케 한 경우 모두 처벌했지만, 표지를 세운 경우는 타인이 죽거나 다쳐도 처벌하지 않았다(『宋刑統』 권26, 雜律 施槍作坑穽殺傷人, 410쪽 ; 『唐律疏議』 권26, 잡률6-2의 율문과 소의 〈제394조〉, 482~483쪽 ; 『역주당률소의』, 3207~3208쪽).

197) 본 조문은 유관당송문 1)과 3)에 보듯, 開元令을 계승한 것이 분명해 보이지만

유관당송문 1)『唐六典』：若虎豹豺狼之害, 則不拘其時, 聽爲檻阱, 獲則賞之, 大小有差. 諸有猛獸處, 聽作檻穽·射窠等, 得卽於官, 每一賞絹四匹, 殺豹及狼, 每一賞絹一匹. 若在牧監內獲豺, 亦每一賞絹一匹, 子各半匹.(권7, 尙書工部, 224쪽 ;『역주당육전』상, 682~683쪽)

2)『宋刑統』：其深山迥澤及有猛獸犯暴之處, 而施作者聽, 仍立標識. 不立者, 笞四十. 以故殺傷人者, 減鬪殺傷罪三等.(권26, 雜律 施槍作坑穽殺傷人, 410쪽 ;『唐律疏議』권26, 잡률6-2의 율문 〈제394조〉, 482~483쪽 ;『역주당률소의』, 3207~3208쪽)

3)『南部新書』：開元令, 諸有猛獸處, 聽作檻穽·射窩等, 得卽送官, 每一頭賞絹四匹. 捕殺豹及狼, 每一頭賞絹一匹. 若在監牧內獲者, 各加一匹. 其牧監內獲豹, 亦每一頭賞得絹一匹, 子各半之.(壬, 146~147쪽)

4)『慶元條法事類』：諸有猛獸, 聽施檢設坑阱之類, 不得當人行之路, 仍明立標識.(권79, 畜産門 捕猛獸 雜令, 896쪽)

5)『慶元條法事類』：諸色人：獲猛獸, 每頭, 小而未能爲害者, 減半. 虎匠：狼絹二匹錢一貫, 豹, 絹三匹錢二貫 ; 虎, 絹五匹·錢五貫. 餘人：狼絹二匹, 豹絹三匹, 虎絹四匹.(권79, 畜産門 捕猛獸 賞格, 896쪽)

6)『慶元條法事類』：諸獲猛獸, 謂虎·豹·狼. 以皮納官, 虎並睛納 附綱上京, 餘給捕人. 猛獸多處, 仍量招置虎匠, 官賞外, 民願別備賞召人捕者, 聽.(권79, 畜産門 捕猛獸 雜令, 895쪽)

▸ 유관 일본령

『令義解』：凡作檻穽, 及施機搶者, 不得妨經及害人.(권10, 雜令, 341쪽)

▸ 복원 당령

『唐令拾遺補』雜令, 補5조, 859쪽

포획물에 대한 포상규정이 완전히 삭제된 대신 표지 설치 및 告知 부분이 신설되었다. 유관당송문 4)『慶元條法事類』의 잡령에도 본 조문과 동일한 규정이 있지만 역시 포상규정은 없다. 그러나 유관당송문 5)에 보면, 당령의 포상규정은『慶元條法事類』의 賞格에 자세히 들어 있는데, 開元令의 내용과 대동소이하다. 특히 맹수 새끼 포획에 대한 포상액을 半으로 규정한 것은 일치한다. 다만 유관당송문 6)의『慶元條法事類』에는 맹수의 범위를 한정하고 있다("諸獲猛獸, [原注：謂虎·豹·狼.]"). 그런데『天聖令』에 누락되어 있는 포상규정이 언제 잡령에서 삭제되었는지는 확실치 않다. 어쨌든 원래 잡령에 들어있던 포상규정이 삭제과정에서 賞格이나 別勅 등에 편입되지 않았을까 한다. 이것이『慶元條法事類』의 賞格으로 이어졌다고 볼 수 있다.

『天聖令』당령복원청본, 雜令, 65조, 753쪽

右並因舊文，以新制參定．

위[의 영들]은 예전의 조문을 바탕으로 하되 새로운 제칙을 참작하여 정한 것이다.

〈舊1〉 太常寺二舞郎，取太常樂舞手年十五以上·二十以下容貌端正者充．教習成訖，每行事日追上，事了放還本色．光祿寺奉觶·太(大)[198]僕寺羊車小史(吏),[199] 皆取年十五以下．其漏刻生·漏童，取十三·十四者充，其羊車小史(吏)，取容貌端正者．茲[200]十九放還．其司儀署及嶽瀆齋(齊)[201]郎，取年十六以上中男充，二十放還．太史(使)[202]局曆(歷)[203]生，取中男年十八以上·解算數者爲之，習業限六年成；天文生·卜筮生竝取中男年十六以上·性識聰敏者，習業限八年成，業成日申補觀生·卜師．其天文生·卜筮生初入學，所行束修一同按摩·咒禁生例．

태상시 [문무]이무랑[204]은 태상[시] 악무수[205] 가운데 15세 이상 20세

198) [교감주] '大'는 '太'의 오기이다.『唐六典』권17, 太僕寺, 476쪽에 의거해 바로잡는다.

199) [교감주] '吏'는 '史'의 오기이다. 아래 줄의 '吏'도 마찬가지다.『唐六典』卷17, 太僕寺, 476쪽에 '羊車小史'로 되어 있다.

200) [교감주] '茲'는 衍字로 보인다.

201) [교감주] '齊'는 '齋'의 오기이다.『唐六典』卷18, 鴻臚寺, 501쪽에 의거해 바로 잡는다.

202) [교감주] '使'는 '史'의 오기이다.『唐六典』卷10, 秘書省, 太史局, 295쪽에 의거해 바로잡는다.

203) [교감주] '歷'은 '曆'의 오기이다.『唐六典』卷10, 秘書省, 太史局, 295쪽에 '曆生'으로 되어 있다.

204) 二舞郎은『唐六典』등에 '文武二舞郎'으로 되어 있다. 太常寺 太樂署 소속으로 정원은 140인이다(이하 번잡을 피하기 위해 정원의 전거는 제시하지 않는다. 別記가 없으면 정원은『唐六典』각 卷의 卷頭에 제시된 소속 관서 항목의 정원을 인용한 것이다). 郊祀와 太廟 祭禮에서 행하는 佾舞 중 文舞와 武舞를 각각 64인이 춘다고 했는데(『唐六典』권14, 太常寺, 729쪽 ;『역주당육전』중, 378쪽), 이들이 文武二舞郎이라고 생각된다. 또 "太樂署 … 樂正八人, 從九品下 … '典事八人,[原注 : 流外番官.] 文武二舞郎一百四十人,'"(『唐六典』권14, 太常寺, 391쪽 ;『역주당육전』중, 372·374쪽)이라고 한 데서 보면, 文武二舞郎은 流外番官이 아니라 番役인 듯하다.

이하의 용모 단정한 자를 취하여 충임한다. 교습이 다 이루어지면 일을 행하는 날마다 불러올리고 일이 끝나면 본래의 신분으로 되돌려 보낸다. 광록시 봉치[206]·태복시 양거소사[207]는 15세 이하[인 자] 중에서 취한다. 누각생[208]·누동[209]은 13·14세[인 자] 중에서 취하여 충임하고, 양거소사는 용모 단정한 자를 취한다. 19세에 되돌려 보낸다. 사의서와 악·독의 재랑[210]은

---

205) 太常樂舞手란 구체적으로 누구를 지칭하는지 확실하지 않다. 다만 『新唐書』에 文武二舞郎 다음으로 散樂, 仗內, 散樂, 音聲人을 들고 있는데(권48, 百官3 太常寺, 1244쪽, "唐改太樂爲樂正, 有府三人, … 文武二舞郎一百四十人, 散樂三百八十二人, 仗內散樂一千人, 音聲人一萬二十七人."), 이들 중 일부가 이에 해당되는지 모른다. 한편 『唐六典』에 의하면, "(관호는) 경사에서는 13세 이상, 지방에서는 15세 이상으로 용모 단정한 자를 태악서에 보내고, … 재능 있는 관노비도 이에 준한다"는 규정이 있는데(『唐六典』 권6, 尙書刑部, 193쪽 ; 『역주당육전』상, 618~621쪽, "(官戶) … 男年十三已上, 在外州者十五已上, 容貌端正, 送太樂, … 有工能官奴婢亦准此." ; 〈舊19〉도 대략 同), 그렇다면 이들 중 樂舞에 소질 있는 자가 본 조문에서 말하는 太常樂舞手에 포함되었을 가능성도 있다.

206) 『新唐書』 권48, 百官3 光祿寺, 1248쪽에 "良醞署 … 掌供五齊·三酒. … 奉觶百二十人."이라고 했고, 『新唐書』 卷49, 百官4 東宮官 家令寺, 1297쪽에 "食官署 … 掌飮膳·酒醴. … 奉觶三十人."이라 했다. 奉觶는 輪番(3番) 복무이고(〈舊8〉조), 雜徭가 면제되었다(賦役令, 〈舊18〉조).

207) 羊車小史는 수레의 일종인 羊車를 끄는 자로 太僕寺 乘黃署 소속이고 정원은 8인이며(『唐六典』 권17, 太僕寺, 476쪽 ; 『역주당육전』중, 378쪽), 輪番(3番) 복무이고(〈舊8〉조), 雜徭가 면제되었다(賦役令, 〈舊18〉조). 수의 大業 연간 처음으로 14, 5세의 羊車小史를 두었다(『隋書』 권10, 禮儀5 輿輦, 209쪽, "羊車, 案晉司隸校尉劉毅, 奏護軍羊琇私乘者也. 開皇無之, 至是(大業)始置焉. 其制如軺車, 金寶飾, 紫錦幰, 朱絲網. 馭童二十人, 皆兩鬟髻, 服靑衣, 取年十四五者爲, 謂之羊車小史. 駕以果下馬, 其大如羊."). 羊車와 羊車小史의 보다 자세한 연혁에 대해서는 『通典』 권64, 沿革24, 1804~1805쪽을 참조할 것.

208) 漏刻生은 秘書省 太史局 소속으로 중남·소남에서 충원되며 정원은 360인이다. 수대에 설치되었고, 물시계 보는 법을 배우고 시간을 알리는 일을 맡았다(『唐六典』 권10, 秘書省 305쪽 ; 『역주당육전』중, 179~180쪽). 成丁이 되면 典鐘·典鼓로 전보(승진)할 수 있었다(〈舊2〉조). 漏刻生은 輪番(3番) 복무이고(〈舊8〉조), 잡요가 면제되었다(賦役令, 〈舊18〉조).

209) 漏童은 동궁의 太子率更寺 소속으로 정원은 60인이다. 물시계 보는 법을 배우고 물시계로 시각을 봐서 시간을 알리는 일을 맡았다(『唐六典』 권27, 家令率更僕寺, 701쪽 ; 『역주당육전』하, 334~335쪽). 漏童은 輪番(4番) 복무이고(〈舊8〉조), 잡요가 면제되었다(賦役令, 〈舊18〉조).

210) 司儀署齋郞은 鴻臚寺 司儀署 소속으로 정원은 33인이며 輪番(3番) 복무이다(〈舊8〉조). 司儀의 인솔 하에 祭器를 나르는 등 祭儀의 진행을 돕는다. 嶽瀆齋郞은 嶽瀆, 즉

16세 이상의 중남을 취하여 충임하고 20세에 되돌려 보낸다. 태사국 역생[211]은 18세 이상의 중남으로 산수를 이해하는 자를 취하여 충임하며 학업의 교습은 6년 기한에 마치게 한다. 천문생[212]·복서생[213]은 모두 16세 이상의 중남으로 품성과 분별력이 총명한 자를 취하고 학업의 교습은 8년 기한 내에 마치게 한다. 학업을 이루면[業成][214] [상서성에] 보고하여 [천문]관생[215]·복사[216]로 보임한다. 천문생·복서생이 처음 입학했을 때 행하는 속수[의

5嶽(泰·華·嵩·恒·衡山)과 4瀆(長江·黃河·淮水·濟水)의 제사에 사용할 祭器를 운반하거나 청소 등을 담당했다(『唐六典』 권30, 三府督護州縣官吏, 756쪽 ; 『역주당육전』하, 484쪽, "齋郎掌執俎豆, 及灑掃之事."). 정원은 각각 30인이고 輪番(3番) 복무이며(〈舊8〉조), 雜徭가 면제되었다(賦役令, 〈舊18〉조). 한편 太廟齋郎과 郊社齋郎도 15~20세 중에서 뽑았으나 모두 관원의 자제들 중에서 帖試나 簡試를 거쳐 선발했으므로(『新唐書』 권45, 選擧下, 1174쪽 ; 『舊唐書』 권43, 職官2, 1820쪽 및 1827쪽 참조) 본 조문에는 빠져 있다.

211) 曆生은 秘書省 太史局 소속으로 曆을 배우는 학생으로 정원은 36인이다. 처음에는 曆博士(정9품상)에게 배웠으나 장안 4년(704) 역박사가 없어지자 保障正(종8품상)에게 배웠다. 8考 후에 流內로 진입할 수 있었다(『唐六典』 권10, 秘書省, 295쪽 ; 『역주당육전』중, 171~172쪽). 輪番(3番) 복무이다(〈舊8〉조).

212) 天文生은 秘書省 太史局 소속으로 천문 지식을 배우는 학생으로 정원은 60인이다. 처음에는 천문박사(정8품하)에게 배웠으나, 장안 4년 천문박사가 없어지자 靈臺郞(정8품하)에게 배웠다. 장기 복무자는 天文觀生(90인)으로 전보될 수 있었다(『唐六典』 권10, 秘書省, 304쪽 ; 『역주당육전』중, 175~177쪽). 輪番(3番) 복무이고(〈舊8〉조), 課·役이 면제되었다(賦役令, 〈舊15〉조).

213) 卜筮生은 太常寺 太卜署 소속으로, 卜博士(종9품하)에게 점치는 법을 배우는 학생으로 정원은 45인이다. 이후 卜師(20인)로 전보(승진)될 수 있었다(『唐六典』 권14, 太常寺, 412쪽 ; 『역주당육전』중, 409~410쪽). 輪番(3番) 복무이고(〈舊8〉조), 課·役이 면제되었다(賦役令, 〈舊15〉조).

214) 당시 관부 여러 학생의 학업과정과 관련한 기록에 '業成'이라는 말이 많이 보인다. 이는 단지 '학업·교습기간을 마치다'(醫疾令,〈舊3〉·〈舊7〉·〈舊8〉조)라는 의미 외에 일정한 수준에 도달하여 '평가 기준을 통과하다', 즉 '시험에 합격하다'는 의미도 내포하고 있다. 예컨대 당대 獸醫生이 獸醫로 보임되려면 그 '業'을 시험하여 '成'[합격]해야 했다(『唐六典』 권17, 太僕寺, 480쪽 ; 『역주당육전』중, 505쪽), "凡補獸醫生皆以庶人之子, 考試其業, 成者補爲獸醫, 業優長者, 進爲博士."). 그리고 太樂署에 소속된 樂工의 경우 난이도가 높은 50곡 이상을 터득해야 '業成', 즉 학업을 이룬 것으로 인식되었다. 곡의 난이도에 따라 '業成'의 연한을 달리 했다(『新唐書』 卷48, 百官3 太常寺, 1243쪽, "敎長上弟子四考, 難色二人·次難色二人業成者, 進考, 得難曲五十以上任供奉者爲業成. 習難色大部伎三年而成, 次部二年而成, 易色小部伎一年而成, 皆入等第三爲業成.").

215) 觀生은 天文觀生의 약칭이며 秘書省 太史局 소속으로, 유외 7품이고 주야로 靈臺에서

예(禮)]는 안마생·주금생[217]의 예[218]와 같이 한다.[219]

유관당송문 관련 기록이 당송 시기 문헌에서는 확인되지 않는다.

▸ 유관 일본령

『令義解』: 凡取陰陽寮諸生者, 並准醫生. 其業成年限, 及束修禮, 一同大學生.(권10, 雜令, 334쪽)

▸ 복원 당령

『天聖令』 당령복원청본, 雜令, 10조, 749쪽

천문 현상을 관찰하는 일을 맡았다. 정원은 90인으로 천문생 중에서 전보되었고, 8考 후에 유내로 진입할 수 있었다(『唐六典』 권10, 秘書省, 304쪽 ; 『역주당육전』중, 174~175쪽).

216) 卜師는 太常寺 太卜署 소속으로 유외 3품이며, 占卜의 일을 맡았고 정원은 20인이다(『唐六典』 권14, 太常寺, 412쪽 ; 『역주당육전』중, 409~410쪽).

217) 안마생·주금생은 모두 太常寺 太醫署 소속으로 각각 안마박사(종9품하)·주금박사(종9품하)에게 해당 기술을 배우는 학생이다(『唐六典』 권14, 太常寺, 411쪽 ; 『역주당육전』중, 406~408쪽). 정원은 안마생이 15인, 주금생이 10인으로 모두 輪番(3番) 복무이고(〈舊8〉조), 課·役이 면제되었다(賦役令, 〈舊15〉조). 한편 醫疾令, 〈舊8〉조에 의하면, 안마생 3년, 주금생 2년의 학업기간을 마치고 시험에 합격하면 각각 按摩師·按摩工 및 咒禁師·咒禁工에 보임된다고 했다.

218) 醫疾令, 〈舊4〉조에 의하면, 按摩生과 咒禁生의 束修(束脩), 즉 입학 때 스승에게 드리는 예물은 醫生·針生의 半인 2인당 견 1필이었고, 이 밖에 술과 脯도 있었다("諸醫·針生初入學者, 皆行束脩之禮於其師. 醫·針生各絹一疋, 按摩·咒禁及諸州醫生率二人共絹一疋. 皆有酒脯. 其分束脩, 准國子監學生例."). 한편 국자학 학생에서 州縣學 학생에 이르기까지의 束修에 대해, 『唐會要』 권35, 學校, 740쪽, 中宗 神龍 2년(706)의 勅에 "初入學, 皆行束修之禮, 禮於師. 國子·太學各絹三匹, 四門學絹二匹, 俊士及律·書·算學·州縣各絹一匹, 皆有酒酺. 其束修三分入博士, 二分助教."라고 했다.

219) 본 조문은 새로운 사료로 관부의 특수 직무를 행하기 위해 교습·복무할 인원선발에 관한 규정이다. 즉 이들의 선발요건, 교습·복무기간, 放還 또는 전보(승진)에 관해 간략히 규정하고 있다. 선발 대상은 모두 中男과 小男인데 주된 대상은 중남이다. 선발 요건과 관련, 일부에 대해 容貌端正(太常寺二舞郎과 羊車小史), 解算數(曆生), 性識聰敏(天文生과 卜筮生)이라고 하여 선발요건을 명기하고 있다. 본 조문은 〈舊2〉조·〈舊8〉조·〈舊15〉조 및 당대 課·役·잡요 면제 관점에서 그 대상을 규정한 부역령, 〈舊15〉조·〈舊18〉조와 함께 특히 관부의 각종 하급 복무자, 학생, 서리 또는 役 부담자의 실체를 규명하는데 유익하다고 본다.

〈舊2〉 諸習馭·翼馭·執馭·馭士·駕士·幕士·稱長·門僕·門僕取京城內家口重大·身强者充. 主膳·典食·供膳·主酪·典鐘·典鼓·防閤(閣)[220]·庶僕·價人(入)[221]·價人取商賈, 及能市易·家口重大·識文字者充. 邑士, 皆於白丁內家有兼丁者爲之. 令條取軍內人爲之者, 准(沒)[222]別制. 其主膳·典食·供膳·主酪, 兼取解營造者. 若因事故停家, 及同色子弟內有閑解者, 亦取. (若因事故停子弟內閑解家及亦取有者同色.)[223] 典鐘·典鼓, 先取舊漏刻生成丁者. 每年各令本司具錄須數, 申戶部科下(下科),[224] 十二月一日集省分配. 門僕·稱長·價人四周(固)[225]一代, 防閤·庶僕·邑士則二周一代. 年滿之日不願代者, 聽.

무릇 습어[226]·익어[227]·집어[228]·어사[229]·가사[230]·막사[231]·칭장[232]·

220) [교감주] '閣'은 '閤'의 오기이다. 본 조문 후반부에 나오는 '防閤'에 의거해 바로잡는다.

221) [교감주] '價入'의 '入'은 '人'의 오기이다. 〈舊8〉조 및 〈舊15〉조에 '價人'으로 되어 있다.

222) [교감주] '沒'은 문맥상 '准'의 오기인 듯하다.

223) [교감주] 저본의 "若因事故停子弟內閑解家及亦取有者同色."은 뜻이 불분명하다. 中華書局 校錄本은 이 구절에 錯簡이 있다고 보아 "若因事故停家, 及同色子弟內有閑解者, 亦取."로 校訂하였다. 여기서도 일단 이를 따른다.

224) [교감주] '下科'는 '科下'의 오기인 듯하다. 부역령, 〈現16〉조, "每年度支豫於畿內諸縣堪量科下." 및 부역령, 〈舊1〉조, "錄狀奏聞, 不得即科下."에 의거해 바로잡는다.

225) [교감주] '固'는 '周'의 오기이다. 이 구절 바로 아래에 나오는 '二周'를 참고하여 바로잡는다.

226) 習馭는 殿中省 尙乘局에 500인이 배속되었고 '六閑之馬'을 조련한다(『唐六典』 卷11, 殿中省, 330쪽 ; 『역주당육전』중, 220~222쪽). 六閑에 대해서는 『唐六典』에 "六閑 : 一曰飛黃, 二曰吉良, 三曰龍媒, 四曰騊駼, 五曰駃騠, 六曰天苑. 左·右凡十有二閑, 分爲二廐 : 一曰祥麟, 二曰鳳苑, 以繫飼馬."라고 했다(『唐六典』 卷11, 殿中省, 330쪽 ; 『역주당육전』중, 222~223쪽). 習馭는 輪番(4番) 복무이고(〈舊8〉조), 庶士로 분류되었으며(〈舊15〉조), 課·役이 면제되었다(賦役令, 〈舊15〉조). 그런데 庶士는 모두 課·役이 면제되었으므로 이하 庶士로 분류된 자들에 대해서는 課·役 면제 사실을 따로 명기하지 않는다.

227) 翼馭는 동궁의 太子僕寺 廐牧署에 15인이 배속되었다(『唐六典』 권27, 家令率更僕寺, 696쪽). 한편 『新唐書』 卷49, 百官4 東宮官, 1299 쪽에 의하면, 翼馭의 직장에 대해 '掌調馬執馭'라고 했고 10인을 두었다. 翼馭는 輪番(4番) 복무이고(〈舊8〉조), 庶士로 분류되었다(〈舊15〉조).

228) 執馭는 太僕寺 典廐署에 100인이 배속되었고 말과 소 및 잡축을 사육한다(『唐六典』 권17, 太僕寺, 477쪽 ; 『역주당육전』중, 529쪽). 執馭는 輪番(4番) 복무이고(〈舊8〉조), 庶士로 분류되었다(〈舊15〉조).

229) 馭士는 太僕寺 車府署에 175인이 배속되었고 수레를 끄는 말을 조련한다(『唐六典』

문복[233] 문복은 경성 내에서 가족이 재력이 있고[234] 신체 강건한 자를 취하여 충임한

권17, 太僕寺, 485쪽 ; 『역주당육전』중, 537쪽). 馭士는 輪番(4番) 복무이고(〈舊8〉조), 庶士로 분류되었다(〈舊15〉조).

230) 駕士는 殿中省 尙乘局을 비롯하여 內侍省 內僕局, 太僕寺 乘黃署·車府署·典廐署, 동궁의 內坊과 廐牧署, 그리고 軍府에도 배속되었다. 내시성 駕士의 직장에 대해, 『唐六典』 권12, 內官宮官內侍省, 361쪽(『역주당육전』중, 298쪽)에 "駕士掌調習馬, 兼知內御車輿雜畜."이라고 했다. 또한 3품 이상 관원의 婚·喪事에 車府署 소속 駕士가 지급되기도 했다(『新唐書』 卷48, 百官3 太僕寺, 1254쪽, "從官三品以上婚·葬, 給駕士."). 駕士는 輪番(4番) 복무이고(〈舊8〉조), 庶士로 분류되었다(〈舊15〉조).

231) 幕士는 殿中省 尙舍局에 8,000인이 배속되었고, 이 尙舍局에 배속된 막사는 供御의 임무나 궁전에서 장막 설치 등의 일을 담당했다(『唐六典』 권11, 殿中省, 321쪽 ; 『역주당육전』중, 215~216쪽). 幕士는 이 밖에도 衛尉寺 守宮署, 鴻臚寺 司儀署, 太子左春坊 典設局에 다수 배속되었고 군부에도 배속되었다. 幕士는 輪番(4番) 복무이고(〈舊8〉조), 庶士로 분류되었다(〈舊15〉조).

232) 稱長은 左右武衛에 2인이 배속되었고 황제의 行幸 때 경계의 소리를 외치며 타인의 통행을 금하고 길을 트는 일을 맡았다(『唐六典』 권24, 諸衛府, 613쪽 ; 『역주당육전』 하, 193~194쪽). 칭장의 복무에 대해 본 조문 후반부에는 '四周一代'라 했고, 〈舊8〉조에는 "須日追上, 事了放還"이라 했다. 칭장은 庶士로 분류되었다(〈舊15〉조).

233) 門僕은 門下省 城門郎에 800인이 배속되었고 城門의 개폐와 열쇠 관리를 담당했다(『唐六典』 권8, 門下省, 240쪽 ; 『역주당육전』중, 57~58쪽). 이 밖에 太廟, 兩京郊社署, 太子左春坊 宮門局 등에도 배속되었다. 太廟와 郊社의 문복은 3番, 기타 관서의 문복은 4番의 輪番 복무이고(〈舊8〉조), 모두 庶士로 분류되었다(〈舊15〉조).

234) '家口重大'의 의미는 명확하지 않다. 우선 본 조문 중반부의 "於白丁內家有兼丁者爲之"라는 구절을 참고하면, '家口'는 '家門'이나 '家世'의 의미가 아니라 협의의 家, 즉 '家計를 같이 하는 생활공동체'라는 것은 분명하다. 그런데 '家口重大'는 본 조문의 注文에서 보듯, 價人의 선임 요건의 하나로도 들고 있을 뿐만 아니라 지방의 倉督 선임 요건으로도 명시되어 있다(『唐六典』 권30, 府督護州縣官吏, 748쪽 ; 『역주당육전』하, 437~440쪽, "凡州·縣及鎭倉督, … [原注 : 倉督取家口重大者爲之.]"). 價人이나 倉督의 선임 요건에 '家口重大'를 들고 있는 것을 보면, 그들이 '재력이 있는 백성 가족' 출신이라는 점은 인정된다. 왜냐하면 價人의 선임 요건 중에 '상인 출신이거나 거래에 능한 자'를 함께 명시하고 있는 점, 또한 창고의 출납을 감독하는 倉督 역시 만일의 경우 배상책임을 물을 수 있다는 점에서 경제적 능력을 갖춘 존재로 볼 수 있기 때문이다. 그러나 門僕의 선임 요건으로 '家口重大'를 들고 있는 것은 의문이다. 한편 黃正建은 門僕과 倉督의 선임 요건과 관련하여 명시된 '家口重大'의 家란, 각각 '京城 백성 내에서 세력이 있는 豪强', '지방의 豪强' 또는 '백성 중에서 세력 있는 자'로서 이들은 다른 서리보다 지위가 높다고 보았다(黃正建, 「天聖令·雜令所涉唐前期諸色人雜考」, 黃正建 主編, 『天聖令與唐宋制度研究』, 北京 : 中國社會科學院出版社, 2011, 501쪽). 그러나 이들 개념 자체가 애매한데다 특히 門僕의 경우, 앞 註에서 보듯, 문하성(800인)과 太常寺 관할의 太廟 등에 배속된 門僕이 무려 1,000명 가까이 되는데 이들 모두를 '경성 백성 내에서 세력이 있는 豪强'이라고 보기는

다. 주선235)·전식236)·공선237)·주락238)·전종·전고239)·방합·서복240)·

어렵지 않을까 한다.

235) 主膳은 殿中省 尙食局에 700인이 배속되었고, 主食(16인)이 主膳을 통솔하였다. 尙食奉御(정5품하)가 황제의 일상 음식을 공봉하는 일을 관장했다(『唐六典』 권11, 殿中省, 320쪽 ; 『역주당육전』중, 194~196쪽) 그러나 主膳은 『新唐書』 권47, 百官2 殿中省, 1218쪽에 840인으로 되어 있다. 한편, 『舊唐書』 권44, 職官3 光祿寺, 1878쪽에 의하면 光祿寺 太官署에도 主膳 15인이 배속되었다. 主膳은 輪番(4番) 복무이고(〈舊8〉조), 庶士로 분류되었다(〈舊15〉조).

236) 典食은 太子左春坊 典膳局에 200인이 배속되었고 主食(6인)이 典食을 통솔하였다. 典膳郎(정6품상)이 태자에게 음식을 올리고 미리 맛보는 일을 관장했다(『唐六典』 권26, 太子三師三少詹事府左右春坊, 657쪽 ; 『역주당육전』하, 283~285쪽). 典食은 輪番(4番) 복무이고(〈舊8〉조), 庶士로 분류되었다(〈舊15〉조).

237) 供膳은 光祿寺 太官署에 2400인, 太子家令寺 食官署에 400인이 배속되었고 각각 궁정과 동궁에서 음식을 담당했으며, 황제나 궁정의 음식 담당 인원 중 숫자가 가장 많다(『唐六典』 권15, 光祿寺, 444쪽 ; 『역주당육전』중, 433~435쪽 및 『唐六典』 권27, 家令率更僕寺, 694쪽 ; 『역주당육전』하, 314쪽). 供膳은 輪番(4番) 복무이고(〈舊8〉조), 庶士로 분류되었다(〈舊15〉조). 供膳은 親王府와 公主家에도 각각 5인, 2인이 지급되었다(〈舊5〉).

238) 主酪은 太僕寺 典牧署에 74인, 太子僕寺 廐牧署에 30인 배속되었고 유제품과 말린 고기를 제조하는 일을 담당했다(『新唐書』 권48, 百官3 太僕寺 典牧署, 1254쪽 및 『新唐書』 권49상, 百官4上 東宮官 太子僕寺 廐牧署, 1299쪽). 主酪은 輪番(4番) 복무이고 (〈舊8〉조), 庶士로 분류되었다(〈舊15〉조).

239) 典鐘과 典鼓는 각각 시간을 알리는 종[漏鐘]과 북[漏鼓]을 치는 일을 맡았는데, 밤 시간(저녁 7시~새벽 5시)을 5更으로 나누고 更을 다시 5點으로 나누어 更이 바뀔 때는 북을 치고, 點이 바뀔 때는 종을 쳤다. 둘 다 秘書省 太史局과 동궁의 太子率更寺에 배치되었다(『唐六典』 권10, 秘書省, 305쪽 ; 『역주당육전』중, 179~180쪽 및 『唐六典』 권27, 家令率更僕寺, 695쪽 ; 『역주당육전』하, 314쪽). 그런데 典鐘과 典鼓의 인원수는 사료마다 차이가 있다. 우선 太史局의 典鐘과 典鼓의 수는 『唐六典』 권10, 秘書省, 305쪽에 도합 440인(전종 280인, 전고 160인)으로 되어 있으나 『舊唐書』 권43, 職官2 祕書省, 1856쪽에는 구분 없이 모두 350인으로만 되어 있다(『新唐書』 권47, 百官2 祕書省, 1217쪽도 同). 그런데 위 『舊唐書』에 "典鐘·典鼓三百五十人, … 已上官吏, 皆乾元元年隨監司新置也."라고 했듯이, 『舊唐書』의 이 '350인'은 乾元 元年(758) 太史監(종전의 太史局)이 司天臺로 바뀌면서 새로 조정된 인원수라고 생각된다. 또한 太子率更寺에 배치된 典鐘과 典鼓의 인원수도 불분명하다. 『唐六典』 권27, 家令率更僕寺에는 典鐘이 빠져 있고 '典鼓二十四人'으로만 되어 있다(『舊唐書』 권44, 職官3 東宮官屬, 1911쪽도 同). 그러나 『新唐書』에는 '典鍾·典鼓各十二人'(권49, 百官4 東宮官, 1304쪽)으로 되어 있다. 그렇다면 『唐六典』의 '典鼓二十四人'은 典鍾과 典鼓의 각 12인을 합한 인원수로 보는 것이 타당한 듯하다. 전종과 전고는 모두 輪番(4番) 복무이고(〈舊8〉조), 庶士로 분류되었다(〈舊15〉조).

240) 防閤과 庶僕은 중앙의 문무 직사관에게 지급되어 이들의 호위 등을 맡는 자들로

가인[241] 가인은 상인이거나 상거래에 능하고 가족이 재력이 있으며 문자를 아는 자를 취한다. 읍사[242]는 모두 백정 내의 가에 두 명 [이상]의 정남[兼丁]이 있는 자 [중에서] 취하여 충임한다. 영의 조문에 따라 군 내의 사람을 취하여 충임할 경우 별도의 규정에 준한다. 주선·전식·공선·주락은 [음식이나 유제품 등을] 만드는 것을 잘 아는[243] 자를 아울러 취한다. 만약 사정으로 집에 머물러 살거나 같은 신분의 자제 내에 [영조를] 잘 아는 자가 있는 경우 역시 취한다. 전종·전고는 예전의 누각생으로 정남인 자를 먼저 취한다. 해마다 각각 본사가 필요한 수를 빠짐없이 기록하고 호부에 보고하여 할당하게 하며, 12월 1일에 [상서]성에 집합시켜 [해당 관사에] 나누어 배치한다. 문복·칭장·가인은 4년 주기로 한 번 교체하고 방합·서복·읍사는 2년 주기로 한 번 교체한다. 연한이 만료되는 날[이 되어도] 교체를 원하지 않은 경우 허용한다.[244]

防閤은 1품~5품, 庶僕은 6품~9품에게 각각 품급에 따라 차등 지급된다(『唐六典』 권3, 尙書戶部, 78쪽 ; 『역주당육전』상, 336~337쪽, "凡京司文武職事官皆有防閤, 一品九十六人, 二品七十二人, 三品三十八人, 四品三十二人, 五品二十四人 ; 六品給庶僕十二人, 七品八人, 八品三人, 九品二人."). 방합과 서복은 番役이었으나 보통은 上番하지 않고 '納資代役'하였다. 방합과 서복은 본인의 課·(正)役이 면제되었다(부역령, 〈舊15〉조).

241) 價人은 太府寺 平準署에 10인, 少府監 諸互市監에 各 4인이 배속되어 민이나 외국과의 교역에 관한 일을 맡았다(『唐六典』 권20, 太府寺 平準署, 539쪽 ; 『역주당육전』중, 632쪽 및 『唐六典』 권22, 少府軍器監 諸互市監, 570쪽 ; 『역주당육전』하, 60~62쪽). 본 조문 후반부에 '四周一代'라 했고, 〈舊8〉조에는 '分爲二番'이라고 했으며 庶士로 분류되었다(〈舊15〉조).

242) 邑士는 防閤·庶僕과 성격이 유사하며 公主·郡主·縣主·特封縣主에게 각각 80인·60인·40·34인이 지급되었고(『唐六典』 권3, 尙書戶部, 78쪽 ; 『역주당육전』상, 336~337쪽), 課·役이 면제되었다(賦役令, 〈舊15〉조).

243) '解營造'의 '營造'는 보통 建造, 製作·製造의 의미로 쓰였으나(『唐律疏議』 권26, 雜律 15 〈제403조〉, 488쪽 ; 『역주당률소의』, 3218쪽 ; 『宋刑統』 권26, 雜律 營造舍宅車服違令, 416쪽, "諸營造舍宅·車服·器物及墳塋·石獸之屬, 於令有違者, 杖一百."), 본 조문에서는 '음식을 만들다'는 뜻으로 쓰였다. 이러한 용례가 『唐六典』에 보인다(권27, 家令率更僕寺, 食官署, 698쪽 ; 『역주당육전』하, 324~325쪽, "食官令掌飮膳之事, … 凡四時之令節, 供進及設食, 得專營造, 不用啓聞.").

244) 본 조문은 관부에서 직무를 맡아 복무하게 될 관인이 아닌 자의 선발 요건, 배정,

교체 기한에 관한 규정이다. 본 조문에 규정된 주된 선발 대상은 '兼丁之家'의 丁男이다. 그러나 主膳·典食·供膳·主酪 등은 兼丁之家 출신이 아니라도 상관없으나 대신 '解營造'의 요건을 갖춰야 했다. 또 선발 요건과 관련, 일부에 대해서는 '家口重大'(門僕과 價人)를 명시하고 있다. 어쨌든 본 조문의 선발 대상은 〈舊1〉조의 그것이 중·소남인 것과 구별된다. 본 조문에 열거된 자들의 면면을 보면 공통된 특색을 찾기 어려울 정도로 매우 잡다한 직종이 혼재되어 있다. 본 조문에는 문헌에 보이지 않는 내용도 있지만, 매우 단편적이거나 포괄적이어서 그 실태를 제대로 파악하기 어렵다. 그렇지만 이들 대부분은 본 조문 외에도 〈舊8〉조·〈舊15〉조에 분산되어 분류되고 있으므로 당연히 이것들과 연관 지워 검토할 필요가 있다. 뿐만 아니라 부역령·창고령·의질령의 舊令 등에 산재된 관련 조항과의 비교 검토도 필수적이라고 생각한다.

유관당송문 관련 기록이 당송 시기 문헌에서는 확인되지 않는다.

▶ 복원 당령

『天聖令』 당령복원청본, 雜令, 10조, 749~750쪽

〈舊3〉 諸王及大長公主·長公主·公主應賜物者，竝依本品給.

친왕[諸王][245] 및 대장공주·장공주·공주에게 사물[246]을 지급해야 할 경우 모두 본품[247]에 따라 지급한다.[248]

---

245) 당대 '王'의 爵名은 親王 외에 친왕의 봉작을 계승하는 적장자[嗣王], 황태자의 子와 친왕의 子로서 황제의 은택을 입은 자[郡王], 특별히 왕에 봉해진 자[特封王]에게도 주어졌지만, 이들은 본 조문의 '諸王'(親王)과 엄격히 구분되었다(『新唐書』 권48, 百官3 宗正寺, 1251쪽, "凡親有五等, 先定於司封, … 諸王·大長公主·長公主親, 本品；嗣王·郡王非三等親者, 亦視五品."). 따라서 嗣王 등은 본 조문에서 말하는 '諸王'의 범주에 들지 않는다.

246) 賜物의 종류와 지급 비율에 대해, 倉庫令, 〈舊15〉조에 "諸賜物率十段, 絹三匹·布三端·[原注：貲·紵·罽各一端.] 綿四屯. [原注：春夏卽絲四絢代綿.] 其布若須有貯擬, 量事不可出用者, 任斟量以應給諸色人布內兼給."이라 했고, 『唐六典』 권3, 尙書戶部, 82쪽(『역주당육전』상, 355쪽)에는 "凡賜物十段, 則約率而給之：絹三匹, 布三端, 綿四屯.[原注：貲布·紵布·罽布各一端. 春·夏以絲四代綿.]"이라 했다.

247) 친왕은 正1品이고, 大長公主, 長公主, 公主는 視正1品이다(『唐六典』 권2, 尙書吏部, 38~39쪽；『역주당육전』상, 355쪽, "外命婦之制：皇姑封大長公主, 皇姊妹封長公主, 皇女封公主, 皆視正一品."). 그런데 『通典』 권31, 職官13, 869쪽이나 『舊唐書』 권43, 職官2 尙書吏部, 1821쪽에도 『唐六典』과 마찬가지로 大長公主 등은 모두 '視正一品'으로 되어 있지만, 『新唐書』에는 大長公主만 '正一品'이고, 長公主와 公主는 '視一品'으로 되어 있다(권46, 百官1 尙書吏部, 1188쪽, "皇姑爲大長公主, 正一品；姊妹爲長公主,

유관당송문 관련 기록이 당송 시기 문헌에서는 확인되지 않는다.

▸ 복원 당령

『天聖令』 당령복원청본, 雜令, 16조, 750쪽

〈舊4〉 諸親王府給雜匠十人(八)[249]·獸醫四人·供膳五人, 仍折充帳內之數. 其公主家, 供膳給二人.

무릇 친왕부에 잡장[250] 10인·수의[251] 4인·공선[252] 5인을 주되 장내[253]의 수를 [그 수만큼] 줄여 충임한다. 공주의 가[254]에 공선 2인을 준다.[255]

女爲公主, 皆視一品.").

248) 封爵인 왕이나 대장공주 등의 賜物은 本品에 따라 지급한다는 것이 본 조문의 골자이다. 즉 당대 諸王, 즉 친왕은 正一品, 대장공주·장공주·공주는 視正一品이므로 사물 지급은 이 품계에 따른다는 것이다.

249) [교감주] '八'은 '人'의 오기이다. 文意에 따라 고친다.

250) 雜匠은 '雜色工匠'('雜色巧匠'), 즉 '여러 직종의 工匠'을 말한다. '雜匠'에 대해 『唐律疏議』에서는 '雜色工匠'(권28, 捕亡11-1, 율문 및 소의 〈제461조〉, 534쪽 ; 『역주당률소의』, 3298쪽), 『宋刑統』에서는 '雜色巧匠'이라고 풀이하였다(『宋刑統』 권28, 捕亡律 丁夫雜匠工樂雜戶逃亡, 457쪽). 『舊唐書』 권48, 食貨上 兩稅, 2090쪽에 의하면, 관부에 복무하는 雜匠은 番役이었다("(開元).二十二年五月, 勅 : 定戶口之時, 百姓非商戶郭外居宅及每丁一牛, 不得將入貨財數. 其雜匠及幕士并諸色同類, 有番役合免征行者, 一戶之內, 四丁已上, 任此色役不得過兩人, 三丁已上, 不得過一人.").

251) 서인의 자제로 獸醫生에 충임된 자가 일정한 교습 기간을 거친 후 시험에 합격하면 獸醫에 보임되었다(『唐六典』 권17, 太僕寺, 480쪽 ; 『역주당육전』중, 505쪽, "凡補獸醫生皆以庶人之子, 考試其業, 成者補爲獸醫."). 廐牧令, 〈舊3〉조에도 獸醫의 선발과 보임에 관한 규정이 있다. 獸醫는 태복시에 600인 외에 殿中省 尙乘局에 70인, 太子僕寺 廐牧署에 20인이 있었다. 수의와 공선은 모두 '庶士'(〈舊15〉조)이자 윤번(4番) 복무자로 분류되었다(〈舊8〉조).

252) 供膳에 대해서는 〈舊2〉조 해당 항목의 註 참조할 것.

253) 帳內는 8~9품 관인의 자제 중 18세 이상인 자를 선발하여 왕공이나 3품 이상 고관에게 지급되어 儀仗과 護衛를 담당했다. 10년을 주기로 簡試를 쳐서 그 성적으로 잔류 여부를 결정했다(『唐六典』 권5, 尙書兵部, 155쪽 ; 『역주당육전』상, 496쪽). 그리고 친왕부 소속의 帳內와 親事(6~7품의 子)의 職掌에 대해 둘 다 "掌儀衛事"라고 했는데(『唐六典』 권29, 諸王公主邑司, 732쪽 ; 『역주당육전』하, 391쪽), 이로 보아 둘은 직무의 실질적인 차이는 없는 듯하다. 친왕부의 帳內府 장내와 親事府 친사의 정원은 각각 667인, 333인이다(同上, 727쪽 ; 同上, 370쪽).

254) 公主家의 사무는 邑司가 관장했고 宗正寺 관할이었다(『唐六典』 권29, 諸王府公主邑司,

유관당송문 관련 기록이 당송 시기 문헌에서는 확인되지 않는다.

▸ 복원 당령

『天聖令』 당령복원청본, 雜令, 17조, 750쪽

〈舊5〉 諸船運粟一千五百斛以下, 給水匠一人 ; 一千五百斛以上, 匠二人. 率五十斛給丁一人. 其鹽鐵雜物等, 並准粟爲輕重. 若空船, 量大小給丁·匠.

무릇 [관]선으로 곡물[粟]을 운송하는 경우 1,500곡(斛) 이하면 수장(水匠)[256] 1인을 지급하고, 1,500곡 이상이면 [수]장 2인을 지급한다. 50곡을 비율로 정(丁) 1인[257]을 지급한다. 염·철·잡물 등은 모두 곡물에 준하여 경중을 정한다. 만약 빈 선박이라면 크기를 헤아려 정과 [수]장을 지급한다.[258]

734쪽 ; 『역주당육전』하, 396쪽).

255) 본 조문은 친왕부 및 공주의 家에 사역하는 자의 지급 숫자에 관한 규정이다. 즉 친왕부에 지급하는 雜匠, 獸醫, 供膳의 수는 총 19인인데, 이 숫자만큼 帳內(667인)의 수를 줄여 보충한다는 것이다. 본 조문이 폐기된 것은 당송간 친왕부와 公主家에 대한 국가 정책의 차이, 그리고 雜匠 등을 포함한 役 체계의 차이가 주된 원인이 아니었을까 한다.

256) 본 조문의 水匠은 지급 인원이 매우 적다는 점에서도 단순한 水夫가 아니라 선박 운항에 전문적 기술을 갖춘 존재로 보인다. 부역령, 〈舊22〉조에 의하면, 당대 丁·匠의 歲役은 20일로 이를 넘으면 초과한 날수에 따라 調 또는 調와 租를 모두 면제해 주었는데, 工匠의 경우 주로 관부의 요구에 의해 20일을 넘겨 계속 工役에 복무하는 경우가 많았다. 본 조문의 수장도 예외가 아니었을 것으로 생각된다.

257) 丁은 문맥으로 봐도 선박 운항에 특별한 기술을 갖추지 않은 존재로 보이는데, 이들은 番役이었을 것으로 생각된다. 越州·杭州浙江渡 등 여러 渡에서 '渡子'에 충임된 白丁도 番役이었다(『唐六典』 卷7, 尙書工部, 226쪽 ; 『역주당육전』상, 688쪽, "[原注 : 越州·杭州浙江渡·洪州城下渡·九江渡船各三艘, 船別四人, 渡子並須近江白丁便水者充, 分爲五番, 年別一替.]").

258) 본 조문은 水匠과 丁의 지급 규정으로, 지급 기준은 짐을 적재한 선박은 적재량, 빈 선박은 크기에 따라 구분하고 있다. 곡물은 물론 염·철 등 기타 화물을 적재한 선박도 수장 지급은 곡물 적재량 1,500석이 기준이 되고 있다. 즉 그 이하면 1인, 이상이면 2인을 지급하며, 정은 50석마다 1인씩 지급한다는 것이다. 본 조문이 폐기된 것은 당·송간 선박의 규모와 운항 행태 및 役 체계가 달랐기 때문이 아니었을까 한다.

유관당송문 관련 기록이 당송 시기 문헌에서는 확인되지 않는다.

▸ 복원 당령

『天聖令』 당령복원청본, 雜令, 22조, 750쪽

〈舊6〉 諸三師三公參朝著門籍，及人馬供給，竝從都省．太子三師三少，卽從詹事府．

무릇 삼사·삼공[259]이 조정에 들어갈 때 궁·전문의 출입명부[門籍][260]에 등재하거나 시종과 말을 공급 받는 경우 모두 [상서]도성[261]에서 한다. 태자삼사·태자삼소[262]는 [태자]첨사부[263]에서 한다.

---

259) 三師는 太師, 太傅, 太保 각 1인으로 모두 정1품이다. 황제의 스승으로 최고의 영예직이었다. 그러나 당대에는 거의 임명된 적이 없었고, 혹 친왕이 여기에 임명된 경우가 있었으나 직무는 보지 않았고 이름에 불과했다. 三公은 太尉, 司徒, 司空 각 1인으로 모두 정1품이다. 황제의 최고 보좌역이지만 삼사와 마찬가지로 당대 거의 임명된 적이 없었고 혹 친왕이 임명된 경우가 있을 때도 이름뿐이었다.

260) 門籍은 원래 宮門 출입을 허가하는 명패로 궁문 앞에 걸어 두었는데, 후에 名簿로 바뀌었다. 당대 宮·殿門 출입 절차는 ① 宮·殿門에 들어가려는 관원은 소속 관사가 관원의 官爵과 성명을 적어 궁문을 관장하는 관서에 이첩하면, ② 門司가 이를 궁문 출입의 실질적 책임자인 監門(左·右監門衛의 장군이나 中郎將)에 송부하며, ③ 監門이 본인임을 확인한 후에 출입을 허가했다. 문적은 한 달에 한번 경신했고 左·右監門衛大將軍·將軍이 門籍을 관장했다(『唐六典』 卷25, 諸衛府, 640쪽 ; 『역주당육전』하, 223~225쪽). 그런데 『新唐書』 권49, 百官4, 1286쪽에 의하면, 매월 문무관 9품 이상 관원의 (門)籍을 金吾衛의 引駕仗 및 左右監門衛에 보내면 左右監門衛가 문서로 '內門'에 통보한다고 했다. 한편 당대의 門籍은 단지 궁·전문 출입을 위해서만 사용된 것이 아니라 朝參을 확인하는 일종의 출석명부로도 사용되었다고 생각된다(『新唐書』 권23, 儀衛上, 488쪽, "朝日, … 監察御史二人立於東西朝堂甎道以涖之. 平明, 傳點畢, 內門開. 監察御史領百官入夾階, 監門校尉二人執門籍, 曰, '唱籍'. 旣視籍, 曰, '在'. 入畢而止.").

261) (尙書)都省은 6部를 통령하여 정무를 총괄한다.

262) 太子三師는 太子太師, 太子太傅, 太子太保 각 1인으로 모두 종1품이다. 태자의 스승으로 태자를 도덕으로 보좌하고 가르친다. 太子三少는 太子少師, 太子少傅, 太子少保 각 1인으로 모두 정2품이다. 삼사의 도덕을 살펴 태자를 받들어 教諭한다. 그러나 太子三師·三少는 반드시 임명하는 것이 아니며, 적합한 인물이 없으면 임명하지 않았다.

263) (太子)詹事府는 東宮 내의 정무를 총괄 집행하며 조정의 상서성에 해당한다.

유관당송문 관련 기록이 당송 시기 문헌에서는 확인되지 않는다.

▸ 복원 당령

『天聖令』 당령복원청본, 雜令, 24조, 750쪽

〈舊7〉 諸文武職事·散官三品以上及爵一品在兩京, 若職事·散官五品以上及郡·縣公在諸州縣, 欲向大街開門, 檢公私無妨者, 聽之.

무릇 문무 직사관·산관 3품 이상 및 작 1품인 자가 양경에 거주하거나 또는 직사관·산관 5품 이상 및 군공·현공[264]이 여러 주현에 거주하면서 대가 쪽으로 [가옥의] 문을 내려고 한다면 관·민에 방해가 없는지 검사하여 [지장이 없으면] 허용한다.[265]

유관당송문 관련 기록이 당송 시기 문헌에서는 확인되지 않는다.

▸ 복원 당령

『天聖令』 당령복원청본, 雜令, 25조, 750쪽

---

264) 郡公은 친왕의 諸子에게 봉해졌고(爵은 정2품), 縣公은 종실·郡王에서 강등된 자·功臣 등에게 봉해졌으며(爵은 종2품), 봉작의 세습은 군공까지만 허용되었다. 군공이나 현공이 직사관품에 비정될 경우는 사안이나 시기에 따라 약간씩 다르다. 이를테면, 초임관으로 서용될 때는 군공이 정6품하, 현공이 종6품상이었으며, 영업전 지급 시에는 군공은 직사관 종2품에, 현공은 직사관 3품(建中 연간 직사관 정4품)에 각각 비정되었다. 그리고 국자감에서 자제가 교육을 받을 때는 군공이나 현공이 모두 문무관 5품에 비정되었다.

265) 당대는 兩京을 비롯하여 州縣의 城內에 大路로 구획된 方形의 거주지역인 坊의 사방에 높은 坊壁을 축조하고 坊門을 만들었다. 坊內 거주자는 주택이나 건물의 문을 大街 쪽으로 낼 수 없었고, 방문을 통해서만 坊 밖의 대가로 출입할 수 있었다. 본 조문은 이러한 규제에 대한 예외 규정이다. 그러나 당 후기 이후 이러한 금령을 어기고 市·坊壁을 허물어 대가 쪽으로 문을 내거나 대로를 불법 점유하여 건물을 짓는 등 侵街 행위가 끊이지 않았다. 坊市制의 이완과 붕괴 현상은 송대까지 계속되었고, 이에 대응하여 송 정부도 眞宗代까지는 법적으로는 坊市制를 유지했으나 폐지는 시간문제였다. 마침내 인종 연간 누구나 대로 쪽으로 문을 내는 것은 물론 점포를 개설하는 것도 허용됨으로써 방시제는 완전히 폐지되었다. 따라서 본 조문이 폐기된 것은 당연하다.

〈舊8〉 在京諸司流內九品以上,[266] 及國子監諸學生及俊士；流外官太常寺謁者·贊引·祝史, 司儀, 典客署典客, 秘書省·弘(洪)[267]文館典書, 左春坊掌儀, 司經局典書, 諸令史·書令史·楷書手, 都水監河堤謁者, 諸局書史,[268] 諸錄事·府·史·計史·司直史(吏)[269]·評事史·獄史·監膳史·園史·漕史·醫學生·針學生, 尙食局·典膳局主食, 薩寶府府·史, 竝長上. 其流外非長上者及價人, 皆分爲二番. 番期長短, 各任本司量[長][270]短定准. 當庫藏者, 不得爲番. 其太史局曆(歷)[271]生·天文生·巫師·按摩·咒禁·卜筮生·藥(樂)[272]園生·藥童·羊車小史·獸醫生, 嶽瀆祝史·齋郎, 內給使·散使, 奉觶, 司儀署齋郎, 郊社·太廟門僕, 幷品子任雜掌, 皆分爲三番. 餘門僕·主酪·習馭·翼馭·執馭·馭士·駕(賀)[273]士·幕士·大理問事·主膳·典食·供膳·獸醫·典鐘·典鼓, 及薩寶府雜使·漏刻生·漏童, 竝分爲四番. 其幕士·習馭·掌閑·駕士隸殿中省·左春坊者, 番期上下自從衛士例. 其武衛稱長, 須日追上, 事了放還.

경사에 있는 여러 관사의 유내관 9품 이상, 국자감의 여러 학생[274] 및 준사,[275] 유외관으로 태상시의 알자[276]·찬인[277]·축사,[278] [사의서의] 사

266) [교감주] 중화서국 교록본에는 이 구절의 첫머리에 일반적인 조항의 예에 따라 '諸'를 첨가하였다. 그러나 이것은 牛來穎, 「『天聖令』復原中的幾個問題」, 71~73쪽의 설명처럼 文意의 중복을 피하기 위하여 이 글자를 생략한 것이라고 여겨지므로, 저본을 고치지 않는다.

267) [교감주] '洪文館'의 '洪'은 '弘文館'의 '弘'의 오기이다.

268) [교감주] '書史'는 '書吏'의 별칭이다. 『唐六典』에는 秘書省 著作局에만 '書史'로 되어 있고 '書吏'가 두어진 여러 '局'에는 모두 '書吏'로 되어 있다. 다른 문헌에도 '書吏' 쪽이 더 많이 쓰이지만 그대로 둔다.

269) [교감주] '吏'는 '史'의 오기이다. 大理寺 소속에 '司直史'가 있다(『唐六典』 권18, 大理寺, 500쪽 ; 『역주당육전』중, 550쪽).

270) [교감주] '長'은 문맥상 脫字인 듯하다. 바로 앞에 "番期長短"이라는 구절이 있다.

271) [교감주] '歷'은 '曆'의 오기이다. 文意에 의해 바로잡는다.

272) [교감주] '樂'은 '藥'의 오기이다. 『唐六典』 권14, 太常寺, 392쪽(『역주당육전』중, 336쪽)에 '藥園生'으로 되어 있다.

273) [교감주] '賀'는 '駕'의 오기이다. 『唐六典』 권17, 太僕寺, 476~477쪽(『역주당육전』중, 496~497쪽)에 '駕士'라고 되어 있다.

274) 國子監 諸學生은 국자감 소속의 중앙 官學인 國子學·太學·四門學·律學·書學·算學의 학생이다. 이들은 長上이었으므로 식량이 지급되었고(〈舊9〉조), 課·役이 면제되었다(賦役令, 〈舊15〉조).

의,[279] 전객서의 전객,[280] 비서성·홍문관의 전서,[281] 좌춘방의 장의,[282] 사경국의 전서, 여러 영사[283]·서령사[284]·해서수[285]·도수감의 하제알자,[286] 여러 국의 서사,[287] 여러 녹사[288]·부[289]·사[290]·계사[291]·사직

275) 俊士는 서인의 아들로 四門學에 입학한 학생이다. 開元 초에 서인 외에 주현 학생과 문무관 8품의 자제에게도 문호가 개방되었다. 俊士의 정원은 문무관 7품 이상 등의 아들에게 할당된 정원 외에 별도로 책정되었다. 『唐六典』 卷21, 國子監, 556쪽(『역주당육전』하, 19쪽)에 의하면, 四門學生의 정원은 500명, 俊士의 정원은 800명이다. 그런데 이 정원은 開元 연간에 대폭 증가된 것이다(『舊唐書』 권24, 禮儀4, 918쪽, "龍朔二年正月, … 四門助敎博士·四門生三百員, 四門俊士二百員."). 준사는 課·役이 면제되었다(賦役令, 〈舊15〉조).

276) 太常寺謁者는 정원이 10인으로 祭儀의 진행을 인도하는 일을 맡는다. 流外勳品이다(『通典』 권40, 職官22 秩品5, 1103쪽). 이하 流外品과 視流外品은 同書, 1103~1106쪽에 따르며, 따로 전거를 밝히지 않는다. 視流外9品 이상은 課·役이 면제되었으므로(부역령, 〈舊15〉조), 당연히 太常寺謁者도 課·役 면제 대상이다. 이하 (視)流外品을 갖는 자들에 대한 課·役 면제 사실은 따로 명기하지 않는다.

277) 贊引은 太常寺 소속으로 정원이 20인이며 祭儀의 진행을 돕는다. 유외3품이다.

278) 祝史는 太常寺 소속으로 정원이 6인이며 神主를 출납하거나 祝文을 읽는 등의 일을 맡았다. 유외2품이다. 祝史는 嶽·瀆에도 두었다.

279) 司儀는 鴻臚寺 司儀署 소속으로 정원은 6인이며 흉례의 집행이나 상장 용구의 운반과 관리에 관한 일을 담당했다. 유외훈품이다.

280) 典客署 典客은 정원이 13인으로 蕃客의 送迎이나 館舍(客舍)의 관리를 전담하는 掌客(정9품상)의 일을 보좌했다. 유외2품이다.

281) 典書는 經·史·子·集의 도서를 보관 관리하는 일을 맡았고 秘書省에 8인을 두었으며 八考 후 入流가 가능했다. 弘文館(2인), 太史局(2인), 太子左春坊의 崇文館(2인), 司經局(4인)에도 두었다. 모두 유외훈품이다.

282) 掌儀는 太子左春坊 소속으로 정원은 2명이며 동궁의 禮儀에 관한 일을 맡았다. 유외2품이다. 掌儀는 鴻臚寺에도 두었다.

283) 令史는 三省六部를 비롯한 중앙의 주요 관서에 다수 배치되었는데 문서의 작성과 抄寫 및 서명의 일을 담당한다. 품급은 유외훈품~유외4품이다.

284) 書令史는 직장이 令史와 별 차이가 없으나 지위는 令史보다 1등급 낮다.

285) 楷書手는 문서와 서적의 抄寫를 담당하며 門下省 弘文館(25인), 秘書省의 著作局(5인)과 太史局(2인), 太子左春坊의 崇文館(10인)과 司經局(25인)에 배속되었다. 모두 유외훈품이다. 그런데 『唐六典』에는 보이지 않지만 史館에도 楷書手 25인이 배치되었다(『舊唐書』 권43, 職官2 中書省, 1853쪽 및 『新唐書』 권47, 百官2 中書省, 1214쪽).

286) 河隄謁者는 都水監 河渠署 소속으로 堤堰을 보수하거나 漁捞의 일을 관장했다. 그러나 『新唐書』 권48, 百官3 都水監, 1277쪽에는 河隄謁者가 '正八品下'로 되어 있는데, 河渠署의 令이 '정8품하'이므로 '河隄謁者 正八品下'는 착오일 것이다. 流外勳品이다.

287) 書吏는 문서 처리에 관한 일을 맡았는데 殿中省, 內侍省, 太子左春坊의 '局'에만

사[292]·평사사[293]·옥사[294]·감선사[295]·원사[296]·조사[297]·의학생·침학생,[298] 상식국·전선국의 주식,[299] 살보부의 부·사[300]는 모두 '장상'이다.

설치된 것이 특징이다. 모두 유외4품이다.

288) 錄事는 공문서의 접수와 기록 및 공문서의 지체와 과실을 심사하는 일을 담당했다. 중앙의 주요 관서를 비롯해서 주현에도 설치되었다. 소속 관서의 지위나 성격에 따라 녹사의 지위도 크게 다른데, 유내관일 경우 대부분 8~9품이고(단, 문하성의 녹사는 정7품상), 품급은 유외훈품~유외3품이다. 州縣과 折衝府의 錄事는 雜任으로 분류되었다(〈舊15〉조).

289) 府는 중앙과 지방 여러 관서에서 특정한 직임이 없이 잡무에 종사하며 유외3품~유외6품이다. 州縣과 折衝府의 府는 雜任으로 분류되었다(〈舊15〉조).

290) 史는 중앙과 지방 여러 관서의 최말단에서 문서의 초안 작성 등을 담당한다. 유외4품~유외7품이다. 州縣과 折衝府의 史는 雜任으로 분류되었다(〈舊15〉조).

291) 計史는 戶部의 4司를 비롯하여 주로 寺와 監에 설치되어 회계 업무를 담당하며 유외3품이다. 이 밖에 諸倉에도 두어졌는데 이곳의 計史는 유외7품이다. 州縣의 計史는 雜任으로 분류되었다(〈舊15〉조).

292) 司直史는 大理寺 소속으로 정원은 12인이며, 推鞫을 담당하는 司直(종6품상, 6인)을 보좌한다. 유외5품이다.

293) 評事史는 大理寺 소속으로 정원은 24인이며, 刑獄을 評議하는 評事(종6품하, 12인)를 보좌한다. 유외5품이다.

294) 獄史는 大理寺 소속으로 정원은 6인이며, 죄수의 관리와 형구의 검교를 관장하는 獄丞(종9품하, 6인)을 보좌한다. 유외6품이다.

295) 監膳史는 光祿寺 太官署 소속으로 정원은 15인이며, 조회나 연회 때 음식 제공을 관리 감독하는 監膳(종9품하, 12인)을 보좌한다. 유외5품이다.

296) 園史는 東宮의 太子家令寺 典倉署 소속으로 정원은 2인이며, 원예에 관한 일을 담당한다. 유외6품이다.

297) 漕史는 都水監 舟檝署 소속으로 정원은 2인이며, 漕運에 관한 일을 관장하는 監漕를 보좌한다. 유외품이 없다.

298) 醫學生(醫生)과 針學生(針生)은 모두 太常寺 太醫署 소속으로 정원은 각각 40인, 20인이다. 각각 의박사, 침박사에게 해당 기술을 배우며, 학습기간이 끝나 시험에 합격하면 醫師와 針師가 된다. 시험과 임용은 국자감 학생에 대한 규정과 같다. 의질령, 〈舊1〉조·〈舊4〉조·〈舊7〉조에도 醫生과 針生에 대한 규정이 있다.

299) 主食은 殿中省 尙食局과 太子左春坊 典膳局에 두어졌고 정원은 각각 16인, 6인이다. 尙食局 主食은 主膳을, 太子左春坊 主食은 典食을 통솔하여 각각 황제와 태자의 음식을 만들고 올리는 일을 담당했다. 尙食局 主食은 유외3품이고, 典膳局 主食은 유외4품이다.

300) 薩寶府의 府·史(底本에는 '薩寶府府史')는 당대 조로아스터교(拜火教)와 그 교도 및 그들이 集居하는 지역의 행정을 담당하기 위해 설치한 관부인 薩寶府 소속의 '視流外'이다. 그런데 원문의 '薩寶府府史'가 『通典』을 비롯하여 대부분의 문헌에는

유외관으로 장상이 아닌 자[301] 및 가인은 2번으로 나눈다. 번기의 장단은 각각 본사에 맡겨 장단을 헤아려 준칙을 정한다. 창고를 담당하는 자는 번을 나눠서는 안 된다. 태사국의 역생·천문생·무사[302]·안마[생]·주금[생]·복서생·약원생[303]·약동[304]·양거소사·수의생,[305] 악·독의 축사[306]·재랑, 내급사[307]·산사,[308] 봉치, 사의서의 재랑, 교사·태묘의 문복,[309] 그리고 품관의

'薩寶府史'로 되어 있다. 『通典』에는 '薩寶府史'가 '視流外5品'으로 되어 있다. 薩寶府의 府·史의 직장은 확실치 않으나 일반 관부의 府·史의 직장 및 품급을 고려하면 살보부의 말단 문서행정을 담당했을 것으로 보인다.

301) '流外非長上者'를 番官이라고 총칭했다(〈舊15〉조, "諸司流外非長上者, 總名番官.").

302) 巫師는 太常寺 太卜署 소속으로 정원은 15인이며 巫術을 관장한다.

303) 藥園生은 太常寺 太醫署 소속으로 정원은 8인이다. 16세 이상 20이하의 서인 중에서 취하며, '業成'하면 파종에서 수확까지 약초 재배를 관장하는 藥園師(유외6품)에 보임될 수 있었다(『唐六典』 권14, 太常寺, 409쪽 ; 『역주당육전』중, 399~401쪽 및 의질령, 〈舊12〉조).

304) 藥童은 약재를 가공하고 정리하는 일을 맡는다. 殿中省 尙藥局, 內侍省 奚官局, 太常寺 太醫署에 소속되었고 정원은 각각 30인, 4인, 24인이다. 한편 『唐六典』 권26, 太子左春坊 藥藏局, 657쪽 ; 『역주당육전』하, 285쪽에 보면, '藥童'이 없고 '藥僮'(18인)이 나와 있다. 여기서의 藥僮이 하는 일("凡皇太子有疾, … 應進藥, 命藥僮擣篩之.")을 보면 殿中省 尙藥局 등의 藥童과 같다. 한편, 『新唐書』 권49上, 百官4上 東宮官, 1295쪽에는 '藥童六人'으로 되어 있다.

305) 獸醫生은 太僕寺 소속으로 獸醫博士에게 관련 지식을 배우는 학생이며 정원은 100인이다. 獸醫生은 서인의 자제 중에서 선발하는데 학업을 마치고 시험에 합격하면 獸醫에 보임될 수 있었고, 학업 성적이 우수하면 수의박사가 될 수도 있었다(『唐六典』 권17, 太僕寺, 480쪽 ; 『역주당육전』중, 505쪽).

306) 嶽·瀆의 祝史는 五嶽과 四瀆에 각각 3인을 두었고 진설, 축문 선독, 문서 처리를 관장했다(『唐六典』 권30, 三府督護州縣官吏, 756쪽 ; 『역주당육전』하, 482~483쪽). 모두 州에서 선발했고 4년 주기로 교체되었다(『唐六典』 권30, 三府督護州縣官吏, 748쪽 ; 『역주당육전』하, 437~439쪽).

307) 內給使는 內侍省과 內坊의 환관으로 관품이 없는 자를 말한다(〈舊15〉조). 課·役이 면제되었다(賦役令, 〈舊15〉조).

308) 散使는 관품이 없는 친왕부의 환관을 말한다(〈舊15〉조). 課·役이 면제되었다(賦役令, 〈舊15〉조).

309) 『唐六典』 권14, 太常寺, 389~390쪽(『역주당육전』중, 336쪽)에 의하면, 兩京郊社署의 門僕이 8인, 太常寺 직할의 태묘문복이 64인(京師와 東都 각 32인)이다. 그러나 『新唐書』 권48, 百官3 宗正寺, 1251쪽에는 兩京郊社署 문복의 소속이나 숫자가 『唐六典』의 기록과 같으나, 태묘문복은 소속이 宗正寺로 되어 있고 숫자도 "(京·都太廟) 門僕各三十三人"(도합 66인)이라 했다. 또 『舊唐書』 권44, 職官3 太常寺, 1873쪽에는 "太廟門僕, 京·都各三

자제[310]로 잡장[311]을 맡은 자는 모두 3번으로 나눈다. [교사·태묘] 이외의 문복[312)]·주락·습어·익어·집어·어사·가사·막사·대리문사[313)]·주선·전식·공선·수의·전종·전고 및 살보부 잡사[314)]·누각생·누동은 모두 4번으로 나눈다. 막사·습어·장한[315)]·가사가 전중성이나 [태자]좌춘방에 예

十人."(도합 60인)이라고 되어 있다.

310) 品子는 직사관 6~9품과 勳官 3~5품의 18세 이상 자제로, 부친의 관품에 따라 番役을 부담하거나 '納資代役'하며 簡試를 거쳐 散官品을 받을 수 있었다. 일례로 太僕寺 車府署의 品子는 8년의 牧長 근무 성적을 평가받고 簡試를 거쳐 散官品을 받을 수 있었다(『唐六典』 권17, 太僕寺, 486쪽 ; 『역주당육전』중, 539~540쪽, "補(牧)長, 以六品已下子·白丁·雜色人等爲之. … 品子八考, 白丁十考, 隨文·武簡試與資也.").

311) 雜掌은 문자 그대로 '잡다한 職掌'이라는 뜻으로 이해된다. 자세한 것은 賦役令, 〈舊15〉조의 해당 註를 참조할 것.

312) '郊社·太廟 이외의 門僕'('餘門僕')이란 門下省 城門郎 門僕, 太子左春坊 宮門局 門僕, 太常寺 汾祠署 門僕을 말한다. 이들의 정원에 대해, 『唐六典』과 『新唐書』가 모두 門下省 城門郎 門僕이 800인이라고 한 것은 일치하지만(『唐六典』 권8, 門下省, 240쪽 및 『新唐書』 권48, 百官3 宗正寺, 1251쪽), 左春坊 宮門局 門僕의 정원에 대해, 『唐六典』(권26, 太子左春坊 宮門局, 658쪽)에는 133인, 『新唐書』(권49上, 百官4上 東宮官, 1296쪽)에는 100인이라고 되어 있다. 그리고 "太常寺 汾祠署 門僕 8인"은 『新唐書』(권48, 百官3 太常寺, 1242쪽)에만 들어 있다. 이상을 고려하면 '교사·태묘문복 이외의 門僕'은 모두 908인(『新唐書』)~933인(『唐六典』)이 된다.

313) 大理問事, 곧 大理寺의 問事는 형벌을 집행하는 일을 맡았고 庶士로 분류되었다(〈舊15〉조). 『唐六典』과 『新唐書』 권48, 百官3 大理寺, 1256쪽에는 大理問事의 정원이 100인으로 되어 있으나, 『舊唐書』에는 148인으로 되어 있다(권44, 職官3 大理寺, 1884쪽). 한편 '問事'는 주현에도 두어졌으며, 대리문사와 마찬가지로 형벌 집행을 맡았다. 주현의 문사는 '雜職'으로 분류되었다(〈舊15〉조).

314) 薩寶府雜使는 관련 기록이 보이지 않아 실태는 불명이다. 다만 '雜使'라는 명칭과 원문에 같이 열거된 존재들과 비교해서 유추해보면, 만약 그들이 視流外였다면 앞에 나온 視流外5품인 薩寶府의 府·史보다 낮은 視流外였거나 혹은 그 이하의 존재였을 것으로 생각된다.

315) 掌閑은 殿中省 尙乘局에 5,000인, 太子僕寺 廐牧署에 600인이 배속되었고 '六閑之馬'을 사육한다(『唐六典』 권11, 殿中省 尙乘局, 330쪽 ; 『역주당육전』중, 220쪽 및 222쪽 ; 『新唐書』 卷49上, 百官4上 東宮官 廐牧署, 1299쪽). 이 밖에 掌閑은 軍府에도 배속되었지만 인원은 불명이다. 掌閑의 직장에 대해 『新唐書』 卷47, 百官2 殿中省, 1220쪽에는 六閑之馬의 사육 외에 馬具의 수리와 관리('治其乘具鞍轡')를 더 들고 있다. 장한은 番役이자 庶士로 분류되었다(〈舊15〉조). 掌閑에 대해서는 黃正建, 「唐代'庶士'研究」, 黃正建 主編, 『天聖令與唐宋制度研究』, 北京 : 中國社會科學院出版社, 2011, 529~535쪽을 참조할 것.

속된 경우 번기를 상번과 하번으로 나누는 것은 위사[316]의 규정에 따른다. [좌·우]무위의 칭장[317]은 필요한 날에 불러올리며 일이 끝나면 되돌려 보낸다.[318]

유관당송문 관련 기록이 당송 시기 문헌에서는 확인되지 않는다.

▸ 복원 당령

『天聖令』 당령복원청본, 雜令, 27조, 750~751쪽

〈舊9〉 諸司[319]流內·流外長上官, 國子監諸學生, 醫·針(計)[320]生, 俊士, 視品

---

316) 衛士는 절충부의 府兵으로서 上番하여 衛에 배속된 병사를 말한다. 위사는 6품 이하의 자손 및 職役이 없는 白丁 중에서 選定했고(『唐六典』 권5, 尙書兵部, 156쪽 ; 『역주당육전』상, 498쪽), 課·役이 면제되었다(賦役令, 〈舊15〉조).

317) 左·右武衛는 궁중과 수도를 경비하는 12衛 중 2衛이다. 稱長은 여기에 배속되었고 정원은 2인이다(『唐六典』 권24, 諸衛府, 613쪽 ; 『역주당육전』하, 193~194쪽). 稱長에 대해 보다 더 자세한 것은 〈舊2〉조의 해당 註를 참조할 것.

318) 본 조문은 유내·유외관과 특정 직무 담당자의 복무 방식에 대한 규정이다. 우선 관부의 여러 직무에 교대 없이 장기 상근하는 장상과 교대근무인 분번(윤번)으로 대별하고 있다. 분번은 다시 2번, 3번, 4번 및 예외로 분류하고 있다. 분번 중에서 2번은 '流外非長上者' 및 '價人'이다. 바꿔 말하면, 유외관은 장상이 아니면 모두 2번인 것이다. 그런데 價人만이 유외관이 아닌 관부 복무자 중 2번으로 분류되고 있는 것이 주목된다. 그리고 3번(18종)은 주로 丁男이 아닌 복무자와 일부 정남 출신 복무자 및 관품이 없는 일부 환관으로 분류하고 있다. 또 4번(17종)은 〈舊15〉조에 규정된 '庶士' 및 일부 정남이 아닌 복무자로 분류하고 있다. 수십 종의 관부 복무자의 다양한 성격을 파악하기 위해서는 본 조문처럼 장상과 분번이라는 구분도 필요하다. 그러나 그보다 더 중요한 것은 분번 내에서의 차이, 분류의 기준과 의미 등을 파악하는 일이라고 생각한다. 이를 통해 위에 열거된 자들의 성격과 異同性 등을 파악하는 일이 앞으로의 과제이다.

319) [교감주] 저본의 '諸司'는 유관당송문의 『舊唐書』도 동일하나, 『唐六典』에는 "在京諸司"로 되어 있고, 現令이지만 창고령, 〈現6〉에도 '在京諸司'("諸在京諸司官人及諸色人應給食者, …")로 되어 있다. 또한 식량이 지급되는 유외 장상관과 관련, 창고령, 〈舊6〉조에 "在京流外官長上者"라고 명기되어 있고("諸在京流外官長上者, 身外別給兩口粮, 每季一給."), 본 조문의 注文에서 식량지급 대상자로 경조부 등의 佐·史를 별도로 명기하고 있는 것으로 보면, 본 조문의 '諸司' 앞에 '在京'이 생략된 것으로 판단된다. 그러므로 본 조문 문두의 '諸'는 일반적인 令文의 첫머리 글자와 다르다. 〈舊8〉조 원문 첫 구절의 교감주 참조.

官不在此例. 若宿衛當上者, 竝給(者)[321]食. 京兆·河南府幷万年等四縣佐·史, 關府·史亦同. 其國子監學生·俊士(監)[322]等, 雖在假月假日, 能於學內習業者亦准此. 其散官五品以上當上者, 給一食.

여러 관사의 유내·유외 장상관,[323] 국자감의 여러 학생, 의생·침생, 준사,[324] 시품관[325]은 이 범위에 두지 않는다. 그리고 숙위로 당번 근무하는 경우 모두 식량을 지급한다.[326] 경조·하남부 및 만년현 등 4현의 좌·사,[327] 관(關)의

---

320) [교감주] '計'는 '針'의 오기이다. 醫疾令, 〈舊4〉·〈舊7〉에 각각 "醫·針生"이라 했다.

321) [교감주] '者'는 문맥상 衍字이다.

322) [교감주] '俊士監'의 '監'은 衍字로 보인다. 본 조문의 앞 구절에도 俊士로 되어 있다.

323) 流外長上官은 교대 없이 장기 상근하는 유외관이다. 부역령, 〈舊15〉조에 의하면, 流外長上三品 以上인 자는 해직되어도 그 사유가 적법하면 課·役이 면제되었다. 유외관으로 '長上'과 '番官'에 속하는 자들에 대해서는 〈舊8〉조에 자세히 열거되어 있다.

324) 본 조문에서는 유내·유외 장상관 외에도 국자감의 제 학생과 준사 및 의생·침생에게도 식량을 지급한다고 했는데, 이는 각종 학생 중에서 長上의 학생(〈舊8〉조)에게만 식량을 지급한다는 뜻이다. 원문의 뒷부분에서 국자감의 제 학생 및 준사의 휴가(방학) 기간에 식량을 지급한다는 규정도 새로운 내용이다.

325) 視品은 隋 煬帝 때 유내품·유외품과 별도로 처음 수여되었는데 唐도 이를 계승했다. 視品의 '視'는 '比'의 뜻으로 視品은 視流內官 외에 視流外, 그리고 公主 등 外命婦에도 수여되었다. 그러나 보통 視品官이라고 하면 視流內官을 말한다. 당대 視品官으로는 薩寶府의 관원, 친왕부 國官, 일부 勳官 등이 있었으나 開元 初 薩寶府의 薩寶(視正5品)와 祆正(視從7品)만 남고 모두 폐지되었다(『舊唐書』 권42, 職官, 1803쪽). 視品官은 正官과 동일한 대우를 받았는데 官當, 減刑, 贖免에서도 正官의 경우와 같았다. 그러나 친속 蔭庇의 경우 視6品 이하는 허용되지 않았다(『唐律疏議』 권2, 名例15-2 〈제15조〉, 40쪽 ; 『역주당률소의』, 156~157쪽 ; 『宋刑統』 권2, 名例律 請減贖, 23쪽).

326) 식량지급과 관련, 본 조문의 '給食'은 유관당송문의 『舊唐書』에는 '給米', 『唐六典』에는 '給貯米' 및 '給白米'(9품 이상 관인)로 되어 있다. 倉庫令, 〈現6〉조에도 九品以上 관인에 대한 '給白米' 규정("諸在京諸司官人及諸色人應給食者, 九品以上給白米, …")이 있다. 그런데 당시의 용법으로 '米'는 '稻米'를 지칭하는 경우가 없지 않았으나 대부분 '擣精한 곡물'을 가리켰고 白米는 稻米를 가리켰는데, 유관당송문 『唐六典』과 倉庫令, 〈現6〉조는 9품 이상 관인에게만 '給白米'(稻米 지급)를 명기하고 있다. 이는 유내관과 '非流內官'에게 적용되는 '給貯米'의 내용이 달랐음을 말해준다. 따라서 당시의 主穀이 조[粟]라는 점을 감안하면, '非流內官'에게 지급되는 '米'는 '稻米'가 아니라 粟米, 즉 '도정한 조'(좁쌀)였다고 생각된다.

327) 四縣은 京兆府의 萬年縣·長安縣과 河南府의 河南縣·洛陽縣을 가리키며 모두 京縣이었다. 이들 4京縣과 3京縣(奉先·太原·晉陽縣)을 포함한 전체 7京縣의 佐와 史의 정원은 각각 26인, 50인이었다(『唐六典』 권30, 三府督護州縣官吏, 750~751쪽 ; 『역주당육전』

부·사[328])도 같다. 국자감학생·준사 등은 휴가기간[假月假日] 중이라도 학교 내에서 학업을 하는 경우 역시 이에 준한다. 산관 5품 이상[의 관원]이 당번 근무하는 경우 식사를 1회 지급한다.[329])

유관당송문 1)『唐六典』: 凡在京諸司官人及諸色人應給倉食者, 皆給貯米, 本司據見在供養. 九品以上給白米. 流外長上者, 外別給兩口糧. … 並在外諸監·關·津番官上番日給. 土人任者, 若尉·史, 並給身糧.(권3, 尙書戶部, 84쪽 ;『역주당육전』상, 359~360쪽)

2)『舊唐書』: 諸司官人及諸色人應給食者, 皆給米.(권43, 職官2 戶部, 1828쪽)

▸ 복원 당령

『天聖令』 당령복원청본, 雜令, 28조, 751쪽

〈舊10〉 在京諸司,[330]) 竝準官人員數, 量配官戶·奴婢, 供其造食及田園驅使. 衣食出當司公廨.

경사의 여러 관사에는 모두 관인의 정원수에 준하여 관호·[관]노비를

하, 455~461쪽). 縣의 佐·史는 6품 이하 관리의 자제와 白丁 중에서 충임하였다(『唐六典』 권30, 三府督護州縣官吏, 748쪽 ;『역주당육전』하, 437~439쪽). 州縣의 佐·史는 모두 '雜任'으로 분류되었고(〈舊15〉조), 課役이 면제되었다(賦役令, 〈舊15〉조).

328) 關의 府와 史의 정원은 上關이 府 2인, 史 4인, 中關과 下關은 모두 府 1인, 史 2인이었다(『唐六典』 권30, 三府督護州縣官吏, 756~757쪽 ;『역주당육전』하, 484~485쪽). 그리고 上·中·下關 모두 府는 유외6품, 史는 유외7품이다.

329) 상번 중인 5품 이상의 산관에게 '給一食'한다는 규정은 다른 문헌에는 보이지 않는다. 당대 규정에 의하면 4품~9품의 문무 산관은 45일 동안 상번해야 했다(『唐六典』 권2, 尙書吏部, 31쪽 ;『역주당육전』상, 183쪽 및 185쪽, "凡散官四品已下·九品已上, 並於吏部當番上下.[原注 : 其應當番四十五日. 若都省須使人送符及諸司須使人者, 並取兵部·吏部散官上. 經兩番已上, 聽簡入選 ; 不第者依番, 多不過六也.]"). 이에 따르면, 본 조문의 '산관5품 이상'이란 실은 4품~5품의 문무 산관에 한정된다. 본 조문은 이들에게만 식량지급을 한다고 했으므로 6품 이하의 문무 산관은 상번하더라도 식량이 지급되지 않았다고 할 수 있다.

330) [교감주] 중화서국 교록본에는 이 구절의 첫머리에 일반적인 조항의 예에 따라 '諸'를 첨가하였다. 그러나 이것은 牛來穎, 「『天聖令』復原中的幾個問題」, 71~73쪽의 설명처럼 文意의 중복을 피하기 위하여 이 글자를 생략한 것이라고 여겨지므로, 저본을 고치지 않는다.

적절히 배속시켜 요리나 전원의 사역에 복역케 한다. [이들에게 지급하는] 의복과 식량[331)]은 해당 관사의 공해[332)]에서 낸다.[333)]

유관당송문 본 조문에 대응하지는 않지만 중·후반부와 관련된 기록이 있다.

1) 『唐六典』: 凡配官曹, 長輸其作; 番戶·雜戶; 則分爲番. 番戶一年三番, 雜戶二年五番, 番皆一月, 十六已上當番請納資者, 亦聽之. 其官奴婢長役無番也. 男子入於蔬圃, 女子入廚膳, 迺甄爲三等之差, 以給其衣糧也. 四歲已上爲'小', 十一已上爲'中', 二十已上爲'丁'. 春衣每歲一給, 冬衣二歲一給, 其糧則季一給. 丁奴春頭巾一, 布衫·袴各一, 牛皮鞾一量並氈. 十歲已下男春給布衫一·鞋一量, 女給布衫一·布裙一·鞋襪一量; 官戶長上者准此. 其糧: 丁口日給二升, 中口一升五合, 小口六合; 諸戶留長上者, 丁口日給三升五合, 中男給三升.(권6, 尙書刑部, 193쪽; 『역주당육전』상, 621~622쪽)

▸ 복원 당령

『天聖令』 당령복원청본, 雜令, 29조, 751쪽

〈舊11〉 諸州朝集使至京日, 所司準品給食. 親王赴省考日, 依式供食, 衛尉鋪設.

---

331) 유관당송문의 『唐六典』에 의하면, 官賤人은 3등급으로 나뉘어 의복과 식량을 지급받았다. 그런데 〈舊23〉조와 창고령, 〈舊8〉조에 의하면, 관호에 대한 식량은 관노비와 달리 상번으로 복역 중일 때만 지급했다. 또 위 『唐六典』에 "官戶長上者准此"라고 하는 데서 보듯, 관호에 대한 의복도 장상으로 복역하는 경우에만 관노비의 지급규정에 준하여 지급되었다.

332) 여기서의 公廨는 '係省錢物'인 '官物'과 달리 해당 관사가 독자적으로 운영하는 公廨田·公廨本錢의 수입·이식을 말하는 것으로 생각된다.

333) 雜令의 舊令에는 관천인(잡호, 관호, 관노비) 관련 조문이 본 조문을 포함하여 〈舊17〉조~〈舊23〉조의 모두 8개 조항이다. 이 중 관노비가 8개, 관호가 5개, 잡호가 3개 조항이다. 송대 관천인으로서의 관호나 잡호는 존재하지 않았으므로 『天聖令』에서는 관호와 잡호 관련 규정은 모두 폐기되었다. 관노비 관련 조문은 범죄 沒官에 의한 관노비의 사역 규정(〈現36〉조)을 비롯하여 몇 조항이 남아 있지만, 천성령 단계에서 당령의 노비 관련 조문은 대부분 삭제되었다. 戴建國, 「主僕名分與宋代奴婢的法律地位－唐宋變革時期階級結構硏究之一」, 『歷史硏究』, 2004-4, 56~58쪽에 의하면, 『天聖令』의 노비 관련 조문은 모두 25개조인데, 이 중 '不行唐令'의 舊令으로 남아있는 것이 17개조, 다시 이 17개조 중 관노비 관련 조문은 12개조라고 한다. 그렇다면 잡령의 '不行唐令'에 남아있는 관노비 관련 조문(8개조)은 殘卷 『天聖令』 舊令의 관노비 관련 조문의 3분의 2가 된다.

여러 주의 조집사[334]가 경사에 이르러 [체재하는] 동안 소관 관사[335]가 [조집사의] 품계에 준하여 식량을 지급한다. 친왕이 [상서]성에 가서 고적(考績)에 응하는[336] 동안[考日] 식에 의해 식량을 공급하고, 위위시[337]가 [장막·집기 등을] 설치·진설한다.[338]

유관당송문 관련 기록이 당송 시기 문헌에서는 확인되지 않는다.

▸ 복원 당령

『天聖令』 당령복원청본, 雜令, 30조, 751쪽

---

334) 朝集使는 매년 연말 府·州의 재정·행정 및 소속 관원의 考課 보고 등을 위해 상경하는 관원이다. 보통 都督·刺史나 上佐(府·州의 別駕·長史·司馬)가 조집사가 되지만, 다른 관원으로 대체되는 경우도 있다. 조집사는 貢物을 진헌하고 元日 朝會에 참석한다. 조집사의 貢獻物에 대해서는 부역령, 〈舊27〉조에 관련 규정이 있다. 한편 원래 조집사의 경사 내 숙박은 민가를 임대하거나 민간 숙박시설에서 상인 등과 잡거하는 방식으로 해결했었다. 그러나 태종 貞觀 연간 한대의 古事에 따라 경성 내 비어 있는 坊에 전용 官邸(邸第) 300여 채를 지어 이곳에 조집사를 묵게 하였다(『通典』 권74, 禮34, 2022쪽). 조집사 제도는 당 중기 이후 폐지되었다.

335) 본 조문의 所司는 戶部였을 것으로 생각된다. 조집사는 상경 후 공식 일정 중에서 처음으로 호부에서 引見을 했고(11월 1일), 조집사의 주된 보고 사항의 하나가 재정 보고였으며, 元旦의 朝儀 때 호부상서가 조집사의 공헌에 대해 아뢴다는(『唐六典』 권3, 尙書戶部, 79쪽 ; 『역주당육전』상, 344~345쪽 및 『唐六典』 권4, 尙書禮部, 113쪽 ; 『역주당육전』상, 408~409쪽 참조) 점을 고려하면, 조집사는 호부와 불가분의 관계가 있었다. 또한 창고에서 米를 지급하는 일도 호부의 倉府郎中의 소관이었기 때문에 호부가 '給食' 책임을 맡았다고 생각된다.

336) 여기서의 '考', 곧 考績의 대상이 누구인지 확실치 않다. 친왕 자신이 考績의 대상인지, 아니면 州의 장관을 맡은 친왕이 朝集使 자격으로 소속 관원의 考績에 참여하는 것인지 판별하기 어렵기 때문이다. 후자일 가능성이 높다고 생각되지만 전자일 가능성도 배제할 수 없다. 그리고 두 경우를 모두 생각해볼 수 있지만 역시 확실치 않기 때문에 최종 해석은 보류해둔다.

337) 衛尉寺는 궁정이나 국가의 행사에서 儀衛나 무기·장막 등을 공급·설치하는 일을 관장했다. 예하에 武庫署, 武器署, 守宮署가 있었다. 본 조문의 '鋪設'은 守宮署가 담당했다.

338) 본 조문은 조집사가 상경해 있거나 친왕이 考績에 응하는 동안의 식량 공급에 관한 규정이다. 조집사는 '準品', 친왕은 '依式'을 식량지급의 기준으로 삼고 있다. 본 조문이 천성령 단계에서 폐기된 것은 조집사 제도가 당 중기 이후 폐지되었고, 친왕의 지방관 취임도 송대에는 거의 사라졌기 때문이라고 생각된다.

〈舊12〉 諸流外番官別奉勅, 及合遣長上者, 賜同長上例.

무릇 유외번관이 별도로 칙을 받들거나 [유외]장상[의 직에] 파견되어야 하는 경우 사여는 [유외]장상의 규정과[339] 같게 한다.[340]

유관당송문 관련 기록이 당송 시기 문헌에서는 확인되지 않는다.

▸ 복원 당령

『天聖令』 당령복원청본, 雜令, 31조, 751쪽

〈舊13〉 諸勳官及三衛·諸軍校尉以下·諸蕃(番)[341]首領·歸化人·迓遠人[342]·遙授官等告身, 並官紙及筆爲寫. 其勳官·三衛·校尉以下, 附朝集使立案分付；迓遠人附便使及驛送. 若欲自寫, 有京官識及緦麻以上親任京官爲寫者, 竝聽.

무릇 훈관[343] 및 삼위[344]·여러 군의 교위 이하[345][의 위관]·여러 외국의

---

339) 『天聖令』 舊令에서는 유외관을 유외번관과 유외장상으로 구분하여 규정하고 있지만, 여타 사료에는 유외번관이 流外行署와 짝을 이뤄 대비되는 경우가 많다. 流外行署의 行署란 원래 行案(文案 처리)과 署名을 한다는 뜻인데, 보통은 이러한 직무에 종사하는 유외관의 통칭으로 사용된다. 당대 유외행서로는 錄事, 令史, 書令史, 府, 史를 들 수 있으며, 이들은 모두 유외장상이다(〈舊8〉조). 물론 流外行署는 당연히 流外非行署의 상대어로 쓰이나 유외행서가 유외장상이라는 점에서 유외번관의 상대어로 자주 쓰였다고 생각된다.

340) 본 조문은 윤번 근무의 流外官인 流外番官에 대한 賜與의 특례 규정이다. 본 조문 '長上例'의 구체적인 내용은 불명이지만, 본 조문은 당대 유외번관과 유외장상에 대한 賜與(賜物, 賜勳, 賜會 등) 규정이 서로 달랐고, 또 대우에 차등이 있었음을 시사한다. 양자의 대우에 대한 차이는 유외장상에 대해서만 우대 적용되는 규정에서 확인되는데, 이는 폐기된 舊令에도 보인다(부역령, 〈舊15〉조 ; 창고령, 〈舊6〉조 ; 가녕령, 〈舊3〉조). 한편 송대의 서리, 특히 중앙 관서의 서리는 『唐六典』에 보이는 당 전기 유외관의 구조와 판이한데, 본 조문을 비롯한 유외관 관련 조문이 天聖令 제정 때 다수 폐기된 것도 이 때문이라고 생각된다.

341) [교감주] '番'은 문맥상 '蕃'의 오기이다.

342) [교감주] 中華書局 校錄本은 '迓遠人'을 '邊遠人'의 오기로 추측했다. 그러나 '迓'와 '邊'은 字形이 크게 다를 뿐만 아니라 正文 외에 注文에도 '迓遠人'으로 되어 있어 오기로 보기 어렵기 때문에 원문대로 둔다.

343) 勳官은 勳功으로 인해 勳級을 받은 자이다. 직사관·산관에게 加授(加官)되는 것 외에 유외관·군인 및 백성에게도 수여되었다. 당 훈관은 勳級의 단위인 轉으로

수령·귀화인·아원인[346]·요수관[347]등의 고신[348]은 모두 관용 종이와 붓으로 쓴다. 훈관·삼위·교위 이하[의 고신]은 조집사 편에 부치되 문서철에 기입하여[立案] 교부하고, 아원인[의 고신]은 편사[349] 편에 부치거나 역을 통해 보낸다.[350] 만약

勳階를 나눴는데, 12轉인 上柱國(정2품에 比定)에서부터 1轉인 武騎尉(종7품에 비정)까지 12등급으로 나뉘었다. 훈관은 職事가 없었고 형법상의 특전[贖刑] 등 약간의 특전이 부여되었으나 직사관이나 산관에 비해 지위가 현저히 낮았고 병부나 주현에 상번할 의무가 있었다. 평민에게 수여되던 훈관이 武后 시기부터 濫授됨에 따라 훈관의 사회적 지위는 더욱 낮아져서 서리에도 미치지 못했고, 開元연간에는 평민과 큰 차이가 없게 되었다. 본 조문의 훈관의 경우 당연히 직사관·산관에게 加授되는 훈관은 논외이다.

344) 三衛는 중앙 禁軍인 左·右衛와 太子左·右率府의 親衛·勳衛·翊衛 및 諸衛의 翊衛를 말한다. 5품 이상 관원의 자손(21세 이상)으로 구성되었고, 中郎將의 통령 아래 궁정 내부의 숙위를 담당했다. 상번의 의무가 있으며 이를 위반하면 돈을 납부해야 했고 세 차례 상번하지 않으면 告身을 追奪당했다.

345) 校尉는 諸衛와 折衝府 소속의 統兵官으로 1團(200~300인)의 長이다. 『新唐書』 권45, 選舉下, 1180쪽에 의하면, 당의 '盛時'에 '著於令'의 校尉는 3,564인이었다. 校尉(종7품하) 아래의 衛官으로 旅帥(종8품상), 隊正(정9품하), 隊副(종9품하)가 있다. 원문의 '校尉以下'는 이들을 지칭하는 것으로 보인다.

346) 迓遠人은 당대 지방 정부나 변경의 군사 단위에서 대외 교섭 사무의 처리를 위해 임시로 설치되어 제1선에서 주로 통역, 迎送을 담당하는 小官으로 이 중에는 외국어에 능통한 외국 혈통의 자가 많았다고 한다(賴亮郡, 「遙授官, 迓遠人與唐代的告身給付－天聖令·雜令 唐13條再釋(1)」, 臺師大歷史系外 主編, 『新史料·新觀點·新視角 : 天聖令論集(下)』, 臺北 : 元照出版有限公司, 2011, 284~293쪽).

347) 遙授官은 遙授의 방식으로 授官하는 관인이다. 遙授란 원래 遠地에 있는 자에게 授官하는 것을 말하지만, 授官되었으나 임지에 부임하지 않는 경우를 이르기도 한다. 당대 遙授官으로는 ① 주요 지방의 장관으로 虛授된 친왕이나 貴戚, ② 授命되었으나 外任이나 전쟁 등으로 京師에 없는 관인, ③ 蕃國의 수령이나 將帥 등을 들 수 있다(劉後濱, 「唐代告身的抄寫與給付－天聖令·雜令 唐13條釋讀」, 『唐研究』 14, 2008, 475~476쪽 및 賴亮郡, 「遙授官, 迓遠人與唐代的告身給付－天聖令·雜令 唐13條再釋(1)」, 273~277쪽 참조). 본 조문의 요수관에는 ①은 제외되고 ③도 일부 포함되나 주로 ②의 경우이다.

348) 告身은 授官을 증빙하는 관문서로 관인 신분을 증명하는 증표가 된다. 職事官, 散官, 勳官, 衛官, 爵位, 內外命婦, 贈官, 檢校官, 流外官 등의 授官에는 반드시 고신을 발급한다. 당대 고신은 관품 및 발급 방식과 절차에 따라 冊授, 制授, 勅授, 旨授(奏授)로 나뉘었고, 6품 이하의 視品 및 유외관의 경우는 判補라 했다. 문관의 고신은 이부, 무관의 고신은 병부 소관이다.

349) 便使는 문자 그대로 '便宜'에 따라 파견되는 使人이라는 뜻인데, 대체로 본래 수행하고 있는 직무 외에 별도의 임무를 수행하기 파견된다. 편사는 專使, 곧 특정한 직무를

자신이 쓰고자 한다면[351] 알고 있는[識] 경관[352]이나 또는 시마 이상

전담·수행하기 위해 파견되는 使人의 상대어로 쓰인다. 예를 들면 廐牧令, 〈舊23〉조에 "… 附便使送省. 若三十日內無便使, 差專使送, 仍給傳驢."라 했다.

350) 注文에는 迓遠人 외의 諸蕃首領·歸化·遙授官에 대한 고신 송부 규정은 없다. 이와 관련, 賴亮郡은 注文의 '校尉以下'의 '以下'가 가리키는 것은 勳官, 三衛, 諸軍校尉 외에 正文의 迓遠人 외의 諸蕃首領, 歸化人, 遙授官을 포괄한다고 보았다(賴亮郡, 「遙授官, 迓遠人與唐代的告身給付－天聖令·雜令 唐13條再釋(1)」, 294쪽). 그리고 賴亮郡은 諸蕃首領 등 3種에 대한 고신 수여가 부분적으로 임시적이긴 하나 迓遠人의 경우와 달리 시급성은 없기 때문에 이들의 고신은 훈관 등과 마찬가지로 매년 고정적으로 왕래하는 조집사를 통해 교부 받았다고 보았다(賴亮郡, 同上, 296쪽). 그러나 諸蕃首領에 대한 고신 수여가 조집사를 통해 이루어졌다고 보는 것은 이해하기 힘들다. 한편 劉後濱은 諸蕃首領과 歸化人에 대한 고신 규정이 注文에 없는 이유는, 그들이 勳官 등과 마찬가지로 비록 銓選을 거쳐 授官되지 않지만 그들이 授任된 이후의 告身은 송부할 필요성이 없기 때문이며, 그 대신 이들은 모두 入朝시에 授官되며 설사 입조하지 않더라도 수령이 입조할 때 고신을 급부 받는다고 했다(劉後濱, 「唐代告身的抄寫與給付－天聖令·雜令 唐13條釋讀」, 479쪽). 이 견해도 근거 없는 추론에 불과해 검토할 여지가 있다.

351) '自寫'에 대해서는 '自寫' 자체의 실체, 곧 지필 준비와 필사를 모두 자신이 하는가, 아니면 자신이 지필을 준비하고 이부 또는 병부의 서리가 쓰는가에 대해서도 정론이 없다. 또 '自寫'의 의미에 대해서도 정설이 없다. 예컨대, 劉後濱은 원문의 '官紙及筆爲寫'는 朱膠綾軸錢 등으로 불리는 고신전 납부를 강제하는 것이며, 自寫는 비용이 많이 드는 고신전 납부 부담을 덜 수 있고, 또 필사에서 송부까지 소요되는 시간을 줄일 수 있기 때문에 授官 대상자가 이를 원했다고 한다(劉後濱, 「唐代告身的抄寫與給付－天聖令·雜令 唐13條釋讀」, 477~478쪽). 반면 賴亮郡은 본 조문의 취지는 반드시 중앙에서 고신을 필사해야 한다는 것이고, 自寫는 일정한 조건 하에서 허용되는 부대규정에 불과하므로 본 조문의 중점이 아니라는 점을 강조한다. 또 본 조문은 이전에 한때 諸道에서 고신을 自寫하도록 일임했던 것을 大曆 연간(766~779) 이후 조정이 그 권한을 회수하여 중앙의 고신 필사를 선포한 것인데, 이는 당 중앙이 다시 지방을 지배하려는 노력을 나타낸 것으로 볼 수 있다고 한다. 그러므로 본 조문은 開元 연간의 令文이 아니라 貞元 11年(795) 이후 제정 또는 개정된 것으로 당 중·후기 조정과 지방이 고신 필사권을 빼앗기 위해 대결하고 타협한 흔적을 반영한 것이라고 추측했다(賴亮郡, 「唐代特殊官人的告身給付—'天聖令 雜令' 唐13條再釋」, 『臺灣師大歷史學報』 43, 2010).

352) '有京官識'은 授官·告身 발급 때 僞濫을 방지하기 위해 일종의 신원보증서인 保官·識官의 保狀을 제출해야 하는 것을 말한다. 원래 당 전기의 保狀에는 保·識官의 서명 외에 이들이 소속한 관사가 保·識官의 성명·관품·籍貫·직무를 명기하고 날인하여 牒으로 吏部에 보고해야 했다. 그러나 이 절차가 번잡하고 대상자도 많아지면서 保·識官의 서명과 保·識官 소속의 관사가 날인하는 것으로 규정이 완화되었는데, 본 조문의 후반부도 이를 반영한 것이다(賴亮郡, 「唐代特殊官人的告身給付—'天聖令 雜令' 唐13條再釋」, 163~165쪽 참조).

친속으로 경관에 임용된 자가 쓰는 경우 모두 허용한다.[353]

유관당송문 관련 기록이 당송 시기 문헌에서는 확인되지 않는다.

▸ 복원 당령

『天聖令』 당령복원청본, 雜令, 34조, 751쪽

〈舊14〉 **諸出擧, 兩情同和.**[354] **私契取利過正條者, 任人糾告. 本及利物竝入糾人.**

무릇 재물이나 곡물을 대여하여 이식을 거둘[出擧][355] 경우 양측이 합의해야 한다. 개인 간의 계약에서 법에 정한 규정[正條][356]을 초과하여 이식을 취한 경우 누구나 적발하여 신고할 수 있다. 원본 및 이식으로 거둔 재물은 모두 적발한 사람에게 준다.[357]

유관당송문 1) 『宋刑統』 : 諸出擧, 兩情和同. 私契取利過正條者, 任人糾告. 本及利物竝入糾人.(권26, 雜律 受寄財物輒費用, 411쪽 ; 『唐律疏議』 권26, 雜

353) 본 조문을 놓고 斷句, 자구의 교감, 釋讀을 비롯해 고신 발급 대상자의 범위와 신분, 令文의 의미 등에 대한 견해의 차가 크다. 특히 迸遠人에 대해서는 자구의 교감에서부터 견해가 크게 달라서 당연히 원문 해석에도 상이한 견해들이 제출되었다. 본 조문은 이러한 문제들을 포함해서 아직 해명해야 할 문제가 많은데 이는 앞으로의 연구를 기다릴 수밖에 없다.

354) [교감주] '同和'는 상기 『宋刑統』과 『令義解』에는 '和同'으로 되어 있으나 원문대로 두어도 무방하므로 그대로 둔다.

355) 出擧에 대해서는 〈現24〉조, 〈現25〉조에 각각 財物出擧, 粟麥出擧 규정이 있다.

356) 여기서의 正條란 이식은 법정 최고 이식률(월 6%)을 초과해서는 안 되고, 이식 총액도 원본(100%)을 초과해서는 안 되며, 복리계산을 금한다는 규정을 말한다(〈現24〉조, "諸以財物出擧者, … 每月取利不得過六分. 積日雖多, 不得過一倍, 亦不得迴利爲本.").

357) 본 조문은 출거에서 법정 이식률을 초과했을 때의 신고 및 포상 규정이다. 송대에는 이러한 출거의 위법행위에 대한 신고와 포상 규정은 보이지 않는데, 그 대신 몰수 규정이 있다(유관당송문 2). 『天聖令』에서 본 조문의 신고 및 포상 규정이 폐기된 것은 이와 같은 몰수 규정이 있었기 때문이 아닌가 한다.

律9 〈제397조〉, 312~313쪽 ; 『역주당률소의』, 484쪽)

2) 『續資治通鑑長編』 : 令富民出息錢不得過倍稱, 違者沒入之.(권23, 太平興國7年 6月 丙子, 522쪽)

▸ 유관 일본령

『令義解』 : 凡出擧, 兩情和同. 私契取利過正條者, 任人糾告. 利物竝給糾人.(권10, 雜令, 337쪽)

▸ 복원 당령

『天聖令』 당령복원청본, 雜令, 39조, 752쪽

〈舊15〉 諸司流外非長上者, 總名'番官'. 其習馭·掌閑·翼馭·執馭·馭士·駕士·幕士·稱長·門僕·主膳·供膳·典食·主酪·獸醫·典鐘·典鼓·價人·大理問事, 總名(明)[358]'庶士'. 內侍省·內坊閹(閤)[359]人無官品者, 皆名'內給使'. 親王府閹人, 皆名'散使'. 諸州執(持)[360]刀·州縣典獄·問事·白直, 總名'雜職'. 州縣錄事·市令·倉督·市丞·府(事)[361] 史·佐·計史·倉史·里正·市史, 折衝府錄事·府·史, 兩京坊正等, 非省補者, 總名'雜任'. 其稱'典吏'者, '雜任'亦是.

여러 관사의 유외관으로 장상이 아닌 자를 '번관'[362]이라고 총칭한다. 습어·장한·익어·집어·어사·가사·막사·칭장·문복·주선·공선·전식·주락·수의·전종·전고·가인·대리문사를 '서사'라고 총칭한다.[363] 내시성

358) [교감주] '明'은 '名'의 오기이다. 본 조문에 '總名番官' 등이 나오는 것을 참고하여 바로잡는다.

359) [교감주] '閤'은 '閹'의 오기이다. 이 구절 바로 뒤의 '親王府閹人'을 참고하여 바로잡는다.

360) [교감주] '持'는 '執'의 오기이다. 『唐六典』 권30, 三府督護州縣官吏, 746쪽의 '執刀十五人'을 참고하여 바로잡는다.

361) [교감주] '事'는 문맥상 衍字로 보인다. 州·縣의 吏職에는 '府事'가 아니라 '府'가 있다.

362) 『唐六典』 권8, 門下省, 251쪽(『역주당육전』중, 55쪽), "[原注 : 分番上下, 亦謂之番官.]" ; 『唐六典』 권1, 尙書都省, 13쪽(『역주당육전』상, 146쪽), "[原注 : … 爲番上下, 通謂之番官.]"

363) 본 조문의 庶士 규정은 완전히 새로운 내용이다. 본 조문에서는 '庶士'라는 범주를

과 내방의 환관으로 관품이 없는 자를 모두 '내급사'라고 칭한다. 친왕부의 [관품이 없는] 환관을 모두 '산사'라고 칭한다.[364] 여러 주의 집도[365]·주현의 전옥[366]·문사[367]·백직[368]을 '잡직'이라 총칭한다.[369] 주현의 녹사·시

설정하여 습어(習馭) 이하 18종을 들고 있으나, 개념규정이 없어서 구분의 기준이나 의미를 파악하기가 쉽지 않다. 그런데 〈舊2〉조·〈舊8〉조에서 보듯, 본 조문에서 서사로 분류된 자들은 대부분 정남에서 취했고 番役(대부분 4番)이었으며 중앙의 여러 관사에서 복무했다. 한편 黃正建에 의하면, 庶士의 함의는 '低級吏'이지만 그 중 일부가 군부에 예속되었으며 이들은 '卒'의 성격을 지닌다고 한다. 그러나 사료에는 이러한 의미로 사용된 사례가 없기 때문에 본 조문은 단지 모종의 사람들(또는 계층)을 구분한 데 불과한 空文일 가능성이 있고 실제 생활 중에서 어떠한 법률상의 의의도 찾을 수 없다고 한다(黃正建, 「天聖令·雜令校錄與復原爲唐令的幾個問題」, 2011-4, 528쪽 및 535쪽). 그리고 戴建國은 庶士를 色役으로 보았고(「唐'開元二十五年令·雜令'硏究」, 131쪽), 黃正建은 雜匠類와 구별되는 특수한 番役 또는 色役인데 職掌이 있다는 점에서 職役이었을 것으로 추측했다(黃正建, 같은 논문, 523~536쪽).

364) 內給使와 散使에 대해 『唐六典』 권12, 內侍省 宮闈局에도 "凡宦人無官品者, 稱內給使[原注 : 親王府名散使.]"라고 했다. 한편 『唐律疏議』 권3, 名例28-3의 율문과 소의 〈제28조〉, 75쪽(『역주당률소의』, 224쪽)에서 인용한 令文에도 관련 기록이 있다("依令, '諸州有閹人, 並送官, 配內侍省及東宮內坊, 名爲給使. 諸王以下, 爲散使.'"). 그러나 이 令文에는 '內給使'가 '給使'로, '親王府'가 '諸王以下'로 되어 있고, '閹人(宦人) 중 無官品인 者'라는 내용은 빠져 있다.

365) 執刀는 府州에서 칼을 차고 隨從하는 일을 담당했고, 정원은 10인(中·下州)~15인(上州 이상)이었으며 課·役이 면제되었다(부역령, 〈舊15〉조).

366) 典獄은 주현에서 죄수를 수감하고 지키는 일을 관장했고, 정원은 6인(下縣)~18인(3京)이었으며 課·役이 면제되었다(부역령, 〈舊15〉조). 大理寺에도 전옥이 있다.

367) 問事는 주현에서 형벌을 집행하는 일을 관장했고, 정원은 4인(下縣).~12인(3京)이었으며 課·役이 면제되었다(부역령, 〈舊15〉조). 問事는 大理寺에도 있다.

368) 당대 白直에는 두 종류가 있다. 하나는 주현의 관서에서 사역되는 白直(公廨白直)이고, 다른 하나는 州縣官에게 관품에 따라 차등 지급되어 그들을 '隨身役使'하는 白直이다(『唐六典』 권3, 尙書戶部, 78쪽 ; 『역주당육전』상, 337~338쪽, "凡州縣官僚皆有白直, 二品四十人, … 九品四人."). 공해백직은 주현의 관서에서 侍衛나 잡역 등에 종사하는 자로 정원은 8인(下縣)~24인(3京)이다(『唐六典』 권30, 三府督護州縣官吏, 751쪽 ; 『역주당육전』하, 455~467쪽). 白直은 課·役이 면제되었다(부역령, 〈舊15〉조). 그런데 본 조문의 白直은 문맥상 공해백직을 가리키는 것으로 보이지만 확실치 않다. 『唐六典』 권3, 尙書戶部, 78쪽(『역주당육전』상, 339쪽)에 "凡州縣有公廨白直及雜職,[原注 : 其數見州·縣中.] 兩番上下."라 하여 公廨白直과 雜職을 병기함으로써 公廨白直이 雜職에 포함되지 않는 존재임을 시사하고 있기 때문이다. 이 기사에 따르면 본 조문에서 잡직의 일종으로 들고 있는 백직은 公廨白直이 아니라 州縣官에 지급되는 백직으로 볼 수밖에 없다. 그러나 위 『唐六典』 권30, 三府督護州縣官吏에 규정된 정원 8인(下縣)~24인(3京)의 백직은 州縣官에 지급되는 백직이 아니라 주현의 관서

령[370]·창독[371]·시승[372]·부·사·좌·계사·창사[373]·이정[374]·시사,[375] 절

에서 사역되는 백직(公廨白直)이 확실하므로 본 조문의 백직이 어떠한 백직인지 단정하기 어렵다. 둘 다 포함된다고 볼 수도 있다. 이와 관련, 趙璐璐는 위 『唐六典』의 기사에서 公廨白直만 雜職과 병기한 것에 대해, 공해백직은 잡직과 마찬가지로 '分番服役'이지만 州縣官에게 지급되는 長上의 '官人白直'과 다르다는 점을 강조하기 위한 것이었다고 했다. 그리고 공해백직과 '官人白直'은 來源과 설치 기준이 다르나 둘 다 雜職의 범주에 포함된다고 보았다(趙璐璐, 「唐代"雜職"考」, 『文史』 2010-3, 119~120쪽).

369) 雜職은 番役, 곧 分番就役이었고 후일 재물을 내고 역을 대신할 수 있었으며(黃正建, 「天聖令·雜令所涉唐前期諸色人雜考」, 504쪽), 課·役이 면제되었으나(부역령, 〈舊15〉조), 雜任에 비해 직무의 중요성이 상대적으로 낮았다(戴建國, 「唐'開元二十五年令·雜令'硏究」, 130쪽). 한편 趙璐璐는 '雜職'이라는 명칭은 당대에 출현했는데, 고종 顯慶元年(656)에서 開元 연간(713~741)에 이르러 執刀, 典獄, 問事, 白直을 포괄하는 개념으로 정립되었다고 보았다(趙璐璐, 「唐代"雜職"考」, 128쪽).

370) 市令은 주현의 상업구역인 市의 長으로 시의 관리와 불법 교역 단속 등을 관장하며 課役이 면제되었다(부역령, 〈舊15〉조). 中·下州 및 현의 시령의 선발과 근무방식에 대해, "中·下州市令及縣市令, … 並州選, 各四周而代.[原注：州·縣市令, 取勳官五品已上及職資九品者；若無, 通取勳官六品已下, … 州市令不得用本市內人, 縣市令不得用當縣人.]"(『唐六典』 卷30, 三府督護州縣官吏, 748쪽；『역주당육전』하, 437~440쪽)이라 했다. 그러나 上州, 곧 4만 戶 이상의 州의 市令은 상서성(이부)에서 보임했다(『唐六典』 권30, 三府督護州縣官吏, 743쪽；『역주당육전』하, 412~417쪽, "戶四萬已上者, 省補市令."). 따라서 '省補', 즉 상서성(이부)에서 보임하는 上州의 시령은 본 조문에 잡임의 요건으로 명기된 '非省補'의 시령이 아니므로 잡임에 해당되지 않는다.

371) 倉督은 주·현·진에 1~2인을 두었고 倉의 출납을 감독하며 課·役이 면제되었다(부역령, 〈舊15〉조). 선발과 근무방식에 대해, 『唐六典』 권30, 三府督護州縣官吏, 748쪽(『역주당육전』하, 437~440쪽)에 "凡州·縣及鎭倉督, … 並州選, 各四周而代.[原注：州·鎭倉督, … 取勳官五品已上及職資九品者；若無, 通取勳官六品已下, 倉督取家口重大者爲之.]"라고 했다.

372) 市丞은 市令의 副職으로 中州 이상의 州에 1인을 두었다. 그런데 부역령, 〈舊15〉조에 의하면 주현의 市令과 市史는 모두 課·役이 면제된다고 했는데, 市史보다 지위가 높은 市丞이 빠진 것은 의문이다.

373) 倉史는 倉督을 보좌하는 속리로 주·현·진의 倉에 1~4인을 두었으며 課·役이 면제되었다(부역령, 〈舊15〉조).

374) 里正은 100호 규모의 행정촌락인 里에 1인을 두었고, 원칙적으로 縣이 勳官 6품 이하 및 白丁 중 '淸平强幹'한 자를 충임했다. 里正의 직무에 대해 『通典』 권3, 食貨3 鄕黨, 63쪽에 "大唐令, … 每里置正一人, … 掌按比戶口, 課植農桑, 檢察非違, 催驅賦役."이라 했다. 課·役이 면제되었다(부역령, 〈舊15〉조).

375) 市史는 주현에 1~2인을 두었고, 市佐·市帥와 함께 市事의 점검, 불법행위 檢察을 관장했으며 課·役이 면제되었다(부역령, 〈舊15〉조).

충부의 녹사·부·사[376)]·양경의 방정[377)]등 [상서]성에서 보임하지 않는 자들을 '잡임'이라 총칭한다.[378)] '전리'[379)]라고 칭할 경우 잡임도 또한 이와 같다.[380)]

---

376) 『新唐書』 권45, 選擧下, 1180쪽에 의하면, 당의 '盛時'에 令에 기록된 절충부 소속 錄事·府·史는 1,782인이었다.

377) 坊正은 兩京 및 주현 성곽 내의 거주구역인 坊에 1인을 두었고, 坊門의 열쇠 관리, 주민의 비위 督察에 관한 일을 관장하며, 兩京坊正은 課·役이 면제되었다(부역령, 〈舊15〉조).

378) 종래 雜任에 대해, 『唐律疏議』 권11, 職制53-2의 소의 〈제143조〉, 225쪽(『역주당률소의』, 2191쪽)의 "雜任謂在官供事, 無流外品. 爲其合在公家驅使, …"라는 해석에 근거하여 대략 '유내·유외관이 아니면서 관에서 복무하는 자'의 의미로 이해해 왔으나, 본 조문의 규정에 의해 그 범위가 축소되었고 개념이 보다 분명해졌다. 예컨대 주현 錄事의 경우 주의 녹사와 京縣의 녹사는 유내관이므로 잡임이 아니고, 畿縣 이하의 녹사만 '非省補'의 요건을 충족시키므로 이들만 잡임인 것이다.

379) 당대 典吏는 실체가 불분명한데, 長谷川誠夫에 의하면 典吏란 文案을 취급하는 典과 吏가 조합된 말로 典吏도 典의 용법과 마찬가지로 널리 문서를 취급하는 서리를 가리키며, 典吏 외에 典史도 같은 의미로 쓰였다고 한다(「唐宋時代の胥吏をあらわす典について－典吏·典史と關連して」, 『史學』, 49-2·3, 1979, 61~64쪽). 그러나 본 조문에서 典吏가 잡임을 포괄한다고 했고, 또 본 조문의 '잡임' 규정에는 문서를 취급하는 서리로 보기 어려운 市令, 市丞, 市史, 倉督, 里正, 兩京坊正 등이 포함되어 있는 점을 고려하면, 전리가 모두 문서를 취급하는 서리였다고 보기 어렵다. 그리고 典史에 대해서도 『新唐書』에 "天下置公廨本錢, 以典史主之, 收贏十之七, …"(권55, 食貨5 文武官祿, 1397쪽), "公廨出擧, 典史有徹垣墉·鬻田宅以免責者."(同), "州縣典史捉公廨本錢者, 收利十之七."(同, 1398쪽)이라고 하는 데서 보듯, 주현 典史의 직장 중 하나가 公廨本錢을 운영하는 것으로 판단되므로 단지 문서를 취급하는 서리로 보기는 어렵다. 한편 『新唐書』 권47, 百官2 內侍省 內府局, 1224쪽에 "有書令史二人, 書吏·典史·掌固各四人, 典事六人."이라고 하는 데서 보면, 여기서의 典史는 본 조문에서 말하는 잡임을 포괄하는 존재로서의 典吏와 같은 존재가 아니라 內府局 소속 유외관의 일종이었다.

380) 본 조문은 번관 이하의 관부 종사자들에 대해 몇 가지 범주를 설정하여 개념규정을 함으로써 유외, 서사, 잡임, 잡직 등에 대한 소중한 정보를 제공해주고 있다. 이견이 분분한 당대의 서리에 대한 이해를 위해서도 본 조문에서의 분류와 개념 규정은 특히 당 전기에 있어서 이들의 실체 규명에 중요한 자료가 되리라고 본다. 그러나 이를 위해서는 왜 이들에 대해 令에서 정의를 내리고 유별했는가, 유별의 기준은 무엇인가 하는 데서부터 규명의 단서를 찾아야 할 것이다. 한편 당대 서리는 당 후기에 오면서 새로운 변화를 맞게 되는데, 이러한 변화상을 이해하기 위해서도 본 조문에 열거된 자들에 대한 폭넓은 연구가 필요하다.

유관당송문 관련 기록이 당송 시기 문헌에서는 확인되지 않는다.

▸ 복원 당령

『唐令拾遺』 雜令, 29조, 860~861쪽

『天聖令』 당령복원청본, 雜令, 42조, 752쪽

〈舊16〉 諸貯草及木橦·柴炭, 皆十月一日起輸, 十二月三十日納畢.

무릇 풀이나 장작[381]·목탄을 저장하는 경우 모두 10월 1일부터 거두어 12월 30일에 수납을 마친다.[382]

유관당송문 1) 『唐六典』 : 其柴炭·木橦進內及供百官·蕃客, 並於農隙納之. 供內及宮人, 起十月, 畢二月, 供百官·蕃客, 起十一月, 畢正月.(권7, 尙書工部, 225쪽 ; 『역주당육전』상, 684쪽)

2) 『舊唐書』 : 권3, 職官2 尙書工部, 1841쪽에는 『唐六典』의 正文만 기재됨.

▸ 유관 일본령

『令義解』 : 凡進薪之日, 辨官及式部兵部宮內省, 共檢校, 貯納主殿寮.(권10, 雜令, 339쪽).

▸ 복원 당령

『天聖令』 당령복원청본, 雜令, 49조, 752쪽

381) '木橦'은 나뭇단이나 장작을 말하는데, 여기서의 '橦'은 나무를 계량하는 量詞인 段(截)의 뜻이다. 唐式에는 땔나무(柴) 方 3尺5寸이 1橦으로 규정되었다(『資治通鑑』 권195, 唐 太宗 貞觀14年 11月 丙子, 6158쪽 : "尙書左丞韋悰句司農木橦價貴於民間, … ; 胡三省 注 : 橦, … 木一截也. 唐式, 柴方三尺五寸爲一橦.").

382) 본 조문은 건초·장작·목탄(숯)의 수납 기간에 관한 규정이다. 유관당송문 『唐六典』의 正文은 柴炭과 木橦의 '수납'에 관한 것이고, 注文은 그 '공급'에 관한 내용이다. 시탄 등의 수납 시기에 관한 규정인 본 조문은 天聖令 단계에서 폐기되었고, 炭의 공급 시기에 관한 규정(〈現34〉조)만 남았다. 수납 규정이 폐기된 것은, 송대 땔나무[薪]와 짚[蒿] 및 炭을 지급받는 관원이 매우 한정적이었다는(『宋史』 권171, 職官志11, 奉祿制上, 4214~4215쪽) 점을 고려하면, 官에서 이것들을 직접 수납할 필요성이 현저히 줄었기 때문이 아닌가 한다. 그 배경으로는 당송 간 연료의 변화, 연료 공급 시기와 방식의 차이, 和市의 확대 등을 들 수 있다.

〈舊17〉 諸官戶·奴婢男女成長者, 先令當司本色令相配偶.

무릇 남녀 관호·[관]노비가 장성하면 우선 해당 관사 내의 같은 신분끼리 서로 짝을 맺어준다.[383)]

유관당송문 1)『唐六典』: 官戶·奴婢 … 男女旣成, 各從其類而配偶之.(권6, 尙書刑部, 194쪽 ;『역주당육전』상, 622~623쪽)

2)『唐六典』: 凡官戶·奴婢男女成人, 先以本色媲偶.(권19, 司農寺, 525쪽 ;『역주당육전』중, 401~402쪽)

▸ 복원 당령

『天聖令』 당령복원청본, 雜令, 53조, 752쪽

〈舊18〉 諸犯罪配沒(役),[384)] 有技能者, 各隨其所能配諸司, 其婦人, 與內侍省相知, 簡能縫作巧者, 配掖庭局 ; 自外無技能者, 竝配司農寺(事).[385)]

무릇 죄를 범해 몰관(沒官)하여 배속된 경우 기능이 있는 자는 각각 그 능한 바에 따라 여러 관사에 배속하고, 부인은 [도관사(都官司)가] 내시성과 상의하여 봉제에 재능이 있는 자를 뽑아 액정국[386)]에 배속하며, 이 밖에 기능이 없는 자는 모두 사농시에 배속한다.

유관당송문 1)『唐六典』: 凡初配沒有伎藝者, 從其能而配諸司 ; 婦人工巧者, 入於掖庭 ; 其餘無能, 咸隸司農.(권6, 尙書刑部, 193쪽 ;『역주당육전』상,

---

383) 본 조문은 유관당송문『唐六典』의 기록과 같은 내용인데, 다만 본 조문에서는 '當司'를 명기하여 관호와 관노비의 혼인 상대자의 범위를 분명히 했다. 그러나 본 조문이나 유관당송문 2)에 '先'을 명기하고 있는 것은 원칙적으로 해당 관사 내의 本色끼리 혼인시킨다는 것이지 어떠한 경우라도 반드시 '當司 내 혼인'을 강제하는 규정은 아니라는 것을 암시하고 있다.

384) [교감주] '役'은 '沒'의 오기이다. 유관당송문 1)과 3)에 의거해 바로잡는다.

385) [교감주] '司農事'의 '事'는 '寺'의 오기이거나 衍字일 것이다. 문맥상 '司農寺'가 확실하나 유관당송문 1)과 3)에는 '司農'으로 되어 있다.

386) 掖庭局은 內侍省 6局의 하나로 宮人의 名籍과 女工의 일을 관장한다.

619~621쪽)

2) 『唐六典』 : 若犯籍沒, 以其所能各配諸司, 婦人巧者入掖庭.(권19, 司農寺, 525쪽 ; 『역주당육전』중, 608쪽)

3) 『新唐書』 : 掖庭局 … 婦人以罪配沒, 工縫巧者隸之, 無技能者隸司農.(권47, 百官2 內侍省, 1222쪽)

▸ 복원 당령

『天聖令』 당령복원청본, 雜令, 54조, 752쪽

〈舊19〉 諸官戶皆在本司(寺)[387]分番上下. 每十月, 都官案比. 男年十三以上, 在外州者十五以上, 各取容貌端正者, 送太樂 ; 其不堪送太樂者, 自十五以下皆免入役. 十六以上送鼓吹及少府監教習. 使[388]有工能官奴婢,[389] 亦準官戶例分番, 下番日則不給糧. 願長上者, 聽. 其父兄先有技業堪傳習者, 不在簡例. 雜戶亦在(任)[390]本司分番上下.

무릇 관호는 모두 해당 관사에서 번을 나누어 복역시킨다.[391] 매년 10월 도관[사][392]가 점검한다. [경사에서는] 남자 13세 이상, 지방의 주에 사는 자는 15세 이상으로 각각 용모 단정한 자를 취하여 태악서로 보내고,

---

387) [교감주] '寺'는 '司'의 오기이다. 유관당송문 『唐六典』의 '在本司分番'에 의거해 바로잡는다.

388) [교감주] '使'는 衍字로 보인다. 유관당송문 『唐六典』에도 '使'가 없다.

389) [교감주] 유관당송문 『唐六典』의 '準官戶例分番' 앞에는 '業成'이 들어 있다. '業成'이 있는 쪽이 의미가 더 분명하다. 왜냐하면 관노비가 관호의 규정에 따라 分番하는 시점은 교습 중이 아니라 '業成', 곧 교습기간이 끝난 이후라고 생각되기 때문이다. 그러나 저본대로 두어도 해석상 큰 지장이 없으므로 '業成'은 보충하지 않는다.

390) [교감주] '任'은 '在'의 오기인 듯하다. 본 조문 첫머리에도 '在本司(寺)'라고 했다.

391) 관호는 1년3番, 잡호는 2년5番으로 나눠 복역한다(1番은 1개월). 이에 따르면, 1년에 관호는 4개월, 잡호는 75일을 복역하게 되는 것이다. 16세 이상의 관호와 잡호는 재물을 내고 번상을 대체할 수 있다(『唐六典』 권6, 尙書刑部, 193쪽 ; 『역주당육전』상, 621쪽, "番戶·雜戶, 則分爲番.[原注 : 番戶一年三番, 雜戶二年五番, 番皆一月.十六已上當番請納資者, 亦聽之.]"). 여기서의 番戶는 官戶를 가리킨다(『唐六典』 권6, 尙書刑部, 193쪽 ; 『역주당육전』상, 619~620쪽, "[原注 : 諸律·令·格·式有言官戶者, 是番戶之總稱, 非謂別有一色.]").

392) 적몰된 관노비와 관호의 관리를 담당하는 관서로 刑部 소속이다.

태악서에 보낼 만하지 않은 경우 15세 이하[의 관호][393]는 모두 [태악서에 보내는 것을] 면하여 노역에 편입시킨다. 16세 이상[의 관호는] 고취서나 소부감으로 보내 교습케 한다. 재능이 있는 관노비도 관호의 예에 준하여 번을 나누며, 하번 날에는 식량을 지급하지 않는다. 장상을 원할 경우에는 허용한다. 부형이 본래 기능이 있어 전수 받아 익힐 만한 경우 선발 범위에 두지 않는다. 잡호도 해당 관사가 번을 나누어 복역시킨다.[394]

유관당송문 1)『唐六典』: 其餘雜伎則擇諸司之戶敎充. 官戶皆在本司分番, 每年十月, 都官按比. 男年十三已上, 在外州者十五已上, 容貌端正, 送太樂 ; 十六已上, 送鼓吹及少府敎習. 有工能官奴婢亦准此. 業成, 準官戶例分番. 其父兄先有伎藝堪傳習者, 不在簡例. (권6, 尙書刑部, 193쪽 ;『역주당육전』상, 619~621쪽)

▸ 복원 당령

『天聖令』 당령복원청본, 雜令, 55조, 753쪽

〈舊20〉 諸官奴婢賜給人者, 夫妻·男女不得分張. 三歲以下, 聽隨母, 不充數限.

무릇 관노비를 개인에게 사여할 경우 부부·자녀는 분리해서는 안 된다. 세 살 이하는 어미에 딸린 것으로 하여 [사여하는] 숫자의 범위에 포함시키지 않는다.

---

393) 원문의 '自十五以下'가 注文이라는 것을 감안하면, 실제 '自十五以下'에 해당하는 관호의 나이는 15세 이하 전체가 아니라 13~15세에 한정된다고 생각한다.

394) 본 조문의 "[原注 : 下番日則不給糧.] 願長上者, 聽."은 관노비에 대한 식량 지급과 관노비의 복역에 관한 새로운 정보를 제공하고 있다. 즉 이 구절의 바로 앞 구절에서 보듯, 재능 있는 관노비는 관호의 규정(1년3番 ; 〈舊19〉 및 주 참조)에 준하여 번을 나눠 복역하므로 하번일 때는 식량을 지급하지 않고, 관노비도 본인이 원할 경우 장상이 가능하다는 것이다. 요컨대 원칙적으로 교대 없이 장기 복역하는 관노비일지라도 '有工能'의 관노비는 교습을 마치면(유관당송문『唐六典』, '業成') 분번 복역하지만, 본인이 番役이나 장상 중 하나를 선택할 수 있다는 것이다. 그리고 본 조문은『唐六典』에 없는 注文("其不堪送太樂者, 自十五以下皆免入役.")을 추가하여 태악서에 보내지 않는 15세 이하의 관호에 대해서도 규정하고 있다.

유관당송문 1)『唐六典』: 諸官奴婢賜給人者, 夫·妻·男·女不得分張 ; 三歲已下聽隨母, 不充數.(권6, 尚書刑部, 193쪽 ;『역주당육전』상, 619~620쪽)
2)『唐六典』: 凡官戶·奴婢 … 若給賜, 許其妻·子相隨.(권19, 司農寺, 525쪽 ;『역주당육전』중, 607~608쪽)

▸ 복원 당령

『天聖令』 당령복원청본, 雜令, 56조, 753쪽

〈舊21〉 諸官[戶][395]奴婢死, 官司檢驗申牒, 判訖(計)[396]埋藏, 年終總申.

무릇 관호·[관]노비가 사망하면 관사가 검시[檢驗][397]하여 첩으로 보고하고, [사인 등의] 판정이 끝나면 매장하며 연말에 총괄 보고한다.[398]

유관당송문 1)『續資治通鑑長編』: 詔開封·河南府, 自今奴婢非理致死者, 卽時檢視, 聽速自收瘞, 病死者不用檢視, 吏輒以擾人者罪之.(권10, 태조 개보 2년

395) [교감주] '戶'는 脫字인 듯하다. 상기『令義解』에 "諸官戶奴婢死"라고 되어 있다.
396) [교감주] '計'는 문맥상 '訖'의 오기인 듯하다.
397) 檢驗은 고래로 형사 사건과 관련해서 쓰일 때는 범죄와 관련 있는 장소, 물품, 신체, 시신 등에 대한 직접 조사를 가리키는 법률용어로 사용되었으며, 이는 범죄 행위를 초보적으로 推斷하는 증거를 확보하는 중요한 절차로 인식되었다(王雲海 主編,『宋代司法制度』, 開封 : 河南大學出版社, 1992, 227쪽 참조). 그러나 본 조문의 검험은 형사 사건의 증거자료로 활용하기 위해 실시하는 것으로 볼 근거는 없다. 당률에 보이는 검험의 대상은 사망, 상해, 질병으로 사실대로 검험을 하지 않으면 처벌했다(『唐律疏議』 권25, 詐爲23 〈제384조〉, 473쪽 ;『역주당률소의』, 3193~3194쪽 ;『宋刑統』 권25, 詐爲律 檢驗病死死傷不實, 402쪽). 그리고 옥관령, 〈現52〉조에는 "諸獄囚, … 其有死者, 亦卽同檢, 若有它故, 隨狀推科."라 하여 獄囚의 사망에 대해서도 '檢', 즉 檢驗한다고 규정했다. 한편 검험은 문서 행정과 관련해서도 많이 쓰이는데, 이 경우에는 대략 文件의 檢校·檢證과 같은 의미로 쓰인다.
398) 본 조문은 관호와 노비의 사망에 따른 檢驗과 보고 규정인데, 관호·관노비의 시신 검험과 보고를 하는 '官司'가 관호·관노비가 배속된 관사인지, 아니면 검험을 전담하는 관사인지 불분명하다. 본 조문의 검험은 檢屍를 가리키는데, 문맥으로 보면 이 단계에서는 사망 원인 등을 최종 확정하는 것은 아니다. 또 본 조문에는 '연말 총괄보고'의 내용이 나와 있지 않다. 그러나 연말 보고 내용은 검험이나 매장에 국한된 것이 아니라 그 해의 관호·관노비 사망자 숫자가 포함된 인원 변동사항에 대한 총괄 보고라고 생각된다.

8월 기묘, 230쪽)

2) 『文獻通考』 권11, 戶口考2 奴婢, 120쪽에도 同文. 다만 위 기사의 '聽' 다음에 '其主'가 명기됨.

▸ 유관 일본령

『令義解』 : 諸官戶奴婢死, 所司檢校, 年終總申.(권10, 雜令, 340쪽)

▸ 복원 당령

『天聖令』 당령복원청본, 雜令, 57조, 753쪽

〈舊22〉 **諸雜戶·官戶·奴婢居(主)[399]作者, 每十人給一人充火頭, 不在功課(果)[400]之限. 每旬放休假一日. 元日·冬至·臘·寒食, 各放三日. 產後(沒)[401]及父母喪, 各給假一月. 朞喪, 給假七日. 即[官][402]戶奴婢老疾, 準雜戶例. 應侍者, 本司每聽一人免役扶持, 先盡當家男女. 其官戶婦女及婢, 夫·子見執作, 生兒女周年, 竝免役.** 男女三歲以下, 仍從輕役.

무릇 잡호·관호·[관]노비가 노역을 할 경우 10인마다 1인을 [별도로] 주어 취사원[火頭]으로 충임하며, [화두는] 노역 할당의 범위에 두지 않는다.[403] [잡호·관호·관노비에게] 열흘마다 하루의 휴가를 준다. 정월 초하

---

399) [교감주] '主'는 문맥상 '居'의 오기로 보인다. 『唐六典』 권6, 尙書刑部, 194쪽(『역주당육전』상, 622~623쪽)에 관천인의 노역과 관련하여 "凡居作各有課程."이라고 했는데, 이 구절의 '居作'을 참고하여 바로잡는다.

400) [교감주] '果'는 '課'의 오기이다. 〈舊23〉조 '立功課案記'의 구절을 참고하여 바로잡는다.

401) [교감주] '產沒'의 '沒'은 '後'의 오기이다. 유관당송문 『唐六典』과 『令義解』에 '產後'로 되어 있다.

402) [교감주] '官'은 문맥상 탈자로 보인다.

403) 火頭는 취사원이다(『令集解』 권14, 賦役令, 427쪽, "謂火頭者廝丁也. 執炊爨之事, 故曰火頭. … 釋云, 火頭廝丁也. 案燃火炊飯, 故曰火頭."). 본 조문의 화두 충임 규정이 1인을 '별도로' 지급하여 화두로 충임하는지, 아니면 매 10인 중 1인을 뽑아 화두로 충임하는지 명확하지 않다. 그러나 賦役令, 〈現13〉조에 "諸役丁匠, 皆十人外, 給一人充火頭, 不在功課之限."이라 하듯, 丁·匠의 사역 때 10인 외에 '별도로' 1인을 지급하여 火頭로 충임한다는 규정을 고려하면, 본 조문의 화두도 "10인 외 1인을 별도로 지급하여 충임한다"고 보는 것이 타당하다.

루·동지·납일[404)]·한식에는 각각 3일의 휴가를 준다. 산후 및 부모상에는 각각 한 달의 휴가를 준다. 기친상에는 7일의 휴가를 준다. 관호·[관]노비가 늙거나 병들면 잡호의 규정에 준한다. 마땅히 시중들어야 하는 경우 해당 관사는 매 1인에게 노역을 면제하고 시중드는 것을 허용하되 먼저 해당 가의 자녀가 맡도록 한다. 관호의 아내와 관비는 남편·자식이 현재 [특수한] 노역[執作][405)]을 하는 경우 아이를 낳은 뒤 1년 동안 모두 노역을 면제한다. 자녀가 3세 이하이면 가벼운 노역에 종사하게 한다.[406)]

유관당송문 1)『唐六典』: 凡元·冬·寒食·喪·婚·乳免, 咸與其假焉. 官戶·奴婢, 元日·冬至·寒食放三日假, 産後及父母喪·婚, 放一月, 聞親喪放七日.(권6, 尙書刑部, 194쪽 ;『역주당육전』상, 622~623쪽)

▸ 유관 일본령

『令義解』: 凡官戶奴婢者, 每旬放休假一日, 父母喪者給假卅日, 産後十五日, 其懷妊及有三歲以下男女者, 並從輕役(권10, 雜令, 340쪽).

▸ 복원 당령

『天聖令』 당령복원청본, 雜令, 58조, 753쪽

〈舊23〉 諸官奴婢及雜戶·官戶給糧充役者, 本司明(名)[407)]立功課案記, 不得

---

404) 臘日은 동지 후 3번째의 戌日로 음력 12월 8일이다. 臘八日이라고도 한다. 臘은 이날 百神에게 올리는 제사를 일컫는다(『漢書』 권6, 무제본기, 200쪽, "祠門戶, 比臘 … 師古曰, … 臘者, 冬至後臘祭百神也.").

405) '執作'이 본 조문 첫 구절의 '居作'과 어떠한 차이가 있는지 불분명한데, 문맥상 '居作'보다 무거운 역이거나 특수한 노역이 아닐까 한다. 왜냐하면 官婢는 산후 1개월의 휴가, 곧 노역 면제 규정이 있는데, 별도로 남편과 자식의 '執作' 시 관호의 아내와 관비의 1년 노역 면제를 규정하고 있기 때문이다.

406) 본 조문의 火頭 지급 규정은 당송 시기 문헌이나 양로령에는 보이지 않는다. 여기서의 화두는 노역의 할당에서 제외된다고 했는데, 이는 丁·匠 사역 때의 화두 지급 규정과 같다. 老疾者에 대한 시중과 부양을 위해 자녀 1인의 역을 면제해 준다는 규정, 관비의 노역 면제 또는 경감 규정도『唐六典』에는 보이지 않는다. 그리고 본 조문의 휴가지급 규정은『唐六典』의 기록과 출입이 있는데 비교 검토가 필요하다.

407) [교감주] '名'은 '明'의 오기이다. 유관 일본령의『令義解』에는 '明'으로 되어 있다.

虛費公糧. 其丁奴每三人當二丁役；中[408)]

무릇 관노비 및 잡호·관호에게 공량을 주어[409)] 사역에 충당할 경우, 해당 관사가 노역 할당량을 분명히 해서 문서철에 기록해두며[案記] 공량을 허비해서는 안 된다. 정노(丁奴)는 매 3인이 정남 2인의 역을 충당하게 하고 중□

유관당송문 1)『唐六典』: 諸官奴婢皆給公糧, 其官戶上番充役者亦如之.(권3,

408) 본 조문 후반부는 노역 할당량에 관한 규정이다. 그러나 본 조문이 '丁奴' 부분까지만 되어 있고, 또 殘卷『天聖令』寫本을 보면 마지막까지 필사되지 않고 중도에 끝나버린 흔적이 있기 때문에 본 조문 마지막 부분의 '中' 이후에 闕文이 있는 것이 분명하다. 또한『天聖令』각 令의 卷末에 있는 '右令不行' 부분이 없다는 점도 본 조문이 잡령의 마지막이 아니라는 것을 말해준다. 그리고 유관당송문 3)『唐六典』의 기록을 참고하면, 본 조문의 궐문 부분은 적어도 '三當一役'까지는 계속되었을 것으로 생각한다. 한편『唐六典』권6, 尙書刑部, 193쪽 ;『역주당육전』상, 621~622쪽에 본 조문에 이어 관노비에 대한 의복 지급규정이 있는 점, 또 양로령에도 본 조문에 대응하는 雜令 '充役條' 다음에 노비 등에 대한 의복 지급규정인 '給衣服條'가 이어진다는(『令義解』권10, 雜令, 340쪽) 점을 고려하면, 본 조문에 이어 관노비에 대한 의복 지급규정이 〈舊令〉에 들어 있었을 것으로 추측된다. 黃正建,「雜令復原硏究」도 이『唐六典』기록을 근거로 당령 복원을 시도했다(당령복원청본, 雜令, 60조, 753쪽).

409) 유관당송문 1)의『唐六典』이나 아래의 창고령 조문에는 공량 지급 대상에 잡호가 들어있지 않다. 그러나 유관당송문 2)의『唐六典』에 의하면, 당대 관노비 및 상번하는 관호 외에 상번하는 잡호에 대해서도 식량이 지급되었고, 교대 없이 장기 복역하는 경우('諸戶留長上者')는 지급량이 더 늘었다. 관노비 등에게 지급되는 공량은 양인의 정·중·소남 규정과 달리 丁口(20세 이상) 2승, 中口(11세 이상) 1승 5홉, 小口(4세 이상) 6홉을 지급하는 것으로 되어 있고, 관천인 사이에는 지급량에 차등을 두지 않았다. 한편 관호와 관노비에 대한 공량 지급 규정은 창고령에도 들어 있다(〈舊8〉조, "諸官奴婢皆給公粮. 其官戶上番充役者亦如之. 並季別一給, 有賸隨季折."). 그런데 잡호와 관호는 上番日에만 공량을 지급받았으므로 下番日의 식량 해결이 문제가 될 수 있다. 그러나 이는 아마 지급받은 토지의 所出로 충당했으리라 생각된다. 당 전기 잡호와 관호는 모두 受田 자격이 있었다. 잡호는 受田額이 일반민과 같고(『唐律疏議』권3, 名例20-5의 疏議 〈제20조〉, 57쪽 ;『역주당률소의』, 188~189쪽, "雜戶者, … 依令, '老免·進丁·受田, 依百姓例.'" 및『唐律疏議』권17, 賊盜2-2의 疏議 〈제249조〉, 324쪽 ;『역주당률소의』, 2388~2389쪽, "雜戶及太常音聲人, 各附縣貫, 受田·進丁·老免與百姓同."), 관호는 일반민의 半이었다(『唐六典』권3, 尙書戶部, 74쪽 ;『역주당육전』상, 318~319쪽, "凡官戶受田減百姓口分之半." 및 田令, 〈舊29〉조, "諸官戶受田, 隨鄕寬狹, 各減百姓口分之半.").

尙書戶部, 84쪽 ; 『역주당육전』상, 361~362쪽)

2) 『唐六典』 : 凡配官曹, 長輸其作 ; 番戶·雜戶 ; 則分爲番. … 男子入於蔬圃, 女子入廚膳, 迺甄爲三等之差, 以給其衣糧也. 四歲已上爲小, 十一已上爲中, 二十已上爲丁. … 其糧則季一給. … 其糧 : 丁口日給二升, 中口一升五合, 小口六合. 諸戶留長上者, 丁口日給三升五合, 中男給三升.(권6, 尙書刑部, 193~194쪽 ; 『역주당육전』상, 621~622쪽)

3) 『唐六典』 : 凡居作各有課程. 丁奴, 三當二役 ; 中奴若丁婢, 二當一役 ; 中婢, 三當一役.(권6, 尙書刑部, 193쪽 ; 『역주당육전』상, 622~623쪽)

▸ 유관 일본령

『令義解』 : 官戶奴婢給糧充役者, 本司明立功課案記, 不得虛費公粮.(권10, 雜令, 340쪽)

▸ 복원 당령

『天聖令』 당령복원청본, 雜令, 59조, 753쪽

역주_ 김영진

참고문헌

▪ 사료

정사

『史記』(新校本二十四史), 北京 : 中華書局, 1982.
『漢書』(新校本二十四史), 北京 : 中華書局, 1962.
『後漢書』(新校本二十四史), 北京 : 中華書局, 1973.
『三國志』(新校本二十四史), 北京 : 中華書局, 1975.
『晉書』(新校本二十四史), 北京 : 中華書局, 1974.
『宋書』(新校本二十四史), 北京 : 中華書局, 1974.
『南齊書』(新校本二十四史), 北京 : 中華書局, 1974.
『梁書』(新校本二十四史), 北京 : 中華書局, 1973.
『陳書』(新校本二十四史), 北京 : 中華書局, 1974.
『南史』(新校本二十四史), 北京 : 中華書局, 1975.
『魏書』(新校本二十四史), 北京 : 中華書局, 1974.
『周書』(新校本二十四史), 北京 : 中華書局, 1974.
『北齊書』(新校本二十四史), 北京 : 中華書局, 1973.
『北史』(新校本二十四史), 北京 : 中華書局, 1974.
『隋書』(新校本二十四史), 北京 : 中華書局, 1975.
『舊唐書』(新校本二十四史), 北京 : 中華書局, 1975.
『新唐書』(新校本二十四史), 北京 : 中華書局, 1975.
『舊五代史』(新校本二十四史), 北京 : 中華書局, 1975.
『新五代史』(新校本二十四史), 北京 : 中華書局, 1975.
『宋史』(新校本二十四史), 北京 : 中華書局, 1975.
『高麗史』, 서울 : 亞細亞文化社, 1990.

경서류

『尙書正義』(十三經注疏整理本), 北京 : 北京大學出版社, 2000.
『周禮注疏』(十三經注疏整理本), 北京 : 北京大學出版社, 2000.
『儀禮注疏』(十三經注疏整理本), 北京 : 北京大學出版社, 2000.

『禮記正義』(十三經注疏整理本), 北京：北京大學出版社, 2000.
『春秋左傳正義』(十三經注疏整理本), 北京：北京大學出版社, 2000.
『春秋公羊傳注疏』(十三經注疏整理本), 北京：北京大學出版社, 2000.
『春秋穀梁傳注疏』(十三經注疏整理本), 北京：北京大學出版社, 2000.
『爾雅注疏』(十三經注疏整理本), 北京：北京大學出版社, 2000.

필기·기타류

『乾封二年至總章二年傳馬坊牒案卷』, 上海古籍出版社·프랑스 국가도서관, 『法國國家圖書館藏敦煌西域文獻』 27, 上海：上海古籍出版社, 2002.
『建炎以來繫年要錄』, (宋) 李心傳, 臺北：文海出版社, 1968.
『慶元條法事類』, (宋) 謝深甫 等, 『中國珍稀法律典籍續編』 第1冊, 哈爾濱：黑龍江人民出版社, 2002.
『稽古定制』, (明) 張鹵, 『皇明制書』 권15, 『續修四庫全書』 788冊, 上海：上海古籍出版社, 1999.
『古今合璧事類備要』 前集(一), (宋) 謝維新, 『文淵閣四庫全書』 939冊, 上海：上海古籍出版社, 1987.
『古今事文類聚』 前集(一), (宋) 祝穆, 『文淵閣四庫全書』 925冊, 上海：上海古籍出版社, 1987.
『九家集注杜詩』, (宋) 郭知達, 『文淵閣四庫全書』 1068冊, 上海：上海古籍出版社, 1987.
『歐陽修全集』, (宋) 歐陽修, 北京：中華書局, 2001.
『救荒活民書』, (宋) 董煟, 『文淵閣四庫全書』 662冊, 上海：上海古籍出版社, 1987.
『急就篇』, (漢) 史遊, 上海：商務印書館, 1936.
『金石萃編』, (淸) 王昶, 南京：江蘇古籍出版社, 1998.
『南部新書』, (宋) 錢易, 北京：中華書局, 2002.
『老學庵筆記』, (宋) 陸游, 北京：中華書局, 1979.
『能改齋漫錄』上·下, (宋) 吳曾, 北京：中華書局, 1960.
『唐開元水部式殘卷』, 上海古籍出版社·프랑스 국가도서관, 『法國國家圖書館藏敦煌西域文獻』 15, 上海：上海古籍出版社, 2001.
『唐代墓誌彙編續集』, 周紹良·趙超, 上海：上海古籍出版社, 2001.
『唐大詔令集』, (宋) 宋敏求, 北京：商務印書館, 1959.
『唐令拾遺』, 仁井田陞, 東京：東京大學出版會, 1964.
『唐令拾遺補』, 池田溫, 東京：東京大學出版會, 1997.
『唐語林校證』上·下, (宋) 王讜, 北京：中華書局, 1987.
『唐六典』, (唐) 李林輔, 北京：中華書局, 1992.
『唐律疏議』, (唐) 長孫無忌 等, 北京：中華書局, 1983.
『唐天寶年代諸令式表』, 劉海年·楊一凡, 『中國珍稀法律典籍集成』 甲編 第三冊, 北京：科學出版社, 1994.
『唐會要』, (宋) 王溥, 上海：上海古籍出版社, 2006.

『大唐開元禮』, (唐) 蕭嵩 等, 東京：汲古書院, 1972.
『大元聖政國朝典章』, 찬자미상, 天津：天津古籍出版社; 北京：中華書局, 2011.
『東京夢華錄』, (宋) 孟元老, 北京：中華書局, 1982.
『名公書判淸明集』, (明) 張思維, 北京：中華書局, 1987.
『夢溪筆談校證』上·下, (宋) 沈括, 胡道靜 校證, 上海古籍出版社, 1987.
『武經總要』, (宋) 曾公亮·丁度, 『文淵閣四庫全書』726冊, 上海：上海古籍出版社, 1987.
『文苑英華』, (宋) 李昉 等, 北京：中華書局, 1961.
『文獻通考』, (元) 馬端臨, 北京：中華書局, 1986.
『白居易集』, (唐) 白居易, 北京：中華書局, 1979.
『白孔六帖』(二), (唐) 白居易 原本, (宋) 孔傳 續撰, 『文淵閣四庫全書』892冊, 上海：上海古籍出版社, 1987.
『白氏六帖事類集』, (唐) 白居易, 北京：文物出版社, 1987.
『封氏聞見記』, (唐) 封演, 北京：中華書局, 2005.
『備急千金要方』, (唐) 孫思邈, 『文淵閣四庫全書』735冊, 上海：上海古籍出版社, 1987.
『司馬光集』, (宋) 司馬光, 成都：四川大學出版社, 2010.
『司馬氏書儀』, (宋) 司馬光, 上海：商務印書館, 1936.
『事物紀原』, (宋) 高承, (明) 李果 訂, 北京：中華書局, 1989.
『山堂考索』, (宋) 章如愚, 北京：中華書局, 1992.
『洗冤集錄』, (宋) 宋慈, 『宋提形洗冤集錄』, 上海：商務印書館, 1930.
『小畜集』, (宋) 王禹稱, 臺北：商務印書館, 1967.
『續資治通鑑長編』, (宋) 李燾, 北京：中華書局, 1979~1995.
『宋大詔令集』, 찬자미상, 北京：中華書局, 1963.
『宋朝諸臣奏議』, (宋) 趙汝愚, 上海：上海古籍出版社, 1999.
『宋刑統』, (宋) 竇儀 等, 北京：中華書局, 1984.
『宋會要輯稿』, (淸) 徐松, 北京：中華書局, 1957.
『睡虎地秦墓竹簡』, 睡虎地秦墓竹簡整理小組, 北京：文物出版社, 1978.
『歲時廣記』, (宋) 陳元靚, 『文淵閣四庫全書』467冊, 上海：上海古籍出版社, 1987.
『神農本草經輯注』, 馬繼興, 北京：人民衛生出版社, 1995.
『增訂唐兩京城坊考』, (淸) 徐松, 西安：三秦出版社, 1996.
『營造法式』, (宋) 李誡, 上海：商務印書館, 1954.
『五代會要』, (宋) 王簿, 上海：上海古籍出版社, 1978.
『玉海』, (宋) 王應麟, 上海：上海書店·江蘇古籍出版社, 1980.
『王文正筆錄』, (宋) 王曾, 『文淵閣四庫全書』1036冊, 上海：上海古籍出版社, 1987.
『研北雜志』, (元) 陸友, 『文淵閣四庫全書』866冊, 上海：上海古籍出版社, 1987.
『燕翼詒謀錄』, (宋) 王栐, 北京：中華書局, 1981.
『容齋隨筆』, (宋) 洪邁, 上海：上海古籍出版社, 1978.
『元豊九域志』, (宋) 王存 等, 北京：中華書局, 2005.

『元和郡縣圖志』, (唐) 李吉甫, 北京：中華書局, 1983.
『陸贄集』, (唐) 陸贄, 北京：中華書局, 2006.
『音意』(『律附音意』), (宋) 孫奭, 上海：上海古籍出版社, 1984.
『吏學指南』, (元) 徐元瑞, 杭州：浙江古籍出版社, 1988.
『日知錄集釋』, (淸) 顧炎武, (淸) 黃汝成 集釋, 長沙：岳麓書社, 1994.
『資暇集』, (唐) 李匡乂, 『文淵閣四庫全書』 850冊, 上海：上海古籍出版社, 1987.
『資治通鑑』, (宋) 司馬光, 北京：中華書局, 1956.
『張家山漢墓竹簡』, 張家山二四七號漢墓竹簡整理小組, 北京：文物出版社, 2001.
『作邑自箴』, (宋) 李元弼, 『四部叢刊續編』, 上海：商務印書館, 1934
『張家山漢墓竹簡：二四七號墓(釋文修訂本)』, 張家山二四七號漢墓竹簡整理小組, 北京：文物出版社, 2006.
『政和五禮新儀』, (宋) 鄭居中 等, 『文淵閣四庫全書』 647冊, 上海：上海古籍出版社, 1987.
『全唐文』, (淸) 董誥, 北京：中華書局, 1983.
『全唐詩』, (淸) 彭定求 等, 北京：中華書局, 1960.
『朝野類要』, (宋) 趙升, 北京：中華書局, 2007.
『朱子家禮』, (宋) 朱熹, 『朱子全書』 第7冊, 上海：上海古籍出版社; 合肥：安徽教育出版社, 2002.
『曾鞏集』, (宋) 曾鞏, 北京：中華書局, 1984.
『職官分記』, (宋) 孫逢吉, 北京：中華書局, 1988.
『冊府元龜』, (宋) 王欽若, 北京：中華書局, 1981.
『初學記』, (唐) 徐堅, 北京：中華書局, 1962.
『太平廣記』, (宋) 李昉 等, 北京：中華書局, 1961.
『太平御覽』, (宋) 李昉 等, 北京：中華書局, 1985.
『吐魯番出土文書』 1~10冊, 國家文物局古文獻硏究室·新疆維吾爾自治區博物館·武漢大學歷史系, 北京：文物出版社, 1981~1991.
『通典』, (唐) 杜佑, 北京：中華書局, 1985.
『通志』, (宋) 鄭樵, 北京：中華書局, 1987.
『夏侯陽算經』, 찬자미상, 『文淵閣四庫全書』 797冊, 上海：上海古籍出版社, 1987.
『荊楚歲時記』, (梁) 宗懍, 太原：山西人民出版社, 1987.
『令義解』, 淸原夏野 等, 東京：吉川弘文館, 1983.
『令集解』, 惟宗直本, 東京：吉川弘文館, 1981.
『倭名類聚抄』, 源順, 東京：汲古書院, 1987.

역주본

『譯註 唐律疏議』 名例編·各則編(上)·各則編(下), 金鐸敏·任大熙 역주, 한국법제연구원, 1994~1998.
『역주 당육전』(상)·(중)·(하), 김택민 역주, 신서원, 2003~2009.

『吏學指南』, (元) 徐元瑞, 鄭光 등 정리, 서울 : 태학사, 2002.
『天工開物』, (明) 宋應星, 최주 역주, 서울 : 전통문화사, 1997.

▪ 연구서

한국

김영제, 『唐宋財政史』, 서울 : 신서원, 1995.
김택민, 『中國土地經濟史研究』, 서울 : 고려대학교출판부, 1998.
김택민, 『중국고대형법』, 서울 : 아카넷, 2002.
영남대학교 민족문화연구소 편, 『고려시대 율령의 복원과 정리』, 서울 : 경인문화사, 2009.
韓國鍼灸藥開發研究會, 『增補 東醫學原論』, 서울 : 宣文出版社, 1984.

중국·대만

龔延明, 『宋代官制辭典』, 北京 : 中華書局, 1997.
國家計量總局 外 主編, 『中國古代度量衡圖集』, 北京 : 文物出版社, 1984.
戴建國, 『宋代法制初探』, 哈爾濱 : 黑龍江人民出版社, 2000.
戴建國, 『宋代刑法史研究』, 上海 : 上海人民出版社, 2008.
臺師大歷史系·中國法制史學會·唐律連讀會 主編, 『新史料·新觀點·新視角 : 天聖令論集』 (上)·(下), 臺北 : 元照出版公司, 2011.
鄧小南, 『課績·資格·考察』, 鄭州 : 大象出版社, 1997.
賴瑞和, 『唐代基層文官』, 北京 : 中華書局, 2008.
楊柳橋, 『荀子詁譯』, 濟南 : 齊魯書社, 1985.
楊際平, 『北朝隋唐均田制新探』, 長沙 : 岳麓書社, 2003.
楊鴻烈, 『中國法律思想史』, 臺北 : 臺灣商務印書館, 1981.
呂宗力 主編, 『中國歷代官制大辭典』, 北京 : 北京出版社, 1994.
呂志興, 『宋代法律體系與中華法系』, 成都 : 四川大學出版社, 2009.
葉 煒, 『南北朝隋唐官吏分途研究』, 北京 : 北京大學出版社, 2009.
汪聖鐸, 『兩宋財政史』(下), 北京 : 中華書局, 1995.
王雲海 主編, 『宋代司法制度』, 開封 : 河南大學出版社, 1992.
游 彪, 『宋代蔭補制研究』, 北京 : 中國社會科學出版社, 2001.
李錦繡, 『唐代財政史稿』 1~5, 北京 : 社會科學文獻出版社, 2007.
李貞德, 『女人的中國醫療史－漢唐之間的健康照顧與性別』, 臺北 : 三民書局, 2008.
張玉興, 『唐代縣官與地方社會研究』, 天津 : 天津古籍出版社, 2009.
張希清 等, 『宋代典章制度』, 長春 : 吉林文史出版社, 2001.

程樹德,『九朝律考』, 北京：中華書局, 1963.
丁　鼎,『儀禮·喪服考論』, 北京：社會科學文獻出版社, 2003.
程幸超,『中國地方行政制度史』, 成都：四川人民出版社, 1992.
程喜霖,『唐代過所硏究』, 北京：中華書局, 2000.
曹家齊,『宋代交通管理制度硏究』, 開封：河南大學出版社, 2002.
朱瑞熙 外,『遼宋西夏金社會生活史』, 北京：中國社會科學出版社, 1998.
陳戍國,『中國禮制史－隋唐五代卷』, 長沙：湖南教育出版社, 1998.
陳戍國,『中國禮制史－宋遼金夏卷』, 長沙：湖南教育出版社, 2001.
包偉民,『宋代地方財政史硏究』, 上海：上海古籍出版社, 2001.
漢語大詞典編輯委員會 等,『漢語大辭典』, 上海：漢語大辭典出版社, 1994.
黃正建 編,『天聖令與唐宋制度硏究』, 北京：中國社會科學出版社, 2011.
賈志揚(John W. Chaffee), 趙冬梅 譯,『天潢貴胄 －宋代宗室史(*Branches of Heaven : A History of the Imperial Clan of Sung China*)』, 南京：江蘇人民出版社, 2005.

일본

野口鐵郎 等,『道教事典』, 東京：平河出版社, 1994.
大津透 編,『日唐律令比較硏究の新段階』, 東京：山川出版社, 2008.
律令硏究會 編,『譯註日本律令』6, 東京：東京堂, 1984.
仁井田陞,『中國法制史硏究－土地法·取引法』, 東京：東京大學出版會, 1960.
仁井田陞,『中國法制史』(增訂版), 東京：岩波書店, 1963.
日野開三郎,『五代史』, 東京：明德出版社, 1971.
滋賀秀三,『中國家族法の原理』, 東京：創文社, 1967.
中村元,『佛教語大辭典』, 東京：東京書籍, 1975.
池田溫,『中國古代籍帳硏究』, 東京：東京大學出版會, 1979.

▪ 연구논문

한국

김택민,「在唐新羅人의 활동과 過所·公驗－엔닌의 공험 취득 과정에서 張保皐·新羅人의 역할을 중심으로」,『대외문물 교류연구』, 서울：(재)해상왕장보고기념사업회, 2002.
김상범,「土牛儀禮의 法制化過程과 儀禮變化에 나타나는 時代的 含意－天聖令과 唐令의 비교를 중심으로」,『역사교육』112, 2009.
김정식,「唐 前期 官人 父母喪의 확립과 그 성격」,『中國古中世史硏究』28, 2012.
김　호,「唐代 太醫署의 醫學分科와 醫書－『天聖令』「醫疾令」관련조문에 근거하여」,

『中國古中世史研究』 27, 2012.
김 호, 「唐代 皇帝의 醫療官府－『天聖令』「醫疾令」에 근거하여 北宋 天聖年間까지의 연속성과 변화상 추적」, 『歷史學報』 217, 2013.
侯振兵, 「試論唐代雜畜的含義－以〈廐牧令〉爲中心」, 『아시아연구』 2011-14.

중국·대만

榎本涼一 著, 田由甲 譯, 「〈新唐書·百官志〉中的官賤民記載」, 『唐宋法律史論集』, 上海：上海辭書出版社, 2007.
耿元驪, 「〈天聖令〉復原唐〈田令〉中的"私田"問題－與何東先生商榷」, 『文史哲』 2008-4.
耿元驪, 「唐宋土地制度與政策演變論綱」, 『東北師大學報(哲學社會科學版)』 2009-5.
耿元驪, 「宋代"田制不立"新探」, 『求是學刊』 2009-4.
桂齊遜, 「唐代律令關係試論－以捕亡律令關于追捕罪人之規範爲例」, 『唐研究』 14, 2008.
桂齊遜, 「〈天聖令〉復原唐令研究－以〈捕亡令〉爲例」, 『史學彙刊』 25, 2010.
桂齊遜, 「唐宋官吏休假制度比較研究－以〈天聖·假寧令〉爲核心」, 『新史料·新觀點·新視角：天聖令論集』(上), 臺北：元照出版公司, 2011.
高明士, 「唐代禮律規範下的婦女地位-以武則天時期爲例」, 『文史』 2008-4.
高明士, 「天聖令的發現及其歷史意義」, 『法制史研究』 16, 2009.
古怡靑, 「從〈天聖·廐牧令〉看唐宋監牧制度中畜牧業經營管理的變遷－兼論唐日令制的比較」, 『新史料·新觀點·新視角：天聖令論集』(上), 臺北：元照出版公司, 2011.
古瀨奈津子, 「日唐營繕令營造關係條文的檢討」, 『新史料·新觀點·新視角：天聖令論集』(下), 臺北：元照出版公司, 2011(原載 『法制史研究』 16, 2009).
金相範, 「時令的法制化過程及相關儀禮變化中的時代含義」, 『新史料·新觀點·新視角：天聖令論集』(上), 臺北：元照出版公司, 2011.
盧向前·態偉, 「〈天聖令〉所附〈唐令〉爲建中令辯」, 『國學研究』 22, 2008.
盧向前, 「〈天聖令〉所附〈唐令〉是開元二十五年令嗎?」, 『歷史文獻整理研究與史學方法論』, 合肥：黃山書社, 2008.
洛陽市文物工作隊, 「洛陽含嘉倉1988年發掘簡報」, 『洛陽考古集成·隋唐五代宋卷』, 北京：北京圖書館出版社, 2005.
唐 雯, 「唐職員令復原與研究-以北宋前期文獻中新見佚文爲中心」, 『歷史研究』 2008-5.
唐長孺, 「唐代色役管見」, 『山居存稿』, 北京：中華書局, 1989.
戴建國, 「天一閣藏明鈔本〈官品令〉考」, 『歷史研究』 1999-3.
戴建國, 「唐〈開元二十五年令·田令〉研究」, 『歷史研究』 2000-2.
戴建國, 「宋代折杖法的再檢討」, 『宋代法制初探』, 哈爾濱：黑龍江人民出版社, 2000.
戴建國, 「宋〈天聖令·賦役令〉初探」, 『宋代法制初探』, 哈爾濱：黑龍江人民出版社, 2000.
戴建國, 「天一閣藏〈天聖令·賦役令〉初探」(上), 『文史』 2000-4.
戴建國, 「天一閣藏〈天聖令·賦役令〉初探」(下), 『文史』 2001-1.
戴建國, 「關於唐食實封」, 『中國經濟史研究』 2002-3.

戴建國, 「唐〈逋亡令〉復原研究」, 『李埏教授九十華誕記念文集』, 昆明：雲南大學出版社, 2003.
戴建國, 「“主僕名分”與宋代奴婢的法律地位－唐宋變革時期階級結構研究之一」, 『歷史研究』 2004-4.
戴建國, 「試論宋〈天聖令〉的學術價値」, 『法律文獻整理與研究』, 北京：北京大學出版社, 2005.
戴建國, 「唐宋時期法律形式的傳承與演變」, 『法制史研究』 7, 2005.
戴建國, 「唐開元二十五年令·雜令復原研究」, 『文史』 2006-3.
戴建國, 「宋代籍帳制度探析－以戶口統計爲中心」, 『歷史研究』 2007-3.
戴建國, 「〈天聖令〉研究兩題」, 『上海師範大學學報』 39-2, 2010.
戴建國, 「〈天一閣藏明鈔本天聖令校證〉標點勘誤一則」, 『中國史研究』 2010-3.
大津透, 彭浩 譯, 「吐魯番文書和律令制－以均田制爲中心」, 『唐宋法律史論集』, 上海：上海辭書出版社, 2007.
大津透, 薛軻 譯, 「北宋天聖令的公布出版及其意義－日唐律令比較研究的新階段」, 『中國史研究動態』 2008-9.
陶正剛, 「山西平魯出土一批唐代金鋌」, 『文物』 1981-4.
董煜宇, 「從〈天聖令〉看北宋政府水旱災害應對管理」, 『科學與管理』 2012-4.
董春林, 「論唐宋僧道法之演變」, 『江西社會科學』 2010-10.
杜文玉, 「論唐宋監獄中的醫療系統－兼論病囚院的設置」, 『江漢論壇』 2007-5.
羅彤華, 「丁女當戶給田嗎？－以唐〈田令〉“當戶給田”條爲中心」, 『唐研究』 14, 2008.
羅彤華, 「唐代反逆罪資産沒官考論－兼論〈天聖令·獄官令〉“犯罪資財人官”條」, 『臺大歷史學報』 43, 2009.
羅彤華, 「唐代官人的父母喪制－以〈假寧令〉“諸喪解官”條爲中心」, 『新史料·新觀點·新視角：天聖令論集』(下), 臺北：元照出版公司, 2011(原載 『法制史研究』 16, 2009).
羅　豐, 「規矩或率意而爲？－唐帝國的馬印」, 『唐研究』 16, 2010.
賴亮郡, 「棧法與〈天聖令·廐牧令〉－“三棧羊”考釋」, 『法制史研究』 15, 2009.
賴亮郡, 「「棧」法與『天聖令』所見「三棧羊」考釋」, 『唐宋律令法制考釋－法令實施與制度變遷』, 臺北：元照出版公司, 2010.
賴亮郡, 「唐代特殊官人的告身給付－〈天聖令·雜令〉唐13條再釋」, 『臺灣師大歷史學報』 43, 2010.
賴亮郡, 「遙授官·近遠人與唐代的告身給付－〈天聖令·雜令〉唐13條再釋(1)」, 『新史料·新觀點·新視角：天聖令論集』(下), 臺北：元照出版公司, 2011.
雷　聞, 「唐開元獄官令復原研究」, 『天一閣藏明鈔本天聖令校證(附唐令復原研究)』下冊, 北京：中華書局, 2006.
雷　聞, 「關文與唐代地方政府內部的行政運作－以新獲吐魯番文書爲中心」, 『中華文史論叢』 2007-4.
樓　勁, 「北魏的“方釋博士”」, 『中國史研究』 2010-1.

孟彦弘,「唐捕亡令復原研究」,『天一閣藏明鈔本天聖令校證(附唐令復原研究)』下冊, 北京：中華書局, 2006.
孟彦弘,「唐關市令復原研究」,『天一閣臟明鈔本天聖令校證(附唐令復原研究)』下冊, 北京：中華書局, 2006.
孟彦弘,「唐代過所的“副白”·“錄白”及過所的“改請”」,『慶祝寧可先生八十華誕論文集』, 北京：中國社會科學出版社, 2008.
孟彦弘,「唐代的驛·傳送與轉運－以交通與運輸之關系爲中心」, 黃正建 編,『天聖令與唐宋制度研究』, 北京：中國社會科學出版社, 2011(原載『唐研究』12, 2006).
孟彦弘,「唐代“副過所”及過所的“副白”·“錄白案記”新辨釋」, 黃正建 編,『天聖令與唐宋制度研究』, 北京：中國社會科學出版社, 2011(原載『文史』2008-4).
孟彦弘,「再談唐代過所申請·勘驗過程中的“副白”與“錄白案記”－與李全德先生的商討」,『隋唐宋遼金元史論叢』1, 2011.
孟憲實,「新出唐代寺院手實研究」,『歷史研究』2005-5.
孟憲實,「唐代府兵“番上”新解」,『歷史研究』2007-2.
孟憲實,「吐魯番新發現的〈唐龍朔二年西州高昌縣思恩寺僧籍〉」,『文物』2007-2.
孟憲實,「唐令中關於僧籍內容的復原問題」,『唐研究』14, 2008.
孟憲實,「論唐朝的佛教管理－以僧籍的編造爲中心」,『北京大學學報(哲學社會科學版)』2009-3.
苗書梅,「宋代州級公吏制度研究」,『河南大學學報(社科版)』2004-6.
文　欣,「唐代差科簿制作過程－從阿斯塔納61號墓所出役制文書談起」,『歷史研究』2007-2.
文　欣,「吐魯番新出唐西州徵錢文書與垂拱年間的西域形勢」,『敦煌吐魯番研究』10, 2007.
裴成國,「從高昌國到唐西州量制的變遷」,『敦煌吐魯番研究』10, 2007.
射虎軍·張敏·趙振華,「隋東都洛陽回洛倉的考古勘察」,『洛陽考古集成·補編』, 北京：北京圖書館出版社, 2007.
徐　暢,「敦煌吐魯番出土文書所見唐代城主新議」,『西域研究』2008-1.
徐　暢,「隋唐丁中制探源」,『中華文史論叢』102, 2011.
石冬梅,「唐代死刑的執行時間辨析」,『保定師範專科學校學報』2007-3.
薛政超, 「也談宋代的“田制不立”與“不抑兼並”－與〈宋代“田制不立”·“不抑兼並”說駁議〉－文商榷」,『中國農史』2009-2.
蘇玉敏,「西域的供養人·工匠與窟寺營造」,『西域研究』2007-4.
宋家鈺,「明抄本天聖〈田令〉及後附開元〈田令〉的校錄與複原」,『中國史研究』2006-3.
宋家鈺,「唐開元田令的復原研究」,『天一閣藏明鈔本天聖令校證(附唐令復原研究)』下冊, 北京：中華書局, 2006.
宋家鈺,「明抄本北宋天聖令(附唐開元令)的重要學術價值」,『天一閣藏明鈔本天聖令校證(附唐令復原研究)』上冊, 北京：中華書局, 2006.
宋家鈺,「唐開元廐牧令的復原研究」,『天一閣藏明鈔本天聖令校證(附唐令復原研究)』下冊, 北京：中華書局, 2006.
宋家鈺,「唐〈廐牧令〉驛傳條文的復原及與日本〈令〉·〈式〉的比較」,『唐研究』14, 2008.

施萍婷, 「從一件奴婢賣買文書看唐代的階級壓迫」, 『文物』 1972-12.

沈宗憲, 「宋代喪葬法令初探－以‘天聖喪葬令’爲基礎的討論」, 『新史料·新觀點·新視角 : 天聖令論集』(下), 臺北 : 元照出版公司, 2011.

岳純之, 「論唐代官吏休假制度」, 『貴州文史叢刊』 2010-1.

梁建國, 「〈天一閣藏明鈔本天聖令校証〉標点勘誤一則」, 『中國史研究』 2010-3.

楊聯陞, 「帝制中國的作息時間表」, 『國史探微』, 臺北 : 聯經出版事業公司, 1983.

楊　梅, 「唐宋宮廷藏冰制度的沿襲與變革－以〈天聖令·雜令〉宋12條爲中心」, 『唐研究』 14, 2008.

楊　梅, 「從〈天聖令〉看唐宋藏冰制度的變遷」, 『中國社會科學院院報』 2008-9.

楊際平, 「唐五代“屯田”與“營田”的關係辨析」, 『汕頭大學學報』 1999-5.

楊際平, 「〈唐令·田令〉的完整復原與今後均田制的研究」, 『中國史研究』 2002-2.

楊際平, 「宋朝政府對寺觀的土地·賦役政策」, 『李埏教授九十華誕紀念文集』, 昆明 : 雲南大學出版社, 2003.

楊際平, 「唐宋土地制度的承繼與變化」, 『文史哲』 2005-1.

楊際平, 「宋代“田制不立”·“不抑兼並”說駁議」, 『中國社會經濟史研究』 2006-2.

楊　慧, 「從天聖〈廐牧令〉看唐代私馬的使用和管理」, 『史學月刊』 2012-9.

楊曉宜, 「北宋緝捕者與逃亡者的法律問題－以〈天聖·捕亡令〉爲中心」, 『史耘』 14, 2010.

嚴茹蕙, 「唐日令節假比較試論」, 『新史料·新觀點·新視角 : 天聖令論集』(上), 臺北 : 元照出版公司, 2011.

嚴耀中, 「從魏晉間關於肉刑爭議看酷吏性質之變化」, 『社會科學戰線』 2008-5.

易　彪, 「北宋商業市場監管政策簡論」, 『重慶科技學院學報(社會科學版)』 2008-11.

易　彪, 「從<天聖令>之<捕亡令>看北宋對盜賊懲治」, 『青年文學家』 2009-5.

榮新江, 「隋唐長安的寺觀與環境」, 『唐研究』 15, 2009.

吳謹伎, 「論唐宋庫藏管理中的帳簿制－以〈天聖·倉庫令〉爲主要考核」, 『新史料·新觀點·新視角 : 天聖令論集』(上), 臺北 : 元照出版公司, 2011.

吳麗冠, 「〈天聖令·雜令〉商榷」, 『新北大史學』 7, 2009.

吳麗娛, 「唐喪葬令復原研究」, 『天一閣藏明鈔本天聖令校證(附唐令復原研究)』下冊, 北京 : 中華書局, 2006.

吳麗娛, 「從〈天聖令〉對唐令的修改看唐宋制度之變遷－〈喪葬令〉研讀筆記三篇」, 『唐研究』 12, 2006.

吳麗娛, 「唐朝的〈喪葬令〉與唐五代喪葬法式」, 『文史』 2007-2.

吳麗娛, 「說說“舉哀成服”與“舉哀掛服”」, 『文史知識』 2007-6.

吳麗娛, 「葬禮的炫耀－關於天聖〈喪葬令〉的啓迪」, 『文史知識』 2007-3.

吳麗娛, 「唐代贈官的贈賻與贈謚－從〈天聖令〉看唐代贈官制度」, 『唐研究』 14, 2008.

吳麗娛, 「關於唐〈喪葬令〉復原的再檢討」, 『文史哲』 2008-4.

吳麗娛, 「唐朝的〈喪葬令〉與喪葬禮」, 『燕京學報』 25, 2008.

吳麗娛, 「唐代贈官的贈賻與贈謚-從〈天聖令〉看唐代贈官制度」, 『唐研究』 14, 2008.

吳麗娛, 「光宗耀祖 : 試論唐代官員的父祖封贈」, 『文史』 2009-1.

吳麗娛, 「對〈貞觀禮〉淵源問題的再分析－以貞觀凶禮和〈國恤〉爲中心」, 『中國史研究』 2010-2.

吳麗娛,「從天聖〈喪葬令〉的職官標准看唐宋社會之變遷」,『第一屆中日學者中國古代史論壇文集』, 北京：中國社會科學出版社, 2010.

吳麗娛,「關於〈喪葬令〉整理復原的幾個問題－兼與稻田奈津子女史商榷」,『新史料·新觀點·新視角：天聖令論集』(下), 臺北：元照出版公司, 2011(原載 『唐史論叢』 12, 2010).

王顔·杜文玉,「世界視野下的唐代科技教育」,『人文雜志』 2010-3.

王　靜,「唐墓石室規制及相關喪葬制度研究－復原唐〈喪葬令〉第25條令文釋證」,『唐研究』 14, 2008.

王澤亮,「〈天聖令·田令〉研究」, 浙江大學中國古代史碩士學位論文, 2010.

于賡哲,「〈天聖令〉復原唐〈醫疾令〉所見官民醫學之分野」,『歷史研究』 2011-1.

牛來穎,「〈營繕令〉與少府將作營繕諸司職掌」,『中國社會科學院院報』 2006-11.

牛來穎,「天聖營繕令復原唐令研究」,『天一閣藏明鈔本天聖令校證(附唐令復原研究)』下冊, 北京：中華書局, 2006.

牛來穎,「〈營繕令〉橋道營修令文與諸司職掌」, 井上徹·楊振紅 編,『中日學者論中國古代城市社會』, 西安：三秦出版社, 2007.

牛來穎,「唐宋州縣公廨及營修諸問題」,『唐研究』 14, 2008.

牛來穎,「詔敕入令與唐令複原－以<天聖令>爲切入點」,『文史哲』 2008-4.

牛來穎,「論唐長安城的營修與城市居民的稅賦」,『唐研究』 15, 2009.

牛來穎,「〈天聖令〉復原研究中的幾個問題」,『法制史研究』 16, 2009

牛來穎,「〈天聖令·賦役令〉丁匠條釋讀舉例－兼與〈營繕令〉比較」,『唐史論叢』13, 西安：三秦出版社, 2011.

牛來穎,「〈天聖令〉復原研究中的幾個問題」,『新史料·新觀點·新視角：天聖令論集』(上), 臺北：元照出版公司, 2011.

于文忠,「角法少議」,『中華醫史雜誌』 11-2, 1981.

于曉雯,「從碾磑管理看唐宋水權概念」,『新史料·新觀點·新視角：天聖令論集』(下), 臺北：元照出版公司, 2011.

虞浩旭,「天一閣藏明鈔本〈官品令〉與中日律令制度」,『天一閣藏明鈔本天聖令校證(附唐令復原研究)』上冊, 北京：中華書局, 2006.

袁　慧,「天一閣藏明鈔本〈官品令〉及其保護經過」,『天一閣藏明鈔本天聖令校證(附唐令復原研究)』上冊, 北京：中華書局, 2006.

劉　未,「宋代的石藏葬制」,『故宮博物院院刊』 2009-6.

劉燕儷,「試論唐代賦役丁匠的規範－以〈天聖令·賦役令〉爲中心的探討」,『新史料·新觀點·新視角：天聖令論集』(上), 臺北：元照出版公司, 2011.

劉玉峰,「唐前期土地所有權狀況探討」,『文史哲』 2005-4.

遊自勇,「禮展奉先之敬－唐代長安的私家廟祀」,『唐研究』 15, 2009.

劉再聰, 「唐代“村正”考」, 『中國農史』 2007-4.
劉進寶, 「唐五代“音聲人”論略」, 『南京師大學報(社會科學版)』 2006-2.
劉馨珺, 「從“責保”論唐宋司法訴訟的保人制度」, 『文史』 2008-4.
劉馨珺, 「南宋地方衙門放告與保人」, 『臺灣師大歷史學報』 44, 2010.
劉馨珺, 「唐宋的關界－從〈天聖·關市令〉“應禁之地”談起」, 『新史料·新觀點·新視角：天聖令論集』(上), 臺北：元照出版公司, 2011.
劉後濱, 「唐代告身的抄寫與給付－〈天聖令·雜令〉唐13條釋讀」, 『唐研究』 14, 2008.
劉後濱, 「任官文書的頒給與唐代地方政務運行機制」, 『文史』 2010-3.
李錦繡, 「唐代直官制」, 『唐代制度史略論稿』, 北京：中國政法大學出版社, 1998.
李錦繡, 「唐賦役令復原研究」, 『天一閣藏明鈔本天聖令校證(附唐令復原研究)』下冊, 北京：中華書局, 2006.
李錦繡, 「唐開元二十五年〈倉庫令〉研究」, 『唐研究』 12, 2006.
李錦繡, 「唐〈倉庫令〉復原研究」, 『天一閣藏明鈔本天聖令校證(附唐令復原研究)』下冊, 北京：中華書局, 2006.
李錦繡, 「唐開元二十五年〈倉庫令〉所載給糧標準考－兼論唐代的年齡劃分」, 『傳統中國研究集刊』 第4輯, 上海：上海人民出版社, 2008.
李錦繡, 「“以數紀爲名”與“以土地爲名”－唐代前期諸牧監名號考」, 『隋唐宋遼金元史論叢』 1, 2011.
李錦繡, 「唐‘五行帳’考」, 『新史料·新觀點·新視角：天聖令論集』(下), 臺北：元照出版公司, 2011(原載 『燕京學報』 新29, 2010).
李文益·徐少舉, 「唐代“私田”研究綜述」, 『中國史研究動態』, 2011-1.
李淑媛, 「評〈天一閣藏明鈔本天聖令校證附唐令復原研究〉·賦役令」, 『唐研究』 14, 2008.
李淑媛, 「唐宋時期的糧倉法規－以〈天聖令·倉庫令〉“稅物收納·概量和耗”條爲中心」, 『新史料·新觀點·新視角：天聖令論集』(上), 臺北：元照出版公司, 2011.
李如鈞, 「唐宋土地交易法律變革初探－由〈天聖·田令〉說起」, 『新史料·新觀點·新視角：天聖令論集』(上), 臺北：元照出版公司, 2011.
李全德, 「〈天聖令〉所見唐代過所的申請與勘驗－以“副白”與“錄白”爲中心」, 『唐研究』 14, 2008.
李貞德, 「再談天一閣藏明鈔本〈天聖令·關市令〉之“副白”與“案記”」, 『西域研究』 2012-3.
林　澐, 「枷的演變」, 『中國典籍與文化』 1994-3.
林麟煊, 「唐代蕃客的法律規範」, 『新史料·新觀點·新視角：天聖令論集』(下), 臺北：元照出版公司, 2011.
林曉浩, 「唐代西州官吏日常生活的時與空」, 『西域研究』 2008-1.
張國剛, 「唐代鄉村基層組織及其演變」, 『北京大學學報(哲學社會科學版)』 2009-5.
張耐冬, 「唐代太醫署醫學生選取標準－以〈天聖令·醫疾令〉及其復原唐令爲中心」, 『唐研究』 14, 2008.
張文昌, 「服制·親屬與國家－唐宋禮法之喪服規範」, 『新史料·新觀點·新視角：天聖令論集』

(下), 臺北：元照出版公司, 2011.
張榮强, 「唐代吐魯番籍的"丁女"與敦煌籍的成年"中女"」, 『歷史研究』 2011-1.
張　雨, 「吐魯番文書所見唐代里正上直」, 『西域文史』 2, 2007.
張　雨, 「唐開元〈獄官令〉復原的幾個問題」, 『唐研究』 14, 2008.
張　雨, 「唐宋間疑獄集議制度的變革－兼論開元〈獄官令〉兩條令文的復原」, 『文史』 2010-3.
張　雨, 「天聖〈獄官令〉宋46條形成試析－兼論唐開元〈獄官令〉兩條唐令的複原研究」, 『社會·經濟·觀念史視野中的古代中國國際青年學術會議暨第二屆清華青年史學論壇論文集上』, 2010.
張忠煒, 「漢代特權群體因罪自殺問題再研究－從唐〈獄官令〉的一條令文談起」, 『文史』 2009-3.
張玉興, 「唐代縣級官府對鄉里的控制與調的」, 『唐代縣官與地方社會研究』, 天津：天津古籍出版社, 2009.
田振洪, 「唐律中的畜産與損害賠償」, 『重慶工商大學學報(社會科學版)』 2008-6.
田振洪, 「論唐律中的"倍備"處罰原則」, 『五邑大學學報(社會科學版)』 2009-2.
田振洪, 「唐代法律有關侵害官畜的賠償規定」, 『農業考古』 2010-1.
程　錦, 「唐代女醫制度考釋－以唐〈醫疾令〉"女醫"條爲中心」, 『唐研究』 12, 2006.
程　錦, 「唐醫疾令復原研究」, 『天一閣藏明鈔本天聖令校證(附唐令復原研究)』下冊, 北京：中華書局, 2006.
程　錦, 「唐代的女醫教育」, 『文史知識』 2007-3.
程　錦, 「唐代醫官選任制度探微－以唐〈醫疾令〉爲基礎」, 『唐研究』 14, 2008.
程　錦, 「唐代醫療制度研究」, 中國社會科學院研究生院碩士學位論文, 2008.
鄭顯文, 「唐代〈道僧格〉研究」, 『歷史研究』 2004-4.
鄭顯文, 「法律視野下的唐代假宁制度冊究」, 『南京大學法律評論』, 北京：法律出版社, 2009.
鄭顯文·王品, 「中國古代書證的演進及司法實踐」, 『證據科學』 2009-5.
曹家齊, 「宋代急脚遞考」, 『中國史研究』 2001-1.
趙大瑩, 「唐宋〈假寧令〉研究」, 『唐研究』 12, 2006.
趙大瑩, 「唐〈假寧令〉復原研究」, 『天一閣藏明鈔本天聖令校證(附唐令復原研究)』下冊, 北京：中華書局, 2006.
趙大瑩, 「我國古代冠禮之興廢」, 『中國社會科學院院報』 2006-11.
趙璐璐, 「唐代地方行政機構的人員構成－〈天聖令·雜令〉"番官雜任"條解讀」, 『中國社會科學院院報』 2008-9.
趙璐璐, 「唐代"雜任"考－〈天聖令·雜令〉"雜任"條解讀」, 『唐研究』 14, 2008.
趙璐璐, 「唐代"雜職"考」, 『文史』 2010-3.
趙　晶, 「〈天聖令·賦役令〉丁匠諸條疏補」, 『文史』 2011-4.
趙　晶, 「〈天聖令〉與唐宋法典研究」, 『中國古代法律文獻研究』 5, 北京：社會科學文獻出版社, 2012.
趙　晶, 「〈天聖令〉與唐宋史研究」, 『南京大學法律評論』 2012-1.
周　奇, 「唐代國家對寺院經濟的控制－以寺院土地爲例」, 『中國社會經濟史研究』 2005-1.

中國社會科學院歷史研究所〈天聖令〉讀書班, 「〈天聖令·賦役令〉譯注稿」, 中國政法大學法律整理研究所 編, 『中國古代法律文獻研究』 6, 北京 : 社會科學文獻出版社, 2012.
池田溫, 「東亞古代假寧制小考」, *Proceedings of the Conference on the Sino-Korean- Japanese Cultural Relations*, Taipei : Pacific Cultural Foundation, 1983.
秦大樹, 「宋代喪葬習俗的變革及其體現的社會意義」, 『唐研究』 11, 2005.
陳登武, 「從〈天聖·醫疾令〉看唐宋醫療照護與醫事法規－以"巡患制度"爲中心」, 『唐研究』 14, 2008.
陳登武, 「皇權·醫療資源·醫事法規－從〈天聖·醫疾令〉看唐宋文武職事官的醫療照護」, 『新史料·新觀點·新視角 : 天聖令論集』(上), 臺北 : 元照出版公司, 2011.
陳　璽, 「唐代慮囚使職系統的演進與發展」, 『求索』 2008-1.
陳　璽, 「軍司審判權能對中晚唐司法的影響」, 『社會科學輯刊』 2009-5.
陳璽·宋志軍, 「唐代刑事證據制度考略」, 『證據科學』 2009-5.
陳雨梅, 「唐代關中農田水利·水利管理及立法研究」, 『西北大學』 2010-12.
陳昭揚, 「金代地方管理中的杖殺」, 『臺灣師大歷史學報』 44, 2010.
陳昭揚, 「金代的杖刑·杖具與用杖規範」, 『新史料·新觀點·新視角 : 天聖令論集』(下), 臺北 : 元照出版公司, 2011.
陳俊强, 「從〈天聖·獄官令〉看唐宋的流刑」, 『唐研究』 14, 2008.
陳俊强, 「從唐代法律的角度看李白長流夜郎」, 『臺灣師大歷史學報』 42, 2009.
陳俊强, 「無冤的追求－從〈天聖令·獄官令〉試論唐代死刑的執行」, 『新史料·新觀點·新視角 : 天聖令論集』(下), 臺北 : 元照出版公司, 2011(原載 『法制史研究』 16, 2009).
陳　昊, 「吐魯番台藏塔新出唐代曆日研究」, 『敦煌吐魯番研究』 10, 2007.
彭麗華, 「唐·日〈營繕令〉"應須女功"條研究－兼論此條不行於宋代的原因」, 『唐研究』 14, 2008.
彭麗華, 「唐代的官府女工制作」, 『中國社會科學院院報』 2008-3.
彭麗華, 「論唐代地方水利營繕中勞役征配的申報－以唐〈營繕令〉第30條的復原爲中心」, 『文史』 2010-3.
馮卓慧, 「從唐開元<醫疾令>看唐代的醫療法」, 『西安財經學院學報』, 2013-1.
皮慶生, 「宋代的"車駕臨奠"」, 『臺大歷史學報』 33, 2004.
皮慶生, 「唐宋時期五服制度人令過程試探－以〈喪葬令〉所附〈喪服年月〉爲中心」, 『唐研究』 14, 2008.
河南省博物館·洛陽市博物館, 「洛陽隋唐含嘉倉的發掘」, 洛陽師範學院·河洛文化國際研究中心 編, 『洛陽考古集成－隋唐五代宋卷』, 北京 : 北京圖書館出版社, 2005.
何　東, 「〈天聖令·田令〉所附唐田令荒廢條"私田"的再探討－與楊際平先生商榷」, 『中國社會經濟史研究』 2006-2.
韓　升, 「論桑田」, 『古代中國－傳統與變革』, 上海 : 復旦大學出版社, 2005.
韓迎迎, 「從天一閣藏〈天聖令〉看宋代的醫事制度」, 『長安學刊』 1-2, 2010.
許慈佑, 「唐代防洪修繕工程－以〈天聖·營繕令〉爲中心」, 『新史料·新觀點·新視角 : 天聖令論集』(下), 臺北：元照出版公司, 2011.
邢鐵·薛志淸,「宋代的諸子平均析産方式」,『河北師範大學學報』29-2, 2006.
胡雲薇,「聞哀小考」,『早期中國史硏究』1, 2009.
洪文棋,「唐宋奴婢逃亡懲罰試探－以〈天聖令·捕亡令〉爲中心」,『新史料·新觀點·新視角：天聖令論集』(上), 臺北：元照出版公司, 2011.
丸山裕美子, 方國花　譯,「唐日醫疾令的復原與對比－對天聖令出現之再思考」,『新史料·新觀點·新視角：天聖令論集』(上), 臺北：元照出版公司, 2011(原載『法制史硏究』16, 2009).
黃玫茵,「唐宋律令所見尊親屬的家內角色」,『新史料·新觀點·新視角：天聖令論集』(下), 臺北：元照出版公司, 2011.
黃正建,「唐代的"傳"與"遞"」,『中國史硏究』1994-4.
黃正建,「〈天聖令(附唐雜令)〉所涉唐前期諸色人雜考」,『唐硏究』12, 2006.
黃正建,「天一閣藏〈天聖令〉的發現與整理硏究」,『唐硏究』12, 2006.
黃正建,「關於天一閣藏宋天聖令整理的若干問題」,『天一閣藏明鈔本天聖令校證(附唐令復原硏究)』上冊, 北京：中華書局, 2006.
黃正建,「天聖雜令復原唐令硏究」,『天一閣藏明鈔本天聖令校證(附唐令復原硏究)』下冊, 北京：中華書局, 2006.
黃正建,「佚失千年重見天日－北宋〈天聖令〉的發現整理及其重要價値」,『文史知識』2007-3.
黃正建,「天一閣藏〈天聖令〉整理硏究暨唐日令文比較斷想」,『唐代史硏究』10, 2007.
黃正建,「〈天聖令〉附〈唐令〉是開元二十五年令嗎?」,『中國史硏究』2007-4.
黃正建,「〈天聖令〉的律令格式勅」,『唐硏究』14, 2008.
黃正建,「明鈔本宋〈天聖令·雜令〉校錄與復原爲〈唐令〉中的幾個問題」,『唐代國家與地域社會硏究－中國唐史學會第十屆年會論文集』, 2008.
黃正建,「唐代法律體系及〈天聖令〉的整理硏究(演講稿)」,『中國中古社會與國家史料典籍硏讀會成果論文集』, 臺北：稻鄕出版社, 2009.
黃正建,「〈天聖令〉所附唐令中有關社會生活的新資料(上)」,『唐史論叢』11, 2009.
黃正建,「〈天聖令〉所附唐令中有關社會生活的新資料(下)」,『唐史論叢』12, 2010.
黃正建,「唐代"庶士"硏究」, 黃正建 主編,『天聖令與唐宋制度硏究』, 北京：中國社會科學出版社, 2011.
黃正建,「天聖令·雜令所涉唐前期諸色人雜考」, 黃正建 主編,『天聖令與唐宋制度硏究』, 北京：中國社會科學出版社, 2011.
黃正建,「天聖令·雜令校錄與復原爲唐令的幾個問題」, 黃正建 主編,『天聖令與唐宋制度硏究』, 北京：中國社會科學出版社, 2011.
黃正建,「天聖令·雜令的比較硏究」, 陳豊祥 主編,『新史料·新觀點·新視角：天聖令論集』(下), 臺北：元照出版公司, 2011.
侯旭東,「東漢洛陽南郊刑徒墓的性質與法律依據－從〈明鈔本天聖令·獄官令〉所附一則唐令說起」,『中央硏究院歷史語言硏究所集刊』第82本 第1分, 2011.

黑維强·敏春芳,「“羖”字釋義疏證」,『蘭州大學學報』2005-5.

일본

加藤繁,「宋の檢校庫について」,『支那經濟史考證』(下), 東京：東洋文庫, 1949.
榎本淳一,「唐日戶令當色爲婚條について」, 佐伯有淸 編,『日本古代中世の政治と宗教』, 東京：吉川弘文館, 2002.
榎本淳一,「北宋天聖令による唐關市令朝貢·貿易管理規定の復原」,『唐王朝と古代日本』, 東京：吉川弘文館, 2008.
榎本淳一,「天聖令からみた唐日奴碑賣買の諸問題」, 大津透 編,『日唐律令比較研究の新段階』, 東京：山川出版社, 2008.
岡野誠,「明鈔本北宋天聖令殘卷の出現について」,『法史學研究會會報』7, 2002.
岡野誠,「北宋天聖雜令中の水利法規について」,『法史學研究會會報』11, 2007.
岡野誠,「北宋の天聖令について－その發見·刊行·研究狀況」,『歷史と地理』614, 2008.
岡野誠,「天聖令依據唐令の年次について」,『法史學研究會會報』13, 2009.
岡野誠 外,「天聖令研究の新動向」,『法史學研究會會報』14, 2009.
岡野誠 外,「『天聖令』研究文獻目錄(第二版)」,『法史學研究會會報』14, 2009.
兼田信一郎, 「戴建國氏發見の天一閣博物館所藏北宋天聖令田令について－その紹介と初步的整理」,『上智史學』44, 1999.
兼田信一郎,「天一閣藏北宋天聖令硏究の現狀」,『歷史評論』693, 2008.
高橋芳郎,「務限の法と茶食人－宋代裁判制度の一側面」,『宋代中國の法制と社會』, 東京：汲古書院, 2002(原載『史朋』24, 1991).
高丹丹,「從唐令看唐代對內附之民的若幹管理政策」,『お茶の水女子大學大學院教育改革支援プログラム“日本文化研究の國際的情報傳達スキルの育成”活動報告書』, お茶の水女子大學大學院, 2010.
古瀨奈津子,「唐令研究の新史料出現－天一閣藏明鈔本天聖令」,『東方』319, 2007.
古瀨奈津子,「天聖令の發見と日本古代史研究」,『歷史學硏究』833, 2007.
古瀨奈津子,「營繕令からみた宋令·唐令·日本令」, 大津透 編,『日唐律令比較研究の新段階』, 東京：山川出版社, 2008.
吉永匡史,「律令國家と追捕制度」, 大津透 編,『日唐律令比較研究の新段階』, 東京：山川出版社, 2008.
吉永匡史,「律令關制度の構造と特質」,『東方學』117, 2009.
宮崎市定,「宋代における石炭と鐵」,『アジア史論考』下卷, 東京：朝日新聞社, 1976(原載『東方學』13, 1957).
宮地明子,「日本古代國家論－禮と法の日中比較より－」,『古代日本の構造と原理』, 東京：青木書店, 2008.
吉野秋二,「大寶令賦役令歲役條再考」,『奈良女子大學21世紀COEプログラム報告書 vol.6－古代日本と東アジア世界』, 奈良女子大學, 2005.

戴建國, 今泉牧子·金子由紀 譯,「『天聖令』の發見とその研究意義」, 東京：創文社, 2003.
大隅淸陽,「大寶律令の歷史的位相」, 大津透 編,『日唐律令比較研究の新段階』, 東京：山川出版社, 2008.
大津透,「北宋天聖令·唐開元二十五年令賦役令」,『東京大學日本史學研究室紀要』5, 東京大學, 2001.
大津透,「唐令の復原」, 水林彪 外 編,『新體系日本史2－法社會史』, 東京：山川出版社, 2001.
大津透,「唐日賦役令の構造と特色」, 池田溫 編,『日中律令制の諸相』, 東京：東方書店, 2002(『日唐律令制の財政構造』, 東京：岩波書店, 2006 所收).
大津透,「律令制的人民支配の特質－人頭稅と戶口把握をめぐる覺書」, 笹山晴生 編,『日本律令制の構造』, 2003.
大津透,「唐日律令制下の雜徭について」,『法制史研究』54, 2005.
大津透,「唐の律令と日本－日唐律令財政の比較」,『日唐律令制の財政構造』, 東京：岩波書店, 2006.
大津透,「課役制と差科制－課·不課·課戶にふれて」,【補記1～4】『日唐律令制の財政構造』, 東京：岩波書店, 2006(原載 池田溫 編,『中國禮法と日本律令制』, 東京：東方書店, 1992).
大津透,「唐日律令地方財政管見－館驛·驛傳制を手がかりに」,【補記】『日唐律令制の財政構造』, 東京：岩波書店, 2006(原載 笹山晴生先生還曆記念會 編,『日本律令制論集』上, 1993).
大津透,「『令集解』と律令制研究」, 池田溫 編,『日本古代史を學ぶための漢文入門』, 東京：吉川弘文館, 2006.
大津透,「北宋天聖令の公刊とその意義－日唐律令比較研究の新段階」,『東方學』104, 2007.
大津透,「日本令における式·別式·勅」, 大津透 編,『日唐律令比較研究の新段階』, 東京：山川出版社, 2008.
大津透 外,「第105回史學會大會報告日本古代史·東洋史合同シンポジウム律令制研究の新段階」,『史學雜誌』117-1, 2008.
大津透,「吐魯番文書と律令制－唐代均田制を中心に」, 土肥義和 編,『敦煌·吐魯番出土漢文文書の新研究』, 東京：東洋文庫, 2009.
大津透,「吐魯番文書と日本律令制－古代東アジア世界と漢字文化」, 高田時雄 編,『漢字文化三千年』, 東京：臨川書店, 2009.
大津透,「日本古代史を學ぶ」,『日本古代史を學ぶ』, 東京：岩波書店, 2009.
大津透,「古代國家論への視角」,『日本古代史を學ぶ』, 東京：岩波書店, 2009.
渡邊信一郞,「北宋天聖令による唐開元二十五年賦役令の復原並びに注釋(未定稿)」,『京都府立大學學術報告(人文·社會)』57, 2005.
渡邊信一郞,「北宋天聖令による唐開元二十五年令田令の復原並びに譯注」,『京都府立大學學術報告(人文·社會)』58, 2006.
渡邊信一郞,「唐代前期賦役制度の再檢討－雜徭を中心に」,『唐代史研究』11, 2008.

渡邊信一郎, 「唐代前期律令制下の財政的物流と帝國編成」, 『國立歷史民俗博物館研究報告』 152, 2009.

渡邊信一郎, 「天聖令倉庫令譯注初稿」, 『唐宋變革研究通訊』 1, 2010.

渡邊信一郎, 「古代中國の身分制的土地所有」, 『唐宋変革研究通訊』 2, 2011.

稻田奈津子, 「喪葬令と禮の受容」, 池田溫 編, 『日中律令制の諸相』, 東京：東方書店, 2002.

稻田奈津子, 「北宋天聖令による唐喪葬令復原研究の再檢討－條文排列を中心に」, 『東京大學史料編纂所紀要』 18, 2008.

稻田奈津子, 「慶元條法事類と天聖令－唐令復原の新たな可能性に向けて」, 大津透 編, 『日唐律令比較研究の新段階』, 東京：山川出版社, 2008.

礪波護, 「唐代の過所と公驗」, 礪波護 編, 『中國中世の文物』, 京都：京都大學人文科學研究所, 1993.

鈴木靖民, 「日本の律令成立と新羅」, 大津透 編, 『日唐律令比較研究の新段階』, 東京：山川出版社, 2008.

瀧川政次郎, 「天一閣憑弔記」(乾), 『圖書館雜誌』 280, 1943.

瀧川政次郎, 「天一閣憑弔記」(坤), 『圖書館雜誌』 281, 1943.

柳田節子, 「宋代の女戶」, 『柳田節子古稀記念－中國の傳統社會と家族』, 東京：汲古書院, 1993.

妹尾達彦, 「都城と律令制」, 大津透 編, 『日唐律令比較研究の新段階』, 東京：山川出版社, 2008.

梅原郁, 「唐宋時代の法典編纂－律令格式と勅令格式」, 『宋代司法制度研究』, 東京：創文社, 2006.

武井紀子, 「日唐律令制における倉·藏·庫－律令國家における收納施設の位置づけ」, 大津透 編, 『日唐律令比較研究の新段階』, 東京：山川出版社, 2008.

武井紀子, 「日本古代倉庫制度の構造とその特質」, 『史學雜誌』 118-10, 2009.

服部一隆, 「日唐田令の比較と大寶令」, 『文學研究論集(文學·史學·地理學)』, 2003.

服部一隆, 「大寶田令班田關連條文の再檢討－天聖令を用いた大寶令復原試論」, 『駿台史學』 122, 2004.

服部一隆, 「田令口分條における「五年以下不給」の法意」, 吉村武彦 編, 『律令制國家と古代社會』, 東京：塙書房, 2005.

服部一隆, 「天聖令の發見と大寶令」, 『千葉史學』 46, 2005.

服部一隆, 「「班田收授法」の再檢討」, 『人民の歷史學』 170, 2006.

服部一隆, 「天聖令を用いた大寶田令荒廢條の復原」, 『續日本紀研究』 361, 2006.

服部一隆, 「日本古代田制の特質－天聖令を用いた再檢討」, 『歷史學研究』 833, 2007.

服部一隆, 「日本における天聖令研究の現狀－日本古代史研究を中心に」, 『古代學研究所紀要』 12, 2010.

服部一隆, 「『天聖令』研究文獻目錄－日本語文獻を中心として」, 『古代學研究所紀要』 12, 2010.

服部一隆,「養老令と天聖令の概要比較」,『古代學研究所紀要』15, 2011.
北村安裕,「古代の大土地經營と國家」,『日本史研究』567, 2009.
山崎覺士,「唐開元二十五年田令の復原から唐代永業田の再檢討へ－明鈔本天聖令をもとに」,『洛北史學』5, 2003.
山崎覺士,「天聖令中の田令と均田制の間」,『唐代史研究』11, 2008.
山下將司,「唐の監牧制と中國在住ソグド人の牧馬」,『東洋史研究』66-4, 2008.
三谷芳幸,「田令公田條·賜田條をめぐって」,『日本歷史』726, 2008.
三谷芳幸,「律令國家と校班田」,『史學雜誌』118-3, 2009.
三橋廣延,「『唐六典』と『令義解』に見える「五聽」」,『法史學研究會會報』11, 2007.
三橋廣延,「『天聖廐牧令』の所附唐令によって『唐六典』を訂す」,『法史學研究會會報』16, 2011.
三上喜孝,「北宋天聖雜令に關する覺書－日本令との比較の觀點から」,『山形大學歷史·地理·人類學論集』8, 2007.
三上喜孝,「唐令から延喜式へ－唐令繼受の諸相」, 大津透 編,『日唐律令比較研究の新段階』, 東京：山川出版社, 2008.
三上喜孝,「古代東アジア出擧制度試論」, 工藤元男·李成市 編,『アジア研究機構叢書人文學篇1－東アジア古代出土文字資料の研究』, 東京：雄山閣, 2009.
森善隆,「死刑執行と音樂の演奏停止」,『法史學研究會會報』12, 2008.
三浦周行,「關於僧尼的法制的起源」,『史學雜誌』第15編 第4·第6號, 1904.
石見清裕,「唐代の官僚喪葬儀禮と開元二十五年喪葬令」,『關西大學アジア文化交流研究叢刊第3輯－東アジアの儀禮と宗教』, 東京：雄松堂出版, 2008.
石見清裕,「唐代內附民族對象規定の再檢討－天聖令·開元二十五年令より」,『東洋史研究』68-1, 2009.
石野智大,「唐令中にみえる藥材の採取·納入過程について」,『法史學研究會會報』12, 2008.
石野智大,「唐代兩京の宮人患坊」,『法史學研究會會報』13, 2009.
速水大,「天聖廐牧令より見た折衝府の馬の管理」,『法史學研究會會報』15, 2010.
宋家鈺·徐建新·服部一隆,「「明鈔本北宋天聖'田令'とそれに附された唐開元'田令'の再校錄」についての修補」,『駿台史學』118, 2003.
松田行彦,「唐開元二十五年田令の復原と條文構成」,『歷史學研究』877, 2011.
市大樹,「日本古代傳馬制度の法的特徵と運用實態－日唐比較を手がかりに」,『日本史研究』544, 2007.
市川理惠,「日唐における都城の行政·治安機構」,『古代日本の京職と京戶』, 東京：吉川弘文館, 2009.
辻正博,「天聖「獄官令」と宋書の司法制度－「宋令」條文の成り立ちをめぐって」, 大津透 編,『日唐律令比較研究の新段階』, 東京：山川出版社, 2008.
辻正博,「國外學會參加報告：新史料·新觀點·新視角－天聖令國際學術研討會」,『唐代史研究會』13, 2010.
辻正博,「知の息吹：思いがけぬ新史料の「發見」－天一閣藏明鈔本'天聖令'」,『人環フォーラム』

29, 2011.
十川陽一,「八世紀の木工寮と木工支配」,『日本歴史』714, 2007.
十川陽一,「律令制下の技術勞働力－日唐における徴發規定をめぐって」,『史學雜誌』117-12, 2008.
十川陽一,「日唐營繕令の構造と特質」,『法制史研究』58, 2009.
十川陽一,「日唐における「散位」と「散官」」,『東方學』12, 2011.
岩本篤志,「唐『新修本草』編纂と「土貢」－中國國家圖書館藏斷片考」,『東洋學報』90-2, 2008.
岩津啓太,「唐令の元位表現」,『駒澤大學大學院史學論集』38, 2008.
野尻忠,「倉庫令にみる律令財政機構の特質」, 池田溫 編,『日中律令制の諸相』, 東京：東方書店, 2002.
野田有紀子,「唐代宮人に關する一考察－日唐後宮比較研究に向けて」,『總合女性史研究』25, 2008.
伊藤循,「大寶田令荒廢條の荒地と百姓墾田」, 吉村武彦 編,『律令制國家と古代社會』, 東京：塙書房, 2005.
滋賀秀三,「法典編纂の歴史」,『中國法制史論集－法典と刑罰』, 東京：創文社, 2003.
長谷川誠夫,「唐宋時代の胥吏をあらわす典について－典吏·典史と關連して」,『史學』49-2·3, 1979.
齋藤勝,「唐代來附異民族への賦役規定と邊境社會」,『史學雜誌』117-3, 2008.
田中文雄,「傳度儀禮」, 野口哲郎 等 編,『道教の教團と儀禮』(講座道教2), 東京：雄山閣, 2000.
田丸祥幹,「唐代の水驛規定について－天聖廐牧令·宋令第11條の檢討」,『法史學研究會會報』17, 2012.
諸戶立雄,「北魏の僧制と唐の道僧格」,『秋大史學』20, 1973.
佐伯富,「宋代の公使庫について」,『中國史研究』第二, 京都大學文學部內東洋史研究會, 1971.
佐伯富,「宋代の公使錢について」,『中國史研究』第二, 京都大學文學部內東洋史研究會, 1971.
中村裕一,「日唐の假寧令」,『中國古代の年中行事』第二冊, 東京：汲古書院, 2009.
池田溫,「唐令と日本令(三)：唐令研究の新段階－戴建國氏の天聖令殘本發見研究」,『創價大學人文論集』12, 2000.
池田溫,「唐令復原研究的新段階」,『創價大學人文論集』12, 2000.
池田溫,「「唐令」復原研究の現在」,『UP』340, 2001.
池田溫,「唐令と日本令(五)：天一閣本「天聖令」殘本(卷廿一～卅)管見－倉庫令·醫疾令を中心として」,『創價大學人文論集』19, 2007.
坂上康俊,「天聖令の藍本となった唐令の年代比定」, 大津透 編,『日唐律令比較研究の新段階』, 東京：山川出版社, 2008.
坂上康俊,「日本に舶載された唐令の年次比定について」,『史淵』146, 2009.
坂上康俊,「天聖令藍本唐開元二十五年令說再論」,『史淵』147, 2010.
坂上康俊,「均田制·班田收授制の比較研究と天聖令」,『史淵』150, 2013.

何東,「班田法における'墾田'規定の再考察－日中律令制の比較研究をめぐって」,『九大法學』90, 2005.
洪文琪,「唐宋奴婢逃亡懲罰試探：以〈天聖令·捕亡令〉爲中心」,『お茶の水女子大學大學院教育改革支援プログラム"日本文化研究の國際的情報傳達スキルの育成"活動報告書』, お茶の水女子大學大學院, 2010.
丸山裕美子,「唐宋節假制度の變遷－令と式と格·勅についての覺書」, 池田溫 編,『日中律令制の諸相』, 東京：東方書店, 2002.
丸山裕美子,「律令」, 平川南 外 編,『文字と古代日本1－支配と文字』, 東京：吉川弘文館, 2004.
丸山裕美子,「律令國家と醫學テキスト－本草書を中心に」,『法史學研究會會報』11, 2007.
丸山裕美子,「日唐令復原·比較研究の新地平－北宋天聖令殘卷と日本古代史研究」,『歷史科學』191, 2008.
丸山裕美子,「律令國家と假寧制度－令と禮の繼受をめぐって」, 大津透 編,『日唐律令比較研究の新段階』, 東京：山川出版社, 2008.
丸山裕美子,「北宋天聖令による唐日醫疾令の復原試案」,『愛知縣立大學日本文化學部論集』歷史文化學科編 1, 2009.
黃正建, 張娜麗 譯,「天一閣藏『天聖令』整理研究と唐日令文比較斷想」,『お茶の水女子大學比較日本學研究センター研究年報』3, お茶の水女子大學, 2007.
黃正建, 山口正晃 譯,「天聖令における律令格式勅」, 大津透 編,『日唐律令比較研究の新段階』, 東京：山川出版社, 2008.
黃正建,「天聖令·雜令の整理と研究」,『日本古代學』2, 2010.
ファム·レ·フイ,「日唐律令制比較からみる唐の供給文書－'遞牒'を中心にして」,『日本思想文化研究』3(1), 2010.

ㄱ

ㄴ

ㄷ

_ㅇ

_ㅈ

_ㅊ

_ㅋ

_ㅌ

역주자 소개

김택민 고려대학교 역사교육과 교수
하원수 성균관대학교 사학과 교수

김영진 고려대학교 동아시아문화교류연구소 연구교수
김정희 동북아역사재단 수석연구위원
김종섭 서울시립대학교 국사학과 교수
김진우 고려대학교 사학과 강사
김 호 고려대학교 동아시아문화교류연구소 연구교수

김 진 성균관대학교 대학원 사학과 박사과정
이완석 고려대학교 대학원 사학과 박사과정
이준형 고려대학교 대학원 사학과 박사과정
임정운 고려대학교 대학원 사학과 박사과정
정재균 성균관대학교 대학원 사학과 박사과정

천성령 역주(天聖令 譯註)

김택민·하원수 주편

2013년 6월 30일 초판 1쇄 발행

펴낸이 오일주
펴낸곳 도서출판 혜안

등록번호 제22-471호
등록일자 1993년 7월 30일

주 소 ㊥ 121-836 서울시 마포구 서교동 326-26번지 102호
전 화 3141-3711~2 **팩시밀리** 3141-3710
E-Mail hyeanpub@hanmail.net

ISBN 978-89-8494-476-3 93910

값 45,000 원